D1683478

Zimmer · Kersten · Krause
**Handbuch für
Notarfachangestellte**

Handbuch für Notarfachangestellte

Von
Dr. iur. Maximilian Zimmer
Notar, Lehrbeauftragter
an der Hochschule Harz, Wernigerode

Andreas Kersten
Bürovorsteher u.
Leitender Notarmitarbeiter, Kassel

Thomas Krause
Notar, Staßfurt

4., aktualisierte Auflage

Luchterhand 2009

Bibliografische Information Der Deutschen Bibliothek
Die Deutsche Bibliothek verzeichnet diese Publikation in der Deutschen Nationalbibliografie; detaillierte bibliografische Daten sind im Internet über **http://dnb.ddb.de** abrufbar.

ISBN: 978-3-472-07259-1

www.wolterskluwer.de
Alle Rechte vorbehalten.

Luchterhand – eine Marke von Wolters Kluwer Deutschland GmbH.
© 2009 Wolters Kluwer Deutschland GmbH,
Luxemburger Straße 449, 50939 Köln.

Das Werk einschließlich aller seiner Teile ist urheberrechtlich geschützt. Jede Verwertung außerhalb der engen Grenzen des Urheberrechtsgesetzes ist ohne Zustimmung des Verlages unzulässig und strafbar. Das gilt insbesondere für Vervielfältigungen, Übersetzungen, Mikroverfilmungen und die Einspeicherung und Verarbeitung in elektronischen Systemen.

Umschlag: futurweiss kommunikation, Wiesbaden
Satz: Satz-Offizin Hümmer GmbH, Waldbüttelbrunn
Druck: Wilhelm & Adam OHG, Heusenstamm
Gedruckt auf säurefreiem, alterungsbeständigem und chlorfreiem Papier.

Vorwort zur 4. Auflage

Das »Handbuch für Notarfachangestellte« hat in der hier vorgelegten Neuauflage wiederum den in den Vorauflagen eingeschlagenen Weg fortgesetzt, den Mitarbeitern des Notars eine erste Hilfestellung in der Notariatspraxis und in der Berufsschule zu geben. Angestrebt wurde weiterhin eine möglichst leicht verständliche an der Praxis orientierte Darstellung.

Die Änderungen der Neuauflage betreffen vor allem die zahlreichen Änderungen für das Notariat bedeutsamer Vorschriften, etwa des MoMiG, der DONot, das elektronische Registerverfahren oder das GmbHG. Aber auch die neuere Rechtsprechung wurde berücksichtigt, soweit dies erforderlich erschien.

Im Einzelnen bearbeitet haben Herr Bürovorsteher Andreas Kersten das Kostenrecht, Herr Notar Thomas Krause das Familien- und Erbrecht. Die übrigen Abschnitte hat Herr Notar Maximilian Zimmer bearbeitet. Besonderer Dank gilt der Leitenden Notarmitarbeiterin Frau Ines Schüller, Wernigerode für die Mithilfe bei der Überarbeitung des Teiles F.

Wernigerode (Harz), Kassel und Staßfurt im Oktober 2008

Die Verfasser

Inhalt

Teil A Die Aufgaben des Notars in der Rechtsordnung

I. Das Amt des Notars   1

1. Der Notar im Rahmen der Freiwilligen Gerichtsbarkeit   1
   - a) Begriff der Freiwilligen Gerichtsbarkeit   1
   - b) Freiwillige Gerichtsbarkeit und formelles Recht   1

2. Der Notar als Träger eines öffentlichen Amtes   3
   - a) Einzelne Ausprägungen des Amtscharakters   4
     - aa) Amtssitz, Amtsbezirk, Amtsbereich   4
     - bb) Unabhängigkeit   4
     - cc) Unparteilichkeit   5
   - b) Notariatsformen   5
     - aa) Der Nurnotar   5
     - bb) Der Anwaltsnotar   5
   - c) Abgrenzung gegenüber dem Beruf des Rechtsanwalts   6
   - d) Mitwirkungsverbote des Anwaltsnotars   6

3. Die Organisation des Notariats   7

4. Bücher, Register und Akten des Notars   8
   - a) Urkundenrolle und Namensverzeichnis   9
     - aa) Die einzelnen Eintragungen   12
     - bb) Urkundenrolle mit Kostenregister   14
   - b) Verwahrungs- und Massenbuch   16
   - c) Erbvertragsregister   20
   - d) Wechsel- und Scheckprotestsammelband   20
   - e) Urkundensammlung   20
     - aa) Aufzunehmende Urschriften, Ausfertigungen usw.   21
     - bb) Aushändigung der Niederschrift   21
     - cc) Unterschriftsbeglaubigung in der Urkundensammlung   22
     - dd) Verwahrung im Einzelnen   22
   - f) Nebenakten   23
   - g) Generalakte   26
   - h) Weitere Bücher und Akten des Notars (nicht zwingend)   26

II. Fragen- und Antwortkatalog zum Amt des Notars   27

Teil B Beurkundungsverfahrensrecht

I. Begriff der Urkunde 29

1. Form der Willenserklärungen 29
2. Formen formbedürftiger Rechtsgeschäfte 29
   a) Schriftform, elektronische Form, Textform 30
   b) Öffentliche Beglaubigung 30
   c) Notarielle Beurkundung 31

II. Beurkundungsverfahren 31

1. Öffentliche Urkunde über Erklärungen 31
   a) Beweisfunktion 32
   b) Weitere Funktionen der notariellen Urkunde 33
      aa) Belehrungsfunktion 33
      bb) Rechtliche Beratung 33

2. Formvorschriften 33
   a) Funktion der Vorschriften des BeurkG 33
   b) Aufbau des BeurkG 34

3. Beurkundungen von Willenserklärungen – Niederschrift 34
   a) Erklärungen der Beteiligten 35
   b) Bezeichnung von Ort und Tag der Verhandlung und des Notars 35
   c) Bezeichnung der Beteiligten 36
      aa) Umfang der Bezeichnung 36
      bb) Vermerk über die Kenntnisverschaffung 36
   d) Weitere Feststellungen des Notars 37
   e) Vorbefassungsvermerk 38
   f) Handeln im eigenen Namen oder für Dritte – Vertretung 38
      aa) Zulässigkeit der Vertretung 39
      bb) Formen der Vertretung 39
         aaa) Gesetzliche Vertretung 39
         bbb) Rechtsgeschäftliche Vertretung 41
         ccc) Vollmachtlose Vertretung 42
   g) Umfang der Pflicht zur Verlesung der Urkunde 43
      aa) Grundsatz des vollständigen Vorlesens der Niederschrift 43
      bb) Ausnahmen von der Pflicht zur Verlesung 43
         aaa) Karten, Zeichnungen, Abbildungen 43
         bbb) Verweisung auf notarielle Urkunden 43

Inhalt

cc) Eingeschränkte Vorlesungspflicht nach § 14 BeurkG	44
h) Schlussvermerk – Unterschriften	45

4. Vermerke bei der Beteiligung von Personengruppen, deren Mitwirkung am Beurkundungsverfahren eingeschränkt ist ... 46
   a) Behinderte ... 46
   b) Schreibunfähige ... 48
   c) Sprachfremde ... 48

5. Sonstige Beurkundungen ... 50
   a) Begriff sonstiger Beurkundungen ... 50
   b) Eide und eidesstattliche Versicherungen ... 51
   c) Vermerke und einfache Zeugnisse nach §§ 39 ff. BeurkG ... 52
   d) Sonstige Vermerke und Vertretungsbescheinigungen ... 53
      aa) Beglaubigung von Unterschriften ... 53
      bb) Elektronische Signatur ... 54
   e) Registerbescheinigungen ... 54
   f) Wechsel- und Scheckprotest ... 54
      aa) Begriff des Wechsels ... 54
      bb) Protest ... 55

6. Behandlung der Urkunden ... 56
   a) Urschrift – Vermerke auf der Urschrift ... 57
      aa) Vorgeschriebene Vermerke ... 57
         aaa) Vermerk über die Erteilung von Ausfertigungen ... 57
         bbb) Vermerk über die Anzeige gegenüber dem Finanzamt und dem Nachlassgericht ... 58
      bb) Nützliche Vermerke ... 58
      cc) Nachtragsvermerk nach § 44 a BeurkG ... 58
   b) Ausfertigung ... 59
      aa) Zuständigkeit für die Erteilung – Recht auf Erteilung ... 59
      bb) Ausfertigungsvermerk ... 60
   c) Vollstreckbare Ausfertigung ... 61
      aa) Voraussetzungen für die Erteilung ... 61
      bb) Die Erteilung vollstreckbarer Ausfertigungen für und gegen Rechtsnachfolger ... 62
   d) Beglaubigte Abschrift ... 63
   e) Einfache Abschrift ... 64

7. Besonderheiten bei Verbraucherverträgen ... 64
   a) Grundstücksveräußerungen und Zwei-Wochen-Frist ... 64
   b) Feststellung der Voraussetzungen für den Verbrauchervertrag ... 65
      aa) Unternehmer und Verbraucher ... 65
         aaa) Verbraucher ... 65
         bbb) Begriff des Unternehmers ... 66

c) Folgen eines Verbrauchervertrages 66
   aa) Überprüfung durch den Notar 66
   bb) Ausnahmen von der Zwei-Wochen-Frist 67
d) Verbrauchervertrag und Vertretung 67

III. Fragen- und Antwortkatalog zum Beurkundungsverfahrensrecht 68

Teil C Beurkundungen im Grundstücksrecht

I. Allgemeines Grundstücksrecht 71

1. Allgemeines 71
   a) Grundstück 71
   b) Rechte an Grundstücken 72
   c) Grundstücksverkehr 72

2. Grundbuchverfahren 73
   a) Zweck des Grundbuchs 74
   b) Aufbau des Grundbuchs – Grundbuchblatt 74
      aa) Aufschrift 75
      bb) Bestandsverzeichnis (§ 6 GBV) 75
      cc) Abteilung I (Eigentümerverzeichnis) 77
      dd) Abteilung II 81
      ee) Abteilung III 83
   c) Grundzüge des Eintragungsverfahrens 85
      aa) Antrag 85
      bb) Bewilligung 86
      cc) Auflassung 87
      dd) Grundbuchberichtigung 88
      ee) Nachweis der Eintragungsvoraussetzungen 90
      ff) Der Rang 91
   d) Behandlung von Anträgen beim Grundbuchamt 92

II. Der Grundstückskauf 93

1. Verpflichtungsgeschäft 93

2. Erfüllungsgeschäft und Auflassung 95

3. Inhalt des Grundstückskaufvertrags 96
   a) Überblick 96
   b) Ermittlung des notwendigen Inhalts des Kaufvertrags 97
   c) Beteiligte des Kaufvertrags – Güterstand bei Eheleuten 97
   d) Ermittlung des Grundbuchstandes 98

e) Verpflichtungserklärungen, Kaufpreis 99
f) Verzug, Rücktrittsrechte 100
g) Übergang von Besitz, Nutzungen und Lasten, Gefahrübergang
    – Erschließungskosten 101
h) Sach- und Rechtsmängel 102
    aa) Rechtsmängel 103
    bb) Sachmängel 103
i) Kosten und Steuern 104
j) Hinweis auf Genehmigungspflichten – Belehrungen –
    Vollzugsauftrag 105

4. Vollzug des Grundstückskaufvertrags 106
   a) Vollzugsauftrag 106
   b) Abwicklung im Wege der Direktzahlung oder über
      Notaranderkonto 107
   c) Vorbereitung des Vollzugs (Abwicklung) 107
   d) Zwingende Anzeigepflichten beim Grundstückskaufvertrag 108
    aa) Veräußerungsanzeige 108
    bb) Mitteilungspflicht nach dem BauGB 108
   e) Erforderliche rechtsgeschäftliche Genehmigungen 109
   f) Gesetzliche Genehmigungen 109
    aa) Genehmigung nach dem Grundstücksverkehrsgesetz
       (GrstVG) 110
    bb) Genehmigung nach der Grundstücksverkehrsordnung 110
    cc) Sanierungsrechtliche Genehmigung 111
    dd) Die Genehmigung der Kommunalaufsicht bei der
       Veräußerung von Gemeindegrundstücken 111
   g) Vorkaufsrechtsverzichtserklärungen (Negativatteste) 111
    aa) Vorkaufsrecht der Gemeinde 111
    bb) Vorkaufsrechte nach Denkmalschutzgesetzen 112
    cc) Weitere gesetzliche Vorkaufsrechte 112
   h) Grundbuchanträge 113
    aa) Auflassungsvormerkung 113
    bb) Erklärung der Auflassung/der Umschreibungsantrag 114
    cc) Aussetzung der Auflassung 114
    dd) Vorlagesperre 115
    ee) Löschung nicht übernommener Belastungen 116

5. Formen der Kaufpreiszahlung 116
   a) Gestaltung der Kaufpreiszahlung bei Direktzahlung 117
    aa) Funktionsweise 117
    bb) Voraussetzungen der Fälligkeitsmitteilung 118
    cc) Fälligkeitsmitteilung 121
    dd) Weiterer Vollzug 121
   b) Kaufpreisabwicklung über Notaranderkonto 122
    aa) Vorliegen eines Sicherungsinteresses 122

Inhalt

bb) Die Verwahrungsanweisung … 123
c) Durchführung der Verwahrung (§ 54 b Abs. 1 BeurkG) … 125
    aa) Eröffnung eines Notaranderkontos … 125
    bb) Beachtung der Anweisungen … 125
d) Beachtung korrespondierender Treuhandaufträge (§ 54 b Abs. 5 BeurkG) … 126
    aa) Treuhandauflage der finanzierenden Bank … 126
    bb) Prüfung der Treuhandauflagen … 126
    cc) Treuhandauflage abzulösender Gläubiger … 128
e) Verfügung über das Notaranderkonto … 128
f) Weiterer Vollzug … 129

6. Kaufvertrag über eine Teilfläche … 129
    a) Bezeichnung des Kaufgegenstandes … 130
    b) Kaufpreisgestaltung … 131
    c) Kaufpreisfinanzierung beim Teilflächenkauf … 131
    d) Vollzug beim Teilflächenkauf … 131
        aa) Genehmigungserfordernisse … 131
        bb) Identitätsfeststellung – Grundbuchanträge … 132

7. Aufhebung und Änderungen des Kaufvertrags … 133
    a) Bereits vollzogener Kaufvertrag … 133
    b) Noch nicht vollzogener Kaufvertrag … 133
        aa) Erklärte Auflassung … 133
        bb) Nicht erklärte Auflassung … 134
    c) Änderungen des Kaufvertrags … 134

III. Weitere Geschäfte im Grundstücksrecht … 134

1. Wohnungseigentum … 134
    a) Begründung des Wohnungseigentums … 135
    b) Aufteilung nach § 3 WEG … 135
    c) Inhalt des Vertrags … 136
        aa) Grundbuchstand … 136
        bb) Bildung der Miteigentumsanteile und des Sondereigentums … 136
        cc) Gemeinschaftliches Eigentum … 137
        dd) Sondernutzungsrechte … 137
        ee) Weiterer Inhalt der Teilungserklärung … 138
    d) Vollzug der Teilung … 138
    e) Teilungserklärung nach § 8 WEG … 138
    f) Kaufvertrag über eine Eigentumswohnung … 139
        aa) Wohnungsgrundbücher sind bereits angelegt … 139
        bb) Noch nicht gebildetes Wohnungseigentum … 139
        cc) Vollzug des Kaufvertrags über eine Eigentumswohnung … 140
    g) Besonderheiten bei Bauträgerverträgen … 140

2. Der Erbbaurechtsvertrag ... 143
   a) Zweck und Abgrenzung zum Wohnungseigentum ... 143
   b) Inhalt des Erbbaurechtsvertrags ... 144
      aa) Gesetzlich vorgeschriebener Mindestinhalt ... 144
      bb) Vertragsmäßiger dinglicher Inhalt ... 145
         aaa) Regelungen über die Errichtung des Gebäudes ... 145
         bbb) Dauer des Erbbaurechts ... 145
         ccc) Regelungen über den Heimfall ... 146
         ddd) Vorkaufsrechte ... 146
         eee) Zustimmung zur Belastung ... 147
      cc) Erbbauzins ... 147
   c) Vollzug und Grundbucherklärungen ... 148
      aa) Genehmigungserfordernisse ... 148
      bb) Grundbuchanträge ... 149

3. Überlassungsvertrag ... 149
   a) Begriff ... 149
   b) Herkunft und heutige Bedeutung ... 150
   c) Gründe für den Überlassungsvertrag ... 150
   d) Abgrenzung zur Verfügung von Todes wegen ... 151
      aa) Übersicht: Verfügung von Todes wegen und Übertragung ... 151
      bb) Steuerrechtliche Bedeutung
          (Schenkungs- und Erbschaftsteuer) ... 152
   e) Erforderliche Angaben zur Vorbereitung ... 152
   f) Inhalt des Überlassungsvertrags ... 153
      aa) Übertragung ... 153
      bb) Vorbehaltene Rechte ... 153
      cc) Wohnungsrecht ... 153
      dd) Voraussetzungen des Wohnungsrechts ... 154
      ee) Wirkung des dinglichen Wohnungsrechts ... 154
      ff) Abgrenzung zum Nießbrauch ... 155
   g) Pflegeverpflichtungen ... 156
   h) Rente ... 157
   i) Weitere Vereinbarungen ... 157
   j) Zusammenfassung der Rechte als Altenteil ... 157
   k) Löschungserleichterung ... 158
   l) Weitere Rechte und Pflichten ... 158
      aa) Rückübertragungsverpflichtung; Rücktrittsrecht ... 158
      bb) Pflichtteilsverzicht weichender Erben ... 159
   m) Vollzug des Überlassungsvertrags ... 160
      aa) Genehmigungen, Anzeigepflichten gegenüber dem
          Grundbuchamt ... 160
      bb) Genehmigungen, Anzeigepflichten gegenüber sonstigen
          Behörden ... 160

4. Grundpfandrechte 161
   a) Zweck der Grundpfandrechte 161
   b) Arten der Grundpfandrechte 162
      aa) Briefrecht und Buchrecht 162
      bb) Unterschiede zwischen Hypothek und Grundschuld 163
   c) Entstehung des Grundpfandrechts 164
   d) Grundschuld 165
      aa) Vorbereitung der Grundschuld 165
      bb) An der Grundschuldbestellung Beteiligte 167
      cc) Belastungsgegenstand 168
      dd) Grundschuldbetrag, Zins und Nebenleistung 169
   e) Rang der Grundschuld 169
   f) Finanzierungsgrundschuld 171
   g) Nicht zur Eintragung erforderlicher Inhalt der Grundschuld; Zweckerklärung 173
   h) Unterwerfung unter die sofortige Zwangsvollstreckung 173
      aa) Allgemeines 173
      bb) Vollstreckung in den belasteten Grundbesitz und in das gesamte Vermögen 175
      cc) Form der Unterwerfungserklärung 175
   i) Vollzug der Grundschuldbestellung 176
   j) Notarbestätigung (Rangbescheinigung) 177
   k) Veränderungen bei der Grundschuld 178
   l) Veränderungen des belasteten Grundbesitzes 178
   m) Abtretung der Grundschuld 179
      aa) Einigung und Eintragung 179
      bb) Übergabe des Briefes 180
      cc) Umschreibung der Vollstreckungsklausel bei Gläubigerwechsel 180
      dd) Änderungen in der Person des Eigentümers 181
   n) Erlöschen der Grundschuld 181

IV. Fragen- und Antwortkatalog zu Beurkundungen im Grundstücksrecht 182

Teil D Beurkundungen im Familienrecht

I. Einführung in das materielle Familienrecht 187

1. Ehe 187
   a) Eheliches Güterrecht 187
   b) Gesetzlicher Güterstand der Zugewinngemeinschaft 188
      aa) Eigentumsverhältnisse 188
      bb) Verpflichtungs- und Verfügungsbeschränkungen 189

	cc) Haushaltsgegenstände	191
	dd) Zugewinnausgleich	191
	aaa) Schuldrechtlicher Zugewinnausgleich	191
	bbb) Erbrechtlicher Zugewinnausgleich	193
c)	Gütertrennung	194
	aa) Wesen der Gütertrennung	194
	bb) Eintritt der Gütertrennung	195
d)	Gütergemeinschaft	195
	aa) Gesamtgut	196
	bb) Sondergut	197
	cc) Vorbehaltsgut	197
e)	Fortgesetzte Gütergemeinschaft	198
f)	Unterhaltspflichten	198
	aa) Unterhaltsansprüche während der Ehe	198
	bb) Unterhaltsansprüche der geschiedenen Ehegatten	199
g)	Versorgungsausgleich	201
	aa) Öffentlich-rechtlicher Versorgungsausgleich	201
	bb) Schuldrechtlicher Versorgungsausgleich	202
	cc) Vereinbarungen über den Versorgungsausgleich	202

2. Eingetragene Lebenspartnerschaft — 204
   a) Begründung der Lebenspartnerschaft — 205
   b) Verlöbnis — 206
   c) Partnerschaftliche Lebensgemeinschaft und Umfang der Sorgfaltspflicht — 206
   d) Lebenspartnerschaftsname — 206
   e) Lebenspartnerschaftsunterhalt — 207
   f) Güterrecht der Lebenspartner — 207
   g) Weitere Wirkungen der Begründung der Lebenspartnerschaft — 208
   h) Getrenntleben der Lebenspartner — 209
      aa) Unterhalt bei Getrenntleben — 209
      bb) Hausratsverteilung bei Getrenntleben — 209
      cc) Wohnungszuweisung bei Getrenntleben — 209
   i) Aufhebung der Lebenspartnerschaft — 210
      aa) Voraussetzungen der Aufhebung — 210
      bb) Nachpartnerschaftlicher Unterhalt — 210
      cc) Versorgungsausgleich — 211
      dd) Entscheidung über die gemeinsame Wohnung und über den Hausrat — 213
   j) Übergangsvorschrift zum Gesetz zur Überarbeitung des Lebenspartnerschaftsrechts — 213
   k) Internationales Privatrecht — 214

3. Verwandtschaft — 214
   a) Abstammung — 215
   b) Leibliche Kinder — 215

	aa) Abstammungsrecht	215
	bb) Sorge- und Umgangsrecht	217
	aaa) Elterliche Sorge	217
	bbb) Kleines Sorgerecht gleichgeschlechtlicher Lebenspartner	219
	ccc) Sorgeerklärung	219
	ddd) Einschränkung der elterlichen Vermögenssorge	221
	eee) Umgangsrecht	221
	cc) Namensrecht	222
	c) Schwägerschaft	223
	4. Vormundschaft, rechtliche Betreuung und Pflegschaft	224
	a) Vormundschaft	224
	b) Rechtliche Betreuung	225
	c) Vorsorgevollmacht	226
	d) Patientenverfügung	233
	e) Pflegschaft	234
II.	**Eheverträge**	**235**
	1. Motive für den Abschluss von Eheverträgen	236
	2. Inhaltskontrolle von Eheverträgen	236
	3. Modifikation des gesetzlichen Güterstandes	239
	4. Vereinbarung der Gütertrennung	241
	5. Vereinbarung der Gütergemeinschaft	242
	6. Vereinbarung über den Unterhalt	243
	7. Vereinbarung über den Versorgungsausgleich	245
	8. Scheidungsfolgenvereinbarung	249
	9. Eheverträge bei Beteiligung von Ausländern	254
	10. Abwicklung der Eheverträge	255
	a) Benachrichtigung in Nachlasssachen	255
	b) Güterrechtsregister	256
III.	**Lebenspartnerschaftsvertrag**	**256**

Inhalt

IV. Annahme als Kind ... 258

    1. Minderjährigenadoption ... 259
       a) Wirkungen ... 259
       b) Erklärungen ... 260

    2. Volljährigenadoption ... 261
       a) Wirkungen ... 262
       b) Erklärungen ... 262

    3. Stiefkindadoption durch eingetragene Lebenspartner ... 263

    4. Dem Vormundschaftsgericht vorzulegende Unterlagen ... 263

V. Fragen- und Antwortkatalog zu Beurkundungen im Familienrecht ... 264

Teil E Beurkundungen im Erbrecht

I. Grundsätze des Erbrechts ... 267

    1. Gesamtrechtsnachfolge und rechtliche Stellung der Erben ... 267

    2. Gesetzliche Erbfolge ... 268
       a) Erbrecht der Verwandten ... 269
          aa) Erben erster Ordnung ... 269
          bb) Erben zweiter Ordnung ... 270
          cc) Erben dritter Ordnung ... 271
          dd) Erben vierter oder fernerer Ordnung ... 272
       b) Erbrecht des Ehegatten ... 272
       c) Erbrecht des gleichgeschlechtlichen Lebenspartners ... 274
       d) Erbrecht des Staates ... 276

    3. Verfügungen von Todes wegen ... 276
       a) Testament ... 276
          aa) Testierfähigkeit ... 276
          bb) Einzeltestament ... 277
          cc) Gemeinschaftliches Testament ... 278
       b) Erbvertrag ... 279
          aa) Geschäftsfähigkeit ... 280
          bb) Bindungswirkung beim Erbvertrag ... 280
          cc) Lösung vom Erbvertrag ... 281
          dd) Verbindung des Erbvertrages mit anderen Verträgen ... 284

Inhalt

	c) Wahl zwischen Erbvertrag und gemeinschaftlichem Testament	284
	d) Beteiligung von Ausländern	285

4. Formen der Verfügungen von Todes wegen und ihre Abwicklung — 286
   a) Testamentsformen — 286
      aa) Das eigenhändige Testament — 286
      bb) Das notarielle Testament — 286
         aaa) Testamentserrichtung durch Erklärung gegenüber dem Notar — 286
         bbb) Testamentserrichtung durch Übergabe einer Schrift — 287
         ccc) Besonderheiten bei der Testamentserrichtung durch Behinderte und Sprachunkundige — 288
         ddd) Abwicklung notarieller Testamente — 289
   b) Form des Erbvertrages — 294
      aa) Notarielle Beurkundung — 294
      bb) Abwicklung des Erbvertrages — 294
      cc) Notarielles Verfahren der Rückgabe eines Erbvertrages — 300

5. Pflichtteil — 302
   a) Berechtigte und Inhalt des Pflichtteilsanspruchs — 302
   b) Pflichtteilsergänzungsanspruch — 303
   c) Pflichtteilsentziehung — 304

II. Möglichkeiten der Gestaltung erbrechtlicher Anordnungen — 305

1. Erbeinsetzung — 305

2. Ersatzerbschaft — 307

3. Vor- und Nacherbschaft — 308

4. Vermächtnis — 311

5. Teilungsanordnung und Vorausvermächtnis — 313

6. Auseinandersetzungsverbot — 315

7. Auflage — 316

8. Testamentsvollstreckung — 317

9. Anordnungen sonstiger Art — 320
   a) Beschränkung der elterlichen Vermögenssorge — 320
   b) Befreiung von der Inventarisierungspflicht — 321
   c) Vormundbenennung durch die Eltern — 322

		d) Anordnungen zur Gütergemeinschaft	323

d) Anordnungen zur Gütergemeinschaft 323
e) Letztwillige Schiedsklausel 323
    aa) Schiedsgericht 323
    bb) Schiedsgutachten 325

10. Testament 326
  a) Einzeltestament 329
  b) Gemeinschaftliches Testament 331

11. Erbvertrag 334

12. Behindertentestament 337

III. Weitere Beurkundungen im Erbrecht 341

1. Erb-, Pflichtteils- und Zuwendungsverzicht 341

2. Erbausschlagung 345

3. Erbschein 348
  a) Bedeutung des Erbscheins 348
  b) Erbscheinsarten 349
  c) Erbscheinsantrag 349
    aa) Zuständigkeit für die Erteilung des Erbscheins 349
    bb) Antragsberechtigung 350
    cc) Form des Erbscheinsantrags 350
    dd) Erbscheinsantrag bei gesetzlicher Erbfolge 350
    ee) Erbscheinsantrag bei gewillkürter Erbfolge 352

4. Erbteilskauf 354

5. Erbauseinandersetzung 360
  a) Erbauseinandersetzungsvertrag 360
  b) Auseinandersetzungszeugnis 364
  c) Formelle Vermittlung der Auseinandersetzung 365
  d) Anzeigepflicht gegenüber Finanzamt 365
  e) Teilungsklage und Teilungsversteigerung bei Grundstücken 365

6. Nachlassverzeichnis gemäß § 2314 BGB 365

IV. Fragen- und Antwortkatalog zu Beurkundungen im Erbrecht 367

Teil F Beurkundungen im Handels-, Gesellschafts- und Vereinsrecht

I. Kaufmannsbegriff	371
II. Der Einzelkaufmann	373
1. Istkaufmann	373
2. Kannkaufmann	374
3. Anzumeldende Veränderungen	375
III. Gesellschaften	375
1. Die GbR	376
2. Offene Handelsgesellschaft (OHG)	377
a) Erstanmeldung der OHG	377
b) Anzumeldende Änderungen bei der OHG	379
3. Kommanditgesellschaft	379
4. Weitere Personengesellschaften	381
5. Gesellschaft mit beschränkter Haftung (GmbH)	381
a) Gründung der GmbH	382
b) Inhalt der Satzung	383
aa) Firma	384
bb) Gegenstand	384
cc) Betrag des Stammkapitalss	384
dd) Geschäftsanteil	385
ee) Weitere nicht zwingende Bestandteile der Satzung	385
ff) Satzungsbestimmungen über Art und Umfang der Geschäftsführung	385
c) Bestellung der ersten Geschäftsführer	386
d) Erstanmeldung der Gesellschaft	386
aa) Inhalt der Anmeldung	387
bb) Der Anmeldung beizufügende Unterlagen	387
e) Besonderheiten bei der Einbringung von Sacheinlagen	389
f) Das vereinfachte Verfahren (§ 2 Abs. 1 a GmbHG)	390
g) Die Unternehmergesellschaft	392
h) Veränderungen bei der Gesellschaft	393
aa) Satzungsänderungen	393
bb) Bestellung und Abberufung von Geschäftsführern	394

g) Geschäftsanteilsübertragung ... 395

IV. Die elektronische Handelsregisteranmeldung ... 397

1. Grundlagen der Übermittlung ... 397

2. Schritte der elektronischen Handelsregisteranmeldung ... 398
   a) Erstellen eines elektronischen Dokumentes ... 398
   b) Signieren der Handelsregisteranmeldung und der für die Anmeldung erforderlichen Dokumente ... 398
   c) Erstellen der XML-Datei ... 399
   d) Versand der elektronischen Dateien und der XML-Datei an das Elektronische Verwaltungspostfach (EGVP) ... 403

V. Beurkundungen im Vereinsrecht ... 405

1. Begriff des Vereins ... 405

2. Errichtung des rechtsfähigen Vereins ... 407

3. Vorstand ... 407

4. Erstanmeldung des Vereins ... 407

5. Die Anmeldung von Veränderungen ... 408

VI. Fragen- und Antwortkatalog zu Beurkundungen im Handels-, Gesellschafts- und Vereinsrecht ... 409

Teil G Kostenrecht

I. Einführung ... 411

1. Grundzüge des notariellen Kostenrechts ... 411

2. Überblick über die Kostenordnung ... 412
   a) Allgemeine Vorschriften ... 412
   b) Geschäftswert ... 414
   c) Gebührensätze ... 416
   d) Auslagen ... 416
      aa) Dokumentenpauschale ... 417
      bb) Reisekosten ... 419
      cc) Sonstige Auslagen ... 421
   e) Umsatzsteuer ... 422

Inhalt

II. **Einzelne Grundstücks- und Grundpfandrechtsgeschäfte**   422

   1. Kaufvertrag   422
      a) Geschäftswertberechnung   422
         aa) Vergleich von Kaufpreis und Grundstückswert   425
         bb) Vorbehaltene Nutzungen und übernommene Leistungen   426
         cc) Übernahme von Grundpfandrechten   430
         dd) Bebauung für Rechnung des Erwerbers   431
         ee) Kauf vom Bauträger   432
      b) Nebengebühren   433
         aa) Vollzugsgebühr, § 146 Abs. 1 KostO   433
         bb) Betreuungsgebühren, § 147 Abs. 2 KostO   437
      c) Belastungsvollmacht   440
      d) Vollmacht und Genehmigung   441
      e) Angebot und Annahme   444
      f) Änderung und Aufhebung von Kaufverträgen   444
      g) Übersicht über anfallende Notar- und Gerichtskosten beim Kaufvertrag   445
         aa) Notar   445
         bb) Gericht   446
      h) Vollständige und richtige Kostenerfassung beim Grundstückskaufvertrag   446

   2. Schenkungsvertrag   450

   3. Tauschvertrag   451

   4. Übergabevertrag   452
      a) Allgemeines zum Geschäftswert   452
      b) Land- oder forstwirtschaftlicher Betrieb   454
      c) Vollzugsgebühr, Betreuungsgebühren   456
      d) Übergabe- und Erbvertrag   458
      e) Abfindung weichender Erben   460

   5. Auseinandersetzungsvertrag   461

   6. Erbbaurecht   463
      a) Bestellung eines Erbbaurechts   463
      b) Veräußerung eines Erbbaurechts   465

   7. Wohnungseigentum   467
      a) Begründung von Wohnungseigentum   467
      b) Veräußerung von Wohnungseigentum   468

   8. Vorkaufs- und Ankaufsrecht   469

9.	Grundpfandrechte	471
	a) Grundschuld	471
	aa) Grundschulden mit Zwangsvollstreckungsunterwerfung	471
	bb) Grundschuld ohne Zwangsvollstreckungsunterwerfung	473
	cc) Löschungszustimmung	477
	dd) Rangvorbehalt	479
	ee) Zustimmung zur Rangänderung	480
	ff) Abtretung	481
	b) Die Hypothek	482
	c) Vollstreckbare Ausfertigungen	482
	d) Notarbestätigung (Rangbescheinigung)	485

III. Erbrechtliche Geschäfte — 485

1. Letztwillige Verfügungen — 485
   a) Testament — 485
   b) Gemeinschaftliches Testament — 488
   c) Erbvertrag — 489

2. Erbscheinsverfahren — 491

3. Erbteilsübertragung — 495

4. Erb- und Pflichtteilsverzichte — 496

IV. Familienrechtliche Geschäfte — 498

1. Regelungen zum Güterrecht — 498

2. Regelungen zum Versorgungsausgleich — 501

3. Vereinbarungen zum Unterhalt — 502

4. Vereinbarungen anlässlich der Ehescheidung — 502

5. Annahme als Kind — 504

6. Partnerschaftsvertrag — 504

7. Lebenspartnerschaftsvertrag — 505

8. Vorsorgevollmacht — 505

V. Gesellschaft mit beschränkter Haftung — 507

1. Neugründung einer GmbH — 507

	a) Gesellschaftsvertrag	507
	b) Bestellung der ersten Geschäftsführer	509
	c) Anmeldung der GmbH zum Handelsregister	510
	d) Notarkosten im Umfeld der elektronischen Registeranmeldung – am Beispiel einer neu gegründeten GmbH	511
	aa) Beglaubigung der vom Notar errichteten Urkunden	511
	bb) XML-Datenstruktur	512
	cc) Dokumentenpauschalen (Einscannen von Dokumenten)	512
	dd) Elektronische Übermittlung	512
2.	Satzungsänderungen bei der GmbH	513
3.	Abtretung von Geschäftsanteilen	516
4.	Umstellung des Stammkapitals auf den EURO	518
5.	Die Auswirkungen des MoMiG auf die Notarkosten	520

VI. Sonstige Handelssachen 520

1.	Einzelkaufmann	520
2.	Offene Handelsgesellschaft	521
3.	Kommanditgesellschaft	522
4.	Aktiengesellschaft	525
5.	Genossenschaft	528
6.	BGB-Gesellschaft	529
7.	Handelsregisteranmeldung der inländischen Zweigniederlassung einer englischen Private Limited Company	530
8.	Umwandlung, Verschmelzung	530
	a) Verschmelzung	531
	b) Spaltung	535
	aa) Aufspaltung/Abspaltung zur Aufnahme	535
	bb) Aufspaltung/Abspaltung zur Neugründung	536
	cc) Zustimmungsbeschlüsse zur Spaltung, Verzichtserklärungen	536
	dd) Registeranmeldungen	536
	ee) Ausgliederung	536
	c) Vermögensübertragung nach §§ 176, 177 UmwG	536
	d) Formwechsel	536

	9. Verein	537
VII.	Hinterlegungs- und Verwahrungsgeschäfte des Notars	538
VIII.	Entwürfe und Beglaubigungen	540
	1. Entwurfsgebühr nach § 145 Abs. 1 S. 1 KostO	540
	2. Entwurfsgebühr nach § 145 Abs. 2 KostO	542
	3. Entwurfsgebühr nach § 145 Abs. 3 KostO	542
	4. Überprüfung von Entwürfen	543
	5. Beglaubigung von Unterschriften nach § 45 KostO	545
	6. Beratungstätigkeiten des Notars	545
IX.	Mehrere Erklärungen in einer Urkunde	546
X.	Gebührenermäßigungen	552
XI.	Sonstige Geschäfte des Notars	556
	1. Vertretungsbescheinigungen	556
	2. Wechselproteste	556
	3. Miet- und Pachtverträge	557
XII.	Erstellung der Kostenrechnung	557
	1. Die Aufstellung der Kostenrechnung	557
	2. Fälligkeit der Kosten und Verjährung	561
	3. Einwendungen gegen die Kostenrechnung	561
	4. Beitreibung der Kosten durch den Notar	562
XIII.	Fragen- und Antwortkatalog zum Kostenrecht	564
Register		575

Checklisten – Verzeichnis

Die Zahlen beziehen sich auf die Randziffern.

Beurkundungsverfahren allgemein:

- Verwahrung in der Urkundensammlung — 53
- Zu beachtende Fristen bei der Eintragung in die Bücher des Notars — 60
- Besonderheiten in der Person eines Beteiligten — 152

Familienrecht:

- Modifikation des gesetzlichen Güterstandes — 691
- Vereinbarung der Gütertrennung — 693
- Vereinbarung der Gütergemeinschaft — 695
- Ehevertrag — 706
- Scheidungsfolgenvereinbarung — 708
- Lebenspartnerschaftsvertrag — 717

Erbrecht:

- Änderung der Erbfolge (Erbeinsetzung, Ersatzerbschaft, Vor- und Nacherbschaft) — 822
- Vermächtnis — 828
- Teilungsanordnung und Vorausvermächtnis — 835
- Auseinandersetzungsverbot — 839
- Auflage — 842
- Testamentsvollstreckung — 847
- Gestaltung eines Einzeltestaments — 867

Checklisten – Verzeichnis

- Gestaltung eines Ehegattentestaments 871
- Gestaltung eines Erbvertrages 874
- Erbausschlagung 891
- Erbscheinsantrag 902

Kostenrecht:

- Übersicht über anfallende Notar- und Gerichtskosten beim Kaufvertrag 1116
- Muster einer Kostencheckliste 1121

Abkürzungsverzeichnis

a. F.	alte Fassung
AG	Amtsgericht
Abs.	Absatz
AktG	Aktiengesetz
Alt.	Alternative
AO	Abgabenordnung
Art.	Artikel
Az.	Aktenzeichen
BauGB	Baugesetzbuch
BauO	Bauordnung
BBiG	Berufsbildungsgesetz
BeurkG	Beurkundungsgesetz
BGB	Bürgerliches Gesetzbuch
BGBl.	Bundesgesetzblatt
BGH	Bundesgerichtshof
BGHZ	Entscheidungen des Bundesgerichtshofs in Zivilsachen
BNotO	Bundesnotarordnung
BRAO	Bundesrechtsanwaltsordnung
BRAGO	Bundesrechtsanwaltsgebührenordnung
BSHG	Bundessozialhilfegesetz
BVerfG	Bundesverfassungsgericht
BvS	Bundesanstalt für vereinigungsbedingte Sonderaufgaben
BVVG	Bodenverwertungs- und Verwaltungsgesellschaft
Bsp.	Beispiel
BZRG	Bundeszentralregistergesetz
bzw.	beziehungsweise
DDR	Deutsche Demokratische Republik
d. h.	das heißt
DNotZ	Deutsche Notarzeitschrift
DNotI-Report	Informationsdienst des Deutschen Notarinstituts
DONot	Dienstordnung für Notarinnen und Notare
DschG	Denkmalschutzgesetz
e. G.	eingetragene Genossenschaft
EGBGB	Einführungsgesetz zum Bürgerlichen Gesetzbuch
EGHGB	Einführungsgesetz zum Handelsgesetzbuch
ErbbauRG	Erbbaurechtsverordnung
ErbStDV	Erbschaftsteuer-Durchführungsverordnung
ErbStG	Erbschaftsteuer- und Schenkungsteuergesetz
EStDV	Einkommensteuer-Durchführungsverordnung

Abkürzungsverzeichnis

e. V.	eingetragener Verein
EWIV	Europ. Wirtschaftliche Interessenvereinigung
EWIV-AG	EWIV-Ausführungsgesetz
f.	folgende
ff.	fortfolgende
FGG	Gesetz über die Angelegenheiten der Freiwilligen Gerichtsbarkeit
GAL	Gesetz über eine Altershilfe für Landwirte
GBA	Grundbuchamt
GbR	Gesellschaft bürgerlichen Rechts
GBO	Grundbuchordnung
GBV	Grundbuchverfügung
GG	Grundgesetz
ggf.	gegebenenfalls
GKG	Gerichtskostengesetz
GmbHG	Gesetz betr. d. Gesellschaften mit beschränkter Haftung
GrdstVG	Grundstücksverkehrsgesetz
GrEStG	Grunderwerbsteuergesetz
GVG	Gerichtsverfassungsgesetz
GVO	Grundstücksverkehrsordnung
GwG	Geldwäschegesetz
HausratsVO	Verordnung über die Behandlung der Ehewohnung und des Hausrats
HeimG	Heimgesetz
HGB	Handelsgesetzbuch
HöfeO	Höfeordnung
HRB	Handelsregister Teil B
Hs.	Halbsatz
i. d. R.	in der Regel
IHK	Industrie- und Handelskammer
insb.	insbesondere
InsO	Insolvenzordnung
i. S. d.	im Sinne des/der
i. V. m.	in Verbindung mit
JMBl.	Justizministerialblatt
JurBüro	Das Juristische Büro, Zeitschrift für Kostenrecht und Zwangsvollstreckung
KG	Kommanditgesellschaft
KindRVerbG	Kinderrechteverbesserungsgesetz
KonsularG	Konsulargesetz

Abkürzungsverzeichnis

KostO	Kostenordnung
lfd. Nr.	laufende Nummer
LFGG BW	Landesgesetz über die freiwillige Gerichtsbarkeit Baden-Württemberg
LPartG	Lebenspartnerschaftsgesetz
MaBV	Makler- und Bauträgerverordnung
MittBayNot	Mitteilungen des Bayerischen Notarvereins, der Notarkasse und der Landesnotarkammer
MoMiG	Gesetz zur Modernisierung des GmbH-Rechts und zur Bekämpfung von Missbräuchen
NachwG	Nachweisgesetz
n. F.	neue Fassung
NJW	Neue Juristische Wochenschrift
NJW-RR	Neue Juristische Wochenschrift – Rechtsprechungsreport
NotBZ	Zeitschrift für die notarielle Beratungs- und Beurkundungspraxis
Nr.	Nummer
OHG	offene Handelgesellschaft
PartGG	Partnerschaftsgesellschaftsgesetz
PklG	Preisklauselgesetz
Rn.	Randziffer in anderen Veröffentlichungen
Rpfleger	Der Deutsche Rechtspfleger
RGZ	Entscheidungen des Reichsgerichts in Zivilsachen
RNotZ	Rheinische Notarzeitung
RVG	Rechtsanwaltsvergütungsgesetz
Rz.	Randziffer innerhalb des Werkes
S.	Seite/Satz
SachenRBerG	Sachenrechtsbereinigungsgesetz
SGB	Sozialgesetzbuch
SiG	Signaturgesetz
sog.	sogenannte
StGB	Strafgesetzbuch
StPO	Strafprozessordnung
ThürDschG	Thüringer Denkmalschutzgesetz
TLG	Treuhandliegenschaftsgesellschaft
u. a.	unter anderem
u. ä.	und ähnliches

Abkürzungsverzeichnis

UmwG	Umwandlungsgesetz
UR	Urkundenrolle
UR-Nr.	Urkundenrollen-Nummer
usw.	und so weiter
u. U.	unter Umständen
vgl.	vergleiche
VvaG	Versicherungsverein auf Gegenseitigkeit
WEG	Wohnungseigentumsgesetz
z. B.	zum Beispiel
ZEV	Zeitschrift für Erbrecht und Vermögensnachfolge
ZNotP	Zeitschrift für die Notarpraxis
ZPO	Zivilprozessordnung
z. T.	zum Teil
ZVG	Gesetz über die Zwangsversteigerung und die Zwangsverwaltung

Teil A Die Aufgaben des Notars in der Rechtsordnung

I. Das Amt des Notars

Der Notar ist als unabhängiger Träger eines öffentlichen Amts ein Organ der Rechtspflege (§ 1 BNotO). Damit unterscheidet sich der Beruf des Notars erheblich von dem des Rechtsanwalts. Dieser ist nämlich kein Träger eines öffentlichen Amts. 1

Die Aufgaben des Notars liegen auf dem Gebiet der vorsorgenden Rechtspflege oder so genannten »Freiwilligen Gerichtsbarkeit«.

1. Der Notar im Rahmen der Freiwilligen Gerichtsbarkeit

Die Freiwillige Gerichtsbarkeit bildet zusammen mit der Streitigen Gerichtsbarkeit die Zivilgerichtsbarkeit und diese zusammen mit der Strafgerichtsbarkeit die ordentliche Gerichtsbarkeit. 2

Die ordentliche Gerichtsbarkeit wird von den Amtsgerichten, Landgerichten, Oberlandesgerichten und dem Bundesgerichtshof ausgeübt.

Bei der streitigen Gerichtsbarkeit (Zivilsachen) stehen sich meist streitende Beteiligte gegenüber, nämlich Kläger und Beklagter. Diese streiten um Ansprüche (z. B. auf Kaufpreiszahlung). Seltener sind Zivilprozesse ohne Streit, etwa die einvernehmliche Ehescheidung.

a) Begriff der Freiwilligen Gerichtsbarkeit

Unter Freiwilliger Gerichtsbarkeit fasst man die Angelegenheiten zusammen, die zwar Aufgabe des Gerichts sind, aber nicht Entscheidungen über Ansprüche zum Gegenstand haben. Es gibt hier keine Parteien, sondern »Beteiligte«, keinen Kläger, sondern allenfalls einen Antragsteller. Zur Freiwilligen Gerichtsbarkeit gehören insbesondere Grundbuchsachen, Nachlasssachen, Vormundschaftssachen und Registersachen. 3

Die Vorschriften über die Freiwillige Gerichtsbarkeit sind hauptsächlich geregelt im FGG und in weiteren Gesetzen, vor allem der GBO.

b) Freiwillige Gerichtsbarkeit und formelles Recht

Die Freiwillige Gerichtsbarkeit gehört zum so genannten *formellen Recht* im Gegensatz zum *materiellen Recht*. 4

Das materielle Recht befasst sich – vereinfacht ausgedrückt – mit der Frage, was Recht ist, etwa, ob jemand Eigentümer einer Sache ist oder ob ihm ein Anspruch auf Herausgabe einer Sache zusteht. Zum materiellen Recht gehört auch die Frage, ob jemand Erbe ist.

Neben der Frage nach der Rechtslage stellt sich aber oft auch die Frage, wie das Recht durchgesetzt oder der dem Gesetz entsprechende Zustand herbeige-

Teil A Die Aufgaben des Notars in der Rechtsordnung

führt werden kann. Diese Fragen beantwortet das formelle Recht oder *Verfahrensrecht*. Der Erbe benötigt zur Durchsetzung seiner Ansprüche häufig einen Erbschein, der seine Erbenstellung ausweist (§ 2353 BGB). Was der Erbe zu unternehmen hat, um einen Erbschein zu erhalten, etwa, wo er den Antrag zu stellen hat oder welche Angaben und Urkunden dafür benötigt werden, ergibt sich aus den Vorschriften des formellen Rechts.

Was formelles Recht und was materielles Recht ist, lässt sich oft nicht leicht entscheiden, da beide gelegentlich dasselbe Problem regeln.

> **Praxis-Tipp**
> Nach § 167 Abs. 2 BGB bedarf die Vollmacht nicht der Form des Rechtsgeschäfts, zu dem sie erteilt wird. Damit ist eine handschriftliche Grundstücksverkaufsvollmacht zur Wirksamkeit des Kaufvertrags ausreichend (*materielles Recht*). § 29 GBO verlangt für den grundbuchlichen Vollzug die Vorlage einer notariell beglaubigten Vollmacht. Es geht hier nicht um die Frage, ob eine Vollmacht erteilt ist und ob der Kaufvertrag wirksam ist, sondern um die Frage des Nachweises gegenüber dem Grundbuchamt. Dieses darf die Umschreibung solange nicht vornehmen, als nicht eine notarielle Genehmigung oder Vollmachtsbestätigung vorliegt (*formelles Recht*).

5 Die Freiwillige Gerichtsbarkeit hat in der Hauptsache die Aufgabe, wichtige Angelegenheiten auf ihre richtige Erledigung hin zu überprüfen und dem Staat eine Kontrolle zu ermöglichen.

> **Praxis-Tipp**
> Das Registergericht prüft, ob der Gesellschaftsvertrag wirksam ist. Das Grundbuchamt prüft, ob die Auflassung beurkundet wurde. Das Nachlassgericht prüft die Angaben im Erbscheinsantrag und die Erbquoten. Das Vormundschaftsgericht überprüft die Angemessenheit des Geschäfts, durch das ein Minderjähriger Verpflichtungen eingeht.

6 Aus diesem Grund wird die freiwillige Gerichtsbarkeit auch *Vorsorgende Rechtspflege* genannt, weil es ihre Aufgabe ist, Schäden und Streitigkeiten zu vermeiden.

Ein Tätigwerden des Gerichts im Bereich der Freiwilligen Gerichtsbarkeit setzt häufig die vorherige Einschaltung des Notars voraus. Dieser prüft in eigener Verantwortung bestimmte Umstände, das Ergebnis einer solchen Prüfung wird dann der Entscheidung des Gerichts zugrunde gelegt. So wird etwa vom Grundbuchamt nicht geprüft, ob der Kaufvertrag beurkundet ist (§§ 311 b Abs. 1, 925 a BGB); diese Prüfung ist Sache des Notars.

In der Freiwilligen Gerichtsbarkeit wirken daher meist Notare und Gerichte in der Weise zusammen, dass die Notare die Willenserklärungen und Anträge beurkunden und die entsprechenden Anträge stellen und die Gerichte über die Anträge entscheiden. Dadurch, dass die Notare und ihre Mitarbeiter entsprechend ausgebildet sind und auch einer Prüfung durch die Dienstaufsicht

I. Das Amt des Notars

unterliegen, wird sichergestellt, dass die vorgelegten Urkunden und Anträge den gesetzlichen Anforderungen entsprechen.

2. Der Notar als Träger eines öffentlichen Amtes

Der Notar ist Träger eines öffentlichen Amts und nimmt damit unmittelbar staatliche Aufgaben wahr. Dies wird bereits an seinem Amtsschild deutlich, auf dem sich als Ausdruck seiner hoheitlichen Befugnisse das Landeswappen befindet (§ 3 Abs. 1 DONot). Aber auch aus einer ganzen Reihe weiterer Vorschriften ergibt sich, dass der Notar ein öffentliches Amt ausübt, z. B.:

– Berufung des Notars durch Ausschreibung;
– Altersgrenze (§ 47 BNotO);
– Führung eines Amtssiegels (§ 2 Abs. 1 DONot);
– Pflicht zur Offenhaltung seiner Geschäftsstelle während der Bürozeiten (§ 10 Abs. 3 BNotO);
– Verbot der Amtsverweigerung ohne ausreichenden Grund (§ 15 BNotO);
– Erhebung von Gebühren (§ 17 BNotO) anstelle einer Vergütung (z. B. bei Rechtsanwälten, § 1 RVG);
– Haftung für verursachte Schäden nach Maßgabe der Beamtenhaftung (§ 19 BNotO i. V. m. § 839 BGB);
– Prüfung der Amtsführung durch Aufsichtsbehörden (§ 93 BNotO; §§ 32 ff. DONot);
– Disziplinarmaßnahmen bei Pflichtverletzungen (§§ 95 ff. BNotO);
– Verpflichtung, keine Beurkundungen außerhalb des eigenen Amtsbereiches vorzunehmen (§ 10a Abs. 2 BNotO).

Dass die Tätigkeit des Notars ein öffentliches Amt ist, ergibt sich auch aus dem zugewiesenen Aufgabenkreis. Die Notare sind nach § 20 BNotO u. a. zuständig, Beurkundungen jeder Art vorzunehmen sowie Unterschriften, Handzeichen und Abschriften zu beglaubigen. Zu den Aufgaben des Notars gehört etwa weiter die Abnahme von eidesstattlichen Versicherungen und gelegentlich auch Eiden (vgl. Rz. 160). Nicht zuletzt ist der Notar auch zuständig für die »sonstige Betreuung der Beteiligten auf dem Gebiete der vorsorgenden Rechtspflege« (§ 24 Abs. 1 BNotO) (zur Verwahrungstätigkeit vgl. Rz. 40).

Diese Aufgaben, insbesondere die Beurkundungstätigkeit, sind öffentliche Aufgaben, die von der privatrechtlichen Aufgabenerledigung etwa durch einen Rechtsanwalt zu unterscheiden sind. Zwischen den Beteiligten und dem Notar kommt nicht etwa ein Vertrag zustande, nach dem der Notar sich gegen Vergütung zum Tätigwerden verpflichtet, sondern es handelt sich um eine Pflichterfüllung des Notars aufgrund staatlicher Aufgabenzuweisung, der sich der Notar i. d. R. nicht entziehen kann.

Praxis-Tipp
Begehrt ein Beteiligter die Beurkundung eines komplizierten Vorgangs mit geringem Gegenstandswert und erkennt der Notar, dass die dafür zu erhebenden Gebühren seinen Aufwand wahrscheinlich nicht abdecken

Teil A Die Aufgaben des Notars in der Rechtsordnung

werden, darf er den Wunsch der Beteiligten *aus diesem Grund* nicht ablehnen. Anders der Rechtsanwalt, dem es überlassen bleibt, ob er in einer schwierigen oder seiner Ansicht nach aussichtslosen Sache ein Mandat übernimmt und damit einen Vertrag eingeht.

9 Aus der Ausgestaltung des Amtes des Notars als Inhaber eines öffentlichen Amtes ergibt sich auch, dass seine Tätigkeit weitgehend durch gesetzliche Vorschriften geregelt ist. Der Notar unterliegt einer Reihe von Bindungen, deren Beachtung durch die Dienstaufsicht überwacht wird. Diese Bindungen finden sich zunächst in der BNotO, die zumeist die grundsätzlichen Fragen des Notariats betrifft, daneben im BeurkG, das vor allem Regelungen über das Beurkundungsverfahren und das Verfahren der notariellen Verwahrungstätigkeit enthält. Wichtige Regelungen, die vor allem die Organisation des Notariats betreffen, finden sich in der DONot, die eine Verwaltungsvorschrift darstellt. Schließlich bestehen Regelungen in Form von Richtlinien der Standesorganisationen der Notare, der Notarkammern, die einzelne Verhaltenspflichten der Notare zum Inhalt haben.

a) Einzelne Ausprägungen des Amtscharakters

aa) Amtssitz, Amtsbezirk, Amtsbereich

10 Als Ausprägung des öffentlichen Amtes wird dem Notar ein *Amtssitz* durch die Justizverwaltung zugewiesen (§ 10 BNotO). Der Notar darf sich den Ort seiner beruflichen Tätigkeit also nicht aussuchen.

Der Notar hat neben einem Amtssitz aber auch einen *Amtsbezirk*. Dies ist der Bezirk des Oberlandesgerichts seines Sitzes (§ 11 BNotO). Neben Amtssitz und Amtsbezirk besteht weiter der *Amtsbereich* des Notars. Dies ist meist der Bezirk des Amtsgerichts des Sitzes des Notars. Der Notar soll seine Urkundstätigkeit grundsätzlich nur innerhalb dieses Amtsbereichs durchführen. So hat sich der Notar bei Auswärtsbeurkundungen zunächst darüber zu vergewissern, ob der Ort, an dem er beurkunden soll, noch in seinem Amtsbereich liegt.

bb) Unabhängigkeit

11 Der Notar ist *unabhängiger Träger eines öffentlichen Amtes*. Dies bedeutet, dass er in keinem Dienstverhältnis steht. Unabhängigkeit ist hier eine grundsätzliche Weisungsfreiheit, nicht aber Freiheit gegenüber dem Gesetz und ergänzenden Vorschriften. Die Art der Ausübung des Amtes, etwa die äußere Gestaltung der Urkunde, die Einhaltung der Vorschriften des BeurkG und der DONot, unterliegt also der Überprüfung durch die *Dienstaufsicht*. Die Dienstaufsicht führt daher in regelmäßigen Abständen so genannte *Amtsprüfungen* durch, in denen die Einhaltung der Vorschriften des BeurkG und der DONot überprüft wird. Werden Verstöße festgestellt, können Strafen verhängt werden, die bis zur Amtsenthebung reichen.

I. Das Amt des Notars

Neben der allgemeinen Befugnis zur Prüfung der Einhaltung der Dienstpflichten hat die Dienstaufsicht unter bestimmten Voraussetzungen die Möglichkeit, den Notar zu konkreten Handlungen im Einzelfall zu veranlassen. Hauptanwendungsfall ist die Vorschrift des § 15 BNotO für den Fall der Amtsverweigerung. Hier kann das Landgericht auf die Beschwerde eines Beteiligten den Notar anweisen, eine bestimmte Amtshandlung vorzunehmen, etwa einen Umschreibungsantrag zu stellen. Eine weitere Möglichkeit des Gerichts, den Notar anzuweisen, ist in § 54 BeurkG geregelt.

cc) Unparteilichkeit

Der Notar ist unparteiischer Betreuer und nicht Vertreter einer Partei (§ 14 BNotO). Der Grundsatz der Unparteilichkeit ist wesentliche Voraussetzung des Vertrauens der Bevölkerung in den Notar. Jede Parteinahme für einen Beteiligten würde einen Vertrauensbruch bedeuten. Dies gilt gerade dann, wenn ein Beteiligter den Notar regelmäßig mit Mandaten betraut, etwa ein Bauträger. 12

Für bestimmte Situationen hat der Gesetzgeber bereits ein ausdrückliches Verbot zum Tätigwerden aufgestellt, insbesondere bei familiären Bindungen (§ 3 BeurkG).

Im Übrigen ist jeder Notar selbst gefordert, über seine Unparteilichkeit zu wachen.

b) Notariatsformen

In Deutschland bestehen unterschiedliche Notariatsformen, nämlich das *Nurnotariat* und das *Anwaltsnotariat* (weitere Besonderheiten gelten in Baden-Württemberg, vgl. *Kersten/Bühling*, S. 12). Diese unterschiedlichen Notariatsformen betreffen nur die äußere Gestaltung des Notarberufs, nicht dagegen die inhaltliche Tätigkeit, d.h. die Aufgaben und Pflichten der Anwalts- und der Nurnotare sind einander gleich. 13

aa) Der Nurnotar

Der hauptberufliche Notar (*Nurnotar*) übt ausschließlich den Beruf des Notars aus. Nebentätigkeiten sind dem Notar nur ausnahmsweise und nur nach Genehmigung durch die Justizverwaltung erlaubt (§ 8 BNotO). Zum Nurnotar bestellt wird in der Regel nur, wer einen dreijährigen Anwärterdienst als Notarassessor durchlaufen hat (§ 7 Abs. 1 BNotO). Nurnotare werden bestellt in Brandenburg, Hamburg, Teilen Nordrhein-Westfalens, Rheinland-Pfalz, Saarland, Bayern, Mecklenburg-Vorpommern, Sachsen, Thüringen und Sachsen-Anhalt. 14

bb) Der Anwaltsnotar

Im Gegensatz zum Nurnotar ist der *Anwaltsnotar* gleichzeitig Rechtsanwalt (§ 3 Abs. 2 BNotO). Der Anwaltsnotar übt damit zwei verschiedene Berufe aus, nämlich den des Rechtsanwalts und den des Notars. Da der Anwaltsnotar auch Rechtsanwalt ist, werden in den Gebieten des Anwaltsnotariats deutlich 15

Teil A Die Aufgaben des Notars in der Rechtsordnung

mehr Notare bestellt als in den Gebieten des Nurnotariats. So stehen ca. 9000 Anwaltsnotaren etwa 1600 Nurnotare gegenüber. Auch die persönlichen Voraussetzungen der Bestellung zum Anwaltsnotar unterscheiden sich deutlich von denen der Bestellung zum Nurnotar. So ist zwar eine Tätigkeit als Notarassessor nicht vorgesehen, jedoch muss der Bewerber um eine Notarstelle im Bereich des Anwaltsnotariats unter anderem eine längere Zeit als Rechtsanwalt tätig gewesen sein und besondere Kenntnisse im Bereich des Notariats nachweisen (§ 6 BNotO).

c) Abgrenzung gegenüber dem Beruf des Rechtsanwalts

16 Ebenso wie der Notar ist auch der Rechtsanwalt ein unabhängiges Organ der Rechtspflege (§ 1 BRAO). Der Beruf des Notars ist aber streng von dem des Rechtsanwalts zu unterscheiden. Dies gilt auch im Bereich des so genannten *Anwaltsnotariats*, d. h. in den Gebieten, in denen der Notar zugleich Rechtsanwalt ist. Im Gegensatz zum Rechtsanwalt, der in der Regel einseitig für seinen Klienten tätig wird, ist der Notar »unparteiischer Betreuer der Beteiligten« (§ 14 Abs. 1 BNotO). Den Notar treffen in diesem Zusammenhang eine Reihe besonderer Pflichten, so etwa, dass unerfahrene Beteiligte nicht benachteiligt werden (§ 17 Abs. 1 BeurkG).

Der Rechtsanwalt ist im Gegensatz zum Notar kein Träger eines öffentlichen Amtes. Ihm stehen insbesondere keine hoheitlichen Befugnisse zu.

> **Praxis-Tipp**
> Der Notar kann seine Kostenrechnungen selbst für vollstreckbar erklären und daraus die Zwangsvollstreckung betreiben (§ 155 KostO). Demgegenüber ist der Rechtsanwalt auf eine Kostenfestsetzung, unter Umständen auf eine Klage und die Erteilung der Vollstreckungsklausel durch das Gericht angewiesen.

17 Wegen der unterschiedlichen Inhalte des Anwalts- und des Notarberufs muss der Anwaltsnotar bei seiner Tätigkeit stets zum Ausdruck bringen, ob er als Rechtsanwalt oder als Notar tätig wird. Er muss also bei Korrespondenz in Notariatsgeschäften oder bei Beurkundungen ausdrücklich und ausschließlich als Notar auftreten und umgekehrt bei einer Rechtsanwaltstätigkeit als Rechtsanwalt auftreten und auch dies zum Ausdruck bringen.

d) Mitwirkungsverbote des Anwaltsnotars

18 Die unterschiedliche Stellung des Anwaltsnotars, einerseits als unparteiischer Betreuer, andererseits als nur für einen Beteiligten einseitig tätiger Rechtsanwalt, birgt in sich die Gefahr, dass der Anwaltsnotar seine Amtspflichten verletzt, wenn er ein und dieselbe Person sowohl als Notar zu betreuen als auch als Rechtsanwalt zu vertreten hat.

Der Gesetzgeber hat daher eine Reihe von Mitwirkungsverboten aufgestellt, die diesen Gefahren begegnen. Nach § 3 BeurkG darf der Notar unter anderem an einer Beurkundung nicht mitwirken:

I. Das Amt des Notars

- in Angelegenheiten einer Person, für die der Notar oder sein Sozius außerhalb seiner Amtstätigkeit (insbesondere auch als Rechtsanwalt) in derselben Angelegenheit bereits tätig war oder ist, es sei denn, die Tätigkeit wurde im Auftrag aller Beteiligten ausgeübt;
- in Angelegenheiten einer Person, mit der sich der Notar zur gemeinsamen Berufsausübung verbunden oder mit der er gemeinsame Geschäftsräume hat.

> **Beispiel**
> Der Anwaltsnotar hat als Rechtsanwalt im Scheidungsverfahren einen Ehepartner vertreten. Nunmehr wollen die Eheleute eine Scheidungsfolgenvereinbarung (vgl. Rz. 707–709) schließen. Hier ist sowohl der Notar, der als Rechtsanwalt tätig war, als auch sein Sozius von der Mitwirkung ausgeschlossen.

Das Mitwirkungsverbot ist dabei sehr weit aufzufassen, so dass eine Mitwirkung auch dann verboten ist, wenn die Angelegenheit, in der der Anwaltsnotar als Rechtsanwalt tätig war, bereits abgeschlossen ist oder nur entfernt mit der Notartätigkeit zu tun hat. 19

Über die Beachtung dieser Mitwirkungsverbote hat der Notar einen Vermerk in die Urkunde aufzunehmen (vgl. Rz. 105).

3. Die Organisation des Notariats

Wie jedes Büro bedarf auch das Notariat einer Organisation, in der etwa die Zuständigkeit der Mitarbeiter, die Verteilung der Post usw. geregelt ist. Diese Organisation muss dem Notar und allen anderen Beschäftigten eine sinnvolle und sorgfältige Erledigung ihrer Arbeit ohne unnötigen Aufwand ermöglichen. Zugleich muss die Organisation sicherstellen, dass Gefahren für die Beteiligten vermieden werden, etwa dadurch, dass die Einhaltung einer Frist übersehen wird. Wegen der Ausgestaltung des Amtes des Notars als öffentliches Amt ist die Organisation des Notariats nicht dem alleinigen Belieben des Notars überlassen. Der Notar muss sein Büro stets so organisieren, dass die Einhaltung seiner Dienstpflichten gewährleistet ist. Anders als in der Rechtsanwaltskanzlei steht im Notariat dabei weniger die Überwachung von Fristen im Vordergrund, als vielmehr die zügige Erledigung anfallender Arbeiten im Vollzug, etwa die Fälligstellung des Kaufpreises, die Stellung von Anträgen, die Anzeige gegenüber dem Finanzamt oder dem Grundbuchamt usw. Weiter ist der Notar gehalten, die sich aus der DONot und dem BeurkG ergebenden Verpflichtungen zur Dokumentation, etwa Urkundenrolle (siehe dazu Rz. 25–27) zu führen oder entsprechende Vermerke vorzunehmen. Anders als etwa das Rechtsanwaltsbüro wird die Organisation des Notariats überprüft und die Nichteinhaltung von Vorschriften beanstandet. Soweit dienstaufsichtsrechtliche Vorschriften nicht bestehen, ist es dem Notar selbst überlassen, wie er sein Büro organisiert. 20

Teil A Die Aufgaben des Notars in der Rechtsordnung

4. Bücher, Register und Akten des Notars

21 In jedem Notariat müssen bestimmte Bücher und Akten geführt werden. Diese dienen zum einen dazu, die Arbeit des Notars zu erleichtern, z. B. das Auffinden von Urschriften auch nach langer Zeit oder nach Übergabe an einen anderen Notar. Zum anderen dienen die Bücher und Akten der Überprüfung der Tätigkeit des Notars im Rahmen der Dienstaufsicht (siehe § 32 DONot).

22 Die DONot stellt an Aufbau und Führung der wichtigsten Bücher des Notars formale Anforderungen, die eingehalten werden müssen. Der Notar kann also weder auf ein aus seiner Sicht unnötiges »Buch« verzichten noch ein vorgeschriebenes seinen besonderen Bedürfnissen anpassen. Auch soweit mehrere Notare sich zur gemeinsamen Berufsausübung zusammengeschlossen haben, muss jeder Notar eigene Bücher und Akten führen.

Die Führung der Akten und Bücher des Notars ist regelmäßig Aufgabe der Mitarbeiter, insbesondere darf diese Aufgabe nicht auf Dritte übertragen werden. Die Erfüllung dieser Aufgabe erfordert Sorgfalt und eine genaue Kenntnis der einschlägigen Vorschriften der DONot.

Der Notar kann die vorgeschriebenen Bücher entweder als Bücher im herkömmlichen Sinne, d. h. als solche mit festem Einband (§ 7 Abs. 1 DONot), oder aber als »Buch« mit »herausnehmbaren Einlegeblättern« (§ 14 Abs. 1 DONot), das Massenbuch (siehe Rz. 40) auch in Karteiform führen (§ 14 Abs. 2 DONot).

Werden die Bücher in einem festem Einband geführt, so hat der Notar vor Ingebrauchnahme ein Titelblatt, aus dem sich sein Name, sein Dienstsitz sowie die Seitenzahl des Buches ergibt, zu erstellen und dieses mit Datum, Unterschrift und Siegel zu versehen (§ 7 Abs. 1 DONot).

Werden die Bücher dagegen in Blattform geführt, sind die Blätter nach Ablauf des Jahres mit dem Titelblatt zu versehen und mit Schnur und Siegel zu verbinden, sowie die weiteren Angaben nach § 7 Abs. 1 S. 3 DONot zu machen (§ 14 Abs. 1 DONot).

Ob die Bücher in festem Einband oder in Blattform geführt werden, hängt zumeist davon ab, ob diese Bücher von Hand oder mit Hilfe des Computers erstellt werden. Bei festem Einband scheidet die Führung durch Computer aus, da solche Bücher nur mit Hand beschrieben werden können.

23 Die für das Notariat angebotenen Computerprogramme (Notariatssoftware) bieten ausnahmslos die Möglichkeit der computerunterstützten Führung der Bücher und stellen damit eine wesentliche Arbeitserleichterung dar, nicht zuletzt deshalb, weil gebundene Bücher wegen ihrer Größe sehr unhandlich sind.

Die computergestützte Führung der Bücher ist mit der Gefahr verbunden, dass bereits vorgenommene Eintragungen nachträglich geändert werden können, ohne das dies erkennbar ist. Bei gebundenen Büchern ist dies nicht möglich; nachträgliche Änderungen sind nur insoweit gestattet, als sich der ursprüngliche Text noch erkennen lässt und zusätzlich durch Vermerk zu bestätigen ist (§ 7 Abs. 2 DONot). Die Justizverwaltungen prüfen daher die ge-

I. Das Amt des Notars

bräuchlichen Notariatsprogramme unter dem Gesichtspunkt der Möglichkeit nachträglicher Manipulation. Bevor sich der Notar zur Anschaffung einer Notariatssoftware entschließt, sollte er sich daher zuvor beim Hersteller und der zuständigen Justizverwaltung erkundigen, ob insoweit Bedenken gegen das Programm bestehen.

Schließlich sollte bei der Verwendung von Notariatsprogrammen beachtet werden, dass die Erstellung und Speicherung der Daten im Computer nur einen Zwischenschritt zur Herstellung von »dauerhaftem Papier« darstellt, andere Datenträger sind lediglich Hilfsmittel (§ 6 Abs. 1 DONot). Es darf daher weder auf den Ausdruck ganz verzichtet, noch darf dieser auf das Jahresende verschoben werden. Die Eintragungen in die Bücher des Notars und der Ausdruck haben daher in gleicher Weise und im gleichen Zeitraum zu erfolgen, wie bei der Führung herkömmlicher Bücher (§ 17 Abs. 1 DONot).

Die Eintragungen und der Ausdruck sind damit ebenso wie bei der Führung herkömmlicher Bücher vorzunehmen (vgl. etwa § 8 Abs. 3 DONot). Dabei sind folgende Zeiträume zu beachten:

Praxis-Tipp
Ausdruck (spätestens):

- Urkundenrolle und Erbvertragsregister: 14 Tage nach Beurkundung;
- Verwahrungs-, Massenbuch und Anderkontenliste: Am Tag der Einnahme oder Ausgabe bzw. bei Eingang des Kontoauszugs;
- Eintragungen in das Namensverzeichnis: Zum Schluss des Vierteljahres.

Ergeben sich beim Ausdruck Wiederholungen zu früheren Ausdrucken, ist der früere Ausdruck insoweit zu vernichten. 24

Die Eintragungen in das Massen- und das Verwahrungsbuch haben dagegen am Tag einer Eintragung zu erfolgen (§ 10 Abs. 2 DONot).

a) Urkundenrolle und Namensverzeichnis

Das wichtigste »Buch« im Notariat ist die *Urkundenrolle* (UR) mit dem dazugehörigen Namensverzeichnis. Die Bezeichnung »Rolle« stammt noch aus der Zeit, als Aufzeichnungen auf langen Pergamentrollen vorgenommen wurden. Die Urkundenrolle gibt Aufschluss über fast alle Urkunden des Notars, sowohl hinsichtlich der Beteiligten, des Gegenstands des Geschäfts und dem Tag der Beurkundung. Die Einzelheiten ergeben sich aus § 8 DONot. Nach § 8 DONot sind sowohl Beurkundungen in Form einer Niederschrift nach §§ 8, 36, 38 BeurkG als auch Beurkundungen in Form eines Vermerks nach § 39 BeurkG in die Urkundenrolle einzutragen. Weiter sind Vollstreckbarerklärungen, etwa eines vollstreckbaren Anwaltsvergleichs und Vorgänge im Zusammenhang mit dem SachenrechtsBerG einzutragen. Dies sind nahezu alle Beurkundungen, d. h. die Protokollierung von Erklärungen, die vor dem Notar abgegeben werden. 25

26 Ausgenommen sind:

- die Erteilung von Ausfertigungen,
- die Beglaubigung von Abschriften,
- Wechsel- und Scheckproteste,
- Vermerke nach § 39 BeurkG, die im Zusammenhang mit einer anderen Beurkundung vorgenommen wurden, also zumeist die Bescheinigung über den Registerinhalt (vgl. unter Rz. 170).

Nicht einzutragen ist außerdem die

- sog. Notarbestätigung bei Grundbuchanträgen (vgl. unter Rz. 542),
- Bescheinigung gemäß § 54 GmbHG in Zusammenhang mit einer anderen Beurkundung (vgl. unter Rz. 985); entsprechendes gilt für die Bescheinigung nach § 40 Abs. 2 GmbHG (vgl. unten Rz. 993),
- Erteilung und Umschreibung von Vollstreckungsklauseln (vgl. unter Rz. 199),
- notarielle Eigenurkunde, etwa die Identitätserklärung des Notars (vgl. unter Rz. 397),

weil es sich hier weder um die Protokollierung von Erklärungen, noch um Niederschriften, noch um Bescheinigungen nach § 39 BeurkG handelt.

Im Übrigen gilt der Grundsatz, dass alles, was im Notariat beurkundet wird, auch in die Urkundenrolle einzutragen ist.

Muster Urkundenrolle

Urkundenrolle der/des Notarin/Notars _____ in _____ *) Seite 1

Jahr 2000

Lfd. Nr.	Tag der Ausstellung der Urkunde	Name, Wohnort oder Sitz der nach § 8 Abs. 4 DONot aufzuführenden Personen	Gegenstand des Geschäfts	Bemerkungen
1	2	3	4	5
1	3. Januar	Jürgen K. in B.; Hans H. in B.	Grundstückskaufvertrag	vgl. Nr. 7
2	3. Januar	Erich E. in D., Peter E. in A., Berta A. geb. Z. in D., letztere vertreten durch Peter E. in A.; in Erbengemeinschaft nach Friedrich E. in A.	Erbauseinandersetzungsvertrag	vgl. Nr. 6
3	3. Januar	AL Aktiengesellschaft in B.	Hauptversammlung	
4	3. Januar	AL Aktiengesellschaft in B.; Axel P. in K., Karl M. in B., Susanne M. in B., Peter M. in K., Richard B. in K.	Anmeldung zum Handelsregister und Unterschr.-begl. mit Entwurf	
5	4. Januar	Anton A. in B., Renate B. geb. A. in A.	(Grundschuldbestellung und) Unterschriftsbeglaubigung ohne Entwurf	
6	7. Januar	Berta A. geb. Z. in D.	Genehmigung der Erbauseinandersetzung Nr. 2	verwahrt bei Nr. 2
7	7. Januar	Jürgen K. in B., Hans H. in B.	Nachtrag zum Kaufvertrag Nr. 1	verwahrt bei Nr. 1

*) Wird die Urkundenrolle in Buchform geführt, so kann die Überschrift entfallen Zu Abweichungen in der Gestaltung der Urkundenrolle vgl. § 6 Abs. 3 DONot.

aa) Die einzelnen Eintragungen

28 Der Inhalt der Eintragungen ergibt sich aus § 8 der DONot. Die Eintragungen sind zeitnah nach Beurkundung, spätestens 14 Tage nach der Beurkundung vorzunehmen. Zweckmäßig ist die Eintragung am Tag der Beurkundung.

Erste Spalte: – Lfd. Nr.

29 In der ersten Spalte (Lfd. Nr.) ist die *laufende Nummer* der Beurkundung einzutragen. Jede einzutragende Urkunde erhält eine Nummer, die sog. UR-Nr., die sowohl auf der Urschrift einzutragen (§ 28 Abs. 2 DONot) als auch in der ersten Spalte der Urkundenrolle zu vermerken ist. Die Eintragungen sind fortlaufend vorzunehmen, wobei jede Urkunde eine Nummer erhält. Ist versehentlich vergessen worden, eine Urkunde in der Urkundenrolle einzutragen, muss die Eintragung an der nächsten freien Stelle mit der fortlaufenden UR-Nr. geschehen, wobei unter der Spalte »Bemerkungen« darauf hinzuweisen ist. Das Dazwischenfügen einer Eintragung ist nicht zulässig. Auch soweit die Urkundenrolle mit Computer geführt wird, muss sichergestellt sein, dass die Eintragungen nicht in der Weise ergänzt werden können, dass vergessene Eintragungen unter dem früheren Datum an der eigentlich gebotenen Stelle vorgenommen werden. Wurde versehentlich eine UR-Nr. doppelt vergeben, ist die weitere Urkunde mit einem Buchstaben zu ergänzen. Eine übersprungene UR-Nr. bleibt endgültig frei. Auch insoweit ist in der Spalte »Bemerkungen« darauf hinzuweisen. Änderungen und Verbesserungen müssen den ursprünglichen Text erkennen lassen, sind mit Datum zu versehen und vom Notar zu unterschreiben (§ 7 Abs. 2 DONot).

Die sog. Bruchnummer betrifft lediglich Eintragungen im Kostenregister, soweit eine Eintragung in der Urkundenrolle nicht vorzunehmen ist, etwa weil es sich um die Beglaubigung einer Fotokopie handelt. Die Bruchnummer wird in der Weise vergeben, dass hinter die letzte vergebene Urkundenrollennummer ein Buchstabe angehängt wird.

Zweite Spalte: – Tag der Ausstellung

30 In der zweiten Spalte wird der *Tag der Ausstellung*, d.h. der Beurkundungstag (der Tag, an dem die Urkunde errichtet wurde) vermerkt, nicht etwa der Tag der Eintragung in die Urkundenrolle oder der Tag der Erteilung von Ausfertigungen. Bei einem Vermerk i.S.d. § 39 BeurkG (vgl. Rz. 164) ist dies der Tag, an dem der Notar den Vermerk setzt, und nicht der Tag, an dem die Unterschrift geleistet wurde.

Dritte Spalte: – Beteiligte

31 In der dritten Spalte sind bei der Beurkundung von Rechtsgeschäften die »Beteiligten« anzugeben. Beteiligter ist hier jeder, dessen Erklärung beurkundet wird (§ 8 Abs. 4 DONot). Bei Kaufverträgen sind dies Käufer und Verkäufer, da beide Erklärungen abgeben, bei Grundschuldbestellungen ist dies nur der Grundschuldbesteller, nicht etwa der Gläubiger (zumeist die finanzierende Bank), da diese keine zu beurkundende Erklärung abgibt. Bei der Grundschuldbestellung aufgrund einer so genannten Belastungsvollmacht (siehe

unten Rz. 528) ist neben dem Grundschuldbesteller (Käufer) der Eigentümer einzutragen, da der bisherige Eigentümer (Verkäufer) die Grundschuld bewilligt und der Besteller (Käufer) sich der persönlichen Haftung unterwirft.

Kein Beteiligter ist bei der Testamentserrichtung der Erbe, da hier nur der Erblasser eine Erklärung abgibt (dies kann beim Erbvertrag anders sein).

Soweit einer der Urkundsbeteiligten bei der Beurkundung vertreten wird, ist gemäß § 8 Abs. 4 DONot sowohl der Vertreter als auch der Vertretene zu vermerken. So ist etwa bei der Anmeldung von Veränderungen bei einer GmbH zum Handelsregister nicht nur die Gesellschaft, sondern auch der anmeldende Geschäftsführer aufzuführen. Die Beteiligten sind dabei mit Namen und Wohnort oder Sitz zu bezeichnen.

> **Praxis-Tipp**
> Bei mehr als zehn Beteiligten genügt die Angabe einer Sammelbezeichnung, etwa »Erbengemeinschaft nach Hans Müller«. Die in der dritten Spalte einzutragenden Beteiligten sind weiter in das alphabetisch geführte Namensverzeichnis einzutragen (§ 13 DONot).

Vierte Spalte: – Gegenstand des Geschäfts
In der vierten Spalte wird der Gegenstand des Geschäfts vermerkt. Dies kann auch durch gebräuchliche Abkürzungen geschehen, etwa »Test.« für Testament oder »Begl.« für Unterschriftsbeglaubigung. Die Bezeichnung des Gegenstands darf nicht zu allgemein sein. Statt »Vertrag« muss es etwa »Grundstückskaufvertrag« oder »Erbauseinandersetzungsvertrag« heißen. Hat der Notar bei einer Unterschriftsbeglaubigung auch den Entwurf angefertigt, so hat er dies in der Urkundenrolle zu vermerken. In diesem Fall genügt allerdings nicht der Vermerk »Unterschriftsbeglaubigung mit Entwurf«, sondern es muss etwa »Genehmigung mit Entwurf« heißen (§ 8 Abs. 5 S. 2 DONot). Dadurch wird die Verantwortlichkeit des Notars für den Entwurf klargestellt (Rz. 166). Bei einer Grundschuld (Niederschrift) muss es richtig heißen »Grundschuld, Zwangsvollstreckungsunterwerfung« und beim Erbscheinsantrag »Eidesstattliche Versicherung«, da es sich dabei jeweils um die genaue Bezeichnung handelt und der Schwerpunkt der Beurkundung darin liegt. 32

Fünfte Spalte: – Bemerkungen
Die fünfte Spalte ist für Eintragungen vorgesehen, die Querverbindungen zu weiteren Urkunden der Urkundensammlung betreffen, etwa der Hinweis bei dem Kaufvertrag ohne Auflassung auf die später beurkundete Auflassung und umgekehrt bei der Auflassung auf den Kaufvertrag. Die Eintragung lautet dann etwa: 33
Vgl. UR-Nr. .../02 (Kaufvertrag)
Zwingend vorgeschrieben sind derartige Verweise gemäß § 8 Abs. 6 DONot bei Änderungs-, Berichtigungs- und Aufhebungsurkunden. Dort ist wechselseitig auf die jeweilige Urkunde zu verweisen. Soweit in diesem Fall eine Urkunde bei der früheren Urkunde verwahrt wird (vgl. unten Rz. 52), ist dies ebenfalls in Spalte 5 der Urkundenrolle zu vermerken: 34

Teil A Die Aufgaben des Notars in der Rechtsordnung

Verwahrt bei UR-Nr. .../99

35 Schließlich ist bei versehentlich unterlassener Eintragung die nachgeholte Eintragung unter laufender Nr. der UR-Rolle nachzuholen und an dieser Stelle zu vermerken:

Bereits am ... beurkundet, aber versehentlich nicht in die UR-Rolle eingetragen.

36 Sonstige Vermerke in der Urkundenrolle:

Als weitere Eintragungen hat der Notar bei der Ingebrauchnahme einer neuen Urkundenrolle auf dem Titelblatt seinen Namen und Amtssitz sowie die Seitenzahl des verwendeten Buches zu vermerken und mit Datum, Unterschrift sowie Farbdrucksiegel zu versehen (§ 7 Abs. 1 DONot).

In der Urkundenrolle ist weiter die Übernahme des Amts durch einen Notarvertreter, etwa bei einer Urlaubsvertretung, zu vermerken. Der Vermerk folgt auf die letzte Urkunde, die der Notar selbst vorgenommen hat.

Formulierungsbeispiel
Heute habe ich die Amtsgeschäfte des Notars Schmidt übernommen.
Hannover den 31.8.1999, Lange, Notarvertreter.

37 Nach der Amtsübernahme des Notars lautet der Vermerk etwa so:

Heute habe ich die Amtsgeschäfte wieder übernommen.
Hannover den 15.9.1999. Schmidt, Notar.

bb) Urkundenrolle mit Kostenregister

38 Im Bereich der Notarkasse und der Ländernotarkasse müssen die Notare zur Feststellung der Gebühren, die der Abgabe zur Notarkasse bzw. Ländernotarkasse unterliegen, ein Kostenregister führen. Das Kostenregister kann als eigenes Register geführt werden oder einheitlich als Urkundenrolle und Kostenregister. Im Übrigen steht es den Notaren frei, ein Kostenregister zu führen. Soweit das Führen des Kostenregisters vorgeschrieben ist, ergeben sich die Einzelheiten aus den entsprechenden Satzungen im Bereich der Notarkasse und der Ländernotarkasse.

I. Das Amt des Notars

Muster-Urkundenrolle mit Kostenregister

Lfd. Nr Urkunden-rolle	Kostenre-gister	Tag der Ausstel-lung der Urkunde/ Tag des Anfalls	Name, Wohnort der Betei-ligten	Gegen-stand des Geschäfts	Bemerkun-gen (zur Urkunden-rolle)	Wert	Gebühren und Auslagen des Notars nach der KostO							Bemerkun-gen (zum Kosten-register)
							Gebühren		Schreib-auslagen	Auslagen, Reiseko-sten	Umsatz-steuer	durchlau-fende Po-sten	Summe	
							abgabe-pflichtig	abgabefrei						
						Euro	Euro Cent	Euro Cent	Euro Cent	Euro Cent	Euro Cent	Euro Cent	Euro Cent	
Ia	Ib	II	III	IV	V	VI	VIIa	VIIb	VIII	IX	X	XI	XII	XIII
						Übertrag:							Übertrag:	

15

Teil A Die Aufgaben des Notars in der Rechtsordnung

b) Verwahrungs- und Massenbuch

40 Während die Urkundenrolle die Übersicht über die Urkundsgeschäfte des Notars darstellt, betrifft das *Massen-* und das *Verwahrungsbuch* die sich aus § 23 BNotO ergebende Zuständigkeit der Notare, Geld, Wertpapiere und Kostbarkeiten, die ihnen von den Beteiligten übergeben werden, zur Aufbewahrung oder zur Ablieferung an Dritte zu übernehmen.

Während der Notar die Urkundstätigkeit grundsätzlich nicht verweigern darf (§ 15 BNotO), kann er jederzeit eine Verwahrungstätigkeit im Sinne des § 23 BNotO ablehnen. Das Massen- und das Verwahrungsbuch muss der Notar aber in jedem Fall führen. Auch hier dient die Amtsprüfung einer Kontrolle der ordnungsgemäßen Erledigung der Verwahrungsgeschäfte des Notars (§ 32 Abs. 2 DONot).

Die Verwahrung von Wertpapieren ist in der notariellen Praxis eher die Ausnahme. Zumeist beschränkt sich die Tätigkeit des Notars auf die Verwahrung von Geld, das aber auch nicht im eigentlichen Sinne verwahrt, sondern auf das von ihm eingerichtete *Notaranderkonto* eingezahlt wird. Entsprechende Geldbeträge werden vom Notar also nur verwaltet. Die Entgegennahme von Bargeld zur Verwahrung oder zur Weiterleitung an Dritte ist dem Notar verboten (§ 54a BeurkG).

Die Entscheidung, wann und unter welchen Voraussetzungen und an wen das auf das Notaranderkonto einzuzahlende Geld ein- und ausgezahlt wird, bestimmt sich nach den so genannten *Treuhandauflagen*, die sich aus dem Kaufvertrag oder aber den Anweisungen einer hinterlegenden Stelle (zumeist Bank) ergeben (im Einzelnen: Rz. 369–371).

Für die Eintragungen in das Massen- und das Verwahrungsbuch sind diese Treuhandauflagen ohne Bedeutung. Bei den Eintragungen geht es nur darum, tatsächliche Aus- und Einzahlungen zu verbuchen. Ob die Auszahlung zu Recht oder zu Unrecht erfolgt ist, ist dabei nicht zu prüfen.

41 **Gemeinsamkeiten und Unterschiede von Massen- und Verwahrungsbuch**

Sowohl im Massen- als auch im Verwahrungsbuch werden die Ein- und Ausgänge (meist) vom Anderkonto verbucht – und zwar anhand der Kontoauszüge. Die Eintragungen müssen in beiden Büchern noch am gleichen Tag vollzogen werden (§ 10 Abs. 2 DONot), d. h. bei Eingang der Kontoauszüge an diesem Tag (und nicht unter dem Tag, der im Kontoauszug als Eingang angegeben ist; anders bei der Abrechnung).

> **Beispiel**
> *Der Kontoauszug vom 13. 04. geht am 15. 04. im Notariat ein. Aus ihm geht hervor, dass der Betrag X am 10. 04. auf dem Konto eingegangen ist. Im Massen- und Verwahrungsbuch ist jeweils unter Datum der 15. 04. einzutragen.*

I. Das Amt des Notars

Muster Verwahrungsbuch

Seite _____

Lfd. Nr.	Datum Mon./Tag	Einnahme Bezeichnung des Hinterlegers	Es wird verwahrt Geld EUR / Cent	Wertpapiere und Kostbarkeiten Bezeichnung	Nenn- oder Schätzungswert EUR	Eintragung ins Massenbuch (Nr. d. Karteiblatts) Seite Nr.	Lfd. Nr.	Datum Mon./Tag	Ausgabe Bezeichnung des Empfängers	Es sind ausgegeben Geld EUR / Cent	Wertpapiere und Kostbarkeiten Bezeichnung	Nenn- oder Schätzungswert EUR	Eintragung ins Massenbuch (Nr. d. Karteiblatts) Seite Nr.	Bemerkungen
1	2	3	4	5		6	1	2	3	4	5		6	7
1	2000 Jan. 3.	Peter H. in B.	5000 –	–	–	1 1	1	2000 Jan. 7.	H., Rechtsanwalt in K.	1500 –	–	–	2 2	
2	Jan. 5.	C. Bank in B. für Peter H. daselbst	–	7 v. H. Bundesanleihe mit Erneuerungsschein	10000	1 1	2	Jan. 11.	Amtsgericht in P.	1800 –	–	–	2 3	
3	Jan. 7.	Jürgen N. in Z.	1500 –	–	–	2 2	3	Jan. 17.	Finanzamt in B.	200 –	–	–	2 3	
4	Jan. 10.	Franz F. in N.	2000 –	8 v. H. Pfandbriefe der Dtsch. Hypo-Bank Bremen mit Erneuerungsschein	15000	3 2	4	Jan. 17.	Peter K. in B.	3000 –	–	–	1 1	
5	Jan. 17.	Derselbe	–	–	–	3 2	5	Jan. 17.	Peter K. in B.	–	7 v. H. Bundesanleihe mit Erneuerungs	10.000	1 1	
6	Jan. 20	Lothar F. in K.	2500 –	–	–	3 4	6	Jan. 17.	Peter H. in B.	1500 –	–	–	1 1	
7	Jan. 25.	Petra P. in K.	900 –	Sparbuch Nr. 45675, Sparkasse in K.	–	3 4	7	Jan. 17.	Verrechnung auf Notargebühren	500 –	–	–	1 1	
		Übertrag:												

Zu Abweichungen in der Gestaltung des Verwahrungsbuchs vgl. § 6 Abs. 3 DONot.

Teil A Die Aufgaben des Notars in der Rechtsordnung

43 Muster Massenbuch

Seite							Seite					
Nr. des Verwahrungsbuchs	Datum		Bezeichnung des Auftraggebers	Einnahme			Nr. des Verwahrungsbuchs	Datum		Bezeichnung des Empfängers	Ausgabe			Bemerkungen
	Mon.	Tag		Es sind verwahrt		Wertpapiere und Kostbarkeiten			Mon.	Tag		Es sind ausgegeben		Wertpapiere und Kostbarkeiten	
				Geld		Bezeichnung	Nenn- oder Schätzungswert EUR					Geld		Bezeichnung	Nenn- oder Schätzungswert EUR
				EUR	Cent							EUR	Cent		
1	2		3	4		5		1	2		3	4		5	6
	1. Peter H. in B., Beleihungsmasse, URNr.1293/82, Keisssparkasse i B., Konto-Nr. 173 130
	2000		(Seite 1)						2000		(Seite 1)				
1	Jan.	3.	Peter H. in B.	5000	–	–	–	4	Jan.	17.	Peter K. in B.	3000	–	–	–
2	Jan.	5.	C. Bank in B. für Peter H. daselbst	–	–	7 v. H. Bundesanleihe Serie A. Nr. 4760, 4761, 4762, 4763, 4764, 4765, 4766, 4767, 4768, 4769 zu je 1000 DM mit Erneuerungsscheinen zu diesen Nummern	10000	5	Jan.	17.	Peter K. in B.	–	–	7 v. H. Bundesanleihe Serie A. Nr. 4760, 4761, 4762, 4763, 4764, 4765, 4766, 4767, 4768, 4769 zu je 1000 DM mit Erneuerungsscheinen zu diesen Nummern	10000
			Einnahmen:	5000	–			6	Jan.	17.	Peter H. in B.	1500	–	–	–
			Ausgaben:	5000	–			7	Jan.	17.	Verr. auf Notargeb. Ausgaben	500	–		
			(Seite 2)								(Seite 2)	5000	–		
	2. Jürgen N in Z, Vergleich vom 3. 12. 1999, URNr 1210/99, B. Bank in K., Konto-Nr. 932410
3	2000 Jan.	7	Jürgen N. in Z.	1500	–	–	–	1	2000 Jan.	7.	H., Rechtsanwalt in K.	1500	–	–	–
	3. Max M. in H., Nachlassmasse, URNr. 45/2000, Volksbank R., Konto-Nr. 34215
4	2000 Jan.	10.	Franz F. in N.	2000	–	–	–	2	2000 Jan.	11.	AmtsG. in P.	1800	–	–	–
5	Jan.	17.	Derselbe	–	–	8 v. H. Pfandbriefe der Dtsch. Hypo-Bank Bremen Serie V Nr. 201, 207, 211 zu je 5000 DM mit Erneuerungsscheinen zu diesen Nummern	15000	3	Jan.	17	FinAmt in B.	200	–	–	–
	4. Lothar F. in K., Kaufgeldermasse URNr. 86/2000, Stadtsparkasse in H., Konto-Nr. 260 582, Festgeldanderkonto 4711
	2000		(Seite 3)						2000		(Seite 3)				
6	Jan.	20.	Lothar F. in K.	2500	–	–	–								
7	Jan.	25.	Petra P. in K.	900	–	Sparbuch Nr. 45675, Sparkasse in K.	–								

Zu Abweichungen in der Gestaltung des Massenbuchs vgl. § 6 Abs. 3 DONot.

I. Das Amt des Notars

Auch die Beträge, die ein- und ausgezahlt werden, sowie die Bezeichnungen von Hinterleger oder Empfänger sind im Massen- und Verwahrungsbuch in gleicher Weise einzutragen.

44

Der wesentliche Unterschied zwischen dem Massen- und dem Verwahrungsbuch besteht darin, dass das *Massenbuch* die *einzelne Masse*, d. h. ein Anderkonto betrifft, während das *Verwahrungsbuch alle Anderkontenbewegungen* des Notars betrifft. Anhand des Verwahrungsbuchs kann jederzeit festgestellt werden, wie hoch der Betrag der vom Notar verwahrten Gelder insgesamt ist und wie sich seine Verwahrungsgeschäfte entwickeln. Es wird ebenso wie die Urkundenrolle fortlaufend fortgeführt. Unter Spalte 6 wird auf die betroffene Masse hingewiesen. So kann jederzeit vom Verwahrungsbuch auf das entsprechende Massenbuch geschlossen werden.

Das Massenbuch betrifft nur das einzelne Anderkonto. Jede Masse enthält eine (jährlich neue) fortlaufende Nummer, die sich nicht mit der UR-Nr. deckt (da nicht jede Urkunde ein Verwahrungsgeschäft betrifft). Im Massenbuch lässt sich nachvollziehen, wie sich etwa der Stand eines Anderkontos entwickelt. Das Massenbuch wird nach Beendigung der Verwahrung, d. h., wenn alle Auszahlungen erfolgt sind und der Kontostand 0,00 EURO beträgt, durch zwei rote Querbalken geschlossen oder die Beendigung auf andere eindeutige Weise gekennzeichnet (§ 12 Abs. 6 DONot). Den Beteiligten ist sodann eine Abrechnung zu erteilen. Bei der Abrechnung sind die einzelnen Buchungen anzugeben und zwar mit dem Tag der Wertstellung.

Die Eintragungen der Ein- und Ausgänge erfolgen exakt in der jeweiligen Spalte (Prinzip der Buchung und Gegenbuchung), d. h., jeder Betrag muss einzeln genau gebucht werden. Dies betrifft insbesondere auch die Zinsen. Bei diesen ist insbesondere darauf zu achten, dass die Kapitalertragssteuer und der Solidaritätszuschlag (die auf die Zinsen erhoben werden) gebucht werden. Ein bloßer Abzug von Zinsen ist nur dann zulässig, wenn das Kreditinstitut von vornherein nur um diese Beträge verkürzt gutschreibt. Nicht zulässig ist eine Buchung, wenn eine Umbuchung von einem Girokonto auf ein Festgeldkonto erfolgt (§ 10 Abs. 2 DONot).

Zum Massenbuch gehört weiter eine Anderkontenliste nach § 12 Abs. 5 DONot, auf dem die Beendigung der Verwahrung durch eine Durchstreichung zu vermerken ist.

Für jede Masse sind die Belege über Ein- und Auszahlungen (die Durchführung von Überweisungen ist von der Bank zu bestätigen) zur Anderkontenakte zu nehmen. In die Anderkontenakte muss auch die Hinterlegungsanweisung, zumindest aber eine beglaubigte auszugsweise Abschrift der Urschrift, die die Hinterlegungsanweisung enthält, aufgenommen werden (§ 22 Abs. 2 DONot). Die Belege mit Massenbuch können in die Nebenakte (die den Vollzug des Vertrags betrifft) genommen werden, müssen aber getrennt geheftet sein (gesonderte Blattsammlung). Es empfiehlt sich allerdings, für jedes Verwahrungsgeschäft eine eigene Akte anzulegen und diese auch durch die Farbe des Aktendeckels von anderen Akten zu unterscheiden.

Teil A Die Aufgaben des Notars in der Rechtsordnung

c) Erbvertragsregister

45 Als weiteres Register ist das *Erbvertragsregister* zu nennen. Der Notar hat über die Erbverträge, nicht dagegen über die gemeinschaftlichen Testamente (zum Unterschied unten Rz. 758), die er in Verwahrung nimmt, ein Verzeichnis zu führen (§ 9 DONot), aus dem sich der Name des Erblassers, Geburtsdatum, Tag der Beurkundung des Erbvertrags und UR-Nr. ergeben. Soll nach dem Willen der Beteiligten der Erbvertrag ebenso wie ein Testament in die besondere amtliche Verwahrung gegeben werden, braucht der Notar eine Eintragung im Erbvertragsregister nicht vorzunehmen (§ 34 Abs. 2 i. V. m. Abs. 1 BeurkG). Er kann eine beglaubigte Abschrift der Urkunde verschlossen zur Urkundensammlung nehmen oder aber den Erbvertrag verschlossen getrennt aufbewahren (§ 20 Abs. 4 DONot). Die amtliche Verwahrung ist für die Beteiligten mit Kosten verbunden, da für die Verwahrung durch das Gericht eine Gebühr erhoben wird. Der Notar erhebt für die Verwahrung dagegen keine Kosten, weil es sich um eine gebührenfreie Nebentätigkeit handelt.

Die Eintragungen im Erbvertragsregister sind nach § 20 Abs. 4 DONot am Jahresende auf solche nicht eröffneten Erbverträge durchzusehen, die sich mehr als 50 Jahre in der Verwahrung des Notars befinden. Diese Erbverträge liefert der Notar ggf. zum Zwecke der Eröffnung beim Nachlassgericht ab.

Das Beispiel eines Erbvertragsregisters ist in Rz. 792 aufgeführt.

d) Wechsel- und Scheckprotestsammelband

46 Wechsel- und (sehr selten) *Scheckprotesturkunden* (siehe dazu Rz. 171) sind nicht in die Urkundensammlung des Notars aufzunehmen. Sie werden vielmehr nach Art. 81 WechselG mit dem Wechsel verbunden (geklebt) und dem Beteiligten ausgehändigt. Die beglaubigte Abschrift der Protesturkunde wird zusammen mit dem Vermerk über die Protesterhebung (auf dem sich auch die Kostenberechnung befindet) in den *Protestsammelband* genommen und durchlaufend für das Jahr nummeriert.

e) Urkundensammlung

47 Bei der *Urkundensammlung* handelt es sich, von Ausnahmen abgesehen, um die Sammlung der bei dem Notar beurkundeten und in Urschrift verwahrten Niederschriften (§§ 8 ff. BeurkG). Weiter werden dort Ausfertigungen oder beglaubigte Abschriften der nicht in der Urkundensammlung verwahrten Urkunden aufbewahrt oder es wird zumindest ein Vermerkblatt zur Urkundensammlung genommen.

Die Urkundensammlung eines ausgeschiedenen Notars wird von seinem Amtsnachfolger übernommen. In Ausnahmefällen kann die Verwahrung auch dem örtlich zuständigen Amtsgericht übertragen werden (§ 51 BNotO). Die Urkunden des früheren Staatlichen Notariats in den neuen Ländern werden vom Amtsgericht – Nachlassgericht – verwahrt. Die Frage, wer die Urschriften verwahrt, ist insbesondere dann von Bedeutung, wenn eine Ausfertigung der Urkunde benötigt wird (§ 48 BeurkG; siehe unten Rz. 191).

I. Das Amt des Notars

aa) Aufzunehmende Urschriften, Ausfertigungen usw.
Das BeurkG und die DONot unterscheiden zwischen Urkunden, die in Ur- 48
schrift in der Verwahrung des Notars verbleiben, und solchen, die den Beteiligten in Urschrift ausgehändigt oder die in amtliche Verwahrung gegeben werden.
Soweit die Urkunde selbst nicht im Notariat verbleibt, stellt sich die Frage, was im Notariat zurückzubehalten ist.

bb) Aushändigung der Niederschrift
Im Grundsatz gilt, dass Niederschriften (§§ 8 ff. BeurkG) in Urschrift im Nota- 49
riat verbleiben (§ 45 BeurkG) und diese den Beteiligten nicht ausgehändigt werden. Eine *Aushändigung* der Urschrift an die Beteiligten soll nur erfolgen, wenn dargelegt wird, dass sie im Ausland verwendet werden soll, und alle Personen, die eine Ausfertigung verlangen können, zustimmen (§ 45 BeurkG). Die als Soll-(nur)-Vorschrift geregelte Möglichkeit der Aushändigung der Urschrift ist für den Notar – wie alle Soll-Vorschriften des BeurkG (vgl. unten Rz. 91) – zwingend, d. h., er darf die Urschrift nur unter der in § 45 BeurkG genannten Voraussetzung aushändigen. Im Falle der Aushändigung verbleibt eine Ausfertigung in der Urkundensammlung mit dem Vermerk der Gründe für die Aushändigung. Diese Regelung trägt dem Umstand Rechnung, dass andere Rechtsordnungen möglicherweise nur die Urschrift als wirksam anerkennen. Hierzu gehört z. B. das so genannte *Affidavit*. Hier wird zur Glaubhaftmachung persönlicher Angaben (Geburtstag, Familienstand usw.) eine oft nur durch Vorlage der Urschrift nachzuweisende Eidesleistung verlangt, etwa bei Arbeitsaufnahme im Ausland.

Eine weitere Fallgestaltung, die zwar nicht die Aushändigung der Urschrift an die Beteiligten betrifft, bei der die Urschrift aber gleichwohl nicht in der Urkundensammlung bleibt, ist in § 34 BeurkG geregelt und betrifft die besondere amtliche Verwahrung des notariellen Testaments. Für diesen Fall sieht § 20 DONot vor, dass ein Vermerkblatt zur Urkundensammlung genommen wird. Die Beteiligten können auch die Aufbewahrung von beglaubigten Abschriften in der Urkundensammlung verlangen. Ohne schriftliches Einverständnis der Beteiligten darf der Notar das Testament nur in einem verschlossenen Umschlag aufbewahren. Es ist jedoch anzuraten, den Beteiligten zu empfehlen, dem Notar zu erlauben, eine beglaubigte Abschrift des Testaments offen in seiner Urkundensammlung aufzubewahren, etwa für den Fall, dass eine beglaubigte Abschrift benötigt wird. Dies kann auch in der Niederschrift dokumentiert werden.

> *Formulierungsbeispiel*
> *Der Notar soll dieses Testament in die besondere amtliche Verwahrung geben. Ich erhalte eine beglaubigte Abschrift. Der Notar soll eine weitere beglaubigte Abschrift unverschlossen zu seiner Urkundensammlung nehmen.*

Neben dem Vermerkblatt über die Ablieferung des Testaments, das auch dann 50
zur Urkundensammlung zu nehmen ist, wenn eine beglaubigte Abschrift bei

der Urkundensammlung verbleibt, hat der Notar das Benachrichtigungsschreiben über die erforderlichen Mitteilungen in Nachlasssachen in die Urkundensammlung aufzunehmen (vgl. Rz. 778).
Für den Erbvertrag (vgl. Rz. 786) gilt das Gleiche, wenn die Beteiligten die besondere amtliche Verwahrung nicht ausschließen (§ 20 DONot, 34 Abs. 2 i. V. m. Abs. 1 BeurkG).

cc) Unterschriftsbeglaubigung in der Urkundensammlung

51 Während Niederschriften grundsätzlich in Urschrift in der Urkundensammlung verbleiben, werden Vermerke (Unterschriftsbeglaubigungen) den Beteiligten ausgehändigt, es sei denn, die Beteiligten verlangen die Verwahrung (§ 45 Abs. 2 BeurkG). Um die Übersicht über die vorgenommenen Vermerke nicht zu verlieren, etwa um die Echtheit einer Unterschriftsbeglaubigung festzustellen, muss die Beglaubigung auch in der Urkundensammlung festgehalten werden. Dies kann dadurch geschehen, dass eine (einfache) Abschrift des Vermerks zur Urkundensammlung genommen wird oder aber ein Vermerkblatt mit Angaben über UR-Nr. und die Beteiligten (und Abschrift Kostenrechnung) zur Urkundensammlung genommen wird. Soweit es sich um die Beglaubigung einer Unterschrift ohne Entwurf handelt, hat der Notar die Wahl, wie er vorgehen will (§ 19 DONot). Hat der Notar nicht nur die Unterschrift beglaubigt, sondern auch den Text entworfen, zum Beispiel einen Rangrücktritt oder eine Genehmigung, muss er eine (einfache) Abschrift einschließlich der Kostenberechnung zu seiner Urkundensammlung nehmen (§ 19 Abs. 2 DONot), weil ihn hier auch die Verantwortung für den Inhalt trifft (anders bei Unterschriftsbeglaubigung ohne Entwurf; siehe § 40 Abs. 2 BeurkG).

dd) Verwahrung im Einzelnen

52 § 18 DONot verlangt, dass die Urschriften, Abschriften und Vermerkblätter nach der Nummernfolge der Urkundenrolle geordnet in einer Urkundensammlung aufzubewahren sind. Ausnahmen hiervon bestehen insoweit korrespondierend zu den Vorschriften zur Urkundenrolle. Hier können Änderungs-, Ergänzungs- und Aufhebungsurkunden sowie Urkunden, die ohne eine weitere Urkunde, die in der Urkundensammlung aufbewahrt wird, zweckdienlicher Weise nicht verwendet werden können (Auflassung und Kaufvertrag, wenn getrennt beurkundet), bei der Haupturkunde verwahrt werden. Dies wird im Regelfall die frühere Urkunde sein. Das Auffinden der Urkunde wird zum einen durch den Vermerk in Spalte 5 der Urkundenrolle gewährleistet (vgl. oben Rz. 33), zum anderen dadurch, dass anstelle der bei der Haupturkunde verwahrten Urkunde eine Abschrift oder ein Hinweisblatt auf die Haupturkunde aufzunehmen ist.

Die Urschriften sollten möglichst zeitnah in die Urkundensammlung genommen werden.

I. Das Amt des Notars

Checkliste: Verwahrung in der Urkundensammlung

Urschrift	Beglaubigte Abschrift (Ausfertigung)
Niederschriften	Niederschriften, die bei Verwendung im Ausland herausgegeben werden
	Unterschriftsbeglaubigungen
Erbverträge, die weder in die amtliche Verwahrung genommen noch gesondert in der Erbvertragssammlung verwahrt werden (offene Verwahrung)	Erbverträge, die abgeliefert sind oder getrennt aufbewahrt werden (nur verschlossen)
	Testamente auf Wunsch (verschlossen)
Gesonderte Verwahrung zwingend	Wechselproteste
Gesonderte Verwahrung zulässig	Erbverträge

53

f) Nebenakten

Die *Nebenakten*, auch Blattsammlung genannt, werden vom Notar zu den einzelnen Geschäften angelegt. Sie sollen eine reibungslose Abwicklung des Urkundsgeschäfts gewährleisten. In die Nebenakten sind etwa der Schriftwechsel mit den Behörden und den Beteiligten aufzunehmen (vgl. § 22 DONot). Es gilt hierbei der Grundsatz, dass der gesamte das Geschäft betreffende Schriftwechsel, mag er auch noch so unbedeutend erscheinen, aufzunehmen ist. Es ist dabei auch darauf zu achten, dass alle Schriftstücke eingeordnet werden und die Akte übersichtlich gehalten wird, wobei besonders die zeitliche Folge zu berücksichtigen ist. Zwingend in der Nebenakte enthalten sein muss eine Abschrift der Kostenrechnung (§ 154 Abs. 3 KostO). Im Rahmen der Amtsprüfung wird auch die Führung der Nebenakten überprüft. Von besonderer Bedeutung ist die Führung der Akte auch, wenn eine Beschwerde nach § 15 BNotO eingelegt wird oder ein Schadensersatzanspruch geltend gemacht wird. Die Gerichte lassen sich in diesem Fall die Nebenakten des Notars zur Einsicht vorlegen. Die Nebenakten müssen (auch) nach Beendigung des Geschäfts, etwa der Eigentumsumschreibung, für sieben Jahre aufbewahrt werden (§ 5 Abs. 4 DONot). Sie sollten aber von den laufenden Akten getrennt werden (Weglager). Sobald das Urkundsgeschäft vollzogen ist, können vor Weglage Doppel, nicht benötigte beglaubigte Abschriften u. ä. herausgenommen werden. Andere Schriftstücke dürfen jedoch nicht entfernt und vernichtet werden.

54

Soweit es sich um Urkundsgeschäfte handelt, die – wie meist – einen Vollzug erfordern, ist ein so genannter *Laufzettel* vor die Blattsammlung zu stellen, aus dem sich ergibt:

23

Teil A Die Aufgaben des Notars in der Rechtsordnung

a) welche Genehmigungen, Vorkaufsrechte, Anzeigen, Grundbuchanträge usw. erforderlich sind und an wen Abschriften zu übersenden sind;

b) wann diese Genehmigungen eingeholt (beantragt) bzw. die Nachrichten versandt wurden;

c) wann die Genehmigung erteilt oder die Grundbucheintragung mitgeteilt wurde.

I. Das Amt des Notars

Muster eines Verfügungsbogens 55

UR-Nr.: _____ / _____

Geschäftsgegenstand: _____

Auszugsw. bgl. Abschriften		Anzahl	veranlasst am:
– Veräußerer			
– Erwerber			
– Beteiligte			
– GBA-AV			

Begl. Abschriften			
– GBA-AV			
– Veräußerer			
– Erwerber			
– Beteiligte			
– FA-Schenkung			

Ausfertigungen			
– GBA-Umschreibung			

Einfache Abschriften			
– Akte			
– Genehmigungen			
– Banken			

Genehmigungen			
		veranlasst am	Eingang
– GBA-AV			
– GVO			
– GVG			
– VKR-Verzicht			
– 144 BauGB			
– Teilungsgenehmigung			
– Genehmigung/Beteiligte			
– Pfandfreigabe/Löschungsbew.			
– UBK Finanzamt			
– FA-Anzeige Rechtswirksamkeit			
– Gutachterausschuss Mitt-KP			
– Vermessungsunterlagen			
– Räumungsnachweis			

– Kaufpreisfälligkeit			
– KP-Bestätigung			
– Eröffnung Notaranderkonto			
– Einzahlung NAK (Mitteilung)			
– Auszahlung NAK			
– Umschreibungsantrag			
– Mitteilung Umschr.-Beteiligte			

25

Teil A Die Aufgaben des Notars in der Rechtsordnung

56 Bei den erforderlichen Eintragungen ist darauf zu achten, dass diese mit besonderer Gründlichkeit vorgenommen werden, da bei dem weiteren Vollzug häufig auf eine Durchsicht der Akte verzichtet wird und eine fehlerhafte Anlegung oder Abarbeitung des Verfügungsbogens damit leicht zu einer fehlerhaften Abwicklung der Akte führt.

Die Anlegung des Verfügungsbogens erfolgt in der Weise, dass die Urkunde durchgesehen wird, wobei zunächst darauf zu achten ist, welche Genehmigungen erforderlich sind. Weiter ist auf die Anweisungen der Beteiligten, etwa für die Erteilung auszugsweiser Abschriften, zu achten.

Übernimmt der Notar die Kaufpreisüberwachung, hat er auch zu vermerken, wann der Kaufpreis fällig ist, wann die Fälligkeitsmitteilung versandt wurde und schließlich, wann die Kaufpreisbestätigung eingegangen ist.

Dafür, was im Einzelnen zu veranlassen und zu überwachen ist, lassen sich allgemeine Regeln nicht aufstellen.

57 Sobald eine Abschrift erteilt oder eine Genehmigung beantragt ist, ist dies auf der Urschrift zu vermerken und gleichzeitig auf dem Verfügungsbogen anzugeben. Hierbei ist zugleich eine Wiedervorlagefrist zu vermerken, um zu gegebener Zeit an die Erteilung der Genehmigung zu erinnern. Sobald erforderliche Genehmigungen eingehen, ist dies ebenfalls zu vermerken und dabei stets zu prüfen, ob weiteres zu veranlassen ist, etwa die Kaufpreisfälligkeit mitzuteilen, dem Finanzamt die Rechtswirksamkeit anzuzeigen ist oder aber die Eigentumsumschreibung beantragt werden muss.

g) Generalakte

58 Der Notar hat weiter eine so genannte *Generalakte* zu führen (§ 23 DONot), die allgemeine, die Amtstätigkeit betreffende Vorgänge umfasst. Hierzu zählen Vertreterbestellungen, Prüfungen der Amtstätigkeit, Urlaubsanzeigen des Notars, aber auch Verschwiegenheitsverpflichtungserklärungen der Angestellten und Auszubildenden.

h) Weitere Bücher und Akten des Notars (nicht zwingend)

59 Neben den vorgenannten Registern und Akten können weitere Register und Bücher, die in der DONot nicht vorgesehen sind, die Arbeit im Notariat erleichtern. Nicht vorgeschrieben, aber unverzichtbar ist etwa der *Terminkalender* und das *Kassenbuch* für Auszahlungen und Einzahlungen in bar, sowie ein *Einschreibebuch*. Seltener, aber nicht unzweckmäßig ist das so genannte *Posteingangs-* und *-ausgangsbuch*. Hier wird jedes eingehende und ausgehende Schreiben vermerkt. Es lässt sich also der gesamte Postverkehr über einen langen Zeitraum zurückverfolgen. Zweckmäßig ist auch ein so genanntes *Vorlagebuch*, aus dem sich ergibt, wann eine Akte etwa wegen einer Zwischenverfügung wieder vorzulegen ist. Sinnvoll ist weiter eine *Sammlung der Handelsregisterauszüge*. Diese können bei der Registereinsicht Arbeit ersparen, etwa weil Änderungen nicht festgestellt werden. Weiter führen Notare gelegentlich *Listen der Veränderungsnachweise* und *Verzeichnisse über Grundschuldbriefe*.

Bei diesen »Büchern« bleibt es jedem Notar selbst überlassen, ob er sie führen will oder nicht.

Checkliste: Zu beachtende Fristen bei der Eintragung in die Bücher des Notars	
✓ Urkundenrolle	spätestens nach 14 Tagen
✓ Erbvertragsverzeichnis	spätestens nach 14 Tagen
✓ Massenbuch	am Tag der Einnahme/Ausgabe
✓ Verwahrungsbuch	am Tag der Einnahme/Ausgabe bzw. Tag des Eingangs des Kontoauszugs
✓ Namensverzeichnis	spätestens zum Quartalsende

II. Fragen- und Antwortkatalog zum Amt des Notars

Fragen:
1. Wodurch unterscheidet sich das Amt des Notars von dem eines Rechtsanwalts?
2. Welche Bücher und Akten muss der Notar zwingend führen?
3. Versehentlich wurde die Eintragung einer Urkunde in der Urkundenrolle vergessen und erst nach zwei Wochen bemerkt. Wie ist zu verfahren?
4. Wodurch unterscheidet sich das Verwahrungsbuch vom Massenbuch?
5. Wer ist in Spalte 3 der Urkundenrolle eingetragen?
6. Rechtsanwalt und Notar A vertritt Frau F im Rahmen eines Ehescheidungsverfahrens. Nunmehr soll zur Beschleunigung des Verfahrens eine Ehevereinbarung in notarieller Form geschlossen werden.
   a) Kann A die notarielle Beurkundung vornehmen?
   b) Kann die Beurkundung von dem im gleichen Büro arbeitenden Notarkollegen N vorgenommen werden?

Antworten:
zu 1.)
Der Notar ist unparteiischer Betreuer der Beteiligten (§ 14 Abs. 1 BNotO), während der Rechtsanwalt in der Regel einseitig für einen Auftraggeber tätig wird. Der Notar handelt als Träger eines öffentlichen Amts und auf Grund öffentlich-rechtlicher Vorschriften, der Rechtsanwalt wird nach privatrechtlichen Vorschriften für seinen Mandanten tätig.

zu 2.)
Bücher:
Urkundenrolle (§ 8 DONot)
Verwahrungsbuch (§ 11 DONot)
Massenbuch (§ 12 DONot)
Erbvertragsverzeichnis (§ 19 DONot)

Teil A Die Aufgaben des Notars in der Rechtsordnung

Anderkontenliste (§ 12 Abs. 5 DONot)
Namensverzeichnis zur Urkundenrolle und zum Massenbuch (§ 13 DONot)
Dokumentation zur Einhaltung von Mitwirkungsverboten (§ 15 DONot)
Kostenregister (nur im Bereich der Notarkassen)

Akten:
64 Urkundensammlung (§ 18 DONot)
Sammelbände für Wechsel- und Scheckproteste (§ 21 DONot)
Nebenakten (§ 22 DONot)
Generalakte (§ 23 DONot)

zu 3.)
65 Die Eintragung muss im Anschluss an die weiteren Eintragungen vorgenommen werden, allerdings unter Angabe des Tages der Vornahme der Beurkundung. In Spalte 5 ist die versehentlich unterbliebene Eintragung zu vermerken.

zu 4.)
66 Das Massenbuch enthält die Eintragungen über einzelne Massen nach Ein- und Ausgang, meist über ein Notaranderkonto. Das Verwahrungsbuch enthält alle vom Notar verwahrten und bei ihm hinterlegten Beträge in zeitlicher Reihenfolge des Ein- und Ausgangs.

zu 5.)
67 Einzutragen sind die Erschienenen, die Erklärungen abgegeben haben, und diejenigen, die Erklärungen in fremden Namen abgeben haben sowie der Vertretene (§ 8 Abs.4 DONot).

zu 6a) und b)
68 A und N müssen die Beurkundung ablehnen, da sie vorbefasst sind (§ 3 Abs. 1 BeurkG).

Teil B Beurkundungsverfahrensrecht

Im Mittelpunkt der notariellen Tätigkeit steht die Urkunde. Urkunden kommen in unterschiedlicher Form vor. Der Notar schafft Urkunden von besonderer Qualität, die insbesondere einen höheren Beweiswert haben als andere Urkunden und bei bestimmten Geschäften unverzichtbar sind. **69**

I. Begriff der Urkunde

Die *Urkunde* ist im Zivilrecht eine durch Schriftzeichen verkörperte Äußerung eines rechtlich erheblichen Gedankens (weitergehend das Strafrecht). Diese Gedankenäußerung ist entweder eine rechtsgeschäftliche Willenserklärung oder die Wiedergabe von Wahrnehmungen (z. B. Protokoll einer Gesellschafterversammlung). **70**

1. Form der Willenserklärungen

Von besonderer Bedeutung sind Urkunden, die Willenserklärungen enthalten. Das Gesetz geht vom Grundsatz der Formfreiheit aus. Das bedeutet, dass die Willenserklärung grundsätzlich keiner besonderen Form bedarf. Bei den Geschäften des täglichen Lebens genügt oft eine schlüssige Handlung, ohne dass auch nur ein Wort gesprochen werden muss. Auch in diesem Fall sind wirksame Willenserklärungen, etwa Angebot und Annahme eines Vertrags, abgegeben. Nur bei Geschäften von größerer Bedeutung mit einer für die Beteiligten nicht ohne weiteres erkennbaren Tragweite verlangt das Gesetz die Einhaltung *bestimmter Formen*; aber auch dort, wo dies nicht der Fall ist, bedienen sich die Beteiligten oft der Schriftform und schaffen so eine Privaturkunde. Häufig ergibt sich die Pflicht zur Schriftform aus einer vertraglichen Vereinbarung, etwa wenn für die Ausübung des Kündigungsrechts die Schriftform und Übersendung mit eingeschriebenem Brief verlangt wird. **71**

2. Formen formbedürftiger Rechtsgeschäfte

Die insbesondere für die notarielle Praxis wichtigsten Formen formbedürftiger Rechtsgeschäfte sind die *Schriftform*, die *notarielle Beglaubigung* einer Unterschrift und die *notarielle Beurkundung*. Hier ist das Rechtsgeschäft nichtig, wenn die vorgeschriebene Form nicht eingehalten ist (§ 125 BGB), wobei die stärkere Form stets zulässig ist. **72**

73 | **Praxis-Tipp**
Verlangt das Gesetz für ein Rechtsgeschäft notarielle Beglaubigung, ist auch die notarielle Beurkundung zulässig.

74 Keine Formbedürftigkeit (auch kein Schriftformerfordernis) liegt vor, wenn ein Vertragsbeteiligter gesetzlich gehalten ist, Vertragsbedingungen schriftlich niederzulegen, ohne dass die Wirksamkeit des Vertrags davon abhängt (§ 2 NachwG; § 4 BBiG).
Ob ein Rechtsgeschäft formbedürftig ist, ergibt sich aus dem *materiellen Recht*, insb. dem BGB. Wie dagegen bei der notariellen Beurkundung oder Beglaubigung zu verfahren ist, ergibt sich aus dem BeurkG.

a) Schriftform, elektronische Form, Textform

75 Gelegentlich verlangt das Gesetz die Einhaltung der *Schriftform*, so etwa beim Abschluss eines Mietvertrags über ein Grundstück, der für länger als ein Jahr geschlossen wird (§ 550 BGB). Der Mietvertrag ist daher schriftlich niederzulegen und vom Vermieter und Mieter zu unterschreiben (§ 126 Abs. 2 BGB). Das Gleiche gilt für die Kündigung eines Mietverhältnisses über Wohnraum, die vom Kündigenden zu unterschreiben ist (§ 568 BGB) oder die Kündigung eines Arbeitsvertrages (§ 623 BGB).
Eine gesteigerte Schriftform verlangt das Gesetz beim eigenhändigen Testament (§ 2247 BGB). Hier muss das Testament eigenhändig geschrieben sein, so dass eine maschinenschriftliche Niederlegung des letzten Willens nicht genügt. Der Erklärende darf sich bei der Niederlegung der Erklärung auch nicht durch einen anderen vertreten lassen.

76 Die elektronische Form tritt anstelle der Schriftform dort, wo Erklärungen mit Hilfe der elektronischen Datenübertragung *(E-Mail)* abgegeben werden. Um die etwa bestehende gesetzliche Schriftform zu ersetzen, bedarf es der Hinzufügung des Namens und anstelle der eigenhändigen Unterschrift einer qualifizierten elektronischen Signatur nach dem SigG (§ 126a BGB). Die elektronische Form ist dort zulässig, wo das Gesetz Schriftform verlangt, es sei denn, das Gesetz schließt die elektronische Form ausdrücklich aus (§ 126 Abs. 3 BGB), wie etwa bei der Kündigung eines Arbeitsverhältnisses (§ 623 BGB).

77 Die Textform unterscheidet sich von der gesetzlichen Schriftform dadurch, dass die eigenhändige Unterschrift oder die Signatur nicht erforderlich ist, jedoch muss die Person des Erklärenden genannt und der Abschluss der Erklärung durch Nachbildung der Namensunterschrift, etwa durch einscannen oder in anderer Form erkennbar gemacht werden (§ 126b BGB). Die Textform wird etwa bei dem Widerruf eines Verbrauchervertrages (§ 355 Abs. 1 BGB) verlangt.

b) Öffentliche Beglaubigung

78 Hier wird die Erklärung schriftlich abgefasst und die Unterschrift des Erklärenden von einem Notar beglaubigt. Die notarielle *Beglaubigung* wird vom

II. Beurkundungsverfahren

Gesetz häufig dann verlangt, wenn die Erklärung zur Eintragung in einem öffentlichen Register, etwa dem Handelsregister, dient. Beglaubigt, d. h. bezeugt wird vom Notar nur, dass die Unterschrift in seiner Gegenwart vom Unterzeichner geleistet oder anerkannt worden ist. In der notariellen Praxis ist dabei von besonderer Bedeutung, ob die Erklärung vom Notar entworfen worden ist (vgl. Rz. 166).

c) Notarielle Beurkundung

Die notarielle *Beurkundung* ist die strengste Form der Herstellung einer Urkunde. Der Notar bezeugt hier nicht nur, dass ein Beteiligter eine Unterschrift geleistet und damit überhaupt eine Erklärung abgegeben hat, sondern auch den Inhalt der abgegebenen Erklärung. Die Bezeugung erstreckt sich dabei aber nicht auf die Richtigkeit der Angaben der Beteiligten, sondern nur darauf, dass eine bestimmte Erklärung abgegeben worden ist. 79

Beispiel 80
Hat der Erblasser in einem notariellen Testament seinen Neffen X zum Erben eingesetzt, bezeugt der Notar nur, dass der Erblasser den X eingesetzt hat, nicht aber, dass X der Neffe ist.

Die notarielle Beurkundung ermöglicht es dem Notar, den Inhalt der Erklärung auf seine Wirksamkeit zu überprüfen und den Beteiligten eine sinnvolle Vertragsgestaltung vorzuschlagen. Zumeist wird die Erklärung vom Notar formuliert und vom Erklärenden zu seiner eigenen gemacht (vorgelesen und genehmigt). 81

Die notarielle Beurkundung ersetzt auch eine gesetzlich geforderte notarielle Beglaubigung (§ 129 Abs. 2 BGB) sowie die Schriftform (§ 126 Abs. 4 BGB).

II. Beurkundungsverfahren

Nach § 20 BNotO sind die Notare zuständig, Beurkundungen jeder Art vorzunehmen sowie Unterschriften, Handzeichen und Abschriften zu beglaubigen. Der Notar hat dabei die Aufgabe, *öffentliche Urkunden* herzustellen. Die notarielle Beurkundung kann, soweit nicht das Gesetz ausdrücklich etwas anderes vorsieht, nur durch ein gerichtliches Protokoll, zumeist einen Vergleich, ersetzt werden (§ 127 a BGB). 82

1. Öffentliche Urkunde über Erklärungen

Der Begriff der öffentlichen Urkunde ist in § 415 ZPO enthalten. Danach liegt eine *öffentliche Urkunde über Erklärungen* dann vor, wenn die Urkunde von einer mit öffentlichem Glauben versehenen Person innerhalb des ihr zugewie- 83

Teil B Beurkundungsverfahrensrecht

senen Geschäftskreises in der vorgeschriebenen Form aufgenommen ist. Öffentliche Urkunden über Erklärungen können nicht nur von Notaren, sondern auch von anderen Stellen, aber nur innerhalb des ihnen zugewiesenen Rechtskreises errichtet werden.

84 **Praxis-Tipp**
Die eidesstattliche Versicherung vor dem Gerichtsvollzieher im Bereich der Einzelzwangsvollstreckung gehört zu dem diesem zugewiesenen Aufgabenkreis (§§ 807, 900 Abs. 2 ZPO). Würde dagegen der Gerichtsvollzieher eine Auflassung (§ 925 BGB) »beurkunden«, würde es sich nicht um eine öffentliche Urkunde handeln, da die Amtsbefugnisse der Gerichtsvollzieher die Entgegennahme der Auflassung nicht umfassen.

85 Die Notare haben jedoch die weitestgehende Zuständigkeit, so dass die Beurkundung vor ihnen abgegebener Erklärungen in der Regel innerhalb ihrer Amtsbefugnisse liegt. Beurkundet jedoch ein deutscher Notar im Ausland, liegt eine außerhalb seiner Amtsbefugnisse liegende und damit unwirksame Beurkundung vor.

Für Beurkundungen von Erklärungen sind neben den Notaren auch die Konsularbeamten (§ 2 KonsularG) und – beschränkt auf bestimmte Rechtsgeschäfte – die Ratsschreiber in Baden-Württemberg (§ 32 LFGG BW) zuständig. Weitere Landesgesetze sehen für bestimmte Angelegenheiten die Zuständigkeit von Ortsgerichten (Hessen) und Städten (Rheinland-Pfalz) vor. Für bestimmte Erklärungen besteht neben der Zuständigkeit der Notare auch die des Amtsgerichts, etwa im Rahmen der Entgegennahme von Erbscheinsanträgen (§ 2356 Abs. 2 BGB) und für die Erbausschlagung (§ 1945 Abs. 1 BGB).

a) Beweisfunktion

86 Im Unterschied zu einer *Privat*urkunde (§ 416 ZPO) begründet die *öffentliche* Urkunde *vollen Beweis* des durch den Notar beurkundeten Vorgangs. Zwar ist auch hier der Gegenbeweis zulässig (§ 415 Abs. 2 ZPO), doch muss hier die Unrichtigkeit nachgewiesen werden, die Begründung von Zweifeln genügt nicht (also anders als etwa im Strafverfahren, wo im Zweifel für den Angeklagten zu entscheiden ist).

87 **Beispiel**
Hat der Notar über einen Grundstückskaufvertrag eine Urkunde errichtet, so ist nach § 415 Abs. 1 ZPO der Beweis erbracht, dass die zum Kaufvertrag erforderlichen Erklärungen auch tatsächlich abgegeben worden sind. Kann ein Beteiligter beweisen, dass diese Erklärungen in Wirklichkeit nicht abgegeben worden sind (etwa weil das vorgelegte Schriftstück nicht vorgelesen wurde), so ist die Beweiskraft der öffentlichen Urkunde zerstört. Es genügt aber nicht, die bloße Möglichkeit darzutun, dass der Notar die Verlesung unterlassen habe.

II. Beurkundungsverfahren

b) Weitere Funktionen der notariellen Urkunde

Die Bedeutung der notariellen Beurkundung geht aber über ihre Beweisfunktion hinaus. 88

aa) Belehrungsfunktion

Die öffentliche Urkunde ermöglicht die *Belehrung* der Beteiligten über die rechtliche Tragweite ihrer Erklärungen. Der Notar ist verpflichtet, die Beteiligten auf die möglichen Risiken eines Rechtsgeschäfts hinzuweisen (§ 17 BeurkG). Die notarielle Beurkundung soll daneben bei mehrseitigen Rechtsgeschäften gewährleisten, dass kein Vertragsbeteiligter durch eine für ihn unvorteilhafte Vertragsgestaltung benachteiligt wird. Dazu muss der Notar eine angemessene Formulierung vorschlagen; wird diesem Vorschlag nicht gefolgt, ist es zweckmäßig, dies in der Niederschrift zu vermerken. Dagegen gehört es nicht zu den Aufgaben des Notars, die Beteiligten von zulässigen Rechtsgeschäften abzuhalten, weil sie nach seiner Ansicht für einen Beteiligten unvorteilhaft sind, etwa im Hinblick auf die Höhe eines vereinbarten Kaufpreises. 89

bb) Rechtliche Beratung

Schließlich gewährleistet die notarielle Beurkundung, dass der mit der Erklärung bezweckte Rechtserfolg auch tatsächlich erreicht wird, indem der Notar den Beteiligten *Formulierungsvorschläge* anbietet, die zur Herbeiführung des angestrebten Zwecks geeignet sind und späteren Streit vermeiden. Dieser Vorteil der notariellen Beurkundung wird besonders deutlich bei der Zuständigkeit des Notars für die Errichtung von letztwilligen Verfügungen, die auch ohne Beurkundung errichtet werden können, dann aber erfahrungsgemäß oft zu Unklarheiten und Streitigkeiten führen. 90

2. Formvorschriften

a) Funktion der Vorschriften des BeurkG

Die Beweiskraft der öffentlichen Urkunde setzt nach § 415 Abs. 1 ZPO nicht nur voraus, dass sie vor einer zuständigen Stelle (Notar) innerhalb ihrer Amtsbefugnisse abgegeben worden ist, sondern dass auch die einschlägigen Formvorschriften beachtet worden sind. Diese sind vor allem im *BeurkG* geregelt. Das BeurkG, aber auch andere Gesetze (z. B. § 925 a BGB), enthalten ausführliche Anweisungen an den Notar darüber, was er bei der Beurkundung zu beachten hat. Nimmt der Notar eine Beurkundung unter Verstoß gegen Vorschriften des BeurkG vor, so kann dies neben dem Verlust der Beweiskraft die Nichtigkeit der Erklärungen zur Folge haben. Aber auch wenn die Urkunde trotz Verstoßes gegen Vorschriften des BeurkG wirksam ist, liegt darin stets ein Verstoß gegen Dienstpflichten, der dienstrechtlich geahndet werden kann. Die Vorschriften des BeurkG und die weiteren bei der Beurkundung einzuhaltenden Vorschriften, insbesondere auch die DONot, sind vom Notar 91 daher genau zu beachten. Dies gilt auch dann, wenn einzuhaltende Vorschriften als Soll-Vorschriften formuliert sind.

Der Unterschied zwischen *Soll-* und *Muss-Vorschriften* liegt darin, dass die Verletzung einer Muss-Vorschrift die Nichtigkeit der Willenserklärungen zur Folge hat, während die Verletzung einer Soll-Vorschrift die Wirksamkeit der Erklärungen nicht beeinträchtigt, aber eine Schadensersatzpflicht oder eine dienstliche Ahndung auslösen kann.

92 **Praxis-Tipp**
Nach § 10 BeurkG soll der Notar in der Niederschrift vermerken, ob er die Beteiligten kennt oder wie er sich Gewissheit über ihre Person verschafft hat. Nimmt der Notar einen entsprechenden Vermerk nicht auf, ist die Urkunde gleichwohl wirksam, sofern die Erklärenden tatsächlich mit den in der Urkunde Genannten identisch sind. Nach § 13 BeurkG muss die Niederschrift in Gegenwart der Beteiligten vorgelesen werden. Wird die Niederschrift nicht verlesen, ist die Urkunde unwirksam. In beiden Fällen liegt eine dienstrechtlich zu beanstandende Dienstpflichtverletzung des Notars vor.

93 Damit gilt der **Merksatz**, dass auch Soll-Vorschriften für den Notar stets Muss-Vorschriften darstellen.

b) Aufbau des BeurkG

94 Das BeurkG ist in fünf Abschnitte (außer Schluss) unterteilt. Dabei werden allgemeine Vorschriften, die alle Formen der Beurkundungen betreffen, im ersten Abschnitt zusammengefasst. In den zweiten Abschnitt sind die bei der Beurkundung von Willenserklärungen zu beachtenden Vorschriften aufgenommen. Der dritte Abschnitt hat die Regelungen für sonstige Urkunden zum Inhalt. Der vierte Abschnitt regelt die Behandlung der Urkunden. Der fünfte, mit Wirkung vom 01.09.1998 aufgenommene Abschnitt betrifft nicht Beurkundungen, sondern die in § 1 Abs. 1 BeurkG erwähnte Zuständigkeit der Notare für Verwahrungen.

3. Beurkundungen von Willenserklärungen – Niederschrift

95 Verlangt das Gesetz die notarielle Beurkundung von Willenserklärungen, so muss eine *Niederschrift* über die Verhandlung aufgenommen werden (§ 8 BeurkG). Unter *Willenserklärungen* werden privatrechtliche Erklärungen verstanden, die auf einen Rechtserfolg gerichtet und geeignet sind, allein oder zusammen mit anderen Tatsachen, vor allem auch Willenserklärungen anderer, diesen Rechtserfolg herbeizuführen. Diese Willenserklärung kann z. B. darauf gerichtet sein, das Eigentum an einem Grundstück zu übertragen.

II. Beurkundungsverfahren

a) Erklärungen der Beteiligten

Die Niederschrift muss die *Erklärungen der Beteiligten* wiedergeben (§ 9 Abs. 1 Nr. 2 BeurkG). Diese Erklärungen werden nicht etwa wörtlich aufgenommen, sondern vom Notar vorformuliert und von den Beteiligten nach Verlesung genehmigt. Dies ändert aber nichts daran, dass es sich um die Erklärungen der Urkundsbeteiligten selbst und nicht etwa des Notars handelt. Die Beteiligten bestimmen selbst, welche Rechtsfolgen sie herbeiführen wollen. Durch die vom Notar vorgeschlagenen Formulierungen, denen die Beteiligten meist folgen, wird sichergestellt, dass dieser Erfolg auch tatsächlich eintritt. Daher ist es auch nicht erforderlich, dass in die Niederschrift alle im Zusammenhang mit der Abgabe von Willenserklärungen gemachten Äußerungen aufgenommen werden. Absichten und Vorstellungen der Beteiligten, die den Eintritt der gewollten Rechtsfolge nicht beeinflussen, brauchen nicht aufgenommen zu werden. Auch die verwendeten Formulierungen entsprechen in der Regel nicht dem Sprachschatz der Beteiligten, sondern der Gesetzessprache, also meist der des BGB. Nur bei Verwendung von Ausdrücken der Rechtssprache wird gewährleistet, dass der Inhalt der gewollten Erklärungen auch für Dritte, etwa Gerichte, verständlich und eindeutig ist. Die Erklärungen müssen aber stets so abgefasst sein, dass sie den Willen der Beteiligten auch tatsächlich wiedergeben. Widerspricht ein erklärender Beteiligter einer Formulierung des Notars, so darf dieser sie nicht aufnehmen, auch wenn er den Widerspruch für unsinnig hält.   **96**

Der Notar hat bei der Beurkundung einer Niederschrift aber nicht nur die Aufgabe, die Erklärungen der Beteiligten zu protokollieren, sondern er muss auch darauf hinwirken, dass der gewollte Rechtserfolg eintritt. Das ist die *Hauptaufgabe des Notars.*

Dieser hat im Rahmen der Niederschrift weitere, die äußere Gestalt der Urkunde (die Form) betreffende Vorschriften zu beachten. Es handelt sich dabei nicht um die Fixierung von Erklärungen der Beteiligten, sondern um die Befolgung von Verfahrensvorschriften, die an den Notar selbst gerichtet sind.

b) Bezeichnung von Ort und Tag der Verhandlung und des Notars

Die Bezeichnung des beurkundenden Notars ist zwingende Voraussetzung für die Wirksamkeit der Niederschrift (§ 9 Abs. 1 Nr. 1 BeurkG). Fehlt diese, ist die Urkunde unwirksam. Wird die Niederschrift nicht vom Notar selbst, sondern von einem Notarvertreter oder Notariatsverwalter beurkundet, muss auch dies aus dem Urkundseingang ersichtlich sein. Neben dem Vertreter oder Verwalter muss auch der Name des vertretenen Notars aufgeführt sein, damit erkennbar ist, wer die Urschrift verwahrt wird.   **97**

Nach § 9 Abs. 2 BeurkG *soll* die Niederschrift Ort und Tag der Verhandlung enthalten. Das Fehlen dieser Angaben führt nicht zur Nichtigkeit der Urkunde, kann aber zu Zweifeln Anlass geben. Die Angabe ist daher Dienstpflicht des Notars.

Teil B Beurkundungsverfahrensrecht

98 *Formulierungsbeispiel*
Verhandelt zu ... am ..., vor mir ..., Notar mit dem Amtssitz in ...

c) Bezeichnung der Beteiligten

aa) Umfang der Bezeichnung

99 Nach § 10 Abs. 1 BeurkG soll die Person der Beteiligten so genau bezeichnet werden, dass Verwechslungen ausgeschlossen sind. Was unter *Beteiligten* zu verstehen ist, ergibt sich aus § 6 Abs. 2 BeurkG. Danach sind beteiligt die *Erschienenen*, deren Willenserklärungen beurkundet werden, unabhängig davon, ob sie Erklärungen im eigenen oder fremden Namen abgeben. Die Feststellung erstreckt sich damit auf den Erschienenen und *nicht* auf den Vertretenen. Der Begriff des Beteiligten (der Erschienenen) unterscheidet sich damit vom Begriff des Beteiligten, der in die Urkundenrolle und Namensverzeichnis aufzunehmen ist (vgl. Rz. 25). Aus diesem Grund ist sowohl der Vor- und Nachname, und wenn der Geburtsname vom Nachnamen abweicht, auch dieser, in die Urkunde aufzunehmen (§ 26 Abs. 2 DONot), ebenso das Geburtsdatum und die Wohnanschrift. Anstelle der Wohnanschrift kann bei Vertretern juristischer Personen (etwa einer GmbH) die Dienst oder Geschäftsanschrift angegeben werden (§ 26 Abs. 2 S. 3 DONot). Ausnahmsweise kann von der Angabe der Wohnanschrift ganz abgesehen werden, wenn dies zum Schutz des Beteiligten oder seiner Angehörigen erforderlich ist. Dies kann etwa dort angezeigt sein, wo ein Beteiligter Stalking-Opfer ist. Nicht erforderlich und auch nicht mehr zeitgemäß ist die Angabe des Berufs.

bb) Vermerk über die Kenntnisverschaffung

100 Neben der Bezeichnung der Beteiligten ist gemäß § 10 Abs. 2 BeurkG in die Urkunde auch aufzunehmen, *wie* der Notar sich über die Identität der Beteiligten *Kenntnis verschafft* hat.

Der Notar wird sich in der Regel Klarheit über die Identität der Person durch Vorlage des Personalausweises verschaffen, wenn ihm der Beteiligte nicht bereits von Person bekannt ist.

Aber auch andere mit Lichtbild versehene Ausweisdokumente wie Reisepass oder Führerschein genügen für die Identitätsfeststellung.

Es ist zu empfehlen, von vorgelegten Personalausweisen nach vorheriger schriftlicher Zustimmung der Beteiligten und bereits vor der Beurkundung eine Fotokopie anzufertigen oder das Ausweisdokument einzuscannen. Dies erleichtert die Vorbereitung der Urkunde und auch den Nachweis, dass der Notar seiner Pflicht zur Feststellung der Identität auch tatsächlich nachgekommen ist. Kann sich ein Beteiligter nicht ausweisen und ist er dem Notar nicht von Person bekannt, besteht die Möglichkeit, dass der Beteiligte durch nicht von einem Dritten vorgestellt wird. Voraussetzung ist zunächst, dass der Notar den Dritten *zuverlässig* kennt und der Dritte weder mit dem Beteiligten verwandt ist, noch in einer sonstigen Beziehung zu ihm steht. Dabei scheidet jeder an der Beurkundung Beteiligte aus. Wird der Beteiligte durch einen Mitarbeiter des Notars vorgestellt, so setzt dies voraus, dass dieser Gewissheit über die

II. Beurkundungsverfahren

Identität der Person hat. Es genügt also nicht, dass ihn der Mitarbeiter aus einem Vorgespräch kennt oder zu kennen meint, es sei denn, dass der Beteiligte seinen Personalausweis im Vorgespräch vorgelegt hat.

Von der Feststellung selbst ist der in die Urkunde aufzunehmende *Vermerk* zu unterscheiden. Bei der Vorlage eines Personalausweises genügt die Feststellung, dass der Beteiligte sich durch Personalausweis ausgewiesen hat. Die Nummer des Personalausweises oder die Feststellung, dass er gültig ist, braucht nicht aufgenommen zu werden (vgl. OLG Frankfurt, DNotZ 1989, 640). Eine solche Pflicht kann sich aber aus dem GwG ergeben.

Wird der Beteiligte durch einen Dritten vorgestellt, so ist auch der Dritte anzugeben.

Formulierungsbeispiel 101
Der Erschienene wurde vorgestellt durch die Notarfachangestellte ...

Kommen die vorgenannten Feststellungen nicht in Betracht, muss der Notar 102 die Beurkundung nicht ablehnen, sondern er hat einen Vermerk in die Urkunde aufzunehmen, dass der Beteiligte sich nicht ausweisen konnte. Diese Urkunde hat aber nicht den vollen Beweiswert. Legt der Beteiligte später seinen Ausweis vor, kann durch den Notar ein Nachtragsvermerk mit Unterschrift und Siegel aufgenommen werden.

d) Weitere Feststellungen des Notars

Im Hinblick auf die Beteiligten treffen den Notar gelegentlich weitere Fest- 103 stellungspflichten. Dies gilt zunächst bei Zweifeln über die erforderliche Geschäftsfähigkeit. Zweifelt der Notar nicht nur an der Geschäftsfähigkeit eines Beteiligten, sondern ist er von deren Fehlen überzeugt, so hat er von der Beurkundung abzusehen.

Die volle Geschäftsfähigkeit besitzen Volljährige. Minderjährige, die das siebente Lebensjahr vollendet haben, sind beschränkt geschäftsfähig (§§ 106 ff. BGB, d. h. sie können bestimmte (zumeist für sie günstige) Geschäfte abschließen. Für bestimmte Erklärungen hat das Gesetz besondere Altersgrenzen festgesetzt, z. B.:

– Einwilligung zur Annahme als Kind – 14 Jahre (§ 1746 BGB),
– Testierfähigkeit – 16 Jahre (§§ 2229 Abs. 1; 2247 Abs. 4 BGB),
– (zur Vertretung Minderjähriger vgl. Rz. 638).

Geschäftsunfähig ist unabhängig vom Lebensalter, wer sich in einem die freie 104 Willensentschließung ausschließenden Zustande krankhafter Störung der Geistestätigkeit befindet, sofern nicht der Zustand seiner Natur nach ein vorübergehender ist (§ 104 Nr. 2 BGB).

Hat der Notar nur Zweifel, ob ein Beteiligter sich in einem solchen Zustand befindet, so darf er die Beurkundung nicht ablehnen, sondern muss die Zweifel in der Urkunde vermerken. Besteht kein Anlass zu Zweifeln, so trifft ihn eine solche Verpflichtung nicht. Ausgenommen sind Beurkundungen der Erklärungen Beteiligter, die schwer krank sind (§ 11 Abs. 2 BeurkG), oder Beurkundungen von letztwilligen Verfügungen (§ 28 BeurkG). Bei diesen Fallgestaltungen geht das Gesetz davon aus, dass es häufiger zu Zweifeln oder Streit über die Geschäftsfähigkeit kommen kann, weil die Urkunde nicht selten erst nach dem Tode des Beteiligten Rechtswirkungen entfaltet und die Geschäftsfähigkeit zum Zeitpunkt der Beurkundung dann nur noch schwer festgestellt werden kann. Deshalb hat hier der Notar, ggf. nach Rücksprache mit dem behandelnden Arzt, einen Vermerk über seine Feststellungen zur Geschäftsfähigkeit in die Urkunde aufzunehmen, die späteren Streitigkeiten vorbeugen soll. Bei schwerer Krankheit muss der Vermerk auch die Feststellung des Vorliegens einer Krankheit enthalten. Eine abschließende Entscheidung darüber, ob die Geschäftsfähigkeit vorliegt, muss der Notar nicht treffen (Rz. 754). Der Vermerk muss aber aufgetretene Zweifel aufführen.

e) Vorbefassungsvermerk

105 Der Notar hat weiter die Frage einer etwaigen *Vorbefassung* im Sinne des § 3 Abs. 1 S. 7 BeurkG und die Antwort der Beteiligten in der Urkunde zu vermerken (vgl. Rz. 18). Der Vermerk ist stets erforderlich im Bereich des Anwaltsnotariats. Ob der Vermerk auch für Nurnotare gilt, erscheint zumindest zweifelhaft. Das BeurkG unterscheidet zwar nicht zwischen Nur- und Anwaltsnotaren, doch dürften Fälle, in denen ein Nurnotar außerhalb seiner Amtstätigkeit einseitig für einen Beteiligten tätig war, selten sein, da der Nurnotar einen weiteren Beruf nicht ausüben darf (§ 8 BNotO).

106 *Formulierungsbeispiel*
Die Notarin hat nach einer Vorbefassung nach § 3 Abs. 1 S. 1 Nr. 7 BeurkG gefragt, insbesondere, ob sie für eine der beteiligten Personen außerhalb ihrer Amtstätigkeit bereits in derselben Angelegenheit einseitig tätig war, dies wurde von dem/den Erschienenen verneint.

f) Handeln im eigenen Namen oder für Dritte – Vertretung

107 Der Notar hat in der Urkunde zu vermerken, ob ein Beteiligter *im eigenen Namen* oder *als Vertreter eines Dritten* handelt. Eine solche Verpflichtung ergibt sich mittelbar aus § 17 BeurkG, wonach der Notar die Erklärungen klar und unzweideutig wiedergeben soll. An einer solchen Unzweideutigkeit würde es fehlen, wenn nicht feststünde, ob ein Beteiligter eine Erklärung im eigenen Namen oder im Namen eines Dritten als Vertreter abgegeben hat.
Eine Willenserklärung, die jemand als Vertreter innerhalb seiner Vertretungsmacht im Namen eines Dritten, des Vertretenen, abgibt, wirkt unmittelbar für und gegen den Vertretenen (§ 164 Abs. 1 BGB). Es ist zwar nicht erforderlich, dass der Vertreter ausdrücklich im Namen des Vertretenen handelt, wenn die Umstände ergeben, dass die Erklärungen für den Vertretenen abgegeben werden (§ 164 Abs. 1 S. 2 BGB). Ob das der Fall ist, kann im Nachhinein oft zweifelhaft sein. Damit solche Zweifel nach Möglichkeit ausgeschlossen werden, ist die Vertretung ausdrücklich in der Urkunde zu vermerken.

II. Beurkundungsverfahren

Fehlt es an der Offenlegung des Handelns für einen anderen, wird die Erklärung dem Erklärenden zugerechnet, d. h., ihn selbst treffen die Folgen der Erklärung (§ 164 Abs. 2 BGB). Gelegentlich wünschen die Beteiligten nicht, dass das Handeln für einen Dritten erkennbar sein soll. In diesem Fall wird das Rechtsgeschäft ohne Aufdeckung einer Vertretung geschlossen, zugleich aber zwischen dem Dritten und dem Vertreter ein Treuhandvertrag geschlossen. Eine Vertretung im eigentlichen Sinn liegt hier nicht vor (sog. mittelbare Stellvertretung).

aa) Zulässigkeit der Vertretung

Soll eine Willenserklärung für einen Dritten abgegeben werden, stellt sich zunächst die Frage, ob eine Vertretung überhaupt *zulässig* ist. Gelegentlich verbietet das Gesetz die Vertretung ausdrücklich. So kann etwa das Testament nur *persönlich* errichtet werden (§ 2064 BGB). Ergibt sich aus dem Gesetz kein Verbot der Vertretung, so ist die Vertretung zulässig, insbesondere auch dann, wenn das Gesetz *gleichzeitige Anwesenheit* verlangt (z. B. §§ 925, 1410 BGB). Obwohl das Gesetz dies nicht ausdrücklich verlangt, ist die Vertretung grundsätzlich auch dort ausgeschlossen, wo eine eidesstattliche Versicherung verlangt wird, etwa bei der Beantragung eines Erbscheins (§ 2356 Abs. 2 BGB).

108

bb) Formen der Vertretung

Die Vertretungsmacht ergibt sich entweder aus einer Erklärung des Vertretenen (Vollmacht, u. U. Genehmigung) oder aus dem Gesetz.

109

aaa) Gesetzliche Vertretung

Gesetzliche Vertretung liegt dann vor, wenn das Gesetz einem Dritten ausdrücklich die Rechtsmacht einräumt, für einen anderen zu handeln. Dies ist insbesondere der Fall bei der Vertretung des Kindes durch die *Eltern* (in der Regel nicht nur eines Elternteils (§§ 1626 Abs. 1, 1629 Abs. 1 BGB; vgl. dazu Rz. 638), ferner die Vertretung durch den *Vormund* (§ 1793 BGB) oder den *Betreuer* (§ 1902 BGB).

110

Formulierungsbeispiel
Für den minderjährigen, am ... geborenen ..., wohnhaft bei seinen Eltern, dessen Eltern, die Eheleute ..., geboren am ... und ... geboren am ..., wohnhaft ...

111

Eine gesetzliche Vertretung im hier in Betracht kommenden Sinne liegt aber auch dann vor, wenn eine Erklärung mit Wirkung für eine juristische Person (Bund, Land, Gemeinde, GmbH, AG, e. V. usw.) oder eine Personengesellschaft (OHG, KG) abgegeben wird, da juristische Personen durch ihre Organe vertreten werden, wobei diese Dritten eine Vollmacht erteilen können.

Wer im Einzelnen das zur Vertretung berechtigte Organ ist, ergibt sich aus dem Gesetz. So wird der Verein durch seinen Vorstand (§ 26 BGB), die GmbH durch den oder die Geschäftsführer (§ 35 Abs. 1 GmbHG), die AG oder die eG durch den Vorstand (§ 78 AktG, § 24 GenG) vertreten. Diese Vertretungs-

112

macht kann in einem gewissen Umfang näher bestimmt, insbesondere eingeschränkt werden.

113 Beispiel
Die Vereinssatzung kann vorsehen, dass der Vorsitzende des Vorstands den Verein rechtsgeschäftlich allein vertritt, sie kann aber auch vorsehen, dass der Verein durch den Vorsitzenden und ein weiteres Mitglied des Vorstandes gemeinsam vertreten wird.

114 Welche Person oder Personen als Mitglieder des Vertretungsorgans die juristische Person des privaten Rechts vertreten, ergibt sich aus dem beim zuständigen Amtsgericht geführten Register (Handelsregister, Vereinsregister, Genossenschaftsregister).

Werden Erklärungen für eine Gesellschaft abgegeben, so muss der Notar zunächst feststellen, ob diese Gesellschaft tatsächlich existiert, wer die Gesellschaft vertritt und wie die Vertretungsbefugnis geregelt ist. Diese Informationen sind dem Handels- oder einem anderen Register zu entnehmen. Darauf, ob z. B. eine im Handelsregister eingetragene GmbH eine Geschäftstätigkeit ausübt, kommt es nicht an und ist daher auch nicht nachzuprüfen. Der Notar kann sich über die Vertretungsverhältnisse durch Einsicht in das online geführte Register oder durch Vorlage eines (aktuellen) Registerauszuges informieren (vgl. Rz. 918).

115 *Formulierungsbeispiele*
Herr..., geboren am..., geschäftsansässig..., ausgewiesen durch gültigen Personalausweis, nicht für sich selbst handelnd, sondern als zur Alleinvertretung berechtigter Geschäftsführer der... GmbH mit dem Sitz in ...

Aufgrund meiner Einsicht in das elektronische Handelsregister vom heutigen Tage bescheinige ich, dass Herr ... zur Alleinvertretung berechtigter Geschäftsführer der im Handelsregister des Amtsgerichts ... unter HRB ... eingetragenen Gesellschaft ist.

GmbH; GmbH & Co. KG:
Die Herren ... und ..., hier handelnd als gemeinschaftlich zur Vertretung berechtigte Geschäftsführer der... Verwaltungs-GmbH mit dem Sitz in ..., eingetragen im Handelsregister des Amtsgerichts ... unter HRB ..., diese wiederum handelnd als alleinvertretungsberechtigte persönlich haftende Gesellschafterin der ... KG eingetragen im Handelsregister des Amtsgerichts ... unter HRA ... mit dem Sitz in ...

Aufgrund der Einsicht in das elektronische Handelsregister des Amtsgerichts ... vom heutigen Tage, bescheinige ich, der unterzeichnende Notar, dass die vorgenannten Gesellschaften dort eingetragen sind, die Firma ... Verwaltungs-GmbH zur alleinigen Vertretung der Firma ... GmbH & Co. KG berechtigt ist und die Herren ... und ... gemeinschaftlich zur Vertretung der Verwaltungs-GmbH berechtigte Geschäftsführer sind.

II. Beurkundungsverfahren

Gesetzliche Vertreter im weiteren Sinne sind aber auch Verwalter fremden 116
Vermögens, wie etwa Insolvenzverwalter (§ 56 InsO), Testamentsvollstrecker
(§ 2205 BGB) oder Nachlassverwalter (§ 1985 BGB).

Nach § 12 BeurkG sind vorgelegte Vollmachten und Vertretungsnachweise über die Berechtigung eines gesetzlichen Vertreters der Niederschrift in Urschrift oder in beglaubigter Abschrift beizufügen. In der Regel wird es sich dabei um Registerbescheinigungen handeln. Hat der Notar das Register eingesehen, so genügt die Bescheinigung des Notars (vgl. Rz. 170).

bbb) Rechtsgeschäftliche Vertretung

Im Gegensatz zur gesetzlichen Vertretung, bei der sich die Vertretungsbefugnis aus dem Gesetz ergibt, liegt eine rechtsgeschäftliche Vertretung, die auch Vollmacht genannt wird (§ 166 Abs. 2 BGB), dann vor, wenn jemand aufgrund einer Vollmacht für einen anderen handelt. 117

Die rechtsgeschäftliche Vertretung ist zulässig, wenn das Gesetz sie nicht ausdrücklich verbietet. Dies ist nicht immer leicht zu erkennen.

Von der Vertretung zu unterscheiden ist die Übermittlung einer Erklärung durch einen Boten. In diesem Fall liegt eine Willenserklärung des Boten nicht vor, die Erklärung wird von dem abgegeben, für und gegen den sie wirken soll. Die Betrauung eines Boten kommt für eine notarielle Beurkundung praktisch nicht in Betracht.

Die erste Voraussetzung der Vertretung, nämlich die Erklärung für einen Dritten handeln zu wollen, muss in der Urkunde vermerkt werden.

Auch das zweite Erfordernis für die Wirkungen des Rechtsgeschäfts, nämlich die Vertretungsmacht, muss vom Notar geprüft und in der Urkunde vermerkt werden. Ist die Vertretungsmacht gegeben, so wird das Rechtsgeschäft regelmäßig sofort wirksam und zwar zwischen dem Vertretenen und dem anderen Vertragsteil.

Für die Wirksamkeit der Vollmacht kommt es nicht darauf an, ob die Vollmacht in notarieller Form erteilt ist, da § 167 Abs. 2 BGB ausdrücklich auf die Einhaltung einer Form verzichtet, wenn das Rechtsgeschäft, für das sie erteilt wird, einer Form bedarf, ausgenommen davon sind jedoch unwiderrufliche Vollmachten zum Erwerb oder zur Veräußerung von Grundbesitz. Davon zu unterscheiden ist die Frage, ob für den weiteren Vollzug, etwa zur Vorlage beim Grundbuchamt, eine Form einzuhalten ist. Dies ist häufig der Fall, so dass bei einer formlosen oder nur schriftlichen Vollmacht der Vertretene die erteilte Vollmacht zu bestätigen hat (so genannte Vollmachtsbestätigung).

Erklärt ein Beteiligter, er habe die mündliche Vollmacht des Vertretenen, sollte der Notar gleichwohl um die Vorlage einer schriftlichen Vollmacht bitten. Es besteht auch die Möglichkeit, dass der nur mündlich Bevollmächtigte zunächst vollmachtlos (um nicht für die Erteilung der Genehmigung einstehen zu müssen) auftritt und der Vertretene nach Beurkundung genehmigt.

Erklärt der Vertreter, er sei bevollmächtigt, und stellt sich später heraus, dass eine solche Vollmacht nicht erteilt war oder lässt sich die Erteilung der Vollmacht nicht beweisen, so muss der Vertreter dem anderen Vertragsteil für die Erfüllung des Vertrags einstehen (§ 179 BGB).

Teil B Beurkundungsverfahrensrecht

118 **Beispiel**
V verkauft mit notarieller Urkunde ein Grundstück an K, der durch C unter Hinweis auf eine mündlich erteilte Vollmacht vertreten wird. Will der K nichts von dem Kaufvertrag wissen, und kann C die Erteilung der Vollmacht nicht beweisen, muss er entweder dem V Schadensersatz zahlen oder aber das Grundstück selbst gegen Kaufpreiszahlung abnehmen.

119 Der Vertreter sollte vom Notar auf dieses Risiko hingewiesen werden. Bei Zweifeln sollte etwa die Einholung einer Vollmachtsurkunde empfohlen oder aber geraten werden, als vollmachtloser Vertreter aufzutreten.

ccc) Vollmachtlose Vertretung

120 Fehlt es an einer Vertretungsmacht oder reicht diese für die abzugebenden Erklärungen nicht aus und gibt der Vertreter gleichwohl Erklärungen für den Vertretenen ab, hängt die Wirksamkeit des Rechtsgeschäfts davon ab, ob der Vertretene das Rechtsgeschäft genehmigt (§ 177 Abs. 1 BGB). Das Rechtsgeschäft ist zunächst schwebend unwirksam und wird erst mit der Genehmigung wirksam (soweit nicht weitere Genehmigungen erforderlich sind). Die Einzahlung auf ein Notaranderkonto (siehe dazu Rz. 369) kommt bis dahin nicht in Betracht. Die Bewilligung und Beantragung einer Auflassungsvormerkung (siehe dazu Rz. 335) ist zwar möglich, wenn der Grundstückseigentümer persönlich erscheint und nur der Käufer vertreten wird, in der Regel aber wenig sinnvoll.

Der Notar hat auf die schwebende Unwirksamkeit des Rechtsgeschäfts hinzuweisen und dies in der Urkunde zu vermerken.

Der Vertreter sollte stets darauf hinweisen, dass er keine Garantie für die Erteilung der Genehmigung abgibt, damit er nicht die Folgen des § 179 BGB tragen muss (§ 179 Abs. 3 S. 1 BGB).

Soweit eine vollmachtlose Vertretung vorliegt oder die erteilte Vollmacht nicht der für den Vollzug erforderlichen Form entspricht, ist der Vertretene zur Erteilung der Genehmigung oder Vollmachtsbestätigung aufzufordern. Es empfiehlt sich, dem Vertreter zugleich den Entwurf einer Genehmigungserklärung zu übersenden und darauf hinzuweisen, dass eine notarielle Beglaubigung erforderlich sei.

121 *Formulierungsbeispiel*
Genehmigungserklärung
In der notariellen Urkunde vom ..., UR-Nr. ... der Notarin ... in Halle (Saale) hat für
mich, den Unterzeichnenden, die Notariatsmitarbeiterin ..., Erklärungen abgegeben.
Der Inhalt dieser Urkunde ist mir bekannt.
Ich, der Unterzeichnende, genehmige hiermit die für mich abgegebenen Erklärungen in vollem Umfange.
... (Es folgt der Vermerk über die Unterschriftsbeglaubigung.)

II. Beurkundungsverfahren

g) Umfang der Pflicht zur Verlesung der Urkunde

aa) Grundsatz des vollständigen Vorlesens der Niederschrift

Nach § 13 BeurkG muss die Niederschrift in Gegenwart des Notars den Beteiligten vorgelesen, von ihnen genehmigt und eigenhändig unterschrieben werden (zu den Ausnahmen nachfolgend). Dabei ist es nicht erforderlich, dass die Niederschrift vom Notar selbst vorgelesen wird. Wird die Niederschrift nicht oder nicht vollständig vorgelesen und greift keine Ausnahmevorschrift über eine Befreiung von der Vorlesungspflicht ein, sind die abgegebenen Erklärungen nichtig. Die Pflicht zur Verlesung erstreckt sich dabei auch auf solche Erklärungen, auf die in der Niederschrift verwiesen wird. 122

Beispiel 123
Bei der Beurkundung der Errichtung einer GmbH wird auf die in der Anlage beigefügte Satzung verwiesen. Hier muss auch die Satzung verlesen werden.

Die Pflicht zur Verlesung erstreckt sich auch auf Veränderungen, die im Verlauf des Beurkundungsverfahrens eingefügt werden. 124

bb) Ausnahmen von der Pflicht zur Verlesung

Einige Vorschriften des BeurkG bieten die Möglichkeit, von einer Verlesung von Teilen der Urkunde abzusehen. 125

aaa) Karten, Zeichnungen, Abbildungen

Soweit die Niederschrift auf *Karten, Zeichnungen* oder *Abbildungen* verweist, müssen anstelle des Verlesens den Beteiligten diese zur Durchsicht vorgelegt werden: 126

Beispiele
Die Lageskizze beim Teilflächenkauf (vgl. Rz. 386), die Aufteilungspläne bei der Bildung von Wohnungseigentum.

Für eine ordnungsgemäße Beurkundung reicht es nicht aus, dass diese der Niederschrift beigefügt werden, sondern die Niederschrift muss auf die beigefügten Pläne verweisen und vermerken, dass sie zur Durchsicht vorgelegt wurden (vgl. unter Rz. 386). 127
Die Unterschrift des Notars oder der Beteiligten auch auf dem beigefügten Plan ist dagegen nicht erforderlich, dokumentiert aber, dass der Plan tatsächlich zur Durchsicht vorgelegt wurde.

bbb) Verweisung auf notarielle Urkunden

Wird in der Niederschrift auf eine *andere Urkunde* verwiesen, die nach den Vorschriften über die Beurkundung von Willenserklärungen errichtet worden ist, so braucht diese unter bestimmten Voraussetzungen nicht vorgelesen zu werden (§ 13a BeurkG). 128

Die Vorschrift des § 13a BeurkG betrifft allein die Verweisung auf eine *andere notarielle Urkunde*. Hiervon ist die Bezugnahme auf eine andere Erklärung, z.B. einen Mietvertrag, zu unterscheiden. Die Verweisung auf eine andere notarielle Urkunde ist nur dann erforderlich, wenn in der anderen Urkunde Erklärungen enthalten sind, die auch Bestandteil der neuen Urkunde werden sollen.

129 Die wirksame Verweisung setzt voraus, dass

- die Beteiligten erklären, dass ihnen der Inhalt der anderen Niederschrift bekannt ist,
- die andere Urkunde den Beteiligten zumindest in beglaubigter Abschrift vorliegt,
- sie auf das Vorlesen verzichten (§ 13a BeurkG),
- die andere Urkunde eine notarielle Niederschrift ist.

130 Die andere Urkunde braucht anders als Pläne, Karten usw. bei Anwendung des § 13 BeurkG der Niederschrift nicht als Anlage beigefügt zu werden, wenn die Beteiligten darauf verzichten.

> **Praxis-Tipp**
> Beim Kaufvertrag über eine noch zu errichtende Eigentumswohnung (vor grundbuchlichem Vollzug der Teilung, vgl. Rz. 422) kann gemäß § 13a BeurkG auf die Teilungserklärung einschließlich der Aufteilungspläne und der Baubeschreibung verwiesen werden, ohne dass diese Urkunde dem Kaufvertrag beigefügt werden muss. Auch die Erklärungen aus der Vorurkunde werden für die Beteiligten des Kaufvertrags bindend.

131 Die Voraussetzungen der Verweisung sind in der Urkunde zu vermerken.

> **Formulierungsbeispiel**
> *Wegen der Teilungserklärung und der Baupläne, die Gegenstand dieses Vertrags ist/sind, verweisen die Beteiligten auf die Urkunde des Notars ... vom ... (UR. Nr. ...), die in Ausfertigung bei der heutigen Beurkundung vorlag. Die Beteiligten haben nach ihrer Angabe bereits vor der heutigen Verhandlung eine Abschrift dieser Urkunde erhalten.*
> *Die Notarin hat die Beteiligten darüber belehrt, dass der Inhalt dieser Urkunde als Teil ihrer Vereinbarungen mit Abschluss dieses Vertrags für sie verbindlich ist.*
> *Die Beteiligten erklärten, dass ihnen der Inhalt dieser Urkunde bekannt ist und sie auf das Vorlesen verzichten. Sie verzichten auch auf das Beifügen dieser Urkunde zur heutigen Niederschrift.*

cc) Eingeschränkte Vorlesungspflicht nach § 14 BeurkG

132 Die Vorschrift des § 14 BeurkG bietet Erleichterungen im Hinblick auf die Vorlesungspflicht von Bilanzen, Inventaren und Bestandsverzeichnissen über Sachen usw. Auch brauchen nach § 14 Abs. 1 S. 2 BeurkG bei der Beurkun-

II. Beurkundungsverfahren

dung von Grundpfandrechten Erklärungen, die nicht in das Grundbuch eingetragen werden, nicht vorgelesen zu werden.

§ 14 BeurkG ist anwendbar, 133

- wenn es sich entweder um Inventare, Bilanzen und Bestandsverhältnisse über Sachen handelt oder um Erklärungen bei einem Grundpfandrecht, die nicht in das Grundbuch eingetragen werden und
- wenn diese Erklärungen in ein Schriftstück aufgenommen werden, das der Niederschrift als Anlage beigefügt wird und
- wenn die Beteiligten auf ein Verlesen verzichten und
- wenn den Beteiligten das Schriftstück zur Kenntnisnahme vorgelegt wird und
- das Schriftstück (jede Seite) von den Beteiligten unterschrieben wird.

Auch hierüber ist ein Vermerk in die Urkunde aufzunehmen (§ 14 Abs. 3 BeurkG). 134

Beispiel
Bei der Beurkundung einer Umwandlung einer Einzelfirma in eine GmbH müssen die zu übertragenden Gegenstände des Umlaufvermögens bezeichnet werden. Eine Verlesung dieser oft umfangreichen Unterlagen ist nicht erforderlich, wenn eine Verweisung nach § 14 BeurkG erfolgt.

Formulierungsbeispiel 135
Wegen des ... verzeichnisses verweisen die Beteiligten auf die dieser Niederschrift als Anlage I. beigefügten Schriftstücke.
Die Notarin hat die Beteiligten darüber belehrt, dass der Inhalt dieser Schriftstücke als Teil ihrer Vereinbarungen mit Abschluss dieses Vertrags für sie verbindlich ist.
Die Beteiligten erklärten, dass sie auf das Vorlesen der Schriftstücke verzichten.
Die Schriftstücke wurden den Beteiligten zur Kenntnisnahme vorgelegt. Alle Beteiligten erklärten, jede Seite unterzeichnet zu haben.

Wenig Bedeutung hat jedoch die Möglichkeit, bei Grundpfandrechten teilweise auf das Verlesen zu verzichten. Da die Pflicht zur Verlesung sich sowohl auf die Höhe, den Gläubiger, die Zinsen als auch die Zwangsvollstreckungsunterwerfung (§ 14 Abs. 1 BeurkG) erstreckt, ist die mit einer Anwendung des § 14 BeurkG verbundene Arbeitserleichterung gering, zumal der Notar auch über den nicht vorlesungspflichtigen Teil der Urkunde zu belehren hat. Viele Notare verzichten daher auch auf die durch § 14 BeurkG eingeräumte Möglichkeit und lesen die Urkunde vollständig vor. 136

h) Schlussvermerk – Unterschriften

Die Niederschrift muss in Gegenwart des Notars den Beteiligten vorgelesen, von ihnen genehmigt und eigenhändig unterschrieben werden (§ 13 Abs. 1 BeurkG). Der entsprechende Vermerk ist dabei wie folgt zu fassen: 137

Teil B Beurkundungsverfahrensrecht

Formulierungsbeispiel
Die Niederschrift wurde den Beteiligten in Gegenwart des Notars vorgelesen, von diesen genehmigt und gemeinsam mit dem Notar wie folgt unterschrieben: ...

138 Für die Wirksamkeit der Unterschriften der Beteiligten genügt die Unterschrift mit dem Nachnamen, jedoch ist darauf zu achten, dass die Unterschrift auch vollständig geleistet ist, da bei fehlender vollständiger Unterschrift der Vertrag nicht wirksam ist.

Beispiel
Bei einem Kaufvertrag unterschreibt der Käufer statt mit Vor- und Zunamen nur mit seinem Vornamen. Später will er sich an den Vertrag nicht halten, da die Unterschrift mit dem Vornamen nicht den Anforderungen des Beurkundungsgesetzes genüge. Der BGH (NJW 2003, 1120) hat hier angenommen, der Vertrag sei nicht wirksam zustande gekommen.

4. Vermerke bei der Beteiligung von Personengruppen, deren Mitwirkung am Beurkundungsverfahren eingeschränkt ist

a) Behinderte

139 Bei bestimmten körperlichen Behinderungen, nämlich (schwere) Sehbehinderung, Sprachbehinderung und Gehörlosigkeit, sieht das Beurkundungsgesetz Besonderheiten vor, deren Beachtung der Notar in der Niederschrift zu vermerken hat. Diese Besonderheiten sollen gewährleisten, dass die einzuhaltenden Formvorschriften nicht deshalb ins Leere gehen, weil der Urkundsbeteiligte nicht feststellen kann, ob die Erklärungen seinem Willen entsprechen.

140 **Beispiel**
Einem schwer Sehbehinderten wird eine Urkunde verlesen und anschließend zur Unterschrift vorgelegt. Der Urkundsbeteiligte kann nicht feststellen, ob die vorgelegte Urkunde tatsächlich mit der verlesenen übereinstimmt. Ein Gehörloser kann mündliche Hinweise und Belehrungen des Notars nicht verstehen.

141 Der Notar hat daher bei der Beteiligung von sehbehinderten, gehörlosen oder sprachbehinderten Urkundsbeteiligten zunächst den Grad der Behinderung festzustellen und seinen Eindruck in der Niederschrift zu vermerken. Es kommt nicht darauf an, ob der Beteiligte völlig blind, gehörlos oder stumm ist. Entscheidend ist in der Regel die Überzeugung des Notars, ob der Grad der Behinderung so groß ist, dass eine Mitwirkung am Beurkundungsverfahren (hören, sprechen, lesen) nicht gewährleistet ist. Gibt jedoch ein Beteiligter an, nicht hören, sprechen oder sehen zu können, so muss dies der Notar berücksichtigen und die Besonderheiten bei der Beurkundung beachten.

II. Beurkundungsverfahren

Formulierungsbeispiel
Der Beteiligte zu 3) ist nach der Überzeugung des Notars gehörlos und kann nicht schreiben.

Liegt eine Behinderung der vorgenannten Art vor, ist bei der Beurkundung ein zweiter Notar oder ein Zeuge hinzuzuziehen, es sei denn, alle Urkundsbeteiligten – nicht nur der Behinderte selbst – verzichten auf eine Hinzuziehung (§ 22 BeurkG). **142**

Formulierungsbeispiel
Nach Belehrung verzichten die Beteiligten auf die Hinzuziehung eines Zeugen oder eines zweiten Notars.

Bestimmte Personen dürfen nicht als Zeuge oder zweiter Notar hinzugezogen werden (vgl. die ausführliche Aufzählung in § 26 BeurkG), wobei das Verbot der Hinzuziehung von Angestellten und Auszubildenden des Notars besonders hervorzuheben ist (§ 26 Abs. 2 Nr. 1 BeurkG). **143**

Die Hinzuziehung von Zeugen geschieht durch die Aufforderung des Notars an den Zeugen (oder den zweiten Notar), mitzuwirken und an der gesamten Beurkundung teilzunehmen. Die nur zufällige Teilnahme genügt nicht. Stellt sich die Behinderung erst im Verlauf der Beurkundung heraus, muss sie von neuem beginnen und ein Zeuge hinzugezogen werden, wenn dies verlangt wird.

Bei der Beteiligung von gehörlosen Beteiligten muss diesen die Niederschrift anstelle des Vorlesens zur Durchsicht vorgelegt werden. Auch dies ist in der Niederschrift zu vermerken.

Formulierungsbeispiel
Die Niederschrift wurde in Gegenwart des Notars vorgelesen, dem Beteiligten zu 3) auch zur Durchsicht vorgelegt, von den Beteiligten genehmigt und von ihnen unterschrieben.

Ist an der Urkunde eine weitere (nicht gehörlose) Person beteiligt, muss die Niederschrift außerdem verlesen werden. **144**

Kann sich der Gehörlose oder Stumme auch nicht schriftlich verständigen, muss eine Vertrauensperson hinzugezogen werden, die sich mit dem Behinderten zu verständigen vermag (§ 22 Abs. 1 S. 2 BeurkG). Dies wird in der Regel eine Person sein, die die Gebärdensprache beherrscht. Auch die Vertrauensperson soll die Niederschrift unterschreiben.

Formulierungsbeispiel
Der Notar zog daher Frau ... als Zeugin und Herrn ... als Vertrauensperson hinzu. Dieser verständigte sich mit ... durch Gebärdensprache, so dass der Notar zu der Überzeugung gekommen ist, was der Beteiligte zu 3) wollte. Er verstand die Vertrauensperson genügend. Einen rechtlichen Vorteil kann die Vertrauensperson aus dieser Beurkundung nicht erlangen.

b) Schreibunfähige

145 Die Schreibunfähigkeit ist nicht so selten, wie man vermuten könnte, sondern tritt häufig in Zusammenhang mit Krankheiten auf.

Vermag ein Beteiligter nach seinen Angaben oder der Überzeugung des Notars seinen Namen nicht zu schreiben, muss bei dem Vorlesen und der Genehmigung ein Zeuge oder ein zweiter Notar hinzugezogen werden.

Diese Hinzuziehung ist hier jedoch, anders als bei gehörlosen, sprechbehinderte oder sehbehinderten Beteiligten, unverzichtbar (für die Mitwirkungsverbote vgl. § 26 BeurkG).

Auch die Schreibunfähigkeit ist in der Urkunde zu vermerken. Die Niederschrift ist in diesem Fall auch von dem Zeugen oder zweiten Notar zu unterschreiben (§ 25 BeurkG).

146 *Formulierungsbeispiel*
Der Beteiligte zu 2) erklärte, seinen Namen nicht schreiben zu können. Es wurde daher Herr..., geboren am..., wohnhaft..., ausgewiesen durch... als Zeuge hinzugezogen.

Schlussvermerk:
Die vorstehende Niederschrift wurde in Gegenwart des Notars und des Schreibzeugen vorgelesen, von den Beteiligten genehmigt und von dem Schreibzeugen, dem Notar und den Beteiligten mit Ausnahme des Beteiligten zu 2) eigenhändig unterschrieben.

c) Sprachfremde

147 Ist ein Beteiligter nach seinen Angaben oder der Überzeugung des Notars der deutschen Sprache nicht hinreichend mächtig, muss der Notar Besonderheiten bei der Beurkundung beachten (vgl. § 16 BeurkG), da ohne die Beherrschung der Urkundssprache die Einhaltung des Beurkundungsverfahrens nicht sichergestellt werden kann.

Die fehlende Beherrschung der Urkundssprache durch einen Beteiligten ist zunächst in der Urkunde zu vermerken (§ 16 Abs. 1 BeurkG).

Dem Beteiligten muss die Niederschrift anstelle des Vorlesens übersetzt werden (§ 16 Abs. 2 BeurkG). Dies kann zunächst mündlich geschehen, und zwar entweder durch den Notar selbst, oder wenn dieser die Sprache des Beteiligten nicht beherrscht, durch einen Dolmetscher. Wenn der Beteiligte es verlangt, muss die Niederschrift außerdem schriftlich angefertigt werden, dem Beteiligten zur Durchsicht vorgelegt und die Übersetzung der Niederschrift beigefügt werden (§ 16 Abs. 2 BeurkG).

148 **Hinweis:** Es genügt nicht, dass eine schriftliche Übersetzung vorliegt, es muss stets auch im Rahmen der Beurkundung eine mündliche Übersetzung erfolgen.

149 Übersetzt der Notar nicht selbst, kommen als Dolmetscher entweder Personen in Betracht, die allgemein vereidigt sind (entsprechende Listen werden

II. Beurkundungsverfahren

von der Justizverwaltung herausgegeben, wobei darauf zu achten ist, dass die Vereidigung sich nicht auf gerichtliche Übersetzungen beschränken darf, wie z. B. in Nordrhein-Westfalen, Bayern, Baden-Württemberg und Schleswig-Holstein) oder aber Personen, die die Sprache des Beteiligten beherrschen, ohne allgemein vereidigt zu sein. Wird von den Beteiligten die Vereidigung des (nicht allgemein vereidigten) Dolmetschers verlangt, muss der Notar die Vereidigung vornehmen.

In der Regel wird jedoch auf die Vereidigung verzichtet. Auch dies ist zu vermerken.

Formulierungsbeispiel 150
Der Beteiligte zu 3) ist nach der Überzeugung des Notars der deutschen Sprache nicht hinreichend kundig. Er spricht russisch. Der Notar zog deshalb Herrn ..., wohnhaft in ..., als Dolmetscher zu, in dessen Person keine Ausschließungsgründe vorliegen. Herr ... erklärte, als Dolmetscher nicht allgemein vereidigt zu sein. Alle Beteiligten verzichteten darauf, dass der Notar den Dolmetscher vereidigte.
(Schlussvermerk)
Diese Niederschrift wurde den Erschienenen in Gegenwart des Notars in deutscher Sprache vorgelesen und sodann von dem Dolmetscher in die russische Sprache übersetzt. Der Notar wies den Beteiligten zu 3) darauf hin, dass er eine schriftliche Übersetzung verlangen kann. Der Beteiligte zu 3) verzichtete jedoch auf die schriftliche Übersetzung. Diese Niederschrift wurde von den Beteiligten genehmigt, von diesen, dem Dolmetscher und dem Notar eigenhändig unterschrieben.

Sind Personen beteiligt, die die deutsche Sprache nicht beherrschen, so besteht die weitere Möglichkeit, die Urkunde in einer Sprache aufzunehmen, die der Beteiligte beherrscht. Dies setzt jedoch voraus, dass auch der Notar die Fremdsprache beherrscht. Eine Beurkundung in einer Fremdsprache ist jedoch nur dann sinnvoll, wenn die Urkunde auch im Ausland Verwendung finden soll. 151

Checkliste: Besonderheiten in der Person eines Beteiligten		152
✓ Stumm/Blind	zweiter Notar oder Zeuge (verzichtbar)	
✓ Gehörlos	zweiter Notar/Zeuge (verzichtbar), Vorlage zur Durchsicht	
✓ Schreibunfähigkeit	zweiter Notar oder Zeuge (unverzichtbar)	
✓ Fehlende Sprachkenntnisse	vereidigter Dolmetscher (Vereidigung verzichtbar), mündliche Übersetzung (zwingend), schriftliche Übersetzung (verzichtbar)	

5. Sonstige Beurkundungen

153 Während die §§ 6 bis 35 BeurkG die Beurkundung von Willenserklärungen regeln, finden sich die Vorschriften für die Beurkundung anderer Vorgänge als Willenserklärungen in den §§ 36 bis 43 BeurkG. Dabei wird eine Vielzahl von Fallgestaltungen zusammengefasst, z. B.

- die Beurkundung von Eiden und eidesstattlichen Versicherungen,
- die Aufnahme von Verzeichnissen,
- die Beurkundung von Versammlungsbeschlüssen und sonstigen Tatsachen,
- die Aufnahme von Wechsel- und Scheckprotesten,
- die Beglaubigung von Unterschriften,
- Registerbescheinigungen.

154 In der Hauptsache besteht die Beurkundungstätigkeit des Notars im Rahmen sonstiger Beurkundungen in der Beglaubigung von Unterschriften, wofür nach § 40 BeurkG ein Vermerk genügt (vgl. Rz. 166). Soweit nicht, wie hier, das BeurkG einen Vermerk zulässt, ist eine Beurkundung in der Form einer Niederschrift erforderlich.

a) Begriff sonstiger Beurkundungen

155 Bei den sonstigen Beurkundungen wirkt der Notar in der Regel nicht aktiv mit, sondern er protokolliert Wahrnehmungen, die er gemacht hat. Anstelle der Erklärungen der Beteiligten (§ 9 Abs. 1 Nr. 2 BeurkG) ist daher in die Niederschrift »der Bericht über die Wahrnehmungen des Notars« aufzunehmen (§ 37 Abs. 1 Nr. 2 BeurkG).

> **Beispiel**
> Eine Bank bittet den Notar, die Öffnung eines Schließfachs zu protokollieren, um durch die notarielle Mitwirkung der Gefahr zu entgehen, für den Verlust von Wertgegenständen verantwortlich gemacht zu werden. Hier muss kein Anwesender eine Äußerung oder sogar eine Willenserklärung abgeben. Der Notar muss lediglich seine Wahrnehmungen protokollieren, etwa über den Inhalt des Schließfachs.

156 Für das Beurkundungsverfahren bei sonstigen Beurkundungen gelten einige Besonderheiten, auch soweit es sich um eine Niederschrift und nicht um einen bloßen Vermerk handelt. Lediglich für die Aufnahme von Eiden und eidesstattlichen Versicherungen (keine Willenserklärungen) gelten die Vorschriften über die Beurkundung von Willenserklärungen entsprechend.

157 Soweit eine Niederschrift aufzunehmen ist, muss diese enthalten:

- die Bezeichnung des Notars,
- Ort und Tag der Wahrnehmung,
- Ort und Tag der Errichtung,
- Bericht über die Wahrnehmungen,
- die Unterschrift des Notars.

II. Beurkundungsverfahren

Es ist nicht erforderlich, dass die Niederschrift gleichzeitig mit den Wahrnehmungen oder unmittelbar danach errichtet wird. Auch ist die Unterschrift der Anwesenden nicht erforderlich. 158

Praxis-Tipp
Nimmt der Notar die Protokollierung einer Gesellschafterversammlung einer GmbH vor, bei der die Änderung der Satzung beschlossen wird (§ 53 Abs. 2 GmbHG), müssen die anwesenden Gesellschafter die Niederschrift nicht unterschreiben. Es ist auch ausreichend, wenn der Notar die gefassten Beschlüsse zunächst nur notiert und die Niederschrift erst später fertigt, unterschreibt und siegelt.

Besondere Probleme bereiten in der Praxis die unter Hinzuziehung des Notars zu erstellenden Nachlassverzeichnisse, etwa nach § 2314 Abs. 1 S. 3 BGB (Rz. 363). Der Notar soll hier zwar Feststellungen i. S. des § 37 BeurkG treffen, ist dabei aber stets auf die Angaben der Beteiligten angewiesen (im Einzelnen dazu *Zimmer* ZEV 2008, 365). 159

b) Eide und eidesstattliche Versicherungen

Nach § 22 BNotO sind die Notare nur eingeschränkt für die Abnahme von *Eiden* zuständig, nämlich 160

– bei der Vereidigung von Dolmetschern (§ 16 Abs. 3 BeurkG),
– wenn die Abnahme des Eides für die Wahrnehmung von Rechten im Ausland (vgl. im Einzelnen § 22 BNotO) erforderlich ist, was glaubhaft gemacht werden muss.

Der Notar darf ohne das Vorliegen dieser Voraussetzungen einen Eid nicht abnehmen. Im angloamerikanischen Rechtskreis wird gelegentlich ein so genanntes *Affidavit* verlangt (»sworn before me«; vgl. Rz. 49). Dabei handelt es sich um die Abnahme eines Eides, der in die Zuständigkeit deutscher Notare fällt.
Eine Eidesleistung in deutscher Sprache könnte etwa wie folgt lauten: 161

Formulierungsbeispiel
... Nach der Belehrung durch den Notar über die Strafbarkeit einer falschen eidlichen Aussage leistete der Erschienene den Eid in folgender Weise: Der Notar sprach die Worte: »Ich schwöre, dass die vorstehenden Erklärungen wahr sind«. Der Erschienene erklärte darauf hin: »Ich schwöre, dass die vorstehenden Erklärungen wahr sind«. ...

Die Versicherung an Eides statt ist eine schwächere Form einer Bekräftigung der Richtigkeit bestimmter Tatsachen. Ebenso wie der Meineid oder der fahrlässige Falscheid ist auch die falsche Versicherung an Eides statt mit Strafe bedroht (§§ 153 ff. StGB). 162

Teil B Beurkundungsverfahrensrecht

Für die Aufnahme einer Versicherung an Eides statt ist der Notar nur zuständig in Fällen, »in denen einer Behörde oder sonstigen Dienststelle eine Behauptung oder Aussage glaubhaft gemacht werden soll« (§ 22 Abs. 2 BNotO), z. B. gegenüber dem Nachlassgericht bei der Stellung des Erbscheinantrags. Meint der Beteiligte lediglich, er könne durch eine Versicherung an Eides statt seine Rechtsposition verbessern oder verfolgt er ganz andere Ziele, darf der Notar eine solche Versicherung nicht aufnehmen.

Beispiel
Verlangt eine Zeitschrift von einem Informanten die Versicherung an Eides statt darüber, dass bestimmte Informationen wahr seien oder bietet der Informant hierfür eine Versicherung an Eides statt an, so muss der Notar die Beurkundung ablehnen, da die Erklärungen nicht gegenüber einer Behörde abzugeben sind.

163 Die Versicherung an Eides statt muss zunächst die zu versichernden Umstände (Tatsachen) zum Inhalt haben und bedarf des Vermerks des Notars darüber, dass er den Beteiligten über die Folgen einer falschen Versicherung an Eides statt belehrt hat.

Formulierungsbeispiel
Nach Belehrung über die Bedeutung einer eidesstattlichen Versicherung und auf die strafrechtlichen Folgen einer vorsätzlich oder fahrlässig falsch abgegebenen Erklärung an Eides statt hingewiesen, versichere ich hiermit vor dem Notar an Eides statt, dass mir nichts bekannt ist, was der Richtigkeit meiner Angaben entgegensteht.

c) Vermerke und einfache Zeugnisse nach §§ 39 ff. BeurkG

164 Anstelle einer Niederschrift genügt ein Vermerk nach §§ 39 ff. BeurkG bei
– der Beglaubigung einer Unterschrift oder eines Handzeichens,
– der Zeichnung einer Firma oder einer Namensunterschrift,
– der Feststellung des Zeitpunkts, zu dem eine Privaturkunde vorgelegt wird,
– der Beglaubigung von Abschriften,
– bei sonstigen einfachen Zeugnissen.

165 Auch bei dem Vermerk nach § 39 BeurkG handelt es sich um eine öffentliche Urkunde, die die Wahrnehmung von Tatsachen zum Inhalt hat. Im Vergleich zur Niederschrift nach § 37 BeurkG stellt das Gesetz hier geringere Anforderungen an die in der Urkunde niedergelegten Umstände. Auch im Hinblick auf die Verwahrung der Urkunde bestehen Unterschiede (Rz. 51).

II. Beurkundungsverfahren

d) Sonstige Vermerke und Vertretungsbescheinigungen

aa) Beglaubigung von Unterschriften

Die Beglaubigung einer Unterschrift ist häufig dann erforderlich, wenn die **166** Erklärung zur Vorlage bei Registern (Handelsregister, Vereinsregister) und dem Grundbuchamt benötigt. So verlangt § 12 HGB für Anmeldungen zum Handelsregister die öffentliche Beglaubigung der Unterschrift.

§ 39 BeurkG lässt für die Beglaubigung der Unterschrift einen bloßen Vermerk zu. Der Notar hat nicht die Abgabe einer Willenserklärung in Form einer Niederschrift zu beurkunden, sondern nur seine Wahrnehmung über die Leistung einer Unterschrift oder seine Anerkennung durch den Leistenden zu bezeugen. Das Zeugnis betrifft damit nur die Echtheit der geleisteten Unterschrift, zumeist unter einem Text. Der Unterzeichner, dessen Unterschrift beglaubigt wird, erkennt mit seiner Unterschrift an, dass der Text eine von ihm abgegebene Erklärung enthält.

Neben der Beglaubigung einer Unterschrift kennt das BeurkG die Beglaubigung eines Handzeichens. *Handzeichen* ist dabei eine an die Stelle der Unterschrift tretende verkörperte Äußerung, meist eines Schreibunfähigen, z. B. »drei Kreuze«.

Die Unterschriftsbeglaubigung kann in zweierlei Weise geschehen, entweder durch die Leistung der Unterschrift in Gegenwart des Notars oder durch die Anerkennung der bereits vorher vollzogenen Unterschrift durch den Unterzeichner gegenüber dem Notar und zwar in dessen Gegenwart.

Der Notar muss sich in jedem Fall Gewissheit über die Person des Beteiligten verschaffen (§ 26 DONot).

Über die Leistung oder Anerkennung der Unterschrift ist ein Vermerk aufzunehmen, in dem enthalten sein muss:

- die Bezeugung der Echtheit der Unterschrift,
- die Art der Feststellung (vollzogen/anerkannt),
- die Vertretungsverhältnisse, wenn die Erklärung für einen anderen abgegeben wird,
- wie der Notar sich über die Identität des Beteiligten Gewissheit verschafft hat,
- das Datum der Ausstellung des Vermerks (nicht der Unterschrift),
- die Unterschrift des Notars,
- das Siegel.

> *Formulierungsbeispiel* **167**
> *Vorstehende Unterschrift ist vor mir von . . ., geboren am . . ., wohnhaft . . ., ausgewiesen durch Personalausweis, geleistet worden.*
> *Hannoversch Münden, den . . .*
> *(Siegel, Unterschrift des Notars)*

Die Prüfungspflicht des Notars erstreckt sich nur darauf, ob Gründe bestehen, **168** seine Amtstätigkeit zu versagen. Eine inhaltliche Verantwortung für die Erklärungen (wie bei der Niederschrift) trägt der Notar nur dann, wenn er auch den Entwurf der Erklärung gefertigt hat. Diese unterschiedliche Wirkung kann dadurch zum Ausdruck gebracht werden, dass die UR-Nr. über der Erklärung angebracht wird, wenn der Notar den Entwurf gefertigt hat.

bb) Elektronische Signatur

169 Nach § 39a BeurkG können Beglaubigungen und sonstige Zeugnisse auch elektronisch errichtet werden. Das hierzu erstellte Dokument muss mit einer elektronischen qualifizierten Signatur nach dem SigG versehen werden. Die qualifizierte elektronische Signatur soll auf einem auf Dauer prüfbaren Zertifikat beruhen, ebenfalls muss die elektronische Signatur durch eine Bestätigung der Notareigenschaft durch die zuständige (Notarkammer) verbunden sein. Auch die elektronische Beglaubigung soll Ort und Tag der Ausstellung angeben.

e) Registerbescheinigungen

170 Nach § 21 BNotO sind die Notare zuständig, Vertretungsberechtigungen, Bescheinigungen über das Bestehen einer juristischen Person oder Handelsgesellschaft, den Sitz, eine Firmenänderung, eine Umwandlung oder sonst rechtserhebliche Umstände auszustellen, sofern sich diese aus einer Eintragung im Handelsregister oder in einem ähnlichen Register ergibt. Das Zeugnis hat die gleiche Beweiskraft wie ein Zeugnis des Registergerichts. Der Notar muss die Einsicht nicht selbst vornehmen, sondern kann die Einsichtnahme durch einen Mitarbeiter vornehmen lassen. Die Bescheinigung erfolgt durch einen Vermerk, muss also das Zeugnis, das Datum der Einsichtnahme, die Unterschrift des Notars, den Tag der Ausstellung und das Präge- oder Farbdrucksiegel enthalten.

> *Formulierungsbeispiel*
> *Bescheinigung nach § 21 BNotO*
> *Aufgrund Einsicht in das Handelsregister des Amtsgerichts Wernigerode (Harz) vom ... bescheinige ich, dass unter HRB 1245 die ... -GmbH mit dem Sitz in ... eingetragen ist und Frau ... zur alleinigen Vertretung der Gesellschaft berechtigt ist. Weiter bescheinige ich, dass diese Gesellschaft seit dem ... in das Handelsregister eingetragen ist.*
> *(Ort, Datum, Unterschrift des Notars und Siegel)*

f) Wechsel- und Scheckprotest

171 Notare sind weiter für die Beurkundung über den Wechsel- und Scheckprotest zuständig (§ 20 Abs. 1 BNotO).

aa) Begriff des Wechsels

172 Der Wechsel ist ein Wertpapier, das eine abstrakte Zahlungspflicht des so genannten Bezogenen gegenüber dem Inhaber des Wechsels begründet. Diese Zahlungsverpflichtung kann im Wechselprozess einfacher und vor allem

auch zügiger als durch eine gewöhnliche Leistungsklage durchgesetzt werden (§§ 602 ff. ZPO).
In der Regel sind folgende Personen am Wechsel beteiligt:
- der *Aussteller*, d. h. derjenige, der den Wechsel in Umlauf bringt,
- der *Bezogene*, d. h. derjenige, der nach dem Willen des Ausstellers zu zahlen hat und durch seine Unterschrift (die *Annahme*) die Zahlungspflicht bestätigt (dies ist nicht zwingend, der Bezogene kann die Annahme auch verweigern, auch können Bezogener und Aussteller eine Person sein (so genannter *eigener Wechsel*)),
- der *Wechselnehmer*, d. h. derjenige, an den die Zahlung zu erfolgen hat. Dieser kann seinen Anspruch übertragen (so genanntes Indossament), die Übertragung auf den Dritten (Indossant) wird auf der Rückseite vermerkt.

Der (*gezogene*) Wechsel muss nach Art. 1 WG weitere Angaben enthalten, nämlich insbesondere:

- die Bezeichnung als Wechsel,
- die Angabe der Verfallzeit,
- die Angabe des Zahlungsorts,
- der Tag und Ort der Ausstellung,
- die Unterschrift des Ausstellers
(Ausnahmen: Art. 2 WG).

Auch die weiteren Voraussetzungen des Art. 1 WG müssen vorliegen. **173**

bb) Protest
Die Aufgabe des Notars in diesem Zusammenhang besteht darin, im Auftrag **174** des Inhabers an einem der beiden Protesttage an der Zahlstelle (zumeist einem Kreditinstitut) zur Zahlung aufzufordern oder festzustellen, dass er den Bezogenen dort nicht angetroffen hat (Protest mangels Zahlung). Der Protest ermöglicht es dem Inhaber, andere Beteiligte als den Bezogenen in Anspruch zu nehmen, z. B. den Aussteller und die Indossanten (so genannter Regress oder Rückgriff).

Protesttage, d. h. die Tage, an denen der Notar den Protest zu erheben hat, sind die auf den Verfalltag folgenden beiden Werktage. Der Verfalltag ist der auf dem Wechsel angegebene Zahlungstag, es sei denn, der Zahlungstag fällt auf einen Sonntag, gesetzlichen Feiertag oder einen Samstag. In diesen Fällen ist der Zahlungstag der folgende Werktag, die Protesttage sind die darauf folgenden beiden Werktage.

Beispiel **175**

Zahlungstag auf dem Wechsel	Zahlungstag	Protesttage, an denen der Notar tätig werden muss
Mi	Mi	Do, Fr
Do	Do	Fr, Mo

Zahlungstag auf dem Wechsel	Zahlungstag	Protesttage, an denen der Notar tätig werden muss
Fr	Fr	Mo, Di
Sa	Mo	Di, Mi
So	Mo	Di, Mi

176 Der Zahlungsort, d. h. der Ort, an dem auf den Wechsel gezahlt werden soll, ist auch der Ort, an dem der Protest zu erheben ist. Das bedeutet, dass der Notar sich an diesen Ort begeben muss, um den Protest zu erheben, zumeist in ein Kreditinstitut. Zahlstelle und der Sitz des Inhabers müssen nicht identisch sein.

Über die Protesterhebung hat der Notar eine Urkunde zu errichten, die seine Wahrnehmung beinhaltet. Hierfür gibt es Vordrucke, die üblicherweise verwendet werden.

177 Aus dieser Urkunde muss sich ergeben:

– der Name des Wechselinhabers,
– der Name desjenigen, für den protestiert wird. Dies ist entweder der Wechselnehmer (meist ein Kreditinstitut) oder der letzte auf dem Wechsel vermerkte Indossant. Findet sich jedoch auf dem Wechsel der Hinweis »Vollmacht gemäß Wechselabkommen«, ist dieses Kreditinstitut dasjenige, für das protestiert wird. Das Kreditinstitut, das den Notar beauftragt hat, handelt dann als Vertreterin der die Vollmacht erteilenden Bank. Dies ist in der Urkunde zu vermerken.
– der Vermerk, dass der Bezogene zur Zahlung aufgefordert wurde oder nicht angetroffen wurde,
– Ort und Tag der Protesterhebung,
– Unterschrift und Amtssiegel des Notars.

178 Die Urschrift der Protesturkunde ist an den Wechsel zu heften (kleben), die Verbindungsstelle ist mit dem Siegel zu versehen und die so verbundene Urkunde ist dem Auftraggeber auszuhändigen. Eine beglaubigte Abschrift und ein Vermerk sind zur Protestsammelakte zu nehmen. Auch hierfür gibt es Vordrucke.

6. Behandlung der Urkunden

179 Die §§ 44 bis 54 BeurkG betreffen nicht das Beurkundungsverfahren, sondern die weitere Behandlung der Urkunde nach Beendigung des Beurkundungsverfahrens. Diese Vorschriften werden durch die §§ 28 ff. DONot ergänzt.

Das BeurkG unterscheidet zwischen der Urschrift, der Ausfertigung, der vollstreckbaren Ausfertigung, der beglaubigten Abschrift und der einfachen Abschrift.

II. Beurkundungsverfahren

Während es sich bei der *Urschrift* um die Niederschrift oder den Vermerk selbst handelt, sind *Ausfertigungen* und *Abschriften* ein an die Stelle der Urschrift tretender Ersatz.

a) Urschrift – Vermerke auf der Urschrift

Die *Urschrift* einer Niederschrift bleibt in der Regel in der Verwahrung des Notars (§ 45 Abs. 1 BeurkG), der sie zu seinen Notariatsakten, der Urkundensammlung, nimmt (§ 18 DONot; vgl. Rz. 47–53). Nur ausnahmsweise verbleibt die Urschrift einer Niederschrift nicht in der Verwahrung des Notars, nämlich 180

– bei Niederschriften, die für das Ausland bestimmt sind (vgl. Rz. 49),
– bei Testamenten und Erbverträgen (vgl. Rz. 49),
– bei Vermerken, insbesondere Unterschriftsbeglaubigungen (vgl. Rz. 51).

Auf der Urschrift sind bestimmte *Handlungen* des Notars zu vermerken. Diese Vermerke ermöglichen es dem Notar oder einem Amtsnachfolger, zu einem späteren Zeitpunkt festzustellen, was im Zusammenhang mit der Urkunde veranlasst worden ist. 181

> **Beispiel**
> Verlangt ein Beteiligter die Erteilung einer vollstreckbaren Ausfertigung, so kann anhand der Vermerke auf der Urschrift festgestellt werden, ob eine solche bereits erteilt ist und der Notar daher die Erteilung zunächst ablehnen und die Entscheidung des Amtsgerichts (Zivilabteilung) einholen muss (§ 797 Abs. 3 ZPO).

Die Vermerke auf der Urschrift erlauben aber auch der Dienstaufsicht eine genaue Prüfung der Amtstätigkeit, ohne dass es der Durchsicht jeder einzelnen Nebenakte bedarf. Zu nennen sind hier zunächst die Nr. der Urkundenrolle und die Jahreszahl (§ 28 Abs. 2 DONot). 182

Zu unterscheiden ist zwischen gesetzlich vorgeschriebenen Vermerken und nützlichen Vermerken, bei denen es dem Notar überlassen bleibt, ob er einen Vermerk auf die Urschrift setzt.

aa) Vorgeschriebene Vermerke

In verschiedenen Rechtsvorschriften sind Bestimmungen enthalten, die den Notar verpflichten, bestimmte Beurkundungen anzuzeigen und gegebenenfalls Abschriften der Urkunde an Behörden zu übersenden. 183

aaa) Vermerk über die Erteilung von Ausfertigungen
(zur Ausfertigung vgl. nachfolgend Rz. 190). 184

Nach § 49 Abs. 4 BeurkG hat der Notar auf der Urschrift zu vermerken, wem und an welchem Tag eine Ausfertigung erteilt wurde. Soweit es sich um eine vollstreckbare Ausfertigung handelt (§ 52 BeurkG, § 794 Abs. 1 Nr. 5 ZPO), muss auch dies vermerkt werden. Die Unterschrift des Notars unter dem Vermerk ist nicht erforderlich, aber zweckmäßig.

Teil B Beurkundungsverfahrensrecht

> **Beispiel**
> Ausfertigung erteilt dem Käufer am 24.03.1999.

185 Vielfach werden die erteilten Ausfertigungen mit Zahlen versehen (»erste Ausfertigung«). Auch dies ist gesetzlich nicht vorgeschrieben, kann aber ebenfalls sinnvoll sein.

bbb) Vermerk über die Anzeige gegenüber dem Finanzamt und dem Nachlassgericht

186 Nach § 18 Abs. 1 GrEStG hat der Notar *Anzeige* gegenüber dem zuständigen Finanzamt über bei ihm beurkundete Rechtsvorgänge über Grundstücke zu machen. Dadurch wird die Veranlagung nach dem GrEStG sichergestellt. Der Notar hat auf der Urschrift zu vermerken, dass er seiner Anzeigepflicht nachgekommen ist.

> *Formulierungsbeispiel*
> *Veräußerungsanzeige dem Finanzamt Halle-Süd erteilt am 23.03. 2008.*

187 Eine Anzeigepflicht des Notars gegenüber dem Finanzamt besteht auch hinsichtlich der bei ihm beurkundeten Schenkungen, Erbauseinandersetzungen usw. (§ 34 ErbStG, § 13 Abs. 2 ErbStDV). Das ErbStG enthält zwar keine dem § 18 Abs. 4 GrEStG entsprechende Vorschrift über den Vermerk auf der Urschrift, doch ist ein solcher Vermerk zu empfehlen.

Auch der Vermerk über die erforderlichen Anzeigen bei gesellschaftsrechtlichen Vorgängen muss auf die Urschrift gesetzt werden. Dies betrifft die Anzeige der Geschäftsanteilsübertragung oder Veränderungen des Kapitals bei der GmbH (§ 54 EStDV). Diese Anzeigen erfolgen durch Übersendung einer beglaubigten Abschrift der Urkunde an das für den Sitz der Gesellschaft zuständige Finanzamt (§ 20 AO). Anzeigen der Geschäftsanteilsübertragung sind an das zuständige Handelsregister zu richten.

Schließlich ist der Notar verpflichtet, die Vornahme der erforderlichen Mitteilungen in Nachlasssachen zu vermerken.

bb) Nützliche Vermerke

188 Nützliche Vermerke können sein:

- Vermerk über die Übersendung einer Abschrift an den Gutachterausschuss (§ 195 BauGB),
- Vermerk über die Anzeige an die Gemeinde bei gesetzlichem Vorkaufsrecht.

cc) Nachtragsvermerk nach § 44a BeurkG

189 Nach § 44a Abs. 2 BeurkG kann der Notar offensichtliche Unrichtigkeiten auch nach Abschluss der Niederschrift durch einen von ihm zu unterschreibenden Nachtragsvermerk richtig stellen. Derartige Unrichtigkeiten können etwa die falsche Schreibweise eines Namens oder ein »Zahlendreher« sein.

II. Beurkundungsverfahren

b) Ausfertigung

Die *Ausfertigung* vertritt die in der Verwahrung des Notars bleibende Urschrift einer Niederschrift im Rechtsverkehr (§ 47 BeurkG). Das bedeutet, dass die Vorlegung der Ausfertigung der Vorlegung der Urschrift gleichsteht. Bei bestimmten Rechtsgeschäften ist es erforderlich, dass eine Ausfertigung (und nicht eine beglaubigte oder einfache Abschrift) vorgelegt wird, so etwa bei der Vollmachtsurkunde (§ 172 Abs. 1 BGB).

Zu seiner Legitimation muss der Bevollmächtigte die Vollmachtsurkunde in Urschrift (z. B. in Form einer notariell beglaubigten Urkunde) oder eine Ausfertigung davon vorlegen. Solange der Bevollmächtigte die Vollmachtsurkunde vorlegen kann, gilt er als bevollmächtigt, auch wenn die Vollmacht bereits widerrufen worden ist, es sei denn, der Dritte kennt das Erlöschen (§§ 171 ff. BGB). Der Vollmachtgeber ist daher darauf angewiesen, die Urschrift oder Ausfertigung der Vollmachtsurkunde zurückzuerhalten, wenn die Vollmacht erloschen ist.

Auch bei der Annahme eines Angebots zum Abschluss eines Kaufvertrags soll die Vorlage (der Zugang) der Ausfertigung des Kaufvertragsangebots erforderlich sein.

aa) Zuständigkeit für die Erteilung – Recht auf Erteilung

Für die Erteilung von Ausfertigungen ist zuständig die Stelle, die die Urschrift verwahrt. Bei notariellen Urkunden ist das der Notar, vor dem die Beurkundung stattgefunden hat oder sein Amtsnachfolger (§ 48 BeurkG). Anders als bei der Beglaubigung von Abschriften darf der Notar Ausfertigungen von Urkunden, die er nicht in Urschrift in seiner Verwahrung hat, nicht herstellen.

Praxis-Tipp
Für die Erteilung einer Ausfertigung eines Erbscheins ist das Amtsgericht – Nachlassgericht – zuständig. Der Notar darf zwar die Beglaubigung einer ihm vorgelegten Ausfertigung des Erbscheins vornehmen, nicht jedoch eine weitere Ausfertigung herstellen und erteilen.

Wer eine Ausfertigung verlangen kann, ergibt sich aus § 51 BeurkG. Danach kann die Erteilung einer Ausfertigung jeder verlangen, der eine Erklärung im eigenen Namen abgegeben hat oder in dessen Namen eine Erklärung abgegeben wurde (der Vertretene), nicht dagegen der Vertreter, der bei Beurkundung aufgetreten ist (§ 51 Abs. 1 Nr. 1 BeurkG). Bei Niederschriften nach §§ 37 ff. BeurkG (vgl. Rz. 95) hat Anspruch auf Erteilung der Ausfertigung derjenige, der die Aufnahme beantragt hat (§ 51 Abs. 1 Nr. 2 BeurkG). Die Beteiligten haben jedoch die Möglichkeit, gemeinsam in der Niederschrift oder einer gesonderten Erklärung etwas Abweichendes zu bestimmen, d. h. sie können den Notar ersuchen, eine Ausfertigung einem Dritten zu übersenden oder diesem auf dessen Antrag eine Ausfertigung zu erteilen (§ 51 Abs. 2 BeurkG). Es ist stets darauf zu achten, dass keine Ausfertigungen, aber auch keine anderen Abschriften an Dritte herausgegeben werden, die einen Anspruch auf Ertei-

190

191

192

Teil B Beurkundungsverfahrensrecht

lung nicht haben, mögen sie auch ein nachvollziehbares Interesse an der Erteilung haben. Die Erteilung einer Ausfertigung oder Abschrift an einen unberechtigten Dritten stellt eine schwerwiegende Dienstpflichtverletzung (§ 18 BNotO) dar.

> **Praxis-Tipp**
> Auch bei einem Schuldanerkenntnis sollte ausdrücklich aufgenommen werden, dass dem Gläubiger sofort eine vollstreckbare Ausfertigung zu erteilen ist, da in der Literatur bezweifelt wird, dass die Erteilung ohne ausdrückliche Ermächtigung zulässig sei.

bb) Ausfertigungsvermerk

193 Die Ausfertigung besteht in einer Abschrift der Urschrift mit der Überschrift »Ausfertigung« und dem Vermerk am Schluss der Abschrift, dass sie mit der Urschrift übereinstimme. Die Ausfertigung enthält Tag und Ort der Erteilung und gibt die Personen an, denen sie erteilt wird. Sie wird mit der Unterschrift und dem Siegel (bei einem Blatt genügt das Farbdrucksiegel) des Notars versehen (§ 49 Abs. 1 und 2 BeurkG). Schließlich ist auf jede Ausfertigung eine Abschrift der Kostenrechnung zu setzen (§ 154 KostO).

> *Formulierungsbeispiel*
> *Vorstehende mit der Urschrift übereinstimmende Ausfertigung wird hiermit Herrn ... erteilt.*
> *(Ort, Datum, Unterschrift des Notars und Siegel)*

194 Nach § 49 Abs. 5 i. V. m. § 42 Abs. 3 BeurkG kann die Ausfertigung auf Antrag auch auszugsweise erteilt werden. Auszugsweise Ausfertigung bedeutet, dass die Ausfertigung nicht die vollständige Wiedergabe der Urschrift ist, sondern dass die Urschrift weitere Erklärungen enthält. Die auszugsweise Ausfertigung spielt vor allem bei Grundstückskaufverträgen eine wichtige Rolle (vgl. Rz. 340). Sinnvoll ist die Erteilung von auszugsweisen Ausfertigungen in der Regel dann, wenn die Urschrift Erklärungen enthält, die für Dritte nicht von Bedeutung sind.

> **Beispiel**
> In einer Scheidungsfolgenvereinbarung treffen die Eheleute Vereinbarungen über die Übertragung von Grundbesitz (Auflassung), die beim Grundbuchamt vorzulegen ist. Hier ist der weitere Inhalt der Vereinbarungen für das Grundbuchamt ohne Bedeutung, so dass für dieses nur eine auszugsweise Ausfertigung erteilt werden sollte, sofern ein entsprechender Antrag vorliegt.

195 Der Ausfertigungsvermerk muss neben dem vorstehend genannten Inhalt den Gegenstand des Auszugs angeben und bezeugen, dass die Urkunde über diesen Gegenstand keine weiteren Bestimmungen enthalte (§ 42 Abs. 3 i. V. m. § 49 Abs. 5 BeurkG). Auch die Überschrift muss um das Wort »aus-

II. Beurkundungsverfahren

zugsweise« ergänzt werden. Daraus ergibt sich zugleich, dass im Auszug nicht enthaltene Erklärungen nicht in der Überschrift erwähnt werden dürfen.

Formulierungsbeispiele
Auszugsweise Ausfertigung eines Ehe- und Erbvertrags, nur den Ehevertrag betreffend:
Vorstehende nur den Ehevertrag betreffende auszugsweise Ausfertigung wird ... erteilt. Zugleich bescheinige ich, dass die Urkunde keine weiteren den Ehevertrag selbst betreffenden Bestimmungen enthält.
Kaufvertrag ohne Auflassung:
Vorstehende nur den Kaufvertrag enthaltene auszugsweise Ausfertigung, die mit der Urschrift übereinstimmt, wird hiermit ... erteilt. Zugleich wird bescheinigt, dass die Urkunde keine weiteren den Kaufvertrag selbst betreffenden Bestimmungen enthält.

c) Vollstreckbare Ausfertigung

Eine besondere Form der Ausfertigung stellt die vollstreckbare Ausfertigung dar. § 52 BeurkG enthält hinsichtlich vollstreckbarer Ausfertigungen lediglich den Hinweis, dass diese nach den »hierfür bestehenden Vorschriften erteilt« werden. Dies sind die Vorschriften der ZPO über die Zwangsvollstreckung (§§ 704 ff. ZPO). Die Erteilung vollstreckbarer Ausfertigungen stellt eine den Notaren übertragene richterliche Aufgabe dar, weil die vollstreckbare Ausfertigung einer Urkunde der vollstreckbaren Ausfertigung eines gerichtlichen Urteils gleichkommt. Sie dient der Durchführung der Zwangsvollstreckung in das Vermögen des Schuldners zum Zwecke der Befriedigung des Anspruchs des Gläubigers. Das mit der Vollstreckung beauftragte Organ der Rechtspflege, z. B. der Gerichtsvollzieher, hat nur zu prüfen, ob die der vollstreckbaren Ausfertigung beigefügte Vollstreckungsklausel den gesetzlichen Anforderungen entspricht; ob der Anspruch besteht, hat er nicht zu prüfen. **196**

aa) Voraussetzungen für die Erteilung
Eine vollstreckbare Ausfertigung einer Niederschrift (§ 794 Abs. 1 Nr. 5 ZPO), und nur eine solche kommt in Betracht, kann nur erteilt werden, wenn sich der Schuldner der sofortigen Zwangsvollstreckung unterworfen hat. Dies ist etwa bei Grundschuldbestellungen regelmäßig der Fall (vgl. Rz. 534). Enthält eine Urkunde keine Unterwerfung unter die sofortige Zwangsvollstreckung, so ist der Gläubiger auf den Klageweg angewiesen, der Notar kann hier nichts veranlassen. Die vollstreckbare Ausfertigung wird dem Gläubiger auf Antrag erteilt, dieser ist in Grundschuldbestellungsformularen in der Regel bereits enthalten. **197**

Je nach dem Inhalt der Anweisung in der Urkunde kommt es für die weiteren Voraussetzungen darauf an, ob die Erteilung der Klausel von einem weiteren Nachweis (z. B. Verzug des Schuldners) abhängig oder ob ein so genannter *Nachweisverzicht* erklärt ist. Soll die Vollstreckung für oder gegen eine andere als in der Urkunde bezeichnete Person (Rechtsnachfolger) betrieben werden, so bedarf es weiterer Nachweise.

Liegt ein Nachweisverzicht vor, so ist dem Gläubiger eine vollstreckbare Ausfertigung der Urkunde ohne weitere Anforderungen zu erteilen.

> *Formulierungsbeispiel*
> »*Dem Verkäufer ist jederzeit eine vollstreckbare Ausfertigung dieser Urkunde ohne den Nachweis der die Fälligkeit begründenden Tatsachen zu erteilen*«.

198 Bestehen jedoch Zweifel, ob die Vollstreckung zu Recht erfolgen würde, etwa weil der Notar Kenntnis von der vollständigen Zahlung hat, so kann er den Schuldner anhören (§ 730 ZPO) und sogar die Erteilung einer vollstreckbaren Ausfertigung verweigern.

Wird die Erteilung der vollstreckbaren Ausfertigung von weiteren Voraussetzungen abhängig gemacht, muss das Vorliegen dieser Voraussetzungen durch öffentliche (z. B. von einer Behörde ausgestellte) oder öffentlich beglaubigte (d. h. eine Privaturkunde mit hoheitlicher Beglaubigung) Urkunden bewiesen werden. Der Notar darf sich also nicht auf die Angaben der Beteiligten verlassen, sondern muss die Erteilung von der Vorlage entsprechender Urkunden abhängig machen. Dies gilt auch dann, wenn eine Person der Zwangsvollstreckung unterworfen ist, die bei Beurkundung vertreten worden ist; in diesen Fällen darf der Notar die vollstreckbare Ausfertigung erst erteilen, wenn ihm die Vollmacht, Genehmigung oder Vollmachtsbestätigung in öffentlich beglaubigter Form vorgelegt worden ist (BGH NJW 2004, 844).

bb) Die Erteilung vollstreckbarer Ausfertigungen für und gegen Rechtsnachfolger

199 Ist auf der Gläubigerseite eine Rechtsnachfolge eingetreten, etwa durch Abtretung der Forderung, durch Umwandlung des Gläubigers oder der Verschmelzung juristischer Personen (insbesondere von Banken), so bedarf der neue Gläubiger einer vollstreckbaren Ausfertigung der Urkunde, aus der sich ergibt, dass nunmehr er zur Vollstreckung berechtigt ist. Der bloße Besitz der Urkunde genügt also nicht. Der vollstreckende Gläubiger muss ausdrücklich und namentlich in der Klausel aufgeführt sein.

Der neue Gläubiger muss daher vor einer Vollstreckung bei dem die Urschrift verwahrenden Notar die Umschreibung der Vollstreckungsklausel beantragen. Die Umschreibung darf nicht bereits dann erfolgen, wenn früherer und neuer Gläubiger dies wünschen, vielmehr ist die Umschreibung der Klausel von der Vorlage solcher öffentlicher oder öffentlich beglaubigter Urkunden abhängig, die die Rechtsnachfolge beweisen.

Eine solche öffentliche Urkunde kann sein: ein beglaubigter Grundbuchauszug, eine öffentlich beglaubigte Abtretungserklärung oder ein beglaubigter Handelsregisterauszug.

Hauptanwendungsfall der Umschreibung einer Vollstreckungsklausel ist die Umschreibung bei Grundschulden, und zwar bei Abtretung der Grundschuld (vgl. Rz. 551).

II. Beurkundungsverfahren

Für die Erteilung einer vollstreckbaren Ausfertigung an den Rechtsnachfolger müssen folgende Voraussetzungen vorliegen: 200

- Nachweis der Rechtsnachfolge durch öffentliche Urkunden, entweder Eintragung des Gläubigerwechsels im Grundbuch oder eine ununterbrochene Reihe öffentlich beglaubigter Abtretungserklärungen (bei Briefgrundschulden),
- bei Briefrechten der Brief,
- eine bereits erteilte vollstreckbare Ausfertigung muss zurückgegeben worden sein,
- der Nachweis, ob auch die Ansprüche aus dem abstrakten Schuldanerkenntnis abgetreten worden sind, dabei sind die Vorlage der Abtretungserklärung oder Einsicht in die Grundakten erforderlich.

Formulierungsbeispiel 201
Die Grundschuld mit den Grundschuldzinsen seit ... ist abgetreten an die X-Bank. Die Abtretung ist im Grundbuch eingetragen. Mitabgetreten sind alle Ansprüche aus dem persönlichen Schuldversprechen, was aus der bei den Grundakten liegenden Abtretungserklärung hervorgeht.
Die vorstehende Vollstreckungsklausel vom ... wird aufgehoben und diese mit der Urschrift übereinstimmende Ausfertigung der X-Bank zum Zwecke der Zwangsvollstreckung erteilt.

d) Beglaubigte Abschrift

Der Notar ist auch für die Erteilung beglaubigter Abschriften zuständig (§ 20 Abs. 1 BNotO). 202

Die beglaubigte Abschrift ist eine Abschrift mit dem Vermerk des Notars, dass sie mit der Hauptschrift übereinstimme. Auch hier bezeugt der Notar aufgrund seiner Wahrnehmung die Richtigkeit der Abschrift. Die Beglaubigung einer Abschrift kann sowohl bei solchen Urkunden erfolgen, die der Notar errichtet hat, als auch bei fremden Urkunden, gleichgültig, ob es sich um private oder öffentliche Urkunden handelt. Während die Ausfertigung nur von dem Notar erteilt werden kann, der die Urschrift verwahrt, kann eine beglaubigte Abschrift von jedem Notar ausgestellt werden, dem die Hauptschrift vorgelegt wird. Hauptschrift kann dabei jede beliebige Urkunde (Ausnahme: fremdsprachliche Urkunde, wenn der Notar die Fremdsprache nicht beherrscht) sein, also auch eine einfache Abschrift oder eine Privaturkunde in Urschrift. Um einen späteren Missbrauch der Urkunde zu vermeiden, sollte die Hauptschrift, wenn es sich um eine Urkunde handelt, die nicht vor dem Notar errichtet wurde, genau auf etwaige Manipulationen überprüft werden – dies gilt insbesondere für Zeugniskopien.

Der Beglaubigungsvermerk hat Ort und Tag der Ausstellung anzugeben und ist mit Unterschrift und Siegel zu versehen (§ 39 BeurkG). Aus dem Beglaubigungsvermerk muss auch ersichtlich sein, ob die Hauptschrift eine Urschrift, Ausfertigung, beglaubigte oder einfache Abschrift ist (§ 42 Abs. 1 BeurkG). 203

Teil B Beurkundungsverfahrensrecht

> *Formulierungsbeispiel*
> *Die Übereinstimmung der vorstehenden Abschrift mit der mir vorliegenden Urschrift beglaubige ich hiermit.*
> *(Datum, Unterschrift des Notars und Siegel)*

204 Mängel der Hauptschrift, insbesondere solche, die auf eine nachträgliche Veränderung der Hauptschrift schließen lassen, sind ebenfalls in den Vermerk aufzunehmen (§ 42 Abs. 2 BeurkG). Bei auszugsweisen Abschriften, siehe § 42 Abs. 3 BeurkG (vgl. Rz. 194). Zur Herstellung von beglaubigten Abschriften, vgl. § 29 DONot. Die Erteilung beglaubigter Abschriften kann jeder verlangen, der Anspruch auf eine Ausfertigung hat (vgl. Rz. 191, 192).

e) Einfache Abschrift

205 *Einfache Abschriften* sind Kopien notarieller Urkunden, die kein Zeugnis des Notars über die Übereinstimmung der Abschrift mit der Urschrift enthalten. Die einfache Abschrift dient der Unterrichtung der Beteiligten und ist oft auch für die Vorlage bei Behörden ausreichend.

7. Besonderheiten bei Verbraucherverträgen

206 Besonderheiten im Beurkundungsverfahren ergeben sich bei Verbraucherverträgen, also Verträgen zwischen einem Unternehmen und einem Verbraucher (§ 310 Abs. 3 BGB).

Nach § 17 Abs. 2a S. 2 Nr. 2 BeurkG soll der Notar darauf hinwirken, dass der Verbraucher ausreichend Gelegenheit erhält, sich mit dem Gegenstand der Beurkundung auseinander zu setzen, bei Verbraucherverträgen, die der Beurkundungspflicht nach § 311b Abs. 1 und Abs. 3 BGB unterliegen, geschieht dies im Regelfall dadurch, dass dem Verbraucher der beabsichtigte Text des Rechtsgeschäfts zwei Wochen vor der Beurkundung zur Verfügung gestellt wird.

Die wichtigste in dieser Vorschrift angesprochene Besonderheit des Verbrauchervertrages (§ 310 Abs. 3 BGB) im Notariat ist die Einhaltung der Zwei-Wochen-Frist bei Grundstücksveräußerungen. Der Verbraucher soll also einen gewissen Zeitraum erhalten, in dem er die beabsichtigte Beurkundung überdenken kann. Ihm soll daher der Entwurf der beabsichtigten Beurkundung rechtzeitig übermittelt werden. Nach der Vorstellung des Gesetzgebers soll der Verbraucher den Entwurf nutzen, um wirtschaftliche und steuerliche Auswirkungen zu überprüfen oder überprüfen zu lassen.

a) Grundstücksveräußerungen und Zwei-Wochen-Frist

207 Unter die vorgenannte Zwei-Wochen-Frist fallen allein beurkundungspflichtige Vorgänge nach § 311b Abs. 1 und Abs. 3 BGB, also Grundstücksveräußerungen und Verfügungen über das Vermögen im Ganzen.

Andere als Grundstücksverträge fallen nicht unter die Frist des § 17 Abs. 2a S. 2 Nr. 2 BeurkG, insbesondere nicht die Grundschuldbestellung. Die Grund-

II. Beurkundungsverfahren

schuldbestellung in Verbindung mit der Annahmeerklärung der Bank oder Bausparkasse ist zwar ein Verbrauchervertrag, er fällt aber nicht unter § 311 b BGB. Die Beurkundungspflicht hinsichtlich der Zwangsvollstreckungsunterwerfung folgt nicht aus § 311 b BGB, sondern aus § 794 Abs. 1 ZPO. Die Zwei-Wochen-Frist gilt hier nicht, der Verbraucher muss allerdings vorab ausreichend Gelegenheit haben, sich mit dem Gegenstand der Grundschuldbestellung auseinander zu setzen (vgl. dazu Notarkammer Hamm, ZNotP 2003, 462). Dabei genügt es, wenn zuvor die Grundschuldbestellung durch den Sachbearbeiter der Bank oder Bausparkasse erläutert wurde oder der Verbraucher die Grundschuldunterlagen selbst hereinreicht.

b) Feststellung der Voraussetzungen für den Verbrauchervertrag

Kein Verbrauchervertrag liegt vor, bei einem Vertrag zwischen Unternehmer und Unternehmer oder zwischen Verbraucher und Verbraucher. Auch fehlt es an einem Verbrauchervertrag, wenn nur ein Verbraucher aber kein Unternehmer beteiligt ist. **208**

Um festzustellen, ob ein Verbrauchervertrag vorliegt, ist also zu prüfen, ob ein Unternehmer auf der einen Seite beteiligt ist und auf der anderen Seite ein Verbraucher. Dabei kommt es für die Bejahung der Unternehmereigenschaft in diesem Sinne nicht allein darauf an, ob ein Unternehmer beteiligt ist, sondern auch auf die Art des Rechtsgeschäfts.

aa) Unternehmer und Verbraucher

Der Begriff des Unternehmers ist in § 14 BGB, der des Verbrauchers ist in § 13 BGB geregelt. Es gibt noch eine dritte Gruppe, die weder Verbraucher noch Unternehmer ist, etwa der eingetragene Verein. **209**

aaa) Verbraucher

Verbraucher kann nur eine natürliche Person sein. Die GmbH, AG, Genossenschaft, aber auch KG und OHG können nie Verbraucher sein, auch wenn sie bei dem in Betracht kommenden Rechtsgeschäft andere Zwecke verfolgen, als die Verfolgung unternehmerischer Ziele. In einem solchen Fall sind sie weder Verbraucher noch Unternehmer. Auf den Inhalt des Rechtsgeschäfts kommt es nicht an. Die GbR kann Verbraucher oder Unternehmer sein, verwaltet die GbR nur eigenes Vermögen, ist sie sicher Verbraucher. **210**

Bei dem Einzelkaufmann und dem Freiberufler, also etwa Arzt, Steuerberater, Rechtsanwalt usw. muss auf den Inhalt des Rechtsgeschäfts abgestellt werden.

Beispiel
Der Rechtsanwalt kauft eine Eigentumswohnung für die private Eigennutzung oder: Der niedergelassene Arzt überträgt im Rahmen einer Scheidungsvereinbarung den Miteigentumsanteil am Hausgrundstück an seine Ehefrau. **211**

Hier handelt der Rechtsanwalt und der Arzt als Verbraucher, auch wenn er ansonsten Unternehmer ist. Er ist übrigens auch dann Verbraucher, wenn er die Wohnung zum Zwecke der Kapitalanlage erwirbt. Es handelt sich dabei um eine private Vermögensverwaltung.

212 Probleme bereiten sogen. »dual use«-Fälle, wenn ein Unternehmer ein Rechtsgeschäft vornimmt, mit dem er sowohl private als auch berufliche Zwecke verfolgt.

Beispiel
Ein Steuerberater erwirbt ein Haus, im Erdgeschoss will er seine Kanzlei betreiben, im Obergeschoss will er mit seiner Familie wohnen.

Hier dürfte der Steuerberater im Zweifel als Verbraucher aufzufassen sein.

bbb) Begriff des Unternehmers

213 Unter den Unternehmerbegriff fallen zunächst die Gesellschaften: GmbH, AG, OHG, KG und die Freiberufler und Einzelkaufleute, die mit dem Rechtsgeschäft unternehmerische Ziele verfolgen. Aber auch Kommunen, Insolvenzverwalter, Rechtsanwälte, die im Auftrag ihrer Mandanten beteiligt sind, sowie Nachlassverwalter und Berufsbetreuer gehören zur Gruppe der Unternehmer.

c) Folgen eines Verbrauchervertrages

214 Nach § 17 Abs. 2a BeurkG soll der beabsichtigte Text des Rechtsgeschäfts übermittelt werden. Dies heißt, die Urkunde muss zunächst weitgehend vollständig sein, was den materiellen Inhalt angeht, daher können die persönlichen Daten, etwa das Geburtsdatum, zunächst einmal frei gelassen werden. Problematisch ist es jedoch, wenn auch inhaltliche Auslassungen vorliegen, etwa der Kaufgegenstand noch nicht genau bezeichnet ist oder der Kaufpreis ausgelassen ist. Von der Zwecksetzung des § 17 Abs. 2a BeurkG muss darauf geachtet werden, dass der Verbraucher den Entwurf so vollständig wie nötig erhält, um die wirtschaftlichen Folgen abschätzen zu können.

aa) Überprüfung durch den Notar

215 Der Notar hat die Aufgabe, die Einhaltung der Zwei-Wochen-Frist zu überprüfen.

Eine Vermerkpflicht, etwa in die Urkunde aufzunehmen, dass ausreichende Gelegenheit zur Prüfung bestanden hat, besteht nicht. Auch in der Akte muss die Versendung des Textes unter der Angabe des Datums nicht vermerkt werden. Es empfiehlt sich aber gleichwohl, einen entsprechenden Vermerk in die Nebenakte zu nehmen. Ausreichend ist aber bereits die Kopie des Begleitschreibens.

II. Beurkundungsverfahren

> *Formulierungsbeispiel*
> *Der Käufer bestätigt, dass ihm vor mindestens vierzehn Tagen ein Text vorgelegt wurde, dessen Inhalt der hier verlesenen Urkunde weitgehend entspricht. Er hatte ausreichend Gelegenheit diesen Text auf seine rechtlichen und wirtschaftlichen Auswirkungen überprüfen zu lassen.*

bb) Ausnahmen von der Zwei-Wochen-Frist

In der Praxis wird gelegentlich auf die Einhaltung der Zwei-Wochen-Frist verzichtet. Dies ist möglich, weil die Zwei-Wochen-Frist nur »in der Regel« eingehalten sein muss. Liegen besondere Umstände vor, kann von dieser Frist abgewichen werden und ggf. auch ganz darauf verzichtet werden. Umgekehrt kann die Situation auch einmal so sein, dass eine längere Frist zu beachten ist. Allein der Wunsch der Beteiligten, eine sofortige Beurkundung vorzunehmen, ist für die Nichteinhaltung der Zwei-Wochen-Frist jedoch nicht ausreichend. 216

> *Formulierungsbeispiel*
> *Der Käufer wurde darauf hingewiesen, dass er in der Regel einen Zwei-Wochen-Zeitraum zur Prüfung des beabsichtigten Textes der Urkunde erhalten und ihm zu diesem Zweck rechtzeitig ein Entwurf ausgehändigt werden sollte. Dies ist bislang nicht geschehen, da dem Notar die beabsichtigte Beurkundung erst vor einigen Tagen mitgeteilt wurde. Der Notar erteilte den Rat, die Prüfung nunmehr vorzunehmen und zu einem späteren Termin ggf. die Beurkundung vorzunehmen. Der Käufer erklärte jedoch, er wolle heute beurkunden, da er noch bis zum 31.12. 2007 kommunlae Fördermittel beanspruchen könne und die Förderung für später beurkundete Vorgänge in diesem Umfang nicht sicher sei. Er habe sich aber bereits seit mehreren Monaten mit dem beabsichtigten Kauf beschäftigt, insbesondere schon seit einigen Wochen Finanzierungsfragen geklärt.*

Eine weitere Fallgestaltung für die Entbehrlichkeit der Einhaltung der Zwei-Wochen-Frist kann dann vorliegen, wenn die wirtschaftliche Bedeutung des Rechtsgeschäfts gering ist. 217

d) Verbrauchervertrag und Vertretung

§ 17 Abs. 2a S. 2 Nr. 1 BeurkG verlangt, dass der Notar darauf hinwirkt, dass der Verbraucher seine Erklärungen persönlich abgibt oder sie durch eine Vertrauensperson abgegeben werden. 218

Damit soll die systematische Beurkundung durch Dritte oder auch Notarangestellte verhindert werden. Der Verbraucher soll sich selbst über Inhalt und Tragweite seiner Erklärungen durch den Notar während der Beurkundung unterrichten lassen. Damit ist nicht gemeint, dass die Abgabe von Willenserklärungen durch Dritte, die nicht Vertrauensperson sind, gänzlich untersagt wäre, jedoch darf das Beurkundungsverfahren nicht von vornherein darauf angelegt sein, die Mitwirkung des Verbrauchers an der Beurkundung möglichst zu verhindern. Eine solche Gestaltung kann in der Erteilung von

Teil B Beurkundungsverfahrensrecht

Vollmachten liegen aber auch in der systematischen Beurkundung durch vollmachtlose Vertreter. Auch hier gilt, der Unternehmer kann sich vertreten lassen. Anders als die Zwei-Wochen-Frist gilt die Regelung des § 17 Abs. 2a S. 2 Nr. 1 für alle Verbraucherverträge, also nicht nur für den Kaufvertrag, sondern etwa auch für Finanzierungsgrundschulden. Ob reine Vollzugsgeschäfte, wie die Erklärung der Auflassung hierher gehören, erscheint zweifelhaft. Hier gibt es vom Schutzzweck her nichts, über das der Notar zu belehren hätte, er kann es lediglich erklären, auch kann es hier eine Belehrungs- oder Warnfunktion nicht geben, da die Beteiligten ohnehin zur Abgabe der Erklärung verpflichtet sind. Dies gilt auch für die Messungsanerkennung. Demgegenüber ist jedoch die Finanzierungsgrundschuld i. d. R. durch die Beteiligten selbst zu erklären (OLG Schleswig ZNotP 2007, 430, dazu *Zimmer* ZNotP 2007, 407).

III. Fragen- und Antwortkatalog zum Beurkundungsverfahrensrecht

Fragen:

219 1. Welche Voraussetzungen müssen erfüllt sein, damit der Notar auf das Verlesen einer in Bezug genommenen Urkunde verzichten kann?

2. Was ist zu beachten, wenn eine Person schreibunfähig ist?

3. Wann ist die Beurkundung einer Versicherung an Eides statt zulässig?

4. Nennen Sie einige Vermerke, die auf der Urschrift vorzunehmen sind.

5. Was ist zu beachten, wenn ein Beteiligter nicht über hinreichend gute deutsche Sprachkenntnisse verfügt?

6. Bei welchen Beurkundungen hat der Notar in die Urkunde seine Feststellung über die Geschäftsfähigkeit aufzunehmen?

7. Bestehen bei den folgenden Verträgen gesetzlich vorgeschriebene Anzeige- oder Mitteilungspflichten des Notars? Wenn ja, gegenüber welchen Stellen?
   a) Verkauf eines Grundstücks;
   b) Erbverzicht;
   c) Pflichtteilsverzicht;
   d) Erbvertrag, der beim Notar verwahrt wird;
   e) Ehevertrag mit Vereinbarung des Güterstandes der Gütertrennung;
   f) Unentgeltliche Überlassung eines GmbH-Geschäftsanteiles. Die Gesellschaft hat Grundbesitz.

8. Bei der Beurkundung eines Grundstückskaufvertrages wird ein Vertragsteil aufgrund einer notariell beurkundeten Vollmacht vertreten. In welcher Form muss die Vollmacht vorgelegt werden und wie ist zu verfahren?

III. Fragen- und Antwortkatalog zum Beurkundungsverfahrensrecht

9. Welcher Form bedürfen
   a) eine Grundschuldbestellung,
   b) eine Bürgschaft,
   c) die unentgeltliche Überlassung eines Wohnungseigentumsrechtes,
   d) die vertragliche Aufteilung eines Grundstücks in Wohnungseigentumsrechte (§ 3 WEG),
   e) ein Mietvertrag über eine Wohnung mit fünf Jahren Laufzeit,
   f) ein Erbvertrag,
   g) ein Gesellschaftsvertrag über die Errichtung einer Gesellschaft mit beschränkter Haftung,
   h) die Löschungsbewilligung über eine Auflassungsvormerkung?

Antworten

zu 1.)
Der Notar darf auf das Verlesen einer in Bezug genommen Urkunde verzichten, wenn die Beteiligten erklären, auf das Verlesen der in Bezug genommenen Urkunde zu verzichten und dass ihnen der Inhalt der Urkunde bekannt ist, die in Bezug genommene Urkunde den Beteiligten rechtzeitig in zumindest beglaubigter Abschrift vorgelegen hat und es sich um eine notarielle Niederschrift handelt (§ 13a BeurkG). 220

zu 2.)
Bei Schreibunfähigkeit muss ein Schreibzeuge oder ein zweiter Notar hinzugezogen werden. Der Schreibzeuge oder der Notar muss die Niederschrift unterzeichnen (§ 25 BeurkG). 221

zu 3.)
Eine Versicherung an Eides statt darf der Notar nur entgegennehmen, wenn »einer Behörde oder sonstigen Dienststelle eine Behauptung oder Aussage glaubhaft gemacht werden soll« (§ 22 BNotO). 222

zu 4.)
Zwingend erforderlich ist die Angabe der UR-Nr., (§ 28 Abs. 2 DONot), der Vermerk über die Erteilung von Ausfertigungen (§ 49 Abs. 4 BeurkG), sowie Vermerke über vorgeschriebene Mitteilungen. 223

zu 5.)
Fehlende Sprachkenntnisse sind zunächst in der Niederschrift zu vermerken (§ 16 Abs. 1 BeurkG). Weiter ist die Niederschrift mündlich zu übersetzen und auf Verlangen auch in schriftlicher Übersetzung zur Durchsicht vorzulegen und der Urschrift beizufügen (§ 16 Abs. 2 BeurkG). 224

zu 6.)
Feststellungen über die Geschäftsfähigkeit sind erforderlich, wenn der Notar Zweifel am Vorliegen hat (§ 11 Abs. 1 BeurkG). Auch ohne Zweifel hat er Fest- 225

Teil B Beurkundungsverfahrensrecht

stellungen über die Geschäftsfähigkeit zu treffen bei letztwilligen Verfügungen (§ 28 BeurkG) und bei der Beurkundung von schwer Erkrankten (§ 11 Abs. 2 BeurkG).

zu 7.)

226 a) Anzeige an das Finanzamt – Grunderwerbsteuerstelle Übersendung einer Kaufvertragsabschrift an den Gutachterausschuss zur Führung der Kaufpreissammlung;
b) Benachrichtigung des Geburtsstandesamtes bzw. der Hauptkartei für Testamente beim Amtsgericht Schöneberg, da die Erbfolge geändert wird;
c) keine Benachrichtigungspflicht, da Erbfolge nicht geändert wird;
d) Benachrichtigung des Geburtsstandesamtes bzw. Hauptkartei für Testamente beim Amtsgericht Schöneberg;
e) Benachrichtigung des Geburtsstandesamtes bzw. Hauptkartei für Testamente beim Amtsgericht Schöneberg, da durch Vereinbarung der Gütertrennung die Erbfolge geändert wird;
f) Anzeige an das Finanzamt – Schenkungssteuerstelle, da die Beurkundung eine Schenkungssteuer auslösen könnte; Anzeige an das Finanzamt – Grunderwerbsteuerstelle, Übersendung einer beglaubigten Abschrift an das Finanzamt – Körperschaftssteuerstelle; Anzeige an das Registergericht.

zu 8.)

227 Ein Bevollmächtigter aufgrund einer notariell beurkundeten Vollmacht kann seine Bevollmächtigung nur durch die Vorlage einer Ausfertigung der Vollmachtsurkunde nachweisen, da die Ausfertigung die Urschrift im Rechtsverkehr vertritt, § 47 BeurkG.
Die Ausfertigung muss entweder als solche oder in beglaubigter Abschrift der Niederschrift beigefügt werden (§ 12 Satz 1 BeurkG).

zu 9.)

228 a) Notarielle Beurkundung oder öffentliche Beglaubigung gem. § 29 GBO, bei Mitbeurkundung der Zwangsvollstreckungsunterwerfung notarielle Beurkundung gem. § 794 Abs. 1 Nr. 5 ZPO (persönliche Unterwerfung) bzw. § 800 Abs. 1 ZPO (dingliche Unterwerfung),
b) Schriftform für die Bürgschaftserklärung gem. § 766 BGB,
c) Notarielle Beurkundung gem. § 311b Abs. 1 BGB,
d) Notarielle Beurkundung gem. § 4 Abs. 3 WEG,
e) Schriftform gem. § 550 BGB,
f) Notarielle Beurkundung bei gleichzeitiger Anwesenheit gem. § 2276 Abs. 1 BGB,
g) Notarielle Beurkundung gem. § 2 Abs. 1 GmbHG,
h) Öffentliche (notarielle) Beglaubigung gem. § 29 GBO oder notarielle Beurkundung.

Teil C Beurkundungen im Grundstücksrecht

In der notariellen Praxis nehmen Grundstücksgeschäfte einen breiten Raum ein. Das liegt daran, dass sie weitgehend notarieller Beurkundung oder Beglaubigung bedürfen. Gemeinsam ist diesen Geschäften, dass sie im Zusammenhang mit einem Grundstück stehen. Sie betreffen die Übertragung eines Grundstücks oder dessen Belastung mit einem Recht. **229**

I. Allgemeines Grundstücksrecht

1. Allgemeines

a) Grundstück

Der Begriff des Grundstücks ist nicht eindeutig. Zunächst kann er in einem *natürlichen Sinne* aufgefasst werden. Danach ist das Grundstück ein ringsum abgegrenztes Stück der Erdoberfläche. Dadurch unterscheidet es sich von einer beweglichen Sache. **230**

Der Begriff des Grundstücks kann aber auch im *katastermäßigen* Sinn verstanden werden. Ein Grundstück in diesem Sinne ist ein im Liegenschaftskataster nach Parzelle und Plan-Nr. in seinen Außengrenzen als vermessen registriertes Stück der Erdoberfläche.

Ein Grundstück *im Sinne des BGB und der GBO* ist demgegenüber »ein katastermäßig vermessener, beschriebener und kartenmäßig dargestellter Teil der Erdoberfläche, der im Grundbuch auf einem besonderen Blatt oder unter besonderer Nummer geführt wird« (RGZ 84, 265, 270).

Ein Grundstück im katastermäßigen Sinne ist zumeist, aber nicht immer, zugleich ein Grundstück *im Rechtssinne*, also im Sinne der GBO und des BGB. Darauf, ob es sich äußerlich (etwa durch Umzäunung) als eine Einheit darstellt, kommt es nicht an.

> **Beispiel**
> Zwei Flurstücke sind im Grundbuch unter einer laufenden Nr. eingetragen. Hier liegen zwei Grundstücke im katastermäßigen Sinn vor, aber nur ein Grundstück im Rechtssinn.

Die Frage, ob tatsächlich ein Grundstück im Rechtssinne vorliegt, ist bei Grundstücksgeschäften und deren Gestaltung von großer Bedeutung, weil im Vollzug oft weitere Genehmigungen, etwa nach baurechtlichen Vorschriften, und eine Vermessung erforderlich sind. **231**

Das Eigentum an einem Grundstück umfasst auch dessen *wesentliche Bestandteile* (§§ 93, 94 BGB), insbesondere die mit dem Erdboden fest verbundenen Gebäude, aber auch feste Einbauten.

b) Rechte an Grundstücken

232 Grundstücksgeschäfte haben die Verschaffung des Eigentums oder beschränkter dinglicher Rechte zum Gegenstand. Die Verschaffung eines solchen gegenüber jedermann geltenden so genannten dinglichen Rechts erfolgt durch Einigung und Eintragung im Grundbuch (§ 873 BGB).

Das beschränkte dingliche Recht an einem Grundstück ist ein Ausschnitt aus dem Gesamtrecht Eigentum. Die Zahl der ins Grundbuch eintragungsfähigen dinglichen Rechte ist begrenzt (so genannter »numerus clausus« des Sachenrechts). Auch ihr Inhalt ist weitgehend durch zwingendes Recht festgelegt, d. h. eine Abweichung von der gesetzlichen Regelung durch Parteivereinbarung ist nur in begrenztem Umfang zulässig.

Den Gegensatz zu den beschränkten dinglichen Rechten bilden die persönlichen Rechte, die nicht ins Grundbuch eingetragen werden. Hierzu gehören bei Grundstücken vor allem die Miete und Pacht. Sie beruhen meist auf nur schuldrechtlichen Verträgen und wirken grundsätzlich nur zwischen den Beteiligten (vgl. aber § 566 BGB).

> **Beispiel**
> A benutzt seit Jahrzehnten mit Zustimmung des B dessen Grundstück, um an sein angrenzendes Grundstück zu gelangen. Nachdem B das Grundstück an C verkauft hat, untersagt dieser dem A das Betreten. Die Benutzungsregelung zwischen A und B (schuldrechtliche Vereinbarung) hat keine Wirkung gegenüber dem C. C kann kraft des ihm zustehenden Eigentumsrechts (§ 903 BGB) dem A das Betreten untersagen. Hätten A und B die Benutzung des Grundstücks dinglich, d. h. durch eine im Grundbuch eingetragene Dienstbarkeit, abgesichert, könnte A dieses Recht auch dem C entgegenhalten.

233 Das Gesetz kennt folgende beschränkte dingliche Rechte an Grundstücken:

- Dienstbarkeiten und Nießbrauch in unterschiedlichen Ausformungen (§§ 1018, 1030, 1031, 1090, 1091, 1093 BGB),
- Reallast (§ 1105 BGB),
- Grundschuld, Hypothek, Rentenschuld (vgl. Rz. 495),
- Vorkaufsrecht,
- Erbbaurecht,
- eine Sonderstellung nimmt die Vormerkung ein.

c) Grundstücksverkehr

234 Während sich die rechtsgeschäftliche Übertragung (Gegensatz: Übergang unmittelbar kraft Gesetzes, z. B. Erbfolge) und die Belastung von beweglichen

I. Allgemeines Grundstücksrecht

Sachen durch Einigung und Übergabe der Sache vollzieht (§§ 929, 1032, 1205 BGB), bedarf es bei der *Übertragung oder Belastung eines Grundstücks* einer Einigung der Beteiligten und der Eintragung der Rechtsänderung in das *Grundbuch* (§ 873 BGB) (siehe dazu Rz. 280).

Die Einigung über die Rechtsänderung ist stets von dem Verpflichtungsgeschäft zu unterscheiden, dieses bedarf im Fall einer Verpflichtung zur Grundstücksübertragung ebenso wie die Einigung der notariellen Beurkundung (§ 311b Abs. 1 BGB).

Das Eigentum wird nicht bereits durch einen Verpflichtungsvertrag, insbesondere einen Kaufvertrag (§ 433 BGB), erworben, sondern erst durch eine Übereignung, d. h. bei Grundstücken durch *Auflassung* (§ 925 BGB) und *Eintragung* (§ 873 BGB). Auch die Begründung von beschränkten dinglichen Rechten erfolgt durch Einigung und Eintragung (§ 873 BGB). Weil die Übertragung von Grundstücken von besonderer Bedeutung ist, verlangt das Gesetz nicht nur für den Kaufvertrag, sondern auch für die Einigung (Auflassung) notarielle Beurkundung (§ 925 BGB). Die Auflassung ist dem Grundbuchamt vorzulegen (§ 20 GBO). Demgegenüber ist die Einigung über die Begründung beschränkter dinglicher Rechte an Grundstücken nicht formbedürftig. Auch das Grundbuchamt hat hier nicht zu prüfen, ob eine Einigung vorliegt.

2. Grundbuchverfahren

Das Grundbuchrecht regelt die Frage, unter welchen Voraussetzungen das Grundbuchamt eine Eintragung oder Löschung im Grundbuch vorzunehmen hat. Das *Grundbuchverfahren* ist ein besonders geregeltes Verfahren der *Freiwilligen Gerichtsbarkeit* (vgl. Rz. 4), das anderen gerichtlichen Verfahren, insbesondere dem *Erkenntnisverfahren* (§§ 253 ff. ZPO) ähnlich ist. 235

Ebenso wie im Erkenntnisverfahren muss der Antrag, der der Klage entspricht, zulässig und begründet sein. Zur Zulässigkeit gehört insbesondere, dass er auf eine im Gesetz vorgesehene Eintragung gerichtet ist. Begründet ist der Antrag, wenn die Eintragungsvoraussetzungen, vor allem die Eintragungsbewilligung und bei der Eigentumsübertragung die Auflassung nachgewiesen sind. Im Gegensatz zu anderen gerichtlichen Verfahren kann im Grundbuchverfahren allerdings der Nachweis von Tatsachen (der Beweis) nur durch öffentliche und öffentlich beglaubigte Urkunden erbracht werden. Damit ist insbesondere der Zeugenbeweis ausgeschlossen. Das Grundbuchamt stellt auch keine eigenen Ermittlungen an. Dies macht das Grundbuchverfahren zwar oft etwas mühevoll, dafür aber auch besonders sicher.

> **Beispiel**
> Für den A ist im Grundbuch ein Wohnungsrecht (§ 1093 BGB) eingetragen. Er erscheint im Grundbuchamt und möchte das Recht löschen lassen. Auch wenn er sich ordnungsgemäß ausweisen kann, muss der Rechtspfleger die Löschung ablehnen, da die Bewilligung des A nicht in einer notariellen Urkunde enthalten ist (§ 29 GBO).

Teil C Beurkundungen im Grundstücksrecht

a) Zweck des Grundbuchs

236 Den zur Rechtsänderung erforderlichen Eintragungen dient das Grundbuch. Gesetzlich geregelt ist das Grundbuch und das Grundbuchverfahren in der Grundbuchordnung (GBO). Das Grundbuch wird bei den Amtsgerichten geführt (§ 1 GBO), die insoweit die Bezeichnung Grundbuchamt tragen.

Aus dem Grundbuch soll ersichtlich sein, wer Eigentümer eines Grundstücks ist, welche Rechte an dem Grundstück bestehen und wem diese Rechte zustehen. Daneben enthält das Grundbuch eine Reihe weiterer Angaben, etwa Größe, Verwendung und Lage. Der wesentliche Inhalt des Grundbuchs liegt jedoch auf den rechtlichen Angaben über Eigentumsverhältnisse, Belastungen und Veränderungen. Im Gegensatz zum Kataster, das die technischen und geographischen Daten des Grundstücks (Lage, Größe und Grenzen) dokumentiert, gibt das Grundbuch über die Rechtsverhältnisse des Grundstücks Auskunft. Soweit Größe, Lage und andere Tatsachen im Grundbuch angegeben sind, handelt es sich nur um die Wiedergabe von Angaben im Kataster.

Während die Eintragungen in Abteilung I, II und III im Grundbuch unter den öffentlichen Glauben des Grundbuchs fallen, dh, dass ein gutgläubiger Dritter auf die Richtigkeit der Eintragungen vertrauen darf (§ 892 BGB), stehen die Eintragungen tatsächlicher Art, z. B. die Größenangabe, nicht unter diesem Schutz.

b) Aufbau des Grundbuchs – Grundbuchblatt

237 Jedes Grundstück erhält im Grundbuch ein *Grundbuchblatt*, das für das Grundstück als Grundbuch anzusehen ist (§ 3 Abs. 1 GBO). Jedoch können auch mehrere Grundstücke auf einem Blatt eingetragen sein.

Das Grundbuch enthält eine Vielzahl von Angaben, die für den Rechtsverkehr von Bedeutung sind. Den Notar trifft bei Grundstücksgeschäften nicht nur die Pflicht, das Grundbuch einzusehen (§ 21 BeurkG), sondern er muss auch die rechtliche Bedeutung der festgestellten Eintragungen erkennen und die Gestaltung des Grundstücksvertrags darauf ausrichten. Er darf das Grundbuch auch durch sachkundige Mitarbeiter einsehen lassen. Soweit ihm oder einem seiner Mitarbeiter dabei ein Fehler unterläuft, etwa ein Recht übersehen wird, können sich daraus Schadensersatzansprüche ergeben. Der Notar haftet dabei auch für ein Verschulden seiner Mitarbeiter (BGH, DNotZ 1996, 581). Ob eine Verpflichtung zur Einsicht in die Grundakten besteht, hängt von der Art der vorzunehmenden Beurkundung ab. Eine Einsicht in die Grundakten ist aber immer sinnvoll, um zu erfahren, ob unerledigte Anträge vorliegen.

Obwohl die Grundbücher regional und vor allem je nach Zeitpunkt der Anlegung unterschiedlich gestaltet sind, sind sie weitgehend gleich aufgebaut. Jedes Grundbuch gliedert sich in Aufschrift, Bestandsblatt und drei Abteilungen, insgesamt also fünf Teile. Die Einzelheiten hierzu sind nicht in der Grundbuchordnung, sondern in der Grundbuchverfügung (GBV) geregelt.

I. Allgemeines Grundstücksrecht

aa) Aufschrift
In der *Aufschrift* werden vermerkt: Das Amtsgericht, der Grundbuchbezirk, die Nummer des Bandes und des Blattes (§ 5 GBV). Darüber hinaus können sich aus der Aufschrift weitere Informationen ergeben, etwa dazu, ob es sich um ein Wohnungs- oder Erbbaugrundbuch handelt.

238

bb) Bestandsverzeichnis (§ 6 GBV)
Jedes Grundstück im Rechtssinne enthält eine lfd. Nr. (Spalte 1). Aus Spalte 2 ergibt sich eine frühere lfd. Nr. Sind mehrere Flurstücke unter einer lfd. Nr. eingetragen, so handelt es sich um *ein* Grundstück, so dass z. B. die Veräußerung nur eines der verzeichneten Flurstücke ohne vorherige Teilung nicht möglich ist.

239

In den Spalten 3 a–e werden die tatsächlichen Angaben über das Grundstück vermerkt. Im Einzelnen handelt es sich um:

240 Muster A

```
                    Amtsgericht
                       Köln


                     Grundbuch
                        von
                     Worringen













         ┌─────────────────────────┐
         │  Grundbuchblatt-Nr.     │
         │       0100              │
         └─────────────────────────┘
```

- Gemarkung (d. h. der Vermessungsbezirk),
- die vermessungstechnische Bezeichnung nach Flur und Flurstück,
- Lage (Adresse) und Wirtschaftsart,
- Größe.

I. Allgemeines Grundstücksrecht

Obwohl die tatsächlichen Angaben im Bestandsblatt nicht am öffentlichen Glauben des Grundbuchs teilnehmen, sind sie für den Notar von Bedeutung. Zum einen muss das Grundstück genau bezeichnet werden (§ 28 GBO), was meist nur anhand der Angaben im Bestandsblatt möglich ist. Zum anderen lassen sich ihm erste Hinweise auf für das Rechtsgeschäft erforderliche Genehmigungen entnehmen. **241**

> **Beispiel**
> Ist im Grundbuch als Wirtschaftsart Landwirtschaftsfläche angegeben, muss genau geprüft werden, ob eine Genehmigung nach dem GrstVG erforderlich ist (vgl. Rz. 325).

Im Bestandsverzeichnis wird schließlich auch der so genannte Aktivvermerk eingetragen. Dieser Vermerk dokumentiert, dass das Grundstück das *herrschende* Grundstück einer Grunddienstbarkeit ist, also etwa der jeweilige Eigentümer ein angrenzendes Grundstück zum Gehen und Fahren benutzen darf. **242**

cc) Abteilung I (Eigentümerverzeichnis)

In Abteilung I des Grundbuchs sind der *Eigentümer* und die *Grundlage des Erwerbs* eingetragen. **243**

Steht ein Recht mehreren gemeinschaftlich zu, ist nach § 47 GBO auch das Gemeinschaftsverhältnis anzugeben (z.B. Miteigentum zu je $1/2$ oder in Erbengemeinschaft). Umstritten ist die Frage, ob eine GbR als solche oder nur die Gesellschafter der GbR in das Grundbuch eingetragen werden können. Da die (nach außen auftretende) GbR selbst Träger von Rechten und Pflichten sein kann (vgl. BGH, NJW 2001, 1056), muss sie auch in das Grundbuch eingetragen werden können; die Frage, wie die Eintragung der GbR zu erfolgen hat (Kurzbezeichnung, Angabe aller Gesellschafter usw.) ist jedoch noch nicht abschließend geklärt.

Die Spalte *Grundlage der Eintragung* kann Hinweise auf einzuholende Genehmigungen ergeben.

> **Beispiel**
> Die GVO-Genehmigung im Gebiet der neuen Bundesländer (vgl. Rz. 326) ist dann nicht erforderlich, wenn zu einem früheren Rechtsgeschäft bereits eine Genehmigung erteilt wurde. Ergibt sich aus der Eintragungsgrundlage, dass der Eigentumswechsel zu einem Zeitpunkt erfolgt ist, als die GVO-Genehmigung zur Eigentumsumschreibung erforderlich war (d.h. nach dem 28.09.1990), wird die GVO-Genehmigung nicht benötigt.

Teil C Beurkundungen im Grundstücksrecht

244 Muster B

Amtsgericht Köln **Grundbuch von** Worringen **Blatt** 0100 **Bestandsverzeichnis** 1

Laufende Nummer der Grundstücke	Bisherige laufende Nummer der Grundstücke	Bezeichnung der Grundstücke und der mit dem Eigentum verbundenen Rechte					Größe		
		Gemarkung (Vermessungsbezirk)	Karte		Liegenschaftsbuch	Wirtschaft und Lage	ha	a	m²
		a	Flur	Flurstück		e			
			b		c/d			4	
1	2				3				
1		Worringen	1	100		Freifläche Alte Neußer Landstraße		10	10
2	1	Worringen	1	101		Weg Alte Neußer Landstraße			90
3	1	Worringen	1	102		Gebäude- und Freifläche Alte Neußer Landstraße 100		9	10
4		Worringen	1	200		Landwirtschaftsfläche Alte Neußer Landstraße		5	00
5		Worringen	1	310		Gartenland		2	00
6	3, 5	Worringen	1	102		Gebäude- und Freifläche Alte Neußer Landstraße 100		11	10
			1	310		Gartenland			
7 --- zu 6		1/10 Miteigentumsanteil an dem Grundstück Worringen	1	110		Weg Alte Neußer Landstraße		1	00

I. Allgemeines Grundstücksrecht

Bestand und Zuschreibungen			Abschreibungen
Zur laufenden Nummer der Grundstücke		Zur laufenden Nummer der Grundstücke	
5	6	7	8
1	Aus Blatt 0200 am 5. Januar 1993. Neumann Götz		
1, 2, 3	Lfd. Nr. 1 geteilt und fortgeschrieben gemäß VN Nr. 100/93 in Nrn. 2 und 3 am 15. April 1993. Neumann Götz		Nach Blatt 0001 am 15. April 1993. Neumann Götz
4, 5	Aus Blatt 0250 am 10. Mai 1993. Neumann Götz		
3, 5, 6	Lfd. Nr. 5 der Nr. 3 als Bestandteil zugeschrieben und unter Nr. 6 neu eingetragenen am 9. Juni 1993. Neumann Götz		
7 --- zu 6	Aus Blatt 0300 am 12. Juli 1993. Neumann Götz		

Ergibt sich, dass der Verkäufer das Eigentum innerhalb der steuerlichen Spekulationsfrist des § 23 Abs. 1 EStG (zehn Jahre) durch Rechtsgeschäft erworben hat, kann die Frage einer etwa anfallenden Steuer zu erörtern sein.

Teil C Beurkundungen im Grundstücksrecht

245 Muster C

| Amtsgericht Köln | Grundbuch von Worringen | | Blatt 0100 | Erste Abteilung | 1 |

Laufende Nummer der Eintragungen	Eigentümer	Laufende Nummer der Grundstücke im Bestandsverzeichnis	Grundlage der Eintragung
1	2	3	4
1	M ü l l e r, Friedrich, geb. am 5. Juli 1944, Alte Neußer Landstraße 100, 5000 Köln 71	1	Aufgelassen am 14. Oktober 1992, eingetragen am 5. Januar 1993. Neumann Götz
		4, 5	Aufgelassen am 11. November 1992, eingetragen am 10. Mai 1993. Neumann Götz
		7/zu 6	Das bisher in Blatt 3300 eingetragene Eigentum aufgrund Auflassung vom 15. April 1993 und Buchung gemäß § 3 Abs. 5 GBO hier eingetragen am 12. Juli 1993.
2 a)	S c h u m a c h e r, Ute geb. Müller, geb. am 12. Mai 1955, Grundermühle 7, 51515 Kürten	4, 6, 7	Erbfolge 133 VI 250/94 AG Köln, eingetragen am 7. Dezember 1994. Neumann Götz
b)	M ü l l e r, Georg, geb. am 5. März 1968, Kemperbachstraße 48, 51069 Köln – in Erbengemeinschaft –		

80

I. Allgemeines Grundstücksrecht

dd) Abteilung II

In Abteilung II des Grundbuchs werden bestimmte *Belastungen* und *Beschränkungen* eingetragen. Dabei handelt es sich um: 246

- alle Lasten und Beschränkungen des Eigentums mit Ausnahme der Grundpfandrechte: (z. B. Grunddienstbarkeiten, Nießbrauchsrechte, beschränkte persönliche Dienstbarkeiten, Vorkaufsrechte, Reallasten, Erbbaurechte),
- die Beschränkungen des Verfügungsrechts des Eigentümers, z. B. Zwangsversteigerungs- und Zwangsverwaltungsvermerk (§§ 19 Abs. 1, 146 Abs. 1 ZVG), Insolvenzvermerk (§§ 21 Abs. 2 Nr. 2, 23 Abs. 3, 32 InsO), Nacherbenvermerk (§ 51 GBO), Testamentsvollstreckervermerk (§ 52 GBO), Umlegungsvermerk (§ 54 Abs. 1 BauGB), Sanierungsvermerk (§ 143 BauGB); ausführliche Aufzählungen siehe Kommentierungen zu § 38 GBO, die das Eigentum betreffenden Vormerkungen und Widersprüche (§ 12 Abs. 1 Buchst. a, Abs. 2 GBV), Verwaltungs-und Benutzungsregelungen sowie der Ausschluss der Auseinandersetzung bei einer Miteigentümergemeinschaft gemäß § 1010 BGB,
- Vormerkungen und Widersprüche, die ein in Abteilung II eingetragenes oder einzutragendes Recht betreffen (§ 12 Abs. 1 Buchst. b, c, Abs. 2 GBV),
- Pfändungsvermerke, so weit das eingetragene Recht gepfändet ist,
- Vermerke über die Veränderung der vorstehend genannten Eintragungen,
- die Löschungsvermerke betreffend die in Abteilung II eingetragenen Rechte.

Beachte: Die Löschung aller in Abteilung II oder III eingetragenen Rechte und Verfügungsbeschränkungen erfolgt entweder durch Eintragung eines Löschungsvermerks und »Rötung« = Rotunterstreichung der gelöschten Eintragung (§§ 46 Abs. 1 GBO, 17 Abs. 2 GBV), oder dadurch, dass bei der Übertragung des Grundstücks auf ein anderes Grundbuchblatt das Recht nicht mitübertragen wird (§ 46 Abs. 2 GBO). Die Rötung allein führt dagegen nicht zur Löschung des Rechts. 247

Teil C Beurkundungen im Grundstücksrecht

248 Muster D

Amtsgericht Köln		Grundbuch von Worringen	**Blatt** 0100	**Zweite Abteilung**	1
Laufende Nummer der Eintragungen	Laufende Nummer der betroffenen Grundstücke im Bestandsverzeichnis	Lasten und Beschränkungen			
1	2	3			
1	4, 5, 7	Nießbrauch für Müller, Gerhard, geb. am 23. April 1918, Alte Neußer Landstraße 100, 50765 Köln, befristet, löschbar bei Todesnachweis. Unter Bezugnahme auf die Bewilligung vom 15. April 1993 - URNr. 400/93 Notar Dr. Schmitz in Köln – eingetragen am 12. Juli 1993. Neumann Götz			
2	4, 5	Widerspruch gegen die Eintragung des Eigentümers des Friedrich Müller zugunsten des Josef Schmitz, geb. am 25. Juli 1940, Rochusstraße 300, 50927 Köln. Unter Bezugnahme auf die einstweilige Verfügung des Landgerichts Köln vom 30. Juli 1993 – 10 o 374/93 – eingetragen am 3. August 1993. Neumann Götz			
3	4	Dienstbarkeit Wegerecht: für den jeweiligen Eigentümer des Grundstücks Flur 1 Nr. 201 (derzeit Blatt 02501). Unter Bezugnahme auf die Bewilligung vom 11. November 1992 – URNr. 2231/92 Notar Dr. Schneider in Köln – eingetragen am 4. August 1993. Neumann Götz			

I. Allgemeines Grundstücksrecht

ee) Abteilung III

Muster E 249

Amtsgericht Köln **Grundbuch von** Worringen **Blatt** 0100 **Dritte Abteilung** 1

Laufende Nummer der Eintragungen	Laufende Nummer der belasteten Grundstücke im Bestandsverzeichnis	Betrag	Hypotheken, Grundschulden, Rentenschulden
1	2	3	4
1	3, 4, 5, 6	10.000,00 DM 5.000,00 DM	Grundschuld – ohne Brief – zu zehntausend Deutsche Mark für die Stadtsparkasse Köln in Köln; 18% Zinsen jährlich; vollstreckbar nach § 880 ZPO. Unter Bezugnahme auf die Bewilligung vom 19. April 1993 – URNr: 420/93 Notar Dr. Schmitz in Köln – eingetragen am 9. Juni 1993. Gesamthaft: Blätter 0100 und 0550. Neumann Götz
2	4, 6	20.000,00 DM - 5.000,00 DM 15.000,00 DM	Hypothek zu zwanzigtausend Deutsche Mark für Bundesrepublik Deutschland (Wohnungsfürsorge); 12% Zinsen jährlich; 2% bedingte Nebenleistung einmalig. Unter Bezugnahme auf die Bewilligung vom 6. Oktober 1993 – URNr. 1300/93 Notar Dr. Schmitz in Köln – . Vorrangsvorbehalt für Grundpfandrechte bis zu DM 100.000,00; bis 20% Zinsen jährlich; bis 10% Nebenleistungen einmalig; inhaltlich beschränkt. Eingetragen am 15. November 1993. Neumann Götz
3	4, 6, 7	100.000,00 DM	Grundschuld zu einhunderttausend Deutsche Mark für Inge Müller geb. Schmidt, geb. am 12. Mai 1952, Alte Neußer Landstraße 100, 50769 Köln, 18% Zinsen jährlich. Unter Bezugnahme auf die Bewilligung vom 3. Januar 1994 – URNr. 2/94 Notar Dr. Klug in Köln – ; unter Ausnutzung des Rangvorbehalts mit Rang vor III/2. Eingetragen am 17. Januar 1994. Neumann Götz

Teil C Beurkundungen im Grundstücksrecht

Laufende Nummer der Spalte 1	Betrag	Veränderungen	Laufende Nummer der Spalte 1	Betrag	Löschungen
5	6	7	8	9	10
2	20.000,00 DM	Dem Recht Abt. III Nr. 3 ist der vorbehaltene Vorrang eingeräumt. Eingetragen am 17. Januar 1994. Neumann Götz	2	5.000,00 DM	Fünftausend Deutsche Mark gelöscht am 4. Oktober 1994. Neumann Götz
3	100.000,00 DM	Gepfändet mit den Zinsen seit dem 30. Juni 1994 für die Haftpflicht-Versicherungs-Aktiengesellschaft in Köln wegen einer Forderung von 65.800,00 mit 9% Zinsen aus DM 59.600,00 seit dem 18. Juni 1992. Gemäß Pfändungs- und Überweisungsbeschluß des Amtsgerichts Köln vom 15. Juni 1994 – 183 M 750/94 – eingetragen am 20. Juni 1994. Neumann Götz	3 3a 3b	20.000,00 DM 60.000,00 DM 20.000,00 DM	Pfändungsvermerk vom 26. Juli 1994 gelöscht am 4. Oktober 1994. Neumann Götz
1	5.000,00 DM	Das Recht ist gemäß § 1132 Abs. 2 BGB derart verteilt, daß die hier eingetragenen Grundstücke nur noch haften für fünftausend Deutsche Mark. Die Mitakte in Blatt 0550 ist erloschen. Eingetragen am 1. Juli 1994. Neumann Götz			

250 In Abteilung III des Grundbuchs werden die *Grundpfandrechte* (Hypotheken, Grundschulden, Rentenschulden) und die sich auf sie beziehenden *Veränderungen* sowie die *Pfändung* und *Verpfändung* dieser Rechte eingetragen.

I. Allgemeines Grundstücksrecht

c) Grundzüge des Eintragungsverfahrens

251 Das Verfahren der Eintragung in das Grundbuch ist im Wesentlichen in der Grundbuchordnung geregelt.

aa) Antrag

252 Eine Eintragung in das Grundbuch erfolgt grundsätzlich nur auf Antrag (§ 13 GBO). Die Grundbuchordnung versteht dabei unter *Eintragung* sowohl die *Neueintragung* als auch die *Löschung*.

Den Antrag kann jeder stellen, dessen Recht von der Eintragung betroffen ist (§ 13 Abs. 1 S. 2 GBO). Betroffen ist dabei sowohl der bei der Eintragung »gewinnende« als auch der »verlierende« Teil.

Bei der Eigentumsübertragung ist also sowohl der Veräußerer (verlierender Teil) als auch der Erwerber (gewinnender Teil) antragsberechtigt.

Bei der Eintragung beschränkter dinglicher Rechte an Grundstücken ist der Eigentümer stets als verlierender Teil, der Gläubiger als gewinnender Teil antragsberechtigt. Geht es um die Löschung eines solchen Rechts, so sind der Eigentümer, diesmal als gewinnender Teil, der Gläubiger als verlierender Teil antragsberechtigt.

§ 13 GBO enthält keine Regelung über die Form des Antrags, auch § 30 GBO ist nichts dazu zu entnehmen; das bedeutet, dass der Antrag an sich nicht formbedürftig ist, doch ist aus praktischen Gründen auf Schriftform nicht zu verzichten. Demgegenüber verlangt § 31 GBO für die Rücknahme des Antrags die Vorlage öffentlicher Urkunden. Eine solche Urkunde ist z. B. ein mit dem Notarsiegel versehener Rücknahmeantrag.

In der Regel ist jedoch der Antrag bereits in einer notariellen Urkunde enthalten, die weitere Erklärungen, insbesondere Bewilligungen oder auch eine Auflassung zum Inhalt hat. Regelmäßig wird der Notar den Antrag beim Grundbuchamt einreichen, wozu er verpflichtet ist, soweit nicht Abweichendes vereinbart ist (§ 53 BeurkG). Er gilt gemäß § 15 GBO als ermächtigt, den Antrag im Namen der Beteiligten zu stellen. Das bedeutet, dass der Notar, der eine bei ihm beurkundete Erklärung oder von ihm vorgenommene Unterschriftsbeglaubigung beim Grundbuchamt einreicht, dem Grundbuchamt keine Vollmacht vorlegen muss. Der Notar kann aber auch als Bote Anträge der Beteiligten an das Grundbuchamt richten. Bei der Einreichung eines Antrags muss der Notar daher stets zum Ausdruck bringen, ob er von dem Antragsrecht aus § 15 GBO Gebrauch macht (z. B. »gemäß § 15 GBO beantrage ich«) oder nur als Bote Anträge einreicht (z. B. »überreiche mit der Bitte um weiteren Vollzug«).

Der Antrag ist bedingungsfeindlich (§ 16 Abs. 1 GBO), nach § 16 Abs. 2 GBO kann er aber unter dem Vorbehalt abgegeben werden, dass mehrere beantragte Eintragungen nur zusammen vorgenommen werden sollen, z. B. Löschung der Auflassungsvormerkung nur gemeinsam mit der Eigentumsumschreibung.

Ist der Antrag nicht in einer notariellen Urkunde enthalten, so muss sich aus dem Antrag sowohl der Antragsteller als auch die begehrte Eintragung ergeben. Es ist jedoch auch möglich, auf eine vorgelegte Eintragungsbewilligung Bezug zu nehmen, diese wird insoweit Inhalt des Antrags.

Die Rücknahme eines bereits beim Grundbuchamt gestellten Antrags ist bis zur Eintragung möglich. Nach der Eintragung kann der Antrag dagegen nicht mehr zurückgenommen werden. In einem solchen Fall bedarf es der Rückgängigmachung des der Eintragung zugrunde liegenden Rechtsgeschäfts durch ein neues Rechtsgeschäft sowie der Löschung, die der Bewilligung bedarf.

Die Rücknahmeerklärung bedarf öffentlicher Beglaubigung oder Beurkundung (§§ 31, 29 GBO). Nimmt der Notar einen von ihm im Namen der Beteiligten nach § 15 GBO gestellten Antrag zurück, muss die Rücknahme mit der Unterschrift des Notars und seinem Dienstsiegel versehen sein (§ 24 Abs. 3 BNotO).

bb) Bewilligung

253 Nach § 19 GBO erfolgt eine Eintragung nur, wenn derjenige sie bewilligt, dessen Recht von ihr betroffen ist. Die Bewilligung bedarf zumindest öffentlicher (notarieller) Beglaubigung. Die *Bewilligung* ist dabei die Erklärung eines Beteiligten, dass er einen durch die Eintragung eintretenden Rechtsverlust hinnimmt. Sie ist von den Erklärungen der Beteiligten über die Begründung des Rechts in derselben Urkunde zu unterscheiden, weil es sich um eine Verfahrenshandlung handelt, die an das Grundbuchamt gerichtet ist. In jeder Bewilligung sollten daher auch die Worte *bewilligt* oder *Bewilligung* enthalten sein, es genügt also nicht, dass der Urkunde zu entnehmen ist, dass gegen die Eintragung keine Einwände erhoben werden. In der Bewilligung muss zunächst das Grundstück übereinstimmend mit dem Grundbuch oder durch Hinweis auf das Grundbuchblatt bezeichnet werden (§ 28 GBO). Das Grundstück kann also zunächst durch Nennung des zuständigen Grundbuchamts sowie der Gemarkung und des Flurstücks angegeben werden, weitere Angaben, etwa zu Größe und Wirtschaftsart, sind nicht erforderlich.

§ 28 GBO lässt es jedoch auch zu, das Grundbuch durch Bezugnahme auf das Grundbuchblatt zu bezeichnen, d. h. die Angabe des zuständigen Grundbuchamts, des Grundbuchbezirks und des Blattes. Sind mehrere Grundstücke in einem Grundbuchblatt aufgeführt, ist die lfd. Nr. anzugeben.

Es ist üblich, sowohl Gemarkung als auch Flur, Flurstück und Grundbuchblatt anzugeben.

254 *Formulierungsbeispiel*
Grundbuch des Amtsgerichts Halle von Dölau, Blatt 133, Flur 11, Flurstück 70/13 Größe 748 qm, Nutzungsart: Gebäude- und Freifläche.

255 Die Bewilligung muss ferner das Recht, das von der Eintragung betroffen werden soll, genau erkennen lassen. Soweit nicht das Gesetz einen Gestaltungsspielraum einräumt, ist der Inhalt vom Gesetz vorgegeben. Das Recht ist daher übereinstimmend mit dem Gesetz zu bezeichnen.

I. Allgemeines Grundstücksrecht

Beispiel 256
§ 1093 BGB bestimmt den zulässigen Inhalt des Wohnungsrechts. Eine Entgeltlichkeit des Wohnungsrechts ist darin nicht vorgesehen. Das Wohnungsrecht kann daher im Grundbuch nicht als entgeltlich oder unentgeltlich eingetragen werden. Die beschränkte persönliche Dienstbarkeit ist nach § 1092 Abs. 1 S. 1 BGB nicht an Dritte übertragbar. Eine Überlassung der Ausübung an Dritte ist jedoch gestattet, doch muss dies zum Inhalt der Dienstbarkeit gemacht und eingetragen werden (§ 1092 Abs. 1 S. 2 BGB).

Soweit die Bewilligung in einer Urkunde enthalten ist, genügt die Bezugnahme auf den Inhalt des Rechts. Dies ändert aber nichts daran, dass sich aus der Urkunde eindeutig ergeben muss, welche Eintragung begehrt wird, so dass sich später aus der Grundbucheintragung die Art des Rechts, wenn auch nicht notwendigerweise sein gesamter Inhalt, eindeutig ergibt. 257

Während der Antrag sowohl vom gewinnenden als auch vom verlierenden Teil gestellt werden darf, kann die Bewilligung nur vom verlierenden Teil erklärt werden. Steht das Recht mehreren gemeinschaftlich zu, müssen alle bewilligen, die infolge der Eintragung Rechtsnachteile erleiden können, bei einer Erbengemeinschaft also alle Erben. Ist der im Grundbuch eingetragene Berechtigte verstorben, so sind bei einer Rechtsänderung oder Löschung alle Erben betroffen und müssen daher die Bewilligung erklären.

Die Mitwirkung des Begünstigten verlangt das Grundbuchamt für die Eintragung eines Rechts nicht. Damit der angestrebte Rechtserfolg auch eintritt, müssen sich freilich die Beteiligten geeinigt haben, doch wird dies vom Grundbuchamt nicht nachgeprüft. Lediglich bei der Übertragung von Eigentum und der Begründung eines Erbbaurechtes muss dem Grundbuchamt die Einigung in notarieller Form vorgelegt werden. Weil das Grundbuchamt außer in diesen Fällen das Vorhandensein einer Einigung nicht prüft (so genanntes formelles Konsensprinzip), ist bei der Beurkundung der Bewilligung die Anwesenheit des gewinnenden Teils nicht erforderlich, so etwa der finanzierenden Bank, zu deren Gunsten der Eigentümer eine Grundschuld bestellt.

cc) Auflassung

§ 20 GBO verlangt bei der Übertragung des Eigentums an Grundstücken, dass die *Einigung über den Eigentumsübergang* in notarieller Form vorgelegt wird; entsprechendes gilt für die Einräumung und Übertragung von Wohnungseigentum und Erbbaurechten. Es genügt nicht, wie bei der Einräumung von beschränkten Rechten, dass der Berechtigte, nämlich der Eigentümer, die Eintragung des Erwerbers bewilligt. Wegen der besonderen wirtschaftlichen Bedeutung des Eigentumserwerbs an Grundstücken müssen die Erklärungen, die die Einigung über die Rechtsänderung ergeben, bei gleichzeitiger Anwesenheit beider Teile vor dem Notar erklärt werden, wobei die bloße Unterschriftsbeglaubigung nicht genügt. Die gleichzeitige Anwesenheit beider Teile bedeutet nicht, dass alle Beteiligten persönlich erscheinen und handeln müssen, wie etwa beim Testament (§ 2064 BGB). Sie können sich hier auch vertre- 258 ten lassen. Ausgeschlossen ist es jedoch, dass die einzelnen Willenserklärungen zeitlich oder örtlich getrennt abgegeben werden. Beide Erklärungen müssen in der gleichen Urkunde enthalten sein. In einem Kaufvertragsangebot sollte daher bereits eine Vollmacht zur Erklärung der Auflassung gegenüber dem Annehmenden enthalten sein.

259 *Formulierungsbeispiel*
Der Veräußerer bevollmächtigt hiermit den Erwerber unter Befreiung der Beschränkungen des § 181 BGB, für ihn bei der Annahme des vorstehenden Angebotes gleichzeitig die Auflassung mit zu erklären und entgegenzunehmen sowie alle Anträge zu stellen und Erklärungen und Bewilligungen abzugeben, die dem Vollzug des Kaufvertrags dienen.
Diese Vollmacht kann nur gegenüber dem Urkundsnotar durch eingeschriebenen Brief widerrufen werden.
Diese Vollmacht gilt über den Tod des Vollmachtgebers hinaus.

260 Das Grundbuchamt verlangt zwar die Vorlage einer Urkunde über diese Einigung (Auflassung), nicht jedoch einer über den Verpflichtungsvertrag nach § 311 b Abs. 1 BGB. Damit die Beurkundungspflicht des § 311 b Abs. 1 BGB nicht immer wieder umgangen wird, darf der Notar die Auflassung nur beurkunden, wenn ihm die Urkunde über das Verpflichtungsgeschäft vorgelegt oder das Verpflichtungsgeschäft gleichzeitig beurkundet wird (§ 925 a BGB).

dd) Grundbuchberichtigung

261 Eine Ausnahme vom Grundsatz des Erfordernisses der Bewilligung enthält die Vorschrift des § 22 GBO. Danach bedarf es der Bewilligung nicht, wenn die Unrichtigkeit des Grundbuchs nachgewiesen wird. Das Grundbuch ist unrichtig, wenn eine Eintragung nicht mit der materiellen Rechtslage übereinstimmt. Die Berichtigung dient also nicht der Eintragung einer Rechtsänderung aufgrund einer rechtsgeschäftlichen Einigung (§§ 873, 925 BGB), sondern der Anpassung des Grundbuchs an die tatsächliche Rechtslage.

Das Grundbuchamt nimmt eine Eintragung zum Zwecke der Grundbuchberichtigung jedoch nicht von sich aus vor (Ausnahme § 53 GBO), sondern verlangt auch in diesem Fall einen Antrag (§ 13 GBO).

262 Die Unrichtigkeit des Grundbuchs kann zunächst von vornherein gegeben sein.

Beispiel
Der Eigentümer A bewilligt und beantragt die Eintragung eines Rechts in Abteilung II für B ohne dessen Kenntnis. Da es an einer Einigung zwischen A und B fehlt, wird durch die Eintragung das Grundbuch unrichtig.

263 Das Grundbuch kann auch deshalb unrichtig sein, weil das Grundbuchamt eine Eintragung unter Verletzung gesetzlicher Vorschriften vorgenommen hat. In diesem Fall hat das Grundbuchamt von Amts wegen, d. h. ohne dass

I. Allgemeines Grundstücksrecht

es eines Antrages bedarf, einen Widerspruch einzutragen (§ 53 GBO), damit ein gutgläubiger Erwerb durch einen Dritten ausgeschlossen wird.

Die Unrichtigkeit des Grundbuchs kann aber auch nachträglich eintreten. **264**

> **Beispiele**
> Der Eigentümer befriedigt den Gläubiger einer im Grundbuch eingetragenen Hypothek durch Zahlung. Der im Grundbuch eingetragene Eigentümer stirbt. Für den Käufer ist im Grundbuch eine Auflassungsvormerkung eingetragen, der Vertrag wird jedoch nachträglich aufgehoben.

Die Unrichtigkeit muss dem Grundbuchamt durch öffentliche Urkunden im **265** Sinne des § 29 GBO nachgewiesen werden. Bei der Löschung der Hypothek nach Befriedigung durch den Eigentümer muss der Eigentümer etwa eine löschungsfähige Quittung in öffentlich beglaubigter Form vorlegen. Der Nachweis des § 29 GBO ist oft schwierig, der einfachere Weg ist oft die Bewilligung des verlierenden Teils nach § 19 GBO (sog. Berichtigungsbewilligung). Bei der häufigsten Unrichtigkeit des Grundbuch, nämlich bei Tod des Eigentümers, scheidet die Bewilligung der Berichtigung allerdings aus und die Berichtigung kann nur aufgrund einer öffentlichen Urkunde erfolgen.

> **Beispiel** **266**
> A, B und C sind als Gesellschafter bürgerlichen Rechts im Grundbuch eingetragen. A überträgt seinen Gesellschaftsanteil formlos an C. Hier kann die berichtigende Eintragung des C nicht durch öffentliche Urkunde im Sinne des § 29 GBO nachgewiesen werden. A kann jedoch die Berichtigung bewilligen (§ 19 GBO), notfalls kann er im Klagewege dazu gezwungen werden.

Auch dem Eigentumsübergang an einem Grundstück liegt nicht immer eine **267** Auflassung zugrunde. Abgesehen vom Eigentumswechsel aufgrund Gesetzes, etwa durch Erbfolge (§ 1922 BGB) oder im Wege der Zwangsversteigerung (§ 90 ZVG), kann das Eigentum an einem Grundstück auch durch Erbteilsübertragung (§ 2033 BGB) übergehen (vgl. Rz. 903). Da bei der Erbteilsübertragung der Erwerber des Erbteils in die Rechte und Pflichten des Erben eintritt, geht das zum Nachlass gehörende Grundstück unmittelbar kraft Gesetzes auf den Erwerber über. Eine Auflassung ist hier weder erforderlich noch zulässig, vielmehr ist die Rechtsänderung hier außerhalb des Grundbuchs eingetreten, so dass es lediglich einer Grundbuchberichtigung bedarf.

Dagegen bedarf es einer Auflassung in den Fällen der Schenkung, der vorweggenommenen Erbfolge (vgl. Rz. 456), der Erbauseinandersetzung (vgl. aber BGH, NJW 1998, 1557), der Übertragung einer Erbschaft, der Vermächtniserfüllung und der Zuwendung unter Ehegatten und einer Umwandlung nach dem UmwG. In allen diesen Fällen liegt eine rechtsgeschäftliche Übertragung des Eigentums vor und nicht etwa ein Übergang aufgrund des Gesetzes.

ee) Nachweis der Eintragungsvoraussetzungen

268 Neben der vom Gesetz vorgeschriebenen notariellen Beglaubigung bei der Bewilligung und der notariellen Beurkundung bei der Auflassung (§ 29 Abs. 1 S. 1 GBO) müssen auch die sonstigen zur Eintragung erforderlichen Erklärungen gemäß § 29 GBO durch öffentliche oder öffentlich beglaubigte Urkunden nachgewiesen werden. Derartige Erklärungen verlangt das Gesetz etwa für eine Grundbuchberichtigung (Eigentümererklärung gemäß § 22 Abs. 2 GBO) oder bei der Zustimmung des Eigentümers zur Löschung eines Grundpfandrechts (§ 27 GBO). Besondere Bedeutung hat diese Vorschrift aber bei dem Nachweis der rechtsgeschäftlichen Vertretungsmacht. Ein solcher Nachweis ist erforderlich bei der Vollmacht (§ 164 BGB), der Vollmachtsbestätigung und der Genehmigung (vgl. Rz. 120). Diese Erklärungen müssen für das Grundbuchverfahren ebenfalls notariell beglaubigt oder beurkundet sein. Dies gilt auch dann, wenn das materielle Recht eine Beurkundungspflicht nicht vorsieht, wie etwa bei der Vertretung bei Grundstücksgeschäften.

Der Nachweis einer gesetzlichen Vertretung einschließlich der Vertretungsbefugnis eines Vertretungsorgans (z. B. der Geschäftsführer einer GmbH), wird nicht durch Vorlage der Beurkundung einer Erklärung (insbesondere Vollmacht) geführt, sondern durch einen anderweitigen Nachweis in öffentlicher Form (§ 29 Abs. 1 S. 2 GBO), z. B. durch einen beglaubigten Handelsregisterauszug oder eine Notarbescheinigung (§ 21 BNotO). Dem Grundbuchamt ist insoweit auch der Nachweis der Existenz der Gesellschaft zu erbringen.

Neben dem Nachweis einer gesetzlichen Vertretung durch öffentliche Urkunden verlangt § 29 Abs. 1 S. 2 GBO auch den Nachweis sonstiger »anderer Voraussetzungen« durch öffentliche Urkunden. Darunter ist zu verstehen, dass jeder Umstand, der für die Umschreibung gegeben sein muss, durch öffentliche Urkunde nachzuweisen ist. Welche Umstände dies sind, hängt von der konkreten Fallgestaltung ab. Dabei kann es sich um den Eintritt einer rechtsgeschäftlichen Genehmigung handeln oder den Zugang einer Erklärung, etwa der vormundschaftsgerichtlichen Genehmigung (vgl. Rz. 638). Insbesondere gehören hierher das Vorliegen öffentlich-rechtlicher Genehmigungen und Unschädlichkeitszeugnisse (vgl. Rz. 322). Auch diese Erklärungen müssen dem Erfordernis der öffentlichen Urkunde genügen, sie müssen also die erforderliche Erklärung der zuständigen Behörde enthalten und mit Dienstsiegel und Unterschrift versehen sein.

Eine Besonderheit gilt für den Nachweis der Verfügungsbefugnis eines Erben, wenn im Grundbuch noch der Erblasser als Berechtigter eingetragen ist. In diesem Fall kann der Nachweis der Rechtsnachfolge durch einen Erbschein (§§ 2353 ff. BGB) geführt werden, der in Ausfertigung vorzulegen ist (vgl. *Schöner/Stöber* Rn. 782). Kann der Berechtigte ein notarielles Testament – nicht ein privatschriftliches – vorlegen, aus dem sich seine Erbenstellung ergibt, so bedarf es der Vorlage eines Erbscheins nicht.

Will der durch Erbschein oder notarielles Testament ausgewiesene Erbe über das für den Erblasser eingetragene Recht verfügen, bedarf es also ausnahmsweise keiner Voreintragung des Berechtigten (§ 39 GBO). Dies gilt jedoch nur für die Übertragung oder Aufhebung eines Rechts (§ 40 GBO). So kann der nicht eingetragene Erbe zwar ein Grundstück veräußern, eine Belastung mit einem Grundpfandrecht oder einer Dienstbarkeit ist jedoch ohne Voreintragung nicht möglich. Aus diesem Grund, aber auch weil ohne Voreintragung ein Gutglaubensschutz hinsichtlich der Verfügungsberechtigung nicht eintritt, sollte stets die Grundbuchberichtigung beantragt werden.

ff) Der Rang
Bestehen mehrere dingliche Rechte an einem Grundstück (z. B. Wohnungsrecht, Grundschuld), so stehen sie in einem Rangverhältnis zueinander (§ 879 BGB). Der Rang eines Rechtes hat erhebliche wirtschaftliche Bedeutung. In der Zwangsversteigerung werden die Rechte entsprechend ihres Rangverhältnisses befriedigt (§§ 10 ff., 109 ZVG). Rechte, die einem das Zwangsversteigerungsverfahren betreibenden Gläubiger vorgehen, bleiben bei der Zwangsversteigerung bestehen und müssen vom neuen Eigentümer übernommen werden (§§ 44, 52 ZVG). Rechte, die Rang nach dem Recht des betreibenden Gläubigers haben, erlöschen mit dem Zuschlag im Zwangsversteigerungsverfahren (§§ 52, 91 ZVG). Ob der Inhaber eines solchen Rechts am Erlös beteiligt wird oder ob er ausfällt, hängt wiederum vom Rang des Rechts ab (Bsp. Rz. 473). Materiell-rechtlich richtet sich der Rang eines Rechts nach der Reihenfolge der Eintragung im Grundbuch. Sind die Rechte in verschiedenen Abteilungen des Grundbuchs eingetragen (z. B. Grundschuld und beschränkte persönliche Dienstbarkeit), so hat das unter Angabe des früheren Tages eingetragene Recht den Vorrang (§ 879 Abs. 1 BGB). Rechte, die unter Angabe desselben Tages eingetragen sind, haben den gleichen Rang (§ 879 Abs. 1 BGB). Zur Herstellung des dem einzutragendem Recht zukommenden Rangs bestimmt § 17 GBO, dass die später beantragte Eintragung nicht vor Erledigung des früher gestellten Antrags erfolgen darf. Die Beteiligten können auch eine Bestimmung über den Rang treffen (§ 45 Abs. 3 GBO). Diese Bestimmung bedarf der Einigung und Eintragung in das Grundbuch. Möglich ist auch eine Rangänderung im Wege eines Rangrücktrittes oder durch Einräumung eines Rangvorbehalts. Der Rangrücktritt ist die Erklärung eines eingetragenen Berechtigten darüber, dass er mit seinem Recht hinter ein anderes Recht zurücktritt. Sie bedarf der Vereinbarung zwischen den Berechtigten der Rechte und der Eintragung in das Grundbuch, bei Grundpfandrechten auch der Zustimmung des Eigentümers (§ 880 BGB). Bei dem Rangvorbehalt behält sich der Eigentümer die Befugnis vor, sein Grundstück zu einem späteren Zeitpunkt mit einem weiteren Recht zu belasten, das Rang vor dem eingetragenen Recht erhalten soll (Bsp. für Rangvorbehalt und Rangrücktritt unter Rz. 523). Für die Verschaffung des von den Beteiligten gewünschten Ranges ist die zügige Antragstellung beim Grundbuchamt erforderlich.

Ob die Auflassungsvormerkung einen Rang haben kann (so etwa BGH, NJW 2000, 805) wird in jüngster Zeit bezweifelt. Die Verneinung der Rangfähigkeit hätte zur Folge, dass der häufigste Fall des Rangrücktritts, nämlich der der Bestellung von Finanzierungsgrundpfandrechten (vgl. Rz. 523) unzulässig wäre. Aus praktischen Gründen lässt sich die Möglichkeit des Rangrücktritts

269

auch hier nicht bezweifeln, zumal die als Alternative vorgeschlagene Möglichkeit des Wirksamkeitsvermerks im Gesetz keine Grundlage findet.

d) Behandlung von Anträgen beim Grundbuchamt

270 Sobald beim Grundbuchamt, d. h. bei einem für die Entgegennahme zuständigen Beamten ein Antrag eingegangen ist, wird dieser mit einem Eingangsvermerk versehen. Der Mitarbeiter des Notars, der den Antrag abzugeben hat, darf dies also nicht etwa bei der Poststelle des Amtsgerichts tun, sondern in der Geschäftsstelle des Grundbuchamts, und er hat darauf zu achten, dass das Schriftstück mit dem Eingangsstempel versehen wird. Da die Reihenfolge der Eingänge für den späteren Rang des Rechts von großer Wichtigkeit ist, ist der Zeitpunkt des Eingangs genau, d. h. auch mit Uhrzeit und der Zahl der Anlagen zu vermerken. Anschließend erhält der Antrag (das Schriftstück) eine Ordnungs-Nummer. Der Notar sollte sich den Zeitpunkt des Eingangs des Antrags auf einem Doppel bestätigen lassen.

271 Die eingereichten Unterlagen werden sodann vom Grundbuchamt unter anderem in folgender Weise geprüft:

(a) Antrag (§ 13 GBO)

- Antragsberechtigung,
- örtliche Zuständigkeit,
- Legitimation eines etwaigen Vertreters,
- Bezeichnung des Grundbuchs (§ 28 GBO) und weitere Voraussetzungen der Eintragung, z. B. Angabe des Anteilsverhältnisses,
- Form,
- Eintragungsfähigkeit des Rechts, d. h. Zulässigkeit der Eintragung dem Inhalt nach.

(b) Bewilligung (§ 19 GBO)

- Bewilligungsberechtigung,
- Legitimation eines Vertreters,
- Inhalt der Bewilligung, Bezeichnung des Grundbuchs nach § 28 GBO,
- Form (§ 29 GBO),
- Voreintragung des Betroffenen (§ 39 GBO; Ausnahme § 40 GBO).

(c) Weitere Voraussetzungen in bestimmten Fällen

- Unrichtigkeitsnachweis bei Berichtigung (Form: § 29 GBO),
- Vorlage des Briefs bei Löschung oder Änderung von Briefrechten,
- Eigentümerzustimmung bei Löschung eines Grundpfandrechts (§§ 27, 29 GBO),
- bei Eigentumsübertragung: Nachweis der Auflassung (§ 20 GBO, § 925 BGB),
- Vorlage erforderlicher Genehmigungen in der Form des § 29 GBO.

272 Stellt das Grundbuchamt (Rechtspfleger) fest, dass dem Antrag nicht stattgegeben werden kann, weil er einen Mangel (Hindernis) aufweist, so erlässt es eine *Zwischenverfügung,* in der eine Frist zur Behebung des Mangels aufgegeben wird. Ist der Mangel nicht zu beheben oder wird er auch nach einer Zwischenverfügung nicht beseitigt, so wird der Antrag vom Grundbuchamt zurückgewiesen (§ 18 GBO).

Stellt der Notar aufgrund der Zwischenverfügung fest, dass der Mangel nicht behoben werden kann, so sollte er den Antrag aus Kostengründen zurücknehmen.

Hält der Notar (oder ein Beteiligter) die Zurückweisung des Antrags oder den Erlass einer Zwischenverfügung durch das Grundbuchamt für fehlerhaft, kann gegen die zurückweisende Entscheidung Beschwerde eingelegt werden (§ 71 GBO). Zuständig ist in diesem Fall das Landgericht als Beschwerdegericht (§ 72 GBO).

Hinweis: Sobald eine Zwischenverfügung ergeht, sollte sofort die gesetzte 273 *Frist* und eine *Vorfrist* notiert werden, damit es nicht zur Zurückweisung des Antrags wegen Fristablaufs kommt.

Steht der Eintragung kein Hindernis entgegen, so nimmt das Grundbuch- 274 amt die beantragte Eintragung vor und übersendet den Beteiligten eine *Eintragungsmitteilung* (§ 55 GBO). Diese Eintragungsmitteilung ergibt häufig keinen sicheren Aufschluss darüber, ob alle Anträge in der begehrten Weise vollzogen worden sind. So können etwa Zwischenrechte eingetragen sein. Der Notar sollte daher das Grundbuch noch einmal einsehen oder sich einen unbeglaubigten Grundbuchauszug übersenden lassen. Diese Bitte kann bereits mit Stellung des Antrags erhoben werden. Die Eintragungen sind auf Richtigkeit und Vollständigkeit genau zu prüfen. Die Prüfung erstreckt sich insbesondere auch auf das Datum der Eintragungsgrundlage und die genaue Wiedergabe der Namen der Beteiligten.

II. Der Grundstückskauf

1. Verpflichtungsgeschäft

Der *Grundstückskaufvertrag* weist, was seinen Inhalt angeht, gegenüber ande- 275 ren Kaufverträgen (zum Begriff § 433 BGB) nur die Besonderheit auf, dass er die Übertragung des Eigentums an einem Grundstück zum Inhalt hat. Für einen solchen Vertrag schreibt § 311b Abs. 1 BGB notarielle Beurkundung vor; fehlt diese, so ist der Kaufvertrag nichtig (§ 125 BGB, vgl. aber die Ausnahme des § 311b Abs. 1 S. 2 BGB). Der Zweck des Formerfordernisses liegt darin, Käufer und Verkäufer eines Grundstücks vor dem Eingehen übereilter Verpflichtungen zu schützen, eine sachgemäße Beratung zu ermöglichen und Streitigkeiten durch eine ausgewogene Vertragsgestaltung vorzubeugen. Demgemäß ist Gegenstand der Beurkundung nicht nur die Einigung über den Kauf und den Kaufpreis, sondern die Gesamtheit aller Vereinbarungen, die die Vertragschließenden im Zusammenhang mit dem Kauf treffen wollen.

Teil C Beurkundungen im Grundstücksrecht

276 **Beispiel**
Käufer und Verkäufer sind sich darüber einig, dass der Verkäufer neben dem Grundstück auch ein darauf zu errichtendes Fertighaus zu liefern habe.

277 Obwohl nur der Verkauf des Grundstücks beurkundungspflichtig und der Vertrag über die Errichtung des Fertighauses an sich nicht formbedürftig ist, ist hier für alle Erklärungen eine Beurkundungspflicht gegeben.

Grundsätzlich sind alle Vereinbarungen und Abreden der Beteiligten zu beurkunden (zur **Beurkundungspflicht von Änderungen nach Beurkundung** vgl. Rz. 399). Sind wesentliche, also nicht ganz unbedeutende Abreden nicht oder anders als tatsächlich gewollt beurkundet, liegt ein formwirksamer Kaufvertrag nicht vor. Der Notar sollte die Beteiligten auf diese Rechtsfolge hinweisen und dies in der Urkunde vermerken. Dies gilt insbesondere auch im Hinblick auf die Folgen eines so genannten *Schwarzkaufs*.

278 **Beispiel**
Käufer und Verkäufer erklären (um Grunderwerbsteuer, Notar- und Gerichtskosten zu sparen) vor dem Notar, der Kaufpreis betrage 250 000 EURO. Tatsächlich ist vorab mündlich ein Kaufpreis in Höhe von 400 000 EURO vereinbart worden. Der notarielle Kaufvertrag ist nichtig, da die Beteiligten ihre Erklärungen nur zum Schein abgegeben haben (§ 117 S. 1 BGB), die notarielle Beurkundung ändert daran nichts. Da die Beteiligten die Erklärung vor dem Notar aber zum Zweck der Verdeckung eines anderen Rechtsgeschäfts (Kaufvertrag über 400 000 EURO) abgegeben haben, finden nach § 117 S. 2 BGB »die für das verdeckte Rechtsgeschäft geltenden Vorschriften Anwendung«, also auch § 311 b Abs. 1 BGB. Da der Grundstückskaufvertrag über 400 000 EURO aber nicht notariell beurkundet ist, ist auch dieser Kaufvertrag, diesmal wegen Verstoß gegen die Formvorschrift des § 311 b Abs. 1 BGB, nichtig.

279 Wird jedoch der Eigentumswechsel im Grundbuch eingetragen, so ist der Kaufvertrag und der Eigentumsübergang wirksam (§ 311 b Abs. 1 S. 2 BGB). Daneben ist der Straftatbestand der Steuerhinterziehung erfüllt (§ 370 AO).

Es besteht auch die Gefahr, dass die Beteiligten Punkte, über die sie sich einigen müssten, nicht erkennen und daher eine Einigung und Beurkundung insoweit nicht erfolgt. Dies führt zwar nicht immer zur Unwirksamkeit des Kaufvertrags, doch können sich später leicht Streitigkeiten ergeben, die bei vollständiger Beurkundung vermieden worden wären. Hier trifft den Notar und seine Mitarbeiter, soweit sie mit der Vorbereitung befasst sind, eine besondere Verantwortung, den Willen der Beteiligten zu erforschen und den Sachverhalt zu klären (§ 17 BeurkG).

II. Der Grundstückskauf

2. Erfüllungsgeschäft und Auflassung

Einer notariellen Beurkundung bedarf aber auch die *Erfüllung der Verpflichtung des Verkäufers*. Während bei dem Kaufvertrag über bewegliche Sachen zur Eigentumsübertragung eine formlose Einigung und Übergabe der Kaufsache genügt (§ 929 BGB), ist bei Grundstückskaufverträgen die sog. *Auflassung*, d. h. Einigung von Verkäufer und Käufer vor dem Notar, erforderlich (vgl. Rz. 258). Weitere Voraussetzung des Eigentumsübergangs ist die Eintragung des Eigentumswechsels in das Grundbuch (§ 873 BGB); erst mit der Eintragung wird der Erwerber Eigentümer. Das Erfordernis der Eintragung entspricht der Publizitätsfunktion des Grundbuchs; auf die Richtigkeit des Grundbuchs muss der Teilnehmer am Rechtsverkehr sich verlassen können (§§ 891 ff. BGB). Das allein erklärt aber noch nicht, warum neben dem notariell beurkundeten Kaufvertrag noch eine notarielle Beurkundung der Einigung über den Eigentumswechsel notwendig ist. Hier ist zu bedenken, dass sich die Beteiligten im Zeitpunkt des Kaufvertragsabschlusses oft noch nicht über den sofortigen Eigentumsübergang einig sind oder sein können. Der Verkäufer ist daran interessiert, das Eigentum am Grundstück zu behalten, solange nicht die Zahlung des Kaufpreises bewirkt oder zumindest sichergestellt ist. Eine Einigung unter aufschiebender Bedingung der vollständigen Kaufpreiszahlung ist hier ausgeschlossen (§ 925 Abs. 2 BGB); damit ist beim Grundstückskaufvertrag ein Eigentumsvorbehalt wie beim Kauf beweglicher Sachen (»Ware bleibt bis zur vollständigen Kaufpreiszahlung Eigentum des Verkäufers«) ausgeschlossen.

280

Die Auflassung wird allerdings auch oft bereits im Kaufvertrag erklärt (vgl. jedoch Rz. 339). Um den Verkäufer vor dem Verlust des Eigentums vor Sicherstellung der Kaufpreiszahlung zu schützen (bei Vorlage der Auflassung beim Grundbuchamt), sollte der Vertrag die Anweisung an den Notar enthalten, bis zur Bestätigung der Kaufpreiszahlung dem Käufer nur auszugsweise Ausfertigungen und Abschriften ohne Auflassung zu erteilen (vgl. Rz. 340). Sieht der Notar lediglich von der Stellung des Antrags auf Eigentumsumschreibung ab, so könnte der Käufer den Antrag auf Umschreibung unter Vorlage der Auflassungsurkunde stellen (§ 13 GBO), so dass der Verkäufer nicht hinreichend gesichert wäre (vgl. im Einzelnen Rz. 338).

Ist Vertragsgegenstand eine noch nicht vermessene Teilfläche, so kann die Auflassung grundsätzlich zwar erklärt werden, auch wenn das Grundstück im katastermäßigen Sinn (vgl. Rz. 230) noch nicht gebildet worden ist. Weicht jedoch das Vermessungsergebnis von den Angaben im Kaufvertrag ab, muss die Auflassung wiederholt werden. Die Beteiligten müssen aber in jedem Fall nach Bildung des Flurstücks die Identität erklären, um das Grundstück zu bezeichnen (§ 28 GBO; vgl. Rz. 397).

Die zum Eigentumsübergang erforderliche Eintragung setzt einen Antrag des Veräußerers oder Erwerbers (§ 13 GBO) unter Vorlage der Auflassung (§ 20 GBO) voraus. Der Antrag ist formfrei und wird meist durch den Notar aufgrund der Ermächtigung des § 15 GBO gestellt.

Der Notar soll die Auflassung nur entgegennehmen, wenn ihm ein notarieller Kaufvertrag vorgelegt oder wenn die Urkunde über einen solchen Vertrag gleichzeitig errichtet wird (§ 925 a BGB). Das Grundbuchamt muss dem Antrag auf Eigentumsumschreibung aber auch dann entsprechen, wenn es am notariellen Kaufvertrag fehlt. Beurkundet der Notar eine Auflassung, ohne dass ihm der Kaufvertrag vorgelegt wurde, begeht er eine Amtspflichtverletzung.

Ebenso wenig wie die Auflassung ist auch die häufig im Rahmen des Kaufvertrags eingeräumte *Finanzierungsvollmacht* Teil des Kaufvertrags selbst. Sie hat den Zweck, dem Käufer die Zahlung des Kaufpreises vor Eigentumsumschreibung mit Hilfe eines Kreditinstituts zu ermöglichen (vgl. Rz. 456).

3. Inhalt des Grundstückskaufvertrags

a) Überblick

281 Der notwendige Inhalt des Grundstückskaufvertrags ergibt sich zum Teil unmittelbar aus dem Gesetz, zum Teil aus dem Zweck der notariellen Beurkundung. Zum notwendigen Inhalt des Kaufvertrags gehören neben der – wie bei jeder Urkunde erforderlichen – Bezeichnung von Käufer und Verkäufer (vgl. Rz. 99) zunächst die beiderseitigen Verpflichtungserklärungen nach § 433 Abs. 1 und 2 BGB. Sowohl der Kaufpreis als auch der verkaufte Grundbesitz müssen im Kaufvertrag eindeutig bezeichnet sein. Dabei ist die Regelung der Kaufpreiszahlung zur Vermeidung von Störungen der Vertragsabwicklung von besonderer Bedeutung. Wird eine Abwicklung der Kaufpreiszahlung über Notaranderkonto gewählt und ist diese zulässig, so müssen eine Reihe von Bestimmungen nach §§ 54 a ff. BeurkG beachtet werden (im Einzelnen Rz. 365–371). Auch bei einer Abwicklung ohne Notaranderkonto trifft den Notar die Pflicht, auf eine für alle Beteiligten sinnvolle Gestaltung hinzuwirken.

Wird die Auflassung erklärt, so ist sie ebenso Inhalt der Urkunde wie die Bewilligung einer Auflassungsvormerkung für den Erwerber, wenn sich die Beteiligten nicht für die Aussetzung der Auflassung entscheiden (vgl. im Einzelnen Rz. 338).

Zu einem vollständigen Kaufvertrag gehören auch Regelungen über den Umfang der Sach- und Rechtsmängelhaftung.

Weiter sollte der Grundstückskaufvertrag Regelungen für den Fall eines etwaigen vertragswidrigen Verhaltens eines der Beteiligten treffen. Dies gilt insbesondere im Hinblick auf eine ausbleibende oder nicht rechtzeitige Zahlung des Kaufpreises. Dabei sind Regelungen über Zahlungsverzug und die Unterwerfung des Käufers unter die sofortige Zwangsvollstreckung hinsichtlich des Kaufpreisanspruchs üblich.

Schließlich muss der Kaufvertrag Vermerke über die Vornahme einer Reihe von Belehrungen durch den Notar enthalten. Der Inhalt und Umfang der Belehrungen bestimmt sich nach der jeweiligen Gestaltung des Kaufvertrags und etwaige Risiken einer Vertragspartei.

Dringend zu empfehlen ist auch die Angabe, wer Abschriften und Ausfertigungen und wer gegebenenfalls nur auszugsweise Abschriften erhalten soll.

II. Der Grundstückskauf

Zusätzlich sollte eine Regelung über den Vollzugsauftrag des Notars getroffen werden.

b) Ermittlung des notwendigen Inhalts des Kaufvertrags

Checkliste 282
- ✓ Käufer/Verkäufer, Beteiligung von Ausländern; Güterstand; Vertretungserfordernisse;
- ✓ Grundbuchstand/Vertragsgegenstand;
- ✓ Belastungen: werden diese übernommen oder abgelöst?
- ✓ bebaut/unbebaut/Bauland, Art der Bebauung (Altbau o. ä.); weitere Verpflichtungen des Verkäufers; Erneuerung; Sanierung; Errichtung eines Gebäudes;
- ✓ Einbauküche/Ölvorräte und Ähnliches von der Veräußerung umfasst?
- ✓ Stand der Erschließung, zeitnahe Erschließungsarbeiten;
- ✓ Kaufpreishöhe; Finanzierungserfordernis; Finanzierung gesichert?
- ✓ Besitzübergang;
- ✓ Bestehen von Miet- und Pachtverhältnissen;
- ✓ Vorhandensein von Mängeln;
- ✓ Vorstellungen der Beteiligten über Rechts- und Sachmängel.

Für einen ausgewogenen und sachgerechten Kaufvertrag ist eine gründliche Ermittlung des Sachverhalts erforderlich.

c) Beteiligte des Kaufvertrags – Güterstand bei Eheleuten

Vor der Beurkundung muss zunächst geklärt werden, ob einer der Beteiligten 283 verheiratet ist. Ist dies der Fall, so ist weiter zu klären, ob die Eheleute gemeinsam erwerben wollen.

Im Hinblick auf § 1365 BGB ist auch zu klären, ob eine Verfügung über das gesamte oder im Wesentlichen das gesamte Vermögen vorliegt. Wenn dies zu bejahen ist, ist die Zustimmung des Ehegatten auch dann erforderlich, wenn nur der andere Ehegatte im Grundbuch eingetragen ist oder als Eigentümer eingetragen werden soll (vgl. Rz. 574).

Geben die Beteiligten an, in Gütertrennung zu leben, so ist eine Zustimmung des anderen Ehegatten nicht erforderlich, wenn nur ein Ehegatte erwirbt oder veräußert.

Geben die Beteiligten an, in Gütergemeinschaft zu leben, können sie grundsätzlich nur gemeinsam erwerben oder veräußern.

Besondere Schwierigkeiten bereitet die Beteiligung von verheirateten Ausländern. Für sie ist grundsätzlich der Güterstand maßgebend, der bei Eheschließung galt (Art. 15 EGBGB). Ein ausländischer Güterstand kann daher auch dann vorliegen, wenn beide Ehepartner die deutsche Staatsangehörigkeit haben, im Zeitpunkt der Eheschließung jedoch dem Recht eines anderen Staates unterlagen, wie dies etwa bei den sog »Russlanddeutschen« der Fall sein kann. Das ausländische Recht kann besondere Anforderungen an die

Mitwirkung des Ehepartners stellen und etwa einen Alleinerwerb des Ehepartners verbieten. Um zu vermeiden, dass ein wegen Verstoßes gegen ausländisches Recht unwirksamer Vertrag geschlossen wird, kann der Abschluss eines Ehevertrags ratsam sein. Möglich ist es jedoch auch, in dem Anteilsverhältnis zu erwerben, den das ausländische Recht verlangt.

284 *Formulierungsbeispiel*
Die Beteiligten sind sich darüber einig, dass der Grundbesitz auf den Erwerber übergeht in Gemeinschaft gemäß dem gesetzlichen Güterstand des belgischen Rechts.

d) Ermittlung des Grundbuchstandes

285 Ausgangspunkt und Grundlage aller Grundstücksgeschäfte und damit des Grundstückskaufvertrags ist der *Grundbuchstand*. Der Grundbuchstand ist nicht nur für die Konkretisierung des verkauften Grundbesitzes und die Feststellung der Eigentumsverhältnisse, Belastungen und Beschränkungen maßgebend, sondern es ergeben sich aus ihm auch weitere Hinweise für die richtige Gestaltung des Kaufvertrags und den anschließenden Vollzug der Urkunde.

Daher hat sich der Notar bei der Vorbereitung des Grundstückskaufvertrags über den Grundbuchstand zu unterrichten (§ 21 BeurkG). Dies kann durch eine Einsicht in das Grundbuch geschehen, die der Notar selbst oder ein zuverlässiger Mitarbeiter unmittelbar vor dem Beurkundungstermin vorzunehmen hat. Eine Unterrichtung über den Grundbuchstand ist auch im Wege der Einholung eines aktuellen Grundbuchauszugs möglich. Ist eine Grundbucheinsicht ausnahmsweise nicht durchführbar, so muss der Notar die Beteiligten über die mit der Unsicherheit über den Grundbuchstand verbundenen Risiken belehren und einen entsprechenden Vermerk in die Urkunde aufnehmen (§ 21 Abs. 1 S. 2 BeurkG). Diese Risiken können darin liegen, dass die Angaben der Beteiligten über den Grundbuchstand unrichtig sind, etwa weil das Grundstück nicht im angegebenen Grundbuch verzeichnet ist, bei der Beurkundung Belastungen verschwiegen werden, die den Vollzug erschweren oder dass ein anderer Eigentümer als der Verkäufer eingetragen ist. Um diese Schwierigkeiten, aus denen sich Risiken für die Beteiligten und Störungen der Vertragsabwicklung ergeben können, zu vermeiden, sollte der Notar eine Beurkundung ohne aktuelle Grundbucheinsicht nur ausnahmsweise vornehmen, wenn er sich über den Grundbuchstand in irgendeiner Weise zuverlässig anderweitig unterrichtet hat. Eine Beurkundung allein nach Angaben der Beteiligten ohne Vorlage eines Grundbuchauszuges sollte in jedem Fall abgelehnt werden. Eine ständige Beurkundung ohne vorherige Grundbucheinsicht, etwa um Arbeitszeit zu sparen, stellt im Übrigen einen Verstoß gegen das BeurkG dar und kann dienstrechtlich geahndet werden.

286 Der Notar hat in den Kaufvertrag sowohl den Grundbuchstand (§ 28 GBO) aufzunehmen, als auch die Art und Weise, wie er sich über den Grundbuchstand unterrichtet hat. Auch eine Angabe über den Zeitpunkt der Ermittlung des Grundbuchstands sollte angegeben werden.

Formulierungsbeispiel
Im Grundbuch des Amtsgerichtes ... von ... Blatt ...
sind als Eigentümer des dort verzeichneten Grundbesitzes
Flur ... Flurstück ..., Größe: ... qm, Lage: ...,
Nutzungsart: ...
die Eheleute ... eingetragen.
Das Grundbuch ist wie folgt belastet:
Abteilung II: ...
Abteilung III: ...
Der Notar hat das Grundbuch am ... einsehen lassen.

287 Konnte der Grundbuchstand (ausnahmsweise) nicht ermittelt werden, so kann der aufzunehmende Vermerk etwa wie folgt lauten:

Formulierungsbeispiel
Der Notar hat das Grundbuch nicht eingesehen. Die Beteiligten legten jedoch einen beglaubigten Grundbuchauszug vom ... des Amtsgerichtes ... vor. Der Notar belehrte die Parteien darüber, dass er zur Einsicht in das Grundbuch verpflichtet ist. Die Parteien befreiten ihn hiervon ausdrücklich und baten trotz Belehrung über damit verbundene mögliche Gefahren um sofortige Beurkundung.

288 Auch in diesem Fall muss der Notar die Grundbucheinsicht unverzüglich nachholen, um festzustellen, ob der Vertrag in der vorgesehenen Weise vollzogen werden kann.
  Eine Pflicht zur Einsicht in die Grundakte besteht dagegen gewöhnlich nicht. Allerdings ist die Einsicht im Hinblick auf die Möglichkeit unerledigter Grundbuchanträge sinnvoll.

e) Verpflichtungserklärungen, Kaufpreis

Formulierungsbeispiel **289**
Der Verkäufer verkauft den unter Ziffer I. bezeichneten Grundbesitz mit wesentlichen Bestandteilen und Zubehör dem dies annehmenden Käufer allein/im Beteiligungsverhältnis zu ...
Mitveräußert und aufschiebend bedingt mit Zahlung des Kaufpreises übereignet wird ..., auf den ein Kaufpreisteil von ... entfällt.

290 Zum zwingenden Inhalt eines jeden Grundstückskaufvertrags gehört die Verpflichtung des Verkäufers zur Übertragung des Grundstücks an den Käufer (§ 433 Abs. 1 BGB). Wie bereits erwähnt, ist diese Verpflichtungserklärung von dem Erfüllungsgeschäft (Auflassung) zu unterscheiden. Soll der Grundbesitz an mehrere Beteiligte veräußert werden, ist auch anzugeben, in welchem Anteilsverhältnis erworben werden soll, etwa je zur ideellen Hälfte.

Beim Grundstückskaufvertrag gehen neben dem Grundstück selbst auch die Bestandteile (§ 94 BGB), wie Gebäude, Anpflanzungen usw., Zubehör (§ 97 BGB), wie z.B. die Einbauküche, landwirtschaftliches Gerät, auf den Käufer über. Was im Einzelnen Bestandteil oder Zubehör ist, lässt sich nicht immer leicht beurteilen. Damit es nicht zu Streitigkeiten über den Umfang der zum Grundstück gehörenden Gegenstände kommt, sollte im Zweifel aufgenommen werden, ob bestimmte Gegenstände mit übertragen werden.

291 **Beispiele**
Öltankinhalt, Einbauküche

292 Zum unverzichtbaren Vertragsinhalt gehört weiter die *Vereinbarung des als Gegenleistung geschuldeten Kaufpreises*. Dieser ist in jedem Fall sowohl in Ziffern, als auch ausgeschrieben (in Worten) anzugeben. Im Regelfall ist der Kaufpreis ein Festpreis, selten ist er verrentet, d.h. auf Lebenszeit des Verkäufers in Form einer monatlichen Rente zu zahlen.

Die Gestaltung der Voraussetzungen für die Fälligkeit des Kaufpreises oder der Voraussetzungen der Hinterlegung und Auskehrung des Kaufpreises gehört dabei zu den schwierigsten Aufgaben bei der Vorbereitung des Kaufvertrags (vgl. im Einzelnen Rz. 344). Soweit der Kaufvertrag sich nach den Vorschriften der MaBV richtet, gelten Besonderheiten, denen bei der Urkundsgestaltung Rechnung getragen werden muss (vgl. Rz. 424).

f) Verzug, Rücktrittsrechte

293 Gewöhnlich zahlt der Käufer den Kaufpreis zum vereinbarten Zeitpunkt oder hinterlegt diesen auf dem Notaranderkonto. Da aber die Vertragstreue des Käufers im Zeitpunkt der Beurkundung nicht sicher vorhergesehen werden kann, sollte der Kaufvertrag Regelungen enthalten, die dem Verkäufer die Möglichkeit geben, den Anspruch auf Zahlung des Kaufpreises auch gegen den Willen des Käufers rasch durchzusetzen. Das Gleiche gilt dann, wenn der Käufer erst verspätet zahlt. Auch hier kann dem Verkäufer ein Schaden entstehen.

Auch ohne ausdrückliche Vereinbarungen hierzu kann der Verkäufer Verzugsschaden geltend machen (§§ 280 Abs. 2, 286 BGB), seinen Kaufpreisanspruch gerichtlich durchsetzen, Schadensersatz statt Leistung verlangen (§ 281 BGB) und vom Vertrag zurücktreten (§ 323 BGB), soweit die weiteren Voraussetzungen im Einzelnen vorliegen.

Der gesetzliche Anspruch des Verkäufers bei Verzug (Verzugsschaden) beträgt 5% über dem Basiszinsatz (§§ 247, 288 Abs. 1 BGB), wenn der Verkäufer einen höheren Schaden nicht nachweisen kann (§ 288 Abs. 4 BGB) und es sich um einen Verbrauchervertrag handelt (vgl. Rz. 206–218), ansonsten 8% über dem Basiszinssatz (§ 288 Abs. 2 BGB). Vertraglich kann jedoch ein anderer Verzugszins vereinbart werden. Ist der Kaufpreis von den üblichen Fälligkeitsvoraussetzungen abhängig (vgl. Rz. 352), bedarf es neben der Mitteilung des Vorliegens der Kaufpreisfälligkeit durch den Notar einer Mahnung des Verkäufers (§ 286 Abs. 1 BGB), es sei denn, dass auf das Erfordernis der Mahnung verzichtet wird.

Für den Fall, dass der Käufer bei Fälligkeit nicht zahlt, kann der Verkäufer ohne Klageerhebung unmittelbar aus dem Kaufvertrag die Zwangsvollstreckung in das Vermögen des Käufers (Schuldners) betreiben, wenn eine Unterwerfungserklärung des Käufers in der Urkunde enthalten ist (§ 794 Abs. 1 Nr. 5 ZPO). Auch wegen anderer Verpflichtungen des Käufers oder Verkäufers, etwa auf Räumung des Grundbesitzes, kann eine Unterwerfung erklärt werden (zu den Ausnahmen § 794 Abs. 1 Nr. 5 ZPO). Eine Durchsetzung des Anspruchs im Wege der Zwangsvollstreckung wird dadurch erheblich erleichtert. Voraussetzung ist jedoch, dass das Vollstreckungsorgan, etwa der Gerichtsvollzieher, den Anspruch seinem Umfang nach unmittelbar der Urkunde entnehmen kann.

Formulierungsbeispiel 294
Der Kaufpreis ist bis zur Fälligkeit unverzinslich.
Der Käufer kommt, ohne dass es einer Erklärung des Verkäufers bedarf, in Verzug, wenn er den Kaufpreis nicht innerhalb von zehn Tagen nach Eintritt der Fälligkeitsvoraussetzungen zahlt. Der Notar hat die Beteiligten auf die Verzugsfolgen hingewiesen.
Der Käufer unterwirft sich wegen der Zahlung des Kaufpreises – nicht jedoch etwaiger Zinsen – dem Verkäufer gegenüber der sofortigen Zwangsvollstreckung aus dieser Urkunde in sein gesamtes Vermögen. Dem Veräußerer kann jederzeit ohne Nachweis der die Fälligkeit der Forderung begründenden Tatsachen eine vollstreckbare Ausfertigung dieser Urkunde erteilt werden. Mehrere Käufer haften als Gesamtschuldner.

g) **Übergang von Besitz, Nutzungen und Lasten, Gefahrübergang – Erschließungskosten**

Formulierungsbeispiel 295
Der Besitz und die Nutzungen, die Gefahr und die Lasten einschließlich aller Verpflichtungen aus den den Grundbesitz betreffenden Versicherungen sowie die allgemeinen Verkehrssicherungspflichten gehen auf den Käufer über mit Wirkung vom Tage der vollständigen Kaufpreiszahlung. Erschließungs- und sonstige Anliegerbeiträge für Erschließungsanlagen im Sinne des § 436 BGB, für die ein Bescheid bis zum heutigen Tag zugegangen ist, trägt der Verkäufer, auch soweit Anlagen bereits fertig gestellt sind. Im Übrigen gehen solche Beiträge zu Lasten des Käufers.

Der Kaufvertrag sollte eine Regelung über den Zeitpunkt des Überganges des 296 Besitzes und der Nutzen und Lasten enthalten. *Besitzübergang* bedeutet dabei die Verschaffung der tatsächlichen Gewalt über das Grundstück (§ 854 BGB). Der Erwerber kann nach dem erfolgten Besitzübergang gegenüber Dritten, etwa Grundstücksstörern, ähnliche Rechte geltend machen wie der Eigentümer.

Der meist mit dem Besitzübergang verknüpfte *Übergang der Gefahr* bedeutet, dass nach dem Gefahrübergang der Erwerber das Risiko zu tragen hat, das sich aus einer zufälligen Verschlechterung der Kaufsache ergibt (§ 446 BGB).

297 **Beispiel**
Das auf dem von A an B veräußerten Grundstück aufstehende Haus wird bei einem Hochwasser erheblich beschädigt. Liegt der Eintritt der Beschädigung vor dem vertraglich festgelegten Zeitpunkt des Gefahrüberganges, ist A verpflichtet, die Schäden auf seine Kosten zu beseitigen. Liegt der Eintritt der Beschädigung dagegen nach dem Gefahrübergang, so trifft den A keine Verpflichtung zur Mängelbeseitigung. Er hat auch Anspruch auf Zahlung des vollständigen Kaufpreises.

298 Unter Nutzungen und Lasten sind die Erträge (z. B. Miete, Pacht) und Zahlungspflichten (etwa Grundsteuern) aufzufassen.

Soll der Besitzübergang bereits vor Kaufpreiszahlung erfolgen, muss der Notar den Käufer und den Verkäufer auf die damit verbundenen Risiken hinweisen und dies in der Urkunde vermerken.

Auch die Verkehrssicherungspflicht, z. B. die Pflicht zur Schneeräumung auf angrenzenden Gehwegen, hat der Käufer nach Besitzübergang zu tragen.

Problematisch ist häufig die Gestaltung der Kostentragungspflicht für Erschließungskosten. Dies sind Kosten im Zusammenhang mit der Schaffung von Infrastrukturmaßnahmen, wie Straßen, Versorgungs- und Entsorgungsleitungen (vgl. auch § 127 Abs. 4 BauGB). Zwischen Erschließung und Kostenbescheid liegt oft ein längerer Zeitraum. Der Notar muss die sich hieraus ergebenden Fragen mit den Beteiligten besprechen (BGH DNotZ 1995, 403), um zu klären, wer (Käufer oder Verkäufer) bis oder ab einem bestimmten Zeitpunkt für die Erschließungskosten aufzukommen hat. Liegt eine Erschließungsmaßnahme nur kurzzeitig zurück oder steht sie in absehbarer Zeit bevor, sollte der Notar den Beteiligten anraten, nähere Auskünfte beim Erschließungsträger (z. B. Stadt) einzuholen. Die Vorschrift des § 436 Abs. 1 BGB, die bei Fehlen einer abweichenden Vereinbarung zum Tragen kommt, entspricht nicht immer dem Willen der Vertragsschließenden. Die Vertragsparteien werden daher möglicherweise eine abweichende Vereinbarung wünschen.

h) Sach- und Rechtsmängel

299 Grundsätzlich hat der Verkäufer die verkaufte Sache (Grundstück und Gebäude) frei von Sach- und Rechtsmängeln zu verschaffen (§ 433 Abs. 1 S. 2 BGB). Die vertraglichen Vereinbarungen über Sach- und Rechtsmängel ergänzen die gesetzlichen Vorschriften oder ändern sie ab. Zur Vermeidung oft langwieriger Streitigkeiten sind stets Vereinbarungen über Rechts- und Sachmängel zu treffen.

II. Der Grundstückskauf

aa) Rechtsmängel

Die verkaufte Sache ist frei von Rechtsmängeln, wenn Dritte in Bezug auf die Sache keine oder nur die im Kaufvertrag übernommenen Rechte gegen den Käufer geltend machen können (§ 435 S. 1 BGB). Dies sind insbesondere Grundstücksbelastungen, die in Abteilung II und III des Grundbuchs eingetragen sind, aber auch bestehende Mietverträge oder Baulasten. Auch nicht mehr bestehende, aber noch eingetragene Rechte stellen nach § 435 S. 2 BGB einen Rechtsmangel dar, etwa die Auflassungsvormerkung, der ein Eigentumsübertragungsanspruch nicht mehr zugrunde liegt. Das Gesetz geht davon aus, dass der Käufer einen Anspruch auf lastenfreie Übertragung des Grundstücks hat, der Verkäufer also eingetragene Belastungen auf seine Kosten zur Löschung bringen muss. Sind Belastungen vorhanden, insbesondere bereits eingetragene, muss der Käufer diese Rechte zur Löschung bringen oder es ist ausdrücklich zu vereinbaren, dass die eingetragenen Belastungen vom Käufer übernommen werden. Eine ausdrückliche Vereinbarung der Übernahme ist stets dann erforderlich, wenn der Verkäufer das Recht nicht beseitigen kann.

Um einem Streit der Beteiligten vorzubeugen, sollte im Kaufvertrag daher nicht nur der genaue Grundbuchstand angegeben, sondern es sollte auch eine ausdrückliche Regelung getroffen werden, welche Rechte vom Käufer übernommen werden und welche nicht.

300

> *Formulierungsbeispiel*
> *Der Käufer übernimmt alle im Grundbuch in Abt. II eingetragenen Belastungen. Auch Baulasten, im Grundbuch nicht eingetragene Dienstbarkeiten und nachbarrechtliche Beschränkungen werden vom Käufer übernommen. Die Beteiligten wurden auf die Möglichkeit hingewiesen, das Baulastenverzeichnis selbst einzusehen.*
>
> *oder*
>
> *Der Verkäufer haftet für ungehinderten Besitzübergang und dafür, dass der verkaufte Grundbesitz frei von im Grundbuch eingetragenen Belastungen und Beschränkungen sowie frei von Zinsen, Steuern und Abgaben, die bis zum Tag des Besitzübergangs anfallen, auf den Käufer übertragen wird.*

301

bb) Sachmängel

Der Verkäufer hat den Kaufgegenstand nicht nur rechtsmängelfrei, sondern grundsätzlich auch sachmängelfrei zu übertragen (§ 433 Abs. 1 BGB). Die Definition des Sachmangels ist nunmehr in § 434 BGB enthalten. Maßgeblich ist dabei in erster Linie die vereinbarte Beschaffenheit oder die Eignung für die nach dem Vertrag vorausgesetzte Verwendung der Kaufsache. Fehlt es an einer vertraglichen festgelegten Beschaffenheit, kommt es auf die gewöhnliche Eignung an, um die Frage nach dem Vorliegen eines Sachmangels zu beantworten. Ist das Vorliegen eines Sachmangels demnach zu bejahen, so stehen dem Käufer verschiedene Rechte nach § 437 BGB zu (Nacherfüllung, Minderung, Schadensersatz, Ersatz vergeblicher Aufwendungen und Rücktritt). Um Streitigkeiten über das Vorliegen eines Sachmangels auszuschlie-

302

ßen, sollte entweder eine möglichst konkrete Angabe der Beschaffenheit unter Aufnahme der vorhandenen Mängel des Grundstücks in den Kaufvertrag aufgenommen werden oder aber eine Haftung des Verkäufers für Sachmängel ausgeschlossen werden. Die Bedeutung des Haftungsausschlusses sollte den Beteiligten vom Notar erläutert werden.

So wird bei einem Altbau eher ein Haftungsausschluss in Betracht kommen als bei einem erst vor kurzem errichteten Gebäude. Der Haftungsausschluss ist aber nicht generell möglich, er findet seine Grenzen dort, wo Mängel arglistig verschwiegen werden, eine Garantie abgegeben ist (§ 444 BGB) oder aber die Vorschrift des § 309 Nr. 8 BGB eingreift.

303 *Formulierungsbeispiel*
Alle Ansprüche und Rechte wegen Sachmängeln am Vertragsgegenstand werden hiermit ausgeschlossen. Der Verkäufer haftet insbesondere nicht für die angegebene Größe, den Bauzustand bestehender Gebäude, die Verwendbarkeit für Zwecke des Käufers oder steuerliche Absichten. Ausgenommen von dieser Haftungsbeschränkung ist die Haftung für arglistig verschwiegene Mängel oder in dieser Urkunde abgegebene Garantien. Der Verkäufer erklärt, dass ihm mit Ausnahme einer feuchten Wand im Keller keine Mängel bekannt sind. Der Käufer erklärt, dass er den Vertragsgegenstand eingehend besichtigt hat und, dass eine Garantie außerhalb dieser Urkunde nicht abgegeben wurde.

304 Besonderheiten gelten dort, wo der Mangel nach Besichtigung und Beurkundung, aber vor Besitzübergang auftritt, etwa die Heizung nach Beurkundung, aber vor Übergabe funktionsuntüchtig wird (vgl. dazu BGH NJW 2003, 1316).

i) Kosten und Steuern

305 § 448 Abs. 2 BGB begründet für den Käufer die Verpflichtung zur Tragung der Kosten der Beurkundung und Auflassung. Auch die anfallenden Steuern sind grundsätzlich vom Käufer zu tragen. Diese gesetzliche Regelung kann jedoch durch Vereinbarung der Beteiligten geändert werden. Es empfiehlt sich, die Verpflichtung zur Kostentragung in dem einen oder dem anderen Sinne in die Urkunde aufzunehmen.

Sowohl die Vorschriften der KostO als auch das GrEStG sehen jedoch eine gesamtschuldnerische Haftung der Vertragsbeteiligten vor. Diese kann nicht durch Vertrag ausgeschlossen werden. Sollte der Notar oder das Finanzamt vom vertraglichen Kostenschuldner keine Zahlung erhalten, so muss der andere Vertragsteil für diese Kosten und Steuern aufkommen. Der Notar ist verpflichtet, die Beteiligten auf diese Rechtsfolge hinzuweisen.

306 *Formulierungsbeispiel*
Sämtliche mit dieser Urkunde und ihrer Durchführung verbundenen Notar- und Gerichtskosten sowie die Grunderwerbsteuer trägt der Käufer.
Die Kosten der Löschung nicht übernommener Belastungen sind vom Verkäufer zu tragen.

II. Der Grundstückskauf

j) Hinweis auf Genehmigungspflichten – Belehrungen – Vollzugsauftrag

Soweit der Vertrag einer behördlichen oder rechtsgeschäftlichen Genehmigung bedarf, hat der Notar die Beteiligten darauf hinzuweisen. Das gleiche gilt für Vorkaufsrechte und alle weiteren sich aus den konkreten Umständen ergebenden Risiken (§ 17 BeurkG). Diese Hinweise und Belehrungen sind Sache des Notars im Verlaufe der Beurkundung. Der Notar sollte die vorgenommenen Belehrungen in der Urkunde vermerken, um spätere Schadensersatzforderungen der Beteiligten wegen unterlassener Aufklärung auszuschließen. Dabei sollten die Belehrungen wie die entsprechenden Vermerke nicht allgemein gehalten, sondern möglichst konkret sein. 307

Hinweis: Es genügt nicht, allgemein auf das Erfordernis einzuholender Genehmigungen hinzuweisen, sondern es müssen alle erforderlichen Genehmigungen genannt werden. 308

Die im Rahmen des Vollzugs einzuholenden Genehmigungen sollten aufgrund eines ausdrücklichen Vollzugsauftrags eingeholt werden. 309

Formulierungsbeispiel
Die Notarin wird zum umfassenden Vollzug dieser Urkunde ermächtigt. Sie soll insbesondere alle erforderlichen Genehmigungen und Negativzeugnisse einholen und entgegennehmen, die mit ihrem Eingang an der hiesigen Notarstelle wirksam werden.
Wird ein Vorkaufsrecht ausgeübt oder eine behördliche Genehmigung versagt oder unter einer Auflage oder Bedingung erteilt, so ist der Bescheid den Beteiligten selbst zuzustellen, eine Abschrift wird an die Notarin erbeten.
Die Notarin wird ermächtigt, alle zur Durchführung und zum Vollzug der vorgenannten Rechtsgeschäfte erforderlichen Erklärungen abzugeben und entgegenzunehmen. Sie ist insbesondere berechtigt, Bewilligungen und Anträge gegenüber dem Grundbuchamt zu ergänzen und abzuändern sowie alle Anträge aus dieser Urkunde – auch teilweise, getrennt und eingeschränkt – zu stellen und sie in gleicher Weise zurückzunehmen, ohne Beschränkung auf § 15 GBO.

Formulierungsbeispiel 310
Die Beteiligten wurden von der Notarin darauf hingewiesen,
– dass das Eigentum erst mit der Eintragung im Grundbuch auf den Käufer übergeht;
– dass die Eintragung im Grundbuch erst erfolgen kann, wenn alle erforderlichen Genehmigungen, Lastenfreistellungserklärungen, die Vorkaufsrechtsverzichtserklärung der Gemeinde und die Unbedenklichkeitsbescheinigung des Finanzamtes wegen der Grunderwerbsteuer vorliegen;
– dass etwa bestehende Miet- und Pachtverträge durch diesen Vertrag nicht aufgehoben werden;
– dass alle Vertragsvereinbarungen beurkundungspflichtig sind und Nebenabreden außerhalb dieser Urkunde zur Nichtigkeit des ganzen Rechtsgeschäfts führen;

> – *dass Verkäufer und Käufer für die den Grundbesitz betreffenden Abgaben und die Grunderwerbsteuer sowie für die mit diesem Vertrag verbundenen Kosten als Gesamtschuldner haften, soweit die Gesetze dies vorschreiben.*
> *Die Notarin erteilte keine steuerlichen Auskünfte. Sie empfahl, sich beim Finanzamt bzw. beim Steuerberater wegen der steuerlichen Auswirkungen der heutigen Vereinbarungen zu erkundigen. Da der Vertrag der Genehmigung nach der Grundstücksverkehrsordnung bedarf, versichert der Verkäufer, dass ihm Eigentumsansprüche früherer Eigentümer nicht bekannt sind. Die Notarin hat die Beteiligten darauf hingewiesen, dass der Vertrag gemäß § 7 GVO unwirksam wird, wenn die Grundstücksverkehrsgenehmigung vor der Eigentumsumschreibung im Grundbuch zurückgenommen oder widerrufen wird.*

4. Vollzug des Grundstückskaufvertrags

a) Vollzugsauftrag

311 Der Notar wird meist mit dem Vollzug des Kaufvertrags beauftragt. So weit ein Vollzug ausnahmsweise nicht übernommen wird, bedarf es eines ausdrücklichen Hinweises des Notars, der in die Urkunde aufzunehmen ist.

Der *Vollzug des Grundstückskaufvertrags* erfasst zunächst den Verkehr mit dem Grundbuchamt. Weiter umfasst er den Verkehr mit Behörden und Banken im Hinblick auf einzuholende Genehmigungen, Vorkaufsrechtsverzichtserklärungen und vorzunehmende Anzeigen, sowie die Ablösung von Grundpfandrechten. Schließlich wird vom Vollzugsauftrag meist auch die Überwachung der Kaufpreiszahlung und des Umschreibungsantrages umfasst.

Es liegt dabei nicht im Ermessen des Notars, wie er den Vollzug vornimmt. Der Notar hat sich dabei sowohl an die sich aus dem Gesetz ergebenden Verpflichtungen, als auch an die Anweisungen der Beteiligten zu halten. Es ist ihm nicht gestattet, nachträglich und eigenmächtig von Anweisungen abzuweichen. Bei Verletzungen gegen diese Verpflichtungen können den Beteiligten Schäden entstehen, für die der Notar aufzukommen hat. Wird etwa die Erforderlichkeit einer Genehmigung übersehen und wurde der Kaufpreis auf Weisung des Notars gezahlt, muss der Notar bei Nichterteilung der Genehmigung für den etwa entstandenen Schaden aufkommen (§ 19 BNotO i. V. m. § 839 BGB). Wird eine überflüssige Genehmigung angefordert und verzögert sich dadurch die Auszahlung des Kaufpreises, so kann den Beteiligten ebenfalls ein Schaden entstehen.

Um den Vollzug des Kaufvertrags im Sinne der Beteiligten rasch und ohne Probleme durchführen zu können, bedarf es entsprechender eindeutiger Anweisungen in der Urkunde selbst. Der mit dem Vollzug beauftragte Mitarbeiter des Notars muss sich daher zunächst eingehend mit der Urkunde vertraut machen. Dabei ist die Urkunde sorgfältig durchzulesen, da sich erst aus ihr ergibt, welche Rechte abzulösen sind und welche bestehen bleiben sollen, ob und welche Genehmigungen erforderlich sind, welche Grundbuchanträge wann zu stellen sind und schließlich, wer Abschriften und Ausfertigungen der Urkunde, gegebenenfalls zunächst nur auszugsweise, erhält.

II. Der Grundstückskauf

b) Abwicklung im Wege der Direktzahlung oder über Notaranderkonto

Der Vollzug des Kaufvertrags hängt wesentlich davon ab, ob der Kaufpreis unmittelbar oder über ein Notaranderkonto zu zahlen ist. Die nachfolgende Gegenüberstellung kann nur als Anhalt aufgefasst werden. Der Vollzug im Einzelnen bestimmt sich nach den im konkreten Fall getroffenen Anweisungen: 312

313

Abwicklung bei Direktzahlung	Abwicklung bei Notaranderkonto
Erteilung auszugsweiser Abschriften Veräußerungsanzeige Beantragung Auflassungsvormerkung Herstellung der Rechtswirksamkeit (Einholung der Genehmigungen) Anzeigen (Finanzamt; Gutachterausschuss) Vorkaufsrechtsverzichtserklärung Einholung der Löschungsunterlagen	Einrichtung eines Notaranderkontos Veräußerungsanzeige Anzeige Gutachterausschuss Einholung der Genehmigungen zur Rechtswirksamkeit Löschungsbewilligungen einholen
Nach Vorlage von Genehmigungen: Rangrichtige Eintragung Auflassungsvormerkung Vorliegen Löschungsbewilligungen (Brief) Treuhandauflagen prüfen Kaufpreis fällig stellen Anzeige Rechtswirksamkeit Finanzamt	Nach vollständiger Hinterlegung: Auflassungsvormerkung beantragen Treuhandauflagen prüfen Nach rangrichtiger Eintragung von Auflassungsvormerkung: Vorliegen Löschungsbewilligungen Genehmigungen liegen vor Anzeige Rechtswirksamkeit Finanzamt Ablösung Gläubiger
Nach Kaufpreisbestätigung und Vorliegen UB Finanzamt: Löschung von Belastungen Eigentumsumschreibung Löschung Auflassungsvormerkung	Auszahlung Restbetrag Käufer Abrechnung des Notaranderkontos Löschung Belastungen Eigentumsumschreibung Löschung Auflassungsvormerkung
Prüfung der Eintragungen (Daneben Kostenrechnung, Vermerke)	Prüfung der Eintragung (Daneben Kostenrechnung, Vermerke)

c) Vorbereitung des Vollzugs (Abwicklung)

Mit dem Vollzug ist unmittelbar im Anschluss an die Beurkundung und die Eintragung in die UR (vgl. Rz. 25 f.) zu beginnen. Dafür ist zunächst ein Verfügungsbogen anzulegen. Dies geschieht entweder mit Hilfe einer Notariatssoftware oder durch einen in die Akte aufzunehmenden Verfügungsbogen (vgl. Rz. 54). Auf dem Verfügungsbogen ist zu vermerken, welche Anträge zu stellen und welche Genehmigungen und Vorkaufsrechtsverzichtserklärungen einzuholen sind. In welcher Reihenfolge dies zu geschehen hat, ist eine Frage der konkreten Fallgestaltung. Einige gesetzliche Vorgaben sind jedoch in jedem Fall zu beachten und unterliegen nicht der Disposition der Beteiligten. Für andere Vollzugstätigkeiten enthält das Gesetz zwar Regelungen, die Betei- 314 ligten können den Notar aber anweisen, den Vollzug abweichend vom Gesetz durchzuführen.

d) Zwingende Anzeigepflichten beim Grundstückskaufvertrag

aa) Veräußerungsanzeige

315 Der Notar hat jeden bei ihm beurkundeten Kaufvertrag (aber auch andere ein Grundstück betreffende Vorgänge wie z. B. ein Angebot zum Abschluss des Grundstückskaufvertrags) dem zuständigen Finanzamt anzuzeigen (§ 18 Abs. 1 GrEStG).

316 | **Beispiel**
Zur Wirksamkeit des Kaufvertrags ist noch die Genehmigung eines vollmachtlos Vertretenen erforderlich. Der Notar hat die Veräußerung unabhängig davon anzuzeigen, ob die Genehmigung bereits vorliegt.

317 Der Anzeigepflicht hat der Notar innerhalb von zwei Wochen nach Beurkundung nachzukommen (§ 18 Abs. 3 GrEStG), zuvor darf er den Beteiligten (und auch dem Grundbuchamt) beglaubigte Abschriften oder Ausfertigungen der Urkunden nicht aushändigen (§ 21 GrEStG).

318 | **Beispiel**
Im vorgenannten Beispiel darf der Notar dem vollmachtlos Vertretenen die Ausfertigung der Urkunde erst zur Genehmigung übersenden, wenn er zumindest mit gleicher Post dem Finanzamt die Veräußerungsanzeige erstattet hat.

319 Für die Veräußerungsanzeige hat der Notar einen amtlichen Vordruck (die *Veräußerungsanzeige*) zu verwenden und eine einfache Abschrift der Urkunde beizufügen (§ 18 Abs. 1 S. 2 GrEStG) (Ausnahme Hessen: dort ist kein Vordruck erforderlich, es sind aber zwei einfache Abschriften zu übersenden).

Von der Veräußerungsanzeige zu unterscheiden ist die so genannte *Anzeige der Rechtswirksamkeit*. Diese ist dann vorzunehmen, wenn der Vertrag zu seiner Wirksamkeit noch der Erfüllung weiterer Voraussetzungen (Genehmigungen) bedarf und diese nunmehr vorliegen.

Die Erstattung der Veräußerungsanzeige ist auf der Urschrift zu vermerken (vgl. Rz. 186).

Ist die Grunderwerbsteuer gezahlt, so erteilt das Finanzamt die so genannte *Unbedenklichkeitsbescheinigung* (UB), deren Vorlage beim Grundbuchamt Voraussetzung der Eigentumsumschreibung ist.

bb) Mitteilungspflicht nach dem BauGB

320 Nach § 195 BauGB hat der Notar jeden Veräußerungsvorgang dem zuständigen Gutachterausschuss (Landkreis, kreisfreie Stadt, Ämter für Geoinformation) anzuzeigen. Die Anzeige erfolgt durch Übersendung einer einfachen Abschrift des Kaufvertrags. Dadurch sollen Übersichten über Grundstückswerte

II. Der Grundstückskauf

gewonnen werden, die in die so genannten Bodenrichtwertkarten Eingang finden. Auch insoweit sollte die Erstattung der Anzeige auf der Urschrift vermerkt werden.

e) Erforderliche rechtsgeschäftliche Genehmigungen

Hat sich ein Beteiligter bei der Beurkundung vollmachtlos vertreten lassen, so bedarf es zur Wirksamkeit des Kaufvertrags der *Genehmigung durch den Vertretenen*. Obwohl das materielle Recht für die Genehmigung keine Form verlangt (§ 182 Abs. 2 BGB), muss für die Vorlage beim Grundbuchamt die Genehmigung zumindest in notariell beglaubigter Form vorliegen (§ 29 GBO). Zur Genehmigung ist dem Beteiligten eine Abschrift der Urkunde zu übersenden. Wird die Genehmigung voraussichtlich bei einem anderen Notar beurkundet, kann dem Vertretenen der Entwurf der Genehmigung übersandt werden (Bsp. vgl. Rz. 120). **321**

Die Genehmigung bedarf als empfangsbedürftige Willenserklärung des Zugangs gegenüber dem anderen Vertragsbeteiligten (§ 130 BGB). Der Notar sollte daher in der Urkunde vorsehen, dass die Genehmigung mit dem Zugang beim Notar als dem anderen Teil zugegangen gilt.

Solange der Vertrag nicht genehmigt ist, ist er schwebend unwirksam (§ 177 Abs. 1 BGB). Lehnt der vollmachtlos Vertretene die Genehmigung endgültig ab, wird der Vertrag unwirksam. Reagiert der vollmachtlos Vertretene überhaupt nicht, kann der andere Vertragsteil (nicht der Notar) den vollmachtlos Vertretenen zur Abgabe der Erklärung auffordern. Wird die Genehmigung nicht innerhalb von zwei Wochen erteilt, so ist dann der Vertrag endgültig unwirksam (§ 177 Abs. 2 BGB).

Zum Erfordernis der Genehmigung nach § 1365 BGB vgl. Rz. 574.

f) Gesetzliche Genehmigungen

Zahlreiche Gesetze sehen bei Grundstückskaufverträgen das Erfordernis einer *behördlichen Genehmigung* vor. Der Notar hat nach § 18 BeurkG auf die im Einzelfall bestehenden Genehmigungserfordernisse hinzuweisen und dies in der Urkunde zu vermerken. Auch bei diesen Genehmigungen verlangt das Grundbuchamt für die Eigentumsumschreibung (seltener auch für die Eintragung der Auflassungsvormerkung, etwa wenn die vormundschaftsgerichtliche Genehmigung erforderlich ist) die Vorlage der Genehmigungen. Ob und gegebenenfalls welche Genehmigungen erforderlich sind, hängt vom Einzelfall ab. **322**

Wird eine Genehmigung endgültig versagt, so kann der Vertrag nicht vollzogen werden.

In Betracht kommen Genehmigungserfordernisse nach **323**

– dem Grundstücksverkehrsgesetz,
– der Grundstücksverkehrsordnung,
– Genehmigungen nach landesrechtlichen Bauordnungen,
– Genehmigung der Kommunalaufsicht nach landesrechtlichen Vorschriften,

- sanierungsrechtlicher Genehmigung,
- vormundschaftsgerichtlicher/familiengerichtlicher Genehmigung (vgl. dazu Rz. 638, 661).

324 Insgesamt sind die im Einzelnen denkbaren Genehmigungen sehr zahlreich, so dass hier nur auf einige besonders bedeutsame Genehmigungen eingegangen werden kann (vgl. den Überblick in *Bauer/v.Oefele*, GBO, AT VIII Rn. 69 ff.).

aa) Genehmigung nach dem Grundstücksverkehrsgesetz (GrstVG)

325 Die Veräußerung land- oder forstwirtschaftlicher Grundstücke bedarf grundsätzlich der Genehmigung der dafür zuständigen Behörde (§§ 1, 2 GrstVG). Die Zuständigkeit ist in den einzelnen Bundesländern unterschiedlich geregelt (vgl. dazu die Hinweise in der Fußnote zu § 3 GrstVG in *Schönfelder, Deutsche Gesetze*). Ob es sich bei dem verkauften Grundstück um eine land- oder forstwirtschaftliche Fläche handelt, hängt nicht davon ab, wie es tatsächlich genutzt wird, sondern davon, ob es land- oder forstwirtschaftlich genutzt werden kann. Auch von der Bezeichnung als Landwirtschaftsfläche in den Bestandsangaben des Grundbuchs hängt die Genehmigungsbedürftigkeit nicht ab. Von der Genehmigungspflicht gibt es eine Reihe von Ausnahmen, die zunächst im GrstVG selbst enthalten sind. Daneben gibt es landesgesetzliche Ausnahmen für Grundstücke, die eine bestimmte Größe nicht überschreiten (vgl. die Aufzählung in *Bauer/von Oefele*, AT VIII Rn. 109).

bb) Genehmigung nach der Grundstücksverkehrsordnung

326 Einer *Grundstücksverkehrsordnungsgenehmigung* (GVO-Genehmigung) bedürfen die Grundstückskaufverträge, aber auch alle anderen Rechtsgeschäfte, bei denen eine Auflassung erforderlich ist, die ein Grundstück im Beitrittsgebiet zum Gegenstand haben. Das Genehmigungserfordernis soll gewährleisten, dass ein rückübertragungsberechtigter Alteigentümer durch eine Übertragung nicht in seinen Rechten beeinträchtigt wird.

Die Genehmigung ist insbesondere dann zu erteilen, wenn ein Antrag auf Rückübertragung nicht vorliegt. Die Frist zur Stellung eines solchen Antrags ist schon seit einigen Jahren verstrichen.

Zuständig für die Erteilung der GVO-Genehmigung sind grundsätzlich die Landkreise und kreisfreien Städte (§ 8 S. 1 GVO).

Von dem Genehmigungserfordernis ausgenommen sind Kaufverträge, die Grundstücke zum Gegenstand haben, die nicht von Rückübertragungsansprüchen betroffen sein können (§ 2 GVO), weil sie seit Januar 1933 nur durch Erbfolge übergegangen sind (Voraussetzung seit Januar 1933 keine Auflassung oder Versteigerung) oder bei denen bereits eine Prüfung ergeben hat, dass keine Rückübertragungansprüche vorliegen. Der zuletzt genannte Ausnahmetatbestand ist dann gegeben, wenn das Grundstück nach dem 28.09.1990 bereits aufgrund Auflassung auf einen anderen Eigentümer umgeschrieben worden ist, weil die Prüfung bereits erfolgt ist. Das gleiche gilt bei einer Übertragung durch Zuschlag in der Zwangsversteigerung seit dem 02.10.1990.

Stellt sich bei der Antragstellung heraus, dass Rückübertragungsansprüche angemeldet sind, wird die Erteilung der Genehmigung ausgesetzt, bis der Anspruch auf Rückübertragung geklärt ist. Wird das Grundstück zurückübertragen, ist der Vertrag endgültig unwirksam.

cc) Sanierungsrechtliche Genehmigung

Die Städte und Gemeinden können durch Satzung Sanierungsgebiete förmlich festlegen, in denen Sanierungsmaßnahmen durchgeführt werden (§§ 136, 132 BauGB). In einem solchen Gebiet ist für die Veräußerung und die Belastung des Grundstücks die Erteilung der *sanierungsrechtlichen Genehmigung* Voraussetzung. 327

Die in das Sanierungsgebiet fallenden Grundstücke werden durch einen Vermerk in Abteilung II des Grundbuchs gekennzeichnet (§ 143 BauGB). Wird die Eintragung eines solchen Vermerks versehentlich unterlassen, ist der Vertrag gleichwohl unwirksam, solange eine sanierungsrechtliche Genehmigung nicht erteilt ist. Bei etwa bestehenden Zweifeln sollten Erkundigungen eingeholt werden.

Zuständig für die Erteilung einer sanierungsrechtlichen Genehmigung ist die Gemeinde.

dd) Die Genehmigung der Kommunalaufsicht bei der Veräußerung von Gemeindegrundstücken

Einige Landesgesetze sehen vor, dass die Gemeinden zur Veräußerung von Grundstücken der Genehmigung der Aufsichtsbehörde bedürfen, um zu verhindern, dass die Gemeinden Eigentum unter Wert verkaufen. 328

g) Vorkaufsrechtsverzichtserklärungen (Negativatteste)

Die Einholung der Erklärung der Gemeinde oder einer anderen nach gesetzlichen Vorschriften zum Vorkauf berechtigten Stelle über die Nichtausübung des gesetzlichen Vorkaufsrechts oder die Erteilung einer Erklärung, das ein Vorkaufsrecht nicht bestehe, gehört ebenfalls zu den Aufgaben des Notars (zur **Hinweispflicht** vgl. Rz. 89). 329

Gesetzliche Vorkaufsrechte sind nicht mit in Abteilung II des Grundbuchs eingetragenen Vorkaufsrechten zu verwechseln.

aa) Vorkaufsrecht der Gemeinde

Das im BauGB geregelte gesetzliche Vorkaufsrecht ermöglicht es den Gemeinden, in bestimmten Fällen bei Abschluss eines Kaufvertrags das Grundstück (oder einen Teil, z. B. für die Verbreiterung einer Straße) selbst zu erwerben, wenn das Wohl der Allgemeinheit dies rechtfertigt (§ 24 BauGB). Bei Grundstückskaufverträgen unter Verwandten bis zum dritten Grad und bei der Veräußerung durch den Insolvenzverwalter (vgl. LG Lübeck, Rpfleger 1990, 159) besteht ein solches Vorkaufsrecht nicht. Wird das Vorkaufsrecht ausgeübt, so 330 kann der Kaufvertrag in der geschlossenen Form nicht vollzogen werden. Besteht kein Vorkaufsrecht oder wird von ihm kein Gebrauch gemacht, so erteilt die Gemeinde einen Bescheid über die Nichtausübung des Rechts oder darüber, dass ein Vorkaufsrecht nicht besteht. Abgesehen von dem Fall des Verkaufs unter nahen Angehörigen ist die Vorkaufsrechtsverzichtserklärung bzw. das Negativattest Voraussetzung der Eigentumsumschreibung.

Für die Einholung der Erklärung ist die Übersendung des Vertrags nicht erforderlich, es genügt die Übersendung eines Schreibens, aus dem sich Flur und Flurstück ergibt. Die Gemeinden erwarten aber häufig die Übersendung einer Abschrift, um etwa die Beteiligten (für den Gebührenbescheid) zu erkennen. Will der Notar eine Abschrift des Kaufvertrags übersenden, sollte er die Erlaubnis der Beteiligten einholen und dies in der Urkunde vermerken, um den Vorwurf einer Verletzung seiner Verschwiegenheitspflicht zu vermeiden.

bb) Vorkaufsrechte nach Denkmalschutzgesetzen

331 Die meisten Denkmalschutzgesetze der Bundesländer sehen ein Vorkaufsrecht der Gemeinde oder des Landkreises für Bau- oder Bodendenkmäler vor.

Ein Vorkaufsrecht besteht nicht in Baden-Württemberg, Berlin, Bremen, Hessen, Niedersachsen und Schleswig-Holstein.

In Nordrhein-Westfalen und Thüringen besteht eine Grundbuchsperre, d. h. ebenso wie beim Vorkaufsrecht nach dem BauGB trägt das Grundbuchamt den Eigentumswechsel nur ein, wenn ihm eine Erklärung über die Nichtausübung des Vorkaufsrechts oder ein Negativattest vorgelegt wird. Aber auch in den Ländern mit Vorkaufsrechten ohne Grundbuchsperre muss der Notar durch Befragung der Beteiligten ermitteln, ob ein Vorkaufsrecht in Betracht kommt. Bei Zweifeln hat er ein Negativattest einzuholen. Hinweise auf Denkmäler enthalten die Verzeichnisse über Denkmäler, die von den Denkmalschutzbehörden herausgegeben werden.

Die Einholung des Verzichts bzw. des Negativattests entspricht denen des Vorkaufsrechts nach dem BauGB.

cc) Weitere gesetzliche Vorkaufsrechte

332 Neben den Denkmalschutzgesetzen sehen verschiedene Landesgesetze weitere Vorkaufsrechte vor, etwa für Forstflächen.

Im Gebiet der neuen Bundesländer besteht bei Vorliegen der Voraussetzungen folgendes Vorkaufsrecht:

Nutzer und Mieter von Ein- und Zweifamilienhäusern haben ein Vorkaufsrecht nach § 20 VermG, wenn das Grundstück auf den Alteigentümer oder seinen Rechtsnachfolger zurück übertragen wurde. Das Vorkaufsrecht besteht nur, wenn es im Grundbuch eingetragen worden ist, was nur auf Antrag geschieht. Weitere Voraussetzung ist, dass das Miet- oder Nutzungsverhältnis bereits am 29.09.1990 bestand und bis zum Vorkaufsfall fortbesteht.

II. Der Grundstückskauf

h) Grundbuchanträge

Die im Rahmen des Vollzugs des Kaufvertrags an das Grundbuchamt zu stellenden Anträge betreffen meist die Eintragung einer *Vormerkung*, die *Eigentumsumschreibung* und die *Löschung* vom Käufer nicht übernommener Belastungen. Aber auch *Dienstbarkeiten* werden häufig im Zusammenhang mit Grundstückskaufverträgen bestellt. 333

Das BeurkG verlangt vom Notar, dass er beim Grundbuchamt zu stellende Anträge sofort stellt, soweit dies möglich ist und ihn die Beteiligten nicht anderweitig angewiesen haben (§ 53 BeurkG).

Auch insoweit muss die Urkunde Anweisungen der Beteiligten darüber enthalten, unter welchen Voraussetzungen der Notar den Antrag zu stellen hat.

> **Beispiel** 334
> Beantragen die Beteiligten die Eintragung einer Auflassungsvormerkung, so muss der Notar den Vertrag unverzüglich zur Eintragung der Auflassungsvormerkung beim Grundbuchamt einreichen. Die Beteiligten können den Notar jedoch auch anweisen, die Vormerkung erst zu beantragen, wenn der Kaufpreis oder ein Teil davon auf dem Notaranderkonto eingegangen ist.

aa) Auflassungsvormerkung

Die *Auflassungsvormerkung* bewirkt keine Grundbuchsperre. Dem Berechtigten der Vormerkung (Käufer) gegenüber sind jedoch Verfügungen (Übertragung, Belastung), die nach Eintragung der Vormerkung vorgenommen (eingetragen) wurden, unwirksam (§ 883 Abs. 2 BGB). Der Käufer kann also von jedem, zu dessen Gunsten nach der Vormerkung eine Eintragung erfolgt ist, die Beseitigung verlangen. Ausgenommen sind solche Eintragungen, die unter Ausnutzung eines Rangvorbehalts, durch Rangrücktritt oder einen so genannten Wirksamkeitsvermerk bei der Vormerkung (siehe dazu Rz. 523) vorgenommen wurden (insbesondere Finanzierungsgrundpfandrechte). 335

Die Vormerkung bietet damit vor allem für den Zeitraum Schutz, der zwischen der Beurkundung und der Eigentumsumschreibung, insbesondere nach dem Vorliegen gesetzlicher Genehmigungen, liegt.

Die Vormerkung ist aber auch ein Steuerungsinstrument für die Kaufpreisabsicherung.

Der Käufer ist in der Regel davor zu warnen, den Kaufpreis ganz oder zum Teil zu zahlen, ohne durch eine Auflassungsvormerkung abgesichert zu sein.

Als Alternative kommt allein in Betracht, die Fälligkeit mit der Stellung des Antrages auf Eigentumsumschreibung eintreten zu lassen. Hier ist der Käufer ebenfalls gegen Verfügungen des Verkäufers geschützt, doch besteht dann die Gefahr, dass der Verkäufer sein Eigentum verliert, bevor er sicher ist, den Kaufpreis vollständig und rechtzeitig zu erhalten.

Die Auflassungsvormerkung bietet für den Käufer aber nur dann die Sicherheit, dass er tatsächlich Eigentümer wird, ohne Belastungen zu übernehmen, die er nach dem Vertrag nicht übernehmen muss, wenn sie mit einem entsprechenden Rang eingetragen ist.

336 | **Beispiel**
Im Kaufvertrag ist vereinbart, dass der Käufer lastenfrei erwirbt. Am Tag der Beurkundung beantragt ein Gläubiger des Verkäufers die Eintragung einer Sicherungshypothek. Am darauf folgenden Tag beantragt der Notar die Eintragung der Auflassungsvormerkung. Hier sichert die Vormerkung weder den Eigentumserwerb des Käufers noch den lastenfreien Erwerb, weil die Beantragung der Sicherungshypothek zeitlich vor der Vormerkung erfolgt ist.

337 Aus diesem Grund muss die Vormerkung an erster Rangstelle eingetragen werden oder zumindest im Rang nach den Rechten, für die der Notar die Einholung der Löschungsunterlagen übernommen hat. Die Vormerkung wirkt im letzten Fall nur vollständig, wenn dem Notar die Löschungsunterlagen auch vorliegen, so dass er die Löschung beantragen kann (vgl. Rz. 352).

bb) Erklärung der Auflassung/der Umschreibungsantrag

338 Der *Umschreibungsantrag* kann gestellt werden, wenn alle zum Vollzug des Kaufvertrags erforderlichen rechtsgeschäftlichen und behördlichen Genehmigungen vorliegen. Auch die Unbedenklichkeitsbescheinigung des Finanzamts gehört dazu.

In jedem Fall sollte der Umschreibungsantrag nicht gestellt werden, solange der Kaufpreis nicht gezahlt ist und nicht eine Bestätigung des Verkäufers über die Kaufpreiszahlung (oder ein sonstiger Zahlungsnachweis) vorliegt (Direktzahlung) oder die Auszahlungsreife (Notaranderkonto) gegeben ist; wird die Umschreibung vor Bestätigung der Kaufpreiszahlung oder Auszahlungsreife gestellt, so tritt der Eigentumsübergang ein, ohne dass der Verkäufer sicher ist, dass er den Kaufpreis auch tatsächlich erhält. Um dies zu verhindern, bedarf es einer Anweisung in der Urkunde (§ 53 BeurkG).

Das bloße Unterlassen der Antragstellung durch den Notar bei Einreichung der Urkunde, etwa zur Eintragung der Auflassungsvormerkung, ist vom Grundbuchamt zwar zu beachten, doch ist nicht auszuschließen, dass das Grundbuchamt das Fehlen eines Antrags übersieht und die Umschreibung vornimmt. Die Folge wäre, dass das Eigentum wirksam auf den Käufer übergeht. Um dies zu vermeiden, kann entweder die Auflassung ausgesetzt werden oder aber eine Vorlagesperre in die die Auflassung enthaltene Urkunde aufgenommen werden (zu einer weiteren Möglichkeit vgl. *Ertl*, MittBayNot 1992, 102).

cc) Aussetzung der Auflassung

339 Um diesen Gefahren zu begegnen, kann der Kaufvertrag ohne Auflassung beurkundet werden. Die Auflassung muss in diesem Fall in einer weiteren Urkunde nach Kaufpreisbestätigung beurkundet werden und im Anschluss daran der Antrag auf Eigentumsumschreibung beim Grundbuchamt gestellt werden. Die getrennte Beurkundung von Verpflichtungsgeschäft und Auflassung hat den Vorteil, dass eine vorzeitige Umschreibung ausgeschlossen ist (vgl. *Kanzleiter*, DNotZ 1996, 242). Sie hat allerdings den Nachteil, dass die Beteiligten zur Erklärung der Auflassung erneut erscheinen müssen. Insoweit kann der Verkäufer dem Käufer bereits in der Urkunde eine Vollmacht zur Erklärung der Auflassung erteilen. Diese sollte insoweit eingeschränkt werden, dass von ihr nur vor dem amtierenden Notar Gebrauch gemacht werden darf.

In Betracht kommt auch die Möglichkeit, dass Käufer und Verkäufer einen Dritten, meist einen Mitarbeiter des Notars, zur Abgabe der Auflassungserklärungen bevollmächtigen. Es besteht aber das Risiko, dass eine in Ausübung der Vollmacht erklärte Auflassung im Innenverhältnis (d. h. in der Kaufvereinbarung zwischen Käufer und Verkäufer) zu früh, nämlich vor Kaufpreisbestätigung, ausgeübt wird. Dieses Risiko trägt der Bevollmächtigte selbst und nicht der Notar. In jedem Fall sollte vor Beurkundung die schriftliche Bestätigung aller Beteiligten zur Erklärung der Auflassung eingeholt werden.

Wird die Vollmacht zu beiden Auflassungserklärungen an eine Person erteilt, handelt es sich um ein so genanntes *In-sich-Geschäft* (§ 181 BGB), d. h., der Bevollmächtigte gibt Willenserklärungen gegenüber sich selbst ab und nimmt sie entgegen (Angebot der Auflassung durch den Verkäufer und Annahme durch den Käufer, beide vertreten durch den Bevollmächtigten). Wird bei derartigen Erklärungen eine juristische Person (Bsp. GmbH) vertreten, hängt die Wirksamkeit der Erklärung davon ab, ob der gesetzliche Vertreter von den Beschränkungen des § 181 BGB befreit ist, was dem Handelsregister zu entnehmen ist, denn die Erteilung einer Vollmacht zur Vornahme eines In-sich-Geschäfts setzt voraus, dass der Vollmachtgeber selbst diese Rechtsmacht hat. Ist dies nicht der Fall, so können zwei Bevollmächtigte, jeweils für Käufer und Verkäufer handeln.

dd) Vorlagesperre

Eine weitere Möglichkeit, einen vorzeitigen Eigentumsübergang zu verhindern, besteht darin, dass die Beteiligten den Notar in der Urkunde anweisen, bis zur vollständigen Kaufpreiszahlung keine die Auflassung enthaltenden Ausfertigungen oder beglaubigte Abschriften herauszugeben und zwar weder an den Käufer noch dem Grundbuchamt. 340

Diese Anweisungsbefugnis ergibt sich aus § 42 Abs. 3 i. V. m. § 49 Abs. 5 BeurkG (vgl. Rz. 191).

> *Formulierungsbeispiel* 341
> *Der Notar wird angewiesen, die Eigentumsumschreibung erst dann zu beantragen, wenn ihm die Zahlung des Kaufpreises nachgewiesen ist. Vorher darf er dem Käufer oder dem Grundbuchamt keine Ausfertigung oder beglaubigte Abschrift erteilen, die die Auflassung enthält (zum **Ausfertigungsvermerk** vgl. Rz. 193).*

342 Die Herausgabe von Abschriften ist hier genau zu überwachen, da eine solche Anweisung leicht übersehen werden kann. Eine vollständige Ausfertigung wird in diesem Fall erst erteilt, wenn die Kaufpreiszahlung nachgewiesen ist.

ee) Löschung nicht übernommener Belastungen

343 Neben der Beantragung der Auflassungsvormerkung und der Eigentumsumschreibung übernimmt es der Notar in der Regel auch, die Löschung der vom Käufer nicht zu übernehmenden Belastungen zu beantragen (vgl. unten Rz. 352).

5. Formen der Kaufpreiszahlung

344 Die Kaufpreiszahlung kann entweder im Wege der Direktzahlung, d. h. unmittelbar vom Käufer an den Verkäufer erfolgen, oder aber durch Hinterlegung auf einem *Notaranderkonto*. Bei der Direktzahlung ist der Notar nicht etwa ein unbeteiligter Dritter, ihm obliegt vielmehr die Überwachung der Kaufpreiszahlung, d. h. er hat den Zeitpunkt der Fälligkeit des Kaufpreises festzulegen und den Käufer von der Fälligkeit zu unterrichten. Er hat weiter den Zeitpunkt der Stellung des Antrags auf Eintragung des Eigentumswechsels (Vorlage der Auflassung) zu ermitteln und den Antrag im Namen der Beteiligten im richtigen Zeitpunkt zu stellen. Bei der Abwicklung über Notaranderkonto ist er verpflichtet, den Zeitpunkt der Ein- und Auszahlung vom Notaranderkonto festzustellen und im richtigen Zeitpunkt die erforderlichen Auszahlungen zu veranlassen.

345 Bei beiden Alternativen hat der Notar zwei Aufgaben, nämlich:
- im Vertrag die Bedingungen für den Eintritt der Zahlungspflicht (Fälligkeit, bzw. Ein- und Auszahlungszeitpunkt) festzulegen, und zwar in der Weise, dass kein Vertragsbeteiligter dem Risiko einer ungesicherten Vorleistung ausgesetzt ist (dazu nachfolgend);
- den Eintritt der einzelnen Bedingungen zu überwachen und die Beteiligten hiervon zu unterrichten, soweit dies nicht unmittelbar aus dem Kaufvertrag ersichtlich ist.

346 Nur ausnahmsweise übernimmt der Notar keine derartige Verpflichtung, etwa bei einem geringen Kaufpreis und bereits erfolgter Zahlung. In jedem Fall sollte der Notar die Beteiligten davor warnen, eine Abwicklung ohne Kaufpreisüberwachung oder Hinterlegung vorzunehmen.

Eine ordnungsgemäße Abwicklung setzt voraus, dass die Nebenakte ordnungsgemäß geführt wird und jeder Posteingang sofort zugeordnet und auf seine Bedeutung für die Kaufpreisfälligkeit oder die Ein- und Auszahlung vom Notaranderkonto überprüft wird. Der mit der Bearbeitung des Vollzugs beauftragte Mitarbeiter des Notars muss sich dabei jederzeit über die Bedingungen der Fälligkeit und den Stand des Vollzugs unterrichten können.

II. Der Grundstückskauf

a) Gestaltung der Kaufpreiszahlung bei Direktzahlung

Formulierungsbeispiel 347
1. *Der Kaufpreis beträgt ... EURO.*
   (i. W.: ... EURO).
2. *Der gesamte Kaufpreis ist fällig innerhalb von 14 Tagen nach schriftlicher Mitteilung durch die Notarin (Datum des Poststempels), dass folgende Voraussetzungen erfüllt sind:*
   a) zur Sicherung des Anspruchs des Käufers auf Eigentumsübertragung ist eine Vormerkung im Grundbuch eingetragen, und zwar mit Rang nur nach den in Ziffer I aufgeführten Belastungen bzw. mit Rang nach Grundpfandrechten, bei deren Bestellung der Käufer mitgewirkt hat;
   b) die zu diesem Vertrag erforderlichen Genehmigungen – nicht jedoch die Unbedenklichkeitsbescheinigung des Finanzamtes – nämlich: ... vorliegen;
   c) die zuständige Gemeinde hat bestätigt, dass ein gesetzliches Vorkaufsrecht nicht besteht oder nicht ausgeübt wird;
   d) die Löschungsunterlagen für die nicht übernommenen Belastungen liegen entweder auflagenfrei oder mit der Maßgabe vor, hiervon gegen Zahlung eines Betrages Gebrauch zu machen, der insgesamt nicht höher ist als der vereinbarte Kaufpreis.
3. *Bei Fälligkeit hat der Käufer aus dem Kaufpreis zunächst die nicht übernommenen Belastungen in der von den Gläubigern angeforderten Höhe abzulösen und den Restbetrag an den Verkäufer auf dessen Konto-Nr. ... bei der ..., Bankleitzahl: ..., zu überweisen.*

aa) Funktionsweise

Die Zahlung des Kaufpreises im Wege der Direktzahlung zwischen Käufer und 348 Verkäufer, d. h. ohne Hinterlegung auf Notaranderkonto, stellt den gesetzlichen Normalfall dar. Die Hinterlegung auf Notaranderkonto ist nur unter besonderen Voraussetzungen zulässig (vgl. nachstehend Rz. 366). Im Mittelpunkt der Direktzahlung steht dabei die so genannte *Kaufpreisüberwachung mittels Fälligkeitsmitteilung* durch den Notar, die eine besondere Gebühr (§ 147 KostO) auslöst. Sie dient dazu, Käufer und Verkäufer vor einer ungesicherten Vorausleistung zu schützen. Der Käufer soll davor geschützt werden, den Kaufpreis zu einem Zeitpunkt an den Verkäufer zu zahlen, in dem er eine gesicherte Rechtsposition auf Übertragung des erworbenen Grundstücks noch nicht hat. Umgekehrt soll der Verkäufer nicht der Gefahr ausgesetzt sein, das Eigentum an dem verkauften Grundstück zu einem Zeitpunkt zu verlieren, in dem er den Kaufpreis noch nicht erhalten hat. Würde der Käufer oder der Verkäufer vorleisten, würde er Gefahr laufen, bei Nichterfüllung durch den Vertragspartner seine Leistung zu verlieren. Der Verkäufer könnte den Kaufpreis beiseite geschafft haben oder in Insolvenz geraten. Der Käufer könnte das verkaufte Grundstück bereits an einen Dritten weiterveräußert haben.

Um die mit Vorleistungen verbundenen Risiken zu vermeiden, muss der Zeitpunkt der Kaufpreisfälligkeit und des Antrags auf Eigentumsumschreibung (oder die Erklärung der Auflassung) von jeweils im Vertrag genau festzulegenden Voraussetzungen abhängen. Aber auch sonst bedarf es oft einer Absicherung gegen die Risiken von Vorleistungen.

349 **Beispiel**
Im Kaufvertrag bewilligt der Verkäufer für den Käufer eine Auflassungsvormerkung. Der Vertrag scheitert schließlich an der fehlenden Zahlungsbereitschaft des Käufers. Bewilligt der Käufer nicht freiwillig die Löschung der Vormerkung, muss der Verkäufer auf Abgabe der Löschungsbewilligung klagen. Bis zur Löschung kommt eine Weiterveräußerung praktisch nicht in Betracht, da jeder Interessent vor der Vormerkung zurückschreckt.

350 **Beispiel**
Der Besitzübergang erfolgt nach dem Kaufvertrag am Tag der Beurkundung. Zahlt der Käufer nach Inbesitznahme den Kaufpreis nicht und räumt er den Grundbesitz nicht freiwillig, muss der Verkäufer auf Räumung klagen. Bis zur Räumungsvollstreckung können Jahre vergehen. Ein Verkauf kommt für diesen Zeitraum nicht in Betracht.

351 Im ersten Beispiel kann durch eine *Löschungsvollmacht* (Formulierungsbeispiel in Beck'sches Notarhandbuch, A I Rn. 247) eine ausreichende Sicherung geschaffen werden. Der Käufer bevollmächtigt den Notar oder einen Angestellten zur Erklärung der Löschungsbewilligung, wenn bestimmte Voraussetzungen vorliegen (Kaufpreisfälligkeit, Mitteilung der Nichtzahlung und des Rücktritts durch den Verkäufer und kein Zahlungsnachweis oder glaubhafter Widerspruch des Käufers).

Im zweiten Beispiel (Besitzübergang vor Kaufpreiszahlung) lässt sich das Risiko vermeiden, wenn der Besitzübergang von der Kaufpreiszahlung abhängig gemacht oder aber eine Abwicklung über Notaranderkonto gewählt wird.

bb) Voraussetzungen der Fälligkeitsmitteilung

352 Die Voraussetzungen der Fälligkeitsmitteilung müssen sich stets aus der Urkunde selbst ergeben.

Gewöhnlich wird die Fälligkeit des Kaufpreises von dem Vorliegen folgender Voraussetzungen und der entsprechenden Mitteilung des Notars abhängen:

(a) Die Auflassungsvormerkung für den Käufer ist rangrichtig eingetragen;
(b) die erforderlichen Genehmigungen liegen dem Notar vor, und zwar so, dass er davon Gebrauch machen kann;
(c) die Vorkaufsrechtsverzichtserklärungen der Gemeinde oder das Negativattest liegen dem Notar vor;
(d) Löschungsunterlagen für die Löschung nicht übernommener Grundpfandrechte liegen vor und zwar so, dass davon Gebrauch gemacht werden kann;
(e) etwaige weitere Kaufpreisfälligkeitsvoraussetzungen liegen vor.

zu (a) Die Eintragung der Auflassungsvormerkung sollte in jedem Fall Voraussetzung für die Kaufpreisfälligkeit sein. Dabei genügt es aber nicht, dass die Auflassungsvormerkung überhaupt eingetragen ist. Sie muss vielmehr an erster Rangstelle oder im Rang nach Rechten eingetragen sein, die vom Käufer übernommen werden oder für die der Notar einen Lastenfreistellungsauftrag hat (vgl. nachfolgend (d)). Der Notar sollte sich von der rangrichtigen Eintragung durch erneute Grundbucheinsicht überzeugen.   353

zu (b) Das Vorliegen der erforderlichen Genehmigungen stellt sicher, dass die Eigentumsumschreibung nicht an der Versagung einer Genehmigung scheitert. Würde der Kaufpreis vor dem Vorliegen dieser Genehmigungen fällig werden, so könnte der Verkäufer seiner Verpflichtung zur Eigentumsübertragung nicht nachkommen, wenn die Genehmigung nicht erteilt wird. Zu den zur Eigentumsumschreibung erforderlichen Bescheinigungen gehört zwar auch die Unbedenklichkeitsbescheinigung des Finanzamts, diese darf jedoch nicht Fälligkeitsvoraussetzung sein, da der Käufer den Eintritt der Fälligkeit einfach dadurch verhindern könnte, dass er die Grunderwerbsteuer nicht zahlt.

Die Genehmigungen müssen in grundbuchtauglicher Form (§ 29 GBO) vorliegen, d. h., behördliche Genehmigungen müssen von der zuständigen Behörde ausgestellt und mit Dienstsiegel versehen, rechtsgeschäftliche Genehmigungen müssen notariell beglaubigt oder beurkundet sein.

zu (c) Hier gilt das zu (b) Genannte entsprechend. Bei in Abteilung II des Grundbuchs eingetragenen Vorkaufsrechten wird die Frist zur Ausübung des Vorkaufsrechts erst in Gang gesetzt, wenn alle zur Rechtswirksamkeit des Vertrags erforderlichen Genehmigungen (GVO; GrdstVG) vorliegen. Die Mitteilung hierüber sollte durch Übersendung einer Ausfertigung im Namen des Verkäufers erfolgen und die Vollmacht des Notars enthalten.

Formulierungsbeispiel   354
Durch Übersendung der beigefügten Ausfertigung des von mir beurkundeten Kaufvertrags, UR-Nr. ... teile ich Ihnen namens des Verkäufers und namens des Käufers aufgrund der mir in Ziff. ... des Kaufvertrags erteilten Vollmacht den beigefügten Kaufvertrag mit. Die erforderliche Genehmigung nach der Grundstücksverkehrsordnung ist erteilt und in Kopie beigefügt. Damit ist der Vertrag rechtswirksam. Diese Mitteilung setzt die Frist zur Ausübung des Vorkaufsrechts in Lauf.

zu (d) Das Vorliegen der Löschungsunterlagen bietet die Gewähr dafür, dass der Käufer den Grundbesitz frei von Rechtsmängeln erwirbt. Die Anknüpfung an das Vorliegen der Lastenfreistellung hat nur dann Bedeutung, wenn nicht zu übernehmende Belastungen in Abteilung II und III des Grundbuchs eingetragen sind. Sind im Grundbuch abzulösende Belastungen eingetragen, so übernimmt der Notar im Regelfall die Einholung der Löschungsbewilligungen. Er hat dann die Gläubiger unter Hinweis auf das im Grundbuch eingetragene Recht anzuschreiben und zur Abgabe der Löschungsbewilligungen aufzufordern.   355

Teil C Beurkundungen im Grundstücksrecht

356 Die Einholung der Löschungsbewilligung wirft dann keine Probleme auf, wenn der eingetragene Berechtigte zur Abgabe der Löschungsbewilligung ohne weiteres bereit ist. Dies kann etwa dann der Fall sein, wenn das Recht erloschen ist oder die Grundschuld nicht mehr valutiert.

Schwieriger ist die Lastenfreistellung dann, wenn der eingetragene Gläubiger die Löschung von Bedingungen abhängig macht. Dies ist i. d. R. dann der Fall, wenn eine im Grundbuch gesicherte Bank oder Bausparkasse zur Abgabe der Löschungsbewilligung aufgefordert wird, obwohl das gesicherte Darlehen nicht vollständig getilgt ist. Der Gläubiger macht die Löschung von der vollständigen Rückzahlung des Darlehens abhängig. Die Rückzahlung ist dem Schuldner aber erst dann möglich, wenn er den Kaufpreis erhalten hat. Hierzu wäre aber zunächst die Löschung des Rechts erforderlich.

Um dieses Dilemma zu vermeiden, übersendet der Gläubiger die Löschungsbewilligung unter einer Treuhandauflage. Der Notar wird in dieser Treuhandanweisung aufgefordert, von der Löschungsbewilligung erst nach Eintritt bestimmter Voraussetzungen Gebrauch zu machen. Liegt die Löschungsbewilligung dem Notar zu treuen Händen vor, so ist die Lastenfreistellung ohne weiteres möglich, es sei denn, der geforderte Ablösebetrag übersteigt den Kaufpreis.

Die Treuhandauflagen der Banken und Bausparkassen sind stets genau daraufhin zu überprüfen, ob der Notar sie einhalten kann.

357 **Hinweis:** Die von den Banken mit der Treuhandauflage übergebenen Löschungsunterlagen sind mit besonderer Aufmerksamkeit auf Vollständigkeit hin zu überprüfen, insbesondere darauf, ob der Grundschuldbrief vorliegt.

358 Können die Treuhandauflagen erfüllt werden, teilt der Notar dem Käufer die Höhe der von den Gläubigern geforderten Beträge im Rahmen der Fälligkeitsmitteilung mit. Hat der Käufer den geforderten Betrag gezahlt, so teilt die Bank dem Notar mit, dass von der Löschungsbewilligung Gebrauch gemacht werden könne.

359 zu (e) Weitere Fälligkeitsvoraussetzungen können in besonderen Fällen angebracht sein. Häufig möchte der Käufer sicherstellen, dass der überlassene Grundbesitz geräumt ist. In diesem Fall kann die vollständige Räumung im Kaufvertrag zur Voraussetzung für die Fälligkeit des Kaufpreises gemacht werden. Allerdings darf die Fälligkeit nicht von der Räumung selbst abhängig sein, weil der Notar diese nicht feststellen kann, sondern von der Mitteilung durch den Käufer.

360 Im Übrigen sollte auch bei weiteren Fälligkeitsvoraussetzungen stets geprüft werden, ob der Notar die Einhaltung der Bedingung auch tatsächlich überprüfen kann; dabei ist zu berücksichtigen, dass er, anders als ein Gericht, eine Beweisaufnahme durch Augenschein oder Zeugenvernehmung nicht durchführen kann.

II. Der Grundstückskauf

cc) Fälligkeitsmitteilung

Liegen alle im Vertrag vorgesehenen Fälligkeitsvoraussetzungen vor, hat der Notar dem Käufer die Fälligkeit des Kaufpreises anzuzeigen und ihn aufzufordern, den Kaufpreis an den Verkäufer oder etwa an eine Bank zu zahlen. Diese Aufforderung sollte durch eingeschriebenen Brief mit Rückschein und zwar innerhalb von zwei Tagen nach dem Eingang der letzten Fälligkeitsvoraussetzung erfolgen. 361

Auch der Verkäufer ist von der Fälligkeit zu unterrichten und zugleich aufzufordern, bei Eingang des Kaufpreises die Bestätigung über den Erhalt des Kaufpreises an den Notar zurückzusenden. Diese Mitteilungen sollten auf dem Verfügungsbogen vermerkt werden.

> *Formulierungsbeispiel* 362
> ... *In vorbezeichneter Angelegenheit teile ich Ihnen unter Bezugnahme auf Ziff. ... des Kaufvertrags mit, dass:*
> *a) die zur Durchführung des Kaufvertrags erforderlichen Genehmigungen in grundbuchmäßiger Form vorliegen, nämlich die Genehmigung nach der GVO;*
> *b) die für den Käufer bewilligte Auflassungsvormerkung an rangrichtiger Stelle eingetragen ist;*
> *c) die Löschungsunterlagen für die nicht zu übernehmenden Belastungen in der Weise vorliegen, dass die Freistellung aus dem Kaufpreis erfolgen kann;*
> *d) die Erklärung der Gemeinde über den Verzicht auf das gemeindliche Vorkaufsrecht vorliegt.*
> *Der Kaufpreis ist damit (vorbehaltlich von mir nicht zu prüfender Voraussetzungen) zur Zahlung fällig innerhalb von 14 Tagen.*
> *Die Zahlung hat gemäß dem beigefügten Zahlungsplan an die dort genannten Gläubiger unter Angabe des dortigen Betreffs zu erfolgen. Auf die dort genannten Tageszinsen weise ich hin. Im Übrigen ist der Restkaufpreis auf das im Kaufvertrag bezeichnete Konto des Verkäufers zu zahlen.*

Beizufügen sind die Schreiben der Gläubiger über abzulösende Grundpfandrechte. 363

dd) Weiterer Vollzug

Liegt die Bestätigung der Kaufpreiszahlung vor, hat der Notar den weiteren Vollzug zu betreiben. Dies kann – je nachdem, wie der Notar die Urkunde gestaltet hat – entweder die Erklärung der Auflassung und Einreichung mit Stellung des Antrags auf Eigentumsumschreibung gegenüber dem Grundbuchamt oder die Übersendung der die Auflassung enthaltenen Ausfertigung der Urkunde mit Antrag auf Eigentumsumschreibung sein. 364

Weiter ist die Löschung der Auflassungsvormerkung Zug um Zug mit der Eigentumsumschreibung zu beantragen, vorausgesetzt, dass keine Zwischeneintragungen ohne Mitwirkung des Käufers beantragt oder eingetragen sind.

Schließlich ist die Löschung der abzulösenden Belastungen zu beantragen.

b) Kaufpreisabwicklung über Notaranderkonto

365 Die *Kaufpreiszahlung über Notaranderkonto* unterscheidet sich erheblich von der Abwicklung im Wege der Direktzahlung. Die Absicherung von Käufer- und Verkäuferinteressen erfolgt hier durch die Übernahme einer Verwahrung durch den Notar. Gesetzliche Grundlage für diese Verwahrungstätigkeit sind die §§ 54a bis 54d BeurkG.

Die Einschaltung des Notars als Treuhänder soll (ebenso wie bei der Abwicklung im Wege der Direktzahlung) die Erfüllung der wechselseitigen Vertragspflichten sichern und den Vertragsparteien das Risiko einer Vorleistung ersparen (vgl. BGH NJW 1994, 1403). Der Notar hat bei der notariellen Verwahrungstätigkeit stets »peinliche Genauigkeit« zu beachten (BGH, DNotZ 1987, 556). Auch »kleinere« Fehler können oft hohe Schäden für die Beteiligten zur Folge haben. Aber auch wenn durch den Fehler kein Schaden entsteht, stellt die Nichtbeachtung von Treuhandauflagen oder gesetzlichen Bestimmungen eine Dienstpflichtverletzung dar.

Während die Abwicklung des Kaufvertrags im Wege der Direktzahlung stets zulässig und nur in seltenen Fällen praktisch undurchführbar ist, verlangt der Gesetzgeber für die Abwicklung über Notaranderkonto das Vorliegen eines berechtigten Sicherungsinteresses der Beteiligten (§ 54a Abs. 2 Nr. 1 BeurkG). Ob ein solches Sicherungsinteresse vorliegt, steht nicht im Belieben der Urkundsbeteiligten, sondern muss vom Notar geprüft werden. Stellt der Notar bei der Ermittlung des Sachverhalts fest, dass ein solches Sicherungsinteresse objektiv nicht vorliegt, muss er die gewünschte Vertragsgestaltung ablehnen. Sind die Beteiligten nicht bereit, eine Abwicklung im Wege der Direktzahlung vorzunehmen, hat der Notar die Beurkundung abzulehnen.

Aber auch wenn ein Sicherungsinteresse zu bejahen ist, braucht die Vertragsgestaltung nicht über Notaranderkonto zu erfolgen, der Notar kann den Beteiligten auch in diesem Fall eine Abwicklung im Wege der Direktzahlung empfehlen. Wegen der verhältnismäßig großen Gefahr von Fehlern bei der Abwicklung über Notaranderkonto und dem größeren Arbeitsaufwand sollte auch dann, wenn dies rechtlich zulässig ist, stets geprüft werden, ob eine solche Abwicklung über Notaranderkonto tatsächlich erforderlich ist.

aa) Vorliegen eines Sicherungsinteresses

366 Für die Abwicklung des Kaufvertrags über Notaranderkonto ist es nicht ausreichend, dass die Beteiligten oder die finanzierende Bank eine solche Vertragsgestaltung wünschen, es muss vielmehr ein Sicherungsinteressse festgestellt werden. Ein Sicherungsinteresse ist immer dann zu bejahen, wenn ein Vertragsbeteiligter vorzuleisten hätte, ohne dass gleichzeitig die Gegenleistung erbracht wird und ihm bei deren Ausfall oder verspäteter Erbringung ein Schaden droht. Eine solche Vorleistung muss nicht in der Hauptleistungspflicht (Kaufpreiszahlung, Eigentumsübertragung) bestehen, sondern kann sich auch auf Nebenleistungen beziehen.

II. Der Grundstückskauf

Beispiel 367
Ein Sicherungsinteresse ist beispielsweise in folgenden Fallgestaltungen zu bejahen: Der Käufer wünscht einen raschen Besitzübergang vor dem Zeitpunkt, in dem die Kaufpreisfälligkeit (bei Gestaltung im Wege der Direktzahlung) zu erwarten ist, etwa bei langen Wartezeiten bis zur Eintragung der Auflassungsvormerkung. Hier besteht die Gefahr, dass der Käufer den Kaufpreis bei Fälligkeit nicht zahlt und der Verkäufer bei einer Rückabwicklung des Kaufvertrags eine langwierige Räumungsvollstreckung durchführen muss. Bei Abwicklung über Notaranderkonto kann der Käufer den Kaufpreis hinterlegen und der Verkäufer kann ihm den Besitz überlassen und braucht nicht zu befürchten, dass der Käufer bei Fälligkeit nicht zahlt. Auch die Eintragung der Vormerkung kann als eine ungesicherte Vorleistung aufgefasst werden. Hat der Verkäufer im Kaufvertrag die Eintragung einer Auflassungsvormerkung bewilligt und erklärt der Verkäufer den Rücktritt, weil der Kaufpreis nicht gezahlt wird, muss der Käufer die Löschung der Auflassungsvormerkung bewilligen. Kommt er dieser Verpflichtung nicht nach, muss der Verkäufer in einem möglicherweise langwierigen Prozess auf Abgabe der Löschungsbewilligung klagen. Auch hier droht dem Verkäufer ein Schaden, etwa weil andere Kaufinteressenten durch die Vormerkung abgeschreckt werden.

Schließlich ist ein berechtigtes Sicherungsinteresse zu bejahen, wenn nicht feststeht, ob der Kaufpreis ausreicht, um die Belastungen abzulösen, in den Fällen, in denen ein Zwangsversteigerungsverfahren eingeleitet ist, und dann, wenn die Finanzierung über verschiedene Kreditgeber erfolgt, zugleich aber mehrere Belastungen abzulösen sind. In der letzten Fallgestaltung ist die Abwicklung über Notaranderkonto allein sinnvoll. 368

bb) Die Verwahrungsanweisung
Bei der Abwicklung der Kaufpreiszahlung über Notaranderkonto enthält der Kaufvertrag eine *Verwahrungsanweisung*. 369

Formulierungsbeispiel
1. Hinterlegung
Die Beteiligten vereinbaren die Hinterlegung des Kaufpreises bei dem amtierenden Notar. Diese Hinterlegungsvereinbarung sowie die nachstehende Hinterlegungsanweisung sind später nicht einseitig widerruflich. Demgemäß ist der Kaufpreis bis zum ... bei dem amtierenden Notar auf dessen Notar-Anderkonto bei der ..., Konto-Nr. ... zu hinterlegen. Für die Rechtzeitigkeit der Hinterlegung ist der Zeitpunkt der Gutschrift (Valuta) auf dem Anderkonto maßgebend. Der Notar hat auf die Möglichkeit einer Festgeldanlage hingewiesen. Der Notar wird ersucht, hinterlegte Beträge für den kürzestmöglichen Zeitraum als Festgeld anzulegen, wenn mit einer längeren Hinterlegungsdauer zu rechnen ist. Die durch die Verwahrung anfallenden Zinsen, abzüglich der Zinsabschlagsteuer, stehen dem Verkäufer zu. 2

2. Auszahlungsanweisung

Der Notar wird unwiderruflich angewiesen, aus dem hinterlegten Kaufpreis nicht übernommene Verbindlichkeiten für Rechnung des Verkäufers in der von den Gläubigern angeforderten Höhe (einschließlich Tageszinsen, etwaiger Vorfälligkeitsentschädigung, Kosten) abzulösen, ohne dass dem amtierenden Notar bezüglich der Höhe der angeforderten Beträge eine Prüfungspflicht obliegt. Soweit solche Zahlungsauflagen abzulösender Gläubiger reichen, sind hinterlegte Beträge nur zum Zwecke der Erfüllung dieser Auflagen auszuzahlen, nicht dagegen an den Verkäufer oder Dritte. Ein nach Ablösung und Begleichung der anlässlich der Lastenfreistellung anfallenden Notar- und Gerichtskosten verbleibender Restbetrag zuzüglich etwaiger Hinterlegungszinsen, abzüglich einer Zinsabschlagsteuer und Bankspesen, ist an den Verkäufer auf folgendes Konto auszuzahlen:

Bank: ...
BLZ: ...
Konto-Nr.: ..
Kontoinhaber: ... Vom Auszahlungsempfänger zu tragende Kosten und Auslagen kann der Notar von den Auszahlungsbeträgen in Abzug bringen und dem Anderkonto entnehmen. Bezüglich der Verwendung des hinterlegten Betrages erteilen die Beteiligten dem Notar folgende gemeinsame, später nicht einseitig änderbare Weisung: Der Notar darf über hinterlegte Beträge erst verfügen, wenn Auszahlungsreife eingetreten ist.

Dies ist der Fall, wenn

a) der Kaufpreis vollständig hinterlegt ist,
b) die Treuhandauflagen hinterlegender Darlehensgeber des Käufers erfüllt sind,
c) die zur Durchführung dieses Vertrages notwendige Beitrittserklärung oder Vollmachtsbestätigung eines vertretenen Beteiligten, sowie ein Nachweis über die Vertretungsbefugnis, ferner die erforderlichen gerichtlichen und behördlichen Genehmigungen in grundbuchtauglicher Form vorliegen,
d) die Eintragung der nachstehend zugunsten des Käufers bewilligten Auflassungsvormerkung mit Rang nur nach den vorstehend aufgeführten Belastungen oder rangbesser nach den Feststellungen des amtierenden Notars gesichert ist,
e) dem Notar eine Bescheinigung der zuständigen Gemeinde vorliegt, dass gesetzliche Vorkaufsrechte nicht bestehen oder auf die Ausübung verzichtet wird,
f) dem Notar alle Unterlagen, die zur Freistellung des Vertragsgegenstandes von nicht übernommenen, mit Rang vor der Auflassungsvormerkung des Käufers eingetragenen Belastungen und Beschränkungen erforderlich sind, in grundbuchtauglicher Form entweder zur freien Verfügung oder so vorliegen, dass die Freistellung aus dem hinterlegten Kaufpreis vorgenommen werden kann oder die Freistellung auf sonstige Weise gewährleistet ist.

Die Beteiligten wurden darüber belehrt, dass die Verwendung der hinterlegten Beträge vorrangig von der Erfüllung der Auflagen der Kreditgeber des Käufers abhängt. Es ist Sache des Käufers, eine auflagenfreie Verwendung sicherzustellen.

II. Der Grundstückskauf

Aus der Anweisung müssen ersichtlich sein (§ 54 Abs. 2 BeurkG): **370**
- der Anweisende (Käufer),
- Anweisungsempfänger (Verkäufer, abzulösende Gläubiger),
- die zeitlichen und sachlichen Bedingungen der Verwahrung (vor allem: Zeitpunkt der Einzahlung, Festgeldanlage, Berechtigter der Zinsen und die kontoführende Bank),
- die Auszahlungsvoraussetzungen.

Die Festlegung der Auszahlungsvoraussetzungen bedarf besonderer Sorgfalt. Es genügt also nicht eine pauschale Regelung, sondern es muss konkret bestimmt werden, welche Voraussetzungen erfüllt sein müssen, damit die Auszahlung erfolgen kann und zu erfolgen hat.

Hinweis: Die Verwahrungsanweisung wird erst bei Vorliegen aller erforderlichen rechtsgeschäftlichen Erklärungen bindend. Eine Hinterlegung vor diesem Zeitpunkt bietet daher keine Sicherheit. **371**

c) Durchführung der Verwahrung (§ 54b Abs. 1 BeurkG)

aa) Eröffnung eines Notaranderkontos

Zunächst muss der Notar ein Notaranderkonto bei einem im Inland zum Geschäftsbetrieb zugelassenen Kreditinstitut, grundsätzlich eines mit Sitz (Filiale genügt) im Amtsbezirk des Notars, einrichten. Das Sonderkonto für fremde Gelder darf nur für *ein* Verwahrungsgeschäft eingerichtet werden. Die Abwicklung mehrerer Verwahrungsgeschäfte über ein Notaranderkonto ist nicht gestattet. Auch eine vorübergehende Verwahrung auf einem gewöhnlichen Geschäfts- oder Privatkonto des Notars ist nicht zulässig. Viele Banken und Sparkassen reservieren Konto-Nummern und stellen diese dem Notar zur Verfügung, so dass dieser im Kaufvertrag bereits eine bestimmte Kontoverbindung angeben kann. Bargeld darf der Notar nicht annehmen (vgl. Rz. 40). **372**

bb) Beachtung der Anweisungen

Bei der Einrichtung des Anderkontos muss der Notar entsprechend den Anweisungen der Beteiligten gegenüber dem Kreditinstitut bestimmen, ob die eingezahlten Beträge als Festgeld zu hinterlegen oder jederzeitig kündbar sein sollen. **373**

Ergibt sich der Einzahlungszeitpunkt aus der Urkunde, so muss der Notar nicht an die rechtzeitige Einzahlung erinnern. Er muss den Berechtigten (Verkäufer) auch nicht darauf hinweisen, dass der einzuzahlende Betrag zum Einzahlungszeitpunkt nicht eingegangen ist.

Je nach Vertragsgestaltung hat der Notar nach Einzahlung auf Notaranderkonto jedoch bestimmte Maßnahmen vorzunehmen, etwa **374**

- die Auflassungsvormerkung zu beantragen,
- dem Verkäufer den Zahlungseingang mitzuteilen, damit der Zeitpunkt des Besitzüberganges festliegt. Hier ist jedoch zunächst zu prüfen, ob die Treuhandauflagen beachtet werden können.

Diese Verpflichtungen des Notars betreffen jedoch nicht die Kaufpreishinterlegung selbst.

d) Beachtung korrespondierender Treuhandaufträge (§ 54b Abs. 5 BeurkG)

375 In der Regel übernimmt der Notar im Rahmen der Abwicklung des Kaufvertrags nicht nur den Verwahrungsauftrag durch Käufer und Verkäufer, sondern einen oder mehrere Treuhandaufträge finanzierender Banken. Zugleich wird der Notar oft Treuhandauflagen der abzulösenden Grundschuldgläubiger zu beachten haben. Häufig wird nur darin ein das Notaranderkonto rechtfertigendes Sicherungsinteresse der Beteiligten zu sehen sein.

aa) Treuhandauflage der finanzierenden Bank

376 Die den Käufer finanzierende Bank wird den zur Kaufpreisfinanzierung dienenden Darlehensbetrag auf das Notaranderkonto zwar einzahlen, sie will jedoch zugleich sicherstellen, dass das Darlehen durch eine in das Grundbuch des verkauften Grundstücks einzutragende Grundschuld abgesichert wird (vgl. zur **Belastungsvollmacht** Rz. 528). Diese Absicherung erfolgt in der Weise, dass der Darlehensbetrag zwar auf das Notaranderkonto eingezahlt wird, zugleich aber dem Notar Auflagen erteilt werden, unter welchen Voraussetzungen er über den eingezahlten Betrag verfügen (ihn auszahlen) darf. Bis zu dem Zeitpunkt des Eintritts dieser Voraussetzungen darf der Notar unter keinen Umständen über den Betrag verfügen. Insbesondere darf der Notar Wünschen der Urkundsbeteiligten, die Auszahlung zu beschleunigen, nicht nachkommen.

377 **Beispiel**
Nach Einzahlung des Kaufpreises auf Notaranderkonto durch das finanzierende Kreditinstitut (unter Treuhandauflagen) wünschen Käufer und Verkäufer die Auszahlung eines Teilbetrages an den Verkäufer. Vor Erfüllung der Treuhandauflagen darf der Notar diesem Wunsch nicht nachkommen, auch wenn die Änderung der Treuhandanweisung der Vorschrift des § 54a Abs. 4 BeurkG entspricht.

bb) Prüfung der Treuhandauflagen

378 Wegen der gesetzlich vorgeschriebenen *Annahme des Verwahrungsantrages* (§ 54a Abs. 5 i.V.m. Abs. 2 Nr. 3 BeurkG) liegt eine Verwahrung erst dann vor, wenn der Notar den Treuhandauftrag angenommen hat.

Auf der Verwahrungsanweisung hat der Notar die Annahme mit Datum und Unterschrift zu vermerken. Die Verwahrungsanweisung mit dem Annahmevermerk hat der Notar bei der Anderkontenakte aufzubewahren. Er ist verpflichtet, dem Anweisenden die Annahme zu bestätigen.

II. Der Grundstückskauf

Vor der Annahme hat der Notar jedoch die Verwahrungsanweisung auf ihre Erfüllbarkeit hin zu überprüfen. Diese Prüfung hat sich vor allem darauf zu erstrecken, ob 379

(a) die Verwahrungsanweisung mit der Hinterlegungsanweisung im Kaufvertrag und etwaigen weiteren Verwahrungsanweisungen vereinbar ist,

(b) die Erfüllung der Auflagen durch den Notar tatsächlich überprüft und eingehalten werden kann,

(c) eine in der Verwahrungsanweisung enthaltene Befristung nicht zu kurz bemessen ist.

zu (a) Der Notar muss darauf achten, dass die im Kaufvertrag enthaltene Verwahrungsanweisung mit dem Treuhandauftrag des Kreditgebers vereinbar ist. Sieht etwa der Kaufvertrag vor, dass der Kaufpreis auszuzahlen ist, sobald die üblichen Voraussetzungen (siehe oben Rz. 352) vorliegen, enthält der Treuhandauftrag der finanzierenden Bank jedoch die Anweisung, über den eingezahlten Betrag erst zu verfügen, wenn die Eigentumsumschreibung erfolgt ist, so sind die Anweisungen nicht miteinander zu vereinbaren. Auch die Auflage, über den hinterlegten Betrag erst zu verfügen, wenn die Eigentumsumschreibung auf den Käufer gewährleistet ist, kann der Notar nicht annehmen, weil der Kaufvertrag regelmäßig einen früheren Auszahlungszeitpunkt vorsieht, insbesondere das Vorliegen der Unbedenklichkeitsbescheinigung des Finanzamts nicht verlangt wird, obwohl unter anderem erst diese die Umschreibung ermöglicht. 380

Entsprechendes gilt, wenn die finanzierende Bank den Notar anweist, dass eine Verfügung erst zulässig sei, wenn die Finanzierungsgrundschuld an erster Rangstelle im Grundbuch eingetragen ist, demgegenüber der Gläubiger des noch eingetragenen Rechts die Löschungsbewilligung nur unter Auflage erteilt, dass die Löschungsbewilligung erst dann dem Grundbuchamt eingereicht werden darf, wenn der Ablösebetrag auf sein Konto überwiesen ist (vgl. nachfolgend).

zu (b) Kann der Notar die Erfüllung der Treuhandauflage nicht überwachen, muss er den Verwahrungsauftrag ebenfalls ablehnen. Dies gilt z. B. für die Auflage, erst bei Räumung über den hinterlegten Betrag zu verfügen, da der Notar die Tatsache der Räumung nicht feststellen kann.

zu (c) Häufig sehen die Verwahrungsanweisungen der Kreditinstitute eine Befristung vor. Der Notar muss überprüfen, ob die Befristung auch angemessen ist, d. h., ob das Verwahrungsgeschäft innerhalb des Befristungszeitraums abgeschlossen werden kann. Zum Teil wird in der Literatur sogar bezweifelt, ob eine Befristung überhaupt zulässig ist; es empfiehlt sich daher, sie nach Möglichkeit zu vermeiden.

Kann der Notar den Treuhandauftrag nicht annehmen, hat er beim finanzierenden Kreditinstitut auf eine Anpassung der Verwahrungsanweisung hinzuwirken. Eine bloße Nichtbeachtung der Anweisung, soweit sie nicht erfüllt werden kann, ist unter keinem Gesichtspunkt zulässig.

381 **Beispiel einer Treuhandauflage:**
An den Notar XY Ihre Urkunde vom 11.02.2008, UR-Nr. 097/2002 Im Auftrag des Darlehensnehmers haben wir auf Ihr Notaranderkonto Nr. 011654 bei der Kreissparkasse Wernigerode den Betrag von 100 000,00 EURO überwiesen. Über diesen Betrag dürfen Sie erst verfügen, wenn die Eintragung des mit Ihrer Urkunde vom 12.02.2008, UR-Nr. 099/2002 für uns bestellten Grundpfandrechts sichergestellt ist und der vereinbarte Kaufpreis vollständig auf dem Notaranderkonto hinterlegt ist. Unserem Grundpfandrecht darf in Abt. II und III des Grundbuchs kein Recht vorgehen. Wir sehen die Eintragung als sichergestellt an, wenn sie die Grundschuld dem Grundbuchamt vorgelegt haben und der Eintragungsantrag auch in unserem Namen gestellt ist, sowie auf der Grundlage Ihrer Einsicht in die elektronische Markentabelle keine Umstände bekannt sind, die der Eintragung der Grundschuld an erster Rangstelle im Wege stehen. Sofern im Grundbuch noch Belastungen eingetragen sind, die unserem Grundpfandrecht vorgehen würden, müssen Ihnen alle Unterlagen zur Löschung dieser Rechte so vorliegen, dass spätestens nach Auskehrung des Kaufpreises darüber verfügt werden kann. An diesen Treuhandauftrag halten wir uns bis zum 30.05.2008 gebunden.

cc) Treuhandauflage abzulösender Gläubiger

382 Sind im Grundbuch Belastungen eingetragen, die der Käufer nicht übernimmt, hat der Notar häufig für die Lastenfreistellung zu sorgen. Er muss daher an die eingetragenen Gläubiger herantreten und um Hergabe einer Löschungsbewilligung bitten. Zumeist handelt es sich dabei um eingetragene Grundschulden. Ist die Grundschuld nicht mehr valutiert, weil die Forderung getilgt ist, wird der Gläubiger ohne weiteres eine Löschungsbewilligung erteilen und bei Briefrechten den Grundschuldbrief übersenden. Andernfalls wird der Gläubiger zur Erteilung einer Löschungsbewilligung nur bereit sein, wenn der Darlehensbetrag, etwaige Lastenfreistellungskosten und Vorfälligkeitsentschädigungen an ihn gezahlt werden. Der Notar erhält daher die Löschungsbewilligung zumeist unter der Auflage, dass ein bestimmter Betrag nebst Tageszinsen an den Gläubiger gezahlt wird. Der Notar hat bei derartigen Treuhandauflagen darauf zu achten, dass der geforderte Betrag den Kaufpreis nicht übersteigt. Er muss die überlassenen Unterlagen weiter auf Vollständigkeit überprüfen, insbesondere muss bei Briefgrundschulden der Brief vorliegen (vgl. Rz. 561). Das bloße Versprechen, die Löschungsbewilligung vorzulegen, sobald der geforderte Betrag gezahlt ist, genügt nicht.

e) Verfügung über das Notaranderkonto

383 Verfügungen über das Notaranderkonto sollen nur erfolgen, um Beträge unverzüglich dem Empfangsberechtigten oder einem von diesem schriftlich benannten Dritten zuzuführen (§ 54 Abs. 3 S. 4 BeurkG).

Der Notar hat vor Ausführung der Verfügung zu prüfen, ob der Verwahrungsauftrag noch nicht durch Fristablauf erloschen ist. Anderenfalls muss er von der Verfügung absehen und zunächst eine Erneuerung des Verwahrungsauftrages veranlassen.

Weiter hat der Notar zu prüfen, ob die Voraussetzungen einer Verfügung über die hinterlegten Geldbeträge erfüllt sind. Er muss also alle Verwahrungsanweisungen einhalten. Häufig verlangen finanzierende Kreditinstitute, dass der Kaufpreis, also auch der Eigenanteil des Käufers, vollständig auf dem Notaranderkonto hinterlegt sein muss. Der Notar darf dann nicht bereits vor vollständiger Einzahlung damit beginnen, abzulösende Grundpfandrechtsgläubiger auszuzahlen. Oft muss eine erneute Grundbucheinsicht vorgenommen werden, um festzustellen, ob nicht zwischenzeitlich weitere Belastungen im Grundbuch eingetragen worden sind. Vor der Verfügung kann der Notar von finanzierenden Kreditinstituten auch die ausdrückliche Entlassung aus dem Treuhandauftrag erbitten. Zur Abgabe einer solchen Erklärung sind die Kreditinstitute aber nicht verpflichtet.

f) Weiterer Vollzug

Für den weiteren Vollzug des Grundstückskaufvertrags gilt das Gleiche wie bei der Gestaltung des Vertrags im Wege der Direktzahlung (vgl. Rz. 364). Zusätzlich kann der Notar den am Verwahrungsgeschäft Beteiligten eine Abrechnung erteilen, aus der sich jede Buchung des Anderkontos ergibt (vgl. Rz. 43). **384**

6. Kaufvertrag über eine Teilfläche

Ist der Gegenstand des Kaufvertrags kein Grundstück im Sinne der GBO (vgl. Rz. 230), sondern eine noch zu vermessende *Teilfläche*, so ergeben sich einige Besonderheiten bei der Gestaltung des Kaufvertrags und seiner Abwicklung. Gegenstand des Teilflächenverkaufs ist nicht das gesamte Grundstück, sondern nur ein im Einzelnen festgelegter Grundstücksteil. **385**

Solange das zu verkaufende Grundstück nicht mit einer eigenen lfd. Nr. im Grundbuch eingetragen ist, ist eine den Anforderungen der Grundbuchordnung entsprechende Bezeichnung nach § 28 GBO nicht möglich. Die Bezeichnung des Grundstücks setzt eine *katasteramtliche Fortschreibung* voraus. Eine Vermessung ist nur dann nicht erforderlich, wenn eines von mehreren unter einer lfd. Nr. eingetragenen Flurstücken verkauft werden soll. Die zumeist erforderliche Vermessung kann auch nach Abschluss des Kaufvertrags durchgeführt werden. Das Fehlen einer Vermessung der Teilfläche steht aber der Antragstellung beim Grundbuchamt zur Eigentumsumschreibung entgegen. Der schuldrechtliche Kaufvertrag, sowie die Bewilligung und Eintragung einer Vormerkung für eine Teilfläche sind demgegenüber möglich. Auch die Erklärung der Auflassung ist nicht ausgeschlossen, doch muss sie unter bestimmten Umständen wiederholt oder ergänzt werden.

Teil C Beurkundungen im Grundstücksrecht

a) Bezeichnung des Kaufgegenstandes

386 Der Kaufvertrag kann bereits vor der Vermessung abgeschlossen werden, um eine Bindung der Kaufvertragsparteien herbeizuführen.
Für die Grundbucheinsicht und die erforderlichen Angaben im Kaufvertrag gelten zunächst die allgemeinen Regeln (Rz. 285).
Es bedarf jedoch zusätzlich einer konkreten Bezeichnung der verkauften Fläche. Diese Bezeichnung muss so genau sein, dass ein außenstehender Dritter (z. B. der mit der Vermessung Beauftragte) den Kaufgegenstand ermitteln kann. Dies kann entweder durch die Bezeichnung der Grenzen in der Wirklichkeit geschehen, wenn die Eckpunkte durch markante Zeichen in der Landschaft (Mauer, Hecke, Bachlauf) markiert sind. In der Regel erfolgt die Bezeichnung jedoch durch die Einzeichnung auf einem Lageplan, möglichst einem Katasterplan. Diese Einzeichnung muss so genau wie möglich sein. Auch kleine Abweichungen vom tatsächlich Gewollten oder Ungenauigkeiten infolge zu breiter Umrandungen können die Bestimmtheit des Kaufgegenstandes und damit die Wirksamkeit des gesamten Vertrags gefährden.
Im Kaufvertrag ist auf den Lageplan zu verweisen und der Lageplan selbst als Anlage zu der Urkunde zu nehmen (§ 9 S. 3 BeurkG). Dass der Lageplan von den Beteiligten oder dem Notar unterschrieben sein muss, verlangt das BeurkG nicht. Dies kann jedoch sinnvoll sein, um den Nachweis zu erleichtern, dass der Lageplan auch dem Willen der Beteiligten entspricht.
Weiter bedarf es der Angabe der von den Beteiligten angenommenen wahrscheinlichen Grundstücksgröße.

387 *Formulierungsbeispiel*
Der Verkäufer verkauft dem dies annehmenden Käufer, mehreren zu gleichen Teilen, aus dem vorstehend bezeichneten Grundbesitz eine noch zu vermessende Teilfläche in Größe von ca. ... qm nebst allen Rechten und wesentlichen Bestandteilen und aufstehenden Gebäuden, soweit diese im Eigentum des Verkäufers stehen. Die verkaufte Teilfläche ist auf der der Urkunde als Anlage beigefügten Planskizze mit den Eckpunkten A, B, C und D bezeichnet. Die Planskizze wurde den Beteiligten zur Durchsicht vorgelegt und von diesen genehmigt. Die Teilfläche wird nachfolgend als der Vertragsgegenstand bezeichnet.

388 Um spätere Streitigkeiten darüber zu vermeiden, ob eine von der Skizze abweichende Vermessung tatsächlich noch vom Willen der Beteiligten gedeckt ist, sollte eine Regelung für diesen Fall in die Urkunde aufgenommen werden.

389 *Formulierungsbeispiel*
Die Vermessung hat entsprechend dem beigefügten Lageplan zu erfolgen. Dieser hat Vorrang vor der angenommenen Grundstücksgröße.

oder:

II. Der Grundstückskauf

Die oben angegebene Flächengröße ist bei der Vermessung möglichst genau einzuhalten. Die Flächengröße hat Vorrang vor dem in der Anlage angenommenen Grenzverlauf. 390

Für den weiteren Vollzug nach Vorliegen der katasteramtlichen Fortschreibung (Veränderungsnachweis) bedarf es der genauen Bezeichnung des Grundstücks in einer weiteren Urkunde (vgl. unten Rz. 397). 391

b) Kaufpreisgestaltung

Die Kaufpreisgestaltung beim Verkauf einer noch zu vermessenden Teilfläche sollte darauf abstellen, dass die endgültige Größe des verkauften Grundstücks bei Vertragschluss noch nicht feststeht. Die Beteiligten wollen jedoch in der Regel den endgültigen Kaufpreis von der sich nach Vermessung ergebenden Grundstücksgröße abhängig machen. 392

Formulierungsbeispiel 393
Der vorstehend vereinbarte Kaufpreis ist vorläufig und unter Zugrundelegung eines qm-Preises von EURO ... ermittelt. Ergibt die Vermessung eine von der oben angenommenen Grundstücksgröße abweichende Größe sind die Beteiligten zum Ausgleich verpflichtet.

c) Kaufpreisfinanzierung beim Teilflächenkauf

Muss der Käufer zum Zwecke der Kaufpreisfinanzierung Grundpfandrechte bestellen (vgl. Rz. 528), so kann nicht etwa die Eintragung der Grundschuld hinsichtlich der Teilfläche beantragt werden. Auch die Eintragung eines Grundpfandrechts setzt voraus, dass ein Grundstück im Sinne der GBO vorliegt. Zunächst besteht die Möglichkeit, dass das Grundpfandrecht auf dem noch bestehenden Grundstück zur Eintragung gelangt, wobei der Grundpfandrechtsgläubiger sich bereits vor Vermessung unwiderruflich zur Freigabe des nicht veräußerten Restgrundstücks verpflichten kann. Eine weitere Möglichkeit besteht darin, dass der Käufer den Eigentumsverschaffungsanspruch an die finanzierende Bank verpfändet (§ 1273 Abs. 1 BGB; dazu Rz. 518). 394

d) Vollzug beim Teilflächenkauf

Auch beim Vollzug ergeben sich für den Teilflächenverkauf Besonderheiten, insbesondere ist eine weitere notarielle Urkunde erforderlich. 395

aa) Genehmigungserfordernisse

Die Vermessung, d. h. der Veränderungsnachweis, wird vom Katasteramt unmittelbar dem Grundbuchamt zugeleitet. Das Grundbuchamt trägt den neuen Bestand, d. h., die aus dem Vorgängerflurstück neu entstandenen Flurstücke im Grundbuch ein, zunächst jedoch unter einer lfd. Nr., so dass immer noch ein Grundstück im Rechtssinn vorliegt. 396

Teil C Beurkundungen im Grundstücksrecht

Für die Teilung des Grundstücks bedarf es in einigen Bundesländern einer Genehmigung nach landesrechtlichen Bauordnungen (z. B. § 8 BauO NW). Zuständig für die Erteilung ist dann die untere Bauaufsichtsbehörde (Kreisverwaltung, Landratsamt).
Daneben sind u. U. (vgl. Rz. 322) noch weitere Genehmigungen erforderlich.

bb) Identitätsfeststellung – Grundbuchanträge

397 Auch beim Teilflächenkauf ist die Eintragung einer Auflassungsvormerkung möglich. Anders als bei Grundpfandrechten und dem Vollrecht Eigentum kann sich die Vormerkung gegenständlich auf eine Teilfläche beschränken. Die Vormerkung wird im Grundbuch des noch ungeteilten Gesamtgrundstücks eingetragen.

Die für die Eigentumsumschreibung erforderliche Auflassung kann bereits im Kaufvertrag enthalten sein. Sie kann allerdings erst nach Vermessung beim Grundbuchamt zur Eigentumsumschreibung vorgelegt werden. Ist die Vermessung erfolgt und liegen dem Notar die Fortschreibungsunterlagen vor, bedarf es wegen der Vorschrift des § 29 GBO einer notariellen Urkunde über die Bezeichnung des Grundstücks (§ 28 GBO), die so genannte *Identitätserklärung*. Für den Vollzug und die Beurkundung der Identität ist zunächst zu prüfen, ob das entstandene Flurstück tatsächlich mit dem verkauften in Bezug auf Größe und Grenzen identisch ist. Auch die Zuwegung des neu vermessenen Grundstücks sollte dabei geprüft werden. Liegt eine Übereinstimmung zwischen verkauften und sich nach Vermessung ergebendem Grundstück nicht vor, muss die Auflassung wiederholt werden. Dies kann durch die Beteiligten oder eine im Kaufvertrag bevollmächtigte Person geschehen. Soweit von der Vollmacht eines Mitarbeiters des Notars Gebrauch gemacht werden soll, ist jedoch zunächst die Zustimmung der Beteiligten zur beabsichtigten Beurkundung einzuholen.

Stimmen jedoch Grundstücksbezeichnung im Kaufvertrag und Katasterfortschreibung überein und ist die Auflassung bereits im Kaufvertrag enthalten, so bedarf es keiner erneuten Erklärung der Auflassung, es genügt vielmehr eine isolierte Identitätserklärung. Diese Identitätserklärung kann durch die Beteiligten selbst, Bevollmächtigte oder aber den Notar im Wege der notariellen Eigenurkunde abgegeben werden, sofern dieser hierzu bevollmächtigt ist. Die Eigenurkunde erhält dabei keine UR-Nr. in der Urkundenrolle (vgl. Rz. 25).

398 *Formulierungsbeispiel*
Feststellung nach § 28 Satz 1 GBO

Mit meiner Urkunde vom ..., UR-Nr. 633/01 hat V an K eine Teilfläche aus Flur 7 Flurstück 16/8 der Gemarkung Blankenburg verkauft und aufgelassen. Auf Grund der in Abschnitt VII. des genannten Vertrages von den Vertragsteilen erteilten Vollmacht stelle ich, Notar Radke, fest, dass sich die verkaufte und aufge-

II. Der Grundstückskauf

lassene Teilfläche nach Vermessung gemäss Veränderungsnachweis Nr. 119/02 Gemarkung Blankenburg nunmehr beschreibt als

Flur 7 Flurstück 16/12.

Es wird bewilligt und beantragt, die Auflassung hinsichtlich dieses Grundstücks im Grundbuch zu vollziehen.

Blankenburg, den 28.03.2002

Notar

7. Aufhebung und Änderungen des Kaufvertrags

Die Aufhebung des Grundstückskaufvertrags kann aus verschiedenen Gründen erforderlich sein. Der Käufer kann den Kaufpreis nicht aufbringen oder dem Verkäufer gelingt es nicht, die Lastenfreistellung zu erreichen. Sind sich die Beteiligten über die Aufhebung des Grundstückskaufvertrags einig, bedarf es möglicherweise der Löschung einer bereits eingetragenen Auflassungsvormerkung. 399

Ob neben der Löschung der Auflassungsvormerkung eine formlose Aufhebung des Vertrags möglich ist oder ob es einer notariellen Beurkundung bedarf, hängt von der Vertragsgestaltung und dem Verfahrensstand ab.

a) Bereits vollzogener Kaufvertrag

Ist der Kaufvertrag bereits vollzogen worden und der Erwerber als Eigentümer im Grundbuch eingetragen, bedarf es einer notariellen Beurkundung, die auch eine Auflassung enthalten muss. Unter bestimmten Voraussetzungen kann die für den Erstvertrag gezahlte Grunderwerbsteuer zurückerstattet werden (vgl. § 16 GrEStG). In diesem Fall sind auch Regelungen über die Erstattung der Gegenleistung zu treffen. 400

b) Noch nicht vollzogener Kaufvertrag

Ist der Eigentumswechsel noch nicht im Grundbuch eingetragen und damit noch nicht eingetreten, so ist zu unterscheiden: 401

aa) Erklärte Auflassung

Ist bereits die Auflassung erklärt und der Antrag auf Eintragung der Auflassungsvormerkung gestellt oder die Auflassungsvormerkung bereits eingetragen, so muss die Aufhebung notariell beurkundet werden (vgl. BGH, NJW 1982, 1639). Die Rechtsposition des Käufers ist in diesem Zeitpunkt bereits so stark, dass die Aufhebung einer Rückübertragung nahe kommt und daher die Vorschrift des § 311 b Abs. 1 BGB entsprechend anzuwenden ist. Der Notar darf den Vollzug bis zur Beurkundung nicht endgültig einstellen, sondern sollte den Beteiligten mitteilen, dass er bis zu einem bestimmten Zeitpunkt vom weiteren Vollzug absehen werde. Die Aufhebung hat dabei insbesondere auch die Bewilligung des Käufers zur Löschung der Vormerkung zu enthalten. 402

Bei bereits gezahltem Kaufpreis sollte die Aufhebung von der Absicherung der Rückzahlungsverpflichtung abhängig gemacht werden.

bb) Nicht erklärte Auflassung

403 Ist die Auflassung nicht erklärt und die Auflassungsvormerkung weder beantragt noch eingetragen, so kann der Kaufvertrag formlos aufgehoben werden. Der Notar darf vom weiteren Vollzug aber nicht bereits dann absehen, wenn einer der Vertragsbeteiligten ihm die Aufhebung mitteilt. Der Vollzug darf nur eingestellt werden, wenn alle Vertragsbeteiligten den Notar zur Einstellung des weiteren Vollzugs auffordern. Der Notar sollte insoweit auf einer schriftlichen Anweisung bestehen. Das Finanzamt ist über die Aufhebung zu unterrichten, damit von der Steuerfestsetzung abgesehen wird.

c) Änderungen des Kaufvertrags

404 Nicht selten wünschen die Beteiligten die Änderung des Kaufvertrags. Gelegentlich ist eine solche Änderung des Kaufvertrags auch deshalb erforderlich, weil der Kaufvertrag in seiner ursprünglichen Fassung nicht durchgeführt werden kann.

Hier ist es umgekehrt als bei der vollständigen Aufhebung des Kaufvertrags. Ist die Auflassung erklärt oder sogar bereits die Umschreibung auf den Erwerber beantragt, ist die Änderung formlos möglich. Ist die Auflassung dagegen nicht erklärt, bedarf es der Beurkundung. Betrifft die Änderung dagegen Regelungen, die Anweisungen in Bezug auf Anderkontenregelungen enthalten, müssen diese durch alle Beteiligten schriftlich erfolgen. Sind von der Änderung auch Dritte, etwa finanzierende Banken betroffen, bedarf es auch der Zustimmung des Dritten. Bei wesentlichen Änderungen ist es in der Regel auch erforderlich, eine erneute Auflassungsvormerkung zu beantragen, da die eingetragene Auflassungsvormerkung nur einen bestimmten, nämlich den bisherigen, Anspruch sichert, nicht dagegen einen geänderten Anspruch (vgl. auch BGH, NJW 2000, 805).

III. Weitere Geschäfte im Grundstücksrecht

1. Wohnungseigentum

405 Das Wohnungseigentum stellt eine besondere Form des Eigentums an Grundstücken dar und zwar im Hinblick darauf, dass es ein besonders ausgestaltetes Miteigentum ist. Für die Übertragung von Wohnungseigentum bedeutet dies u. a., dass eine Auflassung erforderlich ist (§ 925 BGB).

Die Bedeutung des Wohnungseigentums liegt darin, dass ein Grundstück in verschiedene Einheiten aufgeteilt werden kann. Der Wohnungseigentümer ist einerseits Miteigentümer des gesamten Grundstückes, andererseits hat er hinsichtlich seiner Wohnung eine der eines Alleineigentümers angenäherte Stellung. Das sog. *Wohnungs- oder Teileigentum* ist selbstständig belastbar und veräußerlich. Damit wird der sachenrechtliche Grundsatz, dass der Eigentümer des Grundstücks auch Eigentümer des Gebäudes ist (§ 93 BGB), wesentlich modifiziert. Geregelt ist das Wohnungseigentum nicht im BGB, sondern im WEG.

Beim Miteigentum nach §§ 1008 ff. BGB hat der einzelne Miteigentümer nicht ein dingliches Recht, bestimmte Räume unter Ausschluss der anderen Eigentümer zu nutzen. Das Wohnungseigentum setzt dagegen voraus, dass der jeweilige Wohnungseigentümer seine Wohnung unter Ausschluss der anderen nutzen kann. Zwar können auch Miteigentümer i. S. v. § 1008 BGB miteinander vereinbaren, dass einzelne Räume ausschließlich von einzelnen Miteigentümern genutzt werden dürfen. Eine solche Vereinbarung hat aber nur schuldrechtliche Bedeutung.

Nach der Definition des § 1 Abs. 2 und 3 WEG ist Wohnungseigentum das Sondereigentum an einer Wohnung und Teileigentum an nicht zu Wohnzwecken dienenden Räumen, etwa Büroräumen oder Ladenlokalen. Wohnungs- und Teileigentum werden aber rechtlich gleich behandelt.

a) Begründung des Wohnungseigentums

Die Begründung von Wohnungs- und Teileigentum, die so genannte *Aufteilung*, erfolgt entweder durch Vertrag (§ 3 WEG) oder einseitig (so genannte *Vorratsteilung*) durch den Eigentümer (§ 8 WEG). In beiden Fällen wird der Inhalt des Eigentums am Grundstück verändert. Die vertragliche Begründung bedarf der für die Auflassung bestimmten Form (§ 4 Abs. 2 WEG), die Vorratsteilung durch Erklärung gegenüber dem Grundbuchamt ebenso wie die in beiden Fällen erforderliche Eintragungsbewilligung der Form des § 29 GBO. Bei Vollzug der Teilung im Grundbuch wird das Grundstücksgrundbuch geschlossen und an seine Stelle treten *Wohnungseigentumsgrundbücher*.

406

Im Ergebnis entsteht nach erfolgter Teilung und Vollzug im Grundbuch das Sondereigentum an Räumen (meist Wohnungen). Die einzelnen Einheiten können dabei ein unterschiedliches Schicksal haben, etwa an Dritte veräußert oder belastet werden. Die Einzelheiten über das Verfahren der Anlegung ergeben sich aus der Wohnungsgrundbuchverfügung.

b) Aufteilung nach § 3 WEG

Checkliste

407

✓ Grundbuchstand, d.h., liegt ein Grundstück im Rechtssinn vor (vgl. Rz. 230)?

✓ Etwaige Belastungen (Zustimmung der Gläubiger nicht erforderlich), Belastungen gehen aber auf das einzelne Wohnungseigentum über.

✓ Liegen Pläne (Bauzeichnungen) vollständig vor, nämlich alle Geschosse im Grundriss, Seitenschnitt und Ansichten aller vier Richtungen (so genannter Aufteilungsplan)?

✓ Liegt die Bescheinigung der Baubehörde vor, dass die Wohnungen (Teileigentum) abgeschlossen sind (Abgeschlossenheitsbescheinigung)?

408 Durch den Teilungsvertrag nach § 3 WEG wird jedem Miteigentümer des Grundstücks abweichend von § 93 BGB das Wohnungseigentum an einer Wohnung eingeräumt.

Das Rechtsgeschäft ist darauf gerichtet, bestehende Miteigentumsanteile an einem Grundstück, z. B. Miteigentum in Höhe eines Viertels, in das Eigentum an einer Wohnung zu verwandeln. Das Miteigentum am Grundstück bleibt dabei zwar bestehen (kein Wohnungseigentum ohne gleichzeitiges Miteigentum am Grundstück). Anders als das Miteigentum nach dem BGB (§§ 1008 ff. BGB) bestimmt sich das Verhältnis der Miteigentümer aber nach Aufteilung nach den Regelungen der Teilungserklärung, vor allem der Gemeinschaftsordnung und dem WEG.

c) Inhalt des Vertrags

409 Der *Teilungsvertrag* nach § 3 WEG ist meist sehr umfangreich. Dies beruht darauf, dass das Verhältnis der einzelnen Miteigentümer zueinander einer konkreten Regelung bedarf, die auf einen langen Zeitraum das Miteinander der Wohnungseigentümer problemlos gestalten soll.

Daneben müssen eine Reihe von Feststellungen getroffen werden, die eine Abgrenzung der Wohnungen erlauben. Deshalb müssen bei der Begründung des Wohnungseigentums die Pläne in den Vertrag Eingang finden.

aa) Grundbuchstand

410 Auch beim Vertrag nach § 3 WEG ist der Grundbuchstand zu ermitteln und in die Urkunde aufzunehmen. Für die Begründung des Wohnungseigentums ist die Zustimmung der im Grundbuch eingetragenen Gläubiger in der Regel nicht erforderlich, weil die bisherigen Belastungen in voller Höhe auf jeden einzelnen Miteigentumsanteil übergehen. Sind Briefrechte (vgl. Rz. 498) im Grundbuch eingetragen, ist auch der Brief vorzulegen.

Soll das Wohnungseigentum an mehreren Grundstücken begründet werden, etwa weil sich das errichtete Gebäude über zwei Grundstücke des gleichen Eigentümers erstreckt, müssen die Grundstücke zunächst vereinigt werden (§ 1 Abs. 4 WEG).

Schließlich ist bei der Grundbucheinsicht darauf zu achten, ob die Vertragsbeteiligten bereits Miteigentümer sind. Ein etwaiges anderes Gemeinschaftsverhältnis, z. B. Erbengemeinschaft, Gesellschaft bürgerlichen Rechts, ist vorab durch Auflassung an eine Miteigentümergemeinschaft zu ersetzen.

bb) Bildung der Miteigentumsanteile und des Sondereigentums

411 Die *Miteigentumsanteile* sind die Anteile des einzelnen Wohnungseigentümers an dem gesamten Grundstück. Die Höhe der Anteile haben vor allem Auswirkungen für die Kostentragungspflicht des jeweiligen Miteigentümers. Die Miteigentumsanteile sollten daher in etwa der Größe der Wohnung im Verhältnis zu den übrigen Wohnungen entsprechen. Zwingend vorgeschrieben ist dies jedoch nicht, unzulässig ist es allein, ein Wohnungseigentum ohne Miteigentumsanteil zu bilden.

III. Weitere Geschäfte im Grundstücksrecht

Insgesamt müssen die Miteigentumsanteile stets 100% betragen, z. B.: $^{10000}/_{10000}$. Unzulässig wäre dagegen: $^{9999}/_{10000}$.

Dem Miteigentumsanteil ist das *Sondereigentum* an einer bestimmten Wohnung zuzuweisen, da Miteigentumsanteil und Sondereigentum eine untrennbare Einheit bilden.

Beispiel 412
Miteigentumsanteil von $^{7810}/_{10000}$ an dem Flurstück 110/1 der Flur 14 der Gemarkung Halle, Gebäude- und Freifläche, Jägerstraße 7, mit einer Größe von 513 qm verbunden mit dem Sondereigentum an der im Aufteilungsplan mit Nr. 2 bezeichneten Wohnung im Erdgeschoss rechts mit Balkon sowie dem Sondernutzungsrecht an dem mit Nr. 2 bezeichneten Abstellraum im Keller.

Insoweit ist für die Bezeichnung des Sondereigentums auf den Aufteilungsplan und die dort vorgesehene Nummerierung zu verweisen (§ 7 Abs. 4 Nr. 1 WEG). 413

Der Aufteilungsplan sollte genau daraufhin geprüft werden, ob auch alle als Sondereigentum bezeichneten Räumlichkeiten tatsächlich sondereigentumsfähig sind. *Sondereigentumsfähig* sind nur Räume und Garagenplätze mit dauerhafter Markierung (§ 3 Abs. 2 S. 2 WEG). Ebenerdige Terrassen, Car-Ports usw. sind dagegen nicht sondereigentumsfähig. Diese dürfen daher auch nicht als Sondereigentum ausgewiesen werden.

Die einzelnen Wohnungen sind dem jeweiligen zukünftigen Eigentümer aufzulassen.

cc) Gemeinschaftliches Eigentum

Gemeinschaftliches Eigentum sind die Grundstücks- und Gebäudeteile, die nicht zum Sondereigentum gehören (§ 1 Abs. 5 WEG). Zum gemeinschaftlichen Eigentum zählen die Bestandteile des Grundstücks (einschließlich des Gebäudes), die nicht sondereigentumsfähig sind. 414

Zum gemeinschaftlichen Eigentum gehören weiter das Grundstück selbst (§ 1 Abs. 5 WEG), die tragenden Teile des Gebäudes und die Anlagen und Einrichtungen, die dem gemeinschaftlichen Gebrauch dienen (§ 5 Abs. 2 WEG). Gemeinschaftliches Eigentum sind daher Gartenanlagen, Stellplätze (soweit nicht Sondereigentum), Tiefgarage, Treppenhäuser, Flure, Eingangsbereiche, Fassaden, usw.

dd) Sondernutzungsrechte

Das gemeinschaftliche Eigentum dient in erster Linie der gemeinschaftlichen Nutzung aller Wohnungseigentümer, wie etwa das Treppenhaus oder eine Waschküche. Es ist aber auch möglich, einzelne Einrichtungen einem oder mehreren Wohnungseigentümern vorzubehalten und die anderen Eigentümer von der Nutzung auszuschließen. Derartige *Sondernutzungsrechte* sind dort erforderlich, wo für bestimmte Einrichtungen Sondereigentum nicht zulässig ist, wie z. B. bei Car-Ports. Zweckmäßig ist es, das Sondernutzungsrecht 415 im Lageplan farblich zu markieren und darauf zu verweisen. Das Sondernutzungsrecht ist damit in seiner Wirkung dem Sondereigentum ähnlich. Gegenüber dem Sondereigentum kann das Sondernutzungsrecht nicht unabhängig vom Sondereigentum, zu dem es gehört, veräußert werden.

416 **Beispiel**
Ist für einen Garagenstellplatz Sondereigentum gebildet, wird ein eigenständiges Teileigentumsgrundbuch gebildet. Das Sondernutzungsrecht wird demgegenüber lediglich im Bestandsverzeichnis des Sondereigentums, dem es zugeordnet ist, vermerkt.

ee) Weiterer Inhalt der Teilungserklärung

417 Der weitere Inhalt der Teilungserklärung betrifft vor allem das Verhältnis der Miteigentümer zueinander, die so genannte *Gemeinschaftsordnung*, d. h. Fragen der Instandhaltungsrücklage, der Verwalterbestellung, die Eigentümerversammlung usw. Zwar enthalten die Vorschriften des WEG ausführliche Regelungen über das Verhältnis der Eigentümer zueinander, doch sind eine ganze Reihe dieser Vorschriften dispositiv, d. h., die Gemeinschaftsordnung kann abweichende Regelungen vorsehen, die den konkreten Bedürfnissen besser entsprechen. Die Bestellung eines Verwalters kann jedoch nicht ausgeschlossen werden (§ 20 Abs. 2 WEG). Praktisch kann jedoch die Verwalterbestellung dadurch vermieden werden, dass ein Verwalter nicht gewählt wird.

Art und Umfang der Regelungen der Gemeinschaftsordnung hängen hauptsächlich davon ab, ob es sich um eine kleine Anlage oder aber um eine große Anlage handelt.

d) Vollzug der Teilung

418 In der Regel erschöpft sich der Vollzug der Teilungserklärung in der Stellung der Grundbuchanträge unter Vorlage der Teilungserklärung. Genehmigungen sind nur ausnahmsweise erforderlich. Zu nennen sind hier die Genehmigung nach § 22 BauGB und die Genehmigung nach der GVO im Gebiet der neuen Bundesländer (dazu Rz. 326).

Nach § 22 BauGB können die Gemeinden in Fremdenverkehrsgebieten durch Satzung oder Bebauungsplan beschließen, dass die Teilung in Wohnungs- oder Teileigentum der Genehmigung (der Gemeinde) bedarf. Das Grundbuchamt hat aber nicht stets die Erteilung eines Negativattests zu verlangen, sondern muss selbst feststellen, ob eine Satzung oder ein Bebauungsplan mit Genehmigungsvorbehalt vorliegt (*Schmidt-Eichstaedt/Reitzig*, NJW 1999, 387). Ist das der Fall, hat es vom Antragsteller die Vorlage der Genehmigung zu verlangen.

e) Teilungserklärung nach § 8 WEG

419 Die Teilung nach § 8 WEG unterscheidet sich von der nach § 3 WEG dadurch, dass die durch die Teilung entstehenden Einheiten jedenfalls zunächst beim Eigentümer verbleiben. Das im Grundbuch eingetragene Beteiligungsverhältnis setzt sich an jedem Wohnungseigentum fort. Eine Auflassung ist daher nicht erforderlich. Die Teilungserklärung nach § 8 WEG bedarf nicht der Beurkundung, es genügt vielmehr die notarielle Beglaubigung. Allerdings empfiehlt sich die Beurkundung, weil ansonsten die Gemeinschaftsordnung im Fall der Veräußerung eines Sondereigentums erneut als Bestandteil des Kaufvertrags zu verlesen ist. Eine Verweisung ist nur zulässig, wenn die Urkunde, auf die verwiesen wird, eine Niederschrift ist (vgl. Rz. 128). Sofern die Miteigentumsanteile jedoch abweichend von den bisherigen Miteigentumsanteilen vergeben werden sollen, ist eine Auflassung erforderlich.

Der Inhalt der Teilungserklärung nach § 8 WEG entspricht im Übrigen dem der Teilung nach § 3 WEG.

f) Kaufvertrag über eine Eigentumswohnung

Der Kaufvertrag über ein Wohnungseigentum oder ein Teileigentum unterscheidet sich nicht wesentlich von einem gewöhnlichen Grundstückskaufvertrag. **420**

Gegenstand des Kaufvertrags ist der Miteigentumsanteil an dem Grundstück verbunden mit dem Sondereigentum an einer Wohnung. Der weitere Inhalt des Kaufvertrags hängt wesentlich davon ab, ob im Grundbuch bereits Wohnungseigentum gebildet wurde (dazu nachfolgend aa) oder ob die Teilung noch nicht vollzogen wurde (nachfolgend bb)).

aa) Wohnungsgrundbücher sind bereits angelegt

Ist das Wohnungseigentum bereits gebildet und sind die Wohnungsgrundbücher angelegt, so bedarf es in der Urkunde nicht der Bezugnahme auf die Teilungserklärung, es genügt die Angabe des Wohnungsgrundbuchs (§ 28 GBO). Der Käufer einer Eigentumswohnung sollte sich jedoch über den Inhalt der Teilungserklärung, insbesondere die Gemeinschaftsordnung Klarheit verschaffen, da sich seine Rechte und Pflichten danach richten. Weiter sollte er sich über etwaige Beschlüsse der Eigentümerversammlung informieren, z. B. die Höhe der Instandhaltungsrücklage und Verwalterverträge. Derartige Vereinbarungen und Beschlüsse ergeben sich aus der Beschluss-Sammlung (§ 24 Abs. 7 WEG) und sind für den Käufer als zukünftigen Eigentümer verbindlich. Die Beschluss-Sammlung wird vom Verwalter geführt (§ 24 Abs. 8 WEG). Der Käufer tritt auch in die Verpflichtung des Verkäufers zur Tragung rückständiger Lasten ein. Der Käufer sollte sich vom Verkäufer daher im Kaufvertrag zusichern lassen, dass derartige Rückstände und Beschlüsse der Eigentümerversammlung nicht vorhanden sind. **421**

bb) Noch nicht gebildetes Wohnungseigentum

Soll eine Eigentumswohnung zu einem Zeitpunkt veräußert werden, in dem das Wohnungsgrundbuch noch nicht gebildet ist, so bedarf es in dem Kaufvertrag der Bezugnahme auf die Teilungserklärung gemäß § 13 a BeurkG, wenn die Teilungserklärung durch notarielle Niederschrift errichtet wurde (vgl. Rz. 128). Häufig ist in diesem Fall das Gebäude noch nicht vollständig **422** errichtet, so dass der Kaufvertrag auch den Vorschriften der MaBV entsprechen muss (vgl. Rz. 424).

cc) Vollzug des Kaufvertrags über eine Eigentumswohnung

423 Der Vollzug des Kaufvertrags über Wohnungseigentum entspricht grundsätzlich dem des Kaufvertrags über ein Grundstück.

Da ein Vorkaufsrecht der Gemeinde nach § 28 BauGB ausgeschlossen ist, bedarf es jedoch nicht der Einholung eines Negativattests über das Nichtvorliegen eines Vorkaufsrechts.

Allerdings kann bei dem Verkauf einer Eigentumswohnung ein Vorkaufsrecht des Mieters nach § 577 BGB bestehen. Danach hat der Mieter von Wohnraum, an dem Wohnungseigentum begründet worden ist, ein gesetzliches Vorkaufsrecht. Dieses Vorkaufsrecht ist, wie jedes andere gesetzliche Vorkaufsrecht, nicht im Grundbuch eingetragen. Es kann nur bei der erstmaligen Veräußerung von Wohnungseigentum nach Aufteilung ausgeübt werden (für die erforderliche **Anzeige** vgl. Rz. 352).

Häufig sieht die Gemeinschaftsordnung vor, dass die Veräußerung der Zustimmung des Verwalters bedarf. Dies ist gegebenenfalls im Bestandsverzeichnis des Wohnungsgrundbuchs vermerkt. Auf dieses Erfordernis ist gemäß § 18 BeurkG hinzuweisen. Das Grundbuchamt verlangt in diesem Fall die Vorlage der Verwalterzustimmung, und zwar in einer dem § 29 GBO entsprechenden Form. Damit bedarf die Zustimmung des Verwalters zumindest notarieller Beglaubigung. Neben der Zustimmung des Verwalters ist aber auch der Nachweis der Legitimation des Verwalters in der Form des § 29 GBO erforderlich. Diese Legitimation ergibt sich entweder aus der Teilungserklärung selbst oder aus einem *Bestellungsprotokoll* gemäß § 26 WEG (Niederschrift über den Bestellungsbeschluss mit notariell beglaubigten Unterschriften des Vorsitzenden der Versammlung und eines Wohnungseigentümers und bei Bestehen eines Verwaltungsbeirats der beglaubigten Unterschrift des Vorsitzenden des Beirats).

g) Besonderheiten bei Bauträgerverträgen

424 Der Bauträgervertrag ist eine Sonderform des Kaufvertrags über ein Grundstück oder über eine Eigentumswohnung. Durch ihn übernimmt der Verkäufer als *Bauträger* zusätzlich zur Verpflichtung, dem Käufer das Eigentum am Grundstück zu verschaffen, die Verpflichtung zur Errichtung eines Gebäudes; insofern stellt die Vereinbarung einen Werkvertrag (§§ 631 ff. BGB) dar. Hier ist der an und für sich keiner Form unterliegende Werkvertrag, weil er mit dem Kaufvertrag eine untrennbare Einheit bildet, mit zu beurkunden (vgl. Rz. 275). Dies geschieht durch das Beifügen und Mitverlesen der so genannten Baubeschreibung, d. h. der Erklärung über die im Einzelnen vom Verkäufer hinsichtlich des Baus übernommenen Verpflichtungen.

Da die Leistung des Käufers beim Bauträgervertrag nicht nur den Kaufpreis für den Grund- und Boden, sondern auch den Werklohn für die Errichtung des Gebäudes enthält, wäre eine Kaufpreiszahlung entsprechend den ge-

III. Weitere Geschäfte im Grundstücksrecht

wöhnlichen Fälligkeitsbedingungen (vgl. Rz. 344 ff.) für den Käufer mit einem beträchtlichen Risiko verbunden. Er würde möglicherweise vor Fertigstellung des Baus den vollen Kaufpreis erbringen müssen. Erfüllt dann der Verkäufer seine Bauverpflichtung nicht, etwa weil er in Insolvenz geraten ist, so ist ein Teil des Kaufpreises für den Käufer möglicherweise verloren.

Aus diesem Grund sieht die MaBV zwingend vor, dass der Verkäufer (Bauträger) Kaufpreiszahlungen des Käufers grundsätzlich nur entgegennehmen darf, soweit dies den bereits erbrachten Leistungen des Bauträgers entspricht. Auf diese Weise wird der Käufer vor dem Risiko einer ungesicherten Vorleistung geschützt. Diese Vorleistungspflicht kann auch durch die Stellung einer Bankbürgschaft vermieden werden, die dem Käufer Sicherheit auf Rückgewähr aller bereits erbrachten Vermögensleistungen bietet.

Zum Schutz des Käufers sieht die MaBV (§ 3 Abs. 1) auch vor, dass selbst die erste Rate erst dann entgegengenommen werden darf, wenn: **425**

- die Vormerkung eingetragen ist,
- alle zum Vollzug erforderlichen Genehmigungen vorliegen,
- die Freistellungsverpflichtungserklärung der Gläubiger vorliegt, die mit Grundpfandrechten im Rang vor der Vormerkung eingetragen sind.

Formulierungsbeispiel **426**
Der Kaufpreis ist in Raten zu zahlen. Grundvoraussetzung hierfür ist die Absendung einer Bestätigung des Notars an die hier genannte Anschrift des Käufers, nach der
a) alle etwa zur Rechtswirksamkeit und zum Vollzug dieses Vertrags erforderlichen Genehmigungen vorliegen und keine Gründe ersichtlich sind, die gegen die Wirksamkeit des Vertrags sprechen;
b) die Auflassungsvormerkung am Vertragsobjekt für den Käufer erstrangig bzw. im Rang nach der Finanzierungsgrundschuld des Verkäufers im Grundbuch eingetragen ist, wobei unter Mitwirkung des Käufers bestellte Grundstücksbelastungen im Rang vorgehen dürfen;
c) die Lastenfreistellung des verkauften Objekts durch Vorliegen der Freistellungsverpflichtungserklärung des Gläubigers gesichert ist, wonach nicht zu übernehmende Grundpfandrechte gelöscht werden, und zwar, wenn das Bauvorhaben vollendet wird, unverzüglich nach Zahlung der geschuldeten Vertragssumme, andernfalls unverzüglich nach Zahlung des dem erreichten Bautenstand entsprechenden Teils der geschuldeten Vertragssumme durch den Käufer. Der Verkäufer verpflichtet sich, in Ansehung der in Abteilung III eingetragenen Belastung eine Pfandfreigabe oder Freistellungsverpflichtungserklärung nach der Makler- und Bauträgerverordnung beim Gläubiger einzuholen und der Notarin vorzulegen, die dem Käufer eine Kopie aushändigen wird. Weitere – von der Notarin nicht zu bestätigende – Grundvoraussetzung für die Fälligkeit der Raten ist die schriftliche Bestätigung des Verkäufers, dass alle Voraussetzungen für die Baugenehmigungsfreiheit des vertragsgegenständlichen Bauvorhabens gegeben sind und nach den baurechtlichen Vorschriften die Baugenehmigung als erteilt gilt bzw. mit den Bauvorhaben begonnen werden darf. Der Kaufpreis ist zur

> *Zahlung fällig frühestens einen Monat nach Eingang dieser Bestätigung beim Käufer.*

427 Die Freistellungsverpflichtungserklärung ist die unwiderrufliche Erklärung der eingetragenen Gläubigerin, dass sie die Löschungsbewilligung für das Grundpfandrecht abgeben wird.

Oft ist der Bauträger daran interessiert, vor Erfüllung der sich aus dem Gesetz ergebenden Voraussetzungen den Kaufpreis zu erhalten, da er den Kaufpreis zur Finanzierung des Bauvorhabens benötigt. Die MaBV eröffnet daher die Möglichkeit, anstelle des Vorliegens der vorgenannten Voraussetzungen die Kaufpreisauszahlung von der Stellung einer Bürgschaft abhängig zu machen, durch die die Bank Sicherheit für die Rückzahlung aller durch den Käufer erbrachten Vermögenswerte bietet (§ 7 Abs. 1 MaBV).

428 *Formulierungsbeispiel*
> *Entgegen der vorstehenden Vereinbarung wird der Kaufpreis auch dann fällig, wenn die Verkäufer dem Käufer zur Absicherung aller etwaigen Ansprüche des Käufers auf Rückgewähr oder Auszahlung der von ihm geleisteten Vermögenswerte eine selbstschuldnerische, unbefristete, unbedingte, unter Verzicht auf die Einrede der Anfechtbarkeit und Aufrechenbarkeit erteilte Bürgschaft einer deutschen Bank gemäß §§ 7 und 2 der Makler- und Bauträgerverordnung übergeben hat. Die Bürgschaft ist aufrechtzuerhalten, bis die vorstehend genannten Voraussetzungen vorliegen und ab diesem Zeitpunkt auf Verlangen des Verkäufers zurückzugeben.*

429 Wegen des Vorleistungsverbots des Erwerbers darf der Bauträgervertrag keine uneingeschränkte Zwangsvollstreckungsunterwerfung mit Nachweisverzicht enthalten.

Der Kaufvertrag über ein noch zu errichtendes Gebäude muss daher neben der Beurkundung des Werkvertrags auch eine den Anforderungen der MaBV über die Zahlung des Kaufpreises entsprechende Regelung zum Inhalt haben. Auch die Aussetzung der Auflassung oder eine Umschreibungssperre bis zur vollständigen Kaufpreiszahlung ist nicht zulässig (BGH NJW 2002, 140).

430 *Formulierungsbeispiel*
> *Liegen die vorgenannten Voraussetzungen vor oder hat der Verkäufer dem Käufer Sicherheit durch Bankbürgschaft übergeben, ist der Kaufpreis in folgenden Raten zu entrichten:*
> *a) 30,0 % nach Vorliegen der vorstehend in 4. genannten Grundvoraussetzungen;*
> *b) 28,0 % nach Rohbaufertigstellung, einschließlich Zimmerarbeiten;*
> *c) 14,5 % nach Herstellung der Dachflächen und Dachrinnen, nach Rohinstallation der Elektroanlage und nach Fenstereinbau einschließlich Verglasung;*
> *d) 6,5 % nach Abschluss der Innenputz-, ausgenommen Beiputzarbeiten und nach Abschluss aller Fassadenarbeiten;*
> *e) 6,0 % nach Rohinstallation der Heizungsanlage und nach Rohinstallation der Sanitäranlage und nach Abschluss der Estricharbeiten;*

III. Weitere Geschäfte im Grundstücksrecht

f) 11,5 % nach Abschluss der Fliesenarbeiten im Sanitärbereich, bei Bezugsfertigkeit und Zug-um-Zug gegen Besitzübergabe – auch ohne Gebrauchsabnahmeschein;
g) 3,5 % nach vollständiger Fertigstellung.

2. Der Erbbaurechtsvertrag

Das *Erbbaurecht* ist das veräußerliche, vererbliche und belastbare Recht, auf oder unter der Erdoberfläche eines (fremden) Grundstücks ein Gebäude zu errichten (§ 1 ErbbauRG). Ebenso wie bei dem Wohnungseigentum wird hier der Grundsatz, dass das Eigentum am Grundstück und das Eigentum am Gebäude eine Einheit bilden (§§ 93, 94 BGB) durchbrochen. Das Eigentum an Gebäude und Grundstück wird hier aufgespalten. 431

a) Zweck und Abgrenzung zum Wohnungseigentum

Im Unterschied zum Wohnungseigentum, das eine Sonderform des Eigentums ist, handelt es sich bei dem Erbbaurecht um ein Recht an einem Grundstück. Daher wird das Grundstücksgrundbuch bei Begründung eines Erbbaurechts – anders als beim Wohnungseigentum – nicht geschlossen. Der Grundstückseigentümer kann weiter über das Grundstück verfügen. Das Erbbaurecht wird als Belastung in Abteilung II des (Grundstücks-)Grundbuchs an ausschließlich erster Rangstelle eingetragen. Daneben wird ein Erbbaugrundbuch angelegt, das im Aufbau dem gewöhnlichen Grundbuch entspricht. Im Gegensatz zu anderen Rechten an Grundstücken richtet sich aber die Begründung und Übertragung des Erbbaurechts im Wesentlichen nach den für die Übertragung des Eigentums an Grundstücken geltenden Vorschriften. Das Erbbaurecht ist also eine Belastung, die rechtlich und wirtschaftlich dem Eigentum nahe kommt. 432

Häufig ist das Grundstück für die Dauer des Erbbaurechts praktisch nicht veräußerbar und nicht belastbar, da der wirtschaftliche Wert des Grundstücks im Erbbaurecht liegt.

Rechtlich ist der Erbbauberechtigte Eigentümer des Gebäudes (als eines wesentlichen Bestandteils der Erbbaurechts), wirtschaftlich auch des Grundstücks, allerdings nur auf Zeit. Dies beruht darauf, dass das Erbbaurecht in der Regel nicht nur das Recht auf Errichtung eines Gebäudes zum Inhalt hat, sondern dass dem Erbbauberechtigten auch die Nutzung des gesamten Grundstücks (z. B. auch des Gartens) eingeräumt wird. Zwingend ist dies jedoch nicht. Die Ausübung des Erbbaurechts kann auch auf einen Teil des Grundstücks beschränkt werden.

Beispiel 433

A ist Eigentümer eines Grundstücks, auf dem sein Wohnhaus steht. Er möchte seiner Tochter B einen Teil des Grundstücks zur Bebauung überlassen. Dies kann auch durch die Einräumung eines Erbbaurechts beschränkt auf den für das zu errichtende Gebäude erforderlichen Grundstücksteil erfolgen. In diesem Fall bleibt A Eigentümer und kann das Grundstück (eingeschränkt) weiter nutzen.

b) Inhalt des Erbbaurechtsvertrags

434 Die Ausgestaltung des Vertrags über die Begründung eines Erbbaurechts ist in der Regel sehr umfangreich. Dies beruht darauf, dass das Erbbaurecht nach seinem Inhalt und Umfang umschrieben werden muss. Demgegenüber steht der Inhalt und Umfang des Eigentums fest (vgl. § 903 BGB).

435 Zum Inhalt des Erbaurechtsvertrags (Begründung) gehört:
– der gesetzlich vorgeschriebene (zwingende) dingliche Inhalt,
– der zulässige, aber nicht zwingend erforderliche dingliche Inhalt,
– der nur schuldrechtliche Inhalt.

436 Während der dingliche Inhalt gegenüber jedermann, d. h. sowohl Rechtsnachfolgern des Verkäufers und des Käufers, Wirkung entfaltet, bedarf es bei den schuldrechtlichen Vereinbarungen einer ausdrücklichen Übertragung auf den Rechtsnachfolger.

aa) Gesetzlich vorgeschriebener Mindestinhalt

437 Der Mindestinhalt des Erbbaurechts ergibt sich aus § 1 ErbbauRG. Danach ist zwingende Voraussetzung des Erbbaurechts:

– das Erbbaurecht muss auf das Recht gerichtet sein, auf oder unter der Erdoberfläche des Grundstücks ein Bauwerk zu haben. Das Bauwerk kann bereits errichtet sein. In der Regel wird das Bauwerk jedoch erst nach Begründung des Erbbaurechts errichtet. Bei dem Bauwerk handelt es sich im Regelfall um ein Gebäude. Dies ist jedoch nicht zwingend. Auch Brücken und Golfplätze können als Bauwerke aufgefasst werden;
– das Erbbaurecht muss veräußerlich und vererblich sein. Soll das Erbbaurecht nicht vererblich und veräußerlich sein, kommt die Einräumung eines Nießbrauchs in Betracht;
– das Erbbaurecht muss die ausschließlich erste Rangstelle sowohl in Abt. II und III des (Grundstücks-)Grundbuchs erhalten (§ 10 Abs. 1 ErbbauRG). Das bedeutet, dass das Grundstück entweder lastenfrei sein muss oder dass alle im Grundbuch eingetragenen Gläubiger im Rang hinter das Erbbaurecht zurücktreten müssen. Ist dieser Rang nicht zu erlangen, etwa weil ein eingetragener Gläubiger keine Rangrücktrittserklärung abgibt, kann ein Erbbaurecht nicht begründet werden. Weil aber nicht nur die erste Rangstelle erforderlich ist, sondern sogar die ausschließlich erste Rangstelle, kann auf einem Grundstück stets nur ein Erbbaurecht begründet werden.

438 *Formulierungsbeispiel*
(Urkundseingang, Grundbuchstand usw., entsprechend Kaufvertrag)
Der Grundstückseigentümer bestellt hiermit dem Erbbauberechtigten an dem in Ziffer I. bezeichneten Erbbaugrundstück ein Erbbaurecht im Sinne der Erbbau-

rechtsverordnung. *Dies ist das veräußerliche und vererbliche Recht, auf oder unter der Oberfläche eines Grundstückes ein oder mehrere Bauwerke nach Maßgabe dieses Vertrags zu haben.*

bb) Vertragsmäßiger dinglicher Inhalt

Würde sich der Erbbaurechtsvertrag nur auf den gesetzlich vorgeschriebenen Mindestinhalt beschränken, wäre das Verhältnis von Eigentümer und Erbbauberechtigten nur ungenügend geregelt. Daher sind weitere Regelungen erforderlich. Diese können mit dinglicher Wirkung getroffen werden, so dass sie auch gegenüber Rechtsnachfolgern gelten. 439

aaa) Regelungen über die Errichtung des Gebäudes

Sinnvoll sind Regelungen über die Errichtung des Gebäudes, den Nutzungsumfang und die Erstreckung des Erbbaurechts auf für das Bauwerk nicht benötigte Grundstücksteile. 440

Formulierungsbeispiel 441

Der Erbbauberechtigte ist berechtigt und verpflichtet, auf dem vorbezeichneten Erbbaugrundstück auf seine Kosten ein Einfamilienhaus nebst den dazu erforderlichen Nebenanlagen, wie etwa eine Garage, zu errichten und zu belassen nach Maßgabe eines vom Grundstückseigentümer zu genehmigenden Bauplanes.

Eine Änderung des in Absatz 1 vereinbarten Verwendungszwecks bedarf der vorherigen schriftlichen Zustimmung des Grundstückseigentümers.

Das Erbbaurecht erstreckt sich auch auf den für die Gebäude nicht erforderlichen Teile des Erbbaugrundstückes.

Der Erbbauberechtigte ist verpflichtet, die genannten Gebäude bis spätestens innerhalb von zwei Jahren nach Abschluss dieses Vertrags bezugsfertig zu errichten.

bbb) Dauer des Erbbaurechts

Die Dauer des Erbbaurechts ist gesetzlich nicht vorgeschrieben, sondern unterliegt der Parteivereinbarung. Grundsätzlich sollte sich die Dauer an der voraussichtlichen Lebensdauer des Gebäudes orientieren. Üblich sind Vereinbarungen zwischen 60 und 99 Jahren. Zulässig, aber wenig sinnvoll ist auch ein ewiges Erbbaurecht. Mit dem Zeitablauf erlischt das Erbbaurecht, das Grundbuch wird unrichtig und ist zu berichtigen (§ 22 GBO). Das im Eigentum des Erbbauberechtigten stehende Gebäude fällt unmittelbar kraft Gesetzes an den Eigentümer des Grundstücks. Daher ist die Regelung über eine Entschädigung sinnvoll (§ 27 Abs. 1 ErbbauRG) und für bestimmte Fälle auch gesetzlich vorgesehen (§ 27 Abs. 2 ErbbauRG). 442

Formulierungsbeispiel 443

Das Erbbaurecht beginnt mit der Eintragung im Grundbuch und endet nach Ablauf von 99 (in Worten: neunundneunzig) Jahren spätestens am 01.03.2103. Nach Beendigung des Erbbaurechts gehen die Baulichkeiten und baulichen An-

lagen in das Eigentum des Grundstückseigentümers über. Anfallende Vollzugskosten trägt der Grundstückseigentümer.

ccc) Regelungen über den Heimfall

444 Der *Heimfall* betrifft die vorzeitige Beendigung des Erbbaurechts, etwa weil der Erbbauberechtigte den Erbbauzins nicht regelmäßig zahlt (mindestens zwei Jahresbeträge, § 9 Abs. 3 ErbbauRG). Anders als bei der Beendigung, die unmittelbar das Erlöschen des Erbbaurechts zur Folge hat, muss der Erbbauberechtigte beim Heimfall das Erbbaurecht an den Eigentümer übertragen. Hierzu ist notarielle Beurkundung erforderlich.

445 *Formulierungsbeispiel*
Der Grundstückseigentümer kann die Übertragung des Erbbaurechts an sich oder an einen von ihm zu bezeichnenden Dritten auf Kosten des Erbbauberechtigten verlangen (Heimfall), wenn:
a) der Erbbauberechtigte den in den §§ ... dieses Vertrags aufgeführten Verpflichtungen trotz Abmahnung schuldhaft zuwiderhandelt,
b) die Zwangsversteigerung oder Zwangsverwaltung des Erbbaurechts angeordnet wird,
c) über das Vermögen des Erbbauberechtigten das Insolvenzverfahren eröffnet oder die Eröffnung mangels Masse abgelehnt wird,
d) der Erbbauberechtigte mit der Zahlung des Erbbauzinses in Höhe von 2 Jahresraten im Rückstand ist,
e) ein Veräußerungsvertrag über das Erbbaurecht abgeschlossen wurde, ohne dass der Erwerber gemäß § ... dieses Erbbaurechtsvertrags in alle schuldrechtlichen Verpflichtungen aus diesem Erbbaurechtsvertrag mit der Weiterübertragungsverpflichtung eingetreten ist.
Übernimmt der Grundstückseigentümer gemäß § 33 ErbbauRG Lasten, so sind diese auf die nach § ... zu zahlende Vergütung anzurechnen. Übersteigen diese die Vergütung, so ist der Erbbauberechtigte verpflichtet, die überschießenden Beträge dem Grundstückseigentümer zu erstatten.

ddd) Vorkaufsrechte

446 Häufig wünschen die Vertragsbeteiligten die Einräumung von Vorkaufsrechten. Der Grundstückseigentümer möchte z. B. das Erbbaurecht bei seiner Veräußerung selbst erwerben, etwa um es aufzuheben. Der Erbbauberechtigte möchte bei Veräußerung des Grundstücks die Möglichkeit haben, das Grundstück zu erwerben, etwa um die Zahlung des Erbbauzinses einstellen zu können.

447 *Formulierungsbeispiel*
Der Grundstückseigentümer räumt dem jeweiligen Erbbauberechtigten am Erbbaugrundstück, der Erbbauberechtigte dem jeweiligen Grundstückseigentümer am Erbbaurecht das dingliche Vorkaufsrecht für alle Verkaufsfälle ein. Für die Vorkaufsrechte gelten die gesetzlichen Bestimmungen.

III. Weitere Geschäfte im Grundstücksrecht

eee) Zustimmung zur Belastung

448 Das Erbbaurecht ist seinem Inhalt nach belastbar. Der Eigentümer möchte jedoch sicherstellen, dass die Belastung vor allem mit Grundschulden wirtschaftlich sinnvoll ist, weil bei einem Heimfall oder dem Zeitablauf die Belastungen auf ihn übergehen. Aus diesem Grund bedarf es einer Vereinbarung darüber, dass die Belastung des Erbbaurechts nur mit Zustimmung des Eigentümers erfolgen darf (§ 5 Abs. 2 ErbbauRG). Die erstmalige Belastungszustimmung kann bereits in den Erbbaurechtsvertrag aufgenommen werden.

449 *Formulierungsbeispiel*
Der Erbbauberechtigte hat das Recht, Grundpfandrechte bis zur Höhe von insgesamt EURO ... nebst bis zu 20 % Zinsen jährlich und einer einmaligen Nebenleistung von bis zu 10 % seit Bestellung des Grundpfandrechtes im Range vor der Reallast, der Vormerkung und dem Vorkaufsrecht zu bestellen. Der Grundstückseigentümer stimmt dem bereits jetzt zu.

cc) Erbbauzins

450 Regelungen über den *Erbbauzins* sind nicht dinglicher Inhalt des Erbbaurechts. Damit sie auch gegenüber Rechtsnachfolgern Geltung haben, bedarf es einer gesonderten Absicherung im Erbbaugrundbuch. Sie müssen damit ausdrücklich verdinglicht werden. In der Regel wird ein monatlich oder jährlich zu entrichtender Erbbauzins vereinbart, der im Grundbuch eingetragen wird. Für den Erbbauzins gelten nach § 9 Abs. 1 ErbbauRG die Vorschriften über die Reallast (§§ 1105 ff. BGB) entsprechend. Daher haften bei dinglicher Absicherung sowohl das Erbbaurecht, bei dem die Erbbauzinsreallast eingetragen wird, als auch der Erbbauberechtigte persönlich (§ 1108 BGB).

Soll der Besitz bereits vor Eintragung des Erbbaurechts im Grundbuch übergehen, kann der Erbbauzins bis zur Eintragung als Nutzungsentgelt vereinbart werden.

Wegen der langen Laufzeit des Erbbaurechts und der erfahrungsgemäß zu erwartenden schleichenden Inflation sollte der Erbbauzins wertgesichert sein, d. h., eine Anpassung an zukünftige Geldwertentwicklungen vereinbart werden. Möglich ist dabei eine *Gleitklausel* oder aber ein *Anpassungsanspruch* bei Vorliegen bestimmter Voraussetzungen. Im ersten Fall erhöht sich der Erbbauzins unmittelbar, im zweiten Fall hat der Eigentümer einen Anspruch auf Änderung des Erbbaurechtsvertrags. Dieser Anspruch kann durch Vormerkung im Erbbaugrundbuch abgesichert werden.

451 *Formulierungsbeispiel*
1. Der jährliche Erbbauzins beträgt ... EURO.
Der Erbbauzins ist in monatlichen Raten von je ... EURO im Voraus zum Beginn des Monats, spätestens jeweils zum dritten Werktag des Monats zu zahlen, erstmals an dem auf die Eintragung des Erbbaurechts im Grundbuch folgenden Monatsersten.
2. Der Erbbauzins ist auf der Grundlage der Lebenserhaltungskosten vereinbart und soll wertgesichert sein. Ändert sich künftig der vom Statistischen Bundes-

amt in Wiesbaden ermittelte Preisindex für die Lebenshaltung aller privaten Haushalte für Deutschland insgesamt auf der Basis 2005 = 100 gegenüber dem für den Beurkundungsmonat geltenden Index, so erhöht oder vermindert sich im gleichen Verhältnis die Höhe des zu zahlenden Erbbauzinses. Eine Änderung kann frühestens nach Ablauf von 3 Jahren ab heute und darauf frühestens wieder jeweils nach Ablauf von 3 Jahren nach der jeweils letzten Änderung verlangt werden.

3. Der Erbbauzins samt Anpassungsklausel ist im Erbbaugrundbuch als Reallast einzutragen.

4. Als dinglicher Inhalt des Erbbauzinses wird vereinbart, dass
   a) die Reallast abweichend von § 52 Abs. 1 des Gesetzes über die Zwangsversteigerung und die Zwangsverwaltung mit ihrem Hauptanspruch bestehen bleibt, wenn der Grundstückseigentümer aus der Reallast oder der Inhaber eines im Range vorgehenden oder gleichstehenden dinglichen Rechts die Zwangsversteigerung des Erbbaurechts betreibt und
   b) der jeweilige Erbbauberechtigte dem jeweiligen Inhaber der Reallast gegenüber berechtigt ist, das Erbbaurecht mit einer der Reallast im Rang vorgehenden Grundschuld oder Hypothek in Höhe von ... EURO nebst Zinsen von bis zu 20 % jährlich und einer einmaligen Nebenleistung von bis zu 10 % ab Bestellung des vorbehaltenen Rechts im Erbbaugrundbuch zu belasten.

5. Bis zur Eintragung des Erbbaurechts im Grundbuch hat der Erbbauberechtigte an den jeweiligen Grundstückseigentümer von dem auf den Besitzübergang folgenden Monatsersten an eine monatliche Nutzungsentschädigung in Höhe und nach Zahlungsweise des vorvereinbarten Erbbauzinses zu leisten.

c) Vollzug und Grundbucherklärungen

aa) Genehmigungserfordernisse

452 Für den Vollzug des Erbbaurechtsvertrags kommen folgende Genehmigungserfordernisse in Betracht:

– die sanierungsrechtliche Genehmigung, wenn das Grundstück in einem förmlich festgelegten Sanierungsgebiet liegt;

– evtl. die Genehmigung nach der Grundstücksverkehrsordnung im Gebiet der neuen Bundesländer;

– die Unbedenklichkeitsbescheinigung des Finanzamts, da die Bestellung eines Erbbaurechts der Grunderwerbsteuer unterliegt.

453 Weitere Genehmigungen sind in der Regel nicht erforderlich. Insbesondere ist die Wertsicherung (anders als bei anderen Wertsicherungsvereinbarungen) nicht (mehr) genehmigungsbedürftig, sofern das Erbbaurecht für einen Zeitraum von mehr als 30 Jahren bestellt wird (§ 4 PklG). Auch Vorkaufsrechtsverzichtserklärungen der Gemeinde werden nicht benötigt.

III. Weitere Geschäfte im Grundstücksrecht

bb) Grundbuchanträge

Besondere Schwierigkeiten ergeben sich bei der Stellung der Grundbuchanträge, weil zunächst die Rangverhältnisse geklärt werden müssen. Hinzu kommt, dass der Erbbauberechtigte in der Regel das Erbbaurecht belasten muss, um die Errichtung des Gebäudes finanzieren zu können. Damit tritt die Erbbauzinsreallast in Konkurrenz zur Grundschuld. Beiden soll nach Möglichkeit die erste Rangstelle im Erbbaugrundbuch eingeräumt werden. Steht die Erbbauzinsreallast an erster Rangstelle, so würde bei der Vollstreckung die im Rang nachgehende Grundschuld möglicherweise ausfallen, da sich bei der Kapitalisierung der ersteren regelmäßig ein hoher Betrag ergibt. Geht umgekehrt die Erbbauzinsreallast der Grundschuld im Rang nach, so würde bei der Vollstreckung möglicherweise die Erbbauzinsreallast ausfallen und gelöscht werden; die Folge wäre ein zukünftig erbbauzinsloses Erbbaurecht. Um dieses Dilemma zu vermeiden, kann vereinbart werden, dass abweichend von den Vorschriften des ZVG (§ 52 ZVG) die Erbbauzinsreallast bei der Versteigerung aus vorgehenden Rechten bestehen bleibt. 454

Folgende Grundbuchanträge und Bewilligungen müssen in der Regel gestellt werden: 455

(a) Im Grundstücksgrundbuch:

– Vormerkung auf Einräumung des Erbbaurechts,
– Rangrücktrittserklärungen oder Löschungsbewilligungen von in Abteilung II und III des (Grundstücks-)Grundbuchs eingetragenen Belastungen,
– Eintragung des Erbbaurechts,
– weiterer dinglicher Inhalt,
– Vormerkung auf Verlängerung bzw. Erneuerung,
– Vorkaufsrecht des Erbbauberechtigten.

(b) Für das anzulegende Erbbaugrundbuch:

– Erbbauzinsreallast,
– Vormerkung bezüglich Erhöhungsanspruch,
– Vorkaufsrecht des Eigentümers,
– Rangvorbehalt bezüglich zu bestellender Grundpfandrechte.

3. Überlassungsvertrag

a) Begriff

Durch den *Überlassungsvertrag* (auch *Übergabevertrag*) überträgt der Berechtigte einen wesentlichen Teil seines Vermögens, zumeist ein Grundstück, einen landwirtschaftlichen oder einen gewerblichen Betrieb unter Vorwegnahme der Erbfolge auf einen künftigen Erben, insbesondere einen Abkömmling. 456

Der Überlassungsvertrag ist im Gesetz nicht geregelt. Zu beachten sind hier jedoch vor allem die Vorschriften des Erbrechts und die den Grundstücksverkehr betreffenden Regelungen. Damit kommt der vertraglichen Ausgestaltung im Einzelnen unterschiedliche Bedeutung zu. Je nachdem, ob und in-

Teil C Beurkundungen im Grundstücksrecht

wieweit der Übernehmende Belastungen und Verpflichtungen übernimmt, ist der Überlassungsvertrag als Schenkung, Schenkung unter Auflage oder gemischte Schenkung (teilweise Schenkung, teilweise Kauf) zu qualifizieren. Vor allem bei Unternehmensübertragungen spielen steuerliche Erwägungen eine Rolle.

b) Herkunft und heutige Bedeutung

457 Früher war der Überlassungsvertrag fast nur für die Landwirtschaft von Bedeutung. Es war seit langer Zeit allgemein üblich, dass der altgewordene Bauer seinen Betrieb auf seinen Sohn – meistens den Ältesten – oder beim Fehlen von Söhnen auf einen Schwiegersohn übertrug und sich auf sein *Altenteil* zurückzog, d. h. gemeinsam mit seiner Ehefrau ein dinglich gesichertes Wohnrecht einräumen ließ und einen Anspruch auf regelmäßige Sach- und Geldleistungen erhielt. Der Abschluss solcher Verträge wird heute durch das Gesetz über die Altershilfe für Landwirte (GAL) gefördert.

Heute sind Überlassungsverträge auch außerhalb der Landwirtschaft von Bedeutung. Auch hier handelt es sich regelmäßig, wenn auch nicht immer, um eine vorweggenommene Erbfolge unter rechtlicher Absicherung des Übertragenden. Nicht immer ist ein solcher Vorgang mit einer Übertragung und Belastung von Grundbesitz verbunden, so etwa bei der Übertragung einer Arztpraxis gegen Leibrente (§§ 759 ff. BGB) oder eines Handelsunternehmens gegen Übertragung eines Kommanditanteils (§§ 171 ff. HGB). Hier ist nur der charakteristische Fall der Eigentumsübertragung unter Begründung bestimmter Rechte des Übertragenden zu erörtern.

c) Gründe für den Überlassungsvertrag

458 Die Gründe, die dem Überlassenden Anlass bieten, die Erbfolge vorwegzunehmen, sind unterschiedlicher Art. Zumeist wird auch heute noch der Wunsch im Vordergrund stehen, sich wegen fortgeschrittenen Alters von der Erwerbstätigkeit zurückzuziehen. Daneben kommt auch ein sonst nicht zu befriedigender Kreditbedarf in Betracht oder allein das Bestreben, Streitigkeiten unter den Erben zu vermeiden.

459 **Beispiel**

Die älteren Eheleute A verfügen über eine nur geringe Rente. Da aber das gemeinsame Haus eine gründliche Renovierung erfordert, benötigen sie ein Darlehen, das durch eine Grundschuld gesichert werden soll. Die Bank ist zu einer Finanzierung nicht bereit, weil nicht zu erkennen ist, wie das Darlehen aus der Rente zurückgezahlt werden könnte. Der Sohn B, der mit seiner Familie ebenfalls im Haus wohnt, kann das Darlehen in Anspruch nehmen und möchte außerdem erhebliche Eigenleistungen erbringen und würde eine Eigenheimzulage nach dem Eigenheimzulagegesetz erhalten. Da er aber noch weitere Geschwister hat, befürchtet er, bei dem Tode der Eltern umsonst investiert zu haben, wenn nicht das Grundstück auf ihn übertragen wird.

III. Weitere Geschäfte im Grundstücksrecht

Eine große Rolle spielen heute auch steuerliche Gründe, d. h. das Streben nach Steuerersparnis, allerdings nur bei größerem Vermögen. Hier können durch schrittweise Übertragung Steuerfreibeträge mehrmals in Anspruch genommen werden. Vielfach ist auch die bloße Gewohnheit maßgebend, wenn die Übergabe in der Familie üblich ist.

460

d) Abgrenzung zur Verfügung von Todes wegen

Die *vorweggenommene Erbfolge* schließt die eigentliche Erbfolge aus. Der primäre Zweck beider ist jedoch der gleiche, nämlich die Weitergabe von Vermögen von Generation zu Generation. Dabei bestehen folgende Unterschiede:

461

- Die Erbfolge tritt erst mit dem Tode des Erblassers ein (nur ausnahmsweise später) und zwar unmittelbar kraft Gesetzes (vgl. Rz. 736). Dies gilt auch für den Erbvertrag.
- Der Übergabevertrag ist stets Vertrag zwischen dem Übergebenden und dem Übernehmenden und bedarf, wenn er mit dem Übergang von Grundstücken verbunden ist, notarieller Beurkundung (§§ 311b Abs. 1, 925 BGB). Er wird vor Eintritt des Erbfalls wirksam.
- Der Überlassungsvertrag ist (wie der Erbvertrag) bindend, das Testament kann jederzeit aufgehoben oder geändert werden (beachte jedoch § 2271 BGB).
- Durch das Testament können dem eingesetzten Erben keine vor Eintritt des Erbfalls wirksamen Verpflichtungen oder Belastungen auferlegt werden, während das beim Überlassungsvertrag die Regel ist. In einem Erbvertrag können allerdings auch vor Eintritt des Erbfalls wirksame Regelungen getroffen werden.

Mit dem Erbfall können Pflichtteilsansprüche (§ 2303 BGB) entstehen, und zwar auch dann, wenn eine Vermögensübertragung durch Überlassungsvertrag stattgefunden hatte. Wegen der sich daraus ergebenden Ausgleichspflichten (vgl. Rz. 799) ist es zweckmäßig, im Überlassungsvertrag Pflichtteilsverzichtserklärungen so genannter *weichender Erben* aufzunehmen, gegebenenfalls gegen eine Ausgleichszahlung.

462

aa) Übersicht: Verfügung von Todes wegen und Übertragung

463

Übertragung unter Lebenden	Verfügung von Todes wegen
erfolgt zu Lebzeiten	Wirkung erst bei Tod
Vertrag	letztwillig (meist einseitig) oder erbvertraglich
bindend	jederzeit änderbar (abweichend Erbvertrag und gem. Testament)
Rechte werden zurückbehalten; Pflichten übernommen	–

Teil C Beurkundungen im Grundstücksrecht

Übertragung unter Lebenden	Verfügung von Todes wegen
Pflichtteilsverzichte können aufgenommen werden	–
Ausgleichszahlungen an weichende Angehörige	Pflichtteilsansprüche entstehen
nur sinnvoll bei Grund- oder Betriebsvermögen	jede Art von Vermögen
Beurkundungspflicht bei Grundbesitz (§ 311b Abs. 1 BGB)	gesteigerte Schriftform

bb) Steuerrechtliche Bedeutung (Schenkungs- und Erbschaftsteuer)

464 Das ErbStG (Schenkungs- und Erbschaftsteuergesetz) unterscheidet nicht zwischen Schenkung unter Lebenden und dem Erwerb von Todes wegen.

Bestimmte Positionen können bei Überlassungsverträgen nicht abgezogen werden (Wohnungsrechte, Beerdigungskosten). Ansonsten ist die Besteuerung gleich hoch.

Es gibt so genannte Freibeträge: Ehegatten: 500 000 EURO, Kinder jeweils 400 000 EURO. Auch das selbstgenutzte Grundstück ist steuerfrei, wenn es vom Erben weiter genutzt wird. Besondere Vorschriften gelten für Betriebe. Ist dieser Betrag nicht erreicht, wird eine Steuer nicht festgesetzt. Eine Anzeige an das Finanzamt ist gleichwohl erforderlich.

Für die Bewertung findet das Bewertungsgesetz i. V. m. § 12 ErbStG Anwendung. Der Wert wird ermittelt anhand der erzielten (wenn nicht vermietet, üblichen) durchschnittlichen Jahresmiete der letzten 3 Jahre (bebaute Grundstücke).

Konkret bedeutet dies:

12,5 × Jahresmiete abzüglich 0,5 % für jedes Jahr seit Bebauung (höchstens 25 %), bei Ein- und Zweifamilienhäusern + 20 %; bei unbebauten Grundstücken der Wert entsprechend Bodenrichtwertkarte abzüglich 20 %. Bei der Ermittlung des Werts können bestimmte (Gegen-)Leistungen mit ihrem Wert abgezogen werden, grundsätzlich aber nicht das Wohnrecht.

e) Erforderliche Angaben zur Vorbereitung

465
- Ermittlung, ob Übertragung zu Lebzeiten oder von Todes wegen erwünscht;
- Grundbuchangaben, Grundbucheinsicht (§ 21 BeurkG);
- Prüfung etwaiger Erb- und Pflichtteilsberechtigter;
- Ermittlung der gewünschten Gegenleistungen;
- Übernahme der Belastungen oder Ablösung?
- Beabsichtigt der Übernehmer, Eigenheimzulage in Anspruch zu nehmen? (In diesem Fall sollten die Beteiligten zunächst an den Angehörigen eines steuerberatenden Berufs oder das Finanzamt verwiesen werden);

- Übernahme von Belastungen gewünscht?
- Wert des Grundbesitzes;
- Bei Wohnungsrecht: genaue Bezeichnung des Wohngrundstücks und der Räumlichkeiten (evtl. Plan).

f) Inhalt des Überlassungsvertrags

Im Folgenden wird nur auf die Besonderheiten gegenüber dem Kaufvertrag eingegangen. **466**

aa) Übertragung
Beim Überlassungsvertrag steht im Mittelpunkt die Übertragung von Grundbesitz, zumeist des Wohngrundstücks des *Übergebers* an den *Übernehmer*. **467**

Dabei werden regelmäßig Verpflichtungen des Übernehmers oder vorbehaltene Rechte des Übergebers vereinbart, die im Grundbuch gesichert werden sollen.

Ein eigentlicher Kaufpreis wird meist nicht vereinbart, so dass eine Kaufpreisregelung und eine Kaufpreisüberwachung (Fälligkeitsmitteilung, Vorlagesperre) entfallen.

Für die Grundstücksübertragung selbst gelten dieselben Regeln wie beim Kaufvertrag. Erforderlich ist die schuldrechtliche Einigung über den Übergang des Grundbesitzes (§ 311 b Abs. 1 BGB) und die Auflassung (§ 925 BGB).

bb) Vorbehaltene Rechte
Die vorbehaltenen Rechte können unterschiedlicher Art sein. Meist handelt es sich um ein Wohnungsrecht, seltener um einen Nießbrauch. **468**

cc) Wohnungsrecht
Das (dingliche) *Wohnungsrecht* ist eine in Abteilung II einzutragende beschränkte *persönliche Dienstbarkeit* (§§ 1090 ff. BGB). Nach § 1093 BGB ist das Wohnungsrecht das Recht, ein Gebäude oder einen Teil eines Gebäudes unter Ausschluss des Eigentümers als Wohnung zu benutzen. Von anderen beschränkten persönlichen Dienstbarkeiten unterscheidet sich das Wohnungsrecht dadurch, dass die Mitbenutzung der Räume durch den Eigentümer zwar schuldrechtlich ausbedungen, aber nicht Inhalt des dinglichen Rechts (d. h., nicht im Grundbuch eintragbar und nicht gegen eine enventuelle Insolvenz beständig) sein kann. Soll nur eine Mitbenutzung durch den Berechtigten eingeräumt werden, handelt es sich um ein im Gesetz nicht ausdrücklich geregeltes Wohnrecht, d. h. eine beschränkte persönliche Dienstbarkeit nach § 1090 BGB, für die § 1093 BGB nicht gilt. Wenn das Wohnungsrecht auf einen Teil des Gebäudes beschränkt ist (d. h. auf einzelne Räume), kann der Berechtigte die zum gemeinschaftlichen Gebrauch der Bewohner bestimmten Anlagen und Einrichtungen (z. B. Treppenhaus) mitbenutzen (§ 1093 BGB); fehlt es an einer Beschränkung auf einzelne Gebäudeteile, so ist er ohnedies allein nutzungsberechtigt. **469**

Von dem dinglichen Wohnungsrecht ist (wie stets bei Sachenrechten) die schuldrechtliche Vereinbarung, auf der es beruht, zu unterscheiden. Die schuldrechtliche Vereinbarung kann Entgeltlichkeit oder Unentgeltlichkeit vorsehen, die dingliche Einigung dagegen nicht. Das Gleiche gilt für etwaigen Ersatz für eventuelle Aufwendungen des Wohnungsrechtsinhabers bei Auszug.

dd) Voraussetzungen des Wohnungsrechts

470 – Schuldrechtliche Einigung über die Einräumung des Wohnungsrechts;
– dingliche Einigung (§ 873 BGB) mit dem in § 1093 BGB vorgesehenen Inhalt;
– Bewilligung und Eintragungsantrag (§§ 13, 19 GBO);
– Eintragung (§ 873 BGB).

471 Soll das Recht mehreren zustehen, muss das Gemeinschaftsverhältnis angegeben werden (§ 47 GBO), und zwar meist als Gesamtberechtigung entsprechend § 428 BGB, bei auf Lebenszeit eingeräumten Rechten mit der Maßgabe, dass bei dem Tod eines Berechtigten das Recht dem Überlebenden allein zusteht.

472 *Formulierungsbeispiel*

Als Gegenleistung gewährt der Erwerber dem Veräußerer – nachfolgend Berechtigte/r genannt – lebenslänglich und unentgeltlich:

a) Der Erwerber vereinbart mit dem Veräußerer ein unentgeltliches, lebenslängliches Wohnungsrecht als beschränkte persönliche Dienstbarkeit am ...

Das Wohnungsrecht umfasst die Mitbenutzung sämtlicher bisher gemeinschaftlich genutzter Einrichtungen, Räume und Anlagen, hier insbesondere des Gartens.

Der Eigentümer hat das Gebäude und die dem Wohnungsrecht unterliegenden Räume und Einrichtungen stets in ordnungsgemäßem, gut bewohnbarem und beheizbarem Zustand zu erhalten. Die Kosten für Strom, Wasser, Heizung und für Schönheitsreparaturen sowie sonstige Nebenkosten (Müllbeseitigung, Kaminkehrer o. ä.) trägt der Berechtigte selbst.

Das Wohnungsrecht soll nicht der Ausübung durch einen Dritten überlassen werden können.

b) Veräußerer und Erwerber bewilligen und beantragen die Eintragung eines Wohnungsrechtes für den Veräußerer – als Gesamtberechtigte nach § 428 BGB – als beschränkte persönliche Dienstbarkeit am Vertragsgegenstand, unter der Maßgabe, dass zur Löschung des Rechtes der Nachweis des Todes genügt.

Der Jahreswert dieser Vereinbarung beträgt ... EURO.

ee) Wirkung des dinglichen Wohnungsrechts

473 Das dingliche Wohnungsrecht ist inhaltlich das Recht auf Benutzung einer Wohnung oder eines Gebäudes. Insofern besteht kein Unterschied zur Miete. Anders als die Miete, die nur eine schuldrechtliche Beziehung zwischen Mieter und Vermieter darstellt, ist das eingetragene Wohnungsrecht eine dingliche Belastung des Grundstücks. Es besteht also unabhängig von den Eigen-

III. Weitere Geschäfte im Grundstücksrecht

tumsverhältnissen weiter, auch wenn das Grundstück veräußert wird. Es kann auch nicht gekündigt werden. Der Wohnungsberechtigte hat damit eine ähnliche Rechtsstellung wie der Eigentümer.

Das Wohnungsrecht erlischt aber durch den Zuschlag in der Zwangsversteigerung, wenn aus im Range vorgehenden Rechten vollstreckt wird. Daher sollten bei Rangrücktrittserklärungen oder einer Vorrangeinräumung für noch zu bestellende Rechte die Übergeber eingehend über die Bedeutung ihrer dahingehenden Erklärung belehrt werden. Banken und Sparkassen bestehen bei Grundschuldbestellungen meist auf dem Rücktritt des Wohnungsrechts hinter das Grundpfandrecht, weil ein Bestehenbleiben bei vorhergehenden Rechten den Versteigerungserlös erheblich mindert und daher die Tauglichkeit als Pfandobjekt einschränkt.

Beispiel 474
Die Eltern des Eigentümers haben sich anlässlich der Eigentumsübertragung auf das Kind ein lebenslanges Wohnungsrecht in das Grundbuch eintragen lassen und zwar in Abteilung II unter lfd. Nr. 1. Im Rahmen einer Grundschuldbelastung traten die Eltern mit ihrem Recht im Rang zurück. Da das Darlehen nicht zurückgezahlt wurde, kam es zur Zwangsversteigerung, bei der das Wohnungsrecht erlosch. Der BGH (NJW 1996, 522) hat in einem derartigen Fall den Notar zum Schadensersatz wegen Amtspflichtverletzung verurteilt, weil er die Eltern nicht hinreichend über die Risiken des Rangrücktritts belehrt hatte.

ff) Abgrenzung zum Nießbrauch

Während das Wohnungsrecht die Nutzung eines Gebäudes oder von Räumlichkeiten zum Inhalt hat, ist beim Nießbrauch, der bei einem Grundstück ebenfalls in Abt. II des Grundbuchs einzutragen ist, der Nießbraucher gemäß § 1030 BGB befugt, sämtliche Nutzungen aus dem übergebenen Grundstück zu ziehen. Nutzungen sind die Früchte und Gebrauchsvorteile (§ 100 BGB) des Grundstücks. Anders als beim Wohnungsrecht, das nur zur Benutzung durch den Berechtigten, seine Angehörigen und ausnahmsweise auch Dritte (§ 1093 Abs. 2 BGB) berechtigt, kann der Nießbraucher praktisch fast alle Rechte des Eigentümers ausüben, er kann also insbesondere auch das Grundstück vermieten. Bei Übergabeverträgen ist der Nießbrauch wenig sinnvoll, weil der Übernehmer praktisch erst mit dem Erbfall wirtschaftlich in die Stellung eines Eigentümers einrückt. 475

Formulierungsbeispiel 476
Die Veräußerer behalten sich als Gesamtberechtigte gemäß § 428 BGB den Nießbrauch an dem Grundstück vor, mit der Maßgabe, dass beim Tode eines Berechtigten das Recht dem Überlebenden allein zustehen soll. In Abweichung von der gesetzlichen Lastenverteilung wird vereinbart, dass der Nießbraucher während der Dauer des Nießbrauchs alle Lasten des Grundstücks trägt, die sonst der Eigentümer tragen müsste, insbesondere auch die Kosten für außergewöhnliche Ausbesserungen und Erneuerungen.

Der Erwerber bewilligt und die Beteiligten beantragen die Eintragung im Grundbuch, mit dem Vermerk, dass zur Löschung der Nachweis des Todes genügt.

g) Pflegeverpflichtungen

477 Oft werden zusätzlich zum Wohnungsrecht Pflegeverpflichtungen des Übernehmers in den Vertrag aufgenommen. Dies ist zulässig, aber nicht unbedingt zu empfehlen. Die Übernahme einer Pflege und Betreuung erfolgt (wenn überhaupt) freiwillig. Im Übrigen gibt es bessere Anreize zur Übernahme einer Pflege, etwa Zahlungen aus der Pflegeversicherung. Außerdem ist nicht sicher, ob die Übernahme derartiger Verpflichtungen nicht den Anspruch aus der Pflegeversicherung kürzt, weil die Auffassung vertreten werden kann, der Berechtigte habe bereits eine kostenlose Pflege, so dass für Leistungen aus der Pflegeversicherung kein Raum sei (noch nicht abschließend geklärt). Die Pflegeverpflichtung wird im Grundbuch als Reallast (§§ 1105 ff. BGB) gesichert.

478 *Formulierungsbeispiel*
Soweit die Erschienenen zu ... und ... dazu nicht mehr in der Lage sind, haben die Erschienenen zu ... und ... unentgeltlich deren Haushalt zu führen, also insbesondere die Mahlzeiten zuzubereiten, die Wohnung sauber zu halten, Wäsche zu reinigen sowie Besorgungen und Fahrdienste zu erledigen.
Soweit die Erschienenen zu ... und ... – insbesondere ohne Inanspruchnahme fremder Pflegekräfte – zumutbarerweise dazu in der Lage sind, haben sie bei Krankheit und Gebrechlichkeit der Erschienenen zu ... und ... deren häusliche Pflege zu übernehmen. Dauerpflege ist nur zu erbringen, soweit sie mit den notwendigen hauswirtschaftlichen Verrichtungen nach dem Urteil des Hausarztes des Veräußerers einen durchschnittlichen täglichen Zeitaufwand von nicht mehr als eineinhalb Stunden erfordert.
Diese Verpflichtungen ruhen, soweit Pflegesachleistungen im Rahmen gesetzlicher Ansprüche, etwa auf Haushaltshilfe, häusliche Krankenpflege oder häusliche Pflegehilfe erbracht werden.
Die vorgenannten Rechte und Leistungen ruhen auch, solange die Erschienenen zu ... und ... das gegenständliche Grundstück, gleich aus welchem Grund, verlassen haben. Ein Geldersatz steht ihnen dann nur zu, wenn die Erschienenen zu ... und ... den Wegzug veranlasst haben, andernfalls werden Ersatzansprüche aus jedem Rechtsgrund ausgeschlossen. Soweit den Erschienenen zu ... und ... künftig wegen Pflegebedürftigkeit Geldleistungen nach sozialrechtlichen Vorschriften oder aus Versicherungsverträgen zustehen, kann die Übernahme derjenigen Pflege, für welche diese Geldleistung gewährt wird, davon abhängig gemacht werden, dass der Anspruch auf Auszahlung des Betrages insoweit an die pflegende Person abgetreten wird bzw. dieser Betrag an sie ausgekehrt wird.
(evtl. dingliche Sicherung)

III. Weitere Geschäfte im Grundstücksrecht

h) Rente

Neben dem Wohnungsrecht und einer Pflegevereinbarung wird vielfach noch eine *Leibrente* (§§ 759 ff. BGB), also eine Verpflichtung zu laufenden Geldzahlungen, vereinbart. Der Sache nach das Gleiche ist die so genannte *dauernde Last*. Diese ist grundsätzlich aus steuerlicher Sicht günstiger, setzt aber voraus, dass die Verpflichtung aus dem Grundstück (z. B. aus Mieteinnahmen) erfüllt werden kann. Eine Leibrente liegt nur vor, wenn die Abänderbarkeit (Anpassung der Höhe an Änderungen der wirtschaftlichen Verhältnisse der Beteiligten) ausdrücklich ausgeschlossen ist. 479

Im Hinblick auf die Geldentwertung (Inflation) werden Renten meist an einen Lebenshaltungsindex gekoppelt (sog. *Wertsicherungsklausel*). Derartige Wertsicherungsklauseln bedürfen der Genehmigung nach § 2 PreisG.

Die schuldrechtliche Vereinbarung einer Rente kann dinglich durch Reallast (§§ 1105 ff. BGB) gesichert werden. Die Reallast ist die in Abt. II des Grundbuchs einzutragende Belastung des Grundstücks dahin, dass aus ihm wiederkehrende Leistungen an den Berechtigten zu entrichten sind. Der Berechtigte ist hier dreifach gesichert: Er kann den Leibrentenanspruch gegen den Übernehmer geltend machen, er kann wegen der Reallast in das Grundstück vollstrecken und er kann, sofern nicht ein anderes bestimmt ist, aus der Reallast auch den jeweiligen Eigentümer in Anspruch nehmen (§ 1108 Abs. 1 BGB).

> *Formulierungsbeispiel* 480
> *Es ist eine lebenslängliche monatliche Rente (dauernde Last) in Höhe von 500 EURO zu zahlen, fällig im Voraus und zwar beginnend mit dem 01.12.1998. (Zwangsvollstreckungsunterwerfung und Wertsicherungsklausel)*
> *Das Recht wird durch eine Reallast gesichert. Die Beteiligten bewilligen und beantragen die Eintragung im Grundbuch.*

i) Weitere Vereinbarungen

Neben Wohnungsrecht, Pflegevereinbarung und Rente können zusätzliche Vereinbarungen getroffen werden, etwa Tragung der Beerdigungskosten, Grabpflege oder die Auflage, nach dem Tod zehn Jahre lang jährlich am Todestag eine heilige Messe lesen zu lassen. 481

j) Zusammenfassung der Rechte als Altenteil

Das Wohnungsrecht, die Pflegevereinbarung und weitere Verpflichtungen werden oft unter dem Sammelbegriff Altenteil oder Leibgeding zusammengefasst. Wegen der zahlreichen unterschiedlichen Rechte, die im Grundbuch einzutragen wären, bietet § 49 GBO die Möglichkeit, diese Rechte im Grundbuch als Altenteil zusammenzufassen. Insoweit ist ein entsprechender Antrag erforderlich. Im Grundbuch wird das Recht nur als Altenteil bezeichnet. 482

483 *Formulierungsbeispiel*
Unter Bezugnahme auf § 49 GBO wird beantragt, die vorstehenden Rechte als Altenteil in das Grundbuch einzutragen.

k) Löschungserleichterung

484 §§ 22 und 23 GBO ermöglichen eine erleichterte Löschung der vorstehenden Rechte durch Vorlage der Sterbeurkunde, da es sonst einer Löschungsbewilligung des Erben, der sich durch einen Erbschein ausweisen müsste, bedürfte. Diese Erleichterung bedarf der Eintragung ins Grundbuch.

485 *Formulierungsbeispiel*
Das Altenteilsrecht soll mit der Maßgabe eingetragen werden, dass zur Löschung des Rechts die Vorlage der Sterbeurkunde der Berechtigten genügen soll.

486 Die Löschungserleichterung ist aber nur dann möglich, wenn es sich tatsächlich um Rechte handelt, die auf die Lebenszeit des Berechtigten (§ 23 GBO) oder auf eine bestimmte Zeit (§ 24 GBO) beschränkt sind. Auch bei dem (reinen) Wohnungsrecht kann eine Löschungserleichterung nicht in das Grundbuch eingetragen werden (OLG-Frankfurt, NJW-RR 1989, 146).

l) Weitere Rechte und Pflichten

aa) Rückübertragungsverpflichtung; Rücktrittsrecht

487 Der Übergeber hat ein besonderes Interesse daran, dass der Übernehmer das Wohngrundstück nicht weiterveräußert, etwa weil er nicht mit fremden Personen unter einem Dach wohnen will. Daher sehen Übergabeverträge oft eine *Rückübertragungsverpflichtung* vor.

Das BGB kennt kein *Rückübertragungsrecht* (mit Ausnahme des Vorkaufsrechts, §§ 1094 ff. BGB), das in das Grundbuch einzutragen wäre. Wegen des Numerus Clausus des Sachenrechts (d. h., es können nur Pflichten und Rechte dinglich vereinbart werden, die im 3. Buch des BGB genannt sind) muss daher eine Hilfskonstruktion gewählt werden:

Der Übernehmer verpflichtet sich, den Grundbesitz zu Lebzeiten der Übergeber nicht zu veräußern. Bei einem Verstoß ist entweder der Übernehmer unmittelbar zur Rückübertragung verpflichtet, oder der Übergeber hat das Recht zum Rücktritt. Diese Rückübertragungsverpflichtung (nicht aber die Verpflichtung, nicht zu veräußern) kann im Grundbuch durch eine Vormerkung gesichert werden (§ 883 Abs. 1 BGB). Dadurch wird eine der übernommenen Verpflichtung widersprechende Veräußerung an einen gutgläubigen Dritten verhindert.

488 *Formulierungsbeispiel*
Wenn der Erwerber den übergebenen Grundbesitz ohne Zustimmung des Veräußerers ganz oder teilweise veräußert, so ist der Erwerber verpflichtet, auf schriftliches Verlangen des Veräußerers den übertragenen Grundbesitz unentgeltlich,

III. Weitere Geschäfte im Grundstücksrecht

kosten- und steuerfrei auf den Veräußerer zurückzuübertragen. Das Verlangen kann nur innerhalb von zwei Monaten gestellt werden, nachdem der Berechtigte Kenntnis von dem das Rückforderungsrecht begründenden Tatbestand erlangt hat.
Der Berechtigte übernimmt lediglich diejenigen Belastungen des Grundbesitzes, die im Rang vor der zu seinen Gunsten eingetragenen Vormerkung eingetragen worden sind.
Der noch nicht ausgeübte Rückübertragungsanspruch ist höchstpersönlich, nicht übertragbar und nicht vererblich.
Zur Sicherung des Anspruchs auf Rückübertragung bewilligt der Erschienene zu 2 und beantragt der Erschienene zu 1 die Eintragung einer Vormerkung an dem betroffenen Grundbesitz zur Sicherung der Ansprüche des Veräußerers auf Auflassung im gleichen Rang mit dem vorstehend vereinbarten Wohnungsrecht. Zur Löschung dieses Rechtes genügt der Nachweis des Todes.

Neben dem Rückübertragungsanspruch kann eine Rückübertragungsverpflichtung auch durch Rücktrittsrecht bei Verstoß gegen übernommene Verpflichtungen vereinbart werden. Die Problematik des Rückübertragungsanspruchs liegt darin, dass Gläubiger des Übergebers diesen Anspruch pfänden können (vgl. dazu BGH NJW 2003, 1858). **489**

bb) Pflichtteilsverzicht weichender Erben

Die Übertragung eines Grundstücks im Wege der Schenkung bedeutet für die Erben und Pflichtteilsberechtigten, dass der Nachlass vermindert wird. Eine solche Verminderung muss der gesetzliche oder testamentarische Erbe ebenso hinnehmen wie eine völlige oder teilweise Enterbung. Geschützt werden muss jedoch der Pflichtteilsberechtigte. Demgemäß kann der Pflichtteilsberechtigte nach § 2325 BGB nach Eintritt des Erbfalls eine Ergänzung des Pflichtteils um einen sich bei Hinzuziehung des verschenkten Gegenstandes entsprechenden Betrag verlangen. Damit drohen dem Übernehmer oftmals recht beträchtliche Zahlungsverpflichtungen beim Tode des Übergebers (vgl. Rz. 803). **490**

Die Beteiligten können zur Vermeidung dieser Unsicherheit einen *Pflichtteilverzichtsvertrag* innerhalb oder außerhalb des Überlassungsvertrags abschließen. Dieser bedarf notarieller Beurkundung und kann vom Erblasser nur persönlich abgegeben werden (§ 2347 Abs. 2 BGB). Der Verzichtende kann dagegen vertreten werden und später genehmigen.

Neben einem Verzicht ist auch eine Anrechnung möglich (§ 2315 BGB). Dann sind Abfindungen auf den Pflichtteil anzurechnen, so dass dieser bei Eintritt des Erbfalls nur in geringerer Höhe geschuldet wird.

Möglich ist auch ein so genannter gegenständlich beschränkter Pflichtteilsverzicht.

Teil C Beurkundungen im Grundstücksrecht

491 *Formulierungsbeispiel*
... erklärt sich mit der Übertragung des Vertragsgrundbesitzes auf den Erwerber einverstanden. Er verzichtet hiermit mit Wirkung für sich und seine Abkömmlinge gegenüber dem Veräußerer und gegenüber dem Erwerber auf sein gesetzliches Pflichtteilsrecht und auf etwaige Pflichtteilsergänzungsansprüche, gegenständlich beschränkt auf den mit dieser Urkunde überlassenen Grundbesitz. Der Veräußerer und der Erwerber nehmen diese Verzichte an.
Der Notar hat auf die Bestimmungen des gesetzlichen Erb- und Pflichtteilsrechts und insbesondere darauf hingewiesen, dass das gesetzliche Erbrecht und die Pflichtteilsansprüche des Verzichtenden im Übrigen bestehen bleiben.

492 Der Pflichtteilsverzicht kann auch unter einer Bedingung, etwa der aufschiebenden Bedingung der vollständigen Zahlung eines Ausgleichsbetrages, erklärt werden.

m) Vollzug des Überlassungsvertrags

aa) Genehmigungen, Anzeigepflichten gegenüber dem Grundbuchamt

493 Der Vollzug des Überlassungsvertrags erfordert in der Regel einen geringeren Aufwand als der eines Kaufvertrags, weil eine Kaufpreisüberwachung meist ausscheidet. Auch eine Vormerkung wird häufig im Hinblick auf das bestehende Vertrauensverhältnis nicht gewünscht, eine Belehrung über die möglichen Wirkungen ist aber zweckmäßig und sollte in der Urkunde vermerkt werden. Dagegen bereitet aber der Überlassungsvertrag insofern größere Schwierigkeiten, als mehrere dingliche Rechte vereinbart werden müssen. Es müssen also mehrere Grundbuchanträge gestellt werden.

bb) Genehmigungen, Anzeigepflichten gegenüber sonstigen Behörden

494 Neben den Anträgen an das Grundbuchamt kommen folgende Mitteilungspflichten und Genehmigungserfordernisse in Betracht:

- Veräußerungsanzeige an das Finanzamt (Grunderwerbsteuerstelle). Grunderwerbsteuer fällt aber nicht an (§ 3 Abs. 2 GrEStG), da Angehörige von der Steuer befreit sind (UB ist trotzdem erforderlich, § 22 GrEStG).
- Übersendung einer beglaubigten Abschrift gemäß §§ 34 ErbStG, 8 ErbStDV an die Schenkungsteuerstelle und Anzeige.
- Bei Wertsicherungsklauseln: Übersendung einfacher Abschrift an das Bundesamt für Wirtschaft.
- Bei landwirtschaftlichem Besitz kann eine Genehmigung nach dem GrdStVG erforderlich sein (vgl. Rz. 325).
- Genehmigung nach der GVO, wenn nicht bereits zum Vorvertrag eine Genehmigung erteilt wurde (nur neue Bundesländer, vgl. Rz 167).
- Bei Erbverzichtserklärungen (nicht bei Pflichtteils- und Pflichtteilsergänzungsverzichten) ist das Geburtsstandesamt zu informieren (Bekanntmachung über Benachrichtigung in Nachlasssachen).

Der Gutachterausschuss erhält keine Abschrift.

III. Weitere Geschäfte im Grundstücksrecht

Ein Vorkaufsrecht der Gemeinde besteht nicht, daher ist eine Vorkaufsrechtsverzichtserklärung der Gemeinde nicht einzuholen; auch ein Negativattest wird nicht benötigt.

4. Grundpfandrechte

Die wichtigsten Grundstücksbelastungen sind die in Abteilung III des Grundbuchs eingetragenen Grundpfandrechte. Es sind dies die Hypothek (§§ 1113 ff. BGB), die Grundschuld (§§ 1191 ff. BGB) und die Rentenschuld (§§ 1199 ff. BGB). Die Rentenschuld kommt in der notariellen Praxis kaum mehr vor und soll daher hier außer Betracht bleiben (dazu *Stöber/Schöner*, Rn. 2365 ff.). Auch die Hypothek ist heute selten geworden, im Vordergrund steht daher die Grundschuld. **495**

a) Zweck der Grundpfandrechte

Das Grundpfandrecht dient in aller Regel der Sicherung der persönlichen Forderung eines Gläubigers, z. B. einer Bank oder Bausparkasse, gegen einen Dritten, meist den Grundstückseigentümer. Die wichtigste Sicherungsfunktion des Grundpfandrechts lässt sich am besten mit der des Eigentumsvorbehalts beim Abzahlungskauf vergleichen, bei dem die Ware bis zur vollständigen Kaufpreiszahlung Eigentum des Käufers bleibt. Zahlt der Schuldner der persönlichen Forderung, z. B. aus dem Darlehen zum Kauf des Grundstücks, bei Fälligkeit nicht, so kann der Gläubiger aufgrund eines vollstreckbaren Titels *in das Grundstück vollstrecken*, d. h., die Zwangsversteigerung (§§ 16 ff. ZVG) oder – seltener – die Zwangsverwaltung (§§ 146 ff. ZVG) betreiben. **496**

Einen Zahlungsanspruch gegen den Eigentümer hat der Gläubiger aus der Grundschuld (Hypothek) selbst nicht, das Grundpfandrecht allein gewährt nur einen *Anspruch auf Duldung der Zwangsvollstreckung* (§§ 1191, 1192 Abs. 1, 1147 BGB). Ein Zahlungsanspruch ergibt sich für den Gläubiger zumeist aber aus dem Darlehensvertrag und einem zusätzlichen Schuldanerkenntnis, so dass auch eine Vollstreckung in das übrige Vermögen möglich ist. Für den Gläubiger ist es aber meist vorteilhafter, aus dem Grundpfandrecht vorgehen zu können. Droht die Zwangsvollstreckung in das Grundstück, so wird der Grundstückseigentümer, wenn er kann, zumeist zu ihrer Abwendung zahlen. Außerdem führt die Zwangsvollstreckung in das bewegliche Vermögen (insbesondere Lohnpfändung und Sachpfändung durch den Gerichtsvollzieher) oft nicht zur Befriedigung des Gläubigers. Dies gilt insbesondere bei Insolvenz des Schuldners, bei der der Inhaber eines Grundpfandrechts Anspruch auf abgesonderte Befriedigung hat. Zwar können auch persönliche Gläubiger des Eigentümers in das Grundstück vollstrecken, doch gehen ihnen bei der Verteilung des Versteigerungserlöses die eingetragenen Gläubiger in der Reihenfolge ihres Ranges vor. Ein weiterer Vorteil des Grundpfandrechts liegt darin, dass seine Eintragung im Grundbuch einen lastenfreien Erwerb des Grundstücks unmöglich macht; das Grundstück haftet auch in der Hand eines neuen Eigentümers.

Oft verlangt der Gläubiger neben der bloßen Bestellung der Grundschuld (Hypothek) noch die so genannte *Unterwerfung unter die sofortige Zwangsvollstreckung in das Grundstück und das gesamte Vermögen des Kreditnehmers* (vgl. Rz. 536), so dass er bei Nichtzahlung nicht auf Duldung der Zwangsvollstreckung klagen muss. Daneben kommt in besonderen Fällen die *Abtretung des Anspruchs auf Eigentumsverschaffung* als weiteres Sicherungsmittel in Betracht.

b) Arten der Grundpfandrechte

497 Wie bereits erwähnt, sind folgende Grundpfandrechte zu unterscheiden:
- Hypothek,
- Grundschuld,
- Rentenschuld (praktisch bedeutungslos).

aa) Briefrecht und Buchrecht

498 Bei Grundschulden und Hypotheken ist zwischen *Briefgrundschulden* und *Briefhypotheken* einerseits und *Buchgrundschulden* und *Buchhypotheken* andererseits zu unterscheiden. Die Bedeutung dieses Unterschieds liegt darin, dass das Briefrecht durch Einigung und Übergabe des Briefes (also ohne Eintragung des Wechsels des Berechtigten ins Grundbuch) übertragen werden kann (aber nicht muss) und dass zu seiner Geltendmachung der Besitz des Briefes erforderlich ist. Bei der Buchgrundschuld kann die Übertragung nur durch (formlos mögliche) Einigung und Eintragung der Rechtsänderung, d. h. Eintragung des neuen Gläubigers in das Grundbuch, erfolgen. Das Gesetz geht (abweichend von der gängigen Praxis) vom Briefrecht als Regelfall aus (§ 1116 BGB); soll also ein Buchrecht bestellt werden, so muss in der Bestellungsurkunde ausdrücklich vorgesehen werden, dass eine *Grundschuld ohne Brief* bestellt werden soll oder genauer die *Bildung eines Grundschuldbriefes ausgeschlossen* ist.

III. Weitere Geschäfte im Grundstücksrecht

Muster Grundschuldbrief

499

Deutscher Grundschuldbrief

über

3 000 Deutsche Mark

eingetragen im Grundbuch von
Wasslingen (Amtsgericht Schöneberg)
Blatt 84 Abteilung III Nr. 3 (drei)

Inhalt der Eintragung:

Nr. 3: 3 000 (dreitausend) Deutsche Mark Grundschuld mit fünf vom Hundert jährlich verzinslich für Herbert Müller, geboren am 20. Januar 1910, Wasslingen. Unter Bezugnahme auf die Eintragungsbewilligung vom 1. März 1979 eingetragen am 23. März 1979.

Belastetes Grundstück:

Das im Bestandsverzeichnis des Grundbuchs unter Nr. 1 verzeichnete Grundstück.

Schöneberg, den 26. März 1979

Amtsgericht

(Siegel oder Stempel) (Unterschriften)

Im Einzelnen ergeben sich die wichtigsten Unterschiede zwischen Brief- **500** grundpfandrechten und brieflosen Grundpfandrechten aus folgender Übersicht:

Briefgrundpfandrecht	Grundpfandrecht ohne Brief
gesetzlicher Normalfall	Briefausschluss muss ausdrücklich erklärt sein
Brief muss an Gläubiger übergeben werden	–
bei Übertragung ist Übergabe des Briefs erforderlich und ausreichend	zur Übertragung ist Eintragung des neuen Inhabers erforderlich
zur Löschung ist u. a. Briefvorlage erforderlich	–
zusätzliche Kosten beim Grundbuchamt (§ 71 KostO)	–

bb) Unterschiede zwischen Hypothek und Grundschuld
Der Unterschied zwischen *Hypothek* (§§ 1113 ff. BGB) und *Grundschuld* **501** (§§ 1191 ff. BGB) besteht in der Hauptsache darin, dass die Hypothek von der

Forderung, deren Sicherung sie dient, abhängig ist, während die Grundschuld eine Forderung nicht voraussetzt (§ 1192 Abs. 1 BGB). Daraus folgt u. a., dass die Grundschuld, wenn die zu sichernde Forderung erloschen ist, ohne weiteres zur Sicherung einer neuen Forderung verwendet werden kann.

502 **Beispiel**
Die B-Bank gewährt dem Grundstückseigentümer A einen Kredit über den Betrag von 50 000 EURO. Zur Sicherung des Rückzahlungsanspruchs wird eine Grundschuld in der gleichen Höhe bestellt. A verwendet das Darlehen dafür, das Dach neu eindecken zu lassen. Nachdem er den Kredit zurückgezahlt hat, möchte er nunmehr neue Fenster einbauen lassen. Hierzu benötigt er einen Kredit in Höhe von 30 000 EURO, den er wieder bei der B-Bank aufnehmen will. Durch eine Vereinbarung mit der B-Bank (der so genannten *Zweckerklärung*) kann bestimmt werden, dass die Grundschuld zukünftig als Sicherheit für den neuen Kredit dienen soll. Bei der Hypothek wäre die Auswechselung der zu sichernden Forderung nicht ohne weiteres möglich.

503 **Hinweis:** Zur Frage, ob es sinnvoll ist, die Grundschuld erneut zu verwenden, wenn die finanzierende Bank gewechselt wird, vgl. unten Rz. 1072.

Immerhin besteht zwischen der Grundschuld und der zu sichernden Forderung insoweit ein Zusammenhang, als der Eigentümer vom Grundschuldgläubiger eine Löschungsbewilligung verlangen kann, wenn die Forderung erloschen ist; betreibt der Gläubiger die Zwangsvollstreckung in das Grundstück, obwohl die Forderung nicht mehr besteht, so kann sich der Eigentümer mit der Vollstreckungsgegenklage (§ 767 ZPO analog) zur Wehr setzen.

Das Gesetz geht (im Gegensatz zur Praxis) davon aus, dass die Hypothek die Regel und die Grundschuld die Ausnahme ist. Im BGB finden sich daher ausführliche Regelungen des Hypothekenrechts und nur einige Vorschriften über die Grundschuld. Nach der Verweisungsnorm des § 1192 BGB finden jedoch die meisten Vorschriften über die Hypothek auf die Grundschuld entsprechende Anwendung.

c) Entstehung des Grundpfandrechts

504 Nach den allgemeinen Vorschriften für Rechte an Grundstücken sind zum Erwerb der Grundschuld (Hypothek) erforderlich (§§ 873, 1117 BGB):

(a) Einigung zwischen Eigentümer und Gläubiger,
(b) Eintragung des Rechts im Grundbuch,
(c) Übergabe des Briefes an den Gläubiger, falls die Erteilung des Briefes nicht ausgeschlossen ist.

505 zu (a) Die Einigung ist formlos. Das bedeutet, dass sie weder vor dem Notar noch vor dem Grundbuchamt erklärt zu werden braucht und dass das Grundbuchamt auch nicht nachprüft, ob sie erklärt ist (sog. **formelles Konsensprinzip**, vgl. Rz. 253).

III. Weitere Geschäfte im Grundstücksrecht

zu (b) Das Grundbuchamt trägt das Grundpfandrecht nur ein, wenn ein Eintragungsantrag und eine Eintragungsbewilligung vorgelegt werden (§§ 19, 20 GBO). Die Eintragungsbewilligung kann nur der Eigentümer (oder ein Dritter aufgrund notarieller Vollmacht) erklären, wobei diese Erklärung der notariellen Unterschriftsbeglaubigung bedarf. Der Eintragungsantrag kann sowohl vom Eigentümer als auch vom Berechtigten gestellt werden und bedarf keiner notariellen Beurkundung. Der Notar, der die Eintragungsbewilligung beurkundet hat, gilt als ermächtigt, den Eintragungsantrag zu stellen (§ 15 GBO).

Hinweis: Grundschuldformulare der Banken sehen häufig ausdrücklich vor, dass der Notar den Eintragungsantrag auch im Namen der Bank stellen soll. Das hat den Sinn, dass dann der Grundstückseigentümer den Antrag nicht einseitig zurücknehmen kann. 506

zu (c) Ist die Bildung eines Grundschuldbriefes nicht ausgeschlossen, so händigt das Grundbuchamt diesen dem Grundstückseigentümer aus (§ 60 GBO). Der Gesetzgeber geht davon aus, dass der Eigentümer den Brief Zug um Zug gegen Aushändigung der Gegenleistung, etwa einen Geldbetrag, übergibt. Dieser Vorgang kann durch eine Abrede vermieden werden, nach der der Brief unmittelbar dem Gläubiger (§ 1117 Abs. 2 BGB) oder dem Gläubiger zu Händen des beurkundenden Notars auszuhändigen ist: 507

Formulierungsbeispiel 508
Mit dem Gläubiger ist vereinbart, dass dieser berechtigt ist, sich den Brief vom Grundbuchamt aushändigen zu lassen. Es wird beantragt, den Brief dem Gläubiger zu übersenden.

oder: *Es wird beantragt, den Brief dem Gläubiger zu Händen des beglaubigenden Notars zu übersenden.*

Hinweis: Die Versendung des Briefes durch den Notar hat dabei stets mit Einschreiben/Rückschein zu erfolgen, da der Verlust des Briefes mit erheblichen Kosten und Gefahren verbunden ist. 509

Im Hinblick auf die geringe Bedeutung der Hypothek beschränkt sich die folgende Darstellung auf Grundschulden. Für Hypotheken gilt das für die Grundschuld ausgeführte in der Regel entsprechend.

d) Grundschuld

aa) Vorbereitung der Grundschuld
Soll eine *Grundschuld* bestellt werden, so bedarf die dazu erforderliche Beurkundung einer sorgfältigen Vorbereitung. Die vorgelegten Unterlagen müssen auf ihre Vollständigkeit hin überprüft werden. Sie müssen insbesondere Aufschluss geben über den zu belastenden Grundbesitz, den Kreditnehmer 510

Teil C Beurkundungen im Grundstücksrecht

und den Grundschuldbetrag. Es müssen jedenfalls in den praktisch häufigsten Fällen folgende Unterlagen vorliegen:

- Formularvordruck der Bank oder Bausparkasse,
- Hinweise für den Notar, ebenfalls von der Bank oder Bausparkasse, die Aufschluss über nicht bereits aus den im Vordruck ersichtlichen Angaben, geben
- genaue Angabe des Eigentümers,
- das Erfordernis der Zustimmung des Ehegatten nach § 1365 BGB,
- eine Vollmacht oder der Nachweis der Vertretungsmacht, wenn der Eigentümer nicht selbst an der Beurkundung teilnimmt,
- Angabe, ob eine Notarbestätigung erbeten wird.

511 **Hinweis:** Verzichtbar sind an sich der Kreditvertrag und die so genannte Zweckerklärung.

Die vorgelegten Unterlagen sind dabei zunächst daraufhin zu prüfen, ob nur die Grundschuld bestellt oder auch die Unterwerfung unter die sofortige Zwangsvollstreckung erklärt werden soll.

Die von den Kreditinstituten verwendeten Grundschuldformulare sind einander zumeist sehr ähnlich.

512 Eine typische Bestellung einer Grundschuld ohne Brief und ohne Zwangsvollstreckungsunterwerfung kann etwa wie folgt lauten:

Formulierungsbeispiel

I. Im Bestandsverzeichnis des Grundbuchs des Amtsgerichts ... von ... Band ... Blatt ... ist – nachfolgend als Grundbesitz bezeichnet – eingetragen: .... Flurstück ... Flur ...

II. ... – nachfolgend Besteller genannt – belastet hiermit den in Abschnitt I näher bezeichneten Grundbesitz in der Weise, dass aus dem Grundbesitz an ... – nachfolgend Gläubiger genannt – eine Geldsumme von EURO ... sowie von der Grundbucheintragung an Zinsen hieraus in Höhe von 14 % jährlich zu zahlen sind – Grundschuld –. Kapital und Zinsen der Grundschuld sind fällig. Die Erteilung eines Grundschuldbriefs wird ausgeschlossen. Die Grundschuld soll auch entstehen, wenn sie nur an einem Teil des Grundbesitzes eingetragen wird. Der Besteller bewilligt und beantragt die Eintragung der Grundschuld in das Grundbuch. Sie soll in Abteilung II und III die erste Rangstelle erhalten. Ist diese nicht zu erhalten, soll die Grundschuld zunächst an rangbereiter Stelle eingetragen werden. Die Kosten der Errichtung, der Abschriften und des Vollzugs dieser Urkunde trägt der Schuldner. (Unterschriftsbeglaubigung)

513 Häufig verlangen die Banken jedoch eine Grundschuldbestellung mit Schuldanerkenntnis sowie dinglicher und persönlicher Zwangsvollstreckungsunterwerfung.

Der Inhalt dieser Formulare unterscheidet sich von Kreditinstitut zu Kreditinstitut.

Er entspricht in der Regel im ersten Teil der vorstehenden Bewilligung mit Antrag, wird aber ergänzt durch die dingliche und persönliche Unterwerfung

III. Weitere Geschäfte im Grundstücksrecht

unter die sofortige Zwangsvollstreckung (unten Rz. 534 ff.) und weitere Erklärungen, etwa über die zu erteilenden Abschriften, die Möglichkeit der nachträglichen Bildung eines Briefes, die Löschungszustimmung für voreingetragene Rechte usw.

bb) An der Grundschuldbestellung Beteiligte

Zunächst ist zu prüfen, wer die Grundschuld bestellen muss. Sind im Grundbuch Eheleute eingetragen oder erwerben Eheleute den Grundbesitz gemeinsam, werden diese in der Regel auch die Grundschuld gemeinsam bestellen, da beide auch Darlehensnehmer sind. Ist dagegen nur einer der Eheleute Eigentümer des Grundstücks, so verlangen die Banken meist die Beteiligung des anderen Ehegatten bei der Darlehensgewährung und auch seine Unterwerfung unter die sofortige Zwangsvollstreckung, um so einen weiteren Schuldner zu erhalten. In diesem Fall ist bei der Vorbereitung der Urkunde darauf zu achten, dass Eigentümer und Darlehensnehmer z. T. verschiedene Personen sind und daher die Ehepartner auch als Darlehensnehmer bzw. als Eigentümer genau bezeichnet werden. **514**

Ist nur ein Ehegatte Eigentümer und auch nur dieser Darlehensnehmer, muss häufig der andere Ehegatte gleichwohl an der Beurkundung mitwirken. Dies folgt aus § 1365 BGB, wonach ein Ehegatte sich nur mit Einwilligung des anderen Ehegatten verpflichten kann, über sein Vermögen im Ganzen zu verfügen. Dabei ist unter der Verfügung über das Vermögen im Ganzen auch die Verfügung über den Gegenstand, der im wesentlichen das Vermögen des Ehegatten darstellt, zu verstehen. Ist das zu belastende Grundstück der einzige Vermögenswert des Ehegatten von Bedeutung, so kann eine Grundschuldbestellung bereits eine solche Verfügung über das Vermögen im Ganzen sein. Schon aus diesem Grund sehen Grundschuldformulare oft die Zustimmung des Ehegatten vor. In diesem Fall ist der Ehegatte, der lediglich zustimmen muss, im Urkundseingang aufzuführen und zwar mit dem Hinweis »nur zum Zwecke der Zustimmung nach § 1365 BGB«. Bei der Vorbereitung der Grundschuld ist daher zu klären, ob der Urkundsbeteiligte verheiratet ist (sofern nicht ohnehin beide Eheleute Eigentümer und Grundschuldbesteller sind) und ob nicht Umstände gegeben sind, aus denen sich ergibt, dass die Mitwirkung des Ehepartners ausnahmsweise nicht erforderlich ist, etwa weil der Grundschuldbetrag im Verhältnis zum Gesamtvermögen kaum ins Gewicht fällt.

Hinweis: Ist der Ehepartner bei der Beurkundung nicht anwesend, genügt zur Wirksamkeit der Grundschuldbestellung auch dessen formlose Nachgenehmigung, es sei denn der Ehepartner ist zugleich Darlehensnehmer und/oder Eigentümer; in diesem Fall bedarf die Genehmigung der notariellen Beglaubigung (vgl. Rz. 196 ff). **515**

cc) Belastungsgegenstand

516 Vor der Beurkundung hat sich der Notar über den Grundbuchinhalt zu unterrichten (§ 21 BeurkG). Es gilt hier das für den Grundstückskaufvertrag ausgeführte entsprechend (vgl. Rz. 285).

517 Betrifft die Grundschuld eine Teilfläche, so ergeben sich besondere Probleme.

> **Beispiel**
>
> A hat vom Bauträger B durch Kaufvertrag eine noch zu vermessende Teilfläche erworben, die mit einem Einfamilienhaus bebaut werden soll. Zur Finanzierung des Kaufpreises und zur Bebauung benötigt A einen Bankkredit. Die Bank C ist jedoch zur Auszahlung des Kredits nur bereit, wenn ihr Sicherheit in Form einer Grundschuld gewährt wird. B ist zur Mitwirkung bereit. Die Vermessung wird aber voraussichtlich noch einige Zeit in Anspruch nehmen.

518 Hier kann zwar die Eintragung bewilligt werden, doch ist die Eintragung einer Grundschuld erst möglich, wenn das Grundstück ein eigenes Grundbuchblatt oder eine eigene lfd. Nr. erhalten hat und damit als Grundstück im Rechtssinn entstanden ist (§ 7 GBO; vgl. Rz. 230). Hierzu ist es erforderlich, dass das neu entstandene Grundstück nach der Vermessung in einer Ergänzungserklärung (sog. **Identitätserklärung**, vgl. Rz. 397) bezeichnet wird. Hierüber ist zu belehren. Da die Grundschuld in diesem Fall erst nach einiger Zeit eingetragen werden kann, stellt sich die Frage, wie der Gläubiger bis zur Eintragung der Grundschuld gesichert werden kann. Diese Sicherung kann in der Verpfändung der Auflassungsvormerkung gemäß §§ 1280, 1287 BGB bestehen. Die Verpfändung, die auf Antrag bei der Vormerkung eingetragen wird, bewirkt, dass mit der Umschreibung des Eigentums im Grundbuch automatisch eine Sicherungshypothek entsteht, die allen Rechten vorgeht, die nach der Vormerkung eingetragen sind. Kreditinstitute verzichten aber auf die Eintragung, wenn mit Umschreibung des Eigentums zugleich auch die Grundschuld eingetragen wird. Dies ist der Normalfall. Die Verpfändung dient also nur als vorübergehendes Sicherungsmittel bis zur Eintragung der Grundschuld.

Hat im vorliegenden Fall ein Gläubiger des B vor Teilung und Umschreibung auf A eine Bauhandwerkersicherungshypothek eintragen lassen, würde diese bei Umschreibung auf A zwar bestehen bleiben, die bei Umschreibung auf A entstehende Sicherungshypothek für die C-Bank würde im Rang aber vorgehen.

519 **Hinweis:** Wird eine solche Verpfändung im Rahmen der Grundschuldbestellung beurkundet, ist darauf zu achten, dass die Verpfändung dem Schuldner (Verkäufer) angezeigt sein muss, damit sie wirksam ist. Der Empfang der Anzeige sollte durch das Notariat überprüft werden. Schließlich muss bei Umschreibungsreife ein Verzicht der Bank auf die Eintragung der Sicherungshypothek in der Form des § 29 GBO eingeholt werden.

III. Weitere Geschäfte im Grundstücksrecht

Werden mehrere Grundstücke mit einer Grundschuld belastet, so handelt es sich um eine so genannte *Gesamtgrundschuld*. Da diese erst mit der Eintragung auf sämtlichen Grundbüchern entsteht, sehen Grundschuldformulare meist vor, dass die Grundschuld abweichend vom Gesetz bereits mit der Eintragung auf einem der Grundbücher entstehen soll.

dd) Grundschuldbetrag, Zins und Nebenleistung
Die Grundschuld muss auf eine *bestimmte* Geldsumme lauten (§ 1191 Abs. 1 BGB). Eine nur *bestimmbare* Geldsumme (d. h. kein konkreter Geldbetrag, sondern eine von äußeren Faktoren abhängige Größe) genügt nicht. **520**

Hinweis: Bereits eingetragene Grundschulden auf DM-Beträge müssen nicht auf EURO umgestellt werden. **521**

Das Erfordernis der Bestimmtheit gilt auch für die Zinsen. Vielfach sehen Grundschuldformulare einen Zinssatz von 15 bis 20 % jährlich vor, obgleich der Zinssatz des Darlehens niedriger ist. Darin liegt eine Sicherung gegen die möglichen Folgen einer gesamtwirtschaftlichen Entwicklung, die dazu führen kann, dass der variable Zinssatz des Kredits in Zukunft über dem Grundschuldzins liegt. Der in der Grundschuld vereinbarte Zins ist allerdings nur in der Zwangsvollstreckung von Bedeutung und auch dann nur insoweit, als er den Darlehenszins nicht übersteigt. Das gewährte Darlehen ist zu den Bedingungen des Darlehensvertrags und damit auch mit den dort vereinbarten Zinsen zurückzuzahlen. Kommt es zur Verwertung der Grundschuld, so darf der die Versteigerung betreibende Gläubiger im Ergebnis nur den Betrag behalten, der ihm nach den der Grundschuld zugrunde liegenden Vereinbarungen zusteht, d. h. nur den sich aus dem Darlehensvertrag insgesamt ergebenden Zins nebst etwaiger Kosten.

Auch der Zinsbeginn muss sich aus der Grundschuldbestellungsurkunde ergeben; meist wird der Zeitpunkt der Beurkundung, seltener der der Eintragung ins Grundbuch festgesetzt. Auch ein an den Basiszinssatz (§ 247 BGB) angelehnter Zinssatz ist entgegen früheren Auffassungen zulässig (BGH NJW 2006, 1341). **522**

> **Beispiel**
> Es wird die Eintragung der Grundschuld mit 5% Zinsen über dem jeweiligen Basiszinssatz ab dem Zeitpunkt Eintragung der Grundschuld bewilligt.

e) Rang der Grundschuld

Insbesondere für die Reihenfolge der Befriedigung in der Zwangsversteigerung ist der *Rang der Grundschuld* wie auch jeder anderen Grundstücksbelastung von Bedeutung. Durch den Zuschlag erlöschen die Rechte des die Zwangsversteigerung betreibenden Gläubigers sowie nachgehende Rechte, während im Rang vorgehende Rechte bestehen bleiben (vgl. Rz. 269). Der Versteigerungserlös wird nach Deckung der Verfahrenskosten unter den Gläu- **523** bigern nach Maßgabe ihres Ranges verteilt. Zur Vermeidung eines Ausfalls in der Zwangsversteigerung bestehen die Gläubiger in den meisten Fällen auf der Eintragung der Grundschuld an erster Rangstelle oder nach bestimmten anderen Rechten, die dem Gläubiger bekannt sind.

Für den Rang ist, soweit sich nicht aus einem Rangvorbehalt, einem Rangrücktritt oder einer Vormerkung etwas anders ergibt, bei in derselben Abteilung eingetragenen Rechten die Reihenfolge der Eintragung, bei in unterschiedlichen Abteilungen eingetragenen Rechten (also II und III) das Datum der Eintragung maßgeblich (vgl. Rz. 269).

Zu beachten ist neben vorrangigen Rechten auch eine im Rang vorgehende Vormerkung. Der aus der Vormerkung Berechtigte kann vom nachrangigen Gläubiger die Zustimmung zur Löschung verlangen (vgl. Rz. 335). Deshalb verlangen die finanzierenden Kreditinstitute bei der Bestellung einer Grundschuld, dass der Erwerber mit der zu seinen Gunsten eingetragenen oder einzutragenden Auflassungsvormerkung hinter die Grundschuld zurücktritt. Möglich (und kostengünstiger beim Grundbuchamt) ist auch, dass der Erwerber bei der Beantragung der Vormerkung einen Rangvorbehalt bewilligt und beantragt. Die Eintragung eines Wirksamkeitsvermerks, d. h. die Bestimmung, nach der die Grundschuld im Verhältnis zur Vormerkung wirksam ist, bietet demgegenüber nach überwiegender Ansicht keine Kostenvorteile.

524 *Formulierungsbeispiel*

Für den Käufer ist die Eintragung einer Auflassungsvormerkung in das Grundbuch zur Eintragung bewilligt und beantragt worden.

Der Käufer tritt mit der Auflassungsvormerkung hinter die mit dieser Urkunde bestellte Grundschuld nebst Zinsen und Nebenleistungen im Rang zurück. Die Eintragung dieses Rangrücktrittes in das Grundbuch wird bewilligt und beantragt.

525 Außerhalb der Grundschuldbestellung kann der Rangrücktritt etwa wie folgt aussehen:

Im Grundbuch des Amtsgerichtes ... von ..., Blatt ... sind in Abteilung ... folgende Rechte eingetragen:
lfd. Nr. 1 ...
lfd. Nr. 2 ...
Nach Maßgabe der Urkunde des Notars ... in ... vom ..., UR-Nr. ... ist die Eintragung einer weiteren Grundschuld über € ... nebst Nebenleistungen zugunsten der ... (Bank) zur Eintragung bewilligt worden. Die Gläubiger der unter den lfd. Nrn. 1 und 2 eingetragenen Grundschulden und der Grundstückseigentümer bewilligen, der Grundstückseigentümer beantragt auch, die neubestellte Grundschuld im Range vor den Grundschulden lfd. Nrn. 1 und 2 in das Grundbuch einzutragen. (Unterschriftsbeglaubigung)

III. Weitere Geschäfte im Grundstücksrecht

Geschäftsunerfahrene Personen sollten bei Rangrücktrittserklärungen eingehend über die Bedeutung des Rücktritts belehrt werden (vgl. das Bsp. in Rz. 473).

Es kann vorkommen, dass die begehrte Rangstelle nicht zu erlangen ist, etwa weil eine Löschungsbewilligung für ein zu löschendes Recht noch nicht vorliegt. Damit der Antrag nicht allein deshalb zurückgewiesen wird, weil der beantragte Rang nicht offen ist, sollte der Antrag mit dem Zusatz gestellt werden, dass hilfsweise die Eintragung an rangbereiter Stelle erfolgen soll. 526

Eine ähnliche Wirkung wie der Rangrücktritt hat der Rangvorbehalt (vgl. Rz. 269). Im Unterschied zum Rangrücktritt ist der Rangvorbehalt ein vorweggenommener Rangrücktritt. Ein Rangvorbehalt kommt daher dann in Betracht, wenn bei der Bestellung eines Rechts bereits absehbar ist, dass ein noch zu bestellendes Recht im Rang vorgehen soll. Beim Rangvorbehalt für noch zu bestellende Grundpfandrechte muss das zukünftige Recht, das vorgehen darf, genau bezeichnet werden. Dazu gehört der Höchstbetrag der Grundschuld, der Höchstbetrag der Zinsen und der Zinsbeginn.

Formulierungsbeispiel 527
Gleichzeitig wird für noch zu bestellende Grundpfandrechte zugunsten ... in Höhe von bis zu ... nebst Zinsen ab Bewilligung und Nebenleistungen in Höhe von ... der auch mehrmals auszuübende Vorrang eingeräumt.
Hierzu wird die Eintragung eines Rangvorbehaltes zugunsten der zu bestellenden Grundschuld zur Eintragung in das Grundbuch bewilligt und beantragt.

f) Finanzierungsgrundschuld

Die sog. *Finanzierungsgrundschuld* ist dadurch gekennzeichnet, dass sie im Zusammenhang mit dem Kauf eines Grundstücks bestellt wird und der durch die Grundschuld gesicherte Darlehensbetrag zur Zahlung des Kaufpreises dient. 528

Der Käufer eines Grundstücks verfügt vielfach nicht über die zur Zahlung des Kaufpreises erforderlichen Barmittel und ist daher auf ein Bank- oder Bauspardarlehen angewiesen. Die Bank macht die Auszahlung des Kredits von der Eintragung der Grundschuld, der Verkäufer die Eigentumsumschreibung von der vorherigen Kaufpreiszahlung abhängig. Der Käufer wiederum kann die Eintragung der Grundschuld nicht bewirken, solange er nicht als Eigentümer eingetragen ist. Solange aber die Grundschuld nicht eingetragen ist, zahlt die Bank nicht den Kaufpreis.

Zur Lösung dieser Schwierigkeit hat die Praxis das Instrument der *Finanzierungsgrundschuld aufgrund Belastungsvollmacht* entwickelt. Dabei wird wie folgt verfahren: 529
(a) Der Verkäufer (und Eigentümer) erteilt dem Käufer eine Vollmacht zur Belastung des Grundstücks in Höhe des Kaufpreises.
(b) Damit nicht das Darlehen an den Käufer ausgezahlt, von diesem aber nicht zur Kaufpreiszahlung verwendet wird, wobei dann der Verkäufer den Schaden trägt, wird vereinbart, dass der Kreditbetrag unmittelbar von der fi-

Teil C Beurkundungen im Grundstücksrecht

nanzierenden Bank an den Verkäufer ausgezahlt wird. Hierzu ist eine Sicherungsabrede im Rahmen der Beurkundung des Kaufvertrags zwischen Käufer und Verkäufer erforderlich. In der Grundschuldbestellungsurkunde muss insoweit auf die im Kaufvertrag erteilte Vollmacht Bezug genommen werden.

530 *Formulierungsbeispiel*
Die Grundschuld wird bestellt unter Ausnutzung der Belastungsvollmacht gemäß Ziffer ... des Kaufvertrags vom ..., UR-Nr.: ... des Notars ..., mit dem der Besteller als Käufer den gegenständlich belasteten Grundbesitz von ... als Verkäufer erworben hat. Der Verkäufer wirkt nur als derzeitiger Grundstückseigentümer bei dieser Grundschuldbestellung und Eintragungsbewilligung mit und schließt sich den vom Käufer gestellten Eintragungsanträgen an, um dem Käufer die Finanzierung des Kaufpreises zu erleichtern. Die Beteiligten haben daher folgende Bestimmungen getroffen:

1. Der Erstvalutierungsanspruch aus dem Darlehen wird bereits heute zum Zwecke der Kaufpreiszahlung bis zur Höhe des offen stehenden Kaufpreises an den Veräußerer bzw. zur Lastenfreistellung an dessen Gläubiger abgetreten, dieser nimmt die Abtretung an. Der Erwerber weist seinen Finanzierungsgläubiger unwiderruflich an, die Darlehensvaluta bei Kaufpreisfälligkeit nur an den Veräußerer bzw. dessen Gläubiger auf das im vorgenannten Kaufvertrag genannte Konto auszuzahlen.

2. Gleichzeitig wird im Verhältnis zwischen Veräußerer und Gläubiger die Sicherungsvereinbarung für alle mit nachstehender Vollmacht bestellten Grundpfandrechte dahingehend eingeschränkt, dass diese bis zur vollständigen Kaufpreiszahlung ausschließlich zum Zweck der Kaufpreiszahlung valutiert werden dürfen und dem Gläubiger daher nur insoweit als Sicherheit dienen, als er tatsächlich Zahlungen auf die Kaufpreisschuld des Erwerbers geleistet hat. Anders lautende Zweckerklärungen (auch in der Grundpfandrechtsurkunde) sind im Verhältnis zum Veräußerer unwirksam.

3. Der Veräußerer übernimmt im Zusammenhang mit der Grundpfandrechtsbestellung keinerlei persönliche Zahlungsverpflichtungen. Der Erwerber verpflichtet sich, den Veräußerer von allen Kosten und sonstigen Folgen der Grundpfandrechtsbestellung freizustellen.

4. Mit der Umschreibung des Eigentums werden die Grundpfandrechte vom Erwerber auch in dinglicher Haftung übernommen. Alle bis dahin entstandenen Rückübertragungsansprüche oder Eigentümerrechte werden an den Erwerber im genannten Erwerberverhältnis abgetreten und die Umschreibung im Grundbuch bewilligt. Der Erwerber nimmt die Abtretung hiermit an.

Diese Niederschrift wurde den Erschienenen in Gegenwart des Notars vorgelesen, von ihm/ihnen genehmigt und eigenhändig unterschrieben.

531 (c) Damit nicht der Käufer aufgrund der ihm im Rahmen des Kaufvertrags bewilligten Auflassungsvormerkung die Löschung der Grundschuld verlangen kann (§ 883 Abs. 2 BGB), wird vereinbart und vom Käufer bewilligt, dass die Grundschuld Rang vor der Auflassungsvormerkung erhält.

III. Weitere Geschäfte im Grundstücksrecht

Hinweis: Es ist zu empfehlen, die Finanzierungsgrundschuld nicht in der Nebenakte zusammen mit dem Kaufvertrag in der Reihenfolge des Eingangs einzuheften. Vielmehr sollten Schriftstücke, die die Grundschuld betreffen, getrennt von denen des Kaufvertrags aufbewahrt werden. Dies kann auch in der gleichen Akte, aber räumlich getrennt, geschehen. 532

g) Nicht zur Eintragung erforderlicher Inhalt der Grundschuld; Zweckerklärung

Die *Zweckerklärung* oder auch *Sicherungsabrede* ist die vertragliche Abrede zwischen dem Gläubiger und dem Eigentümer darüber, welcher Zweck mit der Bestellung der Grundschuld verfolgt wird. Aus der Zweckerklärung geht hervor, was durch die Grundschuld gesichert werden soll, etwa ein konkretes Darlehen oder ein Kontokorrentkredit. Weiter wird in der Zweckerklärung zum Ausdruck gebracht, unter welchen Voraussetzungen die Grundschuld abzutreten oder zu löschen ist. Derartige Abreden sind nötig, weil die Grundschuld (anders als die Hypothek) von dem zu sichernden Anspruch unabhängig ist. Das Recht des Gläubigers, jederzeit aus der Grundschuld vorgehen (d. h. aus diesem Recht vollstrecken) zu können, muss daher zugunsten des Eigentümers/Schuldners durch Abreden begrenzt werden. Die Zweckerklärung stellt mithin die Verknüpfung zwischen dem Darlehensvertrag und der Grundschuld dar. 533

Der Darlehensvertrag enthält Regelungen über die zahlenden Darlehensraten und ihre Fälligkeit, die Grundschuld enthält regelmäßig keine Einschränkung hinsichtlich des Zeitpunkts, zu dem der Gläubiger aus ihr vorgehen kann (»die Grundschuld ist fällig«). Zahlt der Schuldner die Darlehensraten nur unregelmäßig und will die Bank die Grundschuld im Wege der Zwangsvollstreckung verwerten, muss sie, will sie eine erfolgreiche Vollstreckungsgegenklage vermeiden, zunächst feststellen, ob die Grundschuld tatsächlich dieses Darlehen sichert und die Voraussetzungen für die Verwertung der Grundschuld vorliegen oder ob sie zunächst den Darlehensvertrag zu kündigen hat. Die Antwort darauf ist der Zweckerklärung zu entnehmen.

Die Zweckerklärung als solche ist nicht beurkundungsbedürftig. Häufig ist sie aber in den Grundschuldformularen enthalten und wird daher mit beurkundet. Der Notar sollte die Urkundsbeteiligten über die Bedeutung der Zweckerklärung belehren und sie darauf hinweisen, dass es ratsam ist, die Zweckerklärung genau zu prüfen. Ein Vermerk über diese Belehrung sollte auch in die Grundschuldurkunde aufgenommen werden (Formulierungsbeispiel z. B. bei *Amann* in Beck'sches Notarhandbuch A VI Rn. 45).

h) Unterwerfung unter die sofortige Zwangsvollstreckung

aa) Allgemeines

Im Rahmen der Bestellung von Grundschulden wird auf Verlangen des Gläubigers oft die *Unterwerfungsklausel* nach § 800 ZPO in den belasteten Grundbesitz (*dingliche Zwangsvollstreckungsunterwerfung*) und nach § 794 Abs. 1 Nr. 5 534

ZPO in das gesamte Vermögen des Schuldners (*persönliche Haftung mit Zwangsvollstreckungsunterwerfung*) in die Urkunde aufgenommen. Diese Regelungen haben etwa folgenden Inhalt:

> *Formulierungsbeispiele*
> *1. Dingliche Zwangsvollstreckungsunterwerfung:*
> *Der Eigentümer unterwirft sich wegen aller Ansprüche an Kapital, Zinsen und Nebenleistungen, welche der Gläubigerin aus der Grundschuld zustehen, der sofortigen Zwangsvollstreckung in das mit der Grundschuld belastete Eigentum, und zwar in der Weise, dass die Zwangsvollstreckung aus dieser Urkunde gegen den jeweiligen Eigentümer des Grundeigentums zulässig sein soll.*
> *Der Gläubiger beantragt die Erteilung einer vollstreckbaren Ausfertigung.*
>
> *2. Persönliche Haftung mit Zwangsvollstreckungsunterwerfung:*
> *Die Erschienenen … übernehmen hiermit – als Gesamtschuldner – die persönliche Haftung für die Zahlung eines Geldbetrages, dessen Höhe der vereinbarten Grundschuld (Kapital, Zinsen, Nebenleistungen) entspricht und unterwerfen sich gleichzeitig deswegen der sofortigen Zwangsvollstreckung aus dieser Urkunde in ihr gesamtes Vermögen. Dies gilt auch schon vor Eintragung der Grundschuld in das Grundbuch und vor der Vollstreckung in das belastete Grundeigentum sowie für den Fall des Erlöschens der Grundschuld im Zwangsversteigerungsverfahren hinsichtlich des Betrages (Kapital, Zinsen, Nebenleistungen, Kosten), mit welchem die Gläubigerin hierbei ausgefallen ist. Sie beantragen beim Notar, der Gläubigerin auch insoweit eine vollstreckbare Ausfertigung dieser Urkunde zu erteilen.*

535 Die Unterwerfung unter die sofortige Zwangsvollstreckung erleichtert dem Gläubiger die Verwirklichung seiner Rechte. Leistet der Schuldner bei Fälligkeit nicht, so ist der Gläubiger regelmäßig darauf angewiesen, seinen Anspruch im Wege der Zwangsvollstreckung durchzusetzen. Dazu bedarf er eines vollstreckbaren Titels. Einen solchen Titel stellt in erster Linie ein rechtskräftiges oder für vorläufig vollstreckbar erklärtes Urteil dar (§ 704 Abs. 1 ZPO). Damit ist der Gläubiger auf den Zeit raubenden und kostspieligen Klageweg verwiesen. Dieser Weg bleibt ihm erspart, wenn sich der Schuldner oder der Eigentümer durch notarielle Urkunde der sofortigen Zwangsvollstreckung unterworfen hat (§ 794 Abs. 1 Nr. 5 ZPO). Eine solche Vereinbarung ersetzt also gleichsam ein gerichtliches Urteil; sofortig heißt die Zwangsvollstreckung deswegen, weil ohne Prüfung des Anspruchs, dessentwegen vollstreckt werden soll, unterbleibt. Der Notar hat also auf Verlangen des Gläubigers diesem ohne weiteres eine vollstreckbare Ausfertigung, d. h., eine mit Vollstreckungsklausel versehene Ausfertigung der Urkunde, aus der vollstreckt werden soll, zu erteilen (§ 797 Abs. 2 S. 1 ZPO). Diese Urkunde wird durch den Gerichtsvollzieher auf Antrag des Gläubigers zugestellt. Der Schuldner ist der nachfolgenden Zwangsvollstreckung jedoch nicht wehrlos ausgesetzt; will er geltend machen, der Anspruch sei bereits

III. Weitere Geschäfte im Grundstücksrecht

durch Erfüllung erloschen, so kann er die Vollstreckungsgegenklage erheben (§§ 795 S. 1, 767, 797 Abs. 4 ZPO).

bb) Vollstreckung in den belasteten Grundbesitz und in das gesamte Vermögen

Die Unterwerfung hinsichtlich des Grundstücks nach § 800 ZPO gibt dem Gläubiger die Möglichkeit, in das belastete Grundstück zu vollstrecken, d. h. die Zwangsversteigerung oder Zwangsverwaltung aus der Grundschuld zu betreiben, nicht aber auf das übrige Vermögen des Schuldners z. B. durch Lohnpfändung zuzugreifen. Das folgt daraus, dass der Eigentümer des Grundstücks aus der Grundschuld nicht zur Zahlung verpflichtet ist, sondern nur zur Duldung der Zwangsvollstreckung. Hinsichtlich seines gesamten Vermögens kann sich der Schuldner nicht wegen der Grundschuld, sondern nur wegen seiner persönlichen Verpflichtung aus dem Darlehensvertrag, wegen derer zumeist ein abstraktes Schuldversprechen (§ 780 BGB) abgegeben wird, der sofortigen Zwangsvollstreckung unterwerfen. Diese Unterwerfung erstreckt sich grundsätzlich auch auf Grundstücke, die im Eigentum des Schuldners stehen, da auch diese zum »gesamten Vermögen« gehören. Die Unterwerfung nach § 800 ZPO hinsichtlich des belasteten Grundstücks bietet aber auch noch einen weiteren Vorteil. Sie wirkt gegen den jeweiligen Eigentümer. Hat also der Schuldner den Grundbesitz an einen Dritten übertragen, kann der Gläubiger gleichwohl sofort (nach Umschreibung der Klausel nach § 726 ZPO) in den Grundbesitz vollstrecken, obgleich ihm der nunmehrige Eigentümer nichts schuldet. Dies kann bei einer bloßen Vollstreckungsunterwerfung in das gesamte Vermögen grundsätzlich nicht geschehen. Aus diesem Grund ist die Vollstreckungsunterwerfung gemäß § 800 ZPO auch im Grundbuch bei der Grundschuld zu vermerken.

536

Hinweis: Bei der Prüfung der Eintragungsmitteilung sollte auch darauf geachtet werden, dass die Grundschuldeintragung den Vermerk »*vollstreckbar nach § 800 ZPO*« enthält.

537

cc) Form der Unterwerfungserklärung

Eine mit Unterwerfungsklausel versehene Grundschuldbestellung (dinglich und/oder persönlich) bedarf der notariellen Beurkundung, eine notarielle Beglaubigung genügt nicht. Diese Formvorschrift gilt nicht nur für die Unterwerfungserklärung selbst, sondern umfasst die gesamte Grundschuldbestellung. Hinsichtlich des Wortlauts der Unterwerfungserklärung ist zu beachten, dass der Betrag der Unterwerfung in der Urkunde genau zu bezeichnen ist, entsprechendes gilt für Zinssatz und Zinsbeginn. Es genügt dabei aber die Bezugnahme auf den Betrag der in derselben Urkunde enthaltenen Grundschuld. Da die Grundschuld zu ihrer Durchsetzung einer Kündigung unter Einhaltung einer Frist von 6 Monaten bedarf (§ 1193 Abs. 2 BGB), darf der Notar insoweit die vollstreckbare Ausfertigung wegen des dinglichen Anspruchs erst herausgeben, wenn ihm die Kündigung durch öffentliche Ur-

538

kunde nachgewiesen ist. Möglich ist jedoch ein *Nachweisverzicht*; in diesem Fall darf eine sofort vollstreckbare Ausfertigung erteilt werden.

> *Formulierungsbeispiel*
> *Der Notar darf die vollstreckbare Ausfertigung dieser Urkunde sofort erteilen, ohne dass es eines Nachweises der Kündigung oder sonstiger Voraussetzungen bedarf.*

i) Vollzug der Grundschuldbestellung

539 Im Gegensatz zum Grundstückskauf bedarf die Grundschuldbestellung zumeist keiner behördlichen Genehmigungen. Auch Mitteilungspflichten bestehen nicht. Lediglich in förmlich festgelegten Sanierungsgebieten nach § 144 BauGB ist die Wirksamkeit der Grundschuldbestellung von der Erteilung der sanierungsrechtlichen Genehmigung abhängig. Das Genehmigungserfordernis ergibt sich zumeist aus dem in Abteilung II des Grundbuchs eingetragenen Sanierungsvermerk (vgl. Rz. 327).

In Betracht kommt auch das Genehmigungserfordernis des Vormundschaftsgerichts, nicht jedoch bei einer Kaufpreisfinanzierungsgrundschuld.

Wird die Grundschuld an einem Erbbaurecht bestellt, ist meist die Genehmigung des Grundstückseigentümers erforderlich. Hierzu ist der Erbbaurechtsvertrag einzusehen.

Ist eine Genehmigung nicht erforderlich oder liegen alle erforderlichen Genehmigungen vor, so hat der Notar die Grundschuld beim Grundbuchamt zu beantragen (§ 53 BeurkG).

540 Das an das Grundbuchamt zu richtende Begleitschreiben kann etwa wie folgt lauten:

> *Formulierungsbeispiel*
> *Zu den oben bezeichneten Grundakten überreiche ich eine Ausfertigung der Grundschuldbestellungsurkunde vom ... UR-Nr. ...*
> *Unter Bezugnahme auf § 15 GBO beantrage ich, – zusätzlich auch im Namen der ... (Bank) als Gläubigerin, ohne deren Zustimmung der Antrag nicht zurückgenommen werden kann – die Eintragung der Grundschuld an der in Ziff. ... der Urkunde vorgesehenen Rangstelle. Entstehende Kosten bitte ich dem Eigentümer in Rechnung zu stellen. Ferner wird beantragt, nach Vollzug im Grundbuch der Gläubigerin unter Angabe des Geschäftszeichens eine unbeglaubigte Grundbuchblattabschrift zu erteilen. Im Übrigen wird gebeten, dem Eigentümer und dem amtierenden Notar eine Eintragungsnachricht zu übersenden. Ich bitte, den Empfang auf der beigefügten Kopie zu quittieren und mir diese zurückzuschicken.*

541 Wegen der Übersendung weiterer Ausfertigungen, vollstreckbarer Ausfertigungen und beglaubigter Abschriften ist auf die Anweisungen in der Urkunde zu achten.

III. Weitere Geschäfte im Grundstücksrecht

j) Notarbestätigung (Rangbescheinigung)

Oft verlangt der Gläubiger eine sog. *Notarbestätigung.* Die Notarbestätigung hat den Zweck, dem Gläubiger bereits vor Eintragung der Grundschuld im Grundbuch die Gewissheit zu verschaffen, dass die Grundschuld tatsächlich und mit dem gewünschten Rang eingetragen wird. Banken und Bausparkassen machen die Auszahlung des Kredits in aller Regel von der Eintragung der Grundschuld oder von der Notarbestätigung abhängig, um so sicherzugehen, dass der Kredit auch tatsächlich durch eine Grundschuld abgesichert ist.

542

Die Notarbestätigung verursacht dem Grundschuldbesteller zusätzliche Kosten. Es sollte daher mit den Beteiligten vor der Erteilung einer Notarbestätigung stets geklärt werden, ob die Kreditauszahlung nicht bis zur erwarteten Eintragung der Grundschuld aufgeschoben werden kann.

Bei der Notarbestätigung ist Vorsicht geboten, da diese mit besonderen Risiken verbunden ist. Es ist zu beachten, dass eine Notarbestätigung keine Garantie des Notars dafür enthalten darf, dass die Grundschuld eingetragen wird. Vielmehr darf der Notar lediglich eine Prüfung vornehmen, ob sich aus dem Grundbuch und aus den Grundakten ergibt, dass die Grundschuld voraussichtlich mit der beantragten Rangstelle eingetragen werden wird. Bis zur Einsicht des Grundbuchs und Grundakten sollten grundsätzlich mindestens 7 Tage nach Einreichung der Grundschuldurkunde gewartet werden, um zu vermeiden, dass früher gestellte Anträge den Grundakten verspätet zugeordnet werden und nach dem Prioritätsgrundsatz (§ 17 GBO) Rang vor der Grundschuld erhalten. Sobald auch nur die geringsten Zweifel daran bestehen, dass die Grundschuld tatsächlich eingetragen wird oder sie den geforderten Rang erhalten wird, muss der Notar die Erteilung einer Notarbestätigung ablehnen.

Formulierungsbeispiel
An die
XY Bank

543

Am 11.02.2002 habe ich dem Grundbuchamt in Wernigerode die UR-Nr. 97/02 vom 10.02.2002 vorgelegt, die Eintragunsganträge sind in zulässigen Umfang auch in Ihrem Namen gestellt. Hierbei habe ich festgestellt:
a) Als Eigentümer ist Y eingetragen,
b) das Grundbuch ist in Abt. II und III unbelastet. Auf der Grundlage meiner Einsicht in die elektronische Markentabelle am 17.02.2008 sind mir keine Umstände bekannt, die einer Eintragung des Grundpfandrechts an erster Rangstelle entgegenstehen.
Wernigerode, den 18.02.2008
Botho, Notar

Die Notarbestätigung ist weder mit einer UR-Nr. zu versehen noch in die Urkundensammlung aufzunehmen. Auch ein Siegel ist nicht beizudrücken, dies wird jedoch von Kreditinstituten häufig verlangt.

544

Teil C Beurkundungen im Grundstücksrecht

k) Veränderungen bei der Grundschuld

545 Vielfach ergeben sich bei bereits eingetragenen Grundschulden Veränderungen, die eine Tätigkeit des Notars erfordern. Wird ein mit einem Grundpfandrecht belastetes Grundstück geteilt, setzt sich die Grundschuld als Gesamtgrundschuld an den neu entstandenen Grundstücken fort, d. h. jedes Teilgrundstück haftet für den gesamten Grundschuldbetrag. Eine Erklärung der Beteiligten ist nur erforderlich, soweit ein Grundstück aus der Pfandhaft entlassen werden soll, d. h., die Grundschuld zukünftig nicht mehr auf allen Flurstücken lasten soll.

l) Veränderungen des belasteten Grundbesitzes

546 Der belastete Grundbesitz kann sich durch Erstreckung der bereits eingetragenen Grundschuld auf ein weiteres Grundstück, die so genannte Nachverpfändung, oder durch die Freigabe eines von mehreren mit der Gesamtgrundschuld belasteten Grundstücks aus der Pfandhaft, die so genannte Pfandhaftentlassung, ändern.

547 Die Entlassung erfolgt durch eine Bewilligung des Gläubigers in der Form des § 29 GBO und einen Antrag des Eigentümers.

> *Formulierungsbeispiel*
> *Im Grundbuch von Magdeburg, Blatt 223, Flurstück 11 der Flur 5 ist in Abteilung III unter lfd. Nr. 3 eine Gesamtgrundschuld über den Betrag von 100 000 EURO für mich eingetragen. Ich bewillige die Entlassung aus der Mithaft.*

548 Anders als bei der Löschungsbewilligung ist die Zustimmung des Eigentümers nach § 27 GBO in der Form des § 29 GBO nicht erforderlich.

Die Erstreckung der Grundschuld auf ein weiteres Grundstück erfolgt durch Bewilligung des Eigentümers unter Bezugnahme auf die Grundschuldurkunde. Soll die Grundschuld auch im Hinblick auf das weitere Grundstück eine Unterwerfungserklärung nach § 800 ZPO enthalten (was mit dem Gläubiger zu klären ist), ist eine bloße Bewilligung mit Antrag nicht ausreichend. Es ist vielmehr eine Niederschrift wie bei jeder anderen Grundschuldbestellung mit Unterwerfungsklausel zu errichten.

549
> *Formulierungsbeispiel*
> *(voller Urkundseingang)*
> *Im Grundbuch von Magdeburg, Blatt 223, Flurstück 11 der Flur 5 ist in Abteilung III unter lfd. Nr. 3 eine Grundschuld über den Betrag von 100 000,00 EURO nebst 15 v. H. Zinsen seit dem 14.08.1996, vollstreckbar nach § 800 ZPO eingetragen. Die Grundschuld wurde mit UR-Nr. 2021/1996 des Notars Gründer bestellt, im folgenden Vorurkunde genannt. Der Eigentümer bewilligt und beantragt, die vorgenannte Grundschuld auch auf das Grundstück von Magdeburg, Blatt 291, Flurstück 21/3 unter Bezugnahme auf die Vorurkunde und zu den dort enthaltenen Bedingungen mitbelastungsweise einzutragen.*
> *In Ansehung der Grundschuld unterwerfe ich mich unter Bezugnahme auf die*

III. Weitere Geschäfte im Grundstücksrecht

Vorurkunde der sofortigen Zwangsvollstreckung aus dieser Urkunde, mit der Maßgabe, dass die Zwangsvollstreckung gegen den jeweiligen Eigentümer zulässig sein soll. Die Eintragung der Zwangsvollstreckungsunterwerfung erfolgt im Grundbuch.

Bei einer Briefgrundschuld ist der Brief vorzulegen, da dieser ergänzt werden muss, und in der Urkunde zu bestimmen, dass dieser dem Gläubiger auszuhändigen ist. 550

m) Abtretung der Grundschuld

Grundschulden können (wenn dies nicht nach ihrem Inhalt ausgeschlossen ist), wie die meisten anderen Rechte, abgetreten werden (§§ 398, 1192, 1153 ff. BGB). Dies ist etwa dann der Fall, wenn der Kreditnehmer die ihn finanzierende Bank wechselt (Umschuldung). Dabei wird dem nunmehrigen Kreditgeber (Neugläubiger) die bereits bestehende Sicherheit, d. h. die Grundschuld abgetreten. 551

Die Abtretung einer Grundschuld setzt zunächst die formlose Einigung des Altgläubigers und des Neugläubigers voraus. Der Eigentümer ist daher nicht beteiligt. Bei den weiteren Voraussetzungen ist zwischen Buch- und Briefgrundschulden zu unterscheiden.

aa) Einigung und Eintragung

Neben der Einigung ist bei Buchgrundschulden die Eintragung der Abtretung in das Grundbuch erforderlich. Diese setzt wiederum die Bewilligung in Form des § 29 GBO und einen Antrag (§ 13 GBO) voraus. 552

Beispiel 553
Für die B-Bank ist im Grundbuch von Magdeburg, Blatt 224, Flurstück 234/12 der Flur 4 eine Grundschuld in Höhe von 150 000 EURO eingetragen. Diese Grundschuld nebst Zinsen seit der Eintragung wird an die X-Bank abgetreten. Die B-Bank bewilligt, die Abtretung des Grundschuldkapitals sowie der künftig fällig werdenden Zinsen und der anderen Nebenleistungen in das Grundbuch einzutragen.

Da die Grundschuldurkunde oft weitere Erklärungen enthält, sollte die Abtretung insoweit ergänzt werden, dass auch die sonstigen in der Grundschuldbestellungsurkunde dem Gläubiger bestellten oder abgetretenen Rechte und Ansprüche mit abgetreten werden. 554

Formulierungsbeispiel 555
Ferner werden alle Nebenansprüche aus der Grundschuld, insbesondere auch der persönliche Haftungsanspruch gegen den Grundstückseigentümer, an den neuen Gläubiger abgetreten.

bb) Übergabe des Briefes

556 Bei der Abtretung der Briefgrundschuld ist neben der Einigung die Übergabe des Briefes und entweder eine zumindest schriftliche Abtretungserklärung (§ 1154 BGB) oder die Eintragung der Abtretung der Grundschuld in das Grundbuch erforderlich. Soll die Abtretung nicht ins Grundbuch eingetragen werden, ist wegen der sonst fehlenden Gutglaubenswirkung (§ 1155 BGB) die Beglaubigung oder Beurkundung der Abtretungserklärung dringend zu empfehlen; sie wird von den Kreditinstituten auch verlangt. Die Abtretungserklärung enthält zumeist nur die Erklärung des abtretenden Altgläubigers (Formulierungsbeispiele finden sich etwa bei Kersten/Bühling, § 74).

Die Abtretung der Grundschuld ist insbesondere auch bei der so genannten Eigentümergrundschuld von Bedeutung. In diesem Fall bestellt der Eigentümer die Grundschuld zunächst (für sich selbst) an seinem eigenen Grundstück. Diese Grundschuld kann der Eigentümer im Bedarfsfall einem Dritten als Sicherheit zur Verfügung stellen. Eine Grundschuld muss in diesem Fall nicht erneut bestellt werden, es genügt vielmehr die Abtretung der Grundschuld an den Gläubiger. Daneben bedarf es einer Einigung nach § 873 BGB und einer Zweckerklärung.

cc) Umschreibung der Vollstreckungsklausel bei Gläubigerwechsel

557 Will der neue Gläubiger aus der Grundschuld vollstrecken (wenn eine Unterwerfungsklausel enthalten ist), so muss der Gläubiger zunächst die Umschreibung der Vollstreckungsklausel beantragen. Zuständig ist hierfür der Notar, bei dem die Grundschuld verwahrt wird (§§ 52 BeurkG, § 797 Abs. 2 ZPO). Dies ist zumeist der Notar, der die Grundschuld beurkundet hat oder sein Amtsnachfolger. Der Notar darf die Vollstreckungsklausel nur umschreiben, wenn ihm die Rechtsnachfolge (Gläubigerwechsel) nachgewiesen ist (§§ 795, 727 Abs. 1 ZPO).

558 Dabei ist hinsichtlich der dinglichen (a) und der persönlichen Unterwerfung (b) zu unterscheiden. Für beides ist der Nachweis zu erbringen.

(a) Der Nachweis kann dem Notar hinsichtlich des dinglichen Anspruchs durch die Eintragung der Abtretung im Grundbuch (Buchgrundschuld oder Briefgrundschuld) oder durch Vorlage einer Ausfertigung der beurkundeten Abtretungserklärung oder Urschrift bei beglaubigter Abtretung erbracht werden (Briefgrundschuld). Ausreichend ist auch die Vorlage des Grundschuldbriefs (im Original) mit Abtretungsvermerk.

(b) Die Abtretung der persönlichen Forderung ist durch Vorlage der Ausfertigung der beurkundeten Abtretungserklärung oder der Urschrift der beglaubigten Abtretungserklärung zu erbringen. Die Eintragung der Abtretung im Grundbuch lässt nicht bereits den Schluss zu, dass auch die persönliche Forderung abgetreten ist. Die Abtretung der persönlichen Forderung ergibt sich aber zumeist aus der bei den Grundakten liegenden Abtretungserklärung. Der Notar muss daher auch diese einsehen, wenn ihm die Abtretung nicht durch Übersendung der Abtretungserklärung nachgewiesen ist.

III. Weitere Geschäfte im Grundstücksrecht

Hinweis: Die Vorlage beglaubigter Abschriften genügt zum Nachweis der Rechtsnachfolge nicht. Vorgelegte Abtretungserklärungen müssen dahin überprüft werden, ob die dingliche und die persönliche Forderung abgetreten ist. Bei der Vorlage von Ausfertigungen und Urschriften notarieller Abtretungserklärungen sind diese zweckmäßigerweise im Hinblick auf § 750 Abs. 2 ZPO der vollstreckbaren Urkunde in beglaubigter Abschrift beizufügen (einzubinden). Die Umschreibung der Vollstreckungsklausel setzt voraus, dass zuvor die bereits erteilte vollstreckbare Ausfertigung zurückgegeben wird. Weitere vollstreckbare Ausfertigungen dürfen nur nach Entscheidung des Amtsgerichts erteilt werden (§ 797 Abs. 3 ZPO). 559

dd) Änderungen in der Person des Eigentümers

Ändern sich die Eigentumsverhältnisse am Grundstück, bleibt die Grundschuld bestehen. Bei einem Eigentümerwechsel im Rahmen von Kaufverträgen werden Grundschulden allerdings meist abgelöst (vgl. Rz. 352). 560

Bleibt die Grundschuld bei Eigentümerwechsel bestehen, was insbesondere dann der Fall ist, wenn sie aufgrund einer Finanzierungsgrundschuld bestellt wurde (vgl. Rz. 528), ist für die Vollstreckung die Umschreibung der Vollstreckungsklausel auf den jeweiligen Eigentümer nicht erforderlich, wenn in der Grundschuldbestellung bereits nach ihrem Wortlaut der jeweilige (neue) Eigentümer der sofortigen Zwangsvollstreckung in den belasteten Grundbesitz unterworfen ist (§ 800 ZPO).

n) Erlöschen der Grundschuld

Ist die durch die Grundschuld gesicherte Forderung erloschen, wird die Grundschuld gewöhnlich gelöscht. Will der Eigentümer die Grundschuld erneut als Sicherheit verwenden (vgl. Rz. 501), so kann er die Grundschuld im Grundbuch »stehen« lassen. Für die Löschung ist eine Bewilligung (§ 19 GBO) des Grundschuldgläubigers, ein Antrag des Gläubigers oder des Eigentümers und bei Briefrechten die Vorlage des Grundschuldbriefs erforderlich. Die Löschungsbewilligung bedarf der Form des § 29 GBO. Der Antrag auf Löschung ist grundsätzlich (§ 13 GBO) nicht formbedürftig. Zur Löschung der Grundschuld ist allerdings die Zustimmung des Eigentümers nach § 27 GBO erforderlich, da die Löschung das Entstehen einer Eigentümergrundschuld verhindert, an deren Entstehen der Eigentümer ein Interesse haben kann, etwa im Hinblick auf eine beabsichtigte Wiederverwendung. Da diese Zustimmung wiederum der notariellen Beglaubigung bedarf, ist der Löschungsantrag des Eigentümers gemeinsam mit seiner Zustimmung zu beglaubigen. 561

Formulierungsbeispiel 562
Für uns ist im Grundbuch ... für ... Blatt eine Grundschuld in Abteilung III unter lfd. Nr. ... nebst ... % Zinsen eingetragen. Wir bewilligen hiermit die Löschung dieser Grundschuld.
Unterschriftsbeglaubigung (gegebenenfalls mit Vertretungsvermerk, etwa bei GmbH)

Teil C Beurkundungen im Grundstücksrecht

> *Zustimmung des Eigentümers mit Antrag:*
> *In der Anlage überreiche ich die notariell beglaubigte Löschungsbewilligung der ... (Bank) (bei Briefrechten: und den dazugehörigen Grundschuldbrief). Ich stimme der Löschung zu und beantrage sie.*
> *Unterschriftsbeglaubigung*

563 Bei den im Beitrittsgebiet oftmals noch eingetragenen Aufbauhypotheken ist eine Eigentümerzustimmung nicht erforderlich, da eine Eigentümerhypothek nicht entstehen kann. Hier genügt neben der Bewilligung des Gläubigers der formlose Antrag des Eigentümers.

Soll die Grundschuld im Rahmen eines Kaufvertrags abgelöst werden, erteilt der Gläubiger dem Notar die Löschungsbewilligung zumeist unter der Auflage, dass dieser erst davon Gebrauch machen kann, wenn ein bestimmter Geldbetrag (offene Darlehensverbindlichkeit) an den Gläubiger gezahlt ist. Der Notar hat diese Treuhandauflage genau zu beachten (vgl. Rz. 378).

IV. Fragen- und Antwortkatalog zu Beurkundungen im Grundstücksrecht

Fragen:

564 1. Im Grundbuch sind folgende Rechte eingetragen:
   a) in Abt. II   Nießbrauch für A, eingetragen am 20.01.1991,
                   Vorkaufsrecht für B, eingetragen am 25.03.1992,
   b) in Abt. III Grundschuld zu 50 000 DM für die Sparkasse B, eingetragen am 25.03.1992,
                   Grundschuld zu 50 000 DM für die Bausparkasse B, eingetragen am 10.05.1994,
                   Grundschuld zu 100 000 DM für die Volksbank C, eingetragen am 10.05.1994.

Bestimmen Sie die Rangfolge!

2. Herr Ernst Weiß (E) bestellt an seinem Hausgrundstück eine Buchgrundschuld über 80 000 EURO für die Raiffeisenbank A-Stadt. Das Grundstück ist derzeit wie folgt belastet:

   Abt. II   Wohnungsrecht für Berta Weiß (B),
   Abt. III   50 000 DM Briefgrundschuld für die GrundFinanz Bausparkasse AG (G).

Welche Erklärungen und Unterlagen sind in welcher Form erforderlich, damit die neubestellte Grundschuld an erster Rangstelle im Grundbuch eingetragen werden kann?

IV. Fragen- und Antwortkatalog zu Beurkundungen im Grundstücksrecht

3. Nennen Sie einige öffentlich-rechtliche Genehmigungen, die bei einem Grundstückskaufvertrag erforderlich sein können. Geben Sie jeweils stichwortartig an, in welchen Fällen sie benötigt werden.
4. Von welchen Voraussetzungen wird in notariellen Kaufverträgen die Fälligkeit abhängig gemacht? Nennen Sie fünf unterschiedliche Beispiele!
5. a) Was ist ein Grundstücksnießbrauch?
   b) Kann ein Nießbrauch nach dem Tod des Berechtigten ohne Zustimmung der Erben des Berechtigten im Grundbuch gelöscht werden?
6. Zur Beurkundung eines Kaufvertrages über ein Grundstück liegt weder eine Grundbuchabschrift noch eine sonstige Grundbucheinsicht vor. Unter welchen Voraussetzungen kann der Kaufvertrag beurkundet werden?
7. Die Geschwister A und B sind Miteigentümer zu je $1/2$ eines Zweifamilienhauses. Sie wollen in der Zukunft die Wohnung im Obergeschoss verkaufen. Die Erdgeschosswohnung wollen sie weiter in ihrem gemeinsamen Eigentum halten. Sie möchten schon jetzt die Voraussetzungen für den Verkauf der Wohnung im Obergeschoss schaffen.
   a) In welcher Form ist das möglich?
   b) Welche Erklärungen müssen hierzu von A und B abgegeben werden und welche weiteren Unterlagen müssen beigebracht werden?

Antworten:

zu 1.)
Die Rangfolge bestimmt sich nach § 879 Abs. 1 BGB wie folgt:

1. Rang: Nießbrauch für A,
2. Rang: Vorkaufsrecht für B und Grundschuld zu 50 000 DM für die Sparkasse B, untereinander im Gleichrang,
3. Rang: Grundschuld zu 50 000 DM für die Bausparkasse B,
4. Rang: Grundschuld zu 100 000 DM für die Volksbank C.

zu 2.)
B und G müssen mit ihren Rechten (Wohnungsrecht bzw. Grundschuld über 50000) DM im Rang hinter die Grundschuld über 80 000 EURO zurücktreten (§ 880 BGB). Zum grundbuchamtlichen Vollzug sind entsprechende Rangrücktrittserklärungen mit Bewilligung des zurücktretenden Gläubigers bzw. Berechtigten erforderlich (§ 19 GBO). Diese bedürfen der Form des § 29 GBO, also mindestens notarieller Beglaubigung.
   Neben den genannten Bewilligungen ist ein Antrag des zurücktretenden Gläubigers bzw. Berechtigten oder des vortretenden Gläubigers oder des Eigentümers erforderlich, § 13 GBO; der reine Antrag bedarf keiner besonderen Form (§ 30 GBO, in der Praxis Schriftform).
   Zum Rangrücktritt mit der Grundschuld ist weiterhin die Zustimmung des Grundstückseigentümers in der Form des § 29 GBO erforderlich (§ 880 Abs. 2

Satz 2 und 3 BGB). Dem Grundbuchamt muss der Grundschuldbrief über 50 000 DM vorgelegt werden (§§ 42, 41 GBO).

zu 3.)

a) Teilungsgenehmigung nach landesrechtlichen Bauordnungen bei Veräußerung einer unvermessenen Teilfläche oder eines nicht abgeschriebenen Flurstücks (bzw. Negativattest).
b) Genehmigung nach der Grundstücksverkehrsordnung bei möglichen vermögensrechtlichen Ansprüchen (keine Auflassung nach dem Jahr 1990) bzw. Negativattest.
c) Genehmigung nach dem Grundstücksverkehrsgesetz bei größeren land- oder forstwirtschaftlich nutzbaren Grundstücken bzw. Negativattest.
d) Kommunalaufsichtsrechtliche Genehmigung nach Landesgesetzen bei der Veräußerung oder Belastung von Grundstücken durch die Gemeinde,
e) Genehmigung bei Veräußerung oder Belastung von Grundstücken im Sanierungsgebiet oder im Umlegungsgebiet.

zu 4.)

a) Eintragung der Auflassungsvormerkung,
b) Vorliegen der erforderlichen Genehmigungen beim Notar,
c) Verzicht auf Vorkaufsrechte,
d) Lastenfreistellung,
e) andere Beispiele, z. B. Erteilung einer Baugenehmigung, Zustimmung des Nacherben etc.

zu 5.)

a) Der Grundstücksnießbrauch ist das Recht zur umfassenden Nutzung eines Grundstücks unter Ausschluss des Eigentümers (§ 1030 BGB).
b) Da bei Nießbrauch Rückstände an Leistungen möglich sind, kann der Nießbrauch nur dann ohne Zustimmung (Bewilligung) des Erben gelöscht werden, wenn eine Löschungserleichterung im Grundbuch eingetragen ist oder die Löschung nach Ablauf eines Jahres nach dem Tode des Berechtigten erfolgen soll (§ 23 GBO).

zu 6.)

Der Notar muss auf die damit verbundenen Gefahren hinweisen und darüber belehren. Die Beteiligten müssen auf der sofortigen Beurkundung bestehen. Dies ist in der Niederschrift zu vermerken (§ 21 Abs. 1 BeurkG).

IV. Fragen- und Antwortkatalog zu Beurkundungen im Grundstücksrecht

zu 7.)

a) A und B müssen gemäß § 8 WEG Wohnungseigentum begründen. Hierbei bleiben die Eigentumsverhältnisse an den zu bildenden Wohnungseigentumseinheiten unverändert, d. h. es bleibt beim Miteigentum.

b) die Eigentümer müssen eine entsprechende Teilungserklärung gegenüber dem Grundbuchamt abgeben (§ 8 WEG). Diese bedarf der Form einer Eintragungsbewilligung, muss also mindestens notariell beglaubigt sein. Zum Grundbuchvollzug werden ein Aufteilungsplan und eine Abgeschlossenheitsbescheinigung benötigt (§ 7 Abs. 4 WEG).

Teil D Beurkundungen im Familienrecht

I. Einführung in das materielle Familienrecht

Das vierte Buch des BGB befasst sich unter der Überschrift *Familienrecht* mit den drei Regelungsbereichen Ehe (§§ 1297 bis 1588 BGB), Verwandtschaft (§§ 1589 bis 1772 BGB) und Vormundschaft, Rechtliche Betreuung, Pflegschaft (§§ 1773 bis 1921 BGB). Von diesen haben die Regelungen über die Vormundschaft, Rechtliche Betreuung und Pflegschaft nur bedingt etwas mit der Familie zu tun. Der Hauptsache nach sind unter Familienrecht die Vorschriften über die Ehe und Verwandtschaft zu verstehen. Während die Regelungen über die Ehe naturgemäß das Verhältnis der Ehepartner betreffen, bildet die Rechtsbeziehung zwischen Eltern und Kindern im Recht der Verwandtschaft den zentralen Gegenstand.

566

Familienrechtliche Vorschriften finden sich aber nicht nur im vierten Buch des BGB, sondern etwa auch in dessen Allgemeinen Teil (z. B. §§ 104 ff. BGB – Geschäftsfähigkeit) und einigen speziellen Rechtsvorschriften, wie z. B. dem Personenstandsgesetz oder der Verordnung über die Behandlung der Ehewohnung und des Hausrats (HausratsVO). Besondere Bedeutung kommt darüber hinaus dem am 01.08.2001 in Kraft getretenen Gesetz zur Beendigung der Diskriminierung gleichgeschlechtlicher Gemeinschaften: Lebenspartnerschaften zu. Es normiert den ersten Teil einer umfassenden Reform der Rechtsstellung gleichgeschlechtlicher Paare. In dem Lebenspartnerschaftsgesetz (LPartG) finden sich insbesondere die Regelungen über die Lebenspartnerschaft sowie deren familien- und erbrechtlichen Folgen (zu letzteren vgl. Rz. 750).

1. Ehe

Die *Eheschließung* als solche ist in den §§ 1303 ff. BGB geregelt. Sie spielt im Notariat nur eine untergeordnete Rolle. Das ihr folgende *Güterrecht* hat demgegenüber eine erhebliche praktische Bedeutung für die notarielle Tätigkeit. Dies gilt nicht nur für die Beurkundung von Verträgen, die eine Änderung des ehelichen Güterstandes zum Gegenstand haben. Die Frage nach dem *Güterstand* tritt darüber hinaus auch bei zahlreichen anderen Rechtsgeschäften auf, an denen ein Ehegatte beteiligt ist.

567

a) Eheliches Güterrecht

Das eheliche Güterrecht regelt die vermögensrechtlichen Beziehungen der Ehegatten. Zu unterscheiden ist der *gesetzliche* Güterstand von den *vertraglichen* Güterständen. Das BGB kennt drei unterschiedliche Arten von Güterständen. Zum einen gibt es den gesetzlichen Güterstand der *Zugewinngemeinschaft*. Zum anderen können die Ehepartner in einem Ehevertrag

568

die Güterstände der *Gütertrennung* oder der *Gütergemeinschaft* vereinbaren. Schließlich findet sich in den neuen Bundesländern als Güterstand gelegentlich noch die *Eigentums-* und *Vermögensgemeinschaft* nach dem Familiengesetzbuch der ehemaligen DDR. Letztere spielt heute jedoch nur noch eine untergeordnete Rolle. Die Partner einer vor der Wiedervereinigung geschlossenen Ehe hatten bis zum 02.10.1992 die Möglichkeit, sich für die Beibehaltung des DDR-Güterstandes zu entscheiden (Art. 234 § 4 EGBGB). Hiervon wurde jedoch nur wenig Gebrauch gemacht. Soweit eine solche Wahl nicht getroffen worden ist, sind die Ehen mit Wirkung vom 03.10.1990 in den gesetzlichen Güterstand der Zugewinngemeinschaft übergeleitet worden.

b) Gesetzlicher Güterstand der Zugewinngemeinschaft

569 § 1363 Abs. 1 BGB bestimmt, dass die Ehegatten im Güterstand der Zugewinngemeinschaft leben, wenn sie nicht durch Ehevertrag etwas anderes vereinbaren. Der Gesetzgeber hat mit dieser Vorschrift festgelegt, dass es sich bei der Zugewinngemeinschaft um den *gesetzlichen Regelfall* des Güterstandes handelt. Ohne eine anderweitige ehevertragliche Regelung tritt dieser zwischen den Ehegatten im Zeitpunkt der Eheschließung ein. Der Begriff der Zugewinngemeinschaft ist durchaus irreführend.

aa) Eigentumsverhältnisse

570 Die Zugewinngemeinschaft zeichnet sich dadurch aus, dass jeder Ehegatte nach Eintritt des Güterstandes alleiniger Inhaber seines Vermögens bleibt. Auch das, was er während des Güterstandes hinzu erwirbt, wird ihm zugeordnet (§ 1363 Abs. 2 S. 1 BGB). Letztlich handelt es sich hierbei um eine Gütertrennung zwischen den Ehegatten.

571 **Beispiel**
Die Ehefrau ist im Zeitpunkt der Eheschließung Eigentümerin eines Hausgrundstückes, während im Eigentum des Ehemannes ein wertvolles Gemälde steht. Die Eheschließung und der damit verbundene Eintritt des Güterstandes der Zugewinngemeinschaft ändert an diesen Eigentumsverhältnissen nichts. Die Ehefrau bleibt weiterhin Alleineigentümerin des Hausgrundstückes und dem Ehemann steht das Alleineigentum an dem Gemälde zu.

572 Als Folge dieser gesetzlichen Trennung der Vermögensmassen der einzelnen Ehegatten gibt es auch keine Haftung des einen Ehegatten für die Schulden des anderen Ehegatten. Jeder Ehepartner haftet allein mit seinem Vermögen für seine Schulden (Ausnahme: § 1357 BGB, vgl. Rz. 581). Dies wird in der Bevölkerung häufig übersehen.

Die Entstehung gemeinschaftlichen Vermögens der Ehegatten (Miteigentum, Gesamthandseigentum) ist daneben jedoch nicht ausgeschlossen, sondern bleibt nach allgemeinen Rechtsgrundsätzen jederzeit möglich.

I. Einführung in das materielle Familienrecht

> **Beispiel** 573
> Die Ehegatten erwerben zu je ½ Miteigentumsanteil ein Grundstück.

bb) Verpflichtungs- und Verfügungsbeschränkungen
Aus der Trennung der Vermögen der Ehegatten folgt, dass jeder Ehegatte sein 574
Vermögen selbstständig verwaltet (§ 1364 1. HS. BGB). Ehefrau und Ehemann sind also grundsätzlich für die in ihrem Eigentum stehenden Vermögensgegenstände selbst verantwortlich.

Zum Schutz des jeweils anderen Ehepartners hat der Gesetzgeber jedoch Beschränkungen eingeführt. Gemäß § 1365 Abs. 1 S. 1 BGB kann sich ein Ehegatte nur mit Einwilligung des anderen Ehegatten verpflichten, über sein Vermögen im Ganzen zu verfügen. Der Zweck dieser Vorschrift besteht darin, die wirtschaftliche Grundlage der Familie zu erhalten und den Zugewinnausgleichsanspruch des anderen Ehegatten zu bewahren. Im Ergebnis soll hierdurch verhindert werden, dass ein Ehegatte ohne Wissen und Zustimmung des anderen Ehegatten wesentliche Vermögensgegenstände der ehelichen Gemeinschaft entzieht bzw. deren wirtschaftliche Lage beeinträchtigt.

> **Beispiel** 575
> Der Ehemann ist Eigentümer des Hauses, in dem die Familie wohnt. Dieses bildet den wesentlichen Vermögensgegenstand des Ehemannes. Die Frau hat selbst kein eigenes Vermögen. Ohne seine Ehefrau um Zustimmung zu bitten und ohne sie überhaupt zu informieren, verkauft der Ehemann das Haus und verspielt den Kaufpreis in der Spielbank. Die Familie muss nun ausziehen. Ihre wirtschaftliche Lage ist gefährdet.

In der notariellen Praxis hat die Regelung des § 1365 BGB eine erhebliche Bedeutung. Nicht zu verkennen ist, dass die Feststellung ihres Anwendungsbereiches durchaus Schwierigkeiten bereiten kann. Es kommt hierfür auf eine Verfügung über das *Vermögen im Ganzen* an. Eine solche Verfügung kann sich nicht nur auf das gesamte Vermögen als Einheit beziehen. Es können auch Verfügungen hinsichtlich eines einzelnen Vermögensgegenstandes unter § 1365 BGB fallen, wenn es sich bei diesem Gegenstand wirtschaftlich um das Ganze oder zumindest nahezu das ganze Vermögen handelt. Im vorgenannten Beispiel ist der Ehemann nur Eigentümer des einen Hauses. Er hat daneben kaum weiteres Vermögen. Der Verkauf des einzelnen Vermögensgegenstandes »Haus« stellt daher eine Verfügung über nahezu sein ganzes Vermögen dar. Der Anwendungsbereich des § 1365 BGB ist eröffnet. 576

Ebenso wäre es ein Fall des § 1365 BGB, wenn der Ehemann das Haus zwar nicht verkaufen, aber mit einer Grundschuld belasten würde. Auch bei einer solchen Grundschuldeintragung handelt es sich um eine Verfügung im Rechtssinne. Etwas anderes würde aber gelten, wenn der Ehemann Eigentümer mehrerer Grundstücke ist und nur eines von diesen verkauft oder belastet. Einer Zustimmung des Ehegatten bedarf es dann nicht.

Sofern dem Notar bekannt ist, dass es sich etwa bei einem Grundstückskaufvertrag um ein zustimmungsbedürftiges Rechtsgeschäft handelt, ist er 577 verpflichtet, die Parteien über das Zustimmungserfordernis des § 1365 BGB zu belehren (§ 17 BeurkG, vgl. Rz. 89). Bei fehlender oder verweigerter Ehegattenzustimmung darf der Notar den Vertrag nicht vollziehen. Fehlen jedoch konkrete Anhaltspunkte für das Vorliegen der Voraussetzungen des § 1365 BGB, ist der Notar nicht gezwungen, von sich aus Nachforschungen hierüber anzustellen.

In der Praxis wird häufig die Klausel »*Der Verkäufer versichert, dass er nicht über sein gesamtes oder nahezu gesamtes Vermögen verfügt*« verwandt. Diese Erklärung gewährleistet einen gewissen Schutz des Vertragspartners. Nur wenn diesem bekannt ist, dass eine entsprechende Verfügung vorliegt, kommt § 1365 BGB zum Tragen. Geschützt wird insoweit jedoch nur seine Nichtkenntnis, dass der konkrete Verkaufsgegenstand das Vermögen im Ganzen darstellt. Nicht geschützt ist das Nichtkennen, dass der Vertragspartner verheiratet ist und im Güterstand der Zugewinngemeinschaft lebt.

Sofern der Anwendungsbereich des § 1365 BGB eröffnet ist, setzt die Wirksamkeit der Verfügung, z. B. bei einem **Grundstückskaufvertrag** (vgl. Rz. 275–280), die Zustimmung des anderen Ehegatten voraus. Diese kann entweder zum Verpflichtungsgeschäft (§ 1365 Abs. 1 S. 1 BGB) oder zum Verfügungsgeschäft (§ 1365 Abs. 1 S. 2 BGB) erteilt werden. Ein ohne eine solche Zustimmung abgeschlossener Vertrag ist zunächst schwebend unwirksam. Er kann aber durch den anderen Ehegatten nachträglich genehmigt werden (§ 1366 Abs. 1 BGB). Gemäß § 1367 BGB gilt dies auch bei einseitigen Rechtsgeschäften.

Die Einwilligung bzw. nachträgliche Genehmigung können sowohl dem anderen Ehegatten wie auch dem Vertragspartner des Ehegatten gegenüber erklärt werden. Etwas anderes gilt nur dann, wenn der Vertragspartner den Ehegatten auffordert, die erforderliche Genehmigung des anderen Ehegatten zu beschaffen. Die Genehmigung kann dann wirksam nur gegenüber dem Vertragspartner erklärt werden (§ 1366 Abs. 3 BGB).

578 Hinsichtlich der **Form der Einwilligung** bzw. Genehmigung ist zu beachten, dass diese grundsätzlich nicht der Form des zugrunde liegenden Rechtsgeschäftes bedarf. Handelt es sich jedoch um ein im Grundbuch einzutragendes Recht (z. B. Eigentum, Grundschuld), so ist dem Grundbuchamt die Einwilligung bzw. Genehmigung gemäß § 29 GBO in öffentlicher oder öffentlich beglaubigter Form nachzuweisen.

Sofern der zustimmungsbereite Ehepartner an der Beurkundung des Rechtsgeschäftes teilnimmt, ist er im Urkundeneingang aufzuführen und zwar mit dem Hinweis *zum Zwecke der Zustimmung gemäß § 1365 BGB*.

579 *Formulierungsbeispiel*

Die Erschienene zu 2. stimmt hiermit als Ehefrau allen in dieser Urkunde von ihrem Ehemann abgegebenen Erklärungen und Verfügungen gemäß § 1365 BGB zu.

580 Verweigert der andere Ehegatte seine Zustimmung nach § 1365 BGB ohne ausreichenden Grund oder ist er durch Krankheit oder Abwesenheit an der

Abgabe einer Erklärung verhindert und ist mit dem Aufschub der Erklärung eine Gefahr verbunden, kann die Zustimmung des anderen Ehegatten auf Antrag des Ehegatten vom Vormundschaftsgericht ersetzt werden. Dies setzt allerdings voraus, dass das Rechtsgeschäft den Grundsätzen einer ordnungsgemäßen Verwaltung entspricht (§ 1365 Abs. 2 BGB).

cc) Haushaltsgegenstände

581 Gemäß § 1357 Abs. 1 S. 1 BGB ist jeder Ehegatte berechtigt, Geschäfte zur angemessenen Deckung des Lebensbedarfs der Familie auch mit Wirkung für den anderen Ehegatten abzuschließen. Aus solchen Geschäften werden beide Ehegatten berechtigt und verpflichtet, sofern sich aus den Umständen nichts anderes ergibt (§ 1357 Abs. 1 S. 2 BGB). Dies bedeutet, dass beide Ehegatten die Leistung als *Gesamthandsgläubiger* (§ 432 BGB) fordern können. Umgekehrt schulden sie aber auch die Gegenleistung, etwa den Kaufpreis, als *Gesamtschuldner* (§ 421 BGB). Abweichend vom allgemeinen Grundsatz, dass jeder Ehegatte Alleineigentümer seines Vermögens ist, werden somit beide Ehegatten in diesen Fällen Eigentümer der entsprechend erworbenen Haushaltsgegenstände, z. B. der Wohnungseinrichtung, zu Bruchteilen (§§ 1008 ff. BGB). Zudem folgt aus § 8 HausratsVO eine, allerdings widerlegbare, Vermutung für entsprechendes gemeinsames Vermögen der beiden Ehegatten.

Sofern Haushaltsgegenstände als Ersatz für nicht mehr vorhandene oder wertlos gewordene Gegenstände angeschafft werden, so wird gemäß § 1370 BGB derjenige Ehegatte Eigentümer des neuen Gegenstandes, dem der alte gehört hat. Dies gilt unabhängig davon, wer den neuen Gegenstand erwirbt (so genanntes *Surrogationsprinzip*).

582 **Beispiel**
Der Ehemann ist Eigentümer der im Haushalt der Familie benutzten Waschmaschine. Nachdem diese nicht mehr funktioniert, kauft die Ehefrau eine neue Waschmaschine. Aufgrund des § 1370 BGB wird der Ehemann Eigentümer der neuen Waschmaschine.

583 Ein Ehegatte kann über ihm gehörende Haushaltsgegenstände nur mit Zustimmung des anderen Ehegatten verfügen (§ 1369 Abs. 1 BGB). Hier gelten dieselben Grundsätze wie bei einer Verfügung über sein gesamtes oder nahezu gesamtes Vermögen.

dd) Zugewinnausgleich

584 Als weiteres Merkmal der Zugewinngemeinschaft wird diese durch den *Zugewinnausgleich* geprägt. Ein solcher erfolgt bei Beendigung des Güterstandes. Das Gesetz unterscheidet insoweit mit dem schuldrechtlichen und dem erbrechtlichen Zugewinnausgleich zwei Arten.

aaa) Schuldrechtlicher Zugewinnausgleich

585 Sofern der Güterstand der Zugewinngemeinschaft auf andere Weise als durch Tod eines Ehegatten beendet wird, ist der Zugewinn nach den Vorschriften

der §§ 1373 bis 1390 BGB auszugleichen (§ 1372 BGB). Als eine solche anderweitige Beendigung kommt einerseits die Scheidung der Ehe, andererseits die Wahl eines anderen Güterstandes durch die Ehepartner in Betracht. Der Zugewinnausgleich erfolgt in diesen Fällen über eine zu errechnende betragsmäßige Ausgleichsforderung.

Unter dem Begriff *Zugewinn* ist der Betrag zu verstehen, um den das Endvermögen eines jeden Ehegatten dessen Anfangsvermögen übersteigt (§ 1373 BGB).

Das *Anfangsvermögen* ist das Vermögen, das einem Ehegatten nach Abzug der Verbindlichkeiten beim Eintritt des Güterstandes – dies ist regelmäßig der Zeitpunkt der Eheschließung – gehört (§ 1374 Abs. 1 1. HS. BGB). Verbindlichkeiten können insoweit jedoch nur bis zur Höhe des Vermögens abgezogen werden (§ 1374 Abs. 1 2. HS. BGB). Außerdem sind dem Anfangsvermögen die Beträge hinzuzurechnen, die ein Ehegatte nach Eintritt des Güterstandes von Todes wegen, also durch Erbschaft, oder mit Rücksicht auf ein künftiges Erbrecht durch Schenkung erhalten hat (§ 1374 Abs. 2 BGB).

586 Demgegenüber ist unter dem *Endvermögen* das Vermögen zu verstehen, das einem Ehegatten nach Abzug der Verbindlichkeiten bei der Beendigung des Güterstandes gehört (§ 1375 Abs. 1 S. 1 BGB). Diesem Wert ist der Betrag hinzuzurechnen, um den das Vermögen des Ehegatten gemindert worden ist, weil er etwas verschenkt hat, ohne dass dies einer sittlichen Pflicht oder Rücksicht entsprochen hat, Vermögen verschwendet oder Handlungen in der Absicht vorgenommen hat, seinen Ehepartner zu benachteiligen (§ 1375 Abs. 2 BGB). Eine solche Hinzurechnung entfällt allerdings, wenn die Vermögensminderung mindestens 10 Jahre vor Beendigung des Güterstandes erfolgt ist oder der andere Ehegatte damit einverstanden war (§ 1375 Abs. 3 BGB).

Nachdem das Anfangs- und Endvermögen in der vorgenannten Form errechnet worden ist, wird für jeden Ehegatten der Betrag ermittelt, um den sein Endvermögen sein Anfangsvermögen übersteigt. Die sich hierbei für jeden Ehegatten aus dem Abzug des Anfangs- vom Endvermögen ergebenden Beträge – diese sind der Zugewinn – werden sodann gegenübergestellt. Übersteigt der Zugewinn des einen Ehegatten den Zugewinn des anderen Ehegatten, so steht dem Ehegatten mit dem geringeren Zugewinn die Hälfte des Überschusses als Ausgleichsforderung zu (§ 1378 Abs. 1 BGB).

587 **Beispiel**
Die Eheleute haben im Jahre 1985 geheiratet und lassen sich im Jahre 2004 scheiden. Im Zeitpunkt der Eheschließung hatte die Frau ein Sparbuch mit einem Guthaben von 20 000 EURO. Weiteres Vermögen hatte sie nicht. Während der Ehezeit erbt sie im Jahre 1993 von ihren Eltern Wertpapiere im Wert von 100 000 EURO. Hiervon verschenkt sie 1995 einen Betrag von 30 000 EURO an ein Kinderheim. Der Ehemann war mit dieser Schenkung einverstanden. Schließlich schenkt die Ehefrau im Jahr 1999 ihrem Liebhaber eine kostbare Uhr im Wert von 10 000 EURO. Das Endvermögen der Frau beträgt im Zeitpunkt der Scheidung 120 000 EURO. Der Ehemann hat

I. Einführung in das materielle Familienrecht

zu Beginn der Ehe einen antiken Kleiderschrank im Wert von 15 000 EURO, allerdings auch Schulden in Höhe von 30 000 EURO. Sein Endvermögen beträgt 300 000 EURO. Für die Frage, ob und gegebenenfalls in welcher Höhe einem der Ehegatten ein Zugewinnausgleichsanspruch zusteht, ist zunächst für jeden getrennt das Anfangs- und das Endvermögen zu ermitteln. Das Vermögen der Ehefrau betrug anfänglich 20 000 EURO. Hinzuzurechnen ist hierzu die Erbschaft von ihren Eltern von 100 000 EURO. Es ergibt sich somit für die Ehefrau ein Anfangsvermögen von 120 000 EURO. Hinsichtlich des Endvermögens ist zunächst von dem Betrag von 120 000 EURO auszugehen. Die an das Kinderheim geleistete Schenkung ist unberücksichtigt zu lassen, da der Ehemann mit dieser einverstanden war. Allerdings ist die Schenkung an den Liebhaber im Wert von 10 000 EURO einzubeziehen und dem Endvermögen hinzuzurechnen. Diese Schenkung entsprach insbesondere keiner sittlichen Pflicht. Ihr Endvermögen beträgt somit insgesamt 130 000 EURO. Abzüglich ihres Anfangsvermögens von 120 000 EURO ergibt sich für die Ehefrau somit ein Zugewinn von 10 000 EURO. Das Anfangsvermögen des Ehemannes betrug zunächst 15 000 EURO. Hiervon sind seine Schulden von 30 000 EURO abzuziehen. Da ein solcher Schuldenabzug allerdings nur bis zur Höhe des Vermögens möglich ist, kann hier nur ein Betrag von 15 000 EURO abgezogen werden. Es ergibt sich demnach ein Anfangsvermögen des Ehemannes von 0 EURO. Sein Endvermögen beläuft sich auf 300 000 EURO. Insgesamt hat er also während der Ehe einen Zugewinn von 300 000 EURO erzielt. Nun ist die Differenz der Zugewinnbeträge der beiden Ehegatten zu bilden. Diese beträgt hier 290 000 EURO. Um diesen Betrag übersteigt der Zugewinn des Mannes den der Frau. Als Zugewinnausgleich muss der Ehemann hiervon den hälftigen Betrag an seine Ehefrau, also 145 000 EURO bezahlen.

Dieser Zugewinnausgleichsanspruch wird mit Beendigung des Güterstandes fällig. Er ist auf eine Geldzahlung gerichtet. **588**

Neben der Scheidung oder Wahl eines anderen Güterstandes gibt es die Möglichkeit eines (vorzeitigen) schuldrechtlichen Zugewinnausgleichs auch im Falle eines mindestens dreijährigen Getrenntlebens (§ 1385 BGB) bzw. in den sonstigen Fällen des § 1386 BGB.

bbb) Erbrechtlicher Zugewinnausgleich

Endet der Güterstand der Zugewinngemeinschaft durch den Tod eines Ehegatten, so wird der Zugewinnausgleich dadurch verwirklicht, dass an seine Stelle eine Erhöhung des Erbteils des überlebenden Ehegatten tritt. Hierbei ist unerheblich, ob die Ehegatten im Einzelfall einen Zugewinn erzielt haben (§ 1371 Abs. 1 BGB). Ein Zugewinnausgleich zugunsten des überlebenden Ehegatten erfolgt also selbst dann, wenn er einen höheren Zugewinn als der verstorbene Partner erzielt hat und diesem im Falle einer Scheidung zum Ausgleich verpflichtet wäre. **589**

Entsprechend der Regelung des § 1371 Abs. 1 BGB erhöht sich der Erbteil um ein Viertel der Erbschaft. Hatten die Ehegatten gemeinsame Kinder, erhöht sich somit der gesetzliche Erbteil des Überlebenden von $1/4$ (§ 1931 Abs. 1 BGB, vgl. Rz. 746) um ein weiteres $1/4$ auf insgesamt $1/2$. Dieser Erbteil von $1/2$ stellt eine Einheit dar. Im Erbschein wird daher auch nur ein Erbteil von $1/2$ ausgewiesen. Umgekehrt bedeutet dies, dass sich auch der Pflichtteil nach dieser Quote richtet und somit $1/4$ beträgt (§ 2303 BGB). Diesen Pflichtteil nennt man auch den *großen Pflichtteil*.

Der überlebende Ehegatte ist nicht nur auf den erbrechtlichen Zugewinnausgleich beschränkt. Er könnte auch die Erbschaft ausschlagen und statt dessen den schuldrechtlichen Ausgleich verlangen. Daneben steht dem Überlebenden ein **Pflichtteilsanspruch** (vgl. Rz. 800) zu. Dieser errechnet sich allerdings nur nach dem nicht erhöhten Erbteil (§ 1371 Abs. 2, 3 BGB). Ausgehend von einer Quote von $1/4$ ergibt sich nsoweit also ein Pflichtteilsanspruch von $1/8$. Hier spricht man vom *kleinen Pflichtteil*.

590 **Praxis-Tipp**
Dieser Weg ist für den überlebenden Ehegatten immer dann wirtschaftlich günstiger, wenn der Nachlass überwiegend aus dem Zugewinn des Verstorbenen besteht, während der Überlebende selbst keinen Zugewinn erzielt hat.

591 Sollte der überlebende Ehegatte aufgrund einer letztwilligen Verfügung nicht Erbe geworden sein und auch kein Vermächtnis erhalten haben, so findet darüber hinaus der schuldrechtliche Zugewinnausgleich statt (§ 1371 Abs. 2 BGB).

c) Gütertrennung

592 Der Güterstand der Gütertrennung ist in § 1414 BGB geregelt.

aa) Wesen der Gütertrennung

593 Im Güterstand der *Gütertrennung* bleiben die Vermögen des Mannes und der Frau getrennt voneinander. Im Gegensatz zur Zugewinngemeinschaft hat die Ehe jedoch grundsätzlich keinen Einfluss auf die Verwaltungs- und Verfügungsbefugnis der Ehegatten. Dies bedeutet, dass jeder Ehegatte sein Vermögen selbstständig und unbeschränkt – ohne eine eventuelle Zustimmung des anderen Ehegatten – nutzen und verwalten kann. So benötigt also z.B. der Ehemann, der das ihm allein gehörende Haus verkaufen will, selbst wenn dort die Familie wohnt, nicht die Zustimmung der Ehefrau. Dies gilt selbst dann, wenn er der Familie damit möglicherweise die wirtschaftliche Grundlage entzieht und diese ausziehen müsste.

Weiterhin wird der Güterstand der Gütertrennung dadurch geprägt, dass im Falle einer Beendigung der Ehe, sei es durch Scheidung oder Tod, ein Zugewinnausgleich nicht durchgeführt wird. Bei Tod eines Ehegatten verbleibt es also grundsätzlich bei den allgemeinen erbrechtlichen Regelungen (vgl.

I. Einführung in das materielle Familienrecht

Rz. 746). Im Gegensatz zur Zugewinngemeinschaft scheidet hier die Möglichkeit der Erhöhung des Erbteils des überlebenden Ehegatten um $1/4$ aus. § 1931 Abs. 4 BGB enthält insoweit allerdings eine Modifizierung. Sind neben dem überlebenden Ehegatten ein oder zwei Kinder gesetzliche Erben, so erben diese alle zu gleichen Teilen. Bei zwei Kindern also der überlebende Ehegatte und die Kinder zu je $1/3$. Bei drei oder mehr Kindern gilt das allgemeine Erbrecht. Hatten die Eheleute z. B. drei Kinder, erbt der Ehegatte $1/4$ Anteil und die Kinder zusammen die restlichen $3/4$.

Zu berücksichtigen ist weiterhin, dass die allgemeinen Ehewirkungen (§§ 1353 bis 1362 BGB) auch bei Gütertrennung gelten. § 1357 BGB findet also auch hier Anwendung (vgl. Rz. 581).

bb) Eintritt der Gütertrennung

Eheleute können in einem Ehevertrag (§§ 1408 ff. BGB) ausdrücklich für ihre Ehe den Güterstand der Gütertrennung vereinbaren (vgl. Rz. 692). Gütertrennung tritt darüber hinaus ein, wenn die Ehegatten in einem Ehevertrag den gesetzlichen Güterstand ausschließen oder aufheben (§ 1414 S. 1 BGB). Das gleiche gilt, wenn sie den Ausgleich des Zugewinns oder den Versorgungsausgleich ausschließen oder eine eventuell zuvor gewählte Gütergemeinschaft aufheben (§ 1414 S. 2 BGB). Es besteht allerdings die Möglichkeit, neben dem Ausschluss des Zugewinn- oder Versorgungsausgleichs den Güterstand der Zugewinngemeinschaft im Übrigen ausdrücklich aufrecht zu erhalten. Schließlich sieht § 1388 BGB vor, dass mit Rechtskraft des Urteils, durch das auf vorzeitigen Zugewinnausgleich erkannt ist, Gütertrennung eintritt. **594**

Der Ehevertrag kann bereits vor der Eheschließung durch die Verlobten abgeschlossen werden. Hierdurch kann verhindert werden, dass zunächst die Zugewinngemeinschaft als gesetzlicher Güterstand eintritt. Gemäß § 1410 BGB bedarf der Ehevertrag der notariellen Form. Weiter hat der Gesetzgeber in dieser Vorschrift festgelegt, dass der Ehevertrag nur bei gleichzeitiger Anwesenheit beider Vertragspartner wirksam geschlossen werden kann. Dies bedeutet nicht, dass beide Eheleute tatsächlich persönlich bei der Beurkundung anwesend sein müssen. Sie können vielmehr auch durch Bevollmächtigte vertreten werden. Insoweit sind allerdings die Grenzen des § 17 BeurkG zu beachten (vgl. Rz. 89). Der Abschluss eines Ehevertrages durch getrennte Beurkundung von Angebot und Annahme ist durch diese Regelung ausgeschlossen.

d) Gütergemeinschaft

Die *Gütergemeinschaft* ist ausführlich in den Vorschriften der §§ 1415 ff. BGB geregelt. Sie kann ebenfalls nur durch Ehevertrag begründet werden (vgl. Rz. 694). **595**

596 **Praxis-Tipp**
Die Wahl der Gütergemeinschaft als ehelicher Güterstand kommt in der Praxis allerdings nicht sehr häufig vor. Dies liegt insbesondere an der sehr komplizierten gesetzlichen Regelung.

597 Die Gütergemeinschaft zeichnet sich durch das sog. *Gesamtgut* (§ 1416 BGB) aus. Daneben kann jeder Ehegatte sog. *Sondergut* (§ 1417 BGB) oder sog. *Vorbehaltsgut* (§ 1418 BGB) haben.

aa) Gesamtgut

598 Das Vermögen des Mannes und das Vermögen der Frau werden durch die Gütergemeinschaft gemeinschaftliches Vermögen beider Ehegatten (§ 1416 Abs. 1 S. 1 BGB). Dieses gemeinschaftliche Vermögen nennt man *Gesamtgut*. Zum Gesamtgut gehört darüber hinaus das Vermögen, das der Ehemann oder die Ehefrau während der Gütergemeinschaft erwerben (§ 1416 Abs. 1 S. 2 BGB). § 1416 Abs. 2 BGB stellt ausdrücklich klar, dass der gemeinschaftliche Erwerb kraft Gesetzes eintritt und eine Übertragung der einzelnen Gegenstände durch Rechtsgeschäft, wie z. B. durch Auflassung (vgl. Rz. 280), nicht erforderlich ist. Im Falle eines im Grundbuch eingetragenen Rechts kann jeder Ehegatte vom anderen verlangen, dass dieser an der Berichtigung des Grundbuchs mitwirkt (§ 1416 Abs. 3 S. 1 BGB).

599 **Beispiel**
Im Grundbuch ist die Ehefrau als Alleineigentümerin eines Grundstücks eingetragen. Mit Abschluss des Ehevertrages, in dem die Ehegatten die Gütergemeinschaft vereinbaren, geht das Eigentum kraft Gesetzes auf beide Ehegatten in Gütergemeinschaft über. Die Eintragung der Ehefrau als Alleineigentümerin ist damit unrichtig geworden. Das Grundbuch muss entsprechend berichtigt werden. Gemäß § 47 GBO ist das entsprechende Gemeinschaftsverhältnis – Eigentum beider Ehegatten in Gütergemeinschaft – einzutragen. Die Ehefrau ist verpflichtet, an der Grundbuchberichtigung mitzuwirken.

600 Gemäß § 1419 BGB gehört den Ehegatten das Gesamtgut zur gemeinsamen Hand. Ein Ehegatte kann nicht über seinen Anteil am Gesamtgut und an den einzelnen hierzu gehörenden Gegenständen allein verfügen. Er ist auch nicht berechtigt, eine Teilung des Gesamtgutes einseitig zu verlangen.

Das Gesamtgut wird von den Ehegatten grundsätzlich gemeinschaftlich verwaltet, sofern sie in einem Ehevertrag nicht eine anderweitige Regelung getroffen haben.

Die Ehegatten können z. B. bestimmen, dass die Verwaltung von einem von ihnen allein wahrgenommen wird (§ 1421 BGB). Ist dies der Fall, so handelt der Alleinverwalter im eigenen Namen. Er vertritt den anderen Ehegatten also nicht. Der Alleinverwalter kann grundsätzlich die zum Gesamtgut gehörenden Sachen in Besitz nehmen und über das Gesamtgut verfügen (§ 1422 BGB). Der Gesetzgeber hat dieser Befugnis allerdings bei bestimmten

I. Einführung in das materielle Familienrecht

Geschäften Grenzen gesetzt. So ist die Verpflichtungs- und Verfügungsbefugnis des Alleinverwalters bei Geschäften über das Gesamtgut im Ganzen (§ 1423 BGB), bei Geschäften über Grundstücke (§ 1424 BGB) und bei Schenkungen (§ 1425 BGB) eingeschränkt. Der Verwalter bedarf insoweit der Einwilligung des nichtverwaltenden Ehegatten. Hier gelten dieselben Grundsätze wie bei der Zugewinngemeinschaft (§ 1427 BGB, vgl. Rz. 574 ff.). Aus Rechtsgeschäften des Verwalters haftet dieser grundsätzlich mit dem Gesamtgut. Es handelt sich hierbei um so genannte *Gesamtgutsverbindlichkeiten* (§ 1437 BGB). Dem nicht zur Verwaltung berufenen Ehegatten steht in Ausnahmefällen ein Notverwaltungsrecht zu (§ 1429 BGB).

Im Falle der gemeinschaftlichen Verwaltung sind die Ehegatten nur gemeinschaftlich berechtigt, über das Gesamtgut zu verfügen (§ 1450 BGB). Bei Geschäften ohne Einwilligung des anderen Ehegatten gelten ebenfalls die Regelungen über die Zugewinngemeinschaft (§ 1453 BGB, vgl. Rz. 574–580). Gegebenenfalls kann die Zustimmung durch das Vormundschaftsgericht ersetzt werden (§ 1452 BGB).

bb) Sondergut

Vom Gesamtgut ist das Sondergut zu unterscheiden. Das *Sondergut* ist kraft Gesetzes vom Gesamtgut ausgeschlossen (§ 1417 Abs. 1 BGB). Sondergut sind die Gegenstände, die nicht durch Rechtsgeschäft übertragen werden können (§ 1417 Abs. 2 BGB), z. B. Schmerzensgeldansprüche, unpfändbare Lohn- und Gehaltsansprüche, unpfändbare Unterhaltsansprüche und Renten, Nießbrauch (vgl. Rz. 475), Beteiligung an einer OHG. Jeder Ehegatte verwaltet sein Sondergut selbstständig, jedoch für Rechnung des Gesamtgutes (§ 1417 Abs. 3 BGB). Die Erträge des Sonderguts werden somit Gesamtgut. Den Gläubigern seiner Sondergutsgeschäfte gegenüber haftet der Ehegatte neben dem Sondergut auch weitgehend mit dem Gesamtgut.

601

cc) Vorbehaltsgut

Weiterhin ist vom Gesamtgut das Vorbehaltsgut ausgeschlossen (§ 1418 Abs. 1 BGB). Zum *Vorbehaltsgut* zählen zum einen die Gegenstände, die durch Ehevertrag im Einzelfall zum Vorbehaltsgut eines Ehegatten erklärt worden sind (§ 1418 Abs. 2 Nr. 1 BGB). Zum anderen bilden die Gegenstände Vorbehaltsgut, die ein Ehegatte von Todes wegen, also durch Erbschaft, Vermächtnis bzw. als Pflichtteil oder durch Schenkung erhalten hat, sofern der Erblasser bzw. der Schenkende bestimmt hat, dass diese Gegenstände Vorbehaltsgut sein sollen (§ 1418 Abs. 2 Nr. 2 BGB). Die dritte Gruppe bilden die Ersatzgegenstände, die durch Surrogation an die Stelle eines Gegenstandes des Vorbehaltsgutes treten (§ 1418 Abs. 2 Nr. 3 BGB). Das Vorbehaltsgut wird ebenfalls vom jeweiligen Ehepartner selbst verwaltet. Im Gegensatz zum Sondergut geschieht dies jedoch auf eigene Rechnung (§ 1418 Abs. 3 BGB). Die Haftung ist hier wie beim Sondergut.

602

Teil D Beurkundungen im Familienrecht

e) Fortgesetzte Gütergemeinschaft

603 Das Gesetz kennt schließlich die so genannte *fortgesetzte Gütergemeinschaft*. Diese ist in den §§ 1483 ff. BGB geregelt. Ihr kommt in der Praxis jedoch nur eine sehr geringe Bedeutung zu. Das Wesen der fortgesetzten Gütergemeinschaft besteht darin, durch Ehevertrag die Gütergemeinschaft nach dem Tod des einen Ehegatten durch den Überlebenden und den gemeinschaftlichen Abkömmlingen fortzusetzen. Eine solche Regelung ist nicht mehr zeitgemäß. Auf die fortgesetzte Gütergemeinschaft soll daher an dieser Stelle nicht näher eingegangen werden.

f) Unterhaltspflichten

604 Zu den Wirkungen der Ehe gehören auch die wechselseitigen *Unterhaltspflichten* der Ehepartner. Zu unterscheiden sind der Unterhalt während der Ehezeit (§§ 1360 ff. BGB) sowie der Unterhaltsanspruch des geschiedenen Ehegatten (§§ 1569 ff. BGB). Diese Unterhaltsverpflichtungen bestehen bei jedem Güterstand, also auch bei der Gütertrennung und der Gütergemeinschaft. Daneben regelt das BGB gesetzliche Unterhaltsansprüche von Mutter und Vater aus Anlass der Geburt (§§ 1615 l ff. BGB) sowie unter Verwandten in gerader Linie (§§ 1601 ff. BGB). Auf die beiden zuletzt genannten Gruppen soll hier nicht näher eingegangen werden.

Das Unterhaltsrecht wurde durch das Gesetz zur Änderung des Unterhaltsrechts vom 21.12.2007 mit Wirkung vom 01.01.2008 grundlegend reformiert. Grundanliegen der Gesetzesreform ist es, das Unterhaltsrecht an die geänderten gesellschaftlichen Verhältnisse und an den seit der Eherechtsform von 1976/77 eingetretenen Wertewandel anzupassen. Zusammenfassend lässt sich sagen, dass die gesetzlichen Unterhaltsansprüche einerseits die Bedürftigkeit des Unterhaltsberechtigten und andererseits die Leistungsfähigkeit des zum Unterhalt Verpflichteten voraussetzen. Hiervon zu unterscheiden sind vertragliche Unterhaltsansprüche. Unabhängig von einer gesetzlichen Verpflichtung besteht die Möglichkeit, solche durch eine gesonderte Vereinbarung zu gewähren. Dies erfolgt häufig in der Form eines Leibrentenvertrages (§§ 759 ff. BGB). Darüber hinaus sind Vereinbarungen über die Höhe des gesetzlichen Unterhaltes möglich.

aa) Unterhaltsansprüche während der Ehe

605 Die Ehegatten sind gemäß § 1360 S. 1 BGB einander verpflichtet, durch ihre Arbeit und mit ihrem Vermögen die Familie angemessen zu unterhalten. Ist einem Ehegatten die Haushaltsführung überlassen, so erfüllt er seine Verpflichtung, durch Arbeit zum Unterhalt beizutragen, in der Regel durch die Führung des Haushaltes (§ 1360 S. 2 BGB).

Die gesetzliche Regelung besagt nicht, dass jeder Ehegatte in gleicher Höhe zum Unterhalt beizutragen hat. Maßgebend ist vielmehr die Art und Weise, wie die Ehepartner ihre Lebensgemeinschaft ausgestalten. Im Rahmen der sog. **Hausfrauenehe** erbringt der verdienende Ehegatte in der Regel seinen Beitrag zum Unterhalt durch sein Einkommen, während dem haushaltsführenden Ehegatten die Hausarbeit obliegt. In der Doppelverdienerehe haben sich demgegenüber die Ehegatten gleichmäßig bzw. entsprechend ihrer beruflichen Belastung um den Haushalt zu kümmern. Gemäß § 1360a Abs. 1 BGB umfasst der angemessene Unterhalt der Familie alles, was nach den Verhältnissen der Ehegatten erforderlich ist, um die Kosten des Haushaltes zu bestreiten und die persönlichen Bedürfnisse der Ehegatten und den Lebensbedarf der gemeinsamen unterhaltsberechtigten Kinder zu befriedigen.

Leben die Ehegatten getrennt, so kann ein Ehegatte von dem anderen den nach den Lebensverhältnissen und den Erwerbs- und Vermögensverhältnissen der Ehegatten angemessenen Unterhalt verlangen (§ 1361 Abs. 1 S. 1 BGB). Anspruchsvoraussetzung sind die Bedürftigkeit des Berechtigten und die Leistungsfähigkeit des Verpflichteten. Eine solche Bedürftigkeit fehlt, wenn z. B. der Ehegatte seinen Unterhalt durch eigene Einkünfte bestreiten kann. Der Unterhalt bei getrennt Lebenden ist gemäß § 1361 Abs. 4 S. 1 BGB in der Regel durch Bezahlung einer monatlichen Geldrente zu gewähren.

Die Verpflichtung zum Familienunterhalt während der Ehezeit ist sowohl beim Zusammenleben wie auch Getrenntleben der Ehegatten zwingend. Ein Verzicht hierauf, etwa in einem Ehevertrag, ist nicht wirksam. Dies ergibt sich aus den §§ 1360a Abs. 3, 1614 Abs. 1 BGB, wonach für die Zukunft nicht auf den Unterhalt verzichtet werden kann. Möglich sind dagegen Vereinbarungen der Ehegatten über die Art und Höhe des Unterhalts.

bb) Unterhaltsansprüche der geschiedenen Ehegatten

Gemäß § 1569 S. 1 BGB obliegt es jedem Ehegatten, selbst für seinen Unterhalt zu sorgen. Nur, wenn er dazu außerstande ist, hat er gemäß § 1569 S. 2 BGB gegen den anderen Ehegatten Anspruch auf Unterhalt. Grundsätzlich hat also jeder Ehegatte nach einer Scheidung für sich selbst zu sorgen (Eigenverantwortlichkeit). Wenn aber eine Bedürfnislage in Verbindung mit der Ehe steht, ist der andere Ehegatte unterhaltspflichtig (Mitverantwortlichkeit), sofern er leistungsfähig ist.

606

Das Gesetz kennt eine Reihe von Tatbeständen, die eine solche Unterhaltspflicht begründen können. Zu nennen sind hier der Unterhalt wegen der Betreuung eines Kindes (§ 1570 BGB), der Unterhalt wegen Alters (§ 1571 BGB), der Unterhalt wegen Krankheit oder Gebrechen (§ 1572 BGB), der Unterhalt bis zur Erlangung angemessener Erwerbstätigkeit (§ 1573 BGB), der Unterhalt zur Ausbildung, Fortbildung oder Umschulung (§ 1575 BGB) sowie der Unterhalt aus Billigkeitsgründen (§ 1576 BGB). Diese Tatbestände beschreiben jeweils Konstellationen, unter denen es einem Ehegatten nicht möglich oder nicht zumutbar ist, erwerbstätig zu sein, und öffnen demzufolge den Weg zum Unterhaltsanspruch.

Liegen die Tatbestandsvoraussetzungen vor, so stellt sich weiter die Frage, ob und in welcher Höhe in einem bestimmten Zeitpunkt Unterhalt verlangt werden kann. Dies hängt von weiteren variablen Elementen ab. Den Ausgangspunkt bildet § 1578 BGB. Nach dieser Vorschrift umfasst der Unterhalt den gesamten Lebensbedarf und ist nach den ehelichen Lebensverhältnissen zu bestimmen.

607 Praxis-Tipp
Der BGH hat in seinem Urteil vom 13.06.2001 (NotBZ 2001, 297) im Gegensatz zur früheren Rechtsprechung entschieden, dass insoweit auch die im Haushalt und für die Kindererziehung durch den nicht erwerbstätigen Ehegatten erbrachte Leistung bei der Bemessung des gemeinsamen ehelichen Lebensstandards wirtschaftlich zu berücksichtigen und nicht mehr nur auf das Einkommen des alleinverdienenden Ehegatten abzustellen ist. Die Stellung des bedürftigen Ehegatten hat sich damit erheblich verbessert.

608 Wie bereits dargelegt, besteht der Unterhaltsanspruch jedoch nur, soweit der Berechtigte nicht in der Lage ist, sich aus seinen Einkünften (Arbeitseinkommen, Vermögenseinkünfte, etc) und seinem Vermögen selbst zu unterhalten. Diese Bedürftigkeitsprüfung ist in § 1577 BGB näher geregelt. Darüber hinaus ist für das Bestehen und den Umfang des Unterhaltsanspruches die Leistungsfähigkeit des anderen Ehegatten von Bedeutung. Grundsätzlich ist beim Verwandtenunterhalt derjenige, der durch Unterhaltsleistungen seinen eigenen angemessenen Unterhalt gefährden würde, von der Unterhaltspflicht befreit (§ 1603 Abs. 1 BGB). Geschiedenen Ehegatten mutet der Gesetzgeber aber im Verhältnis zueinander mehr zu. Gemäß § 1581 BGB bemisst sich die Unterhaltspflicht eines nur beschränkt Leistungsfähigen vielmehr nach der vom Richter zu handhabenden Billigkeit. Schließlich finden sich in § 1579 BGB einige Gründe, aus denen die Zuerkennung eines Unterhaltsanspruchs ganz oder teilweise grob unbillig wäre und daher vom Gesetz verweigert wird. Es sind dies etwa eine nur sehr kurze Ehedauer, Leben des Berechtigten in einer verfestigten Lebensgemeinschaft mit einem neuen Partner oder ein Verbrechen des Bedürftigen gegenüber seinem Ehegatten, von dem er Unterhalt verlangt.

Im Gegensatz zum Unterhalt während der Ehezeit können die Ehegatten über die Unterhaltspflicht für die Zeit nach der Scheidung Vereinbarungen treffen. Dies ist ausdrücklich in § 1585 c BGB geregelt. Neu eingeführt hat der Gesetzgeber mit Wirkung vom 01.01.2008, dass derartige Vereinbarungen zu ihrer Wirksamkeit der notariellen Beurkundung bedürfen (§ 1585 c S. 2 BGB), sofern sie nicht in einen gerichtlichen Vergleich aufgenommen werden (§ 127 a BGB).

Der Inhalt einer Unterhaltsvereinbarung (Höhe, Modalitäten, Dauer der Unterhaltspflicht) ist grundsätzlich den Beteiligten überlassen. Es kann sogar ganz auf den Unterhaltsanspruch verzichtet werden. Die Grenze bildet jedoch die *Sittenwidrigkeit* (§ 138 BGB). Sittenwidrig könnte ein Unterhaltsverzichtsvertrag sein, wenn ein Ehegatte die Unerfahrenheit oder die besonders schwierige Lage des Partners dazu ausgenutzt hat, um dessen Zustimmung zu einer grob nachteiligen Vereinbarung zu erreichen. Das BVerfG hat in seinem Urteil vom 06.02.2001 (NotBZ 2001, 140) den Verzicht einer vor der Eheschließung Schwangeren auf nachehelichen Ehegattenunterhalt für unwirksam angesehen. Der zukünftige Ehemann hatte sich zur Eheschließung nur nach Abschluss eines entsprechenden privatschriftlichen Unterhaltsverzichtsvertrages bereit erklärt. Im Falle einer notariellen Beurkundung der Vereinbarung hat das BVerfG in seinem Beschluss vom 29.03.2001 (MittBayNot 2001, 485) eine vergleichbare Entscheidung getroffen. Sittenwidrig wäre es aber z. B. auch, wenn ein Unterhaltsverzicht objektiv zu Lasten Dritter, etwa der Sozialhilfe oder der unterhaltsverpflichteten Verwandten geht und die vertragsschließenden Ehegatten sich dieser Auswirkungen bewusst waren. Darüber hinaus könnte sich ein ganz oder teilweiser Verzicht auf Unterhaltsansprüche nach der neuesten Rechtsprechung des BGH als unwirksam erweisen, wenn er einen Ehepartner im Hinblick auf die Einkommens- und Vermögensverhältnisse und den geplanten oder bereits verwirklichen Lebenszuschnitt der Ehegatten unangemessen benachteiligt. Dies gilt insbesondere, soweit er einen Eingriff in den Kernbereich des Scheidungsfolgenrechts darstellt (vgl. hierzu eingehend Rz. 679). Ob sich diese Rechtsprechung nach Reform des Unterhaltsrechts zum 01.01.2008 ändern wird, bleibt abzuwarten.

g) Versorgungsausgleich

Der *Versorgungsausgleich* ist grundsätzlich unabhängig von dem Güterstand, in dem die Ehegatten leben. Er beruht auf demselben Grundgedanken wie der Zugewinnausgleich. Das Prinzip der Zugewinngemeinschaft wird hier auf Ansprüche, Anwartschaften und Aussichten auf Versorgung wegen Alters oder Berufs- oder Erwerbsunfähigkeit erstreckt (§ 1587 Abs. 1 S. 1 BGB). Die Grundidee ist die Vorstellung, dass die von einem Ehegatten während der Ehe hinzugewonnenen Versorgungspositionen vom anderen mitverdient sind. Im Falle einer Scheidung der Ehe ist der Ehegatte, der in der Ehezeit die werthöheren Versorgungsansprüche erworben hat, dem anderen in Höhe der Hälfte des Wertunterschiedes ausgleichspflichtig. **609**

Die Vorschriften über den Versorgungsausgleich finden sich in den §§ 1587 bis 1587 p BGB. Das Gesetz stellt für die Durchführung des Versorgungsausgleichs zwei Instrumente zur Verfügung. Zu unterscheiden sind der öffentlich-rechtliche Versorgungsausgleich und der schuldrechtliche Versorgungsausgleich.

aa) Öffentlich–rechtlicher Versorgungsausgleich

Beim *öffentlich-rechtlichen Versorgungsausgleich* hat der Ausgleichspflichtige dem Berechtigten in Höhe des auszugleichenden Wertes Rentenanwartschaften zu verschaffen. **610**

Zuständig für den Versorgungsausgleich ist das Familiengericht (§ 23 b Abs. 1 S. 2 Nr. 7 GVG, § 621 Abs. 1 Nr. 6 ZPO). Wird ein Scheidungsverfahren bei Gericht anhängig, so hat der Richter den öffentlich-rechtlichen Versorgungsausgleich von Amts wegen zu berücksichtigen. Etwas anderes gilt nur dann, wenn die Ehegatten in einem notariellen Ehevertrag eine Vereinbarung über den Versorgungsausgleich getroffen haben (vgl. Rz. 612 und 702). Um festzustellen, welcher Ehegatte ausgleichspflichtig ist, holt das Gericht Auskünfte von den zuständigen Behörden, Rentenversicherungsträgern, Arbeitgebern, Versicherungsgesellschaften und sonstigen Stellen sowie den Ehegatten selbst ein. Auf dieser Grundlage wird in einem ersten Schritt für jeden Ehegatten gesondert festgestellt, welche Versorgungswerte – ausgedrückt im Betrag einer Monatsrente – er in der Ehezeit erworben hat. Berücksichtigt werden dabei nur die mit Hilfe eigenen Vermögens oder durch Arbeit begründeten oder aufrechterhaltenen Positionen (§ 1587 Abs. 1 S. 2 BGB). Einzubeziehen sind darüber hinaus nur solche Versorgungsanrechte, deren spezifischer Zweck die Versorgung des Begünstigten bei Erreichen der Altersgrenze bzw. Berufs- oder Erwerbsunfähigkeit ist. Die wichtigsten hierunter fallenden Versorgungsansprüche sind im Katalog des § 1587 a Abs. 2 Nr. 1 bis 5 BGB genannt. Es sind dies vor allem die Renten der gesetzlichen Rentenversicherung, die Beamtenversorgung, die betriebliche Altersversorgung, private Rentenversicherungen, die Zusatzversorgung des Öffentlichen Dienstes sowie berufsständische Versorgungen. Wie sich aus § 1587 a Abs. 5 BGB ergibt, ist dieser Katalog nicht abschließend. Entscheidend ist, dass die Versorgungsansprüche auf eine wiederkehrende Leistung, z. B. monatliche Zahlung, ausgerichtet sind. In einem zweiten Schritt werden die Summen der von jedem Ehegatten in der Ehezeit erworbenen Versorgungswerte einander gegenübergestellt. Der Ehegatte mit den höheren Werten hat in Höhe der Hälfte des Wertunterschiedes dem anderen Ehegatten Ausgleich zu leisten (§§ 1587 a Abs. 1, 1587 g Abs. 1 S. 1 BGB). Die Durchführung dieses Ausgleichs ist in § 1587 b BGB näher geregelt. Er vollzieht sich z. B. dadurch, dass durch den Rentenversicherungsträger von dem Rentenkonto des Verpflichteten die der zu übertragenden Anwartschaft entsprechenden Werteinheiten abgebucht und dem Rentenkonto des Berechtigten zugeschlagen werden.

bb) Schuldrechtlicher Versorgungsausgleich

611 Der *schuldrechtliche Versorgungsausgleich* ist durchzuführen, falls ein Wertausgleich durch den öffentlichen-rechtlichen Versorgungsausgleich nicht möglich ist, das Familiengericht diesen anordnet oder die Ehegatten eine entsprechende Vereinbarung getroffen haben. Im Einzelnen sind die Anwendungsfälle des schuldrechtlichen Versorgungsausgleichs in § 1587 f Nr. 1 bis 5 BGB geregelt. Der Ausgleich vollzieht sich hier in der Weise, dass der Verpflichtete, der bereits eine Versorgung erlangt hat, also etwa Altersrente bezieht, dem versorgungsbedürftigen Partner eine Geldrente in Höhe des auszugleichenden Betrages gewährt (§ 1587 g Abs. 1 BGB). Der Berechtigte kann statt dessen aber auch die entsprechende Abtretung von Versorgungsansprüchen, die der Verpflichtete gegen den Versorgungsträger hat, verlangen (§ 1587 i BGB). Auszugleichen ist die Hälfte des Betrages, um den die Rente des einen Ehegatten die Rente des anderen Ehegatten übersteigt (§ 1587 g Abs. 1 S. 1 BGB).

cc) Vereinbarungen über den Versorgungsausgleich

612 Unabhängig von der gesetzlichen Regelung können die Ehegatten Vereinbarungen über den Versorgungsausgleich treffen. Diese sind in unterschiedlicher Weise möglich.

I. Einführung in das materielle Familienrecht

So gestattet § 1408 Abs. 2 S. 1 BGB, dass die Ehegatten in einem notariellen Ehevertrag den Versorgungsausgleich ganz ausschließen können (vgl. Rz. 702). Wichtig ist bei der entsprechenden Vertragsgestaltung, dass die Vereinbarung ausdrücklich getroffen wird. Es reicht nicht aus, wenn sich der Wille der Ehegatten nur aus dem Gesamtzusammenhang entnehmen lassen würde.

Ebenso wie bei der Vereinbarung eines Unterhaltsverzichts ist hinsichtlich des Ausschlusses des Versorgungsausgleichs die neueste Rechtsprechung des BGH zur Inhaltskontrolle von Eheverträgen zu berücksichtigen. Der BGH zählt den Versorgungsausgleich zum Kernbereich des Scheidungsfolgenrechts. Ein Ausschluss desselben könnte dementsprechend sittenwidrig sein, falls dieser einen Ehepartner im Zeitpunkt des Vertragsschlusses angesichts der individuellen Verhältnisse der Ehegatten unangemessen benachteiligt, ohne dass dieser Nachteil durch anderweitige Vorteile gemildert oder durch die besonderen Verhältnisse der Ehegatten gerechtfertigt wird (vgl. hierzu eingehend Rz. 679).

Mit dem Ausschluss des Versorgungsausgleichs tritt Gütertrennung (vgl. Rz. 594) ein (§ 1414 S. 2 BGB). Dies gilt allerdings nicht zugleich umgekehrt. Um eine mit dem Ausschluss des Versorgungsausgleichs eventuell verbundene Übervorteilung eines Ehegatten zu verhindern, hat der Gesetzgeber in § 1408 Abs. 2 S. 2 BGB bestimmt, dass der Ausschluss unwirksam ist, wenn innerhalb eines Jahres nach Vertragsschluss Antrag auf Scheidung der Ehe gestellt wird. Hierüber hat der Notar ebenso wie über die Bedeutung des Ausschlusses zu belehren. Der Ehegatte, der am Ausschluss des Versorgungsausgleichs nicht festhalten will, muss also rechtzeitig innerhalb der Jahresfrist einen Scheidungsantrag stellen. Wird der Scheidungsantrag zurückgenommen oder vom Gericht abgewiesen, tritt die Unwirksamkeit nicht ein. Neben dem vollständigen Ausschluss des Versorgungsausgleiches ist auch ein teilweiser Ausschluss oder zumindest eine Modifikation möglich. Zu denken ist etwa an eine Beschränkung auf bestimmte Versorgungsansprüche oder den Ausschluss des Versorgungsausgleichs lediglich zugunsten eines Ehegatten. In diesen Fällen dürfte nach § 1414 S. 2 BGB nicht ohne weiteres Gütertrennung eintreten. Sofern dies gewollt ist, empfiehlt sich eine ausdrückliche Vereinbarung.

Im Zusammenhang mit einer Scheidung können die Ehegatten darüber hinaus gemäß § 1587 o BGB eine Vereinbarung über den Versorgungsausgleich schließen. Eine solche Vereinbarung bedarf der notariellen Beurkundung (§ 1587 o Abs. 2 S. 1 BGB), sofern sie nicht in einen gerichtlichen Vergleich aufgenommen wird (§ 127 a BGB). Die Anhängigkeit eines Scheidungsverfahrens ist jedoch nicht Voraussetzung für eine Vereinbarung nach § 1587 o BGB. Inhaltlich können die Ehepartner im Rahmen des § 1587 o BGB vielfältige Regelungen treffen. So ist ein vollständiger Ausschluss des Versorgungsausgleiches ebenso wie ein teilweiser Ausschluss oder eine Modifikation, wie z. B. die Vereinbarung einer geringeren Quote, denkbar. Zu beachten ist jedoch, dass jede Vereinbarung nach § 1587 o BGB der Genehmigung des Familiengerichts bedarf (§ 1587 o Abs. 2 S. 3 BGB). Dieser *Genehmigungsvorbehalt*, über den vom Notar zu belehren ist, dient dem Schutz eines Ehegatten vor Übervorteilung. Das Gericht soll seine Zustimmung verweigern, wenn die vereinbarte Leistung nicht zur Sicherung des Berechtigten für den Fall des Alters oder der Erwerbsunfähigkeit geeignet ist oder zu keinem nach Art und Höhe angemessenen Ausgleich unter den Ehegatten führt (§ 1587o Abs. 2 S. 4 BGB).

Hinsichtlich des Verhältnisses zwischen § 1408 Abs. 2 BGB und § 1587o BGB ist zu beachten, dass der Ausschluss des Versorgungsausgleichs nach der ersten Vorschrift im Falle eines Scheidungsantrages innerhalb der Jahresfrist und der damit verbundenen Unwirksamkeit nicht in einen Ausschluss nach § 1587o BGB umgedeutet werden kann. Die Eheleute können jedoch vereinbaren, dass der Ausschluss gemäß § 1408 Abs. 2 BGB im Falle seiner Unwirksamkeit als Folge eines Scheidungsantrages als solcher i. S. d. § 1587o BGB gelten soll. Letzterer bedarf zu seiner Wirksamkeit dann allerdings der Genehmigung durch das Familiengericht.

2. Eingetragene Lebenspartnerschaft

613 Am 01.08.2001 ist das Gesetz zur Beendigung der Diskriminierung gleichgeschlechtlicher Gemeinschaften: Lebenspartnerschaften (LPartDisBG) vom 16.02.2001 (BGBl. I 2001, 266; siehe hierzu näher *Krause* NotBZ 2001, 241 ff. und *Krause*, Der Lebenspartnerschaftsvertrag in der anwaltlichen und notariellen Praxis, 2002) in Kraft getreten. Es normiert den ersten Teil einer umfassenden Reform der Rechtsstellung gleichgeschlechtlicher Paare. In dem Gesetz finden sich insbesondere die Regelungen über die Lebenspartnerschaft sowie deren familien- und erbrechtlichen Folgen (zu letzteren vgl. Rz. 750). Neben dem Gesetz über die Eingetragene Lebenspartnerschaft (Lebenspartnerschaftsgesetz – LPartG) enthält das Artikelgesetz unter anderem Änderungen des BGB, EGBGB, BeurkG, BRAO, ZPO, GVG, FGG, InsO, GKG, KostO, StGB, StPO, BerzGG, Ausländergesetzes sowie sozialrechtlicher Vorschriften. Den zweiten Teil der Reform soll insbesondere die steuerrechtliche, beamtenrechtliche und weitergehende sozialrechtliche Privilegierung der eingetragenen Lebenspartnerschaft bilden. Das hierzu vorgesehene Lebenspartnerschaftsgesetzergänzungsgesetz (LPartGErG) ist bisher an der Zustimmung des Bundesrates gescheitert. Ob bzw. wann das Ergänzungsgesetz in Kraft treten wird, ist derzeit noch nicht absehbar.

Die Frage, ob die Regelungen des LPartDisBG einer verfassungsrechtlichen Prüfung standhalten, war politisch wie juristisch äußerst umstritten. Die von den Ländern Bayern, Sachsen und Thüringen gestellten Eilanträge auf Erlass einer einstweiligen Anordnung gegen das Inkrafttreten des LPartDisBG hat das BVerfG mit Urteil vom 18.07.2001 (BVerfG NJW 2001, 2457) abgewiesen. In seiner Hauptsacheentscheidung vom 17.07.2002 (NJW 2002, 2543) zu den Normenkontrollanträgen der Länder Bayern, Sachsen und Thüringen hat das BVerfG die Verfassungsmäßigkeit des LPartDisBG und damit des LPartG bestätigt.

I. Einführung in das materielle Familienrecht

Das LPartG sieht vor, dass zwei Personen gleichen Geschlechts eine Lebenspartnerschaft auf Lebenszeit eingehen können.

Am 01.01.2005 ist das Gesetz zur Überarbeitung des Lebenspartnerschaftsrechts (LPartÜbG) vom 15.12.2004 (BGBl. I 2004, 3396) in Kraft getreten. Diese Gesetzesnovelle ist nicht zu verwechseln mit dem bereits seit 2001 vorgesehenen Lebenspartnerschaftsgesetzergänzungsgesetz. Das LPartÜbG normiert eine weitgehende Angleichung des Rechts der Lebenspartnerschaft an das Recht der Ehe. Kernpunkte des LPartÜbG sind die Übernahme des ehelichen Güterrechts einschließlich der Einführung des Verlöbnisses, die weitgehende Angleichung des Unterhaltsrechts, die weitgehende Angleichung der Aufhebungsgründe an die Scheidungsvoraussetzungen, die Zulassung der Stiefkindadoption, die Einführung des Versorgungsausgleichs sowie die Einbeziehung der Lebenspartner in die Hinterbliebenenversorgung der gesetzlichen Rentenversicherung. Der Gesetzgeber sah sich zu dieser Novelle ermutigt, nachdem das BVerfG mit seinem Urteil vom 17.07.2002 die Gleichstellung von Ehe und Lebenspartnerschaft für mit dem Grundgesetz vereinbar erklärt hat.

a) Begründung der Lebenspartnerschaft

Zur Begründung der Lebenspartnerschaft ist gemäß § 1 Abs. 1 LPartG erforderlich, dass die zukünftigen Lebenspartner vor der zuständigen Behörde gegenseitig persönlich und bei gleichzeitiger Anwesenheit erklären, miteinander eine Partnerschaft auf Lebenszeit führen zu wollen. Die Erklärungen können nicht unter einer Bedingung oder Zeitbestimmung abgegeben werden. **614**

Mangels Zustimmung des Bundesrates fehlt es bisher an einer bundeseinheitlichen Regelung über die für die Entgegennahme der Erklärungen zuständige Behörde und Registerverfahrensvorschriften. Die Mehrzahl der Bundesländer hat diese Aufgaben durch landesgesetzliche Ausführungsbestimmungen den Standesämtern übertragen. Einen Sonderweg geht Bayern, das die Notare für zuständig erklärt hat (vgl. hierzu MittBayNot Sonderheft 2001).

Nicht wirksam begründet werden kann eine Lebenspartnerschaft mit einer Person, die minderjährig oder verheiratet ist oder bereits mit einer anderen Person eine Lebenspartnerschaft führt (§ 1 Abs. 2 Nr. 1 LPartG). Gleiches gilt für Personen, die in gerader Linie miteinander verwandt sind (§ 1 Abs. 2 Nr. 2 LPartG) und für eine Lebenspartnerschaft zwischen vollbürtigen und halbbürtigen Geschwistern (§ 1 Abs. 2 Nr. 3 LPartG). Schließlich ist eine Lebenspartnerschaft zwischen Personen, die bei der Begründung darüber einig sind, keine Verpflichtung zur partnerschaftlichen Lebensgemeinschaft im Sinne des § 2 LPartG einzugehen, unzulässig (§ 1 Abs. 2 Nr. 4 LPartG).

Während § 1 Abs. 2 Nr. 1 LPartG anordnet, dass eine Lebenspartnerschaft bei bestehender Ehe nicht wirksam begründet werden kann, fehlte bisher eine gesetzliche Regelung für den umgekehrten Fall der Eingehung einer Ehe bei bestehender Lebenspartnerschaft. Entsprechend der Anregung des BVerfG im Urteil vom 17.07.2002 hat der Gesetzgeber § 1306 BGB dahingehend ergänzt, dass auch das Bestehen einer Lebenspartnerschaft ein Ehehindernis darstellt.

b) Verlöbnis

615 Mit seiner Novelle des LPartG neu eingeführt hat der Gesetzgeber für Lebenspartner mit Wirkung ab 01.01.2005 das Rechtsinstitut des Verlöbnisses. Wie bei Ehegatten (§ 1297 Abs. 1 BGB) kann gemäß § 1 Abs. 3 S. 1 LPartG aus dem Versprechen, eine Lebenspartnerschaft zu begründen, nicht auf die Begründung der Lebenspartnerschaft geklagt werden. Nach § 1 Abs. 3 S. 2 LPartG gelten § 1297 Abs. 2 und die §§ 1298 bis 1302 BGB entsprechend. Dies betrifft insbesondere die Ansprüche über die Ersatzpflicht beim Rücktritt vom Verlöbnis (§ 1298 BGB) und über die Rückgabe der Geschenke (§ 1301 BGB) sowie die kurze Verjährungsfrist (§ 1302 BGB). Praktische Bedeutung hat das Verlöbnis insbesondere beim Zeugnisverweigerungsrecht.

c) Partnerschaftliche Lebensgemeinschaft und Umfang der Sorgfaltspflicht

616 § 2 LPartG bestimmt, dass die Lebenspartner einander zur Fürsorge und Unterstützung sowie zur gemeinsamen Lebensgestaltung verpflichtet sind. Sie tragen füreinander Verantwortung. Die Lebensgemeinschaft ist damit weniger umfassend als in § 1353 Abs. 2 BGB für Ehegatten, die einander zur ehelichen Lebensgemeinschaft verpflichtet sind, geregelt.

Vergleichbar § 1359 BGB haben die Lebenspartner gemäß § 4 LPartG bei der Erfüllung der sich aus dem lebenspartnerschaftlichen Verhältnis ergebenden Verpflichtungen einander nur für diejenige Sorgfalt einzustehen, welche sie in eigenen Angelegenheiten anzuwenden pflegen. Diese Haftungserleichterung erstreckt sich auf die Erfüllung aller sich aus der Lebenspartnerschaft ergebenden Verpflichtungen.

d) Lebenspartnerschaftsname

617 Gemäß § 3 Abs. 1 LPartG können die Lebenspartner den Geburtsnamen eines von ihnen als gemeinsamen Lebenspartnerschaftsnamen bestimmen. Ehegatten sollen demgegenüber nach § 1355 Abs. 1 BGB einen gemeinsamen Familiennamen führen.

Die Bestimmung hat in der Regel bei der Begründung der Lebenspartnerschaft zu erfolgen. Eine später abgegebene Erklärung bedarf gemäß § 3 Abs. 1 S. 5 LPartG der öffentlichen Beglaubigung. Ein Lebenspartner, dessen Geburtsname nicht Lebenspartnerschaftsname wird, kann nach § 3 Abs. 2 S. 1 LPartG seinen Geburtsnamen bzw. den Namen, den er zur Zeit der Erklärung über die Bestimmung des Lebenspartnerschaftsnamens führt, dem Lebenspartnerschaftsnamen voranstellen oder anfügen. Diese Regelung entspricht § 1355 Abs. 4 BGB. Gemäß § 3 Abs. 3 LPartG behält ein Lebenspartner den Lebenspartnerschaftsnamen grundsätzlich auch nach der Beendigung der Lebenspartnerschaft, sofern er nicht seinen Geburtsnamen bzw. einen etwaig früher geführten Namen wieder annimmt.

I. Einführung in das materielle Familienrecht

e) Lebenspartnerschaftsunterhalt

Zu den Wirkungen der Lebenspartnerschaft gehören auch die wechselseitigen Unterhaltspflichten der Lebenspartner. Die Unterhaltsverpflichtungen der Lebenspartner entsprechen weitestgehend denjenigen der Ehegatten (vgl. hierzu Rz. 604–608). **618**

Ebenso wie Ehegatten nach § 1360 S. 1 BGB sind auch die Lebenspartner gemäß § 5 S. 1 LPartG einander verpflichtet, durch ihre Arbeit und mit ihrem Vermögen die partnerschaftliche Lebensgemeinschaft angemessen zu unterhalten. § 1360 S. 2 und die §§ 1360a und 1360b und 1609 BGB gelten entsprechend. Die Verpflichtung zum Unterhalt während der Lebenspartnerschaft ist zwingend. Ein Verzicht hierauf, etwa in einem Lebenspartnerschaftsvertrag, ist nicht wirksam. Dies ergibt sich aus § 5 S. 2 LPartG in Verbindung mit §§ 1360a Abs. 3, 1614 Abs. 1 BGB, wonach für die Zukunft nicht auf den Unterhalt verzichtet werden kann (vgl. Rz. 605). Möglich sind aber Vereinbarungen der Lebenspartner über die Art und Höhe des Unterhalts.

f) Güterrecht der Lebenspartner

Gemäß § 6 Abs. 1 S. 1 LPartG a. F. hatten die Lebenspartner bisher vor Begründung der Lebenspartnerschaft eine Regelung über den Vermögensstand zu treffen. Zu diesem Zweck mussten sie entweder gegenüber der zuständigen Behörde erklären, dass sie den Vermögensstand der Ausgleichsgemeinschaft vereinbart haben, oder einen Lebenspartnerschaftsvertrag i. S. d. § 7 LPartG a. F. abgeschlossen haben. Die Vorschriften über den Vermögensstand waren im LPartG a. F. nur unvollkommen geregelt. Im Gesetzestext fanden lediglich die Ausgleichsgemeinschaft und die Vermögenstrennung Erwähnung. Ob die Lebenspartner auch die Möglichkeit hatten, den Vermögensstand der Vermögensgemeinschaft durch Bezugnahme auf die Vorschriften über die eheliche Gütergemeinschaft i. S. d. §§ 1415 ff. BGB zu vereinbaren, war umstritten. **619**

Infolge der Novelle des LPartG zum 01.01.2005 gehören die Begriffe »Vermögensstand«, »Ausgleichsgemeinschaft«, »Vermögenstrennung« und »Vermögensgemeinschaft« der Vergangenheit an. Der Gesetzgeber hat die Unterschiede zwischen Ehe und Lebenspartnerschaft aufgegeben.

§ 6 S. 1 LPartG bestimmt, dass die Lebenspartner im Güterstand der Zugewinngemeinschaft leben, wenn sie nicht durch Lebenspartnerschaftsvertrag (§ 7 LPartG) etwas anderes vereinbaren. Gemäß § 6 S. 2 LPartG gelten § 1363 Abs. 2 und die §§ 1364 bis 1390 BGB entsprechend. Ebenso wie bei Ehegatten bildet somit nunmehr die Zugewinngemeinschaft (vgl. hierzu näher Rz. 569) den gesetzlichen Regelfall des Güterstandes der Lebenspartner. Ohne eine anderweitige lebenspartnerschaftsvertragliche Regelung tritt dieser zwischen den Lebenspartnern im Zeitpunkt der Begründung der Lebenspartnerschaft ein. Entgegen der früheren Rechtslage bedarf es keiner diesbezüglichen Erklärung der Lebenspartner mehr; § 1 Abs. 1 S. 4 LPartG a. F. wurde gestrichen. Modifizierungen der Zugewinngemeinschaft sind wie bei Ehegatten in einem Lebenspartnerschaftsvertrag möglich. Auf die Gestaltungsempfehlungen zu

Eheverträgen kann ohne terminologischen Anpassungsbedarf zurückgegriffen werden (vgl. hierzu Rz. 684).

Auch § 7 LPartG wurde neugefasst. Während dessen Satz 1 – wie bisher § 7 Abs. 1 S. 1 LPartG a. F. – normiert, dass die Lebenspartner ihre güterrechtlichen Verhältnisse durch Vertrag (Lebenspartnerschaftsvertrag) regeln können, gelten gemäß Satz 2 nunmehr die §§ 1409 bis 1563 BGB entsprechend. Mit dieser weitgehenden Verweisung auf das Eherecht, wird den Lebenspartnern nicht nur ermöglicht, durch Lebenspartnerschaftsvertrag Gütertrennung (vgl. hierzu Rz. 592) zu vereinbaren; sie können sich vielmehr auch für den Güterstand der Gütergemeinschaft (vgl. hierzu Rz. 595) entscheiden. Der Streit über die Zulässigkeit der Vermögensgemeinschaft hat sich damit erledigt. Im Übrigen ist die Eintragung des Abschlusses eines Lebenspartnerschaftsvertrages in das Güterrechtsregister (vgl. hierzu Rz. 714) nunmehr zulässig.

Während die in §§ 1365 bis 1370 BGB enthaltenen Verfügungsbeschränkungen bisher ausschließlich für im Güterstand der Zugewinngemeinschaft lebende Ehegatten (vgl. Rz. 574) galten, enthielt § 8 Abs. 2 LPartG a. F. eine entsprechende Beschränkung auf den Vermögensstand der Ausgleichsgemeinschaft nicht. § 1365 BGB und § 1369 BGB fanden somit grundsätzlich auch bei Lebenspartnern Anwendung, die in einem Lebenspartnerschaftsvertrag den Vermögensstand der Vermögenstrennung oder Vermögensgemeinschaft vereinbart hatten. Insbesondere bei Vereinbarung der Vermögenstrennung war deshalb daran zu denken, im Lebenspartnerschaftsvertrag eine Befreiung der Lebenspartner von den Beschränkungen der §§ 1365, 1369 BGB vorzusehen. Infolge der Übernahme des ehelichen Güterrechts hat der Gesetzgeber mit Wirkung vom 01.01.2005 die Verweisung auf die §§ 1365 bis 1370 BGB in § 8 Abs. 2 LPartG aufgehoben. Die Vereinbarung der Gütertrennung durch die Lebenspartner führt demzufolge nunmehr kraft Gesetzes zum Wegfall der Beschränkungen der §§ 1365, 1369 BGB. Diese gelten über die Verweisung in § 6 Satz 2 LPartG nur noch für die in Zugewinngemeinschaft lebenden Lebenspartner.

g) Weitere Wirkungen der Begründung der Lebenspartnerschaft

620 Zugunsten der Gläubiger eines der Lebenspartner wird vergleichbar der für Ehegatten geltenden Regelung des § 1362 BGB nach § 8 Abs. 1 S. 1 LPartG in Verbindung mit § 739 Abs. 2 ZPO vermutet, dass die im Besitz eines Lebenspartners oder beider Lebenspartner befindlichen beweglichen Sachen dem Schuldner gehören. Gemäß § 8 Abs. 1 S. 2 LPartG gilt insoweit § 1362 Abs. 1 S. 2, 3, Abs. 2 BGB entsprechend.

Zur Widerlegung der gesetzlichen Vermutung empfiehlt sich insbesondere bei überschuldeten Lebenspartnern in den Lebenspartnerschaftsvertrag ein Vermögensverzeichnis aufzunehmen.

Nach § 8 Abs. 2 LPartG findet weiterhin auf die Lebenspartnerschaft § 1357 BGB (Geschäfte zur Deckung des Lebensbedarfs, vgl. Rz. 581) Anwendung.

I. Einführung in das materielle Familienrecht

h) Getrenntleben der Lebenspartner

aa) Unterhalt bei Getrenntleben

621 Durch die Neufassung des § 12 LPartG im Zuge der Novelle des LPartG zum 01.01.2005 wurde der Unterhaltsanspruch der Lebenspartner während des Getrenntlebens ebenfalls an den der Ehegatten angepasst (vgl. hierzu Rz. 605). Leben die Lebenspartner getrennt, so kann ein Lebenspartner gemäß § 12 S. 1 LPartG von dem anderen den nach den Lebensverhältnissen und den Erwerbs- und Vermögensverhältnissen der Lebenspartner angemessenen Unterhalt verlangen. § 1361 und § 1609 BGB gelten gemäß § 12 S. 2 LPartG entsprechend.

Der nicht erwerbstätige Lebenspartner wird hierdurch ebenso geschützt wie der nicht erwerbstätige Ehegatte.

Auch auf den Getrenntlebensunterhalt können die Lebenspartner nicht wirksam für die Zukunft verzichten (§ 12 S. 2 LPartG i. V. m. §§ 1361 Abs. 4, 1360a Abs. 3, 1614 Abs. 1 BGB; vgl. hierzu Rz. 605).

bb) Hausratsverteilung bei Getrenntleben

622 Im Falle des Getrenntlebens kann jeder der Lebenspartner gemäß § 13 Abs. 1 S. 1 LPartG die ihm gehörenden Haushaltsgegenstände von dem anderen herausverlangen. Er ist jedoch gemäß § 13 Abs. 1 S. 2 LPartG verpflichtet, sie dem anderen Lebenspartner zum Gebrauch zu überlassen, soweit dieser sie zur Führung eines abgeschlossenen Haushalts benötigt und die Überlassung nach den Umständen des Falles der Billigkeit entspricht. Diese Regelung ist mit § 1361a Abs. 1 BGB identisch. Haushaltsgegenstände, die den Lebenspartnern gemeinsam gehören, werden nach § 13 Abs. 2 S. 1 LPartG zwischen ihnen nach den Grundsätzen der Billigkeit verteilt. Das Gericht kann gemäß § 13 Abs. 2 S. 2 LPartG eine angemessene Vergütung für die Benutzung der Haushaltsgegenstände festsetzen. Sofern die Lebenspartner nichts anderes vereinbaren, bleiben die Eigentumsverhältnisse nach § 13 Abs. 3 LPartG unberührt.

cc) Wohnungszuweisung bei Getrenntleben

623 Eine § 1361b BGB vergleichbare Regelung für die Wohnungszuweisung bei Getrenntleben findet sich in § 14 LPartG. Gemäß § 14 Abs. 1 S. 1 LPartG kann ein Lebenspartner in diesem Fall verlangen, dass ihm der andere die gemeinsame Wohnung oder einen Teil zur alleinigen Benutzung überlässt, soweit dies notwendig ist, um eine schwere Härte zu vermeiden. Steht einem Lebenspartner allein oder gemeinsam mit einem Dritten das Eigentum, das Erbbaurecht oder der Nießbrauch an dem Grundstück zu, auf dem sich die gemeinsame Wohnung befindet, so ist dies gemäß § 14 Abs. 1 S. 2 LPartG besonders zu berücksichtigen. Entsprechendes gilt für das Wohnungseigentum, das Dauerwohnrecht und das dingliche Wohnrecht.

Ist ein Lebenspartner verpflichtet, dem anderen die gemeinsame Wohnung oder einen Teil zur alleinigen Benutzung zu überlassen, kann er von dem anderen Lebenspartner gemäß § 14 Abs. 2 LPartG eine Vergütung für die Benutzung verlangen, soweit dies der Billigkeit entspricht.

i) Aufhebung der Lebenspartnerschaft

aa) Voraussetzungen der Aufhebung

624 Mit dem § 15 Abs. 2 S. 1 LPartG hat der Gesetzgeber die Aufhebung der Lebenspartnerschaft an die Scheidungsvoraussetzungen bei der Ehe angeglichen. Es kommt nicht mehr auf die Abgabe einer (notariell zu beurkundenden) Nichtfortsetzungserklärung der Lebenspartner an. Maßgebend ist vielmehr wie bei Ehegatten (vgl. §§ 1565 ff. BGB) die Dauer des Getrenntlebens.

In § 15 Abs. 2 S. 2 LPartG hat der Gesetzgeber die bislang nach den allgemeinen Regelungen zu behandelnden Willensmängel bei der Begründung der Lebenspartnerschaft einer Spezialregelung unterworfen. Diese lehnt sich an die §§ 1314 f. BGB an und schließt die allgemeinen Regelungen der §§ 119 ff. BGB aus. § 15 Abs. 3 LPartG enthält darüber hinaus eine Härteklausel für die Aufrechterhaltung der Lebenspartnerschaft. Unter Verweisung auf die Vorschriften des BGB normiert § 15 Abs. 4 LPartG die Bestätigung der willensmangelbehafteten Lebenspartnerschaft. § 15 Abs. 5 LPartG stellt schließlich klar, was unter »Getrenntleben« zu verstehen ist. Die Lebenspartner leben nach dieser Vorschrift getrennt, wenn zwischen ihnen keine häusliche Gemeinschaft besteht und ein Lebenspartner sie erkennbar nicht herstellen will, weil er die lebenspartnerschaftliche Gemeinschaft ablehnt; § 1567 Abs. 1 S. 2 und Abs. 2 BGB gilt entsprechend.

bb) Nachpartnerschaftlicher Unterhalt

625 Die nachpartnerschaftlichen Unterhaltsansprüche in § 16 Abs. 1 LPartG a. F. waren erheblich eingeschränkter als bei Ehegatten. Durch die Neufassung der Vorschrift zum 01.01.2005 wurden die Regelungen über den nachpartnerschaftlichen Unterhalt weitestgehend denjenigen über den nachehelichen Unterhalt angeglichen und Unstimmigkeiten des bisherigen Rechts beseitigt. Der Wortlaut der Bestimmung wurde schließlich durch das Gesetz zur Änderung des Unterhaltsrechts mit Wirkung vom 01.01.2008 demjenigen von § 1569 BGB angeglichen. Gemäß § 16 S. 1 LPartG hat ein Lebenspartner nach der Aufhebung der Lebenspartnerschaft selbst für seinen Unterhalt zu sorgen. Nur, wenn er dazu außerstande ist, hat er gemäß § 16 S. 2 LPartG gegen den anderen Lebenspartner einen Anspruch auf Unterhalt entsprechend den §§ 1570 bis 1586 b und 1609 BGB (vgl. hierzu Rz. 606).

Durch die Verweisung auf § 1577 BGB hat der Gesetzgeber klargestellt, dass der Unterhaltsberechtigte vor einer Inanspruchnahme des Verpflichteten zunächst seinen Vermögensstamm angreifen muss. Die Verwertung des Vermögens kann nur dann nicht verlangt werden, wenn dies unwirtschaftlich oder unter Berücksichtigung der beiderseitigen wirtschaftlichen Verhältnisse unbillig wäre. Aus der Verweisung auf § 1583 BGB ergibt sich, wie unterhaltsrechtlich zu verfahren ist, wenn der Unterhaltsverpflichtete nach Aufhebung einer Lebenspartnerschaft eine neue Lebenspartnerschaft eingeht und für diese die Gütergemeinschaft wählt.

Aus der Verweisung auf § 1585 c BGB in § 16 S. 1 LPartG folgt, dass die Lebenspartner im Gegensatz zum Lebenspartnerschafts- und Getrenntlebensunterhalt während der Partnerschaft (vgl. Rz. 618 und 621) über die Unterhaltspflicht für die Zeit nach der Aufhebung der Lebenspartnerschaft Vereinbarungen treffen können. Der Inhalt einer Unterhaltsvereinbarung (Höhe, Modalitäten, Dauer der Unterhaltspflicht) ist grundsätzlich der Vertragsfreiheit überlassen. Es kann sogar ganz auf den Unterhaltsanspruch verzichtet werden. Ebenso wie bei Ehegatten bildet ihre Grenze die Sittenwidrigkeit gemäß § 138 BGB. Sittenwidrig könnte ein Unterhaltsverzichtsvertrag sein, wenn ein Lebenspartner die Unerfahrenheit oder die besonders schwierige Lage seines Partners dazu ausgenutzt hat, um seine Zustimmung zu einer grob nachteiligen Vereinbarung zu erreichen oder wenn ein Unterhaltsverzicht objektiv zu Lasten Dritter, etwa der Sozialhilfe oder der unterhaltsverpflichteten Verwandten geht und die vertragsschließenden Lebenspartner sich dieser Auswirkungen bewusst waren. Darüber hinaus könnte sich ein ganz oder teilweiser Verzicht auf Unterhaltsansprüche nach der aktuellen Rechtsprechung des BGH zur Inhaltskontrolle von Eheverträgen (vgl. Rz. 679) als unwirksam erweisen, wenn er einen Lebenspartner im Hinblick auf die Einkommens- und Vermögensverhältnisse und den geplanten oder bereits verwirklichten Lebenszuschnitt der Lebenspartner unangemessen benachteiligt. Dies gilt insbesondere, soweit er einen Eingriff in den Kernbereich des »Scheidungsfolgenrechts« der Lebenspartner darstellt. Ernsthafte Zweifel an der Übertragbarkeit der Rechtsprechung zur Inhaltskontrolle der Eheverträge auf die Lebenspartnerschaftsverträge dürften nach der weitgehenden Angleichung des Rechts der Lebenspartnerschaft an das Recht der Ehe nicht mehr bestehen. Zur ihrer Wirksamkeit bedürfen Vereinbarungen über den nachehelichen Unterhalt gemäß § 1585 c BGB seit 01.01.2008 der notariellen Beurkundung, sofern sie nicht in einen gerichtlichen Vergleich aufgenommen werden, § 127 a BGB (vgl. Rz. 608).

cc) Versorgungsausgleich

626 Bei Inkrafttreten des LPartG am 01.08.2001 war ein Versorgungsausgleich gesetzlich nicht vorgesehen. Mit Wirkung vom 01.01.2005 hat der Gesetzgeber die Durchführung des Versorgungsausgleichs als regelmäßige Folge der Aufhebung der Lebenspartnerschaft in § 20 LPartG normiert.

Die Regelung des § 20 Abs. 1 LPartG lehnt sich an die Formulierung in § 1587 BGB (vgl. Rz. 609–612) an. Sie verwendet jedoch statt der dort verwendeten Begriffe »Anwartschaften und Aussichten« den modernen Begriff der »Anrechte«. Dieser findet sich auch im Gesetz zur Regelung von Härten im Versorgungsausgleich. In § 20 Abs. 1 LPartG wird darüber hinaus auf die zu enge Definition der Anrechte durch die Bezugnahme auf § 1587 a Abs. 2 BGB verzichtet. § 20 Abs. 1 LPartG entspricht im Übrigen § 1587 Abs. 1 und 3 BGB. § 20 Abs. 2 LPartG enthält eine Definition der »Lebenspartnerschaftszeit«. Diese lehnt sich an die Bestimmung der Ehezeit in § 1587 BGB an.

Teil D Beurkundungen im Familienrecht

Die Regelung des § 1408 BGB zum Ausschluss des Versorgungsausgleichs in einem Ehevertrag (vgl. Rz. 612) ist für die Lebenspartnerschaft in § 20 Abs. 3 LPartG aufgenommen. Nach dieser Vorschrift können die Lebenspartner in einem Lebenspartnerschaftsvertrag (§ 7 LPartG) durch eine ausdrückliche Vereinbarung den Versorgungsausgleich ausschließen. Ebenso wie bei Ehegatten ist der Ausschluss unwirksam, wenn innerhalb eines Jahres nach Vertragsschluss Antrag auf Aufhebung der Lebenspartnerschaft gestellt wird (vgl. Rz. 612). Unabhängig davon, ist wie bei der Vereinbarung eines Unterhaltsverzichts hinsichtlich des Ausschlusses des Versorgungsausgleichs die aktuelle Rechtsprechung zur Inhaltskontrolle von Eheverträgen zu berücksichtigen. Der BGH zählt den Versorgungsausgleich zum Kernbereich des Scheidungsfolgenrechts. Ein Ausschluss desselben könnte dementsprechend sittenwidrig sein, falls dieser einen Lebenspartner im Zeitpunkt des Vertragsschlusses angesichts der individuellen Verhältnisse der Lebenspartner unangemessen benachteiligt, ohne dass dieser Nachteil durch anderweitige Vorteile gemildert oder durch die besonderen Verhältnisse der Lebenspartner gerechtfertigt wird (vgl. Rz. 679).

Wegen der Einzelheiten des Versorgungsausgleichs verweist § 20 Abs. 4 LPartG auf die entsprechenden Regeln über den Versorgungsausgleich bei Scheidung der Ehe in den §§ 1587a bis § 1587p BGB, das Gesetz zur Regelung von Härten im Versorgungsausgleich mit Ausnahme der §§ 4 bis 6 und 8, das Versorgungsausgleichs-Überleitungsgesetz sowie die Barwert-Verordnung. Aus der Verweisung auf § 1587o BGB folgt, dass die Lebenspartner im Zusammenhang mit einer Aufhebung der Lebenspartnerschaft Vereinbarungen über den Versorgungsausgleich treffen können. Diese bedürfen der notariellen Beurkundung (§ 1587o Abs. 2 S. 1 BGB), sofern sie nicht in einen gerichtlichen Vergleich aufgenommen werden (§ 127a BGB). Die Anhängigkeit eines Verfahrens zur Aufhebung der Lebenspartnerschaft ist nicht Voraussetzung für eine Vereinbarung nach § 1587o BGB. Inhaltlich können die Lebenspartner im Rahmen des § 1587o BGB dieselben Regelungen wie Ehegatten treffen (vgl. Rz. 612). So ist ein vollständiger Ausschluss des Versorgungsausgleiches ebenso wie ein teilweiser Ausschluss oder eine Modifikation, wie z. B. die Vereinbarung einer geringeren Quote, denkbar. Zu beachten ist jedoch, dass jede Vereinbarung nach § 1587o BGB der Genehmigung des Familiengerichts bedarf (§ 1587o Abs. 2 S. 3 BGB). Dieser Genehmigungsvorbehalt, über den vom Notar zu belehren ist, dient dem Schutz eines Lebenspartners vor Übervorteilung. Das Gericht soll seine Zustimmung verweigern, wenn die vereinbarte Leistung nicht zu einer dem Ziel des Versorgungsausgleichs entsprechenden Sicherung des Berechtigten geeignet ist oder zu keinem nach Art und Höhe angemessenen Ausgleich unter den Lebenspartnern führt (§ 1587o Abs. 2 S. 4 BGB).

Die Neueinführung des Versorgungsausgleichs gilt für alle Lebenspartnerschaften, die nach Inkrafttreten des LPartÜbG begründet werden. Durch eine beiderseitig notariell zu beurkundende Erklärung gegenüber dem Amtsgericht konnten aber auch diejenigen Lebenspartner, deren Lebenspartnerschaft vor dem 1.1.2005 begründet worden ist, zur Durchführung des Versorgungsausgleichs optieren (§ 20 Abs. 5 LPartG i. V. m. § 21 Abs. 4 LPartG).

dd) Entscheidung über die gemeinsame Wohnung und über den Hausrat
In einer gerichtlichen Entscheidung über die Aufhebung der Lebenspartnerschaft sind schließlich Regelungen des Gerichts über die gemeinsame Wohnung im Sinne der §§ 17, 18 LPartG bzw. über die Rechtsverhältnisse am Hausrat im Sinne des § 19 LPartG möglich. Diese Fragen können auch Gegenstand einer vorgerichtlichen Trennungsvereinbarung der Lebenspartner sein.   627

j) Übergangsvorschrift zum Gesetz zur Überarbeitung des Lebenspartnerschaftsrechts

Durch die Übergangsvorschrift des § 21 LPartG sollte den zum 1.1.2005 bereits »verpartnerten« Personen die Möglichkeit der Anpassung an das neue Recht gegeben werden.   628
Gemäß § 21 Abs. 1 LPartG gelten für die Lebenspartner, die am 1.1.2005 im Vermögensstand der Ausgleichsgemeinschaft gelebt haben, von diesem Tage an die Vorschriften über den Güterstand der Zugewinngemeinschaft, sofern sie nichts anderes vereinbart haben.
§ 21 Abs. 2 LPartG räumte den Partnern einer am 1.1.2005 bereits bestehenden Lebenspartnerschaft bis zum 31.12.2005 eine (einseitige) Option zur Gütertrennung ein. Diese war gegenüber dem Amtsgericht, in dessen Bezirk die Lebenspartner wohnten, abzugeben und bedufte der notariellen Beurkundung. Sofern die Lebenspartner die Erklärung nicht gemeinsam abgegeben haben, hatte das Amtsgericht sie dem anderen Lebenspartner nach den für die Zustellung von Amts wegen geltenden Vorschriften der ZPO bekannt zu machen.
§ 21 Abs. 3 LPartG erstreckte den Rechtsgedanken des § 21 Abs. 2 LPartG auf die gegenseitige Unterhaltspflicht der Lebenspartner. Jeder Lebenspartner konnte danach bis zum 31.12.2005 einseitig gegenüber dem Amtsgericht erklären, dass unterhaltsrechtlich das bis zum 31.12.2004 geltende Recht weiter angewendet werden soll. Auch diese Erklärung bedufte der notariellen Beurkundung.
Gemäß § 21 Abs. 4 LPartG konnten die Lebenspartner einer vor dem Inkrafttreten der Neuregelung begründeten Lebenspartnerschaft abweichend von der gesetzlichen Regel in § 20 Abs. 5 LPartG bis zum 31.12.2005 gegenüber dem Amtsgericht erklären, dass bei einer Aufhebung ihrer Lebenspartnerschaft ein Versorgungsausgleich nach § 20 LPartG durchgeführt werden soll. Die entsprechende Erklärung war von beiden Lebenspartnern abzugeben und bedufte ebenfalls der notariellen Beurkundung. Die Erklärungen konnten auch in getrennten Urkunden erfolgen. Die Ausübung der Option zur Durchführung des Versorgungsausgleichs hindert die Lebenspartner in der Folgezeit nicht, den Versorgungsausgleich in einem Lebenspartnerschaftsvertrag wieder ganz oder teilweise auszuschließen oder andere zulässige Vereinbarungen darüber zu treffen.

In § 21 Abs. 5 LPartG wird klargestellt, dass anhängige Rechtsstreitigkeiten zwischen Lebenspartnern vorbehaltlich anderweitiger Vereinbarungen nach dem bisherigen Recht zu Ende zu führen sind.

Am 31.12.2010 tritt die Übergangsvorschrift des § 21 LPartG außer Kraft (Art. 7 Abs. 2 LPartÜbG).

k) Internationales Privatrecht

629 Für das internationale Privatrecht der Lebenspartnerschaft enthält Art. 17 b EGBGB (zunächst Art. 17 a EGBGB) eine Spezialregelung. Gemäß Art. 17 b Abs. 1 S. 1 EGBGB unterliegen die Begründung, die allgemeinen und die güterrechtlichen Wirkungen sowie die Auflösung der Lebenspartnerschaft den Sachvorschriften des Staates, in dem die Lebensparter ihre Partnerschaft haben eintragen lassen. Derjenige, der seine Lebenspartnerschaft in Deutschland registrieren lässt, lebt somit in einer Lebenspartnerschaft nach deutschem Recht, gleichgültig, welche Nationalität er besitzt. Der Nachteil dieser Regelung besteht darin, dass die Wirksamkeit der Lebenspartnerschaft auch nur in Deutschland anerkannt wird, und im Heimatstaat, falls dieser das Rechtsinstitut der Lebenspartnerschaft nicht kennt, keine rechtlichen Wirkungen entfaltet (sog. hinkendes Rechtsverhältnis). Auf die unterhaltsrechtlichen und die erbrechtlichen Folgen der Lebenspartnerschaft ist nach Art. 17 b Abs. 1. S. 2 1. HS. EGBGB das nach den allgemeinen Vorschriften maßgebende Recht anzuwenden. Hinsichtlich der Unterhaltspflicht gemäß Art. 18 EGBGB also die Vorschriften, die am gewöhnlichen Aufenthaltsort des Unterhaltsberechtigten gelten. Für das Erbrecht eines ausländischen Staatsangehörigen ist gemäß Art. 25 EGBGB grundsätzlich dessen Rechtsordnung maßgebend. Enthält das ausländische Recht keine gesetzliche Unterhaltsberechtigung oder kein gesetzliches Erbrecht, sind nach Art. 17 b Abs. 1 S. 2 2. HS. EGBGB die Sachvorschriften des Staates, in dem die Lebenspartner registriert sind, maßgeblich.

Haben die gleichgeschlechtlichen Lebenspartner ihre Partnerschaft in verschiedenen Staaten eintragen lassen, ist gemäß Art. 17 b Abs. 3 EGBGB die letzte Registrierung entscheidend. Art. 17 b Abs. 4 EGBGB enthält schließlich eine Beschränkung der Wirkungen der Lebenspartnerschaft nach ausländischem Recht in Deutschland. Die Wirkungen einer im Ausland eingetragenen Lebenspartnerschaft gehen danach nicht weiter als nach den Vorschriften des BGB und des LPartG.

3. Verwandtschaft

630 Die Verwandtschaftsverhältnisse bestimmen zahlreiche Rechtsverhältnisse. So hängen die gesetzlichen Unterhaltspflichten (§§ 1601 ff. BGB) ebenso wie das gesetzliche Erbrecht (§§ 1924 ff. BGB, vgl. Rz. 738–745) von der Verwandtschaft ab. Der Notar unterliegt bei Verwandten einem Mitwirkungsverbot (§ 3 Abs. 1 Nr. 3 BeurkG). Zudem kann sich das Verwandtschaftsverhältnis auf die Geschäftswertberechnung der Notar- und Gerichtskosten auswirken (§ 24 Abs. 3 KostO).

Für die Bestimmung des Begriffs der Verwandtschaft sind im BGB die Vorschriften über die Abstammung (§§ 1589, 1591 ff. BGB), über die Schwägerschaft (§ 1590 BGB) sowie über die Annahme als Kind (§§ 1741 ff. BGB, vgl. Rz. 718–731) maßgeblich.

a) Abstammung

631 § 1589 BGB unterscheidet hinsichtlich der Abstammung zunächst die in gerader Linie und die in Seitenlinie Verwandten.

Personen, deren eine von der anderen abstammt, sind *in gerader Linie* verwandt (§ 1589 S. 1 BGB). Dies sind z. B. *Urgroßmutter, Großmutter, Mutter, Kind, Enkel, Urenkel, usw.*

Demgegenüber sind die Personen, die zwar nicht in gerader Linie verwandt sind, aber von derselben dritten Person abstammen, *in der Seitenlinie verwandt* (§ 1589 S. 2 BGB). Als Beispiele hierfür sind etwa zu nennen *Bruder – Schwester, Neffe – Nichte, usw.*

Darüber hinaus unterscheidet § 1589 S. 3 BGB den Grad der Verwandtschaft nach der Zahl der sie vermittelnden Geburten. So sind z.B. *Eltern und Kinder Verwandte ersten Grades (eine Geburt), Großeltern und Enkel Verwandte zweiten Grades (zwei Geburten), Urgroßeltern und Urenkel Verwandte dritten Grades (drei Geburten), Geschwister Verwandte zweiten Grades (zwei Geburten).*

Zudem kann die Gruppe der in gerader Linie Verwandten in solche der *aufsteigenden Linie* und der *absteigenden Linie* aufgeteilt werden. Die erste Gruppe sind diejenigen, von denen man abstammt. Die zweite Gruppe sind die Verwandten, die von einem abstammen, die so genannte Abkömmlinge.

b) Leibliche Kinder

632 Durch das am 01.07.1998 in Kraft getretene neue Kindschaftsrecht wurden die ehelichen und nichtehelichen Kinder einander rechtlich weitgehend gleichgestellt.

aa) Abstammungsrecht

633 Das BGB enthält in den §§ 1591 bis 1600e BGB ein einheitliches *Abstammungsrecht*.

Neu aufgenommen wurde in § 1591 BGB die Feststellung, dass Mutter eines Kindes die Frau ist, die es geboren hat. Die Probleme, die im Rahmen der modernen Fortpflanzungsmedizin mit einem möglichen Auseinanderfallen von genetischer und biologischer Mutter auftreten könnten, hat der Gesetzgeber somit dahin gelöst, dass rechtlich nur die ein Kind Gebärende als Mutter anzusehen ist.

§ 1592 BGB enthält drei Fallgruppen zur Vaterschaftsbestimmung:

Vater eines Kindes ist zunächst gemäß § 1592 Nr. 1 BGB der Mann, der zum Zeitpunkt der Geburt mit der Mutter des Kindes verheiratet ist. § 1593 BGB und § 1599 Abs. 2 BGB enthalten von dieser *ehebezogenen Zurechnungsregel* Ausnahmen.

Gemäß § 1592 Nr. 2 BGB ist weiterhin derjenige der Vater eines Kindes, der dieses anerkannt hat. Die Voraussetzungen hierfür sind in den §§ 1594 bis 1598 BGB geregelt. Die *Anerkennung* kann gemäß § 1594 Abs. 4 BGB bereits vor der Geburt des Kindes erklärt werden, unter einer Bedingung oder Zeitbestimmung ist sie jedoch unwirksam (§ 1594 Abs. 3 BGB). Ist der Anerkennende beschränkt geschäftsfähig, bedarf er zu seiner Anerkennung der Zustimmung seines gesetzlichen Vertreters (§ 1596 Abs. 1 S. 1 und 2 BGB). Für einen Geschäftsunfähigen kann der gesetzliche Vertreter mit Genehmigung des Vormundschaftsgerichts anerkennen (§ 1596 Abs. 1 S. 3 BGB).

Die Anerkennung bedarf darüber hinaus gemäß § 1595 Abs. 1 BGB der Zustimmung der Mutter. Sofern der Mutter insoweit die elterliche Sorge nicht zusteht, bedarf die Anerkennung auch der Zustimmung des Kindes (§ 1595 Abs. 2 BGB). § 1594 Abs. 3 und 4 BGB gilt hinsichtlich der Zustimmung ebenfalls (§ 1595 Abs. 3 BGB). Ebenso gelten die Sätze 1 bis 3 des § 1596 Abs. 1 BGB für die Zustimmung der Mutter entsprechend (§ 1596 Abs. 1 S. 4 BGB). Ist das Kind geschäftsunfähig oder noch nicht 14 Jahre alt, kann nur sein gesetzlicher Vertreter die Zustimmung erteilen. Im Übrigen kann es nur selbst zustimmen, bedarf hierzu aber wiederum der Zustimmung seines gesetzlichen Vertreters (§ 1596 Abs. 2 BGB).

Der Vater kann seine Anerkennung gemäß § 1597 Abs. 3 BGB widerrufen, wenn sie ein Jahr nach der Beurkundung noch nicht wirksam geworden ist, es also insbesondere an den erforderlichen Zustimmungen fehlt.

Gemäß § 1597 Abs. 1 und 3 BGB müssen Anerkennung, Zustimmung und Widerruf öffentlich beurkundet werden.

634 | **Formulierungsbeispiel für eine Vaterschaftsanerkennung**

Am ... wurde in ... von Frau ..., geboren am ..., wohnhaft ..., das Kind mit dem Namen ... geboren. Die Geburt ist im Geburtsregister des Standesamtes ... unter Nr. ... eingetragen.

Hiermit erkenne ich an, dass ich der Vater des vorgenannten Kindes bin.

Ich wurde darüber belehrt, dass zur Wirksamkeit der Anerkennung die Zustimmung der Mutter erforderlich ist und dass ich die Anerkennung widerrufen kann, wenn sie ein Jahr nach der heutigen Beurkundung noch nicht wirksam geworden ist. Der Notar hat mich weiterhin über die verwandtschaftliche, unterhaltsrechtliche und erbrechtliche Bedeutung der Anerkennung der Vaterschaft belehrt.

635 | **Formulierungsbeispiel für die Zustimmung der Mutter zur Vaterschaftsanerkennung**

In der Urkunde des Notars ... in ... vom ..., UR-Nr. ..., hat Herr ..., geboren am ..., wohnhaft ..., anerkannt, dass er der Vater meines am ... in ... geborenen Kindes ... ist.

Als Mutter gebe ich zu dieser Anerkennung meine Zustimmung.

I. Einführung in das materielle Familienrecht

Bei der Abwicklung entsprechender Anerkennungs-, Zustimmungs- und eventueller Widerrufserklärungen ist zu beachten, dass gemäß § 1597 Abs. 2 und 3 BGB beglaubigte Abschriften der Anerkennung und aller Erklärungen, die für die Wirksamkeit der Anerkennung bedeutsam sind, dem Vater, der Mutter, dem Kind sowie dem Standesbeamten zu übersenden sind. 636

Neben der gesetzlichen Zurechnungsregel und der Anerkennung ist schließlich gemäß § 1592 Nr. 3 BGB derjenige Vater, dessen Vaterschaft nach § 1600 d BGB oder § 640 h ZPO *gerichtlich festgestellt* ist.

Die Vaterschaftseigenschaft ist ausgeschlossen, wenn dies aufgrund einer Anfechtung rechtskräftig festgestellt ist (vgl. hierzu §§ 1599 ff. BGB).

bb) Sorge- und Umgangsrecht

Die Eltern haben gemäß § 1626 Abs. 1 BGB die Pflicht und das Recht, für das minderjährige Kind zu sorgen. 637

aaa) Elterliche Sorge

Die *elterliche Sorge* umfasst die Sorge für die Person des Kindes (*Personensorge*) und das Vermögen des Kindes (*Vermögenssorge*). Gemäß § 1626 Abs. 2 BGB sollen die Eltern bei der Pflege und Erziehung die wachsende Fähigkeit und das wachsende Bedürfnis des Kindes zu selbstständigem, verantwortungsbewusstem Handeln berücksichtigen und mit diesem, soweit möglich, die Fragen der elterlichen Sorge besprechen. § 1627 BGB legt fest, dass die Eltern die elterliche Sorge in eigener Verantwortung und in gegenseitigem Einvernehmen zum Wohle des Kindes auszuüben haben. Bei Meinungsverschiedenheiten müssen sie versuchen, sich zu einigen. Den verheirateten Eltern steht die elterliche Sorge gemeinsam zu. Gleiches gilt, wenn die Eltern zwar bei der Geburt des Kindes nicht miteinander verheiratet waren, aber eine Sorgeerklärung (vgl. Rz. 644) abgeben (§ 1626 a Abs. 1 Nr. 1 BGB) oder später einander heiraten (§ 1626 a Abs. 1 Nr. 2 BGB). Im Übrigen hat die Mutter die elterliche Sorge allein (§ 1626 a Abs. 2 BGB). 638

Einen Kernpunkt der elterlichen Sorge bildet gemäß § 1629 BGB die *gesetzliche Vertretung* des Kindes. Diese ist insbesondere für den Abschluss von Verträgen durch das Kind bedeutsam. So weit das Kind durch den Vertragsabschluss nicht lediglich einen rechtlichen Vorteil erlangt, bedarf es zur Wirksamkeit des Vertrages der Einwilligung bzw. Genehmigung des gesetzlichen Vertreters (§§ 107, 108 BGB). Die sorgeberechtigten Eltern vertreten das Kind insoweit gemeinschaftlich. Diese Vertretungsmacht ist jedoch in einigen Fällen eingeschränkt. So können die Eltern das Kind in den Fällen *nicht* vertreten, in denen ein Vormund von der Vertretung des Kindes ausgeschlossen ist (§ 1629 Abs. 2 BGB). Die einzelnen Ausschlussgründe sind in § 1795 BGB genannt. Liegt ein solcher Fall vor, ist durch das Familiengericht gemäß §§ 1693, 1909 BGB ein Ergänzungspfleger zu bestellen. Dieser kann dann das Kind bei Abschluss des Vertrages vertreten (vgl. Rz. 673).

Darüber hinaus bedürfen die Eltern zu einer Reihe von Rechtsgeschäften der Genehmigung durch das Familiengericht. § 1643 Abs. 1 BGB verweist insoweit auf § 1821 BGB und § 1822 Nr. 1, 3, 5, 8 bis 11 BGB. Für die notarielle

Praxis ist hier insbesondere die Genehmigung nach § 1821 BGB für Grundstücksgeschäfte sowie die Genehmigung nach § 1822 Nr. 1 BGB bedeutsam. Schließlich bestimmt § 1643 Abs. 2 BGB, dass die familiengerichtliche Genehmigung erforderlich ist für die Ausschlagung einer Erbschaft (vgl. Rz. 887) oder eines Vermächtnisses sowie für den Verzicht auf einen Pflichtteil (vgl. Rz. 879). Tritt der Anfall an das Kind erst infolge der Ausschlagung eines Elternteils ein, der das Kind allein oder gemeinsam mit dem anderen Elternteil vertritt, so ist die Genehmigung allerdings nur erforderlich, wenn dieser neben dem Kind berufen war.

Veräußert also etwa ein Kind ein ihm gehörendes Grundstück an einen Dritten, so ist dieses bei Abschluss des notariellen Kaufvertrages durch seine Eltern zu vertreten. Der Kaufvertrag bedarf gemäß §§ 1643 Abs. 1, 1821 Abs. 1 Nr. 1 BGB der Genehmigung des Familiengerichts. Diese kann bereits vor Abschluss des Vertrages erteilt, aber auch erst nach Vertragsschluss eingeholt werden. Bis zum Vorliegen der Genehmigung ist der Vertrag schwebend unwirksam. Gemäß § 1828 BGB kann die Genehmigung nur den Eltern gegenüber erklärt werden. Zu beachten ist dabei, dass nach § 1829 Abs. 1 S. 2 BGB die Genehmigung dem Vertragspartner gegenüber erst wirksam wird, wenn sie diesem durch die Eltern mitgeteilt wird. Insbesondere das Grundbuchamt verlangt daher den Nachweis einer entsprechenden Mitteilung. Um dieses Verfahren abzukürzen und die damit verbundenen Unsicherheiten zu vermeiden, behilft sich die Praxis mit einer Bevollmächtigung des Notars. Dieser wird im Vertrag bevollmächtigt, die Genehmigung des Familiengerichts einzuholen, diese für den gesetzlichen Vertreter entgegenzunehmen, dem Vertragspartner mitzuteilen und schließlich die Mitteilung für den Vertragspartner entgegenzunehmen. Diese Vollmacht des Notars wird auch *Doppelvollmacht* genannt.

639 *Formulierungsbeispiel*
Der gesetzliche Vertreter behält sich die Genehmigung des Familiengerichts vor und beantragt sie hiermit. Er bevollmächtigt den Notar, diese Genehmigung einzuholen, für ihn in Empfang zu nehmen und sie den anderen Vertragsbeteiligten mitzuteilen. Diese wiederum bevollmächtigen den Notar zur Empfangnahme der Mitteilung.

640 Sobald die Genehmigung vorliegt, hat der Notar diese unter Ausnutzung der Vollmacht sich selbst als Vertreter mitzuteilen und die Mitteilung in Empfang zu nehmen. Dies ist, etwa in Form einer Eigenurkunde, zu dokumentieren.

641 *Formulierungsbeispiel*
Die mir als Bevollmächtigtem des gesetzlichen Vertreters zugegangene Genehmigung des Familiengerichts ... vom ..., Az. ..., habe ich heute in dieser Eigenschaft mir selbst als Bevollmächtigtem der anderen Vertragsbeteiligten mitgeteilt und für sie in Empfang genommen.
..., den ...
Notar

I. Einführung in das materielle Familienrecht

Auf eine solche zusätzliche Dokumentation könnte verzichtet werden, sofern die Doppelvollmacht um folgenden Zusatz ergänzt wird: 642
Die Empfangnahme und die Mitteilung der familiengerichtlichen Genehmigung sollen durch Einreichung einer Ausfertigung/beglaubigten Abschrift dieses Vertrages mit einer beglaubigten Abschrift des Genehmigungsbeschlusses zu den Grundakten als bewirkt gelten.
Hierdurch wird die Empfangnahme und Mitteilung der Genehmigung durch Einreichung zu den Grundakten fingiert.
Für die Doppelvollmacht hat der Beschluss des BVerfG vom 18.01.2000 (MittBayNot 2000, 311) zur Frage des rechtlichen Gehörs im Genehmigungsverfahren und der Verfassungswidrigkeit der §§ 55, 62 FGG keine Bedeutung.

bbb) Kleines Sorgerecht gleichgeschlechtlicher Lebenspartner

Gemeinsame Kinder der Partner einer gleichgeschlechtlichen Lebenspartnerschaft sind biologisch ausgeschlossen. Seit dem 01.01.2005 ist jedoch die Stiefkindadoption (§ 9 Abs. 7 LPartG; vgl. Rz. 729) möglich. § 9 Abs. 1 bis 4 LPartG enthält darüber hinaus eine Regelung für einseitige Eltern. Führt der allein sorgeberechtigte Elternteil eine Lebenspartnerschaft, hat sein Lebenspartner nach § 9 Abs. 1 LPartG im Einvernehmen mit dem sorgeberechtigten Elternteil die Befugnis zur Mitentscheidung in Angelegenheiten des täglichen Lebens des Kindes (»kleines Sorgerecht«). § 1629 Abs. 2 S. 1 BGB (vgl. Rz. 638) gilt entsprechend. Bei Gefahr im Verzug ist der Lebenspartner gemäß § 9 Abs. 2 LPartG dazu berechtigt, alle Rechtshandlungen vorzunehmen, die zum Wohl des Kindes notwendig sind; der sorgeberechtigte Elternteil ist unverzüglich zu unterrichten. Das Familiengericht kann gemäß § 9 Abs. 3 LPartG die Befugnisse des anderen Lebenspartners nach § 9 Abs. 1 LPartG einschränken oder ausschließen, wenn dies zum Wohl des Kindes erforderlich ist. Die Befugnisse nach § 9 Abs. 1 LPartG bestehen im Übrigen gemäß § 9 Abs. 4 LPartG nicht, wenn die Lebenspartner nicht nur vorübergehend getrennt leben. 643

ccc) Sorgeerklärung

Bei nicht miteinander verheirateten Eltern steht gemäß § 1626a Abs. 2 BGB die elterliche Sorge grundsätzlich der Mutter allein zu. Abgesehen davon, dass die gemeinsame elterliche Sorge eintritt, wenn die Mutter später den Vater heiratet (§ 1626a Abs. 1 Nr. 2 BGB), ist dies gemäß § 1626a Abs. 1 Nr. 1 BGB auch der Fall, wenn beide Eltern erklären, dass sie die Sorge gemeinsam übernehmen wollen. Diese Erklärung nennt der Gesetzgeber *Sorgeerklärung*. Deren Anforderungen sind in den §§ 1626b bis 1626e BGB geregelt. 644

> **Praxis-Tipp** 645
> Nach Auffassung des BGH (DNotI-Report 2001, 100) ist § 1626a BGB verfassungsgemäß.

Ebenso wie die Vaterschaftsanerkennung (vgl. Rz. 633) ist die Sorgeerklärung unter einer Bedingung oder Zeitbestimmung unwirksam. Sie kann ebenfalls 646 schon vor der Geburt des Kindes abgegeben werden (§ 1626 b Abs. 1 und 2 BGB). Weiter ist zu berücksichtigen, dass die Sorgeerklärung von den Eltern nur selbst abgegeben werden kann (§ 1626 c Abs. 1 BGB). Die Sorgeerklärung eines beschränkt geschäftsfähigen Elternteils bedarf zudem gemäß § 1626 c Abs. 2 S. 1 BGB der Zustimmung seines gesetzlichen Vertreters. Für die Zustimmung gilt § 1626 b Abs. 1 und 2 BGB entsprechend. Das Familiengericht hat die Zustimmung auf Antrag des beschränkt geschäftsfähigen Elternteils zu ersetzen, wenn die Sorgeerklärung dem Wohl dieses Elternteils nicht widerspricht (§ 1626 c Abs. 2 S. 3 BGB). Eine Sorgeerkärung ist allerdings gemäß § 1626 b Abs. 3 BGB unwirksam, soweit eine gerichtliche Entscheidung über die elterliche Sorge nach den §§ 1671, 1672 BGB getroffen oder eine solche Entscheidung nach § 1696 Abs. 1 BGB geändert wurde.

Die Sorgeerklärung und eine eventuelle Zustimmung müssen gemäß § 1626 d Abs. 1 BGB öffentlich beurkundet werden. Nicht zwingend ist, dass die Eltern die Sorgeerklärung in einer Urkunde gemeinsam abgeben. Es reichen inhaltlich gleich lautende Erklärungen der Mutter und des Vaters in verschiedenen Urkunden aus. Der Notar sollte den Eltern jedoch nahe legen, die Sorgeerklärungen gemeinsam abzugeben. Zum Nachweis der gemeinsamen Vertretungsberechtigung reicht dann später die Vorlage einer Ausfertigung der entsprechenden Urkunde aus.

647 *Formulierungsbeispiel*

Wir sind die Eltern des am ... in ... geborenen Kindes ... Wir sind nicht miteinander verheiratet. Der Erschienene hat in der Urkunde des Notars ... in ... vom ..., UR. Nr. ..., die Vaterschaft anerkannt. Die Erschienene hat in der Urkunde des Notars ... in ... vom ..., UR. Nr. ..., dieser Vaterschaftsanerkennung zugestimmt. Eine gerichtliche Entscheidung über die elterliche Sorge nach den §§ 1671, 1672 BGB wurde nicht getroffen oder eine solche Entscheidung nach § 1696 Abs. 1 BGB nicht geändert.

Wir erklären hiermit, dass wir die elterliche Sorge für unser vorgenanntes Kind gemeinsam übernehmen wollen.

Wir wurden vom Notar darüber belehrt, dass wir durch die Sorgeerklärung die Pflicht und das Recht haben, für unser minderjähriges Kind zu sorgen, und dass dies sowohl die Personensorge wie auch die Vermögenssorge umfasst. Wir vertreten unser Kind künftig gemeinschaftlich.

648 Bei der Abwicklung der Sorgeerklärung ist § 1626 d Abs. 2 BGB zu beachten. Danach hat der Notar die Abgabe von Sorgeerklärungen und Zustimmungen unter Angabe des Geburtsorts des Kindes sowie des Namens, den das Kind zur Zeit der Beurkundung seiner Geburt geführt hat, dem nach § 87 c Abs. 6 S. 1 SGB VIII zuständigen Jugendamt zum Zwecke der Auskunftserteilung nach § 58 a SGB VIII unverzüglich mitzuteilen. Es handelt sich hierbei um das für den Geburtsort des Kindes zuständige Jugendamt. Bei Kindern, die im Ausland geboren sind oder deren Geburtsort nicht ermittelt werden kann, ist die Mitteilung an das Jugendamt des Landes Berlin zu richten.

I. Einführung in das materielle Familienrecht

ddd) Einschränkung der elterlichen Vermögenssorge

Die elterliche Vermögenssorge erstreckt sich gemäß § 1626 BGB grundsätzlich auf das gesamte Vermögen des Kindes, also auch dasjenige, was das Kind durch Schenkungen oder von Todes wegen erwirbt. Nach § 1638 Abs. 1 BGB kann allerdings der Zuwendende bei einer unentgeltlichen Zuwendung unter Lebenden oder der Erblasser durch letztwillige Verfügung (vgl. Rz. 849) bestimmen, dass die Eltern eines Minderjährigen das diesem zugewendete Vermögen ganz oder teilweise nicht verwalten sollen. 649

Formulierungsbeispiel 650
Die Eltern meines Enkels schließe ich von der Verwaltung des diesem zugewendeten Gegenstandes aus.

Eine entsprechende Ausschließung ist auch unter Ehegatten selbst möglich, insbesondere nach einer Scheidung. Die Beschränkung kann unter einer Bedingung oder Zeitbestimmung getroffen werden. Gemäß § 1638 Abs. 2 BGB gilt das Surrogationsprinzip; die Ausschließung der Verwaltung betrifft auch Ersatzstücke im zugewendeten Vermögen. 651

Statt einer Beschränkung der Vermögenssorge nach § 1638 BGB kann der Zuwendende durch letztwillige Verfügung (vgl. Rz. 849) oder bei der Zuwendung gemäß § 1639 Abs. 1 BGB für die Eltern Anordnungen hinsichtlich der Verwaltung des zugewendeten Vermögens treffen.

Wird die Verwaltungsbefugnis nur einem Elternteil entzogen, verwaltet der andere gemäß § 1638 Abs. 3 BGB allein. Betrifft die Beschränkung der Vermögenssorge beide Eltern, entsteht verwaltungsfreies Vermögen. Es ist in diesem Fall ein Pfleger nach § 1909 Abs. 1 S. 2 BGB zu bestellen (vgl. Rz. 673). Der Zuwendende hat gemäß § 1917 Abs. 1 BGB hinsichtlich des Pflegers ein Benennungsrecht. Die Eltern sind gemäß § 1909 Abs. 2 BGB dem Vormundschaftsgericht gegenüber zur Anzeige verpflichtet, sofern eine solche Pflegschaft erforderlich ist.

In der Praxis ist zu berücksichtigen, dass bei einer Zuwendung unter Lebenden die Bestimmung nach § 1638 BGB nur zusammen mit der Zuwendung erfolgen kann, also weder vorher noch nachher. Soweit die Beschränkung auf einer letztwilligen Verfügung beruht, kann sie auch in einer anderen Verfügung als derjenigen, die die Anordnung enthält, erfolgen. Hinsichtlich der Beschränkung durch letztwillige Verfügung ist im Einzelfall zu beachten, dass derselbe Erfolg durch Einsetzung eines Testamentsvollstreckers (vgl. hierzu Rz. 843 ff.) erreicht werden kann. Liegt eine Bestimmung nach § 1638 Abs. 1 BGB neben einer Dauertestamentsvollstreckung vor, so nimmt der Pfleger die Rechte des Kindes gegenüber dem Testamentsvollstrecker wahr.

eee) Umgangsrecht

Das früher geltende Recht hat sich im Wesentlichen darauf beschränkt, dem nicht sorgeberechtigten Elternteil ein *Umgangsrecht* mit seinen Kindern einzuräumen. Aufgrund des neu gefassten § 1684 BGB steht nunmehr nicht nur den Eltern, sondern insbesondere auch dem Kind ein gesetzlicher Anspruch 652 auf Umgang mit seinen Eltern zu. Demgegenüber steht die Pflicht der Eltern, den Umgang zu gestatten, selbst zu pflegen und alles zu unterlassen, was das Verhältnis des Kindes zum jeweils anderen Elternteil beeinträchtigt oder die Erziehung erschwert. Darüber hinaus wurde das Umgangsrecht in § 1685 BGB auf die Großeltern, Geschwister und frühere Pflegeeltern erstreckt, sofern der Umgang dem Wohl des Kindes dient.

cc) Namensrecht

653 Das *Namensrecht* ist in den §§ 1616 bis 1618 BGB geregelt. Grundsätzlich erhält das Kind nach § 1616 BGB den Ehenamen seiner Eltern als Geburtsnamen. Führen die Eltern des Kindes keinen Ehenamen, so sollen sie, wenn ihnen die gemeinsame Sorge zusteht, den Namen des Vaters oder den Namen der Mutter als Geburtsnamen des Kindes bestimmen. Damit sind die nichtehelichen Lebenspartner den verheirateten Eltern, die keinen gemeinsamen Familiennamen führen, gleichgestellt. Steht die elterliche Sorge eines nichtehelichen Kindes bei der Geburt nur einem Elternteil zu, so erhält das Kind gemäß § 1617 a Abs. 1 BGB den Namen dieses Elternteils. Der sorgeberechtigte Elternteil kann allerdings dem Kind auch den Namen des anderen Elternteils erteilen, wenn dieser dem zustimmt. Die entsprechenden Erklärungen sind gegenüber dem Standesbeamten abzugeben, sie müssen öffentlich beglaubigt werden (§ 1617 a Abs. 2 BGB).

Weiterhin bietet gemäß § 1617 b Abs. 1 BGB die nachträgliche Begründung einer gemeinsamen Sorge den Eltern die Möglichkeit, den Kindesnamen einvernehmlich neu zu bestimmen und zwar innerhalb von drei Monaten nach Begründung der gemeinsamen Sorge. Erfolgt letzteres durch Abgabe einer Sorgeerklärung der Eltern (vgl. Rz. 644), empfiehlt es sich, die Namensbestimmung direkt in die Sorgeerklärung aufzunehmen.

Schließlich regelt § 1618 BGB die sog. *Einbenennung*. Ein Elternteil, dem die elterliche Sorge für ein unverheiratetes Kind allein oder gemeinsam mit dem anderen Elternteil zusteht, und sein Ehegatte, der nicht Elternteil des Kindes ist, können nach dieser Vorschrift dem Kind, das sie in ihren gemeinsamen Haushalt aufgenommen haben, durch Erklärung gegenüber dem Standesbeamten ihren Ehenamen erteilen. Sie können diesen Namen auch dem von dem Kind zur Zeit der Erklärung geführten Namen voranstellen oder anfügen. Ein etwaig bereits zuvor vorangestellter oder angeführter Ehename entfällt in diesem Fall. Die Einbenennung setzt die Mitwirkung des Ehegatten voraus sowie die Zustimmung des anderen Elternteils, wenn ihm die elterliche Sorge gemeinsam mit dem den Namen erteilenden Elternteil zusteht oder das Kind dessen Namen führt. Die Zustimmung kann gegebenenfalls durch das Familiengericht ersetzt werden, wenn die Einbenennung zum Wohl des Kindes erforderlich ist. Schließlich ist die Einwilligung des Kindes erforderlich, wenn es das fünfte Lebensjahr vollendet hat. Sofern das minderjährige Kind bereits das vierzehnte Lebensjahr vollendet hat, kann es die entsprechende Erklärung nur selbst abgeben, bedarf allerdings insoweit der Zustimmung des gesetzlichen Vertreters (§ 1618 S. 6 BGB i. V. m. § 1617 c Abs. 1

I. Einführung in das materielle Familienrecht

S. 2 BGB). Die für die Einbenennung jeweils erforderlichen Erklärungen sind öffentlich zu beglaubigen (§ 1618 S. 5 BGB).

> **Formulierungsbeispiel** 654
> Wir, Frau ... und Herr ..., haben am ... vor dem Standesbeamten in ... die Ehe geschlossen. Wir erteilen hiermit der nichtehelichen Tochter des Ehemannes, ..., geboren am ... in ..., unseren Ehenamen ...
> Ich, das Kind ..., bin 15 Jahre alt. Ich willige in die Einbenennung ein. Als allein sorgeberechtigte Mutter stimme ich, Frau ..., der Einwilligung meiner Tochter zu.
> Ich, Herr ..., bin der Vater des vorgenannten Kindes. Ich willige in die vorstehende Einbenennung ein.

Die jeweiligen Erklärungen können selbstverständlich auch getrennt abgegeben werden. 655
Der am 01.01.2005 neu in Kraft getretene § 9 Abs. 5 LPartG ermöglicht wie bei Ehegatten die Einbenennung des Kindes eines Lebenspartners. Den Lebenspartnern wird hiermit ermöglicht, eine Namensgleichheit in der Stieffamilie herzustellen. Die für die Einbenennung jeweils erforderlichen Erklärungen sind wie bei Ehegatten öffentlich zu beglaubigen (vgl. § 9 Abs. 5 S. 2 LPartG i. V. m. § 1618 S. 5 BGB).

c) Schwägerschaft

Die Verwandten eines Ehegatten sind mit dem anderen Ehegatten verschwägert. Die Linie und der Grad der Schwägerschaft bestimmen sich nach der Linie und dem Grad der sie vermittelnden Verwandtschaft (§ 1590 Abs. 1 BGB, vgl. Rz. 631). 656

> **Beispiel** 657
> Ehemann und Schwiegermutter sind Verschwägerte ersten Grades in gerader Linie.

Die Schwägerschaft dauert fort, auch wenn die Ehe, durch die sie begründet wurde, aufgelöst ist (§ 1590 Abs. 2 BGB). 658

> **Beispiel**
> Der Schwiegervater bleibt nach der Scheidung seines Sohnes mit der Schwiegertochter verschwägert.

Als sonstige Wirkungen der Lebenspartnerschaft bestimmt § 11 Abs. 1 LPartG, dass ein Lebenspartner grundsätzlich als Familienangehöriger des anderen Lebenspartners gilt. Die Verwandten eines Lebenspartners gelten nach § 11 Abs. 2 LPartG mit dem anderen Lebenspartner als verschwägert. Die Linie und der Grad der Schwägerschaft bestimmen sich ebenfalls nach der Linie und dem Grad der sie vermittelnden Verwandtschaft. Ebenso wie bei Ehegat- 659 ten dauert die Schwägerschaft fort, auch wenn die Lebenspartnerschaft, die sie begründet hat, aufgelöst wurde.

4. Vormundschaft, rechtliche Betreuung und Pflegschaft

660 Das BGB unterscheidet als weiteren Bestandteil des Familienrechts die Vormundschaft, rechtliche Betreuung und Pflegschaft. Während die *Vormundschaft* die allgemeine Fürsorge für Minderjährige umfasst (§§ 1773 bis 1895 BGB), ist unter der *rechtlichen Betreuung* der staatliche Beistand für volljährige, behinderte Personen zu verstehen (§ 31896 bis 1908 k BGB). Die *Pflegschaft* betrifft schließlich die Fürsorge für begrenzte Angelegenheiten (§§ 1909 bis 1921 BGB).

a) Vormundschaft

661 Minderjährige erhalten einen *Vormund*, wenn sie nicht unter elterlicher Sorge stehen oder wenn die Eltern weder in den die Person noch in den das Vermögen betreffenden Angelegenheiten zur Vertretung des Minderjährigen berechtigt sind. Dies ist z. B. der Fall, wenn die elterliche Sorge ruht, weil die Eltern geschäftsunfähig oder beschränkt geschäftsfähig sind (§ 1673 BGB). Weiterhin erhält ein Minderjähriger einen Vormund, wenn sein Familienstand nicht zu ermitteln ist (§ 1773 Abs. 1 und 2 BGB). Das Gesetz nennt den unter Vormundschaft stehenden Minderjährigen auch *Mündel*. Die Vormundschaft wird grundsätzlich durch das Vormundschaftsgericht von Amts wegen angeordnet (§ 1774 BGB). Die Amtsvormundschaft des Jugendamtes tritt jedoch für ein Kind nicht miteinander verheirateter Eltern, das eines Vormunds bedarf, weil etwa die Mutter selbst noch minderjährig ist, kraft Gesetzes ein (§ 1791 Abs. 1 BGB).

Der Vormund hat wie die Eltern eines Kindes, denen die elterliche Sorge obliegt (vgl. Rz. 638), das Recht und die Pflicht, für die Person und das Vermögen des Mündels zu sorgen. Insbesondere ist er gesetzlicher Vertreter des Mündels (§ 1793 BGB). Der Vormund übt seine Aufgabe weitgehend selbstständig aus. Im Interesse des Minderjährigen unterliegt er jedoch der Aufsicht des Vormundschaftsgerichts. Der Gegenstand der Vermögenssorge ist ausführlich gesetzlich geregelt. So hat der Vormund etwa ein Vermögensverzeichnis aufzustellen (§ 1802 BGB), das Geld *mündelsicher* anzulegen (§§ 1806 ff. BGB), Wertpapiere zu hinterlegen (§ 1814 BGB) und dem Vormundschaftsgericht gegenüber regelmäßig Rechnung zu legen (§ 1840 BGB). Von diesen strengen Verpflichtungen kann dem Vormund auf Antrag durch das Vormundschaftsgericht in gewissen Grenzen Befreiung erteilt werden (§ 1817 BGB).

Weiterhin ist zu beachten, dass der Vormund ebenso wie die Eltern in den Fällen des § 1795 BGB von der Vertretung des Minderjährigen ausgeschlossen ist. Auch insoweit ist durch das Vormundschaftsgericht ein Ergänzungspfleger zu bestellen, der das Mündel im konkreten Einzelfall vertritt (vgl. Rz. 673). Schließlich bedarf der Vormund insbesondere in den Fällen der §§ 1821, 1822 BGB der Genehmigung des Vormundschaftsgerichts. Auch hier

I. Einführung in das materielle Familienrecht

ist für die notarielle Praxis die Genehmigungspflicht für Grundstücksgeschäfte nach § 1821 BGB hervorzuheben.

Bei der Vorbereitung einer entsprechenden genehmigungspflichtigen notariellen Urkunde ist darauf zu achten, dass die Doppelvollmacht des Notars für die Entgegennahme und Mitteilung der Genehmigung nicht vergessen wird (vgl. Rz. 638). Darüber hinaus hat der Vormund zum Nachweis seiner Vertretungsberechtigung seine Bestallungsurkunde (§ 1791 BGB) bzw. im Falle der Amtsvormundschaft des Jugendamtes die Bescheinigung nach § 1791 c Abs. 3 BGB vorzulegen. Diese sollten in beglaubigter Abschrift der Urkunde beigefügt werden.

b) Rechtliche Betreuung

Die Voraussetzungen der *rechtlichen Betreuung* sind in § 1896 BGB geregelt. **662** Gemäß § 1896 Abs. 1 S. 1 BGB hat das Vormundschaftsgericht auf Antrag oder von Amts wegen einen Betreuer zu bestellen, wenn ein Volljähriger auf Grund einer psychischen Krankheit oder einer körperlichen, geistigen oder seelischen Behinderung seine Angelegenheiten ganz oder teilweise nicht besorgen kann. § 1896 Abs. 2 S. 1 BGB stellt klar, dass der Betreuer nur für Aufgabenkreise bestellt werden darf, in denen die Betreuung erforderlich ist. Letzteres ist insbesondere nicht der Fall, soweit die Angelegenheiten des Volljährigen durch einen Bevollmächtigten (so genannte **Vorsorgevollmacht**, vgl. Rz. 663) oder durch andere Hilfen, bei denen kein gesetzlicher Vertreter bestellt wird, ebenso gut wie durch einen Betreuer besorgt werden können (§ 1896 Abs. 2 S. 2 BGB). Im Ergebnis soll die Anordnung der Betreuung auf das Notwendigste beschränkt werden. Maßgeblich für den Umfang ist die Art und Schwere der Krankheit bzw. Behinderung im Einzelfall. Danach ist der Aufgabenkreis des Betreuers zu bestimmen.

Grundsätzlich soll das Vormundschaftsgericht, wenn dem das Wohl des Betreuten nicht entgegensteht, diejenige Person zum Betreuer bestellen, die der Volljährige selbst vorschlägt (§ 1897 Abs. 4 BGB). Fehlt ein solcher Vorschlag, ist bei der Auswahl des Betreuer auf die verwandtschaftlichen und sonstigen persönlichen Bindungen des Betreuten Rücksicht zu nehmen (§ 1897 Abs. 5 BGB). Der Betreuer vertritt den Betreuten in seinem Aufgabenkreis gerichtlich und außergerichtlich (§ 1902 BGB). Er hat insoweit die Stellung eines gesetzlichen Vertreters und ist also im Rahmen seines Aufgabenkreises auch zum Abschluss von Verträgen berechtigt.

Gemäß § 1908 i BGB gelten im Bereich der Betreuung weitgehend die Vorschriften des Vormundschaftsrechts entsprechend. Für die notarielle Praxis ist dabei insbesondere von Bedeutung, dass der Betreuer etwa in den Fällen des § 1821 BGB (Grundstücksgeschäfte) der Genehmigung des Vormundschaftsgerichts bedarf. Wie bereits erläutert, erleichtert die Aufnahme einer Doppelvollmacht des Notars (vgl. Rz. 638), etwa in den Grundstückskaufvertrag, die spätere Abwicklung. Weiterhin ist bei der Vorbereitung einer Urkunde, an der ein Betreuer mitwirkt, genau zu überprüfen, ob das jeweilige Rechtsgeschäft überhaupt in den Aufgabenkreis des Betreuers fällt. Dies ist anhand der Bestallungsurkunde festzustellen. Von dieser sollte eine beglaubigte Abschrift der jeweiligen notariellen Urkunde zum Nachweis beigefügt werden.

c) Vorsorgevollmacht

663 Nach § 1896 Abs. 2 S. 2 BGB ist eine Betreuung unter anderem dann nicht erforderlich, wenn der Betroffene seine Angelegenheiten durch einen Bevollmächtigten ebenso gut wie durch einen Betreuer wahrnehmen lassen kann. Ziel dieser Regelung ist es, die Betreuung soweit wie möglich zu vermeiden. Die Praxis hat in Ausfüllung dieser Vorschrift die so genannte *Vorsorgevollmacht* entwickelt. Auch wenn für die Vollmacht an sich Schriftform genügen würde, hat sich die notarielle Beurkundung durchgesetzt. Dies führt letztlich zu einer größeren Akzeptanz und kann Nachweisschwierigkeiten, etwa im Grundbuchverfahren (§ 29 GBO), vermeiden helfen. Im Übrigen braucht eine notariell beurkundete Vollmacht zum Abschluss eines Verbraucherdarlehensvertrages die formalen und inhaltlichen Anforderungen, die gem. § 492 Abs.1 und 2 BGB für den Darlehensvertrag selbst gelten, nicht zu enthalten (§ 492 Abs.4 S. 2 BGB). Zu berücksichtigen ist, dass Bevollmächtigter in diesem Sinne niemand sein darf, der zu den in § 1897 Abs. 3 BGB bezeichneten Personen gehört. Es sind dies insbesondere die Mitarbeiter einer Anstalt, eines Heimes oder sonstigen Einrichtung, in der der Vollmachtgeber untergebracht ist oder wohnt. Da die Vorsorgevollmacht inhaltlich eine Generalvollmacht darstellt, setzt sie eine erhebliche Vertrauensbeziehung zwischen den Beteiligten voraus. Hierauf sollte vor allem der Vollmachtgeber eingehend hingewiesen werden. Darüber hinaus ist zu beachten, dass insbesondere die persönlichen Angelegenheiten, für die die Vollmacht gelten soll, konkret aufgeführt werden. Dies schreibt das Gesetz in § 1904 Abs. 2 BGB für die Einwilligung des Bevollmächtigten in ärztliche Maßnahmen und in § 1906 Abs. 5 BGB für die Unterbringung durch einen Bevollmächtigten bzw. dessen Einwilligung ausdrücklich vor. Darüber hinaus empfiehlt es sich einen Betreuungsvorschlag i. S. d. § 1897 Abs. 4 BGB aufzunehmen, falls die Vorsorgevollmacht im Einzelfall nicht akzeptiert werden sollte.

664 *Formulierungsbeispiel*

§ 1 Generalvollmacht
Ich, der Erschienene, nachfolgend auch »Vollmachtgeber« genannt, erteile hiermit meiner Tochter, Frau ..., geboren am ..., wohnhaft ..., nachfolgend auch »Bevollmächtigte« genannt,
Generalvollmacht,
mich in allen vermögensrechtlichen und persönlichen Angelegenheiten, bei denen eine Stellvertretung gesetzlich zulässig ist, in jeder denkbaren Richtung zu vertreten.
Zweck dieser Vollmacht ist insbesondere die Vermeidung der Anordnung einer Betreuung. Sie soll daher bei Eintritt meiner Geschäftsunfähigkeit nicht erlöschen.

§ 2 Umfang

Die Vollmacht soll als Generalvollmacht in ihrem Umfang unbeschränkt gelten. Ohne dass dies eine Beschränkung der Vollmacht bedeutet, werden nachfolgend beispielhaft einige Angelegenheiten aufgezählt, in denen die Vollmacht insbesondere gelten soll. Es sind dies:

a) Persönliche Angelegenheiten

Die Bevollmächtigte ist zu meiner Vertretung in allen meinen persönlichen Angelegenheiten befugt. Die Vollmacht umfasst insbesondere

- die Befugnis zur Einwilligung in ärztliche Maßnahmen, wie in eine Untersuchung des Gesundheitszustandes, eine Heilbehandlung oder einen ärztlichen Eingriff, selbst dann wenn die begründete Gefahr besteht, dass ich auf Grund der Maßnahme sterbe oder einen schweren und länger dauernden gesundheitlichen Schaden erleide (§ 1904 BGB),
- die Befugnis zu Unterbringungsmaßnahmen im Sinne des § 1906 BGB, also insbesondere eine Unterbringung, die mit Freiheitsentziehung verbunden ist, die sonstige Unterbringung in einer Anstalt, in einem Heim oder einer sonstigen Einrichtung sowie die Vornahme von sonstigen Freiheitsentziehungsmaßnahmen durch mechanische Vorrichtungen, Medikamente oder Ähnliches über einen längeren Zeitraum,
- die Befugnis der Bevollmächtigten, meine Rechte gegenüber Ärzten, Krankenhäusern, Pflegeheimen, usw. wahrzunehmen, alle erforderlichen Auskünfte und Informationen zu verlangen, Einsicht in meine Krankenakten zu nehmen und Entscheidungen über Untersuchungen, Heilbehandlungen und ärztliche Eingriffe zu treffen. Die Betroffenen entbinde ich insoweit von ihrer Verschwiegenheitspflicht.

b) Vermögensangelegenheiten

Die Bevollmächtige ist darüber hinaus zu meiner Vertretung in allen meinen Vermögensangelegenheiten befugt. Die Vollmacht umfasst insbesondere die Befugnis

- alle Rechtshandlungen und Rechtsgeschäfte in meinem Namen vorzunehmen,
- über Vermögensgegenstände jeder Art, einschließlich meiner Bankkonten und Wertpapierdepots zu verfügen,
- Erklärungen aller Art abzugeben und entgegenzunehmen sowie Anträge zu stellen, abzuändern oder zurückzunehmen,
- Zahlungen und Wertgegenstände anzunehmen sowie Verbindlichkeiten einschließlich von Darlehensverträgen in meinem Namen einzugehen,
- mich gegenüber Behörden, Gerichten, Versicherungsgesellschaften und sonstigen Dienststellen im In- und Ausland umfassend zu vertreten,
- geschäftsähnliche Handlungen wie z. B. Mahnungen, Fristsetzungen, Anträge und Mitteilungen abzugeben,
- Grundbesitz zu veräußern oder zu erwerben, Grundpfandrechte einschließlich Zins und Nebenleistungen und sonstige Rechte für beliebige Gläubiger und Berechtigte zu bestellen und die Eintragung im Grundbuch zu bewilligen und zu beantragen, die dingliche Zwangsvollstreckungsunterwerfung zu erklären sowie die Löschung von allen dinglichen Rechten zu erklären und im Grundbuch zu bewilligen.

§ 3 Sonstiges

Die Bevollmächtigte darf in den Vermögensangelegenheiten Untervollmacht erteilen und dabei diese Vollmacht ganz oder zum Teil übertragen. In persönlichen Angelegenheiten ist die Vollmacht nicht übertragbar, Untervollmacht kann insoweit nicht erteilt werden.

Die Bevollmächtigte ist von den Beschränkungen des § 181 BGB befreit, so dass sie befugt ist, Rechtsgeschäfte in meinem Namen mit sich selbst oder als Vertreter eines Dritten vorzunehmen.

Die Vollmacht ist jederzeit widerruflich.

Sollte die Bevollmächtigte versterben, ernenne ich aufschiebend bedingt durch den Tod der Bevollmächtigten als Ersatzbevollmächtigte meine Tochter, Frau ..., geboren am ..., wohnhaft ... Die Ersatzbevollmächtigte hat dieselben Rechte wie die Bevollmächtigte.

Im Innenverhältnis soll von der Vollmacht erst Gebrauch gemacht werden, wenn der Vorsorgefall eintritt, also erst bei meiner Geschäftsunfähigkeit bzw. Betreuungsbedürftigkeit.

Sollte trotz dieser Vollmacht die Anordnung von Betreuung erforderlich werden, wünsche ich die Bevollmächtigte bzw. im Falle ihres Versterbens die Ersatzbevollmächtigte als meine Betreuerin.

§ 4 Ausfertigung

Von dieser Urkunde ist mir eine beglaubigte Abschrift und der Bevollmächtigten eine Ausfertigung zu erteilen.

Der Notar hat auf den Vertrauenscharakter der erteilten Vollmacht sowie darauf hingewiesen, dass die Vollmacht gegenüber Dritten solange weiter gilt, wie die Bevollmächtigte eine Ausfertigung dieser Urkunde in Händen hält.

665 In einigen Bundesländern können Vorsorgevollmachten auf Verlangen der Vollmachtgeber zur Verwahrung an das Amtsgericht abgeliefert werden (vgl. z. B. die Anordnung des Ministeriums der Justiz des Landes Sachsen-Anhalt über die Geschäftliche Behandlung von Betreuungsverfügungen und Vorsorgevollmachten, JMBl. des Landes Sachsen-Anhalt 2000, 103). Hierdurch kann sichergestellt werden, dass das Vormundschaftsgericht von der Vorsorgevollmacht, die im Umfang ihrer Erteilung gemäß § 1896 Abs. 2 S. 2 BGB gegenüber der Einrichtung einer Betreuung vorrangig ist (vgl. Rz. 662), Kenntnis erhält und von der Anordnung einer Betreuung absieht.

Die Bundesnotarkammer hat darüber hinaus Anfang 2003 auf eigene Initiative ein Zentrales Vorsorgeregister eingerichtet. Mit dem Gesetz zur Änderung der Vorschriften über die Anfechtung der Vaterschaft und das Umgangsrecht von Bezugspersonen des Kindes, zur Registrierung von Vorsorgeverfügungen und zur Einführung von Vordrucken für die Vergütung von Berufsbetreuern vom 23.4.2004 (BGBl. I, S. 598) hat der Gesetzgeber das Zentrale Vorsorgeregister der Bundesnotarkammer (ZVR) auf eine neue gesetzliche Grundlage gestellt und dieses für sämtliche Formen von Vorsorgevollmachten geöffnet. Zu diesem Zweck wurden die §§ 78a, 78b und 78c BNotO neu geschaffen. Die am 31.7.2004 in Kraft getretenen Vorschriften verankern die gesetzliche Zu-

I. Einführung in das materielle Familienrecht

ständigkeit der Bundesnotarkammer für die Registrierung von Vorsorgeverfügungen in dem Zentralen Vorsorgeregister. Detailregelungen des Verfahrens bleiben einer Rechtsverordnung vorbehalten. Im Übrigen begründet § 78 b BNotO eine Satzungskompetenz der Bundesnotarkammer im Hinblick auf die anfallenden Gebühren.

Die Vormundschaftsgerichte haben die Möglichkeit, bei Einleitung von Betreuungsverfahren das Vorhandensein von Vorsorgevollmachten abzufragen. Zu diesem Zweck regelt § 78 a Abs. 2 BNotO, dass dem Vormundschaftsgericht auf Ersuchen Auskunft aus dem Register zu erteilen ist. Die Vormundschaftsgerichte erhalten hierdurch die Möglichkeit, Betreuungsverfahren frühzeitig einzustellen, wenn ein Bevollmächtigter die Angelegenheiten des Betroffenen wahrnehmen kann (§ 1896 Abs. 2 S. 2 BGB), bzw. Wünsche des Betroffenen bei der Auswahl des Betreuers zu berücksichtigen.

Durch das Gesetz vom 23.4.2004 wurde weiterhin § 20 a BeurkG neu geschaffen. Diese Vorschrift ist ebenfalls zum 31.7.2004 in Kraft getreten und schreibt vor, dass der Notar, der eine Vorsorgevollmacht beurkundet, auf die Möglichkeit der Registrierung bei dem Zentralen Vorsorgeregister nach § 78 a BNotO hinweisen soll. Wie dieser Hinweis zu erfolgen hat, ist gesetzlich nicht festgelegt. Es empfiehlt sich jedoch eine Dokumentation in der Urkunde.

Formulierungsbeispiel   **666**
Der Notar hat mich auf die Möglichkeit der Registrierung der Vorsorgevollmacht bei dem Zentralen Vorsorgeregister der Bundesnotarkammer hingewiesen.

Für die Mitteilung der Daten des Vollmachtgebers durch den beurkundenden Notar an das Zentrale Vorsorgeregister dürfte eine Befreiung von der Verschwiegenheitspflicht (§ 18 Abs. 2 Hs. 1 BNotO) durch die Beteiligten erforderlich sein. Die entsprechende Erklärung ist nicht beurkundungsbedürftig; ihre Aufnahme in die Urkunde empfiehlt sich aber gleichwohl.   **667**

Formulierungsbeispiel   **668**
Der Erschienene wünscht die Erfassung dieser Urkunde einschließlich der in ihr enthaltenen personenbezogenen Daten im Zentralen Vorsorgeregister der Bundesnotarkammer. Dieses Register dient der Information der mit Betreuungsverfahren befassten Stellen.

Zur Datenerfassung hat die Bundesnotarkammer das folgende Formular entwickelt: **669**

Teil D Beurkundungen im Familienrecht

Muster »Datenformular«

BUNDESNOTARKAMMER
ZENTRALES VORSORGEREGISTER

Datenformular für Notare
Antrag auf Eintragung einer Vorsorgevollmacht

Pflichtangaben sind mit * gekennzeichnet.

N

Daten Notar/Notarin

1 Name*

2 Straße, Hausnummer*

3 Postleitzahl, Ort*

Daten der Vorsorgevollmacht

4 Urkundsdatum*

5 UR-Nr.*

6 Vollmacht zur Erledigung von
- ☐ Vermögensangelegenheiten
- ☐ Angelegenheiten der Gesundheitssorge
  - ☐ Maßnahmen nach § 1904 Abs. 1 Satz 1 BGB ausdrücklich umfasst
- ☐ Angelegenheiten der Aufenthaltsbestimmung
  - ☐ Maßnahmen nach § 1906 Abs. 1 und 4 BGB ausdrücklich umfasst
- ☐ sonstige persönliche Angelegenheiten

7 Vollmacht enthält Anordnungen oder Wünsche
- ☐ für den Fall, dass das Gericht einen Betreuer bestellt (Betreuungsverfügung)
- ☐ hinsichtlich Art und Umfang medizinischer Versorgung (Patientenverfügung)

8 Weitere Angaben

Daten des Vollmachtgebers (für jeden Vollmachtgeber bitte ein eigenes Formular verwenden)

9 Anrede*   ☐ Herr   ☐ Frau   10 Akademischer Grad

11 Familienname*

12 Vornamen*

13 Geburtsname

14 Geburtsort*   15 Geburtsdatum*

16 Straße, Hausnummer*

17 Postleitzahl, Ort*

☐ **Gebührenerhebung direkt beim Vollmachtgeber** (Erhöhung der Eintragungsgebühr um 2,50 € - siehe Anleitung unter VI.)

18 Zahlungsweise (für Eintragungsgebühr)   ☐ Überweisung   ☐ Lastschrift

19 Kontonummer   20 Bankleitzahl

21 Kreditinstitut

22 Kontoinhaber (falls abweichend vom Vollmachtgeber)

Der o.g. Kontoinhaber hat die Bundesnotarkammer - Zentrales Vorsorgeregister - widerruflich ermächtigt, die anfallenden Gebühren von seinem Konto durch Lastschrift einzuziehen (bei Überweisungsverfahren bitte streichen) .

Ich beantrage im Namen des Vollmachtgebers die Eintragung der vorstehenden Daten.

(Ort, Datum)   (Stempel, Unterschrift Notar/Notarin)

Anzahl Zusatzblätter Bevollmächtigter/Betreuer: _____

Zum Zentralen Vorsorgeregister können auch die Daten einer bevollmächtigten oder als Betreuer vorgeschlagenen Person gemeldet werden. Es empfiehlt sich auch in diesen Fällen die Einholung der schriftlichen Einwilligung des Betroffenen. Ob diese nach notariellem Berufsrecht oder Datenschutzrecht zwingend erforderlich ist, ergibt sich aus Rechtsprechung und Literatur bisher nicht eindeutig. Eine entsprechende Erklärung ist im nachfolgenden Zusatzblatt, das von der Bundesnotarkammer entwickelt worden ist, vorgesehen. Ist der Betroffene bei der Beurkundung anwesend, kann das Zusatzblatt unmittelbar unterschrieben und zusammen mit dem Stammblatt übersandt werden. Anderenfalls kann das Zusatzblatt auch separat unterzeichnet und zeitlich nach dem Stammblatt übermittelt werden.

Teil D Beurkundungen im Familienrecht

670 Muster »Zusatzblatt Bevollmächtigte/Betreuer«

BUNDESNOTARKAMMER
ZENTRALES VORSORGEREGISTER

Zusatzblatt Bevollmächtigte/Betreuer für Notare
Antrag auf Eintragung der/des Bevollmächtigten zu einer Vorsorgevollmacht

Mit * gekennzeichnete Felder sind zwingend auszufüllen, wenn Daten eines Bevollmächtigten eingetragen werden sollen.

NZ

1 Name des Vollmachtgebers*

2 Name Notar/Notarin*

3 UR-Nr.*

4 Daten des ☐ Bevollmächtigten ☐ vorgeschlagenen Betreuers

5 Anrede* ☐ Herr ☐ Frau   6 Akademischer Grad

7 Familienname*

8 Vornamen*

9 Geburtsname   10 Geburtsdatum

11 Straße, Hausnummer*

12 Postleitzahl, Ort*

13 Telefon

14 Weitere Angaben (z. B. Verhältnis mehrerer Bevollmächtigter, Beschränkungen der Vollmacht)

Ich - der Bevollmächtigte/vorgeschlagene Betreuer - bin mit der Eintragung meiner Daten einverstanden.

(Ort, Datum)   (Unterschrift des Bevollmächtigten/vorgeschlagenen Betreuers)

15 Daten des ☐ Bevollmächtigten ☐ vorgeschlagenen Betreuers

16 Anrede* ☐ Herr ☐ Frau   17 Akademischer Grad

18 Familienname*

19 Vornamen*

20 Geburtsname   21 Geburtsdatum

22 Straße, Hausnummer*

23 Postleitzahl, Ort*

24 Telefon

25 Weitere Angaben (z. B. Verhältnis mehrerer Bevollmächtigter, Beschränkungen der Vollmacht)

Ich - der Bevollmächtigte/vorgeschlagene Betreuer - bin mit der Eintragung meiner Daten einverstanden.

(Ort, Datum)   (Unterschrift des Bevollmächtigten/vorgeschlagenen Betreuers)

Ich beantrage im Namen des Vollmachtgebers die Eintragung der vorstehenden Daten.

(Ort, Datum)   (Stempel, Unterschrift Notar/Notarin)

I. Einführung in das materielle Familienrecht

Neben der Übersendung der Meldeformulare per Post können die Notare die Meldungen zum Zentralen Vorsorgeregister nach vorheriger Anmeldung auch online vornehmen. Zu diesem Zweck enthält das Programm X-Notar eine ZVR-Funktion (siehe näher www.zvr-online.de).
§ 147 Abs. 4 Ziff. 6 KostO, der ebenfalls durch das Gesetz vom 23.04.2004 neu geschaffen worden ist, stellt klar, dass für Meldungen an das zentrale Vorsorgeregister keine Notargebühren anfallen.

d) Patientenverfügung

Unter einer Patientenverfügung – auch Patiententestament, Patientenbrief, Alterstestament genannt – ist eine schriftliche Anweisung des Patienten an seinen Arzt zu verstehen, durch die der Patient untersagt, unter bestimmten Umständen künstliche lebensverlängernde Maßnahmen trotz Aussichtslosigkeit seiner Lage anzuwenden. Eine derartige Verfügung bietet ein wichtiges Instrument der Altersvorsorge. Sie findet ihre Grundlage im gesundheitsbezogenen Selbstbestimmungsrecht des Art. 2 Abs. 2 S. 2 GG. Die Patientenverfügung richtet sich üblicherweise an die behandelnden Ärzte und soll diese binden. Sie definiert aber stets auch Pflichten des Betreuers (vgl. Rz. 662). Ein Betreuer hat gemäß § 1901 Abs. 2 S. 1 BGB die Angelegenheiten des Betreuten so zu besorgen, wie es dessen Wohl entspricht. Zum Wohl des Betreuten gehört gemäß § 1901 Abs. 2 S. 2 BGB die Möglichkeit, im Rahmen seiner Fähigkeiten sein Leben nach seinen eigenen Wünschen und Vorstellungen zu gestalten. Der Betreuer hat nach § 1901 Abs. 3 S. 1 BGB diesen Wünschen zu entsprechen, soweit es dem Wohl des Betreuten nicht zuwiderläuft und dem Betreuer zuzumuten ist. Dies gilt gemäß § 1901 Abs. 3 S. 2 BGB insbesondere für Wünsche, die der Betreute – z. B. in einer Patientenverfügung – vor der Bestellung des Betreuers geäußert hat, es sei denn, dass er an diesen Wünschen erkennbar nicht festhalten will.

In der Literatur ist der Umfang der Bindungswirkung der Patientenverfügung umstritten. Im wesentlichen herrschen zwei Auffassungen vor. Die eine Ansicht will den Adressaten nicht strikt an den Inhalt der Verfügung binden, sondern dieser lediglich eine bedeutende Indizwirkung für die Ermittlung des Willens des Patienten zuerkennen. Die andere Meinung nimmt demgegenüber eine strikte Bindung an mit der Folge, dass jedes Abweichen des Arztes von der Verfügung den Tatbestand der Körperverletzung erfüllen würde.

In seinem Beschluss vom 17.03.2003 hatte der BGH (NotBZ 2003, 271) Gelegenheit, sich mit der Beachtlichkeit einer Patientenverfügung auseinanderzusetzen. Der BGH betonte ausdrücklich, dass der in einer Patientenverfügung zum Ausdruck kommende Wille des Betroffenen von Betreuern und Vormundschaftsgerichten zu beachten ist. Die Patientenverfügung ersetzt jedoch nicht die Mitwirkung des Betreuers. Dieser hat vielmehr dem Patientenwillen gegenüber Ärzten und Pflegepersonal in eigener rechtlicher Verantwortung und nach Maßgabe des § 1901 BGB Ausdruck und Geltung zu verschaffen. Beabsichtigt der Betreuer, die Patientenverfügung umzusetzen und verweigert er seine Einwilligung in eine ärztlicherseits angebotene lebenser-

671

haltende oder -verlängernde Behandlung, bedarf er hierzu nach Auffassung des BGH allerdings der vormundschaftsgerichtlichen Genehmigung. Darüber hinaus hat der BGH deutlich zum Ausdruck gebracht, dass eine einmal errichtete Patientenverfügung beachtlich bleibt, solange es nicht konkrete Hinweise für eine Willensänderung gibt. Den Betroffenen ist daher nicht mehr zwingend zu empfehlen, »ihre Patientenverfügung« in regelmäßigen Zeitabständen zu aktualisieren, zu erneuern oder zu bestätigen.

Die Patientenverfügung bedarf keiner Form. Empfehlenswert ist aber zumindest die Form der notariellen Unterschriftsbeglaubigung und zweckmäßiger insbesondere im Hinblick auf die Feststellung der Geschäftsfähigkeit des Verfügenden die notarielle Beurkundung.

672 *Formulierungsbeispiel*
Für den Fall, dass ich ohne Aussicht auf Wiedererlangung des Bewusstseins im Koma liege, bitte ich, von lebensverlängernden Maßnahmen und Wiederbelebungsmaßnahmen, insbesondere einer Intensivtherapie, abzusehen, ebenso von Organübertragungen und künstlicher Beatmung, es sei denn, die Maßnahmen dienen nur der Schmerzlinderung. Für diesen Fall bitte ich auch um Schmerzmittel, Narkotika und erleichternde operative Eingriffe, auch wenn sie lebensverkürzend wirken oder zu einer Bewusstseinsausschaltung führen.
Der Bevollmächtigte ist beauftragt und ermächtigt, diesen Wünschen Geltung zu verschaffen.

e) Pflegschaft

673 Die *Pflegschaft* bezieht sich regelmäßig nur auf einzelne Angelegenheiten, in denen aus Sicht des Gesetzgebers ein besonderes Fürsorgeverhältnis besteht. Gemäß § 1915 BGB finden auf die Pflegschaft im Wesentlichen die für die Vormundschaft geltenden Vorschriften Anwendung. Dies bedeutet, dass der Pfleger ebenfalls durch das Vormundschaftsgericht bestellt wird und dessen Kontrolle unterliegt. Ebenso bedarf ein Pfleger für die Geschäfte, für die ein Vormund einer gerichtlichen Genehmigung bedarf, der Genehmigung. Auch hier sollte daher bei der Vertragsgestaltung die Doppelvollmacht des Notars (vgl. Rz. 638) nicht vergessen werden. Auch ist zum Nachweis der Vertretungsmacht der notariellen Urkunde eine beglaubigte Abschrift der Bestallungsurkunde des Pflegers beizufügen.

Das Gesetz unterscheidet mit der Ergänzungspflegschaft, Abwesenheitspflegschaft und Nachlasspflegschaft im Wesentlichen drei Arten der Pflegschaft.

Die *Ergänzungspflegschaft* ist in § 1909 BGB geregelt. Danach erhält derjenige, der unter elterlicher Sorge oder unter Vormundschaft steht, für Angelegenheiten, an deren Besorgung die Eltern oder der Vormund verhindert sind, einen Pfleger. Eine solche Verhinderung liegt zum Beispiel in den Fällen des § 1795 BGB vor, in denen die Eltern und der Vormund von der gesetzlichen Vertretung ausgeschlossen sind. Gemäß § 1909 Abs. 1 S. 2 BGB erhält darüber hinaus derjenige einen Pfleger zur Verwaltung des Vermögens, das er von Todes wegen erwirbt oder das ihm unter Lebenden unentgeltlich zugewendet wird, wenn der Erblasser durch letztwillige Verfügung, der Zuwendende bei der Zuwendung bestimmt hat, dass die Eltern oder der Vormund das Vermögen nicht verwalten sollen.

> **Beispiel** 674
> Der Großvater schenkt seinem Enkel ein Grundstück mit der Maßgabe, dass die Eltern dieses Grundstück nicht verwalten sollen.

Ein abwesender Volljähriger, dessen Aufenthalt unbekannt ist, erhält für seine Vermögensangelegenheiten, soweit sie der Fürsorge bedürfen, einen *Abwesenheitspfleger* (§ 1911 Abs. 1 BGB). Das Gleiche gilt für denjenigen, dessen Aufenthalt zwar bekannt ist, der jedoch an der Rückkehr und Besorgung seiner Vermögensangelegenheiten gehindert ist (§ 1911 Abs. 2 BGB). 675

Schließlich ist in den §§ 1960 bis 1962 BGB die *Nachlasspflegschaft* geregelt. Ein Nachlasspfleger kann bestellt werden, wenn zur Sicherung des Nachlasses ein Bedürfnis besteht, der Erbe unbekannt ist oder ungewiss ist, wer die Erbschaft angenommen hat. Der Nachlasspfleger ist der gesetzliche Vertreter des Erben. Er hat insbesondere den Nachlass zu verwalten. Hierzu kann unter Umständen auch der Verkauf eines Grundstückes gehören. Zu beachten ist, dass für die Nachlasspflegschaft an die Stelle des Vormundschaftsgerichts das Nachlassgericht tritt (§ 1962 BGB). Letzteres hat demzufolge eventuell erforderliche Genehmigungen zu erteilen.

II. Eheverträge

Aus dem Bereich des Familienrechts nimmt insbesondere die Beratung und Beurkundung von Eheverträgen in der notariellen Praxis einen breiten Raum ein. Unter dem Begriff *Ehevertrag* sind nicht nur die vertraglichen Regelungen der Ehegatten über ihre güterrechtlichen Verhältnisse, sondern alle ehebezogenen Vereinbarungen zu verstehen. Den Ehegatten ist in diesem Bereich trotz gesetzlicher Schranken ein großer Gestaltungsspielraum eingeräumt. 676

Zu Beginn eines jeden Ehevertrages sollten in diesem zunächst die bisherigen ehe- und güterrechtlichen Verhältnisse dargestellt werden.

> *Formulierungsbeispiel* 677
> *Die Erschienenen erklärten:*
> *Wir haben am ... vor dem Standesbeamten in ... unter Heiratseintrag Nr. ... die Ehe geschlossen. Wir sind deutsche Staatsangehörige. Wir haben bisher keinen Ehevertrag abgeschlossen und leben daher im gesetzlichen Güterstand der Zugewinngemeinschaft. Aus unserer Ehe sind die gemeinsamen Kinder, ..., geboren am ..., und ..., geboren am ..., hervorgegangen.*

1. Motive für den Abschluss von Eheverträgen

678 Die Motive für den Abschluss von Eheverträgen können vielfältiger Natur sein. So kommt es in der Praxis in einer Vielzahl der Fälle vor, dass die Ehepartner Gütertrennung vereinbaren wollen, weil ein Ehegatte erhebliche Schulden hat und der andere befürchtet, für diese ebenfalls haften zu müssen, oder ein Ehegatte ein berufliches Risiko eingeht, von dem der andere im Falle des Fehlschlags wirtschaftlich nicht betroffen sein soll. Den Beteiligten ist häufig nicht bekannt, dass ein Ehegatte auch im Güterstand der Zugewinngemeinschaft grundsätzlich nicht für die Verbindlichkeiten des anderen haftet (vgl. Rz. 572). Weiter kommt der Wunsch nach ehevertraglichen Regelungen vor, weil etwa ein Ehegatte einseitig künftige Erbschaften bzw. Übergaben erwartet, von denen der andere im Falle der Scheidung nicht profitieren soll. Gleiches gilt, wenn ein Ehegatte an einem Unternehmen beteiligt ist. Auch wird von dem einen oder anderen Ehegatten befürchtet, dass auf ihn im Falle einer Scheidung erdrückende Unterhaltsverpflichtungen zukommen. Diese sollen durch den Ehevertrag verhindert oder zumindest abgemildert werden. Schließlich beabsichtigen Ehegatten bezogen auf eine konkret bevorstehende Scheidung, ihre Verhältnisse einvernehmlich zu regeln.

2. Inhaltskontrolle von Eheverträgen

679 Der Inhalt eines Ehevertrages ist grundsätzlich den Beteiligten überlassen. Er unterliegt der Vertragsfreiheit der Ehepartner. Die Gerichte haben Eheverträge dementsprechend früher regelmäßig für wirksam erachtet und sie lediglich dann gem. § 138 BGB für sittenwidrig gehalten, wenn sie einen Vertrag zu Lasten Dritter (Unterhaltsverzicht zu Lasten des Sozialhilfeträgers) enthielten. Im Übrigen fand eine Kontrolle gem. § 242 BGB (Ausübungskontrolle) lediglich dann statt, wenn auf Kindesbetreuungsunterhalt verzichtet worden war. Verzichtsvereinbarungen auf eventuellen Zugewinnausgleich oder den Versorgungsausgleich waren weder für unwirksam gehalten noch einer Ausübungskontrolle unterworfen worden.

Eine erste Zäsur erfuhr die Rechtsprechung durch ein Urteil des BVerfG vom 06.02.2001 (NotBZ 2001, 140). Das BVerfG hat in diesem Urteil den Verzicht einer vor der Eheschließung Schwangeren auf nachehelichen Ehegattenunterhalt für unwirksam angesehen. Der Ehemann hatte sich in diesem Fall zur Eheschließung nur nach Abschluss eines entsprechenden privatschriftlichen Unterhaltsverzichtsvertrages bereit erklärt und insoweit die Unerfahrenheit und besonders schwierige Lage der Ehefrau dazu ausgenutzt, um ihre Zustimmung zu der grob nachteiligen Vereinbarung zu erreichen. Hinsichtlich eines notariell beurkundeten Unterhaltsverzichts hat das BVerfG in seinem Beschluss vom 29.03.2001 (MittBayNot 2001, 485) eine vergleichbare Entscheidung getroffen.

Infolge dieser Entscheidungen des BVerfG haben die Zivilgerichte Eheverträgen und Scheidungsfolgenvereinbarungen regelmäßig die Geltung versagt, wenn sich die Ehefrau in unterlegener Verhandlungsposition auf eine unan-

II. Eheverträge

gemessene Benachteiligung eingelassen hatte. Eine klare Fallgruppenbildung oder dogmatische Begründung, an der sich auch die Notare hätten orientieren können, blieben die Gerichte jedoch schuldig. Dementsprechend herrschte eine große Uneinheitlichkeit in der Rechtsprechung und Unsicherheit in der Gestaltungspraxis.

Mit seinem Urteil vom 11.02.2004 (NotBZ 2004, 152) hat der BGH Grundsätze zur Kontrolle von Eheverträgen aufgestellt. Auch wenn der BGH zunächst die Vertragsfreiheit stärkt, indem er anerkennt, dass es den Ehegatten grundsätzlich freisteht, die gesetzlichen Regelungen über den Zugewinn, den Versorgungsausgleich und den nachehelichen Unterhalt ehevertraglich auszuschließen, betont er andererseits, dass durch vertragliche Regelungen der Schutzzweck des Scheidungsfolgenrechts nicht beliebig unterlaufen werden darf. Die Grenze ist nach Auffassung des BGH dort zu ziehen, wo die vereinbarte Lastenverteilung der individuellen Gestaltung der ehelichen Lebensverhältnisse in keiner Weise mehr gerecht wird, weil sie evident einseitig ist und dies hinzunehmen für den belasteten Ehegatten bei verständiger Würdigung des Wesens der Ehe unzumutbar erscheint. Der BGH hat insoweit eine Kernbereichslehre mit einer Stufenfolge der Regelungen des Scheidungsfolgenrechts entwickelt. Die Abbedingung gesetzlicher Regelungen bedarf umso mehr der Rechtfertigung desto unmittelbarer der Kernbereich betroffen wird:

- Auf der ersten Stufe steht der Betreuungsunterhalt des § 1570 BGB. Dieser ist für die Mutter und das Kind besonders wichtig, aber nicht zwingend jeglicher ehevertraglichen Disposition (z. B. Dauer und Höhe) entzogen. **680**
- Auf der zweiten Stufe der Abdingbarkeit stehen gemeinsam der Krankheitsunterhalt nach § 1572 BGB, der Unterhalt wegen Alters nach § 1571 BGB und der Versorgungsausgleich. Diese Scheidungsfolgen gehören noch mit zum Kernbereich. Sie sind jedoch eher abdingbar als der Kindesbetreuungsunterhalt.
- Auf der dritten Stufe folgt der Unterhalt wegen Erwerbslosigkeit nach § 1573 BGB,
- auf der vierten Stufe der Krankenvorsorge- und Altersvorsorgeunterhalt nach § 1578 Abs. 2, 3 BGB,
- auf der fünften Stufe der Aufstockungsunterhalt nach § 1573 Abs. 2 BGB sowie der Ausbildungsunterhalt nach § 1575 BGB
- und schließlich auf der sechsten Stufe der Zugewinnausgleich. Der Zugewinnausgleich ist verzichtbar, da er nicht an eine konkrete Bedarfslage anknüpft. Sofern der geschiedene Ehegatte infolge des Ausschlusses des Zugewinnausgleichs bei Scheidung nicht über eigenes Vermögen verfügt und deshalb eine Versorgungslücke auftritt, ist diese in erster Linie unterhaltsrechtlich zu schließen.

Die Wirksamkeitskontrolle von Eheverträgen durch die Gerichte erfolgt angesichts der vorstehenden Rangfolgen nunmehr regelmäßig in zwei Schritten:

- Als erster Schritt ist gem. § 138 Abs. 1 BGB eine Wirksamkeitskontrolle des Ehevertrages anhand einer auf den Zeitpunkt des Vertragsschlusses bezogenen Gesamtwürdigung der individuellen Verhältnisse der Ehegatten vorzunehmen, insbesondere hinsichtlich ihrer Einkommens- und Vermögensverhältnisse und ihres geplanten oder bereits verwirklichten Lebenszuschnitts. Eine Sittenwidrigkeit wird dabei regelmäßig nur in Betracht kommen, wenn durch den Vertrag Regelungen aus dem Kernbereich des gesetzlichen Scheidungsfolgenrechts ganz oder jedenfalls zu erheblichen Teilen abbedungen wurden, ohne dass dieser Nachteil durch anderweitige Vorteile gemildert oder durch die besonderen Verhältnisse der Ehegatten gerechtfertigt wird.

Ergibt diese Prüfung, dass der Ehevertrag ganz oder teilweise unwirksam ist, treten an dessen Stelle die gesetzlichen Regelungen.

Hält das Gericht nach dieser Prüfung den Ehevertrag im Zeitpunkt des Vertragsschlusses für wirksam, ist weiter im

– zweiten Schritt im Wege der Ausübungskontrolle (§ 242 BGB) zu prüfen, ob und inwieweit die Berufung auf den Ausschluss gesetzlicher Scheidungsfolgen angesichts der aktuellen Verhältnisse nunmehr missbräuchlich erscheint und deshalb das Vertrauen des Begünstigten in den Fortbestand des Vertrages nicht mehr schutzwürdig ist.

681 Ist dies der Fall, hat der Richter die Rechtsfolge anzuordnen, die den berechtigten Belangen beider Parteien in ausgewogener Weise Rechnung trägt.

682 Die Folgen dieser Rechtsprechung für die Gestaltung von Eheverträgen werden mittlerweile breit diskutiert. Unstreitig sind – wirksame – Eheverträge weiterhin möglich. Ebenso unstreitig ist, dass bei der Vertragsgestaltung größtmögliche Sorgfalt angebracht ist. Dies gilt sowohl für das Verfahren wie für den Inhalt. Die Motive für Modifikationen der gesetzlichen Scheidungsfolgen und für die konkret gewählten Gestaltungen müssen geklärt, dokumentiert und in geeigneten Fällen auch in die Urkunde aufgenommen werden. Mit der Vereinbarung von Bedingungen (auflösend oder aufschiebend), Rücktrittsrechten oder Auffangregelungen für den Fall, dass die gewünschte Regelung einer richterlichen Kontrolle nicht standhält, wird man in vielen Fällen eine spätere richterliche Vertragsanpassung vermeiden können. Darüber hinaus muss der Notar schon im eigenen Interesse zur Vermeidung etwaiger Haftungsgefahren auf ein ordnungsgemäßes und später nachvollziehbares Verfahren künftig noch mehr Gewicht legen. Kein Ehevertrag sollte ohne Besprechung, Entwurfsfertigung und sofern möglich angemessener Prüfungszeit durch die Parteien stattfinden. Darüber hinaus kommt der Aufklärung und Belehrung der Beteiligten eine besondere Bedeutung zu.

683 *Formulierungsbeispiel*
Der Notar hat abschließend auf die Rechtsprechung zur Inhaltskontrolle bei Eheverträgen hingewiesen und darüber belehrt, dass ein Ehevertrag, der einen Ehegatten in unangemessener Weise benachteiligt, unwirksam sein kann. Eine solche gravierende Benachteiligung eines Vertragspartners liegt insbesondere dann vor, wenn in den Kernbereich des Scheidungsfolgenrechts, insbesondere des

II. Eheverträge

Unterhaltsrechts und der Altersversorgung eingegriffen wird, so dass einer der Partner unangemessen benachteiligt wird.
Hierzu erklären wir, dass wir beide über annähernd gleich hohe Einkommen verfügen und jeder von uns in etwa gleich hohe Rentenanwartschaften erlangt hat.
Der Notar hat uns ferner darauf hingewiesen, dass auch im Falle der nachträglichen Veränderungen unserer Lebensverhältnisse, eine Berufung auf die vorgenannten Vereinbarungen möglicherweise nicht möglich ist.
Der Notar hat uns auf die Möglichkeit hingewiesen, Gegenleistungen für die Abgabe der Verzichtserklärungen zu vereinbaren. Aufgrund unserer ausgewogenen wirtschaftlichen Verhältnisse wünschen wir dies jedoch nicht.
Trotz eingehender Belehrung des Notars über die mit dem vorstehenden Vertrag verbundenen Gefahren bestehen wir auf der sofortigen Beurkundung des vorstehenden Vertrages.

3. Modifikation des gesetzlichen Güterstandes

Ein wesentliches Merkmal des gesetzlichen Güterstandes der Zugewinngemeinschaft bildet der Zugewinnausgleich (vgl. Rz. 584 ff.). Der Zugewinnausgleichsanspruch im Falle der Beendigung der Ehe kann jedoch den individuellen Belangen der Ehegatten nicht immer ausreichend Rechnung tragen. Zu denken ist etwa an Fälle, in denen einer der Ehegatten erhebliche Schulden in die Ehe gebracht hat oder der andere mit erheblichem Einsatz ein wirtschaftlich erfolgreiches Unternehmen führt. Zur Vermeidung der von den Beteiligten mit dem gesetzlichen Zugewinnausgleich empfundenen Ungerechtigkeiten wird häufig an die Vereinbarung von Gütertrennung gedacht. Übersehen wird dabei, dass es auch möglich ist, die Rechtsfolgen der Zugewinngemeinschaft in gewissem Umfang vertraglich zu verändern. Man spricht insoweit von der *modifizierten Zugewinngemeinschaft*. Gegenstand einer entsprechenden Vereinbarung können insbesondere die Regelungen über das Anfangs- und Endvermögen (vgl. Rz. 585), die Ausgleichsquote (vgl. Rz. 585) sowie die Verfügungsbeschränkungen (vgl. Rz. 574) sein. **684**

Sofern eine Modifikation der Zugewinngemeinschaft beabsichtigt ist, sollte zu Beginn des Ehevertrages klargestellt werden, dass mit Ausnahme der Änderungen insgesamt der gesetzliche Güterstand erhalten bleiben soll.

Formulierungsbeispiel **685**
Wir leben im gesetzlichen Güterstand der Zugewinngemeinschaft. Dieser Güterstand soll auch weiterhin gelten. Für den Fall der Beendigung des Güterstandes auf andere Weise als durch Tod, insbesondere durch Scheidung, treffen wir jedoch folgende, von der gesetzlichen Regelung abweichende Vereinbarung.

Die Höhe des Zugewinnausgleichsanspruchs kann durch eine Regelung über das Anfangs- und Endvermögen beeinflusst werden. **686**

Teil D Beurkundungen im Familienrecht

> *Formulierungsbeispiel*
> *Das Anfangsvermögen der Ehefrau wird für den Fall der Durchführung des Zugewinnausgleichs auf EURO ... festgesetzt. Das Endvermögen des Ehemannes wird für den Fall der Durchführung des Zugewinnausgleichs nach oben auf EURO ... begrenzt.*
> *Bei der Ermittlung des Wertes des Anfangs- und Endvermögens des Ehemannes soll das ihm gehörende Einzelhandelsunternehmen ... lediglich mit dem jeweiligen Buchwert und nicht mit dem Verkehrswert angesetzt werden.*

687 Denkbar ist auch, einzelne Vermögensgegenstände ganz aus dem Zugewinnausgleich herauszunehmen.

> *Formulierungsbeispiel*
> *Das Grundstück der Ehefrau, eingetragen beim Amtsgericht ... im Grundbuch von ..., Blatt ..., Flur ..., Flurstück ..., zur Größe von ... qm, umfasst ihr wesentliches anfängliches Vermögen. Dieses Grundstück hat bei der Ermittlung eines Zugewinnausgleiches im Falle der Scheidung der Ehe außer Betracht zu bleiben. Dies gilt ebenfalls für die Erträge des Grundstücks.*

688 Es könnte auch eine andere als die gesetzlich vorgesehene Ausgleichsquote (vgl. Rz. 585) vereinbart werden.

> *Formulierungsbeispiel*
> *Dem Berechtigten eines etwaigen Zugewinnausgleichsanspruchs soll entgegen der gesetzlichen Regelung nicht die Hälfte des Überschusses als Zugewinnausgleichsforderung sondern lediglich 1/3 hiervon zustehen.*

689 Schließlich ist in Fällen, in denen ein Ehegatte unternehmerisch tätig ist, daran zu denken, dass dieser unter Umständen durch die Beschränkungen der §§ 1365, 1369 BGB (vgl. Rz. 574) zu sehr eingeschränkt wird. Im geschäftlichen Interesse könnte es daher ratsam sein, entsprechende Befreiung zu erteilen.

> *Formulierungsbeispiel*
> *Die Ehefrau wird im Interesse eines reibungslosen Funktionierens ihres Unternehmens ... insgesamt von den Beschränkungen der §§ 1365, 1369 BGB befreit.*

690 Selbstverständlich könnte auch beiden Ehegatten eine entsprechende Befreiung erteilt werden.

Neben einer Modifikation kann der Zugewinnausgleich auch vollständig ausgeschlossen werden. Sofern die Ehegatten keine anderweitige Regelung treffen, führt dies jedoch gemäß § 1414 S. 2 BGB zur Gütertrennung. Ist dies nicht gewollt, müsste etwa folgende Formulierung aufgenommen werden:

II. Eheverträge

Formulierungsbeispiel
Wird der Güterstand der Zugewinngemeinschaft auf andere Weise als durch Tod, insbesondere durch Scheidung beendet, soll ein Zugewinnausgleich nicht stattfinden. Als Folge dieses Ausschlusses soll jedoch nicht Gütertrennung eintreten, für unsere Ehe soll vielmehr im Übrigen weiterhin der gesetzliche Güterstand der Zugewinngemeinschaft gelten.

Checkliste zur Modifikation des gesetzlichen Güterstandes 691
✓ Modifizierung der Höhe des Zugewinnausgleichsanspruchs durch Regelung zum Anfangs- und Endvermögen
✓ Herausnahme einzelner Gegenstände aus dem Zugewinnausgleich
✓ Änderung der gesetzlich vorgesehenen Ausgleichsquote
✓ Befreiung von den Beschränkungen der §§ 1365, 1369 BGB

4. Vereinbarung der Gütertrennung

Ehegatten können in einem Ehevertrag ausdrücklich Gütertrennung vereinbaren (vgl. Rz. 592). Sofern sie zuvor im Güterstand der Zugewinngemeinschaft gelebt haben, fällt mit deren Beendigung unter Umständen ein Zugewinnausgleichsanspruch eines Ehegatten an (vgl. Rz. 585). In der Vereinbarung über die Gütertrennung sollte dies nicht übersehen werden. Häufig wird auf diese Ansprüche wechselseitig verzichtet. Eine einfache Gütertrennungsvereinbarung mit Belehrung über die Rechtsfolgen der Gütertrennung (vgl. Rz. 593) könnte wie folgt lauten: 692

Formulierungsbeispiel
Mit sofortiger Wirkung schließen wir den gesetzlichen Güterstand der Zugewinngemeinschaft aus und vereinbaren ebenfalls mit sofortiger Wirkung als ehelichen Güterstand die
Gütertrennung
i. S. d. § 1414 BGB. Ein Verzeichnis der zu unserem jeweiligen Vermögen gehörenden Gegenstände soll einstweilen nicht aufgenommen werden.
Wir sind uns darüber einig, dass Ansprüche auf Zugewinnausgleich nicht begründet worden sind. Rein vorsorglich verzichten wir hiermit wechselseitig auf etwaige Zugewinnausgleichsansprüche gleich aus welchem Rechtsgrund. Mögliche Ausgleichsforderungen erlassen wir uns hiermit wechselseitig.
Über die Rechtsfolgen der Gütertrennung wurden wir durch den amtierenden Notar belehrt, insbesondere über
– den Wegfall des Zugewinnausgleichs,
– die Folgen für das Erbrecht und den Pflichtteil,
– den Wegfall der Beschränkungen der §§ 1365, 1369 BGB.
Wir beantragen die Eintragung der Gütertrennung in das Güterrechtsregister. Der Notar soll unbeschadet seines Rechtes hierzu die Eintragung nur auf besondere schriftliche Anweisung eines von uns veranlassen.

693 Checkliste zur Vereinbarung der Gütertrennung

✓ Regelung zu einem etwaig eingetretenen Zugewinnausgleich
✓ Wegfall des Zugewinnausgleichs für die Zukunft
✓ Änderung der Erb- und Pflichtteilsquoten
✓ Wegfall der Beschränkungen der §§ 1365, 1369 BGB

5. Vereinbarung der Gütergemeinschaft

694 Der Güterstand der Gütergemeinschaft kann ebenso wie die Gütertrennung in einem Ehevertrag vereinbart werden (vgl. Rz. 594). Bei der Vertragsgestaltung sind einerseits die verschiedenen Vermögensmassen (Gesamt-, Vorbehaltsgut) zu berücksichtigen, andererseits ist in Folge der mit der Gütergemeinschaft verbundenen Entstehung gemeinschaftlichen Vermögens der Ehegatten zu beachten, dass etwa erforderliche Grundbuchberichtigungsanträge nicht übersehen werden (vgl. Rz. 598). Der Einfachheit halber sollten diese direkt in den Ehevertrag aufgenommen werden. Eine Vereinbarung über die Begründung der Gütergemeinschaft könnte folgenden Inhalt haben:

Formulierungsbeispiel
Mit sofortiger Wirkung schließen wir den gesetzlichen Güterstand der Zugewinngemeinschaft aus und vereinbaren ebenfalls mit sofortiger Wirkung als ehelichen Güterstand die

Gütergemeinschaft

i. S. d. §§ 1415 ff. BGB.
Das Gesamtgut verwalten wir gemeinschaftlich.
Zum Vorbehaltsgut der Ehefrau erklären wir die folgenden Vermögensgegenstände:
...
Zum Vorbehaltsgut des Ehemannes erklären wir die folgenden Vermögensgegenstände:
...
Im Grundbuch des Amtsgerichts ... von ..., Blatt ... ist der Ehemann als Eigentümer des Grundstückes Flur ..., Flurstück ..., zur Größe von ... qm eingetragen. Wir beantragen hiermit, das Grundbuch dahingehend zu berichtigen, dass wir beide als Eigentümer in Gütergemeinschaft eingetragen werden. Der Notar wird mit dem Vollzug beauftragt. Eine Eintragungsnachricht an den Notar wird erbeten.
Der amtierende Notar hat uns über die Unterschiede zwischen dem gesetzlichen Güterstand der Zugewinngemeinschaft und der Gütergemeinschaft belehrt. Wir wurden insbesondere darauf hingewiesen, dass unser gesamtes Vermögen, soweit wir es nicht ausdrücklich zu Vorbehaltsgut eines einzelnen Ehegatten erklärt haben, in das uns gemeinsam zustehende, gesamthänderisch gebundene Gesamtgut fällt. Weiter wurden wir belehrt, dass die bisher entstandenen Ansprüche auf Zugewinnausgleich untergehen und dass derartige Ansprüche in Zukunft

nicht mehr entstehen. Über die Haftung für die beiderseitigen Schulden im Güterstand der Gütergemeinschaft sind wir ebenfalls hingewiesen worden.
Der Notar hat uns zudem darüber belehrt, dass grundsätzlich keiner von uns einseitig die Aufhebung der Gütergemeinschaft verlangen, sondern jeder nur unter ganz besonderen Voraussetzungen auf Aufhebung der Gütergemeinschaft klagen kann. Wir wollen die einseitige Beendigung der Gütergemeinschaft nicht erleichtern, sondern es insoweit bei der gesetzlichen Regelung belassen. Der Notar hat uns schließlich über die Rechtslage im Falle der Auseinandersetzung des Gesamtguts, vor allem bei der Scheidung unserer Ehe, unterrichtet, insbesondere über das Recht zur Übernahme eingebrachter Sachen nach § 1477 Abs. 2 BGB und den Anspruch eines jeden von uns nach § 1478 BGB auf Ersatz des Wertes dessen, was er in das Gesamtgut eingebracht hat. Auch insoweit wollen wir es bei der gesetzlichen Regelung belassen.
Wir beantragen die Eintragung der Gütergemeinschaft in das Güterrechtsregister. Der Notar soll unbeschadet seines Rechtes hierzu die Eintragung nur auf besondere schriftliche Anweisung eines von uns veranlassen.

Checkliste zur Vereinbarung der Gütergemeinschaft	695

✓ Regelung zu einem etwaig eingetretenen Zugewinnausgleich
✓ Wegfall des Zugewinnausgleichs für die Zukunft
✓ Regelung zum Gesamtgut
✓ Regelung zum Vorbehaltsgut
✓ bei Grundstücken: Grundbuchberichtigung

6. Vereinbarung über den Unterhalt

Als weitere Gestaltungsalternative in einem Ehevertrag kommt eine Regelung über den Unterhalt in Betracht. Da nach den §§ 1360a, 1614 Abs. 1 BGB auf den ehelichen Unterhalt nicht verzichtet werden kann (vgl. Rz. 605), wird sich diese Vereinbarung in einem Ehevertrag, der nicht im Hinblick auf eine konkrete Scheidung abgeschlossen wird, regelmäßig auf den nachehelichen Unterhalt beziehen (vgl. Rz. 606). In besonderem Maße ist hier die aktuelle Rechtsprechung des BGH zur Inhaltskontrolle von Eheverträgen zu berücksichtigen (vgl. Rz. 679) und mit den Beteiligten die Problematik einer eventuellen Unwirksamkeit einer von der gesetzlichen Regelung abweichenden Unterhaltsvereinbarung zu besprechen. Dabei sollte insbesondere beachtet werden, dass sich die Verhältnisse der geschiedenen Ehepartner in der Zukunft ändern könnten. Zu denken ist an Kinder, die im Zeitpunkt des Vertragsschlusses noch nicht geboren waren, an die Arbeitslosigkeit eines der Partner oder eine lang andauernde Krankheit eines Ehegatten. Gerade im Hinblick auf Kinder sollte eine Begrenzung eines vollständigen Unterhaltsverzichts erwogen werden. 696

Teil D Beurkundungen im Familienrecht

Formulierungsbeispiel

Für den Fall, dass unsere Ehe einmal, aus welchen Gründen auch immer, geschieden werden sollte, treffen wir die nachfolgenden Regelungen:

Wir verzichten hiermit ab Rechtskraft der Scheidung wechselseitig auf jedweden nachehelichen Unterhalt einschließlich des Notbedarfs und nehmen diesen Verzicht wechselseitig an.

Die Vereinbarung des wechselseitigen Unterhaltsverzichts erfolgt auflösend bedingt im Hinblick auf die Geburt eines gemeinschaftlichen ehelichen Kindes. Sollte während unserer Ehe ein Kind geboren werden und einer von uns wegen der Kindesbetreuung seine Erwerbstätigkeit ganz oder teilweise aufgeben, so hat er gegenüber dem anderen Ehegatten Anspruch auf Betreuungsunterhalt gemäß § 1570 BGB oder im Übrigen nach den gesetzlichen Vorschriften. Nach Wegfall der Voraussetzungen für den Betreuungsunterhalt soll der wechselseitige Unterhaltsverzicht wieder gelten.

Wir wurden vom amtierenden Notar im Einzelnen über die Folgen dieser Vereinbarung belehrt, insbesondere über das Risiko, dass jeder nach einer Ehescheidung in eigener Verantwortung für den eigenen Unterhalt und die Deckung des Lebensbedarfes gleich unter welchen Umständen auch immer zu sorgen hat. Weiter wurden wir darüber belehrt, dass ein Ehevertrag, in dem ein einkommensloser und nichtvermögender Ehegatte auf nachehelichen Unterhalt mit der Folge verzichtet, der Sozialhilfe anheim zu fallen, wegen Verstoßes gegen die guten Sitten nichtig sein kann. Gleiches gilt für einen Ehevertrag, der einen Ehegatten in unangemessener Weise benachteiligt.

697 Im Hinblick darauf, dass ein zunächst wirksamer Verzicht auf Unterhaltsansprüche in Folge veränderter Lebensumstände der Ehegatten unangemessen werden könnte, ist über dessen Befristung nachzudenken. So ist insbesondere zu erwägen, diesen nur für den Fall einer kurzen Dauer der Ehe zu vereinbaren.

Formulierungsbeispiel

Für den Fall, dass einer von uns innerhalb von 2 Jahren nach Eheschließung einen Antrag auf Scheidung der Ehe stellen sollte, verzichten wir gegenseitig für den Fall der Scheidung unserer Ehe auf alle Unterhaltsansprüche, die uns aufgrund Gesetzes eventuell zustehen könnten.

698 Im Einzelfall kann es sachgerecht sein, Unterhaltsansprüche zeitlich zu begrenzen. Dies gilt insbesondere, wenn ein Ehegatte über ein außerordentlich hohes Einkommen verfügt.

Formulierungsbeispiel

Hinsichtlich des nachehelichen Unterhaltes treffen wir folgende Vereinbarungen: Ein aufgrund Gesetzes bestehender Unterhaltsanspruch wird längstens befristet auf die Dauer von 36 Monaten bei einer Dauer der Ehe zwischen fünf und sieben Jahren, auf die Dauer von 48 Monaten bei einer Dauer der Ehe zwischen sieben und zehn Jahren und auf die Dauer von 60 Monaten bei einer Dauer der Ehe ab 10 Jahren. Im Übrigen verbleibt es bei den gesetzlichen Bestimmungen.

Möglich ist auch die Unterhaltsverpflichtung auf ein bestimmtes Lebensalter zu begrenzen. **699**

Formulierungsbeispiel
Die gesetzliche Unterhaltsverpflichtung erlischt mit Vollendung des ... Lebensjahres des unterhaltsberechtigten (oder: unterhaltsverpflichteten) Ehegatten.

Die Gesichtspunkte, die für eine zeitliche Begrenzung der Unterhaltspflicht sprechen, können ebenso eine betragsmäßige Begrenzung des Unterhaltsanspruchs rechtfertigen. **700**

Formulierungsbeispiel
Für den Fall, dass die Ehefrau nach Scheidung der Ehe nicht selbst für ihren Unterhalt sorgen kann, gilt für ihren Unterhaltsanspruch grundsätzlich die gesetzliche Regelung. Ein sich danach ergebender Unterhaltsanspruch wird jedoch auf höchstens monatlich EURO ... begrenzt. Auf weitergehende Unterhaltsansprüche verzichtet die Ehefrau hiermit gegenüber dem dies annehmenden Ehemann.

Da die vereinbarte Höchstgrenze des Unterhaltsanspruchs in der Regel nach den aktuellen Lebenshaltungskosten festgesetzt wird, ist im Einzelfall an die Vereinbarung einer Wertsicherungsklausel zu denken. **701**

7. Vereinbarung über den Versorgungsausgleich

Hinsichtlich der Vereinbarungen über den Versorgungsausgleich ist einerseits § 1408 Abs. 2 S. 1 BGB und andererseits § 1587 o BGB zu unterscheiden (vgl. Rz. 609–612). Während der Ausschluss des Versorgungsausgleichs nach der ersten Vorschrift im Falle eines Scheidungsantrages innerhalb Jahresfrist unwirksam wird, steht eine Vereinbarung nach § 1587 o BGB im Hinblick auf eine konkrete Scheidung unter dem Genehmigungsvorbehalt des Familiengerichts. Zudem kann im Falle der Unwirksamkeit eines Ausschlusses nach § 1408 BGB dieser nicht in einen solchen nach § 1587 o BGB umgedeutet werden. Hierzu bedarf es einer klarstellenden Vereinbarung. **702**

Bei jeder von der gesetzlichen Regelung zum Versorgungsausgleich abweichenden Vereinbarung ist stets die Rechtsprechung des BGH zur Inhaltskontrolle von Eheverträgen (vgl. hierzu eingehend Rz. 679) zu berücksichtigen. Dies gilt in besonderem Maße für einen vollständigen Ausschluss des Versorgungsausgleichs. Der BGH zählt den Versorgungsausgleich zum Kernbereich des Scheidungsfolgenrechts.

Gemäß § 1414 S. 2 BGB tritt mit dem Ausschluss des Versorgungsausgleichs Gütertrennung ein, sofern sich aus dem Ehevertrag nicht anderes ergibt (vgl. Rz. 594). Ebenso wie im Fall des Ausschlusses des Zugewinnausgleichs müsste also gegebenenfalls eine klarstellende Regelung aufgenommen werden, sofern die Gütertrennung nicht beabsichtigt ist (vgl. Rz. 684).

Ein vollständiger Ausschluss des Versorgungsausgleichs in einem Ehevertrag, in dem auch die Gütertrennung vereinbart wird, könnte wie folgt formuliert werden:

> *Formulierungsbeispiel*
> Den Versorgungsausgleich nach den §§ 1587 ff. BGB schließen wir hiermit gemäß § 1408 Abs. 2 S. 1 BGB aus.
> Über den Versorgungsausgleich wurden wir vom Notar eingehend belehrt. Uns ist bekannt, dass bei Wirksamkeit des vereinbarten Ausschlusses nach Scheidung der Ehe gegenseitige Ansprüche auf Versorgung nicht bestehen. Der Notar hat uns zudem darauf hingewiesen, dass der Ausschluss des Versorgungsausgleichs unwirksam wird, wenn einer der Eheleute innerhalb eines Jahres nach Abschluss der heutigen Vereinbarung Antrag auf Scheidung der Ehe beim Familiengericht einreichen sollte.
> Für den Fall, dass der Ausschluss des Versorgungsausgleichs unwirksam ist oder wird, verbleibt es beim vereinbarten Güterstand der Gütertrennung.

703 Soll der Ausschluss des Versorgungsausgleichs auch im Falle der Unwirksamkeit wegen eines Scheidungsantrages innerhalb der Jahresfrist aufrechterhalten bleiben, empfiehlt sich folgender Zusatz:

> *Formulierungsbeispiel*
> Sollte der vorstehend vereinbarte Ausschluss des Versorgungsausgleichs aufgrund Einreichung eines Scheidungsantrages innerhalb der Jahresfrist unwirksam werden, sind wir uns darüber einig, dass der Ausschluss des Versorgungsausgleichs als solcher nach § 1587 o BGB gelten soll. Der Notar hat uns darüber belehrt, dass der Ausschluss nach § 1587 o BGB der Genehmigung des Familiengerichts bedarf. Diese Genehmigung werden wir gegebenenfalls selbst einholen.

704 Neben dem vollständigen Ausschluss des Versorgungsausgleichs ist auch ein teilweiser Ausschluss oder etwa eine Veränderung der Ausgleichsquote möglich:

> *Formulierungsbeispiele*
> Grundsätzlich soll der gesetzliche Versorgungsausgleich für unsere Ehe für den Fall der Ehescheidung gelten. Der Versorgungsausgleich ist jedoch wechselseitig ausgeschlossen für die Zeiten des Getrenntlebens.
> Der Versorgungsausgleich soll bei Scheidung unserer Ehe nach den gesetzlichen Vorschriften durchgeführt werden. In Abweichung von § 1587 a Abs. 1 S. 2 BGB hat der Ausgleichsberechtigte jedoch nur einen Anspruch auf 1/3 des Wertunterschiedes der Versorgungsanrechte.

705 Die Nachteile, die der Ausschluss des Versorgungsausgleichs für einen Ehegatten haben könnte, lässt sich im Einzelfall durch die Vereinbarung einer Ge-

genleistung, wie z. B. den Abschluss einer Kapitallebensversicherung, kompensieren.

Formulierungsbeispiel
1. *Wir schließen den Versorgungsausgleich im Falle der Scheidung unserer Ehe aus.*
2. *Der Notar hat uns über die Bedeutung des Ausschlusses des Versorgungsausgleichs eingehend belehrt, insbesondere dass ein Ausgleich der in der Ehezeit erworbenen Anwartschaften oder Aussichten auf eine Versorgung wegen Alters oder verminderter Erwerbsfähigkeit, gleich aus welchem Grunde, nach Scheidung unserer Ehe nicht stattfindet. Der Notar hat uns zudem darauf hingewiesen, dass der Ausschluss des Versorgungsausgleichs unwirksam wird, wenn einer der Eheleute innerhalb eines Jahres nach Abschluss der heutigen Vereinbarung Antrag auf Scheidung der Ehe beim Familiengericht einreichen sollte.*
3. *Der Ehemann verpflichtet sich, die zu Gunsten der Ehefrau bei der X-Versicherung abgeschlossene Kapitallebensversicherung über EURO ..., zahlbar beim Tode des Ehemannes, spätestens bei Vollendung des 60. Lebensjahres der Ehefrau, aufrechtzuerhalten und die Beiträge pünktlich zu entrichten.*
Der Ausschluss des Versorgungsausgleichs wird insoweit auflösend bedingt vereinbart. Er wird unwirksam, falls im Zeitpunkt der Scheidung der Ehe die Lebensversicherung mit unwiderruflicher Bezugsberechtigung der Ehefrau nicht mehr besteht oder die fälligen Prämien nicht vollständig gezahlt sind.

Checkliste zum Ehevertrag 706

1. Persönliche Verhältnisse der Beteiligten:

Ehemann:	**Ehefrau:**
Name:	Name:
Geburtsname:	Geburtsname:
Vorname:	Vorname:
Geburtsdatum:	Geburtsdatum:
Geburtsort:	Geburtsort:
Geburtsstandesamt mit Nr.:	Geburtsstandesamt mit Nr.:
Namen der Eltern:	Namen der Eltern:
wohnhaft:	wohnhaft:
Personenstand:	Personenstand:
Tag der Eheschließung:	
Staatsangehörigkeit:	Staatsangehörigkeit:

2. Voreheliche Kinder: ja/nein

Gemeinsame eheliche Kinder: ja/nein

3. Frühere ehevertragliche Vereinbarungen: ja/nein

Frühere Verfügungen von Todes wegen:
ja/nein

4. falls verheiratet, Güterstand:
Zugewinngemeinschaft
Gütertrennung
Gütergemeinschaft

5. Künftige Eheplanung:
a) Güterstand: soll geregelt werden ja/nein
Zugewinngemeinschaft
Gütertrennung
Gütergemeinschaft
oder Güterstandwechsel (von ... zu ...)

Vereinbarungen zum Zugewinn:

1. Vollständiger Ausschluss
2. Ausschluss nur bei Scheidung
3. Herausnahme einzelner Vermögensgegenstände aus dem Zugewinn, und zwar:
4. Verfügungsbeschränkungen der §§ 1365, 1369 BGB ganz oder teilweise ausschließen: ja/nein

Eintragung in das Güterrechtsregister: ja/nein

b) Versorgungsausgleich
Regelung **ja/nein**

– völliger Ausschluss ja/nein
– teilweiser Ausschluss ja/nein

(Was soll ausgeschlossen werden?)

c) Nachehelicher Unterhalt
Regelung **ja/nein**

– Verzicht auf nachehelichen Unterhalt ja/nein
– Verzicht auf einzelne Unterhaltstatbestände (z. B. Kranken- und Altersvorsorgeunterhalt) ja/nein

welche:

– andere Ausgestaltungen:

Beachte: Kein Verzicht auf Getrenntlebensunterhalt möglich!

II. Eheverträge

d) Kindesunterhalt/Sorgerecht
Regelung   ja/nein
und zwar:

e) Verbindung mit einem Erbvertrag   ja/nein

8. Scheidungsfolgenvereinbarung

Die *Scheidungsfolgenvereinbarung* ist eine besondere Form des Ehevertrages. Sie wird von den Eheleuten im Hinblick auf eine konkret beabsichtigte Ehescheidung geschlossen. Sie hat ihre maßgebliche Bedeutung im Bereich der einvernehmlichen Scheidung nach einjährigem Getrenntleben. Gemäß §§ 1565, 1566 BGB kann eine Ehe geschieden werden, wenn die Ehegatten seit einem Jahr getrennt leben und beide die Scheidung beantragen oder der Antragsgegner der Scheidung zustimmt. § 630 Abs. 1 Nr. 2 ZPO setzt weiterhin eine übereinstimmende Erklärung der Ehegatten voraus, dass Anträge zur Übertragung der elterlichen Sorge oder eines Teils der elterlichen Sorge für die Kinder auf einen Elternteil und zur Regelung des Umgangs der Eltern mit ihren Kindern nicht gestellt werden, weil sich die Ehegatten über das Fortbestehen der Sorge und über den Umgang einig sind. Eine solche Einigung kann Gegenstand einer Scheidungsfolgenvereinbarung sein. Wird eine gerichtliche Entscheidung gewünscht, sind entsprechende Anträge mit Zustimmung des anderen Ehegatten erforderlich. Darüber hinaus ist gemäß § 630 Abs. 1 Nr. 3 ZPO eine Einigung der Ehegatten über die Regelung der Unterhaltspflicht gegenüber einem Kind, die durch die Ehe begründete gesetzliche Unterhaltspflicht sowie die Rechtsverhältnisse an der Ehewohnung und Hausrat erforderlich. Das Gericht soll nach § 630 Abs. 3 ZPO dem Scheidungsantrag erst stattgeben, wenn die Ehegatten über die zuletzt genannten Punkte einen vollstreckbaren Schuldtitel herbeigeführt haben. Dies kann durch eine Zwangsvollstreckungsunterwerfung in der notariellen Urkunde erreicht werden (§ 794 Abs. 1 Nr. 5 ZPO).

707

Unter Berücksichtigung dieser prozessualen Voraussetzungen können in einer Scheidungsfolgenvereinbarung insbesondere die folgenden Punkte Gegenstand einer Regelung sein: Güterstand (vgl. Rz. 568–602), Versorgungsausgleich (vgl. Rz. 609–612), Unterhalt der Kinder und Ehegatten (vgl. Rz. 604–608), elterliche Sorge und Umgangsrecht, Auseinandersetzung insbesondere hinsichtlich Ehewohnung und Hausrat aber etwa auch hinsichtlich von Grundstücken und sonstigen Vermögenswerten, Zuordnung von Verbindlichkeiten, Erb- und Pflichtteilsverzicht (vgl. Rz. 879). Da die Scheidungsfolgenvereinbarung im Hinblick auf eine beabsichtigte Scheidung geschlossen wird, ist zusätzlich ein Vorbehalt aufzunehmen, wenn sie z. B. für den Fall einer Versöhnung der Ehegatten nicht gelten soll. Andernfalls sollte vereinbart werden, dass die Scheidung nicht Bedingung der Vereinbarung ist.

Die Grundsätze des BGH zur Inhaltskontrolle von Eheverträgen (vgl. hierzu eingehend Rz. 679) dürfen auch bei der Gestaltung einer Scheidungsfolgenvereinbarung nicht außer Acht gelassen werden.

708 Checkliste zur Scheidungsfolgenvereinbarung

1. Persönliche Verhältnisse der Beteiligten:

Ehemann:	Ehefrau:
Name:	Name:
Geburtsname:	Geburtsname:
Vorname:	Vorname:
Geburtsdatum:	Geburtsdatum:
Geburtsort:	Geburtsort:
Geburtsstandesamt mit Nr.:	Geburtsstandesamt mit Nr.:
Namen der Eltern:	Namen der Eltern:
wohnhaft:	wohnhaft:

Tag der Eheschließung:
Staatsangehörigkeit: Staatsangehörigkeit:
Güterstand: Zugewinngemeinschaft/
Gütertrennung/Gütergemeinschaft
Leben die Ehegatten getrennt?   ja/nein
Seit wann?
Ist bereits ein Scheidungsantrag
gestellt?   ja/nein
(Gericht: ... Az. ...)
Soll der Antrag gestellt werden?   ja/nein
Liegen bereits ein Ehevertrag oder
andere Vereinbarungen vor?   ja/nein

2. Gemeinsame Kinder
Namen:
Geburtsdaten:
Sorgerechtsregelung   ja/nein
Vater/Mutter/gemeinsam
Umgangsrecht   ja/nein
Wie soll das Recht gestaltet werden?
Unterhaltsregelung   ja/nein
Wie und wie viel soll gezahlt werden?

3. Eheliche Wohnung
Regelung   ja/nein
Vorschlag der Beteiligten:
Eigentumsverhältnisse:
Mietrechtliche Verhältnisse:
Lasten der ehelichen Wohnung:

II. Eheverträge

4. Hausrat
Regelung ja/nein
Vorschlag der Beteiligten:
(ggf. Liste zur Aufteilung der Hausratsgegenstände)

5. Unterhalt
Regelung ja/nein
Vorschlag der Beteiligten:

6. Vermögensrechtliche Auseinandersetzung
Regelung ja/nein
Vorschlag der Beteiligten:

7. Versorgungsausgleich
Regelung ja/nein
– völliger Ausschluss ja/nein
– teilweiser Ausschluss ja/nein
(Was soll ausgeschlossen werden?)
– Durchführung des Versorgungs-
ausgleichs ja/nein
(Welche Regelung?)

8. Erbrechtliche Verhältnisse
Regelung ja/nein
Liegen letztwillige Verfügungen
oder ein Erbvertrag vor? ja/nein
Sollen wechselseitige Erb- oder
Pflichtteilsverzichte vereinbart
werden? ja/nein

Formulierungsbeispiel 709
Vorbemerkung
Wir haben am ... vor dem Standesbeamten in ... unter Heiratseintrag Nr. ... die Ehe geschlossen. Wir sind deutsche Staatsangehörige. Wir haben bisher keinen Ehevertrag abgeschlossen und leben daher im gesetzlichen Güterstand der Zugewinngemeinschaft. Aus unserer Ehe ist das gemeinsame Kind ..., geboren am ..., hervorgegangen.
Wir leben seit dem ... getrennt und wollen uns nach Ablauf des Trennungsjahres scheiden lassen. Der Scheidungsantrag ist bei Gericht noch nicht gestellt. Wir sind uns darüber einig, dass der Antrag auf Ehescheidung von dem Ehemann gestellt wird. Die Ehefrau wird der Scheidung zustimmen.
Wir sind uns weiter darüber einig, dass der nachfolgende Vertrag nur für den Fall der rechtskräftigen Ehescheidung in dem anstehenden Verfahren gelten soll. Die Vereinbarung soll also unwirksam werden, wenn die Ehe in diesem Verfahren nicht rechtskräftig geschieden werden sollte.

Dies vorausgeschickt, vereinbaren wir Folgendes:

§ 1 Gütertrennung

Mit sofortiger Wirkung schließen wir den gesetzlichen Güterstand der Zugewinngemeinschaft aus und vereinbaren ebenfalls mit sofortiger Wirkung als ehelichen Güterstand die Gütertrennung i. S. d. § 1414 BGB.

Über die Rechtsfolgen der Gütertrennung wurden wir durch den amtierenden Notar belehrt, insbesondere über
– den Wegfall des Zugewinnausgleichs,
– die Folgen für das Erbrecht und den Pflichtteil,
– den Wegfall der Beschränkungen der §§ 1365, 1369 BGB.

Wir beantragen die Eintragung der Gütertrennung in das Güterrechtsregister.
Der Notar soll die Eintragung herbeiführen.

Im Hinblick auf den durch die Aufhebung des bisherigen Güterstandes der Zugewinngemeinschaft entstandenen Zugewinnausgleichsanspruch wird Folgendes vereinbart:

Zur Abgeltung des entstandenen Zugewinnausgleichsanspruchs der Ehefrau verpflichtet sich der Ehemann zur Zahlung eines einmaligen Geldbetrages in Höhe von

... EUR
(in Worten: ... Euro).

Dieser Betrag ist am ... zur Zahlung fällig und bis dahin unverzinslich. Gerät der Ehemann mit der Zahlung in Verzug, hat er die gesetzlichen Verzugszinsen zu zahlen.

Der Ehemann unterwirft sich wegen der Zahlung des vorgenannten Betrages – ohne Zinsen – der Ehefrau gegenüber der sofortigen Zwangsvollstreckung aus dieser Urkunde. Der Ehefrau kann nach Eintritt der Fälligkeit auf deren Antrag ohne den Nachweis weiterer Tatsachen eine vollstreckbare Ausfertigung dieser Urkunde erteilt werden.

§ 2 Ausschluss des Versorgungsausgleiches

Wir schließen hiermit den Versorgungsausgleich für unsere Ehe vollständig aus. Uns ist bekannt, dass bei Wirksamkeit des vereinbarten Ausschlusses nach Scheidung der Ehe gegenseitige Ansprüche auf Versorgung nicht bestehen. Der Notar hat uns darüber belehrt, dass der Ausschluss nach § 1587 o BGB der Genehmigung des Familiengerichts bedarf. Diese Genehmigung werden wir gegebenenfalls selbst einholen.

Im Hinblick auf diese Genehmigung erklären wir, dass keiner von uns hinsichtlich des Erwerbs von Versorgungsanwartschaften ehebedingte Nachteile erlitten hat. Wir waren während der Ehe beide berufstätig und haben annähernd gleich hohe Versorgungsanwartschaften erworben.

§ 3 Unterhaltsvereinbarung

Der Ehemann verpflichtet sich hiermit, in Ausgestaltung der gesetzlichen Unterhaltspflicht an die Ehefrau monatlich einen nachehelichen Unterhaltsbetrag von EURO ... zu zahlen und zwar monatlich im Voraus bis zum ersten Werktag eines Monats, beginnend ab dem Monat, in dem unsere Ehe rechtskräftig geschieden wird. Diese Zahlungsverpflichtung übernimmt der Ehemann nur insoweit,

als sich unter Zugrundelegung der gesetzlichen und sonstigen Vorschriften eine Unterhaltsverpflichtung ergibt.
Bei der Bemessung des Unterhalts sind die Beteiligten von derzeitigen monatlichen Nettoeinkünften aus Berufstätigkeit ausgegangen, die beim Ehemann EURO ... und bei der Ehefrau EURO ... betragen.
Die Beteiligten behalten sich vor, eine Anpassung der Unterhaltsverpflichtungen gemäß dieser Urkunde und der Rechtslage zu fordern, wenn sich unter Zugrundelegung der maßgeblichen Rechtslage eine Änderung des Unterhaltsanspruchs der Ehefrau ergeben würde.
Wegen der vorgenannten Unterhaltsverpflichtung unterwirft sich der Ehemann der sofortigen Zwangsvollstreckung aus dieser Urkunde in sein gesamtes Vermögen. Der amtierende Notar wird angewiesen, der Ehefrau auf deren einseitigen Antrag jederzeit eine vollstreckbare Ausfertigung der heutigen Urkunde zu erteilen, ohne dass diese den Eintritt der Umstände nachweisen muss, von denen die Entstehung, die Fälligkeit oder sonst die Geltendmachung der Forderung abhängig ist.
Der Notar hat die Beteiligten darauf hingewiesen, dass er die Höhe des Unterhaltsanspruchs nicht geprüft hat. Er wies ferner auf die Wirkungen der Zwangsvollstreckungsunterwerfung hin.

§ 4 Kindesunterhalt

Der Ehemann verpflichtet sich, ab sofort an seinen Sohn ..., einen jeweils bis zum 1. Tag eines Monats fälligen Unterhaltsbetrag von EURO ... zu zahlen. Das monatliche Kindergeld bezieht die Mutter. Es bleibt ohne Anrechnung.
Diese Vereinbarung erfolgt ausdrücklich als Vertrag zwischen den Eltern zugunsten des Kindes gemäß § 328 Abs. 1 BGB. Das Kind erhält hiermit einen eigenen Unterhaltsanspruch.
Wegen der vorgenannten Verpflichtung zur Zahlung des Kindesunterhaltes unterwirft sich der Ehemann der sofortigen Zwangsvollstreckung aus dieser Urkunde in sein gesamtes Vermögen. Eine vollstreckbare Urkunde kann ohne Nachweis der die Vollstreckbarkeit begründenden Tatsachen erteilt werden.

§ 5 Sorgerecht, Umgangsrecht

Unser Kind soll von der Mutter betreut werden. Wir sind uns jedoch darüber einig, dass wir auch im Falle einer rechtskräftigen Scheidung unserer Ehe die elterliche Sorge für unser Kind ... gemeinsam ausüben wollen.
Wir sind uns weiter darüber einig, dass das Umgangsrecht des Vaters großzügig gehandhabt werden soll. Auf eine zeitliche Bestimmung verzichten wir. Hierfür soll bis auf weiteres eine mündliche bzw. telefonische Absprache ausreichend sein.

§ 6 Hausrat

Wir stellen fest, dass der gesamte Hausrat geteilt ist und wechselseitige Ansprüche insoweit nicht mehr bestehen.

§ 7 Haftungsfreistellung

Der Ehemann ist Inhaber des Einzelhandelsunternehmens ...
Die Ehefrau ist in Zusammenhang mit dem Geschäftsbetrieb für Leasingverträge des Ehemannes die nachfolgenden persönlichen Bürgschaften eingegangen:
(Gesellschaft, Vertragsnummer, Raten, Laufzeit)

Die Erschienenen sind sich darüber einig, dass das Gesamtbürgschaftsrisiko der Ehefrau für Verbindlichkeiten des Ehemannes aus den vorgenannten Bürgschaftsverträgen EURO ... beträgt.

Der Ehemann verpflichtet sich, in Verhandlungen mit den Gläubigern dafür Sorge zu tragen, dass die Ehefrau aus der persönlichen Haftung für die vorgenannten Bürgschaften entlassen wird. Sollte dies nicht gelingen, ist er verpflichtet, die Ehefrau im Innenverhältnis von jeglicher Inanspruchnahme der Gläubiger freizustellen. Unabhängig vom Nachweis eines tatsächlich höheren Freistellungsanspruches der Ehefrau gegenüber dem Ehemann aus der vorstehenden Regelung verpflichtet sich der Ehemann, um dem Bestimmtheitserfordernis zu genügen, zur Zahlung einer Pauschale von

EURO ...
(in Worten: EURO ...)

an die Ehefrau.

Dies gilt als abstraktes Schuldversprechen (§ 780 BGB) zur Sicherung des vorgenannten Freistellungsanspruches.

In Höhe des Betrages von EURO ... unterwirft sich der Ehemann der Ehefrau gegenüber der sofortigen Zwangsvollstreckung aus dieser Urkunde in sein gesamtes Vermögen. Eine insoweit vollstreckbare Ausfertigung dieser Urkunde ist der Ehefrau vom Notar ohne weitere Nachweise zu erteilen.

§ 8 Erb- und Pflichtteilsverzicht

Wir verzichten hiermit wechselseitig auf unser Erb- und Pflichtteilsrecht und nehmen den Verzicht wechselseitig an.

Der Notar hat uns darüber belehrt, dass durch diesen Verzicht der jeweils Verzichtende von der gesetzlichen Erbfolge ausgeschlossen ist und er auch keinen Pflichtteilsanspruch hat.

§ 9 Hinweise

Der Notar hat abschließend auf die Rechtsprechung zur Inhaltskontrolle bei Eheverträgen hingewiesen und darüber belehrt, dass ein Ehevertrag, der einen Ehegatten in unangemessener Weise benachteiligt, unwirksam sein kann. Trotz Belehrung bestanden die Beteiligten auf Beurkundung in der vorstehenden Form.

9. Eheverträge bei Beteiligung von Ausländern

710 Eheverträge mit der Beteiligung von Ausländern werfen besondere Probleme hinsichtlich des für die Ehe- und güterrechtlichen Wirkungen geltenden Rechts auf. Art. 14 Abs. 3 und 4 EGBGB sowie Art. 15 Abs. 2 EGBGB räumen den Ehegatten insoweit die *Möglichkeit der Rechtswahl* ein. Die Rechtswahl muss nach Art. 14 Abs. 4 und Art. 15 Abs. 3 EGBGB notariell beurkundet werden. Der deutsche Notar dürfte gut beraten sein, wenn er den Eheleuten nahe legt, sich für das deutsche Recht zu entscheiden. Da ihm regelmäßig Kenntnisse des ausländischen Rechts fehlen, kann er nur so eine ausreichende Belehrung sicherstellen. Zu beachten ist allerdings, dass die Frage der Anerkennung der Rechtswahl im Heimatland eine Sache des dortigen Rechts ist. Es besteht also die Gefahr, dass die Wahl deutschen Rechts im Ausland nicht anerkannt wird. Hierüber ist zu belehren.

II. Eheverträge

Formulierungsbeispiel
Für die güterrechtlichen Wirkungen unserer Ehe wählen wir mit Wirkung ab ... das deutsche Recht. Diese Rechtswahl soll nach Möglichkeit auch im Heimatland des Ehemannes gelten.
Der Notar hat die Erschienenen darauf hingewiesen, dass er ohne weitere Ermittlungen und Gutachten nicht klären kann, ob die Wahl deutschen Rechts im Ausland anerkannt wird. Gleichwohl bestanden die Erschienenen auf sofortiger Beurkundung.

Durch die Rechtswahl wird der Weg in das deutsche Recht eröffnet. Dies bedeutet, dass die Ehegatten z. B. den gesetzlichen Güterstand modifizieren oder einen vertraglichen Güterstand wählen können. **711**

10. Abwicklung der Eheverträge

Bei der Abwicklung von Eheverträgen sind einerseits die Benachrichtigungspflichten des Notars in Nachlasssachen und anderseits die Eintragung im Güterrechtsregister zu berücksichtigen. **712**

a) Benachrichtigung in Nachlasssachen

Der Notar ist verpflichtet, sämtliche Beurkundungen, die er vornimmt und die Einfluss auf die Erbfolge haben können – mit Ausnahme der Testamente und Erbverträge, die in die besondere amtliche Verwahrung zu verbringen sind bzw. verbracht werden (vgl. Rz. 778 und 786) – dem Standesamt des Geburtsortes des Erblassers bzw., wenn der Erblasser außerhalb Deutschland geboren ist, der Hauptkartei für Testamente beim Amtsgericht Schöneberg in Berlin anzuzeigen. Dies gilt auch für Eheverträge, sofern durch ihren Inhalt die Erbfolge geändert wird. Die Benachrichtigungspflicht des Notars ist ausdrücklich in § 20 Abs. 2 DONot geregelt. **713**

Eine entsprechende Auswirkung auf die Erbfolge tritt immer bei Änderung des Güterstandes auf, also etwa bei Vereinbarung bzw. Eintritt der Gütertrennung wegen des Ausschlusses des Zugewinns oder des Versorgungsausgleichs, der Vereinbarung der Gütergemeinschaft oder der Wahl deutschen Rechts für die güterrechtlichen Wirkungen der Ehe bei Beteiligung von Ausländern. Wird dagegen lediglich der gesetzliche Güterstand modifiziert, hat eine Benachrichtigung nicht zu erfolgen.

Für die Benachrichtigung sind die hierfür vorgesehenen, im Fachhandel erhältlichen hellgelben Benachrichtigungskarten bzw. für die Benachrichtigung der Hauptkartei für Testamente bei dem Amtsgericht Berlin-Schöneberg der Vordruck im Format DIN A4 zu verwenden. Auf den Karten bzw. dem Vordruck ist neben den Personalien des Erblassers der Tag der Beurkundung sowie die Urkundenrollen-Nr. zu vermerken (vgl. Rz. 789). Für jeden Ehegatten hat eine eigene Benachrichtigung zu erfolgen. Eine Abschrift des Benachrichtigungsschreibens ist bei der Urkunde aufzubewahren; sie sollte mit dieser verbunden werden (§ 20 Abs. 2 S. 2 DONot).

Nach Eintritt des Erbfalles benachrichtigt das Standesamt den Notar. Dieser hat sodann dem Nachlassgericht eine beglaubigte Abschrift der Urkunde zu übersenden (§ 20 Abs. 3 S. 2 DONot).

b) Güterrechtsregister

714 Die Vorschriften über das *Güterrechtsregister* finden sich in den §§ 1558 ff. BGB. Das Güterrechtsregister wird beim Amtsgericht geführt. Die Eintragungen sind bei jedem Amtsgericht vorzunehmen, in dessen Bezirk auch nur einer der Ehegatten seinen gewöhnlichen Aufenthalt hat (§ 1558 Abs. 1 BGB).

In das Güterrechtsregister können ausschließlich güterrechtliche Vereinbarungen der Ehegatten eingetragen werden, die Auswirkungen auf die Rechtsbeziehung der Ehegatten zu Dritten haben. Es sind dies insbesondere die Vereinbarung der Gütertrennung (vgl. Rz. 592) oder Gütergemeinschaft (vgl. Rz. 595) sowie die jeweilige Aufhebung dieser Güterstände, wenn sie zuvor in das Güterrechtsregister eingetragen worden sind. Weiterhin eintragungsfähig ist die Vereinbarung der Ehegatten über eine Befreiung von den Beschränkungen der §§ 1365, 1369 BGB (vgl. Rz. 574).

Die Eintragung erfolgt gemäß § 1560 BGB nur auf Antrag. Dieser ist in öffentlich beglaubigter Form zu stellen. Der entsprechende Eintragungsantrag sollte daher stets in den Ehevertrag aufgenommen werden (vgl. Rz. 692 u. 694). Die Ehegatten sind allerdings nicht verpflichtet, eine Eintragung zu bewirken. Der Ehevertrag ist auch ohne Eintragung wirksam.

Die Einsicht in das Güterrechtsregister ist jedem gestattet (§ 1563 S. 1 BGB). Eine Eintragung im Güterrechtsregister bewirkt, dass ein Dritter die eingetragenen Tatsachen gegen sich gelten lassen muss, selbst wenn er sie nicht kennt. In der Praxis wird die Eintragung in das Güterrechtsregister von den Ehegatten jedoch nur in seltenen Fällen gewünscht.

III. Lebenspartnerschaftsvertrag

715 Der Lebenspartnerschaftsvertrag der gleichgeschlechtlichen Lebenspartner entspricht hinsichtlich seiner Formanforderungen dem Ehevertrag (vgl. Rz. 594). Er muss gemäß § 7 S. 2 LPartG i. V. m. § 1410 BGB bei gleichzeitiger Anwesenheit beider Lebenspartner zur Niederschrift eines Notars geschlossen werden. Die §§ 1409 bis 1593 BGB gelten nach § 7 S. 3 LPartG entsprechend. Ebenso wie ein Ehevertrag kann auch ein Lebenspartnerschaftsvertrag bereits vor der Begründung der Lebenspartnerschaft beurkundet werden.

Gegenstand des Lebenspartnerschaftsvertrages bildet die Regelung der wirtschaftlichen Verhältnisse der Lebenspartner. In der Praxis sind die gleichgeschlechtlichen Lebenspartner häufig Doppelverdiener. Diese werden sich nicht selten für den Güterstand der Gütertrennung (vgl. hierzu Rz. 592) entscheiden. Der Vorteil der Gütertrennung besteht darin, dass beide Lebenspartner in vermögensrechtlicher Hinsicht so behandelt werden, als ob sie

III. Lebenspartnerschaftsvertrag

miteinander keine Lebenspartnerschaft begründet haben. Der wesentliche Nachteil der Gütertrennung besteht darin, dass der Lebenspartner am Vermögenszuwachs des anderen im Falle der Aufhebung der Partnerschaft nicht beteiligt wird. Ein Zugewinnausgleich findet nicht statt (vgl. Rz. 593). Auch erhöhen sich beim Güterstand der Gütertrennung die Pflichtteilsansprüche etwaiger Pflichtteilsberechtigter (zum Erb- und Pflichtteilsrecht siehe Rz. 750 und 800).

Formulierungsbeispiel
I. Vorbemerkung
Wir beabsichtigen am ... vor ... in ... die eingetragene Lebenspartnerschaft zu begründen. Wir sind beide deutsche Staatsangehörige. Wir haben bisher keinen Lebenspartnerschaftsvertrag abgeschlossen. Wir haben keine Kinder.

II. Lebenspartnerschaftsvertrag
§ 1 Vereinbarung der Gütertrennung
Vom Zeitpunkt der Begründung der Lebenspartnerschaft an vereinbaren wir für unsere wirtschaftlichen Verhältnisse den Güterstand der

Gütertrennung.

Wir schließen dementsprechend die Durchführung des Zugewinnausgleichs ausdrücklich aus.
Ein Verzeichnis der zu unserem jeweiligen Vermögen gehörenden Gegenstände soll einstweilen nicht aufgenommen werden.
Über die Rechtsfolgen der Gütertrennung wurden wir durch den amtierenden Notar belehrt, insbesondere über
– den Wegfall des Überschussausgleichs,
– die Folgen für das Erbrecht und den Pflichtteil,
– den Wegfall der Beschränkungen der §§ 1365, 1369 BGB.
Eine Eintragung der Gütertrennung in das Güterrechtsregister wünschen wir ausdrücklich nicht.
§ 2 Zuwendungen zwischen den Lebenspartnern
Für unsere Lebenspartnerschaft stellen wir unabhängig vom heute oder in Zukunft geltenden Güterstand klar, dass Zuwendungen jeglicher Art zwischen uns, gleich aus welchem Rechtsgrund und gleich zu welchem Zeitpunkt, nur zurückverlangt werden können, wenn dies bei der Zuwendung schriftlich vereinbart wurde. Eine spätere abweichende Vereinbarung bedarf der Form des Lebenspartnerschaftsvertrages.
§ 3 Nachpartnerschaftlicher Unterhalt, Versorgungsausgleich
Hinsichtlich des nachpartnerschaftlichen Unterhalts und des Versorgungsausgleiches soll es bei der gesetzlichen Regelung verbleiben.

> ### III. Schlussbestimmungen
> *§ 1 Salvatorische Klausel*
> *Sollten einzelne Bestimmungen dieser Urkunde unwirksam sein oder werden, so soll die Wirksamkeit der übrigen Bestimmungen dadurch nicht berührt werden. Die Vertragsteile verpflichten sich, an Stelle der unwirksamen Bestimmungen eine wirksame Vereinbarung zu treffen, die dem beabsichtigten Zweck möglichst nahe kommt.*
> *§ 2 Kosten, Abschriften*
> *Wir tragen die Kosten dieser Urkunde und ersuchen um Erteilung je einer Ausfertigung.*
> *Der Wert unseres gemeinsamen Reinvermögens beträgt ... EURO.*

716 Modifizierungen des Güterstandes der Zugewinngemeinschaft in einem Lebenspartnerschaftsvertrag sind – ebenso wie bei Ehegatten – nicht ausgeschlossen. Denkbar sind vielmehr dieselben Modifizierungen, die bei der Zugewinngemeinschaft der Ehegatten möglich sind (vgl. Rz. 684).

Hinsichtlich der Benachrichtigung in Nachlasssachen gelten die Bestimmungen zu den Eheverträgen entsprechend (vgl. Rz. 713).

717

Checkliste zum Lebenspartnerschaftsvertrag

- ✓ Vereinbarung zum Güterstand
- ✓ Zugewinngemeinschaft
- ✓ Gütertrennung
- ✓ Gütergemeinschaft
- ✓ Befreiung von den Beschränkungen der §§ 1365, 1369 BGB
- ✓ Bestimmung des Lebenspartnerschaftsnamens
- ✓ Vereinbarung zum Lebenspartnerschaftsunterhalt
- ✓ Vereinbarungen zum Versorgungsausgleich

IV. Annahme als Kind

718 Die Annahme als Kind, auch *Adoption* genannt, ist in erster Linie ein Mittel der Fürsorge für elternlose und verlassene Kinder, denen die Möglichkeit gegeben werden soll, in einer harmonischen Familie aufzuwachsen. Das Gesetz unterscheidet zwischen der Annahme eines Minderjährigen (§§ 1741 bis 1766 BGB) und der Annahme eines Volljährigen (§§ 1767 bis 1772 BGB). Während die erste Gruppe den Regelfall bildet, ist die Volljährigenadoption mit schwächeren Wirkungen verbunden.

IV. Annahme als Kind

1. Minderjährigenadoption

719 Die Annahme eines Minderjährigen als Kind wird durch das Vormundschaftsgericht auf Antrag des Annehmenden ausgesprochen (§ 1752 Abs. 1 BGB). In der Regel soll dies erst erfolgen, wenn der Annehmende das Kind eine angemessene Zeit über in Pflege gehabt hat. Der Gesetzgeber nennt dies *Probezeit* (§ 1744 BGB). Gemäß § 1741 Abs. 1 S. 1 BGB ist die Annahme als Kind nur zulässig, wenn sie dem Wohl des Kindes dient und zu erwarten ist, dass zwischen dem Annehmenden und dem Kind ein Eltern-Kind-Verhältnis entsteht. Hierfür reicht allein der Wunsch der Eltern oder des Kindes nicht aus. Eine entsprechende Prognose muss vielmehr unter subjektiven und objektiven Gesichtspunkten gerechtfertigt sein. Um dies zu beurteilen, hat das Gericht unter anderem eine gutachterliche Stellungnahme des Jugendamtes einzuholen (§ 56 d FGG).

Die einzelnen Annahmeformen sind in § 1741 Abs. 2 BGB geregelt. Danach kann ein Nichtverheirateter ein Kind nur allein und ein Ehepaar dieses nur gemeinschaftlich annehmen. Weiter kann ein Ehegatte ein Kind seines Ehegatten allein annehmen. Schließlich kann ein Kind allein angenommen werden, wenn der andere Ehegatte das Kind nicht annehmen kann, weil er selbst geschäftsunfähig ist oder das 21. Lebensjahr noch nicht vollendet hat.

Die an die Annehmenden zu stellenden Alterserfordernisse ergeben sich im Einzelnen aus § 1743 BGB. Die Annehmenden müssen mindestens 25 Jahre alt sein, zum Teil genügt auch ein Alter von 21 Jahren. Ein Höchstalter kennt das Gesetz nicht. Das Mindestalter des Kindes ergibt sich aus § 1747 Abs. 2 S. 1 BGB. Es beträgt 8 Wochen.

a) Wirkungen

720 Die Annahme eines Minderjährigen begründet drei Rechtsfolgen:

– Der Minderjährige erhält die rechtliche Stellung eines Kindes (§ 1754 BGB) mit allen sich daraus ergebenden Rechtsfolgen bis hin zum Unterhalts- und Erbrecht. Nimmt ein Ehepaar ein Kind oder ein Ehegatte ein Kind des anderen Ehegatten an, so erlangt das Kind die rechtliche Stellung eines gemeinschaftlichen Kindes (§ 1754 Abs. 1 BGB), in den übrigen Fällen erlangt es die rechtliche Stellung eines Kindes des Annehmenden (§ 1754 Abs. 2 BGB). Die elterliche Sorge (vgl. Rz. 638) steht in den zuerst genannten Fällen den Ehegatten gemeinsam zu, im Übrigen dem Annehmenden (§ 1754 Abs. 3 BGB).
– Weiterhin erlöschen gemäß § 1755 Abs. 1 S. 1 BGB mit der Annahme das Verwandtschaftsverhältnis des Kindes und seiner Abkömmlinge zu den bisherigen Verwandten und die sich aus ihm ergebenden Rechte und Pflichten, also ebenfalls einschließlich Unterhalts- und Erbrecht. Nimmt ein Ehegatte das Kind seines Ehegatten an, so tritt das Erlöschen nur im Verhältnis zu dem anderen Elternteil und Verwandten ein. Ausnahmen von dem Erlöschen der bisherigen Verwandtschaftsverhältnisse enthält § 1756 BGB für die Verwandtenadoption und nach dem Tod eines Elternteils.

Teil D Beurkundungen im Familienrecht

– Das Kind erhält schließlich gemäß § 1757 Abs. 1 S. 1 BGB grundsätzlich als Geburtsnamen den Familiennamen des Annehmenden.

b) Erklärungen

721 Die Annahme als Kind setzt zunächst einen Antrag des Annehmenden voraus. Dieser kann nicht unter einer Bedingung oder einer Zeitbestimmung oder durch einen Vertreter gestellt werden. Er bedarf der notariellen Beurkundung (§ 1752 Abs. 2 BGB). Im Hinblick auf § 1753 Abs. 2 BGB sollte zudem der Notar mit der Einreichung des Antrages beim Vormundschaftsgericht betraut werden.

722 *Formulierungsbeispiel*
Wir sind deutsche Staatsangehörige. Wir haben am ... vor dem Standesbeamten in ... unter Heiratseintrag Nr. ... die Ehe geschlossen. Wir sind kinderlos.
Wir wollen den am ... in ... geborenen ... (Geburtseintrag Nr. ... beim Standesamt ...) als gemeinschaftliches Kind annehmen und beantragen daher beim zuständigen Vormundschaftsgericht auszusprechen:
Das am ... in ... geborene Kind ... wird von den Eheleuten ... als gemeinschaftliches Kind angenommen. Das Kind erhält als Geburtsnamen den Namen ...
Das Kind befindet sich bei uns seit dem ... in Pflege.
Für den Fall des Todes eines von uns oder beider wird der beurkundende Notar mit der Einreichung des Antrages auf Annahme als Kind beim zuständigen Vormundschaftsgericht betraut (§ 1753 Abs. 2 BGB).
Wir wurden vom Notar darauf hingewiesen, dass das Kind mit dem Ausspruch der Annahme als Kind die rechtliche Stellung eines gemeinschaftlichen ehelichen Kindes erlangt mit allen Folgen für Unterhalt und Erbrecht.

723 Zur Annahme ist gemäß § 1746 BGB die Einwilligung des Kindes erforderlich. Für ein geschäftsunfähiges oder noch nicht vierzehn Jahre altes Kind kann nur sein gesetzlicher Vertreter die Einwilligung erteilen. Gesetzlicher Vertreter ist häufig das Jugendamt als Amtsvormund (vgl. Rz. 661). Im Übrigen kann das Kind die Einwilligung nur selbst erteilen, bedarf hierzu allerdings der Zustimmung seines gesetzlichen Vertreters. Im Falle einer Amtsvormundschaft könnte bei einem unter 14 Jahre alten Kind die Einwilligungserklärung folgenden Inhalt haben:

Formulierungsbeispiel
Das Jugendamt ... ist Vormund des am ... in geborenen Kindes ... Die Geburt des Kindes ist unter Nr. ... des Standesamtes in ... beurkundet. Der Erschienene ist mit der Ausübung der vormundschaftlichen Obliegenheiten für das vorgenannte Kind betraut. Die Vormundschaft wird beim Amtsgericht ... unter dem Aktenzeichen ... geführt.
Ich, der Erschienene, willige hiermit namens des von mir vertretenen Kindes in die Annahme als Kind durch die Eheleute ... ein. Ich gebe diese Einwilligungs-

erklärung gegenüber dem zuständigen Vormundschaftsgericht ab. Mir ist bekannt, dass meine Einwilligungserklärung mit dem Zugang an das Vormundschaftsgericht unwiderruflich wird.

Weiterhin bedarf es der Einwilligung der Eltern des Kindes in die Annahme (§ 1747 BGB). Hinsichtlich des nicht mit der Mutter verheirateten Vaters enthält § 1747 Abs. 3 BGB insoweit einige spezielle Regelungen. Gegebenenfalls kann die Einwilligung eines Elternteils gemäß § 1748 BGB durch das Vormundschaftsgericht ersetzt werden. Mit Zugang der Einwilligung beim Vormundschaftsgericht treten die Wirkungen des § 1751 BGB ein. 724

Formulierungsbeispiel
Ich gebe hiermit als Mutter/Vater des Kindes ..., geboren am ... in ..., meine Einwilligung dazu, dass das Kind durch die Eheleute ... als gemeinschaftliches Kind angenommen wird. Ich gebe diese Einwilligungserklärung gegenüber dem zuständigen Vormundschaftsgericht ab. Mir ist bekannt, dass meine Einwilligungserklärung mit dem Zugang an das Vormundschaftsgericht unwiderruflich wird. Ich wurde darauf hingewiesen, dass mit dem Zugang meiner Einwilligung bei dem Vormundschaftsgericht meine elterliche Sorge ruht, die Befugnis, mit dem Kind persönlich umzugehen, nicht ausgeübt werden darf und von diesem Zeitpunkt an das Jugendamt Vormund wird.

Als letzte Gruppe der zur Einwilligung Berufenen kommen eventuelle Ehegatten in Betracht. Gemäß § 1749 Abs. 1 BGB ist zur Annahme eines Kindes durch einen Ehegatten allein die Einwilligung des anderen Ehegatten erforderlich. Ist der Anzunehmende verheiratet, ist schließlich gemäß § 1749 Abs. 2 BGB die Einwilligung seines Ehegatten notwendig. 725

Die Einwilligungserklärungen nach den §§ 1746, 1747 und 1749 BGB bedürfen sämtlichst der notariellen Beurkundung (§ 1750 Abs. 2 S. 1 BGB). Die jeweiligen Einwilligungen werden mit Zugang beim Vormundschaftsgericht wirksam (§ 1750 Abs. 1 S. 3). Sie sind wie der Antrag bedingungsfeindlich und können nicht unter einer Zeitbestimmung erteilt werden.

2. Volljährigenadoption

Die Annahme Volljähriger ist der Adoption Minderjähriger nachgebildet. Es finden daher gemäß § 1767 Abs. 2 BGB die Vorschriften über die Annahme Minderjähriger entsprechende Anwendung, sofern die §§ 1767 bis 1772 BGB keine speziellen Regelungen enthalten. Unterschiede bestehen z. B. darin, dass bei der Annahme Volljähriger keine Probezeit erforderlich ist und die Eltern des Anzunehmenden nicht einwilligen müssen (§ 1768 Abs. 1 S. 2 BGB). Ebenso sind die Voraussetzungen für die Annahme verschieden. Ein Volljähriger kann gemäß § 1767 Abs. 1 BGB nur als Kind angenommen werden, wenn die Annahme sittlich gerechtfertigt ist. Dies ist insbesondere anzunehmen, wenn zwischen dem Annehmenden und Anzunehmenden ein Eltern- 726

Kind-Verhältnis bereits entstanden ist. Wirtschaftliche Gründe allein genügen also nicht.

a) Wirkungen

727 Grundlegend unterscheiden sich auch die Auswirkungen der Annahme. Gemäß § 1770 BGB tritt keine Volladoption ein. Die Wirkungen der Adoption erstrecken sich nicht auf die Verwandten des Annehmenden. Ebenso wird der Ehegatte oder Lebenspartner des Annehmenden nicht mit dem Angenommenen, dessen Ehegatte oder Lebenspartner nicht mit dem Annehmenden verschwägert. Auch werden die Rechte und Pflichten aus dem Verwandtschaftsverhältnis des Angenommenen und seiner Abkömmlinge zu ihren Verwandten durch die Annahme grundsätzlich nicht berührt. Schließlich bleiben die Verwandten des Angenommenen diesem gegenüber erbberechtigt und seine leiblichen Eltern etwa pflichtteilsberechtigt.

Nur unter den besonderen Voraussetzungen des § 1772 BGB kann das Vormundschaftsgericht die gleichen Wirkungen wie bei der Minderjährigenadoption anordnen. Dies ist etwa der Fall, wenn ein minderjähriges Geschwisterteil von den selben Personen angenommen wurde bzw. gleichzeitig angenommen wird oder der Anzunehmende bereits als Minderjähriger in die Familie des Anzunehmenden aufgenommen worden ist.

b) Erklärungen

728 Für die Annahme eines Volljährigen sind gemäß § 1768 Abs. 1 BGB der Antrag des Annehmenden und der Antrag des Anzunehmenden erforderlich. Einwilligungserklärungen bedarf es mit Ausnahme der Einwilligung eventueller Ehegatten (§§ 1767 Abs. 2, 1749 BGB) oder Lebenspartner (§ 1767 Abs. 2 S. 3 BGB) nicht. Die Anträge bedürfen der notariellen Beurkundung.

> *Formulierungsbeispiel*
> *Die Erschienenen zu 1. und 2. haben am ... vor dem Standesamt ... unter Heiratseintrag Nr. ... die Ehe geschlossen. Ihre Ehe ist kinderlos. Der Erschienene zu 3. ist am ... in ... geboren. Er ist ledig. Sämtliche Erschienene sind deutsche Staatsangehörige.*
> *Der Erschienene zu 3. lebt seit seinem 10. Lebensjahr im Haushalt der Erschienenen zu 1. und 2. wie ein eheliches Kind. Es ist zwischen den Beteiligten ein echtes Eltern-Kind-Verhältnis entstanden.*
> *Die Erschienenen beantragen beim zuständigen Vormundschaftsgericht auszusprechen:*
> *Der am ... in ... geborene ... wird von den Eheleuten ... als gemeinschaftliches Kind angenommen. Er erhält als Geburtsnamen den Familiennamen ....*
> *Ferner wird beantragt, beim Ausspruch der Annahme zu bestimmen, dass sich die Wirkungen der Annahme nach den Vorschriften über die Annahme eines Minderjährigen richten.*
> *Die Erschienenen wurden vom Notar über die Rechtswirkungen der Annahme und das Erbrecht belehrt.*

IV. Annahme als Kind

Für den Fall des Todes eines der Annehmenden oder beider wird der beurkundende Notar mit der Einreichung des Antrages auf Annahme als Kind beim zuständigen Vormundschaftsgericht betraut (§ 1753 Abs. 2 BGB).

3. Stiefkindadoption durch eingetragene Lebenspartner

Bislang war eine gemeinsame (rechtliche) Elternschaft eingetragener Lebenspartner ausgeschlossen. § 9 Abs. 7 LPartG ermöglicht seit dem 01.01.2005, dass ein Lebenspartner ein Kind seines Lebenspartners allein annehmen kann (Stiefkindadoption). Für diesen Fall gelten § 1743 S. 1, § 1751 Abs. 2 und 4 S. 2, § 1754 Abs. 1 und 3, § 1755 Abs. 2, § 1756 Abs. 2, § 1757 Abs. 2 S. 1 und § 1722 Abs. 1 S. 1c) BGB gemäß § 9 Abs. 7 S. 2 LPartG entsprechend. Mit dieser Regelung werden die für die Stiefkindadoption erforderlichen Sonderregelungen, wie z. B. das Bestehenbleiben der Verwandtschaftsverhältnisse (§ 1756 Abs. 2 BGB), für anwendbar erklärt. Die übrigen, nicht allein die Stiefkindadoption betreffenden Vorschriften des Adoptionsrechts wie das Kindeswohlerfordernis des § 1741 Abs. 1 BGB und die Notwendigkeit eines Beschlusses über die Adoption (§ 1752 BGB) sind darüber hinaus anwendbar. **729**

Hinsichtlich der Adoption ist mit Wirkung vom 01.01.2005 weiterhin § 9 Abs. 6 LPartG neu in das Gesetz eingefügt worden. Diese Vorschrift stellt klar, dass ein Lebenspartner zu der Alleinadoption eines Kindes die Zustimmung seines Lebenspartners benötigt. Dies entspricht wie bei der Ehe dem Wesen einer umfassenden Lebensgemeinschaft.

4. Dem Vormundschaftsgericht vorzulegende Unterlagen

Dem Vormundschaftsgericht sind zusammen mit den Ausfertigungen (nicht beglaubigte Abschriften) der Urkunden, die den Antrag sowie die erforderlichen Einwilligungs- bzw. Zustimmungserklärungen enthalten, die nachfolgenden Unterlagen einzureichen: **730**

– Geburtsurkunden der Annehmenden,
– Heiratsurkunde (bzw. Urkunde über die Begründung der Lebenspartnerschaft) der Annehmenden,
– Staatsangehörigkeitsnachweis der Annehmenden,
– polizeiliche Führungszeugnisse der Annehmenden,
– amtsärztliche Gesundheitszeugnisse der Annehmenden,
– Geburtsurkunde des anzunehmenden Kindes,
– Staatsangehörigkeitsnachweis des anzunehmenden Kindes,
– amtsärztliches Gesundheitszeugnis des anzunehmenden Kindes,
– ggf. Heiratsurkunde (bzw. Urkunde über die Begründung der Lebenspartnerschaft) des anzunehmenden Kindes.

Die Einreichung der Unterlagen beim Vormundschaftsgericht kann durch den Antragsteller oder den Notar erfolgen. **731**

V. Fragen- und Antwortkatalog zu Beurkundungen im Familienrecht

Fragen:

732
1. Nennen Sie drei wichtige Unterschiede zwischen dem gesetzlichen Güterstand der Zugewinngemeinschaft und der Gütertrennung!
2. Nennen Sie vier Beispiele möglicher Modifikationen des gesetzlichen Güterstandes der Zugewinngemeinschaft in einem Ehevertrag!
3. Welche Vermögensmassen sind bei der Gütergemeinschaft zu unterscheiden?
4. Die Ehegatten, die im gesetzlichen Güterstand der Zugewinngemeinschaft leben, vereinbaren in einem Ehevertrag ausschließlich den Ausschluss des Versorgungsausgleichs und treffen sonst keine Regelungen. Welcher Güterstand tritt ein?
5. In welchen Fällen ist der Notar nach Abschluss eines Ehevertrages verpflichtet, das Geburtsstandesamt der Ehegatten bzw. die Hauptkartei für Testamente beim Amtsgericht Schöneberg in Berlin zu informieren?
6. Welche Güterstände können die Partner einer gleichgeschlechtlichen Lebenspartnerschaft vereinbaren?
7. Der verwitwete Fritz Müller, sein siebzehnjähriger Sohn Thomas und seine zweiundzwanzigjährige Tochter Carola sind Eigentümer in Erbengemeinschaft von zwei Grundstücken in Hannover.
Die Erbengemeinschaft möchte eines der Grundstücke an die Ehegatten Meyer verkaufen; das andere Grundstück soll durch Aufhebung der Erbengemeinschaft in das Alleineigentum des Herrn Fritz Müller übertragen werden.
Sie sollen den Kaufvertrag und den Erbauseinandersetzungsvertrag vorbereiten.
    a) Von wem muss Thomas bei Abschluss des Kaufvertrages vertreten werden?
    b) Wie sieht es mit der Vertretung bei Abschluss des Erbauseinandersetzungsvertrages aus?
    c) Ist im Hinblick auf die Beteiligung von Thomas in beiden Fällen eine Genehmigung erforderlich?
8. Für welche der folgenden Rechtsgeschäfte ist eine Genehmigung des Familiengerichts erforderlich?
    a) Die Eltern räumen im Namen ihres zwölfjährigen Sohnes der Großmutter ein Wohnungsrecht an den Räumen der Erdgeschosswohnung eines Wohnhauses, welches im Eigentum des Sohnes steht, ein.
    b) Der Vater ist alleiniger gesetzlicher Erbe des Großvaters. Er hat die Erbschaft nach dem Großvater ausgeschlagen. Dadurch wird sein dreijähri-

V. Fragen- und Antwortkatalog zu Beurkundungen im Familienrecht

ger Sohn Alleinerbe. Nunmehr will der Vater die Erbschaft auch mit Wirkung für seinen Sohn ausschlagen.

    c) Die Eheleute Schulze wollen sich scheiden lassen und haben nach Ablauf des Trennungsjahres einen Scheidungsantrag gestellt. Im Zusammenhang mit ihrer Scheidung wollen sie einvernehmlich den Versorgungsausgleich ausschließen.

9. In welchen Fällen ist an eine so genannte notarielle Doppelvollmacht zu denken? Welchen Inhalt sollte die notarielle Doppelvollmacht haben?

10. Welche Unterlagen sind dem Vormundschaftsgericht neben dem Antrag und den erforderlichen Einwilligungs- bzw. Zustimmungserklärungen zum Zwecke der Adoption vorzulegen?

Antworten:

1. a) Beim gesetzlichen Güterstand erfolgt ein Zugewinnausgleich (§§ 1371, 1372 ff. BGB), bei Gütertrennung nicht.   **733**
   b) Beim gesetzlichen Güterstand ist zur Verfügung über das gesamte oder wesentliche Vermögen gem. § 1365 BGB die Zustimmung des Ehegatten erforderlich, bei Gütertrennung nicht.
   c) Es bestehen unterschiedliche Erbquoten:
      - beim gesetzlichen Güterstand im Fall des Todes eines Ehegatten pauschale Erhöhung des gesetzlichen Erbteils um 1/4, § 1371 Abs. 1 BGB;
      - bei Gütertrennung erfolgt kein Zugewinnausgleich, jedoch Erbquote je nach Zahl der Kinder, § 1931 Abs. 4 BGB.

2. a) Die Höhe des Zugewinnausgleichsanspruchs kann durch eine Regelung über das Anfangs- und Endvermögen modifiziert werden.
   b) Einzelne Vermögensgegenstände können ganz aus dem Zugewinnausgleich herausgenommen werden.
   c) Es kann eine andere als die gesetzlich vorgesehene Ausgleichsquote vereinbart werden.
   d) Die Ehegatten können sich von den Beschränkungen der §§ 1365, 1369 BGB Befreiung erteilen.

3. Gesamtgut (§ 1416 BGB), Sondergut (§ 1417 BGB), Vorbehaltsgut (§ 1418 BGB).

4. Gütertrennung, § 1414 S. 2 BGB.

5. – Vereinbarung der Gütertrennung,
   – Eintritt der Gütertrennung wegen Ausschluss des Zugewinns oder des Versorgungsausgleichs,
   – Vereinbarung der Gütergemeinschaft,
   – Wahl deutschen Rechts für die güterrechtlichen Wirkungen der Ehe bei Beteiligung von Ausländern.

6. Gütertrennung, Gütergemeinschaft, fortgesetzte Gütergemeinschaft

7. a) Thomas muss von seinem Vater vertreten werden, §§ 1629 Abs. 1, 1680 BGB.
   b) Der Vater ist von der Vertretung ausgeschlossen, §§ 1629 Abs. 2, 1795 Abs. 2, 181 BGB. Für Thomas muss ein Ergänzungspfleger bestellt werden, der ihn vertritt, § 1909 BGB.
   c) Der Vater bedarf der familiengerichtlichen Genehmigung gem. §§ 1643, 1821 Abs. 1 Nr. 1 BGB. Der Ergänzungspfleger bedarf der vormundschaftsgerichtlichen Genehmigung gem. § 31915, 1821 Abs. 1 Nr. 1 BGB.

8. a) Die Verfügung über ein Grundstück ist genehmigungspflichtig, §§ 1643 Abs. 1, 1821 Abs. 1 Nr. 1 BGB.
   b) Grundsätzlich ist gem. § 1643 Abs. 2 S. 1 BGB die familiengerichtliche Genehmigung erforderlich. Ausnahme: Der Sohn wird erst durch die Ausschlagung des Vaters Erbe, § 1643 Abs. 2 S. 2 BGB.
   c) Vereinbarungen über den Versorgungsausgleich im Zusammenhang mit einer Scheidung sind genehmigungspflichtig, § 1587 o BGB.

9. Eine notarielle Doppelvollmacht ist stets empfehlenswert, wenn am Vertragsabschluss die Eltern für ihr Kind, ein Vormund für den Mündel, ein Betreuer für den Betreuten oder ein Pfleger als gesetzlicher Vertreter mitwirkt. Der Notar wird im Vertrag bevollmächtigt, die Genehmigung des Familien-, Vormundschafts- bzw. Nachlassgerichts einzuholen, diese für den gesetzlichen Vertreter entgegenzunehmen, dem Vertragspartner mitzuteilen und schließlich für den Vertragspartner entgegenzunehmen.

10. – Geburtsurkunden der Annehmenden,
    – Heiratsurkunde (bzw. Urkunde über die Begründung der Lebenspartnerschaft) der Annehmenden,
    – Staatsangehörigkeitsnachweis der Annehmenden,
    – polizeiliche Führungszeugnisse der Annehmenden,
    – amtsärztliche Gesundheitszeugnisse der Annehmenden,
    – Geburtsurkunde des anzunehmenden Kindes,
    – Staatsangehörigkeitsnachweis des anzunehmenden Kindes,
    – amtsärztliches Gesundheitszeugnis des anzunehmenden Kindes,
    – ggf. Heiratsurkunde (bzw. Urkunde über die Begründung der Lebenspartnerschaft) des anzunehmenden Kindes.

Teil E Beurkundungen im Erbrecht

Die notarielle Praxis lässt sich im Bereich des Erbrechts in zwei Zeitabschnitte **734** aufteilen. Bis zum Tode des Erblassers erstreckt sich die Tätigkeit des Notars auf die Beurkundung der Verfügungen von Todes wegen (Testament, Erbvertrag) einschließlich Erb- und Pflichtteilsverzicht. Hieran schließt sich mit dem Tod des Erblassers die nachsorgende notarielle Tätigkeit an. Diese reicht vom Erbscheinsantrag über die Ausschlagung der Erbschaft bis hin zur Nachlassauseinandersetzung oder dem Verkauf eines Erbteils.

I. Grundsätze des Erbrechts

Die Vorschriften über das *Erbrecht* finden sich im fünften Buch des BGB in **735** den §§ 1922 bis 2385 BGB. Aufgabe des Erbrechts ist die Ordnung der Vermögensverhältnisse nach dem Tod eines Menschen. Es wird daher geregelt, wem das Erbe zufällt, wer für etwaige Schulden haftet und was mit dem Nachlass zu geschehen hat, wenn mehrere Personen Erben geworden sind. Der Erblasser hat weitgehend die Möglichkeit, die Verhältnisse nach seinem Tod zu beeinflussen. Verzichtet er hierauf, kommt die gesetzliche Erbfolge zum Tragen.

Erbe kann jede natürliche oder juristische Person werden. Der Gesetzgeber nennt dies *Erbfähigkeit* (§ 1923 BGB). Erben können demzufolge etwa auch eine GmbH oder eine Kirchengemeinde sein.

1. Gesamtrechtsnachfolge und rechtliche Stellung der Erben

In § 1922 Abs. 1 BGB ist als Grundsatz des Erbrechts die *Gesamtrechtsnachfolge* **736** – auch *Universalsukzession* genannt – festgelegt. Nach dieser Vorschrift geht mit dem Tod einer Person (Erbfall) deren Vermögen (Erbschaft) als Ganzes auf eine oder mehrere andere Personen (Erben) über. Dieser Übergang erfolgt einerseits hinsichtlich sämtlicher Nachlassgegenstände als Einheit und andererseits unmittelbar kraft Gesetzes, ohne dass es eines besonderen Erwerbsvorganges, wie etwa einer Auflassung bei Grundstücken (vgl. Rz. 280) bedarf. Gehören zum Nachlass Grundstücke, bedeutet dies, dass das Grundbuch mit dem Erbfall unrichtig geworden ist. Der Erbe kann eine Umschreibung auf seinen Namen verlangen (§§ 22, 35 Abs. 1 GBO). Zu berücksichtigen ist, dass höchstpersönliche Rechte, wie etwa ein Wohnungsrecht (§ 1093 BGB), nicht im Wege der Erbfolge übergehen. Diese erlöschen mit dem Tode des Berechtigten.

Der mit der Gesamtrechtsnachfolge verbundene Übergang der Rechte und Pflichten des Erblassers auf den Erben bezieht sich nicht nur auf die Vermögenswerte des Erblassers, sondern gilt gleichermaßen für die *Nachlassverbind-*

lichkeiten. Der Erbe haftet für diese gemäß § 1967 Abs. 1 BGB. Zu den Nachlassverbindlichkeiten gehören einerseits sämtliche Schulden des Erblassers und andererseits die den Erben als solchen treffenden Verbindlichkeiten, insbesondere solche aus Pflichtteilsrechten (vgl. Rz. 799–808), **Vermächtnissen** (vgl. Rz. 823) oder **Auflagen** (vgl. Rz. 840), § 1967 Abs. 2 BGB. Weiterhin trägt der Erbe die Kosten der Beerdigung (§ 1968 BGB). Die Nachlassgläubiger können sich nach Annahme der Erbschaft durch den Erben (vgl. § 1958 BGB) sowohl aus seinem bisherigen eigenen Vermögen wie auch aus den Nachlassgegenständen befriedigen. Der Erbe haftet also im Ergebnis unbeschränkt für die Schulden des Erblassers. Er kann diese Haftung allerdings auf die Nachlassgegenstände beschränken. Dies geschieht durch Anordnung der Nachlassverwaltung oder der Eröffnung eines *Nachlassinsolvenzverfahrens* (§ 1975 BGB). Als weitere Möglichkeit einer Haftungsbeschränkung kommt das *Aufgebotsverfahren* gemäß §§ 1970 ff. BGB, 989 ff. ZPO in Betracht. Befürchtet der Erbe, dass mehr Gläubiger existieren, als ihm bekannt sind, kann er dieses Verfahren beantragen. Meldet sich daraufhin ein Gläubiger nicht, so haftet der Erbe diesem gegenüber nur mit dem Nachlass. Schließlich kann den Erben die Gesamtrechtsnachfolge mit allen damit verbundenen Rechten und Pflichten nicht aufgezwungen werden. Ihnen steht gemäß § 1942 Abs. 1 BGB das Recht zur **Ausschlagung** (vgl. Rz. 887) zu.

Geht die Erbschaft auf mehrere Erben – so genannte Miterben – über, wird der Nachlass gemeinschaftliches Vermögen der Erben (Erbengemeinschaft, § 2032 Abs. 1 BGB). Die Erben bilden eine *Gesamthandsgemeinschaft*. Dies bedeutet, dass jeder Miterbe einen Anteil, der sich nach seiner Erbquote bestimmt (z. B. ½ Anteil), an der Erbschaft hat. Über diesen Anteil kann der Erbe verfügen (vgl. Rz. 903), § 2033 Abs. 1 BGB. Über einzelne Nachlassgegenstände kann ein Miterbe vor einer Auseinandersetzung der Erbengemeinschaft (vgl. Rz. 907–908) allein jedoch nicht verfügen (§ 2033 Abs. 2 BGB). Für die Nachlassverbindlichkeiten haften mehrere Erben als Gesamtschuldner (§ 2058 BGB), d. h. jeder von ihnen kann von einem Gläubiger in voller Höhe in Anspruch genommen werden (vgl. § 421 BGB). Bis zur Auseinandersetzung der Erben besteht allerdings grundsätzlich eine Zugriffssperre in das persönliche Vermögen der einzelnen Erben (§ 2059 Abs. 1 BGB). Zuvor hat der Gläubiger nur die Möglichkeit den Erbteil zu pfänden oder von sämtlichen Miterben die Befriedigung aus dem ungeteilten Nachlass zu verlangen (§ 2059 Abs. 2 BGB).

Ausnahmen von der Gesamtrechtsnachfolge gibt es etwa hinsichtlich der *Sondererbfolge* in die Beteiligung eines persönlich haftenden Gesellschafters einer OHG oder KG (§ 139 HGB) oder beim *Anerbenrecht* nach der Höfeordnung.

2. Gesetzliche Erbfolge

737 Die Erbfolge, also die Entscheidung der Frage, wer Erbe einer Person ist, kann durch eine Verfügung des Erblassers von Todes wegen bestimmt werden – so genannte *gewillkürte Erbfolge: Testament* (vgl. Rz. 753–760) oder *Erbvertrag* (vgl.

I. Grundsätze des Erbrechts

Rz. 761–765) – oder sich aus dem Gesetz ergeben. Die gesetzliche Erbfolge tritt nur ein, wenn es an einer Verfügung des Erblassers fehlt oder eine solche keine Wirksamkeit entfaltet. Letzteres ist etwa bei einem Verstoß gegen zwingende Formvorschriften (vgl. Rz. 770–798) oder im Falle einer Anfechtung (§§ 2078 ff. BGB) der Fall. Auch kommt die gesetzliche Erbfolge trotz Vorhandenseins einer Verfügung von Todes wegen in Betracht, wenn der eingesetzte Erbe vor dem Erblasser stirbt, auf sein Erbrecht verzichtet (§ 2352 BGB, vgl. Rz. 879), die Erbschaft ausschlägt (§ 1953 Abs. 1 BGB, vgl. Rz. 887) oder für erbunwürdig erklärt wird (§ 2344 Abs. 1 BGB). Im Ergebnis lässt sich sagen, dass die gewillkürte Erbfolge Vorrang vor der gesetzlichen Erbfolge hat.

Das gesetzliche Erbrecht unterteilt sich in das *Erbrecht der Verwandten* (§§ 1924 bis 1930 BGB), das *Erbrecht der Ehegatten* (§§ 1931 bis 1934, 1371 BGB), das *Erbrecht der gleichgeschlechtlichen Lebenspartner* (§ 10 LPartG) sowie das *Erbrecht des Staates* (§ 1936 BGB).

Darüber hinaus gab es in den §§ 1934 a bis 1934 e BGB a. F. Sondervorschriften für die gesetzliche Erbfolge zwischen einem nichtehelichen Kind und seinem Vater, sofern an dem Erbfall eheliche Abkömmlinge oder der Ehegatte des Vaters beteiligt waren. Der Erbanspruch des nichtehelichen Kindes war auf einen Erbersatzanspruch in Geld beschränkt. Zudem hatte das Kind die Möglichkeit, einen vorzeitigen Erbausgleich zu verlangen. Diese Sondervorschriften wurden mit Wirkung ab dem 01.04.1998 durch das *Erbrechtsgleichstellungsgesetz* aufgehoben. Die nichtehelichen Kinder sind den ehelichen Kindern gleichgestellt. Zu beachten ist allerdings die Übergangsvorschrift des Art. 227 EGBGB. Danach sind die bis zum 01.04.1998 geltenden Vorschriften für das Erbrecht der nichtehelichen Kinder anzuwenden, wenn der Erblasser vor diesem Zeitpunkt gestorben ist oder über den Erbausgleich eine wirksame Vereinbarung getroffen oder der Erbausgleich durch rechtskräftiges Urteil zuerkannt worden ist.

a) Erbrecht der Verwandten

Das Verwandtenerbrecht wird durch vier Grundsätze bestimmt: das Ordnungs- oder Parentelsystem, das Stammes- und Liniensystem, die Repräsentation des Stammes durch lebende Stammeltern und das Eintrittsrecht der Abkömmlinge sowie das Gradualsystem. **738**

Jede Gruppe von Verwandten, die von einem gemeinsamen Vorfahren (parens) abstammt, bildet eine Ordnung (so genanntes *Ordnungssystem/Parentelsystem*). Die Zahl der Ordnungen ist unbegrenzt. Gemäß § 1930 BGB sind die Verwandten einer nachfolgenden Ordnung von der Erbfolge ausgeschlossen, solange ein Verwandter einer vorhergehenden Ordnung vorhanden ist.

aa) Erben erster Ordnung

Gesetzliche Erben der ersten Ordnung sind die Abkömmlinge des Erblassers (§ 1924 Abs. 1 BGB). Es sind dies die Kinder, Enkel, Urenkel usw. Gleichgültig ist dabei, ob sie aus verschiedenen oder geschiedenen Ehen des Erblassers stammen oder nichtehelich sind. Sofern mehrere Verwandte der ersten Ord- **739** nung vorhanden sind, erfolgt die Bestimmung der Erben nach *Stämmen* (*Stammessystem*, § 1924 Abs. 3 BGB). Jedes Kind des Erblassers bildet mit seinen Nachkommen einen Stamm. Jeder Stamm erhält den gleichen Erbteil (§ 1924 Abs. 4 BGB). Innerhalb jedes Stammes gilt für die Auswahl der Erben das *Repräsentationsprinzip* und das *Eintrittsrecht*. Repräsentationsprinzip bedeutet, dass ein lebender Elternteil den gesamten Stamm repräsentiert, d. h. seine sämtlichen Nachkommen von der Erbfolge in den auf den Stamm entfallenden Erbteil ausschließt (§ 1924 Abs. 2 BGB). Nach dem Eintrittsrecht treten an die Stelle eines zum Zeitpunkt des Erbfalls schon verstorbenen Elternteils dessen Abkömmlinge (§ 1924 Abs. 3 BGB).

740 **Beispiel**
Der Erblasser E war mit seiner Frau F verheiratet. F ist bereits vor ihm verstorben. Beide haben vier gemeinsame Kinder A, B, C und D. A hat seinerseits 2 Kinder G und H. B und C sind ebenfalls vor E gestorben, wobei B kinderlos geblieben ist und C ein Kind I hat. D ist kinderlos.

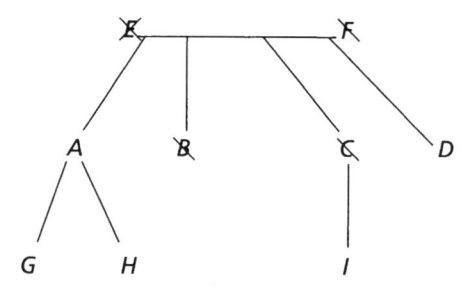

```
        E       F
       /|\ \
      / | \  \
     /  |  \   \
    A   B   C   D
   / \      |
  /   \     |
 G     H    I
```

Hier werden A, D und I zu je ⅓ Anteil Erben. Der Stamm des B ist durch dessen Tod und mangels Kinder weggefallen. A seinerseits schließt G und H wegen des Repräsentationsprinzips von der Erbfolge aus. I tritt an die Stelle von C in die Erbfolge ein.

bb) Erben zweiter Ordnung

741 Die *gesetzlichen Erben der zweiten Ordnung* sind gemäß § 1925 Abs. 1 BGB die Eltern des Erblassers und deren Abkömmlinge (Geschwister oder Halbgeschwister des Erblassers und jeweils deren Kinder, Enkel usw.). Sie werden nur Erben, wenn solche der ersten Ordnung fehlen (vgl. Rz. 739). Leben beide Eltern im Zeitpunkt des Todes ihres Kindes, so erben sie gemäß § 1925 Abs. 2 BGB allein und zu gleichen Teilen. Dies gilt auch, wenn die Eltern geschieden sein sollten. Lebt zur Zeit des Erbfalls der Vater oder die Mutter nicht mehr, treten an die Stelle des verstorbenen Elternteils dessen Abkömmlinge nach den Regeln über die Erben erster Ordnung (§ 1925 Abs. 3 S. 1 BGB), also nach dem Stammessystem. Dies bedeutet, dass jeder Elternteil des Erblassers zusammen mit seinen Nachkommen eine *Linie* bildet (so genanntes *Liniensystem*) und jede Linie zu gleichen Teilen erbt. Gemeinsame Kinder der Eltern

gehören zu beiden Linien. Sind Abkömmlinge des verstorbenen Elternteils nicht vorhanden, erbt der überlebende Teil bzw. dessen Stamm allein (§ 1925 Abs. 3 S. 2 BGB). Eine Ausnahmevorschrift für die Fälle der Verwandtenadoption nach § 1756 BGB enthält § 1925 Abs. 4 BGB.

Beispiel 742
Der Erblasser E ist nicht verheiratet und hat auch keine eigenen Kinder. Im Zeitpunkt seines Todes lebt noch seine Mutter M, sein Bruder A sowie die Kinder C und D seiner verstorbenen Schwester B. Der Vater des Erblassers V ist vorverstorben.

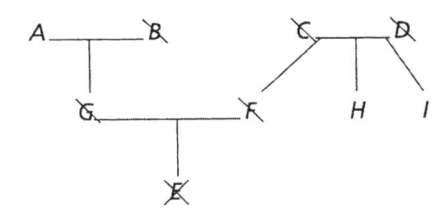

```
A_____B        C___D
    |            |
    G_____F    H    I
         |
         E
```

E wird in diesem Fall von M zu ½ Anteil beerbt. An die Stelle des vorverstorbenen V und dessen ½ Anteils treten A und B. Beide sind zu gleichen Anteilen zu Erben berufen. A erbt also einen ¼ Anteil. An die Stelle der vorverstorbenen B treten ihre Kinder ebenfalls zu gleichen Anteilen. C und D erben somit je ⅛ Anteil.

cc) Erben dritter Ordnung

Gesetzliche Erben der dritten Ordnung sind die Großeltern des Erblassers und deren Abkömmlinge (§ 1926 Abs. 1 BGB). Auch diese können nur Erbe werden, wenn ihnen keine Erben der ersten oder zweiten Ordnung vorgehen (vgl. Rz. 739–742). Leben zur Zeit des Erbfalls alle Großeltern, erben diese allein und zu gleichen Teilen (§ 1926 Abs. 2 BGB). Ist ein Großelternteil vorverstorben, treten an seine Stelle dessen Abkömmlinge (§ 1926 Abs. 3 S. 1 BGB). Der Anteil entfällt also auf die Linie des Verstorbenen und steigt nach den Grundsätzen der ersten Ordnung herab. Hat der vorverstorbene Großelternteil keine Abkömmlinge, so fällt sein Erbanteil dem anderen Großelternteil zu, und wenn dieser ebenfalls nicht mehr lebt, dessen Abkömmlingen (§ 1926 Abs. 3 S. 2 BGB). Sind weder Großelternteile einer Linie noch Abkömmlinge derselben vorhanden, erbt das andere Großelternpaar bzw. im Falle eines Vorversterbens deren Abkömmlinge allein (§ 1926 Abs. 4 BGB). 743

Beispiel 744
Der Erblasser E ist unverheiratet und hat keine Kinder. Bei seinem Tode leben noch sein Großvater A mütterlicherseits, der Bruder H und die Schwester I seines Vaters. Im Übrigen sind seine Mutter G, sein Vater F,

Teil E Beurkundungen im Erbrecht

die Großmutter B mütterlicherseits sowie die Großeltern C und D väterlicherseits vorverstorben. Geschwister hatte E keine.

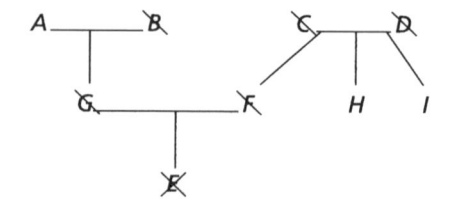

```
A────B       C────D
   │         /  │  \
   G────F    H     I
       │
       E
```

Erben der ersten oder zweiten Ordnung sind nicht vorhanden. Die Erbfolge richtet sich daher nach § 1926 BGB. Die vier Großeltern würden demnach je ¼ Anteil erben. Es lebt jedoch nur noch der Großvater A. Dieser erhält neben seinem eigenen ¼ Anteil zusätzlich den ¼ Anteil der B und erbt somit insgesamt ½ Anteil. Die Erbanteile der verstorbenen Großeltern C und D entfallen auf deren Abkömmlinge. Von diesen leben nur noch die Geschwister des Vaters H und I. Diese treten an die Stelle ihrer Eltern zu gleichen Anteilen und beerben den E somit zu je ¼ Anteil.

dd) Erben vierter oder fernerer Ordnung

745 *Gesetzliche Erben der vierten Ordnung* sind die Urgroßeltern des Erblassers und deren Abkömmlinge (§ 1928 Abs. 1 BGB). Zu den *Erben der fünften und der ferneren Ordnungen* zählen die entfernteren Voreltern des Erblassers und deren Abkömmlinge (§ 1929 Abs. 1 BGB). Auch hier gilt § 1930 BGB (vgl. Rz. 738). Die Bestimmung der gesetzlichen Erbfolge ab der vierten Ordnung erfolgt nicht mehr nach Stämmen oder Linien, sondern nach dem *Gradualsystem*. Danach schließt der mit dem Erblasser gradmäßig nähere Verwandte die entfernteren Verwandten von der Erbfolge aus (§§ 1928 Abs. 3, 1929 Abs. 2 BGB). Der Grad der Verwandtschaft richtet sich nach der Vorschrift des § 1589 Abs. 3 BGB und bestimmt sich demzufolge nach der Zahl der die Verwandtschaft vermittelnden Geburten (vgl. Rz. 631). Durch die Anwendung des Gradualsystems soll eine Nachlasszersplitterung in den höheren Ordnungen vermieden werden. Erbfolgen ab der vierten Ordnung kommen allerdings nur selten vor.

b) Erbrecht des Ehegatten

746 Für die Beurteilung des gesetzlichen Erbrechts des überlebenden Ehegatten kommt es einerseits darauf an, welcher Ordnung die zur gesetzlichen Erbfolge berufenen Verwandten des Erblassers angehören. Andererseits ist maßgebend, in welchem Güterstand die Ehegatten im Zeitpunkt des Todes des Erblassers gelebt haben.

Unabhängig vom Güterstand gelten zunächst die Vorschriften des § 1931 Abs. 1 und 2 BGB. Danach erhält der Ehegatte neben Verwandten der ersten Ordnung (vgl. Rz. 739) ein Viertel der Erbschaft und neben Verwandten der

I. Grundsätze des Erbrechts

zweiten Ordnung (vgl. Rz. 741) oder neben Großeltern die Hälfte (§ 1931 Abs. 1 S. 1 BGB). Treffen mit Großeltern die Abkömmlinge von Großeltern zusammen, so erhält der Ehegatte auch von der anderen Hälfte den Anteil, der nach § 1926 BGB den Abkömmlingen zufallen würde (vgl. Rz. 743), § 1931 Abs. 1 S. 2 BGB. Sind weder Verwandte der ersten Ordnung oder der zweiten Ordnung noch Großeltern vorhanden, so erhält der Ehegatte die ganze Erbschaft (§ 1931 Abs. 2 BGB). Die sich aus den vorgenannten Regelungen jeweils ergebenden Erbquoten bilden den gesetzlichen Erbteil des Ehegatten.

Beispiele 747
Haben die Ehegatten Kinder, beträgt der gesetzliche Erbteil des überlebenden Ehegatten $1/4$. Die Kinder erben zusammen $3/4$. Bei zwei Kindern würde also auf jedes Kind eine Quote von $3/8$ entfallen. Sind neben dem überlebenden Ehegatten nur noch Geschwister des Erblassers als gesetzliche Erben vorhanden, beträgt der gesetzliche Erbteil des Ehegatten $1/2$ und der Erbteil der Geschwister zusammen ebenfalls $1/2$. Das Gleiche gilt, falls als gesetzliche Erben ausschließlich Großeltern vorhanden sind. Erbt der Ehegatte etwa neben der Großmutter mütterlicherseits und deren Tochter, der Tante des Erblassers, und sind die übrigen drei Großeltern vorverstorben, entfällt auf den überlebenden Ehegatten eine gesetzliche Erbquote von $3/4$, während die Großmutter und deren Tochter zu je $1/8$ zu Erben berufen sind.

Leben die Ehegatten im gesetzlichen Güterstand der Zugewinngemeinschaft, 748
so erhöht sich der gesetzliche Erbteil des überlebenden Ehegatten gemäß §§ 1931 Abs. 3, 1371 Abs. 1 BGB um ein weiteres Viertel. Diese Erhöhung dient der pauschalen Verwirklichung des Zugewinnausgleichs (vgl. näher Rz. 589). Für die drei vorgenannten Beispielsfälle bedeutet dies:

Beispiele (Fortsetzung)
Im ersten Fall erbt der überlebende Ehegatte $1/2$ und die beiden Kinder je $1/4$ Anteil. Die Erhöhung hat im zweiten Fall zur Folge, dass der Ehegatte zu $3/4$ und die Geschwister bzw. Großeltern zusammen zu $1/4$ zu Erben berufen sind. Bei zwei Geschwistern würde auf diese somit eine Quote von $1/8$ entfallen und bei vier Großeltern auf diese eine Quote von je $1/16$ Anteil. Im dritten Beispielsfall führt die Erhöhung des gesetzlichen Erbteils schließlich dazu, dass der Ehegatte Alleinerbe wird ($3/4 + 1/4$).

Bestand beim Erbfall Gütertrennung, gilt § 1931 Abs. 4 BGB (vgl. Rz. 593). 749
Sind neben dem überlebenden Ehegatten ein oder zwei Kinder gesetzliche Erben, so erben der Ehegatte und jedes Kind zu gleichen Teilen. Neben einem Kind erhält der Ehegatte also die Hälfte und neben zwei Kindern ein Drittel der Erbschaft. Bei mehr als zwei Kindern verbleibt es bei der allgemeinen Regelung des § 1931 Abs. 1 BGB. Der Ehegatte erhält $1/4$, die Kinder zusammen die restlichen $3/4$. Der Ehegatte soll durch diese Vorschrift, da bei Gütertren-

nung kein Zugewinnausgleich anfällt, nicht schlechter als die Kinder des Erblassers gestellt werden.

Der überlebende Ehegatte hat weiter einen Anspruch auf den sog. *Voraus* gemäß § 1932 BGB. Ist er neben Verwandten der zweiten Ordnung oder neben Großeltern gesetzlicher Erbe, so stehen ihm außer dem Erbteil die zum ehelichen Haushalt gehörenden Gegenstände, soweit sie nicht Zubehör eines Grundstücks sind, und die Hochzeitsgeschenke zu (§ 1932 Abs. 1 S. 1 BGB). Sofern neben dem Ehegatten Verwandte der ersten Ordnung vorhanden sind, gilt dies allerdings nur, soweit er die entsprechenden Gegenstände zur Führung eines angemessenen Haushalts benötigt (§ 1932 Abs. 1 S. 2 BGB).

Zu beachten ist bei der Beurteilung des gesetzlichen Erbrechts des überlebenden Ehegatten schließlich die Vorschrift des § 1933 BGB. Das Erbrecht und das Recht auf den Voraus entfallen danach, wenn zur Zeit des Todes des Erblassers die Voraussetzungen für die Scheidung der Ehe gegeben waren und der Erblasser die Scheidung beantragt oder ihr zugestimmt hat. Das gleiche gilt, wenn der Erblasser berechtigt war, die Aufhebung der Ehe zu beantragen und den Antrag gestellt hatte. In einem solchen Fall tritt an die Stelle des Erbrechts ein Unterhaltsanspruch des Ehegatten gemäß §§ 1569 bis 1586 b BGB.

c) Erbrecht des gleichgeschlechtlichen Lebenspartners

750 Die Begründung einer gleichgeschlechtlichen Lebenspartnerschaft im Sinne des Lebenspartnerschaftsgesetzes (siehe hierzu näher Rz. 613–629) hat unmittelbar Einfluss auf das gesetzliche Erb- und Pflichtteilsrecht. Die erbrechtlichen Wirkungen der Begründung einer Lebenspartnerschaft ergeben sich im Wesentlichen aus § 10 LPartG. Danach ist das Erbrecht der Lebenspartner demjenigen der Ehegatten gleichgestellt.

Nach § 10 Abs. 1 S. 1 LPartG ist der überlebende Lebenspartner des Erblassers neben Verwandten der ersten Ordnung zu einem Viertel, neben Verwandten der zweiten Ordnung oder neben Großeltern zur Hälfte der Erbschaft gesetzlicher Erbe. Sind neben dem überlebenden Lebenspartner nur noch Geschwister des Erblassers als gesetzliche Erben vorhanden, beträgt der gesetzliche Erbteil des Lebenspartners $1/2$ und der Erbteil der Geschwister zusammen ebenfalls $1/2$. Das gleiche gilt, falls als gesetzliche Erben ausschließlich Großeltern vorhanden sind. Treffen mit Großeltern Abkömmlinge von Großeltern zusammen, so erhält der Lebenspartner gem. § 10 Abs. 1 S. 2 LPartG auch von der anderen Hälfte den Anteil, der nach § 1926 BGB den Abkömmlingen zufallen würde. Die zuletzt genannte Regelung ist am 01.01.2005 in Kraft getreten und entspricht § 1931 Abs. 1 S. 2 BGB.

Leben die Lebenspartner im gesetzlichen Güterstand der Zugewinngemeinschaft (vgl. Rz. 619), erhöht sich der gesetzliche Erbteil des überlebenden Lebenspartners gemäß § 6 S. 2 LPartG in Verbindung mit § 1371 Abs. 1 BGB um ein weiteres Viertel. Diese Erhöhung dient der pauschalen Verwirklichung des Zugewinnausgleichs. In Anlehnung an § 1934 BGB finden sich nunmehr seit 01.01.2005 in § 10 Abs. 1 S. 6 und 7 LPartG dem Erbrecht des verwandten Ehegatten vergleichbare Regelungen. Sofern der überlebende Lebenspartner

I. Grundsätze des Erbrechts

zu den erbberechtigten Verwandten gehört, erbt er zugleich als Verwandter. Der Erbteil, der ihm aufgrund der Verwandtschaft zufällt, gilt als besonderer Erbteil.

Schließlich hat der Gesetzgeber in § 10 Abs. 2 S. 2 LPartG seit dem 01.01.2005 die Vorschrift des § 1931 Abs. 4 BGB übernommen. Im Falle der Gütertrennung erhöht sich somit der Erbteil des Lebenspartners, bis er denjenigen etwaiger Kinder erreicht (vgl. Rz. 593). Im Fall der Gütergemeinschaft gilt § 1482 BGB. Der Anteil des verstorbenen Lebenspartners am Gesamtgut gehört zum Nachlass.

Vergleichbar der Regelung für Ehegatten in § 1932 BGB stehen dem überlebenden Lebenspartner weiterhin gemäß § 10 Abs. 1 S. 3 LPartG die zum lebenspartnerschaftlichen Haushalt gehörenden Gegenstände, soweit sie nicht Zubehör eines Grundstücks sind, und die Geschenke zur Begründung der Lebenspartnerschaft als Voraus zu. Ist der überlebende Lebenspartner neben Verwandten der ersten Ordnung gesetzlicher Erbe, gilt dies jedoch gemäß § 10 Abs. 1 S. 4 LPartG nur, soweit er den Voraus zur Führung eines angemessenen Haushalts benötigt. Auf den Voraus sind nach § 10 Abs. 1 S. 5 LPartG die für Vermächtnisse geltenden Vorschriften anzuwenden. Da der Lebenspartner gemäß § 11 Abs. 1 LPartG Familienangehöriger seines Lebenspartners ist, kann ihm im Übrigen ein Anspruch auf den sog. Dreißigsten im Sinne des § 1969 BGB zustehen.

Sind weder Verwandte der ersten noch der zweiten Ordnung noch Großeltern vorhanden, erhält der Lebenspartner nach § 10 Abs. 2 S. 1 LPartG die ganze Erbschaft.

Ausgeschlossen ist das Erbrecht des Lebenspartners in den Fällen des § 10 Abs. 3 LPartG. Diese Vorschrift ist § 1933 BGB nachgebildet. Das Erbrecht des überlebenden Lebenspartners besteht nicht, wenn zur Zeit des Todes des Erblassers entweder die Voraussetzungen für die Aufhebung der Lebenspartnerschaft nach § 15 Abs. 2 Nr. 1 oder 2 LPartG gegeben waren und der Erblasser die Aufhebung beantragt oder ihr zugestimmt hatte (§ 10 Abs. 3 S. 1 Nr. 1 LPartG) oder der Erblasser einen Antrag nach § 15 Abs. 2 Nr. 3 LPartG gestellt hatte und dieser Antrag begründet war (§ 10 Abs. 3 S. 1 Nr. 2 LPartG). Gemäß § 10 Abs. 3 S. 2 LPartG gilt in beiden Fällen § 16 LPartG (nachpartnerschaftlicher Unterhalt) entsprechend.

Den Lebenspartnern ist zudem in § 10 Abs. 4 LPartG die Form des gemeinschaftlichen Testaments, das bisher ausschließlich Ehegatten vorbehalten war, eröffnet. Die §§ 2266 bis 2273 BGB gelten entsprechend. Im Übrigen ist auf eine letztwillige Verfügung, durch der Erblasser seinen Lebenspartner bedacht hat, gemäß § 10 Abs. 5 LPartG § 2077 BGB anzuwenden (Unwirksamkeit bei Aufhebung der Lebenspartnerschaft bzw. Auflösung des Verlöbnisses).

Schließlich normiert § 10 Abs. 7 LPartG, dass die Vorschriften des BGB über den Erbverzicht (§§ 2346 ff. BGB) entsprechend gelten. Die Vorschriften der §§ 2329 ff. BGB über die Erbunwürdigkeit hat der Gesetzgeber demgegenüber nicht für anwendbar erklärt.

d) Erbrecht des Staates

751 Ist kein Verwandter, Ehegatte oder Lebenspartner als Erbe vorhanden, ist der Fiskus gemäß § 1936 BGB gesetzlicher Erbe. Die Feststellung wird durch das Nachlassgericht getroffen (vgl. §§ 1964 bis 1966 BGB). Der Fiskus kann die ihm als gesetzlichen Erben angefallene Erbschaft nicht ausschlagen, § 1942 Abs. 2 BGB. Hierdurch wird sichergestellt, dass immer ein Rechtsträger vorhanden ist, der den Nachlass abwickelt. Der Staat hat jedoch wie ein persönlicher Erbe die Möglichkeit, seine Haftung für die Nachlassverbindlichkeiten auf den Nachlass zu beschränken (vgl. Rz. 736).

3. Verfügungen von Todes wegen

752 Der Erblasser ist nicht gezwungen, die gesetzliche Erbfolge hinzunehmen. Er kann vielmehr an die Stelle der Vorgaben des Gesetzgebers seinen eigenen Willen setzen und über die Verteilung oder Verwaltung seines Vermögens auch für die Zeit nach seinem Tod bestimmen. Dies geschieht durch eine *Verfügung von Todes wegen*. Dem Erblasser stehen insoweit mit der Errichtung eines Testamentes, auch letztwillige Verfügung genannt, und dem Abschluss eines Erbvertrages zwei Instrumente zur Verfügung (§ 1937 BGB und § 1941 BGB). Darüber hinausgehende Möglichkeiten gibt es nicht. Im Erbrecht herrscht ein strenger Typenzwang.

a) Testament

753 Ein *Testament* enthält einseitige Verfügungen des Erblassers von Todes wegen. Zu unterscheiden sind zwei Testamentsarten: das *Einzeltestament* und das *gemeinschaftliche Testament*. Im Rahmen der Grenzen des Gesetzes steht es dem Testierenden frei, wie er seine Vermögensnachfolge regeln will. Der Erblasser kann das Testament nur persönlich errichten, Stellvertretung ist ausgeschlossen (§ 2064 BGB). In einem Testament können die verschiedensten erbrechtlichen Anordnungen getroffen werden, z.B. **Erbeinsetzung, Vor- und Nacherbschaft, Vermächtnisse, Auflagen, Teilungsanordnung, Testamentsvollstreckung,** usw. (vgl. hierzu im Einzelnen Rz. 809–877).

aa) Testierfähigkeit

754 Die Errichtung eines wirksamen Testaments setzt die *Testierfähigkeit* des Erblassers voraus. Unter der Testierfähigkeit ist die Fähigkeit zu verstehen, ein Testament zu errichten, zu ändern oder aufzuheben. Sie bildet eine Unterart der Geschäftsfähigkeit. Gemäß § 2229 Abs. 1 BGB tritt die Testierfähigkeit mit der Vollendung des sechzehnten Lebensjahres ein. Ein Minderjähriger bedarf zur Errichtung eines Testaments nicht der Zustimmung seines gesetzlichen Vertreters (§ 2229 Abs. 2 BGB). Minderjährige können jedoch nur ein öffentliches Testament durch Erklärung vor einem Notar oder Übergabe einer offenen Schrift errichten, § 2233 Abs. 1 BGB (vgl. Rz. 774). Die Testierunfähigkeit im Übrigen ergibt sich aus § 2229 Abs. 4 BGB. Danach kann derjenige, der wegen krankhafter Störung der Geistestätigkeit, wegen Geistesschwä-

I. Grundsätze des Erbrechts

che oder wegen Bewusstseinsstörung nicht in der Lage ist, die Bedeutung einer von ihm abgegebenen Willenserklärung einzusehen und nach dieser Einsicht zu handeln, kein Testament errichten. Für die Beurteilung der Testierunfähigkeit kommt es auf den Zeitpunkt der Erklärung an.

Gemäß § 28 BeurkG soll der Notar seine Wahrnehmungen über die erforderliche Geschäftsfähigkeit des Erblassers in der Niederschrift vermerken (vgl. Rz. 103). Im Falle eines Testamentes betrifft dies die Testierfähigkeit.

Formulierungsbeispiel 755
Aufgrund meines persönlichen Eindrucks und der mit dem Erschienenen geführten Unterredung habe ich mich von seiner Testierfähigkeit überzeugt.

In problematischen Fällen, insbesondere bei Krankheit, sollte der Notar einen Facharzt zu Rate ziehen und seine Feststellungen in der Urkunde vermerken. 756

Formulierungsbeispiel
Der Erschienene ist nach meiner Einschätzung trotz seiner Krankheit testierfähig. Diese Feststellung habe ich als Ergebnis meiner mit dem Erschienenen geführten längeren Unterredung gewonnen. Der Erschienene konnte meine Fragen zwar nur undeutlich, inhaltlich jedoch exakt und sicher artikulieren. Außerdem bestätigte mir vor der Beurkundung dieses Testaments der den Erschienenen behandelnde Arzt ..., dass aus seiner Sicht keine Zweifel an der Testierfähigkeit bestehen.

bb) Einzeltestament

In einem *Einzeltestament* können Alleinstehende testieren. Darüber hinaus haben Ehegatten oder Lebenspartner die Möglichkeit, in Einzeltestamenten ihre letztwilligen Verfügungen zu treffen. Das Einzeltestament kann bei Ehegatten oder Lebenspartnern insbesondere dann in Frage kommen, wenn nur einer von ihnen testieren möchte oder etwa beide je für sich getrennt eine Verfügung von Todes wegen treffen wollen. Ehegatten bzw. Lebenspartner können ihre Einzeltestamente aber auch aufeinander abstimmen und z. B. unter die Bedingung stellen, dass die Erbeinsetzung des anderen Ehegatten bzw. Lebenspartners nur gelten soll, wenn dieser den Testierenden selbst zu seinem Erben bestimmt. In gleicher Weise könnten die Partner einer nichtehelichen Lebensgemeinschaft verfahren. 757

Hinsichtlich des Einzeltestamentes ist jedoch zu berücksichtigen, dass dieses, anders als das gemeinschaftliche Testament oder der Erbvertrag, keine Bindungswirkung entfaltet (vgl. Rz. 758 und Rz. 763). Das Einzeltestament als Ganzes wie auch in ihm enthaltene einzelne Verfügungen kann der Testierende jederzeit widerrufen (vgl. § 2253 BGB). Der Widerruf erfolgt durch *Widerrufstestament* (§ 2254 BGB), *Vernichtung* bzw. *Veränderung* (§ 2255 BGB), *Rücknahme* aus der besonderen amtlichen Verwahrung beim notariellen Testament (§ 2256 Abs. 1 BGB) oder durch ein späteres *widersprechendes Testament* (§ 2258 BGB). Ein Ehegatte bzw. Lebenspartner kann demzufolge sein Einzeltestament jederzeit ohne Kenntnis seines Ehepartners bzw. Lebenspartners widerrufen. Soll eine bindende Verknüpfung einseitiger Verfügungen verschiedener Erblasser erreicht werden, kann das Einzeltestament nicht empfohlen werden. Dies gilt insbesondere für Ehegatten und Lebenspartner.

cc) Gemeinschaftliches Testament

758 Ein gemeinschaftliches Testament konnte früher gemäß § 2265 BGB nur von Ehegatten errichtet werden (vgl. hierzu Rz. 868). Diese Einschränkung wurde als verfassungsrechtlich unbedenklich angesehen. Mit Inkrafttreten des Gesetzes zur Beendigung der Diskriminierung gleichgeschlechtlicher Gemeinschaften: Lebenspartnerschaften hat der Gesetzgeber den Anwendungsbereich des gemeinschaftlichen Testaments ausgedehnt. Gemäß § 10 Abs. 4 S. 1 LPartG können nunmehr seit dem 01.08.2001 auch zwei Personen gleichen Geschlechts, die nach § 1 LPartG eine Lebenspartnerschaft begründen, ein gemeinschaftliches Testament errichten. Die §§ 2266 bis 2273 BGB gelten gemäß § 10 Abs. 4 S. 2 LPartG insoweit entsprechend. Voraussetzung für die Wirksamkeit des gemeinschaftlichen Testaments ist in beiden Fällen, dass die Ehegatten bzw. Lebenspartner zur Zeit der Testamentserrichtung in einer gültigen Ehe bzw. Lebenspartnerschaft im Sinne des LPartG leben.

Sonstige unverheiratete Personen, wie Verlobte, Verwandte oder die Partner einer nichtehelichen Lebensgemeinschaft können sich nicht des gemeinschaftlichen Testaments mit seiner Bindungswirkung und Formerleichterung bedienen. Für diese kommt jeweils nur die Errichtung von Einzeltestamenten bzw., sofern eine Bindungswirkung gewollt ist, der Abschluss eines Erbvertrages nach § 2276 BGB in Frage. Ein von ihnen gleichwohl errichtetes gemeinschaftliches Testament ist nichtig und wird nicht durch eine spätere Heirat bzw. Begründung einer Lebenspartnerschaft geheilt.

Das gemeinschaftliche Testament enthält wie ein Einzeltestament einseitige Verfügungen der Erblasser, also anders als beim **Erbvertrag** (vgl. Rz. 761–765) keine vertraglichen Regelungen. Dennoch kann das gemeinschaftliche Testament im Gegensatz zum Einzeltestament gewisse Bindungswirkungen entfalten. Diese treten nach dem Tod eines Ehegatten bzw. Lebenspartners bei den sog. wechselbezüglichen Verfügungen auf. Unter *wechselbezüglichen Verfügungen* sind solche zu verstehen, die ein Ehegatte bzw. Lebenspartner gerade deshalb trifft, weil der andere Ehegatte bzw. Lebenspartner eine bestimmte andere Verfügung getroffen hat (§ 2270 Abs. 1 BGB). Wechselbezügliche Verfügungen können ausschließlich Erbeinsetzungen, Vermächtnisse und Auflagen sein (§ 2270 Abs. 3 BGB). Sollte im Testament nicht deutlich zum Ausdruck kommen, ob und welche Verfügungen wechselbezüglich sein sollen, hilft die *Auslegungsregel* des § 2270 Abs. 2 BGB weiter. Danach ist eine wechselbezügliche Verfügung im Zweifel anzunehmen, wenn sich die Ehegatten bzw. Lebenspartner gegenseitig bedenken oder wenn dem einen Ehegatten bzw. Lebenspartner von dem anderen eine Zuwendung gemacht und für den Fall des Überlebens des Bedachten eine Verfügung zugunsten einer Person getroffen wird, die mit dem anderen Ehegatten bzw. Lebenspartner verwandt ist oder ihm sonst nahe steht.

I. Grundsätze des Erbrechts

Beispiel 759
In dem Testament setzen sich die Ehefrau und der Ehemann gegenseitig und der Überlebende jeweils die gemeinsamen Kinder als Erben ein.

In einem notariellen Testament sollte stets klargestellt werden, welche Verfügungen wechselbezüglich sind. 760
Jeder Ehegatte bzw. Lebenspartner kann zu Lebzeiten beider Ehegatten bzw. Lebenspartner seine wechselbezüglichen Verfügungen frei widerrufen. Der Widerruf hat durch notariell beurkundete Erklärung gegenüber dem anderen Ehegatten bzw. Lebenspartner zu erfolgen (§§ 2271 Abs. 1, 2296 Abs. 2 BGB). Der Widerruf einer wechselbezüglichen Verfügung durch den einen Ehegatten bzw. Lebenspartner führt ebenso wie eine Nichtigkeit der Verfügung zur Unwirksamkeit der anderen Verfügung (§ 2270 Abs. 1 BGB).
Gemäß § 2077 Abs. 1 BGB wird zudem eine letztwillige Verfügung, durch die der Erblasser seinen Ehegatten bedacht hat, unwirksam, wenn vor dem Tode des Erblassers die Ehe geschieden worden ist. Der Scheidung gleichgestellt ist der Fall, dass im Zeitpunkt des Todes des Erblassers die Voraussetzungen für eine Scheidung vorlagen und der Erblasser den Scheidungsantrag gestellt oder der Scheidung zugestimmt hat bzw. der Erblasser berechtigt war, die Aufhebung der Ehe zu beantragen und den Antrag gestellt hat. Dies gilt nur dann nicht, wenn die Verfügungen in Kenntnis des Scheiterns der Ehe getroffen worden sind oder auch dann getroffen worden wären (§ 2077 Abs. 3 BGB). Ebenso führt die Auflösung eines Verlöbnisses im Zweifel zur Unwirksamkeit der letztwilligen Verfügung der Verlobten (§ 2077 Abs. 2 BGB).
Die Rechtslage bei Lebenspartnern entspricht derjenigen bei Ehegatten. Gemäß § 10 Abs. 5 LPartG ist § 2077 BGB auf eine letztwillige Verfügung, durch die der Erblasser seinen Lebenspartner bedacht hat, entsprechend anzuwenden.
Die Bindungswirkung der wechselbezüglichen Verfügungen tritt nach dem Tod eines Ehegatten bzw. Lebenspartners zu Tage. Gemäß § 2271 Abs. 2 BGB erlischt mit den Tod des anderen Ehegatten bzw. Lebenspartners das Recht des Überlebenden zum Widerruf. Dies bedeutet, dass der Überlebende grundsätzlich keine abweichende Verfügung mehr treffen kann. Im vorgenannten Beispiel ist es dem Überlebenden z. B. nicht mehr möglich, an Stelle der Kinder einen neuen Lebenspartner als Erben einzusetzen. Etwas anderes gilt nur, wenn der Überlebende das ihm vom Verstorbenen Zugewendete ausschlägt (§ 2271 Abs. 2 S. 1 BGB) oder eine schwere Verfehlung des vom Überlebenden Bedachten vorliegt, z. B. eine vorsätzliche körperliche Misshandlung, (§§ 2271 Abs. 2 S. 2, 2294, 2336 BGB).

b) Erbvertrag

Erblasser können statt durch ein Testament ihre Verfügungen von Todes wegen auch durch einen notariell zu beurkundenden *Erbvertrag* treffen. Ein Erbvertrag wird geschlossen, wenn eine Bindungswirkung des Erblassers erreicht werden soll. Im Gegensatz zum gemeinschaftlichen Testament kann ein Erb- 761 vertrag nicht nur von Ehegatten oder Lebenspartnern, sondern auch von sonstigen Personen, z. B. den Partnern einer nichtehelichen Lebensgemeinschaft (vgl. Rz. 873), Eltern und ihren Kindern oder von Geschwistern geschlossen werden. Entsprechend der im Erbvertrag getroffenen Verfügungen sind mit dem einseitigen, zweiseitigen, gegenseitigen und mehrseitigen Erbvertrag vier Arten zu unterscheiden. *Einseitig* ist ein Erbvertrag, wenn nur der Erblasser Verfügungen von Todes wegen trifft, der Vertragspartner also lediglich zum Zwecke der erbvertraglichen Bindung mitwirkt. Bei einem *zweiseitigen* Erbvertrag treffen beide Vertragsteile hinsichtlich ihres Nachlasses vertragsmäßige Verfügungen. Ein *gegenseitiger* Erbvertrag liegt vor, wenn sich die Erblasser jeweils wechselseitig bedenken. Schließlich kann von einem *mehrseitigen* Erbvertrag gesprochen werden, wenn mehr als zwei Personen vertragsmäßige Verfügungen von Todes wegen treffen.

aa) Geschäftsfähigkeit

762 Im Erbvertragsrecht gibt es im Gegensatz zum Testament keine Regelung über die Testierfähigkeit. Hier ist auf die Geschäftsfähigkeit abzustellen. Dies stellt § 2275 Abs. 1 BGB klar, wonach jemand einen Erbvertrag als Erblasser nur schließen kann, wenn er unbeschränkt geschäftsfähig, also insbesondere volljährig ist. Eine Ausnahme enthält das Gesetz in § 2275 Abs. 2 und 3 BGB für Verheiratete und Verlobte. Danach können Ehegatten und Verlobte einen Erbvertrag schließen, auch wenn sie beschränkt geschäftsfähig sind (vgl. § 106 BGB). Sie bedürfen hierzu allerdings der Zustimmung des gesetzlichen Vertreters und, sofern der gesetzliche Vertreter ein **Vormund** ist (vgl. Rz. 661), der Genehmigung durch das Vormundschaftsgericht. Für Lebenspartner gilt diese Ausnahme nicht. Eine Lebenspartnerschaft kann wirksam nur durch Volljährige begründet werden (§ 1 Abs. 2 Nr. 1 LPartG).

Ebenso wie beim Testament hat der Notar beim Erbvertrag gemäß § 28 BeurkG seine Wahrnehmungen von der Geschäftsfähigkeit in der Urkunde zu vermerken. Bei der für das Testament vorgeschlagenen Formulierung (vgl. Rz. 754) ist das Wort »Testierfähigkeit« dementsprechend durch das Wort »Geschäftsfähigkeit« zu ersetzen.

bb) Bindungswirkung beim Erbvertrag

763 In einem Erbvertrag kann jeder der Vertragsschließenden so genannte *vertragsmäßige Verfügungen von Todes wegen* treffen. Darüber hinaus sind einseitige Verfügungen möglich. Einseitige Verfügungen sind solche, die durch Testament getroffen werden können (§ 2299 Abs. 1 BGB). Von den Bindungswirkungen beim Erbvertrag sind nur die vertragsmäßigen Verfügungen erfasst. Solche vertragsmäßigen Verfügungen können – ähnlich wie beim gemeinschaftlichen Testament – nur Erbeinsetzungen, Vermächtnisse oder Auflagen sein (§§ 1941 Abs. 1, 2278 BGB). Der Erbvertrag muss mindestens eine vertragsmäßige Verfügung enthalten. Bei der Vertragsgestaltung ist darauf zu achten, dass stets deutlich zum Ausdruck kommt, welche Verfügungen vertragsmäßig und welche einseitig getroffen sind.

I. Grundsätze des Erbrechts

Die vertragsmäßigen Verfügungen beschränken die Testierfreiheit des Erblassers. Einerseits werden durch sie frühere testamentarische Verfügungen aufgehoben, soweit sie das Recht des im Erbvertrag Bedachten beeinträchtigen (§ 2289 Abs. 1 S. 1 BGB), andererseits führen die vertragsmäßigen Verfügungen zu einer Unwirksamkeit aller späteren Verfügungen von Todes wegen (§ 2289 Abs. 1 S. 2 BGB). Diese Bindungswirkung bezieht sich nur auf den Erbfall. Stirbt der Bedachte vor dem Tod des Erblassers, ist die Zuwendung gegenstandslos, eine neue Verfügung kann wirksam getroffen werden. Gleiches gilt, wenn der Bedachte die vertragsmäßige Zuwendung ausschlägt. Weiterhin wird der Erblasser durch den Abschluss des Erbvertrages grundsätzlich nicht an Verfügungen unter Lebenden gehindert (§ 2286 BGB). Das Gesetz sieht allerdings in § 2287 BGB einen beschränkten Schutz des Erben gegen Schenkungen des Erblassers zu dessen Lebzeiten vor. Diese Vorschrift dient der Verhinderung von Missbrauch. Hat der Erblasser in der Absicht, den Vertragserben zu beeinträchtigen, eine Schenkung gemacht, so kann dieser, nachdem ihm die Erbschaft angefallen ist, von dem Beschenkten die Herausgabe des Geschenkes verlangen. Eine noch weiter gehende Schutzvorschrift für den vertragsmäßig bedachten Vermächtnisnehmer enthält § 2288 BGB.

Die vertragsmäßige Bindung kann durch einen Vorbehalt nachträglicher anderweitiger Verfügungen eingeschränkt oder gelockert werden, sog. *Änderungsvorbehalt*. Hiervon zu unterscheiden ist die Vereinbarung eines *Rücktrittsvorbehalts* oder eines *Rücktrittsrechts* (§ 2293 BGB). Die Ausgestaltung des Rücktrittsgrundes unterliegt allein dem Willen der Vertragsparteien. Der Rücktritt kann für bestimmte Fälle unter eine Bedingung oder Befristung gestellt werden. Es ist aber auch zulässig, eine Rücktrittsmöglichkeit ohne die Einhaltung von Voraussetzungen zu vereinbaren.

Die im Erbvertrag enthaltenen einseitigen Verfügungen werden genauso behandelt, wie wenn sie durch Testament getroffen worden wären. Sie können also insbesondere durch den Erblasser frei widerrufen werden (§ 2299 Abs. 2 BGB).

cc) Lösung vom Erbvertrag

Es gibt verschiedene Möglichkeiten, sich von einem Erbvertrag oder einzelnen vertragsmäßigen Verfügungen zu lösen. Angesichts der starken erbrechtlichen Bindungswirkung der vertragsmäßigen Verfügungen ist dies jedoch nur innerhalb enger Grenzen möglich.

Zunächst kommt ein *Aufhebungsvertrag* durch die Personen, die den Erbvertrag geschlossen haben, in Betracht (§ 2290 Abs. 1 S. 1 BGB). Dieser bedarf der Form des Erbvertrages, § 2290 Abs. 4 BGB (vgl. hierzu Rz. 761). Nach dem Tod eines der Vertragspartner kann eine Aufhebung nicht mehr erfolgen (§ 2290 Abs. 1 S. 2 BGB). Die Erblasser können den Aufhebungsvertrag nur persönlich schließen, ein beschränkt Geschäftsfähiger bedarf hierzu nicht der Zustimmung seines gesetzlichen Vertreters (§ 2290 Abs. 2 BGB). Steht ein Vertragsteil jedoch unter Vormundschaft (vgl. Rz. 661) oder wird die Aufhebung vom Wirkungskreis eines **Betreuers** (vgl. Rz. 662) erfasst, ist die Genehmigung des Vormundschaftsgerichts erforderlich (§ 2290 Abs. 3 S. 1 BGB). Das

764

gleiche gilt, wenn der Vertragspartner unter elterlicher **Sorge** (vgl. Rz. 638) steht, es sei denn der Aufhebungsvertrag wird unter Ehegatten oder Verlobten geschlossen (§ 2290 Abs. 3 S. 2 BGB).

Sofern lediglich vertragsmäßige Vermächtnisse oder Auflagen aufgehoben werden sollen, sieht § 2291 BGB eine Erleichterung vor. Der Erblasser kann die entsprechenden Verfügungen danach durch Testament aufheben. Für die Wirksamkeit der Aufhebung ist jedoch zusätzlich die Zustimmung des anderen Vertragspartners erforderlich. Diese ist unwiderruflich. Während für die Aufhebung z. B. ein privatschriftliches Testament des Erblassers ausreicht, bedarf die Zustimmungserklärung zu ihrer Wirksamkeit der notariellen Beurkundung (§ 2291 Abs. 2 BGB).

Darüber hinaus können Ehegatten bzw. Lebenspartner ihren Erbvertrag durch gemeinschaftliches Testament aufheben (§ 2292 BGB). Hinsichtlich des Ehegatten- bzw. Lebenspartnererbvertrages ist weiter zu berücksichtigen, dass gemäß § 2279 Abs. 2 BGB die für Testamente geltende Vorschrift des § 2077 BGB Anwendung findet, d. h. die vertragsmäßig getroffenen Verfügungen werden insbesondere auch im Falle der Scheidung der Ehe bzw. Aufhebung der Lebenspartnerschaft unwirksam, wenn nicht anzunehmen ist, dass sie auch für diesen Fall getroffen worden sind (zu den sonstigen **Unwirksamkeitsgründen** des § 2077 BGB vgl. Rz. 758).

Eine Aufhebung des Erbvertrages kommt auch durch Rücknahme des Erbvertrages aus der amtlichen oder notariellen Verwahrung in Betracht. Durch das OLGVertRÄndG vom 23.07.2002 (BGBl. I 2850) wurde § 2300 BGB um einen Absatz 2 ergänzt. Die Neuregelung hat die Rechtslage beim Erbvertrag weitgehend derjenigen bei Testamenten angepasst. Gem. § 2300 Abs. 2 S. 1 BGB kann ein Erbvertrag, der nur Verfügungen von Todes wegen enthält, aus der amtlichen oder notariellen Verwahrung zurückgenommen und den Vertragsschließenden zurückgegeben werden (zur Abwicklung der Rückgabe siehe Rz. 794). Voraussetzung der Rückgabe ist, dass es sich um einen Erbvertrag handelt, der nur Verfügungen von Todes wegen enthält. Neben den erbvertragstypischen vertragsmäßigen Verfügungen können dies auch einseitige Verfügungen von Todes wegen sein. Die Rückgabe von Verträgen, die neben den Verfügungen von Todes wegen auch Rechtsgeschäfte unter Lebenden enthalten, wie z. B. Ehe- und Erbverträge (vgl. Rz. 765), ist dagegen ausgeschlossen. Wird ein solcher Vertrag dennoch zurückgenommen und an die Beteiligten zurückgegeben, hat die Rückgabe nicht die Widerrufsfiktion des §§ 2300 Abs. 2 S. 3, 2256 Abs. 1 BGB. § 2300 Abs. 2 S. 2 Hs. 1 BGB normiert weiterhin, dass die Rückgabe nur an alle Vertragsschließenden gemeinschaftlich erfolgen darf. In der Praxis kann sich dies als schwierig erweisen. Erforderlich ist, dass alle am Erbvertrag Beteiligten gleichzeitig bei dem den Erbvertrag verwahrenden Amtsgericht bzw. Notar erscheinen. Auf Ansuchen der Beteiligten kann sich der Rechtspfleger bzw. Notar auch an einen anderen Ort, z. B. Krankenhaus, begeben. Auch dorthin müssen dann alle Beteiligten gemeinsam kommen. Gem. § 2300 Abs. 2 S. 2 Hs. 2 BGB findet die Vorschrift des § 2290 Abs. 1 S. 2, Abs. 2 und 3 BGB auf die Rückgabe des Erbvertrages Anwendung. Dies bedeutet, dass eine Rücknahme nur zu Lebzeiten aller Ver-

I. Grundsätze des Erbrechts

tragsparteien, also nicht nur der Erblasser, sondern auch derjenigen Personen, die im Erbvertrag eine vertragsmäßige Verfügung angenommen haben, möglich ist. Darüber hinaus darf die Rückgabe nur an den Erblasser höchstpersönlich erfolgen (§ 2290 Abs. 2 S. 1 BGB). Da die ordnungsgemäße Rücknahme die Widerrufsfiktion nach sich zieht und damit in ihrer Wirkung einer erneuten Verfügung von Todes wegen gleich kommt, muss der Erblasser zum Zeitpunkt der Rücknahme genauso geschäftsfähig sein wie bei der vertraglichen Aufhebung (§ 2290 Abs. 2 S. 2, Abs. 3 BGB). Wird ein Erbvertrag nach § 2300 Abs. 2 S. 1 und 2 BGB zurückgenommen, gilt gem. § 2300 Abs. 2 S. 3 BGB § 2256 Abs. 1 BGB entsprechend, d. h. der Erbvertrag gilt als insgesamt und vollumfänglich widerrufen. Die Widerrufsfiktion erstreckt sich nicht nur auf die vertragsmäßigen, sondern auch auf etwaige einseitige Verfügungen. Eine weitere Möglichkeit, sich von einem Erbvertrag zu lösen, kann im Rücktritt bestehen. Dieser steht jedoch nicht im Belieben des Rücktrittswilligen. Er kommt nur unter begrenzten Voraussetzungen in Frage. Ein Rücktrittsrecht besteht insbesondere, wenn sich die Vertragsparteien einen solchen im Erbvertrag vorbehalten haben (§ 2293 BGB, vgl. Rz. 872). Weiterhin sehen die §§ 2294 und 2295 BGB gesetzliche Rücktrittsrechte vor. Im ersten Fall muss sich der Bedachte schwerer Verfehlungen schuldig gemacht haben. Diese müssen so schwerwiegend sein, dass sie für einen Pflichtteilsentzug, §§ 2333 bis 2335 BGB, ausreichen würden, wenn der Bedachte ein Abkömmling des Erblassers wäre (vgl. hierzu Rz. 806). Im zweiten Fall besteht ein Rücktrittsrecht, falls der Bedachte dem Erblasser wiederkehrende Leistungen versprochen hat und die Leistungsverpflichtung vor dem Tod des Erblassers entfallen ist. Der Rücktritt kann nur persönlich, nicht durch einen Vertreter erfolgen. Ein beschränkt Geschäftsfähiger bedarf für den Rücktritt nicht der Zustimmung seines gesetzlichen Vertreters (§ 2296 Abs. 1 BGB). Der Rücktritt erfolgt durch eine Erklärung gegenüber dem Vertragspartner. Diese Erklärung bedarf der notariellen Beurkundung (§ 2296 Abs. 2 BGB). Die entsprechende notarielle Urkunde muss dem anderen in Ausfertigung zugehen. Geht lediglich eine beglaubigte Abschrift zu, ist der Rücktritt unwirksam.

Schließlich kommt eine *Anfechtung* des Erbvertrages in Betracht. Neben den allgemeinen Anfechtungsregeln der §§ 119 ff. BGB und der für letztwillige Verfügungen geltenden Vorschriften der §§ 2078 ff. BGB enthalten die §§ 2281 bis 2285 BGB spezielle Regelungen. Die Besonderheit des § 2281 Abs. 1 BGB besteht darin, dass auch der Erblasser den Erbvertrag anfechten kann. Dies ist in den Fällen des § 2078 BGB oder des § 2079 BGB möglich, also wenn der Erblasser zu der Verfügung durch Irrtum, Täuschung oder Drohung veranlasst worden ist oder wenn er bei der Verfügung einen ihm nicht bekannten oder noch nicht vorhandenen Pflichtteilsberechtigten übergangen hat. Die Anfechtung ist jedoch nur innerhalb einer Ausschlussfrist von einem Jahr ab Kenntnis des Anfechtungsgrundes bzw. Beendigung der Drohung möglich (§ 2283 BGB). Der Erblasser kann ebenso wie beim Rücktritt nur persönlich anfechten. Ein beschränkt Geschäftsfähiger bedarf auch hier nicht der Zustimmung seines gesetzlichen Vertreters. Für einen geschäftsunfähigen Erblasser kann sein gesetzlicher Vertreter mit Genehmigung des Vormundschaftsgerichts anfechten (§ 2282 Abs. 1 und 2 BGB). Die *Anfechtungserklärung* ist gemäß § 2282 Abs. 3 BGB notariell zu beurkunden und dem anderen Vertragsteil gegenüber zu erklären (§ 143 Abs. 2 BGB). Auch insoweit genügt eine beglaubigte Abschrift der Urkunde nicht, dem Vertragspartner muss eine Ausfertigung zugehen. Die form- und fristgerechte Anfechtung führt zur Unwirksamkeit des Erbvertrages (§§ 142 Abs. 1, 2298 Abs. 1 BGB).

dd) Verbindung des Erbvertrages mit anderen Verträgen

765 Ein Erbvertrag kann auch mit anderen Verträgen verbunden werden, insbesondere mit einem **Ehevertrag** (vgl. Rz. 676), einem **Lebenspartnerschaftsvertrag** (vgl. Rz. 715), einem **Erbverzicht** (vgl. Rz. 879) oder einem **Pflegevertrag**. Bei der Verbindung eines Erbvertrages mit einem Pflegevertrag sollte insbesondere eine Rücktrittsregelung gemäß § 2293 BGB oder eine auflösende Bedingung für den Fall der Nicht- oder Schlechterfüllung der Verpflichtungen aus dem Pflegevertrag hinsichtlich der erbvertraglichen Vereinbarungen in den Vertrag aufgenommen werden. Im Übrigen ist § 2295 BGB zu beachten.

c) Wahl zwischen Erbvertrag und gemeinschaftlichem Testament

766 Sofern Ehegatten oder Lebenspartner Verfügungen von Todes wegen treffen wollen, stellt sich in der notariellen Beratung die Frage, ob dem gemeinschaftlichen Testament oder dem Erbvertrag der Vorzug zu geben ist. Eine pauschale Antwort hierauf ist nicht möglich. Maßgebend dürfte in erster Linie der Bindungswille der Ehegatten bzw. Lebenspartner sein. Bei einem gemeinschaftlichen Testament kann jeder Ehegatte bzw. Lebenspartner zu Lebzeiten des anderen seine Verfügung einseitig widerrufen mit der Wirkung, dass auch die Verfügung des anderen Ehepartners bzw. Lebenspartners unwirksam wird (vgl. Rz. 758). Wollen sich die Ehegatten bzw. Lebenspartner jedoch so weit binden, dass sich keiner von ihnen einseitig von der gemeinsamen Verfügung lösen kann, so bietet das gemeinschaftliche Testament keine ausreichende Sicherheit. In diesen Fällen ist dem Erbvertrag der Vorzug zu geben. Fehlt ein entsprechender lebzeitiger Bindungswille, muss aber nicht zwangsläufig auf das gemeinschaftliche Testament zurückgegriffen werden. Vielmehr kann der Erbvertrag dem Rechnung tragen und derart flexibel gestaltet werden, dass etwa ein Rücktrittsrecht vorbehalten wird. Auch sprechen Kostengesichtspunkte für den Erbvertrag. Während das notariell beurkundete gemeinschaftliche Testament zwingend in die amtliche Verwahrung beim Nachlassgericht zu geben ist (vgl. Rz. 778), können die Beteiligten beim Erbvertrag die amtliche Verwahrung ausschließen. Dieser verbleibt dann in der Verwahrung des Notars (vgl. Rz. 786). Eine Notargebühr fällt hierfür nicht an. Anders ist dies beim gemeinschaftlichen Testament. Für die Verwahrung ist an das Gericht eine $1/4$ Gebühr zu zahlen (§ 101 KostO). Der frühere Nachteil des Erbvertrages, dass dieser vom Erblasser anders als ein Testament nicht aus der amtlichen bzw. notariellen Verfahren zurückgenommen werden

I. Grundsätze des Erbrechts

konnte, ist durch die Neuregelung des § 2300 Abs. 2 BGB ausgeräumt (vgl. Rz. 764).

d) Beteiligung von Ausländern

Beabsichtigt ein ausländischer Beteiligter vor einem deutschen Notar eine Verfügung von Todes wegen zu errichten, stellt sich die Frage nach dem anwendbaren Recht. Anknüpfungspunkt hierfür können zunächst Staatsverträge sein. Ein solcher besteht z. B. zwischen Deutschland und der Türkei. Soweit es an einem Staatsvertrag fehlt, bestimmt Art. 25 Abs. 1 EGBGB, dass die Rechtsnachfolge von Todes wegen dem Recht des Staates unterliegt, dem der Erblasser im Zeitpunkt seines Todes angehörte. Ist der Erblasser etwa chilenischer Staatsbürger, wird somit auf das chilenische Recht verwiesen. 767

Art. 25 Abs. 2 EGBGB eröffnet dem Erblasser darüber hinaus die Möglichkeit, für in Deutschland belegenes unbewegliches Vermögen in der Form einer Verfügung von Todes wegen deutsches Recht zu wählen. Zu beachten ist hierbei, dass dies u. U. zu einer *Nachlassspaltung* führt. Während nach einer entsprechenden Rechtswahl etwa für Grundstücke in Deutschland deutsches Erbrecht gilt, könnte das Vermögen des Erblassers im Heimatland den dortigen gesetzlichen Vorschriften unterfallen.

> *Formulierungsbeispiel* 768
> *Für meinen Nachlass soll, soweit dies gesetzlich möglich ist, zumindest aber für mein in Deutschland belegenes unbewegliches Vermögen deutsches Recht zur Anwendung kommen.*
> *Der Notar hat mich über die Tragweite dieser Rechtswahl belehrt und insbesondere darauf hingewiesen, dass eine Nachlassspaltung eintreten kann. Der Notar hat weiter darauf hingewiesen, dass die Rechtswahl im Ausland möglicherweise nicht anerkannt wird und dass er über den Inhalt des ausländischen Rechts nicht belehren kann. Trotz dieser Belehrung bestehe ich auf sofortiger Beurkundung.*

Sofern ein ausländischer Erblasser eine Verfügung von Todes wegen in Deutschland errichten will, ist stets ein Einzeltestament vorzuziehen. Die meisten ausländischen Erbrechtsordnungen kennen die Gestaltungsformen des gemeinschaftlichen Testaments oder Erbvertrages nicht. Die Form des Testaments ist aus deutscher Sicht ebenso wie aus Sicht der Vertragsstaaten des Haager Übereinkommen über das auf die Form letztwilliger Verfügungen anzuwendende Recht vom 05.10.1961 in aller Regel unproblematisch. Insbesondere ist für ein Testament, das von einem Ausländer in Deutschland errichtet wird, die Form des deutschen Rechts ausreichend (Art. 26 Abs. 1 S. 1 Nr. 2 EGBGB). Etwas anderes gilt jedoch, wenn das Testament auch in einem Staat Wirkungen entfalten soll, der nicht dem Haager Übereinkommen beigetreten ist. In diesen Fällen sollte das Testament neben der deutschen auch der Form des entsprechenden Staates entsprechen. 769

4. Formen der Verfügungen von Todes wegen und ihre Abwicklung

a) Testamentsformen

770 Die Errichtung eines Testamentes ist nur in den gesetzlich vorgeschriebenen Formen möglich. Zu unterscheiden sind die ordentlichen Testamentsformen von den außerordentlichen. Zur ersten Gruppe zählen das *eigenhändige Testament* (vgl. Rz. 771) und das *öffentliche – notarielle – Testament* (vgl. Rz. 772). Zur zweiten Gruppe gehören das *Bürgermeistertestament* (vgl. § 2249 BGB), das *Dreizeugentestament* (vgl. § 2250 BGB) und das *Seetestament* (vgl. § 2251 BGB).

aa) Das eigenhändige Testament

771 Der Erblasser kann ein privatschriftliches Testament errichten. Dabei hat er den Text eigenhändig zu schreiben und zu unterschreiben (§ 2247 Abs. 1 BGB), ein Computerausdruck oder Schreibmaschinentext reicht also nicht aus. Im eigenhändigen Testament soll das Datum der Errichtung (Tag, Monat und Jahr) sowie der Ort, an dem das Testament niedergeschrieben wurde, angegeben werden (§ 2247 Abs. 2 BGB). Die Unterschrift soll den Vornamen und den Nachnamen des Erblassers enthalten (§ 2247 Abs. 3 BGB). Ein Minderjähriger oder jemand, der Geschriebenes nicht zu lesen vermag, kann ein eigenhändiges Testament nicht errichten (§ 2247 Abs. 4 BGB). Zur Errichtung eines eigenhändigen gemeinschaftlichen Testaments durch Ehegatten genügt es, wenn einer der Ehegatten das Testament in der vorgenannten Form errichtet und der andere Ehegatte dieses eigenhändig mitunterschreibt. Er soll dabei Datum und Ort angeben (§ 2267 BGB). Wo das eigenhändige Testament aufbewahrt wird, ist gleichgültig. Der Erblasser kann es z. B. auch in die besondere amtliche Verwahrung beim Amtsgericht (§ 2258 a BGB) geben. Verlangt er es von dort zurück, bleibt es wirksam (§ 2256 Abs. 3 BGB). Eigenhändige Testamente, die nicht in die besondere amtliche Verwahrung gebracht sind, müssen unverzüglich nach dem Erbfall beim Nachlassgericht abgeliefert werden (§ 2259 Abs. 1 BGB).

bb) Das notarielle Testament

772 Die zweite ordentliche Testamentsform bildet das sog. *öffentliche Testament*. Dieses kann zur Niederschrift eines Notars errichtet werden, in dem der Erblasser dem Notar seinen letzten Willen erklärt oder ihm eine Schrift mit der Erklärung übergibt, dass die Schrift seinen letzten Willen enthalte (§ 2232 BGB). Der Beteiligte kann gemäß § 29 BeurkG verlangen, dass zur Beurkundung bis zu zwei Zeugen oder ein zweiter Notar zugezogen werden. Dies ist in der Niederschrift zu vermerken. Die Niederschrift ist auch von diesen Personen zu unterschreiben.

aaa) Testamentserrichtung durch Erklärung gegenüber dem Notar

773 Den Regelfall bildet die Testamentserrichtung durch Erklärung gegenüber dem Notar. Der letzte Wille des Erblassers wird dabei in der notarielle Urkunde niedergeschrieben (zu **Formulierungsbeispielen** siehe Rz. 864–871).

I. Grundsätze des Erbrechts

Die Niederschrift ist den Beteiligten vom Notar vorzulesen, von ihnen zu genehmigen und eigenhändig zu unterschreiben. Im Normalfall bestehen hier keine Besonderheiten zu sonstigen Beurkundungen (vgl. hierzu allgemein Rz. 95–138). Der Notar hat die §§ 9 ff. BeurkG zu beachten.

Seit Änderung der §§ 2232, 2233 BGB durch das OLGVertRÄndG ist es nicht mehr erforderlich, dass der Erblasser seinen letzten Willen gegenüber dem Notar »mündlich« erklärt. Die Erklärung kann nunmehr auch konkludent, z. B. durch Gebärden, Zeichen oder auf andere Weise zum Ausdruck gebracht werden. Hierbei ist auf die §§ 22 bis 26 BeurkG zurückzugreifen, wobei darüber hinaus den Besonderheiten der Beurkundung letzwilliger Verfügungen durch Anwendung der §§ 27 ff. BeurkG Rechnung zu tragen ist (vgl. Rz. 777).

bbb) Testamentserrichtung durch Übergabe einer Schrift

Wird ein notarielles Testament durch Übergabe einer Schrift an den Notar errichtet, hat der Übergeber zu erklären, dass diese Schrift seinen letzten Willen enthalte. Der Erblasser kann die Schrift offen oder verschlossen übergeben (§ 2232 S. 2 BGB). Die übergebene Schrift braucht nicht eigenhändig geschrieben werden, sie kann also z. B. auch als Computerausdruck hergestellt oder von einem Dritten geschrieben sein. 774

Der Notar hat bei der Beurkundung der Übergabe einer Schrift neben der Erklärung des Erblassers, dass die Schrift seinen letzten Willen enthalte, in der Niederschrift festzustellen, dass die Schrift übergeben worden ist. In der Niederschrift soll weiter vermerkt werden, ob die Schrift offen oder verschlossen übergeben worden ist. Von dem Inhalt einer offen übergebenen Schrift soll der Notar Kenntnis nehmen, sofern er der Sprache, in der die Schrift verfasst ist, hinreichend kundig ist. Dem Notar obliegen insoweit die Belehrungspflichten des § 17 BeurkG (vgl. Rz. 89). Die übergebene Schrift soll weiterhin der Niederschrift beigefügt werden. Einer Verlesung der Schrift bedarf es nicht (vgl. zu alledem § 30 BeurkG).

Formulierungsbeispiel 775
Der Erschienene beantragte die Beurkundung eines
Testaments.
Aufgrund meines persönlichen Eindrucks und der mit dem Erschienenen geführten Unterredung habe ich mich von seiner Testierfähigkeit überzeugt.
Der Erschienene erklärte unter Verzicht auf die Zuziehung von Zeugen oder eines zweiten Notars:
Ich widerrufe alle bisherigen Verfügungen von Todes wegen und versichere, dass ich nicht durch ein gemeinschaftliches Testament oder einen Erbvertrag an der Errichtung des Testaments gehindert bin. Ich bin deutscher Staatsangehöriger.
Der Erschienene übergab sodann dem Notar die dieser Niederschrift beigefügte verschlossene Schrift mit der Erklärung, dass sie seinen letzten Willen enthalte.
Der Notar wies den Erschienenen darauf hin, dass er den Inhalt der Schrift nicht kennt und deshalb eine Belehrung nicht vornehmen kann. Der Erschienene erklärte, dass er das Testament dennoch durch Übergabe der verschlossenen Schrift errichten will.

> *Den Wert seines Nettovermögens gab der Erschienene mit EURO ... an.*

776 Es bedarf keiner besonderen Erwähnung, dass diese Testamentsform erhebliche Nachteile und Gefahren haben kann, insbesondere wenn eine verschlossene Schrift übergeben wird. In diesen Fällen besteht weder die Möglichkeit der Prüfung noch der Beratung durch den Notar. In der Praxis kommt diese Art der Testamentserrichtung daher auch nicht sehr häufig vor.

ccc) Besonderheiten bei der Testamentserrichtung durch Behinderte und Sprachunkundige

777 Der Gesetzgeber hat eine Reihe von besonderen Regelungen getroffen, um auch den Personen, die körperlich behindert sind oder die deutsche Sprache nicht verstehen, die Errichtung eines Testamentes zu ermöglichen.

Mit Beschluss vom 19.01.1999 hatte das BVerfG (NJW 1999, 1853) den bis dahin geltenden generellen Ausschluss schreibunfähiger Stummer von der Errichtung letztwilliger Verfügungen durch die §§ 2232, 2233 BGB und § 31 BeurkG wegen Verstoßes gegen die Erbrechtsgarantie des Art. 14 Abs. 1 GG sowie gegen den allgemeinen Gleichheitssatz des Art. 3 Abs. 1 GG und das Benachteiligungsverbot für Behinderte in Art. 3 Abs. 3 S. 2 GG für verfassungswidrig erachtet. Mit Änderung der §§ 2232 und 2233 BGB sowie der entsprechenden Vorschriften des BeurkG durch das OLGVertrÄndG hat der Gesetzgeber diesen verfassungsrechtlichen Zustand beendet.

Derjenige, der nach seinen Angaben oder nach der Überzeugung des Notars nicht im Stande ist, Geschriebenes zu lesen, kann das Testament gem. § 2233 Abs. 2 BGB nur durch Erklärung gegenüber dem Notar errichten. Vom Kriterium der Mündlichkeit hat der Gesetzgeber auch insoweit Abstand genommen. Die Vorschrift des § 2233 Abs. 2 BGB gilt für Blinde und Analphabeten gleichermaßen. Die Übergabe einer Schrift – mit Ausnahme einer in Blindenschrift verfassten Schrift – durch diese scheidet regelmäßig aus.

Ist ein Erblasser, der dem Notar seinen letzten Willen mündlich erklärt, der Sprache, in der die Niederschrift aufgenommen wird – also regelmäßig der deutschen Sprache –, nicht hinreichend kundig und ist dies in der Niederschrift festgestellt, so muss gem. § 32 BeurkG eine schriftliche Übersetzung angefertigt werden, die der Niederschrift beigefügt werden soll. Der Erblasser kann hierauf verzichten; der Verzicht muss in der Niederschrift festgestellt werden.

Neben den vorgenannten speziellen Vorschriften gelten die allgemeinen Regelungen über die Beteiligung behinderter Personen an der Beurkundung, also die §§ 22 ff. BeurkG (vgl. hierzu Rz. 139). Mit Aufhebung des § 31 BeurkG durch das OLGVertrÄndG wurde zugleich die Anwendung des § 24 BeurkG n. F. ermöglicht. Es muss daher auch bei der Beurkundung von Testamenten und Erbverträgen nunmehr eine Person zur Beurkundung hinzugezogen werden, die sich mit dem Behinderten verständigen kann und mit deren Hinzuziehung der behinderte Beteiligte nach der Überzeugung des Notars einverstanden ist. Zu beachten ist ferner die Ergänzung des § 22 S. 2 BeurkG, wo-

I. Grundsätze des Erbrechts

nach der Notar auf Verlangen eines hör- oder sprachbehinderten Beteiligten einen Gebärdendolmetscher hinzuziehen soll.

ddd) Abwicklung notarieller Testamente
Die Abwicklung von notariellen Testamenten unterscheidet sich ganz erheblich von der Behandlung anderer Urkunden. Die maßgeblichen Vorschriften finden sich in § 34 BeurkG und § 20 DONot.

778

Der Notar hat die Niederschrift über die Errichtung eines Testamentes, also die Urschrift, umgehend in einen Umschlag zu nehmen und diesen mit dem Prägesiegel (Lacksiegel oder Siegelung mittels Oblate und Siegelpresse) zu verschließen. In den Umschlag sollen auch die nach den §§ 30 bis 32 BeurkG beigefügten Schriften genommen werden. Auf dem Umschlag hat der Notar den Erblasser seiner Person nach näher zu bezeichnen und anzugeben, wann das Testament errichtet worden ist. Gemäß Ziffer I. 1.1 der Anordnung über die Benachrichtigung in Nachlasssachen, sind insoweit auf dem Umschlag folgende Angaben zu machen: Geburtsnamen, Vornamen und Familiennamen der Erblasser, Familien-(Ehe-/Lebenspartnerschafts-)namen aus früheren Ehen oder eingetragenen Lebenspartnerschaften sowie die Namen der Eltern; Geburtstag und Geburtsort mit Postleitzahl, die Gemeinde und der Kreis sowie zusätzlich das für den Geburtsort zuständige Standesamt und die Geburtenbuch-(Geburtsregister-)nummer; Postleitzahl, Wohnort und Wohnung; Tag der Errichtung des Testaments. Die Aufschrift des Umschlags muss der Notar unterschreiben. Sodann hat er zu veranlassen, dass das Testament unverzüglich – ohne schuldhaftes Zögern, regelmäßig spätestens am Tag nach der Beurkundung – in die besondere amtliche Verwahrung gebracht wird (vgl. § 34 BeurkG). Grundsätzlich zuständig hierfür ist das Amtsgericht – Nachlassgericht –, in dessen Bezirk der Notar seinen Amtssitz hat (§ 2258 a Abs. 1 und 2 BGB). Der Erblasser kann allerdings jederzeit die Verwahrung bei einem anderen Amtsgericht verlangen (§ 2258 a Abs. 3 BGB). Der Notar erhält vom Gericht eine Empfangsbestätigung über die Abgabe des Testamentes. Auf deren Erteilung ist stets zu achten.

Die für die Verschließung des Testaments zu verwendenden Umschläge können im Fachhandel bezogen werden. Der Umschlag enthält folgende, vom Notar auszufüllende Aufschrift:

Teil E Beurkundungen im Erbrecht

779 Muster 1

Verwahrungsbuch-Nr.		
Personalien der Erblasserin/ des Erblassers	a) der Ehefrau/Frau, der LPartnerin/des LPartners	b) des Ehemannes/Mannes, des LPartners/der LPartnerin
Geburtsname .... Familienname .... (ggf. Familien-(Ehe-/Lebenspartnerschafts-)namen aus früheren Ehen oder Lebenspartnerschaften)		
Vornamen		
Geburtstag		
Geburtsort, Gemeinde, Kreis		
Standesamt und Nr.		
PLZ		
Wohnort (mit Straße und Hausnummer) Vor-, Familien- und ggf. Geburtsname des Vaters		
Vor-, Familien- und ggf. Geburtsname der Mutter		

..................................., den .... – Amtsgericht – .... – Notarin/Notar (Unterschrift)					
Gemeinschaftliches ☐	Testament ☐	Erbvertrag ☐	Urkunde ☐	vom	Urk.-Rolle-Nr.
der Notarin/ des Notars	in				
Geschäfts-Nr.	des _____ gerichts				
Nach Ableben	☐ des Ehemannes/Mannes, Lebenspartners eröffnet am		☐ der Ehefrau/Frau, Lebenspartnerin und wieder verschlossen		
Ort, Datum	Amtsgericht _____, Rechtspfleger/in (Unterschrift)				

780 Wird ein Testament einer Einzelperson verwahrt, ist die nicht benötigte Spalte des Vordrucks durchzustreichen.

781 Der Notar muss die Niederschrift über die Errichtung des Testamentes, wie jede sonstige Niederschrift, eigenhändig unterschreiben (§ 13 Abs. 3 BeurkG). Sollte er dies versehentlich unterlassen haben, führt dies jedoch ausnahmsweise dann nicht zur Unwirksamkeit des Testamentes, wenn er die Aufschrift auf dem verschlossenen Umschlag unterschrieben hat (§ 35 BeurkG).

Da der Notar anders als bei anderen Niederschriften (vgl. Rz. 180) die Urschrift des Testamentes in die besondere amtliche Verwahrung abgibt, sieht § 20 Abs. 1 DONot vor, dass ein Vermerk zur Urkundensammlung zu nehmen ist. Dieser hat den Namen, Geburtsdatum, Geburtsort mit Postleitzahl und Wohnort des Erblassers – ggf. auch des zweiten Notars oder Urkundenzeugen – sowie Angaben darüber zu enthalten, in welcher Form (§§ 2232, 2276 BGB)

I. Grundsätze des Erbrechts

die Verfügung von Todes wegen errichtet worden ist und wann und an welches Amtsgericht sie abgeliefert wurde. Auf das Vermerkblatt sind zudem die Nummern der Urkundenrolle und die Kostenberechnung zu setzen. Die entsprechenden Vermerkblätter sind im Fachhandel zu beziehen; vgl. hierzu das nachfolgende Muster:

Teil E Beurkundungen im Erbrecht

782 Muster 2

Ort und Datum

Notar _____

Urk.-Rolle-Nr. _____
Bitte bei allen Schreiben angeben!

An das
Standesamt

Benachrichtigung in Nachlasssachen

_____

Umstehend näher bezeichnete/s/r   ☐ Verfügung von Todes wegen   ☐ notarielle Urkunde über   ☐ Urteil
ist am _____ unter _____   die Änderung der Erbfolge   /Vergleich
☐ Verwahrungs-
   buch-Nr. _____
☐ Geschäfts-Nr. _____   in besondere amtliche Verwahrung genommen worden.
☒ Urk.-Rolle-Nr. _____   zu den Prozess-/Nachlassakten genommen worden.
                                     beurkundet worden.

_____
(Notarin/Notar)

T.-Nr.: _____

Personalien der Erblasserin/ des Erblassers	a) der Ehefrau/Frau, der LPartnerin/des LPartners	b) des Ehemannes/Mannes/des LPartners/der LPartnerin
Geburtsname		
Familienname*		
Vornamen		
Geburtstag		
Geburtsort, Gemeinde, Kreis		
Standesamt und Nr.		
PLZ		
Wohnort (mit Straße und Hausnummer)		
Vor-, Familien- und ggf. Geburtsname des Vaters		
Vor-, Familien- und ggf. Geburtsname der Mutter		

*ggf. Familien-(Ehe-/Lebenspartnerschafts-)namen
aus früheren Ehen
oder Lebenspartnerschaften

Gemeinschaftliches ☐	Testament ☐	Erbvertrag ☐	Urkunde ☐	vom	Urk.-Rolle-Nr.
der Notarin/ des Notars		in			
Geschäftsnummer	des			gerichts	

(Vom Standesamt auszufüllen)
Nachricht über den Sterbefall abgesandt am _____ an _____

I. Grundsätze des Erbrechts

Geschäftsstelle des gerichts:

Ort und Datum.

Notarin/Notar
Geschäfts-Nr.:

Anschrift und Fernruf

....
(Bitte bei allen Schreiben angeben)

An das
Amtsgericht Schöneberg
(Hauptkartei für Testamente)

Benachrichtigung in Nachlasssachen

10820 Berlin

Umstehend näher bezeichnete/s/r ☐ Verfügung von ☐ notarielle Urkunde über ☐ Urteil/
Todes wegen die Änderung der Erbfolge Vergleich

ist am .... unter

☐ Verwahrungsbuch-Nr. .... in besondere amtliche Verwahrung genommen worden.
☐ Geschäfts-Nr. .... zu den Prozess-/Nachlassakten genommen worden.
☐ Urk.-Rolle-Nr. .... beurkundet worden.

Personalien der Erblasserin/ des Erblassers	a) der Ehefrau/Frau, der LPartnerin/des Partners	b) des Ehemannes/Mannes, des LPartners/der LPartnerin
Geburtsname		
Familienname .... (ggf. Familien-(Ehe-/Lebenspartnerschafts-)namen aus früheren Ehen oder Lebenspartnerschaften)		
Vornamen		
Geburtstag		
Geburtsort, Gemeinde, Kreis		
Standesamt und Nr.		
PLZ		
Wohnort (mit Straße und Hausnummer)		
Vor-, Familien- und ggf. Geburtsname des Vaters		
Vor-, Familien- und ggf. Geburtsname der Mutter		

☐ Gemeinschaftliches ☐ Testament ☐ Erbvertrag ☐ Urkunde vom Urk.-Rolle-Nr.

der Notarin/des Notars	in
Geschäfts-Nr.	des Gerichts

(vom Standesamt auszufüllen)

Nachricht über den Sterbefall abgesandt am .... an ....
Auf Anordnung

783 Schließlich sieht § 20 Abs. 1 S. 3 bis 5 DONot vor, dass der Notar auf Wunsch des Erblassers eine beglaubigte Abschrift der Verfügung von Todes wegen zurückbehalten soll. Diese ist in einem verschlossenen Umschlag zu der Urkundensammlung zu nehmen, es sei denn, dass sich die Beteiligten mit der offenen Aufbewahrung schriftlich einverstanden erklären. Das Einverständnis sollte in der Niederschrift vermerkt werden.

784 *Formulierungsbeispiel*
Der Notar wird gebeten, eine beglaubigte Abschrift dieses Testamentes unverschlossen zu seiner Urkundensammlung zu nehmen.

Auf Wunsch der Beteiligten ist diesen die beglaubigte Abschrift auszuhändigen.

b) Form des Erbvertrages

aa) Notarielle Beurkundung

785 Im Unterschied zu den Testamenten, die sowohl privatschriftlich wie auch durch notarielle Beurkundung errichtet werden können, ist der Abschluss eines Erbvertrages nur in der Form der notariellen Beurkundung möglich. Vorgeschrieben ist zudem eine gleichzeitige Anwesenheit der Vertragsteile (§ 2276 Abs. 1 BGB). Hierunter ist die persönliche Anwesenheit bei der Beurkundung zu verstehen. Die Vertretung durch einen Bevollmächtigten, einen Vertreter ohne Vertretungsmacht mit anschließender Genehmigung oder der Abschluss des Vertrages durch Angebot und Annahme sind demzufolge nicht zulässig. Dies gilt allerdings nur für Erblasser (vgl. auch § 2274 BGB). Ein Vertragspartner, der keine vertragsmäßigen Verfügungen von Todes wegen trifft, sondern nur die Verfügungen des Erblassers mit erbvertraglicher Wirkung annimmt (**einseitiger Erbvertrag**, vgl. Rz. 761), kann auch vertreten werden.

Gemäß § 2276 Abs. 1 S. 2 BGB sind beim Erbvertrag die Vorschriften des § 2231 Nr. 1 BGB, des § 2232 BGB (vgl. Rz. 774) und des § 2233 BGB (vgl. Rz. 777) anzuwenden, also die Formvorschriften für das öffentliche Testament und die Sonderfälle seiner Errichtung bei Beteiligung Minderjähriger oder Leseunfähiger. Diese Regelungen gelten für jeden Vertragsschließenden gleichermaßen. Weiterhin sind bei der Beurkundung die Vorschriften des § 30 BeurkG (vgl. Rz. 774) sowie des § 32 BeurkG (vgl. Rz. 777) zu beachten. § 33 BeurkG stellt klar, dass diese bei einem Erbvertrag für die Erklärungen beider Vertragspartner gelten.

bb) Abwicklung des Erbvertrages

786 Für die Abwicklung von Erbverträgen sind wie bei notariellen Testamenten § 34 BeurkG, § 20 DONot sowie zusätzlich § 9 DONot maßgeblich.

Im Unterschied zur Verpflichtung des Notars, jedes beurkundete Testament unverzüglich in die besondere amtliche Verwahrung zu verbringen, können die Vertragsschließenden diese beim Erbvertrag ausschließen. Ein solcher Ausschluss ist im Zweifel anzunehmen, wenn der Erbvertrag mit einem ande-

I. Grundsätze des Erbrechts

ren Vertrag in derselben Urkunde (z. B. **Ehe- und Erbvertrag**, vgl. Rz. 765) verbunden wird (§ 34 Abs. 2 BeurkG). Auf Anweisung der Vertragspartner hat der Notar aber gleichwohl z. B. Ehe- und Erbverträge in die besondere amtliche Verwahrung zu verbringen. § 34 Abs. 3 S. 1 BeurkG stellt klar, dass die Erbvertragsurkunde in der Verwahrung des Notars verbleibt, wenn die besondere amtliche Verwahrung ausgeschlossen ist. Gemäß § 34 Abs. 3 S. 2 BeurkG hat der Notar nach Eintritt des Erbfalls die Urkunde an das Nachlassgericht abzuliefern, in dessen Verwahrung sie verbleibt. Ist der Ausschluss der besonderen amtlichen Verwahrung gewünscht, sollte dies in der Niederschrift vermerkt werden.

> *Formulierungsbeispiel* **787**
> *Wir schließen die besondere amtliche Verwahrung aus. Der Erbvertrag soll in der Verwahrung des Notars verbleiben.*

Kommt der Erbvertrag in die besondere amtliche Verwahrung, hat der Notar **788** für seine Urkundensammlung wie bei Testamenten einen Vermerk anzufertigen. Hier gilt § 20 Abs. 1 DONot gleichermaßen, ggf. hat der Notar eine beglaubigte Abschrift des Erbvertrages (unverschlossen) zu seiner Urkundensammlung zu nehmen (vgl. im Einzelnen Rz. 778). Wird der Erbvertrag zwischen Personen abgeschlossen, die nicht Ehegatten oder Lebenspartner sind, so müssen die auf die Ehegatten- bzw. Lebenspartnereigenschaft hinweisenden Textteile auf dem zu verschließenden Umschlag entsprechend geändert werden. Sofern an dem Erbvertrag mehr als zwei Personen als Erblasser beteiligt sind, ist für die Dritte und jede weitere Person ein besonderer Umschlag zu beschriften. Die Umschläge sind mindestens an drei Stellen des unteren Randes durch Heftung oder in anderer Weise dauerhaft miteinander zu verbinden. Um zu verhindern, dass der Erbvertrag hierbei beschädigt wird, sollen die Umschläge vor Einlegen des Erbvertrages zusammengeheftet werden. Der Erbvertrag ist in den obersten Umschlag zu legen; dieser ist zu versiegeln (vgl. Ziffer I. 1.4 der Anordnung über die Benachrichtigung in Nachlasssachen).

Bleibt der Erbvertrag in der Verwahrung des Notars, so ist dieser gemäß § 20 Abs. 2 DONot verpflichtet, das Standesamt des Geburtsortes des jeweiligen Erblassers oder, wenn dieser außerhalb Deutschlands geboren ist, die Hauptkartei für Testamente beim Amtsgericht Schöneberg in Berlin nach den Vorschriften über die Benachrichtigung in Nachlasssachen zu benachrichtigen. Eine Abschrift des Benachrichtigungsschreibens ist bei der Urkunde aufzubewahren; sie sollte mit dieser verbunden werden. Für die Benachrichtigung der Geburtsstandesämter sind die hierfür vorgesehenen, im Fachhandel erhältlichen hellgelben Benachrichtigungskarten zu verwenden. Auf diesen ist neben den Personalien des Erblassers der Tag der Beurkundung sowie die Urkundenrollen-Nr. zu vermerken. Für jeden am Erbvertrag beteiligten Erblasser hat eine eigene Benachrichtigung zu erfolgen; vgl. hierzu das nachfolgende Muster:

789 Muster 3

Ort und Datum _____

Notar _____

Urk.-Rolle-Nr. _____
Bitte bei allen Schreiben angeben!

An das
Standesamt

Benachrichtigung in Nachlasssachen

_____

Umstehend näher bezeichnete/s/r   ☐ Verfügung von Todes wegen   ☐ notarielle Urkunde über   ☐ Urteil
ist am _____ unter   die Änderung der Erbfolge   /Vergleich
☐ Verwahrungs-
  buch-Nr. _____   in besondere amtliche Verwahrung genommen worden.
☐ Geschäfts-Nr. _____   zu den Prozess-/Nachlassakten genommen worden.
☒ Urk.-Rolle-Nr. _____   beurkundet worden.

(Notarin/Notar)

T.-Nr.: _____

Personalien der Erblasserin/ des Erblassers	a) des Mannes	b) der Frau
Geburtsname		
Familienname ggf. Familien (Ehe-)namen aus früheren Ehen		
Vornamen		
Geburtstag		
Geburtsort, Gemeinde, Kreis		
Standesamt und Nr. PLZ		
Wohnort (mit Straße und Hausnummer)		
Vor-, Familien- und ggf. Geburtsname des Vaters		
Vor-, Familien- und ggf. Geburtsname der Mutter		

☐ Gemeinschaftliches   ☐ Testament   ☐ Erbvertrag   ☐ Urkunde   vom _____ Urk.-Rolle-Nr. _____
der Notarin/
des Notars _____ in _____
Geschäftsnummer des _____
                    gerichts
(Vom Standesamt auszufüllen)
Nachricht über den Sterbefall abgesandt am _____ an _____

I. Grundsätze des Erbrechts

Für die Benachrichtigung der Hauptkartei für Testamente bei dem Amtsgericht Berlin-Schöneberg ist ein Vordruck im Format DIN A4 als Beleg für eine automationsgestützte Erfassung zu verwenden; vgl. hierzu das nachfolgende Muster: **790**

Teil E Beurkundungen im Erbrecht

Muster 4

I. Grundsätze des Erbrechts

Die Benachrichtigungspflicht trifft den Notar nicht nur hinsichtlich der bei ihm verwahrten Erbverträge. § 20 Abs. 2 DONot gilt gleichermaßen für sämtliche Urkunden, die Erklärungen enthalten, nach deren Inhalt die Erbfolge geändert wird, z. B. Aufhebungsverträge, Rücktritts- und Anfechtungserklärungen, Erbverzichtsverträge, Eheverträge einschließlich Lebenspartnerschaftsverträgen mit erbrechtlichen Auswirkungen (vgl. Rz. 713).

791

Liefert der Notar nach Eintritt des Erbfalls gemäß § 34 Abs. 3 S. 2 BeurkG den Erbvertrag an das Nachlassgericht ab, muss er eine beglaubigte Abschrift der Urkunde und der Kostenberechnung zur Urkundensammlung nehmen (§ 20 Abs. 3 S. 1 DONot). Bei anderen Urkunden als Erbverträgen teilt der Notar nur die Erklärungen, nach deren Inhalt die Erbfolge geändert wird, nach Eintritt des Erbfalls dem Nachlassgericht in beglaubigter Abschrift mit (§ 20 Abs. 3 S. 2 DONot). Befindet sich ein Erbvertrag seit mehr als 50 Jahren in notarieller Verwahrung, so hat der Notar nach den §§ 2300 a, 2263 a BGB zu verfahren und den Erbvertrag ggf. an das Nachlassgericht zur Eröffnung abzuliefern (§ 20 Abs. 4 S. 1 DONot).

Erbverträge, die in der Verwahrung des Notars verbleiben, können gemäß § 18 Abs. 4 S. 1 DONot gesondert aufbewahrt werden. Sofern der Notar hiervon Gebrauch macht und die Erbverträge nicht in der Urkundensammlung aufbewahrt, hat er gemäß § 18 Abs. 4 S. 2 DONot für die Urkundensammlung einen Vermerk entsprechend § 20 Abs. 1 DONot oder eine beglaubigte Abschrift zu fertigen; beglaubigte Abschriften sind in einem verschlossenen Umschlag zur Urkundensammlung zu nehmen, es sei denn, dass die Beteiligten sich mit der offenen Aufbewahrung schriftlich einverstanden erklären.

Darüber hinaus hat der Notar über die bei ihm verwahrten Erbverträge ein Verzeichnis zu führen (§ 9 Abs. 1 S. 1 DONot). Die Eintragungen sind gemäß § 9 Abs. 1 S. 2 DONot zeitnah, spätestens 14 Tage nach der Beurkundung in ununterbrochener Reihenfolge vorzunehmen und jahrgangsweise mit laufenden Nummern zu versehen. In das Verzeichnis sind die Namen der Erblasser, ihr Geburtsdatum, der Tag der Beurkundung und die Nummer der Urkundenrolle einzutragen (§ 9 Abs. 1 S. 3 DONot). Falls der Erbvertrag später in die besondere amtliche Verwahrung gebracht oder an das Amtsgericht abgeliefert wird, sind in dem Verzeichnis zusätzlich das Gericht und der Tag der Abgabe einzutragen (§ 9 Abs. 3 DONot). Das Verzeichnis kann folgende Form haben:

Teil E Beurkundungen im Erbrecht

792 Verzeichnis der Erbverträge 2004

Lfd. Nr.	Name des Erblassers	Geburts-Datum	Tag der Beurkundung	Nummer der Urkundenrolle	In besondere amtliche Verwahrung abgeliefert an	Tag der Abgabe
1	Karl Fischer	23.07.1942	22.01.2004	234/04	AG Halle	25.05.2004
2	Peter Schulze	07.09.1966	26.03.2004	496/04		
3	Elfriede Krause geb. Möller	06.12.1957	03.04.2004	542/04		
4	Sonja Niemöller geb. Zimmer	14.08.1970	18.04.2004	635/04	AG Burg	12.05.2004
5	Elfriede Klein	31.12.1912	22.04.2004	670/04		
6						

793 Anstelle eines solchen Verzeichnisses kann der Notar auch Abschriften der den Standesämtern und der Hauptkartei für Testamente übersandten *Benachrichtigungsschreiben* in einer Kartei aufbewahren. Die einzelnen Verwahrungsnachrichten sind in diesem Fall in zeitlicher Reihenfolge zu ordnen und mit laufenden Nummern zu versehen (§ 9 Abs. 2 DONot).

Um seine Verpflichtung zur Abgabe noch nicht eröffneter Erbverträge nach 50 Jahren Verwahrung erfüllen zu können, hat der Notar das Erbvertragsverzeichnis bzw. die Abschriften der Benachrichtigungsschreiben jeweils am Jahresende auf uneröffnete Erbverträge durchzusehen und die Durchsicht und deren Ergebnis durch einen von ihm unterzeichneten Vermerk zu bestätigen (§ 20 Abs. 4 S. 1 DONot). Für Erbverträge, bei denen eine Ablieferung noch nicht veranlasst war, ist das Verfahren nach §§ 2300a, 2263a BGB spätestens alle 5 Jahre zu wiederholen (§ 20 Abs. 4 S. 2 DONot).

cc) Notarielles Verfahren der Rückgabe eines Erbvertrages

794 Die Aufhebung eines Erbvertrages kommt auch durch dessen Rücknahme aus der amtlichen oder notariellen Verwahrung gem. § 2300 Abs. 2 BGB in Betracht (vgl. zu den Voraussetzungen der Rücknahme näher Rz. 764). Wird ein Erbvertrag aus der amtlichen oder notariellen Verwahrung zurückgenommen, gilt gem. § 2300 Abs. 2 S. 3 BGB § 2256 Abs. 1 BGB entsprechend, d. h. der Erbvertrag gilt als insgesamt und vollumfänglich widerrufen. Die Widerrufsfiktion erstreckt sich nicht nur auf die vertragsmäßigen, sondern auch auf etwaige einseitige Verfügungen.

Der Notar hat die Vertragsschließenden gem. §§ 2300 Abs. 2, 2256 Abs. 1 S. 2 BGB über die Rechtsfolge der Rückgabe zu belehren. Dabei sollte der Notar auch darauf hinweisen, dass die Rücknahme des Erbvertrages zum Wiederaufleben früherer Verfügungen von Todes wegen führen kann. Ferner emp-

I. Grundsätze des Erbrechts

fiehlt es sich, die Beteiligten darauf hinzuweisen, dass sie die Originalurkunde sowie sämtliche Abschriften vernichten sollten, wenn sie deren Ablieferung im Todesfall verhindern wollen.

Gem. §§ 2300 Abs. 2, 2256 Abs. 1 S. 2 BGB hat der Notar weiterhin die Tatsache der Rückgabe des Erbvertrages und die damit eintretende Aufhebungsfiktion auf der Urkunde zu vermerken.

> *Formulierungsbeispiel* 795
> *Dieser Erbvertrag gilt durch die am ... erfolgte Rückgabe aus der notariellen Verwahrung gem. §§ 2300 Abs. 2, 2256 BGB als aufgehoben.*
> *..., den ...*
> *(Name, Amtsbezeichnung)*

Darüber hinaus schreiben die §§ 2300 Abs. 2, 2256 Abs. 1 S. 2 BGB vor, dass 796
der Notar die Belehrung über die Rechtsfolge der Rückgabe sowie die Anbringung des vorgenannten Vermerks auf der Urkunde aktenkundig zu machen hat. Insoweit hat der Notar einen Aktenvermerk entsprechend §§ 20 Abs. 1 S. 1 und 2, 18 Abs. 1 S. 2 DONot mit den dort genannten Vorgaben anzufertigen und zu unterschreiben, falls ein solcher Vermerk nicht bereits gem. § 18 Abs. 4 DONot existiert. Auf das Vermerkblatt sind gem. § 20 Abs. 1 S. 2 DONot die Nummer der Urkundenrolle sowie die Kostenberechnung des ursprünglichen Erbvertrages zu setzen. Der Vermerk hat ferner die Tatsache der Aushändigung des Erbvertrages an die Beteiligten mit Datum und Belehrung über die Aufhebungsfiktion sowie die Anbringung des Vermerks auf der Urkunde zu enthalten. Ein bereits existierendes Vermerkblatt ist entsprechend zu ergänzen. Gleiches gilt, falls der Notar eine beglaubigte Abschrift des Erbvertrages in der Urkundensammlung behält (§ 18 Abs. 4 S. 2 DONot).

> *Formulierungsbeispiel* 797
> *Am ... erschienen vor mir, Notar ...,*
> *1. Herr ..., geb. am ..., wohnhaft in ...,*
> *2. Frau ..., geb. am ..., wohnhaft in ...,*
> *Die Erschienenen waren mir, dem Notar, von Person bekannt.*
> *In der mit ihnen geführten Unterredung habe ich mich von ihrer Geschäftsfähigkeit überzeugt.*
> *Die Erschienenen beantragten die Rückgabe des von ihnen am ... vor mir errichteten Erbvertrages UR-Nr. ... aus der notariellen Verwahrung. Die Erschienenen sind die einzigen Vertragsparteien dieses Erbvertrages. Sie erkannten die vorgelegte Urkunde als diejenige an, die sie abgefasst haben und deren Rückgabe sie beantragten. Die Urkunde enthält nur Verfügungen von Todes wegen.*
> *Die Erschienenen wurden darüber belehrt, dass der Erbvertrag durch die Rückgabe unwirksam wird. Dies habe ich auf dem Erbvertrag vermerkt. Ich habe die Erschienenen ferner darauf hingewiesen, dass infolge der Rückgabe wieder die gesetzliche Erbfolge eintritt. Sofern noch andere Verfügungen von Todes wegen existieren, die durch den Erbvertrag aufgehoben wurden, leben diese unter Umständen wieder auf.*

> *Die Erschienenen wurden ferner darauf hingewiesen, dass sie ihr Geheimhaltungsinteresse nur wahren können, wen sie die Originalurkunde, sämtliche Ausfertigungen sowie beglaubigte Abschriften vernichten.*
> *Ich habe dann die mit dem Unwirksamkeitsvermerk versehene Urschrift des Erbvertrages den Erschienenen ausgehändigt.*
> *..., den ...*
> *(Unterschriften der Vertragsbeteiligten sowie des Notars, Siegel)*

798 Der Aktenvermerk ist anstelle des zurückgegebenen Erbvertrages zur Urkundensammlung zu nehmen. Dies gilt auch, wenn der Notar die Erbverträge gesondert aufbewahrt. Die Aushändigung des Erbvertrages ist darüber hinaus in das Erbvertragsverzeichnis bzw. die Erbvertragskartei (vgl. Rz. 791) einzutragen. Eine Benachrichtigung der Standesämter ist nicht vorgesehen.

5. Pflichtteil

799 Die Testierfreiheit gibt dem Erblasser die Möglichkeit, auch seine nächsten Angehörigen bei der Erbfolge zu übergehen. Das *Pflichtteilsrecht* (§§ 2303 ff. BGB) engt diese Möglichkeit ein. Es gibt den Abkömmlingen, dem Ehegatten, dem Lebenspartner sowie u. U. den Eltern einen schuldrechtlichen Anspruch auf eine Mindestbeteiligung am Nachlass.

a) Berechtigte und Inhalt des Pflichtteilsanspruchs

800 Pflichtteilsberechtigt sind gemäß § 2303 BGB nur die Abkömmlinge, die Eltern und der Ehegatte des Erblassers, nicht dagegen z. B. die Geschwister. Mit Inkrafttreten des Lebenspartnerschaftsgesetzes sind gemäß § 10 Abs. 6 LPartG zusätzlich die gleichgeschlechtlichen Lebenspartner in den Kreis möglicher Pflichtteilsberechtigter aufgenommen. Die Vorschriften des BGB über den Pflichtteil (§§ 2303 ff. BGB) gelten mit der Maßgabe, dass der Lebenspartner wie ein Ehegatte zu behandeln ist.

Die Berechtigten haben einen *Pflichtteilsanspruch*, wenn sie nach der gesetzlichen Erbfolge zu Erben berufen wären (vgl. Rz. 739, Rz. 741, Rz. 746 und Rz. 750), vom Erblasser jedoch durch Verfügung von Todes wegen von der Erbfolge ausgeschlossen worden sind (§ 2303 Abs. 1 S. 1 und Abs. 2 S. 1 BGB). Ein Pflichtteilsanspruch steht entfernteren Abkömmlingen und den Eltern des Erblassers allerdings dann nicht zu, wenn ein Abkömmling, der sie im Falle der gesetzlichen Erbfolge ausschließen würde, den Pflichtteil verlangen kann oder das Hinterlassene annimmt (§ 2309 BGB).

Neben einem etwaigen vollständigen Ausschluss von der Erbfolge kann ein Pflichtteilsanspruch u. U. auch entstehen, wenn der Berechtigte zum Erben eingesetzt ist. So kann etwa ein im Güterstand der Zugewinngemeinschaft lebender Ehegatte oder Lebenspartner die Erbschaft ausschlagen und den sog. *kleinen Pflichtteil* verlangen (§ 1371 Abs. 3 BGB, vgl. Rz. 589 und Rz. 750). Von Bedeutung sind auch die Fälle des § 2306 BGB. Sofern der Berechtigte zum Erben eingesetzt worden ist, aber durch Einsetzung eines Nacherben,

I. Grundsätze des Erbrechts

Testamentsvollstreckung, Teilungsanordnung, Vermächtnis oder Auflage beschränkt bzw. beschwert ist, kann er die Erbschaft unter der Voraussetzung, dass der Erbteil größer als der Pflichtteil ist, ausschlagen und den Pflichtteil verlangen (§ 2306 Abs. 1 S. 2 BGB). Gleiches gilt, wenn der Berechtigte zum Nacherben eingesetzt ist (§ 2306 Abs. 2 BGB). Ist der hinterlassene Erbteil kleiner als der Pflichtteil oder maximal gleich groß, gilt die Beschränkung oder Beschwerung hinsichtlich seines Erbteils als nicht angeordnet (§ 2306 Abs. 1 S. 2 BGB).

Der Pflichtteilsanspruch ist ein Geldanspruch in Höhe der Hälfte des Wertes des gesetzlichen Erbteils (§ 2303 Abs. 1 S. 2 BGB). Maßgebend ist somit, mit welcher Quote der Berechtigte bei gesetzlicher Erbfolge Erbe geworden wäre. Bei der Feststellung sind auch diejenigen Personen mitzuzählen, die wegen Enterbung, Ausschlagung oder Erbunwürdigkeit nicht erben. Unberücksichtigt bleiben diejenigen, die auf ihr Erbrecht verzichtet haben (vgl. § 2310 BGB). Für die Berechnung der Höhe des Pflichtteilsanspruchs ist der Wert des Nachlasses im Zeitpunkt des Erbfalls maßgeblich (§ 2311 BGB). Der Pflichtteilsanspruch richtet sich gegen den bzw. die Erben (§ 2303 Abs. 1 S. 1 BGB).

> **Beispiel** 801
> Die verwitwete Erblasserin hat drei Kinder. In ihrem Testament enterbt sie ihre Kinder und setzt als Alleinerben ihren neuen Freund ein. Der Wert ihres Nachlasses beträgt 300 000 EURO. Die Kinder hätten im Fall der gesetzlichen Erbfolge nach § 1924 Abs. 1 und 4 BGB zu gleichen Teilen, also zu je $1/3$, geerbt. Gemäß § 2303 Abs. 1 S. 1 BGB steht ihnen demzufolge jeweils ein Pflichtteilsanspruch in Höhe von $1/6$ des Wertes des Nachlasses zu. Der Alleinerbe hat somit an jedes Kind einen Betrag von 50 000 EURO zu zahlen.

Schließlich kann im Einzelfall ein Anspruch auf einen sog. *Zusatzpflichtteil* 802 bestehen. Ist der Pflichtteilsberechtigte nicht vollständig enterbt, sein Erbteil jedoch geringer als die Hälfte des gesetzlichen Erbteils, so kann er gemäß § 2305 BGB von den Miterben als Pflichtteil den Wert des an der Hälfte fehlenden Teils verlangen.

Der Pflichtteilsanspruch verjährt in drei Jahren von dem Zeitpunkt an, in welchem der Pflichtteilsberechtigte vom Erbfall und von der ihn beeinträchtigenden Verfügung Kenntnis erlangt hat (§ 2332 BGB).

Im Rahmen des § 2338 BGB kann der Pflichtteilsanspruch durch den Erblasser in guter Absicht, etwa bei Überschuldung des Berechtigten, beschränkt werden.

b) Pflichtteilsergänzungsanspruch

Hat der Erblasser innerhalb der letzten 10 Jahre vor dem Erbfall Vermögens- 803 gegenstände verschenkt, so kann der Pflichtteilsberechtigte vom Erben als Ergänzung des Pflichtteils den Betrag verlangen, um den sich der Pflichtteil erhöht, wenn der verschenkte Gegenstand dem Nachlass hinzugerechnet wird (so genannter *Pflichtteilsergänzungsanspruch*, § 2325 BGB). Der Beschenkte selbst haftet nur dann, wenn die Pflichtteilsergänzung beim Erben dazu führen würde, dass dessen eigener Pflichtteilsanspruch unter Einbeziehung der ergänzenden Schenkung beeinträchtigt würde (§ 32328, 2329 BGB).

804 **Beispiel**
Der verwitwete Erblasser hat seinen einzigen Sohn A testamentarisch enterbt und seine neue Lebensgefährtin L als Alleinerbin eingesetzt. Der Wert des Nachlasses beträgt im Zeitpunkt seines Todes 100 000 EURO. Drei Jahre zuvor hatte er L Schmuck im Wert von 20 000 EURO geschenkt. Da A entsprechend der gesetzlichen Erbfolge Alleinerbe geworden wäre, steht ihm gegenüber L gemäß § 2303 Abs. 1 BGB ein Pflichtteilsanspruch von 50 000 EURO und gemäß § 2325 Abs. 1 BGB ein Pflichtteilsergänzungsanspruch von 10 000 EURO zu. L muss somit an A 60 000 EURO bezahlen.

805 Die Zehn-Jahres-Frist des § 2325 Abs. 3 BGB beginnt grundsätzlich mit der Vollendung des Rechtserwerbs. Bei Schenkung eines Grundstückes bedeutet dies, dass Fristbeginn nicht der Zeitpunkt des Abschlusses des notariellen Schenkungsvertrages ist, sondern der Tag der Umschreibung des Eigentums auf den Beschenkten im Grundbuch. Ist die Schenkung an den Ehegatten des Erblassers erfolgt, gilt § 2325 Abs. 3 2. HS. BGB. Die Frist beginnt in diesen Fällen nicht vor der Auflösung der Ehe. Zu beachten ist weiter, dass der BGH (DNotZ 1994, 784) entschieden hat, dass bei einer Grundstücksschenkung unter Nießbrauchsvorbehalt die Frist erst mit dem Erlöschen des Nießbrauchs beginnt. Wird der Nießbrauch auf Lebzeiten des Schenkers bestellt und nicht vorzeitig aufgehoben, ist die Schenkung somit stets ergänzungspflichtig.

In der Literatur wird im Hinblick auf das Pflichtteilsrecht der Lebenspartner die Auffassung vertreten, dass sich die Verweisung in § 10 Abs. 6 LPartG nur auf die positiven Pflichtteilsansprüche der Lebenspartner beziehe und nicht z. B. auf § 2325 Abs. 3 BGB bei Schenkungen an den Lebenspartner erstrecke. Für eine solche Einschränkung ergeben sich aus dem Gesetzeswortlaut jedoch keine Anhaltspunkte. Im Übrigen ist der Gesetzesbegründung ausdrücklich zu entnehmen, dass die Verweisung in § 10 Abs. 6 LPartG das gesamte Pflichtteilsrecht einschließlich der Pflichtteilsergänzungsansprüche und insbesondere der Frist des § 2325 Abs. 3 BGB erfassen soll. Ebenso wie bei Ehegatten beginnt die Zehn-Jahres-Frist des § 2325 Abs. 3 BGB somit auch bei Schenkungen an den Lebenspartner erst mit dem Zeitpunkt der Auflösung der Lebenspartnerschaft.

c) Pflichtteilsentziehung

806 Das Pflichtteilsrecht soll die nächsten Angehörigen dagegen schützen, dass der Erblasser ihnen durch Verfügung von Todes wegen sein ganzes Vermögen entzieht. Es gibt jedoch Ausnahmefälle, in denen die Angehörigen einen solchen Schutz nicht verdienen. Hierfür hat der Gesetzgeber die Möglichkeit der

Pflichtteilsentziehung geschaffen. Die gesetzlichen Gründe für eine Entziehung des Pflichtteils sind jedoch eng begrenzt und im Gesetz abschließend aufgeführt. Zu unterscheiden sind die Entziehungsgründe gegenüber Abkömmlingen (§ 2333 BGB), Eltern (§ 2334 BGB) und Ehegatten bzw. Lebenspartnern (§ 2335 BGB). In allen Fällen handelt es sich um schwere Verfehlungen gegen den Erblasser, wie z. B. vorsätzliche körperliche Misshandlung.

Die Pflichtteilsentziehung erfolgt durch letztwillige Verfügung (§ 2336 Abs. 1 BGB). Trotz des Gesetzeswortlautes kann die Entziehung nicht nur durch Testament erfolgen, sondern auch Gegenstand eines Erbvertrages sein, dort allerdings nicht mit Bindungswirkung. Der Grund der Entziehung muss zur Zeit der Errichtung der Verfügung bestehen und in der Verfügung angegeben werden (§ 2336 Abs. 2 BGB).

Formulierungsbeispiel 807
Ich entziehe hiermit meinem Sohn Karl den Pflichtteil. Nachdem ich mich geweigert hatte, ihm ein neues Auto zu kaufen, hat er mich am 23.03.1999 überfallen und mit einem Messer niedergestochen. Ich habe hierdurch erhebliche körperliche Verletzungen erlitten und musste mich für zwei Wochen zur ärztlichen Behandlung in ein Krankenhaus begeben. Ich habe gegen mein Sohn Anzeige erstattet. Er wurde wegen dieser Tat durch das Amtsgericht Magdeburg (Az. ...) verurteilt.

Das Recht zur Pflichtteilsentziehung kann durch Verzeihung erlöschen (§ 2337 BGB). 808

II. Möglichkeiten der Gestaltung erbrechtlicher Anordnungen

Die Gestaltung der Verfügungen von Todes wegen ist eine vornehmliche Aufgabe des Notars. Nachfolgend sind die wichtigsten möglichen erbrechtlichen Anordnungen zusammengefasst. Hieran schließen sich Formulierungsbeispiele für Testamente und einen Erbvertrag an. 809

1. Erbeinsetzung

Gemäß § 1937 BGB und § 1941 BGB stehen das Testament und der Erbvertrag als Instrumente für die Bestimmung der Erben zur Verfügung. Gerade die Einsetzung bestimmter Personen zu Erben dürfte in der Mehrzahl aller Fälle der Hauptgrund für die Errichtung einer Verfügung von Todes wegen sein. Die Erbeinsetzung ist die Entscheidung des Erblassers, auf wen mit dem Erbfall sein Vermögen als Ganzes übergehen soll, also die Berufung zur **Gesamtrechtsnachfolge** (vgl. Rz. 736). Der Erblasser kann zu seinem Erben eine Person (Alleinerbe) oder auch mehrere Personen (Miterben) bestimmen. Auf den Miterben geht nur der ihm zugewendete Bruchteil des Vermögens über. 810

Zusammen bilden die Miterben die Erbengemeinschaft (Gesamthandsgemeinschaft).

811 | **Beispiel**
Der Erblasser setzt in seinem Testament A, B und C zu gleichen Teilen zu Erben ein. Diese bilden nach dem Erbfall eine Erbengemeinschaft zu je $1/3$ Anteil.

812 § 2087 BGB enthält für die Erbeinsetzung allgemeine Auslegungsregeln. § 2087 Abs. 1 BGB stellt klar, dass es in einem Testament für die Einsetzung eines Erben nicht darauf ankommt, ob der Bedachte auch tatsächlich als Erbe genannt ist. Entscheidend ist vielmehr, ob dem Bedachten das ganze Vermögen oder zumindest ein bestimmter Bruchteil zugewendet ist. Dann ist anzunehmen, dass er als Erbe eingesetzt ist. Sind dem Bedachten nur einzelne Gegenstände zugewendet, ist andererseits gemäß § 2087 Abs. 2 BGB im Zweifel nicht anzunehmen, dass er Erbe sein soll. Die Erbeinsetzung auf einzelne Gegenstände würde dem Grundsatz der Gesamtrechtsnachfolge widersprechen. Auslegungsprobleme sollten in notariellen Testamenten nicht auftauchen. Es ist unzweifelhaft auszusprechen, ob und ggf. zu welchem Anteil eine Erbeinsetzung gewollt ist.

813 | *Formulierungsbeispiel*
Zu den Erben meines Nachlasses setze ich meine Ehefrau ... zur Hälfte, meine Tochter ... zu einem Viertel und meinen Sohn ... zu einem Viertel ein.

814 Eine ausdrückliche Erbeinsetzung ist allerdings nicht notwendig. Ein Testament kann sich auch darin erschöpfen, eine Enterbung auszusprechen (so genanntes Negativtestament, § 1938 BGB), z. B. *Ich enterbe meine Tochter...*

Es tritt dann gesetzliche Erbfolge ein. Der Enterbte gilt insoweit als vor dem Erbfall gestorben.

Als Erbe kann grundsätzlich jede natürliche oder juristische Person bestimmt werden (vgl. Rz. 735).

Zum Schutz pflegebedürftiger Personen sieht jedoch etwa § 14 HeimG Einschränkungen der Testierfreiheit vor. Eine Verfügung von Todes wegen, die gegen § 14 HeimG verstößt, ist nach § 134 BGB nichtig. Gemäß § 14 Abs. 1 HeimG ist es dem Träger eines Heims untersagt, sich von oder zugunsten von Heimbewohnern oder Bewebern um einen Heimplatz Geld- oder geldwerte Leistungen über das nach § 5 HeimG vereinbarte Entgelt hinaus versprechen oder gewähren zu lassen. Weiterhin ist es der Leitung, den Beschäftigten oder sonstigen Mitarbeitern eines Heimes gemäß § 14 Abs. 5 HeimG untersagt, sich von (oder zugunsten von) Bewohnern des Heims neben der vom Träger erbrachten Vergütung Geld- oder geldwerte Leistungen für die Erfüllung der Pflichten aus dem Heimvertrag versprechen oder gewähren zu lassen, soweit es sich nicht um geringwertige Aufmerksamkeiten handelt. Das Verbot in § 14 HeimG erfasst auch Kleinstheime, nicht aber die Betreuung in der Familie oder Pflege in der eigenen Wohnung. Durch § 14 HeimG soll verhindert

II. Möglichkeiten der Gestaltung erbrechtlicher Anordnungen

werden, dass die Arg- und Hilflosigkeit oder sonstige Abhängigkeit alter und pflegebedürftiger Menschen ausgenutzt wird. § 14 HeimG gilt auch für letztwillige Zuwendungen an den Heimträger bzw. dessen Mitarbeiter. Erfasst vom Verbot des § 14 HeimG sind gleichermaßen Umgehungsversuche.

Beispiele 815
Zuwendungen an die Kinder des Heimleiters, an den Alleingesellschafter des als GmbH betriebenen Heims oder dessen Ehefrau, Zuwendungen und letztwillige Verfügungen vor Aufnahme in das Heim oder von Eltern der Heimbewohner. Nicht dagegen letztwillige Verfügungen zugunsten eines vom Heimbetreiber unabhängigen Eigentümers eines Pflegeheims.

Gesetzlich verboten sind einseitige testamentarische Verfügungen allerdings nur, wenn der Bedachte vom Inhalt des Testaments Kenntnis erhält und der Heimbewohner von dieser Kenntnis weiß. Das Wissen eines Wissensvertreters vor Ort ist dem Träger oder dem Bedachten zuzurechnen. Sofern eine Verfügung zugunsten des ausgeschlossenen Personenkreises gleichwohl gewollt ist, ist gegebenenfalls zuvor eine Ausnahmegenehmigung nach § 14 Abs. 6 HeimG durch die Heimaufsichtsbehörde zu beantragen. Eine nachträgliche Genehmigung ist nicht zulässig. Auf ein Betreuungsverhältnis findet § 14 HeimG keine analoge Anwendung. Ein nach §§ 1896 ff. BGB bestellter Betreuer (vgl. Rz. 662) kann daher vom Betreuten wirksam durch letztwillige Verfügungen bedacht werden. Gleiches gilt für denjenigen, dem der Erblasser eine umfassende Vorsorgevollmacht (vgl. hierzu Rz. 663) erteilt hat. 816

Mit der Föderalismusreform ging die Gesetzgebungskompetenz für das Heimwesen auf die Länder über. Nunmehr haben Bayern und Baden-Württemberg von ihrer neuen Gesetzgebungskompetenz Gebrauch gemacht. Für die in Bayern oder Baden-Württemberg betriebenen Heime gilt daher das bisherige HeimG und damit auch § 14 HeimG nicht mehr. Beide Landesheimgesetze enthalten allerdings dem § 14 HeimG weitgehend entsprechende Regelungen.

2. Ersatzerbschaft

Ein vorsichtiger Erblasser wird Überlegungen darüber anstellen, was geschieht, wenn der von ihm eingesetzte Erbe aus welchen Gründen auch immer als Erbe wegfällt. Stirbt dieser etwa vor dem Erblasser oder schlägt er die Erbschaft aus, wird die Erbeinsetzung unwirksam. Es tritt grundsätzlich die gesetzliche Erbfolge ein. Sind mehrere Erben in der Weise eingesetzt, dass sie die gesetzliche Erbfolge ausschließen, und fällt einer der Erben vor oder nach dem Erbfall weg, so wächst dessen Erbteil den übrigen Erben nach dem Verhältnis ihrer Erbteile an (sog. *Anwachsung*, § 2094 BGB). Diese Folgen sind nicht immer gewünscht. 817

Der Erblasser kann den Eintritt der gesetzlichen Erbfolge oder die Anwachsung dadurch verhindern, dass er einen sog. *Ersatzerben* (§ 2096 BGB) bestimmt (vgl. auch § 2099 BGB). Der Ersatzerbe wird nur dann Erbe, wenn der zunächst berufene Erbe vor oder nach dem Erbfall wegfällt. Dies ist nicht nur bei Vorversterben oder Ausschlagung der Fall, sondern auch bei Erbverzicht, Erbunwürdigkeitserklärung, Widerruf, Nichtigkeit oder Anfechtung. Der Ersatzerbe wird unmittelbarer Rechtsnachfolger des Erblassers. Die Einsetzung eines Ersatzerben könnte in einer Verfügung von Todes wegen wie folgt geregelt werden:

818 *Formulierungsbeispiel*
Zu den Erben meines Nachlasses setze ich meine Tochter ... und meinen Sohn ... je zu gleichen Teilen ein.
Als Ersatzerben bestimme ich jeweils deren Abkömmlinge nach gleichen Stammanteilen.

819 In Ausnahmefällen kann die Ersatzerbschaft auch kraft gesetzlicher Vermutung eintreten. Der praktisch wichtigste Fall ist in § 2069 BGB geregelt. Hat der Erblasser einen seiner Abkömmlinge bedacht und fällt dieser nach der Errichtung des Testaments weg, so ist im Zweifel anzunehmen, dass dessen Abkömmlinge in dem Verhältnis, in dem sie bei gesetzlicher Erbfolge an die Stelle des Weggefallenen treten würden, als Ersatzerben berufen sind.

3. Vor- und Nacherbschaft

820 Gemäß § 2100 BGB kann der Erblasser einen Erben in der Weise einsetzen, dass dieser erst Erbe wird (sog. *Nacherbe*), nachdem zunächst ein anderer Erbe geworden ist (sog. *Vorerbe*). Der Tod des Erblassers löst zunächst die Vorerbschaft aus. Es tritt der erste Erbfall ein, der Vorerbe wird Erbe. Zu einem späteren, vom Erblasser zu bestimmenden Zeitpunkt tritt ein weiterer Erbfall, der Nacherbfall, ein. Vor- und Nacherbe sind beide Gesamtrechtsnachfolger des Erblassers. Dies bedeutet, der Nacherbe ist nicht Erbe des Vorerben, sondern Erbe des Erblassers. Da Vor- und Nacherbe nacheinander erben, sind sie keine Miterben. Mit dem Nacherbfall verliert der Vorerbe seine Erbenstellung (§ 2139 BGB). Er hat den Nachlass des Erblassers an den Nacherben herauszugeben (§ 2130 BGB).

Den Zeitpunkt des Eintritts des Nacherbfalls bestimmt der Erblasser. Er kann hierfür ein genaues Datum wählen oder den Nacherbfall an ein bestimmtes Ereignis in der Person des Vor- oder Nacherben anknüpfen (z. B. den 25. Geburtstag des Nacherben oder den Tod des Vorerben). Der Eintritt des Ereignisses kann sogar gänzlich ungewiss sein, wie z. B. der Zeitpunkt der Eheschließung des Vorerben. Heiratet dieser nicht, fällt die Nacherbfolge aus. Sofern der Erblasser keine Anordnung trifft, tritt der Nacherbfall mit dem Tod des Vorerben ein (§ 2105 BGB). Gemäß § 2109 Abs. 1 S. 1 BGB wird die Nacherbeneinsetzung regelmäßig nach Ablauf von dreißig Jahren nach dem Erbfall unwirksam (vgl. aber die Ausnahmen in § 2109 Abs. 1 S. 2 Nr. 1, 2 und Abs. 2 BGB).

Auch wenn der Nacherbe erst mit dem Nacherbfall Erbe wird, so erwirbt er bereits mit dem Tod des Erblassers ein bedingtes oder befristetes Erbrecht in

II. Möglichkeiten der Gestaltung erbrechtlicher Anordnungen

Gestalt eines gegenwärtigen, unentziehbaren, erbrechtlichen *Anwartschaftsrechts* mit dem Inhalt, dass er beim Nacherbfall Erbe wird. Dieses Recht ist veräußerlich und regelmäßig gemäß § 2108 Abs. 2 BGB vererblich.

Der Vorerbe kann grundsätzlich über die zur Erbschaft gehörenden Gegenstände verfügen (§ 2112 BGB). Er ist als Erbe Eigentümer der Nachlassgegenstände. Um sicherzustellen, dass dem Nacherben die Erbschaft im Zeitpunkt des Nacherbfalls noch zugute kommt – zwischen Vor- und Nacherbfall können u. U. Jahre oder Jahrzehnte liegen –, beschränkt das Gesetz jedoch die Befugnisse des Vorerben. Wichtige Einschränkungen bestehen bei Verfügungen des Vorerben über Grundstücke und Schenkungen. Entgeltliche Geschäfte über bewegliche Sachen kann er weitgehend einschränkungslos vornehmen. Gemäß § 2113 Abs. 1 BGB ist die Verfügung des Vorerben über ein Grundstück im Falle des Eintritts der Nacherbfolge insoweit unwirksam, als sie das Recht des Nacherben vereiteln oder beeinträchtigen würde. Das Gleiche gilt gemäß § 2113 Abs. 2 BGB grundsätzlich hinsichtlich der unentgeltlichen Verfügung des Vorerben über Erbschaftsgegenstände. Auch sind Vollstreckungsmaßnahmen gegen den Vorerben in Nachlassgegenstände im Falle des Eintritts der Nacherbfolge insoweit unwirksam, wie sie das Recht des Nacherben vereiteln oder beeinträchtigen würden (§ 2115 S. 1 BGB). Wird jedoch wegen eines Anspruches eines Nachlassgläubigers oder eines gegenüber dem Nacherben wirksamen Rechts vollstreckt, ist die Maßnahme wirksam (§ 2115 S. 2 BGB).

Um die Beschränkungen des Vorerben auch nach außen hin deutlich zu machen, wird im Erbschein des Vorerben die Anordnung der Nacherbfolge, die Voraussetzungen ihres Eintritts sowie der Nacherbe angegeben (§ 2363 BGB). Im Grundbuch wird zudem zum Schutz des Nacherben ein Nacherbenvermerk eingetragen (§ 51 GBO). Der Nacherbenvermerk bewirkt keine Grundbuchsperre. Dies bedeutet, dass der Vorerbe das Grundstück veräußern kann und das Grundbuchamt den Erwerber als neuen Eigentümer im Grundbuch einträgt. Der Nacherbenvermerk bleibt jedoch bestehen. Mit Eintritt des Nacherbfalls wird die Verfügung, sofern sie den Nacherben beeinträchtigt, unwirksam. Das Grundbuch ist dann unrichtig. Der Nacherbe hat gegen den Erwerber einen Grundbuchberichtigungsanspruch (§ 894 BGB). Der Notar hat hierüber zu belehren. Ein vernünftiger Käufer wird sich auf diese Gefahr kaum einlassen.

Eine Beeinträchtigung des Nacherben und damit die Unwirksamkeit der Verfügung ist ausgeschlossen, wenn dieser der Verfügung des Vorerben zugestimmt hat. Bei Abschluss des Grundstückskaufvertrages sollte daher der Nacherbe mitwirken und seine Zustimmung (§ 185 BGB) erteilen. Eine Verpflichtung gegenüber dem Vorerben zur Zustimmung kann sich aus § 2120 BGB ergeben, wenn die Verfügung zur ordnungsgemäßen Verwaltung, insbesondere zur Berichtigung von Nachlassverbindlichkeiten, erforderlich ist. Schließlich kann der Vertragspartner des Vorerben den Nachlassgegenstand u. U. gutgläubig erwerben (vgl. § 2113 Abs. 3 BGB).

Zu beachten ist, dass der Erblasser den Vorerben auch von den Beschränkungen hinsichtlich der Verfügung über Grundstücke befreien kann (§ 2136 BGB). Sowohl der Erbschein wie auch das Grundbuch geben die Befreiung an.

Auch wenn der Vorerbe im Nacherbfall die Nachlassgegenstände an den Nacherben herauszugeben hat, kann er dennoch die während der Vorerbschaft gezogenen Nutzungen grundsätzlich für sich behalten (vgl. §§ 2111 Abs. 1 S. 1, 2133 BGB). Die gewöhnlichen Erhaltungskosten hat der Vorerbe während der Zeit der Vorerbschaft zu tragen (§ 2124 Abs. 1 BGB). Die außerordentlichen Lasten treffen den Nacherben (§ 2126 BGB). Der Vorerbe ist dem Nacherben gegenüber schadensersatzpflichtig, wenn er die Erbschaft nicht in einem der ordnungsgemäßen Verwaltung entsprechenden Zustand herausgibt (§ 2133 BGB) oder wenn er entgegen § 2113 Abs. 2 BGB über einen Erbschaftsgegenstand verfügt oder die Erbschaft in der Absicht, den Nacherben zu benachteiligen, vermindert.

Mit der Anordnung von Vor- und Nacherbschaft wird insbesondere eine Erhaltung der Substanz des Nachlasses für den Nacherben angestrebt. Der Erblasser hat die Möglichkeit, über einen längeren Zeitraum hinaus seine Rechtsnachfolger und das Schicksal seines Vermögens zu bestimmen. Hierfür können im Einzelfall verschiedene Gründe, wie z. B. die Familienbindung des Vermögens sprechen.

821 *Formulierungsbeispiel*
Ich setze zu meinem Vorerben meinen Ehemann ... ein. Der Vorerbe ist von den für Vorerben geltenden Beschränkungen befreit, soweit eine Befreiung möglich ist.
Zu Ersatzerben des Vorerben bestimme ich die Nacherben zu gleichen Teilen.
Zu Nacherben setze ich meinen Sohn ... und meine Tochter ... je zu gleichen Teilen ein.
Die Nacherbfolge tritt mit dem Tod des Vorerben ein.
Als Ersatznacherben bestimme ich jeweils die Abkömmlinge der Nacherben nach gleichen Stammanteilen.

822 Checklisten zur Änderung der Erbfolge (Erbeinsetzung, Ersatzerbschaft, Vor- und Nacherbschaft)

Enterbung:
✓ Bestimmte Person
✓ Ganzer Stamm

Erbeinsetzung:
✓ Genaue Bestimmung der Erben durch den Erblasser
✓ Alleinerbe
✓ Miterben: Erbquoten nach Bruchteilen oder Prozentsätzen

Ersatzerbenbestimmung:
✓ Ausdrückliche Ersatzerbenbestimmung
✓ Berufung mehrerer Ersatzerben hintereinander
✓ Abgrenzung zwischen Anwachsung oder Ersatzerbenberufung

II. Möglichkeiten der Gestaltung erbrechtlicher Anordnungen

Vor- und Nacherbeneinsetzung:
- ✓ Person des Vor- und Nacherben
- ✓ Bestimmung des Nacherbfalls
- ✓ Umfang der Anordnung (alle oder nur einzelne Erbteile; ggf. Bruchteil eines Erbteils)
- ✓ Anordnung unter aufschiebender oder auflösender Bedingung oder Befristung
- ✓ Bestimmung von Ersatzerben für den Vor- und Nacherben
- ✓ Befreiung des Vorerben

4. Vermächtnis

Der Erblasser kann in einem Testament oder Erbvertrag einem anderen einen Vermögensvorteil zuwenden, ohne ihn als Erben einzusetzen (*Vermächtnis*, §§ 1939, 1941 BGB). Hierdurch kann eine Durchbrechung des Grundsatzes der Gesamtrechtsnachfolge (vgl. Rz. 736) erreicht werden. Der Begriff des Vermögensvorteils ist weit zu verstehen. Neben Gegenständen fällt etwa auch der Erlass von Verbindlichkeiten oder die Einräumung eines Nießbrauchs hierunter. Der Vermächtnisnehmer erlangt keine Erbenstellung, sondern nur einen schuldrechtlichen Anspruch gegen den oder die Erben, die sog. Beschwerten, (§ 2174 BGB). Der Gegenstand des Vermächtnisses ist durch ein besonderes Vollzugsgeschäft auf den Vermächtnisnehmer zu übertragen. Das Vermächtnis fällt mit dem Erbfall an (§ 2176 BGB).

823

Beispiel
Der Erblasser setzt den E als Alleinerben ein, vermacht aber dem A ein Grundstück. Mit dem Erbfall wird zunächst E aufgrund der Gesamtrechtsnachfolge Eigentümer dieses Grundstücks. A hat jedoch aufgrund § 2174 BGB gegen E einen Anspruch auf Übertragung des Eigentums. Die Erfüllung dieses Anspruchs erfolgt gemäß § 873 BGB durch Einigung und Eintragung im Grundbuch. Es ist somit die Auflassung zu erklären. Mit der anschließenden Eintragung wird der A Eigentümer des Grundstücks.

824

Mit einem Vermächtnis können sowohl die gesetzlichen als auch die testamentarischen Erben beschwert werden. Ähnlich wie bei der **Erbschaft** (vgl. Rz. 887) ist der Vermächtnisnehmer nicht gezwungen, das Vermächtnis anzunehmen. Er kann dieses auch ausschlagen. Die Ausschlagung kann erst nach dem Erbfall gegenüber dem Beschwerten erklärt werden (§ 2180 BGB).

Ein Vermächtnis ist unwirksam, wenn der Bedachte zur Zeit des Erbfalls nicht mehr lebt (§ 2160 BGB). Etwas anderes gilt nur, wenn der Erblasser ausdrücklich einen *Ersatzvermächtnisnehmer* bestimmt hat (§ 2190 BGB) oder ein Ersatzvermächtnisnehmer infolge einer gesetzlichen Vermutung an die Stelle des Verstorbenen tritt, wie etwa im Fall des § 2069 BGB bei Abkömmlingen des Erblassers. Fällt der Beschwerte (z. B. durch Tod eines Erben) weg, so bleibt das Vermächtnis im Zweifel bestehen. Beschwert ist dann derjenige, dem der

825

Wegfall unmittelbar zugute kommt, z. B. andere noch lebende Erben (§ 2161 BGB).
Zu unterscheiden sind verschiedene Arten von Vermächtnissen. Bei einem *Stückvermächtnis* ist Gegenstand des Vermächtnisses ein bestimmter Gegenstand (vgl. § 2169 BGB). Demgegenüber liegt ein *Gattungsvermächtnis* vor, wenn der Erblasser die zu leistende Sache nur der Gattung nach bestimmt hat, der Vermächtnisnehmer soll z. B. eine der 12 Meißener Porzellantassen erhalten, (§ 2155 BGB). Der Erbe schuldet in diesen Fällen die Übereignung einer den Verhältnissen des Bedachten entsprechenden Sache. Bei einem *Wahlvermächtnis* soll der Bedachte nur einen von mehreren Gegenständen erhalten. Die Wahl ist einem Dritten überlassen (§ 2154 BGB). Wird ein Gegenstand vermacht, der zum Zeitpunkt des Erbfalls nicht zur Erbschaft gehört und von dem Beschwerten erst beschafft werden muss, spricht man von einem *Verschaffungsvermächtnis* (§§ 2169 Abs. 1, 2170 BGB). Zulässig ist es auch, einem Vermächtnisnehmer den gesamten oder nahezu gesamten Nachlass zuzuwenden. Man nennt dies *Universalvermächtnis*. Ist ein Vermächtnisnehmer seinerseits durch ein Vermächtnis beschwert, liegt ein *Untervermächtnis* vor (§ 2186 BGB). Vergleichbar mit Nacherben (vgl. Rz. 820) können Nachvermächtnisnehmer bestimmt werden.

Sofern der Gegenstand des Vermächtnisses belastet ist, also bei Grundstücken z. B. Grundpfandrechte im Grundbuch eingetragen sind und die ihnen zugrundeliegenden Verbindlichkeiten bestehen, stellt sich das Problem, ob der Beschwerte die Belastung zu beseitigen hat oder ob diese vom Vermächtnisnehmer zu übernehmen ist. Diese Frage kann der Erblasser entscheiden. Im Testament oder Erbvertrag sollte daher eine klare Regelung getroffen werden. Fehlt es an einer Bestimmung des Erblassers, gilt bei einem Stückvermächtnis, dass dieses im Zweifel einschließlich Belastungen zu übertragen ist (§ 2165 Abs. 1 BGB). Hinsichtlich zu übernehmender Hypotheken und Grundschulden ist der Vermächtnisnehmer grundsätzlich dem Erben gegenüber verpflichtet, die zugrunde liegende Verbindlichkeit zu erfüllen, sofern sie eine persönliche Verbindlichkeit des Erblassers darstellt (§ 2166 Abs. 1 S. 1 BGB). Handelt es sich um ein Gattungs- oder Verschaffungsvermächtnis, sind die Gegenstände im Zweifel lastenfrei zu übertragen (§ 2182 Abs. 1 und 2 BGB).

826 Eine Vermächtnisanordnung könnte folgenden Inhalt haben:

> **Formulierungsbeispiel**
> *Meinem Sohn ... vermache ich mein Grundstück, eingetragen im Grundbuch des Amtsgerichts ... von ..., Blatt ..., Gemarkung ..., Flur ..., Flurstück .... Die auf dem Grundstück ruhenden Belastungen, insbesondere die Grundpfandrechte und die ihnen zugrunde liegenden Verbindlichkeiten, hat mein Sohn zu übernehmen. Die Kosten der Vermächtniserfüllung einschließlich etwaiger Erbschaftsteuer hat der Vermächtnisnehmer zu tragen.*
> *Frau ... erhält vermächtnishalber einen Geldbetrag von ... EURO (in Worten: ... EURO). Dieser Betrag ist 6 Monate nach meinem Ableben zur Zahlung fällig.*

II. Möglichkeiten der Gestaltung erbrechtlicher Anordnungen

Die Anordnung eines Vermächtnisses kann in einem Erbvertrag bindend (vgl. Rz. 763) und in einem gemeinschaftlichen Testament wechselbezüglich (vgl. Rz. 758) erfolgen.

827

Checkliste zum Vermächtnis

✓ Abgrenzung zur Erbeinsetzung und Auflage
✓ Beschwerter des Vermächtnisses
✓ Bedachter des Vermächtnisses
✓ Vermächtnisobjekt
✓ Anfall des Vermächtnisses
✓ Ersatzvermächtnisnehmer oder Unwirksamkeit bei Wegfall des Bedachten
✓ Übernahme der Belastungen des Vermächtnisgegenstandes
✓ Tragung der Pflichtteilslast, Kosten der Vermächtniserfüllung und Erbschaftsteuern

828

5. Teilungsanordnung und Vorausvermächtnis

Geht die Erbschaft auf mehrere Miterben über, wird der Nachlass gemeinschaftliches Vermögen der Erben. Über einzelne Nachlassgegenstände kann ein Miterbe allein nicht verfügen (vgl. Rz. 736). Dies ist erst nach einer Auseinandersetzung der Erbengemeinschaft (vgl. Rz. 906–912.) möglich. Gemäß § 2048 BGB kann der Erblasser eine Anordnung für die Auseinandersetzung treffen. Diese hat regelmäßig die Zuweisung bestimmter Gegenstände an bestimmte Miterben zum Inhalt.

829

Beispiel
Der Erblasser bestimmt, dass A das Haus und B das Wertpapierdepot erhalten sollen.

830

Der Erblasser kann auch anordnen, dass die Auseinandersetzung nach dem billigen Ermessen eines Dritten erfolgen soll (§ 2048 S. 2 BGB).
   Eine reine *Teilungsanordnung* liegt vor, wenn der Erblasser die Miterben, die bestimmte Gegenstände erhalten sollen, nicht begünstigen will. Erhält der einzelne Erbe durch die Zuweisung wertmäßig mehr, als seiner Erbquote entspricht, ist er den anderen Miterben gegenüber zum Ausgleich der Differenz verpflichtet.
   Hiervon zu unterscheiden ist das *Vorausvermächtnis*. Hierunter ist gemäß § 2150 BGB das Vermächtnis an einen Erben, durch das dieser zugleich selbst beschwert wird, zu verstehen. Der Erblasser wendet einem Erben einen Vermögensvorteil über den Erbteil hinaus zu. Beabsichtigt er, den Miterben mit der Zuweisung des Gegenstandes zu begünstigen, unterbleibt eine Anrechnung auf den Erbteil. Das Vorausvermächtnis hat, wie das Vermächtnis allgemein, nur schuldrechtliche Wirkung. Als Vermächtnisnehmer ist der Bedachte selbst Nachlassgläubiger (§ 1967 Abs. 2 BGB, vgl. Rz. 736) und kann etwa die Übertragung des Vermächtnisgegenstandes bereits vor einer Auseinandersetzung der Erbengemeinschaft verlangen.

831

Die Unterscheidung zwischen reiner Teilungsanordnung und Vorausvermächtnis ist insbesondere bei den entgeltlichen Übernahmerechten problematisch.

832 **Beispiel**
Der Erblasser hat zwei Kinder und hinterlässt ein Grundstück und Bargeld in Höhe von 200 000 EURO. Er ordnet an, dass die Tochter berechtigt ist, das Grundstück zum Verkehrswert unter Anrechnung auf ihren Erbteil zu übernehmen.

833 Denkbar ist in solchen Fällen beides. Einerseits kann allein die Möglichkeit, einen bestimmten Gegenstand, wenn auch gegen Entgelt, zu erwerben, einen Vermögensvorteil darstellen. Andererseits kann die Entgeltlichkeit der Übernahme auch so verstanden werden, dass der Erblasser mit seiner Anordnung eine Begünstigung des Bedachten über seinen Erbteil hinaus ausschließen wollte. Es wäre dann lediglich eine Teilungsanordnung gewollt. In der notariellen Urkunde sollte eine klare Anordnung getroffen werden.

Zu beachten ist, dass ein Vorausvermächtnis in einem Erbvertrag bindend (vgl. Rz. 763) und in einem gemeinschaftlichen Testament mit Wechselbezüglichkeit (vgl. Rz. 758) angeordnet werden kann, eine Teilungsanordnung hingegen nicht (§§ 2278 Abs. 2, 2270 Abs. 3 BGB).

834 Eine Teilungsanordnung mit Vorausvermächtnis könnte lauten:

Formulierungsbeispiel
Für die Auseinandersetzung meines Nachlasses unter den Miterben treffe ich folgende Anordnungen:
1. Mein Sohn ... erhält unter Anrechnung auf seinen Erbteil mein Wohnhaus in ..., eingetragen im Grundbuch des Amtsgerichts ... von ..., Blatt ..., Gemarkung ..., Flur ..., Flurstück .... Sollten sich die Erben über den Wert der Nachlassgegenstände nicht einigen, so soll dieser verbindlich von einem vom Präsidenten der Industrie- und Handelskammer in ... zu bestimmenden öffentlich bestellten und vereidigten Sachverständigen festgestellt werden.
2. Meine Tochter ... ist berechtigt, meine Gemäldesammlung gegen Zahlung des Verkehrswertes zu übernehmen. Da meine Tochter Kunstliebhaberin ist, wende ich ihr dieses Recht als Vorausvermächtnis zu. Der Wert der Bilder ist von einem Kunstsachverständigen zu bestimmen. Meine Tochter kann die Übertragung der Bilder bereits vor der Auseinandersetzung verlangen.
3. Meine Lebensgefährtin ... erhält als Vorausvermächtnis, also ohne Anrechnung auf den Erbteil, meine gesamten Möbel.

835 **Checkliste zur Teilungsanordnung und Vorausvermächtnis**
✓ Ausdrückliche Abgrenzung zwischen Teilungsanordnung und Vorausvermächtnis
✓ Festlegung eines Wertausgleichs

II. Möglichkeiten der Gestaltung erbrechtlicher Anordnungen

6. Auseinandersetzungsverbot

Jeder Miterbe kann gemäß § 2042 BGB jederzeit die Auseinandersetzung der Erbengemeinschaft verlangen. Will der Erblasser dies verhindern, hat er nach § 2044 Abs. 1 S. 1 BGB die Möglichkeit, durch letztwillige Verfügung die Auseinandersetzung in Ansehung des Nachlasses oder einzelner Nachlassgegenstände auszuschließen oder von der Einhaltung einer Kündigungsfrist abhängig zu machen. Der Ausschluss der Auseinandersetzung ist auf bestimmte Zeit oder auf Dauer zulässig. So weit seit dem Eintritt des Erbfalls dreißig Jahre verstrichen sind, wird er jedoch nach § 2044 Abs. 2 BGB unwirksam, es sei denn, er ist bis zum Eintritt eines bestimmten Ereignisses in der Person eines Miterben, auf den Anfall eines Vermächtnisses oder den Eintritt der Nacherbfolge angeordnet. Über mehrfach hintereinander angeordnete Nacherbfolge kann die zeitliche Schranke über mehrere Generationen hinaus ausgedehnt werden. 836

Die Anordnung eines Auseinandersetzungsverbots bzw. einer Erschwerung der Auseinandersetzung kann dazu dienen, eine vorschnelle Verschleuderung des Nachlasses zu verhindern. Ebenso bietet sie sich an, um einzelnen Miterben Zeit zu geben, liquide Mittel für die Auszahlung anderer Miterben anzusammeln. Im Regelfall ist es nicht zweckmäßig, das Schicksal des gesamten Nachlasses oder auch nur einzelner Nachlassgegenstände auf Jahrzehnte hinaus festzulegen. Der Notar sollte daher regelmäßig eine entsprechende Nachlassbindung nicht empfehlen.

Gemäß § 2044 Abs. 1 S. 2 BGB finden auf das Auseinandersetzungsverbot die Vorschriften des § 749 Abs. 2, 3 BGB, der §§ 750, 751 BGB und des § 1010 Abs. 1 BGB entsprechende Anwendung. Dies bedeutet, dass die Auseinandersetzung aus wichtigem Grund stets möglich bleibt. Was als wichtiger Grund im Sinne des § 749 Abs. 2 BGB anzusehen ist, hängt von den Umständen des Einzelfalles ab. Die drohende Verschlechterung des Nachlasses kann einen wichtigen Grund bilden. Gemäß § 750 BGB tritt ein auf Zeit verhängtes Auseinandersetzungsverbot im Zweifel mit dem Tod eines Miterben außer Kraft. Die Anwendung des § 1010 Abs. 1 BGB setzt voraus, dass der Erblasser die Umwandlung der Erbengemeinschaft hinsichtlich eines Grundstücks in eine Bruchteilsgemeinschaft gestattet, deren Teilung aber verboten hat. Im Übrigen ist die Eintragung des Ausschlusses der Auseinandersetzung in das Grundbuch trotz des missverständlichen Verweises in § 2044 Abs. 1 S. 2 BGB auf § 1010 Abs. 1 BGB nicht möglich.

Sofern der Erblasser die Auseinandersetzung generell verbietet, also auch gegen den Willen sämtlicher Miterben, hat die Anordnung des Ausschlusses der Auseinandersetzung den Charakter einer Auflage im Sinne der §§ 1940, 2194 ff. BGB. Nach § 2270 Abs. 3 BGB und § 2278 Abs. 2 BGB kann diese mit Bindungswirkung getroffen werden. Verfolgt der Erblasser das Ziel, nur den Anspruch einzelner Miterben gegen die anderen auf Auseinandersetzung auszuschließen, ist in diesem Verbot ein Vermächtnis zugunsten der anderen Miterben im Sinne der §§ 1939, 2147 ff. BGB zu sehen. Die Gegenauffassung nimmt eine Qualifikation als negative Teilungsanordnung gemäß § 2048 BGB an, da der Wille des Erblassers in der Regel nicht auf die Zuwendung eines Vermögensvorteils für die Miterben ausgerichtet sei. Bedeutung erlangt dieser Meinungsstreit für die Frage, ob eine entsprechende Anordnung mit Bindungswirkung im Sinne des § 2270 Abs. 3 BGB bzw. des § 2278 Abs. 2 BGB getroffen werden kann. Nur bei Annahme eines Vermächtnisses ist dies zu bejahen.

Rechtsfolge der Anordnung des Ausschlusses der Auseinandersetzung ist, dass kein Miterbe gegen die übrigen Miterben einen Anspruch auf Auseinandersetzung hat. Das um Vermittlung nach §§ 86 ff. FGG angegangene Nachlassgericht muss dementsprechend seine Mitwirkung versagen. Ebenso ist ein gerichtliches Zuweisungsverfahren nach §§ 13 ff. GrdstVG unzulässig.

Das Auseinandersetzungsverbot wirkt nur schuldrechtlich. Die Verfügungsbefugnis der Erben in ihrer Gesamtheit bleibt hiervon gemäß § 137 BGB unberührt. Sind sich die Erben einig, können sie ungeachtet des Verbotes des Erblassers die Auseinandersetzung betreiben und z. B. die Grundbesitzung einem von ihnen übertragen bzw. an Dritte veräußern. Will der Erblasser dies verhindern, muss er eine Verwaltungsvollstreckung anordnen (vgl. Rz. 843) und den Testamentsvollstrecker anweisen, das Auseinandersetzungsverbot zu beachten.

837 *Formulierungsbeispiel*
Ich schließe die Auseinandersetzung unter meinen Erben hinsichtlich des gesamten Nachlasses aus, bis der jüngste Erbe das 21. Lebensjahr vollendet hat.
Die Auseinandersetzung soll auch nicht im Einvernehmen aller Erben möglich sein. Ich ordne daher Testamentsvollstreckung an. Zum Testamentsvollstrecker wird Herr ... ernannt, ersatzweise ersuche ich das Nachlassgericht, einen geeigneten Testamentsvollstrecker zu bestimmen. Der Testamentsvollstrecker hat die einzige Aufgabe, die Einhaltung dieser Auflage zu überwachen. Die Testamentsvollstreckung endet mit dem Zeitpunkt, in dem den Erben die Auseinandersetzung gestattet ist. Der Testamentsvollstrecker erhält die übliche Vergütung.

838 Der Erblasser kann die Auseinandersetzung nicht verhindern, wenn der Testamentsvollstrecker und alle Erben diese einverständlich betreiben.

839 **Checkliste zum Auseinandersetzungsverbot**
✓ Rechtsnatur: Abgrenzung zwischen Auflage (generelles Auseinandersetzungsverbot) und Vermächtnis (beschränkter Ausschluss des Anspruchs einzelner Miterben gegen die anderen auf Auseinandersetzung)
✓ Absicherung durch Testamentsvollstreckung

7. Auflage

840 Ein weiteres Instrument der erbrechtlichen Gestaltung bildet die *Auflage*. Der Erblasser kann die Erben oder Vermächtnisnehmer zu einer Leistung verpflichten, ohne einem anderen ein Recht auf die Leistung zuzuwenden

II. Möglichkeiten der Gestaltung erbrechtlicher Anordnungen

(§§ 1940, 1941 Abs. 1 BGB). Diese Verpflichtung kann in einem Erbvertrag bindend (vgl. Rz. 763) und in einem gemeinschaftlichen Testament wechselbezüglich (vgl. Rz. 758) erfolgen. Im Unterschied zum Vermächtnis muss der Inhalt einer Auflage kein Vermögensvorteil sein und niemand begünstigt werden. Falls aber dennoch eine Person begünstigt ist, hat diese grundsätzlich keinen Anspruch auf die Leistung. Die Vollziehung einer Auflage können nur der Erbe, Miterben oder ggf. Ersatzerben bzw. Nacherben verlangen (§ 2194 S. 1 BGB). Liegt die Vollziehung im öffentlichen Interesse, so kann auch die zuständige Behörde die Vollziehung verlangen (§ 2194 S. 2 BGB). Eine *Drittbestimmung* ist bei der Auflage in noch weiterem Umfang als beim Vermächtnis (vgl. Rz. 823) möglich. So kann der Erblasser, wenn er den Zweck der Auflage bestimmt hat, die Bestimmung der Person, an die die Leistung erfolgen soll, dem Beschwerten oder einem Dritten überlassen (§ 2193 Abs. 1 BGB). Für die Wirksamkeit einer Auflage gelten im Übrigen keine zeitlichen Grenzen. Soll sichergestellt werden, dass die Auflage eingehalten wird, ist es zu empfehlen, einen Testamentsvollstrecker (vgl. Rz. 843) mit der Aufgabe einzusetzen, die Einhaltung der Auflage zu überwachen oder diese selbst durchzuführen.

Da die Auflage dem Begünstigten keinen schuldrechtlichen Anspruch gibt, erfolgt deren Anordnung regelmäßig zugunsten objektiver Zwecke, wie z. B. Grabpflege, Sorge für ein Tier, wohltätige Zwecke.

Formulierungsbeispiel 841
Meinem Erben mache ich zur Auflage, mein Grab auf die Dauer der ortsüblichen Ruhezeit für Gräber entsprechend den örtlichen Gepflogenheiten zu pflegen und zu schmücken.

Checkliste zur Auflage 842
✓ Ausdrückliche Anordnung als Auflage
✓ Abgrenzung zum Vermächtnis
✓ Bestimmung des Gegenstandes bzw. Zwecks der Auflage (Leistung oder Unterlassung)
✓ Bestimmung des Beschwerten der Auflage
✓ Bestimmung des Begünstigten der Auflage
✓ Bestimmung eines Vollziehungsberechtigten
✓ Absicherung der Auflagenerfüllung durch Testamentsvollstrecker

8. Testamentsvollstreckung

Die *Testamentsvollstreckung* hat die Funktion, den Willen des Erblassers abzusichern und auszuführen. Die Anordnung einer Testamentsvollstreckung kommt insbesondere in Betracht, wenn der Erblasser bei einer Vielzahl von Erben oder Vermächtnisnehmern eine ordnungsgemäße Abwicklung sicherstellen oder Erben vor ihren Eigengläubigern schützen will. Weiterhin kann eine Testamentsvollstreckung zum Schutz gegen unerfahrene oder böswillige 843

Erben oder zum Schutz des Nachlasses gegen Verschleuderung oder Zersplitterung für notwendig gehalten werden. Im Unternehmensbereich spricht bei Erblassern schließlich häufig die Überlegung, dass eine Kontinuität in der Firmenfortführung gewährleistet werden soll, für eine Anordnung der Testamentsvollstreckung.

Der Testamentsvollstrecker ist weder Vertreter des Nachlasses noch Vertreter der Erben. Er ist auch nicht Vertreter der Nachlassgläubiger, sondern Träger eines privaten Amtes. Er hat die Stellung eines Treuhänders. Die gesetzlichen Grundlagen der Testamentsvollstreckung finden sich in den §§ 2197 bis 2228 BGB.

Die Testamentsvollstreckung kann nur in einer einseitigen Verfügung von Todes wegen angeordnet werden (§ 2197 Abs. 1 BGB). Zum Testamentsvollstrecker kann jede natürliche oder juristische Person ernannt werden, sofern sie nicht im Sinne des § 2201 BGB untauglich ist. Der Erblasser hat zunächst selbst die Möglichkeit, einen oder mehrere Testamentsvollstrecker zu ernennen. Er kann die Bestimmung der Person aber auch Dritten überlassen (§ 2198 BGB) oder das Nachlassgericht ersuchen, einen Testamentsvollstrecker zu ernennen (§ 2200 BGB). Schließlich kann der Erblasser den Testamentsvollstrecker ermächtigen, einen oder mehrere Mitvollstrecker zu ernennen (§ 2199 BGB). Zu beachten ist, dass die Ernennung des Notars als Testamentsvollstrecker in der von ihm selbst beurkundeten letztwilligen Verfügung gemäß §§ 27, 7 Nr. 1 BeurkG unwirksam ist. Zulässig ist es jedoch, wenn der Erblasser den Notar in einer weiteren nicht beurkundeten Verfügung von Todes wegen zum Testamentsvollstrecker bestimmt. Diese zusätzliche Verfügung sollte ebenfalls in die besondere amtliche Verwahrung (vgl. Rz. 778) gebracht werden.

844 Das Amt des Testamentsvollstreckers beginnt mit dem Zeitpunkt, in welchem der Ernannte das Amt annimmt (§ 2202 Abs. 1 BGB). Es endet mit dem Tod des Testamentsvollstreckers (§ 2225 BGB), dem Verlust seiner vollen Geschäftsfähigkeit bzw. Bestellung eines Betreuers nach § 1896 BGB (§§ 2225, 2201 BGB), der Kündigung gegenüber dem Nachlassgericht (§ 2226 BGB), der Erledigung der letzten Aufgabe durch den Testamentsvollstrecker oder durch Zeitablauf (§ 2210 BGB). Weiter ist die Entlassung durch das Nachlassgericht aus wichtigem Grund wegen grober Pflichtverletzung oder Unfähigkeit ein Beendigungsgrund (§ 2227 BGB). Sofern der Erblasser nicht für eine Ersatzberufung gesorgt hat, endet mit dem Amt des Testamentsvollstreckers auch die Testamentsvollstreckung insgesamt.

Der Testamentsvollstrecker hat gemäß § 2203 BGB die letztwilligen Verfügungen des Erblassers zur Ausführung zu bringen. Hierzu zählt insbesondere die Überwachung der Erfüllung der Vermächtnisse sowie des Vollzugs der Auflagen. Der Testamentsvollstrecker hat zudem gemäß § 2204 Abs. 1 BGB bei mehreren Erben die Auseinandersetzung unter ihnen nach den §§ 2042 bis 2056 BGB zu bewirken. Schließlich ist es gemäß § 2205 BGB seine Aufgabe, den Nachlass zu verwalten. Ohne ausdrückliche Anordnung des Erblassers endet die Nachlassverwaltung mit der Auseinandersetzung. Der Erblasser kann dem Testamentsvollstrecker aber auch ausschließlich die Verwaltung des Nachlasses übertragen, ohne ihm andere Aufgaben zuzuweisen (sog. Ver-

II. Möglichkeiten der Gestaltung erbrechtlicher Anordnungen

waltungsvollstreckung, § 2209 S. 1 BGB). Schließlich kann der Erblasser anordnen, dass der Testamentsvollstrecker die Verwaltung des Nachlasses nach Erledigung der ihm sonst übertragenen Aufgaben fortzuführen hat (§ 2209 S. 2 BGB).

Der Testamentsvollstrecker ist berechtigt, den Nachlass in Besitz zu nehmen und über Nachlassgegenstände zu verfügen, in der Regel jedoch nicht unentgeltlich (§ 2205 S. 2 und 3 BGB). Der Erbe kann demgegenüber über einen der Verwaltung des Testamentsvollstreckers unterliegenden Gegenstand nicht verfügen (§ 2211 BGB). Soweit dies zur ordnungsgemäßen Verwaltung erforderlich ist, kann der Testamentsvollstrecker auch Verbindlichkeiten eingehen (§ 2206 BGB). Der Testamentsvollstrecker ist nicht zur verbindlichen Auslegung des Testaments befugt.

Der Erblasser kann den Umfang der Testamentsvollstreckung frei bestimmen. So kann er diese z. B. auf einzelne Nachlassgegenstände beschränken, zeitlich befristen oder auf einzelne Erben beschränken. Das Nachlassgericht ist nicht zur Überwachung der Tätigkeit des Testamentsvollstreckers berufen. Der Testamentsvollstrecker unterliegt bei Minderjährigen auch nicht der Aufsicht des Vormundschaftsgerichts. Er ist jedoch im Verhältnis zu den Erben zu einer ordnungsgemäßen Verwaltung des Nachlasses verpflichtet (§ 2216 Abs. 1 BGB). Im Übrigen richtet sich das Verhältnis weitgehend nach *Auftragsrecht* (§ 2218 Abs. 1 BGB). 845

Der Testamentsvollstrecker kann gemäß § 2221 BGB für die Führung seines Amtes eine angemessene Vergütung, sofern nicht der Erblasser ein anderes bestimmt hat, und gemäß §§ 2218 Abs. 1, 670 BGB Aufwendungsersatz verlangen. Für die Höhe der Vergütung sind stets die Gesamtumstände des Einzelfalls maßgebend (siehe hierzu auch die Vergütungsempfehlungen des Deutschen Notarvereins für Testamentsvollstreckungen, abgedruckt in ZEV 2000, 181). Es empfiehlt sich, einen konkreten Vergütungssatz in die letztwillige Verfügung aufzunehmen.

Dem Testamentsvollstrecker wird auf Antrag vom Nachlassgericht ein *Testamentsvollstreckerzeugnis* erteilt (§ 2368 BGB). Der Antrag ist beurkundungsbedürftig und folgt weitgehend den Regeln über **Erbscheinsanträge** (vgl. Rz. 894–902). Gehören zum Nachlass Grundstücke, wird gemäß § 52 GBO bei Eintragung der Erben von Amts wegen ein sog. *Testamentsvollstreckervermerk* in die Grundbücher eingetragen. Die Eintragung erfolgt in Abteilung II. Eingetragen werden jedoch nicht der Name des Testamentsvollstreckungsverwalters und der Umfang seiner Befugnisse. Hierüber gibt im Einzelfall das Testamentsvollstreckerzeugnis Auskunft. Der Testamentsvollstreckervermerk bewirkt eine Grundbuchsperre, d. h. ohne Zustimmung des Testamentsvollstreckungsverwalters kann nicht verfügt werden. Die Löschung des Testamentsvollstreckervermerks erfolgt, wenn der Testamentsvollstrecker alle Aufgaben erfüllt bzw. das Grundstück den Erben gemäß § 2217 BGB zur freien Verfügung überlassen oder dieses an Dritte verkauft hat.

Eine einfache Testamentsvollstreckungsanordnung zur Abwicklung könnte folgenden Inhalt haben: 846

Formulierungsbeispiel
Ich ordne Testamentsvollstreckung an. Zum Testamentsvollstrecker bestimme ich Herrn ..., ersatzweise Herrn ..., wiederum ersatzweise ersuche ich das Nachlassgericht, einen geeigneten Testamentsvollstrecker zu bestimmen.
Der Testamentsvollstrecker hat die Aufgabe, die von mir in diesem Testament angeordneten Vermächtnisse zu erfüllen. Weiterhin obliegt ihm die Auseinandersetzung des Nachlasses unter den Erben. Mit der Erledigung dieser Aufgaben endet die Testamentsvollstreckung.
Der Testamentsvollstrecker ist von den Beschränkungen des § 181 BGB befreit.
Der Testamentsvollstrecker erhält neben dem Ersatz seiner Aufwendungen eine einmalige Vergütung von 4% des bei meinem Tode vorhandenen Bruttonachlasses ohne Abzug von Schulden.

847 Checkliste zur Testamentsvollstreckung

✓ Ausdrückliche Anordnung der Testamentsvollstreckung
✓ Bestimmung der Person des Testamentsvollstreckers und Ersatztestamentsvollstreckers
✓ Bestimmung des Aufgabenkreises des Testamentsvollstreckers
✓ Bestimmung des Umfangs der Testamentsvollstreckung
✓ Festlegung der Dauer der Testamentsvollstreckung
✓ Regelung zu den Befugnissen des Testamentsvollstreckers
✓ Aufteilung der Befugnisse unter mehreren Testamentsvollstreckern
✓ Befreiung des Testamentsvollstreckers von den Beschränkungen des § 181 BGB
✓ Festlegung der Vergütung des Testamentsvollstreckers und des Auslagenersatzes
✓ Regelung zur Beendigung der Testamentsvollstreckung

9. Anordnungen sonstiger Art

848 Neben rein erbrechtlichen Anordnungen sind in einer Verfügung von Todes wegen auch familienrechtliche Anordnungen mit erbrechtlichen Auswirkungen möglich. Zu nennen sind hier insbesondere die Anordnungen über die Verwaltung des Kindesvermögens nach § 1638 BGB, die Befreiung von der Inventarisierungspflicht nach § 1640 Abs. 2 Nr. 2 BGB, die Ernennung und Ausschließung eines Vormunds durch die Eltern gemäß §§ 1777, 1782 BGB oder Regelungen zur Gütergemeinschaft. Aber auch eine Vaterschaftsanerkennung (vgl. Rz. 633) in einem notariellen Testament oder Erbvertrag genügt der Form des § 1597 BGB. Zu ihrer Wirksamkeit bedarf es dann jedoch noch der Zustimmung der Mutter bzw. des Kindes nach § 1595 BGB. Als sonstige Anordnung ist schließlich an letztwillige Schiedsklauseln zu denken.

a) Beschränkung der elterlichen Vermögenssorge

849 Gemäß § 1626 BGB erstreckt sich die elterliche Vermögenssorge (vgl. Rz. 638) grundsätzlich auf das gesamte Vermögen des Kindes. Erfasst ist hiervon auch

II. Möglichkeiten der Gestaltung erbrechtlicher Anordnungen

dasjenige, was das Kind durch Schenkungen oder von Todes wegen erwirbt. Der Zuwendende kann jedoch nach § 1638 Abs. 1 BGB bei einer unentgeltlichen Zuwendung unter Lebenden oder der Erblasser durch letztwillige Verfügung bestimmen, dass die Eltern eines Minderjährigen das diesem zugewendete Vermögen ganz oder teilweise nicht verwalten sollen.

Die Ausschließung von Todes wegen hat durch letztwillige Verfügung, d. h. durch Testament oder einseitige Verfügung in einem Erbvertrag zu erfolgen. Sie muss nicht zwingend in der Verfügung, die die erbrechtliche Zuwendung an das Kind anordnet, enthalten sein und braucht auch nicht ausdrücklich erklärt zu werden. So ist etwa die Bitte um eine Pflegerbestellung oder Anordnung der Verwaltung durch einen anderen Miterben ausreichend.

Die Entziehung kann unter einer Bedingung oder Zeitbestimmung getroffen werden. Sie stellt keine erbrechtliche Beschränkung oder Beschwerung im Sinne des § 2306 BGB dar. Gemäß § 1638 Abs. 2 BGB betrifft die Ausschließung der Verwaltung auch Ersatzstücke im zugewendeten Vermögen, es gilt also das Surrogationsprinzip. Statt den Eltern die Vermögensverwaltung nach § 1638 BGB zu entziehen, kann der Zuwendende gemäß § 1639 Abs. 1 BGB für die Eltern Anordnungen hinsichtlich der Verwaltung des zugewendeten Vermögens treffen. Auch dies hat von Todes wegen durch letztwillige Verfügung zu erfolgen.

Wird die Verwaltungsbefugnis nur einem Elternteil entzogen, verwaltet der andere gemäß § 1638 Abs. 3 BGB allein. Betrifft die Beschränkung der Vermögenssorge beide Eltern, entsteht verwaltungsfreies Vermögen. Es ist in diesem Fall ein Pfleger (vgl. Rz. 673) nach § 1909 Abs. 1 S. 2 BGB zu bestellen. Hinsichtlich des Pflegers hat der Zuwendende gemäß § 1917 Abs. 1 BGB ein Benennungsrecht.

Die Eltern sind gemäß § 1909 Abs. 2 BGB dem Vormundschaftsgericht gegenüber zur Anzeige verpflichtet, sofern eine solche Pflegschaft erforderlich ist.

> *Formulierungsbeispiel* **850**
> *Sollte meine Tochter vor mir versterben und daher ihre Kinder an ihre Stelle treten, entziehe ich, soweit sie noch minderjährig sind, ihrem Vater die Vermögensverwaltung über das von mir ererbte Vermögen. Als Pfleger benenne ich Herrn X, ersatzweise Frau Y.*

In der Praxis zu beachten ist, dass derselbe Erfolg durch Einsetzung eines Testamentsvollstreckers (vgl. hierzu Rz. 843–847) erreicht werden kann. **851**

Liegt eine Bestimmung nach § 1638 Abs. 1 BGB neben einer Dauertestamentsvollstreckung vor, nimmt der Pfleger die Rechte des Kindes gegenüber dem Testamentsvollstrecker wahr.

b) Befreiung von der Inventarisierungspflicht

Gemäß § 1640 Abs. 1 S. 1 BGB haben Eltern das ihrer Verwaltung unterliegende Vermögen, welches ihr minderjähriges Kind von Todes wegen erwirbt, **852** zu verzeichnen, das Verzeichnis mit der Versicherung der Richtigkeit und Vollständigkeit zu versehen und dem Familiengericht einzureichen. Gleiches gilt nach § 1640 Abs. 1 S. 2 BGB für Vermögen, welches das Kind sonst anlässlich eines Sterbefalles erwirbt, sowie für Abfindungen, die anstelle von Unterhalt gewährt werden, und unentgeltliche Zuwendungen. Die Inventarisierungspflicht besteht bereits, wenn dem Kind nur ein Pflichtteilsanspruch zusteht.

§ 1640 Abs. 1 BGB gilt nach § 1640 Abs. 2 Nr. 1 BGB nicht, wenn der Wert eines Vermögenserwerbes 15 000 EURO nicht übersteigt. Der Erblasser kann darüber hinaus die Eltern bei Zuwendungen an Kinder gemäß § 1640 Abs. 2 Nr. 2 BGB durch letztwillige Verfügung von der Pflicht, ein entsprechendes Vermögensverzeichnis zu errichten, befreien.

Eine solche Befreiung sollten sich insbesondere Ehegatten, die minderjährige Kinder haben, gegenseitig erteilen. Die anderenfalls eintretende Publizitätspflicht gegenüber dem Familiengericht ist regelmäßig unerwünscht.

853 *Formulierungsbeispiel*
Soweit unsere Kinder im Erbfall noch minderjährig sind, befreien wir uns hiermit wechselseitig von der Verpflichtung, ein Vermögensverzeichnis nach § 1640 BGB zu errichten.

c) Vormundbenennung durch die Eltern

854 Gerade jüngere Eltern mit minderjährigen Kindern wollen häufig für den Fall ihres Versterbens bestimmen, wer nach ihrem Tod Vormund der minderjährigen Kinder sein soll. Eltern oder ein Elternteil können gemäß § 1777 Abs. 3 BGB für ihre minderjährigen Kinder durch letztwillige Verfügung einen Vormund benennen. Als Vormund ist gemäß § 1776 Abs. 1 BGB berufen, wer von den Eltern des Mündels als Vormund benannt ist. Die Berechtigung hierzu ist Ausfluss des Sorgerechts (vgl. Rz. 638). Voraussetzung für die Wirksamkeit ist gemäß § 1777 Abs. 1 BGB, dass die Eltern oder der Elternteil zur Zeit ihres Todes sorgeberechtigt sind. Haben Vater und Mutter verschiedene Personen benannt, so gilt gemäß § 1776 Abs. 2 BGB die Benennung durch den zuletzt verstorbenen Elternteil.

Bei gemeinsamer Benennung durch die Eltern kann der längstlebende Elternteil nach dem Tod des Vorverstorbenen eine anderweitige Benennung vornehmen.

Eine Benennung mit Bindungswirkung ist in einem Erbvertrag nicht möglich, §§ 2270 Abs. 3, 2278 Abs. 2 BGB. Mit der Benennung können nach § 1803 Abs. 1 BGB Anordnungen darüber verbunden werden, wie der Vormund das erworbene Vermögen zu verwalten hat.

855 *Formulierungsbeispiel*
Meiner Ehefrau und mir steht für unseren Sohn S. das alleinige Sorgerecht für die Person und das Vermögen zu. Für den Fall, dass ich nach meiner Ehefrau, jedoch vor der Volljährigkeit meines vorgenannten Kindes versterbe, benenne ich

II. Möglichkeiten der Gestaltung erbrechtlicher Anordnungen

gemäß §§ 1777 Abs. 3, 1776 BGB durch letztwillige Verfügung als Vormund meine Schwiegermutter, Frau M. Ersatzweise will ich meinen Schwiegervater, Herrn M., bestimmen.
Die Bestellung eines Gegenvormundes schließe ich aus und befreie den Vormund von allen Beschränkungen, soweit es zulässig ist. Ich befreie ihn insbesondere von der Verpflichtung, Inhaber- und Orderpapiere zu hinterlegen oder bei Buchforderungen gegen den Bund oder ein Land einen beschränkenden Vermerk in das Bundes- und Landesschuldbuch eintragen zu lassen. Auch von der Verpflichtung, während der Dauer des Amtes Rechnung zu legen, soll er befreit sein.

d) Anordnungen zur Gütergemeinschaft

So weit ein Erbe oder Vermächtnisnehmer im Güterstand der Gütergemeinschaft (vgl. Rz. 595–602) lebt, fällt ein Erwerb von Todes wegen ebenso wie unentgeltliche lebzeitige Zuwendungen grundsätzlich in das Gesamtgut. Der Erblasser bzw. Schenker kann jedoch gemäß § 1418 Abs. 2 Nr. 2 BGB durch letztwillige Verfügung bzw. bei der lebzeitigen Zuwendung bestimmen, dass der Erwerb Vorbehaltsgut sein soll. 856

Zweckmäßig ist eine solche Bestimmung, um z. B. die Schwiegerkinder nicht an dem Erwerb oder der Zuwendung zu beteiligen.

Formulierungsbeispiel 857
Sofern mein Erbe im Güterstand der Gütergemeinschaft lebt, sollen alle Vermögenswerte, die dem Erben aufgrund der hier getroffenen Verfügung von Todes wegen zufallen, Vorbehaltsgut sein.

e) Letztwillige Schiedsklausel

Der Erblasser kann Streitigkeiten, die bei der Verwaltung oder Auseinandersetzung des Nachlasses (insbesondere im unternehmerischen Bereich) auftreten könnten, dadurch entschärfen, dass er durch Verfügung von Todes wegen (Testament oder Erbvertrag) die Entscheidung auf nicht am Nachlass beteiligte Dritte überträgt. Als Verfahren kommen hierfür in erster Linie das Schiedsgericht und das Schiedsgutachten in Betracht. 858

aa) Schiedsgericht

Gem. § 1066 ZPO kann der Erblasser zur Entscheidung erbrechtlicher Streitigkeiten durch letztwillige Verfügung ein Schiedsgericht einsetzen. Für dieses gelten die §§ 1025 ff. ZPO entsprechend. Durch die Anordnung des Erblassers tritt das Schiedsgericht an die Stelle der staatlichen Gerichtsbarkeit und sein Spruch unterliegt nicht der gerichtlichen Kontrolle. Erbrechtlich dürfte die Einsetzung eines Schiedsgerichts weder als Auflage noch als Vermächtnis zu qualifizieren sein. Diese begründen nur schuldrechtliche Verpflichtungen des Beschwerten. Die Einsetzung des Schiedsgerichts braucht nicht in einer separaten Urkunde zu erfolgen. 859

Durch ein letztwilliges Schiedsgerichtsverfahren können unter Umständen langwierige und kostspielige Erbstreitigkeiten vermieden werden. Gerade im erbrechtlichen Bereich kann der Befriedungsfunktion des Schiedsgerichtsverfahrens eine besondere Bedeutung zu kommen. Dessen Aufgabe besteht in erster Line im Finden eines Vergleichs und nicht im Richten. Im Unterschied zum Verfahren vor einem staatlichen Gericht besteht der Vorteil des Schiedsgerichtsverfahrens in der fachbezogenen Sachkunde und persönlichen Vertrauensstellung der Schiedsrichter sowie der größeren Flexibilität des Verfahrens.

Dem Schiedsgericht kann die Entscheidung aller die Geltung oder den Inhalt eines Testaments oder Erbvertrages betreffenden Fragen übertragen werden. Hierunter fallen insbesondere Entscheidungen über die Gültigkeit oder die Auslegung der Verfügung von Todes wegen. Die Schiedsrichtereinsetzung darf jedoch nicht eine Umgehung des § 2065 BGB zur Folge haben. Die Übertragung von Entscheidungen, durch die das Schiedsgericht an die Stelle des Erblassers treten würde, ist daher nicht möglich. Insbesondere kann es nicht Anordnungen treffen, die der Erblasser bewusst unterlassen hat.

Zum Einzelschiedsrichter oder zum Vorsitzenden des Schiedsgerichts (Obmann) sollte ein auch in Verfahrensfragen erfahrener Volljurist ernannt werden. Bei erbrechtlichen Streitigkeiten wird in der Regel ein Einzelschiedsrichter genügen. Gegen die Anordnung eines Dreierschiedsgerichts sprechen im Normalfall die erheblich höheren Kosten. Etwas anderes mag gelten, wenn wirtschaftliche Fragen im Zusammenhang mit einem größeren Unternehmen im Streit stehen.

Die Person des Schiedsrichters sollte der Erblasser im Regelfall selbst benennen. Zu denken ist dabei insbesondere an Personen, die auch innerhalb des Kreises der potenziellen Erben ein möglichst hohes Ansehen genießen. Will der Erblasser die Person nicht selbst bestimmen, hat er jedoch auch die Möglichkeit, die Benennung einer objektiven Instanz, z. B. dem Präsidenten der örtlich zuständigen Industrie- und Handelskammer oder des Landgerichts, zu übertragen.

Ebenso wie bei der Bestimmung eines Testamentsvollstreckers sollte stets an die Ernennung eines Ersatzschiedsrichters gedacht werden. Das Amt des Schiedsrichters kann nach h. M. auch mit dem Amt des Testamentsvollstreckers (vgl. hierzu Rz. 843 ff.) verbunden werden. Eine solche Doppelfunktion führt zu einer wechselseitigen Verstärkung der jeweiligen Stellung. Ausgeschlossen ist eine solche Verbindung jedoch dann, wenn das Amt oder die Person des Testamentsvollstreckers betroffen ist. Insoweit gilt der allgemeine Grundsatz, dass niemand Richter in eigener Sache sein kann. Auch darf nicht das Drittbestimmungsverbot des § 2065 BGB umgangen werden.

860 Eine letztwillige Schiedsklausel sollte im Wesentlichen folgende Bestimmungen enthalten:

→ Anordnung, dass das Schiedsgericht unter Ausschluss des ordentlichen Rechtsweges, soweit zulässig, über sämtliche Streitigkeiten, die im Zusam-

II. Möglichkeiten der Gestaltung erbrechtlicher Anordnungen

menhang mit der Verfügung von Todes wegen und deren Ausführung bestehen, zu entscheiden hat;
→ Benennung des Schiedsrichters und ggf. des Ersatzschiedsrichters;
→ Festlegung der für das Schiedsverfahren und den Schiedsspruch maßgeblichen Normen (Gesetz, Auslegung nach den gesetzlichen Regeln und Billigkeit);
→ Anordnung, dass der Schiedsrichter Tatsachen ggf. durch einen Schiedsgutachter feststellen lassen kann;
→ Bestimmung des Honorars des Schiedsrichters.

Formulierungsbeispiel 861
Streitigkeiten der Erben, Vermächtnisnehmer oder sonstiger Beteiligter untereinander über die Geltung oder den Inhalt meines Testaments soll ein Schiedsrichter unter Ausschluss des ordentlichen Rechtsweges entscheiden, soweit dies gesetzlich zulässig ist.
Zum Schiedsrichter bestimme ich Herrn S. Kann oder will dieser nicht Schiedsrichter werden, so soll der Präsident des Landgerichts X einen Schiedsrichter ernennen.
Der Schiedsrichter hat den Streit nach Maßgabe der bestehenden Gesetze und den anerkannten Auslegungsregeln unter Berücksichtigung des Grundsatzes der Billigkeit zu entscheiden.
Tatsachen kann der Schiedsrichter auf Kosten des Nachlasses durch einen Schiedsgutachter feststellen lassen.
Der Schiedsrichter erhält als Honorar die Gebühren eines Rechtsanwalts in der Berufungsinstanz, wobei die Termingebühr doppelt anfällt. Auslagen darf der Schiedsrichter zusätzlich abrechnen.

Der Bedarf von letztwilligen Schiedsklauseln in Testamenten und Erbverträgen sollte nicht überbewertet werden. 862

bb) Schiedsgutachten
Der Erblasser kann einem Dritten auch lediglich die Aufgabe übertragen, tatsächliche Feststellungen zu treffen. Der Dritte hat in einem solchen Fall die Stellung eines Schiedsgutachters. Dem Schiedsgutachter sollte nach Möglichkeit ein Kriterium vorgegeben werden, dass er bei Ausübung seines Ermessens zu berücksichtigen hat. Für das Schiedsgutachten gelten die §§ 317 bis 319 BGB. Die Regeln der ZPO über das Schiedsgericht sind demgegenüber weder unmittelbar noch analog anwendbar. Das Schiedsgutachten kann demzufolge auch nicht für vollstreckbar erklärt werden. 863

Auf die Überprüfung der Entscheidungen des Schiedsgutachters ist § 319 Abs. 1 BGB entsprechend anwendbar; sie sind also für die Erben unverbindlich, wenn sie offenbar unbillig sind. Eine offenbare Unbilligkeit in diesem Sinne ist auch gegeben, wenn das Ergebnis logisch nicht nachvollzogen werden kann.

10. Testament

864 Bei der Gestaltung eines Testaments sollte nach Möglichkeit auf einen formellen Rahmen zurückgegriffen werden, der die üblicherweise benötigten Angaben enthält und den rechtlichen Hintergrund skizziert. Hierdurch ist in gewissem Umfang sicherzustellen, dass keine wesentlichen Umstände übersehen werden. Dementsprechend sollte das Testament Aussagen über frühere den Erblasser bindende Verfügungen von Todes wegen (vgl. Rz. 758 und Rz. 763), den Familienstand und Kinder (**Pflichtteilsrecht**, vgl. Rz. 799–808), die **Staatsangehörigkeit** (wegen Art. 25 Abs. 1 EGBGB, vgl. Rz. 767), die Namen der Eltern (vgl. Rz. 778 und 782), den Geburtsort einschließlich des Geburtsstandesamtes und der Geburtenbuch-(Geburtsregister-)nummer (vgl. Rz. 786), den Wunsch, Zeugen zuzuziehen, (vgl. Rz. 772), die **Testierfähigkeit** (vgl. Rz. 754), die Art der Errichtung des öffentlichen Testaments (vgl. Rz. 773–774) sowie ggf. über den Wert des Nettovermögens des Nachlasses (vgl. Rz. 1218) treffen.

865 **Fragebogen zur Testamentsgestaltung:**

1. Persönliche Daten

	Erster Testierender	Zweiter Testierender
Familienname		
Vorname		
Geburtsname		
Anschrift		
Geburtsdatum		
Geburtsort		
Geburtsstandesamt mit Nr.		
Namen der Eltern	Vater: Mutter:	Vater: Mutter:
Beruf		
Familienstand	☐ ledig ☐ verh. ☐ gesch. ☐ verwitwet ☐ Lebenspartner	☐ ledig ☐ verh. ☐ gesch. ☐ verwitwet ☐ Lebenspartner
falls verheiratet oder Lebenspartner, Güterstand:	☐ gesetzl. ☐ Gütertrennung ☐ Gütergemeinschaft ☐ ehel. Vermögensgemeinschaft nach FGB-DDR	☐ gesetzl. ☐ Gütertrennung ☐ Gütergemeinschaft ☐ ehel. Vermögensgemeinschaft nach FGB-DDR
Telefon/Fax (tagsüber)		
Staatsangehörigkeit		

II. Möglichkeiten der Gestaltung erbrechtlicher Anordnungen

	Erster Testierender	Zweiter Testierender
Angaben nur erforderlich, falls ausländische Staatsangehörigkeit: – Datum der Eheschließung oder Begründung der Lebenspartnerschaft – Erster ehelicher Wohnsitz		
Kinder	☐ eheliche: ☐ nichteheliche: ☐ adoptierte: ☐ aus früherer Ehe:	☐ eheliche: ☐ nichteheliche: ☐ adoptierte: ☐ aus früherer Ehe:
Zweifel an der Testierfähigkeit		
Behinderungen		

2. Bisherige Verfügungen von Todes wegen

	Erster Testierender	Zweiter Testierender
Einzeltestament	☐ nein ☐ ja und zwar:	☐ nein ☐ ja und zwar:
gemeinschaftliches Testament	☐ nein ☐ ja und zwar:	☐ nein ☐ ja und zwar:
Erbvertrag	☐ nein ☐ ja und zwar:	☐ nein ☐ ja und zwar:

3. Wirtschaftliche Verhältnisse

	Erster Testierender	Zweiter Testierender
Bargeld, Bankkonten		
Wertpapiere		
Lebensversicherungen		
Immobilien		
Unternehmen/Gesellschaftsbeteiligung		
Ausländisches Vermögen		
Sonstiges Vermögen		
Verbindlichkeiten		

Teil E Beurkundungen im Erbrecht

4. Regelungsziele

	Erster Testierender	Zweiter Testierender
Soll ein Einzeltestament errichtet werden?	☐ nein ☐ ja und zwar:	☐ nein ☐ ja und zwar:
Soll ein gemeinschaftliches Testament errichtet werden?	☐ nein ☐ ja und zwar:	☐ nein ☐ ja und zwar:
Soll ein Erbe eingesetzt werden?	☐ nein ☐ ja und zwar:	☐ nein ☐ ja und zwar:
Sollen Ersatzerben bestimmt werden?	☐ nein ☐ ja und zwar:	☐ nein ☐ ja und zwar:
Soll eine Enterbung oder eine Pflichtteilsentziehung angeordnet werden?	☐ nein ☐ ja und zwar:	☐ nein ☐ ja und zwar:
Soll eine Vor- und Nacherbfolge angeordnet werden?	☐ nein ☐ ja und zwar:	☐ nein ☐ ja und zwar:
Soll die Erbeinsetzung an Bedingungen geknüpft sein?	☐ nein ☐ ja und zwar:	☐ nein ☐ ja und zwar:
Soll bei minderjährigen Erben ein Vormund bestimmt werden?	☐ nein ☐ ja und zwar:	☐ nein ☐ ja und zwar:
Soll eine Wiederverheiratung berücksichtigt werden?	☐ nein ☐ ja und zwar:	☐ nein ☐ ja und zwar:
Sollen Geld-, Wahl- oder Untervermächtnisse angeordnet werden?	☐ nein ☐ ja und zwar:	☐ nein ☐ ja und zwar:
Soll ein Nießbrauch an Grundbesitz, das Vermächtnis einer Grundrente oder ein Vorausvermächtnis angeordnet werden?	☐ nein ☐ ja und zwar:	☐ nein ☐ ja und zwar:
Soll eine Teilungsanordnung oder ein Auseinandersetzungsverbot getroffen werden?	☐ nein ☐ ja und zwar:	☐ nein ☐ ja und zwar:

II. Möglichkeiten der Gestaltung erbrechtlicher Anordnungen

	Erster Testierender	Zweiter Testierender
Sollen für die Erben Auflagen bestimmt werden?	☐ nein ☐ ja und zwar:	☐ nein ☐ ja und zwar:
Soll eine Testamentsvollstreckung zur Auseinandersetzung unter den Miterben bzw. zur Erfüllung der Vermächtnisse angeordnet werden?	☐ nein ☐ ja und zwar:	☐ nein ☐ ja und zwar:
Soll eine Testamentsvollstreckung als Dauervollstreckung angeordnet werden?	☐ nein ☐ ja und zwar:	☐ nein ☐ ja und zwar:

a) Einzeltestament

Ein einfaches Einzeltestament eines ledigen und kinderlosen Erblassers, der 866
zwei Erben mit Ersatzerben bestimmt, könnte folgenden Inhalt haben:

Formulierungsbeispiel
Der Erschienene erklärte:
Ich will ein

Testament

errichten. Ich bin hieran nicht durch frühere Verfügungen von Todes wegen, sei es durch ein gemeinschaftliches Testament oder sei es durch Erbvertrag, gehindert.
Ich bin nicht verheiratet und habe keine Kinder. Ich bin deutscher Staatsangehöriger.
Ich wurde in ... (Standesamt ..., Nr. ...) als Sohn der Ehegatten ... und ... geboren.
Die Zuziehung von Zeugen oder eines zweiten Notars wünsche ich nicht.
Aufgrund meines persönlichen Eindrucks und der mit dem Erschienenen geführten Unterredung habe ich mich von seiner Testierfähigkeit überzeugt.
Der Erschienene erklärte sodann gegenüber dem Notar seinen letzten Willen, wie folgt:
§ 1 Widerruf früherer Verfügungen
Ich widerrufe alle bisherigen Verfügungen von Todes wegen. Mein letzter Wille soll sich ausschließlich nach diesem heutigen Testament richten.
§ 2 Erbeinsetzung
Zu meinen Erben setze ich Herrn ... und Frau ... je zur Hälfte meines Nachlasses ein.
Ersatzerben sind jeweils deren Abkömmlinge nach gleichen Stammanteilen. Wiederum ersatzweise soll Anwachsung eintreten.
§ 3 Belehrung, Kosten, Abschriften
Ich wurde vom Notar auf das gesetzliche Erb- und Pflichtteilsrecht hingewiesen, ebenso darauf, dass Drittbegünstigungen auf den Todesfall (z.B. bei Lebensver-

sicherungen) durch diese Urkunde unberührt bleiben. So weit Beteiligungen an Gesellschaften zum Nachlass gehören, können die Bestimmungen des Gesellschaftsvertrages dem gewünschten Erfolg entgegenstehen.

Mir ist bekannt, dass ich das Testament jederzeit auch durch privatschriftliche Verfügung von Todes wegen widerrufen kann.

Ich trage die Kosten dieses Testaments. Den Wert meines Nettovermögens gebe ich mit ... EURO an.

Der Notar wies darauf hin, dass das Original des Testaments beim zuständigen Amtsgericht hinterlegt wird und hierfür Verwahrungsgebühren anfallen.

Der Notar soll mir eine beglaubigte Abschrift dieser Urkunde erteilen und eine beglaubigte Abschrift unverschlossen zu seiner Urkundensammlung nehmen.

867 Checkliste zur Gestaltung eines Einzeltestaments:
- ✓ Personalien des Erblassers:
  Name
  Vorname
  Geburtsname
  Geburtsdatum
  Staatsangehörigkeit
  Geburtsort
  Geburtsstandesamt mit Nr.
  Anschrift
  Güterstand
  Beruf
  Kinder
  Namen der Eltern
- ✓ Testierfähigkeit
- ✓ Testierfreiheit
  Bestehen frühere Verfügungen von Todes wegen?
  Ist eine Bindungswirkung eingetreten?
  Sind frühere Verfügungen von Todes wegen zu widerrufen?
  (**Hinweis:** Ein rein vorsorglicher Widerruf ist zu empfehlen)
- ✓ Formerfordernis bei privatschriftlichem Testament:
  Der Erblasser muss den gesamten Wortlaut eigenhändig schreiben und unterschreiben. Er soll seiner Unterschrift Ort und Datum beifügen.
- ✓ Möglichkeit bei notariellem Testament:
  Zuziehung eines Zeugen oder eines zweiten Notars.
- ✓ Prüfung der wirtschaftlichen Verhältnisse
  Bargeld
  Wertpapiere
  Lebensversicherungen (**Hinweis:** Auf Bezugsberechtigung achten)
  Immobilien
  Unternehmen (**Hinweis:** Auf Gesellschaftsverträge achten)
  Ausländisches Vermögen (**Hinweis:** Ggf. Nachlassspaltung beachten)

II. Möglichkeiten der Gestaltung erbrechtlicher Anordnungen

Sonstiges Vermögen (Sammlungen, Antiquitäten, Schmuck, etc.)
Verbindlichkeiten
- ✓ Erbeinsetzung
- ✓ Ersatzerbenbestimmung
- ✓ Teilungsanordnung (**Hinweis:** Abgrenzung zum Vorausvermächtnis)
- ✓ Enterbung
- ✓ Vermächtnisanordnung
  Wann sind die Vermächtnisse zu erfüllen?
  Wer trägt die Kosten und Lasten der Vermächtniserfüllung?
- ✓ Ersatzvermächtnisnehmer
- ✓ Anordnung von Auflagen
- ✓ Vollmacht für den Todesfall bzw. über den Tod hinaus
- ✓ Testamentsvollstreckung
- ✓ Befreiung von der Inventarisierungspflicht bei minderjährigen Kindern
- ✓ Vormundbenennung bei minderjährigen Kindern
- ✓ Verwahrung des Testaments bei eigenhändigen Testamenten

b) Gemeinschaftliches Testament

Ehegatten setzen sich in einem gemeinschaftlichen Testament häufig gegenseitig als Erben ein. Nach dem Tod des Zuletztversterbenden sollen die gemeinsamen Kinder Schlusserben sein, also Erbe des zuletzt versterbenden Ehegatten werden und den Nachlass erhalten. Diese Gestaltung folgt der gesetzlichen Vermutung in § 2269 BGB, dem so genannten *Berliner Testament*. Problematisch erweist sich dabei, dass die Kinder im ersten Todesfall von der gesetzlichen Erbfolge ausgeschlossen werden und u. U. Pflichtteilsansprüche geltend machen könnten. Dem kann in gewissem Umfang mit einer Sanktionsklausel begegnet werden, mit deren Hilfe derjenige, der den Pflichtteil verlangt, auch im zweiten Erbfall auf den Pflichtteil beschränkt werden kann. 868

In einem typischen Ehegattentestament könnten die folgenden Anordnungen getroffen werden: 869

Formulierungsbeispiel
Die Erschienenen erklärten:
Wir wollen ein

gemeinschaftliches Testament

errichten. Wir sind beide hieran nicht durch frühere Verfügungen von Todes wegen, sei es durch gemeinschaftliche Testamente oder sei es durch Erbverträge, gehindert.
Wir sind miteinander verheiratet. Aus unserer Ehe sind die gemeinsamen Kinder ... und ... hervorgegangen. Wir sind beide deutsche Staatsangehörige.
Der Ehemann wurde in ... (Standesamt ..., Nr. ...) als Sohn der Ehegatten ... und ... geboren. Die Ehefrau wurde in ... (Standesamt ..., Nr. ...) als Tochter der Ehegatten ... und ... geboren.
Die Zuziehung von Zeugen oder eines zweiten Notars wünschen wir nicht.

Aufgrund meines persönlichen Eindrucks und der mit den Erschienenen geführten Unterredung habe ich mich von ihrer Testierfähigkeit überzeugt.
Die Erschienenen erklären sodann gegenüber dem Notar ihren letzten Willen, wie folgt:

§ 1 Widerruf früherer Verfügungen

Wir widerrufen hiermit alle etwaigen, bisher von uns einseitig oder gemeinschaftlich getroffenen Verfügungen von Todes wegen und heben etwa unter uns getroffene vertragsmäßige Verfügungen auf. Unser letzter Wille soll sich ausschließlich nach diesem heutigen Testament richten.

§ 2 Gegenseitige Erbeinsetzung

Wir setzen uns gegenseitig, und zwar nach dem Erstversterbenden den Längerlebenden von uns, zum unbeschränkten Alleinerben ein.
Für den Fall der Wiederverheiratung des überlebenden Ehegatten wollen wir keine besonderen Anordnungen treffen.

§ 3 Erbfolge bei Tod des Längerlebenden

Als Erben des Zuletztversterbenden von uns und für den Fall unseres gleichzeitigen Versterbens setzen wir unsere gemeinschaftlichen Kinder zu gleichen Teilen ein. Ersatzerben eines jeden Kindes sind dessen Abkömmlinge nach Stämmen. Wiederum ersatzweise soll Anwachsung eintreten.
Der Überlebende von uns ist jedoch ausdrücklich berechtigt, die gegenständliche und wertmäßige Verteilung des Vermögens auf unsere Abkömmlinge durch Verfügungen unter Lebenden oder von Todes wegen nach seinem freien Ermessen zu bestimmen.

§ 4 Pflichtteilsstrafklausel

Sollte einer unserer Abkömmlinge nach dem Tod des Zuerstversterbenden gegenüber dem Längerlebenden Pflichtteilsansprüche geltend machen, ist der Längerlebende berechtigt, diesen Abkömmling und seine Nachkommen durch Testament von der Erbfolge auszuschließen.

§ 5 Wechselbezüglichkeit, Belehrung, Kosten, Abschriften

Die in den § 2 und § 3 getroffenen Verfügungen sind wechselbezüglich, vorbehaltlich der Änderungsmöglichkeit gemäß § 3 Abs. 2.
Der Notar hat uns über das gesetzliche Erb- und Pflichtteilsrecht belehrt, ebenso darauf, dass Drittbegünstigungen auf den Todesfall (z. B. bei Lebensversicherungen) durch diese Urkunde unberührt bleiben. Soweit Beteiligungen an Gesellschaften zum Nachlass gehören, können die Bestimmungen des Gesellschaftsvertrages dem gewünschten Erfolg entgegenstehen.
Wir wurden weiter vom Notar darauf hingewiesen, dass ein gemeinschaftliches Testament hinsichtlich der wechselbezüglichen Verfügungen nach dem Tod eines Ehegatten nicht mehr, und zu Lebzeiten beider Ehegatten einseitig nur durch notariell beurkundete Erklärung eines Ehegatten gegenüber dem anderen Ehegatten widerrufen werden kann. Außerdem hat uns der Notar darüber belehrt, dass die Nichtigkeit oder der Widerruf der Verfügung eines der Ehegatten die Unwirksamkeit der Verfügung des anderen Ehegatten zur Folge hat.
Wir tragen die Kosten dieses Testaments. Den Wert unseres gemeinsamen Nettovermögens geben wir mit ... EURO an.

II. Möglichkeiten der Gestaltung erbrechtlicher Anordnungen

Der Notar wies darauf hin, dass das Original des Testaments beim zuständigen Amtsgericht hinterlegt wird und hierfür Verwahrungsgebühren anfallen.
Der Notar soll jedem von uns eine beglaubigte Abschrift dieser Urkunde erteilen und eine beglaubigte Abschrift unverschlossen zu seiner Urkundensammlung nehmen.

Häufig haben die Ehegatten die Sorge, dass der Überlebende von ihnen wieder heiratet und die gemeinsamen Kinder im Erbfall zu kurz kommen, weil etwa der Überlebende zugunsten des neuen Partners verfügt. Um dem entgegenzuwirken, wurden sog. *Wiederverheiratungsklauseln* entwickelt. Eine klassische Form löst das Problem über die Vor- und Nacherbschaft (vgl. Rz. 820). Die Wiederverheiratung ist der Nacherbfall. Eine entsprechende Klausel könnte lauten: 870

Formulierungsbeispiel
Wir setzen uns gegenseitig zu Erben ein.
Der Zuletztversterbende von uns und jeder von uns für den Fall des gleichzeitigen Versterbens setzt unseren Sohn ... und unsere Tochter ... zu gleichen Teilen zu Erben ein.
Für den Fall, dass der Zuletztversterbende von uns wieder heiratet, soll er in Höhe seines gesetzlichen Erbteils nur Vorerbe sein. Nacherben sind dann unsere vorgenannten Kinder zu gleichen Teilen. Der Nacherbfall tritt mit der Wiederverheiratung ein. Der Vorerbe soll von allen Beschränkungen befreit sein, von denen nach dem Gesetz Befreiung möglich ist.

Checkliste zur Gestaltung eines Ehegattentestaments 871

✓ Personalien:

Ehemann	Ehefrau
Name	Name
Vorname	Vorname
Geburtsname	Geburtsname
Geburtsdatum	Geburtsdatum
Staatsangehörigkeit	Staatsangehörigkeit
Geburtsort	Geburtsort
Geburtsstandesamt mit Nr.	Geburtsstandesamt mit Nr.
Anschrift	Anschrift
Beruf	Beruf
Kinder	Kinder
Namen der Eltern	Namen der Eltern

✓ Testierfähigkeit
✓ Testierfreiheit
  Bestehen frühere Verfügungen von Todes wegen?
  Ist eine Bindungswirkung eingetreten?
  Sind frühere Verfügungen von Todes wegen zu widerrufen? (**Hinweis:** Ein rein vorsorglicher Widerruf bzw. eine Vertragsaufhebung ist zu empfehlen.)

- ✓ Formerfordernis bei privatschriftlichem Testament:
  Ein Ehegatte muss den gesamten Wortlaut eigenhändig schreiben. Beide Ehegatten müssen das Testament eigenhändig unterschreiben und sollen ihrer Unterschrift Ort und Datum beifügen.
- ✓ Möglichkeit bei notariellem Testament:
  Zuziehung eines Zeugen oder eines zweiten Notars.
- ✓ Prüfung der wirtschaftlichen Verhältnisse
- ✓ Erbeinsetzung
  Sind gemeinsame und/oder einseitige Kinder vorhanden (Einheits- oder Trennungslösung)?
- ✓ Ersatzerbenbestimmung
- ✓ Teilungsanordnung
- ✓ Enterbung
- ✓ Vermächtnisanordnung
- ✓ Ersatzvermächtnisnehmer
- ✓ Anordnung von Auflagen
- ✓ Wechselbezüglichkeit der Verfügungen
- ✓ Änderungsvorbehalt
- ✓ Pflichtteilsstrafklausel
- ✓ Wiederverheiratungsklausel
- ✓ Anfechtungsverzicht
- ✓ Regelungen für den Fall des Scheiterns und der Auflösung der Ehe
- ✓ Vollmacht für den Todesfall bzw. über den Tod hinaus
- ✓ Testamentsvollstreckung
- ✓ Befreiung von der Inventarisierungspflicht bei minderjährigen Kindern
- ✓ Vormundbenennung bei minderjährigen Kindern
- ✓ Verwahrung bei privatschriftlichem Testament

11. Erbvertrag

872 Ebenso wie ein Testament sollte der Erbvertrag die üblicherweise benötigten Angaben enthalten und den rechtlichen Hintergrund wiedergeben (vgl. Rz. 864). Weiterhin sollte klar zum Ausdruck kommen, welche Verfügungen der vertragsmäßigen Bindung unterliegen (vgl. Rz. 763), ggf. ist ein Rücktrittsrecht vorzubehalten (vgl. Rz. 764). Ein Erbvertrag kann im Gegensatz zum gemeinschaftlichen Testament nicht nur von Ehegatten bzw. gleichgeschlechtlichen Lebenspartnern abgeschlossen werden (vgl. Rz. 761).

Die nichteheliche Lebensgemeinschaft gewinnt als Form des Zusammenlebens immer stärker an Bedeutung. Beim Tode eines der Partner ergeben sich vielfältige Rechtsfragen. Mangels einer gesetzlichen Regelung der nichtehelichen Lebensgemeinschaft sind diese nach den allgemeinen Regeln unter Berücksichtigung ihrer spezifischen Eigenschaften zu lösen.

Anders als Ehegatten oder gleichgeschlechtlichen Lebenspartnern im Sinne des LPartG steht den nichtehelichen Lebenspartnern bei Tod des anderen Partners kein gesetzliches Erbrecht zu. Eine analoge Anwendung des § 1931 BGB kommt nach allgemeiner Auffassung nicht in Betracht. Gleiches gilt für

II. Möglichkeiten der Gestaltung erbrechtlicher Anordnungen

den Voraus im Sinne des § 1932 BGB. Die nichtehelichen Lebenspartner können sich aber mittels Testament oder Erbvertrag zu Erben einsetzen (§§ 1937, 1941 BGB) oder ein Vermächtnis zukommen lassen (§§ 1939, 1941 BGB). Derartige Verfügungen unter nichtehelichen Lebenspartnern sind nicht sittenwidrig.

Zu beachten ist, dass die Auslegungsregel des § 2077 BGB, wonach die Auflösung der Ehe eine letztwillige Verfügung zugunsten des Ehegatten im Zweifel unwirksam werden lässt, auf die nichteheliche Lebensgemeinschaft nicht analog anwendbar ist. § 2077 BGB beruht auf der Vorstellung einer bereits bestehenden oder künftigen lebenslangen Bindung. Soweit sich ein entsprechender Erblasserwille nicht bereits im Wege der ergänzenden Testamentsauslegung feststellen lässt, besteht die Möglichkeit, bei einer Trennung die Verfügung nach § 2078 Abs. 2 BGB anzufechten. Vergleichbares gilt aufgrund der Verweisungen in §§ 2279, 2281 BGB für erbvertragliche Verfügungen.

In der Regel wünschen die Partner einer nichtehelichen Lebensgemeinschaft, dass keiner von ihnen ohne Wissen des anderen anderweitig letztwillig verfügen kann. In diesen Fällen ist allein der Erbvertrag die richtige Form der Verfügung von Todes wegen. Im Hinblick auf das Fehlen der automatischen Unwirksamkeit bei Scheitern der nichtehelichen Lebensgemeinschaft ist die Vereinbarung von Rücktrittsvorbehalten zwingend erforderlich. Der Vorzug dürfte einem freien Rücktrittsvorbehalt bei gleichzeitigem Ausschluss von Anfechtungsrechten zu geben sein. Nachstehend folgt ein einfacher Erbvertrag zwischen kinderlosen Partnern einer nichtehelichen Lebensgemeinschaft:

Formulierungsbeispiel 873
Die Erschienenen erklärten:
Wir wollen einen

Erbvertrag

schließen. Wir sind beide hieran nicht durch frühere Verfügungen von Todes wegen gehindert.
Wir sind nicht miteinander verheiratet und haben weder gemeinsam noch einzeln Kinder. Wir sind beide deutsche Staatsangehörige.
Der Erschienene zu 1. wurde in ... (Standesamt ..., Nr. ...) als Sohn der Ehegatten ... und ... geboren. Die Erschienene zu 2. wurde in ... (Standesamt ..., Nr. ...) als Tochter der Ehegatten ... und ... geboren.
Die Zuziehung von Zeugen oder eines zweiten Notars wünschen wir nicht.
Aufgrund meines persönlichen Eindrucks und der mit den Erschienenen geführten Unterredung habe ich mich von ihrer Geschäftsfähigkeit überzeugt.
Die Erschienenen erklären sodann gegenüber dem Notar Folgendes:
§ 1 Widerruf früherer Verfügungen
Wir widerrufen hiermit alle bisher von uns getroffenen Verfügungen von Todes wegen und heben etwa unter uns getroffene vertragsmäßige Verfügungen auf.
§ 2 Gegenseitige Erbeinsetzung
Wir setzen uns gegenseitig, und zwar nach dem Erstversterbenden den Längerlebenden von uns, zum unbeschränkten Alleinerben ein.

§ 3 Erbfolge bei Tod des Längerlebenden
Für den Fall des Todes des Überlebenden von uns oder für den Fall unseres gleichzeitigen Versterbens setzen wir die Nichte der Erschienenen zu 2., Frau ..., zur Alleinerbin ein.

§ 4 Bindungswirkung
Der Notar hat uns über die Bindungswirkung erbvertraglicher Bestimmungen belehrt.

Die gegenseitige Erbeinsetzung nehmen wir hiermit wechselseitig als erbvertragsmäßig bindend an. Alle anderen Verfügungen sind einseitig getroffen, d. h. jeder von uns kann sie, auch nach dem Ableben des anderen Teils, beliebig aufheben und ändern.

§ 5 Rücktrittsrecht
Jeder von uns behält sich das Recht vor, von diesem Erbvertrag zurückzutreten, ohne dass hierfür ein besonderer Rücktrittsgrund vorzuliegen braucht. Der Notar hat uns darauf hingewiesen, dass der Rücktritt der notariellen Beurkundung bedarf und dem anderen Vertragspartner mit einer Ausfertigung der Rücktrittsurkunde mitzuteilen ist.

§ 6 Ausschluss der Anfechtbarkeit
Der Notar hat uns über das gesetzliche Erb- und Pflichtteilsrecht belehrt.

Wir schließen hiermit die Anfechtbarkeit dieses Erbvertrages wegen Übergehung von Pflichtteilsberechtigten, die beim Tode des Zuerstversterbenden oder Längerlebenden von uns etwa vorhanden sein sollten, aus.

§ 7 Nettovermögen, Abschriften, Verwahrung
Weitere Verfügungen von Todes wegen wollen wir heute nicht treffen.

Den Wert unseres gemeinsamen Nettovermögens geben wir mit ... EURO an.

Der Notar soll jedem von uns eine beglaubigte Abschrift dieser Urkunde erteilen.

Wir schließen die besondere amtliche Verwahrung dieses Erbvertrages aus. Dieser soll unverschlossen in der Verwahrung des Notars bleiben.

Sämtliche Verfügungen in diesem Erbvertrag gelten ohne Rücksicht auf gegenwärtige oder künftige Pflichtteilsberechtigte und vorrangig gegenüber anders lautenden gesetzlichen Auslegungs-, Vermutungs- und Ergänzungsregelungen.

874 Checkliste zur Gestaltung eines Erbvertrages

✓ Personalien des jeweiligen Vertragspartners:
Name
Vorname
Geburtsname
Geburtsdatum
Staatsangehörigkeit
Geburtsort
Geburtsstandesamt mit Nr.
Anschrift
Beruf
Kinder
Namen der Eltern

II. Möglichkeiten der Gestaltung erbrechtlicher Anordnungen

- ✓ Geschäftsfähigkeit
- ✓ Testierfreiheit
- ✓ Notarielle Beurkundung
- ✓ Persönliche Anwesenheit des Erblassers
- ✓ Gleichzeitige Anwesenheit der Vertragsparteien
- ✓ Zuziehung eines Zeugen oder eines zweiten Notars
- ✓ Prüfung der wirtschaftlichen Verhältnisse
- ✓ Vertragsgemäße Verfügungen
- ✓ Einseitige Verfügungen
- ✓ Erbeinsetzung
- ✓ Ersatzerbenbestimmung
- ✓ Teilungsanordnung
- ✓ Enterbung
- ✓ Vermächtnisanordnung
- ✓ Ersatzvermächtnisnehmer
- ✓ Anordnung von Auflagen
- ✓ Änderungsvorbehalt
- ✓ Rücktrittsvorbehalt
- ✓ Auflösende Bedingung
- ✓ Pflichtteilsstrafklausel
- ✓ Wiederverheiratungsklausel
- ✓ Anfechtungsverzicht
- ✓ Regelungen für den Fall des Scheiterns und der Auflösung der Ehe
- ✓ Vollmacht für den Todesfall bzw. über den Tod hinaus
- ✓ Testamentsvollstreckung
- ✓ Befreiung von der Inventarisierungspflicht bei minderjährigen Kindern
- ✓ Vormundbenennung bei minderjährigen Kindern
- ✓ Verbindung mit Ehevertrag
- ✓ Verwahrung des Erbvertrages bei Notar oder Amtsgericht

12. Behindertentestament

In der Praxis hat sich mit dem so genannten Behindertentestament eine besondere Form der Gestaltung einer Verfügung von Todes wegen von Eltern mit behinderten Kindern herausgebildet. Dem liegt regelmäßig folgender Sachverhalt zugrunde: Die Eltern haben mehrere Kinder, von denen eines behindert ist. Die Eltern wollen sich gegenseitig und sodann ihre Kinder erbrechtlich absichern. Das zu vererbende Vermögen soll möglichst dem Zugriff des Sozialhilfeträgers entzogen werden. Andererseits soll das behinderte Kind nicht leer ausgehen, sondern ihm Annehmlichkeiten verschafft und Zuwendungen gemacht werden auf die der Sozialhilfeträger möglichst nicht zugreifen kann.

Die einfachste Gestaltungsvariante wäre es, das behinderte Kind von der Erbfolge auszuschließen mit der Folge, dass diesem Pflichtteilsansprüche erwachsen. Diese könnten jedoch durch den Sozialhilfeträger gemäß § 93 SGB

875

XII geltend gemacht und auf diesen übergeleitet werden. Der Überleitung unterliegen auch nicht übertragbare oder nicht pfändbare geldwerte Ansprüche.

Denkbar wäre in Ergänzung zu einer Enterbung des behinderten Kindes den übrigen Geschwistern, soweit sie Erben werden sollen, zur Auflage zu machen, dem behinderten Kind fortlaufend solche Zuwendungen zu erbringen, die ihm im Rahmen des § 90 SGB XII verbleiben dürfen. Hierzu gehört etwa ein angemessener Hausrat, Gegenstände zur Befriedigung geistiger und künstlerischer Bedürfnisse sowie bescheidene Geldmittel. Da auf die Begünstigung aus einer solchen Auflage kein Anspruch besteht, ist diese nicht gemäß § 93 SGB XII überleitbar. Eine Anrechnung der Auflage auf den Pflichtteil findet aber anders als bei einem zugewendeten Erbteil nach § 2305 BGB oder einem zugewendeten Vermächtnis nach § 2307 BGB nicht statt. Der Pflichtteil bleibt somit bei dieser Gestaltung in voller Höhe dem Zugriff des Sozialhilfeträgers ausgesetzt.

Das sog. Behindertentestament versucht, den elterlichen Nachlass vollständig dem sozialhilferechtlichen Zugriff zu entziehen. Dies lässt sich durch Anordnung von Vor- und Nacherbschaft und Testamentsvollstreckung weit gehend erreichen. Das behinderte Kind wird zum nicht befreiten Vorerben eingesetzt. Nacherbe beim Tod des erstversterbenden Elternteils ist der überlebende Elternteil, bei dessen Tod sind es die Geschwister. Die Erbquote des Vorerben muss über der Hälfte des gesetzlichen Erbteils liegen. Ansonsten gilt die Beschränkung durch die Nacherbfolge gemäß § 2306 Abs. 1 S. 1 BGB als nicht angeordnet. Durch die Anordnung der Nacherbfolge wird erreicht, dass der Vorerbe den Nachlass nicht weitervererben kann. Außerdem sperrt die Nacherbfolge den Zugriff von Eigengläubigern des Erben auf die Substanz des Nachlasses; im Fall des behinderten Kindes also den Zugriff des Sozialhilfeträgers. Da die Nacherben nicht Erben des behinderten Kindes sondern des Erblassers sind, steht dem Sozialhilfeträger darüber hinaus gegen diese kein Kostenersatzanspruch nach § 102 SGB XII zu.

Um die Nutzungen des Erbteils ebenfalls weitgehend dem Zugriff des Sozialhilfeträgers zu entziehen, wird die Vor- und Nacherbschaft durch Anordnung einer Dauertestamentsvollstreckung ergänzt. Gläubiger des Erben können sich gemäß § 2214 BGB nicht an die der Verwaltung des Testamentsvollstreckers unterliegenden Nachlassgegenstände halten. Dem Testamentsvollstrecker wird durch eine Verwaltungsanordnung nach § 2216 Abs. 2 BGB zudem die Aufgabe zugewiesen, dem behinderten Vorerben aus den Erträgnissen des Vorerbteils Zuwendungen bis zu der sozialhilferechtlichen Zugriffsgrenze der §§ 82 ff., 90, 91 SGB XII zu machen, wie etwa Taschengeld, Geschenke zu Feiertagen, Ferienaufenthalte.

Gemäß § 2306 Abs. 1 S. 2 BGB könnte das behinderte Kind den Erbteil infolge der Beschränkung durch die Nacherbfolge und Testamentsvollstreckung ausschlagen. Einer solchen Ausschlagung steht jedoch das Eigeninteresse des Kindes entgegen. Die Ausschlagung würde zum Wegfall der testamentarischen Zuwendung und zugleich zum Pflichtteil führen. Auf den Pflichtteil könnte der Sozialhilfeträger zugreifen, so dass dem behinderten Kind im Ergebnis nichts verbliebe.

II. Möglichkeiten der Gestaltung erbrechtlicher Anordnungen

Der Sozialhilfeträger selbst kann die Ausschlagung nicht erzwingen. Die Ausschlagung ist lediglich ein Gestaltungsrecht. Dieses ist, anders als ein Anspruch, nicht nach § 93 SGB XII überleitbar.

Der BGH hat in seiner Grundsatzentscheidung vom 21.03.1990 (BGHZ 111, 36) die Sittenwidrigkeit des dem Behindertentestament zugrunde liegenden Lösungsansatzes verneint. Er hatte sich jedoch in dieser Entscheidung nur mit einem verhältnismäßig bescheidenen Erblasservermögen auseinander zu setzen. Der BGH ließ ausdrücklich dahin stehen, ob die Sittenwidrigkeit anders zu beurteilen wäre, wenn der Erblasser ein beträchtliches Vermögen hinterlassen hätte und der Pflichtteil des Behinderten so hoch wäre, dass daraus oder sogar nur aus den Früchten seine Versorgung sichergestellt wäre. In seiner Zweiten richtungsweisenden Entscheidung vom 20.10.1993 (BGHZ 123, 368) hat der BGH diese Frage ebenfalls als nicht entscheidungserheblich offen gelassen. Nicht auszuschließen ist, dass die Rechtsprechung das Behindertentestament in einem Fall, in dem die Versorgung des Behinderten allein aus dem Pflichtteil auf dessen Lebenszeit sichergestellt wäre, als sittenwidrig einstuft. Im Übrigen ist nicht auszuschließen, dass der Zugriff des Sozialhilfeträgers jedenfalls insoweit droht, als die dem behinderten Kind gemäß Testament zu gewährenden Leistungen die Nachlassfrüchte nicht ausschöpfen.

Formulierungsbeispiel: *Behindertentestament* 876

§ 1 Erbfolge bei Tod des Erstverstorbenen

Der Erstversterbende von uns setzt den Überlebenden zu $5/6$ und unsere behinderte Tochter A zu $1/6$ zu seinen Erben ein. Die behinderte Tochter ist jedoch mit ihrem Erbteil nur von den gesetzlichen Beschränkungen der §§ 2113 ff. BGB nicht befreiter Vorerbe. Nacherbe auf ihren Tod ist der Längstlebende von uns. Ersatznacherben sind die Abkömmlinge des Vorerben unter sich entsprechend den Regeln der gesetzlichen Erbfolge. Weitere Ersatzerben sind die unten eingesetzten Schlusserben des Längstlebenden von uns. Die Nacherbenanwartschaft ist weder vererblich noch übertragbar, ausgenommen ihre Veräußerung an den Vorerben. In diesem Fall entfällt auch jede ausdrückliche oder stillschweigende Ersatzerbeinsetzung.

§ 2 Erbfolge bei Tod des Längerlebenden

Der Längstlebende von uns setzt auf seinen Tod unsere drei gemeinsamen Kinder A, B und C zu gleichen Teilen zu seinen Schlusserben ein. Diese Erbeinsetzung gilt auch für den Fall unseres gleichzeitigen Versterbens. Ersatzschlusserben sind jeweils die Abkömmlinge der Schlusserben unter sich entsprechend den Regeln der gesetzlichen Erbfolge. Sind keine vorhanden, tritt bei den übrigen Schlusserben Anwachsung nach § 2094 BGB ein. Die behinderte Tochter A ist auch hier mit ihrem Erbteil nur von den gesetzlichen Beschränkungen der §§ 2113 ff. BGB nicht befreiter Vorerbe. Nacherben auf ihren Tod sind die Abkömmlinge des Vorerben. Ersatznacherben sind die anderen Schlusserben nach Maßgabe der gesetzlichen Verwandtenerbfolge. Die Nacherbfolge ist weder vererblich noch veräußer-

lich, ausgenommen ihre Veräußerung an den Vorerben. In diesem Fall entfällt auch jede ausdrückliche oder stillschweigende Ersatzerbeinsetzung.

§ 3 Testamentsvollstreckung

1. Unsere Tochter A wird wegen ihrer geistigen Behinderung voraussichtlich nie in der Lage sein, ihre Angelegenheiten selbst zu besorgen. Sie kann daher die ihr bei beiden Erbfällen jeweils zugewandten Vorerbteile nicht selbst verwalten. Wir ordnen daher bezüglich beider Erbfälle und beiden der A als Vorerben zugewandten Erbteile jeweils Dauertestamentsvollstreckung gemäß § 2209 BGB bis zum Tode des Vorerben an. Zum Testamentsvollstrecker ernennen wir beim Tod des Erstversterbenden den Überlebenden von uns, beim Tod des Längstlebenden Frau X. Die Testamentsvollstrecker haben jeweils das Recht, ihren Nachfolger zu ernennen. Sollte keiner der Testamentsvollstrecker das Amt annehmen oder sollten sie alle vor oder nach dem Erbfall wegfallen, ersuchen wir das Nachlassgericht, eine geeignete Person als Testamentsvollstrecker zu ernennen. Der Testamentsvollstrecker ist in der Eingehung von Verbindlichkeiten für den Nachlass nicht beschränkt und von § 181 BGB befreit. Nach einer Erbteilung hat der jeweilige Testamentsvollstrecker die Vermögenswerte zu verwalten, die unserer Tochter A als Vorerben zugeteilt werden.
2. Im Wege der Verwaltungsanordnung nach § 2216 Abs. 2 BGB wird der jeweilige Testamentsvollstrecker verbindlich angewiesen, unserer Tochter A aus den ihr gebührenden anteiligen jährlichen Reinerträgen (Nutzungen) des Nachlasses bzw. der ihr bei einer Erbauseinandersetzung zugeteilten Vermögensgegenstände nach billigem Ermessen solche Geld- und Sachleistungen nach Art und Höhe zukommen lassen, die zur Verbesserung der Lebensqualität beitragen, aber nach dem Sozialhilferecht nicht dem Zugriff des Sozialhilfeträgers unterliegen und die auch nicht auf die dem Behinderten gewährten Sozialhilfeleistungen anrechenbar sind.

   Dies sind vor allem:

   a) Geschenke zum Geburtstag der Tochter A und zu den üblichen Festtagen,
   b) Aufwendungen zur Befriedigung ihrer individuellen Bedürfnisse hinsichtlich Freizeitgestaltung und Hobbys,
   c) Aufwendungen für eine Teilnahme an Ferien- und Kuraufenthalten.
3. Soweit die jährlichen Reinerträge nicht in voller Höhe in der obigen Weise verwendet werden, sind sie entsprechend der obigen Zielsetzungen für größere Anschaffungen oder Unternehmungen zugunsten der Tochter A anzulegen.

§ 4 Wechselbezüglichkeit

Sämtliche Bestimmungen dieses Testaments sind, soweit nicht ein anderes bestimmt ist und soweit gesetzlich zulässig, wechselbezüglich.

Der Längstlebende von uns ist befugt, die nach ihm geltende Erbfolge innerhalb der gemeinsamen Abkömmlinge einseitig abzuändern oder zu ergänzen.

Er kann insbesondere

– die Erbquoten der Schluss- und Ersatzschlusserben verändern,

- *eine für den Schlusserbfall angeordnete Nacherbfolge ändern oder aufheben,*
- *andere gemeinsame Abkömmlinge, insbesondere Enkelkinder, anstelle der oder neben den oben genannten Schlusserben einsetzen oder ihnen Vermächtnisse zuwenden,*
- *einzelne Abkömmlinge enterben und ihnen, bei Vorliegen eines gesetzlichen Grundes, den Pflichtteil entziehen,*
- *die für den Schlusserbfall angeordnete Testamentsvollstreckung aufheben.*

Als Alternative zur so genannten *Vor- und Nacherbschaftslösung* beim Behindertentestament wird in der Literatur die so genannten *Vermächtnislösung* vertreten. Danach wird der Behinderte nicht als Erbe eingesetzt, sondern ihm ein Vermächtnis ausgesetzt. Dieses muss mindestens die Höhe des Pflichtteils erreichen, um die Entstehung eines überleitbaren (§ 93 SGB XII) Pflichtteilsanspruchs (§ 2307 Abs. 1 BGB) auszuschließen. Hinsichtlich des Vermächtnisses ist wiederum, um das Eingreifen des sozialhilferechtlichen Nachrangprinzips zu vermeiden und den Gläubigerzugriff auszuschließen, für die Lebensdauer des Behinderten Testamentsvollstreckung anzuordnen. Eine allgemeine Vermächtnisvollstreckung ist, obgleich im Gesetz nicht ausdrücklich geregelt, zulässig, auch in Form der Verwaltungsvollstreckung. Es gelten dann für den Vermächtnisnehmer grundsätzlich dieselben Vorschriften, die bei der Testamentsvollstreckung den Erben beschränken. Anstelle des Nachlasses tritt bei der Anwendung der gesetzlichen Vorschriften das Vermächtnis. Zur Vermächtnislösung beim Behindertentestament fehlt bisher höchstrichterliche Rechtsprechung. Diesem Lösungsweg sollte daher zurzeit äußerste Zurückhaltung entgegen gebracht werden. 877

III. Weitere Beurkundungen im Erbrecht

Neben der Beurkundung von Testamenten und Erbverträgen erstreckt sich das Aufgabengebiet des Notars im Erbrecht vor allem auch auf die Beurkundung bzw. Beglaubigung von Erb-, Pflichtteils- und Zuwendungsverzichtsverträgen, Erbausschlagungserklärungen, Erbscheinsanträgen, Erbteilskauf- und Erbauseinandersetzungsverträgen sowie der Aufnahme von Nachlassverzeichnissen. 878

1. Erb-, Pflichtteils- und Zuwendungsverzicht

Niemand kann gezwungen werden, einen anderen zu beerben und dessen Gesamtrechtsnachfolge im Todesfall anzutreten. Mit einem *Erbverzicht* kann erreicht werden, dass der Verzichtende bereits vor dem Tod des Erblassers aus der gesetzlichen Erbfolge (vgl. hierzu Rz. 737–751) ausscheidet. In der Praxis geschieht dies häufig in Zusammenhang mit Übergabeverträgen an Kinder, Scheidungsfolgenvereinbarungen oder der Abfindung eines möglichen Erben zu Lebzeiten. 879

Der Erbverzicht erfolgt durch Vertrag. Dies ergibt sich aus § 2346 Abs. 1 BGB. Nach dieser Vorschrift können Verwandte sowie der Ehegatte durch einen Vertrag mit dem Erblasser auf ihr gesetzliches Erbrecht verzichten. Darüber hinaus ist anerkannt, dass auch der künftige Ehegatte auf sein durch Eheschließung entstehendes Erbrecht bereits vor der Eheschließung verzichten kann. Dies ergibt sich aus der Erwähnung der Verlobten in § 2347 Abs. 1 BGB. Für Lebenspartner gelten gemäß § 10 Abs. 7 LPartG die Vorschriften des BGB über den Erbverzicht entsprechend.

Ein Erbverzichtsvertrag ist gemäß § 2348 BGB nur wirksam, wenn er notariell beurkundet worden ist. Zu beachten ist, dass der Erblasser den Vertrag nur persönlich schließen kann (§ 2347 Abs. 2 BGB). Dies bedeutet, dass der Abschluss eines Erbverzichtsvertrages, in dem der Erblasser vertreten wird, sei es durch einen vollmachtlosen oder einen bevollmächtigten Vertreter, unwirksam ist. Der Verzichtende kann dagegen bei Abschluss des Vertrages vertreten werden. Im Regelfall sollte der Notar darauf drängen, dass die Beurkundung bei gleichzeitiger Anwesenheit des Erblassers und des Verzichtenden erfolgt. Ist dies ausnahmsweise nicht möglich, sollte anstelle der Vertretung des Verzichtenden auf eine Beurkundung des Erbverzichtsvertrages durch Angebot und Annahme zurückgegriffen werden. Hierdurch kann eine Belehrung beider Vertragsteile erreicht werden. Die Annahme muss jedoch zu Lebzeiten des Erblassers erfolgen. Ansonsten wäre der Erbverzicht unwirksam.

Bei Abschluss eines Erbverzichtsvertrages ist weiter zu berücksichtigen, dass eine vormundschaftsgerichtliche Genehmigung erforderlich ist, wenn der Verzichtende unter Vormundschaft (vgl. Rz. 661) bzw. elterlicher Sorge (vgl. Rz. 638) steht oder der Verzicht durch den Betreuer (vgl. Rz. 662) erfolgt. Im Falle der elterlichen Sorge bedarf es der Genehmigung allerdings nicht, sofern der Vertrag unter Ehegatten oder Verlobten geschlossen wird (§ 2347 Abs. 1 BGB). Ist der Erblasser beschränkt geschäftsfähig, ist die Zustimmung seines gesetzlichen Vertreters nicht erforderlich (§ 2347 Abs. 2 S. 1 HS. 2 BGB). Bei Geschäftsunfähigen kann der Vertrag durch den gesetzlichen Vertreter geschlossen werden, hierzu ist grundsätzlich die Genehmigung des Vormundschaftsgerichts notwendig. Ausgenommen sind auch insoweit die Verträge zwischen Ehegatten und Verlobten (§ 2347 Abs. 2 S. 2 BGB).

Mit Abschluss des Erbverzichtsvertrages ist der Verzichtende von der gesetzlichen Erbfolge ausgeschlossen, wie wenn er zur Zeit des Erbfalls nicht mehr lebte (§ 2346 Abs. 1 S. 2 1. HS. BGB). § 2346 Abs. 1 S. 2 2. HS. BGB stellt zudem klar, dass vom Erbverzicht auch das Pflichtteilsrecht (vgl. hierzu Rz. 799–808) erfasst ist. In einem Erbverzichtsvertrag bedarf es somit neben dem Erbverzicht eines ausdrücklichen Verzichts auf die Pflichtteilsrechte nicht. In der Praxis ist dies jedoch durchaus üblich, um den Beteiligten die Reichweite des Vertrages vor Augen zu führen (vgl. das Formulierungsbeispiel). Der Erbverzicht eines Abkömmlings oder eines Seitenverwandten erstreckt sich gemäß § 2349 BGB auch auf seine Abkömmlinge, sofern nichts anderes bestimmt wird. Grundsätzlich scheidet somit der gesamte Stamm (vgl. Rz. 738) des Verzichtenden aus der gesetzlichen Erbfolge aus. Der Erbverzicht hindert den Erblasser jedoch nicht, den Verzichtenden in einer Ver-

III. Weitere Beurkundungen im Erbrecht

fügung von Todes wegen zu seinem Erben einzusetzen. Verzichtet jemand zugunsten eines anderen auf das gesetzliche Erbrecht, so ist im Zweifel anzunehmen, dass der Verzicht nur für den Fall gelten soll, dass der andere Erbe wird (§ 2350 Abs. 1 BGB). Verzichtet ein Abkömmling des Erblassers auf das gesetzliche Erbrecht, so ist gemäß § 2350 Abs. 2 BGB im Übrigen im Zweifel anzunehmen, dass der Verzicht nur zugunsten der anderen Abkömmlinge und des Ehegatten des Erblassers gelten soll.

Die Erklärung des Erbverzichts wird grundsätzlich mit Vertragsabschluss wirksam. Sofern der Verzichtende eine Abfindung für seinen Verzicht erhalten soll, ist bei der Gestaltung des Vertrages darauf zu achten, dass der Verzicht nur unter der Bedingung der Erfüllung der Gegenleistung wirksam wird. Ansonsten besteht die Gefahr, dass der Verzichtende zwar sein gesetzliches Erbrecht verliert, die versprochene Gegenleistung jedoch nicht erhält.

Formulierungsbeispiel 880
Die Erschienenen erklären:
Der Erschienene zu 1., nachfolgend auch »Erblasser« genannt, verpflichtet sich, an seinen Sohn, den Erschienenen zu 2., im Wege der vorweggenommenen Erbfolge einen Abfindungsbetrag von ... EURO zu zahlen.
Unter der Bedingung der vollständigen Zahlung des vorgenannten Abfindungsbetrages erklärt sich der Erschienene zu 2. für abgefunden und verzichtet gegenüber dem Erblasser auf sein gesetzliches Erb- und Pflichtteilsrecht. Der Verzicht gilt auch für seine Abkömmlinge. Der Erblasser nimmt diesen Verzicht an.

Ein Erbverzichtsvertrag kann unter Beachtung der gleichen Bestimmungen, 881 die für den Vertrag selbst gelten, durch die Vertragsparteien aufgehoben werden (§ 2351 BGB). Die Aufhebung bedarf also insbesondere der notariellen Beurkundung. Nach dem Tod einer der Vertragsparteien ist sie nicht mehr möglich.

Gemäß § 2346 Abs. 2 BGB kann der Verzicht auf das Pflichtteilsrecht beschränkt werden. Für den *Pflichtteilsverzicht* gelten dieselben Vorschriften wie für den Erbverzicht, insbesondere ist notarielle Beurkundung erforderlich. Ein Pflichtteilsverzicht hat gegenüber dem Erbverzicht den Vorteil, dass sich die Pflichtteilsquoten der übrigen gesetzlichen Erben nicht erhöhen (vgl. § 2310 S. 2 BGB). Jeder Pflichtteilsverzicht schließt auch einen Verzicht auf den Zusatzpflichtteilsanspruch (vgl. Rz. 802), den Pflichtteilsergänzungsanspruch (vgl. Rz. 803), den Pflichtteilsanspruch bei Zuwendung eines Vermächtnisses gemäß § 2307 BGB, den Wegfall der Beschränkungen und Beschwerungen gemäß § 2306 BGB sowie auf die Berufungsmöglichkeiten nach den §§ 2318 Abs. 2, 2319 und 2328 BGB ein. Während ein Erbverzicht hinsichtlich einzelner Nachlassgegenstände, z. B. das Haus des Erblassers, nicht möglich ist, kann ein Pflichtteilsverzicht darauf beschränkt werden, dass bestimmte Gegenstände bei der Nachlassbewertung zum Zwecke der Anspruchsberechnung außer Betracht bleiben (so genannter *gegenständlich beschränkter Pflichtteilsverzicht*).

882 **Beispiel**
Die Eltern schenken ihr Haus zu Lebzeiten einem ihrer beiden Kinder. Um später Pflichtteilsergänzungsansprüche des anderen Kindes auszuschließen, verzichtet dieses bezogen auf den Wert des Hauses ggf. gegen Zahlung einer Abfindung auf Pflichtteilsansprüche. Die sonstigen Pflichtteilsansprüche bleiben von diesem Verzicht unberührt.

883 *Formulierungsbeispiel*
Der Erschienene zu 1. verzichtet gegenüber seinen Eltern, den Erschienenen zu 2. und 3., auf sein gesetzliches Pflichtteilsrecht an deren Nachlass, soweit bei der Berechnung des Pflichtteils der Wert der an seine Schwester übertragenen Grundbesitzung zugrunde gelegt werden kann. Der Verzicht gilt auch für seine Abkömmlinge. Die Erschienenen zu 2. und 3. nehmen diesen Verzicht an.

884 Zweckmäßigerweise sollte der gegenständlich beschränkte Pflichtteilsverzicht in den Übergabevertrag aufgenommen werden.

Neben den Erb- und Pflichtteilsverzichtsverträgen gibt es schließlich die Möglichkeit des so genannten *Zuwendungsverzichts*. Gemäß § 2352 S. 1 BGB kann auch derjenige, der durch Testament als Erbe eingesetzt oder mit einem Vermächtnis bedacht ist, durch Vertrag mit dem Erblasser auf die Zuwendung verzichten. Das Gleiche gilt für eine Zuwendung, die in einem Erbvertrag einem Dritten gemacht ist (§ 2352 S. 2 BGB). Auf den Zuwendungsverzichtsvertrag finden die §§ 2347, 2348 BGB Anwendung (§ 2352 S. 3 BGB). Er bedarf also auch der notariellen Beurkundung.

Zu beachten ist, dass der Zuwendungsverzicht hinsichtlich der Erbfolge nur für den Verzichtenden wirkt, aber nicht ein eigenes Erbrecht seiner Abkömmlinge beseitigt. § 2349 BGB ist in § 2352 BGB nicht für anwendbar erklärt. Die Abkömmlinge des Verzichtenden treten an dessen Stelle, wenn sie als Ersatzerben berufen sind. Dies wird in der Praxis häufig übersehen und ist gemäß § 2069 BGB im Zweifel anzunehmen, wenn die Abkömmlinge bei der gesetzlichen Erbfolge an dessen Stelle treten würden.

885 *Formulierungsbeispiel*
Herr ... hat mit Frau ..., seiner Ehefrau, einen Erbvertrag geschlossen. Herr ... ist zwischenzeitlich verstorben, so dass aufgrund der in dem Erbvertrag bindend angeordneten Erbfolge Herr ... als Miterbe berufen ist. Herr ... verzichtet hiermit gemäß § 2352 BGB auf diese ihm aus dem Erbvertrag erwachsende Zuwendung. Frau ... nimmt diesen Verzicht an.
Den Beteiligten ist bekannt, dass der Zuwendungsverzicht nach § 2352 BGB nicht für etwaige Ersatzschlusserben (z. B. Abkömmlinge) gilt.

886 Bei der Abwicklung der Erbverzichtsverträge ist § 20 Abs. 2 S. 1 DONot zu beachten. Der Notar hat hierüber das Geburtsstandesamt des Erblassers bzw. die Hauptkartei für Testamente zu benachrichtigen. Eine Abschrift des Benachrichtigungsscheins ist bei der Urkunde aufzubewahren (vgl. hierzu Rz. 791).

III. Weitere Beurkundungen im Erbrecht

2. Erbausschlagung

Während zu Lebzeiten des Erblassers der Eintritt der Gesamtrechtsnachfolge durch einen Erb- oder Zuwendungsverzichtsvertrag ausgeschlossen werden kann, besteht nach dem Tod des Erblassers für den Erben nur noch die Möglichkeit, dieses Ergebnis durch *Ausschlagung* der Erbschaft zu erreichen. Die Gründe hierfür können vielfältig sein. Häufig wird die Erbschaft bei Überschuldung des Nachlasses ausgeschlagen oder wenn ein Ehegatte oder Lebenspartner im Falle des gesetzlichen Güterstandes den Zugewinnausgleich und kleinen Pflichtteil geltend machen will (vgl. Rz. 589 und 750). 887

Ein Erbe kann die Erbschaft jedoch nur dann ausschlagen, wenn er sie noch nicht angenommen oder die *Ausschlagungsfrist* nicht versäumt hat (§ 1943 BGB). Auf das Recht der Ausschlagung kann nicht vor dem Erbfall verzichtet werden (vgl. § 1946 BGB). Die Ausschlagungsfrist beträgt gemäß § 1944 Abs. 1 BGB sechs Wochen. Die Frist beginnt gemäß § 1944 Abs. 2 BGB mit dem Zeitpunkt, in welchem der Erbe von dem Anfall und dem Grund Kenntnis erlangt. Ist der Erbe durch Verfügung von Todes wegen berufen, so beginnt die Frist nicht vor der Verkündung der Verfügung (vgl. hierzu §§ 2260, 2262 BGB). Gemäß § 1944 Abs. 3 BGB beträgt die Frist ausnahmsweise sechs Monate, wenn der Erblasser seinen letzten Wohnsitz nur im Ausland oder der Erbe sich zu Fristbeginn im Ausland aufgehalten hatte. Ist die Ausschlagungsfrist versäumt, kommt u. U. eine Anfechtung der Versäumung der Ausschlagungsfrist nach §§ 1954 ff. BGB in Betracht, z. B. bei einem Irrtum über die Ausschlagungsfrist oder Unkenntnis der Überschuldung des Nachlasses. Mit der Anfechtungserklärung kann die Ausschlagung verbunden werden.

Die Ausschlagung kann nicht unter einer Bedingung oder Befristung erfolgen (§ 1947 BGB). Im Zweifel erstreckt sich die Ausschlagung auf alle Berufungsgründe (§§ 1948, 1949 BGB). Jedoch kann ein gewillkürter Erbe die Erbschaft als eingesetzter Erbe ausschlagen und als gesetzlicher Erbe annehmen, um sich z. B. von Auflagen (vgl. hierzu Rz. 840) zu befreien. Die Ausschlagung kann jedoch nicht auf einen Teil der Erbschaft beschränkt werden (§ 1950 BGB).

Die Ausschlagung hat zur Folge, dass der Anfall der Erbschaft an den Ausschlagenden als nicht erfolgt gilt (§ 1953 Abs. 1 BGB). Gemäß § 1953 Abs. 2 BGB fällt die Erbschaft demjenigen an, welcher berufen wäre, wenn der Ausschlagende zur Zeit des Erbfalls nicht gelebt hätte. Wer das ist, richtet sich nach gesetzlicher Erbfolge oder der Ersatzerbenbestimmung des Erblassers in einer Verfügung von Todes wegen (vgl. hierzu Rz. 817). Der an die Stelle des Ausschlagenden tretende Erbe wird vom Nachlassgericht informiert (§ 1953 Abs. 3 BGB).

Die Ausschlagung erfolgt durch Erklärung gegenüber dem Nachlassgericht. Sie ist entweder zur Niederschrift des Nachlassgerichts zu erklären oder in notariell beglaubigter Form abzugeben (§ 1945 Abs. 1 BGB). Gemäß § 1945 Abs. 3 BGB kann die Ausschlagung auch durch einen Vertreter erfolgen. Dieser bedarf jedoch einer öffentlich beglaubigten Vollmacht. Die Vollmacht sollte grundsätzlich der Ausschlagungserklärung beigefügt werden (vgl. § 1945 Abs. 3 S. 2 BGB). Ist der Erbe nicht voll geschäftsfähig, so müssen seine gesetzlichen Vertreter für ihn ausschlagen. Eltern bedürfen hierzu der Genehmigung durch das Familiengericht (§ 1643 Abs. 2 S. 1 BGB). Tritt die Erbfolge des Kindes jedoch erst infolge der Ausschlagung eines Elternteils ein, der das Kind allein oder gemeinsam mit dem anderen Elternteil vertritt, ist die Genehmigung nur erforderlich, wenn dieser neben dem Kind berufen war (§ 1643 Abs. 2 S. 2 BGB). Ein Betreuer oder Vormund bedarf der vormundschaftsgerichtlichen Genehmigung (§§ 1822 Nr. 2, 1908 i Abs. 1 BGB).

888 *Formulierungsbeispiel*
Amtsgericht ...
– Nachlassgericht –
Nachlasssache ..., Az. ...
Am 12.12.2007 ist mein Vater, Herr ..., in ... verstorben. Ich schlage hiermit die Erbschaft nach allen in Betracht kommenden Berufungsgründen aus.
Aufgrund meiner Ausschlagung fällt der Nachlass meiner minderjährigen Tochter ... als gesetzlicher Erbin an. Wir, Herr ... und Frau ..., schlagen hiermit als gesetzliche Vertreter unserer Tochter die Erbschaft auch für diese aus.

889 Die notariell beglaubigte Ausschlagungserklärung ist innerhalb der Ausschlagungsfrist bei dem Nachlassgericht abzugeben. Da der Notar häufig den Beginn der Frist nicht kennt, besteht die Gefahr einer Fristversäumung. Die Ausschlagungserklärung sollte daher den Beteiligten unmittelbar nach der Beglaubigung zur Weiterleitung an das Nachlassgericht ausgehändigt werden. Der Notar trägt dann das Risiko der Fristversäumung nicht. Die Beteiligten sind jedoch darauf hinzuweisen, dass die Erklärung unverzüglich an das Gericht weiterzuleiten ist. Um Nachweisprobleme zu vermeiden, sollte die beglaubigte Erklärung an die Beteiligten nur gegen ein von diesen zu quittierendes Empfangsbekenntnis, das auch den vorstehenden Hinweis enthält, ausgehändigt werden.

Eine erklärte Erbausschlagung kann vom Ausschlagenden u. U. angefochten werden (§§ 1954 ff. BGB). Anfechtungsgrund ist etwa die irrtümliche Vorstellung der Überschuldung des Nachlasses oder die Unkenntnis von vorhandenen Vermögenswerten. Die Anfechtungserklärung bedarf gemäß § 1955 S. 2 BGB der Form der Ausschlagung (§ 1945 BGB). Gleiches gilt für die Anfechtung der Versäumung der Ausschlagungsfrist.

890 *Formulierungsbeispiel*
Amtsgericht ...
– Nachlassgericht –
Nachlasssache ..., Az. ...
Am 12.07.2008 ist mein Vater, Herr ... in ... ohne Hinterlassung einer letztwilligen Verfügung verstorben.
Hiermit erkläre ich gegenüber dem Nachlassgericht die Ausschlagung der Erbschaft, soweit mir diese angefallen ist. Bestimmte und überzeugende Kenntnis

von dem Anfalle der Erbschaft und dem Grunde der Berufung habe ich ungefähr am Todestage erlangt.
Da die für die Ausschlagung maßgebliche Frist des § 1944 Abs. 1 BGB von sechs Wochen ab Kenntniserlangung bereits abgelaufen ist und daher die Erbschaft gemäß § 1943 2. HS. BGB als angenommen gilt, fechte ich hiermit die erfolgte Annahme wegen Irrtums an.
Ich wollte die Erbschaft in Wirklichkeit nicht annehmen, sondern habe die Frist zur Ausschlagung versäumt, weil ich über den Ablauf der Frist in Unkenntnis gewesen bin und geglaubt habe, wirksam dadurch ausgeschlagen zu haben, dass ich die Erbschaft nicht ausdrücklich schriftlich annahm. Jedenfalls glaubte ich, zur Äußerung über die Ausschlagung schriftlich durch das Gericht aufgefordert zu werden. Von der abweichenden Rechtslage habe ich erst durch meine Mutter, die durch das Gericht mit Schreiben vom ... in Kenntnis gesetzt wurde, erfahren.
Hätte ich die vorgenannten Bestimmungen gekannt, hätte ich die Erbschaft nicht angenommen, sondern ausgeschlagen, da der Nachlass überschuldet ist.
Die Anfechtung der Annahme gilt als Ausschlagung der Erbschaft nach meinem Vater ... aus allen möglichen Berufungsgründen und ohne jede Bedingung, § 1957 Abs. 1 BGB.
Mir ist nicht bekannt, wer als weiterer Erbe in Betracht kommt.

Checkliste zur Erbausschlagung 891

1. Angaben zur Person des Erblassers:
Name ...
Vorname ...
geboren am ... verstorben am ...
letzter Wohnsitz ...
2. Angaben zur Person des Ausschlagenden:
Name ...
Vorname ...
geboren am ...
Wohnort, Straße ...
Tel.Nr. ... (Privat) ... (Büro)
3. Berufungsgrund (Gesetzliche Erbfolge – Verfügung von Todes wegen): ...
4. Zeitpunkt der Kenntniserlangung von Anfall und Grund der Erbschaft: ...
5. Ausschlagung auch für die minderjährigen Kinder des Ausschlagenden (§ 1643 Abs. 2 BGB)?
Nein: ... Ja: ...
Wenn ja: Bitte unter Punkt 5 noch folgende Angaben machen:
Name ...
Vorname ...
geboren am ...
wohnhaft in ...

Differenzierung beachten:
Erfolgt der Anfall der Erbschaft an das Kind aufgrund der Ausschlagung eines Elternteils?
Ja: ... Nein: ...
Wenn ja, können die Eltern das Kind bei der Ausschlagung **ohne** familiengerichtliche Genehmigung vertreten.
Ansonsten gilt:
Bei direktem Anfall der Erbschaft beim Kind sowie in allen übrigen Fällen muss in jedem Fall eine familiengerichtliche Genehmigung eingeholt werden.
Sind keine Abkömmlinge vorhanden, so ist abzuklären, ob Geschwister oder sonstige Verwandte vorhanden sind, denen dann ggf. die Erbschaft angefallen sein könnte.
6. Grund der Ausschlagung:
Überschuldung: ...
Sonstiges: ...
7. Zuständiges Nachlassgericht: ...
8. Reinwert des Nachlasses: ...
9. Ist die Anfechtung einer Annahme der Erbschaft erforderlich?
Nein: ... Ja: ...
Wenn ja, warum?
...
...
...
Hinweis: Sechswochenfrist gemäß § 1944 BGB beachten!!!
. . . .
Ort, Datum Sachbearbeiter

3. Erbschein

a) Bedeutung des Erbscheins

892 Die Erbfolge wird in der Regel durch einen *Erbschein* nachgewiesen. Ein solcher Nachweis wird z. B. von Banken verlangt, bei denen der Erblasser ein Konto hat. Gehören zum Nachlass Grundstücke, ist der Erbschein für die Berichtigung des Grundbuches unerlässlich (§ 35 Abs. 1 S. 1 GBO). Beruht die Erbfolge auf einem notariellen Testament oder Erbvertrag, reicht für eine Grundbuchberichtigung ausnahmsweise die Vorlage der beurkundeten Verfügung von Todes wegen mit dem Eröffnungsprotokoll des Nachlassgerichts (vgl. § 2260 BGB) aus, sofern sich aus dieser die Erbfolge eindeutig ergibt (§ 35 Abs. 1 S. 2 GBO).

Der Erbschein dient der Sicherheit des Rechtsverkehrs. Er ist ein amtliches Zeugnis (öffentliche Urkunde) und begründet eine gesetzliche Vermutung seiner Richtigkeit und Vollständigkeit (§ 2365 BGB). Der Erbschein legitimiert die in ihm bezeichneten Erben hinsichtlich ihres in ihm angegebenen Erbrechts und ggf. bestehender oder nichtbestehender Beschränkungen, wie z. B.

III. Weitere Beurkundungen im Erbrecht

Nacherbfolge oder Testamentsvollstreckung. An die Angaben im Erbschein knüpft sich ein öffentlicher Glaube an (§§ 2366, 2367 BGB). Dieser erstreckt sich nur auf seinen gesetzlichen Inhalt und ersetzt etwa nicht die fehlende Zugehörigkeit eines Gegenstandes zum Nachlass. Erwirbt jemand von einer Person, die im Erbschein als Erbe ausgewiesen ist, eine Sache, so kann er aufgrund der mit dem öffentlichen Glauben verbundenen Vermutung das Eigentum wirksam erwerben, unabhängig davon, ob der im Erbschein Genannte tatsächlich der wahre Rechtsnachfolger des Erblassers ist. Dies gilt freilich nicht, wenn der Erwerber weiß, dass der Erbschein insoweit falsch ist. Zu beachten ist, dass der Erbschein selbst keine Erbenstellung verschafft. Diese richtet sich allein nach dem materiellen Recht. Ist der Erbschein unrichtig, muss er eingezogen werden (§ 2361 BGB).

b) Erbscheinsarten

Zu unterscheiden sind eine Reihe von Erbscheinsarten: Erbscheine werden in der Mehrzahl aller Fälle über die gesamte Erbfolge ausgestellt. Weist der Erbschein nur einen Alleinerben aus, spricht man von *Alleinerbschein* (§ 2353 1. Alt. BGB). Bezeugt er die Erbfolge der gesamten Erbengemeinschaft, handelt es sich um einen *gemeinschaftlichen Erbschein* (§ 2357 BGB). Dieser kann auch von einzelnen Miterben beantragt werden (§ 2357 Abs. 1 S. 2 BGB). Ein *Teilerbschein* liegt vor, wenn nur die Erbquote eines Miterben ausgewiesen ist (§ 2353 2. Alt. BGB). Die Rechtsprechung hat darüber hinaus den *Gruppenerbschein* zugelassen. Dieser umfasst mehrere Teilerbscheine in einer Urkunde. Der Gruppenerbschein hat kaum praktische Bedeutung, da jeder der aufgeführten Miterben ihn beantragen muss. Grundsätzlich muss nach jedem Erblasser ein eigener Erbschein beantragt werden. In einem Erbschein können jedoch mehrere Zeugnisse über verschiedene Erbfälle zusammengefasst werden. Man spricht dann von einem *Sammelerbschein*. Weiter gibt es den *gegenständlich beschränkten Erbschein*. Dieser bezeugt das Erbrecht nach einem ausländischen oder staatenlosen Erblasser über im Inland gelegene Teile seines Nachlasses (§ 2369 BGB). Das *Hoffolgezeugnis* ist ein besonderer Erbschein für die Sondererbfolge in einen Hof (§ 18 Abs. 2 S. 3 HöfeO). 893

c) Erbscheinsantrag

Ein Erbschein wird nur auf Antrag erteilt (§ 2353 BGB). 894

aa) Zuständigkeit für die Erteilung des Erbscheins

Der Antrag ist beim zuständigen Gericht zu stellen. Sachlich zuständig ist das Amtsgericht als Nachlassgericht (§ 2353 BGB, § 72 FGG). Örtlich zuständig ist das Amtsgericht, in dessen Bezirk der Erblasser seinen letzten Wohnsitz oder bei Fehlen eines solchen seinen letzten Aufenthalt hatte (§ 73 Abs. 1 FGG). Ist der Erblasser Deutscher und hatte er zur Zeit des Erbfalls im Inland weder Wohnsitz noch Aufenthalt, weil er etwa im Ausland lebte, ist das Amtsgericht Schöneberg in Berlin zuständig (§ 73 Abs. 2 S. 1 FGG). Bei Ausländern, die in Deutschland weder Wohnsitz oder Aufenthalt hatten, ist jedes Gericht, in 895

Teil E Beurkundungen im Erbrecht

dessen Bezirk sich Nachlassgegenstände befinden, für den gesamten inländischen Nachlass zuständig (§ 73 Abs. 3 S. 1 FGG).

bb) Antragsberechtigung

896 Antragsberechtigt ist, wer ein rechtliches Interesse glaubhaft machen kann. Es sind dies die Erben, gleichgültig ob sie Allein-, Mit- oder Vorerben sind; der Nacherbe wird mit Eintritt des Nacherbfalls (vgl. Rz. 820) antragsberechtigt. Weiter kann der Antrag von den gesetzlichen Vertretern (z. B. Eltern), einem Testamentsvollstrecker, Nachlassverwalter, Nachlassinsolvenzverwalter, Abwesenheits- oder Auseinandersetzungspfleger gestellt werden. Gleiches gilt für Gläubiger des Nachlasses oder des Erben mit einem vollstreckbaren Titel (§§ 792, 896 ZPO). Antragsberechtigt sind auch der Erbeserbe, Erbteilserwerber oder Erbschaftskäufer.

Keinen Antrag können demgegenüber Vermächtnisnehmer, Pflichtteilsberechtigte, Nachlasspfleger oder Gläubiger ohne vollstreckbaren Titel stellen.

cc) Form des Erbscheinsantrags

897 Der Antrag auf Erteilung eines Erbscheins bedarf an sich keiner bestimmten Form. Da die im Antrag anzugebenden negativen Tatsachen (d. h. das Nicht-Vorliegen bestimmter Umstände) jedoch nicht durch öffentliche Urkunden nachgewiesen werden können, hat der Antragsteller gemäß § 2356 Abs. 2 BGB an Eides statt zu versichern, dass ihm nichts bekannt sei, was der Richtigkeit seiner Angaben entgegensteht (vgl. Rz. 899). Die eidesstattliche Versicherung kann vom Gericht oder Notar abgenommen werden. Der Notar hat sie gemäß § 38 Abs. 1 BeurkG zu beurkunden. Üblicherweise hat der Erbscheinsantrag daher die Form einer notariellen Niederschrift. Dem Nachlassgericht ist im Hinblick auf die in die Urkunde aufgenommene eidesstattliche Versicherung eine Ausfertigung derselben zu erteilen.

dd) Erbscheinsantrag bei gesetzlicher Erbfolge

898 Ein Erbscheinsantrag muss stets einen bestimmten Inhalt haben. Der Antragsteller darf es also nicht dem Ermessen des Gerichts überlassen, den Inhalt des Erbscheins zu bestimmen. Die in den Erbscheinsantrag bei gesetzlicher Erbfolge aufzunehmenden Angaben sind zunächst in § 2354 BGB festgelegt. Es sind dies

– der Zeitpunkt des Todes des Erblassers (§ 2354 Abs. 1 Nr. 1 BGB);
– das Verhältnis, auf dem das Erbrecht beruht, bei Ehegatten zusätzlich der Güterstand (§ 2354 Abs. 1 Nr. 2 BGB);
– die Erklärung, ob und welche Personen vorhanden sind oder vorhanden waren, durch die der Antragsteller von der Erbfolge ausgeschlossen oder sein Erbteil gemindert werden würde (§ 2354 Abs. 1 Nr. 3 BGB);
– die Erklärung, ob und welche Verfügungen des Erblassers von Todes wegen vorhanden sind (§ 2354 Abs. 1 Nr. 4 BGB);
– die Erklärung, ob ein Rechtsstreit über das Erbrecht anhängig ist (§ 2354 Abs. 1 Nr. 5 BGB).

III. Weitere Beurkundungen im Erbrecht

– und, sofern eine Person weggefallen ist, durch die der Antragsteller von der Erbfolge ausgeschlossen oder sein Erbteil gemindert werden würde, die Erklärung, in welcher Weise diese Person weggefallen ist (§ 2354 Abs. 2 BGB).

Wird ein gemeinschaftlicher Erbschein beantragt, sind gemäß § 2357 BGB weiter anzugeben

– die Erben und ihre Erbteile (§ 2357 Abs. 2 BGB)
und, falls der Antrag nicht von allen Erben gestellt wird,
– die Erklärung, dass die übrigen Erben die Erbschaft angenommen haben (§ 2357 Abs. 3 BGB).
Schließlich ist im Hinblick auf die örtliche Zuständigkeit des Nachlassgerichts (vgl. Rz. 895)
– der letzte Wohnsitz des Erblassers mitzuteilen.

899 Der Antragsteller hat die Richtigkeit seiner Angaben nach § 2354 Abs. 1 Nr. 1, 2, Abs. 2 BGB durch Vorlage öffentlicher Urkunden gegenüber dem Nachlassgericht nachzuweisen. Es handelt sich hierbei insbesondere um die Sterbeurkunde des Erblassers und die Personenstandsurkunden, die das Verwandtschaftsverhältnis oder die Heirat der Erben belegen, z. B. Familienstammbuch, Geburtsurkunden, Heiratsurkunde, aber ggf. auch der Ehevertrag bei Änderung des Güterstandes. Hinsichtlich der weggefallenen Personen sind z. B. Sterbeurkunden, Scheidungsurteile, Erbverzichtsverträge oder Erbausschlagungserklärungen vorzulegen. Der Nachweis hat jeweils durch öffentliche Urkunden, also Ausfertigungen oder beglaubigte Abschriften zu erfolgen. Hinsichtlich all dieser Urkunden ist zu berücksichtigen, dass der Notar nicht verpflichtet ist, diese beizubringen und dem Nachlassgericht vorzulegen. Die Antragsteller müssen diese selbst besorgen. Sind sie nicht oder nur mit unverhältnismäßigen Schwierigkeiten zu beschaffen, so genügt gemäß § 2356 Abs. 1 S. 2 BGB die Angabe anderer Beweismittel (z. B. Zeugen, Sachverständige, ggf. eidesstattliche Versicherungen).

Hinsichtlich der weiteren Angaben im Erbscheinsantrag ist eine Nachweisführung durch Urkunden nicht möglich. Es gibt z. B. keine Urkunde darüber, dass der Erblasser kein Testament hinterlassen hat oder dass er keine weiteren Kinder, als die im Antrag angegebenen, hatte. Soweit der Erbscheinsantrag solche Erklärungen enthält, hat der Antragsteller daher gemäß §§ 2356 Abs. 2 S. 1, 2357 Abs. 3 S. 2 BGB an Eides statt zu versichern, dass ihm nichts bekannt ist, was der Richtigkeit seiner Angaben entgegensteht. Ist die Versicherung falsch, macht er sich u. U. gemäß § 156 StGB strafbar.

Bei gesetzlicher Erbfolge kann ein typischer Erbscheinsantrag lauten:

Teil E Beurkundungen im Erbrecht

900 *Formulierungsbeispiel*
Der Erschienene bat mich um die Beurkundung des nachstehenden Antrags auf Erteilung eines

Erbscheins.

Am 23.04.2008 ist meine Mutter, Frau ..., in ... verstorben. Ihr letzter Wohnsitz war ....
Meine Mutter war verheiratet und hat zusammen mit meinem Vater im gesetzlichen Güterstand der Zugewinngemeinschaft gelebt. Eine Verfügung von Todes wegen hat sie nicht hinterlassen.
Erben sind geworden aufgrund gesetzlicher Erbfolge:
1. Mein Vater, Herr ..., wohnhaft ..., zu $^1\!/_2$ Anteil,
2. Mein Bruder, Herr ..., wohnhaft ..., zu $^1\!/_4$ Anteil,
3. Ich, der Erschienene, zu $^1\!/_4$ Anteil.
Vor dem Erbfall ist niemand weggefallen. Andere Personen, durch welche die Erben von der Erbfolge ausgeschlossen oder deren Erbteil gemindert würden, sind und waren nicht vorhanden.
Ein Rechtsstreit über das Erbrecht ist nicht anhängig. Die Erbschaft ist auch von den übrigen, heute nicht erschienenen Erben angenommen.
Nach Belehrung über die Bedeutung einer eidesstattlichen Versicherung versichere ich hiermit vor dem Notar an Eides statt, dass mir nichts bekannt ist, was der Richtigkeit meiner Angaben entgegensteht. Gleichzeitig beantrage ich, den übrigen, heute nicht erschienenen Erben die Abgabe einer eidesstattlichen Versicherung zu erlassen.
Ferner beantrage ich, zu Händen des Notars einen gemeinschaftlichen Erbschein zu den angegebenen Erbteilen zu erteilen.
Der Notar wird ermächtigt, diesen Antrag abzuändern oder zurückzunehmen.
Die Kosten dieser Verhandlung und des Erbscheins sind von mir zu erheben. Der Wert des Nachlasses nach Abzug der Verbindlichkeiten beträgt ... EURO.

ee) Erbscheinsantrag bei gewillkürter Erbfolge

901 Gemäß § 2355 BGB ist bei Erteilung eines Erbscheins aufgrund einer Verfügung von Todes wegen die Verfügung zu bezeichnen, auf der das Erbrecht beruht. Mitzuteilen ist hier insbesondere Ort, Datum und Inhalt des Testaments oder Erbvertrages sowie ggf. die Angabe des Aktenzeichens der Nachlassakte, in der sich das Eröffnungsprotokoll befindet. Soweit es sich um ein eigenhändiges Testament handelt, kommt es häufig vor, dass der Inhalt missverständlich abgefasst hat. Es kann sich dann als erforderlich erweisen, den letzten Willen durch Auslegung zu ermitteln. Diese Auslegung, die den konkreten Erbscheinsantrag begründet, sollte ebenfalls aufgenommen werden. Weiter ist anzugeben, ob und welche sonstigen Verfügungen des Erblassers von Todes wegen vorhanden sind. Schließlich sind die in § 2354 Abs. 1 Nr. 1, 5 und Abs. 2 BGB (vgl. hierzu Rz. 898) vorgeschriebenen Angaben zu machen.

Besonders nachzuweisen ist gemäß § 2356 Abs. 1 BGB die Urkunde, die die Verfügungen von Todes wegen enthält. Ist diese bereits eröffnet, kann auf die

III. Weitere Beurkundungen im Erbrecht

Nachlassakten verwiesen werden. Eigenhändige Testamente sind im Original beim Nachlassgericht abzuliefern, sofern dies im Zeitpunkt der Antragstellung noch nicht geschehen ist (vgl. hierzu Rz. 771). Der Nachweis der Richtigkeit der Angaben nach §§ 2355, 2354 Abs. 1 Nr. 1, Abs. 2 BGB wird durch Vorlage der entsprechenden Personenstandsurkunden des Erblassers bzw. der weggefallenen Personen geführt (vgl. Rz. 898). Die Personenstandsurkunden der Erben sind im Gegensatz zur gesetzlichen Erbfolge nicht vorzulegen, da sich deren Erbrecht aus der Verfügung von Todes wegen ergibt. Im Übrigen ist die eidesstattliche Versicherung gemäß § 2356 Abs. 2 BGB abzugeben.

Checkliste zum Erbscheinsantrag 902

Vorfrage: Wozu wird der Erbschein benötigt? . .

1. Angaben zur Person des/der **Antragsteller/s:**

Name: ...
Vorname: . .
geboren am: . .
Stellung zum Erblasser: . .
Wohnort, Straße: ...
Tel.-Nr: ... (Privat) ... (Büro)

2. Angaben zur Person des **Erblassers:**

Name: ...
Vorname: ...
geboren am: ... verstorben am: ...
Letzter Wohnsitz: ...
Staatsangehörigkeit: ... Güterstand: ...
Scheidungsverfahren anhängig: nein/ja: ... Wenn ja: Gericht: ...
Az.: ... seit wann: ...
Ehegatte:
Lebenspartner:
Kinder: ehelich: ... außerehelich.: ... adoptiert: ...
Vorverstorbene Kinder: ... Wenn ja – Nachkommen: ...
Ggf. Eltern und Geschwister: ...

3. Angaben dazu, ob Verfügungen von Todes wegen vorhanden sind (Az., Gericht):

...
...

4. Gesetzliche Erbfolge:

...
...

Teil E Beurkundungen im Erbrecht

5. Ist ein Rechtsstreit über das Erbrecht anhängig? Nein/Ja

6. Angaben der **Erben** (Name, Geburtsdatum, Wohnort, Erbquote)
a) ...
b) ...
c) ...
d) ...

7. Haben die Erben die Erbschaft angenommen? Ja/Nein

Erbspiegel:
Erforderliche Urkunden/Sonstiges:
–
–
–

Gewünschter Beurkundungstermin: ...

Ort, Datum   Sachbearbeiter

4. Erbteilskauf

903 In den §§ 2371 ff. BGB ist der *Erbschaftskauf* geregelt. Ein Kaufvertrag über die gesamte Erbschaft kommt in der Praxis jedoch kaum vor. Häufiger ist der Verkauf eines Miterbenanteils. Grund hierfür kann etwa sein, dass der Miterbe bereits vor einer Erbauseinandersetzung (vgl. Rz. 906–912) zu Geld kommen will.

Beim *Erbteilskaufvertrag* bedürfen sowohl der schuldrechtliche Kaufvertrag wie auch das dingliche Erfüllungsgeschäft der notariellen Beurkundung (§§ 2371, 2033 Abs. 1 S. 2 BGB). Gleiches gilt für eine etwaige Vertragsaufhebung. Gegenstand des Erbteilskaufs können nicht einzelne Nachlassgegenstände, sondern nur der Erbteil insgesamt sein (vgl. § 2033 Abs. 1 und 2 BGB). Mit der Übertragung des Erbteils tritt der Käufer in die gesamthänderische Bindung der Erbengemeinschaft ein, ohne jedoch selbst Erbe zu werden. Er übernimmt aber alle Rechte und Pflichten des verkaufenden Miterben hinsichtlich der Verwaltung und Auseinandersetzung des Nachlasses. Gehören zum Nachlass Grundstücke, wird das Grundbuch mit der dinglichen Übertragung des Erbteils unrichtig. Der Käufer ist im Wege der Grundbuchberichtigung als Mitglied der Gesamthandsgemeinschaft ins Grundbuch einzutragen.

Ein Erbteilskaufvertrag ist sowohl für den Verkäufer wie auch für den Käufer mit Risiken verbunden. Da der Erbteil sofort mit der Übertragung auf den Käufer übergeht, trägt der Verkäufer das Risiko, dass der Käufer über den Anteil verfügt oder insolvent wird, bevor der Kaufpreis vollständig bezahlt ist. Demgegenüber besteht das Risiko des Käufers darin, dass hinsichtlich des Erbteilskaufes keine Gutglaubensvorschriften, insbesondere nicht § 892 BGB, eingreifen. Der Käufer kann nicht sicher sein, dass der Verkäufer über den

III. Weitere Beurkundungen im Erbrecht

Erbteil nicht schon anderweitig verfügt hat oder dieser gepfändet ist. Gehört zum Nachlass Grundbesitz, kann der Käufer auch nicht durch eine Auflassungsvormerkung im Grundbuch (vgl. Rz. 335) gesichert werden. Möglich ist aber die Eintragung eines Widerspruchs gegen die Richtigkeit des Grundbuches gemäß § 899 BGB nach Abtretung des Erbteils.

Diesen Risiken ist bei der Gestaltung des Erbteilskaufvertrages Rechnung zu tragen. Dies gilt insbesondere, wenn zum Nachlass Grundbesitz gehört und der Kaufpreis demzufolge nicht gänzlich unbedeutend ist. Als Sicherheiten kommen im Wesentlichen drei Möglichkeiten in Betracht: eine Trennung des schuldrechtlichen und des dinglichen Geschäfts, eine Hinterlegung des Kaufpreises auf einem Notaranderkonto (vgl. Rz. 365–371) vor oder mit Abschluss des Vertrages und Auszahlung nach Grundbuchberichtigung oder eine nur auflösend bedingte Erbteilsübertragung. Auflösende Bedingung ist in diesem Fall die Ausübung eines Rücktrittsrechts, welches sich der Veräußerer für den Fall des Verzugs des Erwerbers mit der Erbringung seiner Gegenleistung vorbehalten hat. Hierdurch wird der Erwerber in gleicher Weise wie bei einer unbedingten Übereignung geschützt. Andererseits kann der Veräußerer gegen Verfügungen des Erwerbers durch Eintragung einer Verfügungsbeschränkung gemäß § 161 Abs. 2 BGB in Abteilung II des Grundbuches gesichert werden.

Zu beachten ist ferner, dass den Miterben bei Verkauf eines Erbteils ein Vorkaufsrecht gemäß § 2034 Abs. 1 BGB zusteht. Die Frist für die Ausübung des Vorkaufsrechts beträgt zwei Monate. Das Vorkaufsrecht ist vererblich (§ 2034 Abs. 2 S. 1 und 2 BGB).

Formulierungsbeispiel *Erbteilsübertragungsvertrag* 904
§ 1 Sachstand
Der Erblasser, Herr ... ist am ... in ... verstorben. Der Erblasser wurde gemäß Erbschein des Amtsgerichts ... (Geschäftszeichen: ...) beerbt von ... Eine Ausfertigung des Erbscheins liegt bei der heutigen Beurkundung vor und wird dieser Urkunde in beglaubigter Abschrift beigefügt.
Zur Erbschaft gehört folgender Grundbesitz:
Amtsgericht ..., Grundbuch von ... Blatt ...:
Gemarkung ...
Flur ... Flurstück ... in Größe von ... qm
Lage ...
Abteilung I: ....
Abteilung II: ....
Abteilung III: ...
Der Notar hat das Grundbuch am ... einsehen lassen.
Die Erbfolge ist im Grundbuch noch nicht vermerkt. Die Berichtigung des Grundbuchs wird daher beantragt.
Der Grundbesitz ist nach Angabe der Erschienenen bebaut mit ...
Der Nachlass besteht nur noch aus dem vorgenannten Grundbesitz. Im Übrigen ist der Nachlass schon auseinandergesetzt. So weit Gegenleistungen in dieser Urkunde vereinbart sind, beziehen sich diese nur auf den Erbanteil im vorgenannten Bestand.

Heutiger Vertragsgegenstand ist der vorbezeichnete Erbteil des Veräußerers am Nachlass des vorgenannten Erblassers.

§ 2 Erbteilsveräußerung
Der Veräußerer veräußert hiermit den vorbezeichneten Erbteil mit allen Rechten und Pflichten an den Erwerber zur Alleinberechtigung.
Für die Erbteilsveräußerung gelten folgende Vereinbarungen:
Der Erwerber verpflichtet sich, als Gegenleistung für die Veräußerung des Erbteils einen Betrag in Höhe von

EURO ...
(in Worten: EURO ...)
an den Veräußerer zu zahlen.
Die Gegenleistung ist innerhalb von zwei Wochen auf ein noch bekanntzugebendes Konto des Veräußerers zu überweisen, nachdem der Notar dem Erwerber schriftlich mitgeteilt hat, dass
– entsprechend der Vereinbarung in § 3 der Widerspruch gemäß § 899 BGB im Grundbuch eingetragen wurde und zwischenzeitlich keine weiteren Eintragungen in das Grundbuch erfolgt sind und
– die Verzichtserklärungen der übrigen Miterben auf ihr gesetzliches Vorkaufsrecht dem Notar vorliegen oder die Frist für die Ausübung des Vorkaufsrechts abgelaufen ist, ohne dass die Beteiligten den Notar von einer Vorkaufsrechtsausübung schriftlich verständigt haben.
Wegen der Verpflichtung zur Zahlung des Betrages von EURO ... unterwirft sich der Erwerber der sofortigen Zwangsvollstreckung aus dieser Urkunde in sein gesamtes Vermögen.
Der Veräußerer ist berechtigt, sich jederzeit eine vollstreckbare Ausfertigung dieser Urkunde ohne Fälligkeitsnachweis erteilen zu lassen.
Bei Zahlungsverzug hat der Erwerber Verzugszinsen von 5% jährlich über dem jeweiligen Basiszinssatz zu zahlen. Der Erwerber kommt in Verzug, wenn er nicht innerhalb von zwei Wochen nach Zugang der Fälligkeitsmitteilung des Notars die Gegenleistung zahlt.
Für den Fall, dass der als Gegenleistung zu zahlende Betrag bis zum vorgenannten Fälligkeitszeitpunkt nicht gezahlt wurde, behält sich der Veräußerer das Recht vor, von diesem Veräußerungsvertrag zurückzutreten.
Der Rücktritt hat mittels eingeschriebenen Briefs binnen einer Frist von vierzehn Tagen, gerechnet vom vorgenannten Fälligkeitszeitpunkt an, gegenüber dem Erwerber zu erfolgen, wobei die Rücktrittserklärung dem Erwerber innerhalb der genannten Frist zugegangen sein muss.
Durch den Rücktritt anfallende und bis dahin angefallene Kosten und Steuern hat der Erwerber zu tragen.
Die Nutzungen und Lasten sowie die Gefahren eines zufälligen Untergangs oder einer zufälligen Verschlechterung der Erbschaftsgegenstände gehen mit dem Tag der Zahlung des vereinbarten Entgelts auf den Erwerber über.
Der Veräußerer verzichtet auf Ersatz aller von ihm auf die Erbschaft gemachten Aufwendungen, erfüllten Verbindlichkeiten, Abgaben und außerordentlichen Lasten. Bezüglich einer evtl. Erbschaftsteuerpflicht des Veräußerers aufgrund sei-

III. Weitere Beurkundungen im Erbrecht

ner Erbfolge wird vereinbart, dass die Erbschaftsteuer allein der Veräußerer zu tragen hat.
Der Veräußerer übernimmt gegenüber dem Erwerber die Garantie,
– dass der vorgenannte Grundbesitz zur Erbschaft gehört,
– dass keine Nachlassverbindlichkeiten bestehen, soweit in dieser Urkunde nichts anderes bestimmt ist,
– dass eine etwa angefallene Erbschaftsteuer bezahlt ist,
– dass der vertragsgegenständliche Erbteil nicht anderweitig veräußert oder verpfändet wurde und auch nicht gepfändet oder mit sonstigen Rechten Dritter belastet ist und
– dass zwischen den Erben auch schuldrechtlich kein Auseinandersetzungsvertrag abgeschlossen wurde.

Darüber hinaus beschränkt sich die Haftung des Veräußerers für Rechtsmängel darauf,
– dass ihm das Erbrecht zusteht,
– dass das Erbrecht nicht durch das Recht eines Nacherben oder durch die Ernennung eines Testamentsvollstreckers beschränkt ist,
– dass nicht Vermächtnisse, Auflagen, Pflichtteilslasten, Ausgleichspflichten und Teilungsanordnungen bestehen,
– dass nicht unbeschränkte Haftung gegenüber den Nachlassgläubigern oder Einzelnen von ihnen eingetreten ist.

Für Sachmängel der zur Erbschaft gehörenden Sachen haftet der Veräußerer nicht. Bestimmte Eigenschaften, insbesondere hinsichtlich des Zustandes und der Lastenfreiheit der zur Erbschaft gehörenden Sachen, werden nicht garantiert.
Der Veräußerer ist nicht verpflichtet, das was er vor der Veräußerung aufgrund eines zur Erbschaft gehörenden Rechtes oder als Ersatz für die Zerstörung, Beschädigung oder Entziehung eines Erbschaftsgegenstandes oder durch ein Rechtsgeschäft, das sich auf die Erbschaft bezog, erlangt hat, an den Erwerber mitzuübertragen.
Soweit Erbschaftsgegenstände in der Zeit bis zur Veräußerung verbraucht, unentgeltlich veräußert oder unentgeltlich belastet wurden, ist der Veräußerer nicht verpflichtet, entsprechenden Wertersatz zu leisten.

§ 3 Dingliche Übertragung, Grundbuchberichtigung

Der Veräußerer überträgt hiermit den veräußerten Erbteil mit allen Rechten und Pflichten mit sofortiger dinglicher Wirkung an den Erwerber, allerdings unter der auflösenden Bedingung, dass der Veräußerer aufgrund des in § 2 dieser Urkunde vorbehaltenen Rücktrittsrechts wegen Nichtzahlung des vereinbarten Entgelts vom Veräußerungsvertrag zurücktritt. Der Erwerber nimmt die – auflösend bedingte – Übertragung des Erbteils hiermit an.
Durch die vorbezeichnete Erbteilsübertragung ist das Grundbuch unrichtig geworden.
Der Erwerber beantragt hiermit die Berichtigung des Grundbuchs zufolge der vorbezeichneten Erbteilsübertragung. Der Veräußerer bewilligt und der Erwerber beantragt hiermit die Eintragung eines entsprechenden Widerspruchs gemäß § 899 BGB gegen die Richtigkeit des Grundbuchs.

Der Erwerber bewilligt und beantragt bereits heute die Löschung des Widerspruchs Zug um Zug mit Vollzug der vorbeantragten Grundbuchberichtigung.

Um den Veräußerer bis zum Wegfall der auflösenden Bedingung durch den nach § 161 Abs. 3 BGB durch gutgläubigen Erwerb möglichen Verlust seiner Rechtsposition zu schützen, bewilligt und beantragt der Erwerber, gleichzeitig mit Vollzug der vorbeantragten Grundbuchberichtigung die in der auflösenden Bedingung liegende Verfügungsbeschränkung des Erwerbers dergestalt in Abt. II des Grundbuchs einzutragen, dass dort vermerkt wird, dass die heute erfolgte Erbteilsübertragung des Veräußerers auf den Erwerber auflösend bedingt ist und die Bedingung mit dem Rücktritt des Veräußerers vom Erbteilsveräußerungsvertrag bei Nichtzahlung des Entgeltes eintritt.

Der Veräußerer bewilligt und der Erwerber beantragt bereits heute die Löschung der eingetragenen Verfügungsbeschränkung.

Der beurkundende Notar und dessen amtlich bestellter Vertreter sowie Amtsnachfolger werden unwiderruflich **angewiesen**, *Ausfertigungen und begl. Abschriften dieser Urkunde nur* **auszugsweise** *ohne die vorstehenden Erklärungen zur Löschung der Verfügungsbeschränkung zu erteilen, solange bis der Veräußerer bestätigt hat, dass das vereinbarte Entgelt gezahlt wurde, oder bis der Erwerber die Zahlung entsprechend nachweist.*

§ 4 Hinweise, Belehrungen
Die Vertragsteile wurden vom Notar insbesondere auf Folgendes hingewiesen:
1. Sämtliche im Zusammenhang mit der Erbteilsveräußerung getroffenen Vereinbarungen müssen notariell beurkundet sein, da sie ansonsten wegen Formmangels nichtig sind und die Nichtigkeit des gesamten Vertrages zur Folge haben können.
2. Der Erwerber wird nicht (Mit-)Erbe des Erblassers; er hat lediglich einen schuldrechtlichen Anspruch, wirtschaftlich wie ein (Mit-)Erbe gestellt zu werden. (Mit-)Erbe bleibt weiterhin der Veräußerer; deshalb wird der Erwerber auch nicht im Erbschein aufgeführt oder der Erbschein berichtigt.
3. Der Erwerber wird in seinem Vertrauen an die unbeschränkte und unbelastete Erbenstellung des Veräußerers und die Zugehörigkeit des genannten Grundbesitzes zur Erbschaft nicht geschützt und ist insoweit auf die Richtigkeit der Angaben des Veräußerers angewiesen.
4. Mit der dinglichen Übertragung des Erbteiles gehen alle (noch) im ungeteilten Nachlass befindlichen Vermögenswerte automatisch anteilsmäßig auf den Erwerber über.
5. Den Miterben steht gemäß §§ 2034 ff. BGB ein gesetzliches Vorkaufsrecht an dem veräußerten Erbteil zu, das innerhalb zweier Monate nach Mitteilung des rechtswirksamen Veräußerungsvertrags auszuüben wäre. Es besteht die Möglichkeit, dass sich der Veräußerer für den Fall der Ausübung dieses Vorkaufsrechts im Verhältnis zum Erwerber ein Rücktrittsrecht vorbehalten könnte.
6. Der Erwerber haftet – unbeschadet der Vereinbarungen in diesem Vertrag – den Nachlassgläubigern ab sofort neben dem weiterhin haftenden Veräußerer für alle etwaigen Nachlassverbindlichkeiten.

III. Weitere Beurkundungen im Erbrecht

7. *Beide Vertragsteile haften – unbeschadet der Vereinbarungen in diesem Vertrag – gesamtschuldnerisch für die Vertragskosten und die Grunderwerbsteuer.*
8. *Die Veräußerung des Erbteiles und der Name des Erwerbers sind nach § 2384 Abs. 1 BGB unverzüglich dem Nachlassgericht anzuzeigen.*
9. *Die beantragte Grundbuchberichtigung kann erst erfolgen, wenn die Unbedenklichkeitsbescheingung des Finanzamts (wegen der Grunderwerbsteuer) vorliegt.*

§ 5 Schlussbestimmungen

Die Vertragsteile beauftragen und bevollmächtigen hiermit den amtierenden Notar, alle zur Rechtswirksamkeit und zum Vollzug des in dieser Urkunde niedergelegten Vertrags erforderlichen und zweckdienlichen Erklärungen und Genehmigungen einzuholen und entgegenzunehmen.

Genehmigungen sollen mit dem Eingang in den Amtsräumen des Notariats allen Beteiligten gegenüber als mitgeteilt gelten und rechtswirksam sein.

Der beurkundende Notar wird insbesondere beauftragt und bevollmächtigt, den Miterben wegen ihres Vorkaufsrechts die Veräußerung des Erbteils durch Übersendung einer begl. Abschrift dieser Urkunde anzuzeigen und dem Nachlassgericht die Veräußerung gemäß § 2384 BGB durch Übersendung einer beglaubigten Abschrift dieser Urkunde mitzuteilen.

Der Notar ist berechtigt, Anträge aus dieser Urkunde getrennt und eingeschränkt zu stellen und sie in gleicher Weise zurückzunehmen. Die Beteiligten bevollmächtigen den Notar, dessen Vertreter oder Amtsnachfolger, Bewilligungen und Anträge gegenüber dem Grundbuchamt zu stellen, zu ändern und zu ergänzen, soweit dies verfahrensrechtlich zur Durchführung des Vertrages erforderlich sein sollte.

Die Kosten dieser Urkunde, des grundbuchamtlichen Vollzugs sowie die Kosten der erforderlichen Genehmigungen und Erklärungen und die anfallende Grunderwerbsteuer trägt der Erwerber.

§ 6 Vorkaufsrecht der Miterben

Die Beteiligten bevollmächtigen hiermit den Notar, den Miterben im Hinblick auf ihr gesetzliches Vorkaufsrecht nach §§ 2034 ff. BGB diesen Erbteilsübertragungsvertrag und seine Rechtswirksamkeit unter Beifügung einer beglaubigten Abschrift dieser Urkunde mitzuteilen.

Machen der oder die Miterben von ihrem gesetzlichen Vorkaufsrecht Gebrauch, so ist im Verhältnis zum heutigen Erwerber der Veräußerer zum Rücktritt von diesem Vertrag berechtigt; er hat den Erwerber in diesem Fall von allen aus diesem Vertrag entstandenen Kosten freizustellen, soweit diese Kosten nicht vom Vorkaufsberechtigten zu tragen sind. Weitere Ansprüche des Erwerbers bestehen nicht.

Der Veräußerer tritt jedoch für den Fall, dass er den Kaufpreis vom heutigen Erwerber bei Ausübung des Vorkaufsrechtes bereits erhalten hat, seine Ansprüche gegen den Vorkaufsberechtigten auf Zahlung des Kaufpreises an den heutigen Erwerber ab. Dieser nimmt die Abtretung an.

905 Neben den Erbteilskaufverträgen kommt in der Praxis nicht selten auch die unentgeltliche Übertragung eines Erbteils, z. B. unter Miterben, vor. Diese bedarf ebenfalls der notariellen Beurkundung.

5. Erbauseinandersetzung

906 Die Erbengemeinschaft ist nur ein Durchgangsstadium. Bis zu ihrer Beendigung können die Miterben über einzelne Nachlassgegenstände nur gemeinschaftlich verfügen (§ 2040 Abs. 1 BGB). Die Erbengemeinschaft endet mit ihrer *Auseinandersetzung*. Sofern der Erblasser diese in einer letztwilligen Verfügung nicht ausgeschlossen hat – dies ist höchstens für eine Dauer von 30 Jahren möglich (§ 2044 BGB) –, kann jeder Miterbe gemäß § 2042 Abs. 1 BGB jederzeit die Auseinandersetzung verlangen. Der Erblasser kann die Auseinandersetzung zudem in einer Teilungsanordnung geregelt (vgl. Rz. 829) oder diese einem Testamentsvollstrecker übertragen haben (§ 2204 BGB, vgl. Rz. 843). Neben einer vollständigen Erbauseinandersetzung ist auch eine *Teilauseinandersetzung* entweder hinsichtlich einzelner Gegenstände, z. B. einzelner Grundstücke (sog. *sachliche Teilauseinandersetzung*) oder hinsichtlich einzelner Erben (sog. *personelle Teilauseinandersetzung*) möglich.

a) Erbauseinandersetzungsvertrag

907 In der Regel dürften sich die Miterben über die Art und Weise der Teilung des Nachlasses einig werden. Den Normalfall der Erbauseinandersetzung sollte daher der Abschluss eines *Erbauseinandersetzungsvertrages* bilden. Dieser Vertrag kann grundsätzlich formfrei abgeschlossen werden. Er bedarf jedoch der notariellen Beurkundung, wenn er Regelungen enthält, die dieser Form aufgrund spezieller Vorschriften bedürfen. Dies ist z. B. bei Grundstücksübertragungen (§ 311 b Abs. 1 BGB, vgl. Rz. 275) oder GmbH-Geschäftsanteilsabtretungen (§ 15 GmbHG, vgl. Rz. 991) der Fall. Gehört zum Nachlass etwa nur Bargeld oder Hausrat, ist notarielle Beurkundung somit entbehrlich.

Weiterhin ist zu beachten, dass die dingliche Übereignung einzelner Nachlassgegenstände an einen Miterben im Vollzug der Auseinandersetzung der dafür jeweils speziell vorgesehenen Form bedarf. Bei Grundstücken ist also z. B. die Auflassung erforderlich. Diese ist bei gleichzeitiger Anwesenheit der Vertragsteile vor einem Notar zu erklären (§ 925 Abs. 1 BGB). Gleiches gilt auch dann, wenn das Gesamthandseigentum in Bruchteileigentum umgewandelt wird, also etwa drei Erben anstelle in Erbengemeinschaft zu je $1/3$ Miteigentumsanteil an der Grundbesitzung beteiligt sein wollen.

Die Erben sind hinsichtlich des Inhaltes des Erbauseinandersetzungsvertrages grundsätzlich nicht an die Teilungsvorschriften der § 2042 ff. BGB gebunden. Ihnen obliegt insoweit volle Gestaltungsfreiheit. So dürfte es sich in der Regel als erforderlich erweisen, in Abweichung der in §§ 2042 Abs. 2, 757 BGB vorgesehenen Sachmängelhaftung etwa bei Grundstücken einen vollständigen Haftungsausschluss (vgl. hierzu beim **Grundstückskaufvertrag** Rz. 302) zu vereinbaren.

III. Weitere Beurkundungen im Erbrecht

Formulierungsbeispiel Erbauseinandersetzungsvertrag 908
§ 1 Vertragsgegenstand
1. Im Grundbuch des Amtsgerichtes ..., Grundbuch von ..., Blatt ... der Gemarkung ...,
Flur ..., Flurstück ... in Größe von ... qm,
sind als Eigentümer ... und ... in Erbengemeinschaft eingetragen.
Der Grundbesitz ist nach Angaben der Beteiligten unbebaut.
Das Grundbuch weist bezüglich des vorgenannten Grundstücks folgende Belastungen aus:
Abteilung II: keine Eintragung
Abteilung III: keine Eintragung
Den Grundbuchinhalt hat der Notar am ... einsehen lassen.
2. Die Beteiligten erklären, dass der restliche Nachlass bereits vollständig auseinandergesetzt ist. Mit dem Vollzug der heutigen Urkunde ist die Auseinandersetzung der zwischen ihnen bestehenden Erbengemeinschaft abgeschlossen. Auf etwaige Ansprüche im Zusammenhang mit der Auseinandersetzung des Nachlasses wird hiermit wechselseitig verzichtet. Der jeweils andere Teil nimmt den Verzicht an.

§ 2 Erbauseinandersetzung
Die Beteiligten setzen sich wie folgt auseinander:
Der Erwerber erhält den eingangs näher bezeichneten Grundbesitz mit allen wesentlichen Bestandteilen und Zubehör zu Alleineigentum.
Der Erwerber nimmt die Übertragung an.

§ 3 Erstattungsbetrag
1. Der Erstattungsbetrag beträgt
EURO ...
(in Worten: EURO ...).
Der gesamte Erstattungsbetrag ist innerhalb von **zwei** Wochen, durch den Erwerber an den Veräußerer zu zahlen, nachdem der Notar den Vertragsschließenden schriftlich mitgeteilt hat, dass folgende Voraussetzungen erfüllt sind:
   a) zur Sicherung des Anspruchs des Erwerbers auf Eigentumsübertragung eine Vormerkung im Grundbuch eingetragen ist und zwar an erster Rangstelle oder im Range nach solchen Belastungen, bei deren Bestellung der Erwerber mitgewirkt hat,
   b) die zu diesem Vertrag erforderlichen Genehmigungen vorliegen, jedoch mit Ausnahme der Unbedenklichkeitsbescheinigung des Finanzamtes.
2. Bei Fälligkeit hat der Erwerber den Erstattungsbetrag an den Veräußerer zu überweisen auf dessen Konto
bei der
Konto-Nr.
BLZ
3. Der Erwerber kommt in Verzug, wenn er nicht innerhalb von zwei Wochen nach Zugang der Fälligkeitsmitteilung des Notars den Erstattungsbetrag zahlt. Der Notar hat die Beteiligten darauf hingewiesen, dass der Verzugszinssatz für das Jahr 5 v. H. über dem Basiszinssatz beträgt.

4. Der Erwerber unterwirft sich wegen der Zahlung des Erstattungsbetrages nebst Zinsen dem Veräußerer gegenüber der sofortigen Zwangsvollstreckung aus dieser Urkunde. Zum Zwecke der Konkretisierung im Falle der Zwangsvollstreckung gelten Verzugszinsen in Höhe von 5 v. H. jährlich über dem Basiszinssatz ab dem Tage der Beurkundung als abstrakt anerkannt. Mehrere Schuldner haften als Gesamtschuldner.

Dem Veräußerer kann nach Eintritt der Fälligkeit des Erstattungsbetrages auf dessen Antrag ohne den Nachweis weiterer Tatsachen eine vollstreckbare Ausfertigung dieser Urkunde erteilt werden.

5. Der Notar wird angewiesen, die Eintragung des Eigentumswechsels erst zu veranlassen, wenn ihm die Zahlung des Erstattungsbetrages zur Überzeugung nachgewiesen wurde. Vorher soll er dem Erwerber, dem Grundbuchamt und den Behörden keine Ausfertigung oder beglaubigte Abschrift dieser Urkunde erteilen, welche die Auflassung enthält.

Der Veräußerer wird dem Notar unverzüglich Mitteilung vom Eingang des Erstattungsbetrages machen. Etwaige Verzugszinsen hat der Notar nicht zu berücksichtigen.

§ 4 Übergang, Nutzen, Lasten

Der Besitz und die Nutzung, die Gefahr und die Lasten, einschließlich aller Verpflichtungen, aus den den Grundbesitz betreffenden Versicherungen sowie die allgemeinen Verkehrssicherungspflichten gehen auf den Erwerber über mit Wirkung vom Tage der vollständigen Bezahlung des Erstattungsbetrages.

Der Grundbesitz ist nach Angaben der Erschienenen weder vermietet noch verpachtet.

§ 5 Haftung und Erschließung

1. Der Veräußerer übernimmt keine Haftung für die Richtigkeit der im Grundbuch angegebenen Grundstücksgröße.

   Ansprüche und Rechte des Erwerbers wegen eines Sachmangels des Grundstücks sind ausgeschlossen. Dies gilt auch für alle Ansprüche auf Schadensersatz, es sei denn der Veräußerer handelt vorsätzlich. Der Veräußerer versichert, dass ihm versteckte Sachmängel nicht bekannt sind. Der Erwerber hat den Vertragsgegenstand besichtigt; er übernimmt ihn im gegenwärtigen Zustand.

2. Der Veräußerer ist verpflichtet, den veräußerten Grundbesitz auf den Erwerber frei von im Grundbuch in Abteilung II und III eingetragenen Belastungen und Beschränkungen zu übertragen, soweit sie in dieser Urkunde nicht ausdrücklich übernommen werden.

   Der Veräußerer übernimmt keine Haftung für die Freiheit von altrechtlichen, im Grundbuch nicht eingetragenen Dienstbarkeiten. Solche sind ihm nach seiner Versicherung nicht bekannt.

3. Baulasten, im Grundbuch nicht eingetragene Dienstbarkeiten und nachbarrechtliche Beschränkungen, werden von dem Erwerber übernommen; solche sind dem Veräußerer nicht bekannt. Der Veräußerer versichert, dass er Eintragungen in das Baulastenverzeichnis nicht veranlasst hat. Die Beteiligten wurden auf die Möglichkeit hingewiesen, das Baulastenverzeichnis selbst einzusehen.

III. Weitere Beurkundungen im Erbrecht

4. Der Erwerber trägt sämtliche, für den Vertragsgrundbesitz anfallenden und angefallenen Erschließungs-, Anlieger- und Anschlusskosten, soweit diese bis heute noch nicht bezahlt sind, auch für bereits ganz oder teilweise fertig gestellte Anlagen und auch, soweit sie bereits fällig oder in Rechnung gestellt sind.
Etwaige Rückerstattungen stehen dem Erwerber zu.

§ 6 Kosten und Steuern

Sämtliche mit dieser Urkunde und ihrer Durchführung verbundenen Notar- und Gerichtskosten sowie möglicherweise anfallende Steuern trägt der Erwerber.

§ 7 Auflassung und Grundbuchanträge

1. Die Beteiligten sind sich darüber einig, dass das Eigentum an dem in § 2 auseinandergesetzten Grundbesitz, auf den Erwerber übergehen soll, so dass der Erwerber als Alleineigentümer des vorbezeichneten Grundbesitzes eingetragen wird.
Es wird bewilligt und beantragt, die Eigentumsänderung in das Grundbuch einzutragen.
2. Die Beteiligten stimmen der Löschung aller nicht übernommenen Rechte in Abteilung II und III des Grundbuches zu und bewilligen und beantragen die Löschung, auch soweit sie selbst berechtigt sind, im Grundbuch.
3. Zur Sicherung des Anspruchs des Erwerbers auf Eigentumsübertragung soll eine Vormerkung in das Grundbuch eingetragen werden. Die Beteiligten bewilligen und beantragen die Eintragung dieser Vormerkung zugunsten des Erwerbers – bei mehreren im angegebenen Beteiligungsverhältnis – im Grundbuch.
Der Erwerber bewilligt und beantragt schon jetzt die Löschung dieser Vormerkung, gleichzeitig mit der Eigentumsumschreibung, vorausgesetzt, dass keine Zwischeneintragungen ohne seine Zustimmung erfolgt sind.
4. Der Notar, dessen Vertreter oder Amtsnachfolger, ist berechtigt, Anträge aus dieser Urkunde getrennt und eingeschränkt zu stellen und sie in gleicher Weise zurückzunehmen.
Die Beteiligten bevollmächtigen den Notar, Bewilligungen und Anträge gegenüber dem Grundbuchamt zu stellen, zu ändern und zu ergänzen, soweit dies verfahrensrechtlich zur Durchführung des Vertrages erforderlich sein sollte.

§ 8 Genehmigungen und Durchführung des Vertrages

Der Notar hat die Beteiligten auf die eventuell erforderlichen, gerichtlichen und behördlichen Genehmigungen hingewiesen. Bei den Genehmigungen handelt es sich um:
…
Außerdem ist die Einholung der steuerlichen Unbedenklichkeitsbescheinigung vom zuständigen Finanzamt erforderlich.
Der Notar wird ermächtigt, alle erforderlichen öffentlich- und privatrechtlichen Genehmigungen und Erklärungen und die steuerliche Unbedenklichkeitsbescheinigung einzuholen.
Der Notar wird ferner ermächtigt, die für die Lastenfreistellung erforderlichen Erklärungen, wie Löschungsbewilligungen, Pfandfreigabeerklärungen und Rangrücktritte für die Vertragsteile einzuholen und entgegenzunehmen.

Teil E Beurkundungen im Erbrecht

Sämtliche von dem Notar einzuholende Genehmigungen, Bescheide und sonstigen Erklärungen sollen mit ihrem Eingang bei dem Notar als mitgeteilt gelten und damit rechtswirksam sein.

Wird eine behördliche Genehmigung versagt oder unter einer Auflage oder Bedingung erteilt, so ist der Bescheid den Beteiligten selbst zuzustellen, eine Abschrift wird an den Notar erbeten.

§ 9 Hinweise und Belehrung
Der Notar hat die Beteiligten darauf hingewiesen, dass
1. dieser Vertrag steuerliche Auswirkungen haben könnte. Die Beteiligten wurden auf die Möglichkeit hingewiesen, wegen der steuerlichen Auswirkungen den Rat eines Steuerberaters einzuholen;
2. das Eigentum erst mit der Umschreibung im Grundbuch übergeht und vorher alle erforderlichen Genehmigungen und die Unbedenklichkeitsbescheinigung des Finanzamtes vorliegen sowie sämtliche Notar- und Gerichtskosten gezahlt sein müssen;
3. alle Vertragsvereinbarungen beurkundungspflichtig sind. Nebenabreden außerhalb dieser Urkunde können zur Nichtigkeit des gesamten Rechtsgeschäfts führen;
4. der Grundbesitz für rückständige öffentliche Lasten und beide Vertragsteile kraft Gesetzes als Gesamtschuldner für die Grunderwerbsteuer und Kosten bei Notar und Grundbuchamt haften;
5. Aufwendungen in den Vertragsgegenstand vor Eigentumsumschreibung Gefahren mit sich bringen und Vertrauenssache sind;
6. Nutzungs- und Mitbenutzungsrechte sowie sonstige Rechte Dritter, hinsichtlich des Grundstücks, bestehen können und der Veräußerer verpflichtet ist, auf solche Rechte hinzuweisen.

b) Auseinandersetzungszeugnis

909 In § 36 GBO ist das sog. *Auseinandersetzungszeugnis* geregelt. Dieses stellt ein dem Erbschein (vgl. Rz. 892) verwandtes Zeugnis dar. Für die Erteilung ist ebenfalls das Nachlassgericht zuständig. Das Auseinandersetzungszeugnis dient der Erleichterung der grundbuchmäßigen Durchführung der Auseinandersetzung, wenn etwa einem der Miterben das Eigentum an einem Grundstück oder Erbbaurecht zugewiesen wird und er als Eigentümer bzw. Erbbauberechtigter im Grundbuch eingetragen werden soll. Das Auseinandersetzungszeugnis ist nicht von der vorherigen Erteilung eines Erbscheins abhängig, sondern ersetzt diesen.

Der Antrag auf Erteilung eines Auseinandersetzungszeugnis hat einerseits sämtliche Angaben eines Erbscheinsantrages einschließlich der eidesstattlichen Versicherung (vgl. Rz. 894–902) sowie andererseits die zum Rechtsübergang bei einem Grundstück oder Erbbaurecht erforderlichen Erklärungen (z. B. Auflassung und Eintragungsbewilligung) zu enthalten. Im Hinblick auf die eidesstattliche Versicherung und die Auflassung bedarf der Antrag der notariellen Beurkundung. Sämtliche Miterben haben an der Antragstellung mitzuwirken.

III. Weitere Beurkundungen im Erbrecht

c) Formelle Vermittlung der Auseinandersetzung

Die Auseinandersetzung des Nachlasses findet grundsätzlich ohne Mitwirkung des Nachlassgerichts statt. Auf Antrag eines Miterben hat das Nachlassgericht jedoch die Auseinandersetzung zu vermitteln (§§ 86 ff. FGG). Die Notare sind in einigen Bundesländern (z. B. Bayern, Hessen, Niedersachsen) aufgrund landesgesetzlicher Regelungen neben den Gerichten für seine solche Vermittlung zuständig (vgl. § 20 Abs. 5 BNotO). Das Nachlassgericht bzw. der Notar haben aber in diesem Verfahren nicht über Streitpunkte zu entscheiden. Insgesamt ist das Vermittlungsverfahren sehr schwerfällig und hat in der Praxis keine große Bedeutung erlangt. 910

d) Anzeigepflicht gegenüber Finanzamt

Gemäß § 31 Abs. 2 Nr. 3 ErbStG i. V. m. § 7 Abs. 1 Nr. 6, Abs. 5 ErbStDV sind beurkundete Vereinbarungen über die Abwicklung von Erbauseinandersetzungen durch die Notare dem für die Verwaltung der Erbschaftsteuer zuständigen Finanzamt (§ 35 ErbStG) unter Übersendung einer beglaubigten Abschrift der Urkunde und dem ausgefüllten Vordruck nach Muster 5 zu § 7 ErbStDV anzuzeigen. 911

e) Teilungsklage und Teilungsversteigerung bei Grundstücken

Einigen sich die Miterben nicht auf eine Auseinandersetzung des Nachlasses, kann jeder von ihnen seinen Anspruch auf Auseinandersetzung aus § 2042 BGB durch eine Teilungsklage durchsetzen. Hierzu ist erforderlich, einen Teilungsplan vorzulegen und die Miterben auf Zustimmung zu dieser Teilung zu verklagen. 912

Gehören zum Nachlass Grundstücke oder etwa ein Erbbaurecht, kann darüber hinaus jeder Miterbe die Versteigerung betreiben (§§ 2042 Abs. 2, 753 Abs. 1 BGB, § 180 ZVG). Zweck der Versteigerung ist die Umwandlung des Grundbesitzes in Geld.

6. Nachlassverzeichnis gemäß § 2314 BGB

Ist ein Pflichtteilsberechtigter nicht Erbe, so hat ihm der Erbe gemäß § 2314 Abs. 1 S. 1 BGB auf Verlangen über den Bestand des Nachlasses Auskunft zu erteilen. Der Pflichtteilsberechtigte kann verlangen, dass über die Nachlassgegenstände durch einen Notar ein Nachlassverzeichnis aufgenommen wird (§ 2314 Abs. 1 S. 3 BGB). Die Kosten dafür fallen dem Nachlass zur Last (§ 2314 Abs. 2 BGB). 913

Formulierungsbeispiel Nachlassverzeichnis

Heute, den ... zweitausendvier,
- ... 2004 -
begab ich,
...

Notar

mit Amtssitz in ...,

mich auf Ansuchen in das Anwesen ... in ..., wo ich antraf:
Frau ...
geb. am ...
wohnhaft in ...
ausgewiesen durch gültigen deutschen Personalausweis.

I. Erbenstellung

Frau ... erklärte, Alleinerbin ihres am ... verstorbenen Vaters zu sein.
Der Bruder der Frau ..., Herr ..., hat von Frau ... die Errichtung eines Verzeichnisses der Nachlassgegenstände gemäß § 2314 BGB verlangt.

II. Nachlassverzeichnis

Aufgrund der mir von Frau ... gemachten Angaben und nach Grundbucheinsicht habe ich das folgende Verzeichnis über den Nachlass des am ... verstorbenen Herrn ... errichtet:

1. Grundbesitz
$1/2$-Miteigentumsanteil am Grundstück
Gemarkung
Flur ..., Flurstück ...
Wohnhaus, Nebengebäude, Garten
zu ... qm,
unbelastet vorgetragen im Grundbuch des Amtsgerichts ... für ..., Blatt ...

2. Anteil an Erbengemeinschaft
Anteil an der Erbengemeinschaft nach der am ... verstorbenen ..., der Mutter von Herrn ... Die Größe des Anteils beträgt nach Angabe von Frau ... $1/2$.

3. Forderungen
Sparguthaben, Konto-Nr. ... bei der ... Der Kontostand betrug ausweislich des vorgelegten Sparbuchs zum ... EURO ... und aufgrund einer Zinsgutschrift zum ... EURO ...
Girokonto, Konto-Nr. ... bei der ... Das Girokonto ist nach Angabe von Frau ... zwischenzeitlich aufgelöst. Den genauen Kontostand im Zeitpunkt des Erbfalls konnte Frau ... heute nicht angeben.

4. Bewegliche Gegenstände
Die folgenden, im Anwesen ... in ..., befindlichen beweglichen Gegenstände gehören nach Angabe von Frau ... zum Nachlass:
...

Die folgenden Gegenstände gehörten nach Angabe von Frau ... ebenfalls zum Nachlass, wurden jedoch von ihr wegen ihres schlechten Zustands bereits entrümpelt und sind daher nicht mehr vorhanden:
...

III. Ausschließlichkeit
Frau ... erklärte, dass ihr weitere, zum Nachlass nach Herrn ... gehörende Vermögensgegenstände als die vorstehend aufgeführten nicht bekannt sind.
IV. Kosten, Ausfertigung
Die Kosten dieser Urkunde trägt Frau .... Der Wert der vorgenannten Gegenstände wurde von Frau ... angegeben mit ca. EURO ...
Von dieser Urkunde erhalten je eine Ausfertigung Frau ... und der Rechtsanwalt des Herrn ...
Hierüber Niederschrift:
..., den ...
...
Notar

IV. Fragen- und Antwortkatalog zu Beurkundungen im Erbrecht

Fragen:

1. Was besagt der Grundsatz der Universalsukzession im Erbrecht?   **914**
2. Der Erblasser Emil ist unverheiratet und hat keine Kinder. Bei seinem Tode leben noch sein Großvater Anton mütterlicherseits, der Bruder Horst und die Schwester Ines seines Vaters. Im Übrigen sind seine Mutter Gerda, sein Vater Fritz, die Großmutter Berta mütterlicherseits sowie die Großeltern Christian und Dagmar väterlicherseits vorverstorben. Geschwister hatte Emil keine.
Wie ist die gesetzliche Erbfolge?
3. Herr Schulze ist in Mannheim verstorben und hat seine Ehefrau durch gemeinschaftliches Testament zur Alleinerbin eingesetzt. Die Ehegatten lebten im gesetzlichen Güterstand. Es ist ein Sohn Axel vorhanden, die Tochter Christine ist vorverstorben. Die vorverstorbene Tochter Christine hat neben ihrem Ehemann Karl zwei Kinder, Heiner und Silvia, hinterlassen. Die Eltern des Herrn Schulze leben noch.
a) Wer ist pflichtteilsberechtigt mit welcher Quote?
b) Innerhalb welcher Frist muss der Pflichtteilsanspruch verlangt werden?
4. Wer kann ein gemeinschaftliches Testament errichten?
5. Welche Testamentsformen gibt es?
6. Welche Möglichkeiten gibt es für die Vertragspartner eines Erbvertrages, sich von diesem zu lösen?
7. Herr Zimmer, wohnhaft in Hamburg, und seine Mutter, Frau Wagner, mit der er zerstritten ist und die in Berlin wohnt, haben sich über ihre Rechtsanwälte darüber geeinigt, dass Herr Zimmer gegen Zahlung von 30 000 EURO gegenüber seiner Mutter auf sein gesetzliches Erb- und Pflichtteilsrecht verzichtet.

Die Beteiligten möchten keinesfalls beim Notar zusammentreffen. Herr Zimmer möchte – wenn überhaupt erforderlich – zu einem Notar in Hamburg und Frau Wagner zu einem Notar in Berlin.

a) Welche besondere Form ist für einen Erb- und Pflichtteilsverzicht vorgeschrieben?

b) Welche Möglichkeiten im Beurkundungsverfahren sehen Sie in Hinblick auf die vorgeschriebene Form?

8. Innerhalb welcher Fristen kann eine Erbschaft ausgeschlagen werden? Wann beginnt die Ausschlagungsfrist?

9. Welche Erbscheinsarten gibt es?

10. Wer ist berechtigt, einen Erbschein zu beantragen?

11. Welches Recht steht den Miterben bei Verkauf eines Erbteils zu?

Antworten:

1. Gem. § 1922 Abs. 1 BGB geht mit dem Tod einer Person deren Vermögen als Ganzes auf eine oder mehrere andere Personen über. Dieser Übergang erfolgt einerseits hinsichtlich sämtlicher Nachlassgegenstände als Einheit und andererseits unmittelbar kraft Gesetzes, ohne dass es eines besonderen Erwerbsvorganges, wie etwa einer Auflassung bei Grundstücken, bedarf.

2. Erben der ersten oder zweiten Ordnung sind nicht vorhanden. Die Erbfolge richtet sich daher nach § 1926 BGB. Die vier Großeltern würden demnach je $1/4$ Anteil erben. Es lebt jedoch nur noch der Großvater Anton. Dieser erhält neben seinem eigenen $1/4$ Anteil zusätzlich den $1/4$ Anteil der Berta und erbt somit insgesamt $1/2$ Anteil. Die Erbanteile der verstorbenen Großeltern Christian und Dagmar entfallen auf deren Abkömmlinge. Von diesen leben nur noch die Geschwister des Vaters Horst und Ines. Diese treten an die Stelle ihrer Eltern zu gleichen Anteilen und beerben somit Emil zu je $1/4$ Anteil.

3. a) Pflichtteilsberechtigt sind die Abkömmlinge des Erblassers. Dies sind gem. § 1924 Abs. 1–4 BGB
   – Axel,
   – die Kinder der verstorbenen Tochter Christine: Heiner und Silvia.
   Quoten:
   Gem. § 2303 BGB in Höhe der Hälfte des gesetzlichen Erbteils, hier § 1924, § 1931 und § 1371 Abs. 1 BGB:
   – Axel: gesetzlicher Erbteil $1/4$, davon die Hälfte = $1/8$.
   – Heiner und Silvia: gesetzlicher Erbteil je $1/8$, davon die Hälfte = je $1/16$.

   b) Gem. § 2332 BGB innerhalb von 3 Jahren vom Zeitpunkt der Kenntnis über den Eintritt des Erbfalls, ohne Kenntnis innerhalb von 30 Jahren nach Eintritt des Erbfalls.

IV. Fragen- und Antwortkatalog zu Beurkundungen im Erbrecht

4. – Ehegatten gem. § 2265 BGB,
   – Lebenspartner gem. § 10 Abs. 4 S. 1 LPartG.

5. Ordentliche Testamentsformen:
   – eigenhändiges Testament,
   – notarielles Testament,
   Außerordentliche Testamentsformen:
   – Bürgermeistertestament,
   – Dreizeugentestament,
   – Seetestament.

6. – Aufhebungsvertrag durch die Personen, die den Erbvertrag geschlossen haben (§ 2290 Abs. 1 S. 1 BGB),
   – Rücknahme des Erbvertrages aus der amtlichen oder notariellen Verwahrung (§§ 2300 Abs. 2, 2256 Abs. 1 BGB),
   – Ehegatten und Lebenspartner können ihren Erbvertrag durch gemeinschaftliches Testament aufheben (§ 2292 BGB),
   – Rücktritt vom Erbvertrag, sofern ein Rücktrittsvorbehalt im Erbvertrag vereinbart ist (§ 2293 BGB) oder einer der gesetzlichen Rücktrittsgründe der §§ 2294 und 2295 BGB vorliegt,
   – Anfechtung des Erbvertrages gem. §§ 119 ff., §§ 2078 ff. bzw. §§ 2281 bis 2285 BGB.

7. a) Die Erblasserin, also Frau Wagner, kann den Vertrag nur persönlich schließen (§ 2347 BGB). Der Vertrag bedarf der notariellen Beurkundung (§ 2348 BGB).
   b) Entweder: Aufspaltung des Vertrages in Angebot und Annahme (§§ 128, 152 BGB), also Beurkundung des Angebotes in Berlin und Beurkundung der Annahme in Hamburg oder umgekehrt.
   Oder: Beurkundung des Vertrages mit dem Erblasser (= Mutter) in Berlin und Handeln für den Verzichtenden (= Sohn) vorbehaltlich dessen Genehmigung (§§ 177, 182 ff. BGB) oder aufgrund mündlich erteilter Vollmacht (§§ 164 ff. BGB).

8. Die Ausschlagungsfrist beträgt gem. § 1944 Abs. 1 BGB sechs Wochen. Die Frist beginnt gem. § 1944 Abs. 2 BGB mit dem Zeitpunkt, in welchem der Erbe von dem Anfall und Grund Kenntnis erlangt. Ist der Erbe durch Verfügung von Todes wegen berufen, beginnt die Frist nicht vor der Verkündung der Verfügung. Gem. § 1944 Abs. 3 BGB beträgt die Frist ausnahmsweise sechs Monate, wenn der Erblasser seinen letzten Wohnsitz nur im Ausland oder der Erbe sich zu Fristbeginn im Ausland aufgehalten hatte.

9. – Alleinerbschein (§ 2353 1. Alt. BGB),
   – gemeinschaftlicher Erbschein (§ 2357 BGB),
   – Teilerbschein (§ 2353 2. Alt. BGB),
   – Gruppenerbschein,
   – Sammelerbschein,
   – gegenständlich beschränkter Erbschein (2369 BGB),

- Hoffolgezeugnis (§ 18 Abs. 2 S. 3 HöfeO).
10. - die Erben, gleichgültig, ob sie Allein-, Mit- oder Vorerben sind,
    - der Nacherbe mit Eintritt des Nacherbfalls,
    - der gesetzliche Vertreter eines Erben (z. B. Eltern, Vormund, Betreuer),
    - der Testamentsvollstrecker,
    - der Nachlassverwalter,
    - der Nachlassinsolvenzverwalter,
    - der Abwesenheits- oder Auseinandersetzungspfleger,
    - Gläubiger des Nachlasses oder des Erben mit einem vollstreckbaren Titel,
    - der Erbeserbe,
    - der Erbteilserwerber,
    - der Erbschaftskäufer.
11. Vorkaufsrecht gem. § 2034 Abs. 1 BGB.

Teil F Beurkundungen im Handels-, Gesellschafts- und Vereinsrecht

Beurkundungen im Zusammenhang mit Vereinen beschränken sich in der Regel auf die bloße Anmeldung in Form der Unterschriftsbeglaubigung. Im Handels- und Gesellschaftsrecht spielen daneben auch Beurkundungen in Form von Niederschriften eine Rolle. **916**

I. Kaufmannsbegriff

Gegenstand des *Handelsrechts* sind die *Rechtsverhältnisse von Kaufleuten*. Es ist als Sonderprivatrecht des Kaufmanns größtenteils im HGB geregelt. Dabei handelt es sich in erster Linie um Rechtsbeziehungen des Kaufmanns zu anderen Kaufleuten. Diese Rechtsbeziehungen, die *Handelsgeschäfte* (§§ 343 ff. HGB), sind vor allem durch eine weit gehende Formfreiheit gekennzeichnet. Auch Handelsbräuche sind hier von Bedeutung. Daneben besteht für Kaufleute die Möglichkeit, im Handelsverkehr unter einer eigenen *Firma* aufzutreten sowie handelsrechtliche Vollmachten, wie etwa die *Prokura*, zu erteilen. **917**

Voraussetzung für die Anwendung der Vorschriften über Handelsgeschäfte ist, dass zumindest ein Vertragsbeteiligter Kaufmann ist. Der Kaufmann oder die Kauffrau ist entweder der sog. *Einzelkaufmann*, eine *Personengesellschaft* (OHG, KG) oder eine *Kapitalgesellschaft* (GmbH, AG, KGaA, Genossenschaft).

Um den Teilnehmern am Rechtsverkehr die Möglichkeit zu bieten, sich über die Rechtsverhältnisse der Kaufleute zu unterrichten, werden diese im *Handelsregister*, die bei den Amtsgerichten – nicht jedoch bei allen – geführt werden, eingetragen. Im Handelsregister sind bei Gesellschaften darüber hinaus die Vertretungsverhältnisse und weitere für den Rechtsverkehr bedeutende Tatsachen festgehalten. Anders als beim Grundbuch ist die Einsicht in das Handelsregister jedermann gestattet (§ 9 HGB).

Seit 2007 wird das Handelsregister elektronisch geführt. Eine Einsicht kann unter www.handelsregister.de bundesweit bzw. bei den Registergerichten der einzelnen Bundesländer (Bsp: www.handelsregister.sachsen-anhalt.de) erfolgen. In beiden Fällen muss sich der Teilnehmer dort registrieren lassen. Es kann dann der Abruf eines aktuellen, eines historischen oder eines chronologischen Ausdruckes erfolgen. Weiterhin können auch die elektronischen Dateien der Listen der Gesellschafter und der Gesellschafterverträge/Satzungen abgerufen werden. Der Datenabruf der Registerauszüge gilt als Einsicht und kann somit als Grundlage für notarielle Vertretungsbescheinigungen nach § 21 Abs. 2 BNotO genutzt werden. Die Kosten der elektronischen Einsichtnahme (derzeit einheitlich pro Datenabruf 4,50 EURO) kann den Beteiligten als verauslagte Gerichtskosten in Rechnung gestellt werden. **918**

919 Muster eines Handelsregisterauszuges

Amtsgericht **Blankenburg** 00-49						HR B 11753
Nr. der Eintragung	a) Firma b) Sitz c) Gegenstand des Unternehmens	Grund- oder Stammkapital DM	Vorstand Persönlich haftende Gesellschafter Geschäftsführer Abwickler	Prokura	Rechtsverhältnisse	a) Tag der Eintragung und Unterschrift b) Bemerkungen
1	2	3	4	5	6	7
1	a) Frä-Lö Grundstücksbeteiligung GmbH b) Schierke wohin der Sitz von Berlin verlegt ist. c) der Erwerb, die Veräußerung, die Vermietung und die Verwaltung von Grundstücken und grundstücksgleichen Rechten für eigene Rechnung sowie das Betreiben eines beherbergungsgewerbes (Pension und Freizeiteinrichtung) Genehmigungspflichtige Tätigkeiten gemäß § 34 GewO sind ausgeschlossen.	51.000,– DM	Wolfgang **Franke** geb. 05.06.1948, Tanne Bernd **Lauch** geb. 18.02.1944, Berlin		Gesellschaft mit beschränkter Haftung. Der Gesellschaftsvertrag ist am 17. November 1994 abgeschlossen und am 07. August 1998 abgeändert in § 1 (Firma, Sitz). Die Gesellschaft hat einen oder mehrere Geschäftsführer. Ist ein Geschäftsführer bestellt, so vertritt dieser allein. Sind mehrere Geschäftsführer bestellt, wird die Gesellschaft gemeinschaftlich durch zwei Geschäftsführer vertreten. Die Geschäftsführer können von den Beschränkungen des § 181 BGB befreit werden. Alleinvertretungsbefugnis kann erteilt werden. Wolfgang **Franke** und Bernd **Lauch** vertreten die Gesellschaft allein und sind befugt, Rechtsgeschäfte mit sich selbst oder mit sich als Verteter Dritter abzuschließen.	a) 6.10.1999 [Unterschrift] b) Gesellschaftsvertrag Bl. 39-39; bisher Amtsgericht Charlottenburg 98 HRB 55410

RS 152 Karteikarte für HRS (gelb) LSA – für 1994

Kaufmann ist in erster Linie, wer ein Handelsgewerbe betreibt (§ 1 Abs. 1 HGB). Ein *Handelsgewerbe* wiederum ist jeder Gewerbebetrieb, es sei denn, dass das Unternehmen nach Art oder Umfang einen in kaufmännischer Weise eingerichteten Geschäftsbetrieb nicht erfordert (§ 1 Abs. 2 HGB). *Gewerbebetrieb* ist jede selbstständige, auf Dauer angelegte und planmäßig betriebene Tätigkeit, die auf dem Markt nach außen hervortritt und nicht verboten ist (BGHZ 33, 321). Dabei ist es heute grundsätzlich unerheblich, um welche Art von Tätigkeit es sich handelt. Lediglich die Angehörigen freier Berufe, wie etwa Rechtsanwälte, üben kein Gewerbe aus (z. B. § 2 Abs. 2 BRAO). Die GmbH, AG oder Genossenschaft ist demgegenüber stets ein Kaufmann, auch wenn sie keinerlei Gewerbe ausübt (z. B. § 13 Abs. 3 GmbHG). 920

II. Der Einzelkaufmann

Das Handelsgesetzbuch unterscheidet zwischen dem *Istkaufmann* (§ 1 HGB) und dem *Kannkaufmann*. Der Istkaufmann ist Kaufmann, ob er Kaufmann sein will oder nicht. Der Kannkaufmann ist der Landwirt (§ 3 HGB) oder Kleingewerbetreibende (§ 2 HGB), der durch die ihm freigestellte Eintragung in das Handelsregister Kaufmann wird. Diese Wahlmöglichkeit steht den so genannten Kleingewerbetreibenden zu. Während der Istkaufmann stets Kaufmann ist, die Eintragung mithin nur deklaratorische Wirkung hat, wirkt die Eintragung des Kannkaufmanns in das Handelsregister konstitutiv, d. h. erst mit Eintragung wird der Kannkaufmann zum Kaufmann, auf den die handelsrechtlichen Sondervorschriften Anwendung finden. Für Land- und Forstwirte gelten Besonderheiten. Für das Grundbuchrecht spielt die Eigenschaft eines Beteiligten als Kaufmann keine Rolle, insbesondere kann der Kaufmann nicht unter seiner Firma in das Grundbuch eingetragen werden (§ 15 Abs. 1 GBV). 921

1. Istkaufmann

Der *Istkaufmann* (§ 1 HGB) ist zur Anmeldung seiner Firma und des Ortes der Handelsniederlassung zum Handelsregister verpflichtet (§ 29 HGB). Kommt er dieser Verpflichtung nicht nach, kann er vom Registergericht durch Festsetzung eines Zwangsgeldes dazu gezwungen werden. 922

Für die Anmeldung verlangt § 12 HGB die notarielle Beglaubigung. Der Notar hat bei der Beglaubigung darauf zu achten, dass die Unterschrift in seiner Gegenwart vollzogen wird (§ 41 BeurkG).

Nach dem allgemeinen Sprachgebrauch ist »Firma« ein Unternehmen. Demgegenüber ist nach dem Gesetz, »Firma« der Name, unter dem der Kaufmann seine Geschäfte betreibt und die Unterschrift abgibt (§ 17 HGB). Dabei kann der Kaufmann zwar Phantasienamen wählen, er muss jedoch beachten, dass: 923

- die Firma zur Kennzeichnung des Kaufmanns geeignet ist,
- eine Unterscheidung zu anderen Firmen möglich ist (§ 30 HGB),
- der Name nicht irreführend ist (§ 18 Abs. 2 HGB) und den Rechtsformzusatz enthält, bei Einzelkaufleuten entweder »eingetragener Kaufmann« oder »eingetragene Kauffrau« oder Abkürzungen hiervon (§ 19 HGB).

924 Sowohl das Unterscheidungserfordernis als auch das Verbot der Irreführung der Firma führen in der Praxis oft zu Schwierigkeiten. Es ist daher ratsam, vor der Anmeldung eine Stellungnahme der zuständigen Industrie- und Handelskammer einzuholen und diese dem Handelsregister vorzulegen.

925 **Formulierungsbeispiel (Anmeldung mit Firmenzeichnung)**
An das Amtsgericht
Frankfurt (Oder)
– Registergericht –
Betr.: Eintragung eines Einzelkaufmanns
Zur Eintragung in das Handelsregister melde ich die Firma meines in ... betriebenen Handelsgeschäfts »Hans Müller e. K.« an.
Ich betreibe seit dem 01.09.2007 den Handel mit Büromöbeln.
Das Geschäftslokal befindet sich in ..., ... Straße 10.
Frankfurt (Oder), den ...
...
Hiermit beglaubige ich die heute vor mir vollzogene Namensunterschrift in der Anmeldung durch ... (Es folgen die weiteren Bestandteile der Unterschriftsbeglaubigung.)

926 Seit 2007 werden die Handelsregisteranmeldung von den Registergerichten nur noch auf dem Wege des elektronischen Rechtsverkehrs entgegengenommen, die bisherige Praxis der Übersendung der Anmeldungen in Papierform ist nicht mehr möglich (§ 12 Abs. 1 HGB).

2. Kannkaufmann

927 Kleingewerbetreibende, deren Gewerbebetrieb nach Art oder Umfang keinen in kaufmännischer Weise eingerichteten Geschäftsbetrieb erfordert, sowie Land- und Forstwirte, können durch Anmeldung und Eintragung in das Handelsregister Kaufmann werden.

Die Anmeldung des so genannten *Kannkaufmanns* entspricht der des Istkaufmanns. Es sollte jedoch der Hinweis aufgenommen werden, dass es sich um die Anmeldung eines Kleingewerbetreibenden handelt.

928 *Formulierungsbeispiel*
Ein in kaufmännischer Art und Weise eingerichteter Geschäftsbetrieb ist nicht erforderlich.

3. Anzumeldende Veränderungen

Neben der Erstanmeldung bedürfen auch Änderungen der Rechtsverhältnisse des Kaufmanns der Eintragung. In Betracht kommen vor allem die Sitzverlegung, das Erlöschen der Firma und der Inhaberwechsel.

> **Formulierungsbeispiel (Sitzverlegung)**
> ... *Zur Eintragung in das Handelsregister melde ich an, dass ich den Sitz des Unternehmens nach ... verlegt habe. Die Geschäftsräume befinden sich nunmehr in ..., ... Str. 10.*

Die Anmeldung erfolgt bei der Verlegung des Sitzes nach § 13 h HGB beim Gericht des bisherigen Sitzes. Werden die Geschäftsräume nur innerhalb derselben politischen Gemeinde verlegt, genügt eine formlose Mitteilung der neuen Geschäftsanschrift.

Auch die Erteilung und Entziehung von Prokura bedarf der Anmeldung. Die Prokura (§§ 48 ff. HGB) ist eine handelsrechtliche Form der Vollmacht. Der Prokurist darf alle Rechtsgeschäfte vornehmen, die der Betrieb eines Handelsgeschäfts mit sich bringt. Die Prokura kann in der Weise beschränkt werden, dass der Prokurist nur gemeinsam mit einer weiteren Person, etwa einem weiteren Prokuristen, rechtsgeschäftlich handeln darf (so genannten Gesamtprokura, § 48 Abs. 2 HGB). Zur Veräußerung und Belastung von Grundstücken ist der Prokurist nur ermächtigt, wenn ihm diese Befugnis ausdrücklich eingeräumt ist. Auch diese Einschränkungen und Erweiterungen der Prokura bedürfen der Anmeldung.

Die Erteilung einer Prokura bedarf nur der Anmeldung durch den Kaufmann. Ist Gesamtprokura erteilt worden, muss auch dies zur Eintragung angemeldet werden.

> **Formulierungsbeispiel**
> *An das Amtsgericht*
> *– Registergericht –*
> *Zum Handelsregister A ... melde ich an:*
> *Als Inhaber der Firma ... habe ich dem Herrn ... Prokura erteilt.*
> *Frankfurt (Oder), ...*
> *(Es folgt der Vermerk über die Unterschriftsleistung des Kaufmanns.)*

III. Gesellschaften

Unter Gesellschaften sind privatrechtliche Personenzusammenschlüsse (und die Ein-Mann-GmbH) zu verstehen, die auf die Verfolgung eines gemeinsamen Zwecks gerichtet sind. Diese gemeinsame Zwecksetzung wird durch den Gesellschaftsvertrag oder die Satzung festgelegt. Hieraus ergibt sich auch die Organisation des Zusammenschlusses im Einzelnen.

Teil F Beurkundungen im Handels-, Gesellschafts- und Vereinsrecht

Die Gesellschaften im weiteren Sinn können unter verschiedenen Gesichtspunkten gegliedert werden, nämlich einmal in Gesellschaften *ohne vollständige Rechtsfähigkeit*, nämlich die GbR, die OHG und die KG und in Gesellschaften *mit voller Rechtsfähigkeit* (d. h. mit eigenständigen gesellschaftsrechtlichen Rechten und Pflichten), insbesondere den eingetragenen Verein, die GmbH und die AG.

Eine Unterscheidung kann auch zwischen *Handelsgesellschaften* (insbesondere OHG, KG, GmbH, AG und eG) und in *Nichthandelsgesellschaften* erfolgen (insbesondere GbR, e. V.) getroffen werden. Handelsgesellschaften, bei denen die persönliche Mitwirkung des einzelnen Gesellschafters im Vordergrund stehen, nämlich OHG und KG, heißen *Personengesellschaften*, solche bei denen die Mitwirkung der Gesellschafter gewöhnlich im Hintergrund steht, *Kapitalgesellschaften*.

Bei den Personengesellschaften steht in der Regel das Vertrauen der Gesellschafter untereinander im Vordergrund, etwa besondere Fachkenntnisse einzelner Gesellschafter. Dagegen steht bei der Kapitalgesellschaft oft die Aufbringung von Kapital im Vordergrund und weniger die Person des Gesellschafters. Es gibt aber auch kapitalistisch geprägte Personengesellschaften, z. B. die sog. *MassenKG*, bei der eine Vielzahl von Gesellschaftern eine Kommanditeinlage erbringen und eine Beteiligung an Gewinn und – aus steuerlichen Gründen – auch an Verlusten erwarten. Bei der GmbH, die eine Kapitalgesellschaft ist, kann die persönliche Qualifikation des Gesellschafters im Vordergrund stehen.

Bei den Kapitalgesellschaften handelt es sich um sog. *juristische Personen*, d. h. sie sind mit Rechtsfähigkeit versehen. Die Gesellschaft selbst und nicht etwa die Gesellschafter in ihrer Gesamtheit ist Träger von Rechten und Pflichten.

Je nachdem, um welche Art von Gesellschaft es sich handelt, verlangt das Gesetz die Einhaltung unterschiedlicher Formen bei der Errichtung der Satzung. In einigen Fällen, etwa bei der GmbH, ist die notarielle Beurkundung des Gesellschaftsvertrages erforderlich. Dagegen genügt etwa bei der Gesellschaft bürgerlichen Rechts eine formlose Errichtung der Gesellschaft, bei der den Gesellschaftern gar nicht bewusst sein muss, dass sie eine Gesellschaft bilden.

1. Die GbR

934 Die in den §§ 705 ff. BGB geregelte GbR (auch *BGB-Gesellschaft* genannt) ist eine Personengesellschaft, also der Zusammenschluss von mindestens zwei Personen, ohne volle Rechtsfähigkeit. Die Rechte und Pflichten stehen den Gesellschaftern in ihrer Gesamtheit zu (§ 718 BGB). Neben der Gesamtheit der Gesellschafter ist auch die GbR selbst in einem gewissen Umfang Träger von Rechten und Pflichten. So kann sie etwa als Gesellschaft klagen und verklagt werden (BGH, Urteil vom 29.01.2001 – II ZR 331/00 – = BGHZ 146, 341–361). Jeder Gesellschafter haftet auch persönlich für die Verbindlichkeiten der Gesellschaft. Die Errichtung einer GbR ist in der Regel formlos mög-

III. Gesellschaften

lich. Lediglich dann, wenn der Gesellschaftsvertrag die Verpflichtung zur Einbringung eines Grundstücks in das Gesellschaftsvermögen vorsieht, bedarf die Errichtung der notariellen Beurkundung. Eine Eintragung in das Handelsregister ist nicht erforderlich. Der GbR steht es aber frei, die Gesellschaft in das Handelsregister eintragen zu lassen, wenn sie ein Handelsgewerbe betreibt (§ 105 Abs. 2 HGB). Dann verwandelt sich die GbR in eine OHG. Betreibt die GbR einen Gewerbebetrieb und erfordert dieser nach Art und Umfang einen kaufmännisch eingerichteten Geschäftsbetrieb, handelt es sich um eine OHG, die in das Handelsregister eingetragen werden muss.

Die Gesellschaft handelt durch alle Gesellschafter, wobei Vertretung zulässig ist. Veräußert oder erwirbt eine GbR Grundstücke, müssen also alle Gesellschafter erwerben. Das Rechtsgeschäft wird in diesen Fällen durch die »Gesellschafter handelnd in Gesellschaft bürgerlichen Rechts« abgeschlossen. Eine Eintragung nur unter der Bezeichnung GbR allein genügt nicht den Anforderungen des Grundbuchrechts, sichere Informationen über die Beteiligten zu bieten (streitig). Findet ein Wechsel eines Gesellschafters statt, bedarf die Übertragung des Gesellschaftsanteils nicht der notariellen Beurkundung. Da aber die Gesellschafter im Grundbuch namentlich aufgeführt werden, bedarf es der Grundbuchberichtigung, da das Grundbuch durch das Ausscheiden oder Hinzukommen eines Gesellschafters unrichtig geworden ist. Hier sollte der ausscheidende Gesellschafter die Berichtigung des Grundbuchs bewilligen, um den schwierigen Nachweis der Unrichtigkeit zu ersetzen (vgl. Rz. 261).

2. Offene Handelsgesellschaft (OHG)

Die *OHG* ist in den §§ 105 ff. HGB geregelt. Diese Vorschriften werden ergänzt durch die Vorschriften über GbR (§ 105 Abs. 3 HGB, §§ 705 ff. BGB). Nach der Definition des § 105 Abs. 1 HGB ist eine Gesellschaft, deren Zweck auf den Betrieb eines Handelsgewerbes unter gemeinschaftlicher Firma gerichtet ist, eine offene Handelsgesellschaft, wenn bei keinem Gesellschafter die Haftung gegenüber den Gesellschaftsgläubigern beschränkt ist. Erforderlich ist auch hier ein Gesellschaftsvertrag, der keiner Form bedarf. Anders als bei der GbR finden auf die OHG die Vorschriften des HGB Anwendung, so kann die OHG eine Firma haben oder Prokura erteilen. Auch die Geschäftsführung und Vertretung der OHG unterscheidet sich von der der GbR. Während die GbR grundsätzlich durch alle Gesellschafter vertreten wird, ist bei der OHG in der Regel jeder Gesellschafter einzeln zur Geschäftsführung und Vertretung berechtigt (§§ 114, 125 HGB). Ist jedoch vereinbart, dass ein Gesellschafter nicht zur Vertretung berechtigt ist, bedarf diese Einschränkung der Anmeldung und Eintragung in das Handelsregister (§ 125 Abs. 3 HGB).

a) Erstanmeldung der OHG

Die OHG muss in das Handelsregister eingetragen werden, wenn das Unternehmen einen nach Art und Umfang in kaufmännischer Weise eingerichte-

Teil F Beurkundungen im Handels-, Gesellschafts- und Vereinsrecht

ten Geschäftsbetrieb erfordert (§ 105 Abs. 1 HGB). Auch ohne Eintragung handelt es sich hier um eine OHG, was für Vertretung und Haftung von erheblicher Bedeutung ist. Die Beteiligten haben hier nicht die Wahl zwischen OHG und GbR. Ist ein solcher Geschäftsbetrieb nicht erforderlich, kann die Eintragung herbeigeführt werden (§ 105 Abs. 2 HGB), und mit dieser Eintragung wird die Gesellschaft zur OHG. Die Anmeldung hat in beiden Fällen in öffentlich beglaubigter Form zu erfolgen (§§ 106, 12 HGB). Die Registeranmeldung ist beim für den Sitz der Gesellschaft zuständigen Amtsgericht – Handelsregister – vorzunehmen (§ 106 Abs. 1 HGB). Die Anmeldung hat durch alle Gesellschafter zu erfolgen (§ 108 HGB).

937 Anzumelden (und einzutragen) sind:
- die Gesellschafter mit Namen, Vornamen, Geburtsdatum und Wohnort (§ 106 Abs. 2 Nr. 1 HGB);
- Firma und Sitz der Gesellschaft (§ 106 Abs. 2 Nr. 2 HGB);
- die Vertretungsmacht der Gesellschafter (§ 106 Abs. 2 Nr. 4 HGB).

938 Die Vertretungsverhältnisse und die sich demnach ergebenden Vertretungsbefugnisse der einzelnen Gesellschafter sind auch dann anzumelden, wenn keine Abweichung von der gesetzlichen Regel, dass jeder Gesellschafter die Gesellschaft vertritt, gegeben ist.

Neben der Anmeldung haben die Gesellschafter, die die Gesellschaft vertreten, bei fehlender abweichender Vereinbarung also alle Gesellschafter, ihre Namensunterschrift unter Angabe der Firma zur Aufbewahrung beim Gericht zu zeichnen (§ 108 Abs. 2 HGB). Ein Gesellschaftsvertrag ist der Anmeldung nicht beizufügen.

939 *Formulierungsbeispiel*
...
Betr.: Neueintragung einer OHG
Wir melden zur Eintragung in das Handelsregister an:
Wir, ..., geb. am ..., wohnhaft ..., und ..., geb. am ..., wohnhaft in ..., haben unter der Firma ... OHG
eine offene Handelsgesellschaft errichtet.
Die Gesellschaft betreibt den Handel mit wertvollen Büchern. Die Gesellschaft hat ihren Sitz in Frankfurt (Oder). Die Geschäftsräume befinden sich in Frankfurt (Oder), ... Str. 10.
Die Gesellschaft wird nach § 125 HGB durch jeden Gesellschafter einzeln vertreten, also durch den Gesellschafter ... und den Gesellschafter ...
Frankfurt (Oder), den ...
...
(Es folgt der Vermerk über die Unterschriftsleistung.)

940 Die OHG kann auch in der Weise entstehen, dass eine weitere Person sich mit einem eingetragenen Kaufmann zur Gesellschaft zusammenschließt.

III. Gesellschaften

Formulierungsbeispiel
...
Wir melden zur Eintragung in das Handelsregister an:
Ich, ..., geb. am ..., wohnhaft ..., habe ..., geb. am ..., wohnhaft in ..., in mein Handelsgeschäft als Gesellschafter aufgenommen.
Die Gesellschaft wird unter unveränderter Firma, jedoch mit dem Zusatz OHG fortgeführt.
Eine von § 125 Abs. 1 HGB abweichende Vertretungsbefugnis ist nicht vereinbart, so dass die Gesellschaft durch jeden Gesellschafter einzeln vertreten wird. Der eingetretene Gesellschafter ist mithin zur Vertretung der Gesellschaft einzeln berechtigt. .
Die Geschäftsräume sind unverändert ....
Frankfurt (Oder), ...
(Unterschriftsleistung aller Gesellschafter)
(Es folgt der Vermerk)

b) Anzumeldende Änderungen bei der OHG

Als Änderungen bei der OHG sind anzumelden und in das Handelsregister einzutragen: **941**

– die Firmenänderung oder Sitzverlegung,
– die Auflösung der Gesellschaft,
– der Ein- und Austritt von Gesellschaftern
– Änderungen bei der Vertretung.

Formulierungsbeispiel (Eintritt eines weiteren Gesellschafters) **942**
...
In die von den Gesellschaftern ... und ... unter der Firma ... OHG betriebene offene Handelsgesellschaft ist als weiterer Gesellschafter ...., geb. am ..., wohnhaft ... als persönlich haftender Gesellschafter eingetreten. Der weitere Gesellschafter ... ist zur Vertretung der Gesellschaft einzeln berechtigt.
Die Anschrift der Gesellschaft ist unverändert ...
Frankfurt (Oder), ...
(Unterschriftsleistung aller Gesellschafter)
(Es folgt der Vermerk.)

3. Kommanditgesellschaft

Die Kommanditgesellschaft (KG) ist eine Unterart der OHG. Regelungen über die KG sind in den §§ 161 ff. HGB getroffen, die durch die Vorschriften über die OHG und die GbR ergänzt werden. Im Unterschied zur OHG haften nicht alle Gesellschafter der KG mit ihrem gesamten Vermögen. Vielmehr muss bei mindestens einem Gesellschafter (dem Kommanditisten) die Haftung gegenüber den Gläubigern der Gesellschaft auf den Betrag einer bestimmten Vermögenseinlage beschränkt sein, während der oder die weiteren Gesellschafter (die Komplementäre) unbeschränkt, d. h. mit ihrem gesamten Vermögen haf- **943** ten (§ 161 HGB). Diese Haftungsbeschränkung muss im Rechtsverkehr durch einen die Haftungsbeschränkung andeutenden Zusatz zur Firma zum Ausdruck gebracht werden, etwa dem Zusatz »KG«. Ist der einzig persönlich haftende Gesellschafter keine natürliche Person, sondern eine Gesellschaft mit Haftungsbeschränkung, etwa ein GmbH, steht den Gläubigern überhaupt kein wirklich unbeschränkt haftender Gesellschafter zur Verfügung. Auch dies ist in der Firma zum Ausdruck zu bringen etwa durch den Zusatz »GmbH & Co. KG«.

Die Haftungsbeschränkung des Kommanditisten tritt erst mit der Eintragung im Handelsregister ein (§ 176 HGB). Die Anmeldung sollte daher zügig zum Registergericht eingereicht werden, da er sonst mit seinem gesamten Vermögen für die Verbindlichkeiten der KG haftet.

944 Die Haftung des Komplementärs entspricht der des Gesellschafters einer OHG. Die Haftung des Kommanditisten ist auf seine Hafteinlage beschränkt. Je nach dem, ob der Kommanditist seine Hafteinlage, die nicht zwingend in Geld bestehen muss, erbracht hat oder nicht, ist zu unterscheiden:

– hat der Kommanditist seine Einlage an die Gesellschaft vollständig geleistet, haftet er den Gläubigern der Gesellschaft persönlich überhaupt nicht (§ 171 Abs. 1 Hs. 1 HGB). Die Gläubiger müssen sich an die Gesellschaft oder die Komplementäre halten.
– hat der Kommanditist seine Einlage bislang nicht geleistet oder wurde sie ihm zurückgewährt, haftet er den Gläubigern der Gesellschaft zwar persönlich, aber beschränkt auf die vereinbarte Hafteinlage (§ 171 Abs. 1 Hs. 2 HGB).

945 **Beispiel**
Die KG besteht aus dem Komplementär A und dem Kommanditist B mit einer Hafteinlage von 5000 EURO. B hat auf seine Einlage einen Betrag von 3000 EURO geleistet. Zahlt die KG eine Verbindlichkeit in Höhe von 7000 EURO nicht, kann sich der Gläubiger sich wegen der Verbindlichkeit an den A halten. Er kann sich aber auch an B halten, der allerdings nur in Höhe der noch ausstehenden Hafteinlage, also in Höhe von 2000 EURO haftet. Hätte B seine Hafteinlage voll an die KG geleistet, könnte der Gläubiger ihn überhaupt nicht in Anspruch nehmen.

946 Der Gesellschaftsvertrag bedarf keiner Form, zumindest Schriftform ist jedoch dringend zu empfehlen und auch üblich.

Die Erstanmeldung der KG hat durch alle Gesellschafter (Komplementäre und Kommanditisten) zu erfolgen. Die Erteilung von Vollmachten ist aber vor allem bei großen Gesellschaften üblich, bedarf jedoch der notariellen Beglaubigung. Für die Anmeldung gelten zunächst die gleichen Grundsätze, wie bei der OHG (§§ 162 Abs. 1, 161 Abs. 2, 106 HGB). Die Anmeldung muss jedoch zusätzlich die Haftsummen der Kommanditisten angeben.

III. Gesellschaften

Formulierungsbeispiel 947
...
Betr: Eintragung einer KG
Wir melden zur Eintragung in das Handelsregister an:
1. Wir haben unter der Firma ... KG eine Kommanditgesellschaft gegründet.
2. Sitz der Gesellschaft ist Frankfurt (Oder).
3. Gegenstand des Unternehmens ist der Handel mit Kraftfahrzeugen.
4. Persönlich haftender Gesellschafter ist ..., geb. am ..., wohnhaft ....
5. Kommanditist ist ..., geb. am ..., wohnhaft ... mit einer Haftsumme von ... EURO.
6. Die Gesellschaft hat am 01.09.2008 ihre Geschäfte begonnen.
Die Gesellschaft wird mangels abweichender Vereinbarung durch die persönlich haftenden Gesellschafter einzeln vertreten. Der persönlich haftende Gesellschafter ... vertritt demnach die Gesellschaft allein.
Die Geschäftsräume befinden sich in ..., Str. 12
Frankfurt (Oder), ...
(Alle Gesellschafter haben anzumelden)
(Es folgt der Vermerk.)

Die Vertretung der Gesellschaft erfolgt nur durch die Komplementäre, der Ausschluss des Kommanditisten von der Vertretung ist zwingend, jedoch kann ihm Prokura erteilt werden. 948

4. Weitere Personengesellschaften

Neben den vorgenannten Gesellschaften kennt das Gesetz noch eine Reihe weiterer Personengesellschaften, z. B. die *stille Gesellschaft* (§§ 230 ff. HGB), die nach außen überhaupt nicht in Erscheinung tritt, die *Europäische wirtschaftliche Interessenvereinigung* (EWIV) nach dem EWIV-AG und die *Partnerschaftsgesellschaft* nach dem PartGG, letztere steht für die freien Berufe zur Verfügung und ist in das Partnerschaftsregister einzutragen. Diese Gesellschaften spielen jedoch in der notariellen Praxis eine eher untergeordnete Rolle. 949

5. Gesellschaft mit beschränkter Haftung (GmbH)

Die im GmbHG geregelte *GmbH* ist die beliebteste Gesellschaftsform in Deutschland und spielt in der notariellen Praxis eine große Rolle. Im Gegensatz zu den Personengesellschaften ist die Haftung auf das Gesellschaftsvermögen beschränkt, so dass das unternehmerische Risiko gering ist. Auch ist das Mindestkapital von 25 000 EURO nicht so hoch wie bei der AG. Daneben bietet das Gesetz den Gesellschaftern einen großen Gestaltungsspielraum bei der Fassung der Satzung. Weiter besteht bei der GmbH die Möglichkeit der Fremdgeschäftsführung. Anders als bei Personengesellschaften kann hier die Geschäftsführung also auch einem Nichtgesellschafter überlassen werden. 950

Schließlich kann die GmbH auch als Ein-Mann-Gesellschaft durch nur einen Gesellschafter errichtet werden, der so sein eigenes Risiko beschränkt.

a) Gründung der GmbH

951 Im Unterschied zu den Personengesellschaften bedarf die Gründung der GmbH, also die Errichtung des Gesellschaftsvertrages, der notariellen Beurkundung (§ 2 GmbHG). Auch die Vollmacht oder Genehmigung vertretener Gesellschafter bedarf, abweichend von §§ 167 Abs. 2, 182 Abs. 2 BGB, notarieller Form (OLG Köln, BB 1995, S. 2545). Bei der Anmeldung der GmbH ist auch der Gesellschaftsvertrag dem Registergericht vorzulegen, der auf die Einhaltung der Mindestvoraussetzungen geprüft wird (§ 9 c GmbHG).

In der Praxis erfolgt die Beurkundung des Gesellschaftsvertrages in der Weise, dass zunächst die Errichtung der Gesellschaft beurkundet wird. In der Urkunde sind zunächst die Gründungserklärungen der Gesellschafter, die Bestellung des ersten Geschäftsführers und die Vermerke des Notars über seine Hinweise enthalten. Schließlich ist die Satzung der Gesellschaft in Anlage beigefügt. Der Notar hat bei der Errichtung der Gesellschaft insbesondere darauf hinzuweisen, dass die Gesellschafter bis zur Eintragung der Gesellschaft in das Handelsregister als solche nicht besteht und die Gesellschafter bis zur Eintragung persönlich haften (§ 11 GmbHG).

952 **Formulierungsbeispiel (Urkundseingang)**
Die Erschienenen erklären zur öffentlichen Urkunde den nachfolgenden Gesellschaftsvertrag zur Gründung einer GmbH
1. Wir errichten hiermit eine Gesellschaft mit beschränkter Haftung und stellen den Gesellschaftsvertrag (Satzung) gemäß der dieser Urkunde als wesentlicher Bestandteil beigehefteten Anlage fest. Auf diese Anlage wird Bezug genommen.
2. Wir treten in eine erste Gesellschafterversammlung ein und bestimmen zum Geschäftsführer ...
Für die Vertretung bestimmen wir Folgendes:
...
3. Der Notar hat auf Inhalt und Rechtsfolgen jeder Einzelnen der vorstehenden Vereinbarungen und Erklärungen hingewiesen. Insbesondere und darüber hinaus hat er auf folgende Punkte hingewiesen:
– Die Gesellschaft entsteht erst mit der Eintragung im Handelsregister als Gesellschaft mit beschränkter Haftung.
– Bei Handlungen für die Gesellschaft vor deren Eintragung haften der Handelnde und diejenigen, die mit diesem Handeln einverstanden sind, persönlich und gesamtschuldnerisch.
– Das Registergericht kann die Kapitalerbringung und Kapitalerhaltung vor Eintragung bei erheblichen Zweifeln (§ 8 Abs. 2 S. 2 GmbHG) nachprüfen.
– Vereinbarte Bareinlagen können nur durch Einzahlung auf ein Konto der Gesellschaft in Gründung zur endgültigen freien Verfügung der Geschäftsführer erbracht werden, verdeckte Sacheinlagen wie etwa die Rückzahlung der Geldeinlage als Kaufpreis für einzubringende Gegenstände oder die Verrechnung der Ein-

lageforderung mit Forderungen des Gesellschafters gegen die Gesellschaft haben nicht immer Erfüllungswirkung.
- *Vereinbarte Sacheinlagen müssen mindestens den festgesetzten Wert haben, was im Sachgründungsbericht zu belegen ist.*
- *Die Gesellschafter und Geschäftsführer der Gesellschaft und gegebenenfalls auch Dritte haften gesamtschuldnerisch für die richtige und vollständige Kapitalaufbringung und Kapitalerhaltung und für etwaigen weiteren Schaden aus mangelhafter Einlagenerbringung; falsche Angaben über die Kapitalerbringung sind strafbar.*
- *Vorbelastungen des Gesellschaftsvermögens in der Satzung und Anmeldung müssen angegeben und beziffert werden. Im Übrigen sollte das Gesellschaftskapital grundsätzlich bis zur Eintragung der Gesellschaft erhalten bleiben. Bei einer Geschäftsaufnahme vor Eintragung der Gesellschaft in das Handelsregister haften die Gesellschafter für eine eventuelle Differenz zwischen dem Stammkapital (abzüglich des notwendigen, im Gesellschaftsvertrag ausgewiesenen Gründungsaufwands) und dem Wert des Gesellschaftsvermögens im Zeitpunkt der Eintragung der Gesellschaft (Unterbilanzhaftung), auch im Falle freiwilliger Mehreinzahlungen. Diese Haftung ist nicht auf die Höhe des Stammkapitals beschränkt, sondern unbegrenzt.*

(Schlussvermerk)

b) Inhalt der Satzung

Die GmbH wird nur dann in das Handelsregister eingetragen, wenn die Satzung den in § 3 GmbHG aufgeführten Mindestinhalt aufweist, also: 953

- die Firma und den Sitz der Gesellschaft,
- den Gegenstand des Unternehmens,
- den Betrag des Stammkapitals,
- den Betrag der von jedem Gesellschafter auf das Stammkapital zu leistenden Einlage (Geschäftsanteil).
- Schließlich hat die Satzung eine Bestimmung darüber zu enthalten, bis zu welchem Umfang die Gesellschaft den Gründungsaufwand trägt.

Formulierungsbeispiel 954
Bsp. einer kurzen Satzung mit gesetzlichem Mindestinhalt:
Anlage zur Urkunde Nr. des Jahres 2008
Gesellschaftsvertrag
I. Firma und Sitz
Die Firma der Gesellschaft lautet XY-GmbH.
Sitz der Gesellschaft ist Frankfurt (Oder).
II. Gegenstand des Unternehmens
Gegenstand des Unternehmens ist der An- und Verkauf von gebrauchten Kraftfahrzeugen.
III. Stammkapital, Geschäftsanteile
Das Stammkapital der Gesellschaft beträgt . . . EURO, in Worten: . . . EURO.

> *Hiervon übernimmt der Gesellschafter X 12 500 Geschäftsanteile zu je 1 EURO (Nr. 1 – 12 500), der Gesellschafter Y 12 500 Geschäftsanteile zu je 1 EURO (Nr. 1 12 501–25 000).*
> *Die Geschäftsanteile sind in bar zu erbringen. Die Hälfte ist sofort fällig, der Rest auf Anforderung durch die Gesellschaft.*
> *IV. Kosten*
> *Die Kosten der Gründung bei Notar und Registergericht trägt die Gesellschaft in Höhe von (Betrag), darüber hinausgehende Gründungskosten tragen die Gesellschafter.*

aa) Firma

955 Die *Firma* der GmbH muss den gleichen Anforderungen genügen, wie die des Kaufmanns oder der Personengesellschaft, insbesondere Unterscheidungskraft besitzen, keinen täuschenden Inhalt aufweisen und den Zusatz GmbH oder Ähnliches enthalten. Dabei ist insbesondere die Entlehnung der Firma aus dem Namen eines Gesellschafters (*Personenfirma*) oder dem Zweck der Gesellschaft (*Sachfirma*) zulässig. Aber auch Phantasienamen sind nicht ausgeschlossen. Die so gebildete Firma muss sich allerdings nach § 4 GmbHG den Zusatz GmbH oder einen ähnlichen nicht irreführenden Rechtsformzusatz enthalten und darf nach § 18 Abs. 2 HGB zur Kennzeichnung geeignet sein, muss Unterscheidungskraft besitzen. Auch darf nicht die Gefahr der Verwechslung mit anderen Gesellschaften bestehen (§ 30 HGB). Bestehen hier Zweifel kann die örtliche Industrie- und Handelskammer um Stellungnahme zur beabsichtigten Firma gebeten werden.

bb) Gegenstand

956 Der *Gegenstand* des Unternehmens soll die Art der Geschäfte umschreiben, die dem Geschäftsführer im Verhältnis zu den Gesellschaftern gestattet sind. Diese Umschreibung sollte daher nicht zu weit gefasst sein. Der Gegenstand des Unternehmens gibt aber auch Anlass zu der Prüfung, ob gesetzliche Genehmigungen oder Erlaubnisse zum Betrieb des Unternehmens erforderlich sind, etwa eine Gaststättenerlaubnis nach dem Gaststättengesetz oder Genehmigung nach dem Güterverkehrsgesetz. Derartige Erlaubnisse und Genehmigungen sind dem Registergericht zwar nicht vorzulegen, aber zur Geschäftsaufnahme erforderlich.

cc) Betrag des Stammkapitals

957 Der Betrag des *Stammkapitals* muss mindestens 25 000 EURO betragen (§ 5 Abs. 1 GmbHG), ausgenommen wenn die Gesellschaft zunächst in Form einer UG gegründet wird (Rz. 982). Das Stammkapital ist von den Gesellschaftern zu erbringen. Die Regel ist die Bareinzahlung des Stammkapitals. Möglich sind jedoch auch Sacheinlagen (vgl. Rz. 973). Das Registergericht kann die Erbringung des Stammkapitals durch die Gesellschafter bei Eintragung der GmbH überprüfen (aber nur bei Zweifeln, § 8 Abs. 2 GmbHG).

III. Gesellschaften

dd) Geschäftsanteil
Von dem Stammkapital ist der *Geschäftsanteil* zu unterscheiden, der zum Ausdruck bringt, welchen Anteil jeder Gesellschafter auf den Geschäftsanteil erbringt. Die Summe aller Geschäftsanteile entspricht dem Stammkapital. Jeder Geschäftsanteil muss mindestens den Betrag von 1 EURO haben. Ein Gesellschafter darf bei Gründung der Gesellschaft mehrere Geschäftsanteile übernehmen.

958

ee) Weitere nicht zwingende Bestandteile der Satzung
In der Regel enthält die Satzung neben dem zwingenden Mindestinhalt weitere Bestimmungen. Dies können etwa sein:

959

– ob Sacheinlagen geleistet werden (§ 5 Abs. 4 GmbHG),
– ob die Übertragung von Geschäftsanteilen von Beschränkungen abhängig sein soll (§ 15 Abs. 5 GmbHG),
– die Möglichkeit der Einziehung von Geschäftsanteilen,
– ob ein Aufsichtsrat gebildet wird,
– Auflösungsgründe, die nicht bereits im Gesetz genannt sind,
– die Bestellung von Geschäftsführern (§ 6 GmbHG),
– Umfang und Beschränkungen der Vertretungsmacht der Geschäftsführer,
– die Form der Bekanntmachung der Gesellschaft. Ohne eine vertragliche Bestimmung erfolgen die Bekanntmachungen im elektronischen Bundesanzeiger (§§ 10, 11 HGB).

Formulierungsbeispiel
Bekanntmachungen
Die gesetzlich vorgeschriebenen Bekanntmachungen der Gesellschaft erfolgen nur im elektronischen Bundesanzeiger.

960

ff) Satzungsbestimmungen über Art und Umfang der Geschäftsführung
Die GmbH wird gerichtlich und außergerichtlich durch den Geschäftsführer vertreten. Diese Vertretungsmacht ist im Außenverhältnis unbeschränkbar.

961

Das GmbHG erlaubt eine Reihe von unterschiedlichen Vereinbarungen über die Geschäftsführung. Die Satzung enthält nur die *abstrakte Vertretungsbefugnis*. Diese wird auch in das Handelsregister eingetragen. Von der Satzungsregelung über die abstrakte Vertretungsbefugnis ist die *konkrete Vertretungsbefugnis* zu unterscheiden. Während die abstrakte Vertretungsbefugnis die grundsätzlichen Bestimmungen über zulässige Vertretungsbestimmungen enthält, regelt die konkrete Vertretungsbefugnis den Umfang der dem oder den bestellten Geschäftsführern eingeräumten Geschäftsführungsbefugnis.

Formulierungsbeispiel (Abstrakte Vertretungsregelung)
Die Gesellschaft hat einen oder mehrere Geschäftsführer.
Ist nur ein Geschäftsführer bestellt, so vertritt er die Gesellschaft allein.
Sind mehrere Geschäftsführer bestellt, so wird die Gesellschaft von zwei Geschäftsführern gemeinschaftlich oder von einem Geschäftsführer in Gemein-

962

*schaft mit einem Prokuristen vertreten.
Jedem Geschäftsführer kann Alleinvertretungsbefugnis erteilt werden.
Jedem Geschäftsführer kann Befreiung von den Beschränkungen des § 181 BGB erteilt werden, so dass er die Gesellschaft bei Rechtsgeschäften mit sich selbst oder mit sich als Vertreter eines Dritten vertreten kann.*

963 Möglich ist danach zunächst die so genannte *Gesamtvertretung*, d. h. die Gesellschaft kann nur durch die Geschäftsführer gemeinsam vertreten werden. Durch konkreten Beschluss kann einem Geschäftsführer auch *Einzelvertretungsbefugnis* erteilt werden. Auch die *Befreiungsmöglichkeit* von § 181 BGB kann Inhalt der abstrakten Vertretungsregelung sein. Ob eine solche Befreiung im Einzelfall erteilt wird, bleibt dann dem Beschluss der Gesellschafterversammlung vorbehalten.

c) Bestellung der ersten Geschäftsführer

964 Die oder der Geschäftsführer der Gesellschaft können zunächst in der Satzung bestimmt werden (§ 6 Abs. 3 GmbHG). Möglich (und üblich) ist jedoch die Bestellung der ersten Geschäftsführer durch Beschluss der Gesellschafterversammlung, etwa im Rahmen der Errichtung der Satzung (vgl. das Bsp. oben Rz. 952). Der Beschluss ist nicht beurkundungsbedürftig, die Bestellung muss jedoch zum Handelsregister angemeldet werden.
Die Bestellung des ersten Geschäftsführers muss sich in dem Umfang halten, den die Satzung zulässt. Soweit die Satzung einen bestimmten Umfang der Geschäftsführung nicht zulässt, kann auch dem Geschäftsführer diese Befugnis nicht verliehen werden.

965 **Beispiel**
Enthält die Satzung keine (abstrakte) Regelung darüber, dass einem Geschäftsführer Befreiung von den Beschränkungen des § 181 BGB erteilt werden kann, darf die Gesellschafterversammlung eine solche Befreiung nicht erteilen. Eine gleichwohl vorgenommene Anmeldung dieser Vertretungsregelung ist vom Registergericht zurückzuweisen.

d) Erstanmeldung der Gesellschaft

966 Von der Errichtung der Satzung ist die Anmeldung der Gesellschaft zum Handelsregister zu unterscheiden. Erst mit der auf die Anmeldung folgenden Eintragung wird die Gesellschaft zur GmbH. Insbesondere tritt die Begrenzung der Haftung erst mit Eintragung in das Handelsregister ein.
Der oder die ersten Geschäftsführer der Gesellschaft haben die Gesellschaft und den oder die ersten Geschäftsführer zum Handelsregister anzumelden (§ 7 GmbHG). Das Registergericht hat die Anmeldung nicht nur insoweit zu überprüfen, ob die gesetzlichen Vorschriften über die Errichtung der Gesellschaft eingehalten sind, sondern auch die ordnungsgemäße Kapitalaufbringung zu prüfen. Die besondere Schwierigkeit der Kapitalaufbringung besteht

III. Gesellschaften

darin, dass vor der Errichtung der Satzung durch notarielle Urkunde die Gesellschaft nicht besteht. Vor dem Zeitpunkt der Errichtung der Satzung an die »Gesellschaft« geleistete Einlagen befreien den Gesellschafter nicht von seiner Einlageverpflichtung. Die Einzahlung der Geschäftsanteile oder die Einbringung von Sacheinlagen muss daher in dem Zeitpunkt erfolgen, in dem die Gesellschaft bereits errichtet ist, die Anmeldung der Gesellschaft aber noch nicht erfolgt ist.

In der notariellen Praxis wird die Anmeldung meist im Anschluss an die Errichtung der Satzung beurkundet, die Anmeldung wird aber solange nicht an das Handelsregister weitergereicht, bis der Geschäftsführer die Einzahlung der Geschäftsanteile bestätigt hat. Dies liegt daran, dass der Geschäftsführer die Einzahlung der Geschäftsanteile zu versichern hat.

aa) Inhalt der Anmeldung
In der Anmeldung müssen enthalten sein: 967

– die Anmeldung der Gesellschaft und der ersten Geschäftsführer,
– die abstrakte Vertretungsbefugnis, die möglichst wörtlich aus der Satzung zu entnehmen ist und die in das Handelsregister eingetragen wird,
– die konkrete Vertretungsmacht der bestellten Geschäftsführer,
– die Versicherung des oder der Geschäftsführer, dass die Geschäftsanteile vollständig eingezahlt sind; bei noch nicht vollständiger Einzahlung muss die Versicherung sich darauf beziehen, welchen Betrag jeder Gesellschafter eingezahlt hat (§§ 7, 8 GmbHG). Die Anmeldung darf erst erfolgen, wenn auf jeden Geschäftsanteil (soweit es sich nicht um eine Sacheinlage handelt) ein Viertel eingezahlt ist. Die Summe aller Beträge, die auf die Geschäftsanteile gezahlt sind, muss jedoch die Hälfte des Mindeststammkapitals nach § 5 Abs. 1 GmbHG erreichen (§ 7 Abs. 2 GmbHG),

> **Beispiel** 968
> A und B errichten eine GmbH mit einem Stammkapital von 25 000 EURO. Der Geschäftsanteil des A beträgt 20 000 EURO, die des B 5000 EURO. Die Anmeldung darf im vorliegenden Fall erst erfolgen, wenn insgesamt 12 500 EURO an die GmbH gezahlt sind. Es genügt jedoch nicht, wenn A den Betrag allein aufbringt, vielmehr muss B mindestens den Betrag von 1250 EURO an die Gesellschaft einzahlen.

– die Erklärung des oder der Geschäftsführer, dass für sie kein Grund vorliegt, 969
der einen Ausschluss von der Geschäftsführung zur Folge hätte (§ 6 Abs. 2 GmbHG), etwa eine Vorstrafe wegen betrügerischen Bankrotts (§ 283 StGB),
– die Angabe der Geschäftsanschrift.

bb) Der Anmeldung beizufügende Unterlagen
Während bei der Anmeldung von Einzelkaufleuten und Personengesellschaf- 970
ten eine Satzung nicht einzureichen ist, müssen bei der Anmeldung der GmbH eine Reihe von Unterlagen eingereicht werden.

Teil F Beurkundungen im Handels-, Gesellschafts- und Vereinsrecht

971 Vorzulegen sind nach § 8 GmbHG zunächst:

- die Satzung, soweit ein Gesellschafter vertreten wurde, die notarielle Vollmacht nach § 2 Abs. 2 GmbHG,
- der Beschluss über die Bestellung der Geschäftsführer, soweit nicht in der Satzung enthalten,
- die Gesellschafterliste, d. h. eine von den Geschäftsführern unterschriebene (notarielle Beglaubigung nicht erforderlich) Liste sämtlicher Gesellschafter, aus welcher sich Name, Vorname, Geburtsdatum, Wohnort und der Betrag der übernommenen Geschäftsanteile eines jeden Gesellschafters ergibt,
- sinnvoll ist auch eine Bescheinigung der zuständigen IHK, dass gegen die Bildung der Firma (Name) keine Bedenken bestehen.

Soweit eine Sachgründung erfolgt, sind darüber hinaus weitere Unterlagen erforderlich (vgl. Rz. 973).

972 **Formulierungsbeispiel** *(Anmeldung der Gesellschaft und der ersten Geschäftsführer)*
Amtsgericht Halle-Saalkreis
– Handelsregister –
Zum Handelsregister B melden wir zur Eintragung an und überreichen:
1. begl. Abschrift der Niederschrift über die Errichtung nebst Satzung von heute, die auch unsere Bestellung zu Geschäftsführern enthält,
2. eine Liste, in welcher die Gründungsgesellschafter und die von ihnen übernommenen Geschäftanteile aufgeführt sind,
3. die Unbedenklichkeitsbescheinigung der Industrie- und Handelskammer. Zur Eintragung in das Handelsregister melden wir die Gesellschaft und unsere Bestellung zu deren Geschäftsführern an.
Die Geschäftsführer ... vertreten die Gesellschaft allein; die Geschäftsführer sind befugt, die Gesellschaft bei der Vornahme von Rechtsgeschäften mit sich selbst oder als Vertreter eines Dritten uneingeschränkt zu vertreten (§ 181 BGB).
Die allgemeine Bestimmung im Gesellschaftsvertrag über die Vertretung der Gesellschaft lautet:
Die Gesellschaft hat einen oder mehrere Geschäftsführer.
Ist nur ein Geschäftsführer bestellt, so vertritt er die Gesellschaft allein.
Sind mehrere Geschäftsführer bestellt, so wird die Gesellschaft von zwei Geschäftsführern gemeinschaftlich oder von einem Geschäftsführer in Gemeinschaft mit einem Prokuristen vertreten.
Jedem Geschäftsführer kann Alleinvertretungsbefugnis erteilt werden.
Jedem Geschäftsführer kann Befreiung von den Beschränkungen des § 181 BGB erteilt werden, so dass er die Gesellschaft bei Rechtsgeschäften mit sich selbst oder mit sich als Vertreter eines Dritten vertreten kann.
Wir versichern, dass die Geschäftsanteile in Höhe von EURO ... zur Hälfte bar eingezahlt sind, und zwar durch den Gesellschafter ... in Höhe von EURO ... und den Gesellschafter ... in Höhe von EURO ... und dass sich die eingezahlten Beträge endgültig in unserer freien Verfügung als Geschäftsführer befinden und dass das Vermögen der Gesellschaft – abgesehen von den mit der Gründung ver-

III. Gesellschaften

bundenen Kosten und Steuern – durch keinerlei Verbindlichkeiten belastet ist. Wir versichern, dass keine Umstände vorliegen, die uns vom Amt des Geschäftsführers nach § 6 Abs. 2 GmbHG ausschließen: Wir wurden niemals wegen einer Straftat nach §§ 283–283 d StGB oder wegen eines sonstigen Vermögensdelikts (auch im Ausland) verurteilt. Uns ist weder durch gerichtliches Urteil noch durch vollziehbare Entscheidung einer Verwaltungsbehörde die Ausübung irgendeines Berufes, Berufszweiges, Gewerbes oder Gewerbezweiges untersagt. Keiner von uns steht unter Betreuung. Wir wurden von dem Notar über unsere unbeschränkte Auskunftspflicht gegenüber dem Registergericht belehrt.
Die Geschäftsräume der Gesellschaft befinden sich in ...
Halle (Saale), ...
... (Es folgt der Vermerk des Notars.)

e) Besonderheiten bei der Einbringung von Sacheinlagen

In der Regel haben die Gesellschafter ihre Geschäftsanteile in bar zu erbringen. Dies ist jedoch nicht zwingend. Die Geschäftsanteile können auch im Wege der Einbringung von Sacheinlagen in die Gesellschaft erbracht werden (§ 5 Abs. 3 GmbHG). Auch ein Geschäftsanteil bestehend aus einem in bar zu erbringenden Anteil und einer Sacheinlage (sog. gemischte Einlage) ist möglich. Sacheinlagen können zunächst Sachen, aber auch Rechte und andere vermögenswerte Positionen sein. Auch bei Sacheinlagen muss der Betrag der Geschäftsanteile ziffernmäßig in EURO ausgewiesen werden und auf volle EURO lauten (§ 5 Abs. 2 GmbHG). 973

Bei der Einbringung von Sacheinlagen besteht stets die Gefahr, dass die eingebrachten Gegenstände oder Rechte nicht den angegebenen Wert der Geschäftsanteile erreichen und daher den Gläubigern der Gesellschaft keine ausreichende Haftungsgrundlage zur Verfügung steht. Aus diesem Grunde sieht das Gesetz eine strenge Prüfung der Werthaltigkeit der Sacheinlage durch das Registergericht vor. Zunächst ist im Gesellschaftsvertrag der Gegenstand der Sacheinlage genau zu bezeichnen (§ 5 Abs. 4 S. 1 GmbHG). Was einzubringen ist, kann also nicht der späteren Entscheidung der Gesellschafter überlassen bleiben. Weiter muss der im Gesellschaftsvertrag bezeichnete Gegenstand nach der Beurkundung der Satzung und vor Anmeldung zum Handelsregister vollständig an die Gesellschaft geleistet werden. Anders als bei der Bareinlage genügt eine teilweise Leistung hier nicht. Die Einbringung in die Gesellschaft erfolgt durch Übertragung des Gegenstandes an die Gesellschaft. Bei der Einbringung eines Grundstückes muss also die Auflassung erklärt und zumindest der Antrag auf Eigentumsumschreibung gestellt sein. Schließlich verlangt das Registergericht zur Prüfung der Werthaltigkeit ein Wertgutachten eines Sachverständigen oder Wirtschaftsprüfers, aus dem sich ergibt, dass der Gegenstand auch tatsächlich den angegebenen Wert erreicht.

Formulierungsbeispiel 974
Der Gesellschafter A erbringt seine Sacheinlage von 10 000 EURO durch Übereignung des LKW »Mercedes Benz, Typ LT 45, Fahrgestell-Nr. Z 155697-L«.

389

Teil F Beurkundungen im Handels-, Gesellschafts- und Vereinsrecht

> *Der LKW wird mit 10 000 EURO bewertet.*
> *Der Gesellschafter A übernimmt einen Geschäftsanteil in Höhe von 40 000 EURO. Er erbringt seinen Geschäftsanteil sofort und zwar in Höhe 5000 EURO als Bareinlage und in Höhe des Restbetrages von 35 000 EURO durch Übereignung des PKW »Jaguar X-Type, Fahrgestell-Nr. V-458922-M«. Der PKW wird mit 40 000 EURO bewertet.*

975 Werden Sacheinlagen geleistet, muss also dem Registergericht zusätzlich vorgelegt werden:
- Sachgründungsbericht,
- ein Wertgutachten über die Werthaltigkeit,
- der Einbringungsvertrag, aus dem sich die Übereignung des Gegenstandes ergibt.

976 Das Gericht kann aber auch weitere Unterlagen verlangen, im vorgenannten Beispiel etwa die Vorlage der Fahrzeugbriefe, aus denen sich ergibt, dass die Gesellschaft tatsächlich als Halter eingetragen ist.

Von einer *verdeckten Sacheinlage* spricht man dann, wenn ein Gesellschafter zwar zunächst eine Bareinlage leistet und diese angemeldet wird, der Gesellschafter aber den geleisteten Barbetrag nur vortäuscht und tatsächlich eine Sacheinlage leistet.

977 **Beispiel**
Der Gründungsgesellschafter und erste Geschäftsführer A übernimmt eine in bar zu erbringende Einlage. Unmittelbar nach der Einzahlung des Geschäftsanteils erwirbt die Gesellschaft von A einen PKW gegen Zahlung eines Betrages, der dem Geschäftsanteil entspricht.

978 Bei der verdeckten Sacheinlage wird der Gesellschafter von der Verpflichtung zur Einzahlung des Barbetrages nicht befreit. Wird eine solche Form der Einlage bemerkt, etwa bei einer Insolvenz durch den Insolvenzverwalter, muss der Gesellschafter den Betrag erneut einzahlen; außerdem kann der Straftatbestand des § 82 Abs. 1 Nr. 1 GmbHG erfüllt sein.

f) Das vereinfachte Verfahren (§ 2 Abs. 1 a GmbHG)

979 Durch die neu geschaffene Möglichkeit eine GmbH in einem »vereinfachten Verfahren« zu gründen, soll die Errichtung der GmbH erleichtert werden. Dieses Verfahren bietet in Standardfällen die Möglichkeit einer einfachen GmbH-Gründung, womit insbesondere die zeitlich schnellere Gründung der GmbH erreicht werden soll. Die Vereinfachung wird durch die Bereitstellung von Mustern, die Zusammenfassung von drei Dokumenten (Gesellschaftsvertrag, Geschäftsführerbestellung und Gesellschafterliste) in einem Dokument sowie durch eine kostenrechtliche Privilegierung bei Verwendung der Musterprotokolle (vgl. § 41 d KostO n. F.) bewirkt. Andererseits wurde aber auch dem Beurkundungserfordernis Rechnung getragen, da zwar ein Musterprotokoll

III. Gesellschaften

für die Gründung verwendet wird, im Übrigen jedoch die gesetzlichen Vorschriften, insbesondere notarielle Beurkundung, eingehalten werden müssen.
Notwendigerweise knüpfen sich an das vereinfachte Verfahren besondere Voraussetzungen. Einerseits wird verlangt, dass die Gesellschaft höchstens drei Gesellschafter und einen nur Geschäftsführer hat. Andererseits wird als formelles Erfordernis die Verwendung eben dieses Musterprotokolls verlangt, das in der Anlage zum Gesetz aufgeführt ist. Soll im vereinfachten Verfahren gegründet werden, muss dieses Muster (Anlage zu § 2 Abs. 1a GmbHG) verwendet werden. Wird eine andere Satzung gewählt, liegt eine gewöhnliche Gründung der GmbH vor.

Musterprotokoll für die Gründung einer Mehrpersonengesellschaft mit bis zu drei Gesellschaftern

UR.Nr. _____
Heute, den _____,
erschienen vor mir, _____,
Notar/in mit dem Amtssitz in _____,
Herr/Frau[1)]

_____,

Herr/Frau

_____,

Herr/Frau

_____,

1. Die Erschienenen errichten hiermit nach § 2 Abs. 1a GmbHG eine Gesellschaft mit beschränkter Haftung unter der Firma _____ mit dem Sitz in _____.
2. Gegenstand des Unternehmens ist _____.
3. Das Stammkapital der Gesellschaft beträgt _____ €
   (i. W. _____ Euro)

und wird wie folgt übernommen:
Herr/Frau _____ übernimmt einen Geschäftsanteil mit einem Nennbetrag in Höhe von _____ € (i. W. _____ Euro) (Geschäftsanteil Nr. 1),
Herr/Frau _____ übernimmt einen Geschäftsanteil mit einem Nennbetrag in Höhe von _____ € (i. W. _____ Euro) (Geschäftsanteil Nr. 2),
Herr/Frau _____ übernimmt einen Geschäftsanteil mit einem Nennbetrag in Höhe von _____ € (i. W. _____ Euro) (Geschäftsanteil Nr. 3).
Die Einlagen sind in Geld zu erbringen, und zwar sofort in voller Höhe/zu 50 % sofort, im Übrigen sobald die Gesellschafterversammlung ihre Einforderung beschließt.

4. Zum Geschäftsführer der Gesellschaft wird Herr/Frau _____ geboren am _____, wohnhaft in _____, bestellt. Der Geschäftsführer ist von den Beschränkungen des § 181 des Bürgerlichen Gesetzbuches befreit.
5. Die Gesellschaft trägt die mit der Gründung verbundenen Kosten bis zu einem Gesamtbetrag von 300 €, höchstens jedoch bis zum Betrag ihres Stammkapitals. Darüber hinaus gehende Kosten tragen die Gesellschafter im Verhältnis der Nennbeträge ihrer Geschäftsanteile.
6. Von dieser Urkunde erhält eine Ausfertigung jeder Gesellschafter, beglaubigte Ablichtungen die Gesellschaft und das Registergericht (in elektronischer Form) sowie eine einfache Abschrift das Finanzamt – Körperschaftsteuerstelle –.
7. Die Erschienenen wurden vom Notar/von der Notarin insbesondere auf Folgendes hingewiesen: _____.

981 Die Gründung im vereinfachten Verfahren hat den Nachteil, dass keine individuellen Vereinbarungen, etwa über die Einziehung von Geschäftsanteilen, möglich sind.

g) Die Unternehmergesellschaft

982 Mit Schaffung des § 5a GmbHG wird nunmehr auch die Möglichkeit eröffnet, eine Gesellschaft zu errichten, die das in § 5 GmbHG vorgeschriebene Mindeststammkapital unterschreitet, mindestens jedoch 1 EURO Kapital haben muss. Die Unternehmergesellschaft (UG) ist jedoch keine eigene Rechtsform. Vielmehr handelt es sich dabei um eine Unterform der GmbH. Eine derart gegründete Gesellschaft hat deshalb die Bezeichnung »Unternehmergesellschaft haftungsbeschränkt« oder »UG haftungsbeschränkt« zu führen.

Die Möglichkeit der Gründung einer Unternehmergesellschaft soll eine Erleichterung für Unternehmensgründer bieten, die das Mindestkapital der GmbH zunächst nicht aufbringen können. Die Unternehmergesellschaft ist gem. § 5a GmbHG zur Eintragung in das Handelsregister anzumelden, jedoch entgegen § 7 Abs. 2 GmbHG erst dann, wenn das in der Satzung vorgesehene Stammkapital (ggf. 1 EURO) in voller Höhe eingezahlt wurde. Die Gesellschafter der UG dürfen erwirtschaftete Gewinne der Gesellschaft nicht voll ausschütten, sondern haben Sie in der Weise anzusparen, dass das Mindestkapital der GmbH erreicht wird.

Mit dem Unterschied, dass die UG den Firmenzusatz Unternehmensgesellschaft haftungsbeschränkt oder UG haftungsbeschränkt führen muss, und dem Verzicht auf eine Mindestkapital von 25 000 EURO unterscheidet sich die Errichtung und Anmeldung der UG nicht von der gewöhnlichen GmbH-Gründung und Anmeldung.

III. Gesellschaften

h) Veränderungen bei der Gesellschaft

aa) Satzungsänderungen

Häufig ist bei der im Handelsregister eingetragenen GmbH die Beurkundung von Satzungsänderungen erforderlich, die von der Gesellschafterversammlung beschlossen worden sind (§ 53 Abs. 2 GmbHG). Neben der Beurkundung der Satzungsänderung ist auch die Anmeldung der Satzungsänderung zum Handelsregister erforderlich. 983

> **Formulierungsbeispiel (Änderung der Firma)** 984
> *(Urkundseingang)*
> *Die Erschienenen sind die vollzähligen Gesellschafter der Y-GmbH mit Sitz in Frankfurt (Oder). Sie treten unter Verzicht auf alle Formen und Fristen in eine Gesellschafterversammlung ein und beschließen, was folgt:*
> *Die Firma der Gesellschaft wird in X-GmbH geändert. § 1 der Satzung wird wie folgt geändert: »Die Firma der Gesellschaft lautet X-GmbH.« Die Kosten trägt die Gesellschaft.*

Bei der Änderung der Satzung ist dem Registergericht eine vollständige aktuelle Fassung der Satzung einzureichen. Die Satzung muss mit der Bescheinigung des Notars versehen sein, dass die geänderten Bestimmungen des Gesellschaftsvertrages mit dem Beschluss über die Änderung des Gesellschaftsvertrages und die unveränderten Bestimmungen mit dem zuletzt zum Handelsregister eingereichten vollständigen Wortlaut übereinstimmen (§ 54 Abs. 1 GmbHG, daher die sog. 54er Bescheinigung). 985

> *Formulierungsbeispiel*
> *Ich bescheinige hiermit, dass der vorstehende Satzungswortlaut vollständig ist, dass also die geänderten Bestimmungen des Gesellschaftsvertrages und die unveränderten Bestimmungen mit dem zuletzt zum Handelsregister eingereichten vollständigen Wortlaut des Gesellschaftsvertrages übereinstimmen.*

In der weiter erforderlichen Anmeldung der Satzungsänderung durch den Geschäftsführer sind die geänderten Satzungsbestimmungen schlagwortartig zu bezeichnen, soweit von der Satzungsänderung Regelungen nach § 10 Abs. 1 und 2 GmbHG betroffen sind. 986

> *Formulierungsbeispiel*
> *An das Amtsgericht*
> *Frankfurt (Oder)*
> *Registergericht*
> *Betr.: X-GmbH, HRB 1245*
> *Zum Handelsregister B 1245 der Firma X-GmbH überreiche ich die begl. Abschrift der der notariellen Urkunde vom heutigen Tag nebst vollständiger Fassung der Satzung mit entsprechender Bescheinigung des Notars.*

Teil F Beurkundungen im Handels-, Gesellschafts- und Vereinsrecht

> *Ich melde zum Handelsregister an:*
> *§ 1 der Satzung (Firma) ist geändert.*
> *Die Geschäftsräume bleiben unverändert.*
> *Frankfurt (Oder), ...*
> *...*
> *(Es folgt der Vermerk des Notars.)*

bb) Bestellung und Abberufung von Geschäftsführern

987 Die Bestellung und Abberufung von Geschäftsführern durch Beschluss der Gesellschafterversammlung bedarf nicht der notariellen Beurkundung oder Beglaubigung. Da mit dem Beschluss der Gesellschafterversammlung die Geschäftsführerbestellung wirksam ist, muss die Abberufung des alten Geschäftsführers und die Bestellung des neuen Geschäftsführers vom neuen, wirksam bestellten Geschäftsführer, angemeldet werden. Die Eintragung des neuen Geschäftsführers im Handelsregister wirkt nur rechtsbekundend. Der Notar sollte den Gesellschafterbeschluss auf seine Vereinbarkeit mit der abstrakten Vertretungsregelung in der Satzung überprüfen.

988 **Beispiel**
Sieht die Satzung nicht vor, dass der Geschäftsführer von den Beschränkungen des § 181 BGB befreit werden kann, ist eine solche Befreiung des Geschäftsführers ohne vorherige Satzungsänderung nicht möglich.

989 Der neu bestellte Geschäftsführer hat die Versicherung abzugeben, dass bei ihm kein Grund vorliegt, der ihn von der Geschäftsführung ausschließt (vgl. Rz. 973).

> *Formulierungsbeispiel*
> *An das Amtsgericht*
> *Registergericht*
> *Frankfurt (Oder)*
> *HRB 1245*
> *Zum Handelsregister der X-GmbH mit Sitz in Frankfurt (Oder) überreiche ich als neuer Geschäftsführer den Beschluss der Gesellschafterversammlung vom 1.9.2007 und melde zur Eintragung in das Handelsregister an:*
> *Der bisherige Geschäftsführer ist abberufen.*
> *Ich wurde zum neuen Geschäftsführer bestellt. Ich vertrete die Gesellschaft allein, solange ich alleiniger Geschäftsführer bin. Sind mehrere Geschäftsführer vorhanden, vertrete ich die Gesellschaft in Gemeinschaft mit einem weiteren Geschäftsführer.*
> *Die Geschäftsräume bleiben unverändert.*

990 (Es folgt die Versicherung, die Unterschrift unter der Anmeldung, der Vermerk des Notars über die Unterschrift des Geschäftsführers.)

III. Gesellschaften

g) Geschäftsanteilsübertragung

991 Die Geschäftsanteile der Gesellschaft können und müssen mit notariell beurkundetem Vertrag abgetreten werden (§ 15 Abs. 1 und 3 GmbHG), wenn nicht die Abtretung im Gesellschaftsvertrag ausgeschlossen ist. Häufig sieht die Satzung vor, dass eine Abtretung von weiteren Voraussetzungen abhängig ist, etwa dass der Geschäftsanteil zunächst den weiteren Gesellschaftern anzubieten ist (§ 15 Abs. 5 GmbHG). Damit wird den weiteren Gesellschaftern die Möglichkeit gegeben, den Eintritt fremder Gesellschafter zu verhindern.

Der Abtretung, d. h. dem dinglichen Übergang des Geschäftsanteils auf den Erwerber wird zumeist ein Kaufvertrag zugrunde liegen. Ob der Veräußerer eines Geschäftsanteils tatsächlich der Eigentümer des Anteils ist, lässt sich (anders als beim Grundbuch) auch nicht aus den Handelsregisterakten feststellen. Der Käufer kann den Anteil jedoch gutgläubig erwerben, wenn der Verkäufer in der Gesellschafterliste (Rz. 993) mit seinem Anteil verzeichnet ist. Auch treten die Rechtswirkungen der Abtretung sofort ein und nicht etwa erst mit der Anzeige oder der Eintragung wie im Grundstücksverkehr. Damit ist dem Notar die Kaufpreisüberwachung nicht möglich.

Formulierungsbeispiel (Abtretung mit Kauf) 992
Urkundseingang (Niederschrift):
Die Erschienenen erklären zur öffentlichen Urkunde
Verkauf und Abtretung eines GmbH-Anteils
I. Der Verkäufer hält an der... (Firma) in ... (Ort) einen Geschäftsanteil von ... EURO (Nr. 1 der Gesellschafterliste). Der Notar hat sich über die Eintragung des Verkäufers in der Gesellschafterliste unterrichtet. Der Geschäftsanteil ist voll einbezahlt, was der Verkäufer hiermit zusichert. Er sichert weiterhin zu, dass der Geschäftsanteil ordnungsgemäß und ohne Verstoß gegen das Verbot der verschleierten Sacheinlage einbezahlt bzw. erbracht wurde, der Geschäftsanteil nicht mit Rechten Dritter belastet ist und er über den Geschäftsanteil frei verfügen kann.
Die Notarin hat den Erwerber darauf hingewiesen, dass er nach § 16 Abs. 2 GmbHG für die zur Zeit der Anmeldung der Veräußerung bei der Gesellschaft auf den Geschäftsanteil rückständigen Leistungen als Gesamtschuldner neben dem Veräußerer haftet. Dies gilt insbesondere auch für den Fall, dass ein Geschäftsanteil nicht ordnungsgemäß erbracht wurde, z. B. eine Bareinlage durch eine verschleierte Sacheinlage. Den Veräußerer hat die Notarin darauf hingewiesen, dass er für derartige rückständige fällige Leistungen als Gesamtschuldner neben dem Erwerber verhaftet bleibt. Weiterhin haftet der Veräußerer hilfsweise auch in den Fällen der §§ 22, 28 GmbHG.
II. Der Verkäufer verkauft den bezeichneten Geschäftsanteil an den Käufer zum Preis von ... EURO, in Worten: ... EURO. Der Kaufpreis ist fällig. Der Verkäufer bestätigt den Empfang eines Verrechnungsschecks über die Kaufsumme.
Der Käufer unterwirft sich wegen der Zahlung des Kaufpreises der sofortigen Zwangsvollstreckung in sein gesamtes Vermögen. Dem Verkäufer kann jederzeit auf Antrag ohne weiteren Nachweis der die Entstehung und die Fälligkeit der

Forderung begründenden Tatsachen eine vollstreckbare Ausfertigung dieser Urkunde erteilt werden.

III. Der bezeichnete Geschäftsanteil wird hiermit an den Käufer abgetreten, der die Abtretung annimmt.

Die Notarin hat auf die Risiken der Abtretung vor Zahlung des Kaufpreises hingewiesen, auch darauf, dass diese Risiken durch vorherige Einzahlung des Kaufpreises auf Treuhandkonto und dann nachfolgende Abtretung oder aufschiebend bedingte Abtretung vermieden werden können.

IV. Den Beteiligten ist bekannt, dass nach jeder Veränderung in der Person eines Gesellschafters oder im Umfang seiner Beteiligung eine neue Gesellschafterliste beim Handelsregister einzureichen ist.

V. Der Gewinn für das laufende Geschäftsjahr steht dem Käufer zu.

VI. Die Gesellschaft hat (keinen) Grundbesitz. Die Notarin hat darauf hingewiesen, dass bei Vorliegen von Grundbesitz die Vereinigung aller Anteile in der Hand des Käufers oder mit ihm verbundene Unternehmen der Grunderwerbsteuer unterliegt.

Sie hat weiter darauf hingewiesen, dass der gutgläubige Erwerb von Geschäftsanteilen einer GmbH nur möglich ist, wenn der Veräußerer in der Gesellschafterliste eingetragen ist. Auch in diesem Fall setzt der gutgläubige Erwerb u. a. voraus, dass die Unrichtigkeit der Gesellschafterliste dem wahren Berechtigten nicht zuzurechnen ist.

VII. Die Kosten dieses Vertrages trägt der Käufer.

Je eine beglaubigte Abschrift ist den Beteiligten, eine beglaubigte Abschrift ist der Gesellschaft zur Anmeldung zu Händen des Verkäufers zu erteilen.

Die Abtretung ist dem Finanzamt und dem Registergericht durch die Notarin anzuzeigen. Die vorstehende Niederschrift wurde den Erschienenen von der Notarin vorgelesen, von ihnen genehmigt und wie folgt eigenhändig unterschrieben:

...

993 Der Erwerb des Geschäftsanteils ist nicht von der Eintragung in das Handelsregister oder in die Gesellschafterliste abhängig.

Der Geschäftsführer hat jedoch eine Veränderungsanzeige gegenüber dem Registergericht durch Übersendung einer Gesellschafterliste abzugeben. Der die Abtretung beurkundende Notar hat die Liste zu unterschreiben und dem Handelsregister sowie der Gesellschaft zu übermitteln (§ 40 Abs. 2 GmbHG).

Muster einer Gesellschafterliste nach § 40 Abs. 2 GmbHG:
Liste aller Gesellschafter:

Name der Gesellschafter   lfd. Nr. des Geschäftsanteils   Nennbetrag in EUR

* Vor- und Zuname, Geburtstag, Wohnort ** Nummer * * Betrag *

Bescheinigung gemäß § 40 Abs. 2 Satz 2 GmbHG

Ich bescheinige hiermit, dass die vorstehende Gesellschafterliste den Veränderungen entspricht, an denen ich durch meine Urkunde vom heutigen Tage – Urk.Rolle 972/2008 -mitgewirkt habe, und dass die übrigen Angaben in der Liste mit dem Inhalt der zuletzt im Handelsregister aufgenommenen Liste übereinstimmen.
　　* Ort, Datum, Dienstsiegel und Unterschrift des Notars *

Auch der Notar hat dem Registergericht die Übertragung eines Geschäftsanteils anzuzeigen (§ 40 Abs. 1 S. 2 GmbHG). Die Übersendung einer Abschrift ist dagegen nicht erforderlich, es wird sogar dringend davon abgeraten, da das Handelsregister von jedermann einsehbar ist. Es wird auf die Verschwiegenheitspflicht des Notars verwiesen (insbesondere auf die Höhe des Kaufpreises). Weiter hat der Notar die Pflicht, die Übertragung durch Übersendung einer beglaubigten Abschrift der Urkunde dem Finanzamt anzuzeigen (§ 54 EStDV).

IV. Die elektronische Handelsregisteranmeldung

1. Grundlagen der Übermittlung

Gemäß § 12 Abs. 1 HGB sind Anmeldungen zur Eintragung in das Handelsregister elektronisch in öffentlich beglaubigter Form einzureichen. Durch die elektronische Handelsregisteranmeldung hat die Bearbeitung der Anmeldungen durch die Registergerichte nach § 25 HRV unverzüglich zu erfolgen.

　Um die unverzügliche Bearbeitung durch die Registergerichte zu gewährleisten, wird von den Notariaten nicht nur die Handelsregisteranmeldung und die dazugehörigen Unterlagen (wie Gesellschaftervertrag, Liste der Gesellschafter) in elektronischer Form an das Registergericht übermittelt, sondern weiterhin eine Zusatzdatei (XML-Datei) erstellt und übermittelt. In dieser Zusatzdatei werden vom Notar bereits alle eintragungsbedürftigen Daten an das Registergericht übermittelt. Das Registergericht greift auf diese XML-Datei zurück und nimmt auf deren Grundlage die Eintragung im Handelsregister vor.

994

2. Schritte der elektronischen Handelsregisteranmeldung

a) Erstellen eines elektronischen Dokumentes

995 Nachdem die Handelsregisteranmeldung beim Notar beglaubigt wurde, muss die Papierurkunde in eine elektronische Urkunde umgewandelt werden. Dazu stehen zwei Wege offen:
    Die vollständige Papierurkunde wird mittelt eines Scanners in eine Bilddatei umgewandelt (.tiff).
    Aus der Urkunde wird eine »elektronische Leseabschrift« mit »gez. Name« »Notar, LS« erstellt und als Textdatei erstellt.
    In der Praxis hat sich wohl die Bilddatei durchgesetzt.

Die Umwandlung der Papierdokumente in elektronische Dokumente (nicht die Signatur) darf vom Notarmitarbeiter vorgenommen werden. Im Signaturprogramm »SigNotar« ist hierfür ein Mitarbeiterarbeitsplatz eingerichtet. Da nicht jedes elektronisches Dokument elektronisch beglaubigt werden muss, ist bei der Umwandlung in die elektronischen Dateien in zwei Varianten zu unterscheiden:

Gemäß § 12 Abs. 2 S. 2 Hs. 2 HGB ist lediglich für notariell beurkundete Dokumente oder öffentlich beglaubigte Abschriften die elektronische Signatur erforderlich, also beispielsweise der Gesellschaftervertrag sowie die Handelsregisteranmeldung. Bei der Umwandlung ist hier bereits der Beglaubigungsvermerk für die elektronische Beglaubigung anzufügen (die eigentliche Beglaubigung durch den Notar erfolgt im Schritt 2, der Signatur).

996 **Formulierungsbeispiel (für elektronische Beglaubigung einer notariellen Urkunde)**
..., den15.02.2008
Hiermit beglaubige ich die Übereinstimmung, der in dieser Datei enthaltenen Bilddaten (Abschrift) mit dem mir vorliegenden Papierdokument (Urschrift).
Mustermann
Notar

997 Alle weiteren Dokumente, z. B. die erste Liste der Gesellschafter oder das Protokoll des Gesellschafterbeschlusses für die Abberufung und/oder Bestellung eines Geschäftsführers, welche nur der Schriftform bedürfen, sind nach § 12 Abs. 2 S. 2 Hs. 1 HGB nicht elektronisch zu beglaubigen. Diese Dokumente werden also lediglich in eine elektronische Datei umgewandelt, welche jedoch nur durch den Notar signiert werden müssen.

b) Signieren der Handelsregisteranmeldung und der für die Anmeldung erforderlichen Dokumente

998 Die erstellten elektronischen Dateien müssen gemäß § 39a BeurkG elektronisch beglaubigt werden. Dazu benötigt der Notar eine Signaturkarte. Diese muss bei der Bundesnotarkammer beantragt werden und wird auf den Notar selbst ausgestellt. Die Signaturkarte des Notars enthält das Zertifikat, welches

Namen und Vorname beinhaltet und das Attribut, die berufsrechtliche Zulassung als Notar. Die Signaturkarte ist von der Bundesnotarkammer »zertifiziert«, also bescheinigt worden, sie ist also mit einem elektronischen Ausweis vergleichbar.

Mit der elektronischen Beglaubigung der mit Schritt 1 erstellten elektronischen Dokumente durch entsprechende Software (z. B. SigNotar) wird das Dokument mit einer qualifizierten elektronischen Signatur nach § 2 Nr. 3 SigG versehen. Diese qualifizierte elektronische Signatur unter das elektronische Dokument ersetzt die Unterschrift und das Siegel des Notars auf dem Papierdokument. Mit der elektronischen Signatur wird zusätzlich zu dem im Schritt 1 erstellten elektronischen Dokument eine zweites Datei über die Signatur erstellt. Beide Dateien werden an das Handelsregister elektronisch übermittelt, wobei im Handelsregister nur die erste Datei, die elektronische Datei (ohne jegliche Signatur) öffentlich einsehbar und abrufbar ist. Aus diesem Grunde darf der Notar keine Signatursoftware verwenden, bei der die elektronische Datei mit der elektronischen Signatur-Datei zu einer untrennbaren Datei verschmelzen.

Das Signieren der Dokumente erfolgt durch den Notar unter Verwendung seiner Signaturkarte und durch Eingabe der persönlichen PIN. Achtung: Nur persönlich vom Notar signierte Dateien sind wirksam. Auch bei Zeitdruck sollte nie die Eingabe der PIN durch einen Notarmitarbeiter erfolgen, die so erstelle Signatur-Datei ist ungültig!

c) Erstellen der XML-Datei

Seit 2007 müssen grundsätzlich Handelsregisteranmeldungen in elektronischer Form den Registergerichten übermittelt werden. Zusätzlich zu den elektronischen Daten soll eine XML-Datei übermittelt werden, die die für die automatische Bearbeitung durch das Registergericht benötigten Daten enthält. Diese XML-Datei kann unabhängig von Betriebssystemen und Anwendersoftware der Gerichte und Notare ausgelesen werden. Diese Datei entspricht einem Formular, sie wird vom Notariat erstellt und enthält alle fachbezogenen Daten für den anzumeldenden Vorgang und kann dann vom Registergericht automatisch ausgelesen werden und ermöglicht dem Registergericht die unverzügliche Eintragung im Handelsregister. Die Erstellung dieser XML-Datei ist daher relativ anspruchsvoll.

999

Mit der entsprechenden Software (z. B. XNotar) wird die XML-Datei schrittweise entsprechend der Bedürfnisse der Registeranmeldung erstellt.

In der Maske der Grunddaten werden die UR-Nr., das Registergericht sowie das Aktenzeichen des Registergerichtes bzw. die HR-Nr. angegeben. Bei einer Anmeldung zu einer Ersteintragung wird unter *Aktenzeichen: RegNeu* angegeben. Das Programm erkennt dann in der nächsten Maske der Anmeldefälle automatisch, dass beispielsweise bei einer GmbH nur noch die Ersteintragung einer GmbH möglich ist. Wird bei den Grunddaten eine HRA-Nr. angegeben, werden in der Anmeldemaske nur noch Anmeldemöglichkeiten für den Einzelkaufmann(frau) und für die Kommanditgesellschaft angeboten. Weiterhin werden immer die Daten des Rechtsträgers, der Gesellschaft, abgefragt. Diese können auch aus der Anwendersoftware exportiert werden, um die umständliche Handeingabe zu ersparen. Weiter werden die Fachdaten zur entsprechenden Handelsregisteranmeldung abgefragt, wie z. B. neue Beteiligte (Geschäftsführer, persönlich haftende Gesellschafter), die allgemeine und die konkrete Vertretungsregelung, der Gegenstand der Gesellschaft, das Stammkapital; also alle die Daten, die später im Registerauszug ersichtlich sind. Im nächsten Punkt werden die elektronischen Dokumente als Anlage beigefügt (in signierter oder unsignierter Form, entsprechend den Erfordernissen). Sobald alle Daten eingegeben sind, kann die erstellte XML-Datei versandt werden. Der Versand erfolgt jedoch nicht direkt an das entsprechende Registergericht, sondern die Daten werden erst einmal an den »Versand-Client« abgegeben.

1000 Beispiel einer XML-Datei zur Gründung einer XY-Datei
Registeranmeldung UR 0815/2007
Verfahrens- und Sendungsdaten

Amtsgericht	Frankfurt/Oder
Sachgebiet	Handelsregister
Aktenzeichen	RegNeu
Gegenstand	RegNeu;XY-GmbH;Ersteintragung einer GmbH

Beteiligte
XY-GmbH

Rolle	Rechtsträger
Rechtsform	Gesellschaft mit beschränkter Haftung
Sitz	
Ort	Frankfurt/Oder
Staat	Deutschland

Aktuelle Anschrift

Straße, Nr.	Hauptstraße 10
PLZ, Ort	15230 Frankfurt/Oder
Staat	Deutschland

Dr. Walter Neumann

Rolle	Notar(in)

Aktuelle Anschrift

Straße, Nr.	Straße 5

IV. Die elektronische Handelsregisteranmeldung

PLZ, Ort	12345 Musterstadt
Staat	Deutschland
Telekommunikation	
Art	Telefon
Verbindung	+49 0815 99999
Zusatz	dienstlich
Max Mustermann	
Rolle	Geschäftsführer(in)
Geburt	
Geburtsdatum	01.01.1950
Aktuelle Anschrift	
Straße, Nr.	Hauptstraße 10
PLZ, Ort	15230 Frankfurt/Oder
Staat	Deutschland
Dokumente	
C:\Signotar-Daten\ … \Signiert\XY-GmbH Gründung.tiff	
Dokumenttyp	Gesellschaftervertrag mit Beschluss Bestellung Geschäftsführer
UR.-Nr./Zeichen	0814/2007
Dokumentdatum	01.10.2007
Stichtag	
Dokumentdatei	
Dateiname	C:\Signotar-Daten\ … \Signiert\XY-GmbH Gründung.tiff
Dateiformat	TIFF
Signaturdatei	
Dateiname	C:\Signotar-Daten\ … \Signiert\XY-GmbH Gründung.tiff.pkcs7
Dateiformat	PKCS#7
C:\Signotar-Daten\ … \Signiert\XY-GmbH HRA.tiff	
Dokumenttyp	Anmeldung
UR.-Nr./Zeichen	0815/2007

Dokumentdatum	01.10.2007
Stichtag	
Dokumentdatei	
Dateiname	C:\Signotar-Daten\...\Signiert\Y-GmbH HRA.tiff
Dateiformat	TIFF
Signaturdatei	
Dateiname	C:\Signotar-Daten\...\Signiert\XY-GmbH HRA.tiff.pkcs7
Dateiformat	PKCS#7
C:\Signotar-Daten\...\Unsigniert\XY-GmbH Liste.tiff	
Dokumenttyp	Liste der Gesellschafter
Dokumentdatum	01.10.2007
Stichtag	
Dokumentdatei	
Dateiname	C:\Signotar-Daten\...\Unsigniert\XY-GmbH Liste.tiff
Dateiformat	TIFF
Anmeldungsbezogene Fachdaten	
Ersteintragung einer GmbH	
Allgemeine Vertretung	
Vertretungsbefugnis	Ist nur ein Geschäftsführer bestellt, so vertritt er die Gesellschaft allein. Sind mehrere Geschäftsführer bestellt, so wird die Gesellschaft durch zwei Geschäftsführer oder durch einen Geschäftsführer gemeinsam mit einem Prokuristen vertreten.
Befreiung von 181 BGB	
Mehrfachvertretung	ja
Selbstkontrahieren	ja
Vertretungsregelung für Geschäftsführer(in) Max Mustermann	
Vertretungsbefugnis	einzelvertretungsberechtigt

IV. Die elektronische Handelsregisteranmeldung

Befreiung von 181 BGB	
Mehrfachvertretung	ja
Selbstkontrahieren	ja
Gegenstand oder Geschäftszweck	Gegenstand des Unternehmens ist der An- und Verkauf von gebrauchten Kraftfahrzeugen.
Stammkapital	25000,00 EUR
Dauer der Gesellschaft	unbestimmt

d) Versand der elektronischen Dateien und der XML-Datei an das Elektronische Verwaltungspostfach (EGVP)

Das Elektronische Verwaltungspostfach ist kein Postfach im herkömmlichen Sinne, sondern eine Software, mit der Gerichte und Behörden mit ihren »Kunden« (Antragsstellern) sicher elektronische Post austauschen können. Diese elektronische Post kann mit Anlagen versehen sein und kann elektronisch signiert werden. Der Versand von Daten über das EGVP hat gegenüber dem Versand von Daten per E-Mail den entscheidenden Vorteil der Sicherheit. Während der Versand per E-Mail mit dem Versand von einfachen Postkarten verglichen werden kann, ist der Versand über das EGVP mit dem Versand von Einschreiben mit Rückschein gleichzusetzen. 1001

Die im vorherigen Punkt erstellte XML-Datei wurde bereits an den EGVP-Client abgegeben. Mit dem EGVP-Client kann nun die »elektronische Registeranmeldung« an das entsprechende Registergericht elektronisch versandt werden. Dazu muss die sich im Postausgang des EGVP-Client befindliche Nachricht noch einmal von Notar signiert werden. Danach kann der elektronische Versand erfolgen.

Nach dem erfolgreichen Versand wird eine Kopie in den Ordner »gesendete Nachrichten« gestellt. In diesem Ordner sind alle gesendeten Nachrichten aufgeführt. Es empfiehlt sich, für jede gesendete Nachricht das Sendeprotokoll auszudrucken und zur entsprechenden Handakte der Registeranmeldung zu nehmen.

Formulierungsbeispiel (für elektronische Beglaubigung einer notariellen Urkunde): 1002

Sendeprotokoll

Nachrichtenkennzeichen	EGVP GP1120307671747439172335*****-****
Nachrichtentyp	HR-Beteiligter
Aktenzeichen des Empfängers	*

Teil F Beurkundungen im Handels-, Gesellschafts- und Vereinsrecht

	Aktenzeichen des Absenders	*
	Eingang auf dem Server (Ende des Empfangsvorgangs)	Mi, 10.10.2007 13:00:35
	Name des Intermediärs (Verschlüsselungszertifikat)	EGVP Gerichte
	Name des Intermediärs (Signaturzertifikat)	LDS NRW OSCI Manager EGVP 1
Absender		
	Name laut Visitenkarte	Neumann
	Name laut Zertifikat	Neumann
	Herausgeber des Zertifikats	Neumann
	Gültigkeitszeitraum	Mo, 01.01.2007 09:00:00 bis Mo, 31.12.2007 09:00:00
Empfänger		
	Name laut Visitenkarte	Amtsgericht Frankfurt/Oder
	Name laut Zertifikat	Amtsgericht Frankfurt/Oder
	Herausgeber des Zertifikats	Amtsgericht Frankfurt/Oder
	Gültigkeitszeitraum	Mo, 01.01.2007 11:00:00 bis Mo, 31.12.2007 11:00:00
Unterzeichner		
	Name laut Zertifikat	Walter Neumann
	Herausgeber des Zertifikats	CA BNotK 3:PN
	Qualifiziertes Zertifikat?	ja
	Gültigkeitszeitraum	Mo, 01.01.2007 10:00:00 bis Mo, 31.12.2007 23:00:00
Übermittelte Dokumente		

Name	zuletzt geändert	Größe
XY-GmbH HRA.tiff	Fr, 15.02.2008 13:03:32	109,5 kB
XY-GmbH HRA.tiff.pkcs7	Mi, 10.10.2007 13:03:32	3,3 kB
XY-GmbH Liste.tiff	Mi, 10.10.2007 13:03:32	11,3 kB
XY-GmbH Gründung.tiff	Mi, 10.10.2007 13:03:32	364,2 kB
XY-GmbH Gründung.tiff.pkcs7	Mi, 10.10.2007 13:03:32	3,3 kB

V. Beurkundungen im Vereinsrecht

1. Begriff des Vereins

Der eingetragene *Verein* ist ein auf Dauer angelegter körperschaftlich organisierter Zusammenschluss von Personen, die ein gemeinschaftliches Ziel verfolgen. Im Unterschied zur GbR oder dem nichtrechtsfähigen Verein hat der (eingetragene) Verein eine eigene Rechtspersönlichkeit und ist damit Träger von Rechten und Pflichten im eigenen Namen. Im Vergleich zu den Kapitalgesellschaften ist der Verein jedoch nicht auf einen wirtschaftlichen Geschäftsbetrieb ausgerichtet. **1003**

Er hat die folgende Struktur: **1004**

– die Führung eines Namens
– Vertretung durch den Vorstand
– Willensbildung durch Beschlussfassung der Mitglieder
– Möglichkeit eines Wechsels im Mitgliederbestand ohne Auswirkung auf die Rechte und Pflichten des Vereins.

Zur Erlangung der Rechtsfähigkeit bedarf es der Eintragung in das Vereinsregister. Bei fehlender Eintragung ist der Verein als sog. nichtrechtsfähiger Verein nicht selbst Träger von Rechten und Pflichten, diese stehen vielmehr den Mitgliedern gemeinschaftlich zu.

Teil F Beurkundungen im Handels-, Gesellschafts- und Vereinsrecht

1005 Muster Vereinsregister

Amtsgericht **Wernigerode** Abschrift
In das Vereinsregister ist unter Nr. 119 eingetragen worden: 07. März Betr.

Nr. der Eintragung	a) Name b) Sitz des Vereins	Vorstand Liquidatoren	Rechtsverhältnisse (Satzung, Vertretung, Auflösung, Entziehung der Rechtsfähigkeit, Konkurs usw.)	a) Tag der Eintragungen b) Bemerkungen
2		Alfred Hanika in Elbingerode, geb. am 27. Juli 1951 – Vorsitzender – Ilona Henniges in Elbingerode, geb. am 16. September 1961 – stellv. Vorsitzende –	§ 9 (3) der Satzung wird dahin ausgelegt, dass der Vorstand im Sinne des § 26 BGB der Vorsitzende und der stellv. Vorsitzende sind. Jeder ist allein vertretungsberechtigt. Volker Hinze und Erich Kunth sind aus dem Vorstand ausgeschieden. Alfred Hanika und Ilona Henniges wurden neu in den Vorstand gewählt. Fritz Scholleier, Erika Lierath, Lisa Kommerau, Karl-Heinz Oels und Gerda Bley gehören nicht mehr zum vertretungsberechtigten Vorstand und haben nie dazu gehört. Die schwarz unterstrichenen oder durch gestrichenen Eintragungen sind gerötet und gelten als gelöscht.	a) 07. März 2001 Dittrich b) Beschluß Blatt 17, 19 der Registerakten lfd. Nr. 1 Sp. 4 bzgl. Rechtsvertreter unter lfd. Nr. 2 Sp. 4 von Amts wegen berücksichtigt.

RS 174 Eintragungsdurchschrift zum Vereinsregister LSA – für 1994

V. Beurkundungen im Vereinsrecht

2. Errichtung des rechtsfähigen Vereins

Der Verein wird durch die Vereinbarung einer *Satzung* gegründet (§ 57 BGB), die von mindestens sieben Mitgliedern zu unterzeichnen ist (§ 56 BGB). 1006
Die Satzung ist nicht beurkundungsbedürftig, bedarf aber der Schriftform. Der Notar, der i. d. R. nur die Anmeldung zu beglaubigen hat, sollte gleichwohl die Satzung auf etwaige Mängel überprüfen, um Zwischenverfügungen oder die Zurückweisung des Antrags zu vermeiden.
Die Satzung muss folgenden Mindestinhalt haben (§ 57 BGB): 1007

– Name, Zweck und Sitz des Vereins,
– Erklärung, dass der Verein eingetragen werden soll.

Die Satzung soll weiterhin regeln (§ 58 BGB):

– Erwerb, Verlust und Inhalt der Mitgliedschaft,
– Bildung des Vorstandes, Vorstand im Sinne des § 26 BGB,
– Aufgaben und Arbeitsweise der Organe des Vereins, wie Voraussetzungen der Einberufung der Mitgliederversammlung,
– Beitragspflichten der Mitglieder.

Die Eintragung des Vereins erfolgt nur, wenn auch die Sollvorschriften des § 58 BGB erfüllt sind.

3. Vorstand

Der Verein muss zwingend einen *Vorstand* haben, der für den Verein wie ein gesetzlicher Vertreter handelt (§ 26 BGB). Auch die Zusammensetzung des Vorstandes muss in der Satzung geregelt sein (§ 58 Nr. 3 BGB). Der Vorstand kann aus einer oder mehreren Personen bestehen. Häufig wird ein sog. erweiterter Vorstand gebildet. In diesem Fall bedarf es zur Vertretung des Vorstands nicht der Mitwirkung aller Vorstandsmitglieder. 1008

Formulierungsbeispiel 1009
Der Vorstand besteht aus dem Vorsitzenden, dem stellvertretenden Vorsitzenden und dem Kassenwart.
Der Verein wird gesetzlich vertreten durch den Vorsitzenden oder dem stellvertretenden Vorsitzenden gemeinsam mit dem Kassenwart.

4. Erstanmeldung des Vereins

Nach der Gründung hat der Vorstand den Verein in das Vereinsregister anzumelden. Die Erstanmeldung hat nach verbreiteter Ansicht durch alle Vorstandsmitglieder zu erfolgen (§ 59 BGB). Die Anmeldung bedarf der öffentlichen Beglaubigung (§ 77 BGB). 1010
Zum zwingenden Inhalt der Anmeldung gehört nach § 64 BGB: 1011

– der Name und Sitz des Vereins,
– der Tag der Errichtung der Satzung,

Teil F Beurkundungen im Handels-, Gesellschafts- und Vereinsrecht

- die allgemeinen Vertretungsverhältnisse,
- die Mitglieder des Vorstandes mit Name, Geburtsdatum und Wohnsitz,
- die konkrete Vertretungsmacht der Mitglieder des Vorstandes.

1012 Der Anmeldung sind beizufügen:

- die Satzung in Urschrift mit mindestens sieben Unterschriften,
- die Satzung in Kopie,
- das Protokoll über die Bestellung des Vorstandes (Abschrift ausreichend).

1013 *Formulierungsbeispiel*
Amtsgericht Halle
– Vereinsregister –
06112 Halle (Saale)
Betr.: Neuanmeldung des Vereins »... e.V.« Wir, die Vorstandsmitglieder des vorbezeichneten in Gründung befindlichen Vereins, überreichen als Anlage
– die Satzung des Vereins vom 1.9.2008 in Ur- und Abschrift sowie
– eine Abschrift des Protokolls über die Gründungsversammlung der Mitglieder des Vereins vom 1.9.2008, aus dem sich auch unsere Bestellung zu Vorstandsmitgliedern ergibt, und melden den Verein und uns als Vorstand zur Eintragung in das Vereinsregister an.
Der Verein wird gesetzlich vertreten durch jedes Mitglied des Vorstandes einzeln. Die Vorstandsmitglieder ..., ... und ... vertreten den Verein mithin jeweils einzeln.
Eine Eintragungsnachricht wird an uns und an den beglaubigenden Notar erbeten.
Die Anschrift des Vereins lautet: ...
Die Kosten dieser Urkunde sind anzufordern von: ... Etwaiger Schriftwechsel hinsichtlich der gesetzlichen Erfordernisse ist unmittelbar mit dem Verein zu führen.

5. Die Anmeldung von Veränderungen

1014 Auch Änderungen der Satzung, des Vorstandes sowie die Auflösung des Vereins bedürfen der Anmeldung. Derartige Anmeldungen können etwa Wechsel im Vorstand, die Änderung der Satzung oder die Auflösung des Vereins betreffen.

Soll der Wechsel im Vorstand oder eine andere Änderung der Satzung angemeldet werden, ist darauf zu achten, dass die Beschlussfassung in Übereinstimmung mit der Satzung erfolgt, insbesondere auch die Einberufung der Mitgliederversammlung ordnungsgemäß erfolgt ist. Im Gegensatz zur Erstanmeldung reicht in diesem Fall die Anmeldung durch den satzungsmäßig vertretungsberechtigten Vorstand aus.

1015 *Formulierungsbeispiel*
Amtsgericht Halle – Vereinsregister – 06112 Halle (Saale)
Anmeldung der Änderung des Vorstandes des Vereins ... e.V.

> Ich, die alleinvertretungsberechtigte Vorsitzende des vorbezeichneten Vereins, überreiche als Anlage eine Abschrift des Protokolls der Mitgliederversammlung vom 1.9.2008 und melde zur Eintragung in das Vereinsregister an:
> Im Vorstand des Vereins haben sich folgende Änderungen ergeben:
> 1. Herr ... ist ausgeschieden
> 2. Zum neuen Vorsitzenden ist Frau ... gewählt worden.
> Frau ... ist zur Vertretung des Vereins allein berechtigt.
> Eine Eintragungsnachricht wird an uns und an den beglaubigenden Notar erbeten.
> Die Kosten dieser Urkunde trägt der Verein.
> Etwaiger Schriftwechsel hinsichtlich der gesetzlichen Erfordernisse ist unmittelbar mit dem Verein zu führen.
> Halle, ...
> ...
> (Es folgt der Vermerk.)

VI. Fragen- und Antwortkatalog zu Beurkundungen im Handels-, Gesellschafts- und Vereinsrecht

Fragen:

1. a) Welche Veränderungen sind bei einem rechtsfähigen Verein zum Vereinsregister anzumelden?
   b) Welche Unterlagen sind in welcher Form den Anmeldungen beizufügen?
   c) Wann werden die Veränderungen jeweils wirksam?
2. Ab welchem Zeitpunkt tritt die Haftungsbegrenzung eines Kommanditisten bei der KG ein?
3. Wie wird eine offene Handelsgesellschaft im Rechtsverkehr vertreten?
4. Wer muss die Prokura anmelden
   a) beim Einzelkaufmann?
   b) bei der GmbH?

Antworten:

zu 1.)

a) Jede Änderung des Vorstandes und Änderung der Satzung sind anzumelden (§§ 67, 71 BGB).
b) Bei Vorstandsänderungen ist eine Abschrift des Protokolls über die Mitgliederversammlung beizufügen (§ 67 Abs. 1 S. 2 BGB). Bei Satzungsänderungen ist das Protokoll in Ur- und Abschrift beizufügen (§ 71 Abs. 1 S. 3 BGB).
c) Vorstandsänderungen sind ab Durchführung der entsprechenden Wahl wirksam; die Eintragung im Vereinsregister ist nur deklaratorisch. Satzungs-

änderungen werden erst mit Eintragung im Vereinsregister wirksam (§ 71 Abs. 1 S. 1 BGB).

zu 2.)
Die Haftungsbegrenzung des Kommanditisten (§ 171 HGB) tritt erst mit der Eintragung der KG in das Handelsregister ein (§ 176 HGB).

zu 3.)
Die offene Handelsgesellschaft wird durch jeden Gesellschafter vertreten, wenn eine andere Vertretungsregelung nicht im Gesellschaftsvertrag vereinbart ist (§ 125 HGB).

zu 4.)

a) Die Prokura (§ 48 HGB) ist vom Inhaber des Handelsgeschäfts zum Handelsregister anzumelden (§ 52 HGB).

b) Die Prokura ist von dem oder den Geschäftsführer(n) zum Handelsregister anzumelden.

Teil G Kostenrecht

I. Einführung

1. Grundzüge des notariellen Kostenrechts

Der Notar berechnet für seine Tätigkeit Gebühren nach der *Kostenordnung* **1018**
(KostO). Sie gilt grundsätzlich in der gesamten Bundesrepublik Deutschland.
Der Europäische Gerichtshof hat jedoch erstmals mit Urteil vom 02.12.1997
entschieden, dass eine Gebühr, die das Registergericht für eine Eintragung in
das Handelsregister betreffend Kapitalgesellschaften erhebt, gegen europäisches Gemeinschaftsrecht, namentlich gegen die Gesellschaftssteuerrichtlinie, verstößt, wenn sie den Aufwand des Gerichts übersteigt. Nach einem
weiteren Urteil des EuGH (DNotZ 2002, 389) ist die Gesellschaftssteuerrichtlinie auf die Gebühren der badischen Amtsnotare anzuwenden (z. B. auf die
Kostenberechnungen von Verschmelzungsverträgen und GmbH-Gründungen). Keine Auswirkungen hat diese Entscheidung auf die Kosten der freiberuflichen Notare. Eine abschließende gesetzliche Regelung für die badischen
Amtsnotare fehlt noch (hierzu *Sandweg* NJW 2008, 410).

Nach dem Einigungsvertrag galt eine besondere Gebührenermäßigung für
Kostenschuldner, die ihren Wohnsitz oder Sitz der Hauptniederlassung, bei
einer Handelsgesellschaft den Sitz der Gesellschaft, in den neuen Bundesländern haben (siehe hierzu 2. Aufl. Rz. 432). Durch das Kostenrechtsmodernisierungsgesetz (KostRMoG) wurde durch Einfügung eines neuen Satzes bei
§ 162 KostO die Ermäßigungsvorschrift gem. Einigungsvertrag im Wege der
Rechtsangleichung mit Wirkung zum 01.07.2004 auch für das übrige Beitrittsgebiet aufgehoben, so dass diese Ermäßigungsbestimmung generell weggefallen ist.

Die nachstehende Darstellung soll einen ersten Überblick über das notarielle Kostenrecht verschaffen. Bei besonders schwierigen Notarkostenfragen
sind zusätzlich die *Kommentare zur Kostenordnung* heranzuziehen.

In der Vergangenheit war die Erstellung von Kostenrechnungen häufig deshalb schwierig, weil die Rechtsprechung der zuständigen Oberlandesgerichte
in den einzelnen Bundesländern sehr unterschiedlich und eine Vorlage an
den Bundesgerichtshof ausgeschlossen war (siehe hierzu die 1. Aufl. Rz. 803).
Das OLG Köln z. B. wertete eine Abrechnungspraxis des Notars als Dienstvergehen, wenn er Kostenberechnungen erstellt, die mit der Rechtsprechung des
für ihn zuständigen Kostensenats beim Oberlandesgericht nicht übereinstimmen, auch wenn seine Bewertung durch die Rechtsprechung eines anderen
Oberlandesgerichts gedeckt ist. Durch eine Änderung des § 156 Abs. 4 KostO
ist nunmehr gewährleistet, dass ein Oberlandesgericht die Kostenstreitfrage
dann dem Bundesgerichtshof zur Entscheidung vorlegen muss, wenn es von
der Rechtsprechung eines anderen Oberlandesgerichts abweichen will (Anwendung von § 28 Abs. 2 FGG). Die nach der Änderung der KostO vom BGH

Teil G Kostenrecht

getroffenen Entscheidungen haben inzwischen großen Einfluss auf die gefestigten Auffassungen im Kostenrecht genommen. Sie sind zum Teil heftig kritisiert worden (z. B. *Lappe* NotBZ 2006, 2002). Gleich, ob man der Auffassung des BGH zustimmt oder nicht, erfüllt jetzt die höchstrichterliche Auffassung des BGH das erklärte Ziel, das Kostenrecht zu vereinheitlichen. Die Sicht des BGH wird auch Einfluss auf die anstehende Reform der KostO nehmen.

Jeder Notarfachangestellte, der mit der Erstellung von Notarkostenrechnungen betraut ist, muss sich neben den Kommentaren und sonstigen Erläuterungsbüchern zum Notarkostenrecht auch mit der speziellen Rechtsprechung seines Land- und Oberlandesgerichts, gegebenenfalls durch regelmäßiges Studium der Fachzeitschriften (z. B. Das Juristische Büro, DNotZ u. a.) vertraut machen und diese bei der Erstellung der Kostenrechnungen anwenden. Die vom BGH inzwischen getroffenen Grundsatzentscheidungen hat er bei der Erstellung der Kostenberechnungen zu beachten und anzuwenden.

2. Überblick über die Kostenordnung

a) Allgemeine Vorschriften

1019 Bis zum Inkrafttreten des Beurkundungsgesetzes (01.01.1970) konnten neben den Notaren auch die Gerichte beurkunden, so dass die Gebühren der §§ 36 ff. KostO auch für die Beurkundungstätigkeiten der Gerichte erhoben wurden. Der Erste Teil der Kostenordnung (KostO) ist daher auch mit Gerichtskosten überschrieben. Nach der pauschalen Verweisung des § 141 KostO gelten die Vorschriften des Ersten Teils der KostO auch für die Notare. Trotz dieser pauschalen Verweisung sind für den Notar jedoch nur die §§ 2–59, 107, 109, 112 und 130–163 KostO maßgebend.

Die Kostenordnung ist zum 01.01.2002 auf »EURO umgestellt« (KostREuroUG vom 27.04.2001 BGBl. I S. 751 ff.) worden. Notarkostenrechnungen ab dem 01.01.2002 sind nur noch in EURO zu erstellen. Wegen der unterschiedlichen Fälligkeit der Notargebühren kann es in der Übergangszeit vor dem 01.01.2002 zu folgenden Anwendungsproblemen kommen:

1020 Notargebühren werden nach § 7 KostO fällig mit der Beendigung des gebührenpflichtigen Geschäfts. Somit werden fällig

- bei Beurkundung die Beurkundungsgebühren nach Unterzeichnung der Niederschrift,
- bei Unterschriftsbeglaubigungen die Beglaubigungsgebühren vor Aushändigung des Schriftstücks,
- Vollzugsgebühren nach § 146 KostO mit Beendigung der Vollzugstätigkeit des Notars (z. B. Eingang der Genehmigung beim Notar),
- Gebühren nach § 147 Abs. 2 KostO für betreuende oder gebührenpflichtige Nebentätigkeiten nach Beendigung der gebührenauslösenden Tätigkeit (z. B. die Gebühr für die Mitteilung der Kaufpreisfälligkeit mit der Absendung der entsprechenden Mitteilung an den Käufer).

I. Einführung

In der Praxis ist es weithin üblich, dass der Notar nach der Beurkundung des Kaufvertrages eine Gesamtkostenberechnung über sämtliche für den Kaufvertrag anfallenden Gebühren erstellt (einschließlich der Gebühren nach §§ 146 Abs. 1, 147 Abs. 2 KostO). Wurde so vom Notar gegen Ende des Jahres 2001 verfahren, so ist die Beurkundungsgebühr des § 36 Abs. 2 KostO zwar fällig gewesen, u. U. aber nicht die Gebühren nach §§ 146 Abs. 1, 147 Abs. 2 KostO, die jedoch vom Notar als Vorschuss nach § 8 KostO erhoben werden konnten. Für die richtige Kostenberechnung kommt es darauf an, wann die jeweiligen Gebühren nach § 7 KostO fällig sind (siehe oben). Ist die Vollzugsgebühr nach § 146 Abs. 1 KostO erst im Jahr 2002 fällig geworden, so ist diese Gebühr richtigerweise nach der neuen EURO-Tabelle nachzuberechnen.

1021

Beispiel
Kaufvertragsbeurkundung am 20.12.2001, Kaufpreis 500 000,00 DM. Der Notar erstellt im Jahr 2001 dem Käufer noch folgende Kostenrechnung (ohne Auslagen und Umsatzsteuer):
Geschäftswert (§ 20 Abs. 1 KostO):   500 000,00 DM
Gebühr §§ 32, 36 Abs. 2 KostO (20/10)   1 720,00 DM
Gebühr §§ 32, 146 Abs. 1 KostO (5/10)   430,00 DM
Zur Durchführung des Vertrages ist die Genehmigung nach dem Grundstücksverkehrsgesetz erforderlich, die am 20.02.2002 beim Notar eingeht. Die Vollzugsgebühr nach § 146 Abs. 1 KostO wird somit ebenfalls erst am 20.02.2002 fällig. Die bereits vom Notar angesetzte Gebühr über 430,00 DM gilt als Vorschuss nach § 8 KostO. Der Notar hat dem Käufer somit nach dem 20.02.2002 folgende berichtigte **Kostenberechnung** zu erteilen (ohne Auslagen und Umsatzsteuer):
Geschäftswert (§ 20 Abs. 1 KostO): 500 00,00 DM

Gebühr §§ 32, 36 Abs. 2 KostO (20/10)
= 1720,00 DM = nach Umrechnung   879,42 EURO
Geschäftswert: 500 000,00 DM = nach
Umrechnung: 255 645,94 EURO
Gebühr §§ 32, 146 Abs. 1 KostO   223,50 EURO

zuzüglich Dokumentenpauschale, Postentgelte und Umsatzsteuer.

Der Gebührenunterschied bei der Vollzugsgebühr beträgt 7,13 DM (223,50 EURO = nach Umrechnung: 437,13 DM).

1022

Die bisherigen Rundungsvorschriften, nach denen Gebührenbeträge auf volle 0,10 DM zu runden waren, sind weggefallen. Eine gegebenenfalls notwendige Rundung erfolgt künftig ausschließlich nach kaufmännischen Regeln (Aufrundung auf 0,01 EURO ab 0,5 Cent).

1023

b) Geschäftswert

1024 Die Gebühren der KostO sind in der Regel *Wertgebühren*, d. h., Voraussetzung einer Kostenberechnung ist der Ansatz des richtigen Geschäftswertes. Nach § 18 Abs. 1 KostO werden die Gebühren nach dem Wert berechnet, den der Gegenstand des Geschäfts zur Zeit der Fälligkeit der Gebühren hat (Geschäftswert). Der *Geschäftswert* richtet sich nach dem *Hauptgegenstand* des Geschäfts. Früchte, Nutzungen, Zinsen, Vertragsstrafen und Kosten werden nur berücksichtigt, wenn sie Gegenstand eines besonderen Geschäfts sind (§ 18 Abs. 2 KostO). In der Regel sind diese *Nebenleistungen* nicht Hauptgegenstand des Geschäfts, so dass sie bei der Geschäftswertberechnung nicht berücksichtigt werden.

1025 **Beispiel**
Der Grundstückseigentümer E bestellt für die Gläubigerin G eine Grundschuld in Höhe von 100 000 EURO nebst 15% Jahreszinsen ab dem 01.01.2008. Die Zinsen sind hier nur Nebenleistung zum Grundschuldkapital und werden bei der Geschäftswertberechnung nicht berücksichtigt. Geschäftswert: 100 000 EURO.

1026 Verbindlichkeiten, die auf dem Gegenstand lasten, werden bei der Ermittlung des Geschäftswertes nicht abgezogen (§ 18 Abs. 3 KostO).

Beispiel
Der Grundstückseigentümer E überträgt ein Hausgrundstück mit einem Verkehrswert von 250 000 EURO an seinen Sohn S. Auf dem Grundstück sind zwei Grundschulden über 100 000 EURO und 50 000 EURO eingetragen.Geschäftswert: 250 000 EURO.

1027 Ausnahmen von dem Abzugsverbot des § 18 Abs. 3 KostO (*Bruttoprinzip*) gelten für folgende Geschäfte:

– Testament und Erbvertrag, § 46 Abs. 4 KostO;
– Ehevertrag, § 39 Abs. 3 KostO;
– Erbscheinsantrag, §§ 49 Abs. 2, 107 Abs. 2 KostO.

1028 Der Geschäftswert beträgt höchstens 60 Millionen EURO, soweit nichts anderes bestimmt ist (§ 18 Abs. 2 S. 2 KostO). Dies gilt auch für nach § 44 Abs. 2 KostO zu ermittelnde Gesamtwerte (*Kageler/Schmidt-Reissig* JurBüro 2006, 516; *Tiedtke*, Notarkosten im Grundstücksrecht, 2. Aufl. Rn. 94 ff. mit Berechnungsbeispielen; a. A. *Filzek* JurBüro 2004, 579 und *Lappe* NJW 2005, 267). Wird die Zusammenbeurkundung von Rechtsgeschäften verlangt, die voneinander rechtlich völlig unabhängig sind, so ist zweifelhaft, ob der Kostenschuldner in den Genuß der Wertobergrenze des § 18 Abs. 1 S. 2 KostO gelangen kann (hierzu ausführlich *Tiedtke*, Notarkosten im Grundstücksrecht, 2. Aufl., Rn. 99 ff.). Zur Vermeidung von Streitigkeiten sollte der Notar schon im Vorfeld im Hinblick auf das Ansuchen der Beteiligten auf Zusammenbeurkundung nicht zusammen gehörender Erklärungen die Kostenfrage erörtern (*Tiedtke* aaO Rn. 101).

Mit der Schaffung der allgemeinen Geschäftswertobergrenze von 60 Millionen EURO ist der Auslagentatbestand des § 152 Abs. 2 Nr. 4 KostO verbunden worden, wonach die gezahlte Prämie für eine für den Einzelfall abgeschlossene Haftpflichtversicherung gegen Vermögensschäden im Rahmen der Auslagen geltend gemacht werden kann, soweit die Prämie auf Haftungsbeträge von mehr als 60 Millionen EURO entfällt (hierzu ausführlich mit Berechnungsbeispielen *Tiedtke/Fembacher* MittBayNot 2004, 317).

Die wichtigsten Wertvorschriften: 1029
- § 19 KostO: Wertvorschriften für Sachen mit der Regelung zum Wert für Grundstücke (Abs. 2) und zur Kostenprivilegierung für Land- und Forstwirte (Abs. 4),
- § 20 Abs. 1 KostO: Kaufverträge,
- § 20 Abs. 2 KostO: Vorkaufs-, Ankaufs- und Wiederkaufsrechte,
- § 21 KostO: Erbbaurecht, Wohnungseigentum, Wohnungserbbaurecht,
- § 22 KostO: Grunddienstbarkeiten,
- § 23 KostO: Pfandrechte, Grundschulden, Hypotheken und sonstige Sicherheiten, Rangänderungen,
- § 24 KostO: Wiederkehrende Nutzungen oder Leistungen,
- § 25 KostO: Miet- und Pachtrechte, Dienstverträge,
- § 30 KostO: Angelegenheiten ohne bestimmten Geschäftswert, nichtvermögensrechtliche Angelegenheiten,
- § 39 Abs. 4 KostO: u. a. Höchstwerte für Gesellschaftsverträge und Satzungen,
- §§ 41 a – 41 c KostO: Handelsregistersachen.

Ist der Geschäftswert ermittelt, lässt sich die Kostenberechnung unter Anwendung des richtigen Gebührensatzes (siehe nachstehend Rz. 1031 ff.) durch Ablesen der konkreten Gebühr aus der Gebührentabelle (§ 32 KostO – Anlage zur KostO) erstellen. 1030

Neben den Wertgebühren kennt die KostO noch folgende Gebühren:
- Mindestgebühren
Allgemein nach § 33 KostO = 10 EURO.
Nach § 55 Abs. 1 S. 2 KostO (Beglaubigung von Abschriften) – Ansatz eines Betrages in Höhe der Mindestgebühr des § 33 KostO = 10 EURO.
Nach § 149 Abs. 3 KostO (Hebegebühren) – Die Mindestgebühr beträgt hier 1 EURO.
- Festgebühren
§ 51 Abs. 2 KostO (Wegegebühr bei Wechsel- und Scheckprotesten) = 1,50 EURO
§ 147 Abs. 1 S. 1 KostO (Einsichtsgebühr) – Ansatz eines Betrages in Höhe der Mindestgebühr des § 33 KostO = 10 EURO.
§ 150 Nr. 1 KostO (Vertretungsbescheinigung) = 13 EURO.
§ 150 Nr. 2 KostO (Registerbescheinigung) = 25 EURO.

Teil G Kostenrecht

– Höchstgebühren
  § 45 Abs. 1 KostO (Beglaubigung von Unterschriften) = 130 EURO.
  § 47 S. 2 KostO (Beschlüsse von Gesellschaftsorganen) = 5000 EURO.
  § 57 KostO (Erfolglose Verhandlung) = 50 EURO.
  § 58 Abs. 1 KostO (Geschäfte außerhalb der Geschäftsstelle) = 30 EURO.
  § 58 Abs. 3 KostO (Geschäfte an Sonn- und Feiertagen und zur Nachtzeit) = 30 EURO.
  § 59 Abs. 1 KostO (Erklärungen in fremder Sprache) = 30 EURO.
  § 130 Abs. 2 KostO (Rücknahme eines Beurkundungsauftrages) = 20 EURO.

c) Gebührensätze

1031 Die Gebühren der KostO sind in aller Regel Wertgebühren. Für die Beurkundung bestimmter Geschäfte legt die KostO daneben einen bestimmten *Gebührensatz* fest, z. B. nach § 36 Abs. 1 KostO für die Beurkundung einseitiger Erklärungen die volle Gebühr (volle Gebühr oder 10/10 = Gebührensatz).

Der Notar berechnet somit nach der Tabelle der KostO aus dem Geschäftswert und dem Gebührensatz die für das einzelne Geschäft maßgebende Gebühr.

1032 **Die wichtigsten Gebührensätze der KostO sind:**

1. doppelte Gebühr – 20/10
   Verträge, z. B. Kaufvertrag, Übergabevertrag – § 36 Abs. 2 KostO
   Erbvertrag – § 46 Abs. 1 KostO;
   Gemeinschaftliches Testament – § 46 Abs. 1 KostO;
   Beschlüsse von Gesellschaftsorganen – § 47 S. 1 KostO.
2. eineinhalbfache Gebühr – 15/10
   Vertragsangebot – § 37 KostO.
3. volle Gebühr – 10/10
   Einseitige Erklärungen, z. B. Grundschuldbestellung mit Zwangsvollstreckungsunterwerfung – § 36 Abs. 1 KostO.
4. halbe Gebühr – 5/10
   Verträge und einseitige Erklärungen in besonderen Fällen, z. B. Genehmigungserklärung, Vertragsannahme, Vollmacht – § 38 Abs. 2 KostO.
5. viertel Gebühr – 5/20
   Unterschriftsbeglaubigungen – § 45 KostO,
   Erklärungen gegenüber dem Nachlassgericht – § 38 Abs. 3 KostO,
   Bestimmte familienrechtliche Erklärungen – § 38 Abs. 4 KostO.
6. einzehntel Gebühr – 1/10
   Einholung des Zeugnisses nach 28 Abs. 1 BauGB – § 146 Abs. 1 2. HS. KostO.

d) Auslagen

1033 Neben den Beurkundungs- und Beglaubigungsgebühren kann der Notar auch die Auslagen abrechnen. Auslagen sind

I. Einführung

- Dokumentenpauschale,
- Reisekosten,
- Sonstige Auslagen.

Im Einzelnen:

aa) Dokumentenpauschale
Eine *Dokumentenpauschale* wird erhoben für 1034

- Ausfertigungen oder Ablichtungen, die auf Antrag erteilt, angefertigt oder per Telefax übermittelt werden;
- Ausfertigungen und Ablichtungen, die angefertigt werden müssen, weil zu den Akten gegebene Urkunden, von denen eine Ablichtung zurückbehalten werden muss, zurückgefordert werden; in diesem Fall wird die bei den Akten zurückbehaltene Ablichtung gebührenfrei beglaubigt.

Die Dokumentenpauschale beträgt unabhängig von der Art der Herstellung (Fotokopie, Abschrift – jetzt allgemein genannt Ablichtung – der frühere Begriff »Abschrift« ist jedoch nach dem KostRMoG in der KostO nicht mehr zu finden, obwohl andere Gesetze, insbesondere das BeurkG, den Begriff noch weiter verwenden) in derselben Angelegenheit für die ersten 50 Seiten pro Seite 0,50 EURO, für jede folgende Seite 0,15 EURO (§ 136 Abs. 2 S. 1 KostO). Mit dem Begriff »Ablichtung« soll der Sprachgebrauch des Gesetzes dem technischen Fortschritt angepasst werden. 1035

Dieselbe Angelegenheit wird bezogen auf die einzelne Urkunde. Für jede einzelne Urkunde (Kaufvertrag, Grundschuldbestellung) sind also für die ersten 50 Seiten pro Seite 0,50 EURO, für jede folgende Seite 0,15 EURO zu berechnen.

Bei der Beurkundung von Verträgen wird für zwei Ausfertigungen oder Ablichtungen und bei sonstigen Beurkundungen (z. B. Grundschuldbestellungen) für eine Ausfertigung oder Ablichtung keine Dokumentenpauschale erhoben, § 136 Abs. 2 KostO. Bei Verträgen ist zusätzlich zu beachten, dass Veräußerer und Erwerber insgesamt nur ein Kontingent von 50 Seiten à 0,50 EURO zur Verfügung haben (nicht 2 × 50 Seiten à 0,50 EURO – BGH DNotZ 2007, 61)! Bei der Gründung einer Ein-Mann-GmbH ist nur eine Ausfertigung oder Ablichtung dokumentenpauschalefrei. Auch separate Auflassungsurkunden, die nach § 38 Abs. 2 Nr. 6 Buchst. a KostO zu berechnen sind, fallen unter § 136 Abs. 2 Nr. 1 KostO; es sind also auch hier 2 Exemplare dokumentenpauschalefrei.

Bei Urkunden in Beglaubigungsform (§ 45 KostO) wird jede beglaubigte oder einfache Ablichtung berechnet, da die Beglaubigung keine Beurkundung im Sinne von § 136 Abs. 2 S. 1 KostO ist.

Muss der Notar seine Gebühren nach § 144 KostO ermäßigen, so sind ebenfalls 2 bzw. 1 Exemplar dokumentenpauschalefrei.

Reicht der Notar einen bei ihm errichteten Erbvertrag in amtliche Verwahrung und behält der Notar auf Wunsch der Beteiligten eine beglaubigte Abschrift/Fotokopie (Ablichtung) zu seiner Urkundensammlung zurück, so ist hierfür eine Dokumentenpauschale nach § 136 Abs. 1 Nr. 2 KostO anzusetzen.

1036 Keine Dokumentenpauschale fällt an für

a) zur Urkundensammlung zu nehmende Vermerkblätter,
b) Abschriften bei der Aufnahme von Wechselprotesten,
c) die zur Urkundensammlung zu nehmende beglaubigte Abschrift/Fotokopie einer Unterschriftsbeglaubigung mit Entwurf.

1037 Fügt der Notar seiner Niederschrift den Vertretungsnachweis (Vollmacht) nur in der beglaubigten Abschrift bei (§ 12 S. 1 BeurkG), so steht ihm eine Dokumentenpauschale zu (aber keine Beglaubigungsgebühren nach § 55 KostO). Für die später im Rahmen des Urkundenvollzugs beim Grundbuchamt einzureichende beglaubigte Abschrift der Vollmachtsurkunde fällt dann zusätzlich eine Beglaubigungsgebühr nach § 55 KostO an, wenn es sich nicht um eine vom selben Notar (oder seinem Amtsvorgänger) aufgenommene Urkunde handelt. Dabei ist es unbeachtlich, ob die Beglaubigung der Vollmacht nur durch den Ausfertigungsvermerk gem. § 49 Abs. 3 BeurkG gedeckt ist, oder ob der Notar die Abschrift der Vollmacht getrennt beglaubigt.

Zur Beglaubigung von Schriftstücken nach § 55 KostO ausführlich *Bund* JurBüro 2004, 20.

Die Veräußerungsanzeige an das Finanzamt ist mit 0,50 EURO zu bewerten, dies gilt auch für die Anzeige nach § 8 ErbStDV (Vordruck der Finanzverwaltung für die Schenkungssteuer). Für die Verwahrungsanzeige an das Standesamt (z. B. Erbvertrag, Erbverzichtsvertrag) ist eine Dokumentenpauschale in Höhe von 0,50 EURO je Anzeige (Vordruck) zu berechnen (zu verwenden ist der Vordruck in der Neufassung der bundeseinheitlichen Anordnung über die Benachrichtigung in Nachlasssachen – § 34 BeurkG). Zu berechnen ist auch jede Ablichtung von Verträgen, die der Notar aufgrund amtlicher Mitteilungspflichten versenden muss (z. B. Schenkungssteuerstelle, Gutachterausschuss).

Für die Berechnung der Dokumentenpauschale kommt es nicht auf den Inhalt und Umfang der einzelnen Seite an. Jede angefangene Seite wird als volle Seite gezählt.

Das Verlangen eines Beteiligten auf Erteilung weiterer Urkundenabschriften in zeitlichem Abstand eröffnet eine neue Angelegenheit i. S. d. § 136 Abs. 3 KostO und damit ein neues Kontingent an Dokumentenpauschale zu je 0,50 EURO. Dabei ist noch zu beachten, dass die Berechnung der Seitenzahl zu je 0,50 EURO bei Verträgen erst mit der dritten, bei sonstigen Beurkundungen mit der zweiten Ausfertigung oder Ablichtung beginnt (§ 136 Abs. 2 Nr. 1 KostO). Verlangen die Vertragsbeteiligten vor der Beurkundung einen Vertragsentwurf, so sind auch die ausgehändigten Ablichtungen des Vertragsentwurfes dokumentenpauschalepflichtig im Sinne der vorsehenden Ausführungen. Hat z. B. der Notar einen Kaufvertrag über 8 Seiten 2-fach im Entwurf ausgehändigt und sind nach der Beurkundung 8 weitere Fotokopien (Ablichtungen) und Ausfertigungen des Kaufvertrages über 8 Seiten zu versenden, so sind insgesamt 8 Exemplare (2 Entwürfe + 8 Fotokopien/Ausferti-

gungen – 2 Freiexemplare) gebührenpflichtig = 8 × 8 = 64 Seiten = 27,10 EURO.
Für die Überlassung von elektronisch gespeicherten Daten (E-Mail – auch Datenträger wie CD-ROM, DVD, USB-Stick) fällt ohne Rücksicht auf den Umfang pro Datei 2,50 EURO an, daneben keine Dokumentenpauschale. Wird eine Datei gleichzeitig an mehrere Personen versandt, ist für jede übermittelte Datei die Pauschale von 2,50 EURO zu berechnen.
Kann der Kostenberechnung aufgrund der Bezeichnung der berechneten Auslagen (Dokumentenpauschale und Postauslagen) eindeutig entnommen werden, auf welchen Absatz oder welchen Gliederungspunkt der jeweils in ihrem Paragraphen benannten gesetzlichen Vorschrift die angesetzten Kosten beruhen, ist die Angabe des Absatzes oder Gliederungspunktes der Vorschrift entbehrlich (BGH MittBayNot 2007, 157).
Zur Dokumentenpauschale im elektronischen Rechtsverkehr siehe Rz. 1283 und 1284.

bb) Reisekosten

Für Geschäftsreisen, die der Notar im Auftrag eines Beteiligten vornimmt, erhält er *Reisekosten* nach Maßgabe des § 153 KostO (ausführlich *Bund* JurBüro 2005, 67). Reisekosten entstehen jedoch erst, wenn der Notar ein Geschäft außerhalb der politischen Gemeinde seines Amtssitzes vornimmt, nicht schon, wenn er außerhalb seiner Geschäftsstelle tätig wird. **1038**

> **Beispiel** **1039**
> Der Notar mit Amtssitz in Kassel erhält keine Reisekosten, solange er Beurkundungen in der Stadt Kassel vornimmt. Erst wenn er den (politischen) Stadtbereich von Kassel verlässt, kann er für vorgenommene Beurkundungen Reisekosten berechnen. Der Ansatz von Reisekosten, gerade in Großstädten, ist daher nicht häufig.

Als *Fahrtkosten* kann der Notar erstattet verlangen die tatsächlich entstandenen Kosten für ein öffentliches Verkehrsmittel oder bei Benutzung des eigenen Kraftfahrzeugs pro gefahrenen Kilometer 0,30 EURO zuzüglich etwaiger Parkgebühren (§ 153 Abs. 4 KostO). Die Wahl des Verkehrsmittels steht dem Notar frei. **1040**

Zusätzlich erhält der Notar als *Tage- und Abwesenheitsgeld* **1041**

a) bei einer Abwesenheit von nicht mehr als vier Stunden 20 EURO
b) bei einer Abwesenheit von vier bis acht Stunden 35 EURO
c) bei einer Abwesenheit von mehr als acht Stunden 60 EURO.

Nach § 153 Abs. 2 Nr. 2 KostO ist die Hälfte dieses Satzes auf die in § 58 Abs. 1 KostO bestimmte Zusatzgebühr anzurechnen. **1042**

> **Beispiel**
> Notar K mit dem Amtssitz in Hofgeismar nimmt eine Beurkundung in Grebenstein vor. Die Entfernung von Hofgeismar nach Grebenstein be-

trägt als einfache Entfernung 10 km. K fährt um 10 Uhr mit dem eigenen PKW los und ist um 12 Uhr wieder in seiner Kanzlei zurück. Geschäftswert der Urkunde: 100 000 EURO

Kostenberechnung

Gebühr § 58 Abs. 1 KostO	30,00 EURO
Gebühr § 153 Abs. 2 Nr. 2 KostO	10,00 EURO
Gebühr § 153 Abs. 4 KostO 20 km	6,00 EURO.

Das Tage- und Abwesenheitsgeld von eigentlich 20,00 EURO (bis 4 Stunden) ist zur Hälfte, somit in Höhe von 10,00 EURO auf die Zusatzgebühr des § 58 Abs. 1 KostO anzurechnen. In der Kostenrechnung erscheint daher die Gebühr des § 153 Abs. 2 Nr. 2 KostO nur mit 10,00 EURO.

1043 Beurkundet der Notar mehrere Geschäfte außerhalb seines Amtssitzes, so können die Reisekosten nach § 153 KostO insgesamt nur einmal berechnet werden. Sie sind dann auf die einzelnen Geschäfte angemessen zu verteilen (z. B. nach Geschäftswerten).

Reisen zu Sprechtagen außerhalb der Geschäftsstelle des Notars (§ 160 KostO) sind Amtspflichten, sie fallen nicht unter § 153 KostO. Daher entstehen auch keine Reisekosten.

Neben den eigentlichen »Reisekosten« des § 153 KostO erhält der Notar nach § 58 KostO Gebühren für Geschäfte außerhalb der Notarstelle sowie an Sonn- und Feiertagen und zur Nachtzeit. § 58 KostO erfasst alle »Beurkundungs- und ähnliche Geschäfte« des 2. Abschnitts der KostO, also die Geschäfte der §§ 36–57 KostO. Ferner gilt § 58 KostO auch bei der Anfertigung von Entwürfen (§ 145 KostO). Voraussetzung für die Auswärtsgebühr des § 58 Abs. 1 KostO ist, dass das gebührenpflichtige Geschäft außerhalb der Notarstelle vorgenommen wird. Räume, in denen Amts- und Sprechtage abgehalten werden, sind der Notarstelle gleichzusetzen, die Gebühr des § 58 Abs. 1 KostO fällt somit hier nicht an. Die Auswärtsgebühr entsteht auch dann, wenn das Geschäft im selben Gebäude, jedoch nicht unmittelbar in den Amtsräumen des Notars vorgenommen wird. Die Zusatzgebühr wird nur erhoben, wenn das gebührenpflichtige Geschäft selbst (z. B. die Beurkundung) außerhalb der Geschäftsstelle vorgenommen wird. Für Besprechungen außerhalb der Amtsräume des Notars fällt die Zusatzgebühr nicht an. Die Zusatzgebühr des § 58 Abs. 1 KostO beträgt 5/10, höchstens jedoch 30 EURO und darf die für das Geschäft selbst zu erhebende Gebühr nicht übersteigen (bei der Beglaubigungsgebühr nach § 45 KostO in Höhe von 5/20 kann auch die Zusatzgebühr des § 58 Abs. 1 KostO nur in Höhe von 5/20 angesetzt werden). Eine Auswärtsgebühr fällt dann nicht an, wenn der Notar das Geschäft aus Gründen, die in seiner Person liegen, außerhalb seiner Amtsräume vornimmt bzw. die auswärtige Tätigkeit für ihn keine Erschwernis, sondern eine Erleichterung bedeutet (z. B. Abnahme einer Unterschrift für eine Unterschriftsbeglaubigung seines Nachbarn auf dem Weg ins Büro). Werden mehrere Erklärungen in einer Verhandlung beurkundet, so wird die Gebühr nur einmal

I. Einführung

erhoben, und zwar, soweit die beurkundeten Erklärungen verschiedene Gegenstände betreffen, nach deren zusammengerechneten Wert.

Für Beurkundungen an Sonntagen und allgemeinen Feiertagen sowie an Werktagen außerhalb der Zeit von 8 bis 18 Uhr und an Sonnabenden nach 13 Uhr wird eine 5/10 Gebühr nach § 58 Abs. 3 KostO erhoben, die jedoch den Betrag von 30 EURO und die für das Geschäft selbst zu erhebende Gebühr nicht übersteigen darf (z. B. Unterschriftsbeglaubigung, Beispiel zu § 58 Abs. 1 KostO oben). Diese Zusatzgebühr darf nicht erhoben werden, wenn im betreffenden Notariat die üblichen Geschäftszeiten außerhalb von 8 Uhr bis 18 Uhr liegen oder der Notar von sich aus den Beurkundungstermin (z. B. wegen übergroßen Geschäftsanfalles) nach 18 Uhr legt.

Die Gebühren des § 58 KostO können in einer Urkunde mehrfach anfallen. Beurkundet der Notar einen Kapitalerhöhungsbeschluss über 200 000 EURO und die Übernahmeerklärung außerhalb der Notarstelle, so ist wie folgt abzurechnen:

1044

Geschäftswert: 200 000 EURO
Gebühr §§ 32, 47 KostO (20/10) für Kapitalerhöhungsbeschluss   714 EURO
Gebühr §§ 32, 58 Abs. 1 KostO (5/10)   30 EURO

Gebühr §§ 32, 36 Abs. 1 KostO (10/10) für Übernahmeerklärung   357 EURO
Gebühr §§ 32, 58 Abs. 1 KostO (5/10)   30 EURO.

§ 44 KostO ist beim gleichzeitigen Anfall von Gebühren nach §§ 36 und 47 KostO nicht anwendbar (siehe Rz. 1363).

cc) Sonstige Auslagen

Zu den *sonstigen Auslagen* zählen insbesondere die Postdienst- und Telekommunikationsdienstleistungen, §§ 137, 152 KostO. Der Notar berechnet hier jeweils die tatsächlich entstandenen Kosten (Briefporto, Kosten für Telefongespräche, Kosten für Telefaxsendungen).

1045

Echte »durchlaufende Posten«, z. B. die vom Notar eingelösten Gebühren, die bei einem anderen Notar entstanden sind, können nicht durch eine Kostenberechnung nach § 154 KostO eingefordert werden (Streifzug durch die Kostenordnung, 7. Aufl., Rn. 1481). Der Notar fordert diese außerhalb der »eigentlichen« Kostenberechnung vom entsprechenden Kostenschuldner an. Verauslagte Verwaltungskosten (z. B. für öffentlich-rechtliche Genehmigungen) können dagegen in die Kostenberechnung aufgenommen werden (*Lappe* NotBZ 2007, 42).

Dagegen können vom Notar verauslagte Grundbuchabrufgebühren und Einsichtsgebühren in das elektronische Handelsregister gem. § 154 Abs. 2 KostO mit der Kostenberechnung eingefordert und vollstreckt werden (OLG Zweibrücken MittBayNot 2006, 169; Streifzug aaO). Nach h. M. sollen die Grundbuchabrufgebühren und die Einsichtsgebühren in das elektronische Handelsregister der Umsatzsteuer unterliegen (zur Problematik zuletzt ausführlich *Sterzinger* NJW 2008, 1254). Diese Auffassung dürfte jedoch unzutreffend sein. *Lappe* (Rpfleger 2007, 594) nimmt richtigerweise an, dass der Notar jeweils für die Beteiligten nur »Verfahrensstandschafter« ist, mit der Folge, das Grundbuchabrufgebühren und Einsichtsgebühren in das elektronische Handelsregister nicht der Umsatzsteuer unterliegen.

Bei der automatisierten Grundbucheinsicht stehen dem Notar zwei Abrechnungsmethoden zur Verfügung. Entweder er wählt den Tarif nach der GBAbVfg und zahlt eine Einrichtungsgebühr in Höhe von 500 EURO, eine monatliche Grundgebühr in Höhe von 50 EURO sowie eine Abrufgebühr von 5 EURO je Grundbuchblatt. Alternativ kann er ein Entgelt nach § 85 Abs. 2 GBV vereinbaren. Die Einrichtungsgebühr wird in diesem Fall verrechnet, eine monatliche Gebühr entfällt und die Abrufgebühr beträgt 10 EURO je Grundbuchblatt. In diesen 10 EURO ist ein Verrechnungsbetrag von 2,50 EURO enthalten. Dieser Verrechnungsbetrag wird nicht mehr erhoben, sobald die bereits angefallenen Verrechnungsbeträge eine Summe von 500 EURO, also die Einrichtungsgebühr erreicht haben. Die Abrufgebühr abzüglich des Verrechnungsbetrages beträgt somit 7,50 EURO je Grundbuchblatt. Den Aufpreis von 2,50 EURO bei dem nach § 85 Abs. 2 GBV vereinbarten Tarif darf der Notar dem Kostenschuldner nicht berechnen (LG Paderborn, Beschluss vom 12.10.2007, 3 T 6/07, 3 T 8/07 und 3 T 9/07).

e) Umsatzsteuer

1046 Auf den Gesamtbetrag der Kostenrechnung (einschließlich der vorstehend beschriebenen Auslagen) hat der Notar nach § 151a KostO die gesetzliche Umsatzsteuer (von derzeit 19%) zu erheben. Eine Umsatzsteuer wird nicht erhoben auf vom Notar verauslagte Gerichtskosten, Verwaltungsgebühren etc.

Der Notar hat in der Kostenrechnung die ihm von seinem Finanzamt erteilte Steuernummer oder die ihm von Bundesamt für Finanzen erteilte Umsatzsteuer-Identifikationsnummer (USt-IdNr.) anzugeben.

Zur Umsatzsteuer bei Auslandsberührung siehe *Schubert* MittbayNot 2005, 357.

II. Einzelne Grundstücks- und Grundpfandrechtsgeschäfte

1. Kaufvertrag

a) Geschäftswertberechnung

1047 Neben derjenigen bei Grundpfandrechten ist die Abrechnung von Notargebühren für Grundstückskaufverträge im Kostenbereich des Notars die häufigste Tätigkeit für Notarfachangestellte.

Der Gebührensatz ist – wie bei jedem Vertrag – eine 20/10 Gebühr nach § 36 Abs. 2 KostO.

1048 Die Gebühr des § 36 Abs. 2 KostO gilt alles ab, was zu einem »normalen« Kaufvertrag gehört. Mit der Gebühr des § 36 Abs. 2 KostO sind also insbesondere abgegolten:

II. Einzelne Grundstücks- und Grundpfandrechtsgeschäfte

– das schuldrechtliche (obligatorische) Verpflichtungsgeschäft,
– das dingliche Erfüllungsgeschäft (die Auflassung),
– die Zwangsvollstreckungsunterwerfung des Käufers wegen des Kaufpreises,
– die Bewilligung der üblichen Auflassungsvormerkung einschließlich der Bewilligung ihrer Löschung Zug-um-Zug mit der Eintragung der Auflassung (Eigentumsumschreibung) im Grundbuch,
– die Abtretung von Auszahlungsansprüchen des Käufers an den Verkäufer zum Zwecke der Kaufpreissicherung,
– Durchführungsvollmachten, z. B. auf Notarfachangestellte.

Gegenstandsgleich nach § 44 Abs. 1 KostO mit dem Kaufvertrag und somit nicht gesondert zu bewerten sind alle zur Begründung, Sicherung und Erfüllung des Kaufvertrages dienenden Erklärungen der Vertragsparteien oder dritter Personen, sowie die Durchführungserklärungen. **1049**
Nicht zusätzlich zu bewerten sind deshalb z. B.

– die Zustimmung des Verkäufers zur Löschung der für ihn auf dem verkauften Grundbesitz eingetragenen Grundpfandrechte, auch wenn sie den Kaufpreis übersteigen (sog. Löschungsanträge, BGH JurBüro 2006, 262 m. abl. Anm. *Schmidt*), **1050**
– die Verpflichtung des Verkäufers zur Mitwirkung bei der Belastung des Kaufgrundstücks mit Grundpfandrechten für Rechnung des Käufers, um diesem die Finanzierung (Bezahlung) des Kaufpreises zu ermöglichen, einschließlich etwaiger Belastungsvollmachten, auch wenn die vorgesehene Belastung den Kaufpreis übersteigt (BGH DNotZ 2006, 713),
– die dingliche Sicherstellung von eingegangenen Verpflichtungen des Käufers, z. B. die Bestellung einer Sicherungshypothek für einen Kaufpreisrest,
– Erklärung eines Dritten (z. B. der Eltern), dass der Kaufpreis von ihm als weiterer Schuldner zu zahlen sei,
– Zustimmung des Ehegatten gemäß § 1365 BGB,
– Zustimmung des Verwalters zur Veräußerung eines Wohnungs- oder Teileigentums,
– Zustimmung des Eigentümers des Erbbaugrundstücks zur Veräußerung des Erbbaurechts,
– Übernahme eines Grundpfandrechts samt gesicherter oder zugrundeliegender Forderung in Anrechnung auf den Kaufpreis mit schuldbefreiender Wirkung für den Verkäufer samt Unterwerfung unter die sofortige Zwangsvollstreckung gegenüber der Gläubigerin des Grundpfandrechts.

Übersteigt der Nennbetrag der zu löschenden Grundpfandrechte (§ 23 Abs. 2 KostO) den Wert des Kaufvertrages nach § 20 Abs. 1 KostO, ist nach der oben zitierten Rechtsprechung des BGH der Geschäftswert der Löschungserklärungen des Verkäufers trotzdem auf den Wert des Hauptgeschäfts (Kauf) begrenzt (siehe zur früheren Berechnung in der 3. Aufl. Rn. 545). Die Vornahme einer Vergleichsberechnung nach § 44 Abs. 1 KostO kommt nicht mehr in Betracht. **1051**

Teil G Kostenrecht

> **Beispiel**
> In dem beurkundeten Kaufvertrag mit einem Kaufpreis von 100 000 EURO beantragt der Verkäufer gleichzeitig die Löschung von auf dem Kaufgrundstück eingetragenen Grundpfandrechten über insgesamt 200 000 EURO. Geschäftswert ist hier allein der Kaufpreis von 100 000 EURO (= Hauptgeschäft). Zu erheben ist eine 20/10 Gebühr gem. § 36 Abs. 2 KostO in Höhe von 414 EURO.

1052 Der Kaufvertrag über ein Grundstück und die Übernahme der Verpflichtungen aus einem vom Verkäufer geschlossenen Mietvertrag durch den Käufer haben ebenfalls denselben Gegenstand; der Wert dieser Verpflichtung wird dem Kaufpreis nicht hinzugerechnet.

Wie bereits vorstehend ausgeführt, ist die Mitbeurkundung der Auflassung im Kaufvertrag nicht gesondert nach § 38 Abs. 2 Nr. 6 Buchst. a KostO zu bewerten. Eine gesonderte Bewertung der Auflassung kommt nur dann in Betracht, wenn die Vertragsparteien ausdrücklich die Aussetzung der Auflassung bis zur vollständigen Bezahlung des Kaufpreises wünschen. In einem solchen Fall muss der Notar die Beteiligten aber über die hierdurch entstehenden Mehrkosten belehren. In fast jedem Kaufvertrag wird heute vereinbart, dass der Notar dem Käufer bis zur vollständigen Bezahlung des Kaufpreises keine Ausfertigung oder beglaubigte Abschrift der Kaufvertragsurkunde erteilen darf.

1053 **Beispiel (Einreichungssperre)**
Der Notar wird angewiesen, die Eintragung der Eigentumsänderung auf den Käufer erst zu veranlassen, wenn ihm vom Verkäufer die vollständige Bezahlung des Kaufpreises schriftlich bestätigt wurde. Vorher darf der Notar dem Käufer und dem Grundbuchamt keine Ausfertigung oder beglaubigte Abschrift dieser Urkunde erteilen, die die Auflassungserklärung enthält.

Bei einem Kaufvertrag mit einem Kaufpreis von 200 000 EURO ergeben sich folgende Gebührenunterschiede:

a) Getrennte Beurkundung der Auflassung
Geschäftswert: 200 000 EURO
Gebühr § 38 Abs. 2 Nr. 6 Buchst. a KostO (5/10)   178,50 EURO
b) Kaufvertrag unter Mitbeurkundung der
Auflassung mit Einreichungssperre
Gesonderte Gebühr für Einreichungssperre:
Geschäftswert: 60 000 EURO
(30% des Kaufpreises)
Gebühr § 147 Abs. 2 KostO (5/10)   73,50 EURO

Kostenersparnis   105,00 EURO.

II. Einzelne Grundstücks- und Grundpfandrechtsgeschäfte

Auch bei der Beurkundung eines Kaufvertrages über ein noch zu vermessendes Grundstück kann die Auflassung gleich mitbeurkundet werden. Nach Vorlage des Vermessungsergebnisses (Veränderungsnachweis) kann der Notar dann eine Identitätsfeststellung nach § 28 GBO in einer so genannten Eigenurkunde treffen. **1054**

> **Beispiel** **1055**
> Mit meiner Urkunde vom 12.10.2008 UR 500/08 hat V an K eine Teilfläche von ca. 500 qm aus dem Grundstück Gemarkung Hofgeismar Flur 20 Flurstück 100 verkauft und aufgelassen. Auf Grund der mir in § 10 des genannten Kaufvertrages von den Vertragsparteien erteilten Vollmacht stelle ich, Notar ..., fest, dass sich die verkaufte und aufgelassene Teilfläche nach der Vermessung gemäß dem Veränderungsnachweis 2002 Nr. 210 nunmehr wie folgt beschreibt: Gemarkung Hofgeismar Flur 20 Flurstück 100/1 = 501 qm. Es wird bewilligt und beantragt, die Auflassung hinsichtlich dieses Grundstücks im Grundbuch zu vollziehen.
> Kassel, 12. Dezember 2008
> L. S. ..., Notar

Bestätigt der Notar die Identität des durch Vermessung neu entstandenen Grundstücks in einer Eigenurkunde, ist eine 5/10 Gebühr nach § 147 Abs. 2 KostO zu erheben. **1056**

Der Geschäftswert dieser Identitätsfeststellung ist nach § 30 Abs. 1 KostO nach freiem Ermessen zu bestimmen. Angemessen sind etwa 10 bis 20% des Kaufpreises. Auch hier ist also eine Kostenersparnis für die Vertragsparteien zu erreichen.

Wird die Identitätserklärung in Beglaubigungsform (§ 29 GBO) durch eine Notarfachangestellte vorgenommen, entsteht insoweit eine 5/10 Gebühr nach § 38 Abs. 2 Nr. 5 a KostO (OLG Hamm MittBayNot 2008, 72 m. Anm. Prüfungsabteilung Notarkasse München).

aa) Vergleich von Kaufpreis und Grundstückswert

Der Geschäftswert bestimmt sich gemäß § 20 Abs. 1 KostO nach dem *Kaufpreis* zuzüglich des Wertes der vorbehaltenen Nutzungen und der vom Käufer übernommenen Leistungen. Ist der Kaufpreis niedriger als der Wert des Grundstücks (§ 19 Abs. 1 KostO), so ist der Wert des Grundstücks als der höhere Wert maßgebend. Der BGH hat in seiner Entscheidung vom 24.11.2005 – V ZB 103/05 (ZNotP 2006, 158 m. Anm. *Tiedtke*) – folgenden Leitsatz aufgestellt: **1057**

»Der Geschäftswert für die Beurkundung eines Grundstückskaufvertrages bestimmt sich nach dem Gesamtwert der Leistungen des Käufers; ist der Verkehrswert des verkauften Grundstücks höher, ist dieser maßgebend. ...«

In der Regel entspricht der Kaufpreis auch dem tatsächlichen Verkehrswert, so dass für die Kostenberechnung des Notars somit auch der Kaufpreis den Geschäftswert für die Beurkundungs- und Vollzugsgebühr bildet. Denkbare Ausnahmen von dieser Regel sind Kaufverträge zwischen Verwandten und

Teil G Kostenrecht

Freunden. Hier kann es vorkommen, dass der Kaufpreis aus Freundschaftsgründen niedriger ist als der tatsächliche Verkehrswert des Grundstücks. In einem solchen Fall bildet der Verkehrswert des Grundstücks den Geschäftswert für die Beurkundungs- und Vollzugsgebühr.

Wenn die Vertragsparteien den Kaufpreis nur ungefähr angeben, insbesondere wenn er sich nach einer späteren Vermessung des Grundstücks richtet, ist der später sich ergebende endgültige Kaufpreis maßgebend.

1058 **Beispiel**
V verkauft an K eine noch zu vermessende Teilfläche im ungefähren Ausmaß von 300 qm zum Kaufpreis von 100 EURO/qm. Der Geschäftswert für die vorläufige Berechnung der Notargebühren beträgt 30 000 EURO. Ergibt sich nach der Vermessung eine tatsächliche Größe des verkauften Grundstücks von 325 qm, so beträgt der endgültige Kaufpreis 32 500 EURO. Der Notar muss also dem Kostenschuldner eine berichtigte Kostenrechnung nach einem Geschäftswert von 32 500 EURO erteilen und die durch den erhöhten Geschäftswert verursachten höheren Gebühren nachberechnen (Geschäftswert 30 000 EURO − 20/10 Gebühr nach § 36 Abs. 2 KostO = 192 EURO; Geschäftswert 32 500 EURO − 20/10 Gebühr nach § 36 Abs. 2 KostO = 204 EURO; nachzuberechnen sind also 12 EURO).

1059 Anhaltspunkte dafür, dass der Wert des Grundstücks höher ist als der Kaufpreis, können sein:

- die Höhe der eingetragenen Grundpfandrechte (Gesamtbelastungen sind jedoch nur bedingt verwendbar),
- Einsichtnahme in die Grundakten des Grundbuchamtes,
- die Höhe der Brandversicherung,
- Angaben der Beteiligten,
- Vorurkunden,
- Wertfestsetzungen in Zwangsversteigerungsverfahren, insbesondere § 74a ZVG.

1060 Auf den Einheitswert des Grundstücks kommt es nicht an. Ein Sachverständigengutachten darf nicht eingeholt werden. Der Notar ist verpflichtet, zu niedrig berechnete Kosten nachzuberechnen, wenn sich später herausstellt, dass der angenommene Wert viel zu niedrig war.

bb) Vorbehaltene Nutzungen und übernommene Leistungen

1061 In eher seltenen Fällen behält sich der Verkäufer im Grundstückskaufvertrag Nutzungen vor, die an sich dem Käufer zukommen würden und/oder es werden über den eigentlichen Kaufpreis hinaus noch weitere Leistungen durch den Käufer vereinbart.

Dabei handelt es sich um solche Nutzungen, die sich der Verkäufer vorbehält, obwohl sie nach dem Gesetz dem Käufer zustehen. In Betracht kommen z. B. Wohnungs- und Nießbrauchrechte.

II. Einzelne Grundstücks- und Grundpfandrechtsgeschäfte

Vorbehaltene Nutzungen sind dem Kaufpreis nach § 20 Abs. 1 S. 1 KostO hinzuzurechnen.

Beispiel 1062
Der 70-jährige V verkauft sein Hausgrundstück an K zu einem Kaufpreis von 200 000 EURO. Er behält sich zusätzlich zu dem bar zu zahlenden Kaufpreis von 200 000 EURO ein lebenslanges unentgeltliches Wohnungsrecht an einer Wohnung im verkauften Hausgrundstück vor. Der jährliche Nutzungswert dieser Wohnung (entspricht etwa einem möglichen Mietzins) beträgt 6000 EURO. Der Geschäftswert errechnet sich somit wie folgt:

1. Kaufpreis	200 000 EURO
2. Wohnungsrecht (vorbehaltene Nutzung durch den Verkäufer – 6000 EURO × 7,5 gemäß § 24 Abs. 2 KostO)	45 000 EURO
Gesamtgeschäftswert:	245 000 EURO

Der Wert solcher Nutzungen (Wohnungs- und Nießbrauchsrechte) ist nach 1063 § 24 KostO zu bestimmen. Stehen sie Angehörigen zu, so ist die *Wertbegünstigung* nach § 24 Abs. 3 KostO zu beachten.

Im vorstehenden Beispielsfall wäre das Wohnungsrecht nur mit dem 5-fachen Jahresbetrag, also 6000 EURO × 5 = 30 000 EURO, zu bewerten (Gesamtgeschäftswert somit 200 000 EURO + 30 000 EURO = 230 000 EURO), wenn der Käufer K der Sohn des Verkäufers V wäre.

Weitaus häufiger in Kaufverträgen sind übernommene Leistungen des Käufers zu bewerten. *Übernommene Leistungen* sind alle Vermögensvorteile, die der Käufer anstelle des Verkäufers zu erfüllen hat. Sie sind dem Kaufpreis ebenfalls nach § 20 Abs. 1 S. 1 KostO hinzuzurechnen.

Zu den übernommenen Leistungen des Käufers nach § 20 Abs. 1 S. 1 KostO 1064 zählen insbesondere:

– Vermessungskosten,
– Bauverpflichtungen (siehe unten),
– Übernahme einer vom Verkäufer geschuldeten Maklerprovision (siehe unten),
– Löschungskosten für wegzufertigende Grundpfandrechte des Verkäufers,
– Übernahme von Erschließungskosten, die schon in der Person des Verkäufers entstanden sind,
– Vorauszahlungen auf künftige Erschließungskosten, wenn diese im Kaufvertrag mit der Gemeinde/Stadt vereinbart sind (der Wert einer solchen Vorauszahlung richtet sich jedoch nicht nach dem Gesamtwert, sondern nach einem Bruchteil hiervon, in der Regel ¼).

1065 **Beispiel**
Der Käufer verpflichtet sich gegenüber der Gemeinde zur Leistung einer Vorauszahlung auf die zukünftig anfallenden Erschließungskosten in Höhe von 10 000 EURO. Zu bewerten bei der Geschäftswertberechnung und dem eigentlichen Kaufpreis hinzuzurechnen ist somit ein Betrag von 2500 EURO (= ¼ von 10 000 EURO).

1066 Mit dem Inkrafttreten des § 13 b Abs. 1 Nr. 3 n. F. UStG zum 01.04.2004 handelt es sich bei den Regelungen über die Umsatzsteuer nicht mehr um eine Hinzurechnung nach § 20 Abs. 1 KostO, da es sich um eine gesetzliche Steuerschuld des Grundstückskäufers handelt. Die Umsatzsteuer ist daher nicht mehr werterhöhend zu berücksichtigen (OLG Hamm ZNotP 2007, 479 m. Anm. *Tiedtke*).

1067 In Kaufverträgen mit Gemeinden und Städten kommen häufig so genannte *Bauverpflichtungen* vor, d. h. der Käufer eines Baugrundstücks verpflichtet sich gegenüber der Gemeinde, das Baugrundstück innerhalb einer bestimmten Frist mit einem Wohn- oder Wohn- und Geschäftsgebäude zu bebauen. Kommt der Käufer dieser Verpflichtung nicht nach, ist die Gemeinde berechtigt, vom Käufer die Rückübertragung des Baugrundstücks gegen Erstattung des Kaufpreises zu verlangen. Dieser Anspruch wird durch eine Auflassungsvormerkung im Grundbuch gesichert.

1068 Die Übernahme einer Bau- und Selbstnutzungsverpflichtung in einem Grundstückskaufvertrag durch den Käufer ist eine vermögensrechtliche Angelegenheit i. S. v. § 30 Abs. 1 KostO, auch wenn der Verkäufer kein wirtschaftliches, sondern ein ideelles Interesse an der Erfüllung der Verpflichtung hat. Gewährt der Grundstücksverkäufer (i. d. R. die Gemeinde) dem Käufer für die Übernahme einer Bau- und Selbstnutzungsverpflichtung einen Preisnachlass, ist mangels anderer Anhaltspunkte die Differenz zwischen dem vereinbarten Kaufpreis und dem Verkehrswert des Grundstücks als Wert der übernommenen Verpflichtung anzusetzen; entspricht der Kaufpreis dem Verkehrswert, ist der Wert der Verpflichtung grds. mit einem prozentualen Anteil des Kaufpreises unter Berücksichtigung der Umstände des Einzelfalls zu bestimmen (BGH ZNotP 2006, 158). Auf der Grundlage dieser Entscheidung kann man wohl bei den beiden häufigsten »Bauverpflichtungen« folgende Wertvorschläge machen (siehe auch Streifzug durch die Kostenordnung, 7. Aufl., Rn. 1352 ff.):
Bauverpflichtung Wohnhaus
30 % des voraussichtlichen Rückkaufspreises (Kaufpreis, ggf. unter Hinzurechnung der Erschließungskosten).
Bauverpflichtung Mindestbausumme/gewerbliche Objekte
Als Geschäftswert erscheinen je nach Interessenlage des Verkäufers 10–30 % der voraussichtlichen Baukosten angemessen.
Problematisch ist auch die Bewertung von Maklerklauseln in Kaufverträgen (hierzu ausführlich *Wielgoss* JurBüro 2004, 420 und *Frohne* NotBZ 2008, 58). Verpflichtet sich der Käufer zur Zahlung der Maklerprovision, die an sich der Verkäufer an den Makler zahlen müsste, so liegt eine zusätzlich übernom-

II. Einzelne Grundstücks- und Grundpfandrechtsgeschäfte

mene Leistung des Käufers vor. Die Maklerprovision ist somit bei der Geschäftswertberechnung dem Kaufpreis hinzuzurechnen, § 20 Abs. 1 S. 1 KostO. Wird hingegen die bereits vertraglich bestehende Verpflichtung des Käufers gegenüber dem Makler nur wiederholt, so handelt es sich lediglich um eine *deklaratorische Vertragsbestimmung*, die zu keiner Erhöhung des Geschäftswertes führt.

Gibt der Käufer wegen der Maklerprovision gegenüber dem Makler ein Schuldanerkenntnis ab – manchmal sogar mit Zwangsvollstreckungsunterwerfung –, so ist diese Erklärung nach § 36 Abs. 1 KostO mit einer 10/10 Gebühr in Höhe der Maklerprovision zu bewerten. In diesem Fall ist § 44 Abs. 2 Buchst. b KostO zu beachten.

Beispiel 1069
V verkauft an K ein Hausgrundstück zum Kaufpreis von 250 000 EURO. In der Kaufvertragsurkunde erklärt K ein Schuldanerkenntnis gegenüber dem Makler M, wonach er diesem eine Maklerprovision in Höhe von 10 000 EURO schulde.

Kostenberechnung
Geschäftswert: 250 000 EURO (Kaufvertrag)
Gebühr §§ 32, 36 Abs. 2 KostO (20/10)   864 EURO
Geschäftswert: 10 000 EURO (Schuldanerkenntnis)
Gebühr §§ 32, 36 Abs. 1 KostO (10/10)   54 EURO
Geschäftswert: 260 000 EURO
Gebühr §§ 32, 36 Abs. 2, 36 Abs. 1,
44 Abs. 2 b) KostO (20/10)   894 EURO

Dem Kostenschuldner (Käufer K) sind also 894 EURO entsprechend § 44 Abs. 2 Buchst. b) KostO zu berechnen, bei einer getrennten Berechnung der Gebühren nach §§ 36 Abs. 2 und 36 Abs. 1 KostO würden insgesamt 918 EURO entstehen.

Dem Kaufpreis nicht hinzuzurechnen sind folgende vom Käufer im Kaufvertrag übernommene, bereits im Grundbuch eingetragene Rechte: 1070

- Erbbaurechte,
- Grunddienstbarkeiten,
- immer währende beschränkte persönliche Dienstbarkeiten,
- Vorkaufsrechte,
- Wiederkaufsrechte,
- Ankaufsrechte.

Ebenfalls nicht gesondert zu bewerten ist der Eintritt des Käufers im Kaufvertrag in ein bestehendes Miet- oder Pachtverhältnis. 1071

cc) Übernahme von Grundpfandrechten

1072 Übernimmt der Käufer im Kaufvertrag Hypotheken oder Grundschulden des Verkäufers, so ist zu unterscheiden, ob diese neben oder in Anrechnung auf den Kaufpreis übernommen werden.

Im ersteren Fall erhöht sich der Geschäftswert für den Kaufpreis entsprechend um den Betrag des übernommenen Darlehens. Es kommt also auf die Höhe des valutierenden Darlehens an, nicht auf die Höhe der eingetragenen Hypothek oder Grundschuld.

1073 **Beispiel**
V verkauft sein Hausgrundstück an K zu folgenden Bedingungen:
1. K zahlt an V 200 000 EURO in bar.
2. K übernimmt die Darlehensverbindlichkeiten des V bei der S-Bank mit schuldbefreiender Wirkung in Höhe von 50 000 EURO, gesichert durch eine eingetragene Grundschuld für die S-Bank in Höhe von 100 000 EURO.

Geschäftswert = 250 000 EURO (200 000 EURO Barkaufpreis + 50 000 EURO Übernahme valutierendes Darlehen).

1074 Im Falle der Übernahme einer Hypothek oder Grundschuld **unter** Anrechnung auf den Kaufpreis tritt keine Geschäftswerterhöhung ein.

Unterwirft sich der Käufer wegen der übernommenen Hypothek oder Grundschuld der sofortigen Zwangsvollstreckung gegenüber dem Hypotheken- oder Grundschuldgläubiger, so erfolgt keine gesonderte Bewertung dieser Zwangsvollstreckungsunterwerfung, § 44 Abs. 1 KostO. Es handelt sich insoweit um ein Erfüllungs- und Sicherungsgeschäft zur Schuldübernahme.

Ebenfalls nicht gesondert zu bewerten ist die Übernahme einer nicht valutierten Grundschuld durch den Käufer lediglich in dinglicher Hinsicht, ohne dass auch persönliche Erklärungen durch den Käufer – Schuldbekenntnis, Zwangsvollstreckungsunterwerfung – abgegeben werden.

Eine heute häufig vorkommende Variante der Kaufpreisfinanzierung ist die Ablösung des einer eingetragenen Grundschuld zugrundeliegende Darlehens des Verkäufers aus dem vom Käufer geschuldeten Kaufpreis und Übernahme der eingetragenen Grundschuld durch den Käufer unter Neuvalutierung dieser Grundschuld mit einem Kaufpreisfinanzierungsdarlehen des Käufers (hierzu ausführlich *Kersten* ZNotP 2001, 310). Dieser Fall kommt insbesondere dann vor, wenn die abzulösende Bank des Verkäufers und die kaufpreisfinanzierende Bank des Käufers identisch sind. Erklärt in diesem Fall der Käufer, dass er wegen der übernommenen Grundschuld die persönliche Haftung gegenüber der Bank übernehme und sich der Zwangsvollstreckung unterwerfe, so ist dieses Schuldanerkenntnis gesondert nach § 36 Abs. 1 KostO (10/10) Gebühr) zu bewerten.

Aus Kostengründen ist in diesem Fall darauf zu achten, dass der Käufer nicht nur die persönliche Haftung (einschließlich Zwangsvollstreckungsunterwerfung) für die übernommene Grundschuld erklärt, sondern auch – was

II. Einzelne Grundstücks- und Grundpfandrechtsgeschäfte

in der Regel von der kaufpreisfinanzierenden Bank gefordert wird – die Zwangsvollstreckungsunterwerfung aus der Grundschuld in den belasteten Grundbesitz als zukünftiger Grundstückseigentümer erklärt. Nach Eintragung des Eigentums auf den Käufer ist dann die Umschreibung der Vollstreckungsklausel auf den Käufer nicht mehr erforderlich, so dass eine zusätzliche Gebühr nach § 133 KostO (5/10) nicht mehr anfällt.

Der Geschäftswert einer solchen Übernahme entspricht dem Betrag der übernommenen Grundschuld ohne Nebenleistungen. Bei der Geschäftswertberechnung ist § 44 Abs. 2 Buchst. b KostO zu beachten.

Beispiel 1075
V verkauft an K ein Grundstück zum Kaufpreis von 250 000 EURO. Zu Lasten des Kaufgrundstücks ist für die S-Bank eine Grundschuld von 100 000 EURO eingetragen, die noch in Höhe von 50 000 EURO valutiert. K muss von dem Kaufpreis einen Teilbetrag in Höhe von 100 000 EURO finanzieren. Diese Finanzierung wird ebenfalls durch die S-Bank vorgenommen. Im Kaufvertrag wird vereinbart, dass K die Grundschuld in Höhe von 100 000 EURO zum Zwecke der Kaufpreisfinanzierung übernimmt. K gibt zum Zwecke der Kaufpreisfinanzierung im Kaufvertrag gegenüber der S-Bank ein persönliches Schuldanerkenntnis in Höhe des Grundschuldbetrages nebst Zinsen mit Zwangsvollstreckungsunterwerfung in sein persönliches Vermögen ab. Er unterwirft sich gleichzeitig wegen der Grundschuld nebst Zinsen der sofortigen Zwangsvollstreckung in den belasteten Grundbesitz.

Kostenberechnung
Geschäftswert: 250 000 EURO (Kaufvertrag)
Gebühr §§ 32, 36 Abs. 2 KostO (20/10)   864 EURO
Geschäftswert: 100 000 EURO (Grundschuldübernahme)
Gebühr §§ 32, 36 Abs. 1 KostO (10/10)   207 EURO

Geschäftswert: 350 000 EURO
Gebühr §§ 32, 36 Abs. 2, 36 Abs. 1,
44 Abs. 2 b KostO (20/10)   1164 EURO

Dem Käufer K sind die Gebühren in Höhe von 864 EURO und 207 EURO (= 1071 EURO zu 1164 EURO) zu berechnen, da diese Berechnung für ihn günstiger ist.

dd) Bebauung für Rechnung des Erwerbers
Nach § 20 Abs. 1 S. 2 KostO bleibt eine für Rechnung des Erwerbers vorgenommene Bebauung bei der Ermittlung des Wertes außer Betracht. Bei Kaufverträgen unter Fremden spielt diese Vorschrift eher eine untergeordnete Rolle, da wohl selten jemand sein Grundstück bebauen lässt, ohne es zuvor an den späteren Erwerber verkauft zu haben. Die Vorschrift gilt jedoch nicht nur für Kaufverträge, sondern für alle Veräußerungsverträge, z. B. Übergabe- und 1076

Schenkungsverträge. Sie gilt jedoch nicht für die Begründung von Wohnungseigentum.

Voraussetzung für die Anwendung der Vorschrift ist weiter, dass bereits im Zeitpunkt der Bebauung der entsprechende Erwerbsvorgang feststand.

1077 § 20 Abs. 1 S. 2 KostO ist in folgenden Fällen anzuwenden:
- Der Käufer hatte das Grundstück gepachtet und als Pächter Bauwerke darauf errichtet.
- Ein Bauträger hat für Rechnung des Erwerbers, also mit dessen Geld, auf dem Grundstück ein Haus errichtet. Erst danach erwirbt der Erwerber das Grundstück.
- Das Kind hat mit eigenem Geld auf dem Grundstück der Eltern einen Anbau errichtet. Erst nach Errichtung des Anbaues verkaufen (oder übertragen) die Eltern das Grundstück an das Kind.

ee) Kauf vom Bauträger

1078 Der *Bauträgervertrag* betrifft Gestaltungen, in denen ein vom Bauträger als Bauherr in eigener Regie errichtetes Haus (oder eine Eigentumswohnung) verkauft wird. Typischerweise ist der Bauträger bestrebt, das Haus oder die Wohnung bereits während der Planungs- oder der Bauphase zu verkaufen. Der Vertragsgegenstand besteht dann (mindestens) aus zwei Teilen, einerseits dem Kauf des Grundstücks oder – bei Wohnungseigentum – eines Miteigentumsanteils an dem Grundstück (§ 1 WEG) und andererseits dem Werkvertrag über das zu errichtende Gebäude. Die Bebauung erfolgt also nicht auf Kosten oder für Rechnung des Erwerbers, sondern es liegt ein normaler Kaufvertrag vor. Der Geschäftswert entspricht daher dem Gesamtkaufpreis für Grundstück **und** Gebäude. Der Gesamtkaufpreis ist Geschäftswert sowohl für die Beurkundungsgebühr des § 36 Abs. 2 KostO als auch für die Vollzugsgebühr des § 146 Abs. 1 KostO.

1079 **Beispiel**
V als Bauträger und K schließen einen Bauträgerkaufvertrag. Hiernach verkauft V das ihm gehörende Baugrundstück an K mit der Verpflichtung, auf diesem Grundstück ein schlüsselfertiges Wohnhaus (Einfamilienhaus) zu errichten. Der Kaufpreis für das Grundstück und das von V noch zu errichtende Wohnhaus beträgt insgesamt 300 000 EURO.
Geschäftswert: 300 000 EURO
Gebühr §§ 32, 36 Abs. 2 KostO (20/10) 1014 EURO.

1080 Die Errichtung einer sog. Verweisungsurkunde (z. B. die Baubeschreibung für ein Mehrfamilienhaus) löst eine volle Gebühr nach § 36 Abs. 1 KostO und nicht nur eine halbe Gebühr nach § 147 Abs. 2 KostO aus (BGH DNotZ 2006, 382).

II. Einzelne Grundstücks- und Grundpfandrechtsgeschäfte

b) Nebengebühren

aa) Vollzugsgebühr, § 146 Abs. 1 KostO

Nach der Beurkundung des Kaufvertrages muss dieser zum *Vollzug* gebracht werden, d. h., der Notar muss die zur Durchführung des Kaufvertrages erforderlichen Genehmigungen und Bescheinigungen einholen und entsprechend ihm obliegender Verpflichtungen Mitteilungen an bestimmte Behörden oder sonstige amtliche Dienststellen versenden. 1081

Die Gebühr des § 146 Abs. 1 S. 1 KostO (5/10) entsteht für die Vollzugstätigkeit des Notars auf Ersuchen der Beteiligten bei der Veräußerung von Grundstücken und Erbbaurechten sowie bei der Begründung und Veräußerung von Wohnungs- und Teileigentum zusätzlich neben der Beurkundungsgebühr. Vollzugsgebühr auslösende Tätigkeiten sind alle Maßnahmen zur Herbeiführung der Rechtswirksamkeit und Vollzugsfähigkeit des schuldrechtlichen und/oder dinglichen Geschäfts. Durch diese Gebühr soll das Bemühen des Notars, das er zu seiner grundbuchmäßigen Durchführbarkeit und Durchführung entwickelt, abgegolten werden.

Die Gebühr des § 146 Abs. 1 S. 1 KostO entsteht unter folgenden Voraussetzungen:

– Der Notar, der die Gebühr beansprucht, muss den Kaufvertrag beurkundet haben, anderenfalls würde eine Gebühr nach § 147 Abs. 2 KostO anfallen. 1082
– Die Beteiligten müssen den Notar mit dem grundbuchamtlichen Vollzug des beurkundeten Kaufvertrages beauftragt haben. Wenn keiner der Vertragsbeteiligten ausdrücklich widerspricht, wird man immer von einem Vollzugsauftrag an den Notar ausgehen können. In der Regel wird der Notar jedoch im Kaufvertrag beauftragt, den Vollzug des Kaufvertrages vorzunehmen.
– Die Vollzugstätigkeit muss erforderlich sein und auch vollzogen werden. Der Notar muss also überprüfen, ob zum grundbuchmäßigen Vollzug überhaupt eine Vollzugstätigkeit erforderlich ist. Wird zum Beispiel ein Einfamilienhaus verkauft, ist eine Genehmigung nach dem Grundstücksverkehrsgesetz nicht erforderlich. Holt der Notar gleichwohl diese Genehmigung ein, kann er für diese Tätigkeit keine Vollzugsgebühr beanspruchen.
– Es muss sich um den Verkauf eines Grundstücks, Erbbaurechts oder Wohnungs- und Teileigentums handeln.

Die Vollzugsgebühr fällt nicht an, wenn sich die Tätigkeit des Notars – nur – auf die ihm nach besonderen Vorschriften obliegenden Mitteilungen an Behörden und auf den Verkehr mit dem Grundbuchamt beschränkt. Entscheidend ist, dass solche Mitteilungen dem Notar als Amtspflicht auferlegt sind, so z. B.

– Mitteilungen an den Gutachterausschuss,
– Übersendung des Kaufvertrages an das Finanzamt – Grunderwerbsteuerstelle
– Übersendung des Kaufvertrages an das Finanzamt – Erbschaftsteuerstelle (bei einer teilentgeltlichen Veräußerung, z. B. unter Verwandten).

Folgende Tätigkeiten des Notars fallen unter § 146 Abs. 1 KostO:

1083
- Einholung der erforderlichen behördlichen Genehmigungen zur Durchführung des Kaufvertrages, z. B.
  - nach dem Baugesetzbuch (§ 144 BauGB – eine Genehmigung nach § 19 BauGB ist nicht mehr erforderlich!),
  - landesrechtliche Genehmigungen zur Grundstücksteilung (hierzu DNotI-Report 2004, 173),
  - nach dem Grundstücksverkehrsgesetz (GrdstVG), insbesondere bei landwirtschaftlich oder forstwirtschaftlich genutzten Grundstücken,
  - durch die Stiftungsaufsichtsbehörde,
  - durch die kirchliche Aufsichtsbehörde,
  - durch das Vormundschafts- oder Familiengericht,
- Einholung der erforderlichen privatrechtlichen Erklärungen eines nur mittelbar Beteiligten, die zur Wirksamkeit des Kaufvertrages erforderlich sind, z. B.
  - die Zustimmung des Grundstückseigentümers zur Veräußerung eines Erbbaurechts (§ 5 Abs. 1 Erbbaurechtsgesetz – ErbbauRG),
  - Zustimmung des Verwalters oder der übrigen Wohnungseigentümer zur Veräußerung eines Wohnungseigentums (§ 12 WEG),
- Antrag auf Vermessung des verkauften Grundstücks,
- Einholung der Abgeschlossenheitsbescheinigung zwecks Begründung von Wohnungs- und Teileigentum, und zwar auch im Vorgriff auf die Beurkundung.

1084 Ebenfalls Vollzugstätigkeit des Notars ist die Einholung eines Vorkaufsrechtszeugnisses nach § 28 Abs. 1 BauGB. Beschränkt sich die Tätigkeit des Notars hierauf, so kann er nur eine 1/10 Gebühr erheben, § 146 Abs. 1 S. 1, 2. Satzteil. Zu beachten ist insoweit, dass beim Kauf von Wohnungs- und Teileigentum sowie von Erbbaurechten ein Vorkaufsrecht nicht besteht (§ 24 Abs. 2 BauGB), ebenso nicht bei Veräußerungen an die in § 26 BauGB genannten Personen (Ehegatten, Kinder etc.). Die Einholung von Bescheinigungen über das Nichtbestehen von Vorkaufsrechten nach landesrechtlichen Natur- und Denkmalschutzgesetzen ist ebenfalls Vollzugstätigkeit, wenn die Bescheinigung Vollzugsvoraussetzung für die Durchführung des Kaufvertrages im Grundbuch ist. Hier entscheidet das jeweilige Landesrecht, ob ein Kaufvertrag nur unter Vorlage einer entsprechenden Bescheinigung im Grundbuch vollzogen werden kann (z. B. § 30 ThürDschG). Hier muss der jeweilige Sachbearbeiter überprüfen, ob solche Vorkaufsrechte bei Durchführung seines Kaufvertrages in Betracht kommen und entsprechende Bescheinigungen bei den zuständigen Behörden einholen. Eine Auflistung landesrechtlicher Vorkaufsrechte ist abrufbar im Internet unter www.dnoti.de unter Arbeitshilfen. Verkauft eine Gemeinde ein gemeindeeigenes Grundstück, so kann der Notar keine Vollzugsgebühr gemäß § 146 Abs. 1 S. 1 KostO für die Einholung des Zeugnisses nach § 28 Abs. 1 BauGB erheben.

Holt der Notar neben dem Vorkaufsrechtszeugnis nach § 28 Abs. 1 BauGB ein weiteres Vorkaufsrechtszeugnis ein, z. B. nach § 30 ThürDschG, so erhöht sich die Vollzugsgebühr von 1/10 auf 5/10. Dies gilt auch, wenn neben dem Vorkaufsrechtszeugnis nach § 28 Abs. 1 BauGB eine oder mehrere Genehmi-

II. Einzelne Grundstücks- und Grundpfandrechtsgeschäfte

gungen, z. B. nach dem Grundstücksverkehrsgesetz, durch das Vormundschaftsgericht usw., vom Notar eingeholt werden. Die 1/10 Vollzugsgebühr entsteht also immer nur dann, wenn ausschließlich das Vorkaufsrechtszeugnis nach § 28 Abs. 1 BauGB vom Notar eingeholt wird. In sämtlichen anderen Fällen der Vollzugstätigkeit ist eine 5/10 Gebühr nach § 146 Abs. 1 KostO zu erheben!

Ungeklärt war lange die Frage, ob die Einholung von Löschungsunterlagen (Löschungsbewilligungen bzw. Pfandfreigabeerklärungen) Vollzugstätigkeit im Sinne des § 146 Abs. 1 KostO ist. Der BGH (DNotZ 2008, 229) hat nunmehr den Vollzugsbegriff des § 146 Abs. 1 KostO definiert und die Einholung von Löschungsunterlagen, soweit der Verkäufer dem Käufer nach den Bestimmungen des Grundstückskaufvertrages die Lastenfreistellung schuldet, darunter gefasst (hierzu ausführlich *Wudy* NotBZ 2007, 381). Holt der Notar im Rahmen der Abwicklung eines Grundstückskaufvertrages Löschungsunterlagen (Löschungsbewilligung oder Pfandentlassung) ein und schuldet – wie üblich – der Verkäufer dem Käufer ein lastenfreies Grundstück, so fällt die Vollzugsgebühr des § 146 Abs. 1 KostO in Höhe von 5/10 an, daneben für die Einholung der Löschungsunterlagen (Anschreiben an die Grundpfandrechtsgläubigerin und Übernahme von Treuhandaufträgen, z. B. Verwendung der Löschungsunterlagen gegen Ablösung der durch das Grundpfandrecht gesicherte Darlehen aus dem Kaufpreis) grundsätzlich keine Betreuungsgebühren nach § 147 Abs. 2 KostO (teilweise ist die Handhabung jedoch örtlich unterschiedlich, es werden für die Übernahme von Treuhandaufträgen, z. B. abzulösender Gläubiger, auch Betreuungsgebühren nach § 147 Abs. 2 KostO neben der Vollzugsgebühr nach § 146 Abs. 1 KostO angesetzt). 1085

Beispiel 1086
V verkauft an K ein Grundstück zum Kaufpreis von 200 000 EURO. Im Grundbuch ist zu Lasten des Kaufgrundstücks eine Grundschuld in Höhe von 100 000 EURO eingetragen, V hat sich im Kaufvertrag verpflichtet, K das Grundstück lastenfrei zu übertragen. Der Notar holt zum Vollzug des Kaufvertrages auftragsgemäß die Löschungsbewilligung für die Grundschuld über 100 000 EURO und das Negativzeugnis zum Vorkaufsrecht der Gemeinde nach § 28 Abs. 1 BauGB ein.
Es entsteht eine 5/10 Vollzugsgebühr nach § 146 Abs. 1 KostO aus dem Wert des Kaufvertrages von 200 000 EURO = 178,50 EURO (§ 146 Abs. 4 KostO).

Tritt der Notar in Verhandlungen mit den Ablösegläubigern ein, um deren Treuhandauflagen mit den widersprechenden Vorgaben des Kaufvertrages zu koordinieren, so rechtfertigt dies den Ansatz einer Betreuungsgebühr nach § 147 Abs. 2 KostO neben der Vollzugsgebühr (so auch *Wudy* NotBZ 2007, 381, 393). Als Geschäftswert können 10–20 % des Ablösebetrages angesetzt werden. 1087

Durch die Entscheidung des BGH besteht Regelungsbedarf zur Frage der Übernahme der Vollzugsgebühr im Innenverhältnis der Vertragsteile. Wudy (NotBZ 2007, 381, 393) schlägt folgende Formulierung vor:
»Zur Vollzugsgebühr wird, unbeschadet der gesamtschuldnerischen Haftung gegenüber dem Notar, vereinbart: Fällt sie allein wegen der Einholung der vom Verkäufer geschuldeten Löschungsunterlagen an, trägt sie dieser allein; sind keine Löschungsunterlagen einzuholen, trägt sie der Käufer allein. Fällt als weitere Vollzugstätigkeit nur noch die Einholung der gemeindlichen Vorkaufsrechtsverzichtserklärung an, trägt der Verkäufer die Vollzugsgebühr zu 4/10, der Käufer zu 1/10. In allen sonstigen Fällen tragen Verkäufer und Käufer die Vollzugsgebühr je zur Hälfte.«

1088 Die Gebühr des § 146 Abs. 1 KostO fällt für jede Grundstücksveräußerung nur *einmal* an, auch wenn mehrere Tätigkeiten des Notars zum Vollzug des Vertrages erforderlich werden, z. B. Einholung mehrerer Genehmigungen, Einholung des Vorkaufsrechtszeugnisses und Beschaffung von mehreren Löschungsunterlagen. Für sämtliche dieser Tätigkeiten erhält der Notar nur einmal die 5/10 Gebühr nach § 146 Abs. 1 KostO. Auf den Umfang der Vollzugstätigkeit des Notars kommt es also nicht an.

1089 Der Geschäftswert für die Gebühr nach § 146 Abs. 1 KostO bestimmt sich gemäß § 146 Abs. 4 KostO nach dem Wert der Grundstücksveräußerung. Enthält eine Urkunde mehrere Grundstücksveräußerungen, so ist der einmalige Ansatz der Vollzugsgebühr aus der Summe der Einzelwerte entsprechend § 44 Abs. 2 a KostO vorzunehmen.

1090 **Beispiel**
V verkauft in einer Urkunde an K 1 ein Grundstück zum Kaufpreis von 100 000,00 EURO und an K 2 ein Grundstück zum Kaufpreis von 200 000,00 EURO. Der Notar wird beauftragt, die Vorkaufsrechtszeugnisse nach § 28 Abs. 1 BauGB einzuholen.

Kostenberechnung
Geschäftswert: 300 000,00 EURO (§ 44 Abs. 2 a KostO)
Gebühr §§ 32, 36 Abs. 2 KostO (20/10)   1014,00 EURO
Gebühr §§ 32, 146 Abs. 1 KostO (1/10)   50,70 EURO

1091 Enthält der Vertrag über die Veräußerung eines Grundstücks neben der Eigentumsübertragung auch den Verkauf beweglicher Sachen (z. B. Mitverkauf von Möbeln, Gardinen etc.), so ist der Geschäftswert der Vollzugsgebühr nur der auf die Grundstücksveräußerung entfallende (Teil-)Kaufpreis.

Beispiel
V verkauft an K ein Einfamilienhaus zum Kaufpreis von 300 000,00 EURO. Im Kaufpreis enthalten ist ein Betrag von 20 000,00 EURO für im Haus verbleibende Einrichtungsgegenstände (Möbel, Gardinen, Gartengeräte und -möbel). Der Notar wird beauftragt, das Vorkaufsrechtszeugnis nach § 28 Abs. 1 BauGB einzuholen.

II. Einzelne Grundstücks- und Grundpfandrechtsgeschäfte

Kostenberechnung
Geschäftswert: 300 000,00 EURO
Gebühr §§ 32, 36 Abs. 2 KostO (20/10)   1014,00 EURO
Geschäftswert: 280 000,00 EURO
Gebühr §§ 32, 146 Abs. 1 KostO (1/10)   47,70 EURO.

Auch bei der Veräußerung eines landwirtschaftlichen Betriebes ist der Wert des Inventars abzuziehen. Den Geschäftswert für die Vollzugsgebühr bildet auch hier der Kaufpreis für den Grundbesitz. 1092
Bei einem Bauträgerkaufvertrag entspricht der Wert der Vollzugsgebühr dem Kaufpreis für das Gesamtobjekt, also Kaufpreis Grundstück zuzüglich Kaufpreis Gebäude.
Sind in einem Kaufvertrag nicht nur die Veräußerung eines Grundstücks, sondern auch sonstige Rechtsgeschäfte beurkundet, die nicht unter den Anwendungsbereich des § 146 Abs. 1 KostO fallen, so bestimmt sich der Geschäftswert der Vollzugsgebühr nur nach dem Wert, der allein für die Grundstücksveräußerung maßgebend ist. Dies trifft z. B. in folgenden Fällen zu: 1093
– Kaufvertrag über ein Grundstück und Mietvertrag über dieses Grundstück; 1094
– Verkauf eines Grundstücks an mehrere Personen und gleichzeitige Errichtung eines Vertrages zur Begründung einer Bauherrengemeinschaft zwecks gemeinsamer Bebauung dieses Grundstücks.

Die Verkaufsmitteilung an den Vorkaufsberechtigten eines rechtsgeschäftlichen Vorkaufsrechts ist keine Vollzugstätigkeit nach § 146 Abs. 1 KostO. Das Vorliegen der Vorkaufsrechtsverzichtserklärung ist für den grundbuchlichen Vollzug des Kaufvertrages nicht erforderlich. Dies gilt auch hinsichtlich des Vorkaufsrechts nach § 577 BGB und für Anfragen, ob ein Vorkaufsrecht nach einem landesrechtlichen Naturschutz- oder Denkmalschutzgesetz besteht, es sei denn, dass ein entsprechendes Negativattest Voraussetzung für den Vollzug beim Grundbuchamt ist (z. B. § 30 ThürDschG). Für solche Mitteilungen und Anfragen erhält der Notar die Betreuungsgebühr nach § 147 Abs. 2 KostO. Der Geschäftswert ist nach § 30 Abs. 1 KostO zu berechnen (20–50% des Kaufpreises). 1095
Bei der Aufhebung eines Kaufvertrages fällt keine Vollzugsgebühr an.

bb) Betreuungsgebühren, § 147 Abs. 2 KostO
Wird der Notar bei der Abwicklung des Kaufvertrages zur Regelung der Rechtsbeziehungen der Vertragsbeteiligten tätig, so liegt eine *betreuende Tätigkeit* im Sinne von § 24 Abs. 1 BNotO vor. Für diese betreuende Tätigkeit erhält der Notar Gebühren nach § 147 Abs. 2 KostO (5/10). 1096
Bei fast jedem Kaufvertrag erhält der Notar heute zwei Gebühren nach § 147 Abs. 2 KostO (so auch OLG Frankfurt ZNotP 2006, 357), nämlich für die Mitteilung der Kaufpreisfälligkeit und für die Entgegennahme der Anweisung, den Kaufvertrag erst nach Vorliegen bestimmter Voraussetzungen, ins-

besondere der Zahlung des Kaufpreises, zur Eigentumsumschreibung vorzulegen (*Einreichungssperre, Vollzugsüberwachung oder Haftungsübernahme*).

1097 **Formulierungsbeispiel (Kaufpreisfälligkeit)**
Der Kaufpreis von … EURO ist fällig eine Woche nach Zugang einer schriftlichen Mitteilung des Notars an den Käufer, dass
a) die nachbewilligte Auflassungsvormerkung im Range nach den in § 1 dieser Urkunde aufgeführten Belastungen eingetragen ist,
b) die zuständige Gemeinde bescheinigt hat, dass ihr ein Vorkaufsrecht nach dem BauGB nicht zusteht oder sie auf deren Ausübung verzichtet hat,
c)…

1098 **Formulierungsbeispiel (Einreichungssperre)**
Der Notar wird angewiesen, die Eintragung der Eigentumsänderung auf den Käufer erst zu veranlassen, wenn ihm vom Verkäufer die vollständige Bezahlung des Kaufpreises (ohne Zinsen) schriftlich bestätigt wurde. Vorher darf der Notar dem Käufer und dem Grundbuchamt keine Ausfertigung oder beglaubigte Abschrift dieser Urkunde erteilen, die die Auflassungserklärung enthält.

1099 Wird der Verkäufer dadurch gesichert, dass im Kaufvertrag die Auflassung zwar erklärt und entgegengenommen wird, jedoch ausdrücklich ohne die Eintragungsbewilligung des Verkäufers, und wird der Notar in diesem Fall im Kaufvertrag ermächtigt, die Eintragung des Eigentumswechsels durch Eigenurkunde zu bewilligen, sobald ihm die Kaufpreiszahlung nachgewiesen ist, so erhält der Notar für die Vollzugsüberwachung und die Fertigung der Eigenurkunde ebenfalls insgesamt eine 5/10 Gebühr nach § 147 Abs. 2 KostO.

Umstritten ist die Frage, ob die Betreuungsgebühren nach § 147 Abs. 2 KostO für die Fälligkeitsmitteilung und die Einreichungssperre (Vollzugsüberwachung) auch dann angesetzt werden können, wenn die Kaufpreiszahlung über Notaranderkonto abgewickelt wird. Die meisten Oberlandesgerichte verneinen hier wohl den Ansatz der Gebühren nach § 147 Abs. 2 KostO neben Gebühren nach § 149 KostO (Hebegebühren). Auch hier muss der Kostensachbearbeiter die Rechtsprechung seines Oberlandesgerichts überprüfen.

Nach einer neuen Entscheidung des OLG Köln (ZNotP 2008, 255 m. zust. Anm. *Tiedtke*) kann der Notar eine Gebühr nach § 147 Abs. 2 KostO für die Prüfung und Mitteilung der Kaufpreisfälligkeit neben der Hebegebühr des § 149 KostO ansetzen.

Das Oberlandesgericht Frankfurt/Main hat entschieden (DNotZ 1978, 118), dass für die Erledigung von Treuhandauflagen des kreditgebenden Gläubigers (z. B. Auszahlung des hinterlegten Kaufpreises nach »Sicherstellung« der rangrichtigen Eintragung der Finanzierungsgrundschuld) neben der Verwahrungsgebühr des § 149 KostO eine zusätzliche Betreuungsgebühr nach § 147 Abs. 2 KostO anfällt.

Holt der Notar eine Löschungsbewilligung oder Pfandfreigabeerklärung durch Übersendung eines auftragsgemäß gefertigten Entwurfs ein, entsteht die Entwurfsgebühr nach §§ 145 Abs. 1 S. 1, 38 Abs. 2 Nr. 5 Buchst. a KostO.

II. Einzelne Grundstücks- und Grundpfandrechtsgeschäfte

Eine Gebühr nach § 147 Abs. 2 KostO kann für das Anfordern (»Anschreiben«) der Löschungsbewilligung oder Pfandfreigabeerklärung nicht erhoben werden. Werden in diesem Fall Löschungsbewilligung bzw. Pfandfreigabeerklärung unter einer Treuhandauflage übersandt, entsteht zusätzlich eine Gebühr nach § 147 Abs. 2 KostO mit Wertberechnung nach § 30 Abs. 1 KostO (10–20 % des Ablösebetrages). Daneben fällt insoweit jedoch keine Vollzugsgebühr nach § 146 Abs. 1 KostO an.

Für folgende Tätigkeiten des Notars fällt ebenfalls eine Gebühr nach § 147 Abs. 2 KostO an: **1100**

- Antrag an einen eingetragenen Grundpfandrechtsgläubiger, eine Schuldübernahme durch den Käufer nach §§ 415, 416 BGB zu genehmigen,
- Einholung einer rechtsgeschäftlichen Genehmigung ohne Beifügung eines Entwurfs (*Tiedtke*, Notarkosten im Grundstücksrecht, 2. Aufl., Rn. 567 ff.),
- Vorkaufsrechtsanfragen bei Vorkaufsrechten, die den Grundbuchvollzug nicht hemmen (Auflistung bei *Tiedtke* aaO Rn. 564 ff.),
- Entgegennahme einer vormundschaftsgerichtlichen Genehmigung durch den Notar gemäß § 1829 BGB und Verschaffung der Wirksamkeit im Wege des Selbstkontrahierens (d. h. des Schließens einer Vereinbarung mit sich selbst – Doppelvollmacht).

Für die Überwachung der im Kaufvertrag bedingungslos erteilten Löschungsbewilligung des Käufers für seine Auflassungsvormerkung (z. B. für den Fall der Nichtzahlung des Kaufpreises durch den Käufer – hierzu *Hagenbucher* MittBayNot 2003, 249) fällt die Gebühr des § 147 Abs. 2 KostO an, wenn der Notar beauftragt wird, diese erst dann zum Vollzug zu bringen, wenn die Nichterfüllung des Kaufvertrages feststeht (KG JurBüro 2007, 600). Fertigt der Notar **neben** dem Kaufvertrag eine Löschungsbewilligung des Käufers für seine Auflassungsvormerkung, so können hierfür zusätzlich keine Gebühren gem. §§ 32, 141, 145 Abs. 1, 38 Abs. 2 Nr. 5 Buchst. a KostO erhoben werden (OLG Hamm Beschl. v. 11.03.2008 – 15 W 60/07).

Der Geschäftswert für Gebühren nach § 147 Abs. 2 KostO richtet sich nicht nach dem vollen Kaufpreis, sondern nur nach einem Bruchteil (Prozentsatz) hiervon (10–50 % des Kaufpreises). Die Höhe des Bruchteiles/Prozentsatzes bestimmt das Ausmaß der Verantwortlichkeit des Notars, seiner Haftung, den Umfang seiner Tätigkeit und die Gebührengerechtigkeit.

Überwiegend wird im Normalfall für die Mitteilung der Kaufpreisfälligkeit und die Einreichungssperre (Vollzugsüberwachung) ein Prozentsatz von 30% des Kaufpreises angesetzt.

> **Beispiel** **1101**
> V verkauft an K ein Grundstück zum Kaufpreis von 100 000,00 EURO. Der Notar wird beauftragt, das Vorkaufsrechtszeugnis nach § 28 Abs. 1 BauGB einzuholen. Er wird von den Vertragsparteien beauftragt, die Fälligkeit des Kaufpreises nach Eintragung der Auflassungsvormerkung und Vorlage des Vorkaufsrechtszeugnisses mitzuteilen, und angewiesen, die Eintragung des Eigentumswechsels erst zu beantragen, wenn ihm der Verkäufer die

Zahlung des Kaufpreises schriftlich bestätigt hat. Er wird weiter angewiesen, dem Käufer keine Ausfertigung oder beglaubigte Abschrift des Kaufvertrages mit Auflassung zu erteilen, bis ihm der Verkäufer die Zahlung des Kaufpreises schriftlich bestätigt hat.

Kostenberechnung
Geschäftswert: 100 000,00 EURO
Gebühr §§ 32, 36 Abs. 2 KostO (20/10) 414,00 EURO
Gebühr §§ 32, 146 Abs. 1 KostO (1/10) 20,70 EURO
Geschäftswert: 30 000,00 EURO
(30% von 100 000,00 EURO)
Gebühr §§ 32, 147 Abs. 2 KostO (5/10) 48,00 EURO
Gebühr §§ 32, 147 Abs. 2 KostO (5/10) 48,00 EURO
zuzüglich Dokumentenpauschale, Postentgelte und Umsatzsteuer.

c) Belastungsvollmacht

1102 Fast immer muss der Käufer den Kaufpreis insgesamt oder doch zumindest zu einem Teil finanzieren. Im Kaufvertrag wird daher vereinbart, dass der Verkäufer verpflichtet ist, bei der Bestellung vollstreckbarer (§ 800 ZPO) Grundschulden und Hypotheken als noch eingetragener Eigentümer mitzuwirken. Gleichzeitig wird der Käufer oder werden Angestellte des Notars bevollmächtigt, entsprechende Grundpfandrechte zu bestellen. Von einer systematischen Bevollmächtigung der Angestellten des Notars hat der Notar jedoch abzusehen (§ 17 Abs. 2a BeurkG).

Enthält der Kaufvertrag entsprechende Vereinbarungen mit Belastungsvollmacht, so liegt Gegenstandsgleichheit nach § 44 Abs. 1 KostO vor, auch wenn die vorgesehene Belastung den Kaufpreis übersteigt. Der höhere Betrag der Belastungsermächtigung bleibt bei der Berechnung des Geschäftswerts des Kaufvertrages außer Betracht. Auf Zweck und Umfang der Ermächtigung kommt es nicht an (BGH MittBayNot 2006, 524).

1103 **Beispiel**
V verkauft an K ein Grundstück zum Kaufpreis von 200 000 EURO und erteilt im Kaufvertrag K die Vollmacht, den Kaufgegenstand zum Zwecke der Finanzierung des Kaufpreises und anderer Nebenkosten sowie der Grunderwerbsteuer mit einer Grundschuld von 250 000 EURO für ein deutsches Geldinstitut vor der Eintragung der Eigentumsänderung zu belasten.
Der Geschäftswert für den Kaufvertrag beträgt 200 000 EURO, die höhere Belastungsvollmacht ist **nicht** gesondert zu bewerten.

1104 Im Rahmen der Kaufpreisfinanzierung durch den Käufer sollte aus Kostengründen darauf geachtet werden, dass gleichzeitig mit der Eintragung der Auflassungsvormerkung für den Käufer ein Rangvorbehalt für noch einzutragende Grundpfandrechte zur Eintragung kommt. Der gleichzeitig mit der

II. Einzelne Grundstücks- und Grundpfandrechtsgeschäfte

Eintragung einer Auflassungsvormerkung beantragte und bei ihr einzutragende Rangvorbehalt für noch einzutragende Grundpfandrechte ist ein gebührenfreies Nebengeschäft und daher hinsichtlich der Gerichtskosten nicht gesondert zu bewerten. Während die spätere Rangänderung (Rangrücktritt) zwischen Auflassungsvormerkung und Grundpfandrecht Gerichtskosten in Höhe von 5/20 (§ 67 KostO) auslöst, ist die Ausnutzung des Rangvorbehalts kostenfrei (§§ 35, 62 Abs. 3 KostO)!

Als Alternative zur Rangänderung (Rangrücktritt) und zum Rangvorbehalt ist die Eintragung eines Wirksamkeitsvermerkes möglich (hierzu Rz. 523). Die Eintragung eines Wirksamkeitsvermerkes ist dann ein gebührenfreies Nebengeschäft, wenn sie gleichzeitig mit der Eintragung der Grundschuld erfolgt. Gerichtskosten sind in diesem Fall nicht zu erheben (streitig).

d) Vollmacht und Genehmigung

Kann ein Beteiligter an der Beurkundung des Kaufvertrages nicht teilnehmen, besteht die Möglichkeit, eine andere Person zum Abschluss des Kaufvertrages zu bevollmächtigen. **1105**

> *Formulierungsbeispiel*
> *Hiermit bevollmächtige ich Frau/Herrn ..., für mich das im Grundbuch von ... Band ... Blatt ... verzeichnete Grundstück ... zu kaufen, die Auflassung für mich entgegenzunehmen sowie alle Erklärungen abzugeben, die zur Durchführung des Kaufvertrages und zur Umschreibung des Eigentums auf mich erforderlich werden.*

Der Geschäftswert einer solchen Vollmacht entspricht, da es sich um eine Vollmacht für ein bestimmtes Geschäft (Abschluss eines Kaufvertrages) handelt, dem Geschäftswert für den Kaufvertrag, also in der Regel dem vereinbarten Kaufpreis (§ 41 Abs. 1 KostO). Ist der Vollmachtgeber Mitberechtigter (z. B. Kauf eines Miteigentumsanteils), so ist der Wert entsprechend seinem Anteil am Geschäft festzusetzen (§§ 41 Abs. 3, 40 Abs. 2 KostO). **1106**

Der Höchstwert einer Vollmacht beträgt in jedem Falle 500 000 EURO (§ 41 Abs. 4 KostO).

Nach § 38 Abs. 2 Nr. 4 KostO erhält der Notar für die Beurkundung einer Vollmacht eine 5/10 Gebühr. Im Hinblick auf § 29 GBO bedarf eine Grundstücksverkaufs- oder Grundstückserwerbsvollmacht mindestens der Beglaubigung der Unterschrift des Vollmachtgebers. Entwirft der Notar eine entsprechende Vollmacht und beglaubigt er sodann die Unterschrift des Vollmachtgebers hierunter, so erhält er ebenfalls eine 5/10 Gebühr nach §§ 145 Abs. 1 S. 1, 38 Abs. 2 Nr. 4 KostO. Beglaubigt er lediglich die Unterschrift des Vollmachtgebers unter einer nicht von ihm entworfenen Vollmacht, so erhält er eine 5/20 Gebühr nach § 45 KostO.

Die Grundsätze der Bewertung einer Vollmacht gelten auch für die Vollmachtsbestätigung.

Teil G Kostenrecht

Neben der Vollmachtserteilung besteht auch die Möglichkeit, dass eine Vertragspartei zunächst beim Abschluss des Kaufvertrages durch eine andere Person (andere Vertragspartei, Mitarbeiter des Notariats) vollmachtlos vertreten wird. Die vertretene Vertragspartei genehmigt sodann nachträglich den Kaufvertrag.

1107 *Formulierungsbeispiel*
Genehmigungserklärung
Ich genehmige hiermit alle Erklärungen, die ... für mich in dem Kaufvertrag vom ... vor dem Notar ... in ... UR .../... abgegeben hat.

1108 Der Geschäftswert einer solchen Genehmigung richtet sich gemäß § 40 Abs. 1 KostO nach dem Wert des Rechtsgeschäftes, dem zugestimmt wird, also auch hier in der Regel nach dem Kaufpreis.

Bei einer Genehmigungserklärung eines gegenwärtigen oder zukünftigen Mitberechtigten bestimmt sich der Geschäftswert nach dem Bruchteil am Geschäft, der dem Anteil des Mitberechtigten entspricht (§ 40 Abs. 2 KostO).

Nach § 38 Abs. 2 Nr. 1 KostO erhält der Notar für die Beurkundung einer Genehmigungserklärung eine 5/10 Gebühr. Im Hinblick auf § 29 GBO bedarf eine Genehmigungserklärung mindestens der Beglaubigung der Unterschrift des Genehmigenden. Entwirft der Notar eine entsprechende Genehmigungserklärung und beglaubigt er sodann die Unterschrift des Genehmigenden hierunter, so erhält er ebenfalls eine 5/10 Gebühr nach §§ 145 Abs. 1 S. 1, 38 Abs. 2 Nr. 1 KostO. Beglaubigt er lediglich die Unterschrift des Genehmigenden unter einer nicht von ihm entworfenen Genehmigungserklärung, so erhält er eine 5/20 Gebühr nach § 45 KostO.

Für Genehmigungserklärungen gilt der Höchstwert des § 41 Abs. 4 KostO nicht.

1109 **Beispiel**
V verkauft an K ein Grundstück zum Kaufpreis von 600 000 EURO. V wird bei der Beurkundung durch eine Mitarbeiterin des Notariats vertreten. Der Notar entwirft eine Genehmigungserklärung für V, die dieser einige Tage nach der Beurkundung des Kaufvertrages unterschreibt. Die Unterschrift des V wird vom Notar beglaubigt.

Kostenberechnung
Geschäftswert: 600 000 EURO
Gebühr §§ 145 Abs. 1 S. 1, 38 Abs. 2 Nr. 1
KostO (5/10)   478,50 EURO

Hätte V im vorstehenden Beispielsfall der Mitarbeiterin des Notariats eine Vollmacht zum Abschluss des Kaufvertrages erteilt und wäre diese Vollmacht vom Notar auch entworfen und anschließend die Unterschrift des V beglaubigt worden, wären folgende Kosten zu berechnen:

II. Einzelne Grundstücks- und Grundpfandrechtsgeschäfte

Kostenberechnung
Geschäftswert: 500 000 EURO (§ 41 Abs. 4 KostO)
Gebühr §§ 145 Abs. 1 S. 1, 38 Abs. 2 Nr. 4
KostO (5/10)   403,50 EURO.

Genehmigt ein Ehegatte in gesonderter Urkunde den Verkauf eines Grundstücks durch den anderen Ehegatten nach § 1365 BGB, so bleibt es beim vollen Wert des betroffenen Rechtsgeschäfts.

Beispiel
V verkauft an K sein Wohnhaus zum Kaufpreis von 250 000 EURO. Zum Vertrag ist die Zustimmung der Ehefrau nach § 1365 BGB erforderlich. Die Ehefrau stimmt nachträglich zu (Entwurf des Notars mit Unterschriftsbeglaubigung).

Kostenberechnung
Geschäftswert: 250 000 EURO
Gebühr §§ 145 Abs. 1 S. 1, 38 Abs. 2 Nr. 1
KostO (5/10)   216 EURO.
Erfolgt die Zustimmung der Ehefrau im Kaufvertrag selbst, erfolgt keine gesonderte Bewertung (§ 44 Abs. 1 KostO).

Der volle Wert des Rechtsgeschäfts ist auch bei folgenden Zustimmungserklärungen anzunehmen:

– Verwalterzustimmung zur Veräußerung einer Eigentumswohnung,
– Zustimmung des Grundstückseigentümers zur Veräußerung eines Erbbaurechts.

Erfolgt die Zustimmung des Verwalters oder des Grundstückseigentümers im Kaufvertrag, so erfolgt auch hier keine gesonderte Bewertung der Zustimmungserklärung (§ 44 Abs. 1 KostO).
Die Beschaffung der Genehmigung eines gem. § 177 Abs. 1 BGB schwebend unwirksamen Vertrages durch einen vollmachtlos vertretenen Vertragsbeteiligten (ohne Fertigung des Genehmigungsentwurfes!) ist keine Vollzugstätigkeit nach § 146 Abs. 1 KostO, sondern eine gebührenpflichtige Nebentätigkeit nach § 147 Abs. 2 KostO (OLG Köln RNotZ 2003, 528). Der Geschäftswert ist mit 20–30% des Wertes des betroffenen Rechtsgeschäftes angemessen. Bei Mitberechtigten ist nur vom Anteil auszugehen, der der Mitberechtigung entspricht.
Die bloße Entgegennahme der Genehmigungserklärung durch den Notar stellte keine nach § 147 Abs. 2 KostO gebührenpflichtige Auftragstätigkeit dar.

Teil G Kostenrecht

e) Angebot und Annahme

1113 Neben der Beurkundung eines Kaufvertrages unter gleichzeitiger Anwesenheit von Verkäufer und Käufer kann der Kaufvertrag auch durch die getrennte Beurkundung von Angebot und Annahme zustande kommen.

Die Aufspaltung des Kaufvertrages in Angebot und Annahme hat keine Erhöhung der Kosten zur Folge. Für die Beurkundung des Angebotes erhält der Notar eine 15/10 Gebühr nach § 37 KostO, für die Beurkundung der Annahme des Angebotes eine 5/10 Gebühr nach 38 Abs. 2 Nr. 2 KostO.

Unterwirft sich der Käufer in der Annahmeurkunde wegen des Kaufpreises der sofortigen Zwangsvollstreckung, verbleibt es bei der 5/10 Gebühr nach § 38 Abs. 2 Nr. 2 KostO. Die Zwangsvollstreckungsunterwerfung, die normalerweise als 10/10 Gebühr nach § 36 Abs. 1 KostO zu bewerten ist, ist hier gebührenfreies Nebengeschäft (streitig). Ebenfalls nicht gesondert zu bewerten ist die in der Annahmeurkunde erklärte Auflassung.

Werden neben dem Angebot auch vertragliche Vereinbarungen zwischen dem Anbietenden und dem Angebotsempfänger beurkundet, liegt Gegenstandgleichheit vor. Da aber für die vertraglichen Vereinbarungen eine 20/10 Gebühr zu erheben ist und für das Angebot eine 15/10 Gebühr, hat die Bewertung nach den Grundsätzen des § 44 Abs. 1 KostO zu erfolgen (20/10 Gebühr aus dem höchsten Wert oder getrennte Bewertung der 20/10 Gebühr aus den vertraglichen Vereinbarungen und der 15/10 Gebühr für das Angebot, je nach dem, was für den Kostenschuldner günstiger ist). Um entsprechende vertragliche Vereinbarungen handelt es sich z. B. bei Vereinbarungen über ein vom Angebotsempfänger zu zahlendes Bindungsentgelt oder die Verpflichtung zur Übernahme der anfallenden Beurkundungskosten für das Angebot.

f) Änderung und Aufhebung von Kaufverträgen

1114 Wird der beurkundete Kaufvertrag nachträglich geändert, z. B. hinsichtlich der Fälligkeits- und Zahlungsvereinbarung des Kaufpreises, so fällt eine 10/10 Gebühr nach § 42 KostO an. Die 10/10 Gebühr des § 42 KostO fällt jedoch nur dann an, wenn von einer Identität mit dem ursprünglich geschlossenen Kaufvertrag noch gesprochen werden kann. Der Geschäftswert bestimmt sich nach freiem Ermessen (§ 30 Abs. 1 KostO), es ist also ein Prozentsatz (Bruchteil) des Geschäftswertes für den Kaufvertrag anzusetzen. Bei der Änderung der Fälligkeits- und Zahlungsvereinbarung des Kaufpreises ist in der Regel ein Betrag von 10% des Kaufpreises anzunehmen.

1115 Wird der beurkundete Kaufvertrag jedoch so umgestaltet, dass von einer Identität mit dem ursprünglichen Kaufvertrag nicht mehr gesprochen werden kann, so scheidet die Anwendung des § 42 KostO aus. Es ist dann eine 20/10 Gebühr nach § 36 Abs. 2 KostO anzusetzen. Dies gilt insbesondere für folgende Fälle:

– Auswechslung eines Vertragspartners, z. B. Verkauf des Grundstücks an einen anderen Käufer;

II. Einzelne Grundstücks- und Grundpfandrechtsgeschäfte

– Änderung des Gemeinschaftsverhältnisses, z. B. Ehegatten kaufen ein Grundstück je zur Hälfte, sodann Änderung des Kaufvertrages dahingehend, dass die Eheleute das Grundstück in Gesellschaft bürgerlichen Rechts kaufen;
– Auswechslung des Vertragsobjekts, z. B. wenn der Käufer zunächst ein Teilstück aus dem Grundstück erwirbt, sodann Änderung des Kaufvertrages dahingehend, dass der Käufer das Grundstück insgesamt kauft.

g) Übersicht über anfallende Notar- und Gerichtskosten beim Kaufvertrag

Der Notar muss grundsätzlich nicht ungefragt über etwa anfallende Kosten einer zu errichtenden Urkunde belehren. Häufig wird der Notar jedoch vor der Beurkundung gefragt, in welcher Höhe Kosten durch die Beurkundung ausgelöst werden. Dann muss der Notar natürlich Auskunft über die voraussichtlichen Kosten erteilen, wobei auch die üblichen Gerichtskosten anzugeben sind. Insbesondere bei Grundstückskaufverträgen fragt der Käufer, welche Kosten er beim Abschluss eines entsprechenden Kaufvertrages zu tragen hat. Nachstehend ein Überblick über die bei einem Grundstückskaufvertrag mit Kaufpreisfinanzierung üblicherweise anfallenden Kosten:

aa) Notar

Geschäft	Geschäftswert	Gebührensatz
Beurkundung Kaufvertrag § 36 Abs. 2 KostO	i. d. R. Kaufpreis + vorbehaltene Nutzungen + übernommene Leistungen § 20 Abs. 1 KostO	20/10
Vollzugsgebühr § 146 Abs. 1 KostO	wie Beurkundung Kaufvertrag § 146 Abs. 4 KostO	
Nur Zeugnis § 28 Abs. 1 BauGB		1/10
Genehmigungen, Lastenfreistellung		5/10
Betreuungsgebühren § 147 Abs. 2 KostO	10–50% des Kaufpreises § 30 Abs. 1 KostO	
Mitteilung Kaufpreisfälligkeit		5/10
Einreichungssperre		5/10
Hebegebühren § 149 Abs. 1 KostO	bis 2500 EURO	1%
	2500 EURO – 10 000 EURO	0,5%
	über 10 000 EURO	0,25%

Dokumentenpauschale (2 Exemplare dokumentenpauschalefrei), Postentgelte und Umsatzsteuer (z. Zt. 19%).

Teil G Kostenrecht

Grundschuld, Hypothek mit ZV	Kapital ohne Nebenleistungen	10/10
§ 36 Abs. 1 KostO	§ 23 Abs. 2 KostO	

Dokumentenpauschale (1 Exemplar dokumentenpauschalefrei), Postentgelte und Umsatzsteuer (z. Zt. 19%).

bb) Gericht

1118

Geschäft	Geschäftswert	Gebührensatz
Eintragung Auflassungsvormerkung	wie Kaufvertrag	5/10
§§ 66 Abs. 1, 60 Abs. 1 KostO § 20 Abs. 1 KostO Rangvorbehalt für Grundpfandrechte gebührenfrei, ebenso der Wirksamkeitsvermerk, wenn die Eintragung gleichzeitig mit der Grundschuldeintragung erfolgt		
Löschung Auflassungsvormerkung	wie Kaufvertrag	5/20
§§ 68, 66 Abs. 1 KostO	§§ 20 Abs. 1, 19 Abs. 2, 18 Abs. 1 KostO	
Eintragung Eigentumsänderung	wie Kaufvertrag	10/10
§ 60 Abs. 1 KostO	§ 20 Abs. 1 KostO	
Grundschuld, Hypothek mit/ ohne ZV	Kapital ohne Nebenleistungen	10/10
§ 62 Abs. 1 KostO	§ 23 Abs. 2 KostO	
Zusatzgebühr bei Briefrechten	Kapital ohne Nebenleistungen	5/20
§ 71 Abs. 1 KostO	§ 23 Abs. 2 KostO	

1119 In Hessen wird neben der Gebühr für die Eintragung der Eigentumsänderung (§ 60 Abs. 1 KostO) noch eine Katasterfortschreibungsgebühr erhoben.

h) Vollständige und richtige Kostenerfassung beim Grundstückskaufvertrag

1120 Die eigentliche Kostenberechnung erfolgt selbstverständlich nach der Beurkundung des Grundstückskaufvertrages. Sie wird dann vom Notar selbst, dem Bürovorsteher oder dem Sachbearbeiter anhand der Urkunde vorgenommen. Um eine vollständige und richtige Gebührenberechnung vornehmen zu können, erfordert dies von dem Ersteller der Kostenrechnung nach der Beurkundung ein sorgfältiges Studium der Urkunde. Die Praxis zeigt jedoch, dass in

II. Einzelne Grundstücks- und Grundpfandrechtsgeschäfte

der Hektik des täglichen Büroalltags hierzu oft die Zeit fehlt. So werden einzelne »Werterhöhungen« oder Gebühren häufig vergessen.

Grundstückskaufverträge werden heute in der Regel anhand von Mustertexten gefertigt. Man bedient sich hierbei der Ganztextmethode (vollständige Vertragsmuster) oder der Textbausteinmethode (einzelne Formulierungen werden aneinander gereiht) oder mischt beide. Die Vor- und Nachteile jeder einzelnen Handhabung sollen hier nicht untersucht werden. Sinnvoll ist jedoch in jedem Fall, dass der Vertragstyp, hier der Grundstückskaufvertrag, durchstrukturiert ist. Dies bedeutet für die Praxis, dass jeder Grundstückskaufvertrag nach dem gleichen Schema aufgebaut ist, d. h., nach dem Urkundeneingang und den Vertragsbeteiligten folgen der Kaufgegenstand, der Kaufpreis, die Mängelhaftung, der Besitzübergang, die Auflassung usw. Die Einhaltung entsprechender Schemata bei allen Vertragstypen führt in der Praxis zu einer besseren und einfacheren Orientierung bei der Vorbereitung der Urkunde, bei der Beurkundung selbst, bei der späteren Bearbeitung und auch bei Rückfragen von Beteiligten, Grundbuchämtern usw. Dies gilt sowohl für den Notar selbst, als auch für seine Mitarbeiter. Zur weiteren Vereinfachung sollte jeder Urkundenabschnitt noch mit einer treffenden Überschrift (z. B. Kaufpreis, Mängelhaftung, Auflassung, Vormerkung etc.) versehen werden.

Unter Zugrundelegung dieser Vorgaben lassen sich auch die Gebühren des Grundstückskaufvertrages einfacher und richtiger berechnen. Bedient man sich bei der Vorbereitung der Urkunde dem Texthandbuch und Checklisten, so sollte man sich auch zur richtigen und vollständigen Kostenerfassung einer Kostencheckliste bedienen. Die Checkliste ist dem Urkundenaufbau »gleichgestellt« und wird bei der Erstellung des Urkundenentwurfes parallel abgearbeitet. Setzt man also in dem Urkundenentwurf den Kaufpreis betragsmäßig ein, so trägt man gleichzeitig in die Kostencheckliste ebenfalls den Kaufpreis ein. Werden im Kaufvertrag Vereinbarungen getroffen, wonach der Notar den Vertragsparteien die Fälligkeit des Kaufpreises mitteilen oder die Eigentumsumschreibung erst nach Zahlung des Kaufpreises veranlassen soll, so werden in der Kostencheckliste die entsprechenden Gebührentatbestände angekreuzt und der entsprechende Geschäftswert – je nach der OLG- und BGH-Rechtsprechung – eingetragen.

Wird die Kostencheckliste bei der Erstellung des Urkundenentwurfes sorgfältig geführt, lassen sich nach der Beurkundung anhand dieser Checkliste die Gebühren einfacher und sicherer berechnen. Selbstverständlich muss der beurkundete Grundstückskaufvertrag noch auf Einfügungen und Änderungen überprüft werden, die sich auf die Kostenrechnung auswirken können.

Teil G Kostenrecht

1121 Muster einer Kostencheckliste (ohne Anspruch auf Vollständigkeit – Paragraphen sind solche der KostO)

Paragraph/ Abschnitt im Vertrag	Gebühr	Geschäftswert
Urkundeneingang		
() Auswärtsbeurkundung	§ 58 Abs. 1: 5/10 (30 EURO)	...
() Beurkundung zur Unzeit	§ 58 Abs. 3: 5/10 (30 EURO)	...
() Vertretungsbescheinigung	§ 150 Nr. 1 KostO: 13 EURO	...
§ 1 Kaufgegenstand		
() landwirtschaftliche Fläche- Genehmigung GrdstVG	§ 146 Abs. 1: 5/10	...
() Grundstück neue Bundesländer GVO-Genehmigung	§ 146 Abs. 1: 5/10	...
() Teilfläche Vermessungskosten	§ 20 Abs. 1	...
§ 2 Kaufpreis	§§ 20 Abs. 1, 44 Abs. 2 Buchst. a	
Kaufpreis		...
() Vorbehaltene Nutzungen (Nießbrauchsrecht, Wohnungsrecht)		...
() Übernommene Leistungen des Käufers		...
() fällige Erschließungskosten		...
() Vorausleistungen auf Erschließungskosten		...
() bedingte Aufzahlungsverpflichtung		...
() Bauverpflichtung		...
() Investitionsverpflichtung/ Arbeitsplatzgarantie		...

II. Einzelne Grundstücks- und Grundpfandrechtsgeschäfte

Paragraph/Abschnitt im Vertrag	Gebühr	Geschäftswert
() Übernahme Grundschuld zu Finanzierungszwecken mit Zwangsvollstreckungsunterwerfung durch Käufer	§§ 44 Abs. 2 Buchst. b, 36 Abs. 1	...
() Mitteilung der Kaufpreisfälligkeit	§ 147 Abs. 2: 5/10	...
() Vorlagesperre bis Kaufpreiszahlung	§ 147 Abs. 2: 5/10	...
() Genehmigung einer Schuldübernahme	§ 147 Abs. 2: 5/10	...
() Notaranderkonto	§ 149	
() Treuhandaufträge Banken etc.	§ 147 Abs. 2: 5/10	...
§ 3 Besitzübergang		
§ 4 Mängelhaftung (Sach- und Rechtsmängel), weitere Vereinbarungen		
() Beschaffung von Löschungsunterl.	§ 146 Abs. 1: 5/10	...
§ 5 Auflassung, Vormerkung		
() Identitätserkärung bei Teilflächenverkauf (§ 28 GBO)	§ 147 Abs. 2	...
§ 6 Genehmigungen und Vorkaufsrechte		
() nur Vorkaufsrecht Gemeinde nach BauGB	§ 146 Abs. 1: 1/10	...
() Vorkaufsrecht Denkmalschutzges.	§ 146 Abs. 1: 5/10	...
() Vorkaufsrecht Mieter § 577 BGB	§ 147 Abs. 2: 5/10	...

Teil G Kostenrecht

Paragraph/ Abschnitt im Vertrag	Gebühr	Geschäftswert
() Einholen von Genehmigungen, z. B. GrdstVG, Verwalter WEG etc.	§ 146 Abs. 1: 5/10	...
§ 7 Kaufpreisfinanzierung, Belastungsvollmacht		
keine zusätzliche Bewertung		
§ 8 Maklerprovision		
() Übernahme Provision des Verkäufers durch Käufer	§ 20 Abs. 1	...
() Einseitiges Schuldanerkenntnis des Käufers	§§ 44 Abs. 2 Buchst. b, 36 Abs. 1	...

1122 Selbstverständlich fällt bei mehreren Vollzugstätigkeiten die Vollzugsgebühr des § 146 Abs. 1 KostO nur einmal in Höhe einer 5/10 Gebühr an. Nach der Rechtsprechung der jeweiligen Oberlandesgerichte ist zu prüfen, ob neben der Vollzugsgebühr § 146 Abs. 1 KostO und der Hebegebühr § 149 KostO zusätzlich Betreuungsgebühren nach § 147 Abs. 2 KostO entstehen können.

Neben der Gebührenerfassung sollten auch die Dokumentenpauschale und die Postdienst- und Telekommunikationsdienstleistungen (Briefporto, Kosten für Telefongespräche, Kosten für Telefaxsendungen, E-Mail) von der Auftragserteilung an gesondert in einer entsprechenden Liste aufgezeichnet werden. Auch die Versendung von Urkundenentwürfen berechtigt zur Erhebung von einer Dokumentenpauschale. Pauschalgebühren für Briefporto etc. sind nicht erlaubt.

Häufig unbewertet bleiben die Vermessungskosten, die der Käufer im Kaufvertrag zur Bezahlung übernimmt. Diese können, soweit sie betragsmäßig nicht feststehen, nach § 30 KostO anhand von Erfahrungswerten geschätzt werden (Teilfläche für Einfamilienhaus 1500 EURO – Teilfläche für Mehrfamilienhaus 2500 EURO – Teilfläche für größeres Industriegrundstück 5000 EURO).

2. Schenkungsvertrag

1123 Für die Beurkundung eines *Schenkungsvertrags* fällt eine 20/10 Gebühr nach § 36 Abs. 2 KostO an.

Geschäftswert ist nach § 19 KostO der gemeine (Verkehrs-) Wert ohne Abzug der Schulden. In der Regel wird der Notar den Verkehrswert von den Beteiligten erfragen und seiner Kostenrechnung zugrunde legen.

II. Einzelne Grundstücks- und Grundpfandrechtsgeschäfte

Zur Ermittlung des Verkehrswertes können auch herangezogen werden: **1124**
- die Höhe der eingetragenen Grundpfandrechte,
- die Höhe der Brandversicherung,
- Vorurkunden,
- Wertfestsetzungen in Zwangsversteigerungsverfahren, insbesondere § 74 a ZVG.

Auf den Einheitswert des Grundbesitzes ist nur im Ausnahmefall zurückzugreifen.

3. Tauschvertrag

Für die Beurkundung eines *Tauschvertrages* fällt eine 20/10 Gebühr nach § 36 **1125**
Abs. 2 KostO an.

Bei Verträgen, die den Austausch von Leistungen zum Gegenstand haben, ist gemäß § 39 Abs. 2 KostO nur der Wert der Leistung des einen Teils – und wenn der Wert der Leistungen verschieden ist – der höhere maßgebend.

Der jeweilige Verkehrswert ist maßgebend (§ 19 Abs. 2 KostO). **1126**

> **Beispiel**
> A überträgt an B ein Grundstück im Wert von 100 000 EURO. Dafür erhält A von B ein Grundstück im Wert von ebenfalls 100 000 EURO.
>
> **Kostenberechnung**
> Geschäftswert: 100 000 EURO (§ 39 Abs. 2 KostO)
> Gebühr §§ 32, 36 Abs. 2 KostO (20/10)   414 EURO
> zuzüglich Dokumentenpauschale, Postentgelte und Umsatzsteuer.

Eine Addition der Grundstückswerte findet beim Tauschvertrag nicht statt! **1127**
Da beide Grundstücke den gleichen Wert haben, ist nur der Wert eines Grundstücks (100 000 EURO) für den Geschäftswert maßgebend.

> **Beispiel**
> A überträgt an B ein Grundstück im Wert von 100 000 EURO. Dafür erhält A von B ein Grundstück im Wert von 120 000 EURO.
>
> **Kostenberechnung**
> Geschäftswert: 120 000 EURO (§ 39 Abs. 2 KostO)
> Gebühr §§ 32, 36 Abs. 2 KostO (20/10)   474 EURO
> zuzüglich Dokumentenpauschale, Postentgelte und Umsatzsteuer.

Hier ist nach § 39 Abs. 2 KostO der höhere Grundstückswert (120 000 EURO) **1128**
für den Geschäftswert maßgebend.

Teil G Kostenrecht

4. Übergabevertrag

a) Allgemeines zum Geschäftswert

1129 Bei *Übergabeverträgen* (auch *Übertragungs-* und *Überlassungsverträgen*) handelt es sich ebenfalls um Austauschverträge im Sinne von § 39 Abs. 2 KostO. Auch hier sind deshalb die Leistungen der Vertragsbeteiligten (Übergeber – Übernehmer) gegenüberzustellen. Der höhere Wert ist maßgebend.

> **Beispiel**
> A (Übergeber – 60 Jahre alt) übergibt an B (Übernehmer – Sohn des Übergebers) sein Hausgrundstück und behält sich an der Wohnung im Erdgeschoss ein lebenslanges Wohnungsrecht nach § 1093 BGB vor. Der angenommene Jahreswert des Wohnungsrechts beträgt 5000 EURO. Der Wert des übertragenen Hausgrundstücks beträgt 150 000 EURO.
> Zur Geschäftswertberechnung sind die jeweiligen Leistungen der Vertragsbeteiligten gegenüberzustellen:
> Leistung Übergeber Verkehrswert
> Hausgrundstück   150 000 EURO
> Leistung Übernehmer Wert des Wohnungsrechts
> Berechnet nach § 24 KostO,
> hier § 24 Abs. 3 KostO
> 5 × 5000 EURO   25 000 EURO.
>
> **Kostenberechnung**
> Geschäftswert: 150 000 EURO (§ 39 Abs. 2 KostO)
> Gebühr §§ 32, 36 Abs. 2 KostO (20/10)   564 EURO
> zuzüglich Dokumentenpauschale, Postgelte und Umsatzsteuer.

1130 Bei der Bemessung der Leistungen des Übergebers ist der übertragene Grundbesitz nicht mit dem Einheitswert (außer bei der Überlassung eines land- oder forstwirtschaftlichen Betriebs mit Hofstelle – § 19 Abs. 4 KostO), sondern mit dem **Verkehrswert**, § 19 Abs. 2 KostO, anzusetzen.

1131 Zur Ermittlung des Verkehrswertes können wie beim Schenkungsvertrag auch hier herangezogen werden:
- die Höhe der eingetragenen Grundpfandrechte,
- die Höhe der Brandversicherung,
- Vorurkunden,
- Wertfestsetzungen in Zwangsversteigerungsverfahren, insbesondere § 74 a ZVG.

1132 In der Regel wird der Notar aber auch hier die Angaben der Vertragsbeteiligten für die Ermittlung des Geschäftswertes heranziehen.
Ein Abzug der auf dem übertragenen Grundbesitz ruhenden Verbindlichkeiten kommt nicht in Betracht (§ 18 Abs. 3 KostO).

II. Einzelne Grundstücks- und Grundpfandrechtsgeschäfte

In der Regel ist der Verkehrswert des übertragenen Grundbesitzes höher als die Summe der vorbehaltenen Rechte des Übergebers (Wohnungsrecht, Nießbrauch, Altenteil). Der Verkehrswert des übertragenen Grundbesitzes bildet daher fast immer den Geschäftswert für den Übergabevertrag. Es sollte jedoch immer die Gegenprobe gemacht werden.

Die Werte der vorbehaltenen Rechte und vereinbarten Nutzungen werden nach § 24 KostO ermittelt (*Jahreswert* und *Laufzeit* der vorbehaltenen Rechte und Nutzungen).

Hierbei ist das *Verwandtenprivileg* des § 24 Abs. 3 KostO (5fache Jahreswert, bei Personen über 80 Jahre der 3fache Jahreswert) zu beachten.

Beispiel 1133

Die 60-jährige Mutter behält sich als Gegenleistung für die Übertragung eines Grundstücks an ihre Tochter eine monatliche lebenslänglich zu zahlende Rente von 500 EURO vor.

Die Gegenleistung nach § 39 Abs. 2 KostO ist wie folgt zu berechnen:

500 EURO × 12 × 5 = 30 000 EURO – § 24 Abs. 3 KostO.
Wären Übergeber und Übernehmer in diesem Fall nicht verwandt, wäre die Gegenleistung wie folgt zu berechnen:
500 EURO × 12 × 11 = 66 000 EURO – § 24 Abs. 2 KostO.

Übernimmt der Übernehmer durch Grundpfandrechte gesicherte Verbindlichkeiten, so ist nicht das eingetragene Kapital des Grundpfandrechts maßgebend, sondern die Höhe des tatsächlich valutierenden Darlehens (tatsächlicher Schuldbetrag). 1134

Beispiel 1135

A (Übergeber – 60 Jahre alt) überträgt an B (Übernehmer – mit A nicht verwandt) ein Wohnhaus. Der Verkehrswert des Wohnhauses beträgt 150 000 EURO. B hat gegenüber A folgende Leistungen zu erbringen:

1. Übernahme einer eingetragenen Grundschuld von 140 000 EURO nebst 15% Jahreszinsen zur ferneren Verzinsung und Tilgung. Das durch die Grundschuld gesicherte Darlehen valutiert noch in Höhe von 125 000 EURO.
2. Zahlung einer monatlichen lebenslangen Rente von 500 EURO.

Bewertung der Gegenleistungen
– Übernahme des Darlehens   125 000 EURO
– Zahlung der Rente
500 EURO × 12 × 11 – § 24 Abs. 2 KostO   <u>66 000 EURO</u>
Summe   191 000 EURO
Der Geschäftswert für den Übergabevertrag beträgt in diesem Fall 191 000 EURO, da die Leistungen des Übernehmers hier höher sind als die Gegen-

leistung des Übergebers mit 150 000 EURO (Wohnhaus im Verkehrswert von 150 000 EURO).

1136 Gegenleistungen des Übernehmers im Übergabevertrag können wie folgt bewertet werden:

– Rente

Nach § 24 Abs. 2 KostO (Jahreswert der Rente × Multiplikator aus § 24 Abs. 2 KostO, berechnet nach dem Lebensalter des Berechtigten); § 24 Abs. 3 KostO findet gegebenenfalls vorrangig Anwendung.

– Wohnungsrecht

Monatlicher Nettomietwert der betroffenen Wohnung multipliziert mit 12 (Jahreswert), im Übrigen Bewertung nach § 24 Abs. 2, Abs. 3 KostO wie bei Rente. Übernahme von Heizung, Strom und sonstigen Leistungen sind gesondert zu bewerten.

– Versorgungsleistungen (Pflegeklausel)

Geschätzter monatlicher Aufwand, abhängig von der Gebrechlichkeit, nach Angaben der Beteiligten, im Übrigen Bewertung nach § 24 Abs. 2, Abs. 3 KostO.

– Beerdigungs- und Grabpflegekosten

Geschätzt nach Angaben der Beteiligten, es können zwischen 5000 EURO und 7500 EURO je Übergeber in Ansatz gebracht werden.

– Verfügungs- und Belastungsverbot

10–20% des Verkehrswertes des übertragenen Grundbesitzes. Die hiermit verbundenen Rückübertragungsverpflichtungen einschließlich Bestellung einer Vormerkung nach § 883 BGB sind Sicherungsmaßnahmen und daher gemäß § 44 KostO nicht gesondert zu bewerten.

– Abfindungsergänzungsverpflichtungen (Spekulationsklausel)

Sie sind mit 10% einer möglichen Zusatzzahlung zu veranschlagen. Als Berechnungsgrundlage dieser 10% kann ein an die weichenden Erben gezahltes Abstandsgeld angenommen werden.

b) Land- oder forstwirtschaftlicher Betrieb

1137 Bei der Übergabe eines *land- oder forstwirtschaftlichen Betriebes mit Hofstelle* sind die Leistungen des Übergebers (§ 39 Abs. 2 KostO) nicht mit dem Verkehrswert, sondern nur mit dem vierfachen *Einheitswert* zu bewerten (§ 19 Abs. 4 KostO). Diese Regelung gilt nicht nur für den Übergabevertrag, sondern auch bei Verfügungen von Todes wegen (Testament und Erbvertrag), vorausgesetzt, der Übergabevertrag oder die Verfügung von Todes wegen dient der Fortführung eines land- oder forstwirtschaftlichen Betriebes mit Hofstelle.

II. Einzelne Grundstücks- und Grundpfandrechtsgeschäfte

Die Übertragung einzelner landwirtschaftlicher Grundstücke ist nach § 19 Abs. 4 KostO nur dann privilegiert, wenn die Übertragung mit der Hofnachfolgeregelung im engen Zusammenhang steht.

Ob ein land- oder forstwirtschaftlicher Betrieb vorliegt, ist nach dem Bewertungsgesetz (BewG) zu beurteilen. Gemäß § 33 Abs. 1 BewG gehören zum land- und forstwirtschaftlichen Vermögen alle *Wirtschaftsgüter*, die einem Betrieb der Land- und Forstwirtschaft dauernd zu dienen bestimmt sind. Betrieb der Land- und Forstwirtschaft ist die wirtschaftliche Einheit des land- und forstwirtschaftlichen Vermögens. Nach § 33 Abs. 2 BewG gehören zu den Wirtschaftsgütern, die einem Betrieb der Land- und Forstwirtschaft dauernd zu dienen bestimmt sind, also insbesondere der Grund und Boden, die Wohn- und Wirtschaftsgebäude, die stehenden Betriebsmittel und ein normaler Bestand an umlaufenden Betriebsmitteln. Auf eine räumliche Einheit kommt es nicht an. Entscheidend ist nur, dass die Grundstücke von einer gemeinsamen Hofstelle aus bewirtschaftet werden. Altenteilshäuser zählen noch zur Hofstelle. Die bislang zum Betriebsvermögen der Land- und Forstwirtschaft gehörenden Wohnungen bzw. Wohngebäude wurden durch das WohneigFG vom 15.05.1996 mit Ablauf des 31.12.1998 in das Privatvermögen des Betriebsinhabers überführt, sog. Privatgutlösung. Die Überführung in das Privatvermögen erfolgt ausschließlich in ertragsteuerlicher Hinsicht und hat auf die Anwendung des § 19 Abs. 4 KostO keinen Einfluss; entsprechender Grundbesitz ist also nicht mit dem Verkehrswert zu bewerten, es bleibt insgesamt beim Ansatz des 4-fachen Einheitswertes.

Eine Mindestgröße des land- oder forstwirtschaftlichen Betriebes ist nicht erforderlich. Privilegiert sind daher auch kleine Betriebe der Land- und Forstwirtschaft, auch wenn diese als Nebenerwerbsbetrieb geführt werden. Soll das Landwirtschaftsprivileg auf die Übertragung eines landwirtschaftlichen Betriebes angewendet werden, der so klein ist, dass nach objektiven Kriterien ein Grenzfall vorliegt, so ist zu ermitteln, ob der Erwerber (Übernehmer) zumindest einen nicht unerheblichen Teil seines Familieneinkommens aus dem landwirtschaftlichen Betrieb erzielt (OLG München ZNotP 2007, 158). Zu den privilegierten Betrieben der Landwirtschaft zählen auch Sonderkulturen wie z. B. Spargelanbau, Weinanbau und Gärtnereien. Eine Obergrenze zur Einstufung als land- oder forstwirtschaftlicher Betrieb ist nicht vorgesehen.

Weitere Voraussetzung für die Anwendung der Privilegierung des § 19 Abs. 4 KostO ist die Fortführung des Betriebes durch den Übernehmer. Der Vorbehalt eines Nießbrauchs für den Übergeber im Übergabevertrag hindert nicht die Anwendung des § 19 Abs. 4 KostO. Wird ein verpachteter Betrieb übergeben, kommt es für die Anwendung des § 19 Abs. 4 KostO maßgeblich darauf an, ob der Übernehmer den landwirtschaftlichen Betrieb unter Auflösung des Pachtverhältnisses fortführen will (hierzu OLG München ZNotP 2007, 158 m. Anm. *Tiedtke*).

Das Landwirtschaftsprivileg des § 19 Abs. 4 KostO kann auch bei einer stufenweisen Übertragung des landwirtschaftlichen Betriebes Anwendung finden.

1138 **Beispiel**
Der Vater überträgt dem Sohn im Jahr 2006 zunächst ein Grundstück mit dem aufstehenden Wohnhaus des »Hofes«. Im Jahr 2008 werden dann die landwirtschaftlichen Betriebsgebäude (Stallungen, Scheune, Schuppen etc.) und die landwirtschaftlichen Grundstücke (Acker- und Wiesengrundstücke) auf den Sohn übertragen. Zwischen beiden Übergabeverträgen muss aber ein enger sachlicher Zusammenhang vorliegen, d. h. die Beteiligten (Vater und Sohn) müssen von Anfang an die Absicht gehabt haben, den gesamten Betrieb, also einschließlich Wohnhaus, wenn auch stufenweise auf den Sohn zu übertragen.

1139 In der Regel wird sich der Notar bei der Beurkundung den *Einheitswertbescheid* vorlegen lassen.

Zusammengefasst ist § 19 Abs. 4 KostO also in folgenden Fällen anwendbar:

- Übergabe eines land- oder forstwirtschaftlichen Betriebes (auch durch Verfügung von Todes wegen – Erbvertrag und Testament).
- Erbauseinandersetzungsvertrag über einen land- oder forstwirtschaftlichen Betrieb.
- Eine Hofstelle (Hof mit Wohn- und Wirtschaftsgebäuden) muss vorhanden sein.
- Eine Mindestgröße des Betriebes ist nicht erforderlich, auch Sonderkulturen der Landwirtschaft fallen unter die Privilegierung. Eine Obergrenze ist nicht vorgesehen.
- Der Übernehmer (Erwerber) muss den Betrieb fortführen wollen.

1140 Die Kostenvorschrift des § 19 Abs. 4 KostO gilt aber auch bei Vorgängen, die die Fortführung eines land- oder forstwirtschaftlichen Betriebes in sonstiger Weise betreffen (z. B. Eheverträge, Erbscheinsanträge, Scheidungsvereinbarungen, Erb- und Pflichtteilsverzichte weichender Erben usw.).

Werden im Übergabevertrag auch Baugrundstücke oder Bauerwartungsland mitübergeben, sind diese mit dem Verkehrswert nach § 19 Abs. 2 KostO zu bewerten.

In den neuen Bundesländern ist der Ersatzwirtschaftswert für den Einheitswert anzusetzen.

c) Vollzugsgebühr, Betreuungsgebühren

1141 Auch bei Übergabeverträgen entsteht häufig die Vollzugsgebühr des § 146 Abs. 1 KostO, z. B. bei der Übertragung eines land- oder forstwirtschaftlichen Betriebes für die Einholung der Genehmigung nach dem Grundstücksverkehrsgesetz. Der Geschäftswert für die Vollzugsgebühr nach § 146 Abs. 1 KostO bestimmt sich gemäß § 146 Abs. 4 KostO in gleicher Weise wie für die Beurkundung selbst. Die Vollzugsgebühr ist aus dem vollen Wert des übertragenen Grundbesitzes zu erheben. Bei einem land- oder forstwirtschaftlichen

II. Einzelne Grundstücks- und Grundpfandrechtsgeschäfte

Betrieb berechnet sich die Vollzugsgebühr wie die Beurkundungsgebühr aus dem vierfachen Einheitswert:

Beispiel 1142

Der Landwirt A (60 Jahre) überträgt seinem Sohn B seinen landwirtschaftlichen Betrieb in Größe von 50 ha gegen Gewährung des folgenden Altenteils:

a) Lebenslanges Wohnungsrecht an der Wohnung im Erdgeschoss, angenommener Jahreswert 5000,00 EURO,
b) Monatliches Baraltenteil von 500,00 EURO.

Der Einheitswert des landwirtschaftlichen Betriebes beträgt 20 000,00 EURO. Zum Grundbuchvollzug holt der Notar auftragsgemäß die Genehmigung der Landwirtschaftsbehörde nach dem Grundstücksverkehrsgesetz ein.

Kostenberechnung
Geschäftswert: 80 000,00 EURO (§ 39 Abs. 2 KostO)
Gebühr §§ 32, 36 Abs. 2 KostO (20/10)   354,00 EURO
Gebühr §§ 32, 146 Abs. 1 KostO (5/10)   88,50 EURO.

Der Geschäftswert richtet sich nach dem vierfachen Einheitswert (20 000,00 EURO × 4 = 80 000,00 EURO). Dieser Wert ist höher als die Gegenleistungen des Sohnes B als Übernehmer (5000,00 EURO × 5 = 25 000,00 EURO + 500,00 EURO × 12 × 5 = 30 000,00 EURO – insgesamt somit 55 000,00 EURO). Der Geschäftswert der Vollzugsgebühr ist ebenfalls aus dem Geschäftswert der Beurkundungsgebühr des § 36 Abs. 2 KostO zu berechnen, hier also ebenfalls nach dem vierfachen Einheitswert. Wären die Gegenleistungen des Übernehmers B höher als der vierfache Einheitswert (z. B. durch Übernahme noch auf dem Hof lastender Siedlungsdarlehen in Höhe von 35 000,00 EURO), würde sich die Beurkundungs- und die Vollzugsgebühr aus dem Gesamtwert der Gegenleistungen errechnen. Die entsprechende Kostenrechnung würde dann wie folgt lauten:

Kostenberechnung
Geschäftswert: 90 000,00 EURO (25 000,00 EURO + 30 000,00 EURO + 35 000,00 EURO – § 39 Abs. 2 KostO)
Gebühr §§ 32, 36 Abs. 2 KostO (20/10)   384,00 EURO
Gebühr §§ 32, 146 Abs. 1 KostO (5/10)   96,00 EURO.

Betreuungsgebühren nach § 147 Abs. 2 KostO bei Übergabeverträgen sind selten anzusetzen, da die Übergabeverträge in der Regel zwischen Verwandten geschlossen werden und hier die bei Kaufverträgen üblichen Einreichungssperren etc. nicht aufgenommen werden. Eine Betreuungsgebühr fällt jedoch an, wenn der Notar auftragsgemäß die Genehmigung zur Schuldübernahme 1143 nach §§ 415, 416 BGB bei eingetragenen Gläubigerinnen einholt. Der Geschäftswert entspricht in diesem Fall einem Bruchteil des übernommenen Darlehens (10–20%). Sind bei verschiedenen Gläubigerinnen Schuldübernahmegenehmigungen vom Notar einzuholen, entsteht die Betreuungsgebühr nach § 147 Abs. 2 KostO mehrfach.

1144 **Beispiel**
Der Übernehmer B übernimmt Darlehen des Übergebers A bei der Kreissparkasse K in Höhe von 100 000 EURO und bei der Raiffeisenbank R in Höhe von 150 000 EURO.

Geschäftwert: 10 000 EURO
(10% von 100 000 EURO
– Genehmigung Schuldübernahme Kreissparkasse)
Gebühr §§ 32, 147 Abs. 2 KostO   27 EURO

Geschäftswert: 15 000 EURO
(10% von 150 000 EURO
– Genehmigung Schuldübernahme Raiffeisenbank)
Gebühr §§ 32, 147 Abs. 2 KostO   33 EURO.

d) Übergabe- und Erbvertrag

1145 In der Praxis kam es in der Vergangenheit häufiger vor, dass neben einem Übergabevertrag in gleicher Urkunde auch ein Erbvertrag mitbeurkundet wurde. Der Übergeber wünscht, dass der von ihm übertragene Grundbesitz in der Familie bleibt. Der Übernehmer schließt zu diesem Zweck dann mit dem Übergeber einen Erbvertrag, wonach der Übernehmer den ihm per Übergabevertrag übertragenen Grundbesitz seinen Kindern durch Vermächtnis (§ 1939 BGB) zuwendet. Hierbei ist § 44 KostO nicht anwendbar, es findet keine Zusammenrechnung statt, sondern die Gebühren für den Übergabevertrag und für den Erbvertrag sind gesondert zu berechnen.

1146 **Praxis-Tipp**
Für die Frage, ob § 44 KostO anwendbar ist, kann man sich Folgendes ganz einfach merken (vgl. auch Rz. 1364):
§ 44 KostO gilt nur für Geschäfte, die vor § 44 in der Kostenordnung (KostO) stehen. Wurden Geschäfte beurkundet, die vor § 44 KostO stehen, und solche, die hinter § 44 KostO stehen, dann erfolgt keine Zusammenrechnung der Geschäftswerte. Die Geschäfte sind so zu bewerten, als wären sie in getrennten Urkunden enthalten.

1147 Als weitere Besonderheit ist zu beachten, dass es sich bei der Anordnung des Grundstücksvermächtnisses nicht um eine Gesamtrechtsnachfolge, sondern um eine Einzelrechtsnachfolge handelt, so dass § 46 Abs. 4 KostO (Abzug der Verbindlichkeiten) nicht anwendbar ist. Das vermachte Grundstück ist nach

II. Einzelne Grundstücks- und Grundpfandrechtsgeschäfte

§ 18 Abs. 3 KostO mit dem Verkehrswert ohne etwa darauf lastende Verbindlichkeiten zu bewerten.

Beispiel 1148
Der Übergeber A (60 Jahre) überträgt seinem Sohn B ein Hausgrundstück mit einem Verkehrswert von 300 000 EURO. Als Gegenleistung übernimmt der Sohn auf dem Grundbesitz noch lastende Darlehensverbindlichkeiten in Höhe von 100 000 EURO, gesichert durch die Grundschuld Abt. III Nr. 1 in Höhe von 150 000 EURO. Weiterhin erhält A ein lebenslanges Wohnungsrecht an der Wohnung im Dachgeschoss; Jahreswert 6000 EURO. In der gleichen Urkunde wird ein Erbvertrag zwischen A und B mitbeurkundet. B wendet in diesem Erbvertrag im Wege des Vermächtnisses das ihm von A übertragene Hausgrundstück seiner Tochter T als Alleineigentum zu. A nimmt die erbvertragliche Verfügung des B an.

Kostenberechnung
Zunächst ist der Geschäftswert für den Übergabevertrag zu ermitteln. Dem Verkehrswert des Hausgrundstücks von 300 000 EURO (Leistung des Übergebers) stehen die Gegenleistungen des Übernehmers wie folgt gegenüber:
– Übernahme der Darlehensverbindlichkeiten 100 000 EURO
(Die Grundschuld als Sicherungsrecht ist nicht
zu bewerten, sondern nur die eigentliche
Darlehensvaluta)
– Gewährung eines lebenslangen Wohnungsrechts
6000 EURO × 5 (§ 24 Abs. 3 KostO) 30 000 EURO
Gesamtgegenleistungen des Übernehmers 130 000 EURO
Die Leistungen des Übergebers sind mit 300 000 EURO (Wert des Hausgrundstücks) höher. Der Geschäftswert für den Übergabevertrag beträgt somit 300 000 EURO. Der gleiche Geschäftswert ist für den Erbvertrag anzusetzen. Da das Hausgrundstück im Wege der Einzelrechtsnachfolge zugewandt wird, sind die auf dem Grundbesitz ruhenden Verbindlichkeiten nicht abzuziehen (§§ 46 Abs. 4, 18 Abs. 3 KostO).

Kostenberechnung
Geschäftswert: 300 000 EURO
Gebühr §§ 32, 36 Abs. 2 KostO (20/10) –
Übergabevertrag 1014 EURO
Gebühr §§ 32, 46 Abs. 1 KostO (20/10) –
Erbvertrag 1014 EURO
zuzüglich Dokumentenpauschale, Postentgelte und Umsatzsteuer. § 44 KostO ist – wie vorstehend dargelegt – nicht anzuwenden.

Erbverträge, die nur Verfügungen von Todes wegen enthalten, können seit 1149 dem 01.08.2002 gem. § 2300 Abs. 2 BGB von den Vertragsschließenden gemeinsam sowohl aus der besonderen amtlichen als auch aus der notariellen

Verwahrung zurückgenommen werden mit der Wirkung, dass damit entsprechend § 2256 Abs. 1 BGB sowohl die vertraglichen als auch die einseitigen Verfügungen von Todes wegen aufgehoben werden. Es ist ratsam, die Beteiligten bei der Beurkundung verbundener Erbverträge (z. B. wie oben dargestellt Übergabe- und Erbvertrag) auf die eingeschränkte Rücknahmemöglichkeit hinzuweisen und dies in der Urkunde zu vermerken. Aus den vorstehend dargelegten Gründen wird daher in Zukunft eine Zusammenbeurkundung von Übergabe- und Erbvertrag wohl selten sein.

e) Abfindung weichender Erben

1150 Hat der Übernehmer Geschwister, so sind diese in der Regel ebenfalls Beteiligte des Übergabevertrages. Sie erhalten in den meisten Fällen von dem Übernehmer eine Gleichstellungszahlung (Abfindung als weichender Erbe) und verzichten gleichzeitig gegenüber dem Übergeber gegenständlich beschränkt auf das übertragene Anwesen auf ihr gesetzliches Pflichtteilsrecht. Dieser Pflichtteilsverzicht der Geschwister gegenüber dem Übergeber ist neben dem Übergabevertrag als gegenstandsverschieden nach § 44 Abs. 2 Buchst. a KostO gesondert zu bewerten.

Die Gleichstellungszahlung des Übernehmers ist neben seiner Wertbildung für den gegenständlich beschränkten Pflichtteilsverzicht, § 44 Abs. 2 Buchst. a KostO, auch als Gegenleistung im Sinne des § 39 Abs. 2 KostO (Austauschvertrag) heranzuziehen, d. h., die Gleichstellungszahlung des Übernehmers ist Teil seiner Gegenleistungen an den Übernehmer und mit anderen Gegenleistungen an diesen, z. B. Wohnungsrecht, Übernahme von Darlehen etc., zu addieren. Der höhere Wert der gesamten Gegenleistungen des Übernehmers ist dem Wert des übertragenen Grundbesitzes gegenüber zu stellen, der höhere Wert bildet den Geschäftswert.

Der gegenständlich beschränkte Pflichtteilsverzicht gegen Entgelt ist ebenfalls Austauschvertrag nach § 39 Abs. 2 KostO (Vergleich zwischen Pflichtteilsanspruch des weichenden Erben entsprechend dessen Pflichtteilsquote am Vermögensgegenstand mit dem Entgelt für den gegenständlich beschränkten Pflichtteilsverzicht = Abstands- oder Gleichstellungsgeld).

1151 **Beispiel**
Der Übergeber A überträgt seinem Sohn B ein Hausgrundstück mit einem Verkehrswert von 300 000 EURO gegen Gewährung eines lebenslangen Wohnungsrechts an der Erdgeschosswohnung (Jahreswert des Wohnungsrechts: 6000 EURO). Der Übernehmer B verpflichtet sich, der Schwester C als weichender Erbin eine einmalige Abfindung in Höhe von 50 000 EURO zu zahlen. C verzichtet in der gleichen Urkunde gegenüber ihrem Vater, aufschiebend bedingt gegen Zahlung des Betrages von 50 000 EURO, auf ihr gesetzliches Pflichtteilsrecht, gegenständlich beschränkt auf das übertragene Hausgrundstück.

II. Einzelne Grundstücks- und Grundpfandrechtsgeschäfte

Der Geschäftswert berechnet sich nach § 44 Abs. 2 Buchst. a KostO wie folgt:
1. Verkehrswert Hausgrundstück   300 000 EURO
2. Pflichtteilsverzicht C   50 000 EURO
                                       350 000 EURO
Gebühr §§ 32, 36 Abs. 2 KostO (20/10)   1164 EURO

Die Zahlung an die Schwester C in Höhe von 50 000 EURO und das Wohnungsrecht des Vaters sind als Austauschleistung nach § 39 Abs. 2 KostO mit 30 000 EURO = Wohnungsrecht (6000 EURO × 5 = 30 000 EURO – § 24 Abs. 3 KostO) *und* 50 000 EURO = Gleichstellungszahlung gegenüber dem Verkehrswert des Hausgrundstücks mit 300 000 EURO nicht zu berücksichtigen.

Als Geschäftswert für den gegenständlich beschränkten Pflichtteilsverzicht ist der Herauszahlungsbetrag an den weichenden Erben (Schwester C) anzunehmen (hier angenommen 50 000 EURO als höhere Gegenleistung).

Eine Vollzugsgebühr nach § 146 Abs. 1 KostO würde sich im vorstehenden Beispiel nur nach dem Wert der Grundstücksveräußerung (5/10 Gebühr aus 300 000 EURO) berechnen.

Der in einem Übergabevertrag von der mit anwesenden Ehefrau des Übergebers erklärte Pflichtteilsverzicht, gegenständlich beschränkt auf das Vertragsobjekt, ist ebenfalls nach den obigen Grundsätzen als gegenstandsverschieden nach § 44 Abs. 2 Buchst. a KostO zu bewerten (LG Kassel JurBüro 2004, 440). Der Wert des Verzichts bestimmt sich in diesem Fall nach dem dem Pflichtteilsanspruch unterliegenden Anteil der Ehefrau am Vertragsobjekt. **1152**

5. Auseinandersetzungsvertrag

Für die Beurkundung eines Auseinandersetzungsvertrages, insbesondere eines Erbauseinandersetzungsvertrages, ist eine 20/10 Gebühr nach § 36 Abs. 2 KostO zu berechnen. **1153**

Geschäftswert für die Erbauseinandersetzung ist der Wert des auseinander gesetzten Vermögens ohne Schuldenabzug (§ 18 Abs. 3 KostO). § 39 Abs. 2 KostO ist nicht anzuwenden, da keine Leistungen ausgetauscht, sondern vorhandenes Vermögen verteilt wird. Der Anteil des Erwerbers wird nicht abgezogen.

Beispiel **1154**
Der verstorbene Vater hat einen Nachlass im Wert von 500 000 EURO hinterlassen. Es bestehen Nachlassverbindlichkeiten in Höhe von 100 000 EURO auf dem zum Nachlass gehörenden Hausgrundstück im Verkehrswert von 400 000 EURO. Erben des Vaters sind die Ehefrau zu ½ und die beiden Kinder zu je ¼. Die Erben schließen einen Erbauseinanderset-

zungsvertrag, wonach die Mutter das Hausgrundstück (Verkehrswert 400 000 EURO) unter Übernahme der hierauf lastenden Verbindlichkeiten (100 000 EURO) übernimmt; die beiden Kinder erhalten das übrige Nachlassvermögen von 100 000 EURO je zur Hälfte.

Kostenberechnung
Geschäftswert: 500 000 EURO
(§§ 39 Abs. 1, 18 Abs. 3 KostO)
Gebühr §§ 32, 36 Abs. 2 KostO (20/10)   1614 EURO

1155 Von der Auseinandersetzung einer Erbengemeinschaft kann sich die Auseinandersetzung einer Bruchteilsgemeinschaft unterscheiden. Rechtsprechung und Literatur bewerten diese Auseinandersetzung unterschiedlich. Eine Auffassung nimmt in diesem Fall wie bei der Erbauseinandersetzung die Aufhebung der Gemeinschaft an. Der Wert des Vertrages entspricht dem Gesamtwert.

1156 **Beispiel**
A und B sind Miteigentümer je zur Hälfte der Grundstücke Flurstücke 1 und 2. Diese Miteigentümergemeinschaft (Bruchteilsgemeinschaft) wird dadurch aufgehoben, dass A Alleineigentümer des Grundstücks Flurstück 1 und B Alleineigentümer des Grundstücks Flurstück 2 wird. Jedes Flurstück hat einen Verkehrswert von 100 000 EURO. Geschäftswert bei der Annahme Aufhebung der Gemeinschaft ist der Gesamtwert beider Flurstücke, also 200 000 EURO.

1157 Die Gegenmeinung ist der Auffassung, dass es sich vorliegend um zwei Bruchteilsgemeinschaften handelt, nämlich jeweils eine Bruchteilsgemeinschaft an den Flurstücken 1 und 2. Das jeweilige Alleineigentum kann auch dadurch verschafft werden, dass A seinen Miteigentumsanteil an dem Flurstück 2 auf B überträgt und B wiederum seinen Miteigentumsanteil an dem Flurstück 1 auf A. Es liegt dann ein Austauschvertrag nach § 39 Abs. 2 KostO vor. Der Geschäftswert beträgt daher für das obige Beispiel lediglich 50 000 EURO (= ½ von 100 000 EURO). Voraussetzung für diese Berechnungsweise ist aber, dass die Grundstücke Flurstücke 1 und 2 bereits als selbstständige Grundstücke im Rechtssinne (also unter einer laufenden Nummer im Bestandsverzeichnis) im Grundbuch eingetragen sind. Wird ein entsprechender »Auseinandersetzungsvertrag« über noch zu vermessende Grundstücke geschlossen, so liegt nach neuerer Rechtsprechung kein Austauschvertrag vor, selbst dann nicht, wenn bereits ein Veränderungsnachweis vom Katasteramt erteilt wurde.

Das Schuldenabzugsverbot des § 18 Abs. 3 KostO gilt jedoch auch in diesen Fällen.

II. Einzelne Grundstücks- und Grundpfandrechtsgeschäfte

6. Erbbaurecht

a) Bestellung eines Erbbaurechts

Eine Wiedergeburt erlebt derzeit das Erbbaurecht, insbesondere in den neuen Bundesländern. Daher kommen heute auch wieder häufiger Kostenberechnungen zur Bestellung eines Erbbaurechts in der notariellen Praxis vor.

1158

Für die Beurkundung eines Erbbaurechtsvertrages erhält der Notar eine 20/10 Gebühr nach § 36 Abs. 2 KostO, bei der Bestellung eines Eigentümererbbaurechts fällt eine 10/10 Gebühr nach § 36 Abs. 1 KostO an. Daneben kann eine Vollzugsgebühr nach § 146 Abs. 1 KostO entstehen, wenn der Notar entsprechend tätig wird, etwa die Genehmigung nach der GVO – soweit erforderlich – einholt. Der Wert für die Berechnung der Vollzugsgebühr bestimmt sich nach dem Wert des Erbbaurechts, die Mitbestellung eines Vorkaufsrechts zu Gunsten des Grundstückseigentümers am Erbbaurecht bleibt insoweit unberücksichtigt (*Bengel/Tiedtke* DNotZ 2006, 418, 429).

Bei der Begründung eines Erbbaurechts bestimmt sich der Geschäftswert nach § 21 Abs. 1 KostO. Dabei sind einem Anteil von 80% des Grundstückswertes der nach § 24 Abs. 1a KostO kapitalisierte Erbbauzins zuzüglich etwaiger sonstiger geldwerter Leistungen des Erbbauberechtigten gegenüberzustellen. Der höhere Wert ergibt den Geschäftswert.

Der Grundstückswert (§ 21 Abs. 1 S. 1 KostO) entspricht nach § 19 Abs. 2 KostO dem Verkehrswert des belasteten Grundstücks. Ein vom Grundstückseigentümer errichtetes Gebäude ist bei der Berechnung des Verkehrswertes nach § 19 Abs. 2 KostO mitzuberücksichtigen. Dagegen bleibt ein auf Rechnung des Erbbauberechtigten errichtetes Gebäude gemäß § 21 Abs. 1 S. 2 KostO unberücksichtigt.

Bei der Wertermittlung des Grundstücks ist die gesamte Fläche des Grundstücks zu berücksichtigen, sofern sich das Erbbaurecht auf das gesamte Grundstück erstreckt. Wird der Ausübungsbereich des Erbbaurechts jedoch nur auf eine bestimmte Teilfläche des Grundstücks beschränkt, so ist für die Wertermittlung des Grundstücks auch nur diese Teilfläche zu berücksichtigen.

Da Erbbaurechte meistens über einen längeren Zeitraum als 25 Jahre bestellt werden (häufig 99 Jahre), ist die Kapitalisierung des Erbbauzinses damit in der Regel in Höhe des 25fachen Jahresbetrages (als Höchstbetrag des § 24 Abs. 1a KostO) vorzunehmen. Eine *echte* Wertsicherungsklausel ist zusätzlich zum Erbbauzins zu bewerten (10–20% des kapitalisierten Erbbauzinses – *Tiedtke* ZNotP 2007, 77 in der Anm. zu OLG München ZNotP 2007, 76).

Mit dem nach § 21 Abs. 1 KostO festgesetzten Wert ist alles erfasst, was zum Inhalt des Erbbaurechts gehört und gemacht wird, d. h. eine gesonderte Bewertung dieser Vereinbarungen erfolgt nicht.

1159 Im Einzelnen handelt es sich um folgende Bestimmungen:
- Vereinbarungen über die Gebäudeerrichtung (Bauverpflichtung, Instandhaltung und Verwendung);
- Vereinbarungen über die Tragung der öffentlichen Lasten und Kosten;
- Bestimmungen über den Heimfallanspruch des Grundstückseigentümers (Voraussetzung des Anspruchs, Fristbestimmung, Höhe der Entschädigung);
- Vereinbarungen im Begründungsvertrag darüber, dass der Erbbauberechtigte zur Veräußerung des Erbbaurechts oder zur Belastung desselben mit einem Grundpfandrecht der Zustimmung des Grundstückseigentümers bedarf. Eine im Erbbaurechtsvertrag bereits erteilte Zustimmung des Grundstückseigentümers zur Belastung des Erbbaurechts mit bestimmten dinglichen Rechten ist nicht gesondert zu bewerten; dies gilt auch für einen im Erbbaurechtsvertrag bewilligten Rangrücktritt hinsichtlich des Erbbauzinses nebst etwaigen Erhöhungsvormerkungen und des Vorkaufsrechts am Erbbaurecht;
- das dem Erbbauberechtigten eingeräumte Ankaufsrecht, auch soweit es durch eine Auflassungsvormerkung nach § 883 BGB gesichert ist;
- Strafzinsen für den Fall des Verzugs der Zahlung des Erbbauzinses, sofern es sich nicht um eine Vertragsstrafe handelt;
- das Vorrecht auf Erneuerung des Erbbaurechts.

1160 Das Vorkaufsrecht am Erbbaugrundstück wird ebenfalls nicht gesondert bewertet.

Das Vorkaufsrecht am Erbbaurecht ist dagegen gesondert zu bewerten. Grundlage für die Bewertung dieses Vorkaufsrechts ist § 20 Abs. 2 KostO. Der Wert des Vorkaufsrechts beträgt somit 50% der geschätzten Baukosten (nach Errichtung des Gebäudes bezieht sich das Vorkaufsrecht nur noch auf das errichtete Gebäude, ein Käufer erwirbt also ein fertiges Haus und kalkuliert den Kaufpreis entsprechend; das Recht zur Errichtung des Gebäudes ist entfallen und somit nicht mehr gesondert zu bewerten). In den meisten Fällen wird im Erbbaurechtsvertrag vereinbart, dass der Erbbauberechtigte zur Veräußerung des Erbbaurechts der Zustimmung des Grundstückseigentümers bedarf. Durch diese Vereinbarung verliert das Vorkaufsrecht an Bedeutung; es ist dann nur noch ein Bruchteil der Baukosten (1/10) nach § 30 Abs. 1 KostO für das Vorkaufsrecht anzusetzen. Eine andere Auffassung nimmt als Grundlage für die Bewertung des Vorkaufsrechts den nach § 19 Abs. 2 KostO zu bestimmenden Wert des Erbbaurechts an. Dieser Wert setzt sich dann zusammen aus dem Wert des Erbbaurechts am Grundstück (Bodenwertanteil) und dem Wert des Bauwerkes (für diese Berechnung z.B. *Tiedtke*, Notarkosten im Grundstücksrecht, Rn. 1034). Auch aus diesem zusammengesetzten Wert sind dann 50% bzw. 10% für das Vorkaufsrecht anzusetzen. Nach einer neuen Entscheidung des OLG München (ZNotP 2007, 76 m. Anm. *Tiedtke*) soll es gemäß § 20 Abs. 2 KostO beim halben Wert auch bei einem vereinbarten Zustimmungserfordernis des Eigentümers bleiben.

II. Einzelne Grundstücks- und Grundpfandrechtsgeschäfte

Beispiel 1161
Kostenberechnung für einen üblichen Erbbaurechtsvertrag:
A bestellt B an einem Grundstück ein Erbbaurecht auf die Dauer von 99 Jahren zur Errichtung eines Dreifamilienhauses. Der Erbbauzins beträgt jährlich 4000 EURO. Es wird eine Wertsicherungsklausel vereinbart, wonach sich der Erbbauzins verändern soll, wenn sich die Lebenshaltungskosten um mehr als 10% ändern. Im Erbbaurechtsvertrag ist vereinbart, dass der Erbbauberechtigte zur Veräußerung und Belastung des Erbbaurechts der Zustimmung des Grundstückseigentümers bedarf. Es werden wechselseitige Vorkaufsrechte für alle Verkaufsfälle am Grundstück für den Erbbauberechtigten und am Erbbaurecht für den Grundstückseigentümer vereinbart. Die Baukosten werden auf rund 600 000 EURO veranschlagt, der Grundstückswert beträgt 100 000 EURO.

1. Ermittlung des Geschäftswerts
a) Erbbaurechtsbestellung nach § 21 Abs. 1 KostO
Erbbauzins 4000 EURO × 25
(§ 24 Abs. 1 a KostO)   100 000 EURO
Wertsicherungsklausel (10% des
kapitalisierten Erbbauzinses)   10 000 EURO
b) Vorkaufsrecht am Erbbaurecht nach
§§ 20 Abs. 2, 30 Abs. 1 KostO
Wegen vereinbarter Zustimmungspflicht des
Grundstückseigentümers zur Veräußerung
des Erbbaurechts 1/10 von 600 000 EURO   60 000 EURO

Geschäftswert nach § 44 Abs. 2 Buchst. a KostO   170 000 EURO

2. Berechnung der Gebühren
Gebühr §§ 32, 36 Abs. 2 KostO (20/10)   624 EURO
zuzüglich Dokumentenpauschale, Postentgelte und Umsatzsteuer.
Grundlage der Wertberechnung zur Bestellung des Erbbaurechts ist der kapitalisierte (25-fache) Erbbauzins = 100 000 EURO. Der kapitalisierte Erbbauzins ist in diesem Fall höher als 80% des Grundstückswertes (80% von 100 000 EURO Grundstückswert = 80 000 EURO). Durch das neue PreisklauselG ist die Genehmigungsbedürftigkeit von Wertsicherungsklauseln aufgehoben worden (hierzu *Reul* MittBayNot 2007, 445); eine Vollzugsgebühr kann daher insoweit nicht erhoben werden.

b) Veräußerung eines Erbbaurechts

Bei einem Verkauf eines bereits eingetragenen oder bestellten Erbbaurechts 1162
ist der Geschäftswert nach § 20 Abs. 1 KostO zu berechnen, also (in der Regel) nach dem Kaufpreis oder nach dem Verkehrswert des Erbbaurechts, wenn

dieser höher ist. § 21 Abs. 1 KostO ist beim Verkauf des Erbbaurechts nicht zu beachten.
Beim Verkauf nicht bewertet wird die erforderliche Übernahme des Erbbauzinses und des Vorkaufsrechts am Erbbaurecht durch den Käufer.
Wird im Kaufvertrag die erforderliche Zustimmung des Grundstückseigentümers zum Verkauf des Erbbaurechts mitbeurkundet, so ist die Zustimmung gegenstandsgleich nach § 44 Abs. 1 KostO und somit nicht gesondert zu bewerten. Gleiches gilt für die mitbeurkundete Vorkaufsrechtsverzichtserklärung des Grundstückseigentümers. Werden die Erklärungen gesondert abgegeben, bemisst sich der Wert der Zustimmung entsprechend § 19 Abs. 2 KostO nach dem Kaufpreis. Wegen der getrennten Gebührensätze (Zustimmungserklärung = § 38 Abs. 2 Nr. 1 KostO 5/10, Vorkaufsrechtsverzichtserklärung = § 36 Abs. 1 KostO 10/10) kann gesonderte Gebührenberechnung günstiger sein.

1163 | **Beispiel**
V verkauft an K ein Erbbaurecht (aufstehendes Einfamilienhaus) zum Kaufpreis von 500 000,00 EURO. K übernimmt im Kaufvertrag den Erbbauzins von jährlich 1000,00 EURO und das Vorkaufsrecht des Grundstückseigentümers. Das ursprünglich auf die Dauer von 99 Jahren bestellte Erbbaurecht läuft im Zeitpunkt des Vertragsabschlusses noch 85 Jahre. Im Kaufvertrag stimmt der Grundstückseigentümer G wegen des im Grundbuch eingetragenen Zustimmungsvorbehalts dem Verkauf des Erbbaurechts an K zu und verzichtet gleichzeitig auf sein Vorkaufsrecht aus dem im Erbbaugrundbuch eingetragenen Vorkaufsrecht für den Grundstückseigentümer.

Kostenberechnung
Geschäftswert: 500 000,00 EURO
(§ 20 Abs. 1 KostO)
Gebühr §§ 32, 36 Abs. 2 KostO (20/10)   1614,00 EURO
zuzüglich Dokumentenpauschale, Postentgelte und Umsatzsteuer.

Die Zustimmungserklärung und die Vorkaufsrechtsverzichtserklärung des Grundstückseigentümers im Kaufvertrag sind nicht gesondert zu bewerten, § 44 Abs. 1 KostO. § 21 Abs. 1 KostO gilt nur für die Erbbaurechtsbestellung und ist auf den Kaufvertrag nicht anzuwenden. Wird die Zustimmungserklärung und die Vorkaufsrechtsverzichtserklärung des Grundstückseigentümers in einer gesonderten, vom Notar entworfenen Urkunde abgegeben, entstehen hierfür folgende Gebühren:

Geschäftswert: 500 000,00 EURO (§§ 39 Abs. 1 S. 1, 19 Abs. 2 KostO) – Zustimmungserklärung
Gebühr §§ 145 Abs. 1 S. 1, 38 Abs. 2 Nr. 1 KostO   403,50 EURO
Geschäftswert: 50 000,00 EURO
(§§ 19 Abs. 2, 30 Abs. 1 KostO) –
Vorkaufsrechtsverzichtserklärung

II. Einzelne Grundstücks- und Grundpfandrechtsgeschäfte

(1/10 des Kaufpreises von 500 000,00 EURO)
Gebühr §§ 145 Abs. 1 S. 1, 36 Abs. 1 KostO   132,00 EURO
Gesamt   535,50 EURO

Zu beachten ist § 44 Abs. 1 S. 2 2. HS. KostO. Eine 10/10 Gebühr nach §§ 36 Abs. 1, 38 Abs. 2 Nr. 1 KostO aus 500 000,00 EURO würde 807,00 EURO betragen. Für den Kostenschuldner ist jedoch die gesonderte Kostenberechnung günstiger; die Gebühren sind daher in Höhe von insgesamt 535,50 EURO (403,50 EURO + 132,00 EURO) anzusetzen. Wird die Zustimmungserklärung des Grundstückseigentümers vom Notar auftragsgemäß ohne Entwurfsfertigung eingeholt, liegt eine Vollzugstätigkeit des Notars vor. Es ist dann eine 5/10 Gebühr nach § 146 Abs. 1 KostO aus dem Kaufpreis anzusetzen.

7. Wohnungseigentum

a) Begründung von Wohnungseigentum

Wird Wohnungs- und/oder Teileigentum in Vertragsform nach §§ 3, 4 WEG begründet, so ist eine 20/10 Gebühr nach § 36 Abs. 2 KostO anzusetzen.   **1164**

Erfolgt die Begründung durch einseitige Teilungserklärung gemäß § 8 WEG in Beurkundungsform, etwa durch den Bauträger, so ist eine 10/10 Gebühr nach § 36 Abs. 1 KostO anzusetzen.

Wird unter einem Entwurf einer Teilungserklärung nach § 8 WEG, z. B. geliefert durch den Bauträger, lediglich die Unterschrift des Grundstückseigentümers beglaubigt, so entsteht nur eine 5/20 Gebühr nach § 45 KostO. Wird der Entwurf einer Teilungserklärung vom Notar gestellt und hierunter die Unterschrift des Grundstückseigentümers beglaubigt, so entstehen folgende Gebühren: **1165**

(a) Enthält die Teilungserklärung nur Grundbucherklärungen: 5/10 Gebühr nach §§ 145 Abs. 1 S. 1, 38 Abs. 2 Nr. 5 Buchst. a KostO.
(b) Enthält die Teilungserklärung auch die Gemeinschaftsordnung (üblich) 10/10 Gebühr nach §§ 145 Abs. 1 S. 1, 36 Abs. 1 KostO.

Mit den genannten Gebühren werden alle Erklärungen zur Begründung des Wohnungseigentums abgegolten. Dies gilt insbesondere für die Regelungen zum Verhältnis der Wohnungseigentümer untereinander (Gemeinschaftsordnung) und die Aufteilung bestehender Belastungen.   **1166**

Die Einräumung von wechselseitigen Vorkaufsrechten unter den Wohnungseigentümern sind als gegenstandsverschieden gesondert zu bewerten, § 44 Abs. 2 Buchst. a KostO.

Bei der Begründung von Wohnungseigentum (Teileigentum) ist als Geschäftswert gemäß § 21 Abs. 2 KostO die Hälfte des Werts des bebauten Grundstücks (§ 19 Abs. 2 KostO) anzunehmen. Ist das Gebäude noch zu errichten, wird der Geschäftswert gebildet durch die Addition von Grundstückswert (Grund und Boden) und veranschlagten Baukosten. Die Einräumung von

Wohnungseigentum bezieht sich bereits auf das bebaute Grundstück, auch wenn das Sondereigentum erst mit der Bebauung entsteht.

1167 **Beispiel**
Kostenberechnung Begründung Wohnungseigentum:
A und B sind je zur Hälfte Eigentümer eines mit einem Zweifamilienhaus bebauten Grundstücks. Sie begründen durch Vertrag Wohnungseigentum gemäß §§ 3, 4 WEG. Hiernach erhält A einen ½ Miteigentumsanteil am Grundstück, verbunden mit dem Sondereigentum an der Wohnung im Erdgeschoss, B einen ½ Miteigentumsanteil am Grundstück, verbunden mit dem Sondereigentum an der Wohnung im Dachgeschoss. Der Wert des bebauten Grundstücks beträgt 300 000 EURO.

Kostenberechnung
Geschäftswert: 150 000 EURO (§ 21 Abs. 2 KostO)
Gebühr §§ 32, 36 Abs. 2 KostO (20/10)   564 EURO
zuzüglich Dokumentenpauschale, Postentgelte und Umsatzsteuer.
Würden sich im vorstehenden Beispielsfall die Beteiligten wechselseitig Vorkaufsrechte einräumen, müssten diese wie folgt besonders bewertet werden:

Kostenberechnung

a) Begründung von Wohnungseigentum
Geschäftswert: 150 000 EURO (§ 21 Abs. 2 KostO)
b) Wechselseitige Vorkaufsrechte,
angenommener Wert einer jeden Wohnung
150 000 EURO; bewertet wird nur ein
Wohnungseigentumsrecht, da Austauschvertrag gemäß § 39 Abs. 2 KostO;
Geschäftswert: 75 000 EURO
(§ 20 Abs. 2 KostO)
Gesamtgeschäftswert: 225 000 EURO
(§ 44 Abs. 2 Buchst. a KostO)
Gebühr §§ 32, 36 Abs. 2 KostO (20/10)   804 EURO
zuzüglich Dokumentenpauschale, Postentgelte und Umsatzsteuer.

1168 Wird der Notar bei der Begründung von Wohnungseigentum auf Verlangen der Beteiligten zum Zwecke des Vollzugs tätig, z. B. Einholung der Abgeschlossenheitsbescheinigung, Beschaffung der Aufteilungspläne, so entsteht die Vollzugsgebühr nach § 146 Abs. 1 KostO (5/10).

b) Veräußerung von Wohnungseigentum

1169 Wird ein Wohnungseigentumsrecht verkauft, ergeben sich keine Besonderheiten. Es gelten die Grundsätze über den Verkauf eines Grundstücks. Somit entsteht eine 20/10 Gebühr nach § 36 Abs. 2 KostO.

II. Einzelne Grundstücks- und Grundpfandrechtsgeschäfte

Eine etwa gebildete Instandhaltungsrücklage ist nicht zu berücksichtigen.
Häufig ist Inhalt des Wohnungsgrundbuches (vgl. § 12 WEG), dass der Wohnungseigentümer zur Veräußerung des Wohnungseigentumsrechts der Zustimmung des Verwalters oder der anderen Wohnungseigentümer bedarf. Wird der Notar im Kaufvertrag beauftragt, diese Zustimmungserklärung einzuholen, so entsteht eine 5/10 Gebühr aus § 146 Abs. 1 KostO.
Fertigt der Notar den Entwurf der Zustimmungserklärung und beglaubigt er sodann die Unterschrift des Verwalters hierunter, so erhält der Notar eine 5/10 Gebühr nach §§ 145 Abs. 1 S. 1, 38 Abs. 2 Nr. 1 KostO. Der Notar, der im Auftrag der Vertragsparteien die Zustimmungserklärung des Verwalters einholen soll und zugleich den Entwurf der Zustimmungserklärung fertigt, erhält in diesem Fall lediglich einmal eine 5/10 Gebühr nach §§ 145 Abs. 1 S. 1, 38 Abs. 2 Nr. 1 KostO für die Fertigung des Entwurfes der Zustimmungserklärung, hierneben aber nicht noch eine 5/10 Vollzugsgebühr nach § 146 Abs. 1 KostO, es sei denn, der Notar muss noch weitere Vollzugstätigkeiten ausüben (z. B. Einholen weiterer Genehmigungen). Zu beachten ist hierbei, dass die Vorkaufsrechtsnegativbescheinigung der Gemeinde bei der Veräußerung von Wohnungs- und Teileigentum nicht erforderlich ist (§ 24 Abs. 2 BauGB).
Wird vom Notar lediglich die Unterschrift des Verwalters unter einer anderweitig entworfenen Zustimmungserklärung beglaubigt, entsteht eine 5/20 Gebühr nach § 45 KostO.
Erfolgt die Zustimmung des Verwalters bereits im Kaufvertrag, so ist die Zustimmungserklärung nicht gesondert zu bewerten, § 44 Abs. 1 KostO.
Der Geschäftswert der Zustimmungserklärung des Verwalters oder der anderen Wohnungseigentümer bestimmt sich nach dem Wert des Kaufvertrages (§§ 20 Abs. 1, 39 Abs. 1 S. 1 KostO). Beinhaltet der Kaufvertrag noch andere Gegenstände, die den Kaufpreis erhöhen (z. B. Mitverkauf von Möbeln, Gardinen etc.), so ist diese Erhöhung bei der Gebühr für die Einholung der Verwaltergenehmigung nicht zu berücksichtigen.

8. Vorkaufs- und Ankaufsrecht

Für die Beurkundung eines Vertrages zur Einräumung eines schuldrechtlichen oder dinglichen *Vorkaufsrechts* entsteht eine 20/10 Gebühr nach § 36 Abs. 2 KostO. Im Hinblick auf § 311 b BGB bedarf die Verpflichtung zur Einräumung eines Vorkaufsrechts immer der Beurkundung, so dass dann auch immer die 20/10 Gebühr nach § 36 Abs. 2 KostO entsteht. Grundsätzlich reicht zur Eintragung des Vorkaufsrechts in das Grundbuch auch die bloße Eintragungsbewilligung des Grundstückseigentümers in der Form des § 29 GBO aus. Durch die anschließende Eintragung des Vorkaufsrechts in das Grundbuch wird die mangelnde Beurkundungsform geheilt und die Vorkaufsrechtsbestellung gemäß § 311 b S. 2 BGB endgültig wirksam. Entwirft der Notar eine entsprechende Eintragungsbewilligung und beglaubigt er anschließend die Unterschrift des Grundstückseigentümers hierunter, so erhält er eine 5/10 Gebühr nach §§ 145 Abs. 1 S. 1, 38 Abs. 2 Nr. 5 Buchst. a KostO.

1170

Als Geschäftswert der Vorkaufsrechtsbestellung ist nach § 20 Abs. 2 KostO in der Regel der halbe Grundstückswert (§ 19 Abs. 2 KostO) anzunehmen. Hierbei spielt es keine Rolle, ob es sich um ein Vorkaufsrecht für alle Verkaufsfälle, ein Vorkaufsrecht für den ersten Verkaufsfall oder um ein schuldrechtliches, durch eine Vormerkung nach § 883 BGB gesichertes Vorkaufsrecht (z. B. zu einem bestimmten Kaufpreis) handelt.

1171 **Beispiel**
A räumt B an seinem Grundstück ein Vorkaufsrecht für alle Verkaufsfälle ein. Der Verkehrswert des Grundstücks beträgt 500 000 EURO. Der Notar beurkundet den Vertrag über die Einräumung des Vorkaufsrechts.

Kostenberechnung
Geschäftswert: 250 000 EURO (§ 20 Abs. 2 KostO =
½ von 500 000 EURO)
Gebühr §§ 32, 36 Abs. 2 KostO (20/10)   864 EURO
zuzüglich Dokumentenpauschale, Postentgelte und Umsatzsteuer.

1172 Eine Abweichung von dem Regelsatz des § 20 Abs. 2 KostO (½ des Verkehrswertes nach § 19 Abs. 2 KostO) kommt immer dann in Betracht, wenn auf Grund der besonderen Gestaltung des Vorkaufsrechts die Wahrscheinlichkeit seiner Realisierung (Ausübung) besonders groß oder besonders gering ist, so z. B. bei Bestellung eines Vorkaufsrechts nur für Lebzeiten des Berechtigten; ist der Berechtigte jung, so ist die Abweichung nach oben berechtigt, steht er im vorgeschrittenen Alter, ist eine Unterschreitung des Regelwerts geboten.

Vorkaufsrechte werden häufig in Miet- oder Pachtverträgen sowie in Kaufverträgen eingeräumt. Das Vorkaufsrecht in Miet- oder Pachtverträgen ist rechtlich selbstständig und dient nicht der Sicherung der Miete oder der Pacht. Folglich liegen verschiedene Gegenstände im Sinne des § 44 Abs. 2 KostO vor. Im Hinblick auf § 311b BGB sind in diesem Fall der Miet- oder Pachtvertrag und die Vorkaufsrechtsbestellung zu beurkunden. Der Geschäftswert des Miet- oder Pachtvertrages und derjenige der Vorkaufsrechtsbestellung sind gemäß § 44 Abs. 2 Buchst. a KostO zu addieren. Aus dem Gesamtwert ist eine 20/10 Gebühr nach § 36 Abs. 2 KostO zu berechnen.

Behält sich der Verkäufer im Kaufvertrag an dem Vertragsobjekt ein Vorkaufsrecht vor, so ist dieses Vorkaufsrecht nicht gesondert zu bewerten, führt also nicht zu einer Erhöhung des Geschäftswerts. Die Kostengerichte und die Kostenliteratur gehen hierbei davon aus, dass es sich dabei um eine Beschränkung der dem Käufer übertragenen Rechte handelt, nicht um eine selbstständige Leistung des Käufers.

Für die Beurkundung eines *Ankaufsrechts* oder eines *Wiederkaufsrechts* ist ebenfalls eine 20/10 Gebühr nach § 36 Abs. 2 KostO zu erheben. Auch hier ist in der Regel als Geschäftswert der halbe Wert der betroffenen Sache (§ 19 Abs. 2 KostO) nach § 20 Abs. 2 KostO anzusetzen.

Häufig kommt es vor, dass das Ankaufsrecht so ausgestaltet ist, dass die Wirksamkeit des Kaufvertrages nur noch von der Ausübungserklärung des

II. Einzelne Grundstücks- und Grundpfandrechtsgeschäfte

Ankaufsberechtigten abhängt. In diesem Fall kann von dem Regelwert des § 20 Abs. 2 KostO abgewichen und der volle Kaufpreis als Geschäftswert angesetzt werden.

9. Grundpfandrechte

a) Grundschuld

Da die Grundschuld von dem gewährten Darlehen unabhängig ist, bedarf die Forderungsauswechselung, also die Neuaufnahme eines Darlehens nach Rückzahlung eines bereits einmal gewährten Darlehens, nicht der Eintragung im Grundbuch. Gleiches gilt für etwaige Änderungen der Zins- und Zahlungsbestimmungen. In der Praxis des Notars hat daher die Grundschuld die Hypothek fast völlig verdrängt. Nur noch einige Hypothekenbanken lassen erstrangige Hypotheken als Darlehenssicherung in das Grundbuch eintragen. 1173

aa) Grundschulden mit Zwangsvollstreckungsunterwerfung

Heute werden am häufigsten Grundschulden mit Zwangsvollstreckungsunterwerfung bestellt. Grundschulden mit Zwangsvollstreckungsunterwerfung werden in der Form einer Niederschrift beurkundet und enthalten die sofortige Zwangsvollstreckungsunterwerfung des Bestellers in den zu belastenden Grundbesitz nach § 800 ZPO. 1174

> *Formulierungsbeispiel* 1175
> *Wegen des Grundschuldkapitals nebst Zinsen unterwirft sich der Besteller der sofortigen Zwangsvollstreckung aus dieser Urkunde in das belastete Pfandobjekt in der Weise, dass die sofortige Zwangsvollstreckung auch gegen den jeweiligen Eigentümer zulässig sein soll.*

In der Regel enthalten diese Urkunden auch noch ein abstraktes Schuldversprechen oder Schuldanerkenntnis des Bestellers (Eigentümers) und/oder des Darlehensnehmers wegen des Grundschuldbetrages nebst Zinsen und auch insoweit eine Zwangsvollstreckungsunterwerfung in sein gesamtes Vermögen.

> *Formulierungsbeispiel* 1176
> *Ich verspreche dem Grundschuldgläubiger zu dessen weiterer Sicherung, ihm einen Geldbetrag in Höhe des Kapitals der soeben bestellten Grundschuld und von heute an Zinsen daraus in Höhe der Grundschuldzinsen zu zahlen. Dieses Versprechen soll die Forderung selbstständig begründen. Wegen dieser Forderung unterwerfe ich mich der sofortigen Zwangsvollstreckung aus dieser Urkunde in mein gesamtes Vermögen.*

Für die Beurkundung einer solchen Grundschuld mit Zwangsvollstreckungsunterwerfung erhält der Notar eine **10/10 Gebühr nach § 36 Abs. 1 KostO**.

Maßgebend für die Geschäftswertberechnung ist § 23 Abs. 2 KostO, d. h. der Geschäftswert für die Kostenberechnung des Notars richtet sich nach dem Nennbetrag der Schuld, also dem einzutragenden Grundschuldkapital. Zinsen und Nebenleistungen der Grundschuld bleiben unberücksichtigt (§ 18 Abs. 2 KostO). Ebenso unberücksichtigt bleibt der Wert des zu belastenden Grundstücks. Für die Kostenrechnung des Notars unerheblich ist auch, ob eine Buchgrundschuld oder eine Briefgrundschuld bestellt wird. Das Grundbuchamt erhebt jedoch für die Erteilung eines Grundschuld- oder Hypothekenbriefes eine ¼ Gebühr nach § 71 Abs. 1 KostO, so dass heute aus Gründen der Kostenersparnis in der Regel nur noch Buchgrundschulden oder Buchhypotheken bestellt werden.

1177 **Beispiel**

E als Grundstückseigentümer bestellt für die K-Bank eine Briefgrundschuld in Höhe von 300 000 EURO nebst 15% Jahreszinsen ab dem Tag der Grundschuldbestellung und einer einmaligen Nebenleistung von 10% des Grundschuldbetrages. Der Wert des Grundstücks beträgt 500 000 EURO. E erklärt in der Urkunde die Zwangsvollstreckungsunterwerfung gemäß § 800 ZPO (dinglich, zur Vollstreckung in das belastete Grundstück) und zugleich aus einem Schuldversprechen wegen des Grundschuldbetrages persönlich in sein gesamtes Vermögen.

Kostenberechnung
Geschäftswert: 300 000 EURO
Gebühr §§ 32, 36 Abs. 1 (10/10)   507 EURO
zuzüglich Dokumentenpauschale, Postentgelte und Umsatzsteuer.

1178 Die Erklärungen zur Grundschuldbestellung, das Schuldversprechen, die beiden Erklärungen zur Zwangsvollstreckungsunterwerfung und die in der Urkunde enthaltenen Eintragungsbewilligungen und -anträge sind zwar mehrere Erklärungen, sie haben jedoch kostenrechtlich denselben Gegenstand (§ 44 Abs. 1 KostO). Es wird daher die Gebühr nur einmal von dem Wert dieses Gegenstandes (300 000 EURO) nach dem höchsten in Betracht kommenden Gebührensatz (10/10) berechnet.

Ob eine oder mehrere Personen (z. B. Eheleute) die Erklärungen abgeben, spielt für die Kostenberechnung des Notars keine Rolle. Dies gilt auch für den Fall, dass Grundstückseigentümer und Darlehensnehmer auseinander fallen (z. B. im Falle der Bestellung einer Grundschuld zur Kaufpreisfinanzierung vor Eintragung der Eigentumsänderung auf den Käufer). Wird jedoch der Darlehensvertrag unter Mitwirkung des Gläubigers mitbeurkundet, so fällt eine 20/10 Gebühr nach § 36 Abs. 2 KostO an. Dieser Fall kommt in der Praxis des Notars jedoch praktisch kaum vor.

Müssen im Einzelfall zur Eintragung von Grundschulden im Grundbuch durch den Notar gerichtliche oder behördliche Genehmigungen eingeholt werden (z. B. des Vormundschaftsgerichts oder nach § 144 BauGB), so ist

II. Einzelne Grundstücks- und Grundpfandrechtsgeschäfte

diese Tätigkeit des Notars gebührenfreies Nebengeschäft (§ 35 KostO) und wird nicht gesondert abgerechnet.

Mit der Beurkundungsgebühr des § 36 Abs. 1 KostO abgegolten ist auch die gesamte sonstige Tätigkeit des Notars aus Anlass der Grundschuldbestellung, insbesondere

1179

– die notwendige Grundbucheinsicht vor der Beurkundung,
– die Stellung des Eintragungsantrages beim Grundbuchamt,
– die Überprüfung der Eintragungsnachricht nach Eintragung der Grundschuld im Grundbuch,
– die Erteilung der vollstreckbaren Ausfertigung für den Gläubiger der Grundschuld (ausgenommen natürlich die entsprechende Dokumentenpauschale).

Häufig erhält der Notar den Auftrag des Kreditinstituts, im Rahmen einer Grundschuldbestellung die Einigung zwischen dem Eigentümer und dem Gläubiger gemäß § 873 BGB dadurch herbeizuführen, dass er die für den Gläubiger bestimmte Ausfertigung im Auftrag des Gläubigers entgegennimmt.

1180

Beispiel
Formulierung im Ausfertigungsvermerk: *Diese erste Ausfertigung stimmt mit der Urschrift überein. Sie wird hiermit der ... (Bank oder Sparkasse) zur Vorlage beim Grundbuchamt erteilt. Zugleich nehme ich diese Ausfertigung aufgrund der mir von der ... (Bank oder Sparkasse) hierzu erteilten Vollmacht entgegen.*

1181

Für diese Tätigkeit erhält der Notar eine 5/10 Gebühr nach § 147 Abs. 2 KostO (hierzu *Bengel/Tiedtke* DNotZ 2004, 259, 281). Der Geschäftswert bestimmt sich nach § 30 Abs. 1 KostO. Ein Teilwert von 20–30% des Grundschuldbetrages kann in diesem Fall als Geschäftswert angesetzt werden.

1182

Hat der Notar die Bestellung einer Grundschuld beurkundet, dient die Einholung einer für die rangrichtige Eintragung der Grundschuld notwendigen Rangrücktrittserklärung dem Vollzug des Urkundsgeschäfts und löst daher keine Gebühr nach § 147 Abs. 2 KostO aus (BGH ZNotP 2006, 397). Übernimmt der Notar jedoch gegenüber dem Gläubiger Treuhandauflagen oder muss er mit dem Gläubiger in Verhandlungen über die Erteilung des Rangrücktritts oder die Löschungsbewilligung eintreten, fällt hierfür eine Gebühr nach § 147 Abs. 2 KostO an (*Tiedtke* ZNotP 2006, 399). Als Geschäftswert angemessen dürften nach § 30 Abs. 1 KostO ein Teilwert von 30–50% des Betrages sein, von welchem die Verwendung der Löschungsbewilligung oder der Rangrücktrittserklärung abhängt.

bb) Grundschuld ohne Zwangsvollstreckungsunterwerfung

Um eine Grundschuld in das Grundbuch eintragen zu können, bedarf es in Hinblick auf § 29 GBO lediglich der Beglaubigung der Unterschrift des Eigentümers unter der Grundschuldbestellung. Um den Beteiligten Kosten zu ersparen, werden daher von Banken, Bausparkassen und Arbeitgebern häufig Grundschuldbestellungsformulare vorbereitet, die bereits vollständig mit

1183

Grundbuchbezeichnungen und Grundschuldangaben (Kapital, Zinsen etc.) ausgefüllt sind. Beglaubigt der Notar in einem solchen Fall lediglich die Unterschrift unter einem vollständig ausgefüllten Formular, so erhält er hierfür die ¼ Gebühr nach § 45 KostO, beschränkt auf die Höchstgebühr von 130 EURO.

1184 **Beispiel**
E übergibt dem Notar ein Grundschuldbestellungsformular seiner Bausparkasse. Hiernach ist eine Grundschuld in Höhe von 300 000,00 EURO nebst 15% Zinsen jährlich für die Bausparkasse zu bestellen. Im Formular sind bereits sämtliche zur Eintragung der Grundschuld in das Grundbuch erforderlichen Angaben enthalten. Der Notar beglaubigt lediglich die Unterschrift des E unter dem Formular. E nimmt nach der Beglaubigung seiner Unterschrift die Grundschuldbestellungsurkunde wieder mit und veranlasst selbst die Eintragung der Grundschuld im Grundbuch.

Kostenberechnung
Geschäftswert: 300 000,00 EURO
Gebühr §§ 32, 45 KostO (5/20)   126,75 EURO
zuzüglich Dokumentenpauschale, Postentgelte und Umsatzsteuer.

1185 Wird der Notar im vorstehenden Beispielsfall beauftragt, nach Beglaubigung der Unterschrift unter der Grundschuldbestellungsurkunde diese beim Grundbuchamt einzureichen und nach Eintragung der Grundschuld die Eintragungsnachrichten zu überprüfen, so erhält er neben der Beglaubigungsgebühr nach § 45 KostO eine weitere ¼ Vollzugsgebühr nach § 146 Abs. 2 KostO (BGH ZNotP 2006, 397). Zu beachten ist hierbei, dass die Vollzugsgebühr nach § 146 Abs. 2 KostO nicht der Höchstgebühr von 130,00 EURO nach § 45 Abs. 1 KostO unterliegt. Der Geschäftswert der Vollzugsgebühr nach § 146 Abs. 2 KostO entspricht dem Grundschuldkapital. Die Vollzugsbühr des § 146 Abs. 2 KostO wird jedoch nicht schon allein durch die Stellung des Eintragungsantrages durch den Notar ausgelöst. Der Notar muss also eine darüber hinausgehende Tätigkeit entwickeln, z. B. die auftragsgemäße Überprüfung der Eintragungsnachrichten des Grundbuchamtes nach Eintragung der Grundschuld im Grundbuch. In Betracht kommen auch die Einholung von Rangrücktritten oder Grundschuld- und Hypothekenbriefen, damit die Grundschuld rangrichtig im Grundbuch eingetragen werden kann.

1186 **Beispiel**
E übergibt dem Notar ein Grundschuldbestellungsformular seiner Bausparkasse. Hiernach ist eine Grundschuld in Höhe von 600 000,00 EURO nebst 15% Zinsen jährlich für die Bausparkasse zu bestellen. Im Formular sind bereits sämtliche zur Eintragung der Grundschuld in das Grundbuch erforderliche Angaben enthalten. Der Notar beglaubigt die Unterschrift des E unter dem Formular und beantragt die Eintragung der Grundschuld

II. Einzelne Grundstücks- und Grundpfandrechtsgeschäfte

im Grundbuch. Nach Eintragung der Grundschuld im Grundbuch überprüft er für E die Richtigkeit der Grundbucheintragung.

Kostenberechnung
Geschäftswert: 600 000,00 EURO
Gebühr §§ 32, 45 KostO (5/20) 130,00 EURO (Höchstgebühr!)
Gebühr § 146 Abs. 2 KostO (5/20) 239,25 EURO
zuzüglich Dokumentenpauschale, Postentgelt und Umsatzsteuer.

Kostenrechtlich anders zu beurteilen ist jedoch der vorstehende Fall, wenn der Eigentümer dem Notar lediglich ein Blankoformular seiner Bausparkasse vorlegt und der Notar dieses Formular mit den für die Grundbucheintragung notwendigen Angaben, d. h. 1187

– Grundbuchdaten des Beleihungsobjekts (Grundbuchblatt, Gemarkung, Flur, Flurstück),
– Kapital der Grundschuld, Zinssatz, Zinsbeginn

versehen muss. In diesem Fall hat der Notar einen Entwurf gefertigt und muss eine 5/10 Gebühr nach §§ 145 Abs. 1 S. 1, 38 Abs. 2 Nr. 5 a KostO berechnen, wenn die Grundschuldbestellung im Übrigen ausschließlich Grundbucherklärungen enthält.

Beispiel 1188
E übergibt dem Notar ein Grundschuldbestellungsformular seiner Bausparkasse mit einem Begleitbrief der Bausparkasse. Aus diesem Begleitbrief ergeben sich Angaben zum Beleihungsobjekt, die Höhe der Grundschuld und der Zinsen und die gewünschte Rangstelle. Das Grundschuldbestellungsformular selbst ist nicht ausgefüllt, es enthält im Übrigen ausschließlich Grundbucherklärungen. Nach dem Begleitbrief der Bausparkasse ist eine Grundschuld in Höhe von 600 000,00 EURO nebst 15% Zinsen jährlich für die Bausparkasse zu bestellen. Der Notar ergänzt das Formular mit den zur Eintragung der Grundschuld erforderlichen Daten (Grundbuchstelle, Betrag der Grundschuld nebst Zinsen), beglaubigt die Unterschrift des E unter dem Formular und beantragt die Eintragung der Grundschuld im Grundbuch. Nach Eintragung der Grundschuld im Grundbuch überprüft er für E die Richtigkeit der Grundbucheintragung.

Kostenberechnung
Geschäftswert: 600 000,00 EURO
Gebühr §§ 145 Abs. 1 S. 1, 38 Abs. 2 Nr. 5 a KostO (5/10) 478,50 EURO
zuzüglich Dokumentenpauschale, Postentgelt und Umsatzsteuer.

Enthält das Grundschuldbestellungformular neben den Grundbucherklärungen auch schuldrechtliche Erklärungen (z. B. die Abtretung von Rückgewähr- 1189 ansprüchen), so erhält der Notar eine 10/10 Gebühr nach §§ 145 Abs. 1 S. 1, 36 Abs. 1 KostO.

Beispiel
E übergibt dem Notar ein Grundschuldbestellungsformular seiner Bausparkasse mit einem Begleitbrief der Bausparkasse. Aus diesem Begleitbrief ergeben sich Angaben zum Beleihungsobjekt, die Höhe der einzutragenden Grundschuld und der Zinsen und die gewünschte Rangstelle. Das Grundschuldbestellungsformular selbst ist nicht ausgefüllt, es enthält neben den Grundbucherklärungen u. a. auch die Abtretung von Rückgewähransprüchen. Formulierungsbeispiel Abtretung von Rückgewähransprüchen/Anspruch auf Auszahlung des Mehrerlöses:

Sofern dieser Grundschuld jetzt oder künftig andere Grundschulden im Range vorgehen oder gleichstehen, trete ich, der Eigentümer, hiermit folgende Ansprüche an die Gläubigerin ab:
a) den mit Wegfall des Grundes für die Bestellung oder Abtretung entstehenden Anspruch auf Rückübertragung, Aufhebung oder Verzicht dieser Grundschulden,
b) für den Fall, dass bei der Verwertung vorgehender oder gleichstehender Grundschulden ein Betrag erzielt wird, der die durch die Grundschulden gesicherten Forderungen übersteigt, den Anspruch auf Auszahlung des Mehrerlöses.

Nach dem Begleitbrief der Bausparkasse ist eine Grundschuld in Höhe von 600 000 EURO nebst 15% Zinsen jährlich für die Bausparkasse zu bestellen. Der Notar ergänzt das Formular mit den zur Eintragung der Grundschuld erforderlichen Daten (Grundbuchstelle, Betrag der Grundschuld nebst Zinsen), beglaubigt die Unterschrift des E unter dem Formular und beantragt die Eintragung der Grundschuld im Grundbuch. Nach Eintragung der Grundschuld im Grundbuch überprüft er für E die Richtigkeit der Grundbucheintragung.

Kostenberechnung
Geschäftswert: 600 000 EURO
Gebühr §§ 145 Abs. 1 S. 1, 36 Abs. 1 KostO (10/10)   957 EURO
zuzüglich Dokumentenpauschale, Postentgelte und Umsatzsteuer.

1190 Folgende schuldrechtliche Erklärungen in der Grundschuldbestellungsurkunde lösen ebenfalls die 10/10 Entwurfsgebühr aus:

– Zweckerklärung (Sicherungsvertrag), z. B. folgender Wortlaut: Die Grundschuld dient zur Sicherung aller bestehenden und künftigen Ansprüche aus der Geschäftsverbindung mit dem Eigentümer.;
– die Übernahme der persönlichen Haftung durch den Eigentümer oder durch Dritte.

II. Einzelne Grundstücks- und Grundpfandrechtsgeschäfte

Ist das dem Notar vorgelegte Grundschuldformular – ganz oder teilweise – bereits von der Bank oder Bausparkasse ausgefüllt und überprüft der Notar das Formular lediglich auf seine Vollziehbarkeit im Grundbuch, so erhält er hierfür die Entwurfsgebühr nach § 145 Abs. 1 S. 2 KostO in Höhe der Hälfte der für die Beurkundung der gesamten Erklärung bestimmten Gebühr, mindestens die 5/20 (¼) Gebühr. Ob ein Fall des § 145 Abs. 1 S. 1 KostO oder ein Fall des § 145 Abs. 1 S. 2 KostO vorliegt ist also danach zu entscheiden, ob der vorgelegte Entwurf ohne die vorzunehmenden Ergänzungen vollzugsfähig ist oder nicht. Ist der vorgelegte Entwurf vollzugsfähig, unterfallen alle Änderungen und Ergänzungen § 145 Abs. 1 S. 2 KostO (halbierte Entwurfsgebühr), fehlt es an der Vollzugsfähigkeit, führen Ergänzungen zum Eigenentwurf – siehe oben – des Notars mit der Folge einer Entwurfsgebühr nach § 145 Abs. 1 S. 1 KostO (hierzu *Bengel/Tiedtke* DNotZ 2004, 259, 277).

1191

Beispiel
E übergibt dem Notar ein bereits ausgefülltes Grundschuldbestellungsformular seiner Bausparkasse mit dem Auftrag, das Grundschuldbestellungsformular auf seine Vollziehbarkeit im Grundbuch zu überprüfen. Der Notar sieht das Grundbuch ein und berichtigt anschließend die Bezeichnung des zu belastenden Flurstücks. Damit kann die Grundschuld in das Grundbuch eingetragen werden. Das Grundschuldformular enthält nur Grundbucherklärungen, keine schuldrechtlichen Erklärungen.

1192

Kostenberechnung
Geschäftswert: 600 000 EURO
Gebühr §§ 145 Abs. 1 S. 2,
38 Abs. 2 Nr. 5 a KostO (5/20)   239,25 EURO
zuzüglich Dokumentenpauschale, Postentgelte und Umsatzsteuer.
Würde das Grundschuldformular auch schuldrechtliche Erklärungen enthalten (z. B. Abtretung von Rückgewähransprüchen, Zweckerklärung), wäre folgende Kostenrechnung zu erstellen:

Kostenberechnung
Geschäftswert: 600 000 EURO
Gebühr §§ 145 Abs. 1 S. 2, 36 Abs. 1 KostO (5/10)   478,50 EURO
zuzüglich Dokumentenpauschale, Postentgelte und Umsatzsteuer.

cc) Löschungszustimmung
Häufig kommt es vor, dass neben der eigentlichen Grundschuldeintragung auch bereits im Grundbuch eingetragene Rechte in Abt. II und/oder III zur Löschung zu bringen sind.

1193

Beispiel
E hat von seinen Eltern ein Hausgrundstück geerbt. Das Haus ist renovierungsbedürftig. Im Grundbuch ist noch eine Grundschuld über 50 000 EURO nebst 15% Jahreszinsen für die A-Bank eingetragen. Die Grund-

schuld hatte ein Darlehen gesichert, das die Eltern von E bereits zurückgezahlt hatten. Die Grundschuld ist nach Rückzahlung des Darlehens jedoch nicht zur Löschung gebracht worden. Zur Renovierung des Hauses will E jetzt bei der H-Bank ein Darlehen über 200 000 EURO aufnehmen. Die H-Bank verlangt zur Sicherung des Darlehens die Eintragung einer erstrangigen vollstreckbaren (§ 800 ZPO) Grundschuld über 200 000 EURO nebst 15% Jahreszinsen. Um die erstrangige Eintragung der Grundschuld erreichen zu können, benötigt E die Löschungsbewilligung der A-Bank. Außerdem bedarf es eines Löschungsantrages von E in öffentlich beglaubigter Form. Der erforderliche Löschungsantrag könnte wie folgt lauten:

Ich beantrage die Löschung der im Grundbuch von ... Blatt ... in Abt. III Nr. ... eingetragenen Grundschuld über 50 000 EURO nebst Zinsen für die A-Bank.

Entwirft der Notar einen solchen Löschungsantrag und beglaubigt er alsdann die Unterschrift des E hierunter, so kann er folgende Kosten berechnen:
Geschäftswert: 50 000 EURO
Gebühr §§ 145 Abs. 1 S. 1,
38 Abs. 2 Nr. 5 a KostO (5/10) 66 EURO

Der Geschäftswert für den Löschungsantrag bestimmt sich nach § 23 Abs. 2 KostO, also dem Nennbetrag der zu löschenden Grundschuld ohne Zinsen. In der Regel wird der Notar den Löschungsantrag für eine zu löschende Grundschuld in die Grundschuldbestellungsurkunde mit aufnehmen. Grundschuldbestellung und Löschungsantrag haben dann verschiedene Gegenstände nach § 44 Abs. 2 b KostO, sind also gesondert zu bewerten (*Tiedtke*, Notarkosten im Grundstücksrecht, Rn. 888). In vorstehendem Ausgangsfall ergäbe sich somit folgende

Kostenberechnung:
Geschäftswert: 200 000 EURO
Gebühr §§ 32, 36 Abs. 1 KostO (10/10) 357 EURO
Geschäftswert: 50 000 EURO
Gebühr §§ 32, 38 Abs. 2 Nr. 5 a KostO (5/10) 66 EURO
zuzüglich Dokumentenpauschale, Postentgelte und Umsatzsteuer.

Die **Gegenrechnung** nach § 44 Abs. 2 b KostO würde wie folgt aussehen:

Geschäftwert: 250 000 EURO (§ 44 Abs. 2 b KostO)
10/10 Gebühr nach §§ 32, 36 Abs. 1 KostO 432 EURO.
Da diese Berechnung für den Kostenschuldner ungünstiger ist (9 EURO Mehrkosten) muss der Notar dem Kostenschuldner die Gebühren nach

II. Einzelne Grundstücks- und Grundpfandrechtsgeschäfte

§ 36 Abs. 1 KostO und § 38 Abs. 2 Nr. 5 a KostO (357 EURO und 66 EURO = gesamt 423 EURO) getrennt berechnen.

Bei kleineren Beträgen von zu löschenden Grundpfandrechten ist häufig die getrennte Berechnung der 10/10 Gebühr für die Grundschuldbestellung und der 5/10 Gebühr für die Beurkundung des Löschungsantrages für den Kostenschuldner ungünstiger. **1194**

Beispiel
Grundschuldbestellung über 200 000 EURO mit Löschungsantrag für eine Grundschuld über 10 000 EURO.

Geschäftswert: 200 000 EURO
Gebühr §§ 32, 36 Abs. 1 KostO (10/10)   357 EURO

Geschäftwert: 10 000 EURO
Gebühr §§ 32, 38 Abs. 2 Nr. 5 a KostO (5/10)   27 EURO

Gegenrechnung
Geschäftswert: 210 000 EURO (§ 44 Abs. 2 b KostO)
Gebühr §§ 32, 36 Abs. 1 KostO (10/10)   372 EURO
zuzüglich Dokumentenpauschale, Postentgelte und Umsatzsteuer.

Der Notar muss dem Kostenschuldner also die Gebühr von 372 EURO (um 12 EURO für den Kostenschuldner günstiger) in Rechnung stellen. Er muss auch darauf achten, dass der Löschungsantrag aus Kostengründen mit in die Grundschuldbestellungsurkunde aufgenommen wird. Tut er dies nicht, so kann er gleichwohl nicht mehr berechnen als 372 EURO. 12 EURO wären dann nach § 16 KostO wegen unrichtiger Sachbehandlung durch den Notar niederzuschlagen. **1195**

dd) Rangvorbehalt
Wird in der Grundschuldbestellungsurkunde auch die Eintragung eines Rangvorbehaltes (§ 881 BGB) bewilligt und beantragt, so wird dieser Rangvorbehalt als Inhalt des Rechts kostenrechtlich nicht gesondert bewertet. Die mitbeurkundete Erklärung zum Rangvorbehalt ist durch die Gebühr für das Hauptgeschäft (Grundschuldbestellung) abgegolten, § 44 Abs. 1 KostO. **1196**

Ebenso ist die Ausnutzung eines eingetragenen Rangvorbehalts bei einer Grundschuldbestellung als gegenstandsgleich nicht gesondert zu bewerten, § 44 Abs. 1 KostO.

Beispiel   **1197**
Für den Käufer K ist aus Anlass eines Grundstückskaufvertrages eine Eigentumsvormerkung im Grundbuch eingetragen. Bei dieser Eigentumsvormerkung ist gleichzeitig ein Rangvorbehalt für noch einzutragende

Grundschulden bis zur Höhe von 300 000 EURO nebst 15% Zinsen jährlich eingetragen. Zur Finanzierung des Kaufpreises bestellt K eine vollstreckbare Grundschuld in Höhe von 300 000 EURO nebst 15% Zinsen jährlich unter gleichzeitiger Ausnutzung des eingetragenen Rangvorbehalts; die Grundschuld erhält somit den Rang vor der Eigentumsvormerkung.

Kostenberechnung
Geschäftswert: 300 000 EURO
Gebühr §§ 32, 36 Abs. 1 KostO (10/10) 507 EURO
zuzüglich Dokumentenpauschale, Postentgelte und Umsatzsteuer. Die Erklärungen zur Ausnutzung des Rangvorbehalts sind kostenrechtlich nicht zu bewerten!

ee) Zustimmung zur Rangänderung

1198 Anders als bei der Löschungszustimmung, die in der Grundschuldbestellungsurkunde gesondert zu bewerten ist, sind die Erklärungen des Grundstückseigentümers zur Rangänderung nach § 44 Abs. 3 KostO *gebührenfrei*. Gleiches gilt auch für die Erklärungen eines anwesenden Gläubigers, der in der Grundschuldbestellungsurkunde der neu einzutragenden Grundschuld mit seiner bereits eingetragenen Grundschuld den Vorrang einräumt.

1199 **Beispiel**
E bestellt für die H-Bank eine erstrangige vollstreckbare Grundschuld in Höhe von 300 000 EURO nebst 15% Jahreszinsen. Im Grundbuch eingetragen ist für G eine Grundschuld in Höhe von 150 000 EURO nebst 18% Jahreszinsen. In der Grundschuldbestellungsurkunde bewilligt G die Eintragung der Grundschuld von 300 000 EURO im Range vor seiner Grundschuld von 150 000 EURO. E beantragt die Eintragung der Rangänderung in der Grundschuldbestellungsurkunde.

Kostenberechnung
Geschäftswert: 300 000 EURO
Gebühr §§ 32, 36 Abs. 1 KostO (10/10) 507 EURO
zuzüglich Dokumentenpauschale, Postentgelte und Umsatzsteuer.
Die Erklärungen von E und G zur Rangänderung sind kostenrechtlich nicht gesondert zu bewerten! Würde die Rangrücktrittserklärung des G in einer gesonderten Urkunde aufgenommen (nach § 29 GBO genügt die Beglaubigung der Unterschrift des G unter der Rangrücktrittserklärung), so entsteht für den Entwurf dieser Erklärung durch den Notar mit Unterschriftsbeglaubigung eine 5/10 Gebühr nach §§ 145 Abs. 1 S. 1, 38 Abs. 2 Nr. 5 Buchst. a) KostO. Für die Geschäftswertberechnung ist in diesem Fall § 23 Abs. 3 S. 1 KostO maßgebend, d. h. maßgebend ist der Wert des vortretenden Rechts, höchstens der Wert des zurücktretenden Rechts; entscheidend ist also immer der geringere Wert. Der Wert des belasteten

II. Einzelne Grundstücks- und Grundpfandrechtsgeschäfte

Grundstücks spielt keine Rolle. Im vorliegenden Fall ergäbe sich somit folgende Kostenrechnung für den gesondert erklärten Rangrücktritt des G:

Kostenberechnung
Geschäftswert: 150 000 EURO
(der geringere Wert ist maßgebend)
Gebühr §§ 145 Abs. 1 S. 1, 38 Abs. 2 Nr. 5 a KostO (5/10)   141 EURO
zuzüglich Dokumentenpauschale, Postentgelte und Umsatzsteuer.

Tritt ein Recht hinter mehrere Rechte zurück, so ist die Summe der vortretenden Rechte mit dem Wert des zurücktretenden Rechts zu vergleichen; der niedrigere Wert ist maßgebend. 1200

Beispiel
G räumt mit seiner Grundschuld von 150 000 EURO neu einzutragenden Grundschulden von 100 000 EURO und 60 000 EURO den Vorrang ein.
Geschäftswertberechnung: 150 000 EURO im Vergleich zu 100 000 EURO + 60 000 EURO (insgesamt 160 000 EURO),
Geschäftswert somit 150 000 EURO (der niedrigere Wert ist maßgebend).

Die gleiche Berechnung ist anzustellen, wenn mehrere Rechte hinter ein Recht zurücktreten. 1201

ff) Abtretung
Während es bei der Bestellung einer Grundschuld für die Notargebühren ohne Bedeutung ist, ob eine Brief- oder Buchgrundschuld bestellt wird, bestehen bei der Abtretung von Brief- und Buchgrundschulden kostenrechtliche Unterschiede. 1202

Die Abtretung von Buchgrundschulden erfordert Einigung und Eintragung in das Grundbuch. Die Einigung ist dabei materiell-rechtlich formlos möglich, während die Abtretungserklärung des Gläubigers zur Vorlage beim Grundbuchamt notariell beglaubigt sein muss, § 29 GBO. Da zur Eintragung der Abtretung also eine beglaubigte Grundbucherklärung ausreicht, ist eine 5/10 Gebühr nach § 38 Abs. 2 Nr. 5 Buchst. a KostO anzusetzen.

Beispiel 1203
Für G ist im Grundbuch eine Buchgrundschuld über 300 000 EURO nebst 15% Jahreszinsen eingetragen. Diese Grundschuld soll an K abgetreten werden. Der Notar wird beauftragt, die Abtretungserklärung zu entwerfen und die Unterschrift des G hierunter zu beglaubigen.

Kostenberechnung
Geschäftswert: 300 000,00 EURO
Gebühr §§ 145 Abs. 1 S. 1, 38 Abs. 2 Nr. 5 a KostO (5/10)   253,50 EURO
zuzüglich Dokumentenpauschale, Postentgelte und Umsatzsteuer.

Teil G Kostenrecht

1204 Zur Abtretung einer Briefgrundschuld (§§ 1154, 1192 BGB) sind erforderlich:
- die formlose Einigung über den Übergang der Grundschuld und
- die Übergabe des Grundschuldbriefes sowie
- die Abtretungserklärung in schriftlicher Form.

1205 Da die Abtretungserklärung hier aus materiell-rechtlichen Gründen erforderlich ist, entsteht eine 10/10 Gebühr nach § 36 Abs. 1 KostO.
Entsprechend dem vorstehenden Beispiel würde der Notar für den Entwurf der Abtretungserklärung einer Briefgrundschuld mit Unterschriftsbeglaubigung wie folgt abrechnen:

1206 **Beispiel**
Geschäftswert: 300 000 EURO
Gebühr §§ 145 Abs. 1 S. 1, 36 Abs. 1 KostO (10/10)   507 EURO
zuzüglich Dokumentenpauschale, Postentgelte und Umsatzsteuer.

1207 Sollte eine Abtretung durch Vertrag vereinbart werden – was sehr selten vorkommt –, entsteht eine 20/10 Gebühr nach § 36 Abs. 2 KostO.

b) Die Hypothek

1208 Grundsätzlich gelten für die Beurkundung einer Hypothek bzw. für den Entwurf der Eintragungsbewilligung einer Hypothek mit Unterschriftsbeglaubigung dieselben Überlegungen wie für die Grundschuld.

1209 Daher sind bei Hypothekenbestellungen folgende Gebührensätze nach der KostO anzusetzen:

(a) Hypothek mit Zwangsvollstreckungsunterwerfung	10/10 § 36 Abs. 1
(b) Hypothek ohne Zwangsvollstreckungsunterwerfung	
(aa) Beglaubigung lediglich der Unterschrift unter einem vollständig ausgefüllten Formular	5/20 § 45
(bb) Entwurf der Eintragungsbewilligung ohne materiell-rechtliche Erklärungen	5/10 §§ 145 Abs. 1 S. 1, 38 Abs. 2 Nr. 5 a
(cc) Entwurf der Eintragungsbewilligung mit materiellrechtlichen Erklärungen (z. B. Übernahme der persönlichen Haftung)	10/10 §§ 145 Abs. 1 S. 1, 36 Abs. 1

c) Vollstreckbare Ausfertigungen

1210 Wie bereits vorstehend ausgeführt, werden Grundpfandrechte heute in der Regel mit Zwangsvollstreckungsunterwerfung beurkundet. Der Notar wird in der Grundpfandrechtsbestellungsurkunde beauftragt, der Gläubigerin sofort

II. Einzelne Grundstücks- und Grundpfandrechtsgeschäfte

eine vollstreckbare Ausfertigung der Grundpfandrechtsbestellungsurkunde zu erteilen, auch wenn noch keine Vollstreckung beabsichtigt ist.

Formulierungsbeispiel 1211
Die vorstehende Ausfertigung, die eine vollständige Wiedergabe der Urschrift ist, wird hiermit der A-Bank in A zum Zwecke der Zwangsvollstreckung erteilt.
Ort, Datum Unterschrift des Notars Siegel

Für die erstmalige Erteilung der vollstreckbaren Ausfertigung nach der Beurkundung eines Grundpfandrechts fällt in der Regel keine Gebühr an. Eine 5/10 Gebühr nach § 133 KostO kann jedoch auch hier anfallen, wenn die Bank, für die das Grundpfandrecht bestellt wurde, in der Zeit zwischen Beurkundung und Erteilung der vollstreckbaren Ausfertigung durch Verschmelzung in einer anderen aufgegangen ist. Dieser Fall dürfte in der Praxis jedoch sehr selten vorkommen. 1212

Wird der Notar ersucht, eine weitere vollstreckbare Ausfertigung der Grundpfandrechtsbestellungsurkunde zu erteilen, so erhält er hierfür eine 5/10 Gebühr nach § 133 KostO. Zu beachten ist, dass der Notar eine weitere vollstreckbare Ausfertigung der Grundpfandrechtsbestellungsurkunde nur erteilen darf, wenn ihm das Amtsgericht, in dessen Bezirk der Notar seinen Amtssitz hat, dies gestattet (§ 797 Abs. 3 ZPO).

Die 5/10 Gebühr nach § 133 KostO für die Erteilung vollstreckbarer Ausfertigungen erhält der Notar immer dann, wenn er den Eintritt einer Tatsache oder einer Rechtsnachfolge zu prüfen hat (§§ 726 bis 729 ZPO). Falls mehrere Tatsachen oder Rechtsnachfolgen zu prüfen sind, fällt die Gebühr nach § 133 KostO nur einmal an. Die Rechtsnachfolge kann sowohl auf der Schuldnerseite als auch auf der Gläubigerseite eintreten.

Die Rechtsnachfolge auf der Schuldnerseite tritt zum Beispiel ein beim Tod des Schuldners oder wenn das Eigentum an dem belasteten Grundbesitz gewechselt hat.

Formulierungsbeispiel 1213
Vollstreckungsklausel beim Tod des Schuldners:
Diese mit der Urschrift übereinstimmende Ausfertigung wird hiermit der A-Bank in A zum Zwecke der Zwangsvollstreckung gegen Herrn Fritz K, geb. am ..., Anschrift, erteilt.
Die Rechtsnachfolge ist durch die Vorlegung einer Ausfertigung des Erbscheins nach dem bisherigen Schuldner Dieter K vom ... des Amtsgerichts ... (Aktenzeichen ...) nachgewiesen. In diesem Erbschein ist Fritz K als Alleinerbe nach Dieter K ausgewiesen. Eine beglaubigte Fotokopie der Erbscheinsausfertigung wird als Anlage zu dieser Ausfertigung genommen.

Die Grundpfandrechtsbestellungsurkunden enthalten in der Regel die Unterwerfung unter die sofortige Zwangsvollstreckung nach § 800 ZPO, also mit Wirkung gegen den jeweiligen Grundstückseigentümer. 1214

Bei Grundstückskaufverträgen wird heute regelmäßig vereinbart, dass der Verkäufer und bisherige Grundstückseigentümer verpflichtet ist, zur Finanzierung des Kaufpreises durch den Käufer schon vor der Eigentumsumschreibung auf den Käufer Grundschulden mit Zwangsvollstreckungsunterwerfung nach § 800 ZPO zu bestellen. Will die Bank nach der Eigentumsumschreibung auf den Käufer in den belasteten Grundbesitz vollstrecken, so muss die Vollstreckungsklausel gegen den Käufer umgeschrieben werden. Es fällt somit die Gebühr gem. § 133 KostO an. Hier ist der Notar aufgerufen, diese Gebühr durch eine zweckmäßige Formulierung in der Grundschuldbestellungsurkunde zu vermeiden. Bestellen nämlich der Verkäufer als derzeitiger Eigentümer des zu belastenden Grundbesitzes und der Käufer als zukünftiger Eigentümer des zu belastenden Grundbesitzes die Grundschuld nebst Zwangsvollstreckungsunterwerfung nach § 800 ZPO (auch der Käufer als zukünftiger Eigentümer erklärt die Zwangsvollstreckungsunterwerfung in den Grundbesitz), ist eine Umschreibung der Vollstreckungsklausel nicht erforderlich. Einige Grundschuldbestellungsformulare, z. B. der Volks- und Raiffeisenbanken, sehen eine entsprechende Handhabung bereits vor. Andere Formulare sind entsprechend zu ergänzen.

Der häufigste Fall einer Rechtsnachfolge auf der Gläubigerseite ist die Abtretung eines Grundpfandrechts an einen anderen Kreditgeber (Bank).

Der Geschäftswert der Gebühr des § 133 KostO bestimmt sich nach dem Betrag, der mit der vollstreckbaren Ausfertigung im Zeitpunkt ihrer Erteilung (§ 18 Abs. 1 KostO) beigetrieben werden kann. Zinsen und sonstige Nebenleistungen bleiben neben dem Hauptanspruch unberücksichtigt (§ 18 Abs. 2 KostO). Schreibgebühren fallen neben der Gebühr des § 133 KostO nicht an.

Wird ein Grundpfandrecht nur teilweise abgetreten und wünscht der neue Gläubiger eine vollstreckbare Ausfertigung für den abgetretenen Teil, der alte Gläubiger eine vollstreckbare Ausfertigung für den verbleibenden Rest, so ist nur die Erteilung der vollstreckbaren Ausfertigung für den neuen Gläubiger gebührenpflichtig nach § 133 KostO. Der Geschäftswert entspricht dem abgetretenen Betrag ohne Zinsen. Die Erteilung der vollstreckbaren Ausfertigung für den alten Gläubiger ist gebührenfrei.

1215 **Beispiel**
Für A ist im Grundbuch eine vollstreckbare Grundschuld von 300 000,00 EURO nebst 15% Zinsen jährlich seit dem Tage der Eintragung der Grundschuld eingetragen. Diese Grundschuld nebst den Zinsen tritt A in Höhe eines Teilbetrages von 200 000,00 EURO an B ab. A und B beantragen beim Notar die Erteilung folgender vollstreckbarer Ausfertigungen:

– A in Höhe des Restbetrages von 100 000,00 EURO;
– B in Höhe des abgetretenen Teilbetrages von 200 000,00 EURO.

Kostenberechnung
Geschäftswert: 200 000,00 EURO
Gebühr § 133 KostO (5/10)   178,50 EURO

zuzüglich Postentgelte und Umsatzsteuer. Eine Dokumentenpauschale darf nicht berechnet werden.

Wird bei fortbestehender Identität des Schuldners oder des Gläubigers nur dessen geänderter Name eingesetzt (z. B. Änderung der Firma einer Genossenschaftsbank), handelt es sich nicht um eine Tatsachenfeststellung oder Rechtsnachfolge. In diesem Fall ist die Berichtigung der Vollstreckungsklausel gebührenfrei vom Notar zu erteilen. Eine gebührenfreie Namensberichtigung und keine Rechtsnachfolge liegt auch bei einer formwechselnden Umwandlung des Gläubigers vor (z. B. GmbH in KG, AG in eG, AG in GmbH und GmbH in AG). Dagegen ist die heute häufig vorkommende Umschreibung einer Vollstreckungsklausel auf Grund einer Verschmelzung (z. B. Verschmelzung einer Raiffeisenbank auf eine andere Raiffeisenbank) immer nach § 133 KostO zu bewerten. Die Gebühr des § 133 KostO entfällt auch dann nicht, wenn die Rechtsnachfolge offenkundig ist (z. B. bei der Verschmelzung von Banken) und sich die Prüfung der Rechtsnachfolge somit einfach gestaltet. **1216**

d) Notarbestätigung (Rangbescheinigung)

Für die Erteilung einer Notarbestätigung (Rangbescheinigung – siehe Rz. 542) erhält der Notar eine 5/20 Gebühr nach dem Wert des beantragten Rechts (§ 147 Abs. 1 S. 2 KostO). **1217**

III. Erbrechtliche Geschäfte

1. Letztwillige Verfügungen

a) Testament

Die Gebühren für die Beurkundungen von Verfügungen von Todes wegen einschließlich der Geschäftswertbestimmung sind in § 46 KostO geregelt. **1218**

Für die Beurkundung eines einseitigen Testaments ist eine 10/10 Gebühr nach § 46 Abs. 1 KostO zu erheben.

Für die Berechnung des Geschäftswertes ist § 46 Abs. 4 KostO maßgebend. Hiernach ist Geschäftswert bei einer *Gesamtrechtsnachfolge* der Reinwert oder Nettowert des Vermögens des Erblassers, d. h., soweit Verbindlichkeiten vorhanden sind, werden diese abgezogen. Im Testament ausgesetzte Vermächtnisse, Pflichtteilsrechte und Auflagen werden jedoch nicht abgezogen (§ 46 Abs. 4 S. 2 KostO). Im Übrigen sind bei der Bewertung des Vermögens oder des Nachlasses die einzelnen Vermögensgegenstände nach den allgemeinen Vorschriften der §§ 19 ff. KostO festzustellen. Grundschulden und Hypotheken sind nur in Höhe ihrer tatsächlichen Valutierung (nicht Kapitalnennbetrag) zu berücksichtigen.

Gesamtrechtsnachfolge bedeutet, dass der Erblasser in dem Testament über den ganzen Nachlass oder einen Bruchteil davon verfügt.

Teil G Kostenrecht

1219 **Beispiel**

E errichtet vor dem Notar ein Testament mit folgendem Wortlaut: »Zu meinem alleinigen Erben setze ich meine Ehefrau X ein.« Hier hat der Erblasser E über seinen gesamten Nachlass verfügt. Als Geschäftswert ist in diesem Fall der Reinwert (Nettowert) des Vermögens des Erblassers E anzunehmen. Würde das Vermögen des Erblassers E im Beispielsfall 500 000 EURO betragen und würden hierauf 100 000 EURO Verbindlichkeiten lasten (z. B. Darlehensverbindlichkeiten), so wäre folgende Kostenrechnung zu erstellen:

Kostenberechnung
Geschäftswert: 400 000 EURO
(§ 46 Abs. 4 S. 1 KostO – 500 000 EURO –
100 000 EURO)
Gebühr §§ 32, 46 Abs. 1 KostO (10/10)   657 EURO
zuzüglich Dokumentenpauschale, Postentgelte und Umsatzsteuer.

1220 Liegt nur eine vom Erblasser angeordnete *Einzelrechtsnachfolge* vor, so z. B. nur die Anordnung eines Vermächtnisses oder von Auflagen, so ist der Wert der betroffenen Gegenstände maßgebend. Auf dem betroffenen Gegenstand dann lastende Verbindlichkeiten werden nicht abgezogen (§ 18 Abs. 3 KostO).

Beispiel

E errichtet vor dem Notar ein Testament mit folgendem Wortlaut: »Ich will heute keine Erbeinsetzung anordnen. Ich beschwere meine Erben nur mit folgendem Vermächtnis: Meine Tochter X erhält zu Alleineigentum mein Wohnhaus in Y.«. Hier hat der Erblasser E lediglich über einen einzelnen Gegenstand seines Vermögens durch Vermächtnis letztwillig verfügt. Würde das Wohnhaus einen Verkehrswert von 500 000 EURO (§ 19 Abs. 2 KostO) haben und würden auf dem Wohnhaus Darlehensverbindlichkeiten in Höhe von 100 000 EURO lasten, so wäre folgende Kostenrechnung zu erstellen:

Kostenberechnung
Geschäftswert: 500 000 EURO
(§§ 19 Abs. 2, 18 Abs. 3 KostO)
Gebühr §§ 32, 46 Abs. 1 KostO (10/10)   807 EURO
zuzüglich Dokumentenpauschale, Postentgelte und Umsatzsteuer.

1221 Ansprüche aus Versicherungen, insbesondere Lebensversicherungen, gehören nicht zum Vermögen des Erblassers und sind bei der Geschäftswertberechnung nicht zu berücksichtigen, wenn der Erblasser diese zugunsten Dritter abgeschlossen hat. Wenn es dem Erblasser nach dem Versicherungsvertrag jedoch gestattet ist, andere Personen zu benennen oder wenn kein Bezugsberechtigter genannt ist, ist der Zeitwert (Rückkaufswert einschließlich etwaiger

III. Erbrechtliche Geschäfte

Gewinnbeteiligungen im Zeitpunkt der Verfügung von Todes wegen) bei der Geschäftswertberechnung zu berücksichtigen.

Wird in dem Testament über denselben Gegenstand mehrfach verfügt (z. B. durch Vor- und Nacherbschaft), so ist dies für die Geschäftswertberechnung unerheblich.

Besonderheiten ergeben sich bei einem Testament eines Land- oder Forstwirtes. Wird der land- oder forstwirtschaftliche Betrieb mit Hofstelle per ausschließlicher Vermächtnisanordnung ›vererbt‹ (Einzelrechtsnachfolge), so ist Geschäftswert entsprechend § 19 Abs. 4 KostO der vierfache Einheitswert ohne Schuldenabzug. Wird der land- oder forstwirtschaftliche Betrieb mit Hofstelle als Teil einer Gesamtrechtsnachfolge vererbt, so ist das Subtraktionsgebot des § 46 Abs. 4 KostO wie folgt zu beachten:

Etwaige auf dem land- oder forstwirtschaftlichen Betrieb lastende Verbindlichkeiten sind nicht in der gesamten Höhe, sondern im Verhältnis zum Verkehrswert des land- oder forstwirtschaftlichen Betriebes nach § 19 Abs. 2 KostO zu bewerten (BayObLG NJW-RR 2003, 143).

Beispiel 1222

4facher Einheitswert des Betriebes nach § 19 Abs. 4 KostO	200 000 EURO
Verkehrswert des Betriebes nach § 19 Abs. 2 KostO	1 000 000 EURO
Verbindlichkeiten des Betriebes	500 000 EURO

Berechnungsmethode

1 000 000 EURO : 200 000 EURO ergibt das Verhältnis 1 : 5. Somit dürfen nur 1/5 der Schulden vom Wert nach § 19 Abs. 4 KostO abgezogen werden (500 000 EURO : 5 = 100 000 EURO).

Der Geschäftswert des Betriebes ist somit gemäß § 19 Abs. 4 KostO mit 100 000 EURO zu berücksichtigen (200 000 EURO = 4facher Einheitswert − 100 000 EURO Verbindlichkeiten).

Der Geschäftswertberechnung sind in der Regel die Angaben des Testierenden über den Wert seines Vermögens zugrundezulegen (§ 46 Abs. 5 KostO). Mit dieser Bestimmung soll ein Eindringen in die Vermögensverhältnisse des Testierenden vermieden werden. Stellt sich jedoch nach der Eröffnung des Testamentes oder später heraus, dass der Wert bei der Beurkundung höher als angegeben war, ist die Kostenrechnung zu berichtigen und ein Fehlbetrag nachzuerheben! Eine Nachforderung des zu niedrig angesetzten Betrages wird durch § 15 KostO nicht ausgeschlossen; die Verjährung des Anspruchs (§ 17 KostO) beginnt in diesem Fall erst mit dem Ablauf des Jahres, in dem die Verfügung (Testament oder Erbvertrag) eröffnet oder zurückgegeben ist. 1223

Die Einreichung des beurkundeten Testaments zur Verwahrung bei Gericht ist nicht gesondert zu bewerten (§ 35 KostO). Der Notar *muss* die beurkundeten Testamente beim Nachlassgericht hinterlegen. Hierfür erhebt das Gericht eine 5/20 Gebühr nach § 101 KostO. Der Erbvertrag kann dagegen gebührenfrei in der amtlichen Verwahrung des Notars verbleiben. Die Errichtung einer letztwilligen Verfügung in der Form des Erbvertrages kann somit Kosten sparen. Selbstverständlich können die Erblasser auch beim Erbvertrag dessen Hinterlegung beim Nachlassgericht wünschen; in diesem Fall entsteht ebenfalls bei Gericht eine 5/20 Gebühr nach § 101 KostO.

Beschränkt sich die letztwillige Verfügung darauf, das frühere Testament oder einzelne in diesem Testament enthaltene Verfügungen von Todes wegen zu widerrufen, so entsteht nach § 46 Abs. 2 KostO eine 5/10 Gebühr. Wird gleichzeitig mit dem Widerruf eine neue Verfügung von Todes wegen beurkundet, so wird die Gebühr für den Widerruf des Testamentes nur insoweit erhoben, als der Geschäftswert der neu errichteten Verfügung hinter dem der widerrufenen Verfügung zurückbleibt.

1224 **Beispiel**
Wurde z. B. in der aufgehobenen letztwilligen Verfügung über den gesamten Nachlass (Wert: 30 000 EURO) verfügt, in der gleichzeitig errichteten neuen Verfügung jedoch nur über einen Teil des Nachlasses (z. B. Aussetzen eines Geldvermächtnisses von 5000 EURO), so ist folgende Gebührenberechnung zu erstellen:

Kostenberechnung
Geschäftswert: 25 000 EURO
(30 000 EURO – 5000 EURO)
Gebühr §§ 32, 46 Abs. 2 KostO (5/10)   42 EURO
Geschäftswert: 5000 EURO
Gebühr §§ 32, 46 Abs. 1 KostO (10/10)   42 EURO

1225 Für den Erblasser kostengünstiger als der reine Widerruf des Testamentes ist die Rücknahme des Testamentes aus der amtlichen Verwahrung; nach § 2256 BGB gilt es damit als aufgehoben. Der Notar muss den Erblasser gegebenenfalls auf diese Möglichkeit der Kostenersparnis hinweisen.

b) Gemeinschaftliches Testament

1226 Für die Beurkundung eines gemeinschaftlichen Testaments ist eine 20/10 Gebühr nach § 46 Abs. 1 KostO anzusetzen.

Für die Geschäftswertberechnung gelten die vorstehenden Ausführungen zum Einzeltestament. Maßgebend ist der *Reinwert* (Nettowert) des Vermögens beider Ehegatten. Zu beachten ist jedoch, dass Schulden nur von dem Vermögen abzuziehen sind, auf dem sie lasten. Ist z. B. ein Ehegatte überschuldet, darf die sein Aktivvermögen übersteigende Schuldenlast nicht vom Vermögen des anderen Ehegatten abgezogen werden.

1227 **Beispiel**
Der Ehemann hat ein Aktivvermögen von 50 000 EURO und Verbindlichkeiten von 80 000 EURO, die Ehefrau hat ein Aktivvermögen von 100 000

III. Erbrechtliche Geschäfte

EURO und keine Verbindlichkeiten. Der Geschäftswert beträgt in diesem Fall 0 + 100 000 EURO; die Überschuldung des Ehemannes führt nicht zu einer Verminderung des Geschäftswertes. Um eine entsprechende Kostenerfassung zu gewährleisten, sollte daher in gemeinschaftlichen Testamenten in der entsprechenden Urkundenbestimmung zur Kostenregelung wie folgt formuliert werden: *Den Wert ihres jeweiligen Vermögens nach Abzug der Verbindlichkeiten geben die Erschienenen wie folgt an:*
Ehefrau EURO: Ehemann EURO:

1228 Für die Änderung oder Ergänzung von gemeinschaftlichen Testamenten gilt nicht § 42 KostO, sondern § 46 KostO (OLG Stuttgart ZNotP 2008, 176). Es ist also auch in diesem Fall eine 20/10 Gebühr zu erheben. In der Regel wird jedoch, soweit nicht eine vollständige Veränderung der letztwilligen Verfügungen vorgenommen wird, nur ein Bruchteil des Reinwertes des Vermögens beider Ehegatten anzunehmen sein.

Hat ein Notar einen Testamentsentwurf zum Zeitpunkt der Rücknahme eines Auftrags bereits gefertigt, steht ihm die Entwurfsgebühr gemäß §§ 145, 7 KostO zu. Die Entstehung einer solchen Entwurfsgebühr setzt keine Aushändigung des Entwurfs voraus, sondern es ist allein maßgebend, dass alle wesentlichen Bestimmungen so fixiert sind, dass das Geschäft auf dieser Grundlage endgültig gestaltet werden kann. Dass der Entwurf noch der Niederschrift durch eine Schreibkraft bedarf, steht der Fertigstellung ebenso wenig entgegen, wie es Lücken im Text tun, die leicht und ohne besondere Kenntnisse und Erfahrungen geschlossen werden können (KG ZNotP 2006, 356). Die Gebühr des § 145 Abs. 1 S. 1 KostO ist entstanden, wenn der Entwurf vom Notar fertig gestellt ist. Entscheidend hierfür ist dass der Notar seine Entwurfsleistung erbracht hat. Der Entwurf muss also bereits in irgendeiner Form existieren. Das ist der Fall, wenn der Entwurf z. B. geschrieben und im Computer gespeichert ist oder in einem Stenogramm aufgezeichnet worden ist. Das KG nimmt in seiner vorzitierten Entscheidung mit Recht an, dass der beauftragte Entwurf i. S. d. § 145 Abs. 1 S. 1 KostO bereits fertig gestellt ist, wenn der Notar den Entwurf auf eine Tonbandkassette diktiert hat, auch wenn das Niederschreiben durch einen Angestellten noch aussteht (zustimmend insoweit *Tiedtke* ZNotP 2006, 357).

c) Erbvertrag

1229 Ebenfalls eine 20/10 Gebühr nach § 46 Abs. 1 KostO ist für die Beurkundung eines Erbvertrages anzusetzen.

Für die Geschäftswertberechnung gelten ebenfalls die vorstehenden Ausführungen zum Einzeltestament. Änderungen und Ergänzungen von Erbverträgen unterliegen der Vorschrift des § 46 KostO, nicht § 42 KostO.

Werden Erbverträge mit anderen rechtsgeschäftlichen Erklärungen zusammen beurkundet, z. B. mit einem Übergabevertrag oder mit einem Erb- und Pflichtteilsverzichtsvertrag, ist § 44 KostO nicht anwendbar. Es findet also

Teil G Kostenrecht

keine Zusammenrechnung der Geschäftswerte statt, sondern die Gebühren für den Erbvertrag und die rechtsgeschäftlichen Erklärungen unter Lebenden sind gesondert zu berechnen. Eine Ausnahme bildet die Bestimmung des § 46 Abs. 3 KostO. Wird ein Erbvertrag gleichzeitig mit einem Ehevertrag beurkundet, so wird die Gebühr nur einmal berechnet, und zwar nach dem Vertrag, der den höchsten Geschäftswert hat.

1230 **Beispiel**
Die Eheleute A schließen einen Ehevertrag, wonach sie die bestehende Zugewinngemeinschaft aufheben und nunmehr für ihre Ehe Gütertrennung vereinbaren. In gleicher Urkunde schließen die Eheleute einen Erbvertrag, wonach das dem Ehemann gehörende Hausgrundstück im Falle seines Versterbens als Vermächtnis der Ehefrau zu Alleineigentum zugewandt wird. Der Wert des gemeinsamen Vermögens der Eheleute nach Abzug der Verbindlichkeiten (§ 39 Abs. 3 KostO) beträgt 800 000 EURO. Das betroffene Hausgrundstück hat einen Wert von 500 000 EURO.

Kostenberechnung
Geschäftswert: 800 000 EURO (§ 46 Abs. 3 KostO)
Gebühr §§ 32, 46 Abs. 1, 36 Abs. 2 KostO (20/10)   2514 EURO
zuzüglich Dokumentenpauschale, Postentgelte und Umsatzsteuer.

1231 Auf eine Scheidungsfolgenvereinbarung, in der unter Aufhebung eines früheren Ehe- und Erbvertrages wechselseitige Erb- und Pflichtteilsverzichte getroffen werden, findet § 46 Abs. 3 KostO keine Anwendung. Für die Aufhebung des Erbvertrages ist in diesem Fall eine 5/10 Gebühr gemäß § 46 Abs. 2 S. 1 KostO anzusetzen.

Werden in gleicher Urkunde nicht nur ein Erbvertrag, sondern auch ein Ehevertrag zusammen mit anderen Erklärungen unter Lebenden beurkundet, hat eine Zusammenrechnung der Werte und der Ansatz einer einheitlichen Beurkundungsgebühr zu erfolgen. Es greift in diesem Fall § 44 KostO wieder ein, und zwar auch dann, wenn die Gebühr nur nach dem höheren Wert des Erbvertrages berechnet werden muss.

1232 **Beispiel**
Die Eheleute A vereinbaren Gütertrennung und bestimmen durch Erbvertrag zum Erben sowohl des Erstversterbenden als auch des Längstlebenden das gemeinsame Kind B. Zugleich erklären sie einen gegenseitigen Pflichtteilsverzicht. Das Reinvermögen des Ehemannes beträgt 200 000 EURO, das Reinvermögen der Ehefrau 100 000 EURO.

Kostenberechnung
Geschäftswert: 300 000 EURO
(§ 46 Abs. 3 KostO – Ehe- und Erbvertrag)
Gebühr §§ 32, 36 Abs. 2, 46 Abs. 1 KostO (20/10)   1014 EURO

III. Erbrechtliche Geschäfte

Geschäftswert: 50 000 EURO (§§ 39 Abs. 2,
30 Abs. 1 KostO –
Pflichtteilsverzichtsvertrag)
Gebühr §§ 32, 36 Abs. 2 KostO (20/10)   264 EURO
Berechnung nach § 44 Abs. 2 a KostO
Geschäftswert: 350 000 EURO
Gebühr §§ 32, 46 Abs. 1, Abs. 3, 36 Abs. 2 KostO   1164 EURO
zuzüglich Dokumentenpauschale, Postentgelte und Umsatzsteuer.
Dem Kostenschuldner sind die Gebühren in Höhe von 1164 EURO nach § 44 Abs. 2 a KostO zu berechnen (Zusammenrechnung der Werte ist günstiger als getrennte Berechnung der Gebühren; 1014 EURO + 264 EURO = 1278 EURO). Der gegenseitige Pflichtteilsverzichtsvertrag ist Austauschvertrag nach § 39 Abs. 2 KostO; zu bewerten ist nur der höherwertige Verzicht der Ehefrau (¼ des Reinvermögens des Ehemannes von 200 000 EURO = 50 000 EURO).

1233 Ab dem 01.08.2002 können auch Erbverträge, wenn diese nur eine Erbregelung und nicht noch andere Vereinbarungen enthalten (auch solche, die vor dem 01.08.2002 beurkundet worden sind), aus der amtlichen oder notariellen Verwahrung entnommen werden mit der Folge, dass der Erbvertrag als widerrufen gilt (§§ 2300 Abs. 2, 2256 Abs. 1 BGB). Damit entspricht die Rechtslage bei Erbverträgen nunmehr derjenigen von Testamenten (ausführlich hierzu *v. Dickhuth-Harrach* RNotZ 2002, 384). Für die hiermit verbundene Tätigkeit des Notars (Rückgabe des bei ihm verwahrten Erbvertrages) fällt eine Gebühr nach § 147 Abs. 2 KostO an (*H. Schmidt* RNotZ 2002, 503). Als Geschäftswert können nach § 30 Abs. 1 KostO 20–30% des nach § 46 Abs. 4 KostO ermittelten heutigen Vermögens des Erblassers angenommen werden.

Da die notarielle Urkunde nur dann im Original zurückgegeben werden kann, wenn diese nur Erbregelungen enthält und nicht noch andere Vereinbarungen, dürfte sich empfehlen, Ehe- und Erbvertrag nicht mehr in einer Urkunde aufzunehmen. Erfolgt jedoch eine getrennte Beurkundung, so erhebt sich die Frage, ob dann noch die Gebührenvergünstigung des § 46 Abs. 3 KostO Anwendung finden kann. Es kann in diesem Fall jedoch auch die Auffassung vertreten werden, dass es zur Anwendung des § 46 Abs. 3 KostO ausreichend ist, wenn die Erklärungen zu Ehe- und Erbvertrag zur gleichen Zeit, d. h. am gleichen Tag, aber in verschiedenen Urkunden beurkundet werden. Zu dieser Problematik liegt jedoch noch keine Gerichtsentscheidung vor.

2. Erbscheinsverfahren

1234 Für die Beurkundung der eidesstattlichen Versicherung zur Erlangung eines Erbscheines erhält der Notar eine 10/10 Gebühr nach § 49 Abs. 1 KostO. Der regelmäßig in der Urkunde mitbeurkundete Erbscheinsantrag ist nach § 49 Abs. 3 KostO nicht gesondert zu bewerten!

Der Geschäftswert für die Beantragung (Erteilung) eines Erbscheins bestimmt sich nach §§ 49 Abs. 2, 107 KostO. Geschäftswert ist der Wert des reinen Nachlasses im Zeitpunkt des Erbfalles. Vom Aktivvermögen (bewertet nach §§ 18 ff. KostO) werden also die Nachlassverbindlichkeiten (Erblasserschulden, Erbfallschulden, Pflichtteilsrechte, Vermächtnisse, Auflagen, Beerdigungskosten) abgezogen. Pflichtteilsansprüche werden abgezogen ohne Rücksicht darauf, ob die Pflichtteilsberechtigten ihre Ansprüche geltend machen oder nicht. Grundbesitz ist gemäß § 19 Abs. 2 KostO grundsätzlich mit dem Verkehrswert anzusetzen.

1235 **Beispiel**
A ist verstorben und gesetzlich von B und C je zur Hälfte beerbt worden. Vor dem Notar wird ein entsprechender Erbscheinsantrag von B und C mit eidesstattlicher Versicherung beurkundet. Das von A hinterlassene Reinvermögen beträgt 200 000 EURO.

Kostenberechnung
Geschäftswert: 200 000 EURO
(§§ 49 Abs. 2, 107 Abs. 2 KostO)
Gebühr §§ 32, 49 Abs. 1 KostO (10/10) 357 EURO
zuzüglich Dokumentenpauschale, Postentgelte und Umsatzsteuer.

Wenn B und C in der Urkunde beide eine eidesstattliche Versicherung abgeben, entsteht gleichwohl nur einmal die Gebühr des § 49 Abs. 1 KostO.

1236 Wird in einer Urkunde für *mehrere Erbfälle* eine eidesstattliche Versicherung abgegeben, muss die Gebühr des § 49 Abs. 1 KostO für jeden Erbfall und den jeweiligen Nachlass gesondert berechnet werden. § 44 KostO ist nicht anzuwenden.

Beispiel
A ist verstorben und von seiner Ehefrau B und dem gemeinsamen Kind C gesetzlich je zur Hälfte beerbt worden. Kurz nach dem Tod von A verstirbt auch B und wird von C gesetzlich allein beerbt. Vor dem Notar werden in einer Urkunde von C Erbscheinsanträge nach A und B gestellt und entsprechende eidesstattliche Versicherungen abgegeben. Das Reinvermögen eines jeden Nachlasses beträgt 250 000 EURO.

Kostenberechnung
a) Erbscheinsantrag nach A
Geschäftswert: 250 000 EURO
(§§ 49 Abs. 2, 107 Abs. 2 KostO)
Gebühr §§ 32, 49 Abs. 1 KostO (10/10) 432 EURO
b) Erbscheinsantrag nach B
Geschäftswert: 250 000 EURO
(§§ 49 Abs. 2, 107 Abs. 2 KostO)

III. Erbrechtliche Geschäfte

Gebühr §§ 32, 49 Abs. 1 KostO (10/10)   432 EURO
zuzüglich Dokumentenpauschale, Postentgelte und Umsatzsteuer.
§ 44 KostO findet keine Anwendung.

1237 Häufig wird ein Erbschein von den Erben ausschließlich benötigt, um das Grundbuch hinsichtlich des vom Erblasser hinterlassenen Grundbesitzes zu berichtigen. Den übrigen Nachlass haben die Erben bereits ohne die Vorlage eines Erbscheines verteilt (oft verlangen selbst Banken zur Verteilung von Spar- und sonstigen Bankguthaben keinen Erbschein) oder der Erblasser hatte dem Erben für sein sonstiges Vermögen eine über den Tod hinausgehende Vollmacht erteilt. Wird dem Nachlassgericht glaubhaft gemacht, dass der Erbschein nur zur Verfügung über Grundstücke oder im Grundbuch eingetragene Rechte oder zum Zwecke der Berichtigung des Grundbuches gebraucht wird, so ist die Gebühr des § 49 Abs. 1 KostO nach § 107 Abs. 3 KostO nur nach dem Wert der im Grundbuch des Grundbuchamtes eingetragenen Grundstücke und Rechte zu berechnen, über die auf Grund des Erbscheins verfügt werden kann. Sind die Grundstücke und Rechte mit dinglichen Rechten belastet, so werden diese bei der Wertberechnung abgezogen.

1238 **Beispiel**
E hinterlässt Nachlassvermögen im Gesamtwert von 1 000 000 EURO. Zum Nachlassvermögen gehört auch ein Hausgrundstück mit einem Verkehrswert von 500 000 EURO. Auf dem Hausgrundstück ist eine Grundschuld in Höhe von 200 000 EURO eingetragen, die noch in Höhe von 100 000 EURO valutiert. Der Erbe A als gesetzlicher Erbe benötigt zur Grundbuchberichtigung einen Erbschein. Vor einem Notar wird ein entsprechender Erbscheinsantrag mit eidesstattlicher Versicherung beurkundet.

Kostenberechnung
Geschäftswert: 400 000 EURO
(§ 107 Abs. 3 KostO – 500 000 EURO –
100 000 EURO)
Gebühr §§ 32, 49 Abs. 1 KostO (10/10)   657 EURO
zuzüglich Dokumentenpauschale, Postentgelte und Umsatzsteuer.

1239 Wird ein entsprechender Erbschein für mehrere Grundbuchämter benötigt, so ist der Gesamtwert der in den Grundbuchbüchern eingetragenen Grundstücke und Rechte maßgebend. Wird der nur für Grundbuchzwecke beantragte Erbschein später auch für sonstige Nachlassregelungen benötigt, z. B. bei einer Bank, so werden die Gebühren für den Gesamtnachlass (Aktivvermögen abzüglich Schulden) nacherhoben (§ 107 a KostO).

§ 107 Abs. 3 und 4 KostO privilegiert nur das Grundbuch sowie das Schiffs- und Schiffbauregister und gilt nicht für das Handelsregister (OLG Stuttgart ZNotP 2004, 247). Wird z. B. ein Erbschein ausschließlich zum Nachweis der

Rechtsnachfolge in einen Kommanditanteil benötigt, so ist der Geschäftswert nach dem vollen Nachlasswert (nach Abzug der Verbindlichkeiten) zu bestimmen, und zwar für die Beurkundung des Erbscheinsantrages einschließlich der Versicherung an Eidesstatt und für die Erteilung des Erbscheins durch das Nachlassgericht.

Bei einem zum Nachlass gehörenden land- oder forstwirtschaftlichen Betrieb mit Hofstelle findet § 19 Abs. 4 und 5 KostO Anwendung.

Etwaige auf dem land- oder forstwirtschaftlichen Betrieb lastende Verbindlichkeiten sind nicht in der gesamten Höhe, sondern im Verhältnis zum Verkehrswert des land- oder forstwirtschaftlichen Betriebes nach § 19 Abs. 2 KostO zu bewerten (BayObLG NJW-RR 2003, 143).

1240 **Beispiel**
4facher Einheitswert des Betriebes nach
§ 19 Abs. 4 KostO   200 000 EURO
Verkehrswert des Betriebes nach
§ 19 Abs. 2 KostO   1 000 000 EURO
Verbindlichkeiten des Betriebes   500 000 EURO

Berechnungsmethode
1 000 000 EURO : 200 000 EURO ergibt das Verhältnis 1 : 5.
Somit dürfen nur 1/5 der Schulden vom Wert nach § 19 Abs. 4 KostO abgezogen werden (500 000 EURO : 5 = 100 000 EURO).
Der Geschäftswert des Betriebes beträgt somit gemäß § 19 Abs. 4 KostO 100 000 EURO (200 000 EURO = 4facher Einheitswert – 100 000 EURO Verbindlichkeiten). Wird der Erbschein nun ausschließlich zur Grundbuchberichtigung für den im land- und forstwirtschaftlichen Betrieb befindlichen Grundbesitz benötigt, ist der Geschäftswert für den Erbscheinsantrag mit eidesstattlicher Versicherung (§ 49 Abs. 1 KostO) 100 000 EURO (§ 107 Abs. 3 KostO).

1241 In der notariellen Praxis fast unbekannt ist die kostensparende Möglichkeit, bei der Auseinandersetzung einer Erbengemeinschaft einen Antrag auf Erteilung eines *Auseinandersetzungszeugnisses* gemäß § 36 GBO zu stellen (hierzu ausführlich *Kersten* ZNotP 2004, 93). Die Vorschrift bezweckt die Erleichterung und Förderung der Auseinandersetzung von Erbengemeinschaften. Den Beteiligten wird die grundbuchmäßige Durchführung der Auseinandersetzung durch Übertragung von Nachlassgegenständen durch kostenmäßige Verbilligung gemäß § 111 Abs. 1 Nr. 1 KostO erleichtert. Für die Erteilung des Zeugnisses gemäß § 36 GBO fällt nach § 111 Abs. 1 Nr. 1 KostO bei Gericht nur die Mindestgebühr des § 33 KostO an, also lediglich 10 EURO (nicht 10 EURO je Grundstück). Damit werden die Gerichtsgebühren für die Erteilung eines Erbscheins (10/10 Gebühr nach § 107 Abs. 1 KostO) gespart. Ein Zeugnis gemäß § 36 GBO darf nur dann erteilt werden, wenn sich an den Rechtsübergang von dem Erblasser auf die Erbengemeinschaft ein zweiter Rechtsübergang von der Erbengemeinschaft auf einen Miterben oder auf mehrere Miterben in einer anderen Rechtsgemeinschaft anschließt, wenn also die Erbengemeinschaft hinsichtlich des betreffenden Nachlassgrundstücks aufgelöst wird. Unschädlich ist, dass bezüglich eines Teils des Nachlasses oder eines Teils der Grundstücke die Gemeinschaft fortgesetzt wird. Das Zeugnis gemäß § 36 GBO kann auch dann erteilt werden, wenn der eingetragene Grundstückseigentümer nur von einer Person beerbt wurde, diese aber ebenfalls verstorben ist und ihrerseits mehrere Erben hinterlassen hat. Das Auseinandersetzungszeugnis wird wie ein Erbschein (also mit eidesstattlicher Versicherung), verbunden mit einem Erbauseinandersetzungsvertrag einschließlich Auflassung zwischen den Miterben, beantragt. Hinzuweisen ist darauf, dass das Auseinandersetzungszeugnis nur für den Gebrauch beim Grundbuchamt bestimmt ist, also nicht etwa einen Erbschein ersetzen kann. Gehört zum Nachlass außer Grundbesitz also weiteres Vermögen, etwa Bankguthaben, und wird hier zur Auseinandersetzung der Erbengemeinschaft die Vorlage eines Erbscheins verlangt, kann das Zeugnis gemäß § 36 GBO nicht verwandt werden. Kann aber in Nachlassfällen der übrige Nachlass auch ohne Erbschein geteilt werden und wird ein Erbnachweis praktisch nur für die Auflösung der Erbengemeinschaft an Nachlassgrundstücken benötigt, ist aus Gründen der Kostenersparnis die Beantragung des Auseinandersetzungszeugnisses angezeigt. Das Zeugnis nach § 36 GBO gilt für Grundstücke, Erbbaurechte sowie Wohnungs- und Teileigentum.

Der Notar erhält für die Aufnahme der eidesstattlichen Versicherung nebst Antrag auf Erteilung des Auseinandersetzungszeugnisses eine 10/10 Gebühr nach § 49 Abs. 1 KostO neben der Gebühr nach § 36 Abs. 2 KostO (20/10) für den Auseinandersetzungsvertrag. § 44 KostO ist nicht anwendbar, da diese Vorschrift nur rechtsgeschäftliche Erklärungen betrifft. Für die Geschäftswertberechnung ist hinsichtlich der Gebühr des § 49 Abs. 1 KostO die Vorschrift des § 107 Abs. 3 KostO maßgebend; für die Gebühr des § 36 Abs. 2 KostO gilt § 19 KostO i. V. m. § 18 Abs. 3 KostO.

3. Erbteilsübertragung

Für die Beurkundung eines Erbteilsübertragungs- oder Erbteilskaufvertrages fällt beim Notar eine 20/10 Gebühr nach § 36 Abs. 2 KostO an.

Der Wert des übertragenen Erbanteils bestimmt sich nach dem Anteil des übertragenden Miterben am Nachlassvermögen. Ein Abzug von Verbindlichkeiten scheidet gemäß § 18 Abs. 3 KostO aus.

Der Erbteilskaufvertrag ist *Austauschvertrag* gemäß § 39 Abs. 2 KostO. Der Verkehrswert des verkauften Erbanteils ist dem vereinbarten Kaufpreis gegenüberzustellen; der höhere Wert ist als Geschäftswert anzunehmen.

Der im Erbteilsübertragungs- oder Erbteilskaufvertrag enthaltene Antrag auf Grundbuchberichtigung ist gegenstandsgleich gemäß § 44 Abs. 1 KostO und somit nicht gesondert zu bewerten. Wenn der Notar auftragsgemäß die Anzeige an das Nachlassgericht gemäß § 2384 BGB vornimmt, liegt hierin ein gebührenfreies Nebengeschäft gemäß § 35 KostO vor.

Häufig besteht der Nachlass nur noch aus Grundbesitz. In diesem Fall ist eine Erbteilsübertragung kostengünstiger als ein Erbauseinandersetzungsvertrag.

1243 **Beispiel**
A und B haben den Erblasser E je zur Hälfte beerbt. Der Nachlass besteht nur noch aus einem Grundstück mit einem Verkehrswert von 100 000 EURO.

Kostenberechnung
a) Erbteilsübertragung
Überträgt A seinen Erbteil nach E an B, ist Geschäftswert der ½ Erbanteil = 50 000 EURO; Gebühr nach § 36 Abs. 2 KostO (20/10) = 264 EURO.
b) Erbauseinandersetzungsvertrag
Schließen A und B über das Grundstück einen Erbauseinandersetzungsvertrag, so ist Geschäftswert der Verkehrswert des gesamten Grundstücks = 100 000 EURO; Gebühr nach § 36 Abs. 2 KostO (20/10) = 414 EURO. Kostenersparnis Erbteilsübertragung = 150 EURO (414 EURO zu 264 EURO).

4. Erb- und Pflichtteilsverzichte

1244 Erb- und Pflichtteilsverzichte sind Verträge unter Lebenden, keine Verfügungen von Todes wegen. Die Beurkundung eines Erb- oder Pflichtteilsverzichtsvertrages löst daher eine 20/10 Gebühr nach § 36 Abs. 2 KostO aus.

Der Geschäftswert richtet sich nach der Höhe des Erb- bzw. Pflichtteiles des Verzichtenden am Nachlass des Erblassers; maßgebend sind gemäß §§ 39 Abs. 1, 18 Abs. 1 KostO die Vermögensverhältnisse im Zeitpunkt der Beurkundung des Verzichtsvertrages, wobei auf das Reinvermögen des Erblassers abzustellen ist. Vom Vermögen des Erblassers sind also die Verbindlichkeiten (Schulden) abzuziehen. Teilweise abweichend wird die Auffassung vertreten, dass der Wert eines Pflichtteilsverzichts gemäß § 30 Abs. 1 KostO unter Berücksichtigung des Reinvermögens des Erblassers, des dem Verzichtenden daran zustehenden Anteils, des Grades der Wahrscheinlichkeit des Überlebens des Verzichtenden und der möglichen Veränderung des Vermögens des Erblassers bis zu seinem Tode zu bestimmen ist. Das Landgericht Kassel (JurBüro 2004, 440 jedoch ohne Abdruck der Kostenberechnung des Notars) hat jedoch entschieden, dass der Wert eines Pflichtteilsverzichts sich nach dem Reinwertbruchteil des Verzichtenden am Vermögen des Erblassers richtet (maßgebend sind gemäß §§ 39 Abs. 1, 18 Abs. 1 KostO die Vermögensverhältnisse im Zeitpunkt des Verzichts), da der Erbfall sofort eintreten kann.

Der Geschäftswert bestimmt sich nach § 39 Abs. 2 KostO, wenn der Verzicht gegen eine Geld- oder Sachabfindung erfolgt. Bei einem gegenseitigen Erbverzicht, z. B. zwischen Ehegatten, liegt ebenfalls ein Austauschvertrag nach § 39 Abs. 2 KostO vor; der höherwertige Verzicht ist Geschäftswert.

III. Erbrechtliche Geschäfte

Beim Pflichtteilsverzicht, der in der Regel heute häufiger vorkommt als der Erbverzicht, gelten grundsätzlich die gleichen Bewertungskriterien wie für den Erbverzicht (ebenfalls Austauschvertrag nach § 39 Abs. 2 KostO).

Beispiel 1245
E ist geschieden und hat drei Kinder A, B und C. E hat als späteren Alleinerben A vorgesehen. Im Vorfeld der vorgesehenen Verfügung von Todes wegen zu Gunsten von A schließt E einen Pflichtteilsverzichtsvertrag mit B und C. Das Reinvermögen von E beträgt zum Zeitpunkt des Vertragsabschlusses 600 000 EURO. B und C erhalten von E als Abfindung für den Pflichtteilsverzicht jeweils 110 000 EURO in bar.

Kostenberechnung
Geschäftswert: 220 000 EURO (§§ 44 Abs. 2 a, 39 Abs. 2 KostO)
Gebühr §§ 32, 36 Abs. 2 KostO (20/10)   774 EURO
zuzüglich Dokumentenpauschale, Postentgelte und Umsatzsteuer.
Maßgebend für die Geschäftswertberechnung ist hier jeweils die Barabfindung an die Kinder B und C in Höhe von jeweils 110 000 EURO als die höhere Leistung im Sinne des § 39 Abs. 2 KostO. Gegenüber gestellt werden muss die Höhe des Pflichtteilsanspruches im Zeitpunkt des Vertragsabschlusses. Die Erbquote der drei Kinder beträgt je 1/3, die Pflichtteilsquote somit je 1/6. Die Höhe des Pflichtteilsanspruchs von B und C beträgt jeweils 100 000 EURO (600 000 EURO : 6 = 100 000 EURO). Da die Pflichtteilsverzichte von B und C in einer Urkunde beurkundet werden, sind die ermittelten Geschäftswerte von jeweils 110 000 EURO zu addieren, § 44 Abs. 2 Buchst. a KostO.

Erklären Ehegatten in einer Scheidungsvereinbarung gegenseitige Erbverzichte, ist eine Herabsetzung des Geschäftswertes vorzunehmen (je nach Sachlage 20–50%). Wird der Erbverzicht erklärt, wenn die Voraussetzungen für die Scheidung der Ehe gegeben sind und der Erblasser die Scheidung beantragt oder ihr zugestimmt hatte, dann ist entsprechend einer Entscheidung des OLG München (MittBayNot 2006, 354) der Geschäftswert für den Erbverzicht gering einzuschätzen, notfalls nach § 30 Abs. 2 KostO mit 3000 EURO. 1246
Beim Pflichtteilsverzicht sind die Vermögenswerte in Abzug zu bringen, die dem Verzichtenden bereits vorher unter Anrechnung auf sein Pflichtteilsrecht (§ 2315 BGB) zugewandt wurden. Ist die Höhe dieser Vorempfänge nicht genau zu ermitteln, ist der Wert des Pflichtteilsverzichts nach § 30 Abs. 1 KostO zu schätzen. Dies gilt auch für den Fall, dass der Verzichtende erklärt, hinsichtlich seiner Pflichtteilsansprüche bereits vollständig abgefunden zu sein.
Dient ein Erb- oder Pflichtteilsverzicht der Fortführung eines land- oder forstwirtschaftlichen Betriebes, ist bei der Berechnung des Geschäftswertes § 19 Abs. 4 KostO (4facher Einheitswert) zu beachten. Dies gilt auch für einen insoweit erklärten gegenständlich beschränkten Pflichtteilsverzicht.

IV. Familienrechtliche Geschäfte

1. Regelungen zum Güterrecht

1247 Für die Beurkundung eines Ehevertrages erhält der Notar eine 20/10 Gebühr nach § 36 Abs. 2 KostO.
Bei Eheverträgen bestimmt sich der Geschäftswert nach dem zusammengerechneten Wert der gegenwärtigen Vermögen beider Ehegatten und, wenn der Ehevertrag nur das Vermögen eines Ehegatten betrifft, nach diesem (§ 39 Abs. 3 S. 1 KostO). Bei der Ermittlung des Vermögens der Ehegatten werden die Schulden abgezogen (§ 39 Abs. 3 S. 2 KostO).

1248 Beispiel
Die Ehegatten A und B schließen einen Ehevertrag, wonach der gesetzliche Güterstand der Zugewinngemeinschaft aufgehoben und sie fortan im Güterstand der Gütertrennung leben wollen (§ 1414 BGB). Ehemann A hat zum Zeitpunkt des Abschlusses des Ehevertrages ein Bruttovermögen von 500 000 EURO sowie Schulden in Höhe von 100 000 EURO. Ehefrau B hat zum Zeitpunkt des Abschlusses des Ehevertrages ein Vermögen von 300 000 EURO, Schulden sind nicht vorhanden.

Kostenberechnung
Geschäftswert: 700 000 EURO (§ 39 Abs. 3 KostO)
Gebühr §§ 32, 36 Abs. 2 KostO (20/10)   2214 EURO
zuzüglich Dokumentenpauschale, Postgebühren und Umsatzsteuer.

Maßgebend für die Geschäftswertberechnung im vorliegenden Fall ist das Reinvermögen des Ehemannes mit 400 000 EURO (500 000 EURO − 100 000 EURO = 400 000 EURO) und das Reinvermögen der Ehefrau mit 300 000 EURO.

1249 Zu beachten ist jedoch, dass Schulden nur von dem Vermögen abzuziehen sind, auf dem sie lasten. Ist z. B. ein Ehegatte überschuldet, darf die sein Aktivvermögen übersteigende Schuldenlast nicht vom Vermögen des anderen Ehegatten abgezogen werden.

1250 Beispiel
Der Ehemann hat ein Aktivvermögen von 50 000 EURO und Verbindlichkeiten von 80 000 EURO, die Ehefrau hat ein Aktivvermögen von 100 000 EURO und keine Verbindlichkeiten. Der Geschäftswert beträgt in diesem Fall 0 + 100 000 EURO; die Überschuldung des Ehemannes führt nicht zu einer Verminderung des Geschäftswertes. Um eine entsprechende Kostenerfassung zu gewährleisten, sollte daher in Eheverträgen in der entsprechenden Urkundenbestimmung zur Kostenregelung wie folgt formuliert

IV. Familienrechtliche Geschäfte

> werden: *Den Wert ihres jeweiligen Vermögens nach Abzug der Schulden geben die Erschienenen wie folgt an:*
> *Ehefrau EURO: Ehemann EURO:*

Das Reinvermögen ist auch dann maßgebend, wenn es sich um Eheverträge künftiger Ehegatten handelt. Wären im vorstehenden Beispiel A und B nur verlobt und würden sie für ihre zukünftige Ehe Gütertrennung (§ 1414 BGB) vereinbaren, wäre die gleiche Kostenrechnung aufzustellen. 1251

Bei der Feststellung des Reinvermögens ist Grundbesitz mit dem Verkehrswert anzusetzen (§ 19 Abs. 2 KostO). Betreffen die ehevertraglichen Vereinbarungen die Fortführung eines land- oder forstwirtschaftlichen Betriebes mit Hofstelle, gilt § 19 Abs. 4 KostO (vierfacher Einheitswert).

Gegenstandsgleich und nicht gesondert zu bewerten ist der im Ehevertrag enthaltene Antrag auf Eintragung der Gütertrennung in das Güterrechtsregister.

Maßgebend für die Kostenberechnung ist das Reinvermögen zum Zeitpunkt des Vertragsabschlusses. Dies gilt auch dann, wenn die ehevertraglichen Vereinbarungen im Hinblick auf künftiges Vermögen der Ehegatten geschlossen werden, z. B. auf noch nicht übergebenen Grundbesitz oder in Aussicht gestellte Unternehmensbeteiligungen und -übergaben.

Bei Eheverträgen, in denen nur bestimmte Gegenstände betroffen werden, ist deren zusammengerechneter Wert ohne Schuldenabzug (§ 18 Abs. 3 KostO) der Gebührenberechnung zugrundezulegen (§ 39 Abs. 3 S. 3 KostO). Dies gilt z. B. für folgende Fälle: 1252

– Erklärung eines Gegenstandes zum Vorbehaltsgut,
– Vereinbarung, dass ein bestimmter Gegenstand weder dem Anfangs- noch dem Endvermögen zugerechnet werden soll (»bestimmter Gegenstand« können z. B. sein: Grundstücke und grundstücksgleiche Rechte, Erbteile, Gesellschaftsanteile).

In diesen Fällen ist jedoch der Geschäftswert gemäß § 39 Abs. 3 S. 1 und 2 KostO begrenzt auf das beiderseitige Reinvermögen der Ehegatten im Zeitpunkt der Beurkundung.

> **Beispiel**
> Die Ehefrau soll von ihren Eltern ein unbelastetes Einfamilienhaus im Verkehrswert von 300 000 EURO im Wege der Schenkung erhalten. Die Ehegatten vereinbaren im Wege eines Ehevertrages, dass dieses Einfamilienhaus nicht zugewinnausgleichspflichtig sein soll, also weder beim Anfangs- noch beim Endvermögen der Ehefrau Berücksichtigung finden soll. Das Reinvermögen der Eheleute beträgt 500 000 EURO. 1253

Teil G Kostenrecht

Geschäftswertberechnung:
Betrifft der Ehevertrag nur bestimmte Gegenstände (hier das Einfamilienhaus), so ist deren Wert maßgebend, § 39 Abs. 3 S. 3 KostO. Als Geschäftswert ist somit der Verkehrswert (§ 19 Abs. 2 KostO) des Einfamilienhauses von 300 000 EURO anzunehmen. Etwaige Schulden wären auch nicht abzuziehen (§ 18 Abs. 3 KostO). Wäre das Reinvermögen der Eheleute im vorliegenden Fall nicht 500 000 EURO, sondern 200 000 EURO, so wäre der Geschäftswert mit dem Reinvermögen von 200 000 EURO anzunehmen.

1254 Eine Gegenauffassung will im vorliegenden Fall nur einen Prozentsatz (10–20%) des Verkehrswertes des Einfamilienhauses als Geschäftswert des Ehevertrages annehmen. Nach dieser Auffassung ist das Einfamilienhaus im Schenkungsfall gemäß § 1374 Abs. 2 BGB Anfangsvermögen der Ehefrau, so dass allenfalls eine Wertsteigerung zugewinnausgleichspflichtig wäre (Wertschätzung nach § 30 Abs. 1 KostO). Da der Ehevertrag jedoch nur einen bestimmten Gegenstand betrifft, nämlich das Einfamilienhaus, kann nach der gesetzlichen Vorgabe des § 39 Abs. 3 S. 3 KostO als Geschäftswert nur der Verkehrswert des Einfamilienhauses ohne Schuldenabzug angenommen werden.

Vereinbaren die im gesetzlichen Güterstand lebenden Ehegatten Gütertrennung und führen sie in der gleichen Urkunde den Zugewinnausgleich durch, dann hat dieser gleichen Gegenstand nach § 44 Abs. 1 KostO.

1255 **Beispiel**
Eheleute vereinbaren Gütertrennung. Dem Ehemann stehen Zugewinnausgleichsansprüche zu. Zum Ausgleich überträgt die Ehefrau ihren ½ Miteigentumsanteil an dem gemeinsamen Wohnhaus auf ihren Ehemann. Der Verkehrswert des Miteigentumsanteils beträgt 200 000 EURO, die darauf lastenden Verbindlichkeiten in Höhe von 100 000 EURO werden von dem Ehemann als Alleinschuldner zur ferneren Verzinsung und Tilgung übernommen. Das Reinvermögen der Ehegatten beträgt 500 000 EURO.

Kostenberechnung
Geschäftswert: 500 000 EURO (§ 39 Abs. 3 KostO)
Gebühr §§ 32, 36 Abs. 2 KostO (20/10) 1614 EURO
zuzüglich Dokumentenpauschale, Postentgelte und Umsatzsteuer.

Die Übertragung des ½ Miteigentumsanteils mit einem Verkehrswert von 200 000 EURO dient der Durchführung des Zugewinnausgleichs und ist daher nach § 44 Abs. 1 KostO gegenstandsgleich mit dem Ehevertrag.

Merke:
Wird der gesetzliche Güterstand aufgehoben und der Ausgleich des Zugewinns durch Übertragung von Grundbesitz vorgenommen, ist dem Rein-

IV. Familienrechtliche Geschäfte

vermögen der Ehegatten der nach § 19 Abs. 2 bzw. 4 zu bestimmende Verkehrswert des Grundbesitzes ohne Schuldenabzug (§ 18 Abs. 3 KostO) gegenüber zu stellen; der höhere Wert ist Geschäftswert.

Die Übertragung von Grundbesitz kann nur dann als gegenstandsverschieden nach § 44 Abs. 2 KostO angesehen werden, wenn sie aus einem anderen Rechtsgrund vorgenommen wurde, also nicht mit der Ausgleichung des Zugewinns auch nur teilweise zusammenhängt, z. B. wenn die Eheleute in der Urkunde erklären, gegenseitig keine Zugewinnausgleichsansprüche zu haben. Der Geschäftswert würde dann in entsprechender Abwandlung des obigen Beispiels gemäß § 44 Abs. 2 Buchst. a KostO 700 000,00 EURO betragen (500 000,00 EURO Gütertrennung und 200 000,00 EURO Übertragung ½ Miteigentumsanteil).

Eine Gütertrennung kann jederzeit wieder aufgehoben werden. Ein Wechsel zum gesetzlichen Güterstand der Zugewinngemeinschaft ist in der Regel aus erb- und pflichtteilsrechtlichen Gründen angezeigt, wenn die Stellung des Ehegatten gegenüber der Stellung sonstiger gesetzlicher erbberechtigter Personen und sonstiger Pflichtteilsberechtigter gestärkt werden soll. **1256**

Formulierungsvorschlag
Wir haben am 16.10.2004 die Ehe geschlossen und hierzu in der Urkunde des amtierenden Notars am 15.08.2004 UR .../04 Gütertrennung vereinbart. Wir heben diese Gütertrennung wieder auf und vereinbaren mit Wirkung ab Beginn unserer Ehe den gesetzlichen Güterstand der Zugewinngemeinschaft. Wir vereinbaren insoweit, dass das beiderseitige Anfangsvermögen mit 0 EUR angesetzt wird.

Die Kosten für die vorstehende Urkunde berechnen sich in diesem Fall nach dem Reinvermögen beider Eheleute gemäß § 39 Abs. 3 KostO, zu erheben ist eine 20/10 Gebühr nach § 36 Abs. 2 KostO. Wird in gleicher Urkunde eine modifizierte Zugewinngemeinschaft vereinbart, so sind die Vereinbarungen hierzu gegenstandsgleich nach § 44 Abs. 1 KostO. **1257**

2. Regelungen zum Versorgungsausgleich

Ehegatten können durch einen Ehevertrag den Versorgungsausgleich ausschließen (§ 1408 Abs. 2 BGB). Durch die Vereinbarung des Ausschlusses tritt automatisch Gütertrennung ein (§ 1414 S. 2 BGB). **1258**

Der Geschäftswert eines Ehevertrages, der nur den Ausschluss des Versorgungsausgleiches zum Gegenstand hat, ist nach §§ 30 Abs. 1, 24 Abs. 3 KostO zu bestimmen. Können die Ehegatten keine Angaben zu möglichen Ausgleichsansprüchen machen, ist der Regelwert des § 30 Abs. 2 KostO mit 3000 EURO anzunehmen.

Vereinbaren Ehegatten einen anderen Güterstand und schließen gleichzeitig den Versorgungsausgleich aus, liegt Gegenstandsverschiedenheit nach § 44 Abs. 2 Buchst. a KostO vor. Geschäftswert des Ausschlusses des Versorgungsausgleichs ist dann in der Regel 3000 EURO (§ 30 Abs. 2 KostO). Dieser Betrag ist dem Geschäftswert aus der Änderung des Güterstandes hinzuzuaddieren.

Beim Ausschluss des Versorgungsausgleichs ist § 1408 Abs. 2 S. 2 BGB zu beachten. Der Ausschluss des Versorgungsausgleichs ist unwirksam, wenn innerhalb eines Jahres nach Vertragsschluss Antrag auf Scheidung der Ehe gestellt wird. Im Hinblick auf diese Vorschrift wird in den Eheverträgen in der Regel vereinbart, dass Gütertrennung auch dann eintreten soll, wenn der Ausschluss des Versorgungsausgleichs nicht wirksam bleibt, weil innerhalb der Jahresfrist Antrag auf Scheidung der Ehe gestellt wird. Diese Vereinbarung hat zur Folge, dass der Ehevertrag dann nicht nach § 30 Abs. 1, Abs. 2 KostO zu bewerten ist, sondern nach § 39 Abs. 3 KostO (Reinvermögen der Ehegatten)!

Wird der Versorgungsausgleich gegen eine Abfindung ausgeschlossen, liegt ein Austauschvertrag nach § 39 Abs. 2 KostO vor. Maßgebend ist in diesem Fall der höhere Wert, in der Regel die vereinbarte Abfindung.

3. Vereinbarungen zum Unterhalt

1259 Unterhaltsregelungen sind, wenn sie betragsmäßig feststehen, nach § 24 Abs. 1–3 KostO zu bewerten. Maßgebend sind nicht die nächsten, sondern die höchsten Leitungen.

Der Wert eines Unterhaltsverzichts bemisst sich nach dem ohne den Verzicht bestehenden Unterhaltsanspruch des Unterhaltsberechtigten (höchstens jedoch 5-facher Jahresbetrag nach § 24 Abs. 3 KostO). Ist jedoch ein Abfindungsbetrag höher, so ist dieser maßgebend (§ 39 Abs. 2 KostO).

Liegen überhaupt keine Anhaltspunkte für eine Bezifferung des Unterhaltsanspruchs vor, kann auf den Regelwert des § 30 Abs. 2 KostO mit 3000 EURO zurückgegriffen werden.

4. Vereinbarungen anlässlich der Ehescheidung

1260 Die zu notarieller Urkunde getroffene Scheidungsvereinbarung ist im Wesentlichen ein gegenseitiger Vertrag. Es ist daher eine 20/10 Gebühr nach § 36 Abs. 2 KostO anzusetzen.

Hinzu können Gebühren nach §§ 146, 147 KostO kommen. Insbesondere löst der Antrag an den Notar, die Eintragung der Eigentumsänderung erst nach Eintritt der Rechtskraft des Scheidungsurteils zu veranlassen, eine 5/10 Gebühr nach § 147 Abs. 2 KostO aus. Geschäftswert sind 30% des Verkehrswertes des betroffenen Grundbesitzes (Bewertung nach § 30 Abs. 1 KostO).

Wird die Auflassung nach rechtskräftiger Scheidung gesondert beurkundet, entsteht eine 5/10 Gebühr nach § 38 Abs. 2 Nr. 6a KostO. Geschäftswert ist der Verkehrswert des betroffenen Grundbesitzes.

IV. Familienrechtliche Geschäfte

Für die Erteilung der vollstreckbaren Ausfertigung nach rechtskräftiger Scheidung entsteht eine 5/10 Gebühr nach § 133 KostO.

Der Geschäftswert einer notariellen Scheidungsvereinbarung bestimmt sich nach § 39 Abs. 1 KostO nach dem Wert der Rechtsverhältnisse, auf die sie sich beziehen. Die Einzelwerte sind zu addieren, § 44 Abs. 2 Buchst. a KostO.

Die einzelnen Geschäftswerte können wie folgt ermittelt werden: 1261

(a) Einverständnis zur Scheidung
weniger als 3000 EURO (§ 30 Abs. 2 KostO);
(b) elterliche Sorge
3000 EURO je Kind (§ 30 Abs. 3 KostO);
(c) Umgangsrecht
1500 EURO je Kind (§ 30 Abs. 3 KostO);
(d) Kindesunterhalt
Bewertung nach § 24 Abs. 3, Abs. 6 S. 1 KostO;
(e) Ehegattenunterhalt
Bewertung nach § 24 Abs. 3 KostO;
(f) Ehewohnung
Bewertung nach § 25 Abs. 1 S. 2 KostO;
(g) Hausrat
Bewertung nach §§ 19 Abs. 2, 30 Abs. 1 KostO (Verkehrswert der Gegenstände).
Wird hingegen nur ausgesagt, dass die Eheleute den Hausrat bereits beim Auszug des Ehemannes/der Ehefrau aus der ehelichen Wohnung vollständig aufgeteilt haben und sich über den Eigentumsübergang an den jeweiligen Gegenständen einig waren, hat diese Erklärung nur deklaratorische Wirkung. Wert dann etwa 500 EURO nach § 30 Abs. 1 KostO.
(h) Versorgungsausgleich
Bewertung nach § 24 Abs. 3 KostO.
Ist jedoch eine Abfindungszahlung höher als die nach § 24 Abs. 3 KostO zu ermittelnden Anwartschaften, gilt § 39 Abs. 2 KostO (Austauschvertrag – der höhere Betrag ist maßgebend).
(i) Zugewinnausgleich
Bewertung nach § 39 Abs. 1 S. 1 KostO. Ist zur Abgeltung des Zugewinnausgleichsanspruchs eine Abfindung zu zahlen, liegt ein Austauschvertrag nach § 39 Abs. 2 KostO vor; der höhere Wert ist Geschäftswert.

Beispiel 1262

Ehegatten treffen folgende Vereinbarung: Zur Abgeltung des Zugewinnausgleichsanspruches der Ehefrau von 200 000 EURO zahlt der Ehemann einmalig einen Betrag von 100 000 EURO. Unter Berücksichtigung der getroffenen großzügigen Unterhalts- und Versorgungsausgleichsregelungen verzichtet die Ehefrau auf den weiteren Zugewinnausgleichsanspruch von 100 000 EURO. Geschäftswert: 200 000 EURO (§ 39 Abs. 1 S. 1 KostO i. V. m. § 39 Abs. 2 KostO).

5. Annahme als Kind

1263 Für die Beurkundung des Antrages auf Ausspruch der Annahme als Kind entsteht eine 10/10 Gebühr nach § 36 Abs. 1 KostO. Werden die erforderlichen Einwilligungserklärungen des Kindes, der leiblichen Eltern oder von Ehegatten in der Antragsurkunde abgegeben, so sind diese Erklärungen gegenstandsgleich nach § 44 Abs. 1 KostO und lösen keine zusätzlichen Gebühren aus. Dies gilt auch, wenn bei Annahme eines Volljährigen der Antrag sowohl des Annehmenden als auch des Anzunehmenden in einer Niederschrift beurkundet werden.

Werden die erforderlichen Zustimmungserklärungen in gesonderten Urkunden abgegeben, so entsteht eine 5/20 Gebühr nach § 38 Abs. 4 KostO. Wenn der Antrag des anzunehmenden Volljährigen in gesonderter Urkunde erfolgt, so ist eine 10/10 Gebühr nach § 36 Abs. 1 KostO anzusetzen.

Bei der Annahme eines Minderjährigen beträgt der Geschäftswert sowohl für den Antrag als auch für etwaige gesondert beurkundete Einwilligungserklärungen stets 3000 EURO (§ 30 Abs. 3 S. 2 KostO).

Bei der Annahme von Volljährigen sind gemäß § 30 Abs. 2, Abs. 3 KostO die Vermögens- und Einkommensverhältnisse des Annehmenden und des Anzunehmenden bei der Berechnung des Geschäftswertes angemessen zu berücksichtigen.

Erstreckt sich dieselbe Verhandlung auf die Annahme von zwei minderjährigen Kindern, so ist als Geschäftswert ein Betrag von 6000 EURO anzunehmen (§§ 30 Abs. 3, 44 Abs. 2 a KostO).

Beschafft der Notar die zur Annahme als Kind erforderlichen Unterlagen und reicht er sie bei Gericht ein, so erhält er für diese Tätigkeit eine Gebühr nach § 147 Abs. 2 KostO. Als Geschäftswert sind 3000 EURO anzunehmen, bei Annahme eines Volljährigen ein Teilwert von 10% des für den Antrag festgesetzten Geschäftswertes, mindestens aber auch 3000 EURO.

6. Partnerschaftsvertrag

1264 Für die Beurkundung eines Partnerschaftsvertrages (nichteheliche Lebensgemeinschaft) ist eine 20/10 Gebühr nach § 36 Abs. 2 KostO zu erheben.

Sofern nicht Gegenstandsgleichheit nach § 44 Abs. 1 KostO vorliegt, sind die einzelnen Vereinbarungen im Partnerschaftsvertrag nach § 39 Abs. 1 KostO getrennt zu bewerten. § 39 Abs. 3 KostO (Vermögen der Partner unter Abzug der Schulden) ist nicht anzuwenden (streitig!). § 39 Abs. 3 KostO gilt jedoch nach der klaren gesetzlichen Definition nur für Ehe- und Lebenspartnerschaftsverträge.

Die Kostenvergünstigung des § 46 Abs. 3 KostO gilt nicht für eine gleichzeitige Beurkundung von Erbvertrag und Partnerschaftsvertrag. Der Erbvertrag ist also neben dem Partnerschaftsvertrag nach § 46 Abs. 1 KostO gesondert zu bewerten; § 44 KostO gilt nicht.

IV. Familienrechtliche Geschäfte

7. Lebenspartnerschaftsvertrag

Für die Beurkundung eines Lebenspartnerschaftsvertrages (gleichgeschlechtliche Lebensgemeinschaften) ist eine 20/10 Gebühr nach § 36 Abs. 2 KostO zu erheben.

1265

Das Gesetz definiert den Lebenspartnerschaftsvertrag als Regelung der vermögensrechtlichen Verhältnisse (§ 7 Abs. 1 S. 1 LPartG). Regeln die Lebenspartner ihre güterrechtlichen Verhältnisse dahingehend, dass sie die Vermögenstrennung vereinbaren (wie Gütertrennung), so ist als Geschäftswert das gegenwärtige Reinvermögen der Lebenspartner nach § 39 Abs. 3 KostO anzunehmen (§ 39 Abs. 3 S. 4 KostO). Ist Inhalt des Lebenspartnerschaftsvertrages die Herausnahme eines Grundstücks aus dem Vermögensausgleich, so ist § 39 Abs. 3 S. 3 KostO als Geschäftswert anzunehmen (Verkehrswert des Grundstücks, § 19 Abs. 2 KostO). Wie bei der Modifizierung der Zugewinngemeinschaft wird aber auch hier die Auffassung vertreten, dass für diesen Fall nur ein Geschäftswert von 20–30% des Verkehrswertes des Grundstücks anzunehmen ist.

Geben die Lebenspartner in notarieller Urkunde lediglich Erklärungen über ihren Vermögensstand nach § 6 Abs. 1 LPartG ab, ist eine 10/10 Gebühr nach § 36 Abs. 1 KostO zu erheben. Der Geschäftswert ist in diesem Falle nach § 30 Abs. 1 KostO zu bestimmen (20–30% des beiderseitigen Reinvermögens).

8. Vorsorgevollmacht

Die Vorsorgevollmacht ist eine gewöhnliche rechtsgeschäftliche Vollmacht nach §§ 164 ff. BGB (in der Regel ausgestaltet als Generalvollmacht), die ausschließlich in Zeiten der Betreuungsbedürftigkeit gelten soll. Als Geschäftswert einer als Generalvollmacht ausgestalteten Vorsorgevollmacht (auch Altersvorsorgevollmacht genannt) kann gemäß § 41 Abs. 2 KostO die Hälfte des Aktivvermögens des Vollmachtgebers ohne Schuldenabzug (Bruttovermögen!) angenommen werden. Literatur und Rechtsprechung nehmen teilweise auch 70% des Aktivvermögens des Vollmachtgebers ohne Schuldenabzug als Geschäftswert an.

1266

In der Regel werden mit Vorsorgevollmachten auch Betreuungsverfügungen nach § 1897 Abs. 4 BGB beurkundet. Zwischen Vorsorgevollmacht und Betreuungsverfügung liegt Gegenstandsgleichheit nach § 44 Abs. 1 KostO vor. Der Geschäftswert der Betreuungsverfügung richtet sich nach § 30 Abs. 3 KostO, in der Regel somit 3000 EURO. Für die Betreuungsverfügung ist als einseitige Erklärung eine 10/10 Gebühr nach § 36 Abs. 1 KostO zu erheben. Bei der Vorsorgevollmacht ist § 41 Abs. 4 KostO zu beachten, der Höchstwert beträgt also 500 000 EURO.

Beispiel

1267

A erteilt seiner Ehefrau B eine Vorsorgevollmacht. Die Vollmacht wird notariell beurkundet, die Urkunde enthält auch eine Betreuungsverfügung nach § 1897 Abs. 4 BGB. A hat ein Vermögen von 800 000 EURO, Schulden sind nicht vorhanden.

Kostenberechnung
1. Vorsorgevollmacht
Geschäftswert: 400 000 EURO
(§ 41 Abs. 2 KostO 50% des Aktivvermögens)
Gebühr §§ 32, 38 Abs. 2 Nr. 4 KostO   328,50 EURO
2. Betreuungsverfügung
Geschäftswert: 3000 EURO
(§ 30 Abs. 3 KostO)
Gebühr §§ 32, 36 Abs. 1 KostO   26,00 EURO
zuzüglich Dokumentenpauschale, Postentgelte und Umsatzsteuer.

Die Gegenprobe nach § 44 Abs. 1 S. 2 KostO ist für den Kostenschuldner ungünstiger (die 10/10 Gebühr aus 400 000 EURO beträgt 657 EURO).

1268 Die gleichen Bewertungsgrundsätze gelten auch für die Mitbeurkundung einer so genannten Patientenverfügung (auch Patiententestament oder Patientenbrief genannt). Es handelt sich hier um die Anordnung des Vollmachtgebers, lebenserhaltende Maßnahmen bei unheilbarer Krankheit zu unterlassen. Als Geschäftswert ist auch hier im Regelfall gemäß § 30 Abs. 3 KostO ein Betrag von 3000 EURO anzunehmen. Es handelt sich um eine einseitige Erklärung, die eine 10/10 Gebühr gemäß § 36 Abs. 1 KostO auslöst. Werden Vorsorgevollmacht, Betreuungsverfügung und Patientenverfügung in einer Urkunde beurkundet, so liegt Gegenstandsgleichheit nach § 44 Abs. 1 S. 2 KostO vor; für die Mitbeurkundung von Betreuungsverfügung und Patientenverfügung ist in diesem Fall einmalig eine 10/10 Gebühr nach § 36 Abs. 1 KostO aus einem Geschäftswert von 3000 EURO zu erheben. Im Übrigen erfolgt die Bewertung wie im obigen Beispiel.

Keine Gebühr erhält der Notar für die Übermittlung von Anträgen an das zentrale Vorsorgeregister nach § 78a Abs. 1 BNotO, wenn der Antrag mit einer anderen gebührenpflichtigen Tätigkeit (Beurkundung oder Beglaubigung der Vorsorgevollmacht) im Zusammenhang steht (§ 147 Abs. 4 Nr. 6 KostO). Für die Übermittlung der Vorsorgevollmacht in elektronischer Form fällt jedoch die Dokumentenpauschale gem. § 136 Abs. 3 KostO i. H. v. 2,50 EURO an. Anstelle oder neben dem Antrag auf Aufnahme der Vorsorgevollmacht und/oder der Betreuungsverfügung in das zentrale Vorsorgeregister des Bundesnotarkammer besteht in vielen Bundesländern nach wie vor die Möglichkeit eine Abschrift der Vorsorgevollmacht und/oder der Betreuungsverfügung bei dem im Zeitpunkt der Erstellung zuständigen Vormundschaftsgericht zur Verwahrung abzuliefern. In diesem Fall erhält der Notar eine 5/10 Gebühr nach § 147 Abs. 2 KostO nach einem Geschäftswert von 5–10% des Wertes der Vollmacht bzw. in Höhe der Mindestgebühr bei Übersendung der Abschrift der Betreuungsverfügung (*Bund* JurBüro 2004, 580). Ab dem 1.3.2005 ist die Meldung von Vorsorgevollmachten zum zentralen Vorsorgeregister dort gebührenpflichtig (siehe hierzu DNotZ 2005 Heft 1).

Das OLG Frankfurt (ZNotP 2007, 237) hat in einer grundlegenden Entscheidung zur General- und Vorsorgevollmacht mit Betreuungs-und Patientenverfügung nunmehr Folgendes entschieden: 1269

1. Der Geschäftswert für die Erteilung einer Generalvollmacht, die auch für den Vorsorgefall gelten soll, richtet sich nach dem vollen Wert des Vermögens des Vollmachtgebers ohne Schuldenabzug. Eine im Innenverhältnis erteilte Weisung, dass die Vollmacht insbesondere dann gelten solle, wenn der Vollmachtgeber nicht mehr für sich selbst sorgen kann, führt nicht zu einem Wertabschlag, wenn dem Bevollmächtigten sofort eine Ausfertigung der Vollmachtsurkunde erteilt wird.

2. Vollmacht und Patienten- und Betreuungsverfügungen sind wegen des inneren Zusammenhangs gegenstandsgleich gemäß § 44 Abs. 1 KostO. Patienten- und Betreuungsverfügungen sind nichtvermögensrechtliche Angelegenheiten, für die jeweils der Regelwert gemäß § 30 Abs. 3 S. 1, Abs. 2 S. 1 KostO von 3000 EURO anzusetzen ist. Der Regelwert ist zweimal anzusetzen, weil diese Verfügungen einen verschiedenen Gegenstand betreffen (a. A. mit überzeugender Begründung *Tiedtke* ZNotP 2007, 239 = 1 × 3000 EURO als Geschäftswert für mitbeurkundete Patienten- und Betreuungsverfügungen).

Die Entscheidung des OLG Frankfurt ist von *Lappe* (NotBZ 2007, 284) kritisiert worden. Die Vorsorgevollmacht wird zur Vermeidung praktischer Hindernisse, z. B. im Grundstücksverkehr, unbedingt erteilt, ihre Benutzung jedoch i. d. R. an Bedingungen geknüpft. Ungewiss ist auch, ob der Bevollmächtigte überhaupt tätig werden muss. Für Ankaufs- und Wiederkaufsrechte, ebenfalls ungewisse Geschäfte, enthält § 20 Abs. 2 KostO eine Wertregelung, die dem Gedanken der Ungewissheit über den Eintritt der Rechtsfolgen Rechnung trägt. Danach ist der Geschäftswert in aller Regel die Hälfte des Kaufpreises. Für die Vorsorgevollmacht kann nichts anderes gelten, der Geschäftswert einer Vorsorgevollmacht sollte daher entsprechend den obigen Ausführungen nur mit einem Teilwert (z. B. 50 %) angesetzt werden (ebenso *Litzenburger* NotBZ 2007, 1, 9). 1270

V. Gesellschaft mit beschränkter Haftung

1. Neugründung einer GmbH

a) Gesellschaftsvertrag

Der Geschäftswert für den Gründungsvertrag der GmbH bestimmt sich nach § 39 Abs. 1 KostO nach dem Gesamtwert der Einlagen (ohne Schuldenabzug), die aus Anlass der Gründung der GmbH erbracht werden. 1271

Für die Beurkundung eines Gesellschaftsvertrages mit mehreren Gesellschaftern hat der Notar eine 20/10 Gebühr nach § 36 Abs. 2 KostO anzusetzen.

Die gleichzeitige Mitbeurkundung von Sachwerteinlagen und Sachübernahmen betrifft denselben Gegenstand (§ 44 Abs. 1 KostO); dies gilt auch für die Mitbeurkundung der Auflassung eines Betriebsgrundstücks. Kommt es dagegen zu einer besonderen Beurkundung der Auflassung entsprechend der Einlageverpflichtung, so muss der Notar hierfür eine 5/10 Gebühr nach § 38 Abs. 2 Nr. 6 Buchst. a KostO erheben.

Am häufigsten erfolgt die Gründung einer GmbH durch Bareinlagen. Geschäftswert ist hier das Stammkapital der GmbH.

1272 **Beispiel**
A und B gründen eine GmbH mit einem Stammkapital von 25 000 EURO, wobei jeder Gesellschafter eine Geschäftsanteil von 12 500 EURO übernimmt. Die Geschäftsanteiln sind jeweils in Geld zu leisten.

Kostenberechnung
Geschäftswert: 25 000 EURO (§ 39 Abs. 1 KostO)
Gebühr §§ 32, 36 Abs. 2 KostO (20/10) 168 EURO.

1273 Für die Beurkundung der Errichtung einer Einpersonen-GmbH einschließlich der Feststellung des Gesellschaftsvertrages entsteht eine 10/10 Gebühr gemäß § 36 Abs. 1 KostO (KG ZNotP 2004, 455 m. Anm. *Tiedtke* zu den Kosten der Gründung von Einpersonen-Gesellschaften). Dies gilt jedoch nur für die Bargründung. Erfolgt die Errichtung einer Einpersonen-GmbH durch Sachgründung und werden neben den Gründungserklärungen über die Errichtung der GmbH auch vertragliche Vereinbarungen über die Einbringung der Sacheinlage in das Vermögen der GmbH mit der GmbH in Gründung geschlossen (Einbringungsvertrag, Auflassung von Grundbesitz), so ist anstelle einer 10/10 Gebühr nach § 36 Abs. 1 KostO eine 20/10 Gebühr nach § 36 Abs. 2 KostO zu erheben!

Bei der Einbringung von Sacheinlagen können sich Besonderheiten bei der Geschäftswertberechnung ergeben. Es ist der *Aktivwert* der Sacheinlagen maßgebend, gemäß § 18 Abs. 3 KostO ohne Abzug der Verbindlichkeiten, sofern der Wert der Sacheinlagen das Stammkapital übersteigt. Grundbesitz, der in das Gesellschaftsvermögen eingebracht wird, ist mit dem Verkehrswert, der nach den Bestimmungen des § 19 Abs. 2 KostO zu ermitteln ist, zu berücksichtigen. Verbindlichkeiten, die auf dem Grundbesitz lasten, sind nicht abzuziehen (§ 18 Abs. 3 KostO).

1274 **Beispiel**
A und B gründen eine GmbH mit einem Stammkapital von 25 000 EURO. Jeder Gesellschafter übernimmt einen Geschäftsanteil von 12 500 EURO. Die Geschäftsanteile werden dadurch erbracht, dass A und B ein Grundstück (ihnen gehört das Grundstück je zur Hälfte, jeder bringt also als

V. Gesellschaft mit beschränkter Haftung

Sacheinlage seinen ½ Miteigentumsanteil ein) mit einem Verkehrswert von 200 000 EURO auf die GmbH übertragen. Die Gründungsgesellschafter und die GmbH i.Gr. vertreten durch ihre Geschäftsführer, erklären in der Gründungsurkunde auch die Auflassung hinsichtlich des eingebrachten Grundstücks.
Der Geschäftswert beträgt in diesem Fall 200 000 EURO, das Stammkapital von 25 000 EURO ist nicht zu berücksichtigen.
Die Übertragung des Grundstücks samt Auflassung ist gegenstandsgleich nach § 44 Abs. 1 KostO. Auf dem Grundstück lastende Verbindlichkeiten wären – soweit vorhanden – nicht abzuziehen (§ 18 Abs. 3 KostO).

Der Geschäftswert eines Gesellschaftsvertrages ist gemäß § 39 Abs. 4 KostO auf den Höchstwert von 5 000 000 EURO begrenzt. Der Geschäftswert von 5 000 000 EURO gilt selbst dann, wenn mit einem Gesellschaftsvertrag der Einbringungsvertrag über eine Sacheinlage, gegebenenfalls mit dem Erfüllungsgeschäft, mitbeurkundet wird. Der Höchstwert von 5 000 000 EURO gilt auch für den Fall, dass die Auflassung von Grundbesitz in einer späteren Urkunde erklärt wird. **1275**

b) Bestellung der ersten Geschäftsführer

Erfolgt die Bestellung der ersten Geschäftsführer im Gesellschaftsvertrag selbst, so ist diese Geschäftsführerbestellung gegenstandsgleich mit dem Gründungsvertrag und gemäß § 44 Abs. 1 KostO nicht gesondert zu bewerten. **1276**
In der Regel werden die ersten Geschäftsführer jedoch durch einen mitbeurkundeten Beschluss der Gesellschafterversammlung bestellt. In diesem Fall entsteht neben der Gebühr für den Gründungsvertrag nach § 36 Abs. 1 oder Abs. 2 KostO zusätzlich eine 20/10 Gebühr nach § 47 KostO. § 44 KostO gilt hier nicht, da diese Vorschrift beim Zusammentreffen von rechtsgeschäftlichen Erklärungen und Beschlüssen nicht anwendbar ist.
Eine beschlussmäßige Geschäftsführerbestellung ist nach Auffassung von Rechtsprechung und Literatur sachgerecht, wenn der Gesellschaftsvertrag (Satzung) vorsieht, dass Geschäftsführern durch Beschluss der Gesellschafterversammlung Einzelvertretungsbefugnis und/oder Befreiung von den Beschränkungen des § 181 BGB erteilt werden kann und von dieser Möglichkeit Gebrauch gemacht wird (OLG Frankfurt ZNotP 2008, 38).
Der Geschäftswert für den Beschluss bestimmt sich nach § 41c Abs. 1 KostO i. V. m. § 41a Abs. 4 Nr. 1 KostO. Hiernach ist 1% des Stammkapitals, mindestens jedoch ein Betrag von 25 000 EURO als Geschäftswert anzunehmen. Bei Bestellung mehrerer Geschäftsführer liegt gemäß § 41c Abs. 3 S. 3 KostO nur ein Beschluss vor (Wahlen).
Auch für den entsprechenden Beschluss einer Einpersonen-GmbH fällt eine 20/10 Gebühr nach § 47 KostO an.

Teil G Kostenrecht

1277 **Beispiel**

A gründet eine 1-Mann-GmbH (Einpersonen-GmbH) mit einem Stammkapital von 25 000 EURO. Die Geschäftsanteil von 25 000 EURO ist sofort in bar zu erbringen. In der Gründungsurkunde beschließt A seine Bestellung zum Geschäftsführer unter Befreiung von den Beschränkungen des § 181 BGB.

Kostenberechnung
Geschäftswert: 25 000 EURO (§ 39 Abs. 1 KostO)
Gebühr §§ 32, 36 Abs. 1 KostO (10/10)   84 EURO
Geschäftswert: 25 000 EURO
(§§ 41c Abs. 1, 41a Abs. 4 Nr. 1 KostO)
Gebühr §§ 32, 47 KostO (20/10)   168 EURO
zuzüglich Dokumentenpauschale, Postentgelte und Umsatzsteuer.

Der Geschäftswert für den Beschluss zur Bestellung des ersten Geschäftsführers richtet sich nach § 41c Abs. 1 KostO i.V.m. § 41a Abs. 4 Nr. 1 KostO. 1% des Stammkapitals würde lediglich 250 EURO betragen, entsprechend § 41a Abs. 4 Nr. 1 KostO ist jedoch der Geschäftswert mit 25 000 EURO anzunehmen. Bei der Dokumentenpauschale ist in diesem Fall (Einpersonen-GmbH) ein Exemplar frei.

c) Anmeldung der GmbH zum Handelsregister

1278 Geschäftswert für die Anmeldung der GmbH zum Handelsregister ist gemäß § 41a Abs. 1 Nr. 1 KostO das in das Handelsregister einzutragende Stammkapital der GmbH. Die gleichzeitig vorgenommene Anmeldung der ersten Geschäftsführer mit ihrer Vertretungsberechtigung ist gleicher Gegenstand nach § 44 Abs. 1 KostO und daher nicht gesondert zu bewerten. Gleiches gilt für die Namenszeichnung der Geschäftsführer zur Aufbewahrung bei Gericht (entfällt ab dem 1.1.2007). Die Versicherung der Geschäftsführer gemäß § 6 Abs. 2 S. 3 und 4, § 7 Abs. 2 und 3 GmbHG ist Teil der Anmeldung und nicht gesondert zu bewerten.

Die Belehrung der Geschäftsführer nach § 51 Abs. 2 Bundeszentralregistergesetz (BZRG) durch den Notar ist gebührenfreies Nebengeschäft (§ 35 KostO).

Entwirft der Notar die Handelsregisteranmeldung, so erhält er hierfür eine 5/10 Gebühr nach §§ 145 Abs. 1 S. 1, 38 Abs. 2 Nr. 7 KostO. Die Beglaubigung der Unterschriften ist wie allgemein bei Entwürfen des Notars nach § 145 Abs. 1 S. 4 KostO in der Entwurfsgebühr enthalten; nur eine spätere gesonderte Beglaubigung einzelner Unterschriften löst die Beglaubigungsgebühr nach § 45 Abs. 1 KostO zusätzlich aus.

1279 Von der Rechtsprechung unterschiedlich bewertet werden folgende zusätzlichen Tätigkeiten des Notars im Rahmen der Erstanmeldung der GmbH zum Handelsregister:

V. Gesellschaft mit beschränkter Haftung

(1) Fertigung der Liste der Gesellschafter durch den Notar
Fertigt der Notar die Gesellschafterliste, so erhält er hierfür eine 5/10 Gebühr nach § 147 Abs. 2 KostO. Geschäftswert ist 10% des Stammkapitals der neu gegründeten GmbH (§ 30 Abs. 1 KostO). Einige Oberlandesgerichte sehen diese Tätigkeit als gebührenfreies Nebengeschäft des Notars an (§ 35 KostO – z. B. OLG Frankfurt ZNotP 2008, 38).

(2) Sachgründungsbericht
Fertigt der Notar bei einer Sachgründung den Sachgründungsbericht, so erhält er hierfür eine 5/10 Gebühr nach § 147 Abs. 2 KostO. Geschäftswert ist 20% des Wertes der Sacheinlagen ohne Schuldenabzug (§§ 18 Abs. 3, 30 Abs. 1 KostO).

(3) Stellungnahme der IHK
Holt der Notar auftragsgemäß die Stellungnahme der zuständigen Industrie- und Handelskammer ein, so erhält er hierfür eine 5/10 Gebühr nach § 147 Abs. 2 KostO. Geschäftswert ist 10% des Stammkapitals der neu gegründeten GmbH (§ 30 Abs. 1 KostO). Einige Oberlandesgerichte sehen auch diese Tätigkeit als gebührenfreies Nebengeschäft des Notars an (§ 35 KostO).

d) Notarkosten im Umfeld der elektronischen Registeranmeldung – am Beispiel einer neu gegründeten GmbH

Seit dem 01.01.2007 sind die Anmeldungen und alle Dokumente zum Handels-, Genossenschafts- und Partnerschaftsregister ausschließlich elektronisch einzureichen. Welche Kosten hierbei durch den Notar erhoben werden können, ist noch nicht ausreichend geklärt (hierzu ausführlich *Otto* JurBüro 2007, 120 mit Berechnungsbeispielen). Nach einer Mitteilung der Notarkammer Hamm soll das Landgericht Münster am 08.04.2008 entschieden haben, dass für die Bereitstellung der Strukturdaten im Format XML mit Hilfe des Programms XNotar keine Gebühren gemäß § 147 Abs. 2 KostO erhoben werden dürfen. Die überwiegende Meinung in der Literatur (z. B. *Otto* JurBüro 2007, 120; Streifzug durch die Kostenordnung, 7. Aufl. 2008, Rn. 383 ff.) ist jedoch anderer Auffassung.

Nach überwiegender Auffassung in der Literatur können folgende Gebühren für die elektronische Übermittlung der Urkunden zur Neugründung einer GmbH **zusätzlich** neben den oben erhobenen Gebühren für die Beurkundung der Errichtung der GmbH (§§ 36 und 47 KostO) und der Handelsregisteranmeldung (§ 38 Abs. 2 Nr. 7 KostO) bzw. etwaigen Betreuungsbühren nach § 147 Abs. 2 KostO (z. B. für die Fertigung der Gesellschafterliste) erhoben werden:

aa) Beglaubigung der vom Notar errichteten Urkunden
§ 132 KostO schließt es aus, für die Beglaubigung eigener Urkunden (inkl. Entwürfe) des Notars eine Gebühr nach § 55 KostO zu erheben. Gebühren nach § 55 KostO fallen daher nur an, wenn der einreichende Notar Fremdurkunden beglaubigt. In diesem Falle fällt die Gebühr für jede einzelne Beglau-

bigung gesondert an, weil der Notar die Dokumente getrennt einreichen muss. Entwirft der Notar die Gesellschafterliste und erhebt hierfür eine Gebühr nach § 147 Abs. 2 KostO, so entfällt die Beglaubigungsgebühr des § 55 KostO. Wird keine Gebühr nach § 147 Abs. 2 KostO erhoben (z.B. weil die Partei die Gesellschafterliste mitbringt), so erhält der Notar für die elektronische Abschriftsbeglaubigung der Gesellschafterliste die Mindestgebühr von 10 EURO gemäß §§ 55 Abs. 1 S. 2, 33 KostO. Zusätzlich zu erheben ist die Dokumentenpauschale nach § 136 Abs. 1, 2 KostO.

bb) XML-Datenstruktur

1282 Für die Übertragung der Anmeldungsinhalte in die formale Sprache und die technischen Strukturen der »XML-Datei« (unter Verwendung der Software XNotar) erhält der Notar eine Betreuungsgebühr nach § 147 Abs. 2 KostO. Der Geschäftswert ist nach § 30 Abs. 1 KostO zu bestimmen, etwa 10–20% des Wertes der Handelsregisteranmeldung. Bei einer neu gegründeten GmbH mit einem Stammkapital von 25 000 EURO daher Geschäftswert 20% von 25 000 EUR = 5000 EURO; Gebühr § 147 Abs. 2 KostO = 21 EURO.

Für die Versendung der Unterlagen an das Registergericht ist keine zusätzliche Gebühr nach § 147 Abs. 2 KostO zu erheben. Übermittelt der Notar jedoch Fremdurkunden (z.B. die von einem anderen Notar beglaubigte Handelsregisteranmeldung), fällt eine Gebühr nach § 147 Abs. 2 KostO aus einem angemessenen Teilwert an.

cc) Dokumentenpauschalen (Einscannen von Dokumenten)

1283 Das OLG Bamberg (NJW 2006, 3504) hat entschieden, dass das Einscannen von Dokumenten eine Vervielfältigung im Sinne des § 136 KostO darstellt. Das Einscannen von Dokumenten »zur Weiterleitung an das Registergericht« ist daher **zusätzlich** zu den berechneten »Papierabschriften bzw. -fotokopien« nach § 136, 1, 2 KostO zu bewerten (*Otto* JurBüro 2007, 120, 124).

1284 **Beispiel**
Werden von der Gründungsurkunde 10 »Papierausfertigungen« (Ausfertigung, beglaubigte Abschrift oder einfache Abschrift) gefertigt und hat die Gründungsurkunde 8 Seiten, so beträgt die Dokumentenpauschale bei Berücksichtigung von zwei Freiexemplaren nach § 136. 4 Nr. 1 KostO 27,10 EURO (insgesamt 64 Seiten = 50 Seiten à 0,50 EURO und 14 Seiten à 0,15 EURO). Das Einscannen der Gründungsurkunde für das Registergericht ist zusätzlich mit 8 Seiten Dokumentenpauschale (§ 136 Abs. 1 KostO) = 4 EURO zu bewerten, da der Freibetrag des § 136 Abs. 4 KostO durch die gefertigten »Papierausfertigungen« bereits verbraucht ist.

dd) Elektronische Übermittlung

1285 Für die Übermittlung der Dokumente als elektronische Dateianhänge an die XML-Strukturdaten erhält der Notar zusätzlich zu den oben berechneten Dokumentpauschalen je Datei eine Pauschale von 2,50 EURO ohne Rücksicht auf den Umfang des in der Datei hinterlegten Dokumentes (Streifzug durch

V. Gesellschaft mit beschränkter Haftung

die Kostenordnung, 7. Aufl., S. 104). Es können daher bei der GmbH-Gründung z. B. erhoben werden:

Gründungsurkunde	2,50 EURO
Registeranmeldung	2,50 EURO
Liste der Übernehmer der Geschäftsanteile	2,50 EURO

Für den Versand der Dokumente per EGVP sind keine gesonderten Gebühren und Auslagen zu erheben.

2. Satzungsänderungen bei der GmbH

Wird der Gesellschaftsvertrag geändert, bevor die GmbH in das Handelsregister eingetragen ist, so fällt eine 10/10 Gebühr nach § 42 KostO an. § 47 KostO kommt in diesem Fall nicht zur Anwendung. Je nach Umfang der Änderung ist ein Teilwert von 10–30% des Wertes für den Gesellschaftsvertrag anzunehmen. § 42 KostO ist insbesondere anzunehmen, wenn vor Eintragung der GmbH in das Handelsregister die Firma oder der Gegenstand des Unternehmens noch einmal geändert wird. Wird der Gesellschaftsvertrag jedoch soweit umgestaltet, dass von einem neuen Gesellschaftsvertrag ausgegangen werden muss, ist eine 20/10 Gebühr nach § 36 Abs. 2 KostO zu erheben aus dem vollen Wert des Gesellschaftsvertrages. Ein solcher Fall liegt zum Beispiel vor, wenn der Gesellschaftsvertrag vollständig umgestaltet wird, das Stammkapital wesentlich erhöht oder die Gesellschafter (teilweise) ausgewechselt werden.

1286

Nach neuerer Rechtsprechung muss eine Änderung des Gesellschaftsvertrages vor Eintragung der GmbH in das Handelsregister nicht förmlich zum Handelsregister angemeldet werden. Es reicht stattdessen aus, dass die erforderlichen Unterlagen über die Änderung des Gesellschaftsvertrages durch die Geschäftsführer der GmbH formlos vorgelegt werden. Diese Auffassung ist aber nicht unbestritten. Verlangt das Registergericht gleichwohl eine erneute Handelsregisteranmeldung und wird diese vom Notar gefertigt, so ist eine 5/10 Gebühr nach § 145 Abs. 1 S. 1 KostO i. V. m. § 38 Abs. 2 Nr. 7 KostO aus dem nach § 41a Abs. 4 Nr. 1 KostO zu bestimmenden Wert (1% des einzutragenden Stammkapitals, mindestens 25 000 EURO) zu erheben. § 16 KostO (unrichtige Sachbehandlung) kann in diesem Fall dem Notar nicht entgegengehalten werden (OLG Zweibrücken MittBayNot 2001, 230).

Nach Eintragung der GmbH in das Handelsregister können Änderungen des Gesellschaftsvertrages nur noch durch einen notariell beurkundeten Beschluss der Gesellschafter vorgenommen werden (§ 53 GmbHG). Für die Beurkundung eines entsprechenden Gesellschafterbeschlusses erhält der Notar eine 20/10 Gebühr nach § 47 KostO. Dies gilt auch bei einer Einpersonen-GmbH.

Der Geschäftswert bestimmt sich, wenn es sich nicht um Beschlüsse mit einem bestimmten Geldwert handelt, nach § 41c Abs. 1 KostO i. V. m. § 41a Abs. 4 Nr. 1 KostO (1% des eingetragenen Stammkapitals, mindestens 25 000 EURO und höchstens 500 000 EURO).

Teil G Kostenrecht

1287 **Beispiel**

Nach Eintragung der GmbH in das Handelsregister beschließen die Gesellschafter die Änderung der Firma der Gesellschaft. Das im Handelsregister eingetragene Stammkapital beträgt 200 000 EURO.

Kostenberechnung
Geschäftswert: 25 000 EURO
(§§ 41 c Abs. 1, 41 a Abs. 4 Nr. 1 KostO)
Gebühr §§ 32, 47 KostO (20/10)   168 EURO
zuzüglich Dokumentenpauschale, Postentgelte und Umsatzsteuer.
Es ist der Mindestgeschäftswert von 25 000 EURO anzunehmen, da 1% des Stammkapitals von 200 000 EURO lediglich 2000 EURO beträgt.

1288 Zu den Beschlüssen, die keinen bestimmten Geldwert haben, zählen:
- Beschlüsse über Änderungen des Gesellschaftsverhältnisses (z. B. Änderung von Firma, Sitz, Gegenstand des Unternehmens, Zusammenlegung von Geschäftsanteilen, Dauer der Gesellschaft, Auflösung der Gesellschaft, auch die Neufassung des Gesellschaftsvertrages),
- Entlastungsbeschlüsse (z. B. Entlastung der Geschäftsführer oder des Aufsichtsrates)
- Wahlen (hierunter fallen alle Beschlüsse über die Bestellung und/oder Abberufung von Vertretungsorgangen – Vorstand, Geschäftsführer, Prokuristen),
- Umstellung des Grund- oder Stammkapitals auf EUR,
- Befreiung eines Vertretungsorganes von den Beschränkungen des § 181 BGB,
- Zustimmungsbeschlüsse zu Beherrschungs- und Gewinnabführungsverträgen (Unternehmensverträge).

Um einen Beschluss mit bestimmtem Geldwert handelt es sich bei der Erhöhung (oder Herabsetzung) des Stammkapitals der GmbH. Geschäftswert für die Kapitalerhöhung durch Bareinlage ist der Betrag der Änderung des Stammkapitals, also der Betrag, um den das bisherige Stammkapital erhöht wird.

1289 **Beispiel**

Das eingetragene Stammkapital der GmbH beträgt 100 000 EURO. Es wird durch Beschluss der Gesellschafter um 400 000 EURO auf 500 000 EURO erhöht. Geschäftswert = 400 000 EURO.

1290 Erfolgt dagegen die Kapitalerhöhung durch Sacheinlagen, dann ist Geschäftswert nicht der Wert der Kapitalerhöhung, wie bei der Barkapitalerhöhung, sondern der Wert der Sacheinlage, und zwar ohne Schuldenabzug (§ 18 Abs. 3 KostO).

Als Geschäftswert für die Anmeldung der Kapitalerhöhung ist immer der Nennbetrag der Kapitalerhöhung maßgebend, und zwar unabhängig davon, ob die Kapitalerhöhung durch Bar- oder Sacheinlage erfolgt (§ 41 a Abs. 1 Nr. 3 KostO).

V. Gesellschaft mit beschränkter Haftung

Beispiel (einer Barkapitalerhöhung) 1291
Im Handelsregister ist eine GmbH mit einem Stammkapital von 200 000 EURO eingetragen. Die Gesellschafterversammlung beschließt Folgendes:

1. Erhöhung des Stammkapitals von 200 000 EURO um 200 000 EURO auf 400 000 EURO,
2. Änderung des § 3 des Gesellschaftsvertrages (Stammkapital) entsprechend dieser Kapitalerhöhung,
3. Zulassung des Gesellschafters A zur Übernahme des zum Nennbetrag bar einzuzahlenden neuen Geschäftsanteils,
4. Gewinnbeteiligung des neuen Geschäftsanteils ab 01.01.2008,
5. Änderung des § 1 des Gesellschaftsvertrages (Firma der GmbH).

Der mitanwesende Gesellschafter A erklärt die Übernahme des neuen Geschäftsanteils von 200 000 EURO.

Kostenberechnung

1. Gesellschafterbeschlüsse
a) Kapitalerhöhung   200 000 EURO
b) Änderung der Firma   25 000 EURO
Gesamtgeschäftswert   225 000 EURO
(§§ 41 c Abs. 3, 44 Abs. 2 a KostO)
Gebühr §§ 32, 47 KostO (20/10)   804 EURO

2. Rechtsgeschäftliche Übernahmeerklärung
durch den Gesellschafter A
Geschäftswert: 200 000 EURO
(§ 39 Abs. 1 S. 1 KostO)
Gebühr §§ 32, 36 Abs. 1 KostO (10/10)   357 EURO
zuzüglich Dokumentenpauschale, Postentgelte und Umsatzsteuer.

Die Satzungsänderung (§ 3 des Gesellschaftsvertrages – Anpassung des bisherigen Stammkapitals an das neue Stammkapital auf Grund des Erhöhungsbeschlusses) ist gleicher Gegenstand mit dem Beschluss über die Kapitalerhöhung, § 44 Abs. 1 KostO. Der Beschluss über die Änderung der Firma der GmbH hat dagegen nach § 44 Abs. 2 Buchst. a KostO einen verschiedenen Gegenstand zum Kapitalerhöhungsbeschluss. Die Bewertung erfolgt insoweit nach § 41 c Abs. 1 KostO i. V. m. § 41 Abs. 4 Nr. 1 KostO. Auf die rechtsgeschäftliche Übernahmeerklärung findet § 44 KostO keine Anwendung, daher ist hierfür zusätzlich eine 10/10 Gebühr nach § 36 Abs. 1 KostO anzusetzen.

Der Geschäftswert der entsprechenden Handelsregisteranmeldung beträgt 1292 ebenfalls 225 000 EURO (§§ 41 a Abs. 1 Nr. 3, Abs. 4 Nr. 1, 44 Abs. 2 a KostO). Der der Handelsregisteranmeldung beizufügende neue Wortlaut des Gesellschaftsvertrages mit der notariellen Bescheinigung nach § 54 GmbHG ist nicht gesondert zu berechnen (§ 47 Abs. 1 S. 1, 2. Satzteil KostO). Je nach der

Rechtsprechung des zuständigen Oberlandesgerichts kann die mit einzureichende Gesellschafterliste nach § 147 Abs. 2 KostO (5/10) abgerechnet werden (Geschäftswert = 10% des erhöhten Stammkapitals).

3. Abtretung von Geschäftsanteilen

1293 Für die Beurkundung der Abtretung eines GmbH-Geschäftsanteils erhält der Notar eine 20/10 Gebühr nach § 36 Abs. 2 KostO.

Wurde das Verpflichtungsgeschäft schon beurkundet, fällt für die Beurkundung des Abtretungsvertrages eine 5/10 Gebühr nach § 38 Abs. 2 Nr. 6 Buchst. d KostO an.

Bei der entgeltlichen Abtretung eines Geschäftsanteiles liegt ein Austauschvertrag nach § 39 Abs. 2 KostO vor, d. h. den Gegenleistungen des Erwerbers (in der Regel der Kaufpreis) ist der Wert (Verkehrswert) des Geschäftsanteiles gegenüberzustellen. Der Nominalbetrag des Geschäftsanteils hat i. d. R. keine Bedeutung. Der Wert des abgetretenen Geschäftsanteils ist nach § 30 Abs. 1 KostO zu bestimmen. Es ist daher ein Wert anzustreben, der mit den im Wirtschaftsleben zugrundegelegten Werten möglichst übereinstimmt. Eine noch nicht einbezahlte bereits fällige Reststammeinlage ist dem Kaufpreis zuzuschlagen (OLG Frankfurt DNotZ 1987, 179). Die von den Erwerbern beim Kauf von GmbH-Geschäftsanteilen eingegangene Verpflichtung, die Gesellschaft liquiditätsmäßig so zu stellen, dass die GmbH bereits bestehende Verpflichtungen aus einem Kaufvertrag übernehmen kann, ist bei der Berechnung des Geschäftswertes für die Überlassung dem Kaufpreis hinzurechnen (OLG Köln ZNotP 2000, 445). Der Wert dieser Leistung ist nach § 30 Abs. 1 KostO zu bestimmen.

Lässt sich der Wert eines GmbH-Geschäftsanteils nicht aus dem Kaufpreis herleiten und liegt insoweit für den GmbH-Geschäftsanteil auch kein Kurswert vor, so ist der Wert unter Berücksichtigung des Reinvermögens der Gesellschaft und der Ertragsaussichten der Gesellschaft zu bestimmen. Das Reinvermögen (= Aktiva abzüglich Schulden) ist auch dann maßgebend, wenn sämtliche Anteile an der GmbH übertragen werden. Als Anhalt kann das Betriebsvermögen der Gesellschaft anhand der letzten Bilanz oder der Betriebsvermögenswert der Gesellschaft dienen, wobei Grundbesitz entsprechend den Bestimmungen des § 19 Abs. 2 KostO anzusetzen ist.

1294 **Beispiel**

Das Stammkapital einer GmbH beträgt 60 000 EURO. A tritt seinen Geschäftsanteil im Nennbetrag von 30 000 EURO an C für einen Kaufpreis von 60 000 EURO ab. Aus der letzten Bilanz der GmbH ergeben sich ein Aktivvermögen der Gesellschaft von 400 000 EURO und Schulden in Höhe von 100 000 EURO. Der Wert des verkauften Geschäftsanteils beträgt deshalb nicht 60 000 EURO (Kaufpreis), sondern ½ des Nettogesellschaftsvermögens zu 300 000 EURO (400 000 EURO – 100 000 EURO) = 150 000 EURO. Der Wert des GmbH-Anteils ist höher als der Kaufpreis

V. Gesellschaft mit beschränkter Haftung

(§ 39 Abs. 2 KostO). Der Nominalbetrag des Geschäftsanteils von 30 000 EURO spielt bei der Ermittlung des Geschäftswertes keine Rolle.

In der Praxis – zumindest unter Fremden – wird der Kaufpreis dem objektiven Wert des Anteils entsprechen und somit den Geschäftswert bilden.   **1295**

Bei der unentgeltlichen Veräußerung eines Geschäftsanteils ist als Geschäftswert der Wert (Verkehrswert) des Geschäftsanteils maßgebend (§ 39 Abs. 1 KostO). Die vorstehenden Ausführungen gelten entsprechend.

Werden keine Gegenleistungen vereinbart oder wird der Geschäftsanteil zum »symbolischen« Kaufpreis von 1 EURO (ohne weitere Gegenleistungen) verkauft und liegen keine Ermittlungsmöglichkeiten nach den obigen Ausführungen vor, so kann in diesem Fall ein Geschäftswert nach § 30 Abs. 1 KostO in Höhe von 30–50% des Nominalbetrages des Geschäftsanteils angenommen werden.

Wenn nach dem Gesellschaftsvertrag zur Veräußerung des Geschäftsanteils die Zustimmung der Gesellschaft oder der Gesellschafter erforderlich ist (auch bei einer Teilabtretung nach § 17 GmbHG) und diese in der Abtretungsurkunde erteilt wird, ist die rechtsgeschäftliche Zustimmung gegenstandsgleich nach § 44 Abs. 1 KostO und somit nicht gesondert zu bewerten.

Wird die rechtsgeschäftliche Zustimmung in einer gesonderten Urkunde erteilt, so ist hierfür eine 5/10 Gebühr nach § 38 Abs. 2 Nr. 1 KostO, bei einer Entwurfsfertigung durch den Notar in Verbindung mit § 145 Abs. 1 S. 1 KostO, zu erheben. Der Geschäftswert bestimmt sich nach dem Wert des Geschäfts, dem zugestimmt wird.

Wird die Zustimmung zur Veräußerung des Geschäftsanteils durch Gesellschafterbeschluss erteilt, so ist hierfür eine 20/10 Gebühr nach § 47 KostO zu erheben. § 44 KostO findet keine Anwendung, da ein Zusammentreffen von rechtsgeschäftlichen Erklärungen und Beschlüssen vorliegt. Da ein Beschluss mit bestimmtem Geldwert vorliegt, ist der Geschäftswert in gleicher Weise zu bestimmen, wie für das Rechtsgeschäft, dem zugestimmt wird. Das deutsche Notarinstitut kommt in einem Gutachten (DNotI-Report 2003, 185 und DNotI-Report 2004, 45) zum Ergebnis, dass eine stillschweigende Zustimmung auch bei Vorliegen einer Vinkulierungsklausel bereits in der Mitwirkung aller Gesellschafter an der Abtretung gesehen werden kann.

Nimmt der Notar auftragsgemäß die Anzeige der Geschäftsanteilsabtretung gemäß § 16 Abs. 1 GmbHG vor, so erhält er hierfür eine 5/10 Gebühr nach § 147 Abs. 2 KostO. Der Geschäftswert für diese Gebühr ist mit etwa 10% des Wertes des abgetretenen Geschäftsanteils anzunehmen (§ 30 Abs. 1 KostO).

Bei der Übertragung eines Geschäftsanteils an einen Treuhänder (Treuhandvertrag) gelten die obigen kostenrechtlichen Grundsätze über die Veräußerung von Geschäftsanteilen entsprechend. Wird in Erfüllung des bereits bei der Vereinbarung des Treuhandverhältnisses mitbeurkundeten schuldrechtlichen Rückübertragungsvertrages nur die dingliche Übertragung (Abtretung) beurkundet, kann nur eine 5/10 Gebühr nach § 38 Abs. 2 Nr. 6 Buchst. d erhoben werden. Werden dagegen im Rückübertragungsvertrag erst die Bedingungen für die Rückübertragung des Geschäftsanteils vereinbart, so fällt nach § 36 Abs. 2 KostO eine 20/10 Gebühr an.

4. Umstellung des Stammkapitals auf den EURO

1296 Bei allen Kapitalgesellschaften mit Grund- oder Stammkapital besteht ab dem 01.01.2002 die Pflicht, spätestens bei Beschlüssen über Kapitalmaßnahmen das Grund- oder Stammkapital in EURO umzustellen. § 86 Abs. 1 S. 4 GmbHG sieht für solche Kapitalmaßnahmen eine Registersperre vor, bis das Kapital auf EURO umgerechnet und auf glatte Eurobeträge angepasst wurde.

Der Notar ist mit der auch möglichen rein rechnerischen Umstellung des Stammkapitals auf EURO selten befasst. Der entsprechende Umstellungsbeschluss bedarf nicht der notariellen Beurkundung. Wird der Notar gleichwohl mit dem Entwurf eines entsprechenden Umstellungsbeschlusses beauftragt, so ist eine 20/10 Gebühr nach § 145 Abs. 1 S. 1 i. V. m. § 47 KostO zu erheben. Die rein rechnerische Umstellung auf den EURO ist ein Beschluss ohne bestimmten Geldwert (§§ 41c Abs. 1, 41a Abs. 4 Nr. 1 KostO). Ein Bruchteil von 50% des Ausgangswertes ist angemessen.

1297 | **Beispiel**
Der Notar entwirft den Gesellschafterbeschluss über die rechnerische Umstellung des Stammkapitals von 50 000 DM auf 25 564,59 EURO. Zu erheben ist in diesem Fall eine 20/10 Gebühr nach § 145 Abs. 1 S. 1 i. V. m. § 47 KostO (= 120 EURO) aus einem Geschäftswert von 12 500 EURO (50% von 25 000 EURO, §§ 41c Abs. 1, 41a Abs. 4 Nr. 1 KostO).

1298 In der notariellen Praxis erfolgt die EURO-Umstellung auf zwei Arten:
- bis zum nächsthöheren Betrag, der erforderlich ist, um den Vorschriften im GmbHG für die EURO-Beträge zu genügen,
- oder – die jetzt am häufigsten gewählte Art – bis zum nächsthöheren Tausenderbetrag oder Zehntausenderbetrag.

1299 | **Beispiel**
A und B halten an einer GmbH mit einem Stammkapital von 50 000 DM je einen Geschäftsanteil von 25 000 DM. Unter Zugrundelegung des amtlichen Umrechnungskurses (1 EUR = 1,95 583 DM) beträgt das umgerechnete Stammkapital somit 25 564,59 EURO. Es wird eine Barkapitalerhöhung auf 30 000 EURO durchgeführt, A und B halten sodann je einen Geschäftsanteil von 15 000 EURO. Entsprechende Übernahmeerklärungen auf das erhöhte Stammkapital (= 4435,41 EURO) werden in gleicher Urkunde mitbeurkundet. In dem Gesellschaftsvertrag wird die Bestimmung »Je 100 DM eines Geschäftsanteils gewähren eine Stimme« in »Je 50 EURO eines Geschäftsanteils gewähren eine Stimme« geändert (Bei der »EURO-Umstellung« muss jeder Gesellschaftsvertrag auf eine entsprechende Bestimmung hin überprüft werden!).

V. Gesellschaft mit beschränkter Haftung

Kostenberechnung

1. Beschluss EURO-Umstellung und
   Beschluss Änderung des Stimmrechts
   (§§ 41 c Abs. 1 und 3, 41 a Abs. 4 Nr. 1 KostO)
   Geschäftswert: 25 000 EURO
2. Kapitalerhöhungsbeschluss zur »Glättung« auf
   30 000 EURO (§ 41 c Abs. 1 KostO)
   Geschäftswert: 4435,41 EURO
   (30 000 EURO – 25 564,59 EURO)

Gesamtgeschäftswert: 29 435,41 EURO
(§§ 41 c Abs. 3, 44 Abs. 2 a KostO)
Gebühr §§ 32, 47 KostO (20/10)   192 EURO
Übernahmeerklärungen der Gesellschafter
(§§ 39 Abs. 1, 44 Abs. 2 a KostO)
Geschäftswert: 4435,41 EURO
Gebühr §§ 32, 36 Abs. 1 KostO (10/10)   42 EURO
zuzüglich Dokumentenpauschale, Postentgelte und Umsatzsteuer.

Eine entsprechende Kostenberechnung würde auch bei einer Kapitalerhöhung aus Gesellschaftsmitteln vorzunehmen sein. Bei der Kapitalerhöhung aus Gesellschaftsmitteln entfällt jedoch die Übernahmeerklärung, so dass die Gebühr nach § 36 Abs. 1 KostO nicht zu erheben ist.

Die zu dem obigen Beispiel erforderliche Handelsregisteranmeldung wäre wie folgt zu bewerten: **1300**

1. Anmeldung Umstellung Kapital auf EURO und sonstige Anpassung des Gesellschaftsvertrages (§§ 41 a Abs. 4 Nr. 1, 44 Abs. 1 KostO)
   Geschäftswert: 25 000 EURO
2. Anmeldung Kapitalerhöhung – »Glättung« – (§ 41 a Abs. 1 Nr. 3 KostO)
   Geschäftswert: 4435,41 EURO

Gesamtgeschäftswert (§ 44 Abs. 2 Buchst. a KostO): 29 435,41 EURO

Entwurfsgebühr §§ 145 Abs. 1, 38 Abs. 2 Nr. 7 KostO (5/10): 48 EURO.

Die Anmeldung der Euroumstellung ist gegenstandsverschieden gegenüber der Anmeldung der Kapitalerhöhung. Die Anmeldung der Euroumstellung ist demgegenüber im Sinne des § 44 Abs. 1 KostO gegenstandsgleich mit den weiteren Satzungsänderungen – Anpassung des Gesellschaftsvertrages (OLG Hamm JurBüro 2004, 551).
   Die Zusammenlegung von Geschäftsanteilen zu einem einheitlichen Geschäftsanteil eines Gesellschafters ist ein Beschluss mit unbestimmtem Geldwert. Dies gilt auch dann, wenn Geschäftsanteile mehrerer Gesellschafter zusammengelegt werden. Ein entsprechender Beschluss ist gegenstandsverschieden zu dem »EURO-Umstellungsbeschluss«, die Berechnung erfolgt

Teil G Kostenrecht

nach § 44 Abs. 2 Buchst. a KostO (a. A. OLG Frankfurt ZNotP 2005, 477 m. abl. Anm. *Tiedtke*). Art. 45 Abs. 3 EGHGB (Geschäftswert = die Hälfte des nach § 41a Abs. 1 Nr. 3 KostO maßgebenden Wertes) ist auf Beschlüsse nicht anwendbar, da § 41a KostO (früher § 26 KostO) nur für Anmeldungen gilt. Das Gesetz sieht insoweit für die Berechnung der Notargebühren für die Beglaubigung einer Handelsregisteranmeldung (§§ 45 bzw. 38 Abs. 2 Nr. 7 KostO) bei einer Kapitalerhöhung aus Gesellschaftsmitteln (! – also nicht Barkapitalerhöhung) jeweils auf den nächsthöheren oder bei einer Kapitalherabsetzung auf den nächstniedrigeren Betrag, mit der die Geschäftsanteile auf einen durch 10 teilbaren Betrag in EURO umgestellt werden, eine Kostenprivilegierung vor. Allerdings ist dieses Kostenprivileg bei Handelsregisteranmeldungen auch dann anzuwenden, wenn eine ganz erhebliche Kapitalerhöhung aus Gesellschaftsmitteln erforderlich wird, um die quotale Beteiligung der Gesellschafter zu erhalten, weil dies eben den nächsthöheren Betrag darstellt, auf den die Geschäftsanteile gestellt werden können (Anwendung von § 57j GmbHG).

5. Die Auswirkungen des MoMiG auf die Notarkosten

1300a Zu den Auswirkungen des MoMiG (Gesetz zur Modernisierung des GmbH-Rechts und zur Bekämpfung von Missbräuchen, BGBl. 2008 I, 2026) auf die Notarkosten wird verwiesen auf den Aufsatz von *Sikora/Regler/Tiedtke* in MittBayNot Heft 6 Jahr 2008.

VI. Sonstige Handelssachen

1. Einzelkaufmann

1301 § 41a Abs. 3 Nr. 1 KostO regelt den Geschäftswert für die erste Anmeldung eines Einzelkaufmanns zum Handelsregister. Der Geschäftswert beträgt in allen Fällen 25 000 EURO, unabhängig von der Größe des erstmals einzutragenden Betriebes und unabhängig von der Höhe des Unternehmensvermögens.

1302 Beim Einzelkaufmann sind die folgenden handelsrechtlichen Vorgänge Erstanmeldungen:

– Erstanmeldung eines Einzelkaufmanns,
– Anmeldung des Übergangs des Geschäfts auf einen anderen unter Lebenden oder von Todes wegen,
– Anmeldung der Fortführung des Geschäfts des Einzelkaufmanns durch Erben in Erbengemeinschaft,
– Anmeldung der Fortführung des Geschäfts aufgrund Nießbrauchs oder Pacht.

1303 Spätere Anmeldungen beim Einzelkaufmann sind nach § 41a Abs. 4 Nr. 4 KostO ebenfalls stets mit 25 000 EURO zu bewerten. Ist eine Anmeldung nur deshalb erforderlich, weil sich der Ortsname geändert hat oder handelt es sich um eine ähnliche Anmeldung, die für das Unternehmen des Einzelkaufmanns keine wirtschaftliche Bedeutung hat, so beträgt der Geschäftswert nach § 41a Abs. 6 KostO lediglich 3000 EURO.

Für den Entwurf einer entsprechenden Handelsregisteranmeldung erhält der Notar eine 5/10 Gebühr nach §§ 145 Abs. 1 S. 1, 38 Abs. 2 Nr. 7 KostO. Die Zeichnungen, die zur Aufbewahrung bei Gericht erfolgen müssen, sind nicht gesondert zu bewerten, wenn sie gleichzeitig mit der Anmeldung erfolgen (entfällt ab dem 1.1.2007).

2. Offene Handelsgesellschaft

Bei der erstmaligen Anmeldung einer offenen Handelsgesellschaft (OHG) zum Handelsregister ist der Geschäftswert nach § 41a Abs. 3 Nr. 2 KostO zu bestimmen. Bei einer offenen Handelsgesellschaft mit zwei Gesellschaftern beträgt der Geschäftswert 37 500 EURO; hat die Gesellschaft mehr als zwei Gesellschafter, erhöht sich der Wert für den dritten und jeden weiteren Gesellschafter um jeweils 12 500 EURO. Keine Rolle spielt es, welche Einlagen die Gesellschafter aus Anlass der Gründung einer offenen Handelsgesellschaft leisten. **1304**

Bei vier Gesellschaftern einer offenen Handelsgesellschaft beträgt der Geschäftswert der erstmaligen Anmeldung 62 500 EURO (37 500 EURO + 12 500 EURO + 12 500 EURO). Fertigt der Notar den Entwurf der Handelsregisteranmeldung, entsteht eine 5/10 Gebühr nach §§ 145 Abs. 1 S. 1, 38 Abs. 2 Nr. 7 KostO.

Alle späteren Anmeldungen sind bei der offenen Handelsgesellschaft mit 25 000 EURO nach § 41a Abs. 4 Nr. 3 KostO zu bewerten. Bei gleichzeitigem Eintritt in und Ausscheiden aus einer offenen Handelsgesellschaft ist jedoch wie folgt zu berechnen: Bei bis zu zwei Gesellschaftern beträgt der Geschäftswert 25 000 EURO, ab drei Gesellschaftern 12 500 EURO je Gesellschafter.

> **Beispiel** **1305**
> Zur Eintragung in das Handelsregister wird hinsichtlich einer offenen Handelsgesellschaft angemeldet: A ist als Gesellschafter ausgeschieden, B und C sind als neue Gesellschafter eingetreten. Der Notar entwirft die entsprechende Handelsregisteranmeldung.
>
> **Kostenberechnung**
> Geschäftswert: 37 500 EURO
> (§ 41a Abs. 4 Nr. 3 KostO
> – 12 500 EURO + 12 500 EURO + 12 500 EURO)
> Gebühr §§ 145 Abs. 1 S. 1, 38 Abs. 2 Nr. 7 KostO (5/10)   54 EURO
> zuzüglich Dokumentenpauschale, Postentgelte und Umsatzsteuer.

Beurkundet der Notar den Gesellschaftsvertrag einer offenen Handelsgesellschaft, so erhält er hierfür eine 20/10 Gebühr nach § 36 Abs. 2 KostO. Der **1306**

Geschäftswert des Gesellschaftsvertrages bestimmt sich entsprechend § 39 Abs. 1 S. 1 KostO nach dem Wert der Einlagen sämtlicher Gesellschafter. Verbindlichkeiten sind nicht abzuziehen (§ 18 Abs. 3 KostO). Wird Grundbesitz in die Gesellschaft eingebracht, so ist dieser nach den Vorschriften des § 19 KostO zu bewerten. § 39 Abs. 4 KostO (Höchstwert von 5 000 000 EURO) gilt auch für den Gesellschaftsvertrag der offenen Handelsgesellschaft.

3. Kommanditgesellschaft

1307 Der Geschäftswert für die Anmeldung einer neu gegründeten Kommanditgesellschaft (KG) bestimmt sich nach § 41a Abs. 1 Nr. 5 KostO. Als Geschäftswert ist die Summe der Kommanditeinlagen unter Hinzurechnung eines Betrages von 25 000 EURO für den ersten persönlich haftenden Gesellschafter und 12 500 EURO für jeden weiteren persönlich haftenden Gesellschafter maßgebend.

1308 **Beispiel**
Zur Eintragung in das Handelsregister wird eine neu gegründete Kommanditgesellschaft angemeldet. Persönlich haftende Gesellschafter sind A und B. Kommanditisten sind C mit einer Einlage von 50 000 EURO und D mit einer Einlage von 60 000 EURO. Der Notar entwirft die Handelsregisteranmeldung und beglaubigt anschließend die Unterschriften sämtlicher Gesellschafter.

Kostenberechnung
Geschäftswert:
Persönlich haftende Gesellschafter
A + B (25 000 EURO + 12 500 EURO)	37 500 EURO
Kommanditeinlagen 50 000 EURO + 60 000 EURO =	110 000 EURO
Geschäftswert: § 41a Abs. 1 Nr. 5 KostO	147 500 EURO
Gebühr §§ 145 Abs. 1 S. 1, 38 Abs. 2 Nr. 7 KostO (5/10)	141 EURO

zuzüglich Dokumentenpauschale, Postentgelte und Umsatzsteuer.

1309 Bei den Handelsregisteranmeldungen ist § 39 Abs. 4 KostO zu beachten. Hiernach beträgt der Höchstwert für Anmeldungen zum Handelsregister 500 000 EURO.
Der Eintritt eines Kommanditisten in eine bestehende Kommanditgesellschaft oder das Ausscheiden eines Kommanditisten aus der Kommanditgesellschaft wird nach § 41a Abs. 1 Nr. 6 KostO bewertet. Es handelt sich insoweit um Anmeldungen mit bestimmtem Geldbetrag. Geschäftswert ist die einfache Kommanditeinlage des eintretenden oder ausscheidenden Kommanditisten.

VI. Sonstige Handelssachen

Beispiel 1310

A ist als Kommanditist (Einlage 200 000 EURO) aus der Kommanditgesellschaft ausgeschieden. B ist als Kommanditist mit einer Kommanditeinlage von 100 000 EURO in die Kommanditgesellschaft eingetreten. Der Notar entwirft die entsprechende Handelsregisteranmeldung und beglaubigt die Unterschriften der Gesellschafter.

Kostenberechnung

Geschäftswert (§ 41a Abs. 1 Nr. 6 KostO)	
Ausscheiden des A = Anmeldung mit bestimmtem Geldbetrag (einfache Kommanditeinlage)	200 000 EURO
Eintritt des B = Anmeldung mit bestimmtem Geldbetrag (einfache Kommanditeinlage)	100 000 EURO
Gesamtgeschäftswert (§ 44 Abs. 2a KostO)	300 000 EURO
Gebühr §§ 145 Abs. 1 S. 1, 38 Abs. 2 Nr. 7 KostO (5/10)	253,50 EURO

zuzüglich Dokumentenpauschale, Postentgelte und Umsatzsteuer.

Bei einem Kommanditistenwechsel im Wege der Gesamt- oder Sonderrechtsnachfolge ist für die Anmeldung die einfache Kommanditeinlage als Geschäftswert anzunehmen. Dies gilt auch, wenn der bisherige persönlich haftende Gesellschafter als Kommanditist oder ein bisheriger Kommanditist als persönlich haftender Gesellschafter zur Eintragung in das Handelsregister anzumelden ist (so genannte Beteiligungsumwandlung). 1311

Wird lediglich das Ausscheiden eines persönlich haftenden Gesellschafters aus der Kommanditgesellschaft angemeldet, liegt eine Anmeldung ohne bestimmten Geldwert vor. Die Bewertung erfolgt nach § 41a Abs. 4 Nr. 3 KostO.

Beispiel 1312

A ist als persönlich haftender Gesellschafter aus der Kommanditgesellschaft ausgeschieden. C ist anstelle von B als Kommanditist mit einer Kommanditeinlage von 100 000 EURO in die Kommanditgesellschaft eingetreten (Abtretung der Kommanditeinlage). D ist als bisheriger Kommanditist mit einer Einlage von 50 000 EURO ausgeschieden und als persönlich haftender Gesellschafter in die Kommanditgesellschaft eingetreten. Der Notar entwirft die Handelsregisteranmeldung und beglaubigt anschließend die Unterschriften der Gesellschafter hierunter.

Kostenberechnung

Geschäftswert:	
Ausscheiden des A = Anmeldung ohne bestimmten Geldbetrag (§ 41a Abs. 4 Nr. 3 KostO)	25 000 EURO
Ausscheiden des B und Eintritt des C im Wege der Sonder- oder Gesamtrechtsnachfolge, Anmeldung mit bestimmtem	

Geldbetrag = einfache Kommanditeinlage nach § 41a Abs. 1 Nr. 6 KostO	100 000 EURO
Ausscheiden des D als Kommanditist und Eintritt des D als persönlich haftender Gesellschafter = Beteiligungsumwandlung = einfache Kommanditeinlage nach § 41a Abs. 1 Nr. 6 KostO	50 000 EURO
Gesamtgeschäftswert (§ 44 Abs. 2 a KostO)	175 000 EURO
Gebühr §§ 145 Abs. 1 S. 1, 38 Abs. 2 Nr. 7 KostO (5/10)	163,50 EURO

zuzüglich Dokumentenpauschale, Postentgelte und Umsatzsteuer.

1313 Wird eine Kommanditeinlage erhöht oder herabgesetzt, so handelt es sich nach § 41 Abs. 1 Nr. 7 KostO um eine Anmeldung mit bestimmtem Geldbetrag. Geschäftswert ist der Nennbetrag der Erhöhung oder Herabsetzung.

Der Geschäftswert der Beurkundung des Gesellschaftsvertrages einer Kommanditgesellschaft bestimmt sich gemäß § 39 Abs. 1 S. 1 KostO nach dem Wert der Einlagen sämtlicher Gesellschafter (ohne Schuldenabzug, § 18 Abs. 3 KostO). Für die Beurkundung des Gesellschaftsvertrages erhält der Notar eine 20/10 Gebühr nach § 36 Abs. 2 KostO.

Der Geschäftswert der Beurkundung von Beschlüssen der Gesellschafterversammlung einer Kommanditgesellschaft richtet sich nach § 41c Abs. 1 KostO i. V. m. § 41a Abs. 4 Nr. 3 KostO. § 41a Abs. 4 Nr. 3 KostO findet jedoch nur auf Beschlüsse Anwendung, deren Gegenstand keinen bestimmten Geldwert haben. Für die Beurkundung der Gesellschafterbeschlüsse erhält der Notar eine 20/10 Gebühr nach § 47 KostO.

Der Geschäftswert für die Beurkundung und die Beglaubigung von Registervollmachten eines Kommanditisten bestimmt sich nach dem Wert der Kommanditeinlage (§§ 41 Abs. 3, 40 Abs. 2 KostO).

Beim Verkauf eines Kommanditanteils richtet sich der Geschäftswert nach der herrschenden Auffassung in Rechtsprechung und Literatur nicht nach dem Kaufpreis, sondern nach dem anteiligen Aktivvermögen. Schulden sind nach § 18 Abs. 3 KostO nicht abzuziehen.

1314 **Beispiel**
Beurkundet wird die Veräußerung eines Geschäftsanteils von 2500 EURO (10% des Stammkapitals der Komplementär-GmbH) sowie die Veräußerung einer Kommanditbeteiligung von 10% am eingetragenen Kommanditkapital über nominal 100 000 EURO. Als Gegenleistung fließen 500 000 EURO. Die KG hat eine Bilanzsumme von 65 000 000 EURO. Dabei stehen Aktiva von 65 000 000 EURO Verbindlichkeiten von 60 000 000 EURO gegenüber. Die Komplementär-GmbH ist nicht am Vermögen der KG beteiligt, für sie wird kein (Fest-)Kapitalkonto geführt. Geschäftswert ist nicht die Gegenleistung von 500 000 EURO, sondern der auf den Kommanditisten entfallende Anteil des Aktivvermögens, also 10% aus 65 000 000

VI. Sonstige Handelssachen

EURO = 6 500 000 EURO (gegen diese Berechnung ausführlich *Vollrath* Rpfleger 2004, 17). Für den mitveräußerten Geschäftsanteil an der Komplementär-GmbH kann in diesem Fall (da nicht am Vermögen der KG beteiligt) der Nominalbetrag des abgetretenen Geschäftsanteils an der Komplementär-GmbH mit 2500 EURO als Geschäftswert angesetzt und dem vorstehenden Geschäftswert für die Kommanditbeteiligung von 6 500 000 EURO hinzuaddiert werden.

4. Aktiengesellschaft

Für die Beurkundung der Gründung einer Aktiengesellschaft (AG) nebst Satzung durch mehrere Personen erhält der Notar eine 20/10 Gebühr nach § 36 Abs. 2 KostO. Wird die Aktiengesellschaft nur durch eine Person gegründet, so entsteht eine 10/10 Gebühr nach § 36 Abs. 1 KostO. **1315**

Wird der Aufsichtsrat in der Gründungsurkunde bestellt, liegt ein Beschluss vor (OLG Zweibrücken JurBüro 2002, 492). Für den Beschluss fällt neben der Gebühr für die Gründung (oben § 36 KostO) zusätzlich eine Gebühr nach § 47 KostO an. Der Geschäftswert bestimmt sich wie bei der GmbH-Gründung nach §§ 41c Abs. 1, 41a Abs. 4 Nr. 1 KostO. Danach ist maßgebend 1% des einzutragenden Grundkapitals, mindestens 25 000 EURO und höchstens 500 000 EURO.

Der Geschäftswert des Gründungsvertrages bestimmt sich nach § 39 Abs. 1 S. 1 KostO nach dem Wert der Einlagen sämtlicher Gesellschafter. Werden Bareinlagen erbracht, deren Wert dem Nennbetrag des Grundkapitals entspricht, ist Geschäftswert das in das Handelsregister einzutragende Grundkapital.

Werden die Aktien jedoch nicht zum Nennwert, sondern mit einem *Agio* (Aufgeld) ausgegeben, so erhöht sich der Geschäftswert der Gründungsurkunde, nicht jedoch der der Anmeldung.

Beispiel **1316**
Gibt eine Aktiengesellschaft mit einem Grundkapital von 50 000 EURO die Aktien zu 110% (Agio = Aufgeld) aus, so beträgt der Geschäftswert der Gründungsurkunde 55 000 EURO. Der Geschäftswert der Handelsregisteranmeldung beträgt jedoch gemäß § 41a Abs. 1 Nr. 1 KostO nur 50 000 EURO.

Wird in der Gründungsurkunde der Vorstand ermächtigt, das Grundkapital durch Ausgabe neuer Aktien zum Nennwert zu erhöhen (genehmigtes Kapital), dann ist dieser Betrag (genehmigtes Kapital) dem Geschäftswert der Gründungsurkunde als auch der Anmeldung (§ 41a Abs. 1 Nr. 1 KostO) hinzuzurechnen. **1317**

Die Höchstwertvorschrift des § 39 Abs. 4 KostO (5 Mio. EURO) ist auch hier zu beachten.

Der Geschäftswert der erstmaligen Anmeldung der Aktiengesellschaft zum Handelsregister bestimmt sich gemäß § 41a Abs. 1 Nr. 1 KostO nach dem einzutragenden Grundkapital, gegebenenfalls erhöht durch ein genehmigtes Kapital. Die Mitanmeldung des Vorstandes und des Aufsichtsrates sind Teil der Erstanmeldung und nicht gesondert zu bewerten. Für den Entwurf der Handelsregisteranmeldung mit Unterschriftsbeglaubigung erhält der Notar eine 5/10 Gebühr nach §§ 145 Abs. 1 S. 1, 38 Abs. 2 Nr. 7 KostO. Der Höchstwert der Anmeldung beträgt gemäß § 39 Abs. 4 KostO 500 000 EURO.

Neben dem Gründungsakt einer Aktiengesellschaft hat der Notar häufiger mit der Beurkundung von Beschlüssen der Hauptversammlung zu tun. Für die Beurkundung der Hauptversammlungsbeschlüsse erhält der Notar eine 20/10 Gebühr nach § 47 KostO; die Höchstgebühr beträgt hierbei gemäß § 47 S. 2 KostO 5000 EURO.

Bei Satzungsänderungen – mit Ausnahme von Kapitalbeschaffungsmaßnahmen – handelt es sich um Beschlüsse ohne bestimmten Geldwert. Der Geschäftswert für solche Beschlüsse richtet sich nach §§ 41 c Abs. 1, 41 a Abs. 4 Nr. 1 KostO (1% des eingetragenen Grundkapitals, mindestens 25 000 EURO und höchstens 500 000 EURO). Bei Satzungsänderungen in mehreren Punkten liegt nur ein Beschluss vor. Auch die Neufassung der Satzung ist nur ein Beschluss.

Bei Kapitalerhöhungen handelt es sich um Beschlüsse mit bestimmtem Geldwert. Als Geschäftswert ist der Nennbetrag der Erhöhung maßgebend. Dies gilt auch dann, wenn in dem Beschluss lediglich der Höchstbetrag festgesetzt wird und so das endgültige Ausmaß der Kapitalerhöhung noch unbestimmt ist. Erfolgt die Ausgabe der neuen Aktien zu einem höheren Kurs (Agio – Aufgeld), ist für den Beschluss anstelle des Nennbetrages der Erhöhung der *Ausgabebetrag (also Nennbetrag der Aktien zuzüglich Aufgeld)* als Geschäftswert maßgebend. Für die Anmeldung der späteren Kapitalmaßnahmen der Aktiengesellschaft gilt § 41 a Abs. 1 Nr. 4 KostO. Jedoch hat die Anmeldung der Durchführung der Kapitalerhöhung keinen Geldbetrag zum Gegenstand, es ist daher in diesem Fall § 41 a Abs. 4 Nr. 1 KostO anzuwenden.

Ebenfalls ein Beschluss mit bestimmtem Geldwert ist der Beschluss der Hauptversammlung über die Gewinnverwendung. Maßgebend für den Geschäftswert ist hier der Bilanzgewinn oder der Bilanzverlust.

Werden Beschlüsse mit unbestimmtem und bestimmtem Geldwert zusammenbeurkundet, gilt Folgendes:

Summe der Beschlüsse ohne bestimmten Geldwert, höchstens 500 000 EURO, zuzüglich Wert der Beschlüsse mit bestimmtem Geldwert.

Mehrere Wahlen (auch Abwahlen) oder Wahlen zusammen mit Beschlüssen über die Entlastung der Verwaltungsträger (Vorstand, Aufsichtsrat) gelten gemäß § 41 c Abs. 3 KostO immer als ein Beschluss.

1318 In der jährlichen Hauptversammlung einer Aktiengesellschaft werden in der Regel folgende Beschlüsse (Beispiel) gefasst (zur kostenrechtlichen Bewertung von Beschlüssen der Hauptversammlung ausführlich *Wielgoss* JurBüro 2003, 296):

1. Entlastung des Vorstandes,
2. Entlastung des Aufsichtsrates,

VI. Sonstige Handelssachen

3. Verteilung des Reingewinns,
4. Satzungsänderungen,
5. Wahl des Abschlussprüfers,
6. Wahlen zum Aufsichtsrat.

Beispiel 1319
Bei einem angenommenen Grundkapital von 200 000 EURO und einem angenommenen Reingewinn von 100 000 EURO ergäbe sich folgende Kostenrechnung des Notars für die Beurkundung der entsprechenden Hauptversammlungsbeschlüsse. Die Hauptversammlung findet außerhalb der Geschäftsstelle des Notars, jedoch in der Stadt seines Amtssitzes statt

Kostenberechnung
Geschäftswert:
Beschlüsse zu 1., 2., 5. und 6. sind
ein Beschluss mit unbestimmtem Geldwert
§§ 41c Abs. 1, 41a Abs. 4 Nr. 1 KostO   25 000 EURO
Beschluss zu 3.
bestimmter Geldwert   100 000 EURO
Beschluss zu 4.
unbestimmter Geldwert
§§ 41c Abs. 1, 41a Abs. 4 Nr. 1 KostO   25 000 EURO
Gesamtgeschäftswert
(§§ 41c Abs. 3, 44 Abs. 2a KostO)   150 000 EURO
Gebühr §§ 32, 47 KostO (20/10)   564 EURO
Gebühr §§ 32, 58 Abs. 1 KostO (5/10)   30 EURO
zuzüglich Dokumentenpauschale, Postentgelte und Umsatzsteuer.
Anzumelden wäre hier die beurkundete Satzungsänderung der Aktiengesellschaft. Entwirft der Notar diese in seiner Kanzlei und beglaubigt er nach der Beurkundung der Hauptversammlung die Unterschriften der Vorstandsmitglieder der Aktiengesellschaft unter der Anmeldung, so wäre folgende Kostenrechnung zu erstellen:

Kostenberechnung
Geschäftswert: 25 000 EURO
(§ 41a Abs. 4 Nr. 1 KostO)
Gebühr §§ 145 Abs. 1 S. 1,
38 Abs. 2 Nr. 7 KostO (5/10)   42 EURO
Gebühr §§ 32, 58 Abs. 1 KostO (5/20)   21 EURO
zuzüglich Dokumentenpauschale, Postentgelte und Umsatzsteuer.

Die Zusatzgebühr des § 58 Abs. 1 KostO ist hier nur eine 5/20 (¼) Gebühr, denn die auswärts vorgenommene Tätigkeit des Notars ist nur die Entgegennahme der Unterschriften der Vorstandsmitglieder, somit das in § 45 KostO (Unterschriftsbeglaubigung = ¼ Gebühr) geregelte Geschäft! Der Entwurf der Handelsregisteranmeldung wurde in der Kanzlei des Notars gefertigt, so dass dem Notar für die Entwurfsfertigung keine Auswärtsgebühr zusteht (OLG Hamm JurBüro 2004, 551).

1320 Durch § 33 Abs. 3 AktG erlaubt das AktG in einem bestimmten Umfang die Prüfung des Hergangs der Gründung einer Aktiengesellschaft durch den Notar anstelle eines gerichtlich bestellten Gründungsprüfers. Nach überwiegender Ansicht ist diese Tätigkeit nach § 147 Abs. 2 KostO zu bewerten. Ein Teilwert von 50% des Grundkapitals der Aktiengesellschaft dürfte angemessen und vertretbar sein.

5. Genossenschaft

1321 Für Anmeldungen zum *Genossenschaftsregister* gilt § 29 KostO. § 29 KostO verweist auf § 30 Abs. 2 KostO, somit beträgt der Geschäftswert regelmäßig 3000 EURO und gilt für alle durchschnittlichen Fälle.

Der Geschäftswert von 3000 EURO kann jedoch je nach Lage des Falles, insbesondere unter Berücksichtigung der Bedeutung, der Vermögenslage sowie des Zwecks und der Mitgliederzahl niedriger oder höher angenommen werden, wobei die niedrigste Wertstufe 1000 EURO beträgt (§ 32 KostO) und der Höchstwert 500 000 EURO (§ 39 Abs. 4 KostO).

Ein Abweichen vom Regelwert des § 30 Abs. 2 KostO (3000 EURO) ist insbesondere bei den Genossenschaftsbanken (Raiffeisenbank, Volksbank) geboten. Als Grundlage für die Wertschätzung nach § 30 Abs. 2 KostO sind hier die Bewertungsmaßstäbe des § 41a KostO heranzuziehen. Der Geschäftswert ist somit nicht unter 25 000 EURO anzusetzen. Je nach der Größe einer Genossenschaftsbank kann ein Geschäftswert bis zu 500 000 EURO unter Beachtung der Bedeutung des Einzelfalles angenommen werden. Den Genossenschaftsbanken sind gleichzustellen Molkereigenossenschaften, Einkaufs- und Verkaufsgenossenschaften.

Entwirft der Notar Anmeldungen zum Genossenschaftsregister und beglaubigt er anschließend Unterschriften hierunter, so erhält er hierfür eine 5/10 Gebühr nach §§ 145 Abs. 1 S. 1, 38 Abs. 2 Nr. 7 KostO.

Beurkundet der Notar die Errichtung der Genossenschaft (*Statut*), so erhält er eine 20/10 Gebühr nach § 36 Abs. 2 KostO. Der Wert ist der zusammengerechnete Wert aller Pflichteinlagen, ohne Schuldenabzug (§§ 39 Abs. 1 S. 1, 18 Abs. 3 KostO). § 39 Abs. 4 KostO: Höchstwert 500 000 EURO ist zu beachten.

Beurkundet der Notar Beschlüsse der General- oder Vertreterversammlung einer Genossenschaft, so erhält er eine 20/10 Gebühr nach § 47 KostO. § 47 S. 2 KostO: Höchstgebühr 5000 EURO ist zu beachten. Bei der Geschäftswertberechnung gelten auch hier die Bestimmungen der §§ 29, 30 Abs. 2 KostO, wobei hinsichtlich der Genossenschaftsbanken wiederum die Wertschätzung des § 30 Abs. 2 KostO anhand der Bestimmungen des § 41a KostO zu erfolgen hat.

VI. Sonstige Handelssachen

6. BGB–Gesellschaft

Für die Beurkundung des Vertrages über die Errichtung einer Gesellschaft bürgerlichen Rechts (BGB-Gesellschaft – § 705 BGB) entsteht eine 20/10 Gebühr nach § 36 Abs. 2 KostO.

1322

Der Geschäftswert bestimmt sich nach der Summe der Einlagen sämtlicher Gesellschafter ohne Schuldenabzug (§§ 39 Abs. 1 S. 1, 18 Abs. 3 KostO). § 39 Abs. 4 KostO: Höchstwert 5 000 000 EURO gilt auch hier.

Bei der Bemessung des Geschäftswertes für die Vertragsbeurkundung sind die beabsichtigten Einlageerhöhungen zu berücksichtigen. Wird bei einer BGB-Gesellschaft, deren Gesellschaftszweck die Errichtung eines Gebäudes ist, ein geschlossenes Vertragswerk aus Gesellschaftsvertrag, Treuhandvertrag und Mittelverwendungsvertrag beurkundet, ist der Wert der Beurkundung das Gesamtinvestitionsvolumen.

Tritt ein Gesellschafter in eine bestehende BGB-Gesellschaft ein, so richtet sich der Geschäftswert einer entsprechenden Beurkundung durch den Notar nach dem Wert des dem Neueintretenden zukommenden Anteils am Gesellschaftsvermögen (Verkehrswert = Wert des Anteils am Aktivvermögen der Gesellschaft ohne Schuldenabzug, § 18 Abs. 3 KostO). Ist die Einlage des Neueintretenden höher, so bildet diese Einlage den Geschäftswert (§ 39 Abs. 2 KostO). Für die Beurkundung des Eintritts des Gesellschafters in die BGB-Gesellschaft entsteht eine 20/10 Gebühr nach § 36 Abs. 2 KostO.

Bei der Übertragung eines Geschäftsanteils an einer BGB-Gesellschaft ist der Wert des übertragenen Gesellschaftsanteils (Verkehrswert = Wert des Anteils am Aktivvermögen der Gesellschaft ohne Schuldenabzug) der gewährten Gegenleistung gegenüberzustellen. Der höhere Wert ist maßgebend (§ 39 Abs. 2 KostO). Für die Beurkundung der Übertragung des Geschäftsanteils entsteht eine 20/10 Gebühr nach § 36 Abs. 2 KostO.

Beim Ausscheiden eines Gesellschafters aus der BGB-Gesellschaft bestimmt sich der Geschäftswert ebenfalls nach dem Wert des Anteils des Ausscheidenden am Gesellschaftsvermögen (Aktivvermögen der Gesellschaft) ohne Abzug von Schulden (§ 18 Abs. 3 KostO – siehe insoweit auch die obigen Ausführungen zur Kommanditgesellschaft); wenn jedoch die gewährte Abfindung höher ist, so ist diese Abfindung als Geschäftswert anzunehmen (§ 39 Abs. 2 KostO).

Bei der Änderung eines Gesellschaftsvertrages einer Gesellschaft bürgerlichen Rechts ergeben sich folgende Besonderheiten:

Ist der Gesellschaftsvertrag beurkundet worden, so fällt für die Beurkundung der Änderung eine 10/10 Gebühr nach § 42 i. V. m. § 36 Abs. 2 KostO an. Der Geschäftswert bestimmt sich nach § 39 Abs. 1 S. 1 bzw. § 30 Abs. 1 KostO, wobei für Änderungen ohne bestimmten Geldwert ein je nach Umfang der Änderung angemessener Bruchteil des Aktivvermögens der Gesellschaft anzunehmen ist. Wurde der Gesellschaftsvertrag nicht beurkundet, so ist in diesem Fall eine 20/10 Gebühr nach § 36 Abs. 2 KostO in Ansatz zu bringen. Den Geschäftswert bildet auch hier je nach Umfang der Änderung

ein entsprechender Bruchteil des Aktivvermögens (§§ 39 Abs. 1, 30 Abs. 1 KostO).
Wird der bestehende Gesellschaftsvertrag jedoch so weitgehend umgestaltet, dass von einer Identität nicht mehr gesprochen werden kann, z. B. durch Aufnahme weiterer Gesellschafter, so liegt ein neues Rechtsverhältnis vor. Es ist dann eine 20/10 Gebühr nach § 36 Abs. 2 KostO anzusetzen; Geschäftswert ist das gesamte Aktivvermögen der Gesellschaft ohne Schuldenabzug.

Die Änderung des Gesellschaftsvertrages erfolgt grundsätzlich in Vertragsform unter Mitwirkung sämtlicher Gesellschafter. Der Gesellschaftsvertrag kann aber auch Mehrheitsentscheidungen vorsehen (§ 709 Abs. 2 BGB), soweit davon nicht Kernbereiche des Gesellschaftsvertrags, insbesondere Mitgliedschaftsrechte und –pflichten, Gesellschafterbestand oder andere Gesellschaftsgrundlagen betroffen sind. Sind nach dem Gesellschaftsvertrag entsprechende Entscheidungen über Änderungen des Gesellschaftsvertrages durch Mehrheitsbeschluss möglich, so ist für eine entsprechende Beschlussbeurkundung durch den Notar eine 20/10 Gebühr nach § 47 KostO zu erheben. Beschlüsse von Organen der BGB-Gesellschaft, die keinen ziffernmäßig feststehenden Geldwert haben, sind für die Geschäftswertbestimmung nicht unter § 41c KostO zu subsumieren, sondern fallen unter § 29 KostO. Für durchschnittliche Fälle ist somit ein Geschäftswert von 3000 EURO anzunehmen; er darf jedoch nicht höher als 500 000 EURO liegen.

7. Handelsregisteranmeldung der inländischen Zweigniederlassung einer englischen Private Limited Company

1323 Für Gesellschaftsneugründungen in der Europäischen Union besteht jetzt Rechtswahlfreiheit. Die Gründung einer Gesellschaft kann in jedem beliebigen Mitgliedsstaat erfolgen. Ein Unternehmensgründer in Deutschland kann daher beispielsweise an Stelle einer deutschen GmbH eine englische private limited company mit Verwaltungssitz in Deutschland errichten. Die Gesellschaft kann dann in allen Mitgliedstaaten ohne weitere Voraussetzungen tätig werden (ausführlich zur Handelsregisteranmeldung einer private limited company *Wachter* NotBZ 2004, 41). Im Gegensatz zur deutschen GmbH beträgt das Kapital einer englischen private limited company meist nur 100 Pfund (ca. 140 EURO. Zum Geschäftswert der Limited-Anmeldung auch *Lappe* NotBZ 2008, 263). Die Kosten für die Anmeldung der Zweigniederlassung einer private limited company zum deutschen Handelsregister betragen daher in der Regel 10 EURO zuzüglich Auslagen und Umsatzsteuer (§§ 41a Abs. 1 Nr. 1 i. V. m. 38 Abs. 2 Nr. 7, 145 Abs. 1 S. 1 KostO).

8. Umwandlung, Verschmelzung

1324 Nach dem Umwandlungsgesetz 1995 gibt es folgende Umwandlungsmöglichkeiten:

– Verschmelzung durch Aufnahme oder durch Neugründung,

- Spaltung (Aufspaltung, Abspaltung, Ausgliederung) durch Aufnahme oder durch Neugründung,
- Vermögensübertragung,
- Formwechsel.

a) Verschmelzung

Verschmelzungsverträge sind Austauschverträge nach § 39 Abs. 2 KostO. Bei einer Verschmelzung ohne Gegenleistung ist der Geschäftswert nach § 39 Abs. 1 S. 1 KostO zu bestimmen. Grundlage für die Ermittlung des Geschäftswertes ist die *Verschmelzungsbilanz*. Der Geschäftswert ist grundsätzlich in Höhe der Aktivsumme der Bilanz ohne Abzug der Schulden (§ 18 Abs. 3 KostO) zu bestimmen. Grundbesitz ist gemäß § 19 Abs. 2 KostO mit dem Verkehrswert anzusetzen (bilanzierter Grundbesitz muss mit dem Verkehrswert berücksichtigt werden, die Differenz zwischen Buchwert und Verkehrswert ist also hinzuzurechnen). Der Notar hat in jedem Fall zu überprüfen, ob in der Bilanz aufgeführter Grundbesitz mit einem geringeren Wert als dem Verkehrswert in der Bilanz enthalten ist. Ein sich etwa ergebender Mehrwert ist hinzuzurechnen.

1325

Bei der Verschmelzung durch Neugründung ist die Festlegung der Satzung des neuerrichteten Rechtsträgers gegenstandsgleich gemäß § 44 Abs. 1 KostO mit dem Verschmelzungsvertrag.

Der Höchstwert für den Verschmelzungsvertrag beträgt gemäß § 39 Abs. 4 KostO 5 000 000 EURO (= 20/10 Gebühr = 15 114 EURO).

Werden mehrere Rechtsträger auf einen Rechtsträger verschmolzen, ist die Frage zu prüfen, ob Gegenstandsgleichheit oder Gegenstandsverschiedenheit vorliegt. Gegenstandsverschiedene Verschmelzungen liegen vor, wenn das rechtliche Schicksal der einen Verschmelzung von der Wirksamkeit der anderen Verschmelzung nicht abhängt. Die rechtliche Unabhängigkeit mehrerer Verschmelzungen, auch bei Verschmelzung auf einen Rechtsträger, wird sich regelmäßig aus dem Verschmelzungsvertrag selbst ergeben. Bei gegenstandsverschiedenen, also voneinander unabhängigen Verschmelzungen, kommt für jede einzelne Verschmelzung der Höchstwert nach § 39 Abs. 4 KostO in Betracht, sofern das Aktivvermögen des betreffenden übertragenden Rechtsträgers (ohne Schuldenabzug) den Betrag von 5 000 000 EURO erreicht oder übersteigt (OLG Hamm ZNotP 2003, 319; *Bengel/Tiedtke* DNotZ 2004, 258, 266).

Beispiel

1326

Auf eine Aktiengesellschaft werden drei GmbH's im Wege der Aufnahme verschmolzen. Eine Gegenleistung wird nicht erbracht. Im Verschmelzungsvertrag wird vereinbart, dass jede Verschmelzung unabhängig von der Durchführung der anderen beiden Verschmelzungen durchzuführen ist. Alleingesellschafter der GmbH's ist der Hauptaktionär der aufnehmenden Aktiengesellschaft. Das Aktivvermögen jeder der drei aufzunehmenden GmbH's beträgt 3 000 000 EURO.

Geschäftswert: 9 000 000 EURO (§ 39 Abs. 1 KostO)

Gebühr §§ 32, 36 Abs. 2 KostO (20/10) 20 234 EURO
zuzüglich Dokumentenpauschale, Postentgelte und Umsatzsteuer.

1327 Im vorstehenden Beispiel handelt es sich nicht um »eine« Verschmelzung mehrerer Rechtsträger, sondern um drei – gleichzeitige – Verschmelzungen (§ 2 Nr. 1 UmwG), beurkundet jedoch in einer Urkunde. Jeder Verschmelzungsvertrag ist mit dem Aktivvermögen der übertragenen GmbH ohne Schuldenabzug zu bewerten. Der Höchstwert von 5 000 000 EURO nach § 39 Abs. 4 KostO gilt bei voneinander unabhängigen Verschmelzungen für jede einzelne Verschmelzung (GmbH auf AG, hier 3 ×)! Im vorstehenden Beispiel beträgt der Gesamtgeschäftswert gemäß § 44 Abs. 2 Buchst. a KostO somit 9 000 000 EURO.

Gegenstandsverschieden sind auch Kettenverschmelzungen (z. B. GmbH A wird auf GmbH B verschmolzen, sodann die GmbH B auf die GmbH C). Bei gegenstandsgleichen Verschmelzungen (jede Verschmelzung ist von der Wirksamkeit der anderen Verschmelzung(en) abhängig) bleibt es beim (einmaligen) Höchstwert von 5 000 000 EURO.

Für die Beurkundung des Verschmelzungsvertrages erhält der Notar eine 20/10 Gebühr nach § 36 Abs. 2 KostO.

Der Zustimmungsbeschluss (Verschmelzungsbeschluss) ist beurkundungspflichtig. Zu erheben ist insoweit eine 20/10 Gebühr gemäß § 47 KostO. Die Höchstgebühr von 5000 EURO gemäß § 47 S. 2 KostO ist zu beachten. Die Höchstgebühr von 5000 EURO gilt auch für den vorstehenden Fall der gegenstandsverschiedenen Verschmelzungen, wenn die erforderlichen Zustimmungsbeschlüsse in einer Niederschrift aufgenommen werden.

Der Geschäftswert für den Zustimmungsbeschluss ist in gleicher Weise zu bestimmen wie für den Verschmelzungsvertrag selbst (§ 41 c Abs. 2 KostO). Nach dem Wortlaut des § 41 c Abs. 2 KostO ist als Geschäftswert der Wert des Aktivvermögens des übertragenden Rechtsträgers maßgebend, Schulden sind gemäß § 18 Abs. 3 KostO nicht abzuziehen. Wird beim aufnehmenden Rechtsträger (z. B. bei der GmbH) zugleich eine Erhöhung des Kapitals beschlossen, so ist der Wert dieser Kapitalerhöhung mit dem Nennbetrag der Erhöhung zuzurechnen. Es liegt hier Gegenstandsverschiedenheit nach § 44 Abs. 2 KostO vor.

Werden mehrere Zustimmungsbeschlüsse zu einem Verschmelzungsvertrag in einer Urkunde zusammengefasst, sind diese Zustimmungsbeschlüsse gegenstandsgleich nach § 44 Abs. 1 KostO. Es fällt hier nur eine 20/10 Gebühr nach § 47 KostO aus dem Wert des Verschmelzungsvertrages an, gegebenenfalls erhöht um den Nennbetrag einer Kapitalerhöhung. Soweit die Möglichkeit besteht (z. B. bei kleineren GmbHs), sollte der Notar die erforderlichen Zustimmungsbeschlüsse in einer Urkunde zusammenfassen. Tut er dies nicht, liegt unrichtige Sachbehaltung nach § 16 KostO vor.

VI. Sonstige Handelssachen

Verzichtserklärungen nach § 8 Abs. 3 bzw. § 9 Abs. 3 UmwG sind nach § 30 Abs. 1 KostO zu bewerten und mit etwa 10% des Wertes des Verschmelzungsvertrages anzusetzen. Zu erheben ist eine 10/10 Gebühr nach § 36 Abs. 1 KostO. Werden die Verzichtserklärungen im Verschmelzungsvertrag erklärt, sind sie gegenstandsgleich gemäß § 44 Abs. 1 KostO. Beurkundet der Notar bei der Verschmelzung zweier GmbH's ohne sachlichen Grund die Verzichtserklärungen der Anteilsinhaber nach §§ 8 Abs. 3, 9 Abs. 3 und 16 Abs. 2 S. 2 UmwG nicht in gemeinsamer Urkunde mit dem Verschmelzungsvertrag, sondern zusammen mit den Zustimmungsbeschlüssen, so liegt darin eine unrichtige Sachbehandlung i.S. von § 16 Abs. 1 S. 1 KostO vor (OLG Zweibrücken ZNotP 2002, 450).

Beispiel 1328
Die A-GmbH mit einem Stammkapital von 200 000 EURO wird auf die B-GmbH mit einem Stammkapital von 500 000 EURO verschmolzen (Verschmelzung durch Aufnahme). Das Aktivvermögen der übertragenden Gesellschaft beträgt laut Bilanz 15 000 000 EURO. Als Gegenleistung gewährt die B-GmbH als aufnehmende Gesellschaft den Gesellschaftern der A-GmbH (übertragende Gesellschaft) Geschäftsanteile im Nennbetrag von 200 000 EURO. Das Stammkapital bei der B-GmbH ist entsprechend zu erhöhen. Im Verschmelzungsvertrag werden die Verzichtserklärungen gemäß §§ 8 Abs. 3, 9 Abs. 3 UmwG abgegeben. Der Notar beurkundet den Verschmelzungsvertrag und in getrennten Urkunden folgende Beschlüsse: Bei der A-GmbH: Dem Verschmelzungsvertrag wird zugestimmt. Bei der B-GmbH: Dem Verschmelzungsvertrag wird zugestimmt. Das Stammkapital der B-GmbH wird um 200 000 EURO erhöht.

Kostenberechnung für den Verschmelzungsvertrag
Geschäftswert: 5 000 000 EURO
(Höchstwert §§ 39 Abs. 2, 39 Abs. 4 KostO)
Gebühr §§ 32, 36 Abs. 2 KostO (20/10)   15 114 EURO
zuzüglich Dokumentenpauschale, Postentgelte und Umsatzsteuer.
Die Verzichtserklärungen sind gegenstandsgleich nach § 44 Abs. 1 KostO.

Kostenberechnung für die Gesellschafterversammlung der A-GmbH
Geschäftswert: 5 000 000 EURO (§§ 41 c Abs. 2, 39 Abs. 4 KostO)
Gebühr §§ 32, 47 KostO (20/10)   5000 EURO

zuzüglich Dokumentenpauschale, Postentgelte und Umsatzsteuer.

Der Geschäftswert für den Zustimmungsbeschluss entspricht dem Wert des Verschmelzungsvertrages (§ 41 c Abs. 2 KostO), Aktivvermögen der übertragenden GmbH lt. Bilanz ohne Schuldenabzug, begrenzt auf den Höchstwert von 5 000 000 EURO nach § 39 Abs. 4 KostO. Die Gebühr ist begrenzt auf die Höchstgebühr von 5000 EURO nach § 47 S. 2 KostO.

Kostenberechnung für die Gesellschafterversammlung der B-GmbH
Geschäftswert:
a) Zustimmungsbeschluss Verschmelzungsvertrag
(§§ 41c Abs. 2, 39 Abs. 4 KostO) 5 000 000 EURO
b) Kapitalerhöhung 200 000 EURO
Gesamtgeschäftswert gemäß § 44 Abs. 2a KostO 5 200 000 EURO
Gebühr §§ 32, 47 KostO (20/10) 5000 EURO
zuzüglich Dokumentenpauschale, Postentgelte und Umsatzsteuer.

Einer Übernahmeerklärung bedarf es nicht. Für den Entwurf der erforderlichen Handelsregisteranmeldungen mit Beglaubigung der Unterschriften der Geschäftsführer erhält der Notar jeweils eine 5/10 Gebühr nach §§ 145 Abs. 1 S. 1, 38 Abs. 2 Nr. 7 KostO. Es sind für das vorstehende Verschmelzungsbeispiel folgende Kosten für die **Handelsregisteranmeldungen** zu berechnen:

Bei der A-GmbH:

Geschäftswert: 25 000 EURO
(§ 41a Abs. 4 Nr. 1 KostO)

Gebühr §§ 145 Abs. 1 S. 1, 38 Abs. 2 Nr. 7 KostO (5/10) 42 EURO
zuzüglich Dokumentenpauschale, Postentgelte und Umsatzsteuer.

Anzumelden bei der A-GmbH ist nur die Verschmelzung. Es handelt sich um eine Anmeldung ohne bestimmten Geldwert (§ 41a Abs. 4 Nr. 1 KostO = 1% des eingetragenen Stammkapitals = 2000 EURO, mindestens aber 25 000 EURO = Geschäftswert).

Bei der B-GmbH:
Geschäftswert: 225 000 EURO
(§§ 41a Abs. 4 Nr. 1, 41a Abs. 1 Nr. 3, 44 Abs. 2a KostO)

Gebühr §§ 145 Abs. 1 S. 1, 38 Abs. 2 Nr. 7 KostO (5/10) 201 EURO
zuzüglich Dokumentenpauschale, Postentgelte und Umsatzsteuer.

Anzumelden bei der A-GmbH ist die Verschmelzung und die Kapitalerhöhung. Bei der Anmeldung der Verschmelzung handelt es sich um eine Anmeldung ohne bestimmten Geldwert (§ 41a Abs. 4 Nr. 1 KostO = 1% des eingetragenen Stammkapitals = 5000 EURO, mindestens aber 25 000 EURO = Geschäftswert). Anzumelden ist auch die Kapitalerhöhung um 200 000 EURO. Hier handelt es sich um eine Anmeldung mit bestimmtem Geldwert. Nach § 41a Abs. 1 Nr. 3 KostO ist hier Geschäftswert der Nennbetrag der Erhöhung. Bei den beiden Anmeldungen handelt es sich um

VI. Sonstige Handelssachen

Anmeldungen mit verschiedenem Gegenstand, so dass die beiden Geschäftswerte gemäß § 44 Abs. 2 Buchst. a KostO zu addieren sind (25 000 EURO + 200 000 EURO = Gesamtgeschäftswert 225 000 EURO).

Der Höchstwert von Registeranmeldungen – auch bei Kapitalerhöhungen und mehreren Anmeldungen – von 500 000 EURO ist zu beachten (§ 39 Abs. 4 KostO).

b) Spaltung

aa) Aufspaltung/Abspaltung zur Aufnahme

Die *Aufspaltung oder Abspaltung zur Aufnahme* erfolgt durch Vertrag (§ 126 UmwG), so dass der Notar für die entsprechende Beurkundung eine 20/10 Gebühr nach § 36 Abs. 2 KostO erhält.

Wie beim Verschmelzungsvertrag handelt es sich um einen Austauschvertrag nach § 39 Abs. 2 KostO. Grundlage der Geschäftswertberechnung ist der Aktivwert des aufgespaltenen Vermögens bzw. des abgespaltenen Vermögensteils entsprechend der zugrundeliegenden Bilanz. Schulden sind gemäß § 18 Abs. 3 KostO nicht abzuziehen.

Ist der Wert der den Anteilsinhabern des übertragenden Rechtsträgers gewährten Anteilsrechte höher, ist dieser als Geschäftswert anzunehmen.

Bei einer Spaltung ohne Gegenleistung bestimmt sich der Geschäftswert nach der übergehenden Aktiva ohne Schuldenabzug (§§ 39 Abs. 1, 18 Abs. 3 KostO).

Die Vorschrift des § 39 Abs. 4 KostO (Höchstwert 5 000 000 EURO) gilt auch für den Spaltungsvertrag.

Bei der Aufspaltung handelt es sich um einen einheitlichen Vorgang, unabhängig davon, ob die Aufspaltung zur Aufnahme oder Neugründung auf zwei oder mehrere bestehende oder neu gegründete Rechtsträger erfolgt. In diesem Fall (es handelt sich hierbei um den gesetzlichen Normaltypus) ist der Geschäftswert insgesamt begrenzt auf 5 000 000 EURO gemäß § 39 Abs. 4 KostO (*Tiedtke* ZNotP 2001, 234).

Werden mehrere Vermögensteile des übertragenden Rechtsträgers auf mehrere bestehende oder neu gegründete Rechtsträger abgespalten, nimmt die Literatur eine rechtliche Einheit an, wenn die Wirksamkeit der einen Abspaltung von der Wirksamkeit der anderen Abspaltung abhängt, mit der Folge, dass es bei dem einmaligen Höchstwert von 5 000 000 EURO gemäß § 39 Abs. 4 KostO verbleibt (*Tiedtke* ZNotP 2001, 235). Handelt es sich jedoch bei der Abspaltung mehrerer Vermögensteile um rechtlich selbstständige Vorgänge, d. h. die Wirksamkeit der Abspaltung des einen Vermögensteils ist nicht an die Wirksamkeit der übrigen Abspaltungen gekoppelt, gilt die Höchstwertbegrenzung nach § 39 Abs. 4 KostO für jeden Spaltungsvorgang, mit der Folge, dass bei einer Zusammenbeurkundung eine Gebühr aus dem Gesamtwert nach § 44 Abs. 2 Buchst. a bzw. b KostO zu erheben ist.

1329

bb) Aufspaltung/Abspaltung zur Neugründung

1330 Grundlage der *Aufspaltung* bzw. *Abspaltung zur Neugründung* ist der *Spaltungsplan* (§ 136 UmwG). Hier handelt es sich um eine einseitige Erklärung. Für die Beurkundung des Spaltungsplanes erhält der Notar daher eine 10/10 Gebühr nach § 36 Abs. 1 KostO.

Geschäftswert des Spaltungsplanes ist der Wert des auf den oder die neugegründeten Rechtsträger übergehenden Aktivvermögens ohne Schuldenabzug (§§ 39 Abs. 1, 18 Abs. 3 KostO). Werden mehrere Rechtsträger abgespalten (siehe oben Rz. 1329), ist die Gesamtsumme der jeweiligen Aktivvermögen maßgebend; werden Gegenleistungen gewährt, gilt § 39 Abs. 2 KostO.

Die im Spaltungsplan mitbeurkundete Satzung des neugegründeten Rechtsträgers ist gegenstandsgleich nach § 44 Abs. 1 KostO.

Die Vorschrift des § 39 Abs. 4 KostO (Höchstwert 5 000 000 EURO) gilt auch für den Spaltungsplan (siehe oben Rz. 1329).

cc) Zustimmungsbeschlüsse zur Spaltung, Verzichtserklärungen

1331 Auch hier fällt wie beim Verschmelzungsvertrag für die Beurkundung eine 20/10 Gebühr nach § 47 KostO an. Die Höchstgebühr von 5000 EURO gemäß § 47 S. 2 KostO ist zu beachten.

Geschäftswert ist nach § 41c Abs. 2 KostO das Aktivvermögen des übertragenden Rechtsträgers. Wird bei dem aufnehmenden Rechtsträger das Kapital erhöht, ist der Nennbetrag der Erhöhung zuzurechnen (§ 44 Abs. 2 Buchst. a KostO).

Verzichtserklärungen und Zustimmungserklärungen sind in gleicher Weise wie bei der Verschmelzung zu bewerten.

dd) Registeranmeldungen

1332 Die Registeranmeldungen sind in gleicher Weise wie bei der Verschmelzung zu bewerten.

ee) Ausgliederung

1333 Für die Ausgliederung sind die kostenrechtlichen Grundsätze zur Spaltung entsprechend den vorstehenden Ausführungen sinngemäß anzuwenden.

c) Vermögensübertragung nach §§ 176, 177 UmwG

1334 Die kostenrechtlichen Ausführungen zur Verschmelzung und Spaltung gelten entsprechend den vorstehenden Ausführungen auch hier sinngemäß.

d) Formwechsel

1335 Ändert sich die Rechtsform einer bestehenden Gesellschaft in eine andere, spricht man von *Formwechsel*.

Für die Beurkundung von *Formwechselbeschlüssen* erhält der Notar eine 20/10 Gebühr nach § 47 KostO (ausführlich zu den Kosten beim Formwechsel *Tiedtke* ZNotP 2001, 260). Die Höchstgebühr beträgt 5000 EURO (§ 47 S. 2 KostO).

VI. Sonstige Handelssachen

Bei allen Formwechselbeschlüssen liegt ein Beschluss mit bestimmtem Geldwert vor. Geschäftswert ist das Aktivvermögen des formwechselnden Rechtsträgers ohne Abzug der Verbindlichkeiten (§§ 39 Abs. 1, 18 Abs. 3 KostO). Grundlage für die Wertbestimmung ist die Umwandlungsbilanz. Die Feststellung der Satzung des neuen Rechtsträgers ist Teil des Umwandlungsbeschlusses und nicht gesondert zu bewerten.

Für in einem Formwechselbeschluss mitbeurkundeten Verzichtserklärungen und Zustimmungserklärungen (§§ 192 Abs. 3, 201, 214 Abs. 1 UmwG) erhält der Notar neben der 20/10 Gebühr des § 47 KostO eine 10/10 Gebühr nach § 36 Abs. 1 KostO. § 44 KostO ist nicht anzuwenden. Der Geschäftswert derartiger Erklärungen ist nach § 30 Abs. 1 KostO zu bestimmen (etwa 10% des Anteils des verzichtenden Anteilsinhabers). Fällt für den Formwechselbeschluss die Höchstgebühr des § 47 S. 2 KostO mit 5000 EURO an, sollte die Gebühr des § 36 Abs. 1 KostO für die Verzichts- und Zustimmungserklärungen in einem angemessenen Verhältnis stehen (etwa 500 bis 1000 EURO insgesamt).

Der Geschäftswert der Anmeldung des neuen Rechtsträgers aufgrund des Formwechsels ist nach § 41a Abs. 1 oder Abs. 3 KostO zu bestimmen (z. B. GmbH, das einzutragende Stammkapital; KG, Summe der Kommanditeinlagen unter Hinzurechnung eines Betrages von 25 000 EURO für den ersten und 12 500 EURO für jeden weiteren persönlich haftenden Gesellschafter). Der Höchstwert für Registeranmeldungen mit 500 000 EURO ist zu beachten (§ 39 Abs. 4 KostO).

Für den Entwurf der Registeranmeldung mit anschließender Unterschriftsbeglaubigung ist vom Notar eine 5/10 Gebühr nach §§ 145 Abs. 1 S. 1, 38 Abs. 2 Nr. 7 KostO zu erheben.

9. Verein

§ 29 KostO gilt auch für Anmeldungen zum Vereinsregister. Nach h. M. in Rechtsprechung und Literatur beträgt der Geschäftswert für alle durchschnittlichen Fälle regelmäßig 3000 EURO (§ 30 Abs. 2 KostO). Hierunter fallen insbesondere Idealvereine, deren Vermögenslage weder überdurchschnittlich noch die Anmeldung von besonderer Bedeutung ist. Ist die Vermögenslage überdurchschnittlich, kann vom Regelwert nach oben abgewichen werden. Das OLG München (MittBayNot 2007, 158) hat im Hinblick auf ein vorhandenes Reinvermögen von mehr als 20 Mio. EURO und des Vereinszwecks das 10fache des Regelwertes, also 30 000 EURO für angemessen und sachgerecht erachtet. Bei wirtschaftlich orientierten Vereinen, z. B. im Profifußball, kann der Geschäftswert bis zu 500 000 EURO betragen.

Bei Fertigung des Entwurfs durch den Notar ist eine 5/10 Gebühr gem. § 38 Abs. 2 Nr. 7 i. V. m. § 145 Abs. 1 S. 1 KostO zu erheben.

1336

VII. Hinterlegungs- und Verwahrungsgeschäfte des Notars

1337 Insbesondere bei Kaufverträgen und bei Grundpfandrechtsbestellungen (z. B. zur Umschuldung von Finanzierungen) kommt es vor, dass Beteiligte Geld auf einem Notaranderkonto hinterlegen. Für die Entgegennahme der Einzahlung des Geldes auf dem Notaranderkonto erhält der Notar keine Gebühr. Die Hinterlegungsgebühr des § 149 KostO entsteht immer dann, wenn der Notar von dem Notaranderkonto Aus- bzw. Rückzahlungen vornimmt. Die Hinterlegungsgebühr ist dann jeweils nach dem Betrag zu berechnen, der zur Auszahlung kommt (= Geschäftswert). Eine Gebühr wird für jeden ausbezahlten Betrag gesondert erhoben.

Eine Hinterlegungsgebühr nach § 149 KostO fällt außer bei der Hinterlegung von Geld bei der Verwahrung (Verwahrungsgebühr) von echten Wertpapieren (z. B. Aktien, Pfandbriefe, Wechsel, Schecks) und Kostbarkeiten (z. B. Edelmetallsachen, Schmuck) durch den Notar an.

Nicht zu den echten Wertpapieren zählen Sparbücher, Hypothekenbriefe (Grundschuldbriefe) und Bürgschaftsurkunden. Werden diese beim Notar hinterlegt, fällt eine 5/10 Gebühr nach § 147 Abs. 2 KostO an. Als Geschäftswert sind hier, je nach Umfang und Schwierigkeit der Verwahrungstätigkeit (z. B. Prüfung der Voraussetzung zur Rückgabe einer Bürgschaftsurkunde), 20–30% des Nennbetrages der hinterlegten Urkunde (Sparbuch, Bürgschaft) anzunehmen.

1338 Werden an den Notar Zahlungen geleistet, so erhält er für die Auszahlung oder Rückzahlung nach § 149 Abs. 1 KostO bei Beträgen bis zu 2500 EURO einschließlich 1%

von dem Mehrbetrag bis zu 10 000 EURO

einschließlich 0,5%

von dem Mehrbetrag über 10 000 EURO 0,25%.

Die Hebegebühren sind nach folgenden Formeln zu berechnen:

bis 2500,00 EURO: Betrag × 0,01

bis 10 000,00 EURO: Betrag × 0,005 + 12,50 EURO

über 10 000,00 EURO: Betrag × 0,0025 + 37,50 EURO.

Errechnete Beträge sind kaufmännisch auf volle Cent zu runden (0,5 Cent wird aufgerundet).

VII. Hinterlegungs- und Verwahrungsgeschäfte des Notars

Beispiel 1339
Der Notar zahlt von seinem Notaranderkonto einen Betrag von 70 000 EURO aus. Die Gebühr des § 149 KostO berechnet sich wie folgt:

Bis zu 2500 EURO einschließlich (1%)	25,00 EURO
von dem Mehrbetrag bis zu 10 000 EURO einschließlich (0,5%) = 0,5% von 7500 EURO	37,50 EURO
von dem Mehrbetrag über 10 000 EURO (0,25%) = 0,25% von 60 000 EURO	150,00 EURO
	212,50 EURO.

Nach der vorstehenden Formel berechnet: 70 000 EURO × 0,0025 = 175 EURO + 37,50 EURO = 212,50 EURO. 1340

Unbare Zahlungen stehen baren Zahlungen gleich. Die Mindestgebühr beträgt 1 EURO (§ 149 Abs. 3 KostO). Für die Ablieferung oder Rücklieferung von Wertpapieren und Kostbarkeiten erhält der Notar die Hebegebühr gemäß § 149 Abs. 1, Abs. 2 und Abs. 3 KostO nach dem Wert (Verkehrswert) der Wertpapiere und Kostbarkeiten.

Der Notar kann die Hinterlegungsgebühr bei der Auszahlung des Geldes an den Auftraggeber aus dem hinterlegten Geld entnehmen. Ein Kosteneinbehalt von weiteren Notargebühren ist nur wegen notarieller Gebühren aus demselben Amtsgeschäft zulässig. Formell setzt dies den Zugang einer notariellen Kostenberechnung nach § 154 KostO an den Kostenschuldner voraus. Der Einbehalt darf erst erfolgen, nachdem die Auszahlungsvoraussetzungen für die Auszahlung an den Berechtigten eingetreten sind (§ 54 b Abs. 3 S. 8 BeurkG). Wegen Ansprüchen aus anderen Amtsgeschäften kann der Notar den Kaufpreisanspruch pfänden und dabei auch eine Hilfspfändung des gegen sich selbst gerichteten Auskehrungsanspruches vornehmen. Ein Einbehalt ist auch bei einem schriftlich erklärten Einverständnis des Auszahlungsberechtigten möglich.

Keine Hebegebühr entsteht für 1341
– die Abbuchung von Bankgebühren,
– die Abbuchung der Kapitalertragsteuer einschließlich Solidaritätszuschlag.

Mit der Hinterlegungsgebühr ist die gesamte, auf das Verwahrungsgeschäft verwendete Tätigkeit abgegolten. Ob neben der Hinterlegungsgebühr des § 149 KostO Betreuungsgebühren nach § 147 Abs. 2 KostO entstehen können, ist in der Rechtsprechung und im Schrifttum heftig umstritten (hierzu ausführlich *Bund* JurBüro 2004, 635 und *Tiedtke* ZNotP 2005, 77 – für eine Gebühr nach § 147 Abs. 2 KostO für die Prüfung der Kaufpreisfälligkeit neben der Hebegebühr des § 149 KostO = OLG Köln ZNotP 2008, 255). Auch hier muss jeweils die Rechtsprechung des zuständigen Oberlandesgerichts geprüft werden, ob zusätzlich Betreuungsgebühren nach § 147 Abs. 2 KostO erhoben 1342

werden können. Unterschiede in der Rechtsprechung und im Schrifttum bestehen insbesondere in folgenden Fällen:
- Einhaltung von Treuhandauflagen der kreditgebenden Bank des Käufers, z. B. Eintragung des zur Kaufpreisfinanzierung bestellten Grundpfandrechts an einer bestimmten Rangstelle im Grundbuch,
- Fälligkeitsmitteilung bzw. Anfordern des zu hinterlegenden Betrages (Kaufpreises) nach Eintritt bestimmter Voraussetzungen, z. B. Vorliegen von Genehmigungen, Vorkaufsrechtsverzichtserklärungen, Eintragung der Auflassungsvormerkung,
- Vorlagehaftung (Einreichungssperre) bezüglich der Auflassung, Überwachung der Kaufpreiszahlung,
- Einholung von Löschungs- und/oder Pfandfreigabeerklärungen mit oder ohne Entwurf einschließlich hiermit verbundener Treuhandauflagen.

1343 Eine Rangbestätigung nach § 147 Abs. 1 S. 2 KostO (1/4 Gebühr) fällt auf jeden Fall neben der Gebühr des § 149 KostO an, falls der hinterlegte Betrag vor Eintragung des Grundpfandrechts ausbezahlt werden soll und eine entsprechende Rangbestätigung von der Grundpfandrechtsgläubigerin insoweit gefordert wird.

Die Neufassung des § 54a Abs. 2 Nr. 1 BeurkG soll eine formularmäßig vorgesehene Verwahrung verhindern. Die notarielle Verwahrung soll auf solche Fälle beschränkt werden, in denen sie tatsächlich notwendig ist, um das von den Beteiligten erstrebte Ziel zu erreichen. Entgegen einer verbreiteten früheren Praxis soll die Verwahrung bei Grundstücksgeschäften nicht mehr die Regel, sondern die Ausnahme sein. Das OLG Bremen (DNotI-Report 2004, 169) hat insoweit entschieden, dass ein berechtigtes Sicherungsinteresse anzunehmen ist, wenn aus dem Kaufpreis eine oder mehrere grundpfandrechtlich gesicherten Verbindlichkeiten abzulösen sind und der Käufer den Kaufpreis über mehrere Kreditgeber finanzieren muss. Zu verneinen ist nach der Auffassung des OLG Bremen ein berechtigtes Sicherungsinteresse dagegen, wenn das Kaufobjekt nur mit mehreren abzulösenden Grundpfandrechten für verschiedene Gläubiger belastet ist. Für diesen Fall ist vom Notar die Direktzahlung durch den Käufer vorzusehen.

VIII. Entwürfe und Beglaubigungen

1. Entwurfsgebühr nach § 145 Abs. 1 S. 1 KostO

1344 Die Fertigung von Entwürfen gehört zur Betreuung der Beteiligten auf dem Gebiet der vorsorgenden Rechtspflege.

Die Gebühr des § 145 KostO entsteht grundsätzlich für den Entwurf solcher Schriftstücke, die rechtsgeschäftliche Erklärungen enthalten, also Willenserklärungen, die bei einer Beurkundung unter die Gebührenvorschriften der §§ 36–43 und 46 KostO fallen.

VIII. Entwürfe und Beglaubigungen

Für den Entwurf eines Gesellschafterbeschlusses wurde nach bisheriger Auffassung die Gebühr des § 147 Abs. 2 KostO angesetzt. Diese Auffassung musste spätestens mit der Entscheidung des BGH (DNotZ 2006, 382) zur kostenrechtlichen Einordnung einer Verweisungsurkunde und einer Entscheidung des LG Dresden (NotBZ 2007, 300 m. zust. Anm. *Otto*) überdacht werden. § 145 Abs. 1 S. 1 KostO gilt somit nicht nur für Entwürfe von Niederschriften rechtsgeschäftlicher Erklärungen, sondern auch für den Entwurf des Beschlusses einer Gesellschafterversammlung (Streifzug durch die Kostenordnung, 7. Aufl., Rn. 405). Der Geschäftswert für einen Beschlussentwurf ist in gleicher Weise zu bestimmen, wie für den Beschluss im Falle einer Beurkundung. Soweit ein Beschluss nicht beurkundet werden soll, weil nicht beurkundungspflichtig (z. B. die Bestellung eines neuen Geschäftsführers), entsteht somit künftig eine 20/10 Gebühr gemäß § 145 Abs. 1 S. 1 KostO i. V. m. § 47 KostO aus dem vollen Beschlusswert.

Fertigt der Notar auf Erfordern nur den Entwurf einer Urkunde, so wird die für die Beurkundung bestimmte Gebühr erhoben (§ 145 Abs. 1 S. 1 KostO). Die Entwurfsgebühr des § 145 Abs. 1 S. 1 KostO entsteht daher nur dann, wenn der Auftrag zur Fertigung eines Entwurfs für einen selbstständigen Zweck vorliegt. Das ist zum Beispiel dann der Fall, wenn der Käufer eines Grundstücks vom Notar einen Kaufvertragsentwurf über ein bestimmtes Grundstück, welches er gern erwerben möchte, fordert, um mit diesem Vertragsentwurf zunächst die Finanzierung des Grundstückskaufs durch eine Bank oder Sparkasse sicherzustellen. Hier ist Zweck des Entwurfes zunächst die Sicherstellung der Kaufpreisfinanzierung, ein Beurkundungsauftrag an den Notar wird in diesem Stadium noch nicht erteilt sein. Scheitert der Grundstücksankauf, kann der Notar eine 20/10 Gebühr nach §§ 145 Abs. 1 S. 1, 36 Abs. 2 KostO aus dem Wert des Kaufvertrages (§ 20 Abs. 1 KostO) von dem Käufer fordern. Zu unterscheiden ist dieser Fall von dem Fall, dass die Vertragsparteien – wie heute üblich – von dem Notar zur Vorbereitung auf den Beurkundungstermin einen Kaufvertragsentwurf fordern. Scheitert hier der Grundstücksankauf, kann der Notar lediglich eine 10/10 Gebühr nach §§ 145 Abs. 3, 36 Abs. 2 KostO aus dem Wert des Kaufvertrages (§ 20 Abs. 1 KostO) fordern.

Die Entwurfsgebühr entsteht bereits mit der Fertigstellung des Entwurfes. Eine Aushändigung des Entwurfes an den Auftraggeber ist zur Entstehung der Gebühr nicht erforderlich.
Erfolgt anschließend an die Fertigung des Entwurfes (angemessen ist ein Zeitraum von bis zu einem Jahr; a. A.: länger als ein Jahr: OLG Hamm ZNotP 2007, 399 m. Anm. *Tiedtke*) die Beurkundung, so wird die Entwurfsgebühr auf die Beurkundungsgebühr angerechnet, d. h., der Notar kann, wenn er den Entwurf bereits abgerechnet hat, für die anschließende Beurkundung keine neuen Gebühren berechnen (§ 145 Abs. 1 S. 3 KostO).

Beispiel 1345
Der Käufer eines Grundstücks hat von dem Notar den Entwurf eines Kaufvertrages mit einem Kaufpreis von 500 000 EURO gefordert. Der Notar hat

den Entwurf gefertigt und dem Käufer ausgehändigt. Eine Beurkundung des Kaufvertrages unterbleibt zunächst. Der Notar berechnet nach etwa einem ¼ Jahr dem Käufer den Entwurf des Kaufvertrages (20/10 Gebühr nach §§ 145 Abs. 1 S. 1, 36 Abs. 2 KostO = 1614 EURO). Nach einem Jahr seit Fertigung des Entwurfes kommt es dann zur Beurkundung des Kaufvertrages auf der Grundlage des gefertigten Entwurfes. Der Notar kann die Beurkundungsgebühr des § 36 Abs. 2 KostO nicht mehr ansetzen, wohl aber entstehende Gebühren nach §§ 146, 147 KostO, Dokumentenpauschale und Postentgelte.

1346 Der Geschäftswert für den Entwurf eines Vertragsmusters für mehrere gleichartig geplante Urkunden einer Gesamtmaßnahme (z. B. Bauträgerkaufvertrag für ein 10-Familienhaus) wird nicht nach dem Wert der zu beurkundenden Einzelgeschäfte bemessen, sondern ist nach § 30 Abs. 1 KostO zu schätzen. Auch hier ist die Rechtsprechung der Oberlandesgerichte unterschiedlich. In der Regel wird die Hälfte der Wertsummen sämtlicher Einzelgeschäfte angesetzt (so auch OLG Düsseldorf RNotZ 2008, 237 m. Anm. *Klein*), teilweise sogar die Summe der Werte sämtlicher Vertragsobjekte (so jetzt auch der BGH, Beschl. v. 25.09.2008, V ZB 36/08). Ein entsprechender Musterentwurf unterfällt ebenfalls den Bestimmungen des § 145 KostO.

2. Entwurfsgebühr nach § 145 Abs. 2 KostO

1347 Fertigt der Notar über ein Rechtsgeschäft, das der behördlichen Nachprüfung unterliegt (z. B. Vormundschaftsgericht) im Einverständnis mit den Beteiligten einen Entwurf zur Vorlegung bei einer Behörde (z. B. Vormundschaftsgericht) und kommt das Rechtsgeschäft aufgrund der behördlichen Maßnahme nicht zustande, so wird die Hälfte der für die Beurkundung bestimmten Gebühr erhoben, mindestens aber eine volle Gebühr; jedoch wird die für die Beurkundung bestimmte Gebühr erhoben, wenn sie geringer ist als eine volle Gebühr. Verlangt also die Beurkundung mehr als die volle Gebühr (10/10), z. B. Vertrag oder Vertragsangebot (20/10 bzw. 15/10), so bleibt es bei der vollen Gebühr.

In der Praxis kommt die Anwendung des § 145 Abs. 2 KostO sehr selten vor.

3. Entwurfsgebühr nach § 145 Abs. 3 KostO

1348 Die Entwurfsgebühr des § 145 Abs. 3 KostO ist in der Praxis häufig anzuwenden. Fast jeder Auftrag zur Fertigung eines Entwurfes ist bereits mit einem Beurkundungsauftrag verbunden. So wünschen heute fast alle Vertragsparteien vor der Beurkundung eines Grundstückskaufvertrages die Aushändigung eines Vertragsentwurfes. Hat der Notar den Entwurf auftragsgemäß ausgehändigt und kommt es dann nicht zur Beurkundung, so erhält er für die Entwurfsfertigung die Hälfte der für die Beurkundung bestimmten Gebühr. Ist die Beurkundungsgebühr geringer als eine 10/10 Gebühr, so entsteht diese.

Nach § 145 Abs. 3 KostO entstehen also folgende Gebühren (Gebührensät- 1349
ze):

Urkundsgebühr	Gebühr nach § 145 Abs. 3
20/10	10/10
15/10	10/10
10/10	10/10
5/10	5/10
5/20	5/20

Voraussetzungen für den Anfall der Gebühr des § 145 Abs. 3 KostO sind also: 1350
– ein Auftrag zur Beurkundung rechtsgeschäftlicher Erklärungen, wobei die Beurkundung nach den gesetzlichen Vorschriften notwendig sein muss,
– eine Aushändigung eines Entwurfs.

Gebühren nach § 130 Abs. 2 KostO oder § 57 KostO können daneben nicht 1351
entstehen. Nimmt der Auftraggeber den Beurkundungsauftrag vor Aushändigung des Entwurfes zurück, fällt keine Gebühr nach § 145 Abs. 3 KostO an, sondern eine Gebühr nach § 130 Abs. 2 KostO (zur Gebührenkonkurrenz zwischen § 147 Abs. 2 KostO und §§ 57 bzw. 130 Abs. 2 KostO ausführlich Bund in JurBüro 2004, 519).

Nach derzeitiger Auffassung in der Literatur wird bei Verbraucherverträgen i. S. d. § 17 a Abs. 2 BeurkG meist kein Erfordern an den Notar vorliegen, welches die Gebührentatbestände des § 145 KostO erfüllt, wenn nur der notwendige Text des Rechtsgeschäfts (also der Vertragsentwurf) an den Käufer ausgehändigt wird. Berechnet werden kann jedoch die Dokumentenpauschale für die ausgehändigten Entwürfe. Erfordert jedoch der Verbraucher selbst von Anfang an einen Entwurf, fällt eine Gebühr nach § 145 KostO an, auch wenn mit diesem Entwurf auch die Anforderungen des § 17 a Abs. 2 BeurkG erfüllt werden; in der Regel wird jedoch der Unternehmer veranlassen, den »Text des Rechtsgeschäfts« dem Verbraucher zu übersenden.

Kostenschuldner der Entwurfsgebühr ist derjenige, der den Auftrag auf Fertigung oder Aushändigung des Entwurfs erteilt hat (§ 2 Nr. 1 KostO). Ist der Auftrag von mehreren Personen erteilt worden, haften sie dem Notar als Gesamtschuldner (§ 5 Abs. 1 KostO). Der Notar sollte vor der Entwurfserstellung klarstellen, wer ihm den Auftrag erteilt hat.

4. Überprüfung von Entwürfen

Überprüft der Notar auf Erfordern einen ihm vorgelegten Entwurf einer Ur- 1352
kunde oder einen Teil des Entwurfs, so wird die Hälfte der für die Beurkundung der gesamten Erklärung bestimmten Gebühr, mindestens jedoch ein Viertel der vollen Gebühr erhoben; dies gilt auch dann, wenn der Notar den Entwurf aufgrund der Überprüfung ändert oder ergänzt (§ 145 Abs. 1 S. 2 KostO). Auch die Gebühr nach § 145 Abs. 1 S. 2 KostO ist auf demnächst anfallende Beurkundungs- bzw. Beglaubigungsgebühren anzurechnen.

Schwierig zu beurteilen ist die Frage, wann eine *selbstständige* Entwurfsfertigung durch den Notar (volle Entwurfsgebühr – § 145 Abs. 1 S. 1 KostO) oder wann eine Entwurfsüberprüfung durch den Notar (halbierte Entwurfsgebühr – § 145 Abs. 1 S. 2 KostO) vorliegt.

1353 Für die Beurteilung dieser Frage ist von Bedeutung, ob

- der von den Beteiligten vorgelegte Entwurf in etwa alle wesentlichen Elemente des beabsichtigten Rechtsgeschäfts enthält und
- welchen Umfang und welche rechtliche Bedeutung die vom Notar vorgenommenen Änderungen und Ergänzungen im Hinblick auf das beabsichtigte Rechtsgeschäft haben.

Unwesentliche und sprachliche Korrekturen des von den Beteiligten vorgelegten Entwurfs fallen nicht unter § 145 Abs. 1 S. 1 oder S. 2 KostO. Es ist also die Gebühr des § 45 KostO (1/4 Gebühr, höchstens 130 EURO) zu erheben.

1354 Unter § 145 Abs. 1 S. 2 KostO fallen folgende klassischen Fälle aus dem täglichen Geschäft des Notars:

Der Notar erhält von den Beteiligten einen von der Bank, Sparkasse oder Bausparkasse bereits vollständig oder teilweise ausgefüllten Entwurf einer Grundschuldbestellung. Er ändert oder ergänzt den Entwurf z. B. in folgenden Punkten:

- Belastungsgegenstand (Grundstück),
- Grundschuldbetrag,
- Löschungsanträge,
- Rangänderungserklärungen,
- Zweckerklärungen.

1355 Führt die Überprüfung des dem Notar vorgelegten »Fremdentwurfs« zu dem Ergebnis, dass dieser in einem solchen Ausmaße zu ergänzen bzw. abzuändern ist, dass erst diese Maßnahme des Notars die Urkunde für den Rechtsverkehr tauglich macht, so wird der vorgelegte Fremdentwurf zum Eigenentwurf des Notars, der den Ansatz der ungekürzten Gebühr nach § 145 Abs. 1 S. 1 KostO verursacht. Von einem Eigenentwurf des Notars kann wohl dann gesprochen werden, wenn der Notar mehrere Ergänzungen bzw. Berichtigungen vornimmt (z. B. Richtigstellung des Belastungsgegenstandes und Aufnahme eines zur rangrichtigen Eintragung noch erforderlichen Löschungsantrages).

Dagegen liegt immer ein Fall des § 145 Abs. 1 S. 1 KostO vor, wenn die Beteiligten ein nicht ausgefülltes Formular (z. B. Grundschuldbestellung) vorlegen und der Notar dieses so ausfüllt, dass die Grundschuld dann rangrichtig im Grundbuch eingetragen werden kann.

Zu beachten ist, dass im Fall des § 145 Abs. 1 S. 2 KostO beim Anfall einer 1/4 Gebühr diese Gebühr nicht auf die Höchstgebühr von 130 EURO, wie bei der Gebühr des § 45 KostO, begrenzt ist.

Sofern eine Beurkundung durch den den Vertragsentwurf prüfenden Notar unterbleibt, ist für die Gebührenberechnung (Geschäftswertberechnung) grundsätzlich von dem Kaufpreis auszugehen, der zum Zeitpunkt der Entwurfsprüfung vorgesehen war (LG Magdeburg RNotZ 2007, 492).

VIII. Entwürfe und Beglaubigungen

5. Beglaubigung von Unterschriften nach § 45 KostO

Für die Beglaubigung von Unterschriften oder Handzeichen (d. h. die Unterzeichnung lediglich mit den Anfangsbuchstaben des Vor- und Zunamen) wird eine 5/20 Gebühr nach § 45 Abs. 1 KostO erhoben, höchstens jedoch ein Betrag von 130 EURO. 1356

Auch bei Firmen- oder Namenszeichnungen findet § 45 KostO Anwendung, jedoch nur, wenn diese ausschließlich Gegenstand der Beglaubigung sind (entfällt ab 1.1.2007).

Hat der Notar die Urkunde, unter der er die Unterschrift beglaubigt, auch entworfen, so erhält er für den Entwurf (einschließlich der Beglaubigung) die Entwurfsgebühr des § 145 KostO. Für den ersten Beglaubigungsvermerk entsteht dann nach § 145 Abs. 1 S. 4 KostO keine Beglaubigungsgebühr. Für den zweiten und die dann folgenden Beglaubigungsvermerke entsteht die Gebühr nach § 45 Abs. 1 KostO (1/4 Gebühr).

Beglaubigt der Notar die Unterschrift und übersendet er auf Verlangen eines Beteiligten die mit dem Beglaubigungsvermerk versehene Urkunde an einen Dritten (z. B. die Genehmigungsurkunde an den »Hauptnotar«), so steht ihm neben der Beglaubigungsgebühr des § 45 Abs. 1 KostO die Gebühr des § 147 Abs. 2 KostO zu (OLG Hamm RNotZ 2002, 516; a. A. Gebühr nach § 146 Abs. 2 KostO OLG München ZNotP 2007, 438 m. abl. Anm. *Tiedtke*). Als Geschäftswert kann nach § 30 Abs. 1 KostO ein Teilwert von 5–10% des für die Beglaubigung maßgebenden Geschäftswertes angenommen werden.

Beglaubigt der Notar die Unterschriften unter einer Verwalterbestellung, liegt kostenrechtlich eine vermögensrechtliche Angelegenheit i. S. d. §§ 29 und 30 Abs. 2 KostO vor. Bei einer Wohnanlage mit 10 Wohneinheiten handelt es sich um ein Objekt, das sich im durchschnittlichen und damit im gesetzlichen Rahmen des Regelgeschäftswertes bewegt. Es ist in diesem Fall der Regelwert des § 30 Abs. 2 KostO mit 3000 EURO anzunehmen (OLG Braunschweig ZNotP 2007, 359 m. krit. Anm. *Tiedtke*).

6. Beratungstätigkeiten des Notars

Isolierte Beratungstätigkeiten sind in der KostO nicht eigens geregelt. Sie sind daher der Auffangnorm des § 147 Abs. 2 KostO zuzurechnen, soweit es sich nicht um vorbereitende oder fördernde Beratungen handelt. Letztere sind dann mit der Gebühr für das Hauptgeschäft abgegolten (zur Abrechnung von Beratungstätigkeiten des Notars ausführlich *Tiedtke* RenoPraxis 2008, 51). Der Geschäftswert ist nach § 30 Abs. 1 KostO zu berechnen, in der Regel mit einem Teilwert. 1357

IX. Mehrere Erklärungen in einer Urkunde

1358 Keine Bestimmung der Kostenordnung bereitet so große Schwierigkeiten wie die richtige Anwendung des § 44 KostO. In fast jeder Urkunde befindet sich nicht nur eine Erklärung, sondern eine Mehrzahl von Erklärungen.

1359 **Beispiel**
Kaufvertrag (schuldrechtlicher Vertrag – § 433 BGB) mit Auflassung (dinglicher Vertrag – § 925 BGB).

1360 § 44 KostO setzt zunächst voraus, dass mehrere Erklärungen in einer Urkunde zusammen beurkundet sind. Gegenstand im Sinne des § 44 KostO ist *nicht* der Vermögensgegenstand (z. B. das Grundstück als Gegenstand des Kaufvertrages), sondern das *Rechtsverhältnis* (das Recht), auf dessen Begründung, Übertragung, Änderung oder Aufhebung die Erklärungen gerichtet sind.

1361 *Eine* Erklärung liegt somit vor bei einem einheitlichen Verkauf mehrerer Gegenstände durch denselben Verkäufer an denselben Käufer.

Beispiel
V verkauft an K zwei verschiedene Grundstücke.

1362 Handelt es sich um verschiedene Rechtsverhältnisse, ist von mehreren Erklärungen auszugehen.

Beispiel
Kauf- und Mietvertrag über dasselbe Grundstück, auch wenn diese zwischen denselben Beteiligten geschlossen werden.

1363 § 44 KostO ist *nur* anwendbar auf die Beurkundung von rechtsgeschäftlichen Erklärungen unter Lebenden, auf Unterschriftsbeglaubigungen und auf Entwürfe solcher Erklärungen (§§ 36 bis 38, 42, 43, 45 KostO), nicht dagegen auf sonstige Geschäfte (§§ 46 ff. KostO). Kraft ausdrücklicher Anordnung (§ 41 c Abs. 3 S. 1 KostO) gilt § 44 KostO auch für die Beurkundung mehrerer Gesellschafterbeschlüsse in einer Verhandlung.
§ 44 KostO gilt dagegen *nicht* für die Gebühren der §§ 146, 147 und 150 KostO. Mehrere Betreuungstätigkeiten (z. B. Mitteilung der Kaufpreisfälligkeit, Überwachung der Kaufpreiszahlung) lösen mehrere Gebühren nach § 147 Abs. 2 KostO aus; ebenso fallen bei mehreren Vertretungsbescheinigungen mehrere Gebühren nach § 150 KostO an (z. B. für eine beteiligte GmbH & Co. KG 2 Gebühren nach § 150 KostO). Die Gebühr des § 146 Abs. 1 KostO fällt entsprechend der Formulierung in § 146 jedoch nur einmal an.

1364 Beim Zusammentreffen von rechtsgeschäftlichen Erklärungen mit anderen Erklärungen sind die Gebühren so zu erheben, wie wenn getrennte Urkunden aufgenommen worden wären (z. B. Übergabevertrag und Erbvertrag – 20/10 Gebühr nach § 36 Abs. 2 KostO für den Übergabevertrag und 20/10 Gebühr

IX. Mehrere Erklärungen in einer Urkunde

nach § 46 Abs. 1 KostO für den Erbvertrag). Insoweit gilt für die Anwendung des § 44 KostO folgende einfache *Faustregel*:
§ 44 KostO gilt nur für Geschäfte, die *vor* dem § 44 KostO in der Kostenordnung stehen. Treffen Geschäfte, die *vor* dem § 44 KostO stehen, mit Geschäften, die *hinter* dem § 44 KostO stehen, zusammen, dann erfolgt keine Zusammenrechnung der Geschäftswerte, sondern die Geschäfte sind getrennt zu bewerten, also so, als wären sie in verschiedenen Urkunden enthalten.

1365 Um die Gebühren im Sinne des § 44 KostO richtig berechnen zu können, ist zunächst festzustellen, ob beim Vorliegen mehrerer rechtsgeschäftlicher Erklärungen in einer Urkunde diese Erklärungen *denselben Gegenstand* oder *verschiedene Gegenstände* betreffen. Zu unterscheiden ist auch noch, ob alle Erklärungen denselben Gegenstand betreffen (§ 44 Abs. 1 S. 1 KostO) oder von den Erklärungen die einen den ganzen Gegenstand, die anderen nur einen Teil davon (§ 44 Abs. 1 S. 2 KostO) bzw. ob bei Erklärungen, die verschiedene Gegenstände betreffen, alle Erklärungen *demselben Gebührensatz* (§ 44 Abs. 2 Buchst. a KostO) oder *verschiedenen Gebührensätzen* (§ 44 Abs. 2 Buchst. b KostO) unterliegen.

Nach Rechtsprechung und Schrifttum betreffen denselben Gegenstand alle Erklärungen, die zur Begründung, Feststellung, Anerkennung, Änderung, Übertragung oder Aufhebung eines Rechtsverhältnisses abgegeben werden. Dazu kommen alle Erklärungen, die zur Sicherung (z. B. Restkaufpreishypothek im Grundstückskaufvertrag) oder Erfüllung (z. B. Auflassung) einer Erklärung der vorbezeichneten Art abgegeben werden, und zwar auch durch Dritte oder zugunsten dritter Personen.

Die Rechtsprechung nimmt die Abgrenzung von gegenstandsgleichen oder verschiedenen Gegenständen oft nach praktischen Gesichtspunkten vor, insbesondere wird Gegenstandsgleichheit häufig offensichtlich nicht zuletzt aus Gründen der Gebührengerechtigkeit angenommen. In der Regel wird auf den inneren Zusammenhang der beurkundeten Erklärungen abgestellt. Je mehr das beurkundete weitere Rechtsverhältnis vom Hauptgeschäft abhängt, um so eher wird man Gegenstandsgleichheit annehmen müssen. Einen Sonderfall der Einbeziehung dritter Erklärungen betreffen die Durchführungserklärungen. Stimmt z. B. der Ehegatte gemäß § 1365 BGB dem Verkauf eines Grundstücks im Kaufvertrag zu, so betrifft dies an sich nur das Verhältnis der Ehegatten untereinander. Trotzdem wird einhellig wegen des inneren Zusammenhangs mit dem Hauptgeschäft (Kaufvertrag) eine Gegenstandsgleichheit angenommen, mit der Folge, dass die »Durchführungserklärung« nicht gesondert zu bewerten ist. In den Kommentaren zur Kostenordnung sind umfangreiche Beispiele zu gegenstandsgleichen oder verschiedenen Gegenständen zu finden. Bei schwierigen oder umfangreichen Sachverhalten sollten daher diese Kommentare zur Beantwortung herangezogen werden.

1366 Denselben Gegenstand betreffen nach Rechtsprechung und Schrifttum zum Beispiel:

– Annahme eines Kaufangebots mit Auflassung oder Auflassungsvollmacht,
– Darlehensverpflichtung mit Sicherung bzw. Erfüllungshandlungen,

Teil G Kostenrecht

- GmbH-Gesellschaftsvertrag mit Geschäftsführerbestellung, sofern dies rechtsgeschäftlich erfolgt; anders, wenn die Geschäftsführerbestellung durch Beschluss (§ 6 Abs. 3 S. 2 GmbHG) erfolgt,
- Grundpfandrechtsbestellung mit Erklärung, den Rangvorbehalt bei einem anderen Grundpfandrecht ausnützen zu wollen,
- Grundschuldbestellung mit Übernahme der persönlichen Haftung,
- Grundschuldbestellung und Abtretung des Rückgewähranspruchs,
- Grundschuldbestellung mit Vorrangseinräumungen,
- Kaufvertrag mit Auflassung und den dazugehörigen Eintragungsbewilligungen und Eintragungsanträgen,
- Kaufvertrag mit Auflassungsvollmacht, auch an Dritte,
- Kaufvertrag mit Verpflichtung des Verkäufers, schon vor Auflassung für den Käufer Belastungen eintragen zu lassen einschließlich Belastungsvollmacht (auch über den Kaufpreis hinaus), wenn die Belastung der Kaufpreisfinanzierung dient,
- Kaufvertrag und Löschungsanträge des Verkäufers zur Löschung der nach dem Kaufvertrag wegzufertigenden Grundpfandrechte, auch wenn der Nennbetrag der zu löschenden Grundpfandrechte höher als der Kaufpreis ist,
- Kaufvertrag mit Einräumung eines Wiederkaufsrechts,
- Mietvertrag mit Sicherstellung der Leistungen der Mieter (Bürgschaft, Sicherungshypothek eines Dritten),
- Übergabevertrag mit Leistungen zugunsten der Übergeber oder Dritter (Altenteil, Wohnungsrecht),
- Verkauf von Wohnungseigentum mit Zustimmung des Verwalters nach § 12 WEG.

1367 Haben mehrere Erklärungen denselben Gegenstand, so wird die Gebühr nur einmal von dem Wert dieses Gegenstandes nach dem höchsten in Betracht kommenden Gebührensatz berechnet.

Beispiel
1. Kaufvertrag mit Auflassung
Für den Kaufvertrag wäre eigentlich (ohne die Vorschrift des § 44 KostO) eine 20/10 Gebühr (§ 36 Abs. 2 KostO) und für die Auflassung eine 5/10 Gebühr (§ 38 Abs. 2 Nr. 6 Buchst. a KostO) zu erheben. Es erfolgt aber keine Addition der Geschäftswerte oder der Gebührensätze, sondern es ist nur eine 20/10 Gebühr aus dem Wert des Kaufvertrages (§ 20 Abs. 1 KostO) zu erheben, da Kaufvertrag und mitbeurkundete Auflassung denselben Gegenstand betreffen (§ 44 Abs. 1 S. 1 KostO).

2. Kaufvertrag mit Restkaufgeldhypothek
Kaufvertrag über 300 000 EURO mit Bestellung einer Restkaufgeldhypothek einschließlich Zwangsvollstreckungsunterwerfung über 50 000 EURO. Ohne die Vorschrift des § 44 Abs. 1 S. 1 KostO würden für den Kaufvertrag eine 20/10 Gebühr aus dem Kaufpreis von 300 000 EURO und für die Restkaufgeldhypothek eine 10/10 Gebühr aus 50 000 EURO entste-

IX. Mehrere Erklärungen in einer Urkunde

hen. Da die Erklärungen denselben Gegenstand betreffen, ist gemäß § 44 Abs. 1 S. 1 KostO nur eine 20/10 Gebühr nach § 36 Abs. 2 KostO aus dem Kaufpreis von 300 000 EURO anzusetzen (= 1014 EURO).

Nach der neuen Rechtsprechung des BGH (Beschluss vom 09.02.2006 – V ZB 172/05 – RNotZ 2006, 247 m. abl. Anm. *Klein* u. *Filzek*) bleibt es im Ergebnis auch bei der Mitbeurkundung von gegenstandsgleichen Durchführungs-, Sicherungs- oder Erfüllungsgeschäften bei der Bewertung des Hauptgeschäftes (z. B. Kaufvertrag mit Löschungsanträgen des Verkäufers über von ihm wegzufertigende Grundpfandrechte die den Kaufpreis übersteigen), wenn das Hauptgeschäft selbst dem höchsten zur Anwendung kommenden Gebührensatz unterliegt (= Gegenstandswert ist hier nur der Kaufpreis – Gebühr nach § 36 Abs. 2 KostO). **1368**

Betrifft die eine Erklärung den ganzen Gegenstand, die andere nur einen Teil und sind die Gebührensätze verschieden, so sind die Gebühren getrennt zu berechnen, wenn das für den Kostenschuldner günstiger ist (§ 44 Abs. 1 S. 2 KostO), wobei das Hauptgeschäft jedoch einem geringeren Gebührensatz unterliegen muss.

Beispiel **1369**

Nachträgliche Beurkundung der Auflassung eines Kaufgrundstücks (Kaufpreis 15 000 EURO) mit Quittung des Verkäufers über einen Kaufpreisrest von 3000 EURO.

Bei gesonderter Berechnung würde der Notar erheben:

5/10 Gebühr nach § 38 Abs. 2 Nr. 6 a KostO	
Wert: 15 000 EURO	33 EURO
10/10 Gebühr nach § 36 Abs. 1 KostO	
Wert: 3000 EURO	26 EURO
Gesamt	59 EURO

Gegenrechnung

10/10 Gebühr nach § 36 Abs. 1 KostO	
Wert: 15 000 EURO	66 EURO

Der Notar muss hier die Einzelberechnung gegenüber dem Kostenschuldner vornehmen (33 EURO + 26 EURO), da diese für den Kostenschuldner günstiger ist.

Werden im Zusammenhang mit einer Erklärung andere selbstständige Rechtsverhältnisse beurkundet, so liegen verschiedene Gegenstände vor (§ 44 Abs. 2 KostO). **1370**

Einen *verschiedenen* Gegenstand haben nach Rechtsprechung und Schrifttum zum Beispiel: **1371**

– Anmeldung der Bestellung und Abberufung von Geschäftsführern einer GmbH (BGH DNotZ 2003, 297),

Teil G Kostenrecht

- Gründung einer GmbH und zugleich Abtretung eines Geschäftsanteils,
- Grundschuldbestellung und Abtretung des Darlehensauszahlungsanspruchs (streitig!),
- Grundschuldbestellung und Löschungsantrag des Eigentümers für wegzufertigende Grundpfandrechte,
- Alternativer Verkauf an A oder, falls dieser eine Voraussetzung nicht erfüllt, an B,
- Kaufvertrag und Abtretung des Auflassungsanspruchs an einen Dritten,
- Kaufvertrag über ein Teilgrundstück und gleichzeitige Einräumung eines Vorkaufsrechts an dem Restgrundstück,
- Mietvertrag und Vorkaufsrecht,
- Mietvertrag und Kaufvertrag über dasselbe Anwesen; nach OLG Frankfurt, Beschluss vom 22.03.1989 – 20 W 47 und 48/89 – ist gegenstandsgleich der Verkauf und die gleichzeitige Vermietung des verkauften Gegenstandes an den Verkäufer,
- Erwerb eines Grundstücks durch mehrere Miteigentümer und Vereinbarung von Wohnungseigentum zwischen den Erwerbern nach §§ 3, 4 WEG,
- Begründung von Wohnungseigentum nach § 8 WEG und Verkauf von Sondereigentum an Dritte.

1372 Bei der Vorschrift des § 44 Abs. 2 KostO wird unterschieden zwischen Erklärungen, die *demselben Gebührensatz* (§ 44 Abs. 2 a KostO), und Erklärungen, die *verschiedenen Gebührensätzen* (§ 44 Abs. 2 b KostO) unterliegen.

1373 Bei gleichem Gebührensatz wird für alle Erklärungen nur eine Gebühr nach diesem Gebührensatz aus den zusammengerechneten Werten erhoben (§ 44 Abs. 2 a KostO):

Beispiel
1. Eine Grundpfandrechtsgläubigerin erteilt Löschungsbewilligung für zu ihren Gunsten eingetragene Grundpfandrechte über 100 000 EURO, 200 000 EURO und 300 000 EURO.

Geschäftswert: 600 000 EURO
(Wertaddition – § 44 Abs. 2 a KostO)
Gebühr §§ 145 Abs. 1 S. 1,
38 Abs. 2 Nr. 5 a KostO (5/10)   478,50 EURO.

2. Eltern übertragen ein Hausgrundstück im Wert von 500 000 EURO an ihren Sohn. Dieser überträgt in gleicher Urkunde einen ½ Miteigentumsanteil an seine Ehefrau.
Geschäftswert: 750 000 EURO
(Wertaddition 500 000 EURO +
250 000 EURO – § 44 Abs. 2 a KostO)

Gebühr §§ 32, 36 Abs. 2 KostO (20/10)   2364 EURO.

IX. Mehrere Erklärungen in einer Urkunde

Sind verschiedene Gebührensätze anzuwenden, so wird jede Gebühr für sich berechnet, soweit mehrere Erklärungen dem gleichen Gebührensatz unterliegen, werden die Werte zusammengerechnet; insgesamt darf in diesem Fall nicht mehr erhoben werden, als bei Zugrundelegung des höchsten der angewendeten Gebührensätze vom Gesamtwert zu erheben sein würde (§ 44 Abs. 2 Buchst. b KostO). **1374**

Beispiel
1. Grundschuldbestellung mit Löschungsantrag
Grundschuldbestellung mit Zwangsvollstreckungsunterwerfung über 100 000 EURO und Löschungsantrag des Grundstückseigentümers über eine vorrangige Hypothek von 50 000 EURO.
Geschäftswert: 100 000 EURO (Grundschuld)
Gebühr §§ 32, 36 Abs. 1 KostO (10/10)   207 EURO
Geschäftswert: 50 000 EURO (Löschungsantrag)
Gebühr §§ 32, 38 Abs. 2 Nr. 5 a KostO (5/10)   66 EURO
Gesamt   273 EURO

Gegenrechnung
Geschäftswert: 150 000 EURO
(Wertaddition – § 44 Abs. 2 b KostO)
Gebühr §§ 32, 36 Abs. 1 KostO (10/10)   282 EURO.
Der Notar muss hier die Einzelberechnung gegenüber dem Kostenschuldner vornehmen (207 EURO + 66 EURO = 273 EURO), da diese für den Kostenschuldner günstiger ist.

2. Kaufvertrag mit Schuldanerkenntnis wegen Maklerprovision
V verkauft an K ein Grundstück zu einem Kaufpreis von 500 000 EURO. Das Grundstück wurde vermittelt durch den Makler M. Dieser erhält hierfür eine Maklerprovision von 20 000 EURO. Im Kaufvertrag gibt K gegenüber M ein Schuldanerkenntnis wegen der Maklerprovision von 20 000 EURO ab und unterwirft sich insoweit der sofortigen Zwangsvollstreckung in sein gesamtes Vermögen.

Geschäftswert: 500 000 EURO (Kaufvertrag)
Gebühr §§ 32, 36 Abs. 2 KostO (20/10)   1614 EURO
Geschäftswert: 20 000 EURO
(Schuldanerkenntnis)
Gebühr §§ 32, 36 Abs. 1 KostO (10/10)   72 EURO
Gesamt   1686 EURO

Gegenrechnung
Geschäftswert: 520 000 EURO
(Wertaddition – § 44 Abs. 2 b KostO)
Gebühr §§ 32, 36 Abs. 2 KostO (20/10)   1674 EURO

Der Notar berechnet hier gegenüber dem Kostenschuldner den Betrag von 1674 EURO, da diese Berechnung für den Kostenschuldner günstiger ist (§ 44 Abs. 2 b KostO).

1375 Beurkundet der Notar im Rahmen einer Grundschuld- oder Hypothekenbestellung auch Erklärungen zu einer Rangänderung (Rangrücktritt, Antrag auf Eintragung einer Löschungsvormerkung), so beziehen sich die Erklärungen zum Rangrücktritt gemäß § 44 Abs. 3 KostO auf das neu bestellte Recht und sind somit gegenstandgleich mit der Grundschuld- bzw. Hypothekenbestellung. Eine gesonderte Bewertung erfolgt daher nicht.

X. Gebührenermäßigungen

1376 Eine Gebührenvereinbarung, insbesondere ein Gebührennachlass, ist dem Notar grundsätzlich nicht gestattet (§ 140 KostO). Der Notar hat daher immer sämtliche anfallende Gebühren dem Kostenschuldner zu berechnen (§ 17 Abs. 1 BNotO). Es gibt daher auch keine billigen oder teuren Notare.

Nach den allgemeinen Richtlinien der Notarkammern bzw. der Notarkasse und der Ländernotarkasse kann der Notar aber Gebührennachlässe seinen Kollegen und seinen eigenen Mitarbeitern gewähren.

Selbstverständlich darf der Notar keine Gebühren erheben, wenn er einen Fehler gemacht hat (§ 16 KostO – Nichterhebung von Kosten wegen unrichtiger Sachbehandlung).

1377 **Beispiel**
1. V verkauft an K ein Grundstück, das mit mehreren Grundpfandrechten belastet ist. Die Grundpfandrechte sollen im Zuge des Kaufvertrages gelöscht werden, der Notar vergisst jedoch, in die Kaufvertragsurkunde entsprechende Löschungsanträge durch den Verkäufer aufzunehmen. Um den Kaufvertrag durchführen zu können, muss der Verkäufer noch einmal in die Kanzlei des Notars kommen und einen entsprechenden Löschungsantrag unterzeichnen. Für die Vorbereitung des Löschungsantrages und die Beglaubigung der Unterschrift des Verkäufers V unter dem Löschungsantrag kann der Notar wegen unrichtiger Sachbehandlung gemäß § 16 KostO keine Gebühr nach §§ 145 Abs. 1 S. 1, 38 Abs. 2 Nr. 5 Buchst. a KostO berechnen.

2. Der Notar beurkundet den Verkauf einer Eigentumswohnung und holt ein Vorkaufsrechtszeugnis nach § 28 Abs. 1 BauGB ein. Nach § 24 Abs. 2 BauGB ist jedoch ein Vorkaufsrecht der Gemeinde/Stadt beim Verkauf von Wohnungseigentum ausgeschlossen. Der Notar darf daher für seine

X. Gebührenermäßigungen

entsprechende Tätigkeit keine Vollzugsgebühr nach § 146 Abs. 1 KostO ansetzen, eine etwa bei der Gemeinde/Stadt anfallende Verwaltungsgebühr muss er bezahlen.

Die wichtigste Gebührenermäßigungsvorschrift befindet sich in § 144 KostO. **1378** Nach dieser Vorschrift ermäßigen sich die Gebühren für die Nur- und Anwaltsnotare (nicht jedoch die badischen Notare im Landesdienst) über 26 000 EURO um 30%, über 100 000 EURO um 40%, über 260 000 EURO um 50% und über 1 000 000 EURO um 60%. Bei Geschäftswerten bis einschließlich 26 000 EURO findet eine Gebührenermäßigung nicht statt.

Eine ermäßigte Gebühr darf jedoch die bei einem niedrigeren Geschäftswert zu erhebende Gebühr nicht unterschreiten (§ 144 Abs. 1 S. 2 KostO).

Beispiel
Bei einem Geschäftswert von 26 000 EURO beträgt die 10/10 Gebühr 84 EURO und ist nach dem Gesetz nicht zu ermäßigen. Nimmt man einen Geschäftswert von 30 000 EURO an, wäre die 10/10 Gebühr von 96 EURO um 30% auf 67,20 EURO zu ermäßigen. Nach § 144 Abs. 1 S. 2 KostO ist jedoch auch bei einem Geschäftswert von 30 000 EURO die Gebühr mit 84 EURO anzusetzen (die Höchstgebühr der nächstniederen Gebührenstufe darf nicht unterschritten werden – bis 26 000 EURO findet eine Gebührenermäßigung nicht statt, daher Mindestgebühr 84 EURO).

Zu ermäßigen sind nach § 144 KostO folgende Gebühren: §§ 36 bis 59, 133, **1379** 145 und 148 KostO. Von der Ermäßigung ausgenommen sind gemäß § 144 Abs. 1 KostO folgende Gebühren: §§ 146, 147, 149 und 150 KostO. Bei Höchstgebühren (z. B. Unterschriftsbeglaubigungen nach § 45 KostO) sind – wenn Gebührenermäßigung in Betracht kommt – die Höchstgebühren zu ermäßigen. Der Ermäßigungssatz bestimmt sich insoweit nach dem dem Geschäft zugrundeliegenden Geschäftswert, wobei § 144 Abs. 1 S. 2 KostO zu beachten ist.

Beispiel
Eine Religionsgemeinschaft bestellt beim Notar eine Grundschuld ohne Vollstreckungsunterwerfung in Höhe von 400 000,00 EURO. Der Notar beglaubigt lediglich die Unterschriften unter der Grundschuldbestellung (ohne Entwurf). Die Höchstgebühr des § 45 KostO von 130,00 EURO wäre hier gemäß § 144 Abs. 1 S. 1 KostO um 50% zu ermäßigen = 65,00 EURO. Da jedoch bei einem Geschäftswert von 260 000,00 EURO die 1/4 Gebühr von 111,75 EURO nur um 40% auf 67,05 EURO zu ermäßigen ist, wird gemäß § 144 Abs. 1 S. 2 KostO hier eine Gebühr von 67,05 EURO angesetzt.

Bei Höchstwerten (z. B. der Vollmacht) bestimmt sich der Ermäßigungssatz **1380** nach dem Höchstwert, nicht nach dem höheren Wert.

> **Beispiel**
> Eine Religionsgemeinschaft erteilt eine Vollmacht zur Veräußerung eines Erbbaurechts zum Kaufpreis von 5 000 000,00 EURO. Der Geschäftswert der Vollmacht beträgt gemäß § 41 Abs. 4 KostO 500 000,00 EURO. Der Ermäßigungssatz beträgt hier 50% (aus 500 000,00 EURO), nicht 60% (aus 5 000 000,00 EURO) Gebühr = 50% von 403,50 EURO = 201,75 EURO.

1381 Mindestgebühren unterliegen nicht der Ermäßigung. Die Mindestgebühr nach § 33 KostO beträgt also immer 10 EURO.

Bei den Zusatzgebühren nach § 58 KostO kann eine Gebührenermäßigung nach § 144 Abs. 1 KostO nicht entstehen, soweit es sich um eine 5/10 Gebühr handelt. Die Höchstgebühr von 30 EURO ist bereits bei einem Wert von 14 000 EURO erreicht, bis 26 000 EURO tritt jedoch keine Gebührenermäßigung ein.

1382 Hinsichtlich der Dokumentenpauschale gibt es für den Fall der Gebührenermäßigung keine Besonderheiten. Dokumentenpauschalefrei sind

– bei Verträgen zwei Ausfertigungen oder Ablichtungen,
– bei einseitigen Erklärungen eine Ausfertigung oder Ablichtung.

1383 Die Ermäßigung gemäß § 144 Abs. 1 KostO ist zu gewähren

– dem Bund, einem Land sowie einer nach dem Haushaltsplan des Bundes oder eines Landes für Rechnung des Bundes oder eines Landes verwalteten öffentlichen Körperschaft oder Anstalt,
– einer Gemeinde, einem Gemeindeverband, einer sonstigen Gebietskörperschaft oder einem Zusammenschluss von Gebietskörperschaften, einem Regionalverband, einem Zweckverband,
– einer Kirche, sonstigen Religions- oder Weltanschauungsgemeinschaften, jeweils soweit sie die Rechtsstellung einer juristischen Person des öffentlichen Rechts haben,

wenn die Angelegenheit nicht deren wirtschaftliche Unternehmen betrifft.

1384 Als wirtschaftliche Unternehmen gelten insoweit Verkehrs- und Parkhausbetriebe, Versorgungsbetriebe (Elektrizitäts-, Gas- oder Wasserwerke, Heizkraftwerke). Post (Deutsche Post AG, Deutsche Postbank AG und Deutsche Telekom AG) und Bahn AG sind nicht begünstigt nach § 144 Abs. 1 KostO, ebenso nicht die gemeinnützigen Wohnungsunternehmen sowie Organe der staatlichen Wohnungspolitik. Um nicht wirtschaftliche Unternehmen i. S. d. § 144 Abs. 1 KostO handelt es sich z. B. bei Schulen, Museen, Theatern, Krankenhäusern, Jugendheimen, Kindergärten, Altenheimen, Tierkörperbeseitigungsanstalten. Ebensowenig lassen die Bewirtschaftung des Staats- und Gemeindewaldes und der Betrieb des Main-Donau-Kanals die Privilegierung des § 144 Abs. 1 KostO entfallen. Geht es einer öffentlichen Körperschaft oder Anstalt weder um die konkrete Umsetzung des Sozialstaatsprinzips noch um staatliche Für- und Vorsorge i. S. reiner Gemeinnützigkeit, sondern um die Erreichung ökonomischer oder finanzieller Ziele mit Mitteln, wie sie auch in marktwirtschaftlich tätigen Betrieben allgemein gebräuchlich sind, betrifft die Tätigkeit kostenrechtlich deren wirtschaftliche Unternehmen (OLG Naumburg RNotZ 2007, 425).

1385 Wenn die Tätigkeit des Notars mit dem Erwerb eines Grundstücks oder grundstücksgleichen Rechts (Erbbaurecht, Wohnungseigentum – siehe aber die unten dargestellte Ausnahme) zusammenhängt, ermäßigen sich die Gebühren nur, wenn dargelegt wird, dass eine auch nur teilweise Weiterveräußerung an einen nicht begünstigten Dritten nicht beabsichtigt ist. Ändert sich diese Absicht innerhalb von drei Jahren nach Beurkundung der Auflassung, entfällt eine bereits gewährte Ermäßigung. Der Begünstigte ist verpflichtet, den Notar zu unterrichten. Nicht begünstigt wäre daher der Erwerb eines Grundstücks durch eine Gemeinde oder Stadt, wenn der Ankauf des Grundstücks zum Zwecke der Weiterveräußerung als Bau- oder Industrieland erfolgt, und zwar auch dann, wenn die Gemeinde einen Teil des Grundstücks als Straßenfläche zurückhält. Keine Weitergabe, sondern lediglich die Belastung mit einem Recht ist die Bestellung eines Erbbaurechts (str.).

Wie das Bayerische Oberste Landesgericht (JurBüro 1997, 546) entschieden hat, fällt die aus einer besonderen Situation heraus als »einmalige Angelegenheit« betriebene Errichtung eines Gebäudes mit Eigentumswohnungen und deren Verkauf durch eine Gemeinde nicht unter den Begriff des »wirtschaftlichen Unternehmens«. Es handelt sich nicht um eine mit der Absicht der Erzielung dauernder Einnahmen verbundene »fortgesetzte und planmäßige Teilnahme am Wirtschaftsleben«. In Ergänzung dieser Entscheidung und aus denselben Gründen hat das Bayerische Oberste Landesgericht (JurBüro 2003, 99) ausgesprochen, dass auch dann kein wirtschaftliches Unternehmen im Sinne des § 144 Abs. 1 KostO vorliegt, wenn eine Marktgemeinde ein nicht mehr für öffentliche Zwecke benötigtes Gebäude an einen privaten Dritten verpachtet und diesem hierfür gleichzeitig ein Ankaufsrecht einräumt. Dieses einmalig betriebene Geschäft falle regelmäßig in den Bereich der Verwaltung des Vermögens der Körperschaft. Im Hinblick auf diese Rechtsprechung spricht sich die Notarkasse München (Streifzug durch die Kostenordnung, Rn. 591) dafür aus, dass der Erwerb von Grundbesitz zum Zwecke der Vermietung und Verpachtung kein wirtschaftliches Unternehmen des privilegierten Kostenschuldners betrifft, so dass Gebührenermäßigung zu gewähren sei (ausführlich zur Gebührenermäßigung beim Grundstückskaufvertrag nach § 144 Abs. 1 KostO, *Wielgoss* JurBüro 2004, 311).

1386 Bei mehreren Kostenschuldnern sind die Gebühren nach § 144 Abs. 1 KostO nur zu ermäßigen, wenn und soweit der begünstigte Kostenschuldner kraft Gesetzes die Kosten zu tragen hat. Auf andere Beteiligte, die mit dem Begünstigten als Gesamtschuldner haften, erstreckt sich die Ermäßigung insoweit, als sie vom Begünstigten aufgrund gesetzlicher Vorschrift Erstattung verlangen können (§ 144 Abs. 3 KostO).

Übernimmt ein gebührenbegünstigter Kostenschuldner durch Übernahmeerklärung nach § 3 Nr. 2 KostO die Kostenschuld eines Nichtbegünstigten, tritt keine Gebührenermäßigung ein. Übernimmt ein nicht Gebührenbegünstigter die nach der gesetzlichen Regelung vom Gebührenbegünstigten geschuldeten Kosten, so ist mit § 144 Abs. 3 KostO die Erstreckung der Ermäßigung auch auf den Nichtbegünstigten anzunehmen.

1387 Die besondere Gebührenermäßigung nach § 144a KostO ist zum 31.12.2003 entfallen (hierzu die 2. Aufl. Rn. 534–536 und Ländernotarkasse, NotBZ 2004, 62). Zu beachten ist, dass mit dem Wegfall des § 144a KostO nicht automatisch § 144 KostO zur Anwendung gelangt. Die Tatbestandsmerkmale unterscheiden sich wesentlich. War bei Beteiligung der öffentlichen Hand § 144a KostO eher die Regel, bleibt § 144 KostO eher die Ausnahme.

XI. Sonstige Geschäfte des Notars

1. Vertretungsbescheinigungen

1388 Für die Bescheinigung über eine Vertretungsberechtigung (§ 21 Abs. 1 Nr. 1 BNotO) auf Grund Einsicht in das Handelsregister oder ein ähnliches Register (Vereinsregister, Genossenschaftsregister) erhält der Notar eine Festgebühr von 13 EURO (§ 150 Nr. 1 KostO). Wird die Vertretungsberechtigung bei einer GmbH & Co. KG bescheinigt, erhält der Notar zweimal die Gebühr nach § 150 Nr. 1 KostO, also zweimal 13 EURO (13 EURO für die KG und 13 EURO für die GmbH).

Neben der Gebühr des § 150 Nr. 1 KostO fällt die Gebühr des § 147 Abs. 1 S. 1 KostO nicht an.

Für die Bescheinigung über das Bestehen oder den Sitz einer juristischen Person oder Handelsgesellschaft, die Firmenänderung, eine Umwandlung oder sonstige rechtserhebliche Umstände (§ 21 Abs. 1 Nr. 2 BNotO) erhält der Notar eine Festgebühr von 25 EURO (§ 150 Nr. 2 KostO).

2. Wechselproteste

1389 Für die Aufnahme eines Wechselprotestes erhält der Notar nach § 51 Abs. 1 KostO eine 5/10 Gebühr. Geschäftswert ist die Wechselsumme ohne Nebenleistungen. Neben der Gebühr des § 51 Abs. 1 KostO erhält der Notar pro Wechsel eine Wegegebühr von 1,50 EURO (§ 51 Abs. 2 KostO).

Eine Auswärtsgebühr nach § 58 Abs. 1 KostO fällt bei Wechselprotesten nicht an.

Wird ein Wechsel an einem anderen Ort als dem Amtssitz des Notars protestiert, so erhält der Notar Tage- und Abwesenheitsgeld sowie Fahrtkosten nach § 153 KostO (Reisekosten). Die Reisekosten werden auf die Wegegebühr angerechnet (§ 51 Abs. 2 S. 2 KostO).

1390 **Beispiel**

Wechselprotest über 10 000,00 EURO, die Fahrtstrecke beträgt einfach 10 km, er fährt mit dem eigenen PKW und ist 1 Stunde abwesend.

Kostenberechnung
Geschäftswert:
10 000,00 EURO
Gebühr §§ 32, 51 Abs. 1 KostO   27,00 EURO
Tage- und Abwesenheitsgeld
§ 153 Abs. 2 S. 1 Nr. 2 KostO   20,00 EURO
Fahrtkosten § 153 Abs. 2 S. 1 Nr. 1, Abs. 4 KostO
20 km × 0,30 EURO   6,00 EURO
19% Umsatzsteuer   10,07 EURO
                                                              63,07 EURO.

Die Protestgebühr ist nach § 51 Abs. 3 KostO auch dann zu zahlen, wenn ohne Aufnahme des Protestes an den Notar gezahlt oder die Zahlung ihm nachgewiesen wird. **1391**

Die vorstehenden Bestimmungen gelten auch für den Scheckprotest. Ein Scheckprotest kommt jedoch in der Praxis des Notars fast nie vor.

3. Miet- und Pachtverträge

Miet- und Pachtverträge werden selten beurkundet; es besteht insoweit kein Formzwang. Eine Beurkundung von Miet- und Pachtverträgen ist wegen § 311b BGB im Zusammenhang mit Grundstückskaufverträgen und mit Vorkaufsrechtsbestellungen vorzunehmen. Es liegt dann verschiedener Gegenstand nach § 44 Abs. 2 Buchst. a KostO vor; nach OLG Frankfurt, Beschluss vom 22.03.1989 – 20 W 47 und 48/89 – ist jedoch gegenstandsgleich nach § 44 Abs. 1 KostO der Verkauf und die gleichzeitige Vermietung des verkauften Gegenstandes an den Verkäufer. **1392**

Nach § 25 Abs. 1 KostO bestimmt sich der Geschäftswert nach dem Wert aller Leistungen des Mieters oder Pächters während der ganzen Vertragszeit, höchstens jedoch nach dem 25fachen der einjährigen Leistung. Bei unbestimmter Dauer ist der 3fache Jahreswert maßgebend. Sind die Leistungen in den einzelnen Jahren verschieden, sind die höheren Werte anzusetzen.

Leistungen des Mieters im Sinne des § 25 Abs. 1 KostO sind nicht nur der Netto-Mietzins, sondern auch alle einmaligen und periodischen Nebenleistungen (z. B. Zahlungen für Heizung und Warmwasser, sonstige übernommene Lasten wie Versicherungen, Übernahme von Instandhaltungskosten, Baukostenzuschüsse usw.).

XII. Erstellung der Kostenrechnung

1. Die Aufstellung der Kostenrechnung

Die Anforderungen an die Kostenrechnung des Notars sind in § 154 Abs. 2 KostO geregelt. Hiernach hat der Notar in der Berechnung anzugeben: **1393**

- den Geschäftswert,
- die Kostenvorschriften,
- eine kurze Bezeichnung des jeweiligen Gebührentatbestandes,
- die Bezeichnung der Auslagen,
- die Beträge der angesetzten Gebühren und Auslagen,
- etwa verauslagte Gerichtskosten und empfangene Vorschüsse.

1394 Bei unterschiedlichen Geschäftswerten, z. B. beim Kaufvertrag der Geschäftswert für die Beurkundungsgebühr (§ 36 Abs. 2 KostO) und der Geschäftswert für eine Betreuungsgebühr (§ 147 Abs. 2 KostO – z. B. Mitteilung der Kaufpreisfälligkeit), sind diese in der Kostenrechnung unbedingt aufzuführen. Bei zusammengesetzten Werten besteht die Pflicht des Notars, die Einzelwerte in der Kostenrechnung kurz zu erläutern (BGH DNotZ 2003, 234).

Die Kostenvorschriften sind genau anzugeben. Bei einer Handelsregisteranmeldung genügt nicht die Angabe »§ 38 Abs. 2 KostO«, sondern es ist anzugeben »§ 38 Abs. 2 Nr. 7 KostO«. Die Auslagen müssen ebenfalls konkret bezeichnet werden. Verwaltungskosten (z. B. für öffentlich-rechtliche Genehmigungen) können auch in die Kostenberechnung aufgenommen werden (*Lappe* NotBZ 2007, 42).

Bei der Bezeichnung des jeweiligen Gebührentatbestandes können z. B. folgende Kurzbezeichnungen verwandt werden: Beurkundungsgebühr Grundstückskaufvertrag, Beurkundungsgebühr Ehevertrag, Beurkundungsgebühr Grundschuld, Unterschriftsbeglaubigung, Entwurf einer Handelsregisteranmeldung und Unterschriftsbeglaubigung.

Ein Nichtbeachten der strengen Formalien kann dazu führen, dass eine Kostenforderung wegen Verjährungseinrede nicht mehr durchsetzbar ist, z. B. dann, wenn eine Kostenrechnung wegen Nichtbeachtung des Zitiergebots im Verfahren nach § 156 KostO aufgehoben wird (hierzu ausführlich *Bengel/Tiedtke* DNotZ 2004, 259, 285; siehe auch BGH MittBayNot 2006, 168). Das Zitiergebot des § 154 Abs. 2 KostO verlangt auch die Angabe des § 32 KostO in der Kostenrechnung (BGH, Beschluss vom 03.04.2008, VZB 115/07 – NotBZ 2008, 226). Es kann insoweit in der Kostenrechnung z. B. wie folgt ausgeführt werden:

Gebühr §§ 141, 32, 36 Abs. 2 KostO Beurkundungsgebühr Grundstückskaufvertrag.

Daneben dürfte es ausreichen, wenn die §§ 141 und 32 KostO wie im nachstehenden Beispiel an den »Anfang« der Gebührenberechnung gesetzt werden.

Die Kostenrechnung ist vom Notar bzw. Notarvertreter eigenhändig zu unterschreiben (§ 154 Abs. 1 KostO). Bei einer Sozietät ist Kostengläubiger nur der Notar, der die notarielle Tätigkeit ausgeführt hat. In der Kostenrechnung ist daher bei Sozietäten deutlich zu machen, welcher Notar als Kostengläubiger auftritt!

Der Notar hat von jeder erteilten Kostenrechnung eine Abschrift zur Urkundensammlung und zu seinen Nebenakten (Handakten) zu nehmen. Der

XII. Erstellung der Kostenrechnung

Notar hat eine Abschrift der Kostenrechnung ferner jeder von ihm erteilten Ausfertigung sowie jedem Unterschriftsbeglaubigungsvermerk beizufügen.

Folgende Angaben müssen in einer Rechnung nach § 14 Abs. 4 UStG künftig im Wesentlichen enthalten sein: Der vollständige Name und die vollständige Anschrift des Unternehmers (des Notars) und des Leistungsempfängers (Rechnungsempfänger), die vom Finanzamt erteilte Steuernummer oder die vom Bundesamt für Finanzen erteilte Umsatzsteueridentifikationsnummer, das Ausstellungsdatum der Rechnung, eine fortlaufende Nummer mit einer oder mehreren Zahlenreihen, die zur Identifizierung der Rechnung vom Rechnungsaussteller einmalig vergeben wird (Rechnungsnummer), die Menge und Art der gelieferten Gegenstände oder der Umfang und die Art der sonstigen Leistung, der Zeitpunkt der Lieferung oder sonstigen Leistung, das nach Steuersätzen und einzelnen Steuerbefreiungen aufgeschlüsselte Entgelt sowie jede im Voraus vereinbarte Minderung des Entgelts, sofern sie nicht bereits im Entgelt berücksichtigt ist, der anzuwendende Steuersatz sowie der auf das Entgelt entfallende Steuerbetrag oder im Fall einer Steuerbefreiung ein Hinweis darauf, dass für die Lieferung oder sonstige Leistung eine Steuerbefreiung gilt.

Das Bundesfinanzministerium hat mit Schreiben vom 29.06.2004 Gz. IV B 7 – S 7280 a – 41/04 an die Bundesnotarkammer mitgeteilt, dass es nicht zu beanstanden ist, wenn die geforderten Nummernkreise (siehe oben) durch die Angabe der Urkundenrollennummer bzw. der Kostenregisternummer definiert werden. Allerdings muss erkennbar sein, dass diese Nummer gleichzeitig auch als Rechnungsnummer dienen soll. Sollten zu einer Urkundennummer bzw. einer Kostenregisternummer mehrere Rechnungen erteilt werden, wären diese mit einem Unterscheidungsmerkmal in Ergänzung zur Urkundenrollennummer bzw. zur Kostenregisternummer zu ergänzen.

Nach § 14 b UStG ist ein Doppel der vom Notar erstellten Rechnung zehn Jahre lang aufzubewahren. Die Aufbewahrungsfrist beginnt mit dem Schluss des Kalenderjahres, in dem die Rechnung ausgestellt worden ist.

Beispiel 1395

Muster einer Kostenrechnung am Beispiel eines Grundstückskaufvertrages (nach *Tiedtke/Fembacher* ZNotP 2004, 256):

Notar Dr. Franz Meyer　　　　　　　　Kassel, 10. Okt. 08
Fünffensterstraße 5
34117 Kassel
　　　　　　　　　　　　　　　　　　USt-IdNr.: . . . .
　　　　　　　　　　　　　　　　　　(alternativ Steuernummer)

Rechnungsnummer: Kostenregister Nr. . . . /08

Herrn
Otto Gerecht
Brigadestraße 9
34369 Hofgeismar

Kostenberechnung nach § 154 KostO
für die Beurkundung des Kaufvertrages samt Vollzugs- und Betreuungstätigkeiten
mit Frau Anna Müller, Kassel, UR .../08 vom 03. Okt. 08.

Sehr geehrter Herr Gerecht,

für meine Amtstätigkeiten erteile ich die Kostenberechnung entsprechend den Bestimmungen der Kostenordnung (KostO). Bitte überweisen Sie den sofort fälligen Betrag unter Angabe der Rechnungsnummer auf eines der unten angegebenen Konten.

Kostenrechnung:

§§ 141, 32 KostO (alle Paragraphen sind die der KostO)

§ 36 Abs. 2 Beurkundungsgebühr Grundstückskaufvertrag aus Geschäftswert 300.000,00 Euro (§ 20 Abs. 1)	1.014,00 Euro
§§ 8, 146 Abs. 1 S. 1, 1. HS. Vollzugsgebühr aus Geschäftswert 300.000,00 Euro (§ 146 Abs. 4)	253,50 Euro
§§ 8, 147 Abs. 2 Mitteilung der Kaufpreisfälligkeit aus Geschäftswert 90.000,00 Euro (§ 30 Abs. 1)	96,00 Euro
§§ 8, 147 Abs. 2 Vorlagesperre bis Kaufpreiszahlung aus Geschäftswert 90.000,00 Euro (§ 30 Abs. 1)	96,00 Euro
Dokumentenpauschale §§ 8, 136 Abs. 1 Nr. 1, Abs. 2, Abs. 4 Nr. 1, 152 Abs. 1	29,50 Euro
Auslagen (Porto, Fax, Telefon) §§ 8, 152 Abs. 2 Nr. 1 und 2	16,00 Euro
Zwischensumme	1.505,00 Euro
Umsatzsteuer, § 151 a, 19%	285,95 Euro
Rechnungsbetrag	<u>1.790,95 Euro</u>

Unterschrift Dr. Meyer
Dr. Meyer
Notar

Bankverbindung

1396 Es ist darauf zu achten, dass Notare gehalten sind, innerhalb von sechs Monaten nach Ausführung ihrer Leistungen eine Rechnung im Sinne des § 14

XII. Erstellung der Kostenrechnung

UStG auszustellen, wenn diese Leistung an einen anderen Unternehmer für dessen Unternehmen oder an eine juristische Person ausgeführt wird.

Es wird teilweise empfohlen in die Kostenberechnung des Notars folgenden Hinweis aufzunehmen:

»Diese Rechnung ist bis zum Ablauf des zweiten auf die Ausstellung der Rechnung folgenden Kalenderjahres aufzubewahren, da die abgerechnete Leistung im Zusammenhang mit einem Grundstück steht (§ 14 b Abs. 1 S. 5 UStG).«.

Nach Auskunft der Bundesnotarkammer (Rundschreiben Nr. 42/2004) besteht die Verpflichtung jedoch nicht.

2. Fälligkeit der Kosten und Verjährung

Die Gebühren des Notars werden gemäß § 7 KostO mit dem Abschluss des jeweiligen Geschäfts fällig. Dies bedeutet, es wird fällig **1397**

– die Beurkundungsgebühr mit Abschluss der Beurkundung,
– die Entwurfsgebühr nach § 145 Abs. 1 S. 1 KostO mit Fertigstellung des Entwurfs,
– die Entwurfsgebühr nach § 145 Abs. 3 KostO mit Aushändigung des Entwurfs,
– die Gebühren nach §§ 146, 147 KostO mit der Beendigung der Vollzugs- und Betreuungstätigkeiten,
– die Hebegebühr nach § 149 KostO mit der Auszahlung.

Gebühren und Auslagen verjähren gemäß § 17 KostO in vier Jahren (ausführlich zur Verjährung *Tiedtke* ZNotP 2004, 39). Die Verjährung beginnt mit dem Schluss des Jahres, in welchem der Anspruch des Notars fällig geworden ist (§ 199 BGB).

Beispiel **1398**
Fälligkeit der Gebühr am 12.09.2002, Eintritt der Verjährung mit dem 31.12.2006 24 Uhr.

Die Zustellung einer vollstreckbaren Ausfertigung der Kostenrechnung (siehe unten Rz. 1403) bewirkt auch nach Ablauf der Frist des § 156 Abs. 3 S. 1 KostO keine Umwandlung der vierjährigen Verjährungsfrist in eine dreißigjährige Verjährungsfrist (BGH, Beschluss vom 07.07.2004 – V ZB 61/03 = DNotZ 2005, 68). **1399**

3. Einwendungen gegen die Kostenrechnung

Nicht häufig, aber doch gelegentlich erhebt der Kostenschuldner Einwendungen gegen die Kostenrechnung des Notars. In der Regel werden sich diese Einwendungen gegen die Geschäftswertberechnung oder gegen den Ansatz von Betreuungsgebühren nach § 147 Abs. 2 KostO richten. Berechtigten Einwendungen des Kostenschuldners wird der Notar selbst abhelfen, anderenfalls **1400** wird er den Kostenschuldner auf das *Beschwerdeverfahren nach § 156* KostO hinweisen (zum Verfahren aus Sicht des Notars *Wudy* NotBZ 2006, 69).

1401 Das Beschwerdeverfahren nach § 156 KostO findet vor dem Landgericht statt. Das Verfahren nach § 156 KostO kann eingeleitet werden durch
- die förmliche Beschwerde des Kostenschuldners beim Landgericht,
- die formlose Beanstandung gegenüber dem Notar mit der Vorlage des Notars an das Landgericht zur Entscheidung.

1402 Gegen die Entscheidung des Landgerichts findet gemäß § 156 Abs. 2 KostO binnen der Notfrist von einem Monat seit der Zustellung des Beschlusses des Landgerichts (Beschwerdeentscheidung) die weitere Beschwerde zum Oberlandesgericht (in Bayern Bayerisches Oberstes Landesgericht = BayObLG) statt, wenn das Landgericht die weitere Beschwerde wegen der grundsätzlichen Bedeutung der zur Entscheidung stehenden Frage zugelassen hat. Durch die Änderung des § 156 Abs. 4 KostO (siehe Rz. 1018) muss ein Oberlandesgericht die Kostenstreitfrage jetzt dem Bundesgerichtshof zur Entscheidung vorlegen, wenn es von der Rechtsprechung eines anderen Oberlandesgerichts abweichen will (Anwendung von § 28 Abs. 2 FGG). Das Verfahren vor dem Landgericht ist gebührenfrei (§ 156 Abs. 5 S. 1 KostO). Die Kosten für die weitere Beschwerde bestimmen sich nach §§ 131, 136 bis 139 KostO. Ein Anwaltszwang besteht bei dem Beschwerdeverfahren vor dem Landgericht und bei dem Verfahren der weiteren Beschwerde vor dem Oberlandesgericht jeweils nicht. Im Verfahren der Notarkostenbeschwerde ist in Bayern die Beteiligung der Notarkasse in jedem Fall erforderlich (BayObLG MittBayNot 2004, 379).

Kostenbeschwerdeverfahren gibt es auch dann, wenn die Amtsgeschäfte des Notars im Rahmen der Dienstaufsicht geprüft werden. Ist die Dienstaufsicht der Auffassung, dass die Kostenrechnung des Notars unrichtig ist, so fordert sie den Notar auf, den Ansatz zu berichtigen, gegebenenfalls zuviel erhobene Beträge zu erstatten oder zu wenig erhobene Beträge nachzufordern und, falls er die Beanstandungen nicht als berechtigt anerkennt, die Entscheidung des Landgerichts herbeizuführen (§ 156 Abs. 6 KostO).

4. Beitreibung der Kosten durch den Notar

1403 Im Notariat kommt es nicht so häufig vor, dass ein Kostenschuldner die vom Notar erhobenen Gebühren nicht bezahlt. Einen möglichen Gebührenausfall kann der Notar zunächst dadurch vermeiden, dass er bei Geschäften, die auf Antrag vorzunehmen sind, vom Kostenschuldner die Zahlung eines zur Deckung der voraussichtlich anfallenden Kosten hinreichenden Vorschuss verlangt (§ 8 KostO). Der Notar sollte auf jeden Fall in seiner »ersten« Rechnung nach der Beurkundung eines Grundstückskaufvertrages die in Zukunft fällig werdenden Gebühren nach §§ 146, 147 KostO als Vorschuss erheben (siehe oben die Musterkostenrechnung Rz. 1395). Ob der Notar beim Urkundenvollzug ein Zurückbehaltungsrecht aus § 10 KostO wegen seiner offenen Gebührenansprüche geltend machen kann, ist streitig. Kommt es doch einmal vor,

XII. Erstellung der Kostenrechnung

dass der Kostenschuldner nicht zahlt, muss der Notar keine Klage auf Zahlung der Gebühren und Auslagen gegen den Kostenschuldner erheben. Der Notar kann vielmehr gemäß § 155 KostO seine Kosten auf Grund einer mit der Vollstreckungsklausel des Notars versehenen Ausfertigung seiner Kostenrechnung (§ 154 KostO) nach den Vorschriften der Zivilprozessordnung beitreiben.

Zur Herstellung einer vollstreckbaren Kostenrechnung fertigt der Notar eine Abschrift/Fotokopie der an den Kostenschuldner gem. § 154 Abs. 1 KostO gesandten Kostenrechnung und setzt darauf unter die Kostenrechnung die Vollstreckungsklausel. Neben der Vollstreckungsklausel muss der Notar zu deren Wirksamkeit das Farbdruck- oder Prägesiegel beidrücken. Ab dem 01.07.2004 kann der Notar auf Grund des Kostenrechtsmodernisierungsgesetzes (KostRMoG) nach § 154a KostO Verzugszinsen gemäß §§ 247, 288 Abs. 1 BGB einen Monat nach Zustellung der vollstreckbaren Kostenrechnung verlangen (hierzu ausführlich *Tiedtke/Fembacher* MittBayNot 2004, 317).

Beispiel 1404

Muster einer Vollstreckungsklausel für eine vollstreckbare Kostenrechnung:

Vorstehende Ausfertigung, die mit der Urschrift übereinstimmt, erteile ich mir selbst gemäß § 155 KostO zum Zwecke der Zwangsvollstreckung gegen Herrn Franz Säumig, geb. am 04.07.1953, Fünffensterstraße 5, 34117 Kassel, wegen des vorstehenden Rechnungsbetrages von ... EUR nebst fünf Prozentpunkten über dem jeweiligen Basiszinssatz nach § 247 BGB jährlich, das sind derzeit 8,13% jährlich, beginnend einen Monat nach der Zustellung dieser vollstreckbaren Ausfertigung (§ 154a KostO).

Ort, Datum   (Siegel)   Dr. Müller, Notar

Die Vollstreckungsklausel ist vom Notar zu unterschreiben. 1405

Bevor der Notar die Kostenrechnung vollstrecken kann, muss die vollstreckbare Ausfertigung der Kostenrechnung dem Kostenschuldner zunächst durch den Gerichtsvollzieher zugestellt werden (Titel, Klausel, Zustellung). Hierzu wird der Gerichtsvollzieherverteilungsstelle beim Amtsgericht des Schuldners oder beim Amtsgericht des Amtssitzes des Notars die vollstreckbare Ausfertigung der Kostenrechnung (mit Vollstreckungsklausel) übersandt mit der Bitte, diese dem Schuldner nach den Bestimmungen der ZPO zuzustellen. Nach der Zustellung muss der Notar noch zwei Wochen warten, bevor er mit der Zwangsvollstreckung beginnen kann (§§ 155 KostO, 798 ZPO). Über diese notwendige Zweiwochenfrist hinaus ist es für den Notar jedoch zweckmäßig, den Beginn der Zwangsvollstreckung erst einen Monat nach der Zustellung an den Schuldner zu betreiben. Dadurch kann der Notar erreichen, dass die mögliche Haftung aus § 157 Abs. 1 KostO (Schadensersatzpflicht) ausgeschieden wird.

1406 Der Notar ist in der Zwangsvollstreckung als Gläubiger für anfallende Gerichts- und Gerichtsvollzieherkosten gegebenfalls kosten- und vorschusspflichtig.
Als Vollstreckungsmöglichkeiten bieten sich insbesondere an:
- Immobiliarvollstreckung (Zwangshypothek, Zwangsversteigerung, Zwangsverwaltung),
- Mobiliarvollstreckung durch den Gerichtsvollzieher (Sachpfändung, eidesstattliche Versicherung nach § 807 ZPO),
- Forderungspfändung in Arbeitseinkommen, Sozialgeldleistungen (Rente, Arbeitslosengeld), Bankguthaben, Steuererstattungsansprüche des Finanzamtes.

1407 Der Notar selbst erhält für die Erteilung der vollstreckbaren Ausfertigung und die durchgeführten Vollstreckungsmaßnahmen keine gesonderten Gebühren, auch keine Schreibauslagen (Dokumentenpauschale) oder Postentgelte. Verauslagte Gerichtskosten oder Gerichtsvollzieherkosten können jedoch als notwendige Kosten der Zwangsvollstreckung mit beigetrieben werden (§ 788 ZPO). Der Nurnotar (nicht der Anwaltsnotar) kann aber einen Rechtsanwalt mit der Beitreibung der Kosten beauftragen. Dessen Gebühren zählen dann zu den notwendigen Kosten der Zwangsvollstreckung und sind vom Schuldner zu tragen (§ 788 ZPO). Betreibt der Anwaltsnotar wegen der ihm zustehenden Gebühren aufgrund einer vollstreckbaren Kostenrechnung die Zwangsvollstreckung, so ist er hierbei weiterhin als Notar tätig mit der Folge, dass ihm hierfür Gebühren nach dem RVG nicht zustehen. Die Geltendmachung von notariellen Kostenforderungen durch Inkassounternehmen ist nicht zulässig.

Hat ein Kostenschuldner die Kostenrechnung gegenüber dem Notar beanstandet, so empfiehlt es sich im Allgemeinen nicht, die Vollstreckung nach § 155 KostO zu betreiben, sondern die Entscheidung des Landgerichts nach § 156 KostO herbeizuführen.

Bei jeder Kostenrechnung an den Schuldner ist das Zitiergebot des § 154 Abs. 2 KostO genau zu beachten. Vor der Zustellung einer vollstreckbaren Ausfertigung an den Kostenschuldner sollte die bereits versandte Kostenrechnung hierauf noch einmal überprüft werden. Gegebenenfalls ist dem Kostenschuldner eine »berichtigte« (den Anforderungen des § 154 Abs. 2 KostO entsprechende) Kostenberechnung als vollstreckbare Ausfertigung zuzustellen (hierzu Bund JurBüro 2004, 666).

XIII. Fragen- und Antwortkatalog zum Kostenrecht

1408 Hinweis:
Bei den Antworten sind immer die entsprechenden Vorschriften nach der Kostenordnung (KostO) anzugeben. Anzugeben sind jeweils der Geschäfts-

wert, die Gebühren und die für die Berechnung des Geschäftswertes und der Gebühren maßgebenden Paragraphen mit Absätzen der Kostenordnung.

Fragen:

Aufgabe 1: 1409
Franz Meier verkauft an August Sonntag das Hausgrundstück Gemarkung Hofgeismar Flur 11 Flurstück 220/1 zum Kaufpreis von 250 000 EURO. Der Kaufpreis ist fällig, wenn die Auflassungsvormerkung im Grundbuch eingetragen ist und das Vorkaufsrechtszeugnis nach § 28 Abs. 1 BauGB dem Notar vorliegt. Der Notar Dieter Heinzerling wird in der Kaufvertragsurkunde beauftragt, dem Käufer August Sonntag die Fälligkeit des Kaufpreises mitzuteilen. Er wird gleichzeitig angewiesen, die Eintragung der Eigentumsänderung erst zu veranlassen, wenn ihm die Zahlung des Kaufpreises von 250 000 EURO durch den Verkäufer Franz Meier schriftlich bestätigt wurde. Weiterhin ergeht die Anweisung an den Notar, dem Käufer keine Ausfertigung oder beglaubigte Abschriften des Kaufvertrages mit Auflassung zu erteilen, bis ihm der Verkäufer die Zahlung des Kaufpreises schriftlich bestätigt hat. Der Notar wird beauftragt, das Vorkaufsrechtszeugnis nach § 28 Abs. 1 BauGB einzuholen. Die Urkunde umfasst 12 Seiten, es werden 2 Ausfertigungen und 8 Ablichtungen gefertigt, außerdem die Veräußerungsanzeige für das Finanzamt. Die Postentgelte betragen 12 EURO.

Erstellen Sie eine vollständige Kostenberechnung einschließlich Umsatzsteuer!

Aufgabe 2:
Der Landwirt Franz Bauer tauscht sein Ackergrundstück Gemarkung Hofgeis- 1410
mar Flur 11 Flurstück 1/1 = 12000 qm gegen das Ackergrundstück des Landwirts Dieter Hof Gemarkung Hofgeismar Flur 11 Flurstück 12 = 14000 qm. Der Verkehrswert des Grundstücks Flurstück 1/1 beträgt 20 000 EURO, der Verkehrswert des Grundstücks Flurstück 12 beträgt 22 000 EURO. Franz Bauer zahlt an Dieter Hof einen Wertausgleich von 2000 EURO. Den Tauschvertrag beurkundet der Notar Eugen Lehmann in Hofgeismar. Der Notar holt auftragsgemäß die Genehmigung nach dem Grundstücksverkehrsgesetz bei der zuständigen Behörde mittels einer einfachen Fotokopie ein. Weitere einfache Fotokopien erhalten:

– Finanzamt – Grunderwerbsteuerstelle – nebst Veräußerungsanzeige
– Gutachterausschuss
– Franz Bauer
– Dieter Hof.

Eine beglaubigte Fotokopie erhält das Amtsgericht Hofgeismar zum Zwecke der Grundbucheintragung. Der Vertrag umfasst 5 Seiten. Für Postentgelte fallen insgesamt 15 EURO an.

Teil G Kostenrecht

Erstellen Sie eine vollständige Kostenberechnung einschließlich Umsatzsteuer!

Aufgabe 3:

1411 Die Firma I & M ist Eigentümerin eines Baugrundstücks in Kassel mit einem Verkehrswert von 200 000 EURO. Sie errichtet auf diesem Grundstück ein Sechs-Familienhaus, das in Wohnungseigentum (sechs Wohnungen) aufgeteilt werden soll. Die Baukosten betragen 900 000,00 EURO. Der Notar Dieter Heinzerling in Kassel beurkundet die Teilungserklärung nach § 8 WEG nebst Gemeinschaftsordnung. Die Firma I & M wünscht die Übersendung von sechs beglaubigten Fotokopien der Urkunde, eine beglaubigte Fotokopie legt der Notar dem Grundbuchamt zur Bildung des Wohnungseigentums vor. Die Urkunde besteht aus 11 Seiten. An Postentgelten sind 8 EURO entstanden.

Erstellen Sie eine vollständige Kostenberechnung einschließlich Umsatzsteuer!

Aufgabe 4:

1412 Die Eheleute Franz und Helga Durst bestellen als Eigentümer des Grundstücks Gemarkung Essen Flur 12 Flurstück 13/1 eine Grundschuld in Höhe von 200 000 EURO nebst 15% Jahreszinsen ab dem 01.03.2008 für die Bausparkasse Heimbau in Essen. Die Grundschuld soll die erste Rangstelle erhalten. In der Grundschuldbestellungsurkunde wird die dingliche und die persönliche Zwangsvollstreckungsunterwerfung durch die Eheleute Durst erklärt.
Der zu belastende Grundbesitz hat einen Verkehrswert von 300 000 EURO und ist in Abt. III Nr. 1 mit einer Grundschuld in Höhe von 50 000 EURO belastet. In der Grundschuldbestellungsurkunde des Notars Dr. Max Aumüller ist insoweit ein Löschungsantrag der Eheleute Durst als Eigentümer des Pfandobjekts enthalten. Die Bausparkasse Heimbau erhält eine vollstreckbare Ausfertigung der Urkunde, das Grundbuchamt und die Eheleute Durst je eine beglaubigte Fotokopie. Die Urkunde umfasst 4 Seiten, an Postentgelten sind 4 EURO entstanden.

Erstellen Sie eine vollständige Kostenberechnung einschließlich Umsatzsteuer!

Aufgabe 5:

1413 Es erscheint vor dem Notar Dr. Max Aumüller der Unternehmer Rainer Arm. Sein gesamtes Vermögen nach Abzug der Verbindlichkeiten beträgt 3 000 000 EURO. Herr Arm errichtet ein notarielles Testament, in welchem er per Vermächtnis anordnet, dass seine Ferienwohnung am Bodensee sein Sohn Max erhält. Weitere Verfügungen über seinen restlichen Nachlass werden auf ausdrücklichen Wunsch des Herrn Arm nicht getroffen. Der Verkehrswert der Ferienwohnung beträgt 250 000 EURO. Sie ist belastet mit einer Grundschuld im Nennbetrag von 200 000 EURO, die noch in Höhe von 100 000 EURO valutiert.

XIII. Fragen- und Antwortkatalog zum Kostenrecht

Bewerten Sie das Testament! Auslagen und Umsatzsteuer sind nicht zu berechnen!

Aufgabe 6:
Vor dem Notar Dr. Dieter Ritter erscheint Herr Rolf Kraft zur Beurkundung eines Erbscheinsantrages nach seinem Vater Siegfried Kraft. Dieser hinterlässt ein Vermögen im Gesamtwert von 500 000 EURO. Im Nachlassvermögen befindet sich das Grundstück Gemarkung Fulda Flurstück 22/2 mit einem Verkehrswert von 100 000 EURO. Auf diesem Grundstück lastet eine Hypothek von 50 000 EURO, die noch in Höhe von 30 000 EURO valutiert. Weitere Nachlassverbindlichkeiten bestehen nicht. Der Erbschein wird ausschließlich zur Berichtigung des Grundbuches hinsichtlich des Nachlassgrundstücks Gemarkung Fulda Flurstück 22/2 benötigt, der Erbscheinsantrag von Notar Dr. Ritter entsprechend beurkundet.

1414

Bewerten Sie den Erbscheinsantrag! Auslagen und Umsatzsteuer sind nicht zu berechnen!

Aufgabe 7:
Die Ehegatten Rolf und Inge Meisel schließen vor dem Notar Dr. Ritter einen Ehevertrag, wonach der gesetzliche Güterstand der Zugewinngemeinschaft aufgehoben und Gütertrennung (§ 1414 BGB) vereinbart wird. Der Ehemann hat ein Aktivvermögen von 50 000 EURO und Verbindlichkeiten in Höhe von 80 000 EURO, die Ehefrau hat ein Aktivvermögen von 100 000 EURO und Verbindlichkeiten in Höhe von 20 000 EURO.

1415

Bewerten Sie den Ehevertrag! Auslagen und Umsatzsteuer sind nicht zu berechnen!

Aufgabe 8:
Hubert Mittermeier erteilt seiner Ehefrau Rosi Mittermeier eine Vorsorgevollmacht, ausgestaltet als Generalvollmacht. Die Vollmacht wird beurkundet von dem Notar Dieter Mayer und enthält auch eine Betreuungsverfügung. Hubert Mittermeier hat ein Aktivvermögen von 400 000 EURO und Verbindlichkeiten von 100 000 EURO.

1416

Bewerten Sie die Urkunde des Notars Mayer! Auslagen (auch für die elektronische Übermittlung der Urkunde) und Umsatzsteuer sind nicht zu berechnen!

Aufgabe 9:
Arnold Müller gründet zur Urkunde des Notars Dieter Mayer eine 1-Mann-GmbH unter der Firma »Arnold Müller GmbH« mit einem Stammkapital von 50 000 EURO. Der Geschäftsanteil von 50 000 EURO ist sofort in bar zu erbringen. In der Gründungsurkunde (nicht Bestandteil der Satzung) beschließt Arnold Müller seine Bestellung zum Geschäftsführer unter Befreiung von den Beschränkungen des § 181 BGB.

1417

Teil G Kostenrecht

Von der Urkunde werden fünf Fotokopien und eine Ausfertigung erteilt, die Urkunde besteht aus 10 Seiten. Postentgelte sind in Höhe von 8 EURO entstanden.

Erstellen Sie eine vollständige Kostenberechnung einschließlich Umsatzsteuer (jedoch ohne Auslagen und ohne Auslagen für die elektronische Übermittlung der Urkunde)!

Aufgabe 10:

1418 Sachverhalt wie Aufgabe 9. Die zur Eintragung der GmbH in das Handelsregister erforderliche Handelsregisteranmeldung entwirft Notar Dieter Mayer und beglaubigt die Unterschrift des Geschäftsführers Arnold Müller hierunter.

Bewerten Sie die Urkunde des Notars Mayer! Auslagen und Umsatzsteuer sind nicht zu berechnen!

Aufgabe 11:

1419 Zwei Jahre nach der Gründung der »Arnold Müller GmbH« verkauft Arnold Müller einen Teil-Geschäftsanteil im Nennbetrag von 25 000 EURO zur Urkunde des Notars Dieter Mayer an seinen Freund Dieter Bohlen zum Kaufpreis von 75 000 EURO. Das Stammkapital der GmbH beträgt weiterhin 50 000 EURO. Der Teil-Geschäftsanteil wird in gleicher Urkunde an Dieter Bohlen aufschiebend bedingt durch die Kaufpreiszahlung abgetreten.

Bewerten Sie die Urkunde des Notars Mayer! Auslagen (auch für die elektronische Übermittlung) und Umsatzsteuer sind nicht zu berechnen!

Aufgabe 12:

1420 Die Eheleute Reinhard und Elisabeth Stender leben in Gütertrennung. Der Notar Dr. Eugen Frisch beurkundet einen Erbvertrag, wonach die Eheleute Stender ihre einzige Tochter Christiane zur alleinigen Erbin einsetzen. In gleicher Urkunde verzichten die Eheleute Stender gegenseitig auf ihre Pflichtteilsansprüche am Nachlass des anderen Ehegatten. Jeder Ehegatte hat ein Aktivvermögen von 250 000 EURO. Demgegenüber stehen Darlehensverbindlichkeiten der Eheleute Stender in Höhe von 100 000 EURO, für die sie im Innenverhältnis je zur Hälfte haften.

Bewerten Sie die Urkunde des Notars Dr. Frisch! Auslagen und Umsatzsteuer sind nicht zu berechnen!

Aufgabe 13:

1421 Notar Dr. Eugen Frisch in Köln beurkundet einen Übergabevertrag, wonach der Vater Detlef Budig seinem Sohn Kevin Budig ein Hausgrundstück in Leipzig mit einem Verkehrswert von 150 000 EURO überträgt. Der Vater (65 Jahre alt) erhält ein lebenslanges Wohnungsrecht nach § 1093 BGB an der Wohnung im Erdgeschoss. Der Jahreswert des Wohnungsrechts beträgt 6000 EURO. Kevin Budig hat außerdem an seine Schwester Karin Budig eine Herauszahlung in Höhe von 50 000 EURO zu leisten. Zur Vertragsdurchführung muss der Notar die Genehmigung nach der Grundstücksverkehrsordnung (GVO) einholen.

Bewerten Sie die Urkunde des Notars Dr. Frisch! Auslagen und Umsatzsteuer sind nicht zu berechnen!

Aufgabe 14:
Bestimmen Sie den Geschäftswert für folgende Urkunden unter Angabe der jeweils einschlägigen Paragraphen:

1. Erstanmeldung eines Einzelkaufmanns mit einem Anfangsvermögen von 100 000 EURO,
2. Erstanmeldung einer Kommanditgesellschaft bestehend aus 3 Kommanditisten mit einer Einlage von jeweils 200 000 EURO und einem persönlich haftenden Gesellschafter,
3. Erstanmeldung einer OHG bestehend aus 4 Gesellschaftern,
4. Erstanmeldung einer Aktiengesellschaft mit einem Grundkapital von 100 000 EURO, die Aktien werden mit einem Agio (Aufgeld) von 10% = insgesamt 110 000 EURO ausgegeben.

Aufgabe 15:
Nennen Sie zu den nachfolgend aufgeführten Vorgängen die jeweilige Geschäftswertvorschrift (Paragraph), den Gebührensatz (z. B. 20/10) mit entsprechender Vorschrift (Paragraph) und gegebenenfalls in Betracht kommende Höchstwerte und Höchstgebühren:

– Kaufvertrag
– Tauschvertrag
– Kaufvertragsangebot
– Erbvertrag
– Gesellschafterbeschluss mit unbestimmten Geldwert
– Unterschriftsbeglaubigung
– Ehevertrag
– Grundschuldbestellung mit Zwangsvollstreckungsunterwerfung

Lösungen:

Aufgabe 1.:

Geschäftswert: 250 000,00 EURO (§ 20 Abs. 1 KostO)
20/10 Gebühr § 36 Abs. 2 KostO   864,00 EURO
1/10 Vollzugsgebühr § 146 Abs. 1 KostO   43,20 EURO

Geschäftswert: 75 000,00 EURO
(30% aus 250 000,00 EURO)
5/10 Gebühr § 147 Abs. 2 KostO
Mitteilung Kaufpreisfälligkeit   88,50 EURO

Teil G Kostenrecht

Geschäftswert: 75 000,00 EURO
(30% aus 250 000,00 EURO)
5/10 Gebühr § 147 Abs. 2 KostO
Überwachung Kaufpreiszahlung   88,50 EURO

Dokumentenpauschale §§ 152 Abs. 1, 136 KostO
(2 Exemplare frei; 1 Seite für Veräußerungsanzeige)   32,05 EURO
Postentgelte §§ 152 Abs. 2, 137 KostO   12,00 EURO
19% Umsatzsteuer § 151 a KostO   214,77 EURO
Gesamt: 1342,62 EURO

Zur Lösung siehe auch Rz. 1047 ff., 1096 ff.

Aufgabe 2.:

1425 Geschäftswert: 22 000,00 EURO
(§§ 19 Abs. 2, 39 Abs. 2 KostO)
20/10 Gebühr § 36 Abs. 2 KostO   156,00 EURO
5/10 Vollzugsgebühr § 146 Abs. 1 KostO   39,00 EURO

Dokumentenpauschale §§ 152 Abs. 1, 136 KostO
(2 Exemplare frei; 1 Seite für Veräußerungsanzeige)   10,50 EURO
Postentgelte §§ 152 Abs. 2, 137 KostO   15,00 EURO
19% Umsatzsteuer § 151 a KostO   41,90 EURO
Gesamt: 262,40 EURO

Zur Lösung siehe auch Rz. 1125 ff.!

Aufgabe 3.:

1426 Geschäftswert: 550 000,00 EURO
(§§ 19 Abs. 2, 21 Abs. 2 KostO)
10/10 Gebühr § 36 Abs. 1 KostO   882,00 EURO
Dokumentenpauschale §§ 152 Abs. 1,
136 KostO (1 Exemplar frei)   27,40 EURO
Postentgelte §§ 152 Abs. 2, 137 KostO   8,00 EURO
19% Umsatzsteuer § 151 a KostO   174,31 EURO

Gesamt: 1.091,71 EURO

Zur Lösung siehe auch Rz. 1164!

Aufgabe 4.:

1427 Geschäftswert: 200 000,00 EURO
(§ 23 Abs. 2 KostO – Grundschuldbestellung)
10/10 Gebühr § 36 Abs. 1 KostO   357,00 EURO
Geschäftswert: 50 000,00 EURO
(§ 23 Abs. 2 KostO – Löschungsantrag)
5/10 Gebühr § 38 Abs. 2 Nr. 5 Buchst. a KostO   66,00 EURO

XIII. Fragen- und Antwortkatalog zum Kostenrecht

Dokumentenpauschale §§ 152 Abs. 1, 136 KostO (1 Exemplar frei)	4,00 EURO
Postentgelte §§ 152 Abs. 2, 137 KostO	4,00 EURO
19% Umsatzsteuer § 151 a KostO	81,89 EURO
Gesamt:	512,89 EURO

§ 44 Abs. 2 Buchst. b KostO ist zu beachten (Gegenprobe) = 10/10 Gebühr aus Gesamtgeschäftswert von 250 000,00 EURO = 432,00 EURO; getrennte Berechnung wie oben ist für Kostenschuldner günstiger!

Zur Lösung siehe auch Rz. 1174 ff.!

Aufgabe 5.:

Geschäftswert: 250 000,00 EURO 1428
(§§ 39 Abs. 1, 19 Abs. 2, 18 Abs. 3 KostO)
10/10 Gebühr § 46 Abs. 1 KostO   432,00 EURO

Zur Lösung siehe auch Rz. 1218 ff.!

Aufgabe 6.:

Geschäftswert: 70 000,00 EURO 1429
(§§ 107 Abs. 3, 49 Abs. 2 KostO)

10/10 Gebühr § 49 Abs. 1 KostO   162,00 EURO

Zur Lösung siehe auch Rz. 1234 ff.!

Aufgabe 7.:

Geschäftswert: 80 000,00 EURO 1430
(§ 39 Abs. 3 KostO)

20/10 Gebühr § 36 Abs. 2 KostO   354,00 EURO

Zur Lösung siehe auch Rz. 1247 ff.!

Aufgabe 8.:

Geschäftswert: 200 000,00 EURO 1431
(§ 41 Abs. 2 KostO – Vorsorgevollmacht)
5/10 Gebühr § 38 Abs. 2 Nr. 4 KostO   178,50 EURO

Geschäftswert: 3000,00 EURO
(§§ 30 Abs. 3 KostO – Betreuungsverfügung)
10/10 Gebühr § 36 Abs. 1 KostO   26,00 EURO

§ 44 Abs. 1 KostO ist zu beachten, jedoch beträgt eine 10/10 Gebühr aus 200 000,00 EURO 357,00 EURO, so dass die obige Berechnung für den Kostenschuldner günstiger ist.

Zur Lösung siehe auch Rz. 1266 ff.!

Aufgabe 9.:

1432 Geschäftswert: 50 000,00 EURO
(§ 39 Abs. 1 KostO – GmbH-Gründung)
10/10 Gebühr § 36 Abs. 1 KostO ..... 132,00 EURO

Geschäftswert: 25 000,00 EURO
(§§ 41 a Abs. 4 Nr. 1, 41 c Abs. 1 KostO –
Bestellung Geschäftsführer)
20/10 Gebühr § 47 KostO ..... 168,00 EURO

Dokumentenpauschale §§ 152 Abs. 1, 136 KostO
(1 Exemplar frei) ..... 25,00 EURO
Postentgelte §§ 152 Abs. 2, 137 KostO ..... 8,00 EURO
19% Umsatzsteuer § 151 a KostO ..... 63,27 EURO

Gesamt: ..... 396,27 EURO

§ 44 KostO findet keine Anwendung!

Zur Lösung siehe auch Rz. 1271 ff.!

Aufgabe 10.:

1433 Geschäftswert: 50 000,00 EURO
(§ 41 a Abs. 1 Nr. 1 KostO)

5/10 Gebühr § 38 Abs. 2 Nr. 7 KostO ..... 66,00 EURO

Zur Lösung siehe auch Rz. 1278!

Aufgabe 11.:

1434 Geschäftswert: 75 000,00 EURO
(§ 20 Abs. 1 KostO)

20/10 Gebühr § 36 Abs. 2 KostO ..... 354,00 EURO

Zur Lösung siehe auch Rz. 1293 ff.!

Aufgabe 12.:

1435 Geschäftswert: 400 000,00 EURO
(§ 46 Abs. 4 KostO – Erbvertrag)
20/10 Gebühr § 46 Abs. 1 KostO ..... 1314,00 EURO

Geschäftswert: 50 000,00 EURO
(§§ 39 Abs. 1, 2 KostO – Pflichtteilsverzicht)
20/10 Gebühr § 36 Abs. 2 KostO ..... 264,00 EURO

§ 44 KostO findet keine Anwendung! Der Geschäftswert des Pflichtteilsverzichts errechnet sich wie folgt: Beide Elternteile haben gleiche Vermögenswerte, nämlich 250 000,00 EURO – 50 000,00 EURO Verbindlichkeiten = 200 000,00 EURO. Die Erbquote des Ehegatten beträgt somit ½ = 100 000,00

XIII. Fragen- und Antwortkatalog zum Kostenrecht

EURO, der Pflichtteil ¼ = 50 000,00 EURO. Da ein Austauschvertrag (§ 39 Abs. 2 KostO) vorliegt, ist nur ein Pflichtteilsverzicht zu bewerten.

Zur Lösung siehe auch Rz. 1229 ff., 1244 ff.!

Aufgabe 13.:

Geschäftswert: 150 000,00 EURO   1436
(§§ 19 Abs. 2, 39 Abs. 2 KostO)

20/10 Gebühr § 36 Abs. 2 KostO	564,00 EURO
5/10 Vollzugsgebühr § 146 Abs. 1 KostO	141,00 EURO

Zur Lösung siehe auch Rz. 1129 ff., 1141!

Aufgabe 14.:

Nr. 1: Geschäftswert: 25 000,00 EURO (§ 41 a Abs. 3 Nr. 1 KostO)   1437

Zur Lösung siehe auch Rz. 1301!

Nr. 2: Geschäftswert: 500 000,00 EURO (§§ 41 a Abs. 1 Nr. 5, 39 Abs. 4 KostO)

Zur Lösung siehe auch Rz. 1307!

Nr. 3: Geschäftswert: 62 500,00 EURO (§ 41 a Abs. 3 Nr. 2 KostO)

Zur Lösung siehe auch Rz. 1304!

Nr. 4: Geschäftswert: 100 000,00 EURO (§ 41 a Abs. 1 Nr. 1 KostO)

Zur Löschung siehe auch Rz. 1315!

Aufgabe 15:   1438

Vorgang	Geschäftswertvorschrift ggf. Höchstwert	Gebührenvorschrift ggf. Höchstgebühr	Gebührensatz
Kaufvertrag	§ 20 Abs. 1 KostO	§ 36 Abs. 2 KostO	20/10
Tauschvertrag	§ 39 Abs. 2 KostO	§ 36 Abs. 2 KostO	20/10
Kaufvertragsangebot	§ 20 Abs. 1 KostO	§ 37 KostO	15/10
Erbvertrag	§ 46 Abs. 4 KostO	§ 46 Abs. 1 KostO	20/10
Gesellschafterbeschluss mit unbestimmtem Geldwert	§ 41 c Abs. 1 KostO 500 000,00 EURO	§ 47 KostO 5000,00 EURO	20/10
Unterschriftsbeglaubigung	§ 45 Abs. 1 KostO	§ 45 Abs. 1 KostO 130,00 EURO	5/20
Ehevertrag	§ 39 Abs. 3 KostO	§ 36 Abs. 2 KostO	20/10
Grundschuldbestellung mit Zwangsvollstreckungsunterwerfung	§ 23 Abs. 2 KostO	§ 36 Abs. 1 KostO	10/10

Register

Die Zahlen beziehen sich auf die Randziffern.

A
Abbildungen 126
Abfindungsergänzungsverpflichtungen 1136
Ablichtung, **1034–1035, 1037, 1382**
Abschrift **26, 49–52**, 56–57, **82**, 187–188, 190–193, **202–205**, 280–281, 512–513, 1012–1013, 1035–1037
Abspaltung 1324, 1329–1330
Abstammung 630–631
Abstammungsrecht 633
Abteilung I (Eigentümerverzeichnis) 243
Abteilung II **246–247**
Abtretung 496, 530, 611, 991–993, 1048, **1293**, 1295, 1312, 1366, 1371
Abtretung der Briefgrundschuld 1204
Abtretung der Forderung 199
Abtretung der Grundschuld 199, **551–560, 1202–1207**
Abtretung von Geschäftsanteilen 1293
Abwesenheitspfleger 675
Abwicklung 54, 281, **312–314**, 344, 365–369, 375, 764, 843, 886, 911, 1085, 1096
Abwicklung der Eheverträge 712–714
Abwicklung der Erbverträge 786–789
Abwicklung notarieller Testamente 778–779
Adoption 718, 726–727, 729, 732
Affidavit 49, 161
Akten 21–22, 54, 61, 63, 1034
Aktenvermerk 796, 798
Aktiengesellschaft **1315–1320**, 1326, 1422
Aktivvermerk 242

Alleinerbe 804, 810, 822, 893, 1245
Alleinerbschein 893, 915
Alleinverwalter 600
Altenteil 457, 482–483, 1132, 1142, 1366
Alterstestament 671
Amtsbereich 7, **10**
Amtsbezirk **10**, 372
Amtsprüfung 11, 40, 54
Amtssitz **10**, 36, 98, 778, 913, 980, 1038–1039, 1042–1043, 1212
Amtsvormundschaft 661, 723
Anderkonto 41, 44, 369, 373, 384
Änderung und Aufhebung von Kaufverträgen 1114
Änderungsvorbehalt 763, 871, 874
Anerbenrecht 736
Anerkennung 166, 633–636, 710, 1365
Anfangsvermögen 585–587, 686, 1254, 1256, 1422
Anfechtung 636, 665, 737, 764, 817, 887, 889–891, 915
Anfechtungserklärung 764, 791, 887, 889
Anfechtungsrecht 872
Angebot 71, 190, 259, 315, 339, 594, 785, 879, 915, 1113
Ankaufsrecht 1070, 1159, 1170, 1172, 1385
Anmeldung 31, 166, 670, 916, **922**, 946, 951–952, **965–968**, 970, 973, 981–983, 990, 992–994
Annahme **1113**
Annahme als Kind 103, 630, **718–719**, 721–723, 728, 1263
Annahme eines Angebots 190
Annahme Volljähriger 726
Anspruch auf Erteilung 192
Antrag 4, **252**

575

Register

Antrag des Annehmenden 719, 721, 728
Anwachsung **817**, 822, 866, 869, 876
Anwaltsnotar **15**, **17–19**, 105, 1378, 1407
Anwaltsnotariat 13, 15–16, 105
Anwartschaftsrecht 820
Anzeige gegenüber dem Finanzamt 20, **186**
Anzeigepflicht 186–187, 315, 317, 493–494, 911
Anzeigepflicht gegenüber Finanzamt 911
Aufgebotsverfahren 736
Aufhebung 268, 399, 402–404, 624–628, 714–715, 732, 1095, **1114**, 1155–1156, 1189, 1231, 1360, 1365
Aufhebungsfiktion 794, 796
Aufhebungsvertrag 764, 915
Auflage 380, 736, 763–764, **840–844**, 874–875
Auflassung 194–195, **234–235**, 258–260, 267–268, **280–281**, 338–341, 397–398, 402–406, 907–909, 1052–1055, 1120–1121, 1273–1275, 1365–1367
Auflassungsvormerkung **335–336**, 352–353, 402–404, 523–524, 531, 1100–1101, 1104, 1342, 1409
Auflösung der Gesellschaft 941, 1288
Aufschrift **237–238**, 778, 781
Aufspaltung 915, 1113, 1324, **1329–1330**
Aufteilung 219, **406**, 408, 423, 708
Auftragsrecht 845
Auseinandersetzung 246, 736, 831, 858, 903, **906–910**, 912, 1155, 1241
Auseinandersetzungsverbot **836**, 839–840, 865
Auseinandersetzungsvertrag 904, **1153**, 1157, 1241
Auseinandersetzungszeugnis **909**, 1241
Ausfertigung **190–194**, **1034–1035**

Ausfertigungsvermerk **193**, 195, 341, 1037
Ausgleichsforderung 585–586, 692
Ausgleichsgemeinschaft 619, 628
Ausgleichsquote 684, 688, 691, 704, 733
Ausgliederung 1324, 1333
Aushändigung der Niederschrift 49
Auslagen **1033–1045**, 1413–1421
Ausländer 282–283, 710, 713, 733, 767, 769, 895
Auslegungsregel 758, 812, 861, 872
Ausschlagung 638, 733–734, 736, 800, 875, **887–891**
Ausschlagungserklärung 887, 889
Ausschlagungsfrist 887, 889, 914–915
Aussetzung der Auflassung 281, 339, 429, 1052
Aussteller 172, 174
Austauschverträge 1129, 1325
Auswärtsgebühr 1043, 1319, 1389
Auszugsweise Ausfertigung 194–195, 280

B

Bauhandwerkersicherungshypothek 518
Bauträger 12, 424, 427, 517, 1077–1079, 1164–1165
Bauträgervertrag 424, 429, 1078
Bauverpflichtungen 1064, 1067–1068
Bebauung für Rechnung des Erwerbers 1076
Beerdigung 736, 1136
Beerdigungs- und Grabpflegekosten 1136
Befreiung von der Inventarisierungspflicht 848, 852, 867, 871, 874
beglaubigte Abschrift 45–47, 53–54, 178, **202**, 317, 340–341, 636, 662, 673, 730
Beglaubigung der Unterschrift 166, 1106, 1108, 1183, 1185, 1199, 1377

Beglaubigung von Abschriften 26, 164, 191, 1030
Beglaubigungsvermerk **203**, 995, 1356
Behinderte 139
Behindertentestament 875, 877
Beitreibung der Kosten 1403, 1407
Belastung **246**, 300–301
Belastungsvollmacht 31, 376, 529–530, 1050, 1102–1103, 1121, 1366
Belehrung 89, 281, 682–683, 692, 709–710
Belehrungsfunktion 89
Bemerkungen 29, 33
Benachrichtigungskarte 713, 788
Benachrichtigungspflicht 226, 712–713, 791
Benachrichtigungspflicht des Notars 713
Benachrichtigungsschreiben 50, 713, 788, 793
Berichtigungsbewilligung 265
Bescheinigungen 26, 170, 353, 1081, 1084
beschränkt geschäftsfähig 103, 633, 646, 661, 762, 879
Beschränkung **246**, 691–693, 709, 714–715, 820–821, 846–847, 875–876, 980, 988, 1276–1277, 1288
Beschwerdeverfahren 1400–1402
Bestandsverzeichnis (§ 6 GBV) 239
Beteiligte **31**
Betrag des Stammkapitals 953, 957
Betreuer **662–665**, 844, 879
Betreuung 8, 477, 606, **662–665**, 814, 1344
Betreuungsgebühr 1085, 1087, **1095–1096**, 1099, 1117, 1122, 1141, 1143, 1282, 1342, 1394, 1400
Betreuungsverfahren 665, 668
Betreuungsverfügung 665, 1266–1269, 1416, 1431
Betreuungsvorschlag 663

Beurkundung von Willenserklärungen 95
Beurkundungen im Erbrecht 734–915
Beurkundungen im Vereinsrecht 1003–1005
Beurkundungspflicht bei Zwangsvollstreckungsunterwerfung 207
Beurkundungsverfahren 9, **82**, 124, 914
Bevollmächtigte 662–665, 1269–1270
Bewertung 464, 1112–1113, 1121, 1135–1136
Beweisfunktion 86
Bewilligung 253–257
Bezeichnung der Beteiligten 99–100
BGB-Gesellschaft s. GbR
Bindungswirkung 671, **757–758**, 760–761, 763–764, 806
Blattsammlung 44, 54
Briefgrundschulden 200, 382, 498, 551
Briefhypothek 498
Bruchnummer 29
Bruchteilsgemeinschaft 836, 1155–1157
Bücher **21–23**, 41, 59, 61–62, 939
Buchgrundschuld **498**, 552, 558, 564, 1176, 1202–1203
Buchhypothek 498, 1176
Bundesnotarkammer 665–666, 668–669, 998, 1268, 1394, 1396
Bürgschaft 219, 427–428, 709, 1337, 1366

D

Darlehensvertrag 496, 521, 533, 536, 663, 1178
dauernde Last 479–480
Dauertestamentsvollstreckung 651, 851, 875–876
Dienstaufsicht 6, 9, 11, 21, 182, 1402

Dienstbarkeit 232–233, 246, 256, 268–269, 301, 333, 469, 472, 908, 1070
Dienstbarkeiten 233, 246, 301, 333, 469, 908, 1070
Dienstpflicht des Notars 97
Direktzahlung **312–313**, 338, 344, 348, 365, 367, 384, 1343
Dokumentenpauschale 1022, **1034–1037**, 1188–1189, 1192–1194, 1267–1268, 1277, 1281, 1424–1427, 1432
Doppelverdienerehe 605
Doppelvollmacht 638, 642, 661–662, 673, 732–733, 1100
Dreißigsten 750
Drittbestimmung 840

E
Ehe 567–612
Ehegattenunterhalt 608, 679, 1261
Ehegattenzustimmung 577
Ehename 653–654
Eheschließung 283, 567, 569, 571, 585, 587, 594, 608, 679, 697, 706, 708, 820, 865, 879
Ehevertrag 568–569, 594–595, 602–603, 605, **676–680**, 682–684, 696, 702, 707–709, 714–715, 1229–1231, 1247–1248, 1423, 1438
Ehewohnung 566, 707, 1261
Eid 160 ff.
Eidesstattliche Versicherung 32, 84, 108, 1235–1236, 1406
Eigentum 231–232, 234, 257–258, 908–909
Eigentümererklärung 268
Eigentumsübergang 267, 279–280, 338, 340, 1261
Eigentumsübertragung 235, 252, 271, 280, 347, 353, 366, 457, 474, 908, 1091
Eigentumsumschreibung 333
Eigentumsverhältnis 236, 285, 560, 565, 570, 622

Eigentumswechsel 243, 267, 279–280, 331, 344, 401, 908, 1099, 1101
Eigentumswohnung 130, 211, 420–424
Eigenurkunde 397, 640, 1054, 1056, 1099
Ein- und Austritt von Gesellschaftern 941
Einbenennung 653–655
Einfache Abschriften **205**, 319
Eingangsstempel 270
Eingangsvermerk 270
Eingeschränkte Vorlesungspflicht 132
Einigung über den Eigentumsübergang 258
Einreichungssperre **1053–1054**, 1096, 1099–1100, 1117, 1143, 1342
einseitige Verfügung 753, 758, 763–764, 794, 849, 874
Eintragung (§ 873 BGB) 234, 470
Eintragungsmitteilung 274, 537
Eintragungsverfahren 251
Eintrittsrecht 738–739
Einwilligung der Eltern des Kindes 724
Einwilligung des Kindes 653, 723
Einzelkaufmann 210, 917, 921, 925, 1016, 1301–1303, 1422
Einzelschiedsrichter 859
Einzeltestament 753, 757–758, 769, **865–866**, 868, 1226, 1229
elektronische Form 75–76
elektronische Handelsregisteranmeldung 994–1002
elektronische Registeranmeldung 1280
elektronischer Rechtsverkehr 1037
elterliche Sorge 638–642
empfangsbedürftige Willenserklärung 321
Endvermögen **586**, 684, 686, 691, 733, 1252–1253
Enterbung 490, 800, 814, 822, 865, 867, 871, 874–875

Entwurfsgebühr 1344–1346
Erbauseinandersetzung 906–912
Erbauseinandersetzungsvertrag **907**, **1153**, 1241–1243
Erbausschlagung 85, **887**, 889, 892
Erbbaurecht 431
Erbbaurechtsvertrag 431–455, 1158–1161
Erbbauzins 444–446, 450–451, 1158–1159, 1161–1163
Erbeinsetzung **810**, 822–823, 828, 1220
Erben 737–751, 1154, 1219–1220, 1232, 1237, 1241, 1302
Erbengemeinschaft 31, 732, 906–908, 1241, 1302
Erbfähigkeit 735
Erbfall 461–462, 736–737, 810–811, 814, 817, 820, 823–825, 1244
Erblasser 735, **736**, 739–747, 766–767, 781, 785, 788, 791–792, 810–811, 836, 840, 843–845, 856, 879–881, 884, 895, 904, 906, 914–915, 1225, 1237, 1243–1244, 1246
Erbrecht 456, 491, 585, 593, 728, **734–738**, 746, 749–752, 767, 800, 820, 872, 878–879, 884, 913–914
Erbrecht der Verwandten 737–738
Erbrecht des Ehegatten 746
Erbrecht des Staates 737, 751
Erbrechtsgarantie 777
Erbschaft 678, **734**, **736–737**, 749–751, 763, 800, 817, 820
Erbschaftskauf 903
Erbschein 4, 191, 268, **892–895**, 897–898, 900–902, 909, 914, 1234, 1237–1241
Erbscheinsantrag 5, 32, 734, 894 ff., 897–899, 903, 1027, 1234–1236, 1238–1240, 1414
Erbscheinsantrag bei gesetzlicher Erbfolge 898
Erbscheinsantrag bei gewillkürter Erbfolge 901
Erbscheinsverfahren 1234

Erbteil 733–734, 736, 739, 746–750, 800, 802, 817, 822, 903
Erbteilskauf 878, 903
Erbteilskaufvertrag **903**, 1242
Erbteilsübertragung 267, 903–904, 1242–1243
Erbteilsübertragungsvertrag 904
Erbunwürdigkeit 750, 800
Erbvertrag 757–758, **761–766**, 769, 775, **872–875**, 884–885, 901, 914–915, 1035
Erbvertragsregister 23, **45**
Erbverzicht 219, 750, 765, 817, **879**, 881, 1244, 1246
Erbverzichtsvertrag **879**, 881, 1037
Erfüllungsgeschäft **280**, 290, 903, 1048, 1275, 1368
Ergänzungspfleger 638, 661, 733
Ergänzungspflegschaft 673
Erklärung 25–26, 67, 75–79, 89–91, **95–96**, 99, 103–104, 109, 114
Erklärung der Auflassung 218, 258, 338–339, 348, 364, 385, 397
Erklärung gegenüber dem Notar 773, 777
Eröffnungsprotokoll 892, 901
Ersatz vergeblicher Aufwendungen 302
Ersatzerbe **817–819**, 821–822, 840, 865–866, 869, 876, 884
Ersatzerbschaft **817**, 819, 823
Ersatzvermächtnisnehmer **825**, 828, 867, 871, 874
Erschließungskosten 296, 298, 1064–1065, 1068, 1121
Erstanmeldung der Gesellschaft 966
Erteilung von Ausfertigungen 26, 30, 184, 191, 223
Europäische wirtschaftliche Interessenvereinigung 949

F
Fahrtkosten 1040, 1389–1390
Fälligkeit der Notargebühren 1019
Fälligkeitsmitteilung 348, 352

Familienangehörige 659, 750
Familienrecht **566**, 660, 676, 731
Familienunterhalt 605
Farbdrucksiegel 36, 170, 193
Festgebühren 1030
Feststellungspflichten 103
Finanzierungsgrundschuld 218, 380, 426, **528–529**, 532, 560, 1099
Finanzierungsvollmacht 280
Firma 935, 937, **955**
Firmenänderung 170, 941, 1388
Flur 253–254, 1409–1410, 1412
Flurstück 230, 239–240, 253–254, 694, 1156–1157, 1187, 1192, 1414
Form der Einwilligung 578
Form des Erbvertrages 764, 785, 1223
formbedürftige Rechtsgeschäfte **72**
formelle Vermittlung der Auseinandersetzung 910
formelles Konsensprinzip 257, 505
formelles Recht 4
Formfreiheit 71, 917
Formvorschriften 770–798
Formwechsel 1324, 1335
Freistellungsverpflichtungserklärung 425–427
Freiwillige Gerichtsbarkeit 2–6

G
Garantie 120, 302–303, 542, 904
Gattungsvermächtnis 825
GbR 210, 243, **933–936**, 943, 1003
Gebärdendolmetscher 777
Gebührenermäßigung 1018, 1376, 1378–1379, 1381–1382, 1385–1387
Gebührensätze **1031–1032**, 1162, 1209, 1349, 1365, 1367–1368, 1372, 1374
Gebührenvereinbarung 1376
Geburtsname 99, 617, 653, 706, 708, 720, 722, 728, 778, 865
Geburtsstandesamt 226, 494, 706, 708, 732, 864–865, 867, 871, 874, 886

Gefahrübergang 296–297
Gegenstand des Unternehmens 947, 952–954, 956, 980, 1000, 1286, 1288
gegenständlich beschränkter Erbschein 915
Geldrente 605, 611
Gemarkung 240, 253, 398, 412, 826, 834, 904, 908, 913, 1055, 1187, 1409–1410, 1412, 1414
gemeinschaftlicher Erbschein 898, 915
gemeinschaftliches Eigentum 414
Gemeinschaftliches Testament 758, 868
Gemeinschaftsordnung 408, 417, 419, 421, 423, 1165–1166, 1411
Gemeinschaftsverhältnis 243, 410, 471, 599
Genehmigung 4, 14, 51, 313–314, **321–328**, 493–494, 539, 956, 1022, 1045, 1141–1144, 1169, 1342, 1394, 1421
Genehmigung durch den Vertretenen 321
Genehmigungspflicht 307, 325, 661
Genehmigungsvorbehalt 396, 418, **612**, 626, 702
Generalakte 58, 64
Generalvollmacht 663–664, 1266, 1269, 1416
Genossenschaft 210, 917, 920, 1280, 1321
Gesamtgrundschuld 519, 545–547
Gesamtgut 597–598, 600–602, 694–695, 733, 750, 856
Gesamtgutsverbindlichkeit 600
Gesamthandseigentum 572, 907
Gesamthandsgemeinschaft **736**, 810, 903
Gesamthandsgläubiger 581
Gesamtprokura 931
Gesamtrechtsnachfolge **736**, 810, 812, 820, 823–824, 879, 887, 1147, 1218, 1221

Gesamtschuldner 294, 310, 534, 581, 736, 908, 992, 1351, 1386
Geschäft 1030–1031, 1354, 1363–1364, 1379
Geschäfte außerhalb der Notarstelle 1043
Geschäftsanteil 953–954, **957–958**, 966–968, 971–974, 977, 1272, 1274, 1277, 1285, 1291, 1417
Geschäftsanteilsübertragung 187, **991**
Geschäftsfähigkeit 103–104, 219, 225, 566, 671, 754, 762, 797, 844, 873–874
Geschäftsführer 31, 115, 268, 992–993, 999–1000, 1017, 1274, 1286, 1328, 1344, 1371, 1417–1418, 1432
Geschäftsunfähigkeit 104, 633, 661, 719, 723, 764, 879
Geschäftswert **1024-1030**, 1047
Geschäftswertobergrenze 1028
Gesellschaft mit beschränkter Haftung *s. GmbH*
Gesellschaften 115, 213, 866, 869, 917, 933, 946, 949, 955, 1273
Gesellschafterbeschluss 987, 997, 1286, 1295, 1297, 1344, 1423, 1438
Gesellschafterversammlung 952, 980, 983–984, 987, 989, 1276, 1313, 1344
Gesellschaftssteuerrichtlinie 1018
Gesellschaftsvertrag 5, 219, 866, 933–935, 938, 951–952, 954, 972–973, 985, 1017, 1273, 1275–1276, 1288, 1291–1292, 1295, 1306, 1313, 1322, 1366
Gesetzliche Erben der dritten Ordnung 743
Gesetzliche Erben der ersten Ordnung 739
Gesetzliche Erben der vierten Ordnung 745
gesetzliche Erbfolge 735, 737, 752, 797, 814, 817, 891, 902, 914
gesetzliche Vertretung 110

Getrenntleben 588, 605, 621–624, 704, 707
Gewerbebetrieb 920, 927, 934
gewillkürte Erbfolge 737
GmbH 219, **950–993**, 1000, 1271
Gradualsystem 738, 745
Grundakte 200–201, 237, 288, 540, 542, 558, 642, 1059
Grundbuch 236–274
Grundbuchabrufgebühren 1045
Grundbuchamt 235, 260–261, 265, 274, 280, 321–322, 331, 338–341, 380–381, 396–397, 418, 493–494, 505, 523, 543, 565, 638, 904, 908, 1059, 1095, 1176, 1185, 1241, 1411–1412
Grundbuchauszug 199, 274, 285, 287
Grundbuchberichtigung 261, 267–268, 599, 695, 892, 903–904, 934, 1238, 1240, 1242
Grundbuchberichtigungsanspruch 820
Grundbuchblatt **237**, 247, 253, 518, 1045, 1187
Grundbucheinsicht 285, 288, 353, 383, 386, 410, 465, 564, 913, 1045, 1179
Grundbuchsperre 331, 335, 820, 845
Grundbuchstand 285–287, 300, 407, 410, 438
Grundbuchverfahren **235–236**, 268, 663
Grunderwerbsteuer 278, 306, 310, 319, 353, 400, 452, 494, 904, 908, 992, 1103
Grundpfandrecht 495–563
Grundschuld 510–522
Grundschuld mit Zwangsvollstreckungsunterwerfung 1174–1182
Grundschuldbestellung 510, 539
Grundschuldbrief 59, 357, 382, 498, 500, 507, 512, 558, 561–562, 565, 1204, 1337
Grundschuldformular 506, 511, 514, 519, 533, 1191–1192

581

Grundstück 275, 280, 285, 475–476, 732–733
Grundstück im Rechtssinn 230–231, 239, 396, 407, 518
Grundstückskauf **275**, 539, 1344
Grundstückskaufvertrag **275, 281**, 302, **311**
Grundstücksrecht 229–230, 405, 565, 1028, 1100, 1160, 1193
Grundstücksveräußerung 207
Grundstücksverkehrsgesetz 323, 325, 565, 1082–1084, 1141–1142, 1410
Grundstücksverkehrsordnung 310, 323, 326, 354, 452, 565, 1421
Gruppenerbschein 893, 915
Gutachterausschuss 188, 226, 313, **320**, 494, 1037, 1082, 1410
Gütergemeinschaft 283, 568, **594–599**, 603–604, 625, **694**, 696, 706, 732–733, 750, 856
Güterrecht **567–568**, 613, 619, **1247**
Güterrechtsregister 619, 692, 694, 706, 709, 712, **714–715**, 1251
Güterstand 282–284, **567–571**, 604, 856–857, 887, 902, 914, 1248, 1258
Gütertrennung 283, **592–594**, 604, 612, 619, 678, 684, 690, 694, 706, 715, 1232, 1251, 1254–1256, 1258, 1265, 1415
Gütertrennungsvereinbarung 692
GVO-Genehmigung 243, 326, 1121

H
Haftungsausschluss 302, 907
Haftungsbeschränkung 303, 736, 943
Handelsgeschäfte 917
Handelsgesellschaften 933
Handelsgewerbe **920**, 934–935
Handelsregister 339, **917–918**, 921–922, 924–925, 927, 930, 932, 934–936
Handelsregisterauszug 199, 268, 920
Handzeichen 8, 82, 164, 166, 1356
Hauptschrift 202–204

Hausfrauenehe 605
Haushaltsführung 605
Haushaltsgegenstände 581–583
Hausrat 566, 627, 707–709, 875, 907, 1261
Hausratsverteilung bei Getrenntleben 622
HausratsVO 566, 581
Heimaufsichtsbehörde 816
Heimbewohner 814–816
Heimfall **444–445**, 448
Heimgesetz 816
Heimträger 814
Heimwesen 816
Hinterlegungsgebühr 1337, 1340, 1342
Höchstgebühren 1030, 1379, 1423
Hochzeitsgeschenk 749
Hoffolgezeugnis 893, 915
Hypothek 233, 264, 451, **495-498**, 501–504, 509, 533, 825, 1029, 1072, 1117–1118, 1173, 1208–1209, 1414

I
Identität der Beteiligten 100
Identitätserklärung 26, 397, 518, 1056
Identitätsfeststellung 100, 397, 1054, 1056
Inhaltskontrolle von Eheverträgen 612, 625–626, 679, 696, 702, 707
In-sich-Geschäft 339
Internationales Privatrecht 629
Istkaufmann 921–922, 927

J
Jugendamt 648, 661, 719, 723–724

K
Kannkaufmann 921, 927

Kapitalgesellschaften **917**, 933, 1003, 1018, 1296
Kassenbuch 59
Kataster 236
Katasterfortschreibung 397
Kauf vom Bauträger 1078
Kaufmann **917**, 920–921, 923, 927, 929, 931–932, 940, 955
Kaufpreis 1057
Kaufpreisabwicklung über Notaranderkonto 365–371
Kaufpreisfälligkeit 57, 293, 346, 348, 351, 353, 367, 530, 1099, 1117, 1342, 1424
Kaufpreisfinanzierung 376, 394, 1074–1075, 1104, 1116, 1121, 1178, 1342, 1344, 1366
Kaufpreiszahlung 2, 118, 280–281, 295, 298, 311, 338, 340, 342, 344, 348, 351, 364–366, 369, 424, 429, 496, 528–530, 1099, 1121, 1342, 1363, 1395, 1419, 1424
Kaufvertrag 33, 275, 1047–1217
KG s. *Kommanditgesellschaft*
Kindesname 653
Kindesunterhalt 709, 1261
Kommanditgesellschaft **943**, 947, 999, 1307–1313, 1322, 1422
Konsularbeamte 85
Kontoauszug 23, 41, 60
Kostbarkeiten 40, 1337, 1340
Kosten der Beurkundung und Auflassung 305
Kostenrechnung 1393
Kostenrechtsmodernisierungsgesetz 1018
Kostenregister 29, 38, 40, 63, 1395

L
Lageplan 386, 389, 415
Lageskizze 126
Land- oder forstwirtschaftlicher Betrieb 1137
Ländernotarkasse 38, 1376, 1387
Lastenfreistellung 355–356, 369, 382, 399, 426, 530, 565, 908, 1085
laufende Nummer 29
Lebenspartner **613–629**, 643, 659, 715, 727–729, 750–751, 760–762, 799–800, 805–806, 879, 887, 915, 1265
Lebenspartnerschaft 566, **613–620**, 624–629, 643, 659, 715, 730, 732–733, 758, 764
Lebenspartnerschaftsname 617, 717
Lebenspartnerschaftsunterhalt 618
Lebenspartnerschaftsvertrag 613, 618–620, 626, 628, 715–716, 718, 765, 1265
Lebenspartnerschaftszeit 626
Leibgeding 482
Leibliche Kinder 632
Leibrente 457, 479
letztwillige Schiedsklausel 848, 858, 860
letztwillige Verfügungen 708, 764, 815–816, 1218
Liniensystem 738, 741
Löschung der Hypothek 265
Löschungsantrag 561, 1193–1195, 1355, 1371, 1374, 1377, 1412, 1427
Löschungsbewilligung 219, 313, 349, 351, 355–356, 367, 382, 455, 503, 526, 561–563, 1085–1086, 1099–1100, 1182, 1193, 1373
Löschungserklärungen 1051
Löschungsunterlagen 337, 347, 352, 355, 357, 362, 1085, 1087–1088
Löschungsvermerk 246–247
Löschungsvollmacht 351
Löschungszustimmung 513, 1193, 1198
Lösung vom Erbvertrag 764

M
Mahnung 293, 664
Maklerprovision 1064, 1068–1069, 1121, 1374
Markentabelle 381, 543

583

Masse 24, 40–41, 44, 66, 445
Massenbuch 22–23, **40 ff.**, 44, 60–61, 63, 66
materielles Recht 4
mehrere Erklärungen 1043, 1178, 1358, 1360, 1367, 1374
Miet- und Pachtverträge 310, 1172, 1392
Minderjährige 5, 103, 649, 660–661, 718–720, 726–728, 754, 771, 785, 845, 849, 1263
Minderjährigenadoption 719, 727
Minderung 302, 1394
Mindestgebühren 1030, 1381
Mindestkapital 950, 982
Miteigentum 243, 405, 408, 565, 572
Miterbe **736**, 802, 836, 839–840
Mitteilung der Kaufpreisfälligkeit 1020, 1096, 1100, 1363, 1394–1395
Mitwirkungsverbot 18–19, 63, 145, 630
Modifikation des gesetzlichen Güterstandes 684, 692
MoMiG 1300 a)
Mündel 661, 733, 854
mündelsicher 661

N
Nacherbe 565, **820–822**, 825
Nacherbeneinsetzung 820, 822
Nacherbenvermerk 246, 820
Nacherbfall 820, 822, 870, 896, 915
Nacherfüllung 302
Nachlass 736
Nachlassgegenstand 820
Nachlassgericht 191, 733, 836–837
Nachlassgläubiger 736, 820, 831, 843, 904
Nachlassinsolvenzverfahren 736
Nachlasspflegschaft 673, **675**
Nachlassspaltung 767–768, 867
Nachlassverbindlichkeit 736, 751, 820, 904, 1154, 1234, 1414
Nachlassverzeichnis 159, 913

Nachtragsvermerk nach § 44 a BeurkG 189
Nachvermächtnisnehmer 825
Nachweisverzicht 538
Namensrecht 653
Namensverzeichnis 23, **25**, 31, 60, 63, 99
Nebenakte 44, **54**, 64, 182, 215, 346, 532, 1394
Negativatteste 329
nichteheliche Lebensgemeinschaft 872, 1264
Nichtfortsetzungserklärung 624
Niederschrift 95–97
Nießbrauch 233, 437, 468, 475–476, 564–565, 601, 623, 805, 823, 865, 1132, 1137, 1302
Nießbrauchsvorbehalt 805
Notaranderkonto **312–313**
Notarbestätigung 26, 510, **542**, 544, 1217
Notariat 20
Notariatssoftware 23
notarielle Beglaubigung 72–73, 81, **120**, 419, 538, 922, 971
notarielle Beurkundung 72–73, 79
notarielle Eigenurkunde 26
notarielle Testamente 778–779
Notarkasse 38, 63, 1056, 1376, 1385, 1402
Notarvertreter 36, 97, 1394
Notverwaltungsrecht 600
Nurnotar 14, 105, 1407
Nurnotariat 13, 15
Nutzungen 295–296, 298, 475, 820, 875–876, 904, 1024, 1029, 1057, 1061, 1063, 1132

O
Offene Handelsgesellschaft **935**, 939, 942, 1016–1017, 1304
öffentliche Beglaubigung **78**, 166, 228
öffentliche Urkunde **82–84**, 89, 165, 265–266, 897, 899

öffentliches Amt 7–8, 20
öffentliches Testament 754
Öffentlich-rechtlicher Versorgungsausgleich 610
OHG s. *Offene Handelsgesellschaft*
Organisation 9, 20, 933
Ortsgerichte 85

P

Pachtverträge 1392
Parentelsystem 738
Partnerschaftliche Lebensgemeinschaft 616, 618
Partnerschaftsgesellschaft 949
Partnerschaftsvertrag 1264
Parzelle 230
Patientenbrief 671, 1268
Patiententestament 671, 1268
Patientenverfügung 671, 1268–1269
Personelle Teilauseinandersetzung 906
Personen gleichen Geschlechts 613, 758
Personengesellschaft 112, 917, 933–934, 949–951, 955, 970
Personensorge 638, 647
Pfändungsvermerk 246
Pfleger 651, 673, 733, 849–851
Pflegeverpflichtung 477
Pflegeversicherung 477
Pflegevertrag 765
Pflegschaft 566, 651, 660, **673**, 849
Pflichtteil 494, 589, 638, 709, **799–800**, 802–803, 806–807, 868, 875–879, 1435
Pflichtteilsanspruch 589, 709, **800–804**, 852, 877, 914, 1152
Pflichtteilsberechtigte 465, 715, 764, **800**, **802–803**, 873, 896, 913, 1234, 1256
Pflichtteilsentziehung **806**, 808, 865
Pflichtteilsergänzungsanspruch 803–804, 881

Pflichtteilsquote 693, 881, 1150, 1245
Pflichtteilsrecht 491, 715, 750, **799**, 805–806, 866, 879–881, 883, 914, 1150–1151, 1218, 1234, 1246
Pflichtteilsverzicht 463, 492, 734, **881**, 884, 914, 1140, 1150–1151, 1435
Pflichtteilverzichtsvertrag 490
Pläne 127, 130, 407, 409
Postdienst- und Telekommunikationsdienstleistungen 1045, 1122
Prägesiegel 778, 1403
private limited company 1323
privatrechtliche Erklärungen 95
Privaturkunde 71, 164, 198, 202
Probezeit 719, 726
Prokura 917, 931–932, 935, 948, 1016–1017
Protest **174**, 176, 1391
Protesterhebung 46, 176–177
Protesturkunde 46, 178
Protokollierung einer Gesellschafterversammlung 158

R

Rang 269–270
Rangänderung **269**, 1029, 1104, 1198–1199, 1201, 1375
Rangbescheinigung **542**, 1217
Rangbestätigung 1343
Rangrücktritt 269
Rangvorbehalt 269, 523
Reallast 233, 246, 449–451, 477, 479–480
Rechte an Grundstücken 232–234, 252, 504
Rechtliche Beratung 90
Rechtliche Betreuung 566, 660, 662
Rechtsmängel 299–300, 355, 904
Rechtsnachfolge 734, 767
Rechtswahl 710–711, 767–768
Register 21 **ff.**, **45**, 78, 114, 116, 166, 170, 665, 668, 1388

Registeranmeldung 936, 999–1001, 1280, 1285, 1328, 1332, 1335
Registerbescheinigung 116, 153, **170**, 1030
Reisekosten 1033, **1038–1039**, 1043, 1389
Rente 292, 459, 479–481, 601, 610–611, 1133, 1135–1136, 1406
Rentenschuld 233, 250, 495, 497
Repräsentationsprinzip 739–740
Rötung 247
Rückabwicklung des Kaufvertrags 367
Rückgabe 615, 764, 794–797, 1233, 1337
Rückgabe des Erbvertrages 764, 794
Rücknahmeerklärung 252
Rücktritt **302**, 351, 367, 473, 487, 525, 615, **763–764**, 791, 873, 904, 915
Rücktrittsrecht 293, 487, 489, 682, **763–764**, 766, 872–873, 903–904
Rücktrittsvorbehalt 763, 872, 874, 915
Rückübertragungsanspruch 488–489
Rückübertragungsrecht 487
Rückübertragungsverpflichtung 487, 489, 1136

S
Sach- und Rechtsmängel 281, 299, 1121
Sacheinlagen 952, 957, 959, 966, **973**, 975, 1273, 1279, 1290
Sachgründungsbericht 952, 975, 1279
Sachliche Teilauseinandersetzung 906
Sachmängel 282, 299, 302–303, 904, 908
Sammelerbschein 893, 915
Sammlung der Handelsregisterauszüge 59
Sanierungsrechtliche Genehmigung 327, 452

Sanierungsvermerk 246, 539
Satzung **950–954**, 984
Satzungsänderungen 983, 1017, 1286, 1300, 1317–1318
Schadensersatz 118, 293, 302, 474, 908
Scheidung der Ehe 585, 609, 612, 626, 687, 697, 700, 702, 705, 709, 749, 764, 1246, 1258
Scheidungsantrag 612, 702–703, 707–709, 732, 760
Scheidungsfolgenrecht 608, 612, 625–626, 679–680, 683, 702
Scheidungsfolgenvereinbarung 18, 194, 679, **707**, 710, 879, 1231
Scheidungsvereinbarung 211, 1140, 1246, 1260
Schenkung 187, 267, 456, 464, 490, 585, 587, 600, 602, 649, 763, 803, 805, 820, 849, 1253
Schenkungs- und Erbschaftsteuer 464
Schenkungsvertrag 805, **1123**, 1131
Schiedsgericht 858–860, 863
Schiedsgerichtsverfahren 859
Schiedsgutachten 858, 863
Schiedsgutachter 860–861, 863
Schlusserben 868, 876
Schlussvermerk **137**, 146, 150, 952
Schreibunfähige 145, 166
Schriftform 71–72, **75–77**, 81, 228, 252, 463, 565, 663, 946, 997, 1006
Schuldanerkenntnis 192, 200, 496, 513, 1068–1069, 1074–1075, 1121, 1374
Schuldrechtlicher Versorgungsausgleich 611
Schuldübernahme 1074, 1100, 1121, 1143–1144
Schwägerschaft 630, 656, 658–659
Seitenlinie 631
Sicherungsabrede 529, **533**
Sittenwidrigkeit **608**, 625, 680, 875
Sitzverlegung 929, 931, 941
Sondereigentum 405–406, 411–416, 419–420, 1166–1167, 1371

Register

Sondererbfolge 736, 893
Sondergut 597, **601–602**, 733
Sondergutsgeschäft 601
Sondernutzungsrecht 412, 415–416
Sonstige Auslagen 1045
Sonstige Beurkundungen 153
Sorgeerklärung 638, 644, 646–648, 653
Sorgerecht 643, 706, 709, 854–855
Sozialhilfeträger 679, 875–876
Spaltung 1324, 1329, 1331, 1333–1334
Spekulationsfrist 244
Spekulationsklausel 1136
Sprachfremde 147
Staatsvertrag 767
Stammessystem 739, 741
Stammkapital 957
Standesamt 634, 713, 722–723, 728, 778, 788, 866, 869, 873, 1037
Steuern 301, 305, 904, 908, 972
Stiefkindadoption 613, 729
stille Gesellschaft 949
Stückvermächtnis 825
Surrogation 602
Surrogationsprinzip 581, 651, 849

T

Tage- und Abwesenheitsgeld **1041–1042**, 1389–1390
Tauschvertrag 1125, 1127, 1410, 1423, 1438
Teilauseinandersetzung 906
Teileigentum 405–407, 418, 420, 1050, 1081–1084, 1164, 1166, 1169, 1241
Teilerbschein 893, 915
Teilfläche 280, 385, 387, 392, 394, 397–398, 517, 565, 1055, 1058, 1121–1122, 1158
Teilflächenkauf 126, 394–395, 397
Teilungsanordnung 753, 800, 829, 831, 833–836, 865, 867, 871, 874, 904, 906

Teilungserklärung 130–131, 408, 417–419, 421–423, 565, 1164–1165, 1411
Teilungsklage 912
Teilungsversteigerung 912
Terminkalender 59
Testament 752–754
Testament durch Übergabe einer Schrift 774
Testamentsauslegung 872
Testamentserrichtung 31, 758, 773–774, 776–777
Testamentserrichtung durch Behinderte und Sprachunkundige 777
Testamentsvollstrecker 116, 651, 836–838, 840, 842–847, 851, 859, 875–876, 896, 904, 906
Testamentsvollstreckervermerk 246, 845
Testamentsvollstreckerzeugnis 845
Testamentsvollstreckung 753, 800, 837, 839, **843–848**, 865, 867, 871, 874–877, 892
Testierfähigkeit 103, **754–756**, 762, 775, 864–867, 869, 871
Testierfreiheit 763, 799, 814, 874
Testierunfähigkeit 754
Textform 75, 77
Titelblatt 22, 36
Treuhandauflage 374–378
Treuhandauftrag 378, 380–381, 383
Treuhandvertrag 107, 1295, 1322

U

Übergabevertrag 456, 884, 1129, 1132, **1135–1137**, 1140, 1148, 1150, 1152, 1421
Übergang von 296, 461
Überlassungsvertrag 456–458, 461–462, 466–467, 490, 493
Übernahme von Grundpfandrechten 1072
übernommene Leistungen 1061, 1063
Überprüfung von Entwürfen 1352

Übertragung von Grundstücken 234
Umgangsrecht 637, 652, 665, 707, 709, 1261
Umlegungsvermerk 246
Umsatzsteuer 1022, **1046**, **1066**
Umschlag 49, 778, 781, 783, 788, 791
Umschreibungsantrag 11, 311, **338**
Umstellung des Stammkapitals auf den EURO 1296
Umwandlung 134, 170, 199, 267, 836, 912, 995, 1216, 1325, 1388, 1399
Unabhängigkeit 11
Unbedenklichkeitsbescheinigung 310, **319**, 338, 347, 353, 380, 452, 908, 972
Universalsukzession 736, 914
Universalvermächtnis 825
Unparteilichkeit 12
unrichtige Sachbehandlung 1286, 1327
Unschädlichkeitszeugnis 268
Unterhalt 604–606, 608, 618, 621, 625, 679–680, 696, 698, 700, 707–709, 715, 720, 722, 750, 852, 1259, 1262
Unterhalt bei Getrenntleben 621
Unterhalt bis zur Erlangung angemessener Erwerbstätigkeit 606
Unterhalt wegen Alters 606, 680
Unterhalt wegen der Betreuung eines Kindes 606
Unterhalt wegen Krankheit oder Gebrechen 606
Unterhalt zur Ausbildung, Fortbildung oder Umschulung 606
Unterhaltsanspruch 604, 606, 608, 621, 625, 698, 700–701, 709, 749, 1259
Unterhaltsberechtigte 604, 625, 629, 1259
Unterhaltspflicht 604, 606, 608, 618, 625, 628–630, 700, 707, 709
Unterhaltsvereinbarung **608**, 625, 696, 709
Unterhaltsverzicht 608, 612, 625–626, 679, 696, 1259
Unterhaltsverzichtsvertrag 608, 625, 679
Unternehmer **208–213**, 218, 1351, 1394, 1396, 1413
Unternehmerbegriff 213
Unterschriftsbeglaubigung 51
Unterschriftsbeglaubigung mit Entwurf 32, 1036
Untervermächtnis 825, 865
Urkunde **70 ff.**, 951–952
Urkundenrolle 20, 23, **25–26**, 28–30
Urkundensammlung 33, **45–47**, **49–52**, 54, 64, 180, 544, 781
Urschrift 29, 44, **47–49**, 51–53, 116, **178–182**, 184, 186–187

V
Vaterschaftsanerkennung 636, 646–647, 848
Vaterschaftsbestimmung 633
Veränderungsnachweise 59
Veräußerungsanzeige 186, 315, **318–319**, 494, 1037, 1409–1410, 1424–1425
Verbraucher 206–212, 214, 218, 1351
Verbraucherdarlehensvertrag 663
Verbrauchervertrag 77, **206–208**, **214**, 218, 293, 1351
verdeckte Sacheinlage 952, 976
Vereidigung 149, 152, 160
Vereidigung von Dolmetschern 160
Verein 112–113, 209, 916, 933, **1003–1004**, 1006–1011, 1013–1016, 1336
Vereinbarung der Gütergemeinschaft 694, 696, 713, 733
Vereinbarung der Gütertrennung 226, 619, 692, 694, 714–715, 733
Vereinbarung über den Unterhalt 696
Verfügung im Rechtssinne 576
Verfügung von Todes wegen 461, 463–464, 737, 752, 757, 764, 767,

769, 781, 783, 800, 806, 810, 814, 817, 843, 848, 857–860, 866, 872, 875, 879, 887, 891–892, 900–901, 915, 1137, 1139, 1221, 1223, 1245
Verfügungs- und Belastungsverbot 1136
Verfügungsbefugnis 268, 593, 600, 836
Verfügungsbeschränkung 247, 574, 619, 684, 706, 903–904
Verfügungsbogen **55–57**, 314, 361
Verjährung 1223, 1397–1398
Verkehrswert 1057, **1130 ff.**
Verlesung der Urkunde 122
Verlöbnis 615
Verlobte 594, 758, 760, 762, 764, 879
Vermächtnis 591, 758, 763–764, 800, **823**, 825, 831, 839–840, 842, 859, 867, 872, 875–877, 904, 1145, 1220, 1234
Vermächtniserfüllung 267, 826, 828, 867
Vermächtnislösung 877
Vermerkblatt 47, 49–51, 781, 796
Vermerke 20, 26, 36, 51, 139, **164 ff.**, 180–183, 188, 219, 223, 246, 281, 307, 313, 951
Vermerke auf der Urschrift 180–182
Vermessung 231, 385–386, 388–390, 392–394, 396–398, 517–518, 1055–1058, 1083
Vermessungskosten 1064, 1121–1122
Vermittlungsverfahren 910
Vermögen im Ganzen 207, 514, 574, **576–577**
Vermögensgemeinschaft 568, 619, 865
Vermögensmasse 572, 694, 732
Vermögenssorge 638, 647, 649, 651, 661, 849
Vermögensstand 619, 628, 1265
Vermögenstrennung 619, 1265
Vermögensverzeichnis 620, 661, 852–853

Verpflichtungs- und Verfügungsbeschränkung 574
Verpflichtungsvertrag 234, 260
Verschaffungsvermächtnis 825
verschiedene Gegenstände 1043, 1172, 1193, 1365, 1370
Verschmelzung 199, 1212, 1216, 1324–1328, 1331–1332, 1334
Versicherung an Eides statt **162–163**, 219, 222
Versorgungsausgleich 594, **609–613**, 626, 628, 679–680, 702–705, 707–709, 713, 715, 717, 732–733, 1258, 1261
Vertragsfreiheit 625, 679
vertragsmäßige Verfügung 761, 763–764, 869, 873
Vertreter 12, 99, **107**, **116–117**, **119–120**, 177, 218, 339, 633, 638–641, 661–662, 675, 723, 762, 785, 879, 887–888, 904, 915, 972
Vertretung 103, **107–110**, 112, **117**, **120**, 170, 218, 268, 638, 661, 934–936, 940–942, 948, 952, 972, 1015
Vertretungsberechtigung 170, 646, 661, 1278, 1388
Vertretungsbescheinigungen **166**, 918, 1363, 1388
Vertretungsmacht 107, 109, 112, 117, 120, 268, 510, 638, 673, 785, 937, 959, 961, 967, 1011
Vertretungsverhältnisse 114, 166, 917, 938, 1011
Verwahrung 23, 40, 44–45, **47–54**
Verwahrungsanweisung 369, 371, **378–380**, 383
Verwahrungsbuch 24, **40 ff.**, 44, 60–61, 63, 66
Verwahrungstätigkeit 8–9, 40, 365, 1337
Verwalterzustimmung 423, 1111
Verwaltungsanordnung 875–876
Verwaltungsbefugnis 651, 849
Verwaltungskosten 1394

Verwaltungsvollstreckung 836, 844, 877
Verwandtenunterhalt 608
Verwandtschaft 566, 630–631, 656, 659, 745, 750
Verwandtschaftsverhältnis 630, 720, 729
Verweise 34, 836
Verweisungsurkunde 1080
Verzeichnisse über Grundschuldbriefe 59
Verzeihung 808
Verzug 197, 293–294, 643, 709, 903–904, 908, 1159
Verzugsschaden 293
Volladoption 727
volle Geschäftsfähigkeit 103
Volljährigenadoption 718, 726
Vollmacht 640, 663–664, 874, 887, 931, 951, 971, 1055, 1103, **1105–1106**
Vollmachtlose Vertretung 120
Vollmachtsbestätigung 4, 117, 120, 198, 268, 369, 1106
Vollmachtsurkunde 119, 190, 227, 1037, 1269
vollstreckbare Ausfertigung 184, **196–198**, 200, 294, 534–535, 559, 904, 992, 1405, 1412
Vollstreckungsklausel 16, 26, 201, 557, 559–560, 1074, 1213–1214, 1216
Vollzug des Grundstückskaufvertrags **311**, 384
Vollzugsauftrag 281, 307, 309, 311, 1082
Vollzugsgebühr 1020–1022, **1081–1082**, 1084–1087, 1089, 1091–1093, 1141–1142, 1151, 1168–1169, 1424–1425, 1436
Vor- und Nacherbschaft 753, 820, 823, 870, 875, 1221
Vor- und Nacherbschaftslösung 877
Voraus 451, 480, 709, 749–750, 872, 1394

Vorausvermächtnis 829, 831, 833–836, 865, 867
Vorbefassung 105–106
Vorbefassungsvermerk 105
Vorbehaltene Nutzungen 1061, 1117, 1121
Vorbehaltsgut 597, 602, 694–695, 733, 856–857, 1252
Vorerbe **820–822**, 870, 875–876, 896, 915
Vorgeschriebene Vermerke 183
Vorkaufsrecht 1170–1172
Vorkaufsrecht der Gemeinde 330–331, 423, 494, 1086, 1377
Vorkaufsrechte nach Denkmalschutzgesetzen 331
Vorkaufsrechtszeugnis 1084, 1090–1091, 1101, 1377, 1409
Vorlagesperre 338, 340, 467, 1121, 1395
Vorlesungspflicht 132
Vormerkung 233, **246**, 333–337, 347, 385, 397, 449–450, 487–488, 493, 523, 908, 1120–1121, 1170
Vormerkungen und Widersprüche 246
Vormund 110, 638, 661, 673, 723–724, **762**, 848, 854–855, 865
Vormundbenennung durch die Eltern 854
Vormundschaft 566, **660–661**, 673, 723, 733, 764, 879, 1083
Vormundschaftsgericht 5, 580, 651, **661–662**, 665, 719, 721–725, 727–728, 730–732, 845, 849, 1268
Vorrangeinräumung 473
Vorschuss 1021–1022, 1403
Vorsorgende Rechtspflege 6
Vorsorgeregister 665–670, 1268
Vorsorgevollmacht **662–663**, 665–666, 816, 1266–1270, 1416, 1431
Vorstand 112–113, **1007–1015**, 1017, 1288, 1317–1318

Register

vorweggenommene Erbfolge 457, 461

W
Wahl eines anderen Güterstandes 585, 588
Wahlvermächtnis 825
Wahrnehmung von Tatsachen 165
Wechsel 26, 46, 153, **171–172**, 174–178, 1004, 1014, 1389
Wechsel- und Scheckprotest 26, 64, 153, **171**, 1030
Wechsel- und Scheckprotestsammelband **46**
Wechselbezügliche Verfügung 758
Wechselnehmer 172, 177
Wechselproteste 53, 1036, 1389
Wertsicherungsklausel 479–480, 494, 701, 1158, 1161
Wertvorschriften 1029–1030
Widerruf 77, 633, 757, 760, 817, 866–867, 869, 871, 873, 1223, 1225
Widerrufsfiktion 764, 794
Widerrufstestament 757
Widerspruch 96, 263, 351, 903–904
Wiederkaufsrecht 1029, 1070, 1172, 1270, 1366
Wiederverheiratungsklausel 870–871, 874
Willenserklärungen 6, **71**, 91, 94–96, 99, 128, 153, 156, 218, 258, 339, 1344
Wirksamkeit der Niederschrift 97
Wirksamkeitsvermerk 269, 335, 523, 1104, 1118
Wirtschaftsart 240–241, 253
Wohnungseigentum 126, 405–411, 419–423, 431–432, 623, 1078, 1083, 1166–1169, 1377, 1385
Wohnungseinrichtung 581
Wohnungsgrundbuchverfügung 406
Wohnungsrecht 235, 269, 464–465, 468–475, 477, 481–482, 486, 488, 564–565, 736, 1062–1063, 1136, 1150–1151, 1366

Wohnungszuweisung 623

Z
Zahlungsort 172, 176
Zeichnungen 126, 1278, 1303
Zentrales Vorsorgeregister 665
Zeuge 142–143, 145–146, 152, 772, 775, 864, 866–867, 869, 871, 873–874, 899
Zeugnisverweigerungsrecht 615
Zinsbeginn 522, 526, 538, 1187
Zitiergebot 1394
Zugewinn **585–587**, 589–590, 594, 679, 706, 713, 733, 1255
Zugewinnausgleich **584–585**, 587–589, 593–594, 609, 679–680, 686–687, 690–695, 709, 748–750, 887, 1254–1255
Zugewinnausgleichsanspruch 574, 587–588, 684, 686, 688, 691–692, 709, 733, 1261–1262
Zugewinngemeinschaft **568–571**, 577, 584–585, 589, 593–594, 600, 609, 619, 677–678, 684–685, 690, 694, 709, 716–717, 900, 1256–1257, 1265
Zurückbehaltungsrecht 1403
Zusatzgebühr 1042–1043, 1118, 1319, 1381
Zusatzpflichtteil 802
Zusatzpflichtteilsanspruch 881
Zuwendungsverzicht 879, **884–885**
Zuwendungsverzichtsvertrag 884, 887
Zwangsversteigerung 246, 267, 269, 326, 445, 451, 473–474, 496, 523, 536, 1406
Zwangsversteigerungsverfahren 269, 368, 534, 1059, 1124, 1131
Zwangsverwaltung 445, 451, 496, 536, 1406
Zwangsvollstreckung 16, 196–198, 201, 281, 293–294, 496, 503, 511, 513–514, 521, 533–536, 549, 560, 709, 904, 908, 992, 1050,

1074–1075, 1113, 1175–1176,
 1211, 1213–1214, 1374, 1404–1407
Zwangsvollstreckungsunterwerfung
 136, 228, 480, 512–513, **534**, 549,
 707, 709, 1032, 1048, 1068,
 1074–1075, 1174–1178,
 1209–1210, 1374
Zweck des Grundbuchs 236
Zweckerklärung 502, 511, 530, **533**,
 556, 1190, 1192, 1354

Zwei-Wochen-Frist 206–207,
 215–218
Zwei-Wochen-Frist bei Grundstücksveräußerungen 206
zweiter Notar 142–143, 145, 152,
 221, 772
Zwischenverfügung 59, **272–273**,
 1006